FRONTS
ET FRONTIÈRES

MICHEL FOUCHER

FRONTS ET FRONTIÈRES

Un tour du monde géopolitique

Nouvelle édition entièrement refondue

FAYARD

AVERTISSEMENT
pour la seconde édition

« Frontières tristes et frontières gaies »
Georges SIMENON, *Sa Majesté La Douane,* 1933.

Combien de temps nous faudra-t-il pour oublier le visage de ces soldats hongrois, blonds et joyeux, cisaillant avec entrain une portion du Rideau de fer, entre Sopron et Hegyeshalom, aux abords de l'Autriche orientale ? C'était en mai 1989. Quelques mois plus tard, la plus « triste » des frontières, celle qui tranchait Berlin, devenait, en l'espace d'une nuit, une « frontière gaie ».

La question des frontières faisait retour, d'abord sous la forme la plus conforme à l'esprit du temps et aux accords d'Helsinki : la suppression pacifique d'une barrière imposée, le démantèlement d'une « frontière indigne », selon la forte expression de Günter Grass, d'une ligne de front devenue frontière. Ensuite, sous la pression des remises en cause, du nécessaire travail de la mémoire, du retour d'un refoulé européen longtemps enfoui mais aux effets redoutables, qui se pourrait nommer mythification du passé, attachement à des nostalgies dont on oublie bien vite de quels drames elles sont l'écho. Dans la gaieté des retrouvailles ou dans la tristesse des conflits et souvenirs, toujours les frontières sont des lieux singuliers de l'Histoire.

La première édition de *Fronts et Frontières,* parue au début de l'année 1988, était antérieure à ces révolutions de velours. Elle traitait d'un sujet sinon tabou, du moins incongru. Dans le contexte « géopolitique » d'alors, il n'était question, dans la Communauté économique européenne, que de la « suppression des frontières ». Partout ailleurs, en Europe et dans le reste du monde, l'ordre politico-territorial issu de « Yalta-Potsdam » tout comme la rivalité idéologique née de la guerre froide paraissaient encore immuables, d'autant que nombre de frontières étaient aussi des lignes de front entre les deux grandes puissances. Ce statut particulier — et temporaire — leur conférait une relative stabilité.

Il fallait alors, d'entrée, étayer son choix et son propos, situés à contre-courant, en émettant quelques doutes sur cette double certitude, caractéristique d'une époque qui s'achevait sans que l'on sût nettement qu'elle prendrait brutalement fin avec la grande bifurcation historique de 1989. Et accorder au lecteur, avant d'entreprendre ce tour du monde des frontières, que le thème choisi était quelque peu paradoxal, au moins sur quatre registres :

— alors que l'air du temps est au « sans frontière », je considère à l'inverse que les questions relatives aux frontières continuent de se poser dans nombre d'États, d'abord en Afrique, au Moyen-Orient et en Asie, mais aussi au centre et au sud-est de l'Europe et, de manière spectaculaire, dans l'ancien empire soviétique : le double héritage territorial de Staline-Lénine et des tsars est en voie de profond remaniement ;

— alors que l'on se préoccupe aujourd'hui de délimiter des « frontières maritimes », il ne sera question ici que de frontières terrestres ; si certaines fonctions leur sont communes, elles diffèrent très largement quant à leur rôle dans la formation territoriale des États, au regard de la géohistoire, de la géographie humaine et de la stratégie ;

— alors que, très souvent, les frontières ne sont envisagées par bien des géographes que comme des types particuliers de limites administratives et de supports de régions, on s'est attaché en priorité aux fonctions politiques et stratégiques des frontières d'État ;

— alors, enfin, que la « suppression des frontières » en Europe occidentale est le leitmotiv des prochaines années, les États membres se préparent à renforcer leurs frontières extra-communautaires, tout en élargissant, à l'intérieur, le rayon des douanes et des polices pour contrer des menaces venues d'ailleurs ; n'est-il d'ailleurs pas bien abusif et imprudent de parler en termes de suppression quand il ne s'agit que de dévaloriser certaines fonctions des limites d'États nationaux tandis que d'autres — fonction de défense ou fonction d'identité nationale — restent des nécessités et des repères essentiels ? Paradoxe, donc, mais n'est-ce pas, comme on le verra, le propre du raisonnement géopolitique ? Si, pour l'instant, on s'en tient à la doxa — somme des idées, des opinions communes, des arguments les plus fréquents concernant un objet du discours (ici, la frontière) —, comment ne pas noter certaines thématiques récurrentes ? Essayons de les traquer, même si ce n'est pas à la manière de Flaubert et de son *Dictionnaire des idées reçues.*

En effet, le discours actuel des responsables de la Commission européenne — « Il faut d'abord s'attaquer résolument à cette sorte d'Europe féodale qui n'offre que barrières, douanes, formalités, embarras bureaucratiques » (J. Delors, 1985) — trouve un écho favorable puisqu'il se soutient d'une appréciation très répandue et le plus souvent négative de « la » frontière en général, qu'elle soit familière ou lointaine. Celle-ci connote la *barrière* et la *contrainte,* l'*arbitraire* et l'*artificiel,* le *colonial* et l'*impérialiste.*

Cela tient, sans doute et non sans raison, au fait que la frontière évoque d'abord, comme l'indique l'étymologie, le front, la ligne de front, c'est-à-dire la guerre ; comme le poète Jean Cayrol, on préférerait dire :

> « J'aime bien les frontières
> Sans feu, sans flamme, sans fumée et sans installation :
> Des liserons feraient bien mon affaire
> Autour des douanes et de leur plantation. »

La bonne frontière ? On la voudrait *naturelle* mais *effacée, ouverte* mais *protectrice,* lieu d'échanges et de contacts, de conciliabules et de rencontres, bref, *idéale !* Mais aurait-on le loisir du démiurge pour imaginer des scénarios de redécoupage, qu'il faudrait vite se convaincre que le fleuve circulaire n'existe pas. La fiction d'un monde-archipel d'États insulaires aux frontières littorales ne résiste pas aux raisons de l'histoire et de la géopolitique.

Ces remarques préalables sortent renforcées des événements récents, y compris dans ce caractère irrationnel et émotif qui préside à tout débat sur les frontières : le fait frontalier interpelle chacun, tant il apparaît en porte-à-faux avec l'idéologie triomphante de la libre circulation des biens, des hommes et des idées. L'élément nouveau est que l'on admet désormais de prêter attention aux questions relatives aux frontières, puisque l'Europe centrale et orientale, ainsi que la proche et immense Union Soviétique sont traversées de tensions contraires pouvant conduire à des révisions territoriales déchirantes. Mais ce ne sont pas les espaces inertes qui se brisent, ce sont des peuples qui s'affrontent tout en s'émancipant.

L'intérêt initial d'une approche raisonnée des enjeux frontaliers et, à travers eux, de la relation des peuples et nations à leur espace se précise alors. Dans bien des pays, pour bien des nations, on réévalue les responsabilités du passé, l'histoire des frontières et de leurs tracés. Hors d'Europe, la rhétorique de la frontière « coloniale » est toujours disponible pour qui rêve d'arrondir son pré carré aux dépens de ses voisins. On le voit en Afrique, où la multiplicité des tracés coloniaux successifs inviterait à gommer la frontière dernière-née pour en imposer une autre, tout aussi coloniale (voir ici les Somalies ou l'ensemble impérial éthiopien).

Avec la fin de la guerre froide, les configurations territoriales sont de nouveau sujettes à altération ; des guerres chaudes sont possibles, sinon probables, dont beaucoup auront pour objectif ou pour prétexte des révisions territoriales. C'est le premier enseignement de la crise du Golfe du début de 1991, produit de l'après-guerre froide. A dire vrai, cette érosion des certitudes se laissait deviner depuis plusieurs années.

L'ouvrage, reçu d'abord avec un mélange d'étonnement sceptique et d'intérêt, retint progressivement l'attention à mesure que les changements en cours manifestaient une dimension territoriale et que des limites, jugées pourtant bien établies, se trouvaient explicitement ou implicitement remises en cause.

Dès lors, l'analyse proposée se révélait une méthode efficace pour l'intelligence des crises comme pour le repérage des tendances lourdes, conflits à venir ici, détente et rapprochement là. Non pas que tout enjeu se résumât à une affaire de territoire. Ne réinventons pas une sorte de déterminisme « spatial » dont les vieilles géopolitiques n'ont que trop abusé, à des fins douteuses. Les frontières sont des objets inertes, non des acteurs de l'Histoire.

Mais aborder les relations dites internationales, en tout cas interétatiques — tous les États ne sont pas des nations, ni toutes les nations des États — dans la perspective des rapports au fait frontalier, à l'Autre, au voisin, à son espace, à son histoire, c'était se soumettre à l'exigence de les appréhender dans leur concret. Bref, penser géographiquement, aux échelles pertinentes, les fragments localisés d'un monde interdépendant. Les frontières sont les lieux privilégiés de ces interactions.

Ce tour du monde, servi par une multiplicité d'enquêtes d'un géographe passe-frontière, comportait plusieurs « zooms », éclairant une série de cas choisis en raison de leur imminence ou de leur permanence : ainsi la mise en évidence de l'anomalie du dispositif frontalier soviétique, à l'ouest du Bug ou en Mongolie ; là description géographique précise des contradictions internes de la majorité noire en Afrique du Sud, aujourd'hui révélée par l'abolition du dispositif législatif de l'*apartheid*, même si les séquelles en resteront présentes dans le territoire autant que dans la société ; l'analyse des impasses territoriales israélo-palestiniennes ou les risques de l'indéfinition géopolitique autour de l'Arabie.

D'autres chapitres fondaient quelques bases d'une anticipation, tant au sud de l'Afrique — échec prévisible de l'*apartheid* — qu'autour des États-Unis — une nouvelle Amérique du Nord en formation intégrant le Mexique en un ensemble géo-économique puissant mais inégal — ou de l'Europe occidentale et centrale : insistance volontaire sur l'insupportable asymétrie allemande, écartelée entre les accords de Schengen sur son ouest et le Rideau de fer à son est ; exposé des risques de « balkanisation » *stricto sensu* en Europe du Sud-Est ; interprétation de la C.E.E. à la fois comme succès durable et comme modèle géopolitique inédit et non pas seulement comme grand marché ; enfin, hypothèse du rassemblement plus large de tous les États européens démocratiques à partir du noyau dur de la C.E.E., perçu dans sa portée géopolitique au-delà du grand marché avec l'idée de la « confédération » lancée à Prague en juin 1991 par les présidents François Mitterrand et Vaclav Havel. Nous y sommes.

Plusieurs questions, à l'inverse, n'avaient été abordées qu'à l'échelle du continent européen, telles les frontières de l'Union Soviétique : la priorité était alors d'étudier le dispositif frontalier externe, puisque aussi bien le contrôle par le centre de toute circulation civile masquait l'imminence des débats sur les frontières intérieures. Leur redéfinition par des nations en quête de souveraineté directe est devenue l'enjeu majeur des années qui s'ouvrent. Elle constitue une « question soviétique », comme on disait naguère encore la « question allemande ». Elle est abordée sous cet angle dans le chapitre XIV de la nouvelle édition, avec la carte des tensions territoriales internes, constatées et probables.

De même a-t-il fallu remanier et dédoubler le chapitre consacré à l'Europe, depuis l'unification allemande et l'effacement du rideau de fer, sans modifier le titre initial : « Les Europes et le risque frontière ». L'Europe en quête d'unité reste marquée au sceau de la diversité, et les risques de crises et remaniements non pacifiques ou non approuvés par la communauté des États demeurent plus actuels que jamais.

Dans le cas du Proche-Orient, où les conflits n'en finissent pas — antérieurs à la guerre froide, ils survivent à sa fin —, il importait, cartes inédites à l'appui, de prolonger l'investigation sur l'interaction israélo-palestinienne, compliquée par la restauration de la « ligne verte », l'ancienne frontière israélo-jordanienne jusqu'en 1967.

Pour l'ensemble des seize chapitres, on a pris soin, naturellement, de mettre à jour ce qui devait l'être — autour de la Chine, de l'Inde, du Pakistan, dans les Afriques, en Amérique centrale. C'est un ouvrage réorganisé qui est offert par cette seconde édition. En outre, l'étayent trois années supplémentaires de voyages et d'enquêtes dans quatre continents, avec une insistance sur le terrain européen, devenu plus accessible : outre le parcours des frontières françaises des Pyrénées, du Jura et du Rhin, on a suivi l'ancien Rideau de fer dans l'Ouest hongrois, enquêté en Yougoslavie, en Autriche, à la frontière slovaque comme en Bohême, en Pologne comme en Union Soviétique ; la ligne Oder-Neisse a fait l'objet d'une attention particulière. Plus loin, des travaux ont été conduits au Venezuela et au Costa Rica ; de récentes missions en Namibie et en Afrique du Sud ont permis d'évaluer les suites de l'*apartheid* territorial, tandis que des visites en Angola et au Mozambique offraient une vue neuve de l'Afrique australe ; un retour sur la ligne Durand, aux confins de l'Afghanistan et du Pakistan, de Peshawar à Chitral, a servi à préciser les fonctions d'une frontière en crise depuis sa formation. Enfin, une dernière enquête au Proche-Orient, après la crise du Golfe, dans les espaces que se disputent Israéliens et Palestiniens à l'ouest du Jourdain, a donné à voir les effets sociaux et spatiaux de l'Intifada : ligne verte rétablie, sociétés séparées, impasse dans la mise en place d'une entité palestinienne dont la perspective me paraît s'éloigner.

Ces études de terrain, matière première du géographe, n'impliquaient pourtant pas une réécriture globale. Le texte initial n'est en effet pas une simple chronique des points chauds frontaliers, un inventaire des crises, qui se trouveraient vite dépassés ; il offre un tour du monde géopolitique, où les paliers de profondeur historique sont présents dans chaque chapitre, tandis que les cartes, dont le nombre est ici doublé, insistent sur les configurations durables.

Bref, le propos a été d'enrichir un « traité de géopolitique appliquée » à l'objet géographique et politique par excellence, *les frontières*, où s'articulent le politique et le spatial.

« Par l'intégration d'éléments divers et rarement réunis, c'est un véritable champ scientifique que l'auteur contribue à définir », notait Daniel Nordman, historien des limites et frontières françaises d'Ancien Régime, dans un compte rendu rédigé pour les *Annales. Économie, Sociétés, Civilisations* (n° 6, 1989, p. 1371). Ce salut d'un héritier de Braudel à un tenant de l'école d'*Hérodote* nous épargnait de tout remettre en chantier. Il convenait simplement d'approfondir l'analyse suivant la même méthode. Cette démarche a guidé la nouvelle édition.

Néanmoins, un autre souci inspire dès l'origine ce long travail, celui de l'action, de l'application, c'est-à-dire de la portée pratique des analyses proposées. L'ouverture d'un front pionnier intellectuel n'est pas une tâche de tout repos dès lors que l'on traite de questions souvent vives et terriblement concrètes. Un tel objet d'enquête n'est en rien académique puisqu'il relève d'abord du politique.

Lorsque le roi Henri IV, qui tentait d'effacer la barrière idéologique entre protestants et catholiques, institua en France le corps des géographes, il lui assigna comme fonction première de cartographier les places frontières. Et l'on sait que, dans bien des cas, avec des effets variables, plusieurs géographes furent plus tard associés à des opérations de délimitation frontalière. Ce fut le cas notamment en Europe centrale et orientale, au cours du XXe siècle, mais aussi plus tôt sur les pourtours de l'Amazonie brésilienne ou aux confins de la Chine et de la Russie sibérienne.

Ainsi, dès l'origine, se noue une relation étroite entre une pratique possible du métier géographique et les opérations de délimitation. Le présent travail est donc, de ce point de vue, un retour aux sources.

Aujourd'hui, s'ouvre un temps de bifurcation historique où conduire la transition d'un ordre stabilisé — mais imposé — à un système nouveau implique de disposer de quelques repères, de quelques principes, de visions pertinentes du monde en devenir. Ce changement ne concerne pas seulement le continent européen même si, une fois de plus, tout y est plus prompt. Il touche aussi l'Afrique dans son ensemble — où les configurations héritées sont mises à mal sans que l'on aperçoive d'alternatives satisfaisantes —, l'Asie de l'Est — où la division ne s'est jamais réduite à une bipolarité —, l'Amérique du Nord — où le jeu de l'échange contredit les frontières culturelles et historiques —, l'Amérique latine — où le modèle de la C.E.E. fait école —, les Orients proche et moyen — où les frontières ne seront jamais sûres tant qu'elles ne seront pas reconnues, au risque d'abandonner bien des rêves et bien des pratiques autoritaires —, l'Asie méridionale — où le religieux revient en force pour imposer de nouvelles barrières.

On ne peut donc livrer des analyses sur les frontières sans garder le souci de la responsabilité qu'engendre une publication puisque aussi bien s'en dégage une philosophie politique implicite. On la nommait autrefois « engagement », terme peut-être désuet mais qui traduit assez bien la version gramscienne de « l'intellectuel organique », de l'observateur participant. *Prise de position donc non pas sur la validité de tel ou tel tracé, mais sur les principes qui peuvent présider à leur (re)définition éventuelle et à leur degré d'acceptation par les uns et les autres.*

Risquons les sept énonciations suivantes, qui découlent de nos analyses.

1. Les mouvements d'émancipation nationale qui s'affirment avec la fin de la guerre froide et, hors d'Europe, avec l'érosion des appareils politiques mis en place lors de la décolonisation — et qui affectent les États multi-ethniques et multi-nationaux — sont confrontés, ainsi que leurs voisins, à une question géopolitique cruciale et littérale : quel est ou sera l'espace concret d'application de la souveraineté politique acquise, qu'elle soit négociée, octroyée ou conquise ? Quelles seront ses bornes ?

2. Les réponses à cette question simple mais fondamentale dépendent bien entendu des modalités de l'accès à la pleine souveraineté — négociation, sécession unilatérale ou guerre — et des perspectives dessinées : rupture avec l'État antérieur ou maintien d'une coopération économique.

3. Ces modalités sont à leur tour largement dépendantes des configurations de départ. La réponse est assez aisée à trouver, en termes spatiaux, dans le cas d'État de peuplement homogène. Mais précisé-

ment, dans les ensembles complexes, c'est rarement le cas. Un examen attentif des cartes révèle même que, le plus souvent, ce sont les régions où pourrait passer la nouvelle frontière qui sont les plus indéterminées : confins mêlés, marches, aires de transition. Cette définition des tracés est encore plus compliquée que l'accès à la souveraineté politique, dès lors qu'est convoquée la mémoire historique et que sont avancés les mythes fondateurs de la nation : l'idée de « grandeur » historique débouche inévitablement sur des tentations d'expansion sur le terrain, même si les réalités présentes sont différentes des configurations glorieuses d'autrefois. Encore faut-il faire son deuil de mythes illusoires et de passés idéalisés dont on oublie trop souvent de quels drames ils furent marqués.

4. Tout cela renvoie à la question de la « bonne frontière ». Je considère qu'une frontière n'est « bonne » que lorsqu'elle est considérée comme telle d'abord par les États contigus acceptant de la légitimer. S'il s'agit d'une frontière imposée à la suite d'un conflit, d'une victoire militaire, il est clair que les insatisfactions engendrées chez l'adversaire portent en germe de nouvelles sources de tensions, puisque cette frontière « unilatérale » ne peut être jugée définitive.

5. C'est pourquoi, notamment dans le cas de l'Europe, il me paraît souhaitable que les changements, lorsqu'ils sont inéluctables, soient sanctionnés par un « double sceau » : d'une part celui des États voisins ; d'autre part celui de la communauté internationale. Quitte à ce que celle-ci impose une solution négociée à ceux-là dès lors que, refusant de renoncer à des chimères ou à des manipulations, ils s'enfoncent dans les drames civils et qu'ils y impliquent leur voisinage.

6. De même, les événements qui se déroulent dans le monde soulignent à quel point des litiges laissés trop longtemps en suspens pèsent sur le destin des peuples et des États, pour finir, tel le refoulé, par faire retour bruyamment. Des mécanismes de conciliation et d'arbitrage pourraient — et devraient — contribuer à atténuer les tensions.

7. Enfin, il convient de distinguer entre la redéfinition des tracés et la modification des fonctions d'une frontière. Une « bonne frontière » est dans ce dernier cas une frontière assez légitimée pour être « ouverte » au jeu de la circulation des hommes, des biens et des idées. Dans ce sens, il y a bien un « modèle géopolitique (ouest-)européen » de stabilité des tracés dans l'ouverture.

C'est pourquoi il importe, en ces temps de bifurcations historiques, que la réflexion porte autant sur les fonctions et la gestion des frontières que sur les tracés.

L'objectif de cet ouvrage est de contribuer à penser, en géographe, cette recomposition du monde qui s'opère sous nos yeux.

Lyon, 1er septembre 1991.

INTRODUCTION
à un traité de géopolitique appliquée

« Il n'y a pas de sujet qui revienne plus souvent sous la plume des utopistes humanitaires que la suppression des frontières. Soit par leur suppression pure et simple, soit par l'établissement d'un fédéralisme universel qui les rendrait inoffensives, des gens qui ont coupé tout contact entre leur idéologie et la vérité des choses veulent obtenir la société meilleure de leurs rêves. Il leur paraît commode de biffer ces lignes arbitraires de nos cartes, qui ne cadrent même pas avec les grandes divisions régionales reconnues par la géographie physique, et qui, là où elles indiquent les contacts les plus douloureux, ne coïncident presque jamais avec des lignes de séparation naturelles. *Il est bien tentant de soutenir que les frontières ont été inventées par les hommes d'État et par les militaires pour opprimer les peuples ;* il est facile de le faire croire aux simples, surtout dans les pays comme la France, où le peuple se laisse aisément entraîner à un idéalisme naturel et généreux. Ceux qui auront une *claire notion géographique de la frontière* ne se laisseront pas aller à de tels écarts de l'imagination et de la pensée spéculative. »

Jean Brunhes et Camille Vallaux,
La Géographie de l'Histoire, Géographie de la paix et de la guerre sur mer et sur terre, 1921, pp. 351-352.

Les géographes Jean Brunhes et Camille Vallaux nous invitent par ces mots à acquérir « une claire notion géographique de la frontière ». C'est le point de départ et, je l'espère, le point d'arrivée du présent ouvrage.

Paraphrasant un maître de la géohistoire, Fernand Braudel — qui présentait son œuvre dédiée à la Méditerranée comme « une étude historique centrée sur un espace liquide » —, on abordera ici une réflexion géographique et géopolitique centrée sur des espaces terrestres de configuration linéaire, les fronts et les frontières des États du monde : selon mes calculs, effectués à l'échelle moyenne du 1/250 000, un total de 226 000 kilomètres de frontières terrestres. Elles se décomposent en 264 « dyades », terme que je propose pour désigner une frontière commune à deux États contigus.

Le Rideau de fer — frontière « triste » longue de 7 056 kilomètres — n'est plus depuis 1990 le clivage majeur du continent européen et le symbole le plus brutal d'une division idéologique et militaire du monde selon des coordonnées curieusement dénommées « Est-Ouest ». Il courait de la péninsule de Kola au mont Ararat, en traversant la Baltique, le centre du continent européen, la mer Noire et les confins de la Turquie, du Caucase soviétique et de l'Iran. Dans son appendice coréen — autre héritage, en voie d'extinction, de la guerre froide —, le dispositif est plutôt Nord-Sud. Là encore, ce ne sont pas les « orientations » astronomiques qui font sens mais le sort des choix politiques et, comme en Allemagne, la division de la nation coréenne finira par être dépassée, au profit de ceux qui savent concilier l'efficacité économique et la libre expression politique.

Le clivage « Est/Ouest » sera-t-il désormais remplacé par une fracture dite de manière simpliste « Nord/Sud » ? Dans cette hypothèse, il faut prêter attention à cette ligne longue de 18 000 kilomètres qui s'étend de Tijuana à l'embouchure du Tumen, en passant par le Rio Bravo-Rio Grande, la Thrace, le Caucase du Sud, l'Araxe, l'Atrek, l'Amou Darya, la chaîne des Sayan et le fleuve Amour : 9 % de la longueur des frontières du monde, qui dessine non pas un nouvel Équateur mais une ligne de discontinuité démographique, économique et surtout culturelle majeure.

Celle-ci doit être augmentée des parcours maritimes qu'elle recoupe, les Méditerranées d'Amérique et d'Eurafrique, espaces « liquides » certes, mais qui sont depuis longtemps, ne serait-ce qu'en raison de la proximité de leurs rives et du grand nombre de leurs îles-escales, de véritables confins mêlés : s'y télescopent les cultures et les valeurs, les aspirations et les modèles sociaux et économiques, s'y croisent des flux migratoires intenses. Espérons qu'elles ne deviendront pas des ceintures de deuil.

Au sud de cette ligne et de ces aires de rencontre, les nombreux États d'Amérique latine, d'Afrique, des Orients proche et moyen, d'Asie méridionale et orientale comprennent les trois quarts des frontières politiques du monde — 76 % exactement. Beaucoup mais pas toutes, loin de là, ont été tracées selon des modèles et par des acteurs venus d'Europe, ce qui confère souvent à ces délimitations une origine exogène qui continue de peser, diversement, sur leur devenir. Le thème de la frontière « coloniale » ou « impériale » trouve ici son plein effet, avec toutes les simplications, les non-dits et les impasses qu'il recèle.

A cet égard, de nombreuses frontières participent du stock des structures politiques importées et donc héritées. Leur destin échappera de plus en plus aux États européens qui les ont dessinées, sauf à voir ceux-ci agir par le biais des institutions reconnues de la communauté internationale, en premier lieu les Nations unies. Il faut cependant s'y attendre, la fin de la guerre froide, phénomène de portée mondiale ayant duré près d'un demi-siècle, laisse chaque jour plus d'autonomie aux acteurs étatiques ou non étatiques, et par conséquent la carte politique qui nous est familière sera, ici ou là, retravaillée, cette fois de l'intérieur.

Le propos ne peut donc se réduire aux seuls grands clivages planétaires, qui furent ou demeurent surtout des fronts militaires, idéologiques ou culturels. Au-delà des grandes coupures significatives d'un monde perçu comme plus interdépendant, les réalités frontalières à la surface du globe paraissent d'une étonnante diversité, et la fin de la guerre froide révèle — autant qu'elle les induit — la complexité et la logique propres des situations plus locales. L'Est/Ouest, pas plus que le Nord/Sud qui, estime-t-on, pourrait s'y substituer, n'épuise le champ de l'investigation. Il faut ici envisager toutes les frontières.

La frontière est donc l'objet géopolitique par excellence, puisque, on l'a noté dans l'avant-propos, c'est le lieu privilégié d'articulation du politique et du spatial : tracer et gérer une frontière sont des actes essentiels de géopolitique appliquée.

Cependant, avant de cerner plus précisément au long de cet ouvrage la signification du terme « frontière » et de dégager une problématique d'étude, il importe d'expliciter dans quel sens le mot « géopolitique » est ici employé, car une grande confusion règne autour de cette notion polysémique. *De l'idée que l'on s'en fait dépend très largement celle que l'on peut avoir de « la » frontière.*

L'INVENTION DES GÉOPOLITIQUES : ARCHÉOLOGIE ET RETOUR DU TERME

Destin curieux de ce terme, naguère encore tabou dans les cercles académiques en Europe, aujourd'hui plus souvent produit d'appel et court-circuit explicatif que méthode d'élucidation, qui traduit les difficultés que les géographes ont toujours eues à articuler l'espace et le politique de manière objective, alors que l'exercice du pouvoir implique de délimiter son aire d'application. Après tout, les historiens ont-ils eu besoin d'inventer un néologisme, quelque chose comme une « historio-politique », pour faire comprendre que le politique était partie intégrante de leur champ d'investigation? De même que ce qui est historique ne résulte pas d'abord du travail de l'historien mais de l'action des hommes, le « géopolitique » n'a pas attendu d'être formalisé pour être agi.

Les Romains ont conduit des opérations concrètes dans de vastes espaces, durant plusieurs siècles, soit une véritable diplomatie stratégique, selon l'expression d'Edward Luttwak, historien et conseiller du président Reagan, sans avoir « besoin d'un Clausewitz pour soumettre leur énergie militaire à l'exigence des buts politiques » ni de recourir à « l'analyse systémique » (1987, 3).

Après eux, les bâtisseurs d'empires — Arabes et Chinois, Portugais et Espagnols, Français et Britanniques — comme les édificateurs de grandes nations et les négociateurs de traités des limites, s'appuyèrent sur des inventaires géographiques et cartographiques précis, sans pour autant recourir à des théories formalisées. Seuls comptaient l'ensemble des priorités, les visions du monde connu d'eux et l'image qu'ils se faisaient d'eux-mêmes.

Dans cette perspective, je suis enclin à estimer que « la » géopolitique du temps présent, c'est simplement l'Histoire en train de se faire, dans des lieux concrets, sans qu'elle se sache telle.

Retenons le lien nécessaire entre les deux éléments de la proposition, car comment savoir ce qui sera, demain, jugé « historique » ? Racine ou Molière savaient-ils qu'ils seraient, trois siècles plus tard, des « classiques », alors que, précisément, ce qui fait l'œuvre littéraire, c'est son caractère transhistorique : système fonctionnel dont un terme est fixe, l'œuvre, et l'autre variable, le monde, le temps qui consomment cette œuvre ? De tels auteurs sont des « lieux communs », c'est-à-dire « des degrés zéro de l'objet critique, une place vide, mais toujours offerte à la signification » (Roland Barthes, *Sur Racine,* 1963, p. 11).

a) Le temps des discours géopolitiques

Vint en effet un temps, le tout début du XXe siècle, où, dans la foulée du scientisme et du culte du progrès, des découvertes d'un monde fini et des ambitions à portée planétaire, du jeu des aspirations frustrées et des victoires provisoires, furent produites des théories dites ou perçues comme explicitement « géopolitiques ».

Nous n'en ferons pas ici l'archéologie en tant que telle, comme on rédige une histoire des idées. Nous n'insisterons que sur deux entrées, les plus importantes, allemande avec Haushofer et britannique avec Mackinder, traitées de manière parallèle, pour comprendre comment ces écoles et théories ont pu servir pendant quelques décennies de référence ou de repoussoir. Elles sont ici associées, par commodité, en dépit de leurs profondes différences : l'une est une véritable œuvre, produite avec méthode mais à finalité dévoyée ; l'autre se résume à quelques articles et conférences londoniennes, mais elle fut lue et vite adaptée en Allemagne et connut plus tard un grand succès outre-Atlantique quand les États-Unis durent sortir de leur isolationnisme. Il ne s'agit donc pas de les mettre sur le même plan mais de les considérer surtout du point de vue de leur influence respective.

D'un côté donc, l'Allemagne, où l'on se préoccupe d'abord d'unification de territoires et de sociétés disparates liés par des intérêts économiques et, ensuite, de l'affirmation d'une *Weltpolitik.* Deux outils intellectuels sont forgés : d'une part, dès le XIXe siècle, une « géographie » des professeurs, comme pédagogie des deux premières unifications allemandes (préface d'Yves Lacoste à l'ouvrage de Michel Korinman, *Quand l'Allemagne pensait le monde,* 1990) ; d'autre part, et sur les acquis scientifiques de la première, une *Geopolitik,* qui croît après le traité de Versailles comme réaction de géographes allemands aux conséquences territoriales de la défaite, autour des travaux approfondis et méthodiques du général géographe Karl Haushofer, avant de se dégrader irrémédiablement en justification de l'idéologie expansionniste nazie.

D'un autre côté, antérieure dans sa première formulation, sans grands effets pratiques immédiats dans le pays d'origine, mais très durable dans son influence auprès des dirigeants des États-Unis, la théorie succincte du Britannique Halford John Mackinder, qui schématise une interprétation de l'histoire mondiale au moyen d'une dichotomie puissance maritime-puissance terrestre conforme aux intérêts de l'empire britannique d'alors.

La *Geopolitik* allemande s'est principalement déployée sur deux registres. D'abord, la remise en cause méthodique, au moyen d'analyses géographiques et cartographiques minutieuses, des configurations issues de la Première Guerre mondiale et imposées dans le Mitteleuropa par les Alliés vainqueurs aux empires défaits — Allemagne, Autriche-Hongrie, Turquie — ou affaiblis par la révolution — Russie. Haushofer adopte le terme de « géopolitique » inventé par le Suédois Kjellen en 1899 (article de la revue *Ymer*, en 1899, repris dans un ouvrage de 1916 et diffusé dans sa traduction allemande en 1917 *Der Staat als Lebensform*).

Très préoccupé des questions de frontières, il prônait, pour l'Allemagne, la nécessité d'atteindre des frontières « correctes » *(die echte Grenze)* ou des frontières militaires adéquates (1939, pp. 31, 106). Les premières étaient définies comme *Kulturkreisgrenze*, les secondes devaient être situées en avant des limites politiques, de manière à englober des régions de glacis, au moins aussi larges que la portée des canons ennemis (*op. cit.*, p. 201 ; *Zeitschrift*, XVI, 1939, p. 287 ; *Weltpolitik von heute*, p. 156).

Ensuite, il élabora une perspective planétaire : « Le général-géographe propose, afin que les puissances centre-européennes et asiatiques se dégagent de l'encerclement par les Anglo-Saxons, la formation d'une masse territoriale eurasiatique où le Japon occuperait la fonction d'avant-poste maritime dans le Pacifique qui lui revient de droit. La combinaison des flottes allemande et japonaise avec l'armée de terre soviétique obligerait les puissances anglo-saxonnes à négocier équitablement. [...] La coopération entre l'Asie et le Mitteleuropa profiterait naturellement à l'Allemagne qui pourrait se fournir en matières premières d'URSS et de Chine, tout en gagnant d'extraordinaires marchés », explique Michel Korinman (*op. cit.*, pp. 229-230). D'où le choix d'une voie « eurasiatique » comme seule issue permettant d'ouvrir des perspectives hors de la « dépendance des Anglo-Saxons, [de] la suzeraineté française, [de] la résignation dans le cadre d'une politique strictement européenne avec les limites imparties par Versailles » (*op. cit*, p. 230). D'où la faveur pour une alliance allemande avec l'Union Soviétique et le Japon.

Sur ce second registre, Haushofer avait adopté, en fonction des intérêts de son pays, la thèse du « pivot géographique de l'histoire » avancée en 1904 (le 25 janvier, à la Royal Geographical Society de Londres, devant une assistance réduite) par le géographe britannique Mackinder.

Mackinder* voyait dans l'Eurasie, notion qu'il inventa, l'enjeu majeur de la rivalité entre puissances « continentales » — Russie, puis Allemagne — et « puissances maritimes » — Royaume-Uni d'abord, puis États-Unis, dont aurait dépendu, selon lui, le sort du monde (publié dans *The Geographical Journal*, 1904, XXIII, pp. 421-437 ; repris en 1919 dans *Democratic Ideals and Reality*, revu dans « The Round World and The Winning of Peace », article de *Foreign Affairs*, 1943).

* On trouvera, dans *Mackinder, Geography as an Aid to Statecraft* de W. H. Parker, Oxford, 1982, une biographie précise, fine et nuancée de Mackinder.

Il s'agit au départ d'un schématisme géographique — comme le note Raymond Aron (1984, p. 197) — étayant une interprétation de l'histoire inspirée d'une lecture de la vieille opposition entre Sparte la « terrestre » et Athènes, la thalassocratie. Pour Mackinder, le globe comprend une vaste étendue océanique, qui en couvre les neuf douzièmes, et une « world island » regroupant Europe, Asie et Afrique, sur deux douzièmes. Le dernier douzième comprendrait les Amériques et l'Australie, celles-ci se trouvant, par rapport à « l'île mondiale », en position comparable à celle des îles Britanniques par rapport à l'Europe. Dans cette « île mondiale », Mackinder distingue un *heartland,* une « terre centrale », dont il a fait varier les limites et qui s'étendrait en Eurasie depuis l'isthme Baltique-Adriatique jusqu'à l'Asie centrale. La domination de la « terre centrale », largement hors d'atteinte des forces navales mais qui peut être contrôlée par les voies ferrées, ouvrirait la voie à celle du monde.

Il importait, selon lui, pour le Royaume-Uni, insulaire et à l'apogée de sa grandeur, d'empêcher l'unification politique et économique du « continent » eurasiatique qui pourrait le menacer en disposant de ressources, de populations et de forces le surclassant. Il fallait donc, concrètement, bloquer, en 1919, la domination austro-allemande sur les peuples slaves — russes — et, dans les années 1940, c'était l'inverse. D'où la recommandation faite en 1919 de créer, entre Autriche, Allemagne et Russie, une ceinture de petits États : leur base nationale précaire, aggravée du poids de minorités allogènes au loyalisme douteux, nourrit tous les révisionnismes et aboutit en 1945 à l'extension de l'influence russo-soviétique sur l'Europe centrale, contraire au but recherché. L'Union Soviétique et son glacis furent dès lors représentés, aux États-Unis comme en Europe occidentale, comme « puissance terrestre » dont l'objectif était, à partir de cette base, l'hégémonie mondiale.

Lors de son voyage vers le Japon, Haushofer avait remarqué l'omniprésence de la flotte britannique. En pointant les risques qui menaçaient l'empire, Mackinder indiquait aussi à un adversaire le moyen d'en user, soit, pour l'Allemagne, une alliance avec la Russie. Ce fut la thèse constamment défendue par Haushofer ; il échoua à se faire entendre en 1941.

b) La géopolitique originelle comme changement d'échelle ou comment penser le monde

De ce bref historique, on retiendra trois éléments de réflexion.

— Première observation : ces géopolitiques ont été élaborées en un temps où il devenait nécessaire pour les deux États où elles furent produites de penser le monde dans sa globalité.

Elles ont tranché avec les perceptions courantes du moment, parce qu'elles proposaient une vision synthétique — très schématique chez Mackinder, très argumentée chez Haushofer — du monde. Dans un cas, il importait de défendre une situation acquise, une position de domination impériale dépendant largement de la capacité à gérer une logistique de flux et d'escales sur la plupart des océans du monde et d'entraver l'émergence d'une force concurrente. Dans l'autre, il s'agissait de compenser sur un terrain mondial, par des alliances audacieuses — Russie, Turquie, Japon — les blocages rencontrés par l'État allemand en Europe centrale à cause de la diplomatie franco-anglaise de soutien aux nouveaux États. Ces deux objectifs passaient par la mise en place de visions du monde qui marquaient une rupture avec les analyses contemporaines.

Peu de gens s'y étaient essayés auparavant, Marx et sa vision a-spatiale de la société et Mahan, théoricien naval. Les antagonismes de proximité dominaient encore la scène, pour plusieurs décennies. La Première Guerre était rarement comprise comme déjà mondiale, notamment en France. Il en fut d'ailleurs de même durant le second conflit : l'opposition Pétain-De Gaulle est d'abord un conflit d'échelle. Pour l'un, c'était un nouvel épisode d'un conflit strictement limité au cadre franco-allemand. Pour l'autre, c'était un conflit global : on pouvait donc s'appuyer sur l'extérieur, par exemple sur l'empire, pour construire la reconquête. Aux États-Unis, les perceptions n'étaient guère plus ouvertes. Selon Coolidge, l'Américain moyen, en 1898, n'aurait pas pu dire si les Philippines étaient le nom d'un archipel ou d'une confiture, relate G. Parker (1985, p. 103), et cette ignorance ne changea pas dans les quatre décennies suivantes. Weigert, qui étudie la *Geopolitik* pour l'information des décideurs américains, se plaint, en 1942 : « La géographie globale n'est simplement pas dans nos veines. »

Mackinder avait intitulé sans ambiguïté une conférence de 1907 : « *On thinking imperially.* » En 1934, Haushofer publia une *Weltpolitik von heute,* plus une série d'études sur les colonies, travaux participant de la confection d'un « cadastre planétaire » (Michel Korinman, *op. cit.*, p. 202).

D'où le rôle majeur de l'outil cartographique comme support d'un discours novateur autant que comme moyen d'analyse. L'usage de la projection de Mercator pour les cartes ovales de Mackinder avait été salué par Haushofer : en plaçant l'Amérique sur la partie orientale de la carte aussi bien que sur sa partie occidentale, il devenait possible de considérer en même temps les domaines Atlantique-Eurasie et Pacifique dans leur totalité (Haushofer, 1924, p. 69, *Geopolitik des Pazifischen Ozeans,* où il présente une carte centrée sur les océans Indien et Pacifique). Mackinder a privilégié des cartes très générales, conformes à sa théorie dualiste, décrivant les États-Unis comme un espace insulaire marginal ; d'autres projections (centrées par exemple sur le pôle) auraient au contraire souligné la « proximité » des deux continents et la vulnérabilité de l'U.R.S.S. par voie aérienne. Les analyses cartographiques de Haushofer sont, elles, beaucoup plus concrètes, puisqu'elles proposent des réalités souvent régionales ou locales.

La thèse eut donc, avant 1940, peu d'écho chez les Britanniques, pragmatiques, méfiants à l'égard des schémas globaux et encore persuadés de la toute-puissance de leur pays. Mackinder fut peu considéré, sauf en Allemagne, que sa vision alertait, et ses thèses n'eurent d'écho réel qu'aux États-Unis, pendant la Seconde Guerre mondiale.

— Deuxième observation : ces géopolitiques n'ont pas été conçues comme des descriptions à finalité académique mais comme des analyses liées à l'action.

Ce fut l'originalité de l'école d'Haushofer que de construire une géopolitique européenne et mondiale, non pas universitaire mais bien à usage de l'État allemand d'alors et bientôt de son régime. La géopolitique devait servir les desseins d'un Mitteleuropa vaincu, souligne Michel Korinman, qui rappelle la position de Haushofer : « À nos dirigeants d'acquérir au minimum les instruments qui leur permettront d'opérer une sélection dans le champ des possibles. Les études géopolitiques, sans aucun doute, les leur fourniront », avec un outil clé, la carte (*op. cit.*, p. 157).

Quant à Mackinder, ses textes les plus connus paraissent souvent abstraits ; mais *Democratic Ideals and Reality* fut publié en 1919 — il était membre du Parlement depuis 1914 — à destination des négociateurs de Versailles. Il y insistait sur l'importance économique et stratégique du territoire russe et prédisait une lutte entre Allemagne et Russie pour le contrôle de l'Europe orientale. En juin 1919, ayant lu l'ouvrage, Lord Milner, ancien ministre de la Guerre, suggéra qu'il fût nommé représentant britannique à la Commission de délimitation de la Sarre. Lorsque Lord Curzon, grand spécialiste des frontières de l'Inde, qui donna son nom à la nouvelle frontière russo-polonaise, devint secrétaire au Foreign Office, il nomma Mackinder haut-commissaire britannique en Russie du Sud, chargé d'aider à l'administration de la région tenue par l'Armée blanche. Il avait été, auprès des rédacteurs britanniques des traités de 1919-1920, un actif promoteur du découpage de l'Europe orientale en États indépendants, formant bientôt un « cordon sanitaire » contre la Russie bolchevique.

— Dernière observation : conséquence logique de la remarque précédente, cette approche parallèle manifeste que l'on a affaire non pas à « la » géopolitique, comme s'il s'était agi d'une doctrine, mais à « des » géopolitiques, conçues en fonction d'intérêts spécifiques, donc largement opposés et rivaux, alors même qu'au départ il pouvait y avoir convergence théorique sur les enjeux politiques, par exemple en Eurasie.

Aussi les deux œuvres principales de la première moitié du siècle eurent-elles des destins contraires.

c) De la Geopolitik *à la géohistoire*

Les compromissions de Haushofer avec le nazisme justifient que la *Geopolitik*, c'est-à-dire « une » géopolitique allemande de cette période, ait été oubliée après 1945. Les historiens et géographes français et allemands ont joué un rôle déterminant dans ce refoulement.

Déjà, dans les années trente, du côté français, des géographes s'étaient élevés contre cette « science allemande ». A la suite d'un article de l'historien Lucien Febvre paru dans la revue *Critique* en 1929, le géographe Albert Demangeon publia un article de réfutation dans les *Annales de géographie* (1932, XLI, p. 222). Tout en reconnaissant que la

Zeitschrift für Geopolitik, qu'il lisait assidûment, était « la meilleure production de l'école " géopolitique " allemande », il avait vivement réagi contre la « partialité constante des sujets de politique extérieure » traités dans la revue et concluait : « La géopolitique est un " coup monté ", une machine de guerre. Si elle veut compter parmi les sciences, il est temps qu'elle revienne à la géographie politique » (p. 22 et 31). Demangeon, partisan de l'unité de l'Europe, était écouté d'Aristide Briand, qui tenta en vain, avec Stresemann, une réconciliation entre les deux nations.

La même année, dans la *Revue d'Allemagne et des pays de langue allemande* (« Geopolitik et géographie politique », 6e année, n° 58, août 1932), un autre géographe, Jacques Ancel, s'employa à la critique des thèses de Haushofer sur les frontières exprimées dans son ouvrage, *Grenzen* (1927) : « Dans son chapitre sur la " frontière fluviale ", il oppose la conception " germanique ", l'État-fluvial, à la conception " romaine et française ", le fleuve-frontière. » Cette opposition est déjà inexacte du point de vue historique, car la frontière romaine du Rhin et du Danube fut une simple zone de navigation, de ravitaillement, avec têtes de pont nombreuses. Mais cette science vise à un résultat pratique et arrive à la conclusion géopolitique : l'Allemagne doit posséder tout le bassin du Rhin : « Si l'unité naturelle d'un système fluvial, écrit le *Geopolitiker*, est rompue par la force, cette sécession n'est pas reconnue par le sentiment germanique du territoire *(germanisches Landschaftsgefühl).* » Ainsi, au nom de l' « État fluvial », la France doit être écartée de toutes les rives du Rhin. Ce qui n'empêche pas notre auteur de protester contre l'attribution de tout le bassin de la Vistule à la Pologne, « la Pologne, État vistulien, à laquelle on veut assurer les sources et les bouches, en dépit de l'âpre injustice qu'il y a à déposséder ceux qui ont, à eux seuls, dompté le fleuve. On se rendra compte par ces exemples du rôle que prétend jouer la *Geopolitik*. On peut rendre hommage à la science germanique, sans accepter les conclusions de cette branche, plus politique que géographique » (*op. cit.*, pp. 674-675).

Toutefois, malgré la mise en garde de Demangeon, Ancel fit usage du terme pour intituler le petit ouvrage qui résumait son enseignement. Remarquons que *Géopolitique* (1936) est presque entièrement consacré aux questions de frontières. De même, au reste, que le tome premier de son *Manuel géographique de politique européenne*, synthèse d'un « périple de cinq années autour de ces nouvelles frontières » de l'Europe centrale et sud-orientale.

Ces deux textes sont fort instructifs, tant par la grande place accordée à l'étude soigneuse des nouvelles frontières politiques que par leur souci de réfuter la *Geopolitik*, « inventaire [de connaissances] dressé pour élaborer des lois géographiques, comme par hasard toujours d'accord avec les ambitions allemandes, avec les désirs d'expansion de l'Allemagne ». « La Geopolitik fourbit ses armes à l'hitlérisme », écrit Ancel.

Il décida pourtant de choisir ce néologisme, dit-il, pour titre : « A l'heure présente l'hitlérisme pangermanique a emprunté ses raisons et son vocabulaire à la *Geopolitik* des professeurs allemands. Je reprends le mot appliqué à une géographie politique externe, dynamique. Je ne prétends pas innover ; la géographie politique a déjà ses maîtres en

France. Mais leur attention d'analystes, entre autres l'observation vivante et aiguisée d'André Siegfried, a été plutôt attirée par la politique interne, statique, des États, expliquée par le milieu. » Il s'agissait, pour Ancel, de « fouiller l'étude des relations entre les nations, des rapports des états entre eux », en prêtant attention au milieu, à l'histoire, au terrain, de manière à tenter « d'en discerner les forces politiques ». Plus tard, le géographe André Meynier souligna cet effort sérieux pour créer une géographie politique objective vers 1939 (1969, pp. 96-97) : « Il chercha d'où dérivaient nos nations actuelles qui semblent si inévitables, si immodifiables, si garanties dans leur existence par des traités internationaux, alors que l'histoire nous montre qu'elles ont eu à se constituer » (*id.*).

Ancel ambitionnait de développer en France un « enseignement de la géopolitique » auquel il assignait « un rôle pacificateur, parce qu'objectif » (conclusion de sa préface, p. 6), dans le cadre de l'Institut des hautes études internationales (avec l'appui du Centre européen de la Dotation Carnegie). Il n'en eut pas le temps, et mourut, interné à Drancy, du fait de ses positions antinazies, en 1942.

Dès lors, la « géopolitique » — non pas seulement la notion haushoférienne, mais le terme générique — fut, en France, dans l'après-guerre, considérée au sens que lui donna Jean Gottmann, « essai de plan stratégique qui devait assurer à l'Allemagne la suprématie dans le monde » et ainsi rendue inutilisable. Pourquoi ?

Cette exclusion du champ intellectuel fut, à mon sens, l'une des conditions de la réconciliation franco-allemande entre universitaires. Elle résulta d'une décision tout à fait explicite prise au cours des entretiens conduits en Sorbonne entre les historiens et les géographes français, et leurs homologues allemands, dirigés par Hartke, au début des années 1950 (*cf.* les comptes rendus publiés dans *Allemagne, Bulletin trimestriel d'information du Comité d'échanges avec l'Allemagne nouvelle,* 1955, n° 38-39).

Il semble que tous les géographes français n'aient pas partagé la même analyse. Certains d'entre eux, tel L. Champier, estimaient qu'il aurait fallu revaloriser scientifiquement ce terme, commode et expressif, dit-il, comme « meilleur moyen d'effacer à jamais les idées néfastes et erronées qu'il a pu recouvrer à ses débuts » et pour ne pas risquer « un abandon de terrain ». Champier poursuit : « Quant à la distinction entre géohistoire et géographie politique, elle ouvre la question de la compétence de l'historien ou de celle du géographe à propos de la genèse du développement de l'État ; le terme de géohistoire n'implique-t-il pas de la part des géographes humains un abandon de terrain au bénéfice de la méthode historique », s'interrogeait encore Champier (1957, pp. 149-158). L'auteur, il est vrai, enseignait à l'université de la Sarre, dont il analysait les problèmes d'intégration dans l'un ou l'autre marché. Il y a donc, dans ce refoulement du terme, l'effet d'une vieille querelle franco-française entre historiens et géographes, autour de la frontière déontologique tracée par Lucien Febvre entre ceux qui traitent du « sol » et qui ont en charge l'État.

Une autre preuve de ce processus de mise à l'écart est fournie par Braudel lui-même dans sa thèse. Il a créé, pour rendre compte de phénomènes qui seraient aujourd'hui qualifiés de véritablement géopolitiques, un autre néologisme, copie conforme de celui d'Ancel : « géohistoire ». Pourquoi ? Il a cherché à « forger un mot différent de ce vocable allemand » : « Par géohistoire, nous entendons désigner autre chose que ce qu'implique la géopolitique, autre chose de plus historique à la fois et de plus large, qui ne soit pas seulement l'application à la situation présente et future des États d'une histoire spatiale schématisée et, le plus souvent, infléchie à l'avance dans un certain sens. » Ainsi opta-t-il pour « géohistoire », « géographie humaine intelligente » et « rétrospective » (1949, pp. 191-192 *).

La cause est donc entendue, pour la France comme pour l'Allemagne d'après 1945, soucieuse de faire oublier un passé intellectuel de compromissions.

d) « *Geopolitics* » *alternative aux États-Unis : entre Haushofer et Mackinder*

> « *Ah blessed stypic on the nicks !*
> *O brave new geopolitics* »
>
> M. Tagoff, poème publié dans le *New Yorker*
> (cité par Weigert et Parker)

Demangeon meurt en 1940, Ancel en 1942 et Gottmann quitte la France pour devenir consultant du Bureau des affaires économiques militaires à Washington en 1942. Dès lors, la réflexion française est réduite au silence, pour plusieurs décennies.

Aux États-Unis, on prend très au sérieux les analyses des *Geopolitiker.* Isaiah Bowman constate dès 1942 que « la géopolitique a émigré d'Allemagne vers l'Amérique », dans un article très critique (« Geography versus Geopolitics », *Geographical Review,* 1942, XXXII, 4). Weigert, pour sa part, publie à New York un important *Generals and Geographers : The Twilight of Geopolitics* la même année et Dorpalen *The World of General Haushofer.*

Dans la préface de l'ouvrage d'Andreas Dorpalen, le colonel Herman Beukema écrit : « Intelligent America can no longer afford to ignore geopolitics. » Il s'agit alors de construire une vision globale alternative. Les géographes américains s'y sont attelés, en travaillant sur de nouvelles projections. Le Mercator classique centré sur l'Europe, offrant une vue plaçant les États-Unis sur les marges, fut remplacé par des projections azimutales équidistantes, donnant à voir une « proximité » plus grande avec l'Eurasie. De même, les projections polaires furent-elles utilisées lorsque l'alliance avec Moscou impliqua des flux de ravitaillement par l'Arctique.

Après Pearl Harbor, on décida d'introduire l'enseignement d'une *geopolitics* dans trois écoles d'état-major dont West Point et à l'université jésuite de Georgetown, à Washington. Le texte de référence avait été rédigé par Edmund Walsh — qui interrogea Haushofer en octobre 1945 à Nuremberg —, sous le titre *An essay on Geopolitics :* critique très

* Curieusement, ces paragraphes, fort intéressants du point de vue épistémologique, n'ont pas été repris dans les éditions suivantes.

sévère des thèses haushofériennes, il visait d'abord à désamorcer le sentiment isolationniste de beaucoup d'Américains, qui estimaient que l'engagement dans la guerre ne servait qu'à préserver les intérêts de l'Empire britannique. Il cherchait aussi à montrer en quoi les valeurs du christianisme étaient mises en péril (l'Église catholique fut ensuite, en Amérique latine, parmi les premiers opposants aux doctrines dites de « sécurité nationale »). Il dessinait « the pattern of a future geopolitics, American born », « whatever residue of geographic, ethnic and economic validity may remain after rational discount in the claims of German geopoliticians must be examined with objectivity and remedied with frankness and courage » (113-115). C'est pourquoi il convoqua Mackinder, présenté dans ses références à la démocratie comme l'anti-Haushofer.

La conclusion débouchait sur un programme — limiter le nationalisme, organiser la sécurité collective, le libre-échange et les migrations — et rendait acceptable le mot « géopolitique ». Parce qu'il connotait une vision des choses à l'échelle du monde, qui faisait défaut aux Américains. Écho du projet d'Haushofer, résumé ainsi par Dorpalen : « To make his fellow Germans world conscious, to think in continents. » Même souci chez Roosevelt après Pearl Harbor : « Je demande au peuple américain de sortir ses cartes. Je vais leur parler de lieux étranges. Je vais demander aux journaux d'imprimer des cartes du monde entier. I want to explain the people something about geography » (F. D. Roosevelt, janvier 1942 ; in Rosenman, 1952, p. 330).

Le terme se diffusa donc, surtout dans les cercles militaires, de manière à tirer parti de la *Geopolitik*, en l'adaptant aux objectifs américains. Par exemple, en rompant avec le colonialisme français et anglais, objectif évidemment déjà présent chez Haushofer et qui devint un axe diplomatique américain, en Afrique (Maghreb) comme en Inde.

Parmi ses promoteurs, nommons Nicholas Spykman : journaliste hollandais naturalisé, enseignant à Yale, il insista, suivant Mackinder sur l'importance, pour le maintien futur de la puissance mondiale des États-Unis, d'un contrôle sur le *rimland*, ceinture d'atterrages bordant l'Eurasie et située de la Norvège à la Chine côtière.

Avec la rupture de l'alliance américano-soviétique et la guerre froide, les thèses de Mackinder-Spykman ont servi de mode d'expression schématique à la stratégie de la contention — *containment* — formulée par Kennan en juillet 1947, dans *Foreign Affairs*. Bien que Kennan ait récusé toute dette à leur égard, il formula une stratégie d'encerclement de l'Union Soviétique.

L'idée était qu'aucun État situé sur le *rimland* en périphérie de l'URSS ne pouvait voir sa sécurité garantie si le centre de l'Eurasie était dominé par une seule puissance hostile. Les études du National Security Council estimaient qu'il existait, en Europe et en Asie, entre les États-Unis et l'URSS, une série de régions à fort potentiel qui, ajouté à celui de l'URSS, lui donnerait une supériorité en main-d'œuvre et ressources qui menacerait l'avenir des États-Unis comme nation libre » (1947-1948). En décembre 1948, le document NSC 20/4, base de la nouvelle politique américaine définie dès mars 1947 par Truman à propos de la Grèce et de la Turquie, concluait que « la domination soviétique du potentiel de l'Eurasie, qu'elle soit atteinte par l'agression armée ou des moyens politiques ou subversifs, serait politiquement ou stratégiquement inacceptables pour les États-Unis » (cité dans John Lewis Gaddis, *Strategies of containment, A critical appraisal of postwar american national security policy*, 1982, p. 57). La victoire communiste en Chine (1949) renforça cette vision américaine de la menace.

Ainsi se trouvait définie une véritable frontière stratégique, une ligne de front potentielle, bientôt étendue du nord de la Norvège au Japon, en passant par la Corée et l'Afghanistan, et qui est demeurée telle jusqu'aux accords de désarmement de 1990, marqués par le début de la fermeture de plusieurs dizaines de bases américaines.

En 1948, le secrétaire au Foreign Office, Ernest Bevin, déclarait : « Le contrôle physique de l'île mondiale est ce que vise le Politburo. » Nixon, pour sa part, se réfère au concept de *Heartland* dans *The real war*. Enfin, l'analogie « dominos » (Eisenhower, 1953), qui devint « théorie » sous Kennedy et évoque la « rangée de quilles » de Mackinder (1934, à propos des menaces pesant sur les petits États d'Europe centrale), fut utilisée d'abord pour le Vietnam. Appliquée ensuite à tous les États susceptibles de passer sous influence communiste, elle découle de cette vision du monde qui a marqué dirigeants et journalistes.

Bref, cette vision des réalités stratégiques mondiales — un « centre » à contenir par un contrôle stratégique et politique étroit de toute la « périphérie » — a prédominé pendant près de quatre décennies, servant de base implicite à l'interprétation des politiques soviétiques. Elle n'envisage pas les problèmes sociaux et politiques internes des États, mais leur place sur la carte mentale américaine. Lorsque le terme « géopolitique » est employé dans les manuels militaires américains durant la guerre froide, il renvoie à cette interprétation spatialisée du conflit dit Est/Ouest. C'est au fond une géostratégie. Mackinder, dit-on, n'aimait pas le mot géopolitique et ne l'employa pas. Mais ses textes sont toujours connotés ainsi, car ils offraient aux officiers supérieurs américains une vision mondiale commode bien que simpliste.

e) Le retour public du mot dans les années 1970

Le mot fit un retour public dans les années 1970. A vrai dire, il était demeuré en usage dans les milieux militaires latino-américains, comme base de la doctrine dite de « sécurité nationale » *, visant à ancrer les régimes autoritaires dans la sphère d'influence des États-Unis en combattant toutes les expressions politiques démocratiques et progressistes, suspectes de faire le jeu du castrisme. Dans certains cas, l'aménagement du territoire était employé comme moyen de gestion des contradictions sociales : l'exemple le plus célèbre en est l'ouverture de fronts pionniers en Amazonie brésilienne par le régime militaire comme moyen de répondre aux pressions sociales dans les régions rurales du Nordeste tout en évitant une véritable réforme agraire.

* Référence assez répandue pour qu'il soit possible d'en dresser un bilan comparatif et une cartographie. Voir Foucher (Michel), *L'invention des frontières*, 1987, IIe partie (« Géographie de la " *geopolitica* " »).

Étudiant à cette époque les opérations de « colonisation » au long des nouveaux axes transamazoniens, il m'était apparu que l'approche régionale classique, en termes de fronts pionniers, était insuffisante car limitée à une seule échelle d'analyse. Ces opérations dont j'observais les résultats locaux et régionaux s'inscrivaient en fait dans un projet spatial d'ensemble, dans une stratégie d'acteurs — celle des grandes entreprises, celles aussi de l'État soucieux d'affirmer une présence dans les zones frontalières amazoniennes —, que je nommai « géopolitique » *, en un temps où le terme n'était pas employé en France, en dehors de quelques écoles militaires.

Ce concept me semblait adéquat pour qualifier ce programme de géographie volontaire, formulé par un état-major et comportant des aspects intérieurs — gestion des crises agraires du Nordeste et contrôle des frontières par une politique migratoire dirigée — et extérieurs — actions diplomatiques de délimitation avec les États limitrophes.

Il n'est pas interdit de penser que l'étroitesse des liens, dans cette période, entre les acteurs de la politique extérieure des États-Unis et les généraux « géopoliticiens » d'Amérique du Sud ait joué un rôle dans la remise à la mode du terme dans ce pays, où il demeurait usité dans les cours des académies militaires (par exemple *Readings in Military Geography*, United States Military Academy, West Point, qui regroupe des textes rédigés de 1971 à 1981).

On peut créditer de son réemploi public lors d'une conférence prononcée devant le National Press Club, en janvier 1977 Henry Kissinger —, quelque temps après un voyage au Brésil où il avait eu un long entretien avec le général Golbery —, le plus influent de tenants de la doctrine de sécurité nationale et après qu'il eut cessé d'occuper un poste de décision **. Le terme est, chez Kissinger, postérieur à sa conception.

En effet, on n'en trouve aucune trace littérale dans sa thèse *A World Restored : Castelreagh, Metternich and the Restoration of peace, 1812-1822*, publiée en 1957 et consacrée à l'étude de la mise en place d'un « ordre international stable ». Il est en revanche employé dans le premier volume de ses *Mémoires* (publié en 1979). Expliquant les différences de conception internes à l'administration américaine, il décrivait Rogers, le secrétaire d'État, comme un pragmatique, ce qu'il attribuait à sa formation de juriste, alors qu'il qualifiait sa propre manière d'aborder les problèmes internationaux de « stratégique et géopolitique » : « Je m'efforçais de relier les événements entre eux, de créer ou de favoriser dans certains pays des situations propres à influencer le cours des événements dans d'autres parties du monde » ; il évoque le « moyen terme, le global ». Plus loin, il parle de « l'équilibre géopolitique du monde » au sujet d'un épisode de la tension sino-

* Le terme est utilisé en introduction pour présenter la problématique politique, sociale et spatiale d'analyse des fronts pionniers amazoniens, in Foucher (Michel), « La mise en valeur de l'Amazonie brésilienne », in *Problèmes d'Amérique latine*, XXXIII, 1974.

** Entretiens de l'auteur avec Henry Kissinger (1987) et avec John B. Garver, professeur de géographie à West Point et cartographe en chef du *National Geographic Magazine* (1984).

soviétique. Les approches américaines en direction de la Chine participèrent de ce souci d'un équilibre mondial fondé sur une vision mackindérienne de dissociation des grands États de l'Eurasie.

Ces emplois fréquents s'inscrivent en fait dans le sillage des conclusions de sa thèse. Il y souligne en effet que Metternich et Castelreagh avaient pu « concevoir leur politique comme une stratégie nationale à long terme », la conception n'étant pas séparée de l'exécution. D'autant, ajoute-t-il, qu'ils étaient restés longtemps en poste : « Ils ont les moyens d'exécuter leurs conceptions en se souciant véritablement de la connexité de leurs décisions, et non de leur seule rationalité respective » (1972, p. 404). Kissinger précisait là une méthode de négociation, le *linkage*, création de liens entre des faits éloignés, et une approche globale, mondiale; elles étaient cohérentes avec la rivalité Est/Ouest exacerbée du temps où il était conseiller spécial de Nixon.

Si le terme se diffuse ensuite hors des cercles militaires, c'est comme résultat d'une stratégie délibérée de milieux d'analystes influents* pour contrer le traumatisme et les effets de repli consécutifs à la fin de la guerre du Vietnam, soit entre 1975 et 1979.

La période est en effet fertile en changements : désormais, la rivalité entre les deux puissances s'étend à l'ensemble du monde, et de nouveaux facteurs échappent au simple jeu binaire.

— *1975 :* à la suite de l'échec politique américain au Vietnam, révolution éthiopienne (suivie d'un pont aérien soviétique massif en 1978); indépendance du Mozambique et de l'Angola, soutenue par Cubains et Soviétiques contre l'armée sud-africaine; début du conflit Chine/Vietnam au Cambodge; rupture du camp communiste.

— *1979 :* révolution iranienne, qui chasse les États-Unis d'une partie du monde, le golfe Arabo-persique, où ils ne feront retour qu'en août 1990; succès sandiniste au Nicaragua; intervention militaire soviétique en Afghanistan; montée de la tension militaire en Europe avec la crise des euromissiles. C'est aussi le deuxième choc pétrolier, plus grave que celui de 1973. On commence à parler alors, en France, notamment au ministère de l'Industrie, de géopolitique à propos du pétrole du Moyen-Orient, et de géostratégie au sujet du détroit d'Ormuz : redécouverte des rapports de connexité dans un monde perçu comme interdépendant.

Dans la décennie suivante, le gel, sous l'effet du nucléaire, des tensions en Europe, ne freine en rien le développement des conflits dits « régionaux », adjectif qui désigne la poursuite, sur d'autres terrains, de la rivalité Est/Ouest, que les protagonistes utilisent autant qu'ils la subissent. Le champ du discours géopolitique commun se résume alors largement à cette approche de description d'un antagonisme principal par acteurs interposés, principalement dans le Tiers Monde.

La vision classique demeure, même actualisée. Ainsi, Zbigniew Brzezinski, ancien conseiller pour la sécurité nationale de Carter et l'un des penseurs américains les plus sensibles à la géographie — son bureau du CSIS à Washington est tapissé de planisphères du National

* Voir Colin Gray, auteur de *The Geopolitics of the Nuclear Era*, publié en 1977; chercheur au C.S.I.S., à Washington.

Geographic —, demeure dans le droit fil de Mackinder, qu'il cite souvent, dans son ouvrage, *Game Plan. How to conduct the US-Soviet Contest* (1986). Cette synthèse de ses cours à Columbia est présentée explicitement comme une « géopolitique * ».

Le propos vise en effet, une fois de plus, à contrer le fait que « les Américains ne sont pas habitués à penser en termes stratégiques ou géopolitiques » (p. 194); il est centré sur « la lutte géopolitique pour l'Eurasie » : la rivalité entre les deux grands est globale mais a des « priorités géopolitiques claires », autour de « trois fronts stratégiques », Europe, Moyen-Orient-Asie du Sud et Extrême-Orient.

Au-delà de cette carte mentale assez traditionnelle, il est notable que ses propositions, présentées comme « priorités géopolitiques pour les États-Unis », éclairent sur la longue durée de la nouvelle stratégie américaine :

« 1) accélérer l'émergence d'une Europe occidentale plus autosuffisante et, éventuellement, restaurée dans son unité;

« 2) promouvoir une relation triangulaire stratégique informelle en Extrême-Orient à travers une coopération économique et politique plus large entre les États-Unis, le Japon et la Chine;

« 3) renforcer politiquement et militairement les États de l'Asie du Sud-Ouest qui sont les voisins méridionaux de l'Union Soviétique;

« 4) soutenir les pressions internes dans les États de l'Est européen dominés par Moscou et même à l'intérieur de l'Union Soviétique, pour une tolérance et une diversité politiques accrues » (p. 196).

Il attend donc d'une Europe plus autonome un « monde plus pluraliste, moins polarisé par le conflit Est/Ouest et une attraction bénéfique sur l'Europe de l'Est. Pour résumer, sa géopolitique comporte un élément neuf par rapport à une vision dualiste classique : en prenant soin de la différencier de la stratégie — emploi de moyens militaires — il lui assigne pour fonction de décrire les moyens d'assurer le succès des États-Unis sur l'Union soviétique sans conflit armé. D'où l'insistance, en 1986, sur « l'offensive démocratique » et, en 1990, sur le rôle croissant des communications : « La base de la puissance américaine est, pour une très grande part, sa domination du marché mondial des communications. 80 % des mots et des images qui circulent dans le monde proviennent des États-Unis. »

C'est donc bien à partir du milieu des années 70 que le concept de géopolitique effectue un retour public, principalement aux États-Unis et, de là, dans les États de l'Alliance atlantique.

La reprise de cette rhétorique fut assez nette pour que des politistes et des géographes soviétiques s'en inquiètent. Ainsi, la *Pravda* (19 avril 1980) a consacré un article à « Schéma géopolitique et réalité », qui dénonce la nature expansionniste des concepts américains. On peut lire des jugements comparables dans des articles plus étayés du géographe O. V. Vitkovski (1980) et du politiste V. A. Kolosov (1980) qui, dans le même temps, plaident pour le développement de la géographie politi-

* Entretiens avec l'auteur (Washington, 1986 et 1990).

que en Union Soviétique *. Celle-ci serait consacrée à l'étude des seuls pays capitalistes et en développement (Kolosov, 1980, pp. 512-517). En matière de frontière, la conception dominante y est celle d'aires de coopération mutuellement avantageuse.

La nouvelle discipline y est présentée comme l'association de la science politique et de la géographie et, dans la liste des objectifs, sont mentionnés d'une part « la valeur pratique de la géographie politique pour faire des prévisions », d'autre part son intérêt pour étudier « la géographie des forces politiques » — différences régionales dans la composition de classe, dans les comportements ethniques et religieux. Le tableau dressé par Vitkovsky est tout à fait moderne et opératoire dans ses ambitions.

Avec la *perestroïka,* le terme « géopolitique » n'est plus tabou à Moscou — notamment dans les instituts de politique étrangère —, même appliqué à l'Union soviétique. Il ne figure pas explicitement dans le célèbre ouvrage de Gorbatchev *Perestrojka i novoe myslenie* (1987), mais ce dernier n'en est pas éloigné quand il évoque les « conditions géographiques ».

Il faut attendre le tournant de 1988 à Moscou pour que soit condamnée, par Mikhaïl Gorbatchev, comme « historiquement périmée » la « politique de force sous toutes ses formes et manifestations » (28 juin), tandis qu'Édouard Chevernadze affirme : « Nous renonçons à voir dans la coexistence pacifique une forme particulière de la lutte des classes. Le combat des deux systèmes opposés n'est plus la tendance déterminante de l'époque moderne » (25 juillet). Conséquence, attendue, de la *perestroïka,* des conflits locaux où Moscou était directement impliqué, sur son voisinage** ou au-delà — Afghanistan, Afrique australe —, connurent un début de règlement. En revanche, le rythme des changements en Europe de l'Est, espace majeur du grand tournant abordé en 1988, n'avait sans doute pas été imaginé par les stratèges du Kremlin.

A monde nouveau, nouvelle géopolitique ?

RÉINVENTER UNE GÉOPOLITIQUE

> « Qu'est-ce donc que le temps ? Si personne ne me pose la question, je sais ; si quelqu'un pose la question et que je veuille expliquer, je ne sais plus. »
>
> Saint Augustin, *Confessions* (XI, 14, 17).

Les cartes mentales qui simplifiaient la rivalité Est/Ouest, en lui donnant une interprétation strictement territoriale alors qu'il s'agis-

* Titre traduit : « Géographie Politique et Géopolitique : une récurrence de la géopolitique américaine », in *Vestnik Moskovskogo Universiteta, geografiya* (1980, n° 6), et rapport du 11e Congrès de l'Association internationale de science politique, Moscou, août 1979, in *Izvestiya Vsesoyuznogo Geograficheskogo Obshchestva* (1980, n° 6).

** La crise qui s'est généralisée en Union Soviétique souligne en tout cas enfin les limites de la perception mackindérienne : sa position terrestre centrale en Eurasie n'est d'aucun secours pour enrayer les graves difficultés présentes.

sait d'abord d'une opposition sur les modèles socio-politiques, sont désormais obsolètes. Pour comprendre les réalités présentes et à venir, l'analyse géopolitique peut se révéler efficace, à condition de disposer d'un outillage renouvelé. Si le retour de la référence géopolitique ne s'accompagne pas d'un renouveau des méthodes, on court en effet le risque de voir exhumer les auteurs du passé sans guère d'analyse critique ni de réflexion sur les carences de leurs théories ou leurs fonctions datées.

a) Ce que n'est pas « la » géopolitique

Si l'on résume à grands traits certaines définitions en usage aujourd'hui de « la » géopolitique, deux catégories doivent faire l'objet d'une critique radicale.

Au pire, elle reste attachée à l'évaluation de la supposée influence du « milieu », de la « géographie » — physique, s'entend — sur la « politique » des États. Croit-on une telle définition dépassée ? Non point. Le dictionnaire Robert, dans son édition de 1988, écrit encore, à l'article « Géopolitique » : « Étude des rapports entre les données naturelles de la géographie et la politique des États. » Quant au Larousse (*Dictionnaire de la langue française Lexis,* éd. 1989), il n'est guère plus imaginatif : « Étude des rapports qui existent entre les États, leur politique et les données naturelles, ces dernières étant déterminantes. »

Au mieux, elle prend comme objet l'analyse des rapports de puissance entre les deux grands sur tous les théâtres du monde, notamment les « mers chaudes » ou froides, les détroits, la « route du Cap » ou la Caraïbe, les régions pétrolières et minières ou le « centre-Europe ». Définition fréquente aux États-Unis et dans les milieux de l'OTAN ainsi qu'à Moscou (sous le vocable moins en vogue aujourd'hui de « corrélation des forces »).

Dans *Géopolitique, les voies de la puissance* (1990, p. 37), Pierre Gallois estime que « la géopolitique est l'étude des relations qui existent entre la conduite d'une politique de puissance portée au plan international et le cadre géographique dans lequel elle s'exerce ». La notion de « cadre » est ici plus vaste et moins déterministe que celle de « milieu ». Mais c'est l'exercice de la « puissance » qui est désigné comme l'objet central et l'échelle « internationale » qui est seule retenue. Cette perspective coïncide avec la guerre froide, analysée comme rivalité entre deux superpuissances sur l'ensemble du monde. On parlait alors des ambitions « géopolitiques » de l'Union Soviétique.

Dans le premier cas, on comprend aisément que d'une réduction de « la » géopolitique à l'étude de l'influence *(sic)* du milieu sur la politique découle l'idée de frontières « naturelles », c'est-à-dire inscrites d'emblée dans la nature. Les autres étant qualifiées, par défaut, d' « artificielles » et donc sujettes à caution. On devine déjà les conséquences d'un tel classement dès lors que le temps des remaniements — donc des débats et des disputes — se présente. La « nature », on le verra, est souvent utilisée pour étayer une argumentation dans le cadre de litiges territoriaux, lorsque le recours aux « droits historiques » ne suffit pas. Exemple : cette affirmation émise à Bagdad le 25 décembre 1990 devant une délégation jordanienne : « Le Koweit fait historiquement et " géographiquement " partie de l'Irak. »

Dans le second cas, on envisage à peine la question des frontières, sauf sous la forme des lignes de front principales, de ce que les Soviétiques nomment « la ligne de contact ». L'attention presque exclusive portée pendant ces dernières décennies au seul jeu Est/Ouest explique sans doute que le thème des frontières n'ait pas fait l'objet d'analyses fouillées. Le primat du nucléaire, les nouvelles techniques d'armement, le rôle des sous-marins lanceurs d'engins, aboutiraient à un état de « ni fronts ni frontières », selon l'expression avancée par Pierre Gallois, et choisie à rebours du titre de la première édition du présent ouvrage. Qu'en est-il alors de toutes les questions qui n'entrent pas directement dans la catégorie précitée ?

On le voit, ces définitions ne sont guère satisfaisantes, et les plus déterministes d'entre elles, qui appartiennent encore à un temps que l'on souhaitait révolu, doivent être écartées. *La géopolitique n'est pas l'étude de l'influence du « milieu » sur la politique.* L'espace est un support, un théâtre, parfois aussi (mais moins souvent qu'on ne le dit), un enjeu s'il recèle des ressources utiles à plusieurs, jamais un « acteur ».

De la même manière, *il n'y a pas de « problèmes de frontières » au sens où les tracés seraient des acteurs de l'histoire. Ce qui compte est de comprendre les usages que les hommes en font et les rapports, les interactions qu'ils nouent autour d'elles.* Ce qui suppose une boîte à outils adéquats.

b) Les trois registres de la géopolitique

« La » géopolitique s'intéresse à l'articulation du politique et du spatial. Soit. Mais il faut admettre la polysémie de la notion pour mieux situer les trois registres de ses usages.

— **La géopolitique comme représentation :** Le terme géopolitique peut désigner d'abord des « écoles », des « discours », des constructions plus ou moins théorisées, souvent appuyées de schémas plus ou moins simplifiés ou d'images cartographiques. On a affaire ici à des représentations, à des rationalisations *ex post*, à des perceptions, parfois à des visions du monde. A cet égard, les cartes, par les projections et les sélections informatives retenues, peuvent aussi bien induire des perceptions — on l'a noté amplement plus haut — que communiquer des informations objectives.

J'entends par représentation géopolitique une combinaison sélective d'images empruntées à diverses catégories du champ socio-historique propre au groupe qui la produit, et qui sont recomposées de manière à former un ensemble spatial dont la dénomination est à la fois le symbole et le slogan d'un projet politique en principe cartographiable. Il a valeur d'icône et exprime un « grand dessein ». Exemples : « l'Europe », comme projet unitaire ; la « Grande Syrie » ou la « Grande Serbie », comme ambition de retour à un passé jugé plus glorieux et souvent mythique, le mythe étant entendu ici comme « événement qui n'a pas eu lieu » mais auquel on croit. Cela désigne des « desseins », plus ou moins nobles, appuyés, par souci de preuve, sur des images plus ou moins cartographiables, mais aussi des visions du monde qui, pour être globales, n'en sont pas moins orientées.

Dans cette perspective, l'analyse géopolitique devrait s'attacher à la critique d'un florilège de représentations diverses, variées, souvent rivales ou contraires et dresser la liste des argumentaires avancés par les parties en lice.

Cette notion est évidemment fondamentale, puisqu'elle invite à ne pas prendre les cartes pour argent comptant; elles doivent être interprétées, en seconde lecture, comme des symptômes de projets, d'objectifs, de stratégies. Les noms de lieux eux-mêmes ne sont pas à l'écart de ce travail d'interprétation critique. Voir par exemple la querelle de mots autour du « golfe », persique pour Téhéran et les États-Unis (à l'époque du shah), arabo-persique à partir de la guerre Irak-Iran. Il s'agit là de ce que je nomme des « géonymes », souvent produits par des stratèges et des journalistes, pour délimiter des ensembles régionaux fonctionnels comme cadre des enjeux du moment. Ainsi, « Moyen-Orient » ou « Asie du Sud-Est » ou « Europe de l'Est », à quoi est opposée maintenant « Europe centrale ». On y reviendra longuement.

— **La géopolitique comme pratique :** Les géopoliticiens déjà cités ont tous eu le souci de livrer des « guides pour l'action ». Noble ambition. Mais les responsables d'États ne les ont pas toujours attendus pour mettre en œuvre des projets concrets, des stratégies, qui modifient une situation, infléchissent le cours de l'histoire.

Une guerre, un massacre, une conférence internationale, une alliance, un choix de coopération entre États, une réunification, une assistance massive, un accord de désarmement, une reconnaissance des droits de l'autre, un repli ou une avancée des troupes, une autorisation d'émigrer, une déclaration unilatérale de souveraineté sont autant d'actes de signification géopolitique plus ou moins locale ou globale dès lors que des décisions politiques s'appliquent à un espace singulier tout en ayant des conséquences plus lointaines.

Ces pratiques sont souvent étayées, préparées, justifiées, légitimées ou invalidées par la mise en place de « représentations ». Des motifs honorables masquent alors des ambitions qui le sont moins.

Parmi toutes ces entreprises politiques, la décision de tracer ou de subvertir une frontière est une action éminemment géopolitique.

— **La géopolitique comme méthode :** Dès lors que l'on se met en position d'analyste — expert, conseiller ou professeur —, s'impose la restitution des deux catégories précédentes, pratique et représentation, à des fins d'évaluation, de conseil ou simplement de formation.

Le champ de l'analyse est clairement celui observé dans la pratique, à savoir une géopolitique plurielle. Il inclut donc l'étude de la formation territoriale des États contemporains et de leurs frontières, les situations de tension actuelles et prévisibles, les phénomènes de constructions nationales et étatiques, le rôle dans l'espace des configurations ethniques, religieuses, politiques, économiques et idéologiques des sociétés civiles et des appareils d'État, ainsi que les représentations du monde des groupes dirigeants, des peuples et des nations.

La géopolitique-méthode ne se limite pas à l'étude des relations internationales ou interétatiques, qu'on prend souvent encore pour synonymes, puisqu'elle fait place à la structuration interne des États et nations, les frontières ayant ici un rôle évident d'interface.

Dans cette optique, je m'en tiendrai à la proposition de définition suivante : *la géopolitique est une méthode globale d'analyse géographique de situations socio-politiques concrètes envisagées en tant qu'elles sont localisées, et des représentations habituelles qui les décrivent. Elle procède à la détermination des coordonnées géographiques d'une situation et d'un processus socio-politique et au décryptage des discours et des images cartographiques qui les « accompagnent »*. On cherchera à établir les rapports, les liens de « connexité » entre ce qui relève de la pratique et ce qui est représenté. Les coordonnées demandent à être rétablies, et ce n'est pas toujours simple ; cela n'a rien à voir avec des « données » géographiques (dont l'auteur est toujours mal identifié) qui détermineraient par avance le cours des choses et le destin des hommes. *Cette méthode peut être utilisée à des fins d'analyse, mais aussi de prévision et d'action. L'analyse géopolitique doit envisager les coordonnées à la fois internes et externes d'une situation* : on ne peut réduire le champ de la géopolitique aux seules relations internationales, encore moins à la seule rivalité stratégique entre les acteurs des deux métasystèmes dominants. Ce qui est externe peut s'appréhender en changeant d'échelle, pour repérer, par *diatopie* *, les ensembles englobants ; mais, et c'est particulièrement nécessaire dans le cas de l'étude des frontières, il faut aussi être attentif à la *syntopie* **, dans la mesure où les frontières peuvent être sécantes par rapport à la gamme des ensembles d'un niveau scalaire donné.

La démarche géopolitique a pour fonction première d'analyser, s'il y a lieu, les articulations entre les composantes externes et les composantes internes d'une situation concrète localisée ; le plan de séparation-contact entre l'interne et l'externe est souvent le tracé présent des frontières, mais certains clivages internes peuvent être ressentis comme aussi vifs.

Si l'on néglige la nécessité d'une approche multidimensionnelle, et donc *multi-carte et multi-scalaire* ***, on risque de s'en tenir à des explications monistes des rapports entre États, peuples et espaces. Tantôt, on insistera sur les seuls facteurs internes de la « coagulation » (ou de la dislocation) nationale ; tantôt, on ne retiendra que les facteurs externes (les frontières des États du Tiers Monde étant interprétées dans le seule cadre de la théorie de la dépendance : la notion de frontière arbitraires en est une des versions spatialisées, alors qu'on ne voit pas qu'avec le temps et pour des raisons internes des sédimentations se produisent). Il n'y a pas à choisir entre divers pôles explicatifs, mais à voir comment les uns et les autres jouent, à un moment donné et dans un cas concret, de manière plus ou moins complémentaire

* Diatopie : jeu des échelles.

** Syntopie : étude de tous les phénomènes observables à une échelle.

*** En référence aux « grandeurs scalaires » en mathématiques, qui suggèrent l'image d'une *échelle* de valeurs indépendamment de toute idée d'orientation, selon L. Broglie, je propose le terme pour désigner une structure spatiale (ou une démarche) qui pour un même objet montre la variation de ses fonctions selon l'ordre de grandeur pris en compte, selon *l'échelle* géographique.

(enchaînement : guerre + formation nationale, par exemple) ou, à l'inverse, exclusive (cas évident des frontières de chancellerie, mais aussi des frontières « dissymétriques », imposées unilatéralement par une formation nationale dominante).

La difficulté à penser de manière synchronique l'interne et l'externe tient sans doute à l'étrangeté, à l'altérité que ce qui est : l'Ailleurs, l'Autre.

Ce n'est plus seulement une affaire de représentation mais d'intelligence d'autres logiques. Certes, ce défi est traité dans le domaine de la stratégie : la lecture d'un manuel militaire adverse renseigne sur l'ordre de bataille et les intentions de l'autre. Mais, le champ de la géopolitique est plus vaste. L'Ailleurs n'est pas le mystère qui entoure le monde « des diables étrangers » comme disaient les cartographes chinois, mais discontinuité des « valeurs » au-delà des frontières. Comme le souligne Kissinger (influencé en cela par Raymond Aron) : « Une politique, la nation l'évalue selon ses critères intérieurs, car elle n'en possède point d'autre. [...]. Si une société tire sa légitimité d'un principe qui se veut à la fois universel et exclusif, [...] ses relations avec les autres sociétés tendront à se fonder sur la force. C'est la raison pour laquelle des légitimités concurrentes éprouvent les plus grandes difficultés à trouver un terrain d'accord. » Il ajoute : « L'expérience nationale d'un peuple tendra à l'empêcher de comprendre les problèmes de politique étrangère » (1964 : 405).

Le problème épistémologique posé est bien celui d'une pensée d'éléments hétérogènes et discontinus, car l'interne et l'externe ne sont pas de même « nature ». On pourrait donc estimer que le raisonnement géopolitique cherche à retrouver les rapports de connexité entre des faits géographiques disjoints.

Ce traitement de l'altérité s'impose comme un impératif, dès lors que, dans un monde unifié par la marchandise triomphante et la communication instantanée, les signes d'affirmation des identités se multiplient. C'est pourquoi les frontières religieuses se révèlent souvent les plus durables et les plus fermées. Voir la limite de 1054 en Europe, qui divise depuis des siècles les chrétientés orthodoxe et latine.

Au-delà du seul domaine religieux, il faudra bientôt comprendre, aux marges du XXIe siècle, que les frontières ne séparent pas seulement des espaces, des États, mais aussi ce que je nommerai des « temps socioculturels » radicalement distincts. Cela s'exprime par des valeurs différentes, par des formes diverses de cohésion collective, dont l'un des discriminants est sans nul doute la nature de l'interaction entre le politique et le religieux. Certes, il faut veiller à ne pas rééttablir une sorte de schéma évolutionniste qui définirait des « stades » de maturation des processus socio-politiques. Il n'empêche que, pour vivre tous avec le même calendrier — horaires d'avion, de rencontres internationales ou des transactions financières —, les formations socioculturelles ne sont pas toutes synchrones quant à la hiérarchie des valeurs qui les animent et fixent la valeur de leurs actes. Tout ne se réduit pas à ce qui se joue à l'heure de Moscou, Washington, Londres, Tokyo, Bonn-Berlin ou Paris.

Or les phénomènes de domination — et d'inégalité — se fonderont de plus en plus sur la maîtrise du temps, autant que sur celle de l'espace et des flux. C'est l'un des effets de l'innovation technique. Hier, Londres imposa le méridien de Greenwich, parce que sa flotte sillonnait tous les océans du globe. Ses victoires sur la Royale, marine française, eurent leur sanction : le méridien de Paris cessa d'être la référence universelle. Qui fixera le méridien origine du prochain siècle ? Peu importe la réponse. Ce qui importe ici est la prise en compte de cette fonction croissante des discontinuités frontalières : ligne de démarcation entre des temps socio-culturels diachroniques, entre des référents « décalés », entre des systèmes de valeurs inconciliables. Comme entre les divers étages d'une tour de Babel qui reste pourtant hélicoïdale. C'est pourquoi la maîtrise des flux d'images et de mots est aujourd'hui décrite, dans les centres émetteurs, comme stratégique.

En définissant cette approche comme une méthode, on a récusé « la géographie » (au sens trop fréquent de forme des continents, des États) comme déterminant, qui serait aux postes de commande, comme acteur, quand il ne s'agit que d'un discours sur des réalités. Il faut se garder de l'« histoire spatiale schématisée », ainsi que des « *géographismes* * ».

L'examen exclusif de cartes à très petite échelle, où seules des réalités très simplifiées sont observables, de très haut, encourage *une sorte de vision olympienne du monde,* détachée des contingences, alors que les choses se jouent à des niveaux moins globaux, plus concrets. *D'où la nécessité de « lire » les cartes* (à plus grande échelle) non pas d'en haut mais en perspective (oblique) *de manière à restituer le mouvement qu'implique toute décision relative à l'espace* *. La géopolitique-méthode doit ici être complétée par la perspective géo-stratégique. J'entends par *géostratégie la mise en œuvre du raisonnement géographique appliqué à la conduite de la guerre et/ou à l'organisation du dispositif de défense (nationale).* L'évaluation des menaces externes et des rapports de forces (de part et d'autre des frontières), pris en compte en tant qu'ils sont cartographiables, est effectuée en fonction de l'intérêt de l'État et de la Nation concernés, qui se place par nécessité « au centre ». La géostratégie a trait à des pratiques concrètes, dans des lieux qui sont analysés comme des théâtres d'opération, réels et éventuels ; elle envisage donc les configurations spatiales, physiques et humaines, en fonction de la guerre et de la défense. Contrairement à des thèses répandues, les possibilités techniques et politiques offertes par la dissuasion nucléaire ne dispensent pas d'analyses géographiques.

En effet, *ce qui compte en géostratégie est l'interaction entre les tracés et l'organisation des deux espaces nationaux adjacents : distance-temps entre une frontière et les « lieux stratégiques » adverses.* Les configurations physiques locales sont des facteurs d'ordre tactique, *des alliés-terrain ou des obstacles-terrain* selon les cas et les axes de déploiement et de mouvement, et qui interviennent pour définir l'accessibilité appréciée en termes de distance-temps et la prévisibilité géographique de ces accès, les passages obligés.

L'essence du raisonnement stratégique est le choix des axes d'un mouvement en fonction des configurations rencontrées et de l'organisation hiérarchisée de la décision et des moyens, et/ou le choix des

* Mais contrairement à une expression courante, rarement mise en pratique, il ne suffit pas de « regarder la carte ». Il convient d'en étudier plusieurs, à diverses échelles.

mesures qui permettent de s'opposer à des mouvements adverses, c'est-à-dire à des menaces localisées. Il se fonde sur la lecture, non pas des cartes, mais des axes, des lignes de déplacements possibles ou probables. Or, tout mouvement implique une différenciation dans la pratique de l'espace. Comme l'indique Jomini, « il est une vérité d'une simplicité frappante, qui domine toutes les combinaisons de la grande guerre : c'est que, dans quelque position qu'un général se trouve, il n'a jamais qu'à décider s'il doit opérer sur sa droite, sur sa gauche ou directement devant lui. (p. 371).

On indiquera le parti que l'étude des frontières peut tirer de la prise en considération du mouvement, dont les conditions concrètes de mise en œuvre sont des causes ou des conséquences de nombreux tracés. Tant il est vrai que « l'espace parcouru est divisible », selon la thèse de Bergson. L'un des produits de cette division peut se nommer « frontière ».

QU'EST-CE QU'UNE FRONTIÈRE ? DÉFINITION OPÉRATOIRE ET CRITIQUE DES REPRÉSENTATIONS ET DES FAUX DILEMMES

a) La frontière est une discontinuité géopolitique, à fonction de marquage réel, symbolique et imaginaire

En français, le mot *frontière* est, à l'origine, l'adjectif féminin du substantif *front :* frontier, frontière. Le registre d'emploi est d'abord militaire : aller « en frontière » pour faire front. La formation du vocabulaire et l'histoire de la notion seront précisées dans les chapitres suivants (I et II). Les frontières ont acquis des fonctions autres que strictement militaires, qui elles s'expriment par la notion de « front » ou de « ligne de front ». Mais l'étymologie souligne la relation forte, originelle, entre « front » et « frontière » ; beaucoup de frontières aujourd'hui paisibles furent hier des fronts. L'inverse est également vrai. Il importe d'en donner une définition fonctionnelle : à quoi sert une frontière ?

Les frontières sont des structures spatiales élémentaires, de forme linéaire, à fonction de discontinuité géopolitique et de marquage, de repère, sur les trois registres du réel, du symbolique et de l'imaginaire.

La discontinuité joue entre des souverainetés, des histoires, des sociétés, des économies, des États, souvent aussi — mais pas toujours — des langues et des nations. La fonction de réalité, c'est la limite spatiale de l'exercice d'une souveraineté dans ses modalités propres : ligne ouverte, entrouverte ou fermée. Le symbolique renvoie à l'appartenance à une communauté politique inscrite dans un territoire qui est le sien ; il a trait à l'identité. L'imaginaire connote le rapport à l'Autre, voisin, ami ou ennemi, donc la relation à soi-même, à sa propre histoire et à ses mythes fondateurs, ou destructeurs. L'émigré ou le réfugié sait bien « imaginer » ce qu'il attend de la traversée de la « ligne ». La frontière n'est donc pas une banale limite fonctionnelle, à rôle juridique ou fiscal.

Dans une perspective géopolitique, on discerne que les frontières d'un État, situé par exemple en Europe, se constituent, selon une présentation très schématique, comme un plan d'articulation entre deux séries de processus qui relèvent d'échelles géographiques distinctes :

a) Les frontières sont d'abord l'enveloppe continue d'un ensemble spatial, d'un État, qui a atteint suffisamment de cohésion politique interne et d'homogénéité économique pour que les clivages principaux ne traversent plus l'intérieur du territoire et la collectivité humaine, mais aient été reportés, par changement d'échelle, en position limite.

Ainsi les barrières fiscales, autrefois intérieures et entraves à l'organisation d'un marché plus unifié, ont-elles été déplacées sur l'enveloppe frontalière, qui en a du reste acquis une armature plus continue. L'aire d'extension de l'autorité de l'appareil d'État comme celle du sentiment d'appartenance à une collectivité fondée sur des intérêts communs coïncident avec un territoire singulier, qui s'en trouve doté d'une valeur *d'homogénéité symbolique, la patrie,* et d'uniformité politico-administrative.

A cette « *isonomie* » (selon le terme de J.-P. Vernant) intérieure répond la discontinuité politique d'avec d'autres ensembles socio-politiques ; celle-ci est symbolisée par des bornes et par des frontières, sur des cartes popularisées et dans la rhétorique. Le cadre délimité est d'abord à usage interne, et un certain nombre de fonctions sont spécifiques à ce rôle d'enveloppe d'État, dans l'ordre fiscal, politique, idéologique et symbolique.

b) Les frontières sont dans le même temps un plan de séparation-contact ou, mieux, de différenciation des rapports de contiguïté avec d'autres systèmes politiques, qui ne sont pas forcément de même nature ni du même degré d'élaboration (comparons la France et les États allemands de 1815, ou le centralisme français et le système confédéral suisse). Les fonctions stratégiques ou géomilitaires (défensive/offensive) et diplomatiques (ne se rencontre-t-on pas beaucoup aux frontières, par exemple dans l'île des Faisans, à la frontière franco-espagnole, à Mexicali ou Tijuana, à la frontière américano-mexicaine, ou encore sur cette frontière stratégique à l'échelle de l'Atlantique nord qu'est l'Islande ? Pratique constante pour laquelle nos ancêtres gallo-romains avaient inventé le charmant vocable de « conciliabule », qui prenait place précisément sur les lisières de deux « pagi »), mais aussi de barrière douanière, migratoire ou sanitaire, s'y trouvent assurées.

C'est par des luttes que se réalise l'inscription dans l'espace de la construction étatique et nationale et la précision croissante des rapports de contiguïté : guerres, certes, mais aussi luttes d'influence et rivalités, processus d'intégration consentie ou imposée, politique linguistique, extension de l'iconographie symbolique. Si ces faits sont bien connus pour l'Europe centrale, orientale et balkanique, ils sont à rappeler pour les États européens dont l'assise territoriale dans ses configurations présentes est la plus ancienne : frontières portugaises (qui datent du XIIIe siècle), franco-espagnoles (du XIIIe au XVIIe siècle), suisses (XVe), scandinaves (esquissées au XIIe) ainsi que la limite actuelle Pays-Bas-Allemagne (1609).

A l'inverse, des frontières qui avaient duré, de manière continue, deux ou trois siècles au moins (Prusse-Pologne, limites sud-est et sud-ouest de l'Empire austro-hongrois) ont pourtant été effacées comme limites d'États dans les grands remaniements consécutifs à des luttes de nationalités et à l'issue de guerres.

Examinées sur des cartes, les frontières politiques se présentent comme les enveloppes des États. *L'enveloppe est entendue comme la limite extérieure d'un ensemble spatial.* Ainsi dira-t-on que la longueur totale de l'enveloppe frontalière de la Suisse est de 1 852 kilomètres.

Cette enveloppe terrestre se compose de *dyades* — une frontière commune à deux États —, et chaque dyade est faite de *segments*. La dyade franco-suisse s'étire sur 573 kilomètres, la dyade italo-suisse sur 740 kilomètres, etc. La première comprend des segments de la région de Bâle, du Jura, du pays de Gex et de Haute-Savoie, dont une section lacustre.

Le *tracé* d'une frontière — sa localisation précise sur le terrain — doit ainsi être analysé à différentes échelles, selon que l'on s'attache à la totalité de l'enveloppe, à une dyade particulière ou à un segment précis. La méthode d'analyse consiste au fond à reconstituer les étapes du raisonnement géographique qui ont abouti à son tracé.

Cela est du reste cohérent avec le processus de détermination technique d'une frontière, qui comporte trois étapes : l'allocation de territoire, la délimitation d'une frontière et la démarcation du tracé. La première étape est réalisée sur des cartes à très petite échelle, couvrant parfois des portions entières de continents et en fonction d'intérêts politiques globaux. La seconde étape implique des négociations plus précises, menées généralement à des échelles moyennes : on s'accorde sur les « grandes lignes » et on nomme des commissions de démarcation. Cette dernière phase, menée sur le terrain, nécessite l'usage ou la réalisation de cartes à grande et très grande échelle (1/100 000 à 1/50 000).

Le tracé final n'est pas toujours rigoureusement conforme aux décisions arrêtées à des échelles plus générales. D'où, au moment de la démarcation, de multiples problèmes d'interprétation des dispositions retenues dans l'étape antérieure de délimitation.

La production des frontières — de la décision au tracé sur le terrain — se compose ainsi d'une succession de raisonnements et d'opérations d'échelles très différentes menées sur des ensembles spatiaux d'ordres de grandeur variés : c'est un processus fondamentalement multiscalaire.

Pour leur part, les cartographes donnent à voir, sur des cartes à petite échelle, des configurations étatiques aux limites linéaires continues, par un procédé dit de généralisation : ce qui, sur le terrain, peut n'être qu'un alignement plus ou moins lâche de bornes et de poteaux, et dont l'emplacement n'est cartographiable qu'aux très grandes échelles (1/20 000 à 1/50 000), devient, à partir du 1/250 000, ligne continue. *En ce sens, technique, la frontière linéaire est une invention, élégante, de cartographe,* ou comme écrivait Boggs, spécialiste nord-américain du « boundary making », une *superstition*. Mais le cartographe produit, pour les raisons techniques du changement d'échelle, une sorte de représentation du monde.

Le discours et le débat sur la frontière sont encombrés d'une série de notions ou croyances, associées par antonymie, qui sont autant de **faux**

dilemmes. Ils portent tous la marque des diverses conceptions relatives à la géographie et à la géopolitique.

Si l'on continue d'estimer que « la » géopolitique analyse l'impact du « milieu » sur le politique, il en ressort que l'on classera les limites d'État en fonction de leur conformité supposée à la « nature », les autres tracés étant jugés « artificiels », ou « arbitraires ». Si l'on considère que l'objet de la géographie se réduit à la seule étude des régions, on écartera la « ligne », objet politique.

Il importe donc, avant d'aller plus loin dans une analyse géopolitique résolument moderne, de procéder à la critique des représentations les plus communes en matière de frontière, puisque c'est toujours à elles que la doxa se réfère, implicitement ou non. Chemin faisant, l'on pourra affiner la définition de la frontière, sa genèse, ses fonctions.

b) Frontières « naturelles », frontières « artificielles »

Artificielles, on dit que les frontières le sont quand on regarde, de haut, une carte de l'Afrique, quadrillée de tracés rectilignes, mais aussi, de plus près, quand, franchissant à pied la limite qui traverse un village, quelque part entre Sarre et Lorraine ou entre Genevois français et Genevois suisse, on feint de croire que c'est la même chose des deux côtés. On se rassure lorsqu'il peut être prouvé que tel segment d'un tracé est une limite « naturelle », comme s'il fallait laisser à d'autres (le grand Autre ?) le soin de disposer, dans la Nature, des lignes de partage préétablies. Quelque chose d'équivalent à l'argument d'autorité en théologie, qui dispenserait d'avoir à assumer des choix. Une frontière non suspecte doit suivre un fleuve large, une ligne de crête nette ou passer dans un quelconque désert... sans Tartares.

Dans les textes des juristes comme dans les discours des stratèges, une frontière serait naturelle quand son tracé est appuyé, à grande échelle, sur une configuration physique linéaire, fleuve, *divortium aquarum*. Mais il est rare qu'une frontière suive sur toute sa longueur un seul type d'élément hydro-topographique ; l'analyse de chaque section révèle un ensemble composite : tour à tour rivière, crête, traversée de plaine, coupure ethnique ou linguistique, ligne droite...

De plus, une telle coïncidence dépend aussi de l'échelle d'observation : tel tracé qui paraît, de loin, s'appuyer sur un massif montagneux suivra tantôt une ligne de crête principale, tantôt une ligne de partage des eaux secondaires. Si l'Himalaya était la barrière que l'on persiste à se représenter, comment expliquer alors la tension permanente entre Chinois et Indiens aujourd'hui, entre Tibétains et Népalais hier ?

Mais il est exact que pour le tracé des limites, des configurations hydro-topographiques ont souvent été choisies, soit en raison de leur visibilité sur le terrain, soit parce que c'était un point de repère commode sur les cartes — où les éléments linéaires étaient souvent dessinés de manière grossie —, soit enfin parce qu'elles offraient à l'une des parties un avantage tactique.

En droit international public, les frontières « naturelles » sont donc opposées aux frontières dites « artificielles », pour lesquelles on constate, à l'échelle de la démarcation, l'absence de repères physiques.

Mais, par définition, toutes les frontières sont artificielles, puisque les traceurs ont choisi entre plusieurs fleuves, plusieurs crêtes possibles.

c) « Bonnes » et « mauvaises » frontières

Si dans l'Europe de 1993, la bonne frontière est, tel l'Indien du général Custer, la frontière morte, voilà une réponse extrême à une question ancienne : comment produire une bonne frontière ?

Les notions de référence — frontières « artificielles » et « naturelles » — fonctionnent comme autant de concepts-obstacles dans la compréhension des phénomènes géopolitiques ; mais la persistance de leur emploi fait écho à un souci plus général, celui de la « qualité » des tracés frontaliers, qui serait, a-t-on souvent pensé, mieux assurée s'ils coïncidaient avec des lignes « données » d'avance. En quoi l'acte de tracer frontière renvoie, de manière redoutable, au sacré.

Là entrent en scène les juristes, les diplomates et les géographes. Ceux-là sont toujours plus sollicités que ceux-ci en cas de litiges — le dernier cas étant le jugement du Tribunal International de La Haye du 22 décembre 1986 sur le différend entre le Mali et le Burkina Fasso. Et quand des géographes le sont ou l'ont été, les décideurs ont beaucoup plus utilisé les services des géomorphologues que ceux des spécialistes de géographie humaine : Martonne, gendre de Vidal de La Blache, fut plus consulté, plus honoré, que Demangeon, lors des conférences internationales et des arbitrages.

Juristes et diplomates s'attachent à l'idée, restreinte, qu'ils se font de la « géographie » — qui n'est qu'une géographie physique, jugée immuable — et n'accordent que peu de considération à la géographie humaine, parce qu'ils estiment que les problèmes soulevés par celle-ci n'entrent pas dans le champ des négociateurs : les arguments physiques sont conçus comme forts, c'est-à-dire ne prêtant pas à la discussion.

Des géographes (Boggs, Jones), appelés à participer à la préparation des découpages territoriaux en Europe, ont cherché à définir une typologie des lignes en fonction de la nature et de leur support. Boggs avait, en 1940, proposé une typologie devenue classique : type physique (montagnes, déserts, lacs, rivières, marais), type géométrique, type anthropogéographique et type complexe ou composite. Géographe du Département d'État, Boggs cherchait à définir des supports précis et clairs pour appuyer les tracés, estimant, avec Isaiah Bowman, que le principal défaut des frontières était leur indéfinition et qu'une frontière non établie dans un traité et non démarquée sur le terrain ne pouvait pas être acceptée comme une frontière définitivement établie.

Approche technique et opérationnelle donc, sur la base d'une classification descriptive, phénoménologique, utile au « boundary maker » (traceur de frontières) soucieux de remplacer les zones frontières indéfinies par des lignes définitives. Cette typologie devait servir « à déterminer quelles sortes de lignes se sont révélées " bonnes " et lesquelles se sont trouvées être " mauvaises ". » Mais est-ce par la seule vertu de son tracé qu'une frontière se révèle bonne, c'est-à-dire permet tout à la fois d'assurer la sécurité, de réduire les tensions et de faciliter les contacts transfrontaliers ?

Ce n'est pas en fonction de ses caractéristiques à grande échelle que l'on peut préjuger de la « qualité » d'une frontière, — qui n'est pas un acteur de la vie politique —, mais en fonction des rapports entre les ensemble contigus. *En réalité, il n'y a pas de bonne frontière dans l'absolu, encore moins de frontière idéale, mais des frontières réelles qui soit sont reconnues de manière symétrique comme légitimes, soit présentent plus d'avantages politiques, stratégiques, économiques pour les uns que pour les autres, à un moment historique donné.*

Cela est particulièrement important en géostratégie, quand on analyse l'espace concret de l'interaction militaire de part et d'autre de la ligne de contact.

d) Frontières « arbitraires » et conventionnelles

Abordons maintenant, non plus la nature des supports, mais la modalité des tracés.

Arbitraires, quand on juge que des peuples sont « coupés » en deux par des décisions prises, de loin, autrefois, dans les salons du Quai d'Orsay ou du Foreign Office, ou, il y a moins longtemps, sur la riviera de la mer Noire, à Yalta. Assurément, on consulte bien rarement les peuples des frontières : moins de 2 % de la longueur des frontières tracées en Europe au XXe siècle sont le fruit d'un plébiscite. On ne consulte pas toujours les États concernés : *vae victis !*

Mais une méthode arbitraire de délimitation (conférence internationale sans participation des États concernés; décision imposée) ne conduit pas nécessairement à des tracés arbitraires, c'est-à-dire dénués de signification. La question demeure d'élucider les raisons des tracés retenus, qui auraient pu, dans les mêmes circonstances, être différents et qui ont d'ailleurs varié (voir la Lorraine, la Pologne, l'Autriche) : c'est l'arbitrage entre des options, des variantes, qui doit être exhumé, cas par cas. En réalité, toutes les frontières comptent une part d'arbitraire ou d'artificialité; elles n'ont pas à être comparées à un tracé idéal — pour qui ? — mais à être considérées pour ce qu'elles sont : *des constructions géopolitiques datées.* Les frontières sont *du temps inscrit dans l'espace* ou, mieux, *des temps inscrits dans des espaces.*

Certes, à l'arbitraire on opposera le mode conventionnel de délimitation. Mais qu'un accord ait été dûment signé entre deux voisins sans interférence externe, est-ce une garantie de validité ? La guerre Irak-Iran a été déclenchée cinq ans seulement après l'accord frontalier d'Alger (1975), l'Irakien Saddam Hussein, pourtant signataire, l'ayant déclaré nul.

En outre, ce n'est pas parce qu'un tracé est représenté sur un planisphère politique et « internationalement reconnu » qu'il est accepté par tel ou tel État; peut-on tenir pour certain que l'État syrien — qui n'a jamais eu d'ambassadeur à Beyrouth et maintient ses douaniers dans les ports libanais — « reconnaît » sa frontière avec le Liban ou avec la Jordanie, même si les cartes les donnent à voir comme tracées, délimitées et internationales ? Pour leur part, les cartographes américains prennent soin d'indiquer que le Département d'État n'a pas connu l'annexion des pays Baltes par les Soviétiques.

Ce qui importe est donc le degré de légitimité réciproque qui est accordé, de l'extérieur comme de l'intérieur, on le verra, aux tracés.

e) Frontières « coloniales » et frontières « nationales »

Pour l'ensemble Tiers Monde, la thématique de la frontière coloniale est récurrente. Les frontières coloniales sont présentées, de l'extérieur, comme artificielles, arbitraires et injustes ; ces arguments sont parfois repris de l'intérieur, en cas de litige (du Guatemala à la Chine).

Il y a, à cet égard, un *stéréotype* africain de frontière, la *frontière de chancellerie,* qui est souvent présenté par les observateurs (journalistes, responsables politiques) non seulement comme un des symptômes du colonialisme, mais encore comme une des causes du sous-développement et des tensions, puisqu'il faut détourner des ressources pour gérer un espace hétérogène, dans lequel ont été regroupés des groupes humains antagonistes. Depuis quelques années, au Proche et au Moyen-Orient, un discours comparable est tenu par des chefs d'État et des islamistes.

Toutefois, à la fin des années 1980 dans l'ensemble Tiers Monde, il n'y a plus de frontières coloniales, qui délimiteraient des empires coloniaux et leurs subdivisions administratives : de nombreux remaniements ont été opérés — en Amérique latine, en Asie mais aussi en Afrique — et les États sont désormais indépendants. Mais il reste l'héritage.

Ne serait-ce pas en effet une caractéristique générale des États du Tiers Monde que d'être bornés de *frontières exogènes ?* Celles-ci, loin de résulter de processus internes de formation territoriale, ont été imposées par des acteurs extérieurs et lointains. On objectera que la mise en place de certaines frontières européennes semble avoir obéi, pour une part, au même processus de surimposition d'origine externe. Mais les États du Tiers-Monde n'ont-ils pas *tous* été caractérisés, depuis plus ou moins longtemps (selon la date de leur accès à l'indépendance politique), par un processus de transition dans laquelle des configurations exogènes sont l'objet d'une *redéfinition, endogène,* qui se poursuit ? On désignera par là à la fois les actions de contrôle des appareils d'État qui visent à l'« intégration nationale » et celles des forces (intérieures ou extérieures) qui les contestent et les refusent.

Les héritages sont plus ou moins assumés. Les frontières n'y sont plus coloniales ; sont-elles pour autant conformes au modèle géopolitique de référence, celui de l'État-Nation tel qu'il est représenté aux Nations unies ? Les frontières nationales sont d'abord une structure type, c'est-à-dire l'expression d'un « objectif à l'horizon, d'un but à atteindre », écrit Raymond Aron : l'État national, d'où elles sont issues en Europe. Dans de nombreux États d'Afrique et d'Asie, ainsi qu'en Amérique centrale et andine, ce qui est en jeu actuellement est la formation de l'État territorial : « unité d'action d'une unité politique, souveraine à l'intérieur de limites tracées sur la carte ». « Le souverain — le roi ou ses successeurs bourgeois — a la capacité d'imposer sa volonté sur toute la surface du territoire. Autrement dit, il s'est assuré le monopole de la force militaire au-dedans. Du même coup, il apparaît, au-dehors, comme le représentant de la collectivité au nom de laquelle il a le droit et le devoir de parler puisqu'il en protège l'indépendance par une force irrésistible contre les rebelles et capable de tenir tête aux ennemis. L'État est donc territorial et national. » (Aron, pp. 391-392)

Or, poursuit Aron, *hors d'Europe,* « l'État territorial est perméable aux idéologies et aux guérilleros et il n'a pas connu l'ère des fortifications, de la neutralité idéologique et de la non-ingérence dans les affaires intérieures. Il participe aux querelles des Grands — *volens nolens* — avant d'avoir joui des avantages de *l'État fermé* et atteint l'âge de la maturité. Mais en dépit de ou à travers les querelles internes, régionales ou importées, il s'efforce de se réaliser lui-même [...]. Le type d'État que tous les États nouveaux veulent effectivement accomplir est l'État territorial et national. La cohésion nationale reste, pour la phase actuelle, l'exigence première ».

Les frontières dites coloniales ne le sont plus, sans être pour autant devenues des frontières nationales, sauf en Amérique du Sud et au Mexique, dans le Maghreb et dans l'Asie de l'Est.

f) La ligne et la zone

Le principal débat qui traverse l'ensemble de la littérature consacrée aux frontières a consisté à savoir, comme le rappelle J. Gottmann (1980), si « la frontière est une ligne ou une zone ».

Cette antonymie a une origine sémantique anglo-américaine, « the frontier » s'opposant à « boundary ». Très marquée par une interprétation de la formation territoriale des États-Unis, avec les textes surutilisés de Turner, cette distinction pourrait être rendue en français par régions frontières et lignes frontières. Mais l'usage courant veut que « boundary » ou « border » équivalent au français « frontières », terme géopolitique par excellence. Les « frontiers » nord-américaines ne sont en fait qu'un type de fronts pionniers. Le géographe australien Prescott écrit (1978, 33) que « les géographes politiques utilisent le mot « frontière » selon deux acceptions : soit le mot renvoie à la division politique entre deux pays ou à la division entre deux parties d'un pays — qu'elles soient habitées ou pas ; soit la frontière est une zone. Rien n'autorise les géographes à utiliser les termes « boundary » et « frontier » comme des synonymes, bien que cette confusion, qui est une erreur élémentaire, soit assez répandue ». J. House (1980) écrit que la frontière (« frontier ») est une zone s'étendant des deux côtés d'une ligne qui démarque une frontière (« boundary ») internationale, ce qui tente de concilier deux conceptions.

La distinction anglo-américaine présente l'inconvénient de considérer les frontières comme des objets en soi. Or, elles ne sont, dans leur genèse, que les enveloppes linéaires d'ensembles spatiaux de nature politique, dans le cadre desquels on décidera que, selon les circonstances, la frontière sera fermée ou ouverte, la ligne perméable ou étanche. Ligne et zone correspondent en fait à deux ordres de grandeur différents.

Des géographes, depuis Lösch, se sont surtout intéressés au phénomène frontalier comme base de constructions régionales originales : la frontière a un effet déformant par rapport à des interactions théoriques, puisqu'elle bloque ou modifie l'extension d'un champ, par troncation (Haggett, 1973). (Lösch a étudié la troncation du « champ » de l'influence des banques d'El Paso, par la frontière américano-mexicaine, en 1919.)

Des juristes comme Lapradelle (dont l'ouvrage de 1928, *La Frontière* est devenu un classique) ont développé une conception comparable, montrant qu'en matière de droit les zones frontières étaient des espaces où des régimes juridiques particuliers s'appliquaient. Ce faisant, son propos fut de rechercher, après avoir écarté les aspects politiques du problème, la « réalité objective et statique de la frontière, ce que permet la discipline juridique ». La frontière est alors « une circonscription spatiale de droits exercés », dotée d'institutions spécifiques.

On trouve chez Moodie (1947) le secret de ce débat : selon lui, la ligne est un concept politique et juridique, alors que seule la zone est le concept géographique. Voilà les géographes rappelés à l'ordre. La sélection de l'approche régionale a pour effet au fond de « dépolitiser » et de « dédramatiser » une étude géographique des frontières. C'est aux juristes, aux politologues ou aux diplomates de traiter de la nature politique des frontières, les géographes devant se contenter, à la suite de Lösch, d'étudier un type particulier de configuration régionale mixte, double et tronquée.

Il est exact que dans plusieurs parties du monde, la fonction de barrière des frontières tend à s'effacer — du reste, autant par la volonté des États que par celles des peuples — et qu'émergent, notamment du fait des migrations de travail, du développement des échanges, de l'extension transgressive de l'aire d'influence de pôles urbains (Bâle, Genève, San Diego, Luxembourg), des systèmes régionaux originaux. Cela justifie la construction d'une typologie spécifique, portant sur les régions plus que sur les frontières, et fondée sur la mesure de l'intensité et du degré de symétrie-asymétrie des relations (complètes, fondamentales, non fondamentales, mixtes, non significatives, selon la typologie proposée et utilisée par Guichonnet et Raffestin, 1974).

Mais, comme le souligne Gottmann, les constructions conceptuelles qui portent sur des régions frontalières de la C.E.E. méritent d'être « pondérées », car « elles se réfèrent à des situations dans lesquelles la fonction de barrière de la ligne a été abaissée et la perméabilité accrue » (p. 436). Il n'est donc pas certain que cet outillage soit utilisable pour rendre compte de situations différentes, Europe de l'Est et surtout États du Tiers Monde. Cela ne signifie pas qu'en dehors de la C.E.E. et des deux frontières des États-Unis, les échanges soient nuls, les relations bloquées, les migrations impossibles. Mais les cas d'émergence de constructions régionales fondées sur l'augmentation des flux à travers la frontière sont encore l'exception, même en Amérique latine, où pourtant les efforts d'intégration n'ont pas manqué.

De plus, cet effacement de nature économique et démographique ne s'accompagne pas nécessairement d'un abaissement des barrières fiscales et d'une disparition des frontières stratégiques. Dans le cadre de la C.E.E., les stratèges discutent de la localisation souhaitable de la frontière des « intérêts vitaux » de tel ou tel membre autonome en matière de moyens de défense. Pour la France, la frontière stratégique était-elle le Rhin ou l'Elbe jusqu'en 1989 ? Les doctrines, comme les techniques, sont modifiables.

Enfin, à l'intérieur même de la C.E.E., des problèmes géopolitiques demeurent irrésolus et sont plus ou moins graves : Haut-Adige, question basque, crise irlandaise. En Irlande, depuis la partition de 1921, confirmée en 1949, des limites de comtés sont devenues une frontière internationale, à points de franchissement réduits : barrières, tranchées perpendiculaires aux routes ont clos les anciens accès tandis que des villes et des ports sont entrés en crise économique irrémédiable en devenant des lieux frontières coupés de leur aire d'influence et que des villages du Donegal ont été coupés en deux. Réalité de la ligne séparante, qui traduit le jeu contradictoire des ensembles politiques de tailles différentes et de leurs clivages. Le débat se poursuit donc, en Europe, et notamment en France, État centralisé. Affirmer que seule compte la région, la ligne étant une abstraction, c'est supposer que la « construction de l'Europe » passe par la déconstruction des États — on disait autrefois « dépérissement » — au profit de régions placées en position de court-circuit. La coopération interrégionale transfrontalière comme support d'une Europe réduite aux acquêts... régionaux ? C'est aller un peu vite car on ne peut se contenter de réduire les faits frontaliers à un seul ordre de grandeur ; il convient de décliner toute une gamme de fonctions — et d'échelles —, non exclusives : la région de proximité certes, mais aussi des ensembles de plus grandes dimensions : États, ensembles géopolitiques et stratégiques, idéologiques et de civilisations.

g) *L'unique et le divers*

Tout se passe comme si on se référait désormais à une conception unique de la frontière : c'est, de nos jours, celle produite par le droit international public : « Tout ordre juridique a pour fonction élémentaire de délimiter la sphère d'activité des sujets de droit. Cette vérité d'évidence est encore plus frappante dans la société internationale, société pluraliste fondée sur la coexistence de communautés indépendantes, où la délimitation spatiale des compétences, c'est-à-dire la détermination des frontières, traduit une donnée essentielle de la vie inter-étatique » (Rousseau, 1977, p. 231). « La frontière marque le point où expire la compétence territoriale » (*Précis Dalloz*, 1979, p. 137). Il s'ensuit que, selon cette approche juridique, la frontière entre deux États est une délimitation symétrique de compétences égales, définition impliquant une conception contemporaine unique, donc universelle et indifférenciée, de la notion de frontière.

Cette définition de la frontière n'a pas été élaborée sans raison, dans les premières décennies du XXe siècle. Elle résulte de l'adoption d'une conception de la nature juridique du territoire, issue de la théorie de la compétence (produite par Radnitzky en 1905) puis développée par les juristes autrichiens et français), qui s'opposait aux théories précédentes, en particulier celles adoptées par les tenants de la géopolitique allemande, pour lesquels le territoire était un élément subjectif de l'État personnifié. L'intérêt pour les questions de frontière dans les années 1920 et 1930 chez les juristes a été probablement rendu nécessaire par la diffusion de la conception d'inspiration ratzélienne des frontières mouvantes, organe périphérique d'un État « vivant ».

A la même époque, était contestée la doctrine soviétique de l'État fluide, caractérisée par la dévalorisation des frontières du fait du principe de la libre disposition des nations, lié à l'internationalisme prolétarien ; cette doctrine resta en vigueur jusqu'au milieu des années 1930. Dans le contexte des règlements territoriaux de l'après-guerre, le fait de délimiter clairement l'aire des compétences des États avait visé, entre autres buts, à contenir l'éventuelle « fluidité » de la révolution russe : « Il n'est qu'un moyen de bouter le bolchevisme : déterminer les frontières et ouvrir toutes les portes aux échanges commerciaux », avait déclaré Wilson (cité par Gottmann, 1973, pp. 141-142).

Tels sont donc les faux dilemmes dans lesquels s'enferment trop souvent les débats sur la frontière. On ne peut plus continuer de se référer à « LA » frontière alors que les réalités observables sont aussi plurielles que les paysages des régions limitrophes. Les limites politiques sont d'une très grande diversité et c'est en cela qu'elles relèvent d'une analyse de géographie tant générale — impliquant comparaisons et classements — que régionale — étude de situations singulières. On se situe ainsi à l'opposé d'une démarche qui chercherait à définir une impossible théorie générale de la frontière et à déterminer des « lois », à la manière des auteurs de la vieille géopolitique inspirée de Ratzel. En outre, il est souhaitable de se départir d'un anthropomorphisme consistant à faire de tracés — inertes — des acteurs de la vie collective : « La frontière relie, sépare, blesse... ». Métonymies fréquentes et peu explicatives.

GÉOGRAPHIE ET GÉOPOLITIQUE DES FRONTIÈRES : TRACER FRONTIÈRE

> « Même ceux qui furent favorables à ma perception des vérités que je voulais graver ensuite dans le temple me félicitèrent de les avoir découvertes au " microscope " quand je m'étais, au contraire, servi d'un télescope pour apercevoir des choses, très petites en effet, mais parce qu'elles étaient situées à grande distance, et qui étaient chacune un monde. »
>
> Marcel Proust, *Le Temps retrouvé* (final).

Choisir le thème, éminemment géopolitique, des frontières, c'était s'imposer de penser l'espace en géographe, n'ayant pour seuls repères dans le labyrinthe des situations complexes que ces fils d'Ariane qui courent par monts et par vaux, sans que, d'emblée, l'on sache très bien pourquoi c'est ici et là qu'ils passent. Étude des lignes, sans doute, mais qui n'a d'intérêt que pour comprendre *les usages que les hommes en font. Une géopolitique des frontières s'attache à élucider les raisons, les acteurs et les effets des tracés et analyse les interactions externes et internes que les dirigeants des États et les peuples des frontières nouent autour d'elles ainsi que des discours et des représentations qui les accompagnent et les étayent.*

Ce n'est donc pas l'étude des lignes, classées selon la nature des supports ou selon des typologies poussiéreuses, mais l'analyse de processus politiques récents et en cours, mis en perspective sur la moyenne durée : stratégies d'acteurs, étatiques ou non, qui jouent « au chat et à la souris » sur ces confins, modalités d'intégration, de consolidation ou, à l'inverse, raisons et effets des remises en cause.

Ce n'est pas l'analyse des litiges et des différends territoriaux en soi, sauf à les considérer comme des symptômes, ni celle des « problèmes de frontières », qui le plus souvent n'en sont pas. *L'hypothèse est en effet qu'il n'y a de problèmes de frontières, au sens où des tracés détermineraient par avance des politiques et des différends* *. Ne prenons pas l'effet pour la cause : à l'origine des conflits, on repère une série de décisions — et les acteurs sollicitent « la géographie » pour les justifier honorablement —, prises dans une certaine conjoncture synchrone.

Dans cette perspective, géopolitique, se sont dégagés quatre axes de réflexion.

— **Tracer frontière ; les grands traceurs :** La genèse de frontières pourrait être nommée, à partir de la racine grecque servant à désigner les limites politiques du territoire des cités — « horoi », qui a donné en français « horizon » —, *horogenèse* (le terme de « frontogenèse » est déjà utilisé en météorologie.) S'il était besoin de désigner une « science des frontières », ce serait une « horologie » ou une « horographie », mais la géographie n'est-elle pas déjà, selon la remarque du philosophe François Châtelet, la « science des frontières » (il signifiait par là : à l'intersection des sciences humaines et des sciences de la nature, mais aussi, c'est notre propos, science des frontières).

Il y a eu des instances et des États « producteurs » de frontières : la Chine, les Empires ottoman, britannique, français, portugais et espagnol, allemand et russe, ainsi que la papauté et des conférences internationales. Les pratiques ont-elles été identiques ? Les pouvoirs préexistants ont-ils été consultés, associés, décisifs ? Y avait-il des « traces » pré-modernes, des pratiques frontalières anciennes ? Quelles en ont été les traces laissées par les grands « producteurs » ? Quel y fut le rôle des géographes et des cartographes ?

Ainsi, dans le Tiers Monde, 17,2 % des frontières actuelles ont été tracées par des Français. Ils viennent en seconde position derrière les Britanniques (21,5 %), champions toutes catégories. Concurrence qui apparaîtra assez extraordinaire quand on se sera remémoré les circonstances de l'invention des frontières françaises. On notera l'absence relative des États-Unis, et, dans le cas du traité de Versailles, où leurs diplomates furent très engagés, on sait que le Congrès en refusa la ratification.

* On ne trouvera donc pas ici de « théorie générale de la frontière », produite par extrapolation à partir d'un seul cas, au défi de la pluralité des réalités, et qui prétendrait acquérir force de « loi » : il n'y a pas de loi en géopolitique, à la différence de ce qu'affirmaient les tenants de la vieille géopolitique, encore moins de scénarios inéluctables déterminés par la nature ou la position. *Les espaces ne sont pas des acteurs de l'histoire, mais de simples supports.*

Pourquoi traçait-on et selon quelles conceptions ?

Dans les chancelleries, essentiellement pour répartir des territoires tout en évitant la guerre ; mais aussi pour consolider des acquis, à la suite de conflits, et par souci d'administration et de maintien de l'ordre. Les Britanniques mirent toutefois l'accent, en Asie, sur les questions stratégiques — faire du terrain son allié — alors que les Français raisonnaient plus en fonction des commodités de l'administration. Bref, diverses conceptions ont présidé aux tracés.

— **Tracer frontière ; les bifurcations :** Cette analyse, comparative, des situations frontalières présentes et des interactions qui, autour d'elles, sont décidées, vécues ou subies par les hommes aujourd'hui, est impensable sans un large recours à l'Histoire.

Dans l'organisation-différenciation de l'espace, la mise en place des frontières représente une bifurcation *, une « période critique » fondamentale. Des structures nouvelles ont été disposées, qui ont ensuite acquis un caractère pérenne. Il faut donc comprendre les raisons premières des tracés choisis et en particulier chercher à évaluer le degré de la modification entraînée par cette nouveauté : s'est-il agi de surimposition, sécante par rapport aux systèmes préexistants (les frontières « arbitraires » et « absurdes ») ou bien a-t-on réutilisé des traces, des lignes de clivage des systèmes antérieurs ? Une troisième hypothèse réside dans l'établissement des nouveaux tracés dans des aires intermédiaires entre les systèmes politiques, en interpolant une ligne médiane (exemple : la frontière franco-britannique entre Nigeria et Niger).

A l'inverse, dans la durée, on rencontrera de très nombreux cas d'effacement pur et simple de la frontière, ce qui n'implique pas forcément la disparition de tous les ensembles : les populations sont toujours là, mais le tracé a changé ; l'ex-frontière devient une ligne relique (la frontière dite de 48 en Israël ; l'ex-frontière allemande en Lorraine, dont certaines bornes restent visibles et qui ont été réutilisées pour définir les limites départementales lorraines) ; elle n'est plus une frontière d'État, mais une limite interne plus ou moins visible. Elle peut expliquer des localisations incompréhensibles autrement : ainsi, les localisations des grandes villes textiles polonaises, comme Lodz, sont liées à une ancienne position frontalière. D'anciennes frontières peuvent durer comme lignes de clivage intérieur (limites sud de l'Érythrée ; limite entre les aires tribales Pashtun et la province du Nord-Ouest, au Pakistan).

Il convient de dater les effets anciens et surtout actuels, en insistant, dans l'ensemble Tiers Monde, sur les traits de la géopolitique précoloniale qui resurgissent et, en Europe, sur certaines configurations anciennes marquées par un regain de signification — voir les relations entre l'Autriche et la Hongrie — : bref, observer, selon l'expression d'Italo Calvino, ce Temps passé au futur.

— **Frontières tracées ; les discontinuités :** Après le Temps, l'Espace. Les frontières d'État sont inscrites dans les paysages plus souvent

* Prigogine utilise ce terme au sens de « point critique à partir duquel un nouvel état devient possible » pour rendre compte de l'histoire qu'implique l'apparition de nouvelles structures dans un système (Prigogine et Stengers, 1979, pp. 166-167).

qu'on ne le croit, comme le souligne l'examen des cartes et de l'imagerie satellitaire. Pour l'œil exercé, les frontières sont le plus souvent visibles d'avion.

Si la limite R.D.A.-R.F.A. vue du ciel est spectaculaire, ce n'est pas du fait de la ligne, fortifiée, mais en raison des contrastes des structures agraires, produit des systèmes socio-politiques. De même, on le verra, entre la Pologne et l'U.R.S.S. Ainsi se donne à voir une grande variété des ensembles englobants et des paysages sur le terrain, selon les techniques employées par les États, qui révèlent des intentions. La diversité est encore plus grande dans les outils de matérialisation de la frontière, depuis les murs marocains et les barrières électroniques de la frontière U.R.S.S./Turquie jusqu'aux barrières vétérinaires de la limite Namibie-Botswana et aux haies de lauracées aux confins de la Chine et de la Birmanie. Lignes, murs, barrières à éléphants des parcs naturels, simples fils barbelés d'exploitations agricoles, layons forestiers... Les paysages de la discontinuité politique sont infinis. Ils traduisent la variété des modes de gestion du territoire, le degré de coïncidence et d'intersection entre les diverses limites. La discontinuité peut être peu visible, nommée ou non, matérialisée ou non.

Les frontières politiques, éléments de paysage, sont à analyser, non pas d'abord en tant que telles, mais en fonction de l'espace organisé où elles s'insèrent. On s'attachera alors à redessiner le « fond de carte », trop souvent négligé dans les études de « relations internationales » — donc transfrontalières et interétatiques — et de stratégie classique. En effet, même si la discontinuité est rendue visible par le contraste entre deux systèmes humains contigus, au point où ils sont tangents, il est d'autres phénomènes moins directement visibles. Leur prise en compte — langues, religions, ethnies, passé, économie, démographie, politique, stratégie... — permet d'expliquer pourquoi certaines frontières apparaissent plus ouvertes dans l'ensemble Tiers Monde ou dans l'Europe médiane.

— **Frontières tracées ; le jeu des interactions :** L'approche, centrée sur les phénomènes de tension, peut être complétée d'une étude plus systématique des rapports frontaliers entre États et des processus frontaliers spécifiques à chaque État contigu. Puisque, comme il a été dit, les frontières renvoient à l'État, mais que les États ne sont pas des entités mythiques constituées selon un modèle unique, il est utile d'esquisser la constitution d'une sorte de grille simple des différents systèmes d'État. Minh (1980) en a distingué trois, selon le degré de risque de tension internationale : défensif, irrédentiste et expansionniste. Dans une perspective géographique, il apparaît qu'un État peut, simultanément selon les configurations de chacune des sections frontalières, ou successivement, mener les trois politiques, les deux autres étant toujours justifiées par la première.

La confrontation entre l'extension du territoire attribué ou échu à un peuple, une nation, un appareil, et l'aire d'exercice réel de sa souveraineté permet de distinguer schématiquement trois types de situations :

— soit, le pouvoir en place (et le groupe social, ethnique, religieux qui l'appuie) ne s'étend durablement et dans les faits que sur une partie seulement du territoire théorique ; on a alors une *structure inachevée,* marquée par l'opposition entre un noyau dominant et les populations des confins, des périphéries, des marges, faisant office de pôles d'opposition avec ou sans menace de sécession territoriale (par exemple, l'Éthiopie, la Turquie, le Zimbabwe, la Yougoslavie) ;

— soit, au contraire, il y a coïncidence entre le territoire théorique et l'influence réelle du système politique ; c'est le cas des *États-nations* (Algérie, Maroc, Égypte et Europe occidentale) ;

— soit, enfin, un système politique déborde, par des moyens idéologiques et surtout militaires, l'aire de son territoire théorique ; on se trouve en présence de *systèmes impériaux (U.R.S.S., États-Unis) et sous-impériaux (Inde, Chine)* à influence projetée au-delà des frontières de l'État. Ces cas de figure, volontairement simplifiés, permettent d'esquisser une typologie non pas des frontières, mais des processus frontaliers, c'est-à-dire des rapports entre les appareils d'État et les populations et territoires des régions proches de l'enveloppe, selon les types de situations internes et celles des États contigus.

Théoriquement, les dyades que l'on peut former relèvent d'au-moins six combinaisons différentes, selon que les deux États sont ou non de même nature : frontières entre deux États-nations (Algérie-Maroc, Brésil-Argentine), entre deux Empires (États-Unis-U.R.S.S., en Europe) ou entre deux puissances « régionales » (Chine-Inde), entre deux États en cours de construction (Éthiopie-Soudan, Afghanistan-Pakistan), mais aussi frontières entre nation et Empire (Mexique-États-Unis ; U.R.S.S.-Iran), entre nation et État inachevé (Algérie-Niger ; Égypte-Soudan), et enfin entre Empire et État inachevé (U.R.S.S.-Afghanistan).

Il convient cependant de situer ces interactions dans le cadre de chacun des grands ensembles géopolitiques, qui sont dotés de certaines caractéristiques propres : Amérique du Nord, Europe, Union Soviétique, Amérique latine, Afriques, Asie de l'Ouest et de l'Est et de leurs plans de séparation/contact mutuels.

Telle se voudra donc l'originalité de notre étude.

L'ouvrage, qui a été conçu comme un *tour du monde géopolitique des frontières,* est organisé en quatre parties :

— la partie I explore l'invention des frontières dans l'histoire (chap. I), analyse la mise en place du modèle géopolitique français (chap. II), mesure le rôle des Européens dans le découpage du monde (chap. III) et décrit l'évolution endogène de cet Extrême-Occident qu'est l'Amérique latine (chap. IV) ;

— la partie II est consacrée aux Afriques et à leurs frontières d'époque et d'origine coloniales (chap. V), marquées par des problèmes de géopolitique interne (chap. VI) et externe (chap. VII), illustrés par l'analyse du cas de l'Afrique du Sud, lieu de création de frontières (chap. VIII) ;

— la partie III s'attache à la diversité de l'Asie, terre de frontières (chap. IX), marquée à l'orient par les interactions Chine-Inde-U.R.S.S. (chap. X), à l'occident par la complexité des tensions (chap. XI) ; le cas de l'interaction Israël-Palestine-Jordanie permet de s'interroger sur les relations entre peuples, territoires et frontières (chap. XII) ;

— la partie IV étudie les interactions complexes et dynamiques sur la périphérie des États-Unis (chap. XIII) et à l'intérieur de l'ex-Union Soviétique (chap. XIV), puis de l'Europe (chap. XV et XVI) et conclut l'ouvrage par une réflexion sur le « jeu des frontières » et les défis géopolitiques de la fin du siècle (conclusion).

* Procédant de longues pérégrinations de géographe passe-frontière, cet ouvrage a été mis en chantier avec l'appui de la Fondation pour les Études de Défense Nationale. Écrit dans un esprit de « recherche des réalités », il n'aurait pas été mené à son terme sans la confiance d'Éric Vigne (et de Denis Maraval pour la seconde édition). Je n'oublie pas, enfin, ceux qui, proches, n'ont, chacun à leur manière, cessé de m'encourager : Nicole d'abord, mais aussi Anne, Thomas, Julien et Flavien.

PREMIÈRE PARTIE

LES EUROPÉENS ET LE DÉCOUPAGE DU MONDE

CHAPITRE PREMIER

L'invention des frontières ou la généralisation récente d'une technique ancienne

> « Devant moi s'étendaient en nappe blanche les terres stériles des Syrtes [...]. Parallèlement à la côte courait à quelque distance, sur la mer, une ligne pointillée noire : la limite des zones de patrouille. Plus loin encore, une ligne continue d'un rouge vif : c'était celle qu'on avait depuis longtemps acceptée d'un accord tacite pour ligne frontière [...]. Orsenna et le monde habitable finissaient à cette frontière d'alarme, plus aiguillonnante encore pour son imagination de tout ce que son tracé comportait de curieusement abstrait... »
>
> Julien Gracq, *Le Rivage des Syrtes*, pp. 31-32.

La carte politique du monde est la plus familière et la plus banale des représentations géopolitiques. La différenciation et l'organisation politiques du monde s'y présentent comme une somme de compartiments de taille inégale mais contigus et séparés par des lignes graphiques continues, les frontières interétatiques. Cet arrangement de lignes suffit à exprimer la réalité territoriale des États, qui, à un degré très poussé d'abstraction, c'est-à-dire à très petite échelle, sont assimilables à des faits cartographiques.

Les frontières d'État peuvent être définies comme les enveloppes de ces sous-ensembles, et plus précisément comme des structures spatiales élémentaires, de forme linéaire, à fonction de discontinuité géopolitique et de marquage, réel, symbolique et imaginaire.

Le compartimentage de la totalité de l'espace terrestre en États et entités bordés de frontières linéaires est un fait récent. L'extension de ce mode de découpage désormais planétaire ne date que de la fin du XIXe siècle. Certes, on peut hésiter entre plusieurs dates : 1892, avec le partage sur le papier de l'Afrique, ou 1914, date à laquelle on considère que le partage sur le terrain est achevé ; à moins que l'on ne retienne 1923, quand furent réorganisés les espaces moyen-orientaux et les restes de l'Empire ottoman. Avant ces dates, le découpage était en place depuis plusieurs décennies sur le continent américain. En Asie (hormis le Moyen-Orient et l'Inde), la ligne Durand (1893) fut l'une des dernières frontières tracées, complétant ainsi le dispositif britannique.

Depuis, d'importants changements se sont produits. A l'intérieur des ex-empires coloniaux, les lignes de séparation des unités administratives ont acquis un statut international au jour de l'indépendance, sans modifications majeures de tracé. Ne font exception que les trois États de l'ex-Empire des Indes. C'est finalement en Europe que l'on trouve à la fois les tracés les plus anciens et durables et ceux qui sont les plus récents et les plus neufs (sur plus du tiers du kilométrage total).

En réalité, cette structure type du compartimentage par la frontière s'est répandue simultanément en Europe et dans le reste du monde. On est souvent tenté de n'y voir que l'exportation d'une technique déjà longuement éprouvée en Europe, alors que les grandes opérations de délimitation, en Europe et en Afrique-Asie, sont contemporaines : *1860-1920*. Cela n'indique pas qu'elles obéissaient aux mêmes principes. Certes, il est exact que les Européens ont été des acteurs majeurs dans la diffusion de cette technique d'organisation politique de l'espace. On a pu en déduire que la frontière n'était qu'une invention moderne, corollaire obligé d'un certain type d'État ; c'est pourquoi, sans doute, les conceptions et pratiques anciennes sont restées dans l'ombre, notamment durant la période de mise en place du découpage actuel du monde, qui est aussi celle de la formation des conceptions dominantes en matière de frontières. On n'a en effet voulu retenir du passé que ce qui justifiait les projets géopolitiques en cours, pour étayer les pratiques du moment. Selon les circonstances historiques, on cherche dans le passé la preuve de la fonction séparante de la frontière — l'inévitable *limes*, censé être résumé par les 117 km du « vallum Hadriani », dont la photographie illustre tant de livres sur les frontières —, ou au contraire on se doit d'insister sur le rôle de contact de la frontière, issu de sa configuration de zone — la non moins inévitable « frontier » de Turner (1893), dont Ratzel, à son retour des États-Unis, a su faire l'usage que l'on sait (y trouvant l'illustration d'une théorie organiciste de l'espace, selon laquelle la « frontière » serait en somme une « peau », dilatable au gré du *Raumsin*, sens de l'espace, des peuples) *.

A mesure que progresse la recherche, historique et archéologique, l'ancienneté et la richesse des préoccupations relatives au découpage et au contrôle de l'espace émergent et viennent contredire des interprétations simplificatrices. Ce n'est pas en Europe qu'ont été passés les premiers traités de délimitation frontalière. Mais ce sont les Européens qui ont systématisé ce mode de découpage du monde.

* Dans le même contexte de débat idéologique, on redécouvrit, à la suite des premiers travaux de l'historien allemand Mommsen (dont on connaît la polémique avec Fustel de Coulanges sur les critères de la nationalité des Alsaciens-Lorrains), le *limes* romain (Gsell, 1926), interprété alors comme une barrière rigide, prototype de la frontière linéaire de séparation, au même titre que la muraille de Chine. L'historien P. Trousset a montré comment cette interprétation — qu'il conteste — du *limes* de la Tripolitaine romaine et du Sahara comme « dispositif antinomade » faisait écho à la conception ratzélienne de la frontière dynamique, zone de choc « dont le mouvement serait l'indice même de la vitalité des peuples et des civilisations » : « l'invasion nomade n'est après tout que la variation saharienne d'un thème central autrement puissant, orchestrée par toute une littérature géopolitique dont l'origine est à rechercher dans l'écho profond recueilli par les idées de Ratzel et de Mackinder » (Trousset, 1984 : 72).

C'est dans les espaces où l'établissement des frontières linéaires ne procède pas d'une importation, souvent imposée, qu'il convient d'abord de s'enquérir des origines de cette structure linéaire type. Les frontières y sont des techniques d'organisation politique de l'espace qui résultent d'une évolution endogène de longue durée.

Le schéma classique de la formation des frontières linéaires veut que la ligne soit finalement un « stade » ultérieur dans l'évolution d'un espace qui ne serait d'abord qu'une marche, aire frontalière dotée d'une certaine profondeur, jugée suffisante pour assurer des fonctions militaires. Idée simple mais erronée ?

Des questions de Lucien Febvre

Pour continuer plus avant dans l'examen de la « doxa », idées communément admises, en matière de frontières, résumons quelques axiomes :

— la notion de frontière linéaire est relativement récente — bien qu'annoncée matériellement par le *limes* romain, ligne et zone —, et daterait de la période de transition entre le XVIIIe et le XIXe siècle ;

— elle est essentiellement européenne — la muraille de Chine n'étant qu'une exception —, mais, hors de Rome, les civilisations anciennes l'auraient ignorée ;

— elle s'est diffusée à travers le monde à la faveur de la période coloniale — colonisation européenne s'entend ;

— le choix des limites, non arbitraire, est « fréquemment commandé par les données du milieu géographique », bien qu'obéissant aussi aux exigences historiques ;

— enfin, la frontière linéaire est le résultat d'une évolution générale : notion sacrée aux origines, puis assimilée à des limites de propriété, dans la Grèce des Cités, puis zone et enfin ligne.

« Tel est le tableau qu'on trace généralement de l'évolution des frontières : de la zone de séparation large, stérile et vide, à la simple ligne de démarcation sans épaisseur ; de l'indétermination d'un tracé souvent aberrant à la rigoureuse détermination d'un contour défini mathématiquement », écrivait en 1928 l'historien Lucien Febvre. Mais il s'empressait de soulever quelques questions : ne fallait-il pas approfondir l'étude de la notion et de la figuration réelle sur le terrain des frontières d'États, dans les diverses civilisations du monde antique ? La notion même de démarcation linéaire, inséparable pour nous de la notion de frontière, n'était-elle relativement récente ? (Febvre, 17).

Suivons L. Febvre et examinons ce que nous apprend le passé du monde sur les frontières.

— **Le sacré :** Guichonnet et Raffestin rappellent (dès la première page de leur ouvrage, le seul consacré, en français, à ces questions) que l'inscription du monument aux morts de Cavour (Piémont) est un exemple de la résonance affective des frontières : « Pour revendiquer les limites sacrées que la nature a placées comme frontière de la Patrie, ils ont affronté, impavides, une mort glorieuse. Par décision unanime de la municipalité et de la population, que leurs noms soient immortalisés. » Cette phrase contient là encore les éléments principaux d'une doxa, qui est ou était une croyance : le sacré, la limite, la nature et la mort. Elle illustre que le recours au « sacré » ne peut être confiné à une lointaine antiquité, et si ce type de rhétorique n'a plus cours en Europe occidentale, il est resté, on le sait, très prégnant, en Union Soviétique. « Les frontières de l'U.R.S.S. avec les pays capitalistes ne sont pas seulement la limite d'exercice de la souveraineté, mais aussi la ligne de contact de deux systèmes économiques et de deux cultures, à savoir des mondes bourgeois et socialiste. C'est pourquoi une vigilance particulière est requise pour leur sauvegarde » (Kozesnikov, 1948, cité par Calvez, 1957 : 21). Une rhétorique comparable de sacralisation des frontières émerge désormais dans le Tiers Monde. Est-il besoin d'insister sur ce point ?

— **La stèle des vautours** : On ne peut réduire la notion de limites dans l'Antiquité à une simple notion religieuse. En effet, il se trouve que le premier témoignage écrit de relations interétatiques concerne un règlement de frontières : il date du troisième millénaire, de l'époque des dynasties archaïques de Mésopotamie. Le litige est évoqué sur deux supports différents : d'abord, sur le bas-relief connu sous le nom de « stèle des vautours » d'Eanatum (que l'on peut admirer au musée du Louvre), puis sur un cône d'argile cuite, dit cône d'Entemena (petit-fils du précédent), prince de Lagash. Le contexte local en était un différend entre deux cités-États, Lagash et Umma, portant sur des champs irrigués situés en bordure des deux territoires, et disputés depuis plusieurs générations. Le contexte global était la rivalité entre les deux États pour le contrôle de la Basse-Mésopotamie, pays de Sumer. A la suite d'une guerre, un souverain d'Umma avait dû céder le territoire contesté et verser une contribution de guerre en grain. Un arbitrage avait été rendu par Mesalim, roi de Kish. Ces cités-États, composées de villes protégées de murailles et entourées d'un district agricole, étaient séparées les unes des autres par des bandes de désert, des marécages, des lacs d'étiage, et vivaient sous la double menace des nomades des bordures et des montagnards ; d'où la constitution précoce d'organisations politiques et militaires, tendant à élargir leur aire d'influence *, appartenant à une civilisation sumérienne commune (Garelli, 1969). Ce litige opposait deux cités en état de guerre endémique, mais dotées d'une organisation déjà élaborée : écriture, technique d'arpentage, fortifications, canaux d'irrigation, charrerie de combat et politique de relations à longue distance.

Les rapports entre l'Égypte et l'Empire hittite mettaient en jeu des forces et des espaces autrement plus importants, et des traités d'alliance offensive et défensive avaient été conclus : « Le grand Prince d'Hatti ne transgressera pas la terre d'Égypte, jamais, pour en prendre quelque chose. Et le grand roi d'Égypte ne transgressera pas la terre (d'Hatti), jamais, pour en prendre quelque chose. » Des extraditions de

* L'histoire du démêlé fut écrit par l'archiviste d'Entemena, après un nouvel épisode guerrier, provoqué sans doute par le non-respect de l'arbitrage : « Enlil, le roi de tous les pays, le père de tous les dieux, par sa ferme parole, délimita la frontière... Mesalim, le roi de Kish, la mesura à la corde d'arpentage (et) y érigea une stèle... Entemena, le prince de Lagash, eut beau envoyer des messagers à Ila au sujet de ce talus, Ila, le prince d'Umma, voleur de domaines, diseur de vilenies, déclarait : " Le talus est à moi. " » (B. André-Leicknam, 1982 : 198.)

réfugiés étaient prévues, et les dieux de chaque partie sont pris à témoin par l'autre partie ; en cas de rupture du traité, la malédiction tombera. Il suffisait de voler la statue protectrice d'une ville rivale pour qu'elle cesse d'être protégée. Autour de l'État prépondérant était disposé un cercle de souverains étrangers, gardant leurs lois, mais à qui il était interdit d'avoir des relations « extérieures » et de recevoir des cadeaux, les garnisons hittites étant là pour leur rappeler opportunément qui était le maître (Garelli, 344). Il y avait ainsi un régime de dépendance unissant le souverain de Hattusa à certains princes apanagés et à des rois tributaires. On connaît des textes d'instructions données aux commandants des gardes frontières dans les États vassaux, incitant à l'application des lois locales (Pritchard, 210).

On a retrouvé des stèles frontières égyptiennes en Mésopotamie, et, plus fréquemment, en Haute Égypte, à mesure de la progression vers le haut Nil. Pour les Hittites, l'ennemi était au fond celui qui n'avait jamais signé de traité. Les notions de « marches », d'États-tampons, de rapports hiérarchisés, de villes de garnison et de relations « interétatiques » écrites, étaient dès le deuxième millénaire courantes.

Dans le cadre de la rivalité entre Assur et Babylone, des accords de délimitation des frontières furent passés vers 1419-1411 av. J.-C. et 1310-1300 av. J.-C., à l'initiative d'Assur, dans un contexte d'expansion assyrienne *. Les « kuddurru », bornes du IIe millénaire, étaient utilisées pour inscrire les contrats d'achat-vente de terres et placées en plein air ou dans un sanctuaire pour être visibles publiquement.

Hermès aux frontières ou la notion de frontière en Grèce ancienne

Chez Hérodote (*L'Enquête*, VI-108) et Thucydide (I-122 ; IV-92), on lit des textes qui, indiquant une vision très claire des problèmes de territoire, — si une cité est vaincue, *le vainqueur enlève les bornes et transforme les sanctuaires bordiers en places fortes* —, permettent de discerner les conceptions grecques de la frontière. D'une part, les multiples guerres entre cités portaient souvent sur des problèmes de délimitation et étaient des « conflits d'intérêts » (Sartre, 1979 : 213) : litiges sur la possession de terres agricoles, de marécages à fourrage, de parcours d'estivage, d'îlots proches des côtes. Les textes montrent que les cités se comportaient en propriétaires, de sorte que les frontaliers propriétaires ** pouvaient pousser au conflit. Les bornes étaient sacrées, comme les limites de propriété, caractère pouvant être renforcé par des statues d'Hermès *epitermios* et de Zeus *horios*. Mais la frontière était

* La frontière imposée par l'Assyrien Adad-Nirari I au roi babylonien vaincu, Nazimaruttash, vers 1300 av. J.-C., était la suivante : elle partait de Pilazuq, près du défilé du Tigre, dans le Djebel Hamrin, et suivait le cours du Tauq en direction du Zagros. Frontière par conséquent linéaire consignée par un texte, avec des repères topographiques (cols, cours fluviaux) mais sans preuve — archéologique — de « bornage » par des stèles.

** Aristote avait souhaité les exclure des délibérations relatives aux guerres de voisinage et recommandait, comme Platon, une répartition des lots entre les abords de la cité et les frontières « en vue de la cohésion civique lors des guerres de voisinage » (Sartre, 216).

matérialisée par un double bornage, parallèle, puisqu'elle n'était pas une ligne abstraite, mais une partie de la cité.

D'autre part, les conflits pouvaient porter sur des districts entiers, pour des raisons stratégiques bien souvent. Un territoire contesté conquis n'était pas intégré au territoire civique. L'Attique était entourée d'un réseau de forteresses, où stationnaient en permanence des « péripoles », jeunes Athéniens effectuant leur service militaire dans un corps spécial commandé par le péripolarque ; ils servaient aussi sur les murs d'Athènes et du Pirée. Les limites entre cités apparaissent plus nettes, dans leur linéarité (décidée par des accords et des traités ou bien par des jugements frontaliers résultant d'arbitrages gravés sur pierre ou sur bronze et déposés dans des sanctuaires vénérés, matérialisées par des fortins (« kastri »), parfois par des murs, plus marquées que les limites entre Hellènes et Barbares ; celles-ci se présentaient, par exemple en Grèce du Nord-Ouest (Cabanes, 1979 : 183-197), comme une zone, ou mieux une aire d'intersection entre deux civilisations et deux modes d'utilisation économique de l'espace.

Dans le précédent grec, les deux conceptions de la frontière — limites de propriété, mais aussi limites intégrantes de la cité — résultent de la diffusion du principe territorial dans l'organisation de la cité, où est rendu possible le nouvel état politique d'isonomie. Mais que venaient faire les dieux sur les frontières ? Les textes des accords frontaliers comme ceux des traités d'alliance étaient déposés dans des sanctuaires vénérés. Les bornes étaient sacrées, les limites sacralisées, et consacrées. Comme s'il fallait demander aux dieux de garantir la durabilité de limites trop humaines pour être pérennes. Limites consacrées à Hermès *epitermios ;* ce dieu mobile, multiple, perce-murailles, gardien des portes, tri- ou quadricéphale aux carrefours, guide des déplacements, dieu des gonds, témoin des accords, des trêves et des serments, maître des routes et guide des voyageurs, brouilleur de pistes, était aussi le conducteur des âmes vers l'Hadès * et présidait aux pratiques mortuaires.

Mais il y a plus concret. Les éphèbes passaient leur deuxième année, à 19 ou 20 ans, en temps de paix, comme « péripoles ». Durant cette période de deux années de rite de passage de l'enfance à l'état, non d'adulte, mais de citoyen pouvant exercer au cœur de la cité, les éphèbes en parcouraient les confins, au service de la cité, pour y accomplir un certain nombre de rites d'entrée dans le corps civique : l'éphèbe est l' « image inversée du citoyen », sur les confins et extrémités du territoire civique (Sartre, 223).

Quant aux Étrusques, ils ont codifié le rite de la fondation des cités : on traçait le *pomoerium,* limite religieuse de la ville (qui devint un espace séparé de la ville par un mur ou un chemin limite ; il n'était permis ni d'y bâtir ni d'y cultiver). Il définissait le territoire urbain à l'intérieur duquel la prise des auspices était valable. Limites sacrées donc, projection sur le sol du *templum* (du grec « temno », couper, diviser ; même racine qu'a-tome), qui était l'espace tracé dans l'air par

* N'est-ce pas, selon les légendes venues de l'Inde, dans les zones limites que se complaisaient les âmes ? Contraire et complément d'Hestia, déesse du foyer, immobile au cœur de la cité, Hermès était le dieu des confins et des passages.

le bâton de l'augure comme champ d'observation en vue des auspices. La prise des auspices était l'un de deux actes religieux dont l'effet conférait au roi l'imperium, d'essence divine.

Faut-il en conclure que « le caractère sacré de la limite n'est qu'une conséquence du caractère sacré du pouvoir » (Trousset, 1984 : 53) ? Que l'on mêle encore les dieux à la notion de limites intrigue. A moins de considérer, de manière plus générale, que la discontinuité est la condition du symbolisme, puisque c'est la limite qui fait sens, en séparant le sacré de l'impur, le divin de l'humain ou le cosmos du chaos. Les anthropologues (tel Lévi-Strauss), plus près de nous, ont montré le rôle fondateur du symbolique, qui institue des identités collectives et individuelles, ce qui passe par une délimitation. A moins encore d'estimer que la création de limites, c'est-à-dire d'une signification, reste trop grave pour être effectuée sans l'aval des dieux. Tracer des limites n'est-il pas l'un des attributs du pouvoir ? Il y a en tout cas dans le qualificatif d'artificiel que l'on continue d'attribuer au fait frontalier en général (et sans doute aussi dans la volonté de certains à vouloir effacer toute limite) une insistance qui me semble, simple hypothèse, renvoyer à ce rapport constitutif mais confus entre la limite et le symbolique, dont le sacré n'est qu'une forme.

Unité et diversité d'un stéréotype, le limes

Peu de frontières ont fait l'objet d'autant d'interprétations contradictoires. On en a fait, selon les cas et les périodes, le prototype de la frontière linéaire consolidée ou, à l'inverse, le modèle de la frontière-zone, dynamique et base de conquêtes ultérieures de nature « impérialiste ».

Sa redécouverte par les archéologues, au moment de la période d'expansion de la colonisation européenne, n'a fait qu'ajouter à la confusion, d'autant que la diversité même de ce dispositif étiré, au moment de l'extension majeure de l'Empire romain, sur près de 9 000 km, autorisait simultanément des interprétations divergentes. Selon les sections prises à témoin, il pouvait être décrit soit comme une frontière « naturelle » (le Rhin *, le Danube, plus tardivement l'Euphrate), soit au contraire comme une frontière artificielle, les sections les plus fortifiées (*limes* rhénan et breton) étant alors valorisées. Sa diversité même pouvait être utilisée dans le débat sur la solidité et la qualité des supports frontaliers, à une époque où l'on partageait une grande partie du monde, c'est-à-dire où se constituaient des grands empires de taille au moins comparable à l'Empire romain. Or, celui-ci avait péri, ce qui ne manquait pas de troubler les nouveaux bâtisseurs d'empires, et notamment les diplomates. Ainsi l'un des plus célèbres « producteurs » de frontière, Lord Curzon, vice-roi des Indes, et qui

* Certains auteurs estiment que le *limes* a profondément marqué les consciences : le *limes* rhénan ne serait-il pas à l'origine de cette idéologie fameuse et dangereuse du Rhin « frontière naturelle » (Guichonnet et Raffestin, 1974 : 17) ? A l'inverse, Paul Claval souligne que le *limes* « a sans doute plus de vertu sur le plan de la gestion interne de l'espace que sur celui de sa défense contre les périls extérieurs » (1978 : 25).

administra une enveloppe frontalière longue d'environ 9 600 km, celle-là même du *limes*, ne manquait pas de rappeler que l'Empire romain s'effondra faute d'avoir pu défendre ses frontières.

Les limites de l'Empire — *fines imperii* — étaient, par définition, « invisibles » et en tout cas introuvables, selon l'expression de P. Trousset, qui présente l'Empire comme une sorte de système international, auquel des peuples et des États situés sur les marges ont été « associés », après conquête ou par le moyen de traités inégaux, de nature unilatérale *.

La notion de *limes* est à l'origine un terme d'arpentage, qui désigne une limite de domaine, le chemin bordant le domaine **. Dans la période d'extension de l'imperium, le *limes* était un dispositif stratégique de voies radiales, parfois appelées « limites » (par exemple, avec les laies ouvertes dans les forêts de Germanie), qui évolua en ceinture ou rocade stratégique. Chemin de ronde, route frontière, le *limes* s'est à la fin du Iᵉʳ siècle diversifié selon les secteurs. On peut en indiquer brièvement quelques types.

Le *limes germaniae et rhetiae*, situé entre Rhin et Danube, était une route stratégique avec tours de garde en bois et remparts en argile entourant les *castella*, renforcée de palissades en bois hautes de 3 m : environ 550 km de long, 1 000 tours de garde, 100 *castella*. En fait, 4 *limes* successifs furent construits, le dernier maintenu jusqu'au début du Vᵉ siècle. Plus qu'une ligne fortifiée de manière continue, c'était une route fortifiée, pour la liaison Rhin-Danube, édifiée à la suite de l'échec de la conquête de la Germanie. En arrière, le territoire, d'abord colonisé par des Gaulois et des Germains, fut organisé sous le nom de Champs décumates, avec des colonies de vétérans, pour doubler la capacité de résistance. Les seuls « *limes* fermés » sont ceux de Bretagne : le *vallum hadriani*, long de 117 km, était composé d'un fossé, d'une muraille, d'une route militaire et d'un rempart de terre; il fut doublé au nord par le *vallum antonini*, long de 59 km, qui ne fut utilisé que durant un siècle, pour protéger la région sud. Ouvrage défensif fixé sur la ligne Solway-Tyne, le « mur » d'Hadrien était aussi « une base de départ pour la répression des agressions possibles, et la présence d'installations civiles atteste aussi le désir de pacifier toute la région, et de contrôler le commerce avec les tribus indépendantes » (Petit, 113). A l'inverse, le *limes syriae* apparaît comme un « *limes* ouvert », zone de routes et de fortifications distantes. Il s'étirait sur un millier de km, entre le sud de l'Arménie et la mer Rouge, et était complété au sud du *limes arabiae*, le long de la route commerciale Akaba-Damas.

* On trouve ici en coïncidence une conception impériale et une pratique diplomatique qui, dans son caractère de dissymétrie, n'a rien perdu de son actualité. Certaines entités politiques, telle l'Arménie, divisée en un parti pro-romain faible et un parti pro-parthe, se sont vu attribuer une fonction d'État-tampon, où toutefois les Romains intervenaient, pour régler les investitures (Petit, 1967 : 120).

** Le mot *limes* est absent chez César, qui pourtant utilisa, le premier semble-t-il, la technique de la fortification linéaire : « Il a fait élever, depuis le lac Léman, qui se déverse dans le Rhône jusqu'au Jura, frontière entre les Helvètes et les Séquanes, un mur *(murus)* long de 19 000 pas (28,1 km), haut de 16 pieds (4,60 m), flanqué d'un fossé (*fossa*). L'ouvrage terminé, il y place des postes de garde (*praesidia*), le munit de redoutes (*castella*) afin d'interdire le passage aux Helvètes, au cas où ils le tenteraient de force » (César, I, 8).

Le *limes* d'Afrique du Nord est resté longtemps un « *limes* de pénétration ». Malgré la mise en évidence de sections de fortifications linéaires (le *fossatum Africae*) dans le prédésert saharien par les moyens de l'archéologie aérienne (Baradez, 1949), dont on a voulu faire la preuve de la fonction excluante du *limes*, le profil en long du *limes* africain est discontinu, tant du point de vue des types d'ouvrages militaires que des fonctions administratives et économiques. Le tracé du *limes* de la Tripolitaine romaine ne coïncide pas avec la limite entre le Tell et le Sahara, puisqu'il débordait à l'Est sur le prédésert semi-nomade, mais excluait les montagnes du Maroc à l'Ouest. Glacis de surveillance du prédésert en avant des terres à blé (une géopolitique du blé ?), progressivement fixé dans une aire de transition écogéographique, la steppe, marquée par une économie mixte, agropastorale, le système limitaire était avant tout un moyen de contrôle et de filtrage des déplacements saisonniers de troupeaux et de main-d'œuvre entre régions complémentaires. Loin d'être un dispositif antinomade, le système permettait de développer la composante sédentaire de l'économie agropastorale tout en conservant la composante nomade (Trousset, 67-70). Dispositif qui englobait des populations semi-nomades plutôt que de les exclure ; elles devenaient ainsi les gardiens du système limitaire. Cela explique que les effectifs militaires romains sont restés faibles (maximum de 25 000 à 30 000 hommes au IIe siècle).

Les murailles de Chine et les géographes chinois

La muraille de Chine est devenue l'archétype indiscuté de la frontière linéaire à fonction de barrière : une coupure entre les Chinois et les Barbares qui aurait été en parfaite coïncidence avec la ligne de séparation entre sédentaires et nomades, entre des « sociétés hydrauliques » et des confédérations de tribus, entre terres agricoles et steppe, au point de devenir un facteur de différenciation de deux mondes.

Cela est globalement exact pour ce qui est des configurations géographiques de première grandeur, et effectivement, le dispositif des murailles construites sous les Ming (entre 1320 et 1595), du golfe de Chili au Kansu, comprenait trois lignes de défense d'un total de 5 000 km environ. Il est sans doute conforme à une représentation du monde dualiste et dans le caractère chinois employé pour le mot pays (kuo), un carré fermé enveloppe les symboles désignant les « bouches » et les « couteaux et haches », les mangeurs et leurs défenseurs.

Il reste que dès les traités géographiques les plus anciens (Yü Kung, Ve siècle av. J.-C.), on distinguait cinq catégories de terres : les domaines royaux, les domaines princiers, les marches ou zones de pacification, la zone des barbares alliés et enfin la zone de la sauvagerie inculte. Si on examine une carte topographique et pédologique à petite échelle, on constate que le tracé septentrional de la grande muraille des Ming coïncide en gros avec le contact entre les plaines alluviales du Hebei, les aires aux sols de lœss en place du Shanxi et du Gansu, et le domaine semi-aride des steppes (sud-est du Gobi, Ordos et désert d'Alashan). Mais, au nord et au nord-ouest des plaines qui sont considérées comme le berceau de la culture et de l'État chinois, il n'y avait pas de limites « naturelles » nettes ; il s'agissait au contraire de vastes aires de transition progressive vers les steppes arides et semi-arides de la Mongolie actuelle, selon le gradient pluviométrique, permettant des types d'utilisation du sol variés.

La construction des murailles fut une tentative pour établir une limite bien définie entre deux domaines aux contours flous. A l'ouest de la bouche du fleuve Jaune, il n'y a plus d'aire de transition, puisqu'il s'agit d'une occupation de l'espace en oasis. Mais il faut souligner que les tracés des murailles ont considérablement varié, d'autant que leur construction s'est étalée sur une période de près de vingt et un siècles, et qu'une douzaine de tracés peuvent être distingués, correspondant à des localisations et des fonctions assez différentes.

A l'origine, du reste, et jusqu'à l'unification menée par les Qin (221 av. J.-C.), les murailles avaient été édifiées dans le cadre de la lutte entre des États féodaux séparatistes. Sous les Qin, ces murailles furent détruites, à l'exception de celles du Nord-Ouest, qui furent réunies en un ouvrage continu sous Shi Huangdi. Or, il ne s'agissait pas alors de parer à une menace extérieure, mais de stabiliser les conquêtes faites en Chine même. La muraille apparaît alors comme l'un des moyens dont dispose l'État nouveau pour mener sa politique d'unification : divisions de l'Empire en districts administratifs, abolition de la féodalité et octroi de terres à une partie seulement des paysans, ce qui dégage un surplus de main-d'œuvre mobilisé dans de grands travaux (routes, canaux et murailles). Comme les murs d'une ville, la muraille était un signe de l'appropriation politique, à usage interne.

Sous les Han, les murailles sont complétées, prolongées à l'Ouest et doublées au Nord*. On y trouve des soldats cultivateurs (soldats des canaux d'irrigation ou des greniers) et des garnisons ; les postes sont en contact par un système de signaux, fanions et fumées. Les chefs de poste font des rapports écrits. Les soldats en patrouille sont tenus d'aplanir de larges bandes de terre ou de sable pour détecter les empreintes des nomades (technique de surveillance éprouvée et encore en vigueur, en 1988, par exemple sur la frontière Namibie-Angola) ! Les postes frontières doivent répondre aux réquisitions des caravanes diplomatiques et les activités militaires ne sont qu'une partie des relations entretenues avec le monde extérieur. La relation entre défense contre l'extérieur et contrôle aux frontières des populations intérieures trouve son explication dans l'histoire politique chinoise. Dans les périodes d'unification se développe le mouvement d'expansion de longue durée vers les terres tropicales du Sud — qui est la caractéristique fondamentale de la formation géopolitique de la Chine —, les régions du Nord étant garanties par un système de défense opérationnel. On ne trouvait d'ailleurs pas de « murailles » au sud et au sud-ouest, les Chinois ne s'y reconnaissant pas de frontières. En revanche, dans les périodes de crises dynastiques et de guerres

* Les grandes murailles ne constituent qu'un des éléments d'un ensemble beaucoup plus vaste : « tribus ralliées qui collaborent à la défense contre les incursions, postes, fortins et garnisons avancées, colonies militaires, territoires mis en valeur par des populations déportées, élevage des chevaux... » (Gernet, 1972 : 114).

intestines, les parties rivales recherchent l'alliance des peuples de la steppe *.

À mesure que ces peuples, sinisés ou non, firent preuve d'une efficacité croissante, ils se lancèrent dans des guerres de conquête (Jurchen, Mongols). C'est contre les Mongols que les Ming entreprirent aux XVe et XVIe siècles de construire de nouvelles lignes de défense, situées nettement en retrait : c'est la « grande muraille intérieure » et celle qui passe au sud de l'Ordos, dont on peut aujourd'hui visiter les tronçons d'un dispositif de 5 000 km. La dernière palissade fut édifiée au nord des plaines de « Mandchourie » au XVIIe, à l'époque de l'extension maximale de l'empire sinomandchou (pour protéger les colons et les terrains de chasse, et imposer des lieux obligés aux marchés de frontière, par exemple Changchun, près de Kirin, à proximité de la Corée).

Or, c'est l'époque où surgissent les premiers conflits avec les colons russes en Asie orientale. Pour leur règlement, provisoire, une nouvelle technique fut employée, celle des traités de délimitation frontalière : les traités de Nerchinsk (à 1 300 km au nord de Pékin) entre Russie et Chine en 1639 et de Khiatkha (poste situé à 150 km au sud du lac Baïkal, lieu des échanges commerciaux) en 1727 fixèrent les frontières entre les deux empires. Faut-il y voir le sceau des conseillers jésuites de la cour de Pékin ?

La Chine ancienne : les cartographes et la mise en mémoire des frontières

La cartographie chinoise était très élaborée ; c'était, avec la statistique et la production d'archives, l'un des principaux outils de gouvernement. Une des fonctions des géographes était l'enregistrement des « frontières » des principautés et des domaines, au moyen d'un arpentage précis.

L'empereur Hsien Tung consultait tous les jours dans ses bains la carte des points fortifiés et des lieux stratégiques au nord du Fleuve Jaune et Li Huan, commissaire sur les frontières du Tibet, avait dessiné en 1040 une carte de ces montagnes (Needham, 1959, volume III). Un peu plus tard, Shen Kua, inspecteur officier des frontières, réalisa une carte sur bois, après une exploration sur le terrain, puis fit une première maquette en sciure mélangée à de la farine de blé ; craquelée par le froid, la maquette fut refaite en cire, plus facile à transporter, et présentée à l'empereur, qui donna des ordres pour que les préfets des régions frontières fissent de même pour les archives de la capitale. A la fin du XIIIe, le cartographe Chu Ssu Pen dessina une quarantaine de cartes des provinces chinoises, dont 16 pour les régions frontières.

Plus tôt, sur la carte connue sous le nom de *Hua I Thu* (1040 ou 1137), gravée sur pierre, la muraille était dessinée. Il en est de même pour la

* La seconde grande période de construction de murailles, sous les Tang (VIe siècle), correspond à une conjoncture de ce type : lorsque la Chine du Nord fut de nouveau unifiée, les alliances antérieurement passées avec les confédérations turques furent évidemment abandonnées, provoquant des incursions auxquelles tenta de répondre l'édification de nouvelles lignes de défense.

première carte jamais imprimée dans un livre, la *Ti Li Chih Thu* (1155), où la muraille apparaît sous un double trait. Le « mur de Gog et Magog » placé sur la carte orbocentrée sur Jérusalem, dessinée par Psalter (milieu du XIIIe), en était un écho lointain.

Les fonctionnaires et empereurs chinois disposaient ainsi des moyens techniques de se représenter l'espace (projections rectangulaires de type Mercator et carroyage). Mais la notion de frontière linéaire était réservée au découpage des provinces, à des fins d'administration. Les murailles, murs ou palissades, n'étaient des lignes qu'envisagées à très petite échelle, puisqu'elles faisaient partie d'un dispositif que les recherches récentes sur les *limes* romains autorisent à comparer avec eux.

Les jésuites présents à Pékin, missionnaires, étaient aussi des astronomes, des mathématiciens et des cartographes. Ils prirent à ce titre l'initiative de dessiner des atlas et de rédiger des géographies universelles. Or, on sait que lors du traité de Nerchinsk, les jésuites Gerbillon et Pereira participèrent aux négociations en tant qu'interprètes, le traité ayant été rédigé en latin, en mandchou, en chinois, en mongol et en russe. Le procédé de délimitation fut-il une suggestion russe (les premiers traités frontaliers russes en Europe sont postérieurs), jésuite (de telles pratiques étaient encore inconnues en Europe) ou chinoise* ? Sans doute est-ce cette dernière hypothèse qui vaut, résultant moins d'une modification conceptuelle du principe de la muraille que de l'application à un traité international d'une technique de découpage administratif dans la Chine des dix-huit provinces. Ce sont en tout cas les deux seuls traités dont les dirigeants chinois actuels disent qu'ils ne sont pas inégaux. Un autre traité de délimitation frontalière fut signé en 1739 entre les Qing et les Dzoungares, fixant la frontière aux chaînes de l'Altaï.

Les frontières « différentielles » : Byzance

Voilà une autre région du monde où durant près de sept siècles (de 565 à 1150 environ, selon les cartes de la *Cambridge Medieval History*, t. IV, carte 14) des conceptions originales et assez complexes de la

* En Inde, le champ des représentations du territoire reste encore largement inexploré, peut-être en raison de difficultés linguistiques et de la relative stabilité historique des limites externes du cadre territorial. Situation tout à fait différente de celle de la Chine ou de la Russie. Les découpages internes au sous-continent ont pris le pas sur les contours extérieurs. Une carte de la relative permanence des frontières (Spate, 1967 : 176) souligne en effet quelques discontinuités séculaires, dont on retiendra celle des collines du piémont himalayen (Terai-Meghna) et la ligne Kirthar-Daman, au nord-ouest. Celle-ci, connue comme *daman i koh* (le liseré de la montagne), appuyée sur le revers des monts Suleiman, fut utilisée jusqu'au XIXe siècle, à cette époque comme frontière du royaume sikh. Les points de passage prévisibles étaient équipés de lourdes forteresses. Le sanscrit disposait de plusieurs termes pour désigner les frontières. *Anta* et *durga* se réfèrent aux fortifications situées le long des frontières d'un royaume, *sima* désigne la frontière linéaire. L'*Arthasastra,* ouvrage politique rédigé par Kautilya (IIIe siècle av. J.-C.), recommandait l'établissement de solides défenses frontalières, localisées sur les sites favorables. Quant aux litiges entre unités politiques ou principautés pour des terres et surtout des eaux d'irrigation, ils étaient généralement réglés par des procédures d'arbitrage.

frontière ont été affirmées. Héritières des conceptions grecques et romaines, les élites de Constantinople avaient d'abord une conception idéologique de leurs frontières, qui, telles les *fines imperii,* devaient coïncider avec celles de l'oécoumène, c'est-à-dire celles du monde romain et chrétien : limites idéologiques et culturelles — aires d'extension de la Chrétienté et de la langue grecque —, placées à l'Est sur le Caucase et l'Euphrate.

Frontière objectif, toujours à atteindre, objet d'une « mystique nationale » (H. Ahrweiler, 1974 : 211), mais qui ne coïncida jamais avec les frontières politiques de Byzance. Celles-ci correspondent à l'aire de l'exercice effectif de la souveraineté, empire et périphérie de petits États plus ou moins proches (*proxenoi*) et amis (*philoi*), selon la nomenclature diplomatique. La frontière est d'abord administrative, qui définit l'aire où l'État exerce le prélèvement fiscal. Elle n'est pas superposable à la frontière militaire, de caractère défensif.

H. Ahrweiler estime que les Byzantins menèrent une politique systématique d'appui sur les frontières « naturelles », Danube et Rhodope au nord, Euphrate et chaînes du Taurus et de l'Anti-Taurus en Orient. De fait, en fonction de la configuration des rebords du plateau d'Anatolie, ils mirent en place un dispositif spécifique, nommé Kleisourarchia (*kleisouria*, défilés), pour contrôler passes et défilés. Les régions frontières furent par la suite structurées en « thèmes », nommés « stratégies », autour de villes fortifiées. Le *limes orientis* avait été abandonné sous la pression des armées musulmanes au profit de centres fortifiés, qui interdirent la reconstitution d'une défense linéaire ; elle fut remplacée par un dispositif de défense en profondeur des grands axes. Avec la stabilisation de la frontière (xe siècle), les villes frontières devinrent des places d'échanges commerciaux à longue distance (Asie centrale et Perse, Syrie et monde arabe), complétées de bureaux de douane *. Ces régions, devenues attractives, furent progressivement occupées par des Turcs, seldjoukides, puis turcomans, qui, à partir d'enclaves, provoquèrent un partage de fait de l'espace micro-asiatique entre Byzance et les émirats turcs. Une nouvelle frontière fut installée, marquée d'une zone désertée et parcourue par les Turcomans, amorçant l'érosion du territoire impérial.

Les frontières asiatiques avaient une fonction essentiellement militaire, prenant la forme moins d'une aire d'intersection ou d'assimilation que d'une ligne matérialisée : ouvrages défensifs, contrôle policier et douanier, poste, renseignements et télégraphe lumineux. Les grands propriétaires fonciers de ces régions — où s'affirmaient plus qu'ailleurs la culture chrétienne et l'appartenance « nationale » — en vinrent, comme stratèges, à jouer un rôle dominant dans la conduite de l'Empire. Mais cette ligne longeait aussi des peuples limitrophes, comme les Arméniens, pouvant jouer de la rivalité globale, et dont les entrées en dissidence ne furent pas pour rien dans les avancées des

* Les Byzantins avaient également une conception précise des frontières maritimes, les *thalassa horia :* une administration spécifique contrôlait les routes maritimes, les eaux « territoriales », les détroits, ainsi que les ports fréquentés par les étrangers. Mais ces notions étaient déjà connues de Gênes et de Venise.

Turcs, avant que ne se développent les séparatismes des gouverneurs byzantins. Byzance *, moule dans lequel s'est coulé l'État ottoman ?

Frontières ottomanes

Les historiens (Inalcik, 1976 : 10-40) de l'empire ottoman ont montré ce que sa formation devait à la situation frontalière de son noyau initial, sur les marches anatoliennes de Byzance, au XIIIe siècle. Les principautés des marches se différenciaient du reste du sultanat seldjoukide par une « culture » spécifique, dominée par le concept de guerre sainte (*ghaza*), contre le *dar al harb* (domaine de la guerre) contigu. La *sharia*, loi sainte, indiquait que les biens des infidèles pourraient être conservés comme butin et ceux-ci faits captifs, à moins que par la conversion ils ne deviennent des *dhimmi* (protégés). Mais en face, les acrites byzantins avaient une mystique comparable. Durant les XIVe et XVe siècles, le vieux terme *uj* (marche) fut remplacé par celui de *serhadd* (frontière), l'État ottoman s'étant constitué comme principauté frontière. La résistance rencontrée dans les Balkans fut sans doute un facteur d'unification des entreprises des beys ottomans, ce qui permit d'exploiter les divisions et les contradictions internes dans les sociétés des Balkans (abolition de la corvée par l'administration ottomane ; choix des chrétiens orthodoxes, qui préféraient le joug turc à celui des catholiques latins ; possibilité pour des aristocraties balkaniques d'utiliser une « option » turque contre leurs rivales).

Après 1453 (prise de Constantinople par Mehmed II), l'État fut organisé de manière centralisée, les beys des marches conquises étant réduits au rang des beys ordinaires des provinces, et l'armée, composée d'un noyau permanent de janissaires, ne dépendant que du sultan qu'ils représentaient dans les provinces et les garnisons frontalières. Frontière « mobile », qui est avancée par conquête et par ralliement (de la noblesse de Bosnie, par exemple, convertie à l'islam). Les frontières de l'empire ottoman étaient de types divers selon les configurations politiques contiguës, musulmans de Perse ou orthodoxes et catholiques des Balkans.

Examinons, à titre d'illustration, les contours de l'empire ottoman dans la deuxième moitié du XVIIe siècle, où il est à sa plus grande extension (1672). L'empire compte une trentaine de millions d'habitants : au Nord, la frontière est à 120 km de Vienne et s'étend de la Croatie à la Crimée. A l'extrême Ouest, elle bute sur la limite du Maroc ; elle inclut la haute Égypte, le Yémen, la Mésopotamie ; à l'Est, elle passe au contact, rude, des Perses **.

La frontière Nord est d'abord composée de deux principautés tributaires, Valachie et Moldavie, au nord du Danube, dont les princes sont choisis par le sultan ; les tributs sont les grains, la viande et les chevaux ; à l'ouest des Carpates, même situation pour le prince de Transylvanie ; les quatre cinquièmes de la Hongrie (qui s'étend alors

* Après la prise de Constantinople (1453), le sultan Mehmed II prit triple titre de khan, Ghazi et Caesar et ordonna la réalisation d'une *mappa mundi*.

** Voir IIIe partie, chapitres IX et XI.

des Carpates à la Croatie) sont divisés en quatre vilayets, d'administration directe, parce que c'est l'espace le plus important, traversé par le moyen Danube (couloir d'approche terrestre et de transport fluvial des armements lourds), dont la libre disposition est garantie par le contrôle des places fortes de Belgrade et de Buda-Pest ; enfin, la Croatie et la Bosnie, face au *limes* vénitien.

La frontière hongroise et du Danube est une ceinture de garnisons hérissée de nombreuses forteresses, bases de départ des assauts et points de contrôle des lignes de communication. Ce dispositif fut réalisé comme réplique à celui de l'Autriche (dont le nom signifie « marches de l'Est »), qui comprenait une ceinture de forteresses, complétée d'un réseau de *palanka,* petits forts, et peuplées de *limitanei,* vétérans et réfugiés paysans. Du côté ottoman, ces forteresses (Belgrade, Buda, Temesvar, Gran, Stuhlweissenburg) étaient des « îles » entre lesquelles circulaient des colonnes de soldats (*sipahis*). Entre les deux lignes, une zone neutre et fluide vouée aux escarmouches entre seigneurs des marches et troupes des beys. A mesure que se développe l'armature de défense en profondeur, la guerre de siège, longue, coûteuse et à l'issue plus dépendante des moyens techniques (infanterie, artillerie), a pris le pas sur les avancées rapides des cavaliers (Parry, 1976 : 96 et 116-118 *).

L'échec devant Vienne (14 juillet 1683), du fait de la supériorité des forces habsbourgeoises et de la cavalerie polonaise, marqua le repli de la frontière (qui était à 120 km de Vienne) sur le Danube moyen. En réalité, les rapports de force s'étant modifiés sur la moyenne durée, les sultans étaient entrés dans l'ère des négociations, impliquant des entrevues en terrain frontalier neutre et des décisions explicites sur la définition des aires de domination respectives. On vit apparaître à partir de la fin du XVIIe des principes nouveaux : recours à des médiateurs neutres, traités de paix (Carlowitz, Passarowitz, Belgrade et Constantinople) comportant des clauses territoriales (cession ou *uti possidetis*) et frontalières (délimitation de zones neutres non militarisées). La référence à des limites visait, du côté ottoman, à stabiliser l'acquis en échange de la non-guerre ou à ralentir le repli.

C'est donc au cours du XVIIe siècle et sur les contours des Empires qu'apparaissent les premiers règlements frontaliers négociés, entre des États de structure idéologique différente et en lutte, mais qui devaient renoncer, provisoirement, à des pratiques de frontière dynamique par définition unilatérale. La négociation fixe une ligne d'arrêt ou une double ligne, qui est, sur la durée, une étape dans un processus dissymétrique : empires ottoman, habsbourgeois, mais aussi perse, chinois et russe.

La Russie : bois coupé, barrière et frontière

Dans leur avancée vers le Sud puis vers l'Est à partir du noyau historique de la Moscovie, les Russes rencontrèrent aux XVIe et XVIIe siè-

* La Save, limite *actuelle* entre Bosnie et Serbie, au sud, et Croatie, au nord, fut à partir de 1686 une frontière entre Hongrois et Ottomans.

cles des peuples non russes, entre le Dniepr et l'Oural. A l'époque d'Ivan IV, dit le Terrible, la lutte avec les non-Russes était conçue comme une croisade des chrétiens contre les « sarrasins », terme employé pour désigner les Tatars de l'État de Kazan. Entité politique et historique, l'État Tatar de Kazan (issu de la désintégration de la Horde d'Or) avait des contours flous, peuplé sur ses marches, notamment à la frontière de Moscovie, de groupes finnois et turcs qui n'avaient pas été assimilés (Nolde, 1952 : 5). Lorsqu'il fut annexé au milieu du XVIe siècle, et quadrillé de places fortes intérieures, le problème de l'indéfinition des marches conduisit à l'établissement d'une première ligne fortifiée (1571), comme élément de l'organisation générale d'un service militaire frontalier, au sud au contact de la steppe, à l'est en milieu forestier.

C'est là qu'au moyen de clairières ouvertes dans les forêts furent tracées des lignes continues patrouillées, les *zaseka* ou bois coupés. Lignes de défense garantissant l'annexion de Kazan, elles devinrent un point de départ au XVIIe siècle d'une nouvelle expansion et s'en trouvèrent dépassées. A mesure de la progression militaire furent établies des « barrières » successives, ponctuées de villes neuves abritant des garnisons, et parcourues de détachements mobiles recrutés chez les Tatars et les paysans russes.

La technique de la barrière — dont les sections étaient nommées *liniia* (lignes) — compensait l'insuffisance défensive du réseau hydrographique (Kama, moyenne Volga) ; l'aire était ensuite démilitarisée et l'espace situé en amont colonisé et distribué, sous forme de concessions foncières temporaires données à titre de service (*pomestié*). A l'est de Kazan, cette technique ne semble pas avoir été utilisée, parce que les populations situées de part et d'autre de l'Oural ne formaient pas d'entités politiques et qu'elles furent moins conquises qu'absorbées. L'Oural ne fut pas une frontière historique pas plus qu'il n'était une barrière topographique. Mais là passait un faisceau de routes en direction de la Sibérie (terme désignant à l'époque une entité politique issue d'une autre section de la Horde d'Or) ; l'avancée russe y fut linéaire, et non frontale (route menant d'Oufa, en Bachkirie, à Tioumen), et garantie par un chapelet de villes fortes. Elle fut grossie par les migrations des paysans fuyant le servage en Moscovie, et autorisés à s'installer sur des lopins dont une partie revenait au tsar, c'est-à-dire aux fonctionnaires de ses garnisons.

A l'est de Kazan, les lignes fortifiées, étapes d'une conquête, marquèrent aussi pendant deux siècles et globalement une sorte de discontinuité dans la formation sociale russe, puisque des paysans de Moscovie pouvaient espérer échapper à l'asservissement en fuyant vers les terres conquises, libres et protégées.

Le servage peut en effet être interprété comme un dispositif anti-frontière (au sens turnerien), visant à la fixation de la main-d'œuvre sur la terre, pour des raisons économiques, fiscales et politiques. Mais l'émigration, parfois forcée, a, contradictoirement, participé à la formation territoriale de l'empire russe.

Lorsque fut signé le traité de 1689 avec l'empire chinois, les Russes n'occupaient, entre Kazan et la côte Pacifique, que quelques itinéraires routiers commerciaux. On comprend l'intérêt de délimiter une frontière, comme élément d'un contrôle qui n'était qu'un quadrillage de l'espace par des points d'appui — militaires et fiscaux (le tribut en fourrure) — sur de simples itinéraires.

Or, il est remarquable que les troupes qui furent utilisées comme avant-garde dans la progression en Sibérie occidentale, puis jusqu'au détroit de Behring, provenaient aussi de régions frontières : les Cosaques. Ce terme, appliqué d'abord à des mercenaires employés comme gardes frontières par les Génois de Crimée, au XIIIe siècle, puis à des mercenaires turcs utilisés par les princes russes contre les raids des peuples de la steppe (XVe), désignait aussi une population flottante, à l'origine mi-turque, mi-slave, mais bientôt russifiée (et convertie à l'orthodoxie) de l'aire frontière entre Russie et Empire ottoman (Portal, 1965 : 256). Sur les marges sud de l'État moscovite, les Cosaques du Don avaient été utilisés par le gouvernement de Moscou pour constituer une barrière défensive contre les Turco-Tatars du khanat de Crimée, vassaux de la Porte. Les Cosaques Zaporogues, sur le bas Dniepr, qui étaient une sorte de république militaire, orthodoxe et antiturque, furent au centre de tous les conflits entre la Pologne, la Russie et l'Empire ottoman.

Après la prise du fort d'Azov fut signé en 1700 le traité de paix de Constantinople, qui comportait des clauses territoriales : l'article 5 stipulait que la frontière est tracée en sorte que les terres se trouvant à une distance de douze heures (de marche, au pas d'un cheval) du golfe de Perekop jusqu'à la nouvelle ville (russe) d'Azov demeurent désertes. Les contours de cette bande de terres neutralisées furent précisés par les conventions de délimitation de 1704-1705, où fut fixée, après reconnaissance du terrain sur ordre de Pierre le Grand, une ligne frontière au sud d'Azov et entre le Boug et le Dniepr, en accord avec les commissaires turcs mais en fonction du rapport des forces.

Même si les textes n'ont pas la précision de ceux qui seront négociés ensuite, on doit constater que l'on en est venu à négocier une ligne frontière dans les steppes du sud de l'Ukraine et de la Crimée lorsque deux grands États se sont trouvés en affrontement direct, « pardessus » leurs vassaux. En cela, ces conventions sont un précédent moderne *.

Après de nouvelles guerres russo-turques, dont l'enjeu initial était la Pologne, un autre traité fut signé à Belgrade (siège de l'état-major turc, 1739), avec la médiation de l'ambassadeur de France auprès de la Porte. Les clauses territoriales (dont le détail est ici secondaire, puisqu'elles n'ont pas laissé de traces interétatiques) y étaient beaucoup plus explicites et montraient une évolution des conceptions. En effet, entre le Boug et Azov, quatre sections de cette frontière alignée Ouest-Est, donc recoupant les axes de drainage, étaient distinguées. Les

* « La frontière commencera au point où finit le territoire polonais et suivra le Boug en aval jusqu'à l'emplacement du stationnement des équipages des commissaires chargés de la délimitation ; de là elle suivra le Boug à une distance de deux heures de chemin jusqu'à Tochlyk, dénommé en turc Grand Konar (...) ; à partir dudit gué elle ira par le plat pays jusqu'à l'embouchure de la petite rivière Kamenka, là où elle se jette dans le Dniepr, quatre milles séparant ledit endroit des localités désertes de Kazykerman ; et là finira la frontière » (traduit du russe par Nolde, II, 14).

deux premières, à l'Ouest, furent démarquées (« tracées sur les lieux ») par des commissions mixtes, qui rencontrèrent des difficultés de tracé en raison du grand nombre d'îlots du Dniepr sur la partie du cours utilisé comme limite *.

Dans la lutte russo-turque, les frontières étaient des techniques politico-stratégiques, à fonction défensive pour les Turcs, à fonction de consolidation des acquis pour les Russes. Leur aspect linéaire avait d'abord une finalité stratégique, bien qu'il ait été fixé par la voie diplomatique ; mais c'est le caractère d'innovation qu'a constitué le recours à cette technique qui doit être retenu, car ailleurs en Europe au XVIIe siècle et dans la première moitié du XVIIIe, les rapports entre États ne passaient pas encore par de telles dispositions. *Ce serait donc sur les confins russo-turcs que l'on aurait inventé, en Europe, l'utilisation de la délimitation frontalière négociée et moderne entre des États.*

Si cette hypothèse est vérifiée, on peut penser que cette invention correspondait à une situation considérée par les cours européennes, mêlées de plus en plus aux négociations russo-turques, comme une reconquête menée par étapes sur l'Empire ottoman. Le fait de tracer des limites présentait l'avantage, pour les diplomates, d'une visibilité des clauses, manière de s'immiscer encore plus dans les négociations.

La pratique de la délimitation frontalière serait ainsi contemporaine de l'émergence dès l'année 1700 de la « question d'Orient », mal nommée, selon moi, car c'était d'abord une question d'équilibre européen, qui, jusqu'en 1923, fut au fond l'un des problèmes géopolitiques et géostratégiques (le contrôle des détroits) les plus riches en activité d'horogenèse. Le tracé des frontières y fut un élément de la réponse européenne à la question d'Orient. Les pratiques anciennes se révèlent ainsi étonnamment modernes et diverses selon les types de contacts et d'appareils étatiques en interaction. En cela, Lucien Febvre n'avait pas tort d'écrire que « ce n'est pas en partant d'elle-même, c'est en partant de l'État qu'il convient d'étudier et d'analyser la frontière. Tel type d'État, telle limite et, quand il y a lieu, telle frontière au sens militaire et politique du mot ».

* Suivant la convention du 3 octobre (1739) les limites du côté occidental (du Dniepr) s'étendaient jusqu'à la rivière Kamenka et celles du côté oriental étaient la rivière Saliva (environ 100 km plus au nord). Il en résultait un « enjambement » des terres occupées par les Cosaques (liés au tsar) sur celles que les Tartares (liés aux Turcs) devaient occuper ; d'où il pouvait naître bien des contestations.

CHAPITRE II

Un modèle géopolitique français

« Y m'est bien tart que demain soit Pour voir les Anglais en frontiere. »

Mistère du siège d'Orléans, fin XVe.

Le sait-on assez ? La France a été et demeure un laboratoire de géopolitique original en Europe et dans le monde, et on doit la créditer de quelques brevets d'invention.

N'est-ce pas là que fut pensée puis appliquée, au moment de la Révolution, une conception globale de la frontière, comme ligne de coïncidence entre les contours d'ensembles spatiaux fondamentaux mais différents, l'État et la Nation ? Ce modèle de l'État-Nation ne faisait-il pas écho à un principe géopolitique plus simple à énoncer qu'à mettre en œuvre, et qui a nom : le droit des peuples à disposer d'eux-mêmes, autre héritage « révolutionnaire » ?

Ce modèle géopolitique n'a-t-il pas été promu dans l'Europe des nationalités, en même temps qu'il était « exporté » dans ce qui est devenu le Tiers Monde, par ces grands traceurs de frontières que furent les Français, en concurrence avec les Britanniques ? L'État français n'a-t-il pas encore aujourd'hui, en Afrique comme au Proche-Orient, et à la demande des États directement concernés, une fonction de « garde frontière » ?

N'est-ce pas en France que fut construite et diffusée, au XIXe siècle, la notion de « frontières naturelles », dont on voulut faire, a posteriori mais à tort, l'axe logique de la formation territoriale du pays et le principe directeur constant des relations extérieures immédiates ? Ses promoteurs, soucieux de consensus politique, n'ont-ils pas, dès lors, influencé durablement la pensée politique et stratégique des décideurs, y compris des plus célèbres ?

Enfin, n'est-ce pas une originalité française, en Europe, que de disposer, depuis plus d'un quart de siècle, du fait de la dissuasion nucléaire, de frontières *différentielles*, c'est-à-dire d'une enveloppe frontalière immédiate qui borne un sanctuaire stratégique protégé par la méthode et les moyens de la dissuasion du faible au fort ; et de frontières « extérieures » enserrant l'aire encore (et volontairement) floue d'intérêts vitaux ? N'y a-t-on pas engagé, depuis quelques années, un débat doctrinal de fond sur la localisation souhaitable des frontières stratégiques que, sur un mode curieusement très classique, on exprime par le dilemme suivant : la « bonne frontière » française est-elle sur le Rhin ou sur l'Elbe * ?

La proposition principale est qu'il existe un modèle français de formation territoriale et d'organisation politique de l'espace, qui se distingue d'autres modèles. Parmi ceux-ci, je citerai l'Espagne, « nation de nations », la Confédération Helvétique, entité plurilinguistique, la Yougoslavie, fédération multinationale, ou encore l'U.R.S.S., dont les expériences en matière de politique des « nationalités » étaient devenues, tout jugement mis à part, une « ingénierie socio-politique » exportable (voir l'Éthiopie ou l'Afghanistan).

Le fait que les Français aient directement tracé au moins 17 % de la longueur des actuelles frontières d'État dans le monde donne une première mesure de l'extension possible du modèle français ; si l'on ajoute à cela l'écho rencontré en Amérique Latine et dans certains États d'Asie par les principes géopolitiques de 1789 et du XIXe siècle et si l'on observe enfin que le désordre mondial est le produit de la rivalité entre plusieurs modèles géopolitiques, il ne me semble pas vain de rappeler, par un survol des siècles et dans une logique positive et active, comment l'un d'entre eux s'est formé et comment il s'actualise.

Front, frontier, frontière, sous l'Ancien Régime

Parmi tous les mots qui ont été utilisés à un moment ou à un autre pour désigner les contours extérieurs de l'espace français — confins, fins, limites, mètes, bornes, lisières... —, c'est celui de frontière qui s'est finalement imposé. Pourquoi ?

A partir de 1773, on emploie le néologisme de « délimitation des frontières » et au cours du XIXe encore coexistent (par exemple chez Sorel) deux termes, limites et frontières. Mais c'est le second qui finit par englober le premier.

Lucien Febvre explique ainsi cette fusion sémantique : « ... si finalement " frontière ", tout en gardant son vieux sens militaire, est devenu synonyme de " limite " ; si nous l'employons aujourd'hui de préférence pour désigner la ligne que jalonnent, aux extrémités du pays, les bornes et les poteaux-frontières, n'est-ce pas en définitive à l'établissement du service militaire permanent et universel, à la totale militarisation de la nation qu'il faut attribuer ces transformations récentes ? On peut lire d'un bout à l'autre les grands traités que négocia Louis XIV. On n'y trouvera jamais ni le mot frontières, ni même le mot limites. Ce ne sont pas des territoires qu'on annexe alors. Ce sont des fiefs qu'on détache d'une couronne pour les rattacher à une autre » (1928 :19).

Depuis son origine et jusqu'à maintenant, le mot frontière a, qu'on le veuille ou non, *une signification militaire*. Les autres sens ne sont que

* Voir IVe partie, chapitre XV.

« coïncidences », voulues. C'est cette linéarité complexe de fonctions spécifiques dotées de temps propres qui doit être analysée, ce qui se prête fort bien à une approche géographique. Mais d'abord, la sémantique.

Le terme français de frontière apparaît au début du XIVe siècle comme l'adjectif féminin du substantif « front » : frontier, frontière. Le front, terme d'architecture, au sens de façade, est aussi le front d'une troupe qui, se mettant en bataille pour combattre, « fait frontière ». C'est donc un ordre de bataille. Le terme est employé, semble-t-il, pour la première fois dans un acte royal de Louis X le Hutin concernant la zone des châteaux construits face à la Flandre (Mollat, 1970 : 139; Dion, 1947 : 88-89). Il remplace celui de « marche » employé jusqu'à Philippe le Bel. Le même mot fut usité peu après au sujet de la zone de combats des bastides aquitaines : « les ennemis du royaume qui tiennent grant frontiere au pais de Guienne » (juillet 1384). Notion géostratégique si l'on veut, qui caractérise les points de défense des confins du royaume face aux adversaires du moment, l'Empire (en Hainaut) et l'Angleterre (en Guyenne).

Comme on faisait particulièrement frontière aux confins du royaume, le mot en vint à prendre le sens de limites d'État à État. Mais cette évolution a pris, en France, *plus de quatre siècles*. On pouvait parler de « pays frontiers », de « bords frontiers » et en ancien français, le verbe « frontier » ou « frontoyer » signifiait tenir tête, comme le terme « frontière » a pris le sens aussi de résistance et d'attaque (F. Godefroy, *Dictionnaire de l'ancienne langue française et de tous ses dialectes)* *.

Les « frontières » pouvaient se situer sur des confins terrestres ou sur des littoraux, et durant la rivalité avec les Anglais, un contemporain de Philippe VI exhortait à mettre, partout, la mer, entre le royaume et l'Angleterre ** : « Soit la mer borne et desseurance (limite) de l'Angleterre et de la France » (cité in Mollat, 139) : la Manche et le Golfe de Gascogne sont des frontières non pas données par la nature, mais construites par le succès des entreprises militaires royales.

* « Regardez, voylà l'estandart / De cette maudite sorcière; / Je congnois qu'elle est ceste part, / Et est la première en frontiere » (*Mistère du siège d'Orléans*).

** Le terme est, *dialectiquement*, passé à l'anglais au tout début du XIVe siècle : *to kepe the fronters of the reame fro perilla of ennemyes* (1413), *the fronters of Caleys* (1489), *to make fronter agaynst the frenchemen* (1523). Pris encore au sens de ville frontière dans Hamlet (1604), il évolua vers la notion de barrière contre une attaque, puis prit, au XVIIe siècle, le sens de zone de séparation. Le terme *border* vient de bordure ou bord et apparaît au XVe siècle (*frontyers and borders*, 1489). Il a le sens de garnison et son usage s'est développé pour désigner la frontière avec l'Écosse. *Boundary*, qui ne date que du XIXe siècle, signifie ce qui sert à indiquer les limites de quelque chose, puis la limite elle-même. Ailleurs en Europe, on trouve une racine slave, *greniz* ou *granitza*, qui a donné *granize* en polonais, *granica* en russe, *kranico* en tchèque et *Grenze* en allemand. Terme datant du XIIIe siècle et employé sur les confins germano-slaves, en particulier par les chevaliers de l'Ordre Teutonique dont les châteaux gardaient la frontière de Livonie. Il a remplacé le terme de *mark*, mot gothique pour marche, et fut répandu, sous la forme *Grenze* par Luther, dans un tout autre contexte, celui des rivalités politico-religieuses allemandes.

Faire frontière : comment ? pourquoi ?

Dans les traités militaires, les auteurs recommandaient de tenir les places frontières. Le terme désigne à la fois les places et les lieux par où se présentait l'adversaire *.

Le terme frontière avait donc, au Moyen Age, une acception militaire, mais la maîtrise de l'espace n'est pas passée par l'établissement de lignes continues de fortification. Pourquoi ? L'Occident médiéval ignora très largement une telle solution et cela pour plusieurs raisons : « structures étatiques longtemps médiocres, d'où précarité du financement et de la réquisition de la main-d'œuvre ; multitude et morcellement des cellules politiques, pour lesquelles, au surplus, le danger pouvait venir tout autant de l'intérieur que de l'extérieur ; conception de la fortification ** privilégiant, de façon sans doute judicieuse, les points de résistance isolés », écrit Ph. Contamine (1980 : 366).

Les moyens de défense ne changèrent guère au XVIe siècle, les progrès de l'artillerie ayant pour effet d'entraîner un développement dans la technique des fortifications. Par contre, à une tout autre échelle, la politique extérieure de la France tint compte des nouvelles configurations géopolitiques.

Elle était dictée, dans ses traits durables, non par la volonté consciente d'arrondir le royaume ou le dessein d'atteindre des frontières « naturelles », on y reviendra, mais par le souci d'empêcher la reconstitution d'un empire hispano-allemand. Le morcellement des espaces allemands et italiens et les rivalités religieuses furent l'occasion de contrer l'encerclement redouté. Loin de songer à clore le « pré carré », la politique française (disons à partir de la paix de Cateau-Cambrésis, 1559, qui marque la fin de la poussée vers l'Italie) semble avoir eu pour objet, dans l'ordre tactique, de disposer, au-delà des limites du royaume, de « portes d'entrée » en direction de l'Italie (Saluces, Pignerol, au-delà des monts), de l'Allemagne (Strasbourg, Phillipsbourg) et de la Suisse (Genève, « un des dehors de la France » convoité par Richelieu), de manière à prêter appui, le cas échéant par les armes, à ses clients et alliés. Même chose au début du règne de Louis XIV, qui écrit dans ses *Mémoires* au sujet de la Lorraine : « C'estoit un passage à mes troupes pour l'Allemagne, pour l'Alsace, et

* Dans la traduction du traité du Byzantin Théodore Paléologue (écrit en 1327, traduit pour Philippe le Hardi, duc de Bourgogne, par Jean de Vignai), il est indiqué « comment le prince doit ordener ses gens es frontieres, es chevauches, en espies et autres choses » (Bastin, 1946 : 77-88) ; même chose dans *La Nef des Princes* de Robert de Balsac (Lyon, 1502). Plus tard, ce sens persistera : « qui est ouvert d'un costé l'est partout ; nos pères ne pensèrent pas à bastir des places frontières » (Montaigne, III, 8) ; on le trouve aussi chez Voltaire comme chez Charles XII.

** Il existait cependant, mais pas partout, des marches « conçues comme telles » : borders anglo-écossais, marches anglo-galloises, marche de Bretagne, et les frontières du Calaisis ou de Grenade ; en outre, après le temps de guerre les contours extérieurs menacés étaient équipés de garnisons en réseau ou « establies ». On trouvait quelques rares lignes fortifiées : « les-fossés-le-roi » d'Henri II, entre la Normandie et la France, sur une soixantaine de kilomètres et appuyés sur la Sarthe et l'Avre ; l' « enceinte de sûreté » dans le pays de Liège.

pour quelque autre pays qui m'appartenoit déjà, une porte jusqu'alors ouverte aux étrangers pour entrer dans mes états » (*in* Zeller, 1964 : 127). Les portes frontières devaient être à la fois ouvertes et fermées, comme moyen de concilier la défense et l'intervention extérieure !

Mais l'échec de l'hégémonie européenne de Louis XIV amorça une dévalorisation de ces portes d'entrée, et de ce fait inaugura une période de stabilité territoriale (royaume de 528 000 km^2 environ jusqu'en 1789). La tactique des portes et avenues, pour couper les « rocades » des armées ennemies, l'annexion de places fortes avancées au Nord et de routes militaires furent remises en cause lorsque Louis XIV passa, au Nord, d'une frontière offensive avec des places fortes semées loin en avant, comme postes avancés pour une attaque, à une frontière défensive, beaucoup plus continue (Mousnier, 529).

Les travaux défensifs de la « frontière de fer » aménageaient un dispositif plus linéaire. Dans le *Mémoire des places frontières de Flandres* (1678), rédigé après la paix de Nimègue, Vauban écrivit : « Il est sans doute nécessaire d'en régler proprement une nouvelle et de la si bien fortifier qu'elle ferme les entrées de notre pays à l'ennemi et nous les facilite dans le sien ; que les places dont elle sera composée nous assurent les passages des rivières et communications d'un gouvernement à l'autre, et que, d'ailleurs, elles soient capables de contenir non seulement toutes les munitions nécessaires à leur défense, mais encore toutes celles dont on pourrait avoir besoin pour entreprendre sur celle des ennemis. *La frontière serait très bien fortifiée, si, à l'imitation des ordres de bataille, on la réduisait sur deux lignes de places fortes* » (*in* Febvre, 14).

Faire frontière pour défendre la frontière, en passant à un dispositif plus linéaire, qui s'est révélé efficace. Moyen tactique d'une politique globale moins offensive, caractérisée au bout du compte par la « sagesse » dans l'expansion territoriale (Chaunu, 1982 : 204).

Au XVIIIe siècle, l'administration du territoire s'est spécialisée, l'intérieur du royaume relevant de la Maison du Roi tandis que les provinces frontières étaient du ressort du secrétariat à la guerre, qui assurait la correspondance entre la cour et les généralités des frontières. Les provinces frontières devinrent le lieu privilégié du recrutement et de la vocation militaires (Corvisier, 1976 : 25), telle la Lorraine, pays de places fortes entretenant de nombreuses garnisons sur les grands passages (et devenue en 1789 une province très républicaine), ainsi que quelques régions côtières (Caen, Cherbourg).

Le changement suivant sera la modification du système de défense, non pas dans les techniques de fortifications restées comparables jusque vers 1860, mais par l'utilisation d'une armée nombreuse, issue de la levée en masse. Mais à ce moment, le mot frontière signifie aussi limites. En effet, pour désigner les contours extérieurs du royaume, on utilisait des termes comme « fins », « bornes », « mètes », « lisières », puis à partir du XVIe siècle, sous l'effet des humanistes, le mot « limites », tiré du latin. Vers la fin du XVIIIe siècle, limites et frontières tendirent, sémantiquement, à se confondre.

Au terme de cette rétrospective, on a défini la frontière, selon l'usage qui était fait de ce mot, comme *un mode d'organisation de l'espace pour le temps de guerre :* cela valait pour les princes et les militaires, sur des temps marqués par la discontinuité. Vauban a innové par son dispositif linéaire permanent, c'est-à-dire continu dans le temps.

Dans les temps de paix, quelles étaient les autres fonctions attribuées aux limites du royaume ?

Droits d'entrée et de sortie : douane et fiscalité

Soucieux de l'efficacité de l'État, Vauban, qui soutenait la possibilité d'un recensement annuel (inspiré selon Mousnier par l'exemple chinois ; en fut-il de même pour l'idée de la « frontière de fer » ?), était également partisan de la coïncidence spatiale entre frontière militaire et frontière douanière, par l'abolition des douanes intérieures : « ces douanes qu'il faudrait ôter de dedans du royaume, reléguer sur la frontière et beaucoup modérer » (*Mémoire sur l'élection de Vézelay*, 1696). Dès 1664, Colbert avait commencé de simplifier le régime des droits de douane, le tarif, dans les provinces du Nord annexées tardivement. Cependant, les suggestions de Vauban ne furent adoptées qu'à l'extrême fin du XVIIIe siècle. Qu'en était-il dans les siècles précédents ?

Au Moyen Age, les États n'étaient pas des unités économiques séparées. La règle générale était le régime de l' « entrecours », liberté des échanges, assortie parfois de prohibitions d'exportation ou d'autorisation de sorties (pour les grains). De nombreux péages entravaient la circulation intérieure, mais il n'y avait pas de système douanier sur les limites extérieures. Ce schéma resterait à nuancer, car la fonction militaire de telle ou telle frontière pouvait être utilisée aussi à des fins économiques en cas de conflit avec des entités politiques voisines.

Demotz cite des cas d'interdiction générale de tout trafic entre Savoie et Dauphiné au XVIe siècle (1979 : 27) ainsi que des mesures de taxation, par gabelle, de produits transitant vers la Savoie : guerre économique menée sur les lignes de défense * :

En France, on taxait tant bien que mal les seules exportations ; mais la longueur de la frontière terrestre ne laissait qu'une rentabilité incertaine, compensée par la gabelle du sel. Les premières taxes à l'importation datent du XVIe siècle : le terme de douane est employé d'abord à Lyon, en 1554, dont Louis XI fit le point unique d'entrée des soieries italiennes. Puis, sans doute à des moments critiques pour les finances royales, un système douanier plus cohérent fut établi : ensemble de taxes portant sur les entrées et les sorties, et un personnel spécialisé chargé de leur perception dans les ports, passages et villes frontières **.

* Hors de France, de véritables droits de douane furent établis, dès 1274, par la République de Gênes, et sur les importations, à Venise ; mais dans ces deux cas, la faible longueur des côtes était facile à surveiller. En Angleterre, le principe de droits d'exportation sur la laine (1362) posa des problèmes géographiques de mise en œuvre, en raison de la longueur des côtes ; après plusieurs essais, il fut décidé que toute la laine devrait transiter par une « étape » unique, Calais, en position de monopole.

** En Espagne, signalons l'établissement, par Philippe II, d'une ligne de douanes sur la frontière portugaise, en 1559, qui ne fut supprimée que durant la période où il fut roi du Portugal.

Ces « bureaux de la foraine » comportaient des agents de perception à poste fixe et un réseau de surveillance des routes et chemins, remplaçant les agents itinérants des ports et passages (ordonnance de 1549) (Zeller, 1964 : 265-318). Mais l'intérieur du royaume restait soumis à un régime complexe et hétérogène (les cinq grosses fermes des provinces du centre et les provinces « réputées étrangères »).

On ne saurait donc sous-estimer le rôle de la politique douanière dans l'établissement effectif de la frontière linéaire, mais elle fut plus lente à s'établir en France que dans les États voisins : superposition de régimes, intérêts des fermiers généraux. C'est toutefois à partir de la Révolution que l'abandon de souveraineté à l'intérieur (sur les flux entre provinces) fut compensé par une extension des attributs de l'État sur les bords. Ce transfert, par changement d'échelle, était en préparation depuis longtemps : il fut accéléré par les décrets du Directoire.

Limites politiques et représentations de l'espace

« La frontière, conçue comme une ligne continue, n'existait guère avant l'apparition des cartes topographiques, sauf dans quelques cas exceptionnels, où un cours d'eau, par exemple, servait de limite traditionnelle entre deux provinces ou deux États », écrivait Doucet (1948, I : 16). Il exprimait une vision des choses longtemps admise. A quoi répond la remarque de l'historien médiéviste B. Guénée : « ... les limites politiques et administratives sont en fait, sur le terrain, plus nettement marquées qu'on ne l'a souvent dit » (213).

La corrélation temporelle généralement établie entre tracé des limites et état de la technique cartographique est démentie par l'existence assez tôt au Moyen Age de conventions de délimitation entre entités politiques, assorties de nombreux bornages. Certes, il ne faut pas confondre les procès verbaux de délimitation passés à l'intérieur du royaume (1173, entre Forez et Lyonnais ; 1317 entre Forez et Auvergne) et les conventions de limites incluses dans des traités : traité du Goulet de 1200 entre France et Normandie, traité de 1335 entre France et Savoie. La complexité et l'enchevêtrement des limites n'était pas forcément synonyme d'imprécision et d'incertitude. Se référer au traité de Verdun (843) comme précédent n'est cependant pas fondé, car « attacher trop d'importance aux partages du IXe siècle, ce serait oublier qu'au fil des temps ces partages ne coupent plus que des nuages », selon la remarque de P. Chaunu (1982 : 117).

La notion de limite était sans doute plus nette envisagée à grande échelle, celle des pratiques quotidiennes des populations limitrophes : c'est la fameuse distinction faite par les bateliers du Rhône entre les bureaux fiscaux de rive droite, le *Riau* (royaume), et de rive gauche, l'*Empi* (l'empire), version géopolitique de tribord et bâbord. Situation similaire dans les vallées pyrénéennes, avec les « lies et passeries », qui régissaient le partage des parcours. On peut penser que les bornages étaient d'autant plus précis que l'absence de mémoire cartographique empêchait d'en conserver la trace. Mais cela ne vaut que pour les limites d'unités d'ordre de grandeur inférieur.

A partir du XIVe siècle le roi et ses officiers développèrent la centralisation administrative. Bernard Guénée analyse ainsi la transition du XIIIe au XIVe siècle : « Les limites extérieures de l'État féodal n'avaient qu'une valeur juridictionnelle et n'étaient guère plus importantes qu'une quelconque limite féodale à l'intérieur de l'État. Mais l'État nouveau se construit des limites de plus en plus solides auxquelles il donne un sens politique, fiscal, et surtout militaire : la limite, au XIVe siècle, devient une frontière. Et, en deçà des frontières, le prince ressaisit peu à peu les vieux droits régaliens, impose de mieux en mieux sa justice et sa fiscalité, grâce à des agents de plus en plus nombreux, inspirés et contrôlés, de la capitale, par des services de plus en plus étoffés. Ainsi se développe, après l'État féodal et en raison de l'action de l'administration princière, l'État territorial. La monarchie de la Renaissance n'est pas encore une monarchie absolue ; elle est déjà une monarchie administrative. »

S'agissant des limites du royaume, c'est-à-dire d'un espace d'ordre de grandeur bien supérieur, était-il possible de les concevoir globalement ? On ne connaît pas de carte de France avant 1472 (carte sommaire du reste ; elle était incluse dans le manuscrit florentin de la traduction latine de la géographie de Ptolémée).

En réalité, *un roi de France n'était pas en mesure, jusqu'au milieu du XVIe siècle, de se représenter l'espace de son royaume,* faute de carte, et de voyages suffisamment fréquents (Fawtier, 1961 : 65-77). Cela ne signifie pas une absence de préoccupation sur l'étendue de son royaume : enquêtes sur ses biens et droits, état de ses possessions et de ses droits (villes, terres du domaine, fiefs), qui à mesure qu'ils s'étendaient devenaient imperceptibles. Quant aux administrateurs, ils ne voyaient encore leur territoire qu'à travers des listes de villes et de provinces.

Le roi ne pouvait donc pas se représenter la réalité géographique de son royaume, mais il savait qu'il était roi de France, qu'il y avait des domaines, des droits et une autorité.

Cependant, il lui arrivait de voyager, de pouvoir découvrir visuellement son royaume. A cet égard, le « tour de France » royal (Boutier, Dewerpe, Nordman, 1984) qui conduisit le jeune roi Charles IX et sa mère Catherine de Médicis durant 27 mois en 1564-1567, à l'issue de la première guerre de religion, sur les confins et dans les villes du royaume, offre un exemple exceptionnel.

Fait sans cartes d'itinéraire, il permit une visualisation des paysages et des lieux, révéla une conscience aiguë des limites que la caravane royale longea délibérément, et fut un système politique itinérant où la maîtrise de l'espace devait permettre celle des hommes.

Mais à mesure que se développèrent, conjointement, la cartographie à plus grande échelle et l'absolutisme (système politique d'échelle nationale), les rois devinrent moins mobiles ; les souverains, au début du XVIIe siècle, passaient les trois quarts de leur temps dans les résidences d'Ile-de-France, et le temps des longs voyages prit fin avec celui de Louis XIV dans le Midi, en 1660 (Boutier, Dewerpe, Nordman, 1984 : 347-349). Vint ensuite le temps des voyages brefs et ponctuels.

Pour les opérations militaires, on utilisait des guides, des espions, des marchands et on consultait des itinéraires. Les armées suivaient les routes des marchands et des pèlerins. Selon Contamine (1980 : 376-377), c'est seulement à partir de l'extrême fin du Moyen Age que l'on a une preuve de la consultation des cartes terrestres à des fins militaires (carte militaire de la Lombardie, avec ponts, routes et lieux fortifiés) et c'est en 1502 que Robert de Balsac recommanda au prince voulant conquérir un pays de le faire « mectre en paincture ». Ainsi fut *inventé* le paysage, ce qui traduit une capacité nouvelle dans la représentation de l'espace (notamment celle des différents obstacles qui freinent le mouvement), mais n'eut pas d'effet immédiat sur la connaissance des limites. La cartographie apparut plus tard en France que dans les États voisins (États italiens, Espagne, Angleterre), qui disposaient déjà de cartes marines dès le milieu du XIIIe siècle, et, pour l'Angleterre et l'Écosse, d'une carte à petite échelle à l'usage des courriers royaux (milieu du XIVe siècle).

Les frontières cartographiées

L'essor de la cartographie, à partir du XVIe siècle (carte imprimée d'Oronce Fine, en 1525 ; atlas Bougereau, *Le Théâtre Français*, 1594), se prolongea au XVIIe. Mais il s'agissait encore de cartes planimétriques. Le corps des ingénieurs et géographes du roi (Henri IV et Louis XIII) fut chargé de la cartographie détaillée. Il y avait *un géographe et ingénieur des fortifications par une ou deux provinces frontières ;* ils en dressaient les plans. En 1598, Henri IV voulait des plans de toutes les villes frontières, puis en 1607 il ordonna de dresser des cartes des frontières. Nicolas Tassin, puis Nicolas Sanson furent les géographes de cabinet de Louis XIII : une partie des cartes demeurait secrète, nous dit Mousnier (534) : celles qui concernaient les frontières.

C'est Nicolas Sanson qui introduisit dans les cartes les divisions civiles et religieuses, archevêchés, évêchés, paroisses, abbayes et autres bénéfices, gouvernements, élections, bailliages, élections et généralités, parlements, mais à partir de mémoires, non de levés de terrain.

Sous l'impulsion de l'Académie des Sciences, les cartes acquirent une précision scientifique, après la détermination des longitudes (Cassini). *La Carte de France corrigée*, de 1684, fut la première à donner une représentation précise de l'étendue du royaume, qui s'en trouva réduit d'un tiers.

Jean Dominique Cassini réalisa une carte détaillée des monts Pyrénées, vus depuis le Nord, avant le traité des Pyrénées. Ses successeurs dessinèrent une carte des Flandres, avec les ingénieurs de l'armée, et le siège de Berg-op-Zoom (1747) fut sans doute le premier conduit avec une représentation détaillée du terrain. La carte de France en 182 feuilles et à l'échelle du 1/86 400 commencée en 1748 ne fut achevée qu'en 1815 (Foucher, 1981). (Ce fut la première au monde à être appuyée sur une triangulation géodésique, et elle servit de modèle ailleurs.)

Cette œuvre fut accomplie pour les besoins et sous l'impulsion de l'État. C'était un outil de connaissance du territoire et une révolution dans sa représentation, puisqu'il pouvait enfin être vu globalement, que ses lignes de divisions internes (limites civiles et ecclésiastiques) y étaient dessinées et que les frontières étaient montrées comme des lignes, par généralisation.

Ce que les cartes permettent alors de se représenter, c'est avant tout la forme et l'étendue d'un État territorial : structure politique de gestion, d'organisation, dirigée d'en haut. Mais cela ne modifie pas immédiatement les rapports entre le système politique et le territoire : Louis XIV ne négociait pas des limites, il intervenait dans les affaires européennes et faisait valoir ses droits sur des possessions, inventoriées par les chambres de réunion.

Nation, patrie, royaume, État

Les progrès dans la représentation cartographique du royaume, à la fin de l'Ancien Régime, qui sont importants à considérer pour une analyse géographique, n'assuraient pas à eux seuls le passage à une conception linéaire des limites, c'est-à-dire des contours d'un ensemble perçu comme ayant des éléments d'homogénéité et de cohésion.

Ce qui compte aussi, c'est la manière dont dirigeants et sujets se représentaient leur communauté. Vaste question que celle de la mise en place des sentiments nationaux, dont l'acte de naissance varie selon les historiens et les écoles. Là encore, le débat sur les origines. On ne peut pourtant pas faire l'économie d'évoquer, même succinctement, le « contenu » des enveloppes frontalières.

Il est curieux de constater que les termes de *frontiere* et de *natione gallicus* sont apparus *en même temps,* à trois ans près : 1315 et 1318. Auparavant, le mot *natio* était déjà d'usage courant, au sens de groupe de naissance commune, mais il servait encore à désigner une réalité plurielle (les *nations,* c'est-à-dire les groupes parlant des langues différentes, autour de la Sorbonne). En outre, le mot *France,* employé dès le XIIe siècle, est associé au début du XIIIe siècle à royaume : à cette époque, les Français savent qu'ils vivent dans un royaume qu'ils appellent la France et ils commencent à considérer ce royaume comme leur pays. Le titre royal commence à se transformer de *rex francorum* en *rex Franciae,* témoignant d'un phénomène de territorialisation de l'État (selon Kantorowicz, 1984 : 130). Dans le même temps, les rapports entre le roi, l'État et les habitants de son royaume se précisent, sur le plan conceptuel. On se contentera de citer la réponse de Philippe le Bel, en 1307, aux chanoines de Lyon, après la réunion de Lyon et Viviers au domaine royal, qui progressait ainsi au-delà du Rhône : « Ce n'est pas toujours par de tels fleuves que se délimitent les royaumes, mais par les dispositions des peuples et des terres qui composent la patrie, ainsi que l'habitude immémoriale d'obéir au même prince. » (*in* Mollat, 1970 : 141).

Le mot de patrie (qui ne date que du XVIe siècle en français) devrait être énoncé *patria,* au sens médiéval de *pays.* On en vient, à l'extrême fin de ce siècle, à distinguer le « naturel » et « l'étranger », « les gens... qui sont nez hors du royaume » de « ceulz qui sont nez ou royaume », les naturels ou régnicoles des étrangers ou aubains. A mesure que les limites du royaume s'affirment, dans le même temps, comme des « frontières », points frontaux face à des adversaires étrangers, il devient possible de différencier naturel et aubain. « Et c'est d'être né au-delà ou en deçà de cette limite de plus en plus épaisse, de cette frontière de plus en plus importante qui distingue désormais les étrangers d'une part, et d'autre par les " naturels ", " les bourgeois du royaume " (1312), ou les " régnicoles " (1314) » (Guénée, 1967 : 25).

L'Église, qui, « universelle » (comme la Papauté était « transfrontalière »), aurait pu s'opposer à cet éveil national (qui, en temps de guerre, allait jusqu'au *pro patria mori*), y a été associée : utilisation par les princes de saints protecteurs, croyance que défendre son pays c'est défendre Dieu (ce qui enlève à l'étranger la qualité de « prochain »), adaptation des grandes provinces ecclésiastiques aux limites nationales, reconnaissance par l'Église des nations et emploi de leurs noms (Francia, Anglia, Hispania...) dans le vocabulaire des conciles, rôle enfin dans la pensée politique des théologiens — qui sont en réalité juristes et « politistes ».

Insistons sur deux aspects du rôle de l'Église. En premier lieu, ce fut la seule institution à maintenir, à partir de l'Antiquité tardive (selon la formule de Brown, 1985), un sens des limites. Il faut rappeler que si la Chrétienté est, à petite échelle, l'ensemble englobant de référence, l'ensemble spatial fondamental de la « géopolotique chrétienne » est le diocèse, qui est lui clairement délimité. Si l'on voulait chercher une origine, non pas aux autres découpages de l'espace, mais au principe même de la subdivision d'un espace à des fins d'organisation, c'est, selon moi, dans cette direction qu'il faudrait aller. Ce niveau spatial d'organisation est conforme à la doctrine de la prééminence des communautés enracinées, puisque, dans la pensée catholique, le rapport à Dieu passe par une assemblée (ecclesia) qui a une base territoriale (le diocèse). En outre, l'émergence de l'État a introduit un nouveau niveau spatial autant qu'un problème politique. Parmi les multiples facteurs qui ont contribué à donner une armature spatiale à l'État, il faut indiquer l'effort royal pour faire coïncider la géographie de l'Église (diocèses, provinces et limites « nationales ») avec celle de l'État. Dès la fin du XIIIe siècle, on parle d'Église gallicane. Œuvre là encore de longue haleine. Par ailleurs, les juristes, qui étaient souvent des théologiens, ont commencé à concevoir l'État, et le peuple, comme *corpus mysticum* et la *patria* comme un corps mystique corporatif : « la mort pour la patrie est maintenant vue dans une perspective véritablement religieuse; elle apparaît comme un sacrifice pour le corpus mysticum de l'État, lequel n'est pas moins réel que le corpus mysticum de l'Église », soulignait Kantorowicz (131). Cette association fut un renfort pour l'État et un facteur de diffusion de l'idée de patrie à travers le réseau de l'Église.

Pour que la représentation d'une appartenance commune (nom, prince, intérêts, langue, religion) se mette en place, il a fallu que le *pro patria mori* (mourir pour la patrie) devienne une règle pour chacun : ce fut à l'occasion de la guerre contre les Plantagenêts (provoquée en partie par le refus d'avoir un roi anglais). Pour qu'elle se diffuse depuis le cercle des clercs et serviteurs de l'État vers la majorité des habitants du royaume, il fallut la guerre encore (la Guerre de Cent Ans ayant été d'abord une guerre nationale). Il ne fait pas de doute dans l'affirmation de Jeanne d'Arc citée en exergue que de part et d'autre de l' « en frontière » se trouvent confrontées deux « nations ». Guerres relayées par l'effort de propagande de la royauté à partir du XIVe siècle.

Plus tard, avec la Renaissance et le travail des humanistes, l'essor des langues et des littératures nationalistes, la traduction du mot latin *patria* sont des jalons dans l'affirmation des sentiments nationaux en Europe. Il faudrait ici mentionner l'écho politique des entreprises de Luther, dont la révolution religieuse fut vécue, en Allemagne, comme un mouvement de protestation nationale contre les interventions de la Papauté (*Appel à la noblesse chrétienne de nation allemande*, 1520). Qu'il ait imposé le mot *Grenze* dans la langue allemande n'est sans doute pas un hasard. En tout cas, c'est bien ensuite sur le principe du « cujus regio, ejus religio » (les sujets adopteront la confession du Prince) que se réorganisèrent les États allemands. Dans ce même contexte se négocient entre princes et Papauté des concordats qui fondent concrètement les Églises nationales, aux frontières coïncidant avec les limites de l'État.

Pour la même période, Kantorowicz rappelle fort à propos les remarques de Francis Bacon sur *l'importance du nom d'un pays comme facteur d'unification :* quand en 1603, à l'occasion de l'entrée joyeuse de Jacques Ier, Bacon propose le nom de « Grande Bretagne » pour les couronnes réunies d'Angleterre et d'Écosse, il argumente ainsi : « Car, bien qu'il paraisse être une manière superficielle et étrangère, le nom produit beaucoup d'impression et d'enchantement. » Il rappelle alors au roi le pouvoir que comporte le nom de *Graecia* pour la résistance grecque contre la Perse, celui de *Helvetia* pour unifier la confédération suisse, et celui d'Espagne « comme moyen privilégié d'une meilleure union et d'une agglutination de plusieurs royaumes » (130). Cette démonstration géopolitique admirable illustre le rôle des clercs, la force des représentations géographiques construites, et le pouvoir du langage royal. Au fond, c'est une cosmographie, une vision des choses, qui est mise en place, plus qu'une cartographie directement intelligible par tous.

Quelles relations entre la nation qui a émergé, d'abord comme représentation, comme *communitas perfecta* (communauté parfaite) à atteindre (comme disaient les clercs médiévaux), et l'État, qui l'a précédée, en France ? La nation est-elle une création de l'État avant d'en devenir son support ? Est-ce un « agrégat culturel », constitué de deux espaces culturels (Nord et Midi) fédérés en un État hybride ? Une nation, en France, se constitue par la cohabitation durable, imposée politiquement, d'espaces culturels différents (le Nord et le Midi) (Chaunu, 30).

Dans le cas de la France, comme dans celui de l'Angleterre (sur un espace quatre fois moindre), le « système » résulte d'une mise en coïncidence progressive de deux structures : un État territorial et une culture, hybride, nationale. Ajoutons que cette coïncidence a commencé de se nouer en temps de guerre et qu'elle relève des mouvements de très longue durée. Ou, pour dire les choses plus géographiquement, j'avancerai l'hypothèse que la nation se constitue comme une combinaison multiscalaire : à l'échelle des « pays », localement, joue le sentiment d'appartenance à un « ensemble politique » d'ordre de grandeur supérieur ; à l'échelle de l'État, se formule un « projet » de clercs, à vocation de cohésion, l'unité du royaume (même au prix de guerres intestines et de luttes contre les féodalités), projet appuyé en haut et relayé vers le bas par l'Église pourtant universelle (elle se fragmente pour s'adapter aux réalités politiques nouvelles, et la Papauté demeure, comme instance supérieure, pour maintenir la doctrine); enfin, à plus petite échelle, celle de la chaîne des États adjacents, jouant les rivalités entre princes, qui débouchent sur des guerres; celles-ci servent de facteurs d'identification, par opposition et différenciation.

Le modèle français de frontières linéaires nationales

Selon les géographes Brunhes et Vallaux, la frontière linéaire est l'œuvre de la Révolution et de l'Empire, car le traité de 1814, qui rétablit en fait la France dans ses frontières de 1792, représente une innovation décisive : la frontière du Nord et du Nord-Est est une ligne continue; les multiples enclaves isolées encore présentes en 1792, entre Sambre et Rhin (de Philippeville à Landau) sont supprimées et une délimitation linéaire y est substituée (confirmée un siècle plus tard par le traité de Versailles).

La fabrication de cette ligne continue est d'autant plus remarquable que, de la mer du Nord au Rhin, elle recoupe les réseaux hydrographiques, rendus « idéologiquement » inutilisables pour justifier un quelconque tracé, à cet endroit-là : on ne pouvait y trouver des supports « naturels ». « Les campagnes parfois rapides et foudroyantes de ce temps ouvrirent les yeux des hommes d'État et des militaires sur l'inutilité des enclaves isolées et même des chaînes de forteresses, en même temps que le développement du sentiment national paraissait pour la première fois lié à l'existence d'un corps territorial continu et homogène. En 1814, lorsque les Alliés proclamèrent qu'ils rendaient à la France les frontières de 1792, ils ne les rendirent pas en réalité, car ils substituèrent une frontière continue à la frontière discontinue de l'Ancien Régime. C'est la délimitation de 1814 qui dénote une conception toute nouvelle de la frontière » (Brunhes et Vallaux, 1921 : 344-346).

L'émergence de l'État-Nation, qui résulte d'une superposition, établit une interaction, idéologique, entre territoire et nation (nation au sens, nouveau, de société civile se pensant comme origine de la souveraineté politique). Cela ne signifie pas que d'autres systèmes politiques n'avaient pas de politique territoriale. Mais avec l'État-Nation, le territoire devient patrimoine collectif et la défense de son intégrité devoir d'État. C'est donc un retour au militaire, garant de la fonction symbolique — le sacré — des frontières nationales.

On ne trouve guère, dans les cahiers de doléances, de revendications visant à modifier ou à préciser des frontières. La seule exception notable concerne l'enclave pontificale d'Avignon. La situation des régions frontières, faites d'enclaves, d'entailles et de redans, et qui sont pour certaines mal définies, n'est généralement pas évoquée. Plusieurs cahiers insistent cependant sur la nécessité d'améliorer les fortifications, par exemple à Thionville, mais ces demandes sont moins formulées par les résidents des régions frontières du Nord et de l'Est que par ceux de la frontière maritime face aux Anglais (Le Havre, Cherbourg et même Quimper).

Les traités de commerce qui ont « abaissé » les barrières douanières sont unanimement critiqués (Dieppe, Calais, Dunkerque, Caudebec, Rouen) et les marchands réclament la diminution des importations anglaises; certains vont jusqu'à demander la promulgation d'un acte de navigation.

En réalité, la question des frontières fut soulevée, indirectement, par les populations des « enclaves et entailles » étrangères situées en territoire français : Avignon, Comtat Venaissin au sud-est; principauté de Salm, république de Mulhouse et principauté de Montbéliard au Nord-Est, et sujets soumis aux princes allemands possessionnés en Alsace. Avignon et le Comtat Venaissin furent annexés en septembre 1791 sur la base de votes populaires. L'Assemblée nationale fut interpellée par les sujets alsaciens qui refusaient de verser les droits féodaux et affirmaient ainsi leur volonté d'être français. Le principe — nouveau dans le droit public international et en rupture avec le droit public ancien — du « droit des peuples à disposer d'eux-mêmes » fut la réponse officielle de l'Assemblée, formulée de manière à permettre aux Alsaciens d'être pleinement intégrés dans la nation, malgré les menaces des princes allemands; ceux-ci redoutaient non seulement les pertes économiques d'un tel changement, mais encore l'extension de l'abolition des prélèvements à leurs possessions de la rive droite. De plus, la présence d'enclaves « ne pouvait manquer de choquer l'esprit rationaliste des révolutionnaires qui désiraient une nation " une et indivisible " » (Godechot, 197 : 188-189). Mais l'Assemblée constituante hésitait devant les risques de conquête que l'application du nouveau principe allait entraîner, à mesure que les idées révolutionnaires se propageaient dans les régions limitrophes. Le concept de « frontières naturelles », on le verra, fut inventé par les Girondins et la Convention pour légitimer la nouvelle politique extérieure française. Il différait d'autres concepts, tour à tour invoqués, comme le droit des peuples, le droit naturel et la défense de la patrie, qui étaient autant de critères politiques utilisables pour définir ou justifier des tracés frontaliers. Les enclaves étrangères du Nord-Est furent annexées (Salm et Porrentruy en 1793, Montbéliard en 1794). En revanche, les « places de sûreté », enclaves françaises dans l'Empire (obtenues en 1659), ne furent restituées qu'en 1815.

Ainsi, si l'on met entre parenthèses la période expansionniste de la France révolutionnaire, l'invention de la frontière linéaire continue, tracée sans support physique visible, fut d'abord le résultat « géopolitique » de l'application du principe politique du « droit des peuples », dans les conditions géopolitiques (elles aussi) particulières des régions frontières françaises : l'interférence de pouvoirs multiples, devenus politiquement contradictoires, a été supprimée (par annexion ou par volonté des habitants) et l'aire d'intersection ou de recouvrement de souverainetés non conciliables a été simplifiée, « assainie » (dit Gottmann). Les traités de 1814-1815 l'ont confirmé, inaugurant l'ère de la délimitation linéaire.

Une double discontinuité

On notera que ce processus est d'origine socio-politique, qu'il a été appliqué unilatéralement ou si l'on veut de manière « dissymétrique », et que surtout il a concerné de très petits espaces. Si les décisions prises localement ont eu un tel écho, c'est que ces petits espaces étaient caractérisés par une situation d'intersection d'ensembles spatiaux plus vastes et de nature politique. Là s'est jouée concrètement la viabilité de l'interaction entre l'appartenance nationale et l'appartenance territoriale.

A l'échelle de la France, la linéarité n'est pas, à son origine, une « technique » rationnelle de délimitation, mais une pratique politique issue de la projection dans l'espace d'un nouveau principe de cohésion et d'organisation, l'État national, substitué à l'État territorial. Limite politique, la ligne est aussi, très vite, « frontière » — militaire, défensive et offensive —, limite idéologique, limite fiscale et douanière, mais pas nécessairement linguistique et religieuse. L'abbé Grégoire, préoccupé « d'anéantir les patois et d'universaliser l'usage de la langue française » le reconnaît dans son célèbre rapport : « C'est surtout vers nos frontières que les dialectes, communs aux peuples des limites opposées, établissent avec nos ennemis des relations dangereuses, tandis que, dans l'étendue de la République, tant de jargons sont autant de barrières qui gênent les mouvements du commerce et atténuent les relations sociales » (*in* de Certeau, Julia, Revel, 1975 : 304). Reculer les barrières linguistiques sur les limites extérieures, tel est le mot d'ordre.

La politique est comparable en matière douanière : les décisions du 8 floréal an XI délimitèrent une zone frontière de quatre lieues de large, fixant définitivement la limite douanière sur la limite politique. A la différence de la frontière politique, à la fois réalité et symbole, et de la frontière stratégique, qui est composée de segments de valeur différente en fonction des configurations du terrain, la frontière douanière est, sur le terrain, plus « dense » et plus continue ; l'exercice de cette fonction a fait beaucoup pour matérialiser, à grande échelle, la frontière linéaire.

« Au lendemain de la Révolution, on ne vit pas seulement la ligne de démarcation qui se tirait entre la France et les terres voisines — tant bien que mal — se régulariser et la frontière militaire, suivant l'évolution, renoncer aux places de sûreté installées en territoire étranger, en avant des lisières du pays à défendre ou, le cas échéant, à agrandir. La ligne des limites devint une espèce de fossé entre nationalités fortement distinctes. Elle se doubla d'une frontière morale. Et qui ne tarda pas à se hérisser de toutes les haines, les rancunes et les faveurs que soulevait, en France et à l'étranger, la Révolution française » (Lucien Febvre, 19).

A l'échelle de l'Europe, en effet, ensemble qui correspond alors à l'aire d'extension des aventures impériales, le dispositif géopolitique général fut modifié avec les traités de 1814-1815 et le Congrès de Vienne : confirmation, *par délimitation*, des frontières françaises ; création ou reconduction d'États limitrophes, à fonction initiale de « tampons », début d'unification dans les espaces allemands (39 États au lieu de 350) et italiens (disparition des États de Gênes et de Venise). La politique de délimitation de frontières linéaires avait été inaugurée par le traité de Campo Formio (octobre 1797), où la république de Venise fut partagée entre l'Autriche, la France et la nouvelle république cisalpine, et qui fut le premier, en Europe, à contenir une mention explicite des « *lignes de limites* », destinées à fixer aires d'influence et annexions. Elle est ensuite systématisée à partir de 1814-1815, entrant ainsi dans le champ des relations « internationales » de l'Europe, comme l'un des moyens de leur gestion. (Plus à l'Est, les Russes utilisaient ce moyen depuis longtemps, on l'a vu.) La fixation précise des frontières fut un moyen de maintenir le nouvel « équilibre européen », dont le but initial fut d'assurer l'isolement du système politique français : politique de « contention » avant la lettre ? Mais il n'était plus suffisant de réaffirmer la légitimité des régimes monarchiques. Il fallait encore accroître la puissance des États : « dans l'ordre des combinaisons légitimes, s'attacher de préférence à celles qui peuvent le plus efficacement concourir à l'établissement et au maintien d'un véritable équilibre » (Talleyrand). Ce fut la tâche du Congrès de Vienne.

Lorsque la politique extérieure a cessé d'être le produit de pratiques à caractère dynastique, exercées sur des espaces envisagés comme des possessions, et à ce titre susceptibles d'être dispersées, échangées, une nouvelle représentation politique de l'espace se fait jour sur la base de la reconnaissance des « interactions » entre des États (et non plus entre des souverains rivaux dans la recherche de la gloire ou de la grandeur). La notion d'équilibre est de nature interactive ; la délimitation de frontières linéaires apparaît, dans ce contexte, comme *l'un des moyens de gérer les situations d'interaction,* que les entités ainsi délimitées soient anciennes ou récentes, à caractère national ou territorial. La carte politique s'est trouvée, après le Congrès de Vienne, simplifiée, mais pas clarifiée, puisqu'elle ne tenait pas compte de la nature profonde de l'innovation frontalière française, projection géographique du principe des nationalités, idéologie dont on découvrit ensuite la nature « transfrontalière », « contagieuse ».

Il reste que l'ère des congrès est ouverte, dont la fonction est en quelque sorte, comme en témoigna l'imagerie de la caricature au XIXe siècle, de tracer des lignes sur des cartes, en Europe et ailleurs. Ce fait était radicalement nouveau : pour régler les questions de frontières entre les États-Unis, démocratie nouvelle elle aussi, et le Royaume-Uni, le traité de Versailles de 1783 (article 2) avait fixé la frontière de manière sommaire entre les Grands Lacs, le Saint-Laurent et la rivière Connecticut, ligne confirmée en 1814. Il fallut toutefois une seconde guerre, et pour la limite de l'Oregon, la menace d'une troisième. La carte des limites de 1763 (Traité de Paris) est une véritable œuvre d'art, exposée au British Museum ; elle est aussi l'une des toutes premières cartes « géopolitiques » modernes.

Il aura fallu dans le cas français *cinq siècles,* ou plus, entre l'invention du terme et son inscription sur le terrain comme ligne de partage d'États. Les opérations de délimitation* et de démarcation des

* Voir annexe I : La délimitation des frontières françaises.

2 750 kilomètres de frontières terrestres ont été menées sur un siècle, selon le même principe technique, mais au terme de processus très différents dans leur nature et leur échelle. La délimitation formalisée au XIXe siècle est un *point d'arrivée,* issu ici d'une somme d'usages locaux et séculaires, là du choix des populations, ailleurs du choc de nations. Mais pour l'essentiel, la formation territoriale de la France était déjà réalisée depuis deux siècles :

Évolution de la superficie de la France
du traité de Cateau-Cambrésis au traité de Versailles
(épisodes napoléoniens exclus)
(en km^2)

1559	465 000	1713	514 000
1610	470 000	1789	528 000
1659	495 000	1814	528 000
1678	528 000	1860	550 000
1684	550 000	1919	550 000
1697	514 000		

(D'après Mousnier, 527-530.)

Le seul agrandissement territorial qui ait fait aussitôt l'objet d'un traité de limites concerne la frontière franco-italienne (1860-1861). Or, ce fut, si l'on excepte l'intermède 1871-1919, la dernière étape d'un *long processus formateur,* qui s'est déroulé pour l'essentiel (c'est-à-dire jusqu'au dernier agrandissement exclu) *sans moyen de représentation cartographique et sans traités de délimitation.* Cette formation fut-elle dictée par un projet territorial précis ? Ce qui justifie la question est la référence au programme des « frontières naturelles », dont on a fait, à tort, le principe directeur continu de la monarchie comme de la Première République.

Des frontières naturelles ?

Étant donné le succès de cette expression, pourtant polysémique dans ses usages et assez curieuse quand on garde en mémoire le sens premier du mot frontière, il importe de s'y arrêter. Pourquoi à ce point de l'exposition, et non dans la rubrique typologie ou dans le paragraphe consacré à la césure de 1789-1815 ? Parce que, s'il est vrai que ce fut une théorie de la fin du XVIIIe siècle, parmi d'autres, ce fut aussi un thème de l'historiographie du XIXe siècle; c'est enfin une expression qui est immédiatement « associée », de manière plus ou moins explicite, à tout discours contemporain sur les frontières.

— **Limites naturelles comme lignes de défense stratégiques ?** En stratégie — mais ne serait-ce pas plutôt ici de l'ordre de la tactique —, aux frontières « naturelles » s'opposent des configurations telles que le terrain concret, au droit du tracé, ne présente pas d'éléments avantageux, utilisables, favorables aux buts recherchés (droit de regard, et aujourd'hui droit d'écoute, facilités de surveillance, de défense ou d'attaque) par l'une ou l'autre des parties en présence. Du reste, il s'est agi plutôt de s'assurer, de manière unilatérale, le contrôle de certaines combinaisons particulières de configurations physiques : crêtes plus cols, cols plus piémonts, crêtes plus défilés, vallées plus hauteurs... Quant à des tracés recoupant des régions peuplées, on sait que les déplacements de population ne sont pas rares en cas de conflit. Les études de cas illustreront ces problèmes.

Les configurations physiques prennent toute leur importance en fonction de la défense et de la guerre, parce que celles-ci ont essentiellement affaire au *mouvement* et c'est un aspect essentiel de la géographie des frontières. Le problème n'est pas d'identifier des frontières « naturelles », mais d'analyser les conditions géostratégiques spécifiques à des tracés, en fonction des axes de déplacement.

Ainsi, Vauban a-t-il établi sa « frontière de fer » face au Nord, et en terrain ouvert, ce qui obligeait à s'installer dans des espaces dont les configurations topographiques (plaines) et pédologiques (sols sableux, meubles ou marécageux) n'étaient guère favorables, et qui nécessitaient le « pilotage » (fondations au moyen de pilotis).

Comme un certain nombre de frontières ont été tracées dans un contexte où les préoccupations stratégiques et tactiques prédominaient, au point d'être le critère des tracés, les « traceurs » ont souvent cherché à réduire l'aspect « artificiel » des frontières.

Il n'est pas impossible que, sous l'Ancien Régime, ait été attribuée par les ingénieurs du génie une valeur stratégique à certains grands fleuves, tels la Meuse ou le Rhin, de sorte qu'il fallait s'assurer des entrées sur l'autre rive et des villes gardant les ponts. Les fameux trois évêchés de Metz, Toul et Verdun ont bien été occupés par Henri II parce qu'ils étaient à l'est de la Meuse (« la Meuse bien remparée ou remparable de tous costez », écrivait Coligny, en 1570), vieille frontière, et nécessaires aux entreprises contre Charles Quint. Mais ces obstacles ne sont guère absolus, et ne suffisent pas à garantir une frontière. Il est remarquable qu'un théoricien de la stratégie comme Jomini (qui a rédigé son *Précis de l'Art de la Guerre* en 1837, sur la base de son expérience des campagnes napoléoniennes) emploie le concept de « système » (ch. III, article 20) lorsqu'il s'intéresse aux frontières : « Les lignes de frontières sont des lignes de défense permanentes, lorsqu'elles présentent un mélange d'obstacles naturels et artificiels, tels que des chaînes de montagnes, des grands fleuves et des forteresses, *formant entre eux un système bien lié*. Ainsi la chaîne des Alpes, entre le Piémont et la France, est une ligne de défense, puisque les passages praticables sont garnis de forts qui mettraient de grandes entraves aux entreprises d'une armée, et qu'au sortir des gorges, de grandes places d'armes couvrent encore les différentes vallées du Piémont. De même le Rhin, l'Oder, l'Elbe peuvent à quelques égards être considérés comme des lignes de défense permanentes, *à cause des places importantes qui les couvrent*. » Une limite passant en pays non ouvert ne vaut que si ses abords sont couverts. « Toutefois, il faut bien se l'avouer, ces belles défenses de l'art n'empêcheront jamais entièrement une armée de passer. » Et Jomini d'ajouter (article 28) : « L'histoire du passage des Alpes, où François Ier tourna l'armée qui l'attendait à Suze, en passant par les montagnes escarpées entre le Mont-Cenis et la vallée du

Queyras, est un exemple de *ces obstacles insurmontables qu'on surmonte toujours.* »

Quant aux fleuves, Jomini faisait les mêmes réserves, sur la base, il est vrai, des réalités propres à l'Europe au début du XIXe siècle : « D'autres contrées sont couvertes par de grands fleuves, sinon immédiatement en première ligne, du moins en seconde. Il est étonnant cependant que ces lignes, qui semblent si bien faites pour séparer des nations, sans intercepter leurs rapports de commerce et de voisinage, ne forment nulle part la ligne réelle des frontières ; car on ne pouvait pas dire que la ligne du Danube séparât la Bessarabie de l'Empire Ottoman tant que les Turcs avaient pied dans la Moldavie. De même le Rhin ne fut jamais une frontière réelle entre la France et l'Allemagne, puisque les Français eurent longtemps des places sur la rive droite, tandis que les Allemands avaient Mayence, Luxembourg et les têtes de pont de Mannheim et de Wesel sur la rive gauche. Toutefois si le Danube, le Rhin, le Rhône, l'Elbe, l'Oder, la Vistule, le Pô et l'Adige ne sont nulle part des lignes de première frontière, cela n'empêche pas de les fortifier comme lignes de défense permanentes, sur tous les points où ils pourront offrir un système de défense satisfaisant, pour couvrir un front d'opérations. »

Si l'on suit Jomini, la frontière d'État n'est, quand elle est fortifiée, qu'un élément dans le dispositif de défense : une première ligne, permanente. « Un État doit avoir des places échelonnées sur trois lignes depuis la frontière jusque vers la capitale. Trois places en première ligne, autant en seconde, et une grande place d'armes en troisième ligne, près du centre de puissance, *forment un système à peu près complet pour chaque partie des frontières d'un État.* » Et il critiquait le dispositif français, bien équipé en première ligne, entre Dunkerque et Besançon, mais insuffisant en troisième ligne. Plusieurs campagnes postérieures lui donnèrent raison. Bref, d'un point de vue stratégique, la notion de frontière « naturelle » n'a guère de signification si ce type de tracé n'est pas intégré dans un système défensif, « multiscalaire » si l'on veut : travaux de « couverture » sur la première ligne, à grande échelle ; insertion dans un système plus complet, de plus petite échelle, qui s'étend de chaque section frontalière au centre politique. A cet égard, la « linéarité » n'est pas un impératif stratégique, d'autant que tous les points d'une ligne n'ont pas, à cause de la diversité des configurations qu'elle recoupe, la même valeur ; ils ne sont pas tous des « points décisifs ». Faut-il alors estimer que l'idée des « frontières naturelles » au sens de « fronts militaires donnés d'avance » a fait partie du corpus des représentations de certains stratèges, malgré les réserves émises par d'autres sur leur efficacité ?

— **Limites « naturelles » : un programme politique ?** La politique frontalière menée aux XVIIe et XVIIIe siècles n'avait pas pour objectif d'atteindre de quelconques limites physiques. Un tel programme a été attribué, a posteriori, à Richelieu, dans ce qui est en fait un document apocryphe, le *Testament Latin.* Pourquoi ? On sait que l'on a attribué à Richelieu la paternité du concept de « frontière naturelle », dont, au XIXe siècle, on fit le fondement de l'interprétation de son programme géopolitique. Richelieu était en réalité préoccupé de rompre l'encerclement de la Maison d'Autriche, et il développa pour ce faire une méthode d'acquisition de « portes » et « entrées » vers l'Allemagne, sans que nulle part dans ses écrits (les *Avis au Roi*) on trouve trace d'une doctrine des limites naturelles (Zeller, 1933 ; Carmona, 1984 : 49-50). Mais l'expression a été employée par les rédacteurs du *Testament Latin*, document posthume et apocryphe, et reprenait les thèses de certains publicistes, peu écoutés, qui s'en étaient faits les champions dès la fin du XVe siècle dans le cadre de la rivalité avec le duc de Bourgogne (qui voulait reconstituer la Lotharingie), puis avec Charles Quint (que l'on voulait repousser au-delà de la Meuse, par la prise des fameux trois évêchés).

A l'époque de Richelieu, il semble que les jésuites, rédacteurs de manuels de géographie pour leurs collègues (la *Géographie Royale* de P. Labbé, vers 1640), se soient faits les propagandistes de cette idée, qui renvoyait non pas tant à des limites physiographiques pour elles-mêmes qu'aux anciennes limites historiques de la Gaule (Carmona, 46-48). Ils diffusèrent ainsi une « représentation géo-historique » selon l'équivalence entre Gaule et France et, ce, dans un dessein irrédentiste, comme plus tard on assimila l'Allemagne à la Germania. L'expression de frontières naturelles a d'abord été utilisée à la fin du XVIIIe siècle dans un sens plus politique et philosophique, en référence à la notion de « droit naturel » (notion construite en opposition à la doctrine du pouvoir de droit divin). Les frontières « naturelles » de la France, qui seraient placées sur des limites topo-hydrographiques choisies parmi bien d'autres, définissaient un espace sur lequel « les représentants du peuple français estimaient que le peuple français avait des droits naturels » (Gottmann, 1954). Cette notion, issue du droit romain, est présente aussi dans le principe de la République une et indivisible, substituée au principe de droit divin.

C'est donc une question de principe. On peut se demander si cette référence à la Nature ne participait pas aussi de la recherche des origines dans une période de bouleversement des fondations * : remonter en amont, au-delà du principe dynastique de la formation territoriale, en s'appuyant sur des limites « naturelles » et non plus « humaines », pour mieux marquer la cassure politique, tout en assumant l'héritage géographique. Ce faisant, on a construit sans le vouloir une boucle, car quoi de plus proche du « divin » que cette Nature ciselée par un Dieu géomorphologue !

Ce principe fondateur, mais aussi légitimant, devrait être concilié avec des intérêts. Les choses se sont doublement compliquées, à partir de l'automne 1792, du fait de la politique conquérante de la Révolution et de la réinterprétation qui en a été faite ensuite.

* On peut mettre en cause le choix de la période retenue comme moment essentiel dans l'invention — achèvement accéléré d'un long processus — de la structure linéaire. Les débats sur la Révolution tournent, on le sait, autour des mythes originels et fondateurs. Ce n'est pas un fait du hasard si l'on accola, à ce moment-là, l'adjectif « naturel » au mot « frontière », comme si, dans le doute sur le choix des concepts et principes de détermination des frontières (quatre théories furent avancées, on le verra), il avait fallu remonter le plus possible « en amont » ; l'abbé Grégoire, auteur de la fameuse enquête sur les patois, ne voulait-il pas, au sujet de l'annexion de la Savoie, « compulser les archives de la Nature » ? Retour aux sources et... aux lignes de partage des eaux ?

C'est pendant la Convention que les Girondins adoptèrent ce programme de « frontières naturelles ». Dans sa lettre à Dumouriez, commandant en chef en Belgique, en voie d'annexion, Brissot écrivit : « Je vous dirai qu'une idée se répand, ici, c'est que la République ne doit avoir pour borne que le Rhin. » Ces débats opposèrent les Girondins, favorables aux « grandes limites », aux Montagnards, hostiles. Danton déclara en janvier 1793 : « Les limites de la France sont marquées par la nature. Nous les atteindrons toutes, des quatre coins de l'horizon : à l'Océan, au Rhin, aux Alpes, aux Pyrénées. » L'abbé Grégoire donne sans doute une clé avec sa déclaration faite deux mois avant : « La France est un tout qui se suffit à elle-même, puisque partout la Nature lui a donné des barrières qui la dispensent de s'agrandir, en sorte que nos intérêts sont d'accord avec nos principes. »

Les traités de Bâle (1795) et de Campo Formio (1797) marquèrent le succès de cette conception, en fixant les frontières françaises sur la fameuse rive gauche du Rhin. Mais les décisions prises ne résultaient pas, rappelons-le, de la simple application d'un principe. A l'échelle de la Rhénanie, les patriotes rhénans firent pression pour bénéficier de l'abolition du régime féodal et obtenir la garantie militaire française de cet acquis. A l'échelle du jeu triangulaire entre la France, la Prusse et l'Autriche, on peut indiquer que, déjà sous Frédéric II (1746), on considérait le Rhin comme une frontière « naturelle » : ce n'était pas un fait de doctrine, mais le fruit d'un marché, la Prusse concédant à la France encore lointaine une frontière en échange d'une aide de celle-ci contre l'Autriche et aux dépens d'électeurs rhénans de peu de poids. La justification historique en était que France et Allemagne étaient « séparées » par le Rhin comme l'avaient été la Gaule et la Germanie. Cette vision des choses fut éphémère, comme l'annoncèrent Fichte et Arndt dès 1813 (*Der Rhein Deutschlands Strom, aber nicht Deutschlands Grenze*, le Rhin est le fleuve d'Allemagne, pas sa frontière).

Cette notion apparaît donc comme très complexe. Ce fut d'abord une croyance ou une représentation produite, conformément à l'esprit du temps, par l'invocation des droits naturels et de la Nature comme légitimation d'une origine ; en cela elle se situe en deçà des péripéties politiques. Ce fut ensuite une théorie de la Convention, soutenue par les Girondins, pour justifier leur politique extérieure. Ce fut enfin, à partir de cette époque, et pour la seule section rhénane, le point de départ d'une ambition nationale.

— **Limites naturelles et consensus politique ; le XIXe siècle :** Cette conception fut reprise au XIXe siècle, malgré le peu de cas qu'en fit Napoléon Ier, par un certain nombre d'historiens et d'historiographes, pour accréditer l'idée que la politique extérieure aurait sous la Monarchie comme sous la Révolution et l'Empire obéi au même dessein, en toute continuité spatio-temporelle. Dessein comme clé interprétative de la formation géographique de la France, sur la longue durée. On s'attacha alors à en trouver la formulation initiale dans Richelieu ou dans Vauban (« Le Roi devrait un peu songer à faire son pré carré » ; en fait, dans cette lettre à Louvois, 1673, il songeait surtout aux fortifications). L'invention de cette théorie s'est produite dans le contexte politique interne d'après 1815, marqué par une division profonde entre libéraux et héritiers de la Révolution et monarchistes, les uns partisans des frontières « naturelles » de 1795 (et de l'abolition des « traités honteux » de 1814-1815), les autres des « anciennes limites ».

Il s'agissait donc de trouver au programme de la Révolution des antécédents monarchiques pour consolider la réconciliation amorcée sous Louis-Philippe. Ce fut, selon Zeller (qui a étudié en détail l'histoire de ce qu'il appelle une idée « fausse et malfaisante », 1964), le rôle des Histoires d'Augustin Thierry (1833-1840), puis d'Henri Martin (1838-1856). Zeller nous assure que l'*Histoire de France depuis les temps les plus reculés* de Martin fut « la Bible historique des classes moyennes ». Celui-ci faisait référence à la Gaule, à la très longue durée, donc à la continuité. Ses thèses se propagèrent avec Victor Duruy (1865, *Introduction générale à l'histoire de France,* écrite après le rattachement de la Savoie). Albert Sorel reprit la même thématique de la continuité, avec encore plus d'écho, dans *L'Europe et la Révolution Française* (1885), dont la quatrième partie s'intitule : « Les limites naturelles ». Il reste qu'après 1815, le « grand Rhin » fut une ambition du nationalisme français ; Napoléon III tenta de la réaliser, en échange de son consentement à l'unité allemande ; ce fut l'enjeu de la « politique des pourboires », déjouée par Bismarck.

La longévité de cette théorie s'explique sans doute par sa fonction de consensus. *Vox populi, vox dei...*

Conclusions

Cette rétrospective des conceptions frontalières produites en France invite à tirer quelques conclusions :

— la structure linéaire de la frontière produite vers la fin du XVIIIe siècle en France a une signification politique précise, en ce qu'elle renvoie à un nouveau type de formation politique ; ce n'est pas une technique administrative ni une tactique militaire. Sa consistance et sa solidité ne tiennent pas à son tracé, mais à la cohésion de l'ensemble englobant. Si, graphiquement, les tracés se ressemblent, c'est la nature du contenu, de l'encadré, qui compte et différencie les États, donc leurs frontières ;

— la place de la référence aux frontières « naturelles » au XIXe siècle montre bien, même de manière latérale, que désormais les termes de limites et de frontières sont devenus synonymes : la fusion s'est opérée au sujet des contours dont la fonction militaire a été la plus marquée. *Les débats entre représentants du peuple à la Convention sont sans doute parmi les premiers dans l'histoire où l'on ait parlé publiquement de frontière.* Il est intéressant de noter que l'invention d'une nouvelle conception de la frontière s'est produite dans le cadre de l'invention d'une expérience démocratique : l'Assemblée et ses cartes, ou la double « représentation nationale ». Plus que données par Dame Nature, voilà des frontières qui ont fait l'objet de débats publics ;

— il convient d'insister sur l'effet du service militaire dans la perception concrète des limites-frontières, sans aucun doute, mais aussi sur la place, dans l'imaginaire, des représentations cartographiques qui, aux mêmes époques, popularisent et fixent les contours, le relief et ses contenus. P. Chaunu compare la représentation graphique des limites, forme abstraite des salles de classe, à la madeleine de Proust, par la force d'évocation d'images, de paysages et de souvenirs nationaux. Le contour frontalier est une métonymie et une pédagogie. Bref, les frontières sont montrées, données à voir. La carte, là, ne se lit pas ; c'est une icône, que l'on révère, pieusement. Bientôt l'Hexagone s'imposera à tous * ;

— la théorie des « frontières naturelles » s'alimente d'une valorisation extrême de l'intérêt porté à des configurations linéaires, chaînes de montagnes et fleuves, toujours grossies dans la représentation cartographique, alors qu'elles ne peuvent être que des obstacles apparents, ou fictifs ; en dehors de sa fonction dans l'histoire, puis dans l'historiographie, elle permet de signaler la prégnance de la perception commune de l'espace dès qu'il s'agit de frontières ; pourtant, « lire », déchiffrer une carte ne revient pas à la regarder ;

— cette sélection d'éléments grossis, résultat d'une technique cartographique, a été aussi celle de bien des traceurs de frontières. Ce choix a été fait en fonction de considérations stratégiques réelles et parfois surestimées. Dans nombre d'autres, les traceurs ont pris en compte moins les données concrètes de la géographie politique, sociale, économique, que celles de la « nature ». Est-ce pour s'appuyer sur des « données » considérées comme indiscutables (toutes échelles confondues), car permanentes, pour ne pas dire inscrites de toute éternité ? Auquel cas le traceur de limites, tel un augure étrusque, se garantirait de son intrusion dans une fonction sacrée en choisissant ces configurations données d'avance (que ce soit par la Nature, ou par Dieu, revient au même). Interprétation poétique ? Voire.

La frontière linéaire nationale, telle qu'elle s'est formée en France, apparaît comme une invention « révolutionnaire », et cette technique a été largement « exportée ». L'insistance sur le cas français m'a semblé justifiée non seulement par sa fonction de laboratoire « géo-idéologique » mais aussi parce que de nombreuses frontières présentes portent la « marque » (au sens de marque déposée et garantie par un brevet, d'invention) de l'intervention de l'État origine : trace directe (quand elles ont été le fait de traceurs français ou que ces derniers continuent de jouer les gardes frontières) ; effet indirect, plus ample, quand les dirigeants d'États inchoatifs ou de mouvements à base ethnique s'inspirent des deux principes de l'État-Nation et du « droit des peuples à disposer d'eux-mêmes ».

Si le modèle est parfois considéré comme responsable des malheurs européens du XIXe siècle, il est aussi présenté comme une cause des contradictions de maints États nouveaux du Tiers Monde, se débattant avec ce que d'aucuns n'ont pas hésité à qualifier d'ultime avatar du colonialisme (la formule est employée par Bruno Étienne, 1984 : 34). De fait, c'est à partir de la France que s'est diffusée *l'idée jacobine* selon laquelle *les frontières d'un État devaient correspondre à celles d'une Nation, d'une langue et d'une culture.* Il s'agit d'un mode politique

* Eugen Weber, « L'Hexagone », *in* P. Nora (dir.), *Les Lieux de mémoire, La Nation*, t. II, Paris, Gallimard, 1987.

d'organisation de l'espace qui répond, ne négligeons pas ce point, à un modèle « géo-idéologique ».

Mais il convient d'ajouter que d'autres États-Nations se sont formés en Europe, selon des histoires et des combinaisons différentes, de sorte que l'on pourrait décrire d'autres laboratoires, dont les inventions ont été ou sont également exportées ; citons par exemple :

— la politique soviétique des nationalités, dont l'application est tentée en Éthiopie comme en Afghanistan ; elle est bien entendu coiffée par un centralisme rigide, de sorte que les Soviétiques, instruits de leurs expériences en Europe orientale, se sont spécialisés, pourrait-on dire, dans l'exportation vers le Tiers Monde d'appareils d'État « clés en main », dont la mise en œuvre n'est pas toujours — loin s'en faut — compatible avec la prise en compte de la multi-ethnicité ; quant à l'intérieur de l'Union Soviétique, l'absence de « nation soviétique » pose un problème géopolitique permanent * ;

— il y a aussi un modèle britannique plus décentralisé de l'*indirect Rule* qui a débouché sur des schémas de type fédéral permettant le maintien de vastes ensembles dont la viabilité n'est cependant pas toujours assurée, Union indienne ou Nigeria ; la pratique systématique du *Divide et impera* (diviser pour régner) a laissé de profonds clivages (voir l'Ouganda) ou continue d'être employée, de manière radicale (voir le cas de l'Afrique du Sud) ou oblique (cas d'Israël) ;

— on pourrait identifier aussi un modèle portugais de promotion de l'assimilation partielle ou de cooptation sélective, qui a mis les élites de l'Angola ou de Guinée en porte-à-faux après les indépendances, mais a réussi, jusqu'à maintenant, à masquer les contradictions brésiliennes (entre les Noirs et les autres) ;

— on pourra repérer aussi un modèle chinois de rapports tributaires avec les peuples des confins, qui se prolonge de tentatives pour se voir reconnaître la suprématie au-delà des frontières ** :

— dans bien des cas, les États, surtout dans le Tiers Monde, sont des ensembles multi-ethniques, multi-nationaux, organisés en fédérations plus ou moins effectives et efficaces. L' « absurdité » des tracés coloniaux, dénoncée par exemple au sujet des États de l'Afrique francophone, fait d'abord écho aux incertitudes de la greffe du système de l'État à vocation d'État-Nation. Si l'on veut traiter des frontières autrement que par des typologies formelles, il faut chercher à connaître, dans la diachronie, les rapports d'interaction entre les systèmes politiques et les frontières.

* Cf. IVe partie, chapitre XIV.
** Cf. IIIe partie, chapitre X.

* cartes 1 à 8

CHAPITRE III

Traceurs et inventeurs : les Européens et le découpage du monde

« Il y a une échelle des actes qui contracte brutalement devant l'œil résolu les espaces distendus par le songe. »

Julien Gracq, *Le Rivage des Syrtes*, p. 199.

Les frontières politiques dans le monde

Ensembles	Longueur (km)	%	Nombre de dyades	%	Population (millions)	%
AFRIQUE	80 423	36	106	40	546	11,3
ASIE	67 424	30	64	24	2 814	58,3
AMÉRIQUES	52 752	23	40	15	410 + 261	14
EUROPE	25 836	11	55	21	492 + 278	16,4
TOTAL	226 435	100	265	100	4 801	100

Dans ce total, les frontières des États du Tiers Monde comptent pour *191 620 km, soit 85 %, en 208 dyades* (frontières communes associant deux États) *.

La ligne de discontinuité, dans ses sections terrestres, entre les États du Nord du Tiers Monde et les États de l'ensemble développé, s'étend sur environ 17 648 km et se décompose ainsi : 3 125 km entre les États-Unis et le Mexique, 239 km entre la Turquie et la Bulgarie, 206 km entre la Grèce et la Turquie et 14 078 km entre l'Union Soviétique d'une part, et la Turquie, l'Iran, l'Afghanistan, la Chine occidentale, la Mongolie, la Chine nord-orientale et la Corée du Nord de l'autre.

L'originalité européenne apparaît dans l'intensité du compartimentage de l'espace : 11 % du kilométrage total, mais 20 % du nombre des dyades ; la longueur moyenne d'une dyade y est de 469 km contre 1 053 km pour l'Asie et 1 151 pour le continent américain, l'Afrique étant, par comparaison, le sous-ensemble du Tiers Monde le plus découpé : 36 % du kilométrage mondial, 40 % du nombre des dyades (de 758 km en moyenne), ce qui est une preuve supplémentaire (mais on le savait déjà)

* Cf. annexe II.

des effets du « scramble for Africa ». *A l'échelle du seul Tiers Monde, une frontière sur deux est africaine, une sur cinq est latino-américaine et moins d'une sur trois est asiatique.*

Le temps des tracés ou le mythe de Yalta

On a longtemps cru ou voulu croire que les accords de Yalta avaient impliqué un véritable « partage du monde » entre les deux grandes puissances.

En réalité, 87 % (des longueurs) de l'actuel découpage politique du monde était déjà réalisé avant 1945. Durant la période postérieure à 1945-1947 sont tracés 19 700 kilomètres de frontières nouvelles en Asie, 7 800 pour l'ensemble Europe-U.R.S.S. et environ 2 200 en Afrique. Si l'on datait des indépendances les tracés administratifs africains dessinés en fait plusieurs décennies auparavant — soit une vingtaine de milliers de kilomètres de segments promus limites d'État dans les années 1960 —, on constaterait que les quatre cinquièmes de la configuration politico-frontalière de la planète étaient déjà en place bien avant 1945.

Pourcentage de la longueur des frontières actuelles déjà délimitées en :

	1800	1900	1945
AFRIQUE	1,8	68	97,2
AMÉRIQUE LATINE	29,1	70	+ 93
ASIE	15	58,6	70,1 *
EUROPE	23,8	45,8	70
ÉTATS-UNIS	33,6	98	+ 99
U.R.S.S.	30,9	78,1	86
CHINE	29	63	66,8 *
INDE	11,9	38,4	48,9

Pour l'ensemble du monde, la moitié de ses frontières actuelles sont en place dans la période 1895-1900, il y a donc moins d'un siècle : au regard des temps très longs de l'histoire, le monde actuel est « nouveau » ou récent ; mais, sur des temps moyens, il apparaît nettement antérieur à 1945 et même à 1919, deux dates jugées pourtant essentielles dans les bifurcations historiques de ce siècle : notre monde est donc très « 1900 », début de siècle.

On observe toutefois des décalages entre les temps médians des tracés par grands ensembles :

— Date à laquelle la moitié des tracés est atteinte : 1855 en Amérique Latine, 1885 en Asie, 1890 en Afrique, 1910 en Europe.

Les différences entre les sous-ensembles sont assez nettes : 1835-1840 pour l'U.R.S.S. actuelle, 1880-1885 pour la Chine, 1915 pour l'Inde, 1920 pour les Proche et Moyen-Orient.

* La dyade Chine-Mongolie, définie dans les années 1920, n'a été délimitée par traité dans son tracé actuel qu'en 1962.

Les enveloppes des deux super-puissances sont déjà bien établies au tournant du XXe siècle, sauf dans le quart européen de l'enveloppe russo-soviétique.

Ce qui différencie les ensembles géopolitiques est la durée plus ou moins longue des processus d'horogenèse : si, en Amérique latine, il a fallu environ un siècle et demi (1780-1920) et un quart de siècle seulement en Afrique, l'Europe et l'Asie (sauf le Proche-Orient) se caractérisent par l'étalement sur plusieurs siècles des mêmes processus, qui sont ainsi à la fois les plus anciens et les plus récents.

— **L'Afrique : tout s'est joué en 25 ans !** A la différence de l'Europe, où le processus d'horogenèse s'est étalé sur plusieurs siècles, puisque le quart (23,5 %) des actuelles limites étaient déjà tracé avant le XVIIIe siècle, le découpage africain fut réalisé dans le temps le plus bref. Entre 1885 et 1910, soit en 25 ans, sont tracés plus de 70 % des frontières ! *Aucun autre ensemble géopolitique dans le monde n'a été aussi rapidement*

AFRIQUE

Tableau des kilométrages délimités par période quinquennale

Période	Kilométrage	%	Nombre de dyades	
Avant XIXe	1 449	1,79	3	
1840-1844	910	1,13	1	
1845-1849	1 497	1,85	1	
1865-1869	597	0,74	2	
1875-1879	111	0,14	1	
1880-1884	2 434	3,02	3	
1885-1889	14 977	18,56	20	} 69 %
1890-1894	15 471	19,20	16	
1895-1899	9 763	12,10	14	
1900-1904	8 729	10,80	11	
1905-1909	7 814	9,70	12	
1910-1914	4 040	5,00	7	
1915-1919	1 550	1,90	2	
1920-1924	2 301	2,80	3	
1925-1929	3 145	3,90	4	
1930-1934	1 175	1,50	1	
1935-1939	1 087	1,30	2	
1940-1944	1 119	1,40	1	
1960-1964	2 238	2,80	1	
TOTAL	80 407	99,60 *	105	

Ces résultats d'arpentage confirment le rôle d'accélérateur de l'Acte général de Berlin (novembre 1884-février 1885).

* Plus Maroc-Espagne et Égypte-Israël, 296 km, soit 0,40 %.

découpé, à la seule exception des Orients Proche et Moyen, où tout se joue entre 1910 et 1930, mais sur une longueur totale 16 fois moindre (et avec de notables exceptions, en particulier celui de la limite occidentale de la Perse, fixée dès 1639 par un traité avec l'Empire Ottoman).

Si l'on précise que *38 %* des longueurs sont délimités dans les dix premières années qui suivent la Conférence de Berlin et *50 %* (49,86 % exactement) dans les quinze premières années, soit entre 1885 et 1900, on voit se confirmer l'effet brutal du « scramble », de la curée. Ce qui suffit à qualifier l'horogenèse africaine : les frontières ne sont remarquables ni par la nature des tracés ni par leur origine exogène (rappelons que beaucoup de frontières centre-européennes ont été imposées aux intéressés), mais avant tout par la *grande hâte de leur délimitation.*

Une des conséquences de la conférence fut l'entrée dans l'ère des délimitations frontalières. Avant 1885, la présence coloniale n'était certes pas négligeable, mais peu de traités de limites avaient été conclus : on ne peut guère mentionner que celui de Lalla Marnia (1845) entre l'empereur des Français et l'empereur du Maroc, et ceux qui isolent le Swaziland et le Basutoland du Transvaal (1880 et 1884). Ce n'était pas exactement des limites coloniales, puisque l'une des parties était dans chaque cas une entité politique autochtone. Le procédé n'avait pas encore pour fonction de gérer les interactions entre rivaux européens *. Du reste, seuls 10,5 % du continent étaient colonisés vers 1876, alors que le chiffre était déjà de 51,5 % pour l'Asie.

Une quinzaine d'années plus tard, c'est *89 %* du continent qui est colonisé (le reste correspondant à l'Éthiopie sans l'Érythrée, au Liberia, au Maroc, au Transvaal et à l'Orange, mais devant exclure la « Libye » ottomane). Ce processus ne s'est pas exactement déroulé selon les principes définis à Berlin, où l'on avait admis le critère français de l'occupation effective (d'où l'emploi du terme de possession). C'était l'objet des articles 34 et 35 du chapitre VI de l'Acte général, relatif « aux conditions essentielles à remplir pour que des occupations nouvelles

* C'est dans les derniers jours de la conférence que fut signée la convention entre la République française et l'Association Internationale du Congo (5 février 1885) pour la délimitation de leurs possessions respectives, suivie d'une seconde convention entre celle-ci et le Portugal (14 février 1885). Il s'agit là des premiers traités de partage. Pourquoi ? L'examen de la carte indique que ce sont les deux seuls cas où les limites du futur État libre du Congo ne coïncident pas du tout avec celles du bassin hydrographique. (On laissera de côté le cas du lac Tanganyika, établi dans un fossé d'effondrement profond qui paraît faire limite sur des cartes à petite échelle, mais qui peut être considéré comme faisant partie du bassin, si l'on prend en compte, à plus grande échelle, l'exutoire de la Lukuga, qui après avoir franchi le seuil régulateur de Kalemie coule vers le Congo.) Au Nord-Ouest, les limites du bassin suivent à peu près l'actuelle frontière entre Congo et Gabon (qui coïncide avec le bassin de l'Ogoué); au Nord-Est, la limite fut fixée sur l'Oubangui, affluent du Congo, et non plus au Nord, en raison de l'intérêt pour les Français de disposer d'un axe S.S.-O.-N.N.-E. donnant un éventuel accès au haut Nil; enfin, au Sud-Ouest et au Sud, la frontière actuelle Angola-Zaïre passe entre 200 et 500 km au nord des limites méridionales du bassin (affluents de rive gauche, Kwilo, Kwango, Kwilu, Chicapa et Kasai); sur plus de 600 km c'est le Kwango qui fait frontière, comme l'Oubangui au nord, et pour des raisons comparables, puisque la politique portugaise visait à tenter la liaison avec le Mozambique, via le haut Zambèze.

sur les côtes du continent africain soient considérées comme effectives ». L'occupation effective — qui n'était encore envisagée que pour les « côtes » — était antinomique du procédé de l'hinterland et de la notion de sphères d'influence qui présidèrent en fait au véritable partage.

— **L'Amérique Latine : des frontières post-coloniales d'États indépendants :** Si 30 % des frontières datent d'avant le XIXe siècle et 10 % sont postérieures à l'ouverture du canal de Panama — autre étape historique significative —, 60 % sont tracées entre ces deux dates.

La doxa veut que les frontières latino-américaines correspondent aux limites administratives et inter-impériales telles qu'elles étaient à l'époque des indépendances. Il est vrai que les centres de pouvoir, urbains, de la période coloniale sont devenus des capitales et que les lignes de partage des diverses subdivisions espagnoles (vice-royautés, audiences, capitaineries générales, provinces, *gobernaciones* et même *comarcas*) ont été parfois utilisées comme traces antécédentes pour les tracés ultérieurs. Dans les luttes qui ont suivi celles de l'indépendance, certaines frontières ont été tracées sur la base des divisions de première grandeur tandis que d'autres, notamment en Amérique centrale, se sont appuyées sur le niveau inférieur du maillage administratif, ce qui fut une source constante de conflits avec les dirigeants du pôle urbain ayant perdu ainsi leur espace d'hégémonie (cas du Guatemala ou de l'Argentine).

Comme du côté espagnol la « conquista » avait été moins celle des espaces que celle des masses humaines, et que celles-ci étaient disposées en gros noyaux discontinus, séparés de franges moins peuplées et moins soumises, les découpages coloniaux avaient souvent pris en compte les discontinuités de la géographie humaine et politique précolombienne. Ce fait est essentiel pour expliquer que les grandes césures entre divisions administratives coloniales (dans les Andes surtout) n'aient pas, à la différence de l'Afrique par exemple, coupé les foyers ethno-culturels.

Certaines limites précolombiennes ont du reste été réutilisées, notamment lorsqu'elles correspondaient à des restes de *limes* impériaux (équipés de forteresses) face à des groupes ethniques rétifs (ainsi, la limite nord du département de Quito, base de la frontière actuelle avec la Colombie, était très proche de la zone séparant les groupes Kara, intégrés au système incaïque, et les groupes Pasto, qui n'étaient encore pas incorporés). Et l'on admet que la chaîne des *audiencias*, juridictions majeures de l'administration coloniale, dotées d'autonomie par rapport au niveau supérieur des trois vice-royaumes, a fourni le cadre ou plutôt le noyau des entités devenues indépendantes. Mais cela ne suffisait pas à définir la totalité du cadre, car les franges frontalières pouvaient être « mouvantes » dans leur appartenance.

Les lignes de partage des juridictions, bien définies dans les textes, étaient rarement matérialisées sur le terrain, d'autant que la connaissance des confins et la couverture cartographique étaient à peine ébauchées, surtout du côté espagnol (la première mission cartographique dans le futur Venezuela ne date que de 1815). En outre, à une échelle donnée, elles étaient de nature différente (administratives, religieuses, judiciaires), et enchevêtrées plus que concordantes. Les franges frontalières étaient parcourues d'un « faisceau de limites » (selon l'expression évocatrice de J. P. Deler), situation sans inconvénient majeur dès lors qu'elles relevaient du même métasystème impérial, mais compliquée lorsqu'il a fallu, après 1820, transformer des limites en frontières. Lesquelles choisir ? On s'accorde à considérer que la base juridique du choix a résidé dans l'application du principe suivant : « Uti nunc possidetis, quominus ita possideatis vim fieri veto » (qui interdit le recours à la violence pour contester les possessions du moment) ; il fut affirmé au Congrès d'Angostura de 1819 réuni sous la présidence de Bolivar, et devait fonder les rapports entre les nouveaux États, sur la base de l'état des découpages de l'année 1810. Mais cette règle du jeu, qui est le plus souvent présentée comme la base de l'horogenèse, n'indiquait pas laquelle des limites juridictionnelles choisir. De plus, elle ne concernait pas le Brésil, dont les diplomates durent, pour légitimer leur progression, construire le concept dérivé d' « uti possidetis de facto », qui servit à consacrer les rapports de force sur le terrain.

Le passage de l'empire espagnol à la carte actuelle fut marqué par des épisodes plus ou moins brefs de mise en place d'ensembles fédérés (Provinces Unies de « Centro America » ; Grande Colombie ; Fédération Péruvo-Bolivienne) dont les actes constitutifs fixèrent les limites extérieures et intérieures. Lorsqu'à leur tour ils éclatèrent, ce fut au long de lignes qui soit reprenaient des limites coloniales majeures, soit suivaient des tracés administratifs nouveaux qui avaient été décidés dans le cadre des fédérations. Or, ces remaniements importants amorcés au XIXe siècle eurent pour effet de dissocier plusieurs unités ethno-démographiques majeures, notamment avec le détachement du Chiapas du Guatemala, la séparation définitive entre Bolivie (ancien Haut Pérou) et Pérou ou le dépeçage de l'ancienne *reduccion* guarani, longtemps garantie par les jésuites, qui devint le Paraguay.

Les frontières issues des rivalités entre États à partir du XIXe apparaissent plus « arbitraires » que celles de 1810. En réalité, *c'est dans une large mesure après les indépendances que se forme dans le détail l'actuelle « carte » politique de l'Amérique Latine.*

Inversement, de vraies frontières coloniales, à fonction de séparation entre les parties administrées des empires et des régions aux populations insoumises, ne devinrent pas la base des tracés modernes, car elles furent effacées par les processus de conquête postérieurs à 1810 : citons le cas de la frontière des Araucans, appuyée sur le rio Bio Bio, organisée en véritables *limes* jusque vers 1850-60, avant d'être dépassée par la conquête militaire de l'Araucanie et le partage des terres en grandes haciendas. Or, cette région, provinces de Malleco et de Cautin, est encore connue au Chili sous le nom de « Frontera ». A la même époque, « la guerra del desierto » menée par le général argentin Roca contre les « indios bravos » installés aux confins de la Pampa (1879) contribua à assurer l'emprise argentine sur la Patagonie et les contreforts orientaux des Andes, qui étaient dans la mouvance chilienne.

A partir d'un examen mené, non pas sur une carte à très petite échelle superposant des limites coloniales et les frontières actuelles, mais cas par cas (et parfois à l'échelle des segments), on doit se rendre à l'évidence que le pourcentage de frontières d'États correspondant à d'anciennes limites administratives (internes à l'empire espagnol) est très réduit : il ne dépasse pas 10 % de la longueur actuelle. Ce calcul (4 400 km), très large, prend en compte : la section centrale de la limite Colombie-Venezuela (ex-limite entre la Capitainerie Générale du Venezuela et la Nouvelle-Grenade, rétablie après 1830), les sections non litigieuses de la limite El Salvador-Honduras (ex-limites de comarcas), la moitié nord de la frontière Argentine-Chili (ex-limite de la vice-royauté de La Plata après 1776, correspondant aux territoires effectivement occupés au début du XIXe siècle) et une courte section de la limite Équateur-Pérou : au total, environ 4 650 km. Encore faudrait-il préciser que certaines frontières n'ont pas été négociées directement entre les États, mais soumises à des arbitrages (Colombie-Venezuela, Honduras-Guatemala), tandis que d'autres ont été fixées dans un contexte de déséquilibre du rapport de forces (partie centrale de la frontière Argentine-Chili, fixée au moment où l'armée chilienne menait la guerre du Pacifique). Ces limites peuvent être considérées comme héritées, et adoptées par les États dans un contexte « pacifique ».

Les limites d'origine inter-impériale s'étendent sur un peu plus de 7 530 km, soit 16,8 % du total. Il s'agit surtout de sections de l'enveloppe brésilienne : limites avec les trois enclaves guyanaises et environ le tiers de la longueur des frontières avec le Pérou (au long du rio Javari) et avec la Bolivie (section Guaporé-Mamoré), avec le Venezuela (Serra Pararaima) et l'Argentine (sur le haut Uruguay, face aux Misiones) fixées dès le XVIIIe siècle. S'y ajoutent la limite Guyane française-Suriname (malgré un contesté sur une section sud, qui reste en suspens) et les deux tiers nord de la limite Guyana-Suriname. Il s'agit de frontières héritées, d'origine inter-impériale, qui furent renégociées et qui ne sont plus en litige. Mais là encore, cette évaluation est large, car il y eut, par exemple, des différends entre le Brésil et la France même après l'arbitrage de 1901 ; mais comme la ligne retenue avait déjà été reconfirmée par le Congrès de Vienne en 1815, on peut la considérer comme héritée d'une trace antérieure.

C'est à l'évidence la rivalité entre les royaumes du Portugal et d'Espagne en haute Amazonie qui explique l'antériorité de ces tracés. Rivalité inscrite, à l'échelle planétaire, dans de magnifiques portulans, qui sont les premiers documents cartographiques modernes (hors de Chine) à montrer des frontières, des *lineae divisionis*, sous la forme de la fameuse ligne de démarcation de 1494. Le planisphère dit de Cantino (1502), adapté du « padrao real » (carte standard dont le secret ne pouvait être divulgué sous peine de mort), porte sur le fameux méridien (« *este he o marco dentre castella e portuguall* »).

On peut mesurer l'avancée luso-brésilienne en comparant les portulans du début du XVIe siècle et les clauses du « traité des limites des conquêtes » signé à Madrid en 1750 et renégocié à San Ildefonso en 1777. Ces traités étaient déjà très modernes, en ce qu'ils prévoyaient la mise en place de commissions chargées de l'abornement en haute Amazonie et dans le Centre Ouest. Les espaces accessibles à partir du réseau hydrographique étaient parmi les mieux connus d'Amérique, car, au début du XVIIIe siècle, ils avaient été explorés par des missions géographiques (les jésuites, férus de mathématiques et d'astronomie, se chargeant de la cartographie, en Amazonie, comme à la même époque en Chine).

L'histoire de la progression portugaise est suffisamment connue pour qu'on n'y insiste pas (voir la synthèse de G. Martinière, 1978 : 45-69 et 147-183). Rappelons brièvement que les instruments en furent d'abord les missions religieuses, puis un dispositif de forts garantissant les poussées sur la rive gauche de l'Amazone et la liaison entre l'Amazone et les secteurs miniers du Mato Grosso. Le traité de 1750 — d'où les sections centrales des frontières Bolivie-Brésil, sur le Guaporé, et Pérou-Brésil, sur le Javari, sont issues — a eu pour fonction de faire accepter à l'Espagne les acquis territoriaux, qu'il fallait garantir par une délimitation précise. Mais la Papauté, en acceptant de créer de nouveaux évêchés dans le Centre Ouest, inaugurait le redoutable instrument juridique de l' « uti possidetis de facto », de sorte que pendant l'expansion luso-brésilienne le long des fleuves au cours du XIXe siècle, les frontières antérieures avaient alors une fonction de points d'appui pour de nouvelles expansions. En revanche, le royaume d'Espagne avait conservé le contrôle des axes fluviaux du Parana et de l'Uruguay.

Au total, on peut considérer que 26,6 % de la longueur des actuelles frontières sont d'origine coloniale, dont plus du quart correspondait à la limite des aires d'influence des deux empires. Les frontières qui sont postérieures aux indépendances et qui suivent des tracés différents des limites coloniales représentent 60 % du total : elles sont donc pour l'essentiel « latino-américaines », et non pas « coloniales ». Ce sont les relations plus ou moins conflictuelles entre ces États nouveaux qui ont produit ces frontières.

— **L'Amérique du Nord ; des conquêtes en parallèle :** En Amérique du Nord, les frontières actuelles entre le Canada, les États-Unis et le Mexique datent, comme en Amérique latine, de la période comprise entre les Indépendances (1783) et le début du XXe siècle (1903, traité anglo-américain sur l'Alaska) ; un peu à la manière de la fragmentation de l'empire hispano-américain, l'espace anglo-américain qui était placé, dès le milieu du XVIIIe siècle, sous une influence britannique dominante, s'est trouvé partagé en deux États, les États-Unis et l'Amérique du Nord britannique, aux statuts opposés, mais tous deux travaillés par un dynamisme démographique, économique et territorial : leurs forces respectives ont rivalisé dans la conquête « des Ouest » et de leurs attributs : Prairie, montagnes et bassins aurifères, forêts et fourrures, sites portuaires et pistes majeures *.

La frontière Mexique-États-Unis résulte de la guerre de 1848 et a repris, dans la section orientale, une ligne de *presidios*, de fortins espagnols face aux groupes indiens **. A l'Ouest d'El Paso, elle a été tracée en 1853 de manière à laisser aux Mexicains un passage terrestre vers la Basse-Californie tout en laissant aux Américains la disposition d'un corridor de plateaux considérés comme le meilleur lieu de passage pour la future liaison ferroviaire transcontinentale, qui partait de San Antonio et d'El Paso en direction de Galveston et Los Angeles.

* et ** Cf. chapitre XIII.

— **Asie ; l'ancienneté du fait frontalier et de nombreux remaniements récents :** Pour expliquer l'état d'avancement étonnant de ce maillage politique de l'espace, il convient de rappeler la précocité du « fait frontalier » en Asie, corollaire d'une tradition diplomatique (incluant archivage et cartographie) ancienne, qui est elle-même la conséquence de la vigueur des appareils d'État : Chine, Siam, Perse, Vietnam, Corée, Empire ottoman. Certes, la notion de limites historiques ou « traditionnelles », souvent employées dans l'argumentaire d'États rivaux, doit être maniée avec précaution. Toutefois, des preuves existent, en Asie, de pratiques frontalières anciennes, fondées sur l'écriture : traités et marquage du terrain.

On relève en effet :

— les plus anciennes opérations de démarcation : outre les murailles, certaines frontières traditionnelles, comme celles entre le Tibet et le Sikkim, étaient signalées par des poteaux portant des tablettes inscrites en chinois et en tibétain (Lamb, 1968 : 143);

— de très anciennes traces politiques : ainsi, le fleuve Yalu, support de l'actuelle limite d'État, est l'axe d'une marche séparante entre Hans et Coréens établie dès le VIIe siècle; les marécages malariens du Terai, entre les montagnes népalaises et les plaines indo-gangétiques, ont été une des limites politiques les plus durables entre l'Hindoustan et le Népal (dont les populations bouddhistes ne furent pas islamisées); soulignons, à l'inverse, que la « barrière » himalayenne n'a jamais arrêté la progression de l'influence tibétaine vers le Népal ou le Bhoutan; plus au nord, les « obo » ou lignes de détachements han plus ou moins permanents servaient à contrôler les déplacements des nomades dans les steppes de Mandchourie et du Turkestan;

— les plus anciens traités frontaliers : mis à part ceux, antiques, de Lagash, citons le traité de 1364 signé entre les rois d'Annam et de Lan Xang (Laos) pour fixer le départ de leur autorité sur la ligne de partage des eaux — ce fait est connu parce qu'il fut relaté en 1959 par les Laotiens à l'appui de leurs thèses lors d'un litige mineur.

Dès le XVIIe, Russes et Chinois négocièrent leur premier traité, dit « traité de paix et des limites », à Nertchinsk, le 27 août 1689, à la suite d'une victoire mandchou sur les Russes : la section appuyée sur l'Argun y fut définie.

Quant aux frontières occidentales de l'Iran, entre l'Araxe et le Golfe arabo-persique, elles furent définies dans le « traité de paix et de démarcation des frontières » signé à Zohab *le 17 mai 1639* par les pouvoirs perse et ottoman; c'est la base de la majorité des actuelles limites entre l'Iran et ses deux voisins, Turquie et Irak (à l'exception du secteur compris entre Kermanshah et Bagdad).

L'ancienneté des phénomènes de fixation de frontières explique à son tour l'originalité des processus d'horogenèse coloniale.

En effet, si les cadres des États sont ainsi, formellement au moins, établis sur le terrain, cela tient aux particularités de l'horogenèse : *il n'y a eu ni une conférence de Berlin ni un « partage* » de l'Asie.*

* Quant au traité de Tordesillas, il a eu un effet d'horogenèse limité dans cette partie du monde : enclaves portugaises en Inde jusqu'en 1965, installation à Macau en 1557, occupation de la partie orientale de Timor jusqu'à son annexion à l'Indonésie en 1976 :

Le caractère séculaire des processus frontaliers est dans une certaine mesure comparable à ce qui's'est passé en Europe, à ceci près qu'une nouvelle étape d'horogenèse s'est ouverte en Asie après 1945.

Pour résumer :

— 15 % des frontières sont déjà en place avant le XIXe siècle (24 % en Europe) (dans le détail, le pourcentage s'élève à près de 31 % pour l'ensemble de l'U.R.S.S. et à 29 % pour la Chine);

— une deuxième étape d'horogenèse se situe entre 1860 et 1910, portant sur environ 43 % du total; elle concerne surtout l'Asie du Sud-Est et les confins afghans;

— la troisième étape se situe entre 1910 et 1945 (8 %) et intéresse l'Asie occidentale et la Mongolie.

— la dernière a commencé depuis 1947 et concerne environ 30 % du total actuel (y compris ce qui reste à délimiter) : Asie du Sud (Inde) et de l'Ouest.

— **L'Europe; huit siècles d'horogenèse** : L'Europe présente une double caractéristique :

— comme en Asie, elle est une terre d'États-Nations très anciens (France, Angleterre, Espagne, Portugal...) avec des frontières séculaires; en même temps, surtout en Europe médiane et orientale, elle a été traversée — et sans doute « façonnée » — d'innombrables faisceaux de frontières dont l'exemple le plus célèbre est celui de la Pologne. C'est dire que des frontières qui ont duré plusieurs siècles ont été ensuite effacées;

— comme en Afrique, de nombreuses limites ont été décidées dans le cadre de conférences internationales, soucieuses de partage — en réalité, c'est en Europe, et non en Afrique, que l'on a d'abord testé ce mode surimposé d'horogenèse, et la conférence de Berlin (1884-1885) ne doit pas faire oublier le congrès tenu en 1878 dans la même ville et où sept puissances découpèrent la « grande Bulgarie », créèrent trois États nouveaux (Roumanie, Serbie et Monténégro), accordèrent de nouveaux gains à la Russie, donnèrent des droits d'occupation militaire aux Autrichiens sur des districts ottomans et inaugurèrent en fait le fameux démembrement de l'empire ottoman. Banc d'essai pour le partage de l'Afrique six ans plus tard, conduit avec le même souci de ce que l'on appelait, à tort, l'équilibre européen, instauré par le Congrès de Vienne, vaste conférence de géopolitique appliquée.

On pourrait ajouter que, comme en Amérique du Nord, des frontières ont été produites — peuplées ou déplacées — par des opérations de colonisation agricole dans les régions de marche (voir les aires de contact entre Allemands, Polonais et Russes, entre Autrichiens, Hongrois et Ottomans, entre Anglais, Écossais et Irlandais).

Les périodes 1900-1920 (guerres balkaniques, traité de Versailles suivi de bien d'autres, « border » irlandaise) et 1945-1947 (périphérie de l'U.R.S.S.) furent essentielles pour la configuration actuelle de l'Europe, et la somme des questions laissées en suspens (Europe

---

mais il aura contribué à la création en 1565, par regroupement, d'un ensemble politique archipélagique, les Philippines, qui furent longtemps administrées par le vice-roi du Mexique.

médiane et balkanique). En 1975 encore, lors de la conférence sur la sécurité européenne à Helsinki, le statu quo frontalier le plus récent, celui issu de la Seconde Guerre européo-mondiale, a dû être confirmé, reconnu, comme si cela n'allait pas de soi.

Datations : la distorsion entre des temps géopolitiques

Pour l'essentiel, le monde a été découpé à une période où il regroupait entre 750 (vers 1750) et 1 600 millions d'habitants (vers 1900) : œuvre des Européens, au moment où ceux-ci ont atteint leur maximum démographique relatif, au point de compter pour 30 % du total mondial.

Les décisions prises à Yalta et à Potsdam n'ont produit que le cinquième des frontières européennes, soit 5 400 kilomètres de tracés nouveaux (Allemagne, Pologne) ou repris des traces antérieures (Roumanie, Norvège). On y ajoutera la Corée.

Cette perception du rôle de « Yalta » est née dans les milieux républicains américains à la fin du mandat du président Eisenhower, qui accusaient les démocrates au pouvoir de 1945 à 1952 d'avoir laissé faire ce partage. Ils s'adressaient à un électorat immigré et naturalisé récemment et venu d'Europe centrale, notamment de Pologne. La « guerre froide », nouveau facteur de clivage, a concerné un monde qui était déjà découpé selon ses grandes lignes présentes. Et les acteurs de cette géodésie planétaire n'ont été ni les Américains ni les Soviétiques.

L'année 1947 apparaît comme une date charnière, où émergent trois facteurs de tracés qui sont nouveaux par rapport aux causes générales qui ont présidé à la grande horogenèse de la fin du XIXe siècle :
— les guerres et conflits ont clairement et immédiatement des conséquences géomilitaires — en Corée, en Europe, un temps au Vietnam —, ce qui ne fut pas toujours le cas auparavant (1815);
— les discontinuités idéologiques se sont traduites dans l'espace (Europe);
— enfin, les ruptures ethno-religieuses ont produit des frontières nouvelles (voir la partition de l'Inde); en cela, on retrouve en fait un puissant facteur de découpage de l'espace politique, qui se manifesta déjà durant la période de Réforme, puis de Contre-Réforme en Europe centrale, grande période d'horogenèse durant laquelle les séminaires jésuites et l'art baroque dessinent un système de front idéologique. Ces facteurs continueront à jouer dans l'avenir.

En dépit de ces éléments plus neufs et qui, pour cette raison, ont retenu l'attention, il reste que la configuration du monde actuel, en tous ses États, est globalement plus ancienne que la dynamique géopolitique considérée comme dominante depuis 1947 : la rivalité Est-Ouest.

Cette dynamique, issue de la « guerre froide », n'a pas été créatrice de frontière, sauf en Corée — ce qui était prévu à Yalta — et dans l'espace allemand — ce qui ne l'était pas — : au total, 1 639 kilomètres, soit 0,7 % des frontières du monde.

Certes, le caractère inhumain et séparateur de certains segments, tel le Mur de la honte, rappelle la permanence de discontinuités imposées entre deux sociétés civiles qui se pensent comme relevant d'un même ensemble national (ce qui fut le cas de 1870 à 1945, période brève au regard de l'histoire); et cette tension a accentué la fonction de fermeture de certains tracés : les 261 km de la ligne de démarcation en Corée, les 6 529 km du rideau de fer — qui prenait en grande partie des tracés préexistants sauf entre les deux Allemagnes.

Il y a donc un décalage dans le temps entre l'organisation réelle de l'espace politique et certains jeux de forces : ce constat souligne les limites d'une lecture strictement bipolaire Est-Ouest — c'est-à-dire uni-scalaire — des dynamiques géopolitiques contemporaines, d'autant que l'on perçoit, ici et là, les signes avant-coureurs d'une diminution de l'hégémonie exercée par le duopole impérial.

La trame, le maillage sont antérieurs à la guerre froide ainsi qu'à la croissance démographique massive et à l'émergence du Tiers Monde. Cette distorsion entre *des temps géopolitiques* de durée distincte mais de jeu synchrone n'est sans doute pas près d'avoir épuisé ses effets. Dans l'immédiat, repérons les acteurs de ces tracés.

Les grands États traceurs

En Europe, les frontières résultent de trois types de processus : soit les deux États contigus s'accordent, par étapes, sur des limites, qui, pour une grande part, ne sont que la somme de segments anciens définis par l'usage des communautés agro-pastorales (France-Espagne ou France-Suisse); soit l'un des États limitrophes impose sa limite (U.R.S.S.-Pologne), qui peut d'ailleurs reprendre une trace antérieure (en l'occurrence, la ligne Curzon); soit enfin, les tracés sont décidés par des États tenant conférence, acteurs plus lointains (Europe centrale, orientale et balkanique).

Si globalement l'horogenèse européenne fut d'abord une affaire d'Européens (à la seule exception de l'intervention américaine au XXe siècle), beaucoup de tracés récents n'en gardent pas moins un caractère exogène : 41 % des frontières (19 dyades) y ont été dessinés au XXe siècle et sous l'effet d'interventions extérieures plurielles (conférences, traités bilatéraux avec médiations internationales) et 11 % (19 dyades) sont des limites imposées de manière unilatérale, soit les 3/4 des frontières tracées aux XXe siècle*. Mais, dans tous les cas, les décisions se prirent dans un concert européen.

Qu'en est-il dans le reste du monde ? Plus de 70 % (de la longueur) des frontières actuelles du Tiers Monde ont été et sont le fait de 12 États seulement. Il convient de distinguer entre les États qui ont été des acteurs externes, agissant loin de leurs propres frontières, ceux qui ont agi et agissent sur leurs enveloppes, et ceux qui relèvent des deux catégories. Dans la première catégorie, on rencontre (en % des longueurs tracées, corrigées en divisant les valeurs par deux, sauf lorsqu'il s'agit d'anciennes limites administratives) :

* Quant à l'ensemble des frontières européennes, et tous siècles confondus, le « pourcentage d'imposition » est de 42 % sur la base des 29 dyades actuelles.

Royaume-Uni	21,5 %	Portugal	4,5 %
France	17,2 %	Espagne	3,8 %
	38,7 %	Allemagne	3,7 %
		Hollande	1,7 %
			52,4 %

Dans la seconde catégorie, on remarque :

Chine	4,6 %
U.R.S.S.	4,6 %
Brésil	3,1 %
Inde	3,3 %
Pakistan	3,3 %
	18,9 %

La troisième correspond à la Turquie, État acteur externe en Afrique du Nord et acteur interne en Asie Mineure : 2,4 %

Ce qui ressort d'abord est le rôle majeur de deux États, le Royaume-Uni et la France, à qui l'on doit presque 40 % des frontières des États du Tiers Monde * ; couple étonnant dont la rivalité en Europe se prolongea outre-mer et fut une des causes de la délimitation de nombreuses frontières, comme moyen de gérer des intérêts divergents tout en faisant l'économie de conflits.

Le découpage du monde ? une affaire européenne, ce qui est paradoxal si l'on songe que celui de l'Europe a été, pour une part, imposé aux Européens. Le maillage politique du monde est d'abord d'origine franco-britannique ; leur participation serait supérieure si l'on comptabilisait leur rôle en Amérique du Nord et en Europe (dans le cadre des conférences ** : ainsi la ligne Curzon ou les frontières roumaines).

Le second fait notable tient à l'absence quasi complète des États-Unis ; si l'on excepte sa limite méridionale (avec le Mexique) et quelques arbitrages en Amérique latine, il apparaît que les hérauts de la « frontière » ne sont en rien des traceurs de frontières linéaires, hors d'Europe. Celle qui borde leur territoire au nord est une limite bien perméable ; quant à celle du sud, elle est, en fait, très poreuse : vue du Mexique, elle délimite *el otro lado*, où de toute façon on réussira à se rendre.

Sans tomber dans le dualisme mackindérien, on comprend mieux que la superpuissance américaine soit souvent perçue comme « extérieure », en Afrique ou en Asie, faute d'assise historique. Certes, il est clair que les États-Unis (autour de l'Égypte et d'Israël) comme l'Union Soviétique (par exemple en Éthiopie) sont de plus en plus mêlés à des affaires de territoire et de frontières, mais il reste que les limites politiques formelles des États du Tiers Monde ont été mises en place sans eux (sauf sur leurs propres confins).

Le cas de la Russie-U.R.S.S. peut être discuté dans la mesure où cet État fut partie prenante du « grand jeu » colonial dès le XVIIe siècle, en Asie, puis en Amérique du Nord (Alaska) ; mais, à l'exception de

* Soit environ 80 000 km.

** Environ 45 % du total mondial, soit une centaine de milliers de kilomètres.

l'Europe, les Russes ne furent pas des traceurs de frontières loin de leur territoire, même s'ils participèrent à la Conférence de Berlin.

— **Les États géographes en Afrique** : En arrêtant l'inventaire aux premières années de la décennie 1960, j'ai établi une liste de 19 États ayant participé directement à la première horogenèse.

États ayant participé au tracé des frontières en Afrique *

État	Kilométrage	%				
FRANCE	25 865	32				
ROY.-UNI	21 595	26,8	58,8			
ALLEMAGNE	7 031	8,7		67,5		
BELGIQUE	6 149	7,6			75,1	
PORTUGAL	5 450	6,7				81,8
TURQUIE	3 240	4				
ÉTHIOPIE	2 580	3,2				
ITALIE	1 379	1,7				
ESPAGNE	1 191	1,5				
MAURITANIE	1 119	1,4				
MALI	1 119	1,4				
LIBERIA	791	1				
MAROC	748	0,9				
AF. SUD	626	0,8				
ÉGYPTE	558	0,7				
LESOTHO	455	0,6				
RWANDA	253	0,3				
BURUNDI	149	0,2				
TANZANIE	108	0,1				

Sans apporter nécessairement d'arguments décisifs au débat sur les origines du *scramble*, ces résultats manifestent pourtant le rôle prépondérant des deux États, et de ce fait, la place mineure des autres puissances européennes :

— en premier lieu, la France, avec *32 %* des longueurs et près de 26 000 km de limites administratives et inter-impériales ;

— en second lieu, le Royaume-Uni, avec *26,8 %* du total.

Leurs diplomates auront dessiné avec leurs crayons près de *60 %* de la longueur des enveloppes, situation tout à fait exceptionnelle dans le monde. En Asie, ces deux États n'assurèrent que le tiers des tracés (environ 21 000 km selon le mode de calcul retenu). Des valeurs comparables, pour le duo Espagne-Portugal, auraient caractérisé l'Amérique Latine si les États n'avaient ensuite remodelé leurs contours.

L'action de la France est à la mesure de l'antériorité de sa présence, à partir de l'Algérie du Nord, qui fut, plus tard, l'un des trois points de départ de la conquête, avec, de plus, l'avantage de disposer de voies

* Les kilométrages sont calculés de la manière suivante : on a divisé par deux la longueur de chaque dyade attribuée à un État, sauf dans le cas de limites d'origine administrative, et les pourcentages sont établis sur cette double base.

sahariennes non disputées par d'autres puissances, populations maures et twareg mises à part. Les autres têtes d'axes furent, on le sait, Dakar, en direction du « boulevard » sahélien, vers l'est, puis le Congo, vers le haut Nil. Le point de départ djiboutien fut sans effet, sauf celui de participer à la non-colonisation des hautes terres Ahmara d'Abyssinie.

Il est sans doute aussi à la mesure d'un moindre intérêt politique anglais, Égypte et Afrique australe mises à part, ainsi que les colonies-comptoirs du golfe de Guinée. Mais les enjeux britanniques étaient aux Indes.

Un second groupe d'États traceurs comprend l'Allemagne, la Belgique (c'est-à-dire Léopold) et le Portugal. Tard venus, les Allemands firent sans doute de Berlin une capitale de la distribution des cartes, mais pour un profit somme toute limité (Namibie actuelle, Est africain, Cameroun, Togo), en Afrique. Par contre, on y trouve confirmation de la fonction avant tout européenne du découpage de l'Afrique. Tôt installés, les Portugais furent les premiers visés par l'Acte de Berlin, car ils ne réussirent pas à construire de fédérations continues, en raison de la vigilance britannique.

A eux cinq, ces États ont tracé les quatre cinquièmes des actuelles frontières (81,8 %), et ce chiffre atteint 85 % avec l'apport italien et espagnol.

Ce jeu des frontières à cinq s'est déroulé en Europe autant qu'en Afrique. Il était donc logique que certains tracés fussent obtenus à la suite de marchandages plus globaux. Ainsi, la frontière entre le « Niger » et le Nigeria, jugée trop avantageuse pour les Britanniques aux termes de la convention de 1898, fut modifiée en faveur des Français en 1903-1904 (par inclusion dans l'actuel Niger de dépendances de l'État de Sokoto et par accès aux rives ouest du lac Tchad), par souci de compenser le renoncement français à leurs droits de pêche sur les bancs de Terre-Neuve !

De même, les prétentions allemandes sur l'Ouganda (conséquence des entreprises de Carl Peters en direction du Nil supérieur pour annexer à l'Ostafrika « les territoires qui enferment le nord du lac Victoria et les hauts plateaux de l'Ouganda », 1888-1890) et sur Zanzibar, furent-elles « échangées » par les Britanniques contre Heligoland (E. Baumont, 1947 : 17-35). A partir de ces îles, situées au large de l'embouchure de l'Elbe et du débouché du nouveau canal de Kiel, qui permettaient de faire basculer la flotte allemande de la Baltique à la mer du Nord sans quitter le territoire, les Britanniques tenaient la flotte à portée de leurs canons. Le troc fut consacré par le traité germano-britannique de juillet 1890.

C'est à cette occasion également que le successeur de Bismarck, von Caprivi, obtint l'appendice qui porte son nom (Caprivi Zipfel) entre le Botswana et la Zambie, et qui donnait accès au Zambèze, à une époque où, semble-t-il, on ignorait l'existence, en aval, des chutes Victoria. Il reste de cet épisode un vieux fort allemand imposant et de couleur blanche, Schuckmannsburg *.

* Les conséquences géostratégiques actuelles de ce marchandage, doublé à l'origine d'une erreur géographique, ne sont pas négligeables car l'armée sud-africaine en a fait son point d'appui dans le cadre du dispositif anti-SWAPO et pro-UNITA.

Ce traité, comportant des clauses de troc, fut le premier à ouvrir la période véritablement impérialiste, caractérisée par l'application de la notion de sphère d'influence, élément d'une politique où entraient les compensations. Mais, gardons-le en mémoire, ce procédé n'a concerné qu'un tiers des frontières africaines.

Enfin, d'autres États et entités furent partie prenante, entre 1845 et 1962 : le Maroc, l'Éthiopie — voir la « lettre circulaire » de Ménélik —, le Liberia, l'Égypte, le Lesotho, le Rwanda, le Burundi et surtout l'Empire ottoman (avec 4 % du total, dans le Maghreb et la partie africaine du Machrek, jusqu'au nord du Tchad). Leur rôle est mineur par rapport aux conséquences immédiates de l'Acte de Berlin ; il n'est pas négligeable dans une réflexion ultérieure sur les raisons des tracés.

— **En Amérique latine ; frontières « mobiles » :** Les Européens n'ont participé qu'à moins du tiers des tracés actuels : Espagne, 14 % ; Portugal : 7,4 % ; Hollande : 3,9 % ; Royaume-Uni : 2,7 % ; France : 1,6 % ; on y ajoutera les arbitrages rendus depuis la fin du XXe siècle par des Français et des Suisses, ainsi que des Américains. Pour l'essentiel, ce sont des limites décidées — par guerre ou négociation — entre Latino-Américains : 62,2 % du total, chiffre considérable, où se détachent les Brésiliens, qui ont repris à leur compte la politique de la « frontière mobile » chère aux Portugais et que le baron Rio Branco a su, au début du siècle, théoriser.

— **En Asie ; les quatre grands :** Trois puissances coloniales ont imposé ou négocié des tracés avec des entités politiques préexistantes : le Royaume-Uni (12 087 km et 19,1 % du total), la Russie (et l'U.R.S.S.) (11 920 km et 17,7 % du total), enfin la France (sur 6 836 km, soit 10,1 %). Le pourcentage théorique final est de 46,9 %, soit près de la moitié. Les limites actuelles apparaissent donc bien d'abord comme des frontières « européo-asiatiques » (puisque l'on est fondé à ranger la Russie sous le premier terme).

Cette originalité tient au fait que plus des deux cinquièmes de la superficie de l'Asie n'ont pas été colonisés (à savoir : l'Empire Ottoman, la Perse et l'Afghanistan, le Siam, la Corée, la Chine et le Japon). Sans en détailler les raisons, soulignons que les puissances rivales ont d'abord utilisé la méthode de l'État-tampon (Afghanistan, Siam) et négocié avec ces entités. Exemples : les trois frontières occidentales de l'Indochine ont été négociées avec le Siam, ou encore la fameuse « ligne Durand ». La Perse a joué en fait le même rôle entre la Russie et le Royaume-Uni.

Les puissances ont traité avec les États, soit comme première étape avant de les coloniser (de sorte qu'une limite internationale devient ensuite une limite administrative, puis retrouve son statut initial : France et Cambodge, Royaume-Uni et Birmanie), soit pour faire entériner des avancées (politique russe à l'égard des Chinois), soit pour définir des lignes de non-interférence (ligne Mac-Mahon entre le Tibet et l'Inde) et de maintien de l'ordre (Birmanie anglaise-Chine).

Parmi les principaux producteurs des frontières asiatiques, il faut ranger également les Chinois, pour 18 %.

Les quatre grands traceurs ont assuré à eux seuls directement *près des deux tiers des tracés :* 64 %, 43 109 kilomètres. Les trois puissances européennes ont privilégié la recherche d'enveloppes externes dont la possession offrait des avantages stratégiques, c'est-à-dire en l'occurrence d'abord défensifs, tout en évitant le contact direct. D'où la multiplication des aires-tampons, par exemple de l'Afghanistan à la Thaïlande.

Ce chiffre élevé n'inclut pas les frontières post-coloniales de l'Inde, qui ont certes été dessinées par une commission hindo-musulmane présidée par un juge britannique, mais qui ont été voulues par la Ligue Musulmane.

Des frontières coloniales donc dans le Tiers Monde... mais pour une part seulement. Ces chiffres corrigent quelque peu la doxa. En effet, ces pourcentages ne prennent en compte l'histoire que dans la mesure où les configurations dessinées hier demeurent inchangées aujourd'hui ; ils qualifient donc la situation présente : ils intègrent par conséquent les évolutions postérieures aux premiers tracés (Inde, Pakistan, Brésil). En outre, ils indiquent qu'aux époques coloniales d'autres acteurs, locaux, ont participé à la définition des frontières (Chine, Turquie).

Pour résumer, la nature exogène des frontières des États du Tiers Monde est indiquée par les deux chiffres suivants :

— environ 54 % de leur longueur totale résulte de décisions extérieures prises par des acteurs lointains (chiffre comprenant les 52,4 % déjà cités plus ceux correspondant aux décisions turques en Afrique du Nord) (soit 103 653 km sur 191 620) ;

— près de 60 % de leur longueur (lisières nord exclues) sont d'origine externe, comme effet de choix faits par des États traceurs qui n'étaient pas immédiatement voisins (soit 103 653 km sur 173 972).

Typologie des frontières

Si pour l'Europe on a souvent sous-estimé la part des processus exogènes, on a, à l'inverse, sous-estimé le rôle des évolutions endogènes dans la formation des États du Tiers Monde.

Le pourcentage de 54 % de limites issues de décisions externes doit être décomposé selon les sous-ensembles, car on constate que cette valeur masque de considérables écarts, qui sont révélés au terme d'une analyse quantifiée des traceurs et des horogenèses. Pour répondre à la question « qui a tracé (ou trace) les frontières que l'on peut aujourd'hui franchir ? » (c'est-à-dire, de quoi sont-elles l'héritage et le symptôme), j'ai, pour répartir les données chiffrées selon une gradation *de l'exogène à l'endogène*, distingué les catégories suivantes :

— les frontières d'origine inter-impériale (exemple : Nigeria-Niger, Malaisie-Indonésie, Guyane-Suriname) ;

— les frontières d'origine intra-impériale (exemple : Costa Rica-Nicaragua, Sénégal-Mauritanie, Zimbabwe-Zambie) ;

— les frontières européo-asiatiques ou européo-africaines (exemples : Vietnam-Chine, Afghanistan-Pakistan ou Éthiopie-Soudan), auxquelles on ajoutera la variante turco-africaine ;

— les frontières internes aux ensembles : intra-asiatiques (exemples : Chine-Pakistan ; Turquie-Iran) ; intra-africaines (Rwanda-Burundi) ; intra-latino-américaines (Mexique-Guatemala ; Chili-Bolivie-Pérou).

Avec cette typologie génétique, on cherche d'abord à repérer la « nationalité » des traceurs* : gère-t-on, aujourd'hui, un espace aux contours hérités, et donc antécédents par rapport à l'État indépendant, ou bien s'agit-il d'espaces aux contours appropriés, éventuellement redéfinis ?

— **En Asie ; des limites euro-asiatiques :** Les découpages de type intra-impérial à fonction administrative, qui expliquent nombre d'incertitudes en Afrique et Amérique latine, ont été en réalité très rares et ne comptent ici que pour 6 % environ du total. Citons pour la France : la limite Laos-Vietnam ou Syrie-Liban.

Pour le Royaume-Uni, outre la limite entre le Koweit et l'Irak (en litige, malgré des efforts de renégociation en 1984 à la faveur de l'aide koweïtienne à l'Irak, et objet premier de la tentative d'annexion du 2 août 1990 jusqu'à fin de février 1991), on pourrait citer la frontière Birmanie-Inde, mais celle-ci avait déjà été négociée entre Anglais et Birmans (traité de Yandabo de 1826) avant que ceux-là ne prennent le contrôle de la Birmanie (1886) ; il en fut de même au Bhoutan, annexé de 1865 à 1910, après report vers le nord (en 1841 et 1864) de sa frontière sud sur la ligne de contact entre la plaine du Brahmapoutre et les collines d'avant pays, qui suit presque exactement la courbe de niveau des 480 mètres (6 000 pieds) ; c'est par ce couloir stratégique entre Bangladesh et Bhoutan que s'effectuent aujourd'hui les liaisons vers l'Assam.

Les frontières d'origine inter-impériale, le plus souvent fixées avec précision, sont un peu plus fréquentes : entre 9 et 10 % du total. Ce chiffre inclut : certaines limites entre puissances mandataires en Asie occidentale tracées sans l'avis des pouvoirs locaux (Syrie-Irak, Syrie-Jordanie et limite sud du Liban), la frontière franco-anglaise entre le Laos et la Birmanie et enfin les frontières anglo-hollandaises (Malaisie-Indonésie, à Bornéo ; Indonésie-Nouvelle-Guinée, fixée en 1895, et complétée en 1899 d'un accord avec l'Allemagne, présente au nord sur les rives de la mer de Bismarck). La plus longue est la frontière russo-afghane, fixée sur l'Amu Darya par l'accord anglo-russe de 1873 et le protocole de Londres de 1885 ; quant à la limite Afghanistan-Chine, elle fut le produit des accords précédents.

Les frontières qui résultent de la seule décision conjointe de deux puissances extérieures ne mesurent donc guère plus de 15 % du total (exemples : Laos-Birmanie ou Syrie-Irak).

Les deux modes d'horogenèse les plus caractéristiques de l'Asie sont, nous l'avons vu, d'une part les traités passés (avec ou sans guerre) entre une puissance coloniale et un État (ou un souverain) préexistant, d'autre part les traités passés entre deux États (ou souverains) adjacents. La distinction entre les deux types d'acteurs est délicate dans le cas de la Russie, qui fut conquérante en Extrême-Orient (mais ne fut-ce pas aussi le cas des Han et des Mandchou ?), puis un acteur engagé du grand jeu en Asie centrale en tant que puissance s'autodéfinissant

* La nature des processus (guerres, décisions unilatérales, arbitrages, médiations internationales, ou tout simplement accords à l'amiable) sera envisagée en détail dans les chapitres régionaux et les études de cas. On fera une place aux litiges, aux contestés et aux situations d'indétermination.

comme coloniale (cf. le mémorandum du prince Gorchakov, 21.11.1864, très explicite sur la mission civilisatrice de la colonisation russe, comparée à celle de l'Angleterre aux Indes).

— **En Afrique ; sphères d'influence :** Si le découpage de l'Afrique selon le procédé des sphères d'influence — dont on a fait, avec raison, l'archétype du partage colonial — rend compte d'un tiers des tracés contemporains, d'autres types d'horogenèse n'en doivent pas moins être envisagés, du fait de leur valeur explicative dans la géographie des tracés.

Le tableau suivant en présente la synthèse, fondée sur un classement des dyades en cinq catégories en fonction des couples d'États qui ont fixé les traités de délimitation des frontières actuelles :

Types d'horogenèse

	km	%	dyades
1 Frontières inter-impériales	41 583	51,7	55
2 Frontières intra-impériales	20 519	25,5	25
3 Frontières « turques »	5 538	6,9	6
4 Frontières « européo-africaines »	10 021	12,5	14
5 Frontières « afro-africaines »	2 745	3,4	3
	80 406	100	103

Plus de la moitié des frontières sont d'origine inter-impériale, catégorie qui est composée pour plus des deux tiers par les traités délimitant des sphères d'influence. Les traités concernant l'État du Congo, ainsi qu'un certain nombre de traités ultérieurs ont fixé des « possessions » effectives.

Mais une seconde catégorie s'impose, celle des frontières intra-impériales : le quart des longueurs, qui concernent 19 dyades franco-françaises et 7 dyades britanniques. L'importance de cette catégorie est un symptôme de la géopolitique coloniale française, soucieuse de continuité territoriale ; il en résulte que de nombreuses limites actuelles ne sont ni démarquées ni même clairement délimitées dans des traités. Dans ce cas, les cartes des cercles font foi, si les États décident de continuer à leur accorder quelque crédit. La limite, fondamentale en Afrique, entre l'A.O.F. et l'Algérie fut en réalité une ligne de partage entre la compétence du ministère des Colonies — et son relais à Dakar — et le ministère de l'Intérieur — agissant par Alger

On trouve ensuite des frontières « européo-africaines », sur un peu plus de 10 000 km, qui concernent des États comme l'Éthiopie, le Liberia, l'Égypte, le Lesotho et l'Afrique du Sud ; 14 dyades sont de cette nature.

Il faut aussi faire une place aux frontières « turques », du moins la somme de celles qui ont fait l'objet de traités : plus de 5 500 km, dans le Maghreb et la moitié orientale du Sahara.

Enfin, les limites d'origine « africaine » (à la date de 1962) ne comptent que pour 3,4 % du total.

Près de la moitié des limites ne résultent pas d'un partage inter-impérial. On ne peut donc généraliser, dans l'espace, ce mode spécifique. Distinction de géographie juridique si l'on veut, mais d'une grande importance géopolitique, car elle renvoie à d'autres facteurs d'horogenèse : présence des limites administratives, action de certains États africains, place d'occupants plus anciens (les Turcs).

— **Amérique latine; des frontières nationales :** Les frontières de l'Amérique Latine de 1988 ne sont d'origine coloniale que pour 30,6 % de leur longueur et sont « latino-latines » pour 62,2 %, c'est-à-dire près des deux tiers; au pôle opposé, les frontières d'Afrique (en 1988) sont restées telles qu'elles ont été tracées à l'époque coloniale à 96 %; enfin, dans une situation moyenne, les frontières de l'Asie de 1988 sont d'origine coloniale à 45,8 % et intra-asiatiques à 50,1 %.

En Amérique Latine, les remaniements ont été fondamentaux; en Afrique, les configurations héritées n'ont pas été modifiées (sauf par effacement de frontières); en Asie, des changements importants ont eu lieu après les années 1920. C'est donc la présence ou l'absence d'un processus que je qualifierai de « seconde horogenèse » (avec ce que cela indique quant à la structuration des États et des peuples) qui conduit à analyser de manière distincte chacun des sous-ensembles du Tiers Monde, l' « Asie » étant un cas intermédiaire et (ou parce que) très hétérogène. Par rapport à une « moyenne » — la frontière coloniale —, les « écarts types » sont plus ou moins marqués selon les groupes d'États, sans doute à raison de la plus ou moins grande ancienneté de leurs indépendances (étalées sur plus de 170 années, d'Haïti (1804) aux États de l'Afrique lusophone (1975).

Les espaces des tracés : supports, vides et pleins

— **Les supports des tracés :** En Europe, les frontières ont été dessinées à des époques où le peuplement était déjà en place, puis dans un contexte de forte croissance démographique : la plupart des traités, au XXe siècle, comportaient des clauses de déplacement de populations placées, en raison de leur appartenance ethnique, dans une situation d'intersection par rapport aux nouveaux tracés (voir les Polonais, les Allemands, les Hongrois...).

En Amérique du Nord, la frontière des Grands Lacs et du 49e parallèle séparait quatre millions d'Américains et quelques dizaines de milliers d'Anglo-Canadiens.

Dans l'ensemble Tiers Monde, les tracés sont dessinés avant le démarrage de la croissance démographique.

Il a été distingué quatre catégories de tracés en fonction de la nature des supports choisis par les traceurs :

I : ceux coïncidant avec des supports hydrographiques : les fleuves et les lacs (le Rio Grande, le Mékong moyen, le lac Malawi);

II : ceux appuyés sur des éléments orographiques : les lignes de partage des eaux et les lignes de crête, de première et de seconde grandeur (les Andes méridionales; le Transhimalaya);

III : ceux suivant des lignes géométriques : astronomiques (parallèles ou méridiens), mathématiques (lignes droites, lignes d'équidistance, arcs de cercle) (Sahara; segment occidental de la dyade U.S.A.-Mexique; Indonésie-Nouvelle-Guinée; mais aussi Finlande-U.R.S.S.);

IV : enfin, les tracés « autres », qui suivent ou ne suivent pas des

discontinuités de la géographie humaine (limites ethniques, « traces » antérieures aux tracés...) (ligne Durand; Lesotho-Afrique du Sud; Nigeria-Niger; Syrie-Turquie, qui suit une voie ferrée; Inde-Pakistan).

Ce classement est purement indicatif, d'autant que la majorité des tracés sont composites, et il ne vaut qu'à des échelles moyennes, car la nature exacte des supports change selon les niveaux d'analyse (en particulier pour l'hydrographie).

Supports des tracés (en %)

	I	II	III	IV
AMÉRIQUES	45	27	23	5
(AM. LAT.)	52	24	20	4
AFRIQUE	34	13	42	11
ASIE	23	35	8	34
EUROPE	25	21	5	50
MONDE	32	24	23	21

En première analyse, on remarque des dominantes propres à chaque ensemble : les tracés géométriques africains (qui ne correspondent pas tous à des frontières de chancellerie, ainsi dans le Sahara central); le recours aux limites fluviales en Amérique du Sud (les grandes vallées sont souvent vides); la place essentielle de tracés sans supports « naturels », de type oro-hydrographique, en Europe et dans une partie de l'Asie.

On ne voit pas émerger un type particulier de support pour les tracés effectués dans le Tiers Monde; leur originalité apparaît plutôt « en creux », avec une majorité de tracés qui ne relèvent pas du type IV : en réalité, cela indique que beaucoup de frontières (mais pas toutes) ont été tracées dans des régions au peuplement peu dense.

Toutefois, on discerne là encore des différences entre les vides frontaliers sud-américains et les pleins de certains confins asiatiques (Penjab). L'essentiel du dispositif frontalier était en place avant le démarrage de la croissance démographique dont on sait qu'elle constitue le caractère commun des États du Tiers Monde. On relèvera pourtant quelques exceptions notables, où la croissance de la population fut antécédente à la fixation des frontières *. C'est souvent dans les aires « pleines » que les frontières sont aussi des lignes de front; mais l'interaction entre les conséquences spatiales des phénomènes démographiques et les questions de frontière (colonisations agricoles, migrations) ne peut être examinée valablement qu'à l'échelle des régions et des segments frontaliers.

— **L'Asie; des frontières délimitées et démarquées à 94 % :** L'immense majorité des frontières en Asie est non seulement délimitée,

* La partition de l'Inde fut postérieure au démarrage de la croissance démographique; celle-ci était plus forte dans certaines régions, notamment le Bengale oriental et le Penjab, sur la moyenne durée (même si, sur des temps plus courts, de graves famines l'ont freinée, comme dans le Bengale, en 1943). On consultera la carte de Spate (1967 : 134) sur les régions démographiques, qui indique des augmentations de 50 à 100 % pour ces provinces de 1881 à 1931 et de 100 à 2 000 % pour les aires de colonisation agricole du Penjab, celles qui furent l'enjeu du partage.

mais encore démarquée : le pourcentage s'élève actuellement à 94 % des enveloppes totales, ce qui ne se rencontre, on l'a vu, ni en Afrique ni même en Amérique Latine.

Que ce soit dans le désert de Gobi ou dans les confins montagneux du Yunnan, au pied du Taurus ou au sud de la Mésopotamie, les tracés sont souvent matérialisés sur le terrain. Certes, ils n'ont pas tous l'aspect fleuri des rangées d'arbres tropicaux (des lauracées) plantés par les démarqueurs des confins sino-birmans pour rendre plus visibles les limites définies en 1961 aux environs du 23ᵉ parallèle en complément de l'alignement de poteaux en maçonnerie. Il est vrai que la visibilité était requise dans ces régions montagneuses marquées par les interférences politiques et ethniques (présence de groupes Tibéto-Birmans, Chinois et Mon-Khmer, ceux-ci organisés dans le cadre des « États Wa » aux allégeances variables).

A une autre échelle, on retiendra que le régime birman, le premier à reconnaître la République Populaire de Chine, a eu droit à un traitement de faveur de la part des dirigeants chinois pourtant prompts à soulever des litiges, et dans ce cas précis, soucieux des agissements du Kuomintang.

Quelle que soit la technique employée, les tracés des États d'Asie sont originaux quant aux types de supports retenus.

A l'exception de quelques dyades du Croissant Fertile (exemples : Jordanie-Arabie Saoudite, Koweit, une partie de la limite Syrie-Irak, Yémen du Sud-Oman ou Israël-Égypte), tracées par les États mandataires, la méthode de la ligne astronomique ou géométrique (observable à moyenne échelle) reste très rare.

En Asie orientale, le seul cas se trouve en Nouvelle-Guinée, au long du 141ᵉ méridien, et résulte d'une proclamation hollandaise de 1828 fixant ainsi à titre préventif la limite orientale de sa sphère d'influence sur une île encore inexploitée par les Hollandais.

Les lignes de crête ou de partage des eaux ont été utilisées pour le tiers des tracés (35 %), et cela vaut surtout pour l'Asie du Sud et du Sud-Est. Que l'on ait voulu tirer parti des puissantes configurations montagneuses ne s'explique qu'en fonction de deux éléments : d'une part les préoccupations stratégiques des traceurs, intéressés par le contrôle des cols et des vallées d'accès (exemple : Pakistan-Chine, Pakistan-Afghanistan en partie, Birmanie-Inde) ; d'autre part les modes de répartition des foyers ethno-démographiques.

Dans le premier cas, on constate que selon les segments on a utilisé tantôt des lignes de partage entre les bassins de première grandeur (entre le Brahmapoutre et le Gange, entre celui-là et l'Irraouadi) tantôt des interfluves entre des bassins de grandeur inférieure (notamment sur le pourtour nord-oriental de l'Inde). Ensuite, il faut se souvenir que l'Asie des Moussons est caractérisée par un contraste entre les fortes densités de population dans les plaines et les grandes vallées alluviales, où se localisent les pôles politiquement et ethniquement homogènes, et les régions de montagnes et de hauts plateaux, moins densément peuplées et occupées par des groupes minoritaires. Très souvent, les frontières ont été tracées dans ces régions (voir les dyades Birmanie-Thaïlande, Birmanie-Inde, Laos-Vietnam). Il en résulte que la plupart de ces frontières recoupent les entités ethniques mineures et que les enveloppes choisies ont contribué à juxtaposer dans un même État des entités ethniques et politiques aux rapports les plus conflictuels.

Quant au Croissant Fertile, les grandes vallées sont, on le sait, les principaux foyers de peuplement et il aurait été aussi dénué de sens d'appuyer des limites sur le Tigre et l'Euphrate que sur le Nil.

Pourtant, à l'échelle de l'Asie, près du quart des frontières ont un support fluvial (23 %) : comment l'expliquer ? Outre les vieilles limites, comme le Yalu, marche séculaire entre la Chine et la Corée, beaucoup de fleuves ont servi, un temps, d'axes de pénétration, d'exploration et de conquête : l'Amour et l'Oussuri, le Mékong.

Même lorsque les tracés paraissent appuyés sur des supports oro-hydrographiques « évidents », les structures spatiales de la géopolitique précoloniale et de la géostratégie coloniale restent une donnée essentielle des choix effectués. Sauf exception, *on ne traçait pas au cordeau,* mais après une connaissance assez précise des réalités. Ceci est largement confirmé par le fait que plus du tiers des tracés ne correspondent à aucune configuration physique ni à des lignes géométriques (8 % seulement des cas) : on se trouve ainsi dans une situation qui n'a d'équivalent qu'en Europe, et qui contraste avec les tracés rectilignes africains et les limites fluviales sud-américaines. Cela peut expliquer que les tracés de type rectiligne (lignes astronomiques, parallèles ou méridiens) soient peu fréquents. Le cas du 141e méridien de longitude est qui sert à découper la Nouvelle-Guinée est unique, on l'a vu : défini par la Couronne hollandaise à titre préventif par une proclamation de 1828, il a été confirmé en 1973 par un accord passé entre l'Indonésie et l'Australie, puissance tutélaire de 1945 à 1974. Quant aux segments rectilignes de certaines frontières des parties désertiques du Proche-Orient, ils posent en réalité moins de problèmes que les frontières plus sinueuses passant dans les régions peuplées du Levant ou du Kurdistan.

— **L'Asie ; tracés et lignes de clivage de la géographie humaine :** Lorsque les tracés sinuent et recoupent des axes oro-hydrographiques, il convient de rechercher d'autres catégories d'éléments pris en compte dans l'horogenèse et qui relèvent de la géographie humaine. Deux cas théoriques se présentent, selon que les traceurs ont ou non utilisé des lignes de clivage préexistantes.

Examinons d'abord des situations de coïncidence, qui peuvent jouer soit sur la totalité d'une dyade, soit le plus souvent sur quelques-uns des segments. En l'occurrence, les tracés relèvent de plusieurs catégories : limites entre des types différents d'utilisation du sol, lignes de partage politiques locales au moment du tracé, clivages linguistiques et religieux aboutissant à une séparation politique, parfois frontières ethniques ou tribales. En raison de la grande diversité des situations, on se contentera de quelques illustrations.

Ainsi, peut-on observer le tracé assez compliqué de la dyade Pakistan-Iran, qui a certes été négocié entre les Britanniques et les Perses en fonction des intérêts des premiers (la fameuse route des Indes), qui tracèrent l'actuelle frontière. Or, celle-ci, qui, envisagée à petite échelle, recoupe l'espace Baluch, fut dessinée par l'officier britannique Goldsmid (1871) en fonction des lignes de partage inter-tribales plus locales. Puisque l'État de Khalat, tête théorique de la confédération

Baluch, n'arrivait plus à étendre son autorité sur les chefferies situées à l'ouest et que l'État Perse commençait de ce fait à étendre son influence vers l'Est pour y maintenir l'ordre, Goldsmid traça une ligne dont les divers segments successifs coïncidaient dans le détail avec les limites séparant les différents territoires tribaux.

Le principe retenu fut d'inclure les chefferies les plus turbulentes dans l'aire d'influence de Khalat (c'est-à-dire britannique) de manière à prévenir l'extension de l'influence perse vers l'Est qui était motivée jusqu'alors par les opérations de police. Ce fut une frontière de maintien de l'ordre, dessinée de manière à ce que les chefferies ne transgressent plus les limites de leurs territoires.

Le rôle des limites tribales est particulièrement net au Kurdistan et dans le Sud-Est de la péninsule arabo-yéménite, régions où les frontières ne sont pas démarquées de manière moderne et restent litigieuses.

— **L'Afrique ; limites « naturelles » et lignes droites** : Si l'on comptabilise les kilométrages actuels qui résultent de traités de délimitation de sphères d'influence, il apparaît que le tiers des frontières africaines — 33 dyades — en procède, soit plus de 28 000 km. Ce chiffre correspond également à 35 % des enveloppes contemporaines. Leurs tracés forment une des trames géopolitiques de base de l'Afrique et s'articulent autour de l'État pivot du Congo. Frontières « primaires » si l'on veut, qui, envisagées à petite échelle, coïncident pour certaines d'entre elles et en partie avec la répartition des grands ensembles topo-hydrologiques : lignes de partage Nil-Congo (c'est-à-dire Soudan-Zaïre, Zaïre-Ouganda, Burundi, Rwanda, Tanzanie) et Congo-Zambèze (Zaïre-Zambie, en partie). Dans le vaste ensemble linéaire du Rift, on se fonda sur les lacs (Tanzanie-Zaïre, Malawi-Mozambique et Tanzanie).

Ces supports ont été choisis en fonction des connaissances géographiques de l'époque et de leur apparente commodité. Mais on découvrit ensuite que les lignes de partage entre les unités géomorphologiques du socle ou de ses couvertures — vastes plateaux issus des surfaces d'aplanissement — n'étaient guère des lignes de crête, notamment entre le Congo et le haut Nil. Malgré l'esprit du temps, marqué de l'importance accordée par l'idéologie aux « limites naturelles », ce concept ne fut appliqué que dans un quart des cas. Ailleurs, en effet, dominent sur les cartes les tracés rectilignes, fondés sur des méridiens ou des parallèles. Si l'on excepte les limites tracées dans le Sahara de l'Ouest (qui furent franco-françaises pour l'essentiel et ne relèvent donc pas de cette catégorie), la ligne droite, géométrique ou astronomique, est bien le tracé type de ce procédé de partage : le plus court chemin entre les diplomates sur une table de conférence. Ce, d'autant que l'on travaille alors sur des cartes à très petite échelle, comme le montre le cas de l'arbitrage Barotsé. Et dans plusieurs cas, des tracés moins rectilignes ne sont en fait que la somme de sections droites. Les deux tiers des dyades sont tracés ainsi ! (Voir les limites Botswana-Namibie (21ᵉ et 20ᵉ méridiens), Kenya-Somalie, Gabon-Guinée Équatoriale, Cameroun-Gabon, mais aussi Bénin-Togo, Zambie-Angola, le tiers Nord de la limite Soudan-Tchad, Bénin-Nigeria, etc.).

Citons encore la limite Kenya-Tanzanie, avec une exception qui visait à maintenir le volcan Kilimandjaro en possession allemande puisque la couronne britannique avait le mont Kenya ; en fait, outre cette petite histoire de famille (Guillaume II était le petit-fils de Victoria, et pour un temps encore l'heure était au compromis), il faut souligner que les Allemands tenaient à incorporer les hautes terres fertiles et au climat plus frais des environs de Moshi, au pied du volcan, isolat apte à la colonisation rurale au milieu des steppes Masaï, qui elles furent partagées. Les mêmes raisons présidèrent au tracé Tanzanie-Zambie, conçu pour intégrer les hautes terres cultivables de la région de Mbeya dans le Tanganyika allemand.

C'est ce type de support conventionnel qui est le plus souvent pris à témoin lorsque est dénoncé l'arbitraire colonial, illustré par le caractère « artificiel » des tracés. C'est la thèse, par exemple, de l'africaniste soviétique Anatoli A. Gromyko (fils de l'ancien président Gromyko) qui reprend (1969 : 166) les chiffres publiés par M. Barbour en 1961. Les lignes astronomiques représentaient à cette date 44 % des frontières, les lignes mathématiques (lignes droites, arcs de cercle, lignes d'équidistance) 30 % et les lignes dites de relief (piémont, rive de lac, talweg, ligne de partage des eaux) 26 % seulement.

Mais ce calcul ne vaut que pour l'Afrique tropicale (Maghreb, sauf Sahara, et Afrique du Sud exclus) et pour la seule période précédant l'indépendance (sans donc prendre en compte la fragmentation des fédérations). Elle ne traduit donc pas la réalité contemporaine, mais elle indique nettement les effets de l'horogenèse en sphères d'influence, puisque, selon ce calcul approximatif (dit l'auteur, 1961 : 305), les trois quarts de ces frontières sont des lignes droites.

Une des conséquences durables les plus souvent dénoncées du découpage de l'Afrique a trait à l'absence de prise en compte des réalités locales par les États traceurs. Acceptons-en pour l'instant le postulat.

Les évaluations faites en 1961 par Barbour montrent que 187 groupes « tribaux » sont, à cette époque, coupés par des tracés inter-impériaux. La classification est fondée sur les travaux de l'anthropologue Murdock, qui a distingué plus de 750 entités de base, sur des critères politico-linguistiques. L'argument vaudrait donc pour le quart de ces groupes, définis tantôt par la langue (on peut en dénombrer jusqu'à 1 200), tantôt par un ethnonyme, tantôt par la soumission à un chef.

De fait, les exemples d'éclatement de groupes « tribaux » entre plusieurs États abondent. Les Azande, qui occupent la région de partage des eaux entre les bassins du Nil et du Congo, sont pour deux tiers au Zaïre, un quart au Soudan et le reste en Centre-Afrique. On connaît le cas des Somali ; on indiquera celui des Haoussa, des Senoufo, des Ewe, des Kongo, des Masaï, des Turkana, des Fang, des Ndébélé, des Swazi, des Ndau, des Manyka, des Tswana ou des Ovambo. Pour ne rien dire des groupes nomades et de la diaspora peul, qui peut se répartir en onze États au moins.

Les conditions du tracé des limites inter-impériales étaient contradictoires avec la prise en compte des réalités locales, soit parce qu'elles n'étaient pas connues, soit que, dans le cas inverse, on a souhaité trancher, soit enfin et surtout parce que, dans un premier temps, on s'est réparti des territoires et non des masses humaines.

Il suffit d'évoquer le procédé hâtif employé par les diplomates britanniques du Foreign Office pour le tracé de la limite entre Nigeria et Cameroun. Sur la base des seules cartes disponibles, celles de l'Amirauté, fut tracée une ligne droite arbitraire depuis l'estuaire du Rio del Rey (au nord-ouest du mont Cameroun) en direction d'un lieu marqué « rapides » sur la carte à petite échelle, aux environs de Yola. « Nous n'avons pris qu'un crayon bleu et une règle que nous posâmes sur Old Calabar avant de tirer un trait jusqu'à Yola. L'année suivante (1892), je fus envoyé à Berlin pour obtenir une modification de cette ligne et mes instructions étaient d'en obtenir le plus possible », confesse C. MacDonald, gouverneur du Protectorat de Oil Rivers (récit du capitaine W. V. Nugent, commissaire britannique en 1913) (1914 : 630-648). Cette carte nautique ne comportait que des blancs pour les régions intérieures, à l'exception d'une rivière Akpayoff dont le cours méandrait sur près de 1 300 km ; son cours devait servir de base au tracé alors que sa longueur ne dépassait pas 3,5 miles ! Ce n'est pas le seul cas de délimitation prévue sur la foi d'une cartographie imaginaire. Une dizaine de groupes tribaux s'en trouvèrent divisés, au point que le texte de délimitation dut, dans certaines sections, préciser la répartition des villages.

Sans doute gagnerait-on en précision en considérant qu'entre l'ordre de grandeur habituel des entités de base (« tribus ») — qui était compris entre quelques centaines et quelques milliers de km^2 — et celui des colonies — variant entre plusieurs dizaines de milliers et plusieurs centaines (et parfois millions, Congo, Soudan...) de km^2 —, il y eut, par définition, *un véritable hiatus.*

Il n'était guère possible de faire coïncider les limites d'unités, anciennes et nouvelles, aussi dissemblables quant à leur taille, même en supposant que les entités préexistantes fussent spatialement homogènes. Comme, par ailleurs, on n'en connaissait guère la distribution préalablement au dessin des sphères d'influence, les phénomènes de recoupement s'en sont trouvés multipliés.

Ce qui compte, dans la partie présente de ce bilan, est la stratégie de refus de prise en compte de réalités pourtant connues. Un premier exemple est offert par la Somalie, dont les contours furent dessinés dans leur forme actuelle à la suite de diverses manipulations liées aux rapports de force entre puissances coloniales rivales (Anglais contre Italiens).

Un autre cas illustre le refus conscient de la part des traceurs d'adapter le dessin à des réalités qu'ils connaissaient. Si la section méridionale de la frontière entre le Nigeria et le Bénin passe dans l'aire intermédiaire entre les anciens royaumes de Yoruba et du Dahomey, la section Nord a recoupé sciemment le royaume de Borgou, de telle sorte que la capitale, Nikki, s'est trouvée en territoire français tandis que la plus grande partie du Borgou fut attribuée à la Grande-Bretagne (convention de juin 1898). Le décret français de création du protectorat du Dahomey (1893) incluait l'ensemble du Borgou — sans qu'un traité ait été signé avec les chefs de cette confédération bariba-boussa — ; or, il était revendiqué également par les Anglais en vertu d'un traité passé par la Royal Niger Company avec un des chefs boussa. L'argumentation française indiquait que ces autorités étaient dépendantes de celles de Nikki, seules qualifiées pour signer un traité.

Ce différend ne fut réglé que par le partage d'une entité pourtant identifiée : aux Anglais, la plus grande partie du Borgou, sur la base du traité ; aux Français, la capitale. Ce royaume, qui se trouvait contrôler une portion de la voie commerciale du kola et du sel reliant les pays haoussa au Gondja, présentait un intérêt pour la Compagnie Royale du Niger, dont l'armée (West African Frontier Force), soucieuse de bloquer une expansion adverse sur le cours du Niger, obtint le retrait d'une expédition française. De ce point de vue, ce partage volontaire fut le résultat des incidents entre les deux forces armées aux « frontières » de leurs sphères d'influence, et un effet de la bataille pour le contrôle de la vallée du Niger.

Cette frontière fut, de ce fait, l'une des plus soigneusement démarquées selon les normes de l'époque (un poteau tous les 1 à 2 km ainsi que des marques sur les arbres !). Elle n'est cependant pas devenue une région de tension, tant que la libre circulation a été maintenue. Il en va autrement depuis que les autorités nigérianes refoulent les migrants béninois.

Un autre facteur de sectionnement tient au choix de certaines catégories de supports — fleuves, lignes de partage — qui, loin d'être des aires séparantes, étaient bien plus souvent des régions de convergence de populations. Les espaces ouverts et au relief peu marqué des interfluves Nil-Congo et Congo-Zambèze n'étaient en rien des barrières topographiques nettes, et, en dehors des cas précédents, c'est dans ce type de région que l'on rencontre les phénomènes les plus nets d'éclatement des groupes ethniques : cas des Azandé sur le faîte Nil-Congo, cas des Kaondé, Lamba et Bisa entre Congo et Zambèze. La région traversée par la frontière Zambie-Zaïre, au tracé déjà très contourné, est aujourd'hui marquée par des incidents quasi quotidiens (contrebande...) entre les gardes frontières des deux États.

— **L'Amérique latine ; fleuves et lignes de crête pour 75 % des tracés :** Vers 1810-1820, on ne comptait, selon Humboldt, que 20 millions d'habitants sur plus de 22 millions de km^2, ce qui donne une idée de la faiblesse des densités moyennes et de la « prise » réelle sur l'espace. « En réalité, cet espace n'a pas été conquis par l'homme à pied comme l'espace européen mais, du moins à partir du XVIe siècle, par l'homme à cheval ou en bateau. Il y a donc eu distribution hâtive entre des hommes trop peu nombreux de territoires trop immenses » (Mauro, 1984 : 115). Même si le XIXe siècle est une période d'accroissement rapide de la population — on comptait 62 millions d'habitants en 1900, à une date où la majorité des frontières étaient définies — la faiblesse globale des densités dans cette Amérique tropicale n'est pas sans relation avec les types de supports retenus pour les tracés.

La moitié du total (52,2 %) correspond en effet à des fleuves, rivières et lacs (du Rio Grande à l'Uruguay), dont les biefs navigables furent utilisés comme axes de pénétration (Rio San Juan, Mamoré, Putumayo). L'Amazone et les deux tiers du cours de l'Orénoque ne font pas frontière, ayant au contraire été utilisés depuis l'aval pour le contrôle des espaces situés en amont, comme dans le cas du Congo et à l'inverse de celui du Mékong. Pour le bassin de l'Amazone, cela résulte de la stratégie de conquête luso-brésilienne menée à partir de la maîtrise de l'embouchure et des deux rives du fleuve. Par contre, l'utilisation du

Parana moyen et inférieur, de l'Uruguay et du Paraguay comme supports frontaliers tient essentiellement aux rivalités entre Hispano-Argentins et Luso-Brésiliens pour le contrôle du bassin de la Plata, d'où des tracés montrant des effets de coulissage. Quant au Rio Grande, au Nord, son choix est, comme on le verra, assez curieux malgré son caractère d'évidence cartographique, car il ne fut jamais le support d'une limite quelconque, que ce soit de province sous la colonie espagnole ou d'État sous la République mexicaine.

Le cas de la frontière fluviale entre Nicaragua et Costa Rica est particulier, parce que la limite passe, non au milieu du talweg, mais sur la rive droite du rio San Juan : il avait été envisagé, dès les années 1850, de l'utiliser comme voie transisthmique, ce qui impliquait de la placer sous une seule juridiction.

Un petit quart du total (23,7 %) est appuyé sur des interfluves majeurs ou sur des lignes de crête (Venezuela — Brésil et Argentine — Chili surtout). Dans le premier cas, il s'agit de la ligne de partage entre le bassin de l'Amazone et celui de l'Orénoque, division imparfaite du reste, en raison des renversements saisonniers de courant sur le canal Casiquiare. Dans le second cas, les Andes ne sont en rien une limite « naturelle » obligatoire, puisqu'elles ne servirent de point d'appui à une limite administrative qu'à partir de 1776, date de création de la vice-royauté de La Plata, dont la juridiction fut étendue jusqu'au Cuyo (Mendoza), piémont oriental andin relevant jusque-là du Reino de Chile. De plus, jusqu'à 1881, la Patagonie et le piémont oriental des Andes étaient sous influence chilienne, et les populations indiennes des provinces de Neuquen et du Rio Negro, les Tehuenche et les Pehuenche, appartiennent à la famille Mapuche, installée dans le Chili du centre sud. Les espaces de l'ex-Reino de Chile furent cédés, selon cette ligne de clivage, au moment où l'armée chilienne menait la guerre du salpêtre loin au Nord.

Environ 20 % du total correspondent à des lignes droites (géométriques, astronomiques, géodésiques), procédé que l'on trouve employé pour marquer des limites sur les hauts piémonts amazoniens (Équateur-Pérou, Colombie-Brésil), à l'ouest du Pantanal (Bolivie-Brésil), dans la plaine du Chaco (Bolivie-Paraguay) mais aussi dans les Andes (Bolivie-Chili), et de manière plus surprenante dans les espaces peuplés des hautes terres de l'ensemble Chiapas-Guatemala.

Contrairement à ce que l'on observe en Afrique, ces lignes droites n'ont pas été tracées a priori, mais le plus souvent comme résultats de transferts de souveraineté opérés par des affrontements armés. Elles sont d'ailleurs parmi les plus précises et les mieux démarquées des frontières. Dans le Chaco comme sur le piémont équatorien, ces limites rappellent d'ailleurs étrangement celles des concessions pétrolières (Deler, 1981 : 97). Dans le Chaco, une ligne de fortins paraguayens consolident cette limite issue de la guerre.

— **L'Amérique latine ; tracés et géographie humaine :** Le pourcentage de limites tracées sans support hydro-orographique de première ou de seconde grandeur, sans appui sur des alignements géométriques et qui passent donc en milieu ouvert (campos entre Brésil et Uruguay, puna et lac de l'Altiplano péruvo-bolivien, savanes entre Cucuta en Colombie et San Cristobal au Venezuela, plaine occidentale étroite entre Nicaragua et Honduras, et moyennes montagnes défrichées entre Haïti et République Dominicaine ou entre Honduras et El Salvador) est insignifiant : 3,6 % seulement du total.

Plusieurs de ces limites, qui sont en litige, correspondent également à des discontinuités des densités de population, qui se traduisent par des mouvements migratoires entretenant à leur tour les frictions entre États. Ainsi l'actuelle limite entre Haïti et la République Dominicaine ne suit ni la ligne de partage inter-impériale du traité de Ryswick (1697) — qui n'avait attribué que le cinquième de la superficie de l'île à la France — ni les limites décidées à l'occasion de l'indépendance de la République Dominicaine (1844); elle marque l'état d'avancée de la colonisation spontanée au moment de sa fixation définitive en 1929 : elle englobe une surface 2,3 fois plus grande que le territoire haïtien initial. C'est pour garantir la frontière qu'y fut organisée par Trujillo une colonisation agricole planifiée.

Dans le cas du Honduras, la poussée des paysans salvadoriens n'a pas entraîné de déplacement de la frontière politique (encore que des cas d'élections de Salvadoriens à des postes de gestion municipale dans les régions honduriennes limitrophes n'aient pas été rares), mais elle a débouché sur un conflit armé en 1969. Cas inverse du précédent, puisque le courant migratoire allait d'un État moins démuni vers un État très sous-développé.

Le Nord-Est de la Colombie est aussi un foyer d'émigration traditionnel vers le Tachira Vénézuélien, qui fut au début du siècle une région attractive (premières exploitation pétrolière); Cucuta et San Cristobal sont des villes-doublets.

La frontière uruguayenne du Nord n'est marquée que par les fils barbelés des grandes exploitations d'élevage. Elle passe au centre d'une aire agro-pastorale, aux paysages déjà pampéens, autrefois polarisée par les activités de Montevideo et depuis une vingtaine d'années plus reliée à celles de Porto Alegre et touchée par les transformations rapides de l'espace rural brésilien. C'est une limite très perméable qui garde une fonction politique, mais ne coïncide plus avec la limite d'influence, qui s'étend vers le sud, les villes à croissance plus rapide du sud brésilien.

Quant à la section centrale de la frontière péruvo-bolivienne, elle constitue, avec celle entre Mexique et Guatemala, un des rares exemples de césure tracée au milieu d'une entité historique et ethnique, qui plus est, densément peuplée. La limite ne s'accompagnait d'aucun changement des paysages ruraux dans l'Altiplano, qui s'étend depuis La Paz jusqu'à une centaine de kilomètres de Cuzco, jusqu'aux modifications apportées par les réformes agraires, différentes des deux côtés : petites propriétés sur la puna bolivienne, rétablissement des communautés remplaçant les immenses latifundia dans la région de Puno. Si un réveil indien se confirmait dans cette aire à forte tradition de rébellions indiennes, prendrait-elle la forme d'un mouvement à caractère nationaliste, remettant en cause la limite politique ? Ce n'est pas le cas pour l'instant, car les organisations indiennes situent leur travail politique et syndical dans le cadre de chaque État.

Cette brève description des supports spatiaux envisagés à l'échelle de grands segments permet-elle de conclure que les frontières sont en général antécédentes par rapport aux grandes phases de peuplement, pour reprendre une typologie classique de la littérature géographique (Jones) ? Ce n'est pas le cas pour les deux derniers types retenus, soit déjà près du quart de la longueur totale (24,1 % exactement). En outre, les frontières tracées dans les Andes et dans l'ancienne réduction jésuite du Paraguay ont recoupé des entités ethno-politiques antérieures aux tracés. L'espace guarani a été partagé en trois, selon un mouvement de longue durée facilité par l'expulsion des jésuites et la Triple Alliance contre le Paraguay, État héritier de la théocratie des pères.

Les limites des États andins sont les héritières des découpages des « audiencias » et des vice-royautés qui avaient fragmenté l'ancien empire incaïque tel qu'il s'étendait à son apogée au XVe siècle. On oublie parfois qu'il s'étendait approximativement de l'actuelle frontière Équateur-Colombie à la frontière de l'Araucanie, englobant ainsi tout le nord-ouest argentin (qui est aujourd'hui encore de peuplement indien et métis, au long d'un ancien axe de circulation incaïque qui contournait le désert d'Atacama vers l'est et suivait la « quebrada » de Humahuaca et les piémonts sub-andins mieux pourvus en eau des provinces de Jujuy, Tucuman et Catamarca). Ce n'est pas au poste frontière de La Quiaca-Villazon que commencent les paysages types de l'Altiplano bolivien, mais bien plus au Sud dès que l'on quitte Salta ou Jujuy. C'est la fixation de la frontière au XIXe siècle qui, coupant ces provinces de leur pôle, Potosi, et les orientant vers les villes portuaires de La Plata, les a marginalisées.

Le cas le plus net d'intersection est la limite Pérou-Bolivie, qui passe à travers l'aire de peuplement aymara. Même si l'on exclut les populations indiennes d'Amazonie, qui n'ont jamais constitué des entités politiques étendues, il apparaît donc plus conforme aux faits historiques de considérer qu'au moins 40 % des enveloppes frontalières (sections des limites andines, frontières autour du noyau guarani, ajoutées aux types de limites déjà cités) ne sont en rien antécédents, mais au contraire postérieurs aux organisations ethno-politiques pré-colombienne et coloniale.

Ces frontières ont dans une grande mesure été tracées à travers des étendues vides ou peu peuplées. Ce qui fait problème n'est pas comme ailleurs l'effet de l'intersection entre les tracés et des ensembles humains homogènes mais, à l'inverse, la déprise sur les régions frontières qui sont, dans ce cas, assimilables à des périphéries.

On constate aisément sur une carte des densités la très inégale répartition des populations dans l'espace des États et on sait que l'Amérique Latine a été caractérisée par l'accélération des programmes de colonisation de type « fronts pionniers » et l'ouverture de « pôles » à base énergétique ou minière, qui étaient souvent considérés comme des implantations stratégiques, c'est-à-dire frontalières (Foucher, 1974 : 71-95 et 1976 : 105-110). Depuis le début des années 1960 a été entamée une « course aux frontières » (Revel Mouroz, 1979 : 39), dont il faut souligner la fonction généralement plus géopolitique qu'économique. C'est que, sauf de rares exceptions (section centrale de la frontière Colombie-Venezuela et Colombie-Équateur, frontière El Salvador-Honduras, Chiapas mexicain et Guatemala des hautes terres, Altiplano péruvo-bolivien, vallée du moyen Parana), les aires frontalières en Amérique latine ont pour particularité d'être vides d'hommes ou très peu peuplées (densité inférieure à 1 habitant/km^2).

La superposition de la carte politique et de la carte de la répartition de la population l'indique nettement. Le déclin démographique provoqué par le choc colonial l'explique pour une part. Et en 1800, on estimait qu'environ 60 % du territoire de l'Amérique tropicale et australe se trouvaient pratiquement non administrés et non productifs (P. Gourou, 1976 : 83) : vide des côtes caraïbes de la Mésoamérique, inutilisation des grandes aires deltaïques et des plaines intérieures. Humboldt donnait environ 20 millions d'habitants vers 1800, soit moins de 1 habitant/km^2.

En dépit d'un fort accroissement démographique par immigration durant le XIXe siècle, elle ne comptait encore que 62 millions d'habitants (selon P. Chaunu, 1964 : 296) en 1900, à une époque où la plupart des frontières actuelles étaient déjà définies. Globalement, elles sont donc antérieures aux vagues migratoires, et celles-ci se sont rarement portées vers les aires frontalières (sauf quelques exceptions telles que la colonisation allemande du Sud brésilien et chilien, polonaise dans le Chaco, serbe dans le Chili austral). Le « décalage » entre l'espace national de droit et l'espace effectivement occupé et intégré reste un trait majeur des États latino-américains. Le pourcentage de la superficie non ou très peu occupée (moins d'un habitant par km^2) par rapport au territoire national était vers 1975 le suivant :

Paraguay	65,1
Équateur	65,1
Bolivie	59
Venezuela	49,8
Colombie	44,9
Pérou	43,3
Brésil	40
Guatemala	32,9
Chili	31,1
Argentine	17,6

(Source : Morris, 1981 : 160.)

D'autres exemples à l'échelle des États : 89 % de la population brésilienne se concentrent sur 36 % du territoire; la majorité de la population colombienne vit sur environ 20 % du pays; la moitié des Chiliens sont regroupés sur les 40 000 km^2 de la vallée centrale, sur 5,4 % du pays; 8 Argentins sur 10 vivent entre le Rio de La Plata et Cordoba, soit le quart du pays. Inversement, on ne comptait que 60 000 habitants dans la région sud du Venezuela (23 % de la surface du pays) en 1971, au moment de la création de la Codesur, Commission pour le Développement du Sud, qui avait une compétence sur un département frontalier de la Colombie et du Brésil (D. et M. Pouyllau, 1984 : 103). Ces inégalités de répartition se rencontrent aussi dans des États de moindre taille : ainsi, au Nicaragua, la moitié orientale du pays ne compte que 5,3 % de la population, ce qui en soi n'est pas un problème mais l'est devenu à partir du moment où les groupes indiens et métis qui y vivaient sont entrés en dissidence, après 1979, en partie par refus de l'intégration au système sandiniste, qui reste perçu comme imposé par « les Espagnols du Pacifique ».

Plus de 85 % de la longueur des frontières sont tracés dans des régions dont la population est inférieure à un ou deux habitants/km^2. Cela n'est en soi un facteur de stabilité qu'à la condition que dans ces régions vides ne se localisent pas des ressources convoitées : pétrole du piémont amazonien en 1941 ou espoirs de pétrole dans le Chaco en 1935, nitrates du désert d'Atacama, hévéa de l'Acre, taches de sols fertiles sur basaltes du moyen Parana, intérêt de certains axes fluviaux. Les frontières d'intersection avec des ensembles humains régionaux denses sont l'exception. Hors de ces cas, toujours localisés, la cause première de la stabilité des tracés est obtenue par défaut.

De plus, une carte des relations normales entre États — flux de biens et de personnes — révèle une grande concentration des points de transit, en fonction du sous-peuplement des régions périphériques et des contraintes topographiques. 75 % du commerce entre le Venezuela et la Colombie se fait par la route entre San Cristobal, dans le Tachira, et Cucuta, dans le Santander. Même proportion pour l'axe Mendoza-Paso de los Cumbres-Santiago et Valparaiso. En Bolivie, pays enclavé, on ne compte que cinq sorties et au Paraguay, quatre. En Amérique Centrale, tout passe, en temps normaux, par la route pan-américaine.

Peu peuplées *, ces aires frontalières n'en sont pas moins caractérisées par des activités de contrebande, et dans les basses terres tropicales, de production de drogues, qui peuvent transformer certains secteurs en fiefs clos ou en secteurs de tension locale. Domaines des hors-la-loi et épisodes dignes du « Far West ». D'une manière générale, c'est plutôt l'accélération des programmes d'intégration nationale et d'occupation des marges par des garnisons et des « colonos » qui a pu donner lieu à des frictions réelles ou verbales. Réalité des dépassements de la frontière du Paraguay par plusieurs centaines de milliers de colons brésiliens. Inquiétudes pas toujours fondées de gouvernements et de médias de tel État s'alarmant des programmes d'intégration nationale de l'État adjacent. Mais, les chiffres de densités et de superficies encore vides l'attestent, les États ont encore et pour longtemps de grandes réserves d'espace; ils sont loin, malgré les programmes des vingt dernières années, d'avoir atteint les franges frontalières, car l'occupation effective du territoire relève d'un mouvement de très longue durée. Quelques exceptions toutefois en Amérique Centrale (limite Honduras-El Salvador) et dans les régions du moyen Parana. Les frontières des étendues vides sont à peine surveillées, sauf aux quelques points de passage obligés.

Dans ces conditions, l'accent mis par les écrivains d'ouvrages géopolitiques sur les questions de frontière, auxquelles ils consacrent au moins un chapitre (Golbery, Travassos, Meira Mattos, Atencio, Pinochet, Guglialmelli) et parfois un ouvrage entier (Londono), répond

* Il convient toutefois de souligner que des *espaces pleins* ont été volontairement découpés : l'aire maya et l'aire aymara.

autant au souci d'assurer le « dominio politico del espacio » selon la formule de géopoliticien mexicain Escalona Ramos (1959 : 59) qu'à répondre à d'éventuelles frictions dans les rapports interétatiques.

— **Amérique latine : Pérou-Bolivie : le partage des Aymara, du lac et de l'Altiplano :** Attribuer le tracé de la frontière entre le Pérou et la Bolivie à des circonstances militaires sera sans doute discuté. Il ne s'est en effet pas agi de conflits entre deux États déjà constitués, mais de luttes menées pour assurer l'unification des deux entités actuelles dans le seul cadre et sous la domination d'un seul pôle. En 1812, les loyalistes du Haut Pérou s'étaient dissociés d'une vice-royauté de La Plata, dominée à Buenos Aires par les patriotes. Puis, Sucre, lieutenant de Bolivar, imposa par la force des armes en 1824 une république du Haut Pérou, nommée Bolivie, qui correspondait à la partie du Pérou (Haut et Bas) qui avait été conquise la première par les armées patriotes sur les loyalistes : ces derniers, plus nombreux dans le Bas Pérou, résistèrent encore deux ans. Santa Cruz tenta par la diplomatie, puis par les armes, d'imposer une confédération entre les deux Pérou. Elle ne dura que jusqu'en 1839. Pourquoi la tentative de reconstituer l'ancien empire inca s'est-elle soldée par un échec ?

« L'Europe occidentale (Grande-Bretagne et France), ainsi que les États-Unis, reconnaissent la nouvelle confédération, mais l'Amérique Latine est hostile, qui y voit une menace pour la culture blanche. Hostilité de l'Argentine de Rosas, du Chili, ce nouveau bastion d'une Amérique blanche pleine d'intransigeance et d'ardeur pionnière. Son armée obtient, en 1839, la dissolution de la Confédération », explique P. Chaunu (226). Armée chilienne renforcée d'une armée péruvienne, dirigée par le général Gamarra.

Dissolution selon quelles lignes de partage ? Les limites nord de l'audience de Charcas étaient différentes du tracé actuel, puisqu'elles englobaient les rives nord du lac Titicaca et la région peuplée du Puno jusqu'aux environs de Sicuani, à mi-chemin entre Puno et Cuzco, c'est-à-dire qu'elle passait dans l'aire située entre le noyau dense quechwa centré sur Cuzco et le noyau aymara, également dense. On notera que cette limite ancienne suit la ligne de partage des eaux entre les bassins versants de l'Apurimac-Urubamba (c'est-à-dire à proximité des sources de l'Amazone) et celui, beaucoup moins étendu, du lac Titicaca. C'est aussi aujourd'hui la limite nord-ouest du département péruvien de Puno. Cette différence entre le tracé de l'actuelle frontière et la limite coloniale tient à des facteurs relevant, non pas de la géopolitique continentale indiquée plus haut, mais des rivalités entre les centres de pouvoir des deux Pérou. Ceux-ci luttèrent pour placer les populations, nombreuses, de l'Altiplano sous leur contrôle exclusif. Jusqu'en 1839, Santa Cruz l'emporta : « son but premier était la fusion des provinces altiplaniciennes sous l'autorité bolivienne, la partition du Pérou en deux États (le Pérou nord, capitale Lima, et le Pérou sud, capitale Cuzco) effectuée en 1836 ayant pour objectif de placer le sud dans la mouvance du département de La Paz » (Demelas, 171). Ce Sud-Pérou, éphémère, comprenait Cuzco, Arequipa, Ayacucho et Puno. Le Nord-Pérou incluait Lima, Junin, Libertad et Amazonas. Chaque État devait disposer de son propre port (Ireland, 1938 : 99).

Après l'échec de Santa Cruz, Gamarra tenta de réaliser militairement l'unification au profit du Pérou. Vaincu à Ingavi en 1841, il dut signer un traité de démarcation et de paix, sous l'égide chilienne, en 1842, qui fut suivi de près de onze traités frontaliers jusqu'à l'arbitrage argentin de 1902. La limite retenue correspondait à celle qui avait été prévue pour la frontière entre l'État du Sud-Pérou et la Bolivie. Ultérieurement, les relations entre les deux États furent marquées, non plus de conflits, mais de nouveaux projets d'union fédérale, comme celui de 1880 qui prévoyait l'organisation d'une fédération d'États autonomes. Dans cette série, celui de 1864 délimitait les attributions dans le domaine du commerce et des douanes, de part et d'autre de l'embouchure du rio Desaguadero dans le lac de Vinamarca. En réalité, l'enjeu paraît avoir été l'intégration de populations soumises au tribut et de produits douaniers (trafic de vapeurs sur le lac après 1864). (« En Bolivie, le tribut représentait entre 28 et 41 % des revenus nationaux pendant la première décennie, et le département de La Paz à lui seul fournissait, en 1827, 42 % du tribut », M. D. Demelas : 171.) Situation équivalente dans le sud du Pérou (où les contributions fiscales étaient deux tiers plus élevées que dans le nord du pays, selon Sanchez Albornoz, 1978 : 200, cité par M. D. Demelas).

En somme, la masse paysanne aymara tributaire a été volontairement coupée en deux, parce qu'aucun des deux États ne pouvait se l'approprier seul ni se trouver privé des ressources fiscales qu'elle procurait. Mais cette frontière n'est plus aujourd'hui en litige. Paradoxe d'une frontière d'intersection, mais au tracé stable, au sens où il ne fait l'objet d'aucune revendication. Quant à prévoir les effets en Bolivie du Nord-Ouest des actions du mouvement péruvien Sentier Lumineux (qui est en voie d'implantation dans le département de Puno), c'est une autre affaire.

En Amérique latine, les groupes dominants se sont partagé les hommes et les terres vides.

La géographie des vides ou du sous-peuplement explique souvent comment d'immenses territoires ont pu être conquis par une poignée d'hommes. C'est ainsi qu'au moment de la poussée américaine sur le Tejas sous administration mexicaine, on ne comptait que 7000 Mexicains dans cette vaste région.

La corrélation tracé-géographie humaine joue de manières diverses.

Dans de nombreux cas — Amérique latine, Afrique —, c'est le contrôle des périphéries vides ou peu peuplées qui fait problème pour les appareils d'État. A l'inverse, les intersections douloureuses ne manquent pas, en Asie (Kurdistan) comme en Afrique.

En outre, la croissance démographique peut, localement, provoquer des pressions migratoires si la frontière dessine une dissymétrie marquée entre deux économies et deux sociétés : l'exemple le plus dramatique est celui du Bangladesh. Inversement, au Nigeria, les fortes densités ne débouchent pas sur des flux migratoires, car les niveaux de vie sont en moyenne nettement plus élevés que dans les pays voisins.

Enfin, c'est la viabilité politique plus qu'économique des entités formées par regroupement, du fait des tracés, qui est le plus souvent en jeu ; cela sera amplement abordé dans les chapitres suivants.

Conclusions : les Européens et les tracés d'un « ordre international »

Les Européens ont donc beaucoup contribué à découper le monde et à y diffuser des techniques d'organisation politique de l'espace et d'administration interne.

Mais ils n'ont pas fait cela tout seuls ; ils ont trouvé des traces, des entités, des lignes de clivage préexistantes. Puis, de nombreux remaniements post-coloniaux se sont produits.

Lors de cette géodésie planétaire, les Européens n'ont ni tout inventé ni tout découpé. Mais les configurations du monde gardent une allure « Belle Époque », celle où s'épanouissaient les relations dites internationales vécues par un petit club de traceurs de frontières, sur un mode hérité du Congrès de Vienne.

La délimitation des frontières *hors d'Europe* participait au jeu diplomatique en Europe même et au moment de la fameuse Conférence de Berlin, les décisions prises reflétèrent moins l'état de l'occupation effective, quasiment nulle sur le plan politique, sur le terrain que les rapports de force politiques en Europe, récemment modifiés par l'émergence très récente de l'Allemagne et de l'Italie. Lorsque la situation en Europe l'exigea, deux États aussi rivaux en Asie centrale que le Royaume-Uni et la Russie conclurent en 1907 un traité reconnaissant les tracés de leurs sphères d'influence respectives. En Amérique latine, le démarrage des opérations de délimitation et l'affirmation de son principe, l'*uti possidetis juris*, ont eu pour fonction essentielle de se prémunir contre d'éventuelles et nouvelles ambitions coloniales européennes ; c'est le sens de la « doctrine de Monroe ». Mais alors que cette structure résultait d'une longue évolution historique en Europe et dans quelques autres régions (Chine, Empire ottoman), elle a été surimposée en Afrique *.

On tend souvent aujourd'hui à classer les États du monde selon leur degré de démocratie, et on s'interroge pour savoir si ce modèle — qui n'est pas géopolitique (puisqu'il peut prendre différentes formes concrètes, du jacobinisme à la confédération), mais politique — est « exportable ». Il est évidemment souhaitable qu'il le soit. Mais les choses sont plus compliquées lorsque, dans tel ou tel État, les phénomènes de construction nationale entrent en concurrence avec d'autres expressions tout aussi légitimes, telles que le droit des

* La fonction majeure des délimitations en Afrique fut de dessiner les contours des sphères d'influence, ce qui différait des conventions fixant les limites des possessions. La carte (« croquis démonstratif annexe ») qui accompagnait le texte de la sentence arbitrale du Roi d'Italie, Victor-Emmanuel III (30 mai 1905) au sujet de la frontière occidentale du royaume Barotsé (Zambie) portait explicitement les mentions de « *sphère d'influence* » : en l'occurrence, anglaise à l'est, portugaise à l'ouest et allemande au sud, tandis qu'au nord était noté : État indépendant du Congo. L'application de la notion de « sphère d'influence » est la raison majeure de l'horogenèse africaine et c'est dans les traités de délimitation de la période 1885-1898 qu'elle fut employée explicitement. On en trouve une première mention dans l'échange de notes d'avril-juin 1885 (Herstlet, III, 868 et 880) consécutif à l'établissement d'un protectorat allemand sur les côtes du « Cameroun » (juillet 1884) et avant l'imposition d'un protectorat britannique sur les « oil rivers » dans le Golfe du Biafra (juin 1885). Notion ancienne d'origine commerciale, étendue ensuite aux États.

« peuples » (ethnies le plus souvent) à disposer d'eux-mêmes. On objectera que l'esprit du temps croit pouvoir afficher le vœu du « sans frontière ». Cela traduit certes une volonté de dépasser les clivages; cela est conforme à la fois aux réalités de l'Europe occidentale — cas unique d'effacement des frontières pour ce qui relève de la gestion quotidienne des rapports entre États —, aux pratiques des firmes et des médias, et, au-delà, à l'accomplissement d'une volonté politique européenne de « sortir de Yalta ».

Mais ailleurs, n'est-ce pas à une évolution inverse que l'on assiste, selon un double mouvement : d'une part la consolidation de certaines frontières dans le monde, ce qui ne va pas sans tension; d'autre part la remise en cause, plus ou moins explicite, de certains tracés et surtout de ce qu'ils englobent (la crise de l'État-Nation), soit sous l'influence de desseins extérieurs, soit sous les coups de l'exacerbation du narcissisme des petites différences ou de l'explosion universelle des particularismes ? Tout cela contribue au « désordre mondial » et à une remise en cause de l'héritage européen.

* *cartes 9 à 13*

CHAPITRE IV

Frontières et fronts des Amériques latines

« J'ai ma politique à moi. »

Simon Bolivar, lettre du 20 décembre 1824, Lima *.

Dans l'ensemble géopolitique des Amériques latines, les questions qui se posent aujourd'hui sur les frontières sont moins complexes qu'ailleurs et, en raison de l'ancienneté des indépendances, le temps a pu faire son œuvre, dans le sens d'une consolidation des tracés. Ce recul du temps offre un certain nombre d'enseignements sur les phénomènes généraux d'horogenèse :

— on y rencontre des frontières terrestres qui sont, pour l'essentiel, stabilisées dans leurs tracés et consolidées, c'est-à-dire considérées comme légitimes par les États adjacents et les peuples ;

— c'est le modèle géo-idéologique de l'État-Nation qui a été appliqué, à partir du XIXe siècle, et continue de s'imposer, même en Amérique centrale ;

— contrairement à une opinion répandue, les tracés ne sont pas exactement ceux issus de la période coloniale ; ils sont le plus souvent postérieurs à la fin du XVIIIe siècle et les horogenèses ont été diversifiées ;

— des litiges subsistent et un certain nombre de frontières sont des lignes de front potentielles ;

— lorsque des tensions politiques persistent, des fronts militaires internes et frontaliers s'établissent ;

— en outre, à un niveau scalaire supérieur, l'Amérique latine du Nord est de plus en plus en position « frontalière » par rapport aux États-Unis et participe d'un système de frontière impériale ;

— c'est à l'intérieur de cette aire impériale que se situent les tensions

* En français dans le texte d'une lettre où il exprimait ses trois axes politiques : la valorisation du passé et le progrès, l'État et l'identité américaine (commentaires dans Rojas-Mix, 1984 : 119-134).

les plus graves et les plus durables, notamment en Amérique centrale, du Guatemala au nord du Costa Rica ;

— enfin, le thème de la frontière occupe une place importante dans la production de discours géopolitiques.

Si la place des discours placés sous l'égide de la « geopolitica » contraste avec le niveau relativement réduit des tensions, il reste que cette production idéologique traduit une certaine objectivation des pratiques spatiales des États.

Continent de contradictions ? Il paraît placé en tout cas sous le signe d'une double dualité : de même que deux modes de gestion politique ont été pendant des décennies en concurrence, l'État militaire contre l'État démocratique, de même les frontières d'État ont été tour à tour chaudes — dans ce cas, comme lignes de front potentielles ou comme fronts et contre-fronts — ou froides — au sens de « points froids », où la coopération se substitue à l'indifférence ou à la tension.

Politique et géopolitique semblent ainsi se faire écho, mais la corrélation n'est pas simple. L'état des frontières se révèle être un indicateur pertinent de la contradiction géopolitique latino-américaine. « Ces nations appartiennent culturellement à l'Occident, notamment en ce qui concerne, outre langues et religions, les normes juridiques et les institutions », souligne Alain Rouquié (1982 : 12) qui voit dans ce continent « l'Extrême Occident ». Les horogenèses ont été marquées du sceau de l'Europe : les limites actuelles d'État sont issues pour une large part des conflits nationaux du XIXe siècle ; dans ces pays où avocats, docteurs et licenciés en droit ont longtemps contrôlé le jeu politique et la diplomatie, en compagnie des officiers et des latifundistes, un juridisme pointilleux a présidé aux délimitations ou à l'entretien des litiges ; ces frontières englobent des États-Nations, à l'identité claire sauf là où de fortes minorités indiennes subissent un joug politique, économique et sociologique de type néo-colonial. Nations « déduites » peut-être, comme prolongement de l'Europe, mais guère plus que les États-Unis ou le Canada : qui douterait de la réalité du sentiment national mexicain, brésilien, argentin ou chilien, aussi fort que celui de l'Espagne, du Portugal, de l'Italie ou de la France ?

Dans le même temps, nul doute que l'on se trouve dans un sous-ensemble américain du Tiers Monde : la forte croissance démographique se résout en partie dans des fronts pionniers originaux ; le contrôle de l'État sur les marges frontalières sous-peuplées est plus réduit qu'il ne l'avoue, même au Brésil ; ainsi se forment des enclaves hors la loi, où s'enracinent les fronts et contre-fronts, où s'épanouissent les économies parallèles ou illicites — contrebande et drogue — sous la férule de mafias retranchées dans des fiefs fonciers barricadés.

Les périodes de recours à la violence interne dans les tentatives de réglement des conflits sociaux et politiques — dont l'instauration de l'État militaire est l'une des modalités — sont marquées par la formation de fronts d'opposition armée, qui se taillent des sanctuaires dans les régions périphériques frontalières. Le *frente* fait partie du paysage politique latino-américain, au moins en moyenne durée : slogan qui dénote une stratégie et son espace d'application.

A ce balancement entre deux pôles politiques s'ajoute le jeu propre du grand État du Nord, qui pèse d'autant qu'il est, non pas plus proche, mais décidé à se construire une perception de voisinage immédiat : la frontière impériale est donc dilatable selon les présidences de Washington. Elle est une réalité dont le noyau est moins l'opposition d'intérêts entre les États-Unis et les États d'Amérique Latine — après avoir soutenu l'État militaire, Washington a encouragé les changements démocratiques — que la discontinuité socio-économique et culturelle entre deux types de formations sociales et deux niveaux de développement : limite « Nord-Sud » exemplaire et durable.

Le temps des frontières : quatre processus formateurs

A dire vrai, le départ entre les quatre processus que nous allons distinguer n'est pas toujours net, d'autant que le propos n'est pas de retenir des distinctions de nature juridique. Il s'agit plutôt de seuils qualitatifs placés sur une courbe de progression allant de la négociation directe menée par des moyens diplomatiques et dans une relative symétrie des rapports entre États (au moment du tracé et au sujet de ce tracé) à des états de fait issus de guerres, en passant par des arbitrages de tiers et des traités plus ou moins dissymétriques, c'est-à-dire imposés par l'un des acteurs (au moment du tracé) soit par des opérations militaires ponctuelles, soit par des actions d'occupation du sol, soit dans des circonstances où l'État adjacent est retenu sur d'autres fronts.

Ces catégories ne sont pas pures : les rapports de force peuvent changer sur la durée ; à des guerres peuvent succéder des arbitrages, puis des négociations directes ; des sections frontalières déjà négociées peuvent faire de nouveau l'objet de litiges. Mais il y a bien à l'origine un processus formateur qui aboutit à un tracé de référence, par rapport auquel ensuite l'on discute, l'on plaide, l'on se combat ou l'on s'accorde. De plus, il n'est pas toujours aisé de disposer d'informations objectives, les conditions de l'horogenèse étant réinterprétées de manière unilatérale par chacun des acteurs pour justifier, qui l'acquis, qui la revendication.

Une des caractéristiques juridiques de ces limites est leur complexité, car chacune a fait l'objet d'un grand nombre de traités, protocoles, conventions, arbitrages, eux-mêmes étalés sur un siècle et demi. Pas moins de huit accords furent passés pour définir les courtes frontières de l'Uruguay, qui ont pourtant un support fluvial sur 85 % de leur longueur ! Pourquoi une telle complexité ?

Autant que la difficulté de certains tracés, faut-il invoquer un certain goût pour le juridisme dans des pays à forte tradition administrative, sinon bureaucratique (héritage d'un système impérial où tout passait par l'écrit), et longtemps dominés par les docteurs en droit, qui peuvent produire, à partir d'archives souvent excellentes, des dossiers historiques d'une épaisseur impressionnante : au moment de la querelle entre Bolivie et Pérou, en 1907, le Bolivien Saavedra produisit deux volumes et le Péruvien Maurtua pas moins de sept, selon M. D. Demelas (1982 : 169). Situation comparable aujourd'hui au Honduras, au sujet des *bolsones,* en vue d'une demande d'arbitrage à la cour de La Haye. Mais si ces querelles trouvent autant de plaideurs, n'est-ce pas autant aux grandes lacunes de la connaissance géographique et de la cartographie à grande échelle qu'au juridisme dominant de la culture politique que l'on devrait l'attribuer ? La mémoire historique, consignée dans des actes juridiques, tiendrait-elle lieu de géographie ? De plus, de nombreux tracés furent décidés, dans des espaces peu peuplés, en toute méconnaissance des conditions géomorphologiques (la non-prise en compte des effets de l'érosion régressive dans les Andes est pour beaucoup dans les litiges entre Chili et Argentine) et de la dynamique fluviale sous climat tropical (problème de la définition précise du talweg du rio Pilcomayo et de l'attribution des méandres morts et recoupés du rio Grande). Faits banals et inévitables, mais aptes à alimenter d'interminables litiges de signification ponctuelle. Les types de supports physiques disponibles et retenus — fleuves à régime tropical, lignes de crête de première grandeur, plus nettes sur les cartes de petite échelle que sur le terrain — expliquent en partie la longue durée des procédures de délimitation et de démarcation.

— **Les tracés négociés** : En premier lieu, on trouve des tracés qui ont été négociés entre les États adjacents au cours du XIXe siècle et de manière « symétrique », c'est-à-dire selon une série d'accords mutuels et ratifiés, quel que soit le degré de rivalité entre eux. Cette horogenèse est issue, non pas d'affrontements armés de type guerre longue ou batailles, mais de négociations : environ 7 550 km et 16,9 % du total. Il s'agit des limites entre le Brésil et trois États, Venezuela (négociées de 1852 à 1905, démarquées jusqu'en 1984), Colombie (fixées en 1907 et démarquées aujourd'hui) et Argentine, ainsi que les limites Argentine-Bolivie (négociées de 1865 à 1938, démarquées entre 1939 et 1956) et les sections méridionales de la limite Argentine-Chili (qui comprend cependant une quinzaine de points litigieux mineurs, depuis la négociation sur les îles australes en 1984).

La frontière méridionale entre Chili et Argentine est particulièrement intéressante, en raison de la multiplicité des problèmes posés et de la longévité des litiges. C'est le seul cas où, en Amérique Latine, deux États ont été très proches de la guerre, en 1978, pour des querelles de territoire. De plus, le litige, dans sa composante terrestre (les problèmes maritimes n'étant pas ici pris en compte), est rendu compliqué par des contraintes géomorphologiques assez complexes dans leurs effets ; il ne se réduit pas à un simple problème de définition d'un support physique clair. La mise en évidence des contraintes et des effets de tracés à différentes échelles est ici indispensable.

La frontière résulte de l'avancée argentine en Patagonie au cours de la conquête de 1879-1881. Elle est parfois considérée comme une frontière imposée, et il est vrai que les négociations commencèrent au moment où l'armée chilienne était occupée sur le front de l'Atacama. C'est le point de vue chilien, qui « au moment de son indépendance, revendique l'héritage du " reino de Chile " de l'époque coloniale : en l'espèce, la souveraineté sur toute la Patagonie, du Pacifique à l'Atlantique, au sud du 42e parallèle » (Grenier, 1976 : 2). Mais il y avait loin de cette représentation — que je considère comme toujours active et l'une des causes essentielles de la rivalité entre les deux États, même si elle porte aujourd'hui sur l'extrême sud de la Patagonie — à la réalité de l'occupation. Alors, pourquoi une querelle sur des espaces longtemps vides, aujourd'hui encore très peu peuplés (pas plus de 150 000 habitants dans les deux provinces australes d'Aysen et de Magellanes; environ 300 000 dans les trois provinces argentines de Chubut, Santa Cruz et Tierra del Fuego) ? Cette rivalité territoriale devient intelligible si l'on examine attentivement les configurations physiques (topographiques, végétales et climatiques) au sud d'une ligne Puerto Montt-lac Nahuel Huapi, en fonction d'une logique du mouvement — de colonisation et de contrôle — orienté nord-sud. Certes, le Nord-Ouest de la Patagonie, dans la province actuelle de Neuquen (qui prolonge celle de Cautin au Chili) était de peuplement mapuche, mais les Chiliens restèrent bloqués dans leur progression vers le Sud et le Sud-Est par ce front d'Araucanie jusqu'en 1885. Plus au Sud se situaient deux obstacles à tout mouvement : les grandes étendues forestières d'Aysen puis les versants glacés de la Cordillère. Ces paysages, qui sont très spectaculaires, d'allure à la fois norvégienne — les fjords — et alaskienne — lacs glaciaires et glaciers qui vêlent avec fracas dans les lacs et l'océan —, ne pouvaient être contournés que par l'Est ou par la mer. Les Chiliens prirent pied dans le détroit de Magellan dès 1843, dans la péninsule de Brunswick (Punta Arenas) dès 1848, mais bloqués par le front araucan et la section centrale déjà fixée de la frontière argentine, ils ne purent s'assurer la maîtrise de l'espace intermédiaire, sauf à passer par l'Est, ce qui fut possible entre 1885 et 1902. Or, cet espace de moyennes montagnes présente une double dissymétrie : d'une part, une érosion régressive très active à partir de la fonte des grands glaciers quaternaires a repoussé la ligne de partage des eaux loin vers l'Est, jusqu'aux bourrelets morainiques du piémont oriental, parfois à une centaine de kilomètres de la ligne de crête ; d'autre part, à ces latitudes « norvégiennes », le versant occidental, au vent, est très humide, forestier et inhospitalier (routes coupées par des coulées de solifluxion et des éboulements — j'en ai fait l'expérience sur la route Coihaique-Puerto Aysen —, érosion active, fonds de vallée marécageux) alors que les vallées du haut piémont oriental, sous le vent, sont plus aptes à la colonisation agricole.

Deux raisons poussaient donc les Chiliens à défendre un tracé fixé le plus à l'Est possible : se ménager des espaces utilisables, assurer des liaisons terrestres avec leurs provinces australes enclavées. Du reste, dans la province d'Aysen, les deux tiers des Chiliens sont à l'est de la Cordillère (Grenier, 1976 : 5). Or, le traité de 1881 fixa la frontière jusqu'au 52e parallèle, selon la Cordillère principale. Le protocole additionnel de 1893 indiqua que la République Argentine devait « avoir à perpétuité tout le territoire situé à l'est de la ligne des pics les plus élevés qui divise les eaux tandis que le Chili devait avoir à perpétuité tout ce qui est à l'ouest de cette ligne » (I.B.S., 1970 : 1). Dès 1896 fut reconnue la non-coïncidence entre la ligne de crête et la ligne de partage des eaux, entre les 41e et le 49e parallèle : la superficie comprise entre ces deux lignes n'a pas moins de 75 000 km^{2}. Des colons chiliens s'installaient sur le piémont en passant par la Patagonie attribuée à l'Argentine, qui organisait de son côté une exploration scientifique assez active et une colonisation agricole officielle.

Le tracé actuel fut fixé par un arbitrage du roi britannique Édouard VII, en novembre 1902, qui eut trait à quatre sections (26e-27e ;

autour du 40e; 41° 12′-48° 53′; 50° 38′-52°), et qui apparut comme favorable aux acquis argentins. Mais il était plus facile d'occuper les vallées et bassins du piémont oriental à partir de l'Est. Depuis 1902, les litiges n'ont cessé, au point qu'un nouvel arbitrage britannique fut rendu en 1966 au sujet du secteur de Palena ; l'article 3 précise que la démarcation sera faite par le directeur du Military Survey. On sait que depuis les litiges ont porté sur les îles australes (mal définies dans le traité de 1881), les limites maritimes, et que la question de l'Antarctique reste ouverte d'ici à la révision de 1991. Les arbitres britanniques, favorables aux thèses argentines pour les frontières terrestres, entérinèrent la thèse chilienne pour le canal de Beagle (arbitrage de 1977) et le contrôle du détroit de Magellan.

Le rôle des Britanniques en Patagonie et en Terre de Feu, île partagée en 1881 selon un méridien choisi de manière à conserver le contrôle chilien de l'entrée du détroit de Magellan, était à la mesure de leurs intérêts maritimes (les voies de passage trans-océaniques furent très fréquentées, et celle du détroit de Magellan était préférée à celle du Cap Horn, battu par les grands vents d'ouest ; le musée d'Ushuaia présente une carte assez évocatrice des épaves de la période 1880-1920). Il était lié aussi à leurs intérêts économiques, puisque, pour l'essentiel, les grandes estancias d'élevage de moutons étaient propriétés britanniques, les mêmes sociétés possédant des estancias des deux côtés de la frontière de la Tierra del Fuego et de Santa Cruz.

Pas de frontière donc pour ces grandes estancias, jusqu'à la réforme agraire décidée sous le président Allende (transformation des quelque 1,5 million d'hectares de la Sociedad Ganadera Tierra del Fuego en « asientamientos », puis en coopératives qui furent un des bastions de l'Unité Populaire et qui ont été démantelées avec rudesse après le coup d'État de 1973).

Une frontière perméable aussi, bien que très gardée du côté chilien par les carabiniers, pour les migrations des quelque 450 000 travailleurs chiliens qui forment la quasi-totalité de la main-d'œuvre des estancias de Patagonie méridionale, des mines de charbon de Rio Turbio, situées à quelque quarante kilomètres de la frontière, et des chantiers pétroliers de Santa Cruz et du Chubut. La tonte de la laine en été, les services dans les villes et les ports (Rio Grande et Ushuaia ; Rio Gallegos) sont assurés par des Chiliens. Plus au Nord, les différences de niveau de vie entre les deux États entretiennent des flux migratoires jusque dans les oasis du Cuyo, où les Chiliens entrent en concurrence avec les Boliviens.

Paradoxe des frontières argentines dont on veut assurer l'intégration par la croissance d'activités agricoles, minières, industrielles et touristiques (Bariloche), mais qui ne peut se réaliser que par le recours à la main-d'œuvre immigrée. Celle-ci représentait encore entre 35 et 75 % de la population totale des trois provinces du sud au milieu des années 1970. On peut observer que plusieurs litiges se situent dans des secteurs sub-andins entrant progressivement dans l'aire d'influence des petits centres urbains argentins, tel Palena (qui a fait l'objet d'un arbitrage en 1966).

A partir de 1973-1975, les deux régimes militaires, rivaux, ont accéléré les opérations d'intégration des provinces australes et de la

Patagonie, limité les migrations, décrété des interdictions d'achat de terres sur des aires frontalières larges de 5 à 50 km, renforcé le réseau routier et le dispositif militaire. Il est notable que le régime de Pinochet a donné la priorité à l'intégration des provinces méridionales, par développement des liaisons maritimes et aériennes, construction de nouvelles routes... Efforts parallèles du côté argentin. Mais la Patagonie méridionale reste d'un point de vue démographique chilienne. Un des effets de la crise des Malouines, îles situées au droit de Rio Gallegos, capitale de la province de Santa Cruz, a été de renforcer la présence militaire argentine dans la partie la plus étroite de la Patagonie, à proximité des centres urbains et ports chiliens. Au dispositif argentin traditionnel, qui comprend cinq (dont trois brigades de montagne) de ses douze brigades sur les Andes, notamment autour de Mendoza, face à la Vallée centrale chilienne, se sont ajoutées la base interarmées de Rio Gallegos et les deux bases aéronavales de Rio Grande et d'Ushuaia. Destinées à montrer l'intérêt argentin pour les Malouines, elles servent aussi à assurer la présence argentine à proximité immédiate des régions les plus peuplées, et les plus proches, du Chili austral. Du côté chilien, outre la protection de Santiago, les unités sont basées à Valdivia et Concepcion, face à la Patagonie du Nord, et à Punta Arenas, qui n'est reliée aux précédentes que par voie maritime et aérienne.

Cette première catégorie de frontières, établies sans recours à la force et entre des acteurs équivalents, concerne des espaces qui étaient considérés par les États comme périphériques au moment des premières négociations, mais qui sont ensuite devenus des aires marquées par les rapports de concurrence ou de domination.

— **Les tracés imposés mais non litigieux :** Dans ce deuxième type de processus formateur, la limite politique résulte clairement de l'état d'un rapport de forces, déséquilibré, au moment des traités, mais elle n'est pas devenue pour autant litigieuse. Il concerne environ 7 830 km, soit 17,5 % du total.

Ce chiffre comprend les limites du Brésil avec le Pérou (aux deux tiers) et la Bolivie (idem), la limite Colombie-Pérou, celles entre Panama et la Colombie, entre le Mexique et le Guatemala, ainsi que les limites du Belize (en tant qu'ex-Honduras britannique). Le premier nommé de la dyade est l'État au profit de qui s'est faite la délimitation, sans toutefois un recours à la guerre (ce qui n'exclut pas quelques actions militaires ponctuelles et brèves).

Les frontières de la haute Amazonie résultent des actions offensives des diplomates et *seringeiros* brésiliens (chercheurs de caoutchouc) au début du XXe siècle dans des régions riches en hévéa. A Panama, les États-Unis ont moins annexé une région colombienne que tiré un parti opportun des actions séparatistes des Panaméens, qui avaient déjà formé un État de 1853 à 1886.

Un cas moins connu est celui du partage de l'espace maya entre Mexique et Guatemala. C'est l'une des limites qui présentent le plus d'intersections avec les aires d'extension des ensembles naturels, historiques et humains. Alors que le Chiapas faisait partie sous la colonie de la Capitainerie Générale du Guatemala (dont la limite occidentale correspond à l'actuelle limite entre les États mexicains du

Chiapas et d'Oaxaca), puis du Guatemala indépendant, il fut rattaché au Mexique dès 1824.

Le Chiapas aurait au fond pu soit demeurer dans le Guatemala, soit devenir une république d'Amérique Centrale. Il faut y voir, selon moi, le choix des groupes dirigeants métis du Soconusco et du bassin de Tuxtla Gutierrez, opposés au risque de domination indienne, dans une province où les Indiens étaient déjà majoritaires (dans les Altos). Pourtant, pour le voyageur qui vient de l'Ouest, il ne fait aucun doute que les paysages de l'Amérique Centrale commencent dès que l'on a franchi l'isthme de Tehuantepec (vieille limite historique entre les Mayas et l'Empire aztèque) et que l'on entame la montée sur les Altos, à partir de Tuxtla et en direction de San Cristobal de las Casas : moyennes montagnes très vertes, arrosées et couvertes de pins (pins dits du Honduras). Quant aux populations des Altos, régions hautes, elles appartiennent aux groupes Maya-Quiché. Assurément, en changeant d'échelle, des différences apparaissent entre les Tzoltzil-Tzeltal des Altos de Chiapas et les groupes Mam et Kekchi des Altos du Guatemala. Si la frontière passe, en gros, entre les premiers et les Mam, elle les recoupe pourtant dans le détail, parce qu'elle suit un tracé fait de trois lignes géodésiques et de trois parallèles, sauf dans la vallée encaissée de l'Uscumacinta. Elle sépare nettement les Kekchi, que l'on trouve aussi dans le sud du Belize. La séparation du Chiapas et du Soconusco ne fut reconnue que 58 ans plus tard par le Guatemala, et un traité de délimitation fut signé en 1882, la démarcation étant achevée en 1899. Cette frontière, qui n'est pas fermée aux travailleurs indiens venant comme saisonniers dans les grandes fincas du Soconusco mexicain, est devenue aujourd'hui une aire de tension, non pas entre les deux États, mais du fait des luttes armées qui se déroulent dans les Altos et le Peten guatémaltèque, avec son cortège de réfugiés.

— **Frontières issues de guerres :** Près de 27 % de la longueur des enveloppes en résultent soit directement (du fait de la victoire de l'une des parties), soit indirectement (à la suite de tentatives militaires indécises) : au total, 11 860 km environ. Ce chiffre inclut pour tout ou partie douze dyades frontières : Guatemala-El Salvador, Haïti-République Dominicaine, Équateur-Colombie, Bolivie-Chili, Chili-Pérou, Bolivie-Pérou, Bolivie-Paraguay, Brésil-Paraguay, Argentine-Paraguay, ainsi que les frontières de l'Uruguay, fixées à la suite d'un conflit entre Brésil et Argentine. La frontière États-Unis-Mexique relève de cette catégorie. En y ajoutant la limite Équateur-Pérou, toujours litigieuse et objet d'un conflit armé en 1981, le total atteint près de 13 000 km, soit 30 % de la longueur totale des frontières.

Si la majorité de ces tracés consécutifs à des guerres correspondent aujourd'hui à des frontières stabilisées, c'est-à-dire acceptées par les deux États adjacents en sorte que le droit et le fait coïncident, certaines restent encore en litige, du fait de l'insatisfaction des Équatoriens et des Boliviens. Mais elles ne représentent plus que 16 % de la longueur des frontières tracées à la suite de guerres. Il se confirmerait donc que les guerres inter-étatiques ont, le plus souvent, abouti à des tracés stables et définitifs, puisqu'elles ont contribué à fixer 84 % du kilométrage (relevant de cette catégorie). Stabilité signifie acceptation et absence de remise en cause des tracés par les États ; elle n'est pas synonyme d'absence de frictions, dues soit aux migrations, soit au jeu des forces d'opposition armée.

Certaines limites résultent des péripéties consécutives à la formation puis à la rupture des entités politiques plus étendues qui furent constituées dans la première moitié du XIXe siècle : Grande Colombie, Provinces Unies de Centre-Amérique.

La formation de l'El Salvador est due à la résistance de dirigeants locaux contre les entreprises annexionnistes du général mexicain Iturbide ; la frontière avec le Guatemala suivait à peu près la limite des aires d'influence de Ciudad Guatemala et de San Salvador. Entre Équatoriens et Colombiens, le contentieux dura 80 ans ; l'armée colombienne, plus puissante, conquit les 180 000 km^2 de la province de Popayan, en 1863. Dans l'île d'Hispaniola, les Haïtiens se montrèrent envahissants et doublèrent la superficie du pays en deux siècles et demi, fait sanctionné par l'arbitrage américain de 1930. L'histoire de la peau de chagrin paraguayenne relate l'action rivale des Argentins et des Brésiliens lors de l'impitoyable guerre de la Triple Alliance (1864-1870) contre la mise en place d'une nation métisse, hispano-guaranie viable et héritière des prospères *reducciones* jésuites. Au nord du Rio de la Plata, la même rivalité, doublée de l'intérêt britannique pour la liberté de navigation dans cet estuaire, a conduit à la création de l'Uruguay. Autour du lac Titicaca, les masses aymara tributaires furent l'enjeu principal de la partition, entre Pérou et Bolivie, de l'éphémère Confédération établie par Santa Cruz. Dans les années 1930, la dernière grande guerre meurtrière entre deux États eut pour théâtre les étendues semi-arides du Chaco. Les discussions frontalières entre les deux États avaient commencé en 1879, pendant la guerre du salpêtre, et alors que le Paraguay sortait décimé de la guerre de 1865-1870. Affaibli, cet État avait signé un premier traité partageant le Chaco boréal au long du 22e parallèle, jusqu'à la confluence du rio Paraguay et du rio Apa. Or, cet espace avait été reconnu au Paraguay lors du traité avec l'Argentine de 1876. Pas moins de six traités furent signés jusqu'à la guerre de 1932-1935.

Du côté bolivien, plusieurs « buts de guerre » peuvent être identifiés. La recherche d'un accès à l'Atlantique, via le rio Paraguay : ce fleuve est navigable jusqu'à Concepcion, à 1 800 km de la mer ; en amont, il est utilisable sur 950 km par des bateaux de faible tonnage. Ce premier but était lié à une réorientation des flux provoquée par l'échec enregistré sur le littoral pacifique.

Les dirigeants boliviens invoquaient l'héritage de la juridiction de l'Audience de Charcas, qui, de manière toute théorique, englobait le Chaco. De plus, ils souhaitaient effacer l'humiliation infligée par l'armée chilienne à l'ouest. Enfin, à la suite des découvertes pétrolières, au début des années 1920, sur le piémont subandin, dans la région de Camiri, des espoirs d'extension des gisements vers l'est, dans la plaine sédimentaire du Chaco, étaient nourris par l'État et la Standard Oil of New Jersey, qui cherchait à prendre pied dans une Amérique Latine encore dominée par les compagnies britanniques.

Du côté paraguayen, les mêmes espoirs, l'encouragement des compagnies britanniques (telle la Royal Dutch Shell), mais aussi la volonté d'effacer la sanglante défaite de 1870, créaient des conditions favorables à un conflit. Lorsque le gouvernement d'Asuncion décida en 1927 d'autoriser l'implantation de colons mennonites dans le centre d'un Chaco encore dépeuplé, il choisit le secteur de Filadelfia, qui se trouvait alors à la frontière bolivienne (R. Gaignard, 1968 : 45). Dès 1928, des incidents eurent lieu sur les avant-postes des deux États. Des réseaux de fortins furent établis dans un milieu semi-aride très rigoureux, et les escarmouches des années 1930-1931 dégénérèrent en guerre ouverte. Mieux équipée et plus nombreuse, l'armée bolivienne était formée de contingents des hauts plateaux qui succombèrent aux conditions de la guerre dans la plaine semi-aride, face à une petite armée paraguayenne qui réussit à s'emparer de quelque 225 000 km^2, au prix d'une centaine de milliers de morts pour les deux camps. La frontière actuelle fut négociée en 1938 à Buenos Aires, avec la garantie de six médiateurs (Chili, Argentine, Brésil, Pérou, Uruguay et États-Unis) et démarquée de onze poteaux principaux en 1939.

Échec de la Bolivie et des intérêts américains; effacement de l'humiliation paraguayenne, mais sans effets économiques concrets immédiats. Toutefois, une quarantaine de forages y ont été effectués dans les années 1940 par des compagnies nord-américaines, qui ont découvert une dizaine d'années plus tard des réserves de gaz jugées exploitables. Le Chaco est resté une région presque vide (moins de 100 000 habitants), mais il a été désenclavé par la piste Transchaco en 1965. Les relations avec la Bolivie se sont améliorées avec la création en 1963 du programme Urupabol (avec l'Uruguay), qui est un organisme de conception de projets communs (flotte multinationale de transport fluvial...), associant les trois États-tampons et pauvres du bassin de La Plata; ses effets ont été limités, jusqu'à sa disparition en 1982 par retrait du Paraguay.

Il n'empêche que, du côté paraguayen, la frontière de 1935 reste équipée de *fortin* et *puesto* tandis que du côté bolivien le tiers de l'armée (qui compte 27 000 hommes) reste stationné sur la frontière du Chaco. Elle a aussi pour fonction de faire écran en avant des gisements de pétrole et de gaz du piémont de Camiri-Santa Cruz. Les deux franges frontalières restent vides, et encadrent une frontière morte, moins par manque de ressources potentielles que par méfiance réciproque. C'est l'un des rares cas en Amérique Latine d'absence quasi complète de relations entre deux États adjacents. Il est vrai qu'à plus petite échelle elle correspond à un vaste angle mort situé entre l'aire d'influence argentine (routes et pipeline Camiri-Yacuiba) et celle du Brésil (axe Corumba-Santa Cruz).

Plusieurs dyades, issues de guerres, restent aujourd'hui encore litigieuses.

Dans le cône sud, c'est la guerre dite du Pacifique ou plus exactement « del salitre » (salpêtre) (1872-1883) qui a déterminé les tracés actuels, et toujours contestés par la Bolivie, des frontières de l'*Atacama :* conquête du littoral bolivien d'Antofagasta à Mejillones et des provinces péruviennes d'Arica et de Tacna. Cas exemplaire de conflit armé provoqué non seulement par une compétition pour l'accès aux matières premières mais aussi par la contradiction entre les intérêts d'entreprises privées et ceux d'États soucieux de rendre enfin fonctionnelles des frontières jusqu'alors inutilisées. Ce conflit, né de la volonté commune de deux appareils d'État de donner consistance à leurs frontières, profita à un tiers, mieux armé.

Le salpêtre, enjeu principal du conflit, se trouvait sur les piémonts orientaux de la cordillère de la Costa (donc séparés de la côte, dans des régions sans eau et impliquant des coûts d'exploitation élevés) ; il était réparti en secteurs discontinus, dans une aire de 30 km de large sur environ 750 km de long, entre les 19ᵉ et 26ᵉ parallèles, des environs de Taltal au sud au ravin de Camarones, juste au sud d'Arica. L'extension des dépôts était connue, d'autant que leur exploitation avait été commencée par des petites compagnies chiliennes au sud et péruviennes au nord, utilisant de la main-d'œuvre chilienne. Or, les dépôts du Nord, dans le Tarapaca, étaient beaucoup plus riches que ceux de la région d'Antofagasta ; mais ils se trouvaient alors en territoire péruvien. En outre, d'importants gisements d'or, d'argent et de cuivre étaient déjà exploités (Antofagasta, Taltal, Tocopilla, Huaras, Pampa Nagra, La Noria...).

La guerre de 1879 fut le moyen de trancher un conflit économique qui s'était développé à partir de 1873 entre les entreprises chiliennes et les deux gouvernements du Pérou et de la Bolivie. Le gouvernement péruvien avait décidé en 1875 d'exproprier les entreprises minières non péruviennes de Tarapaca, ce qui affecta pour l'essentiel des groupes privés chiliens. Puis, le gouvernement bolivien décida d'imposer une taxe de 10 % par quintal de nitrate exporté, en contradiction avec un accord précédent d'exploitation en commun des nitrates situés dans une aire d'intérêt commun qui avait été fixée en 1866 de part et d'autre de la frontière située sur le 24ᵉ parallèle (celui d'Antofagasta). Le refus émis par la « compania de salitres », chilienne, d'acquitter ces taxes conduisit les Boliviens à décider par décret la vente aux enchères des gisements exploités par la compagnie. Celle-ci s'adressa au gouvernement chilien, qui fit occuper militairement Antofagasta, ce qui déclencha la guerre. Le Pérou y fut entraîné du fait de son traité d'alliance avec la Bolivie. Mais ses territoires étaient aussi convoités. Les démarches du Pérou et de la Bolivie répondaient à la nécessité de donner à l'aire frontalière une fonction fiscale, pour assurer la viabilité d'appareils d'État encore faibles et aux moyens limités du fait de la faible productivité des grands domaines ruraux et de la résistance croissante des populations indiennes au paiement du tribut. C'est la « fiscalisation » de la frontière qui a contribué à lui conférer un début de réalité, ce qui fut aussi l'une des causes des conflits armés entre Pérou et Bolivie sur l'Altiplano.

Des économistes chiliens ont montré que la guerre avait pour fonction de trouver de nouvelles ressources en remplacement des revenus traditionnels tirés de l'exportation des céréales et de l'argent, en déclin durant la crise économique de 1873-1878 (Jobet, 1955 : 64 et suiv.). Quel fut le rôle des compagnies britanniques d'exploitation et de transport des nitrates (utilisés comme fertilisants, dans le contexte de la Révolution agricole en Europe, et comme explosifs) ? Elles soutinrent les opérations chiliennes et furent bénéficiaires de l'annexion. En 1879, leur part était encore minime : « les capitaux anglais et nord-américains représentaient 67 % et le reste appartenait à des étrangers, basés au Chili » (Pinto, 1962). Ensuite et du fait du libéralisme chilien, la production resta dans les mains de trois grandes compagnies, tant que l'exploitation en fut rentable : « Lautaro Nitrate Company Ltd » et « Compania Salitrera Anglo-Chilena », de capitaux surtout nord-américains, ainsi que la « Compania Salitrera de Tarapaca », à capitaux britanniques. Les buts de guerre se sont conformés à l'aire d'extension des dépôts, complétée de l'intérêt de disposer du site portuaire d'Arica. Les compagnies privées purent croître, sans menace de taxations fortes et sans risque d'expropriation. L'impératif de consolidation fiscale des frontières du Pérou et de la Bolivie était contradictoire avec les appétits des grandes compagnies : d'où le déplacement des frontières, par la guerre et l'annexion des gisements et des sites portuaires.

C'est par la défaite de l'armée péruvo-bolivienne dans le district riche en nitrates de Tarapaca et par l'occupation de Lima jusqu'en 1884 que l'armée chilienne imposa l'annexion des deux provinces. Celle de Tacna fut restituée au Pérou en 1929 par le traité d'Ancon, mais Arica demeura possession chilienne. Or ce traité contenait une clause impliquant la participation du Pérou à toute décision concernant Arica, où la Bolivie dispose d'installations portuaires et douanières.

L'État chilien, pratiquement absent de la production de l'« or blanc », en tira jusqu'à 52 % de ses recettes fiscales annuelles (Cunill, 1970 : 409). De plus, cette conquête eut comme résultat l'inclusion des grands gisements cuprifères du Norte Grande, dont Chuquicamata, au nord-est d'Antofagasta ; or, le cuivre compte encore pour plus de 45 % de la valeur des exportations (1984), tandis que l'exploitation des nitrates a repris. Ce sont donc de 12 à 15 % au moins du P.N.B. qui sont produits dans ce Norte Grande ! Mais si l'on ajoutait les effets économiques induits sur place et dans la capitale par l'exploitation minière, la part du secteur minier pourrait se monter à près de 40 % du total national. On comprend l'amertume des Boliviens, qui ont perdu, sans le savoir, dans cette guerre, les plus grandes réserves mondiales de cuivre.

Bien que la frontière avec la Bolivie ait été démarquée avec précision en 1904, qu'une voie ferrée Arica-La Paz ait été construite en 1913, complétée ensuite d'une seconde, d'Antofagasta à Uyuni et que, sur le seul plan technique, il n'y ait plus d'enclavement bolivien, les gouvernements successifs ne cessèrent depuis 1918 de réclamer un accès à l'océan, sans être jamais en mesure, malgré la popularité de la cause, de l'imposer ou de l'obtenir. Un litige sérieux demeure, dont il faudra évaluer les tendances d'évolution. Dans la capitale, La Paz, le « Museo del Litoral » commémore la défaite de 1879.

Ces frontières de l'Atacama sont équipées militairement comme des lignes de front : l'armée chilienne y dispose de ses divisions les mieux équipées ; l'armée péruvienne, suréquipée, y a placé des unités blindées ; quant à la Bolivie, la totalité de ses blindés et mécanisés sont déployés sur le « front » chilien, sur les voies d'accès à Antofagasta.

Ces frontières litigieuses sont parmi les rares véritables lignes de front potentielles véritables du continent.

Les différents éléments d'horogenèse présents dans les cas précédents se retrouvent dans la formation de la frontière de facto entre *l'Équateur et le Pérou :* rôle essentiel de la guerre, interférence d'enjeux économiques nationaux et internationaux, effets indirects des conflits précédents ayant concerné l'un des acteurs, frustration de la partie vaincue et donc persistance du litige.

A la différence des cas précédents, deux éléments supplémentaires sont ici importants : la place de l'arbitrage, d'une neutralité douteuse, rendue en 1942, et la reprise récente des tensions militaires. Il s'agit donc d'un problème en suspens, mais qui demeure réduit à un différend de nature strictement bilatérale, à la différence de la question d'Arica. Il constitue en outre un exemple intéressant de la fonction jouée par les litiges frontaliers dans la construction nationale.

Le tracé actuel est le résultat d'une longue évolution en faveur du Pérou, de la Colombie et du Brésil.

L'aire en question se situe en haute Amazonie, entre le Caqueta et le Maranon, et couvre plus d'un million de km². Aussi peu intégrée à l'empire espagnol qu'à son prédécesseur incaïque, cette vaste région comportait des populations indiennes qui furent encadrées dans une trentaine de réductions jésuites, reliées à Quito, puis après l'expulsion des missionnaires, regroupées sous l'autorité de l'évêché péruvien de Mainas. Dans cette aire successivement contrôlée, de loin, par les autorités de Quito, Bogota et Lima, les incertitudes juridictionnelles au moment des indépendances conduisirent en 1829 à un conflit armé entre la Grande Colombie et le Pérou. Le Pérou, vaincu, aurait été contraint de céder les territoires situés au nord du Maranon si l'éclatement de la Grande Colombie et la formation de l'Équateur n'avaient modifié le rapport des forces.

Dans une grande mesure, il faut admettre que la combinaison des raisons — jouant à des échelles moyenne et petite — qui ont conduit à l'individualisation de l'Équateur (« situé » dans une aire d'interférences réciproques entre Bogota et Lima, et fondé sur un noyau ethnodémographique spécifique et déjà ancien) ne pouvait jouer à l'est des Andes qu'à la condition que l'État équatorien, centré sur les hautes terres, puisse étendre son influence effective sur les terres orientales. On peut penser que l'essentiel de ses forces étant consacrées à la formation d'un État national par l'organisation d'une cohésion entre les populations de la « sierra » et celles de la « costa », et ce, face aux ambitions de ses voisins, l'intégration effective de l' « oriente » était secondaire.

En outre, occuper l'Oriente aurait impliqué que l'État en ait besoin : or, à l'ouest des Andes, des terres basses, au climat tropical, étaient disponibles, situation inverse de celle du Pérou, dont le littoral est de climat aride; cela supposait aussi qu'il puisse y accéder : ces terres amazoniennes étaient beaucoup plus difficilement atteignables depuis l'amont — équatorien — que depuis l'aval — plus accessible aux Péruviens — et peu peuplées, de groupes indiens rétifs depuis des siècles à des encadrements politiques.

La stratégie péruvienne a en effet pu se déployer vers le Nord-Ouest à partir du moment où les questions de limite d'influence à l'Est étaient réglées avec le Brésil. En réplique au traité de 1851, l'État équatorien ouvrit en 1853 la navigation sur neuf rivières tributaires de l'Amazone (dont le Zamora, le Santiago, le Pastaza, le Tigre, le Napo et le Putumayo). Lorsque le gouvernement équatorien, endetté, décida en

1857 de mettre en adjudication des terres au profit d'une compagnie anglaise de créanciers, une première guerre éclata en 1859-1860, Guayaquil fut occupée par l'armée péruvienne, un traité inégal imposé. Plus tard, durant la guerre du Pacifique, des postes militaires équatoriens furent établis sur le rio Napo.

Le traité Garcia-Herrera de 1890 accordait aux Équatoriens un accès à l'Amazone, mais il ne fut pas ratifié par le congrès péruvien. Après de nouveaux accrochages militaires sur le rio Napo en 1904, un arbitrage du roi d'Espagne, favorable au Pérou, provoqua des protestations populaires à Quito et la mobilisation générale de près de 22 000 soldats péruviens, facilitée par l'adhésion des populations de Lima et Callao à cette cause de caractère national. *C'est l'un des premiers exemples en Amérique Latine de participation populaire,* amplifiée par la presse, à des débats frontaliers, qui ne furent plus par la suite confinés aux discussions des seules chancelleries. Signe de l'émergence, au moins chez les citadins des capitales, d'une conscience nationale ? La guerre fut évitée par la médiation des États-Unis, de l'Argentine et du Brésil, mais la sanction arbitrale fut retirée. Interventions significatives de l'interaction entre les politiques concernant les enveloppes frontalières, car, à cette occasion, deux coalitions de nature diplomatique et militaire, qui peuvent être actives encore aujourd'hui, se sont cimentées : le gouvernement chilien soutenait l'Équateur tandis que les Argentins appuyaient le Pérou.

La position du Pérou ne cessa de se renforcer : renoncement de la Colombie en 1922 à sa revendication sur l'espace compris entre le Putumayo et le Maranon, au profit du Pérou ; traité d'Ancon entre Pérou et Chili en 1929, qui atténua son soutien à l'Équateur. Cependant, en 1932-1934, un conflit éclata entre la Colombie et le Pérou au sujet de l'application du traité de 1922 au « trapèze » de Laeticia ; les ressortissants péruviens (poussés en particulier par une firme d'exploitation du caoutchouc, Julio Arana Hermanos, qui avait obtenu une concession de 5 millions d'hectares au Pérou et se trouvait désormais incluse en territoire colombien, sans l'indemnisation espérée, quelque 2 millions de £) occupèrent Laeticia. Accrochages, bombardement par l'aviation péruvienne d'un navire de guerre colombien sur le Putumayo provoquèrent une vive tension (Ireland, 1938 : 196-206). Mais les conditions matérielles d'une escalade militaire n'étaient pas réunies, car les marines adverses ne pouvaient accéder aux lieux contestés qu'en passant par l'Amazone : plus de deux mois de voyage, depuis Callao, via Panama et le Brésil (qui soutenait la Colombie). Délai mis à profit par les négociateurs de la Ligue des Nations, qui tranchèrent en faveur de la Colombie. L'échec militaire et diplomatique laissa une trace dans l'armée péruvienne, qui refusa dès lors tout compromis avec l'Équateur et envisagea le recours à la force. Entreprise retardée par les décisions prises à la Conférence de la Paix de 1936 à Buenos Aires (qui mit fin à la guerre du Chaco) et les pressions des États-Unis (favorables à un règlement dans un cadre inter-américain), mais mise en œuvre le 23 juillet 1941 par l'offensive militaire péruvienne sur la province équatorienne côtière d'El Oro et sur le piémont amazonien.

L'armée péruvienne a profité de ce que le gouvernement nord-américain était, après l'offensive allemande de juin 1941 sur l'U.R.S.S., en conflit avec les isolationnistes du Congrès, réticents à étendre la mobilisation (début juillet) et à s'engager dans la guerre. Quant au lieu choisi pour l'offensive principale, il ne s'agissait rien de moins que d'une menace sur Guayaquil, deuxième ville équatorienne, pour une « prise de gage » dont la sécurité valait bien un morceau d'Amazonie.

Après Pearl Harbour, les États-Unis, soucieux de mobiliser les ressources de l'Amérique Latine, réunirent la conférence de Rio, en janvier 1942. Les diplomates brésiliens firent entendre à ceux de l'Équateur qu'il convenait de céder aux demandes péruviennes, faute de quoi l'offensive militaire se poursuivrait sur Guayaquil, Loja et Cuenca, avec le risque d'une partition du pays. Le Protocole de Rio fut favorable au Pérou, en fonction du rapport des forces militaires, et de l'intérêt nord-américain de disposer de ressources péruviennes devenues stratégiques, cuivre, caoutchouc et quinine (pour l'effort de guerre en Asie du Sud-Est). Le tracé retenu était, sauf pour la section centrale, conforme à la ligne de statu quo fixée en 1936. A cette date, il avait été décidé de maintenir le statu quo dans les régions en litige, ce qui fut interprété par les Péruviens comme la possibilité de placer sous leur domination les secteurs qui n'étaient pas effectivement occupés par l'Équateur, de sorte que la « ligne de statu quo » de 1936 devint une frontière de fait (selon W. Krieg, 1980 : 4). L'Équateur dut renoncer à un accès au Maranon, et ne se vit attribuer que les sections amont des rivières du piémont, au-delà de la limite de navigabilité.

Les résultats géographiques du conflit de 1941-1942 soulèvent des problèmes d'interprétation, dans la mesure où le tracé adopté suit la limite orientale d'une concession pétrolière accordée à une compagnie britannique en 1937. Selon la thèse équatorienne, le protocole de Rio aurait, par le tracé retenu, bloqué l'extension vers l'Est de l'anglo-saxonne Petroleum C° (filiale de la Royal Dutch Shell) au profit de l'International Petroleum C°, filiale de la Standard Oil of New Jersey, déjà implantée au Pérou (Deler : 97). Dans ce cas, on pourrait conclure que celle-ci aurait pris une revanche sur l'échec enregistré sept années plus tôt dans la guerre du Chaco. Nouvel épisode de la rivalité entre pétroliers hollando-britanniques et nord-américains ? S'il est vrai que les États-Unis ont favorisé le Pérou, il faut indiquer aussi que la limite orientale de la concession avait été fixée sur la base de la ligne de statu quo de 1936, avec laquelle elle concorde plus exactement qu'avec la limite définitive de 1942, qui correspond en réalité à ce qui était passé sous souveraineté péruvienne depuis six ans. Odeur de pétrole, certainement, mais n'insister que sur cet aspect revient à sous-estimer la place des enjeux politiques et nationaux.

Ce protocole est resté très impopulaire en Équateur, au point qu'après avoir exigé sa révision le gouvernement de Velasco Ibarra le déclara nul en 1960. Seule la présence d'observateurs militaires des États médiateurs empêcha de nouveaux conflits, bien qu'ils fussent tentés de soutenir l'un ou l'autre camp, selon le clivage traditionnel : Chili et Équateur contre Argentine et Pérou, le Brésil « jouant » la médiation. Les deux États avaient toutefois d'autres champs de coopération (Pacte Andin ; projets hydrauliques communs dans les régions littorales de climat semi-aride), tandis que le tracé de la

« carreterra marginal de la selva » était conçu par les Péruviens de telle manière qu'il éviterait d'entrer dans l'aire contestée.

Il reste que 64 % environ de la production pétrolière du Pérou provenaient au début des années 1980 de l'aire contestée. Mais l'« Oriente » équatorien était suffisamment pourvu (région de Lago Agrio, près de la Colombie) pour que celui-ci bénéficie de l'euphorie pétrolière des années 1970 et participe à l'O.P.E.P. Comment, dans ces conditions, expliquer le bref conflit de janvier 1981 ? Étant donné la localisation des incidents (qui firent en 10 jours deux cents victimes), un enjeu « pétrolier » n'est pas évident, puisqu'ils se sont produits dans une section de la frontière : il s'agit de la *Cordillera del Condor*, qui est une « serre » étroite faisant interfluve entre les rios Nangaritza et Zamora et les tributaires des rios Santiago et Maranon. C'est la seule section de cette frontière de facto qui comporte encore un segment, long de 78 km, qui n'a pas été démarqué : le tiers sud comporte 12 poteaux placés entre 1943 et 1947 ; le tiers nord huit autres placés entre 1948 et 1950, jusqu'au coude du rio Santiago ; mais le segment central de la serre n'en comporte pas, peut-être parce que l'on avait considéré que c'était la seule limite topographique claire sur toute la longueur de la frontière.

A un niveau scalaire supérieur, on constate que c'est la région frontalière la plus proche des hautes terres équatoriennes, et la plus accessible depuis l'axe routier parallèle de Cuenca à Loja ; mais c'est aussi la section la plus proche de Maranon et de l'oléoduc péruvien. Donc, en dépit des difficultés de la topographie et du couvert végétal forestier, ce lieu a été probablement considéré comme stratégique par l'armée équatorienne et les diplomates. Une action là, sur la partie non démarquée, permettait de faire valoir l'inachèvement du tracé et donc de légitimer la revendication équatorienne. Or, celle-ci n'a pas varié, et dès septembre 1977, à l'occasion de la signature des accords de Panana, Carter avait souhaité que l'Équateur puisse disposer d'un accès au Maranon, ce qui, au vu de la carte, impliquait un recul de la frontière à l'est de la serre du Condor, c'est-à-dire au plus près des intérêts péruviens. Si l'intérêt équatorien d'un accès au système Maranon-Amazone semble répondre plus à une aspiration nationale (et historique) qu'à des impératifs économiques, le refus péruvien de céder du terrain dans cette région-là est plus explicable. Quoi qu'il en soit, les gouvernements décidèrent en 1978 d'éviter les heurts entre patrouilles sur la section non démarquée en les maintenant de part et d'autre de la serre, qui devint ainsi une frontière de fait. Et c'est un incident de patrouille, d'origine locale semble-t-il, qui provoqua le conflit de 1981. Le nombre des victimes est lié à la dureté de la riposte péruvienne, elle-même motivée par le double souci d'éviter que la question soit posée dans les instances internationales et de stopper toute avance équatorienne dans ce secteur plus stratégique que d'autres. Or, de nouveaux accrochages ont eu lieu en 1983 et 1984, car les Équatoriens n'ont pas renoncé à installer une sorte de tête de pont en direction du Maranon, qui leur donnerait ensuite le moyen d'engager une bataille diplomatique pour imposer la renégociation de nouvelles frontières.

Cette tension est originale en Amérique du Sud, puisqu'elle a mis aux prises des États qui étaient de nouveau dirigés par des civils issus d'élections. Si dans le cône sud les litiges frontaliers récents pouvaient être imputés aux généraux des juntes, rien de tel ici, puisque depuis août 1979 en Équateur et mai 1980 au Pérou, les armées avaient été écartées du pouvoir.

Pour approfondir l'analyse, il faudrait introduire une variable, dans le cas de l'Équateur : le pouvoir politique civil alterne entre des dirigeants et des forces appuyés tantôt sur les populations de la « Sierra » (cas de Jaime Roldos, président jusqu'en juin 1981), tantôt sur celles de la « Costa » (cas du président Cordero élu en 1984). Les seconds — oligarques des plantations de la « Costa » et grands négociants de Guayaquil — sont traditionnellement plus enclins à opter pour une politique très libérale et ouverte aux intérêts étrangers, tandis que les premiers sont, globalement, plus nationalistes et au moins populistes (pétrole, colonisation agricole...).

La question frontalière doit alors être envisagée, *là encore*, en fonction du jeu politique interne, dans lequel l'armée reste active.

— **Frontières d'arbitrage :** Quatorze des trente-huit dyades frontières ont été concernées par des arbitrages, délivrés par divers États. Citons quelques exemples : en 1878, Hayes délimite la frontière entre Argentine et Paraguay sur le rio Philcomayo; en 1889, Cleveland propose une solution au litige entre le Brésil et l'Argentine; en 1891, Alexandre III fixe par une sentence arbitrale le tracé de la frontière du Maroni entre la France et la Hollande; en 1900, Loubet propose un règlement du différend entre le Costa Rica et la Colombie ; en 1922 puis en 1941, des juges suisses tentent d'accorder les points de vue du Venezuela et de la Colombie ; en 1942, les États-Unis imposent la fin du conflit entre Équateur et Pérou, et, avec trois garants latino-américains, transforment la frontière du statu quo de 1932 en limite de facto, avec quelques ajustements; en 1934, les Brésiliens arbitrent entre Colombie et Pérou; en 1907, les Argentins s'étaient interposés entre Bolivie et Paraguay et c'est à Buenos Aires que fut signé le traité de 1938 ; c'est déjà un arbitrage argentin de 1909 qui avait confirmé la limite Pérou-Bolivie ; enfin, en 1984, ce sont les bons offices du Vatican — c'est-à-dire des responsables de la secrétairerie d'État, appuyés par les diplomates experts en analyse cartographique et formés à l'Académie Pontificale — qui ont abouti à la définition de la frontière maritime entre Chili et Argentine.

C'est à l'occasion de ces arbitrages que le principe de l'*uti possidetis*, proclamé au congrès de Lima de 1848, a été invoqué, bien que l'on se rende compte de son caractère inapplicable, puisqu'une série très large de limites non coïncidentes pouvaient être tour à tour utilisées. Nombre d'arbitrages ont eu pour fonction de trancher entre ces limites.

Les plus actifs ont été d'une part les diplomates argentins et brésiliens, conformément à leurs ambitions dans le bassin de La Plata et en Amazonie, d'autre part les États-Unis et le Royaume-Uni, puissances extérieures.

L'intervention nord-américaine est restée très réduite en Amérique du Sud, d'autant que la doctrine Monroe, à vocation d'exclusion des interférences européennes, ne s'appliquait pas aux questions de frontières (Ireland, 1938 : 328). Il restait donc possible de s'adresser à des arbitres européens.

Au total, la détermination des frontières d'Amérique du Sud s'est réalisée de manière beaucoup plus autonome que dans les autres continents, soit à cause de l'importance des guerres entre États, soit grâce à l'intervention diplomatique des deux centres de pouvoir du XIXe siècle, Buenos Aires et Rio.

Mais l'intervention politico-juridique des États-Unis a été décisive dans la formation de la carte de l'Amérique centrale puisque 4 dyades sur 10 et 46 % du kilométrage ont été fixés par leur arbitrage, et que pour une cinquième (Panama-Colombie), leur intervention comme protecteur de la sécession panaméenne est bien connue. Dans cette partie isthmique de la Méditerranée américaine (ainsi que dans l'île d'Hispaniola-Ayti), la politique frontalière a été un élément essentiel du contrôle impérialiste, qui a tiré parti des divisions et rivalités entre les dirigeants locaux de l'ensemble « Centro-America ». Plusieurs segments frontaliers — Honduras-Guatemala, Panama-Costa Rica — ont été déterminés en fonction des intérêts et des rivalités des compagnies bananières et de leurs alliés caudillos.

Ces frontières sont aujourd'hui stables dans leurs tracés, à l'exception de courtes sections de la limite Nicaragua-Honduras, où quelques bornes ont été déplacées, dans le secteur du saillant de Jalapa, par l'armée sandiniste à partir de décembre 1983, dans le contexte de la tension qui y règne.

Les processus décrits ont abouti à délimiter 93 % de l'enveloppe totale, il est vrai sur plus de 160 ans. Les secteurs en litige concernent d'abord des limites issues de guerres dont les résultats n'ont pas été acceptés par les États vaincus (2 151 km, soit 69 % du total litigieux, pour trois dyades). Les autres litiges intéressent l'Amérique centrale (deux cas) et l'ensemble Venezuela-Guyanes (deux cas), soit 980 km. L'horogenèse terrestre, largement réalisée, est en voie d'achèvement.

Fronts pionniers et « frontières vives » : une géopolitique de l'intégration interne

La question des frontières politiques passant dans des périphéries peu peuplées — caractéristique majeure de la structure spatiale des États — est devenue, dans la seconde moitié du XXe siècle, une préoccupation pour les gouvernements, et en premier lieu pour les régimes militaires, inspirés par leurs conseillers théoriciens, qui ont produit un certain type de représentations de l'espace. Celles-ci se sont appuyées à la fois sur la réutilisation d'argumentations empruntées à une géopolitique importée et sur des analyses plus spécifiques.

Dans le cas brésilien, le territoire a été analysé par certains théoriciens influents selon une approche qualifiée de géohistorique ou de géopolitique : le pays est décrit comme un « archipel », formé de péninsules (Nordeste, Sud, Centre Ouest), d'une île (Amazonie) et d'un noyau central (le Centre Sud), dont il fallait assurer l'articulation. Une stratégie d'intégration a été formulée en termes militaires : Golbery avait dessiné sur une carte de ce qu'il appelle l'archipel brésilien les trois phases d'une « manœuvre d'intégration du territoire » menées à partir d'une « plate-forme centrale de manœuvre » formée par les États du Sud-Est : articuler le Nord-Est et le Sud à la région « centrale »; faire avancer l'onde colonisatrice vers le Centre-Ouest (« en combinant le processus de la tache d'huile préconisé par Lyautey et celui des noyaux avancés agissant comme points de condensation »); « inonder de civilisation la forêt amazonienne, sous le couvert des " nodules " frontaliers, à partir de la base avancée du Centre Ouest, en coordination avec la progression Est-Ouest selon l'axe du grand fleuve » (1967 : 47-48). Rédigé dans les années 1950, ce livre servit de base au programme de marche vers l'Ouest, accéléré par l'État après 1964.

Ce programme d'aménagement du territoire, qui se présente comme une stratégie d'intégration, est la composante géographique d'une doctrine « national-étatiste », connue au Brésil sous le nom de « segurança nacional » ; cette doctrine unit étroitement sécurité et développement économique en cherchant à soustraire celui-ci aux aléas de la vie politique.

« Le pouvoir national est l'expression intégrée des moyens de tout ordre dont dispose la nation à une époque donnée pour la promotion et le maintien par l'État, à l'intérieur comme dans le domaine international, des objectifs nationaux en dépit des antagonismes existants » (cité dans Rouquié, 1981, 349). L'offre de terres neuves par l'État fut l'un des moyens de gérer les antagonismes agraires les plus graves, tout en évitant la réalisation d'une réforme agraire ; le thème de la « frontière » — au sens de fronts pionniers articulés — devint un instrument de la propagande officielle.

La vieille notion ratzélienne de « frontières mouvantes », prise à la lettre ou dans sa version « turnerienne » de « frontières de civilisation » (Golbery se réfère à Siegfried et Bowman sur ce point), était sous-jacente aux décisions des planificateurs. Elle est d'ailleurs présente aussi chez les Chiliens, qui ont développé une vision organiciste de l'État (Foucher, 1977 : 109-117). Au Brésil, durant la décennie 1970 qui fut effectivement caractérisée par une forte poussée de travailleurs et de capitaux vers l'Amazonie et le Centre Ouest, on distinguait encore, dans les milieux diplomatiques, les notions de frontières « mortes » et de frontières « vivantes », à la manière des lignes « isobares » d'Ancel. Et de fait une certaine cohérence est apparue dans les programmes d'investissements publics et privés, comprenant des actions de désenclavement routier, l'implantation de « colonias » sur les fleuves frontières (Acre et Rondonia) et des achats de terres au-delà de la frontière (dans l'Est bolivien et paraguayen).

De telles argumentations, suivies de réalisations, ont été reçues avec inquiétude dans les États limitrophes, dont les appareils idéologiques ont été à leur tour saisis par ce type de « géopolitique applicable ». Certes, le thème de la « frontière » turnerienne ne faisait pas partie du stock de représentations de l'espace familières aux Hispano-Américains (Hennessy, *The Frontier in Latin American History*, 1978); Fernand Braudel a pour sa part montré le faible écho rencontré par Turner et Bolton (« advancing frontier ») en Amérique hispanique (*in Le Temps du Monde*, 1980). On peut cependant citer deux exceptions : le Chili, à l'époque de la conquête de l'Araucanie, et le Pérou. Dans celui-ci, deux facteurs se sont à un moment conjugués : en toile de fond, le souvenir des guerres avec deux voisins, et la persistance de la revendication équatorienne sur l'ancien territoire jésuite de Mainas, entre les fleuves Maranon et Putumayo ; les militaires péruviens se sont assez tôt souciés de colonisation agricole dans la frange forestière située en dessous de la courbe des 2500 m. Par ailleurs, selon Hennessy (1981 : 22), le président péruvien Belaunde Terry avait été personnellement intéressé par les thèses de Turner (introduites pour la première fois en Amérique latine par son oncle, en 1923) ; ce fut l'une des raisons de la décision du grand chantier routier dit « Carreterra Marginal de la selva », destiné à offrir aux migrants des hautes terres un autre terme de l'alternative que la Costa et Lima.

Ailleurs se sont multipliés les projets routiers et agricoles sur le piémont amazonien des Andes (Bolivie, Colombie, Venezuela), les entreprises de « développement » dans les terres basses (Péten Guatémaltèque, régions de Santa Cruz et du Beni en Bolivie) et les régions éloignées de la Patagonie chilienne et argentine. Dans tous les cas, c'est l'État qui prend l'initiative, se faisant aménageur, constructeur de routes, industriel, au nom de l'intégration nationale. Mais, quels que soient les attendus théoriques de la perception de l'espace de chaque État, il y a, chez la plupart des gouvernements et pour des raisons pratiques très diverses, un souci d'intégration territoriale. Sous Allende avait été décidé un plan de développement des régions frontalières du Chili austral, qui fut repris et accéléré après 1973. (Et le dernier exemple en date est le programme d'intégration de l' « Atlantico » au Nicaragua, formulé par les autorités sandinistes dès 1979.)

La thématique des « fronteras vivas » reste très fréquente; elle se réfère moins à des projets de modification des tracés qu'à la promotion de leur consolidation. Mais leur mise en œuvre dépend de la taille des espaces concernés : ainsi, le général argentin Guglialmelli, connu pour ses écrits de géopolitique, regrette que la province de Santa Cruz soit restée « la frontera olvidada » (1979 : 257-263). La taille de l'espace concerné est telle, près de 250000 km^2, que c'est plus un constat des déséquilibres régionaux qu'il est conduit à dresser qu'un programme réalisable (« développement intégral », face au Chili austral), dans une région où la densité de population est de 1 habitant pour 3 km^2 et où seuls les migrants chiliens, on l'a vu, acceptent de venir travailler.

D'autres auteurs ont formulé ou appuyé des projets intéressants de petits espaces situés près de segments frontaliers en litige. Ainsi, selon le général Mercado Jarrin (qui a dirigé l'Instituto Peruano de Estudios Geopoliticos, à Lima), le secteur frontalier contesté par les Équatoriens correspond à une « frontera viva » : le côté péruvien se trouve beaucoup plus éloigné de Lima que de Guyaquil ou Quito; l'influence de la « métropole » est réduite par l'obstacle andin; les niveaux de peuplement, d'activités et d'articulation au réseau routier national sont moindres du côté péruvien. Au terme d'une analyse géographique comparative, il dresse un programme d'aménagement régional (liaisons routières greffées sur un axe allant d'Olmos au confluent Maranon-Santiago, implantation de foyers de colonisation, création d'un « territoire autonome », c'est-à-dire sous l'autorité du pouvoir central, de l'aire convoitée par l'État voisin...). Quant à la région située au nord du rio Napo, et située à proximité du tripoint avec la Colombie, il suggère l'établissement d'une vingtaine d' « U.M.A.R. » (Unidades Militares de Asentamiento Rural). Bref l'armée aux frontières. Il doit toutefois remarquer que dans ces régions de peuplement indien (Aguaruna, Guambiza et Quechwa), certains groupes, tels les Guambiza, sont en intersection avec la frontière sur les hauts cours du Pastaza et du Santiago ; or, du côté équatorien, ils ont été organisés en une Fédération Shuar (Jivaro), de sorte que ceux présents dans la partie péruvienne « sont plus identifiés avec ce pays-là qu'avec le Pérou » (1981 : 73). Le projet routier principal (Olmos-Saramiriza), en partie parallèle à l'oléoduc, a été achevé ; sa fonction première est d'ordre militaire. Dans les régions de climat tropical humide et de très faible peuplement, l'ouverture de routes est aussi un moyen classique de désenclavement à des fins militaires.

Depuis 1984, au Guatemala — c'est l'un des exemples les plus récents —, l'armée, en lutte avec les fronts de guerilla implantés dans le nord de l'Alta Vera Paz et l'ouest du Peten, près de la frontière mexicaine, garde les chantiers d'une nouvelle piste frontalière en cours de construction. Elle relie des centres de colonisation, qui sont aussi des « hameaux stratégiques » : la « rocade » monte au nord vers Bethel, au départ des camps pétroliers de La Ceiba, et vers l'ouest elle progresse vers le Huehuetenango, de manière à couper les liaisons entre l'opposition et les camps de réfugiés établis dans le Chiapas. La fonction de ces pistes est d'éviter qu'une frontière politique ne serve de front ; c'est pourquoi les accrochages sont fréquents sur ces chantiers.

Il est un autre domaine, relevant aussi de la géographie, dans lequel des officiers ont eu et continuent d'avoir une fonction idéologique essentielle, c'est celui de la production de discours sur l'espace. Autant les textes, accessibles, qui traitent de situations frontalières ou géostratégiques concrètes sont très rares (sous forme d'articles, non d'ouvrages), autant ceux qui se présentent comme des manuels de « géopolitique » sont abondants.

Malgré la similitude de nombre d'entre eux, *l'importance du discours « géopolitique » en Amérique Latine est un fait qui a, en lui-même, une signification géopolitique* *.

Géopolitiques civiles

Avec l'avènement de l'État démocratique, les représentations géopolitiques ne se sont pas éteintes, même si elles ont pris une autre signification, civile : voir le Brésil et l'Argentine.

Avec le changement de régime au Brésil, une évolution considérable s'est produite dans le champ de ces théories géopolitiques.

D'une part, le concept de sécurité nationale comme doctrine justifiant le régime militaire a été abandonné par les dirigeants militaires sous la pression démocratique et à l'épreuve des faits au profit d'une fonction de défense nationale. « La sécurité nationale est, de par la loi

* Le lecteur intéressé par une analyse détaillée des discours relevant de la géopolitique en Amérique Latine pourra se reporter à : « Une géographie de la " geopolitica " et des représentations », in *L'Invention des frontières*, 1986, pp. 269-304.

et la doctrine, affaire de responsabilité commune, c'est-à-dire de l'ensemble de la communauté brésilienne. Attribuer aux forces armées la responsabilité exclusive de la sécurité nationale, c'est altérer l'essence même du concept. [...] Dans ce contexte, les forces armées sont au service d'une parcelle parfaitement délimitée de la sécurité : la défense nationale » (discours du président Figueiredo aux officiers généraux des trois armes, 5 décembre 1984).

Mais d'autre part, le projet des géopoliticiens classiques, « a grandeza do Brasil », et les théories qui le sous-tendaient sont désormais explicitement remis en cause, de l'intérieur même de l'institution militaire.

Lors d'un symposium réuni en mars 1984 (soit vingt ans après le coup d'État) sur le thème : « Militaires, État et société au Brésil », une évaluation de la position internationale réelle du Brésil fut réalisée par un membre de l'État-Major (le colonel Cavagnari) : « Étude d'une puissance moyenne » (publié dans *Folha de São Paulo*, 31 mars 1984).

Il remit en cause le concept d'allié privilégié des États-Unis, dont les dirigeants ont ces dernières années exercé des pressions visant à obtenir une participation brésilienne dans deux « zones stratégiques », l'Amérique centrale et caraïbe et l'Atlantique sud. « Pour le Brésil, le souci majeur n'est pas la déstabilisation de la zone, mais la projection de son instabilité sur la partie nord du continent sud-américain et la détérioration conséquente de structures politiques et socio-économiques déjà précaires » (il s'agit sans doute des Guyanes, et peut-être de la Colombie).

Quant à l'Atlantique sud, « le Brésil entend le conserver le plus longtemps possible comme zone démilitarisée. [...] La diplomatie brésilienne est convaincue que les intérêts stratégiques brésiliens se limitent à l'Amérique du Sud, où la présence diplomatique prend la dimension d'une présence stratégique. Parce qu'elle reconnaît que le pays ne dispose que d'une capacité militaire réduite par rapport à l'ampleur de ses intérêts internationaux, avec de faibles possibilités d'influer par la force sur la scène mondiale, la diplomatie brésilienne n'est plus sensible, en termes de sécurité, qu'aux événements politiques susceptibles d'affecter l'équilibre sud-américain de pouvoir ».

L'auteur critique ensuite le « triomphalisme du discours géopolitique » (brésilien classique) affirmant que le Brésil sera à la fin du siècle une grande puissance mondiale. « La majorité des schémas géopolitiques font état d'une prétention du Brésil à l'hégémonie en Amérique du Sud et surestiment sa participation réelle aux instances de décision, en prenant comme référence son profil de puissance. [...] Cette estimation découle de la méthodologie utilisée par la géopolitique et consistant en une approche des facteurs géographiques (l'espace et la position) structurés autour d'indicateurs déterminés et déterminants (l'importance du P.N.B., l'extension territoriale, les ressources naturelles et la population), sans tenir compte de l'aspect qualitatif de ces indicateurs, du degré de sécurité souhaitable pour la société civile, ni de la capacité réelle du pays à trouver sa place dans les rapports de force mondiaux. » Il s'agit d' « une simplification de la réalité en lien avec un propos spécifique et concret », qui méconnaît « l'existence de problèmes internes typiques du sous-développement » et la « situation de dépendance ».

Le Brésil est comme « une puissance moyenne dont le théâtre stratégique est contenu à l'intérieur des limites de l'Amérique du Sud..., mais la limitation de l'autonomie stratégique du Brésil est la conséquence de l'hégémonie exercée en Amérique latine par les États-Unis, lesquels lui retirent son avantage de pouvoir par rapport aux pays sud-américains » ; l'auteur s'interroge enfin sur les moyens de gagner une autonomie par rapport aux États-Unis (industrie d'armement, coopération économique, diplomatie et participation à des initiatives du type « Contadora »), pour sortir d'un « espace géopolitique contracté » (*sic*).

Ce texte marque, selon moi, une rupture par rapport aux théories en vogue entre 1932 et 1984 (les références théoriques citées sont tirées d'Aron et de Castoriadis, et non plus de Ratzel et de ses « *Lage* » et « *Raum* »). Les « données géographiques » cessent d'être utilisées comme « acteurs » ou « déterminants ».

Mais l'auteur n'en formule pas moins un projet de nature géopolitique, qui est ambivalent : c'est une tentative, sur le long terme, de « découplage » d'intérêts entre Brésil et États-Unis, en Amérique du Sud. Selon quelles limites spatiales ? Le texte ne le précise pas, mais il fonde le projet sur la constatation que dans la situation actuelle « le Brésil n'est en état ni de diriger ni d'influencer le cours des événements au-delà de ses frontières, en accord avec ses intérêts ». Il s'agit bien, par conséquent, d'œuvrer à étendre l'influence brésilienne réelle sur les États voisins, par des moyens diplomatiques (accords économiques, réglement négocié des conflits). Reste à savoir comment ce projet sera perçu dans ces États *. Realpolitik ?

Ces propos (qui ont reçu depuis 1985 un début d'illustration concrète avec les premiers engagements diplomatiques brésiliens) impliquent de prendre en compte, pour l'avenir, la notion, relativement nouvelle (en Amérique méridionale) dans les faits, non dans les représentations, de frontières d'aires d'influence (Surinam ; Guyane « française » demain ?).

Quant au régime démocratique argentin, il avait, en 1986, sous l'impulsion du président Raul Alfonsin, proposé un nouveau projet, qui ressortit à une « géopolitique civile » : la création d'un nouveau district fédéral aux confins de la Patagonie et de la région pampéenne. Une nouvelle capitale fédérale avait été projetée, 800 kilomètres au sud de Buenos Aires, autour des petites villes de Viedma et de Carmen de Patagones, et comme réplique de Brasilia dans sa fonction symbolique d'impulsion à l'ouverture de nouveaux espaces pionniers. Il s'agit d'abord d'une tentative de rupture avec l'organisation séculaire de l'espace argentin, centré sur la Pampa et son débouché, le port de Buenos Aires (les habitants de la capitale sont des « porteños »). Ce projet n'est pas contradictoire, loin de là, avec les idées avancées par les

* On trouverait des échos comparables en Inde, en Indonésie, au Nigeria ou au Mexique : comment les dirigeants des puissances moyennes du Tiers Monde envisagent-ils de créer une aire d'influence diplomatique en accord avec des intérêts économiques, dans une conjoncture de crise des débouchés ?

théoriciens militaires sur la nécessité de la mise en valeur de la Patagonie. Pourquoi a-t-il repris par un régime civil, au sortir d'une période funeste ?

Outre les arguments de nature économique (c'est dans la vallée du Rio Negro et en Patagonie que se localisent les ressources nouvelles) et l'enjeu « stratégique » (on se rapproche d'aires convoitées, les Malouines et le plateau continental du « Mar Argentino »), on peut y discerner deux objectifs politiques internes : édifier un lieu central symbolique d'une réconciliation de forces intérieures longtemps antagonistes ; manifester la nécessité d'une rupture avec le passé (inscrit dans l'espace) et une perception de déclin relatif en offrant un symbole de type pionnier. L'armée ne peut qu'approuver une telle initiative et la société civile y trouvera peut-être l'occasion d'exorciser un sentiment de crise. Un peu à la manière de la conquête de l'Ouest américain, lancée dans l'immédiat après-guerre de Sécession ; il est vrai aussi que plusieurs grandes villes, dont Buenos Aires, sont des fiefs péronistes ; ces derniers sont donc opposés à un tel transfert : il n'a pas eu lieu.

La notion d'Amérique « Latine » : un effet frontière ?

C'est pour légitimer la fameuse expédition du Mexique (1860) que les saint-simoniens français ont forgé le concept d'Amérique Latine, regroupement d'États pourtant déchirés par leurs rivalités au XIXe siècle et composés de populations tout autant indiennes et métisses que « latines » : formation d'une représentation géopolitique par un processus linguistique d'antonomase. Il s'agissait, dans le concret, de constituer un « Empire » conçu comme « latin », à partir de la base mexicaine, face à l'expansion anglo-saxonne sous sa forme yankee. L'échec du projet de Maximilien a tenu au caractère monarchique de l'entreprise, non à sa signification géopolitique.

Le point d'application initial de ce concept géopolitique d'Amérique Latine est remarquable moins par sa datation que par sa localisation, sur la « ligne de front ». A l'époque de Bolivar, en effet, on ne parlait que de l' « Amérique Méridionale », pour qualifier les espaces compris entre le Mexique et le détroit de Magellan. L'adjectif « latin » est une application géographique du « panlatinisme » du saint-simonien Michel Chevalier et la notion fut précisée par Tisserand en janvier 1861, puis par Domenech dans son ouvrage, *Le Mexique tel qu'il est* (1867) : « L'Amérique Latine, c'est-à-dire : le Mexique, l'Amérique centrale et l'Amérique du Sud » (cité par Rojas-Mix, 1984 : 124). Notion construite comme anti-yankee, comme au moment des indépendances celle d'Amérique s'opposait à Espagne. On notera que la qualification choisie pointait la seule opposition externe, manière de masquer les contradictions internes entre les oligarchies créoles et les masses indiennes et métisses.

Or, l'Amérique n'est pas toute « latine ». Certes, dans l'ensemble caraïbe, la langue espagnole reste dominante en raison du poids démographique de Cuba, de Puerto Rico et de la République Dominicaine, et 61 % des Antillais la parlent. Les autres parlent soit un créole français (22 %), soit un « brocken english », un créole anglais, le hollandais et les langues de l'Inde. Ailleurs, dans plusieurs États centre-américains et andins, on assiste depuis quelques années à un « réveil indien » (Labrousse, 1984). Les Indiens représentent entre 10 % et 20 % de la population totale (ce dernier chiffre est obtenu si l'on ajoute aux ruraux, qui parle encore leurs langues, les citadins gardant des liens avec leurs communautés et qui sont désormais les animateurs de ce réveil), et dans la plupart des cas, ils sont concernés par les questions de frontières : soit que leurs communautés culturelles aient été partagées par les tracés post-coloniaux, soit que, comme opposants à l'intégration dans une société « latine », ils participent aux luttes sur les fronts appuyés sur les frontières, soit enfin qu'ils réagissent comme l'avancée des « fronts pionniers », encadrés par des populations perçues comme métisses ou « latines ». Pour l'instant, ces luttes sont menées dans le cadre de chaque État, mais il n'est pas exclu que, devant le peu d'appui rencontré par les dirigeants indiens auprès des forces de gauche (sauf peut-être au Guatemala), ils n'en viennent à s'organiser en fonction d'autres ensembles spatiaux et à exprimer des revendications transfrontalières.

Définir la partie américaine du Tiers Monde comme « latine » reste le leitmotiv des leaders des mouvements de gauche, qui ne retiennent des réalités que ce qui serait la seule contradiction principale, l'opposition aux États-Unis, et accessoirement au Royaume-Uni. Il est donc nécessaire, dans cette optique, d'insister sur les propriétés communes de l'ensemble géopolitique ainsi construit en relativisant les contradictions entre États. Les courants progressistes ou révolutionnaires se réfèrent à une sorte de « bolivarisme » (terme que j'adapte de l'espagnol, « bolivarismo ») qui uniformise les réalités et, dans les périodes de luttes armées, a pris le risque de rester indifférent aux situations nationales spécifiques. Je crois avoir montré, à partir de l'analyse géographique de l'échec militaire de Che Guevara en Bolivie (Foucher, 1977) que l'espace n'était pas indifférencié et que le choix des lieux n'était pas une question subsidiaire.

La réception accordée par les dirigeants cubains au ministre des Affaires étrangères de la junte fasciste argentine en 1982 n'est pas incompréhensible en termes de « solidarité continentale » contre « l'impérialisme ». De même les Vénézuéliens n'hésitent-ils pas à situer leur revendication sur l'Essequibo comme une lutte anti-coloniale (« Venezuela tiene la razon pero Guyana no tiene la culpa »), anti-britannique ; c'est sans doute au Venezuela que la guerre des Malouines a eu le plus d'écho, très loin du théâtre des opérations.

Si les progressistes latino-américains analysent leur situation en privilégiant l'instance économique et les seuls ensembles de première grandeur, les mouvements armés ont cru, eux, à la possibilité d'une « révolution sans frontières ». Les divisions entre États, le découpage de l'espace selon des frontières contraires au rêve de Bolivar ne sont alors perçus que comme la seule conséquence des menées impérialistes. Les réalités sont, on l'a montré, différentes.

Ailleurs, loin de ce plan de contact et de cette aire d'intersection que l'on peut appeler le Bassin Méditerranéen d'Amérique (soit les étendues maritimes et les États riverains), certaines frontières d'État sont équipées militairement comme de véritables fronts, utilisables comme tels en temps de conflit. Et il est clair qu'avec la prépondérance des régimes militaires et l'hégémonie de certains discours géopolitiques, ce caractère fonctionnel de certaines frontières s'était renforcé ces dernières années, provoquant de ce fait l'annulation des projets de type intégrationniste, qui donnaient aux frontières la fonction pacifique d'être des traits d'union et des lieux d'échange et de coopération. Depuis une dizaine d'années, ces deux logiques fonctionnelles s'opposent en Amérique latine.

En effet, il apparaît que l'accent mis ces dernières années par les régimes militaires sur les litiges frontaliers manifestait une perception très différente, privilégiant des ensembles de moindre grandeur (les États), dans une optique nationaliste dont la fonction me semble être de donner à des armées de répression et de guerre civile une légitimité d'armée à fonction de défense nationale.

Bref, deux représentations de l'espace latino-américain s'opposent : d'un côté, l'affirmation de l'intégration continentale, devant dépasser des coupures frontalières « importées » et provisoires (la seule limite qui compterait serait celle qui sépare l'Amérique latine des États-Unis, mais elle n'est pas analysée comme plan de contact et de séparation aux configurations concrètes) ; de l'autre, le primat de l'État comme « organisme » supérieur et devant effacer, par des institutions corporatistes, la structuration en classes de la société ; la tension aux frontières masque le fait que la doctrine de sécurité nationale est en réalité à usage interne.

D'un côté, une perception géopolitique de grandeur continentale ; de l'autre, des projets strictement étatiques. Les théoriciens de la « Geopolitica » n'emploient d'ailleurs pas la notion d'Amérique Latine.

Des Amériques Latines : le deuxième échec de Bolivar ?

Leur référence à l'Occident, comme ensemble de première grandeur, servait de justification à la doctrine de sécurité nationale, puisque les fronts, d'inspiration marxiste, menaçaient cette appartenance. Mais on peut considérer aussi que la référence à l'Occident, dans une perspective géopolitique d'État démocratique, implique le choix de valeurs communes à l'Europe : démocratie, élections libres, dialogue substitué à la violence comme mode de gestion des tensions et des conflits sociopolitiques, enfin diplomatie préférée à la menace.

Faut-il pour autant considérer que l'ère qui s'ouvre en Amérique latine sera placée sous le sceau d'un néo-bolivarisme, réactualisant une puissante représentation, celle de l'unité naturelle et historique de l'Amérique latine ?

Certes, des actions de coopération économique et diplomatique ont été engagées, notamment entre Brésil, Argentine et Uruguay, souvent inspirées de l'expérience européenne de concertation transfrontalière. C'est un des rares cas, hors d'Europe, où des États ont poussé aussi loin les accords d'intégration économique.

De même, en Amérique centrale, la multiplication des consultations peut aboutir à l'élection d'un Parlement Centre-Américain, basé à Ciudad Guatemala. Enfin, la tendance n'est plus, à Washington, à soutenir l'État militaire, sauf si des échecs de l'État démocratique conduisaient à la formation de fronts d'opposition radicaux et armés, quelque part dans les Andes (Pérou, Chili ou Bolivie), ou dans la Méditerranée américaine (Haïti ou Nicaragua). La marge des États est plus grande : ils la manifestent en renouant de manière très visible avec l'Union Soviétique, mais, il est vrai, à partir d'un niveau de relations très bas.

Bref, la convergence des mouvements démocratiques, l'augmentation de l'activité diplomatique, la signature d'accords atténuant les barrières frontalières induisent une évolution néo-bolivarienne. Dans le même temps, du fait des décalages temporels des processus politiques, des différences économiques, financières et techniques grandissantes et des variations dans la capacité à résister ou non aux diverses formes de l'attraction nord-américaine, on se doit de conclure à une dissociation de l'ensemble Amérique Latine : il est désormais pluriel, même si la représentation unitaire contredit encore cette évolution inéluctable.

A partir de l'analyse à la fois des discours sur les frontières et des pratiques, se dégagent quelques tendances lourdes qui sont plus nettement mises en évidence dans le cadre d'un « découpage » de l'Amérique Latine en quatre sous-ensembles :

— le premier se réduit à un seul État, le *Brésil,* grand État par son enveloppe, sa population, son poids économique et la remarquable continuité de sa diplomatie ; or, il a, on l'a vu, des frontières communes avec tous les États d'Amérique du Sud, sauf deux, et surtout l'appareil d'État en fait un outil de son action à l'extérieur (ce n'est donc pas le Zaïre, mais plutôt la Chine), d'autant que cela renforce sa politique interne sur les marges de son territoire.

Le président civil Sarney n'était pas moins explicite que ses prédécesseurs militaires concernant l'ambition de peser sur les évolutions qui se déroulent dans tous les États voisins, ne serait-ce, dans un premier temps, que pour mieux garantir un contrôle du pouvoir central sur des périphéries lointaines, peu peuplées et en fait peu intégrées. Le Conseil de Sécurité Nationale a de nouveau mis à l'étude le projet de route Perimetral (au départ de l'Amapa), qui servirait de point d'appui à une opération nommée « Plan Calha Norte », ou « gouttière nord », qui consiste à placer sous autorité militaire une frange de soixante kilomètres de large tout au long de l'enveloppe frontière (*O Estado de São Paulo,* 24 janvier 1986).

— le deuxième correspondrait à l'*Amérique méridionale,* ou Cône Sud, groupant Argentine, Chili et Uruguay, qui ont des formations sociales proches de celles de l'Europe (et se sont constitués d'abord par immigration). Sur la longue durée, des tensions peuvent naître d'un décalage (économique, démographique, diplomatique) croissant avec le Brésil, couplé avec la difficulté à asseoir durablement (y compris sur le plan économique) un système démocratique. La référence géohistorique serait, dans ce cas, la notion d' « équilibre », au sens de l'Europe centrale du début du XIXe siècle (sa rupture étant un facteur de tension).

— le troisième est l'*Amérique ibéro-indienne,* de Potosi à Mérida (au Venezuela) où les frontières entre États recoupent souvent des régions indiennes peuplées et à peu près exclues du système politique qui ressemble plus à une démocratie oligarchique à l'athénienne qu'à un régime fondé sur une large participation populaire. On observe déjà, ici et là, que certaines sections frontalières servent de sanctuaires pour tel ou tel groupe d'opposition armée, plus ou moins lié aux narco-trafiquants dans les régions des piémonts au climat tropical, moins bien intégrées au système central. Dire que l'État brésilien n'est pas indifférent à ce qui peut s'y passer sur le plan politique, est une litote. On retrouve ce clivage en Amérique centrale, mais là intervient un autre élément, l'influence directe des États-Unis.

— le quatrième sous-ensemble est l'Amérique moyenne ou *Amérique latine du Nord* (qui inclut le Mexique, les États centre-américains et l'aire Guyane-Caraïbe ; cette dernière pouvant être étendue au nord de la Colombie et du Venezuela). Il relève aussi, en partie, de l'ensemble indo-ibérique, mais les États qui le composent ont en commun de se trouver insérés (souvent de manière contradictoire) dans la zone impériale. Là, les interactions de proximité sont les plus fortes et les plus durables. A une époque où la domination des Américains du Nord sur « leur » hémisphère n'est plus aussi exclusive et revendiquée qu'auparavant, l'hispanisation du Sud des États-Unis s'accélère : la « frontière » des Amériques Latines se déplace donc vers le Nord, de Los Angeles à San Antonio et Miami, sur le plan de la langue, de la culture et de la démographie. Dans le même temps, celle qui dessine l'aire d'attraction économique et culturelle anglo-américaine ne cesse de s'étendre vers le sud, Amérique centrale et caraïbe. Au nord de Panama et de la Barbade, on assiste en réalité à la formation d'une *Amérique anglo-latine,* issue d'une intersection dynamique autant que critique *.

* Cf. ci-après, chapitre XIII.

DEUXIÈME PARTIE

FRONTIÈRES EN AFRIQUE, FRONTIÈRES AFRICAINES ?

INTRODUCTION

Trois Afriques

Tout semble avoir été dit, ou presque, sur les frontières d'Afrique. La convergence et l'univoque des appréciations qui sont portées depuis un quart de siècle sur les effets négatifs des configurations géo-étatiques héritées semblent clore par avance toute réouverture du dossier et la vouer à l'échec ou, pis, à l'anathème.

La cause est entendue, si l'on en croit la véritable doxa qui s'est imposée et s'énonce ainsi : « une Afrique balkanisée selon des frontières-issues-de-la-colonisation », qui sont « arbitraires », « absurdes », « artificielles ». Produits d'exportation, imposés sans prise au mépris de la géographie et des ensembles naturels, ethniques ou économiques, ces tracés au cordeau auraient divisé et désuni un continent voué, par la nature ou la sagesse innée de ses dirigeants, à l'unité.

N'y a-t-il pas, sur la carte du monde, de meilleur terrain pour ceux qui veulent prouver la nature intrinsèquement suspecte de tout découpage politique formalisé par des frontières ? N'y discerne-t-on pas le fait du Prince, plus soucieux d'exercer son « imperium » sur un territoire, espace abstrait où s'étendrait sa souveraineté, que de respecter les configurations sociales fondamentales ? Mais le vent d'une histoire aliénante ayant soufflé, le « personnage » Afrique a été divisé, découpé, soumis à un compartimentage non voulu, d'où viendraient tous ses maux.

Tel serait le trait géopolitique majeur de ce vaste ensemble. Ainsi se trouveraient expliquées, par un « mauvais départ » engagé dans des cadres étatiques artificiels, les situations de sous-développement et la non-viabilité économique, les rivalités ethniques et les impasses de la « construction nationale ». Un déterminisme géo-historique semble présider à toute analyse de la carte politique de l'Afrique, et les malheurs de ses populations seraient inscrits dans les conditions de l'horogenèse : une histoire imposée aux dépens des réalités d'une géographie humaine ignorée et d'une géopolitique précoloniale méconnue.

Ne convient-il pas de « revisiter » la doxa, à l'épreuve des réalités géohistoriques et géopolitiques ? N'est-il pas utile, avant d'engager un parcours dans les réalités du terrain, de procéder à un déblaiement préalable des lieux communs ?

Si l'Afrique comme continent est une représentation géopolitique à laquelle l'O.U.A. donne une très relative consistance internationale et diplomatique, les réalités géopolitiques doivent être envisagées à une autre échelle, où s'individualisent plusieurs sous-ensembles africains.

Au Sud, l'Afrique australe se définit comme l'aire d'influence du pôle sud-africain. La liquidation du régime d'apartheid en Afrique du Sud et l'indépendance de la Namibie ont fait cesser l'état de tension militaire entretenu autour de l'Afrique du Sud, de l'Angola au Mozambique. Mais une Afrique du Sud plus démocratique restera le centre économique de l'Afrique au sud de l'Équateur. Et les traces géographiques de l'apartheid demeureront durablement inscrites dans l'espace.

A l'inverse, au Nord joue l'intersection Afrique-Monde arabo-musulman autour d'États souvent très anciens : l'analyse géopolitique s'attachera d'abord aux relations et clivages inter-étatiques, y compris dans le cas du Sahara occidental.

Entre les deux, un espace nommé improprement « Afrique noire » — mais celle du Sud l'est aussi — est identifié par la prédominance des questions politiques internes à chaque État. Les contradictions provoquées par le regroupement colonial et les contentieux hérités de la traite intérieure expliquent en grande partie qu'il faille ici privilégier la géopolitique interne. Un cadre possible de ce sous-ensemble serait celui défini lors de la Conférence anti-esclavagiste de Bruxelles (1889-1890), qui précisa les droits des populations « indigènes » et décida de mettre fin à la traite des Noirs : à cette fin fut délimité un espace compris entre le 20e de latitude Nord et le 22e de latitude Sud où le commerce des armes et de l'alcool était interdit et réprimé.

Trois Afriques donc, aux structures géohistoriques spécifiques sur lesquelles les chapitres VI, VII et VIII insisteront tour à tour, après une présentation d'ensemble de la problématique des frontières (chap. V).

* cartes 14 à 19

CHAPITRE V

Frontières héritées et traces anciennes

« On ne peut sans cesse refaire les cartes, mais on peut arriver à un compromis. »

Hassan II, 22 février 1984.

Des frontières encore peu « africaines »

La comparaison avec les processus d'horogenèse qui ont marqué d'autres ensembles géopolitiques révèle qu'on se trouve en présence d'une carte politique directement issue d'une première horogenèse, qui n'a pas — encore ? — été affectée, sauf exceptions, par ce que je nommerai une seconde horogenèse : c'est une étape géopolitique au cours de laquelle les États héritiers renégocient, confirment les tracés ou les remanient, selon des modalités diverses, et mettent en œuvre des stratégies spécifiques et autonomes.

Un décompte précis des opérations de renégociation, post-coloniale, des tracés par des États désormais souverains montre que pour la période 1960-1985 seuls *13 %* de la longueur totale des frontières ont été concernés : soit environ 10 500 km sur un total de 80 703 km (calculés à échelle moyenne sur la base de 104 dyades frontières). Les accords post-coloniaux sont très peu nombreux.

Il s'ensuit que ces frontières restent en grande majorité (87 %) héritées et, en ce sens, sont encore peu « africaines » : cette propriété ne désigne pas seulement leurs tracés géographiques ou leur origine, mais bien plus leur statut. C'est pourquoi la formule « frontières-héritées-de-la-colonisation » ne renvoie pas seulement à un fait historique d'évidence ou à un constat établi à des fins plus ou moins critiques ou explicatives, mais aussi et surtout à un *principe de légitimité.* C'est même le seul qui soit, sauf exceptions, retenu par les États. Il vaut, d'une part comme norme pour la grande majorité des États, pris séparément, et d'autre part comme règle dans les relations interétatiques, tant que la norme de l'un est acceptée par les autres. L'artifice est devenu la norme. C'est si vrai que nombre de tracés, ceux qui correspondent à des divisions réalisées au départ à des fins de police et d'administration à l'intérieur des ensembles impériaux, n'ont même pas fait l'objet du moindre traité : les documents juridiques de référence ne sont que des arrêtés. *Frontières d'usage,* si l'on veut, issues de la pratique des administrateurs, des militaires et des groupes de pasteurs : voir le cas du litige entre le Mali et le Burkina Fasso, où, en l'absence de textes, le premier État invoquait des droits historiques tandis que le second s'en tenait à la preuve par les cartes coloniales. Or, les frontières d'origine intra-impériale comptent, selon mes calculs, pour le quart du total (25,4 % exactement, soit 20 519 km) !

Des frontières peu démarquées

Un autre indicateur de cette situation est fourni par le pourcentage élevé de limites qui n'ont jamais été démarquées : *41,2 %* du total (en 1988). Or, ce chiffre ne concerne pas, tant s'en faut, de vastes étendues désertiques et parcourues de groupes nomades plus ou moins rétifs, mais d'abord des régions humanisées.

Ajoutons que dans le pourcentage des frontières démarquées (58,8 %), près du tiers coïncide avec un support fluvial ou lacustre, ce qui n'est pas plus simple à gérer : tantôt, la limite sera au centre du talweg, tantôt sur l'une des rives d'un fleuve — rive droite, pour la limite Sénégal-Mauritanie — ou d'un lac — rive orientale pour celle entre Malawi et Tanzanie —, et que pour le reste le bornage est ancien, antérieur à 1960, très lâche, imprécis et le plus souvent à refaire. Dans bien des cas, on suivait des pistes, et les agents des commissions d'abornement se contentèrent de marquer des arbres (par exemple, entre Nigeria et Bénin).

Il y a donc autant de causes de friction que les États pourraient le souhaiter ! Mais, dans l'optique d'un révisionnisme frontalier, il faudrait prendre le risque d'inventer d'autres critères, endogènes et mutuellement acceptables. Question juridique sans doute, mais qui en sous-tend une autre : pendant combien de temps les dirigeants des États pourront-ils faire l'économie d'une reformulation des principes ou des critères du compartimentage territorial ?

Rappelons qu'en Europe, l'un des principes légitimants fut au XIXe siècle celui des nationalités et des États-Nations ; un autre critère fut, en 1919 et surtout en 1945, l'état des rapports de force à l'issue de conflits : frontières dans bien des cas imposées, en fonction de « principes » stratégiques et idéologiques. En Amérique Latine, les rivalités et les conflits entre États ont contribué à fixer et à légitimer une forte proportion des enveloppes.

En réalité, la relative stabilité de l'assise géographique des États en Afrique depuis un quart de siècle semble coïncider avec l'absence assez générale de pratiques de renégociation des limites. L'O.U.A. s'en tient à l'*uti possidetis.* Si, à l'inverse, les États, notamment du fait de la disparition de la première génération de dirigeants, s'engageaient dans une voie de redéfinition des tracés — ne serait-ce que pour les confirmer et aboutir à une démarcation facilitant la gestion administrative et douanière —, une ère d'instabilité ne s'ouvrirait-elle pas ?

Ce serait une bien lourde tâche, et très risquée, que de songer à adopter ou adapter d'autres principes de légitimité des clivages géopolitiques externes. Si l'on se réfère un instant aux pratiques européennes, on notera que ce principe élude la prise en compte d'autres critères ; puisque le cadre était « donné », par avance, on se dispensait d'envisager d'autres principes d'organisation politique de l'espace — droit des peuples à disposer d'eux-mêmes, droit de nation ou de nationalité à disposer de territoires gérés de manière indépendante — et on se gardait d'accepter leurs modalités et conséquences — sécession, partition, plébiscites régionaux. On espérait ainsi pouvoir éviter la généralisation des solutions institutionnelles de type fédéral, qui auraient pris en compte le multi-ethnisme ou le multi-linguisme.

Le recours à l'héritage a servi à justifier que l'on fasse coïncider les autres composantes de la société avec le cadre géographique préétabli. Et il a été adopté par les dirigeants des États, quelles que soient les modalités de leur accès au pouvoir — simple transmission pacifique ou, il est vrai dans 10 % seulement des cas, luttes armées meurtrières (Angola, Mozambique, Zimbabwe).

L'O.U.A. a adopté les configurations de 1958-1963 — « respecter les frontières existant au moment où ils (les États) ont accédé à l'indépendance nationale » selon la résolution adoptée par l'Assemblée des chefs d'État et de gouvernement au Caire en juillet 1964 —, et affiché un principe d'intangibilité, faute de mieux. Or, il était contradictoire avec l'ambition unitaire *.

Celle-ci avait été défendue par Nkrumah, militant du « panafricanisme », idéologie qu'il avait découverte aux États-Unis. Il se méfiait des « patriotismes régionaux », où il voyait l'expression des ambitions des bourgeoisies africaines. Pour lui, « l'unité africaine était une triple nécessité : économique, politique et historique. Possédant toutes les ressources nécessaires à la puissance économique, l'Afrique était cependant affaiblie par les héritages empoisonnés de la colonisation : développement inégal entre les États et les régions au sein d'un même État ; concurrence ruineuse entre pays producteurs des mêmes matières premières ; différences entre les monnaies... A ses yeux, seule « une politique générale déterminée par une autorité continentale » était en mesure de faire sortir le continent du sous-développement. Politiquement, l'Afrique lui semblait menacée au moment des indépendances par « le néo-colonialisme et son principal instrument, la balkanisation » : trop petits, souvent sous-peuplés, dépourvus d'une base matérielle suffisamment solide, les États africains étaient des proies prédestinées du néo-colonialisme et pourraient difficilement résister aux sollicitations des grandes puissances ou échapper à leurs manœuvres. Enfin, historiquement, Nkrumah chercha à démontrer que l'avenir appartenait aux grands ensembles continentaux : il donnait en modèle les États-Unis, de même que l'U.R.S.S. et les tentatives européennes (M'Bokolo, 355-356).

L'idée d'unité africaine, c'est-à-dire d'Afrique une, peut être considérée comme une « représentation ». Elle eut sa fonction géopolitique

* Nkrumah infléchit le panafricanisme de son acception de « défense de la race africaine ou noire » vers un projet politico-territorial, d'échelle continentale, bien que la partie arabo-musulmane du continent ne fût pas intégrée à ce schéma.

dans la période de refus des dominations « extérieures », c'est-à-dire européennes. Elle la garde face au régime d'apartheid. Mais en dehors de ces deux situations, l'idée d'Afrique une, supposée unitaire avant la période coloniale (en toute ignorance des réalités historiques), à l'image en quelque sorte de sa représentation cartographique où s'identifient des contours nets, est un puissant mythe géo-historique, le mot « mythe » étant entendu dans son sens d'événement qui n'a jamais eu lieu.

Une carte remaniée au moment des indépendances

La carte de l'Afrique ne correspond pas exactement à celle de la fin de l'époque coloniale : elle aurait pu être différente et la « balkanisation » est plus grande qu'à la fin des années 1950. L'échec des solutions fédérales — préexistantes ou projetées — dans quatre ensembles (A.O.F., A.E.F., British East Africa et Fédération d'Afrique Centrale) a fortement augmenté le kilométrage des frontières d'États, dans un pourcentage légèrement supérieur à 20 % (ont été ajoutés 13 600 km, dont 6 531 km pour l'A.O.F. et 3 365 km pour l'A.E.F., selon mes calculs *).

Aujourd'hui, près de 17 % de la longueur des frontières d'Afrique sont d'anciennes *limites administratives* intra-impériales qui existaient encore vers 1958.

L'éclatement de la Fédération Rhodésie-Nyassaland (1953-1964) était en germe dans le séparatisme des Rhodésiens du Sud, colons blancs partisans du maintien du système multiracial, et du refus des dirigeants du Nyassaland de subir leur tutelle politique, de même que l'échec ultérieur du projet de Fédération d'Afrique Orientale fut provoqué à la fois par les divergences dans les structures et les orientations politiques et le refus kenyan de s'associer à deux entités nettement moins modernisées pendant la période coloniale.

Dans le cas de l'A.O.F. et de l'A.E.F., l'indépendance « en ordre dispersé » (M'Bokolo, 1985 : 149) fut la conséquence de trois séries de facteurs. La loi-cadre de juin 1956 (dite loi Defferre) privilégia le niveau du « territoire » (ou « colonie ») pour l'attribution des compétences (conseil de gouvernement, assemblées territoriales), aux dépens de l'unité administrative de l'A.O.F. et de l'A.E.F. Cette solution de « territorialisation », étape positive dans l'accès à l'autonomie des douze colonies, impliquait le maintien de liens de dépendance entre des entités peu peuplées et, sauf exception, peu viables, et la métropole. Enfin, deux projets géopolitiques étaient en concurrence. Houphouët-Boigny, président du Rassemblement Démocratique Africain, Baoulé, planteur, participa à la préparation de la loi-cadre de 1956. Il refusait, pour des raisons économiques et politiques, l'indépendance dans le cadre d'une fédération que l'économie ivoirienne (40 % des exportations de l'A.O.F. dans les années 1930) devrait « subventionner » et dont

* Chiffre inférieur au total des frontières intra-impériales (20 519 km), 25,4 % du total africain, qui comprenaient aussi les limites entre sous-ensembles (A.O.F./A.E.F. ; Afrique du Nord et A.O.F./A.E.F.).

la capitale serait Dakar. Opposé aux idées de Nkrumah, il soutenait que l'union politique des États africains, déjà présentés comme « pays sous-développés », ne serait qu'un « regroupement dans la misère et la médiocrité ». En mai 1958, à sa demande, l'Assemblée territoriale et le Conseil de gouvernement de Côte-d'Ivoire adoptèrent une motion proclamant leur « volonté de rejeter absolument toute direction, assemblée ou exécutif, à l'échelon de Dakar » (*in* M'Bokolo, 149). A l'inverse, la Convention africaine de L. Senghor et M. Dia était en faveur d'une solution fédérale, exprimée par la création de conseils de gouvernement fédéraux à Dakar et à Brazzaville.

C'est donc aux conséquences géopolitiques de l'indépendance, et non pas d'abord aux conditions de l'horogenèse initiale, que se référait la notion, assez curieuse dans son acception africaine, de balkanisation. Ce terme (qui vient du turc « balkan », montagne) avait d'abord été appliqué, on le sait, aux régions européennes soumises à un pouvoir ottoman déclinant et qui devinrent le terrain d'élection des rivalités entre les grandes puissances, surtout l'Autriche, le Royaume-Uni et la Russie. C'est lors du congrès de Berlin (1878) que furent inaugurés le démembrement de l'empire ottoman et la pratique des partages négociés sur le papier. Banc d'essai pour la « conférence de Berlin » (1884-1885), consacrée cette fois à la fixation des règles du partage colonial en Afrique.

Si la comparaison entre ces deux conférences diplomatiques est parfaitement fondée d'un point de vue historique, on comprend moins bien l'emploi de ce terme dans le cadre des débats sur les conséquences de l'application de la loi-cadre de 1956, affaire franco-africaine et déjà inter-africaine, et non plus partage colonial. A moins que Léopold Senghor et Sékou Touré n'aient eu dans l'esprit d'autres caractéristiques des Balkans : le rôle majeur de l'éclosion et de la rivalité des nationalismes (grec, serbe, bulgare...), qui facilita les interventions extérieures, la permanence des conflits de frontières (souvent fermées) et de minorités ethniques et nationales. Bref, la perception d'une « carte » non stabilisée, de nombreuses guerres et de clivages idéologiques superposés. Il est exact que l'on pouvait craindre des conflits de frontière, dès l'instant où les anciennes limites administratives changeaient de fonction pour être promues « frontières d'État ». Mais, n'était-ce pas la contrepartie de l'affirmation des nationalismes * ?

De fait, la « carte » aurait pu être remaniée plus encore. Si l'accès à l'indépendance de la Côte de l'Or (préparée dès 1951 et réalisée dès 1957) n'a pas posé de problème territorial immédiat (puisqu'elle englobait une masse Ashanti homogène), mais a influé sur la conception de la loi-cadre française (les partisans de l'autonomie territoriale y trouvant un précédent d'autant plus utilisable que la colonie britannique était une et géographiquement séparée des autres colonies de

* Ajoutons que ces changements territoriaux ruinaient la prééminence des deux anciennes capitales « fédérales », Dakar et Brazzaville, au profit d'Abidjan et de Libreville ; mais rien n'indique que les ensembles dont elles furent capitales ont été effacés de la mémoire de tel ou tel chef d'État contemporain. Si la notion de « balkanisation » garde encore un sens pour l'Afrique, ce n'est plus par référence aux passés plus ou moins lointains, mais plus vraisemblablement comme « horizon ».

l'Afrique occidentale britannique, Sierra Leone, Gambie et Nigeria), celui du Nigeria fut plus compliqué.

L'hétérogénéité de l'ensemble nigérian interdisait la création d'un État unitaire, et seul le compromis fédéral, négocié en 1954, permit l'indépendance dans le cadre préexistant. On sait que la menace de « balkanisation » ne fut que différée, et surgit avec la tentative de sécession Ibo au Biafra.

Au Cameroun, alors que les populations anglophones du Nord optèrent pour le rattachement au Nigeria, celles de l'ex-Cameroun britannique, au sud-ouest, se prononcèrent pour la réunification (février 1961). Quelques mois plus tôt, la Somalie italienne, devenue indépendante, avait été fusionnée avec la Somalie britannique en une République de Somalie. Ce fut, à cette période, le seul cas d'effacement d'une frontière coloniale interimpériale. En 1959, Hassan II obtint la rétrocession de l'enclave espagnole d'Ifni.

Les tentatives belges de transformer le territoire sous mandat du Rwanda-Urundi échoua sous l'effet des tensions entre Batutsi et Bahutu, dans le cadre de chaque entité.

Une illustration précoce des risques de « balkanisation » avait été la première crise congolaise, marquée par des interventions extérieures (Grande-Bretagne, France, États-Unis, U.R.S.S.) sur fond de rivalités intestines entre centralistes et régionalistes à base ethnique. Mais après avoir appuyé la sécession du Katanga contre P. Lumumba, les puissances occidentales favorisèrent ensuite le maintien d'une intégrité territoriale toujours précaire, sous la direction de l'unitariste Mobutu.

Les exemples du Congo et du Nigeria peuvent laisser penser que l'adoption d'une solution fédérale dans les deux ensembles français aurait pu ensuite être remise en cause par sécession des dirigeants des régions les plus riches ou se révéler très conflictuelle, par refus des leaders des autres régions d'accepter le détachement de régions économiquement motrices. Quoi qu'il en soit, il semble préférable de considérer les frontières actuelles comme étant issues de la décolonisation.

Des remaniements difficiles ou de l'intérêt des exceptions

Le statu quo, théoriquement valable pour tous, n'avait cependant pas la même signification géopolitique pour tous les États, car leurs situations étaient très différenciées.

Il était avantageux pour des États qui s'étaient trouvés agrandis par rapport à l'espace précolonial. D'une manière générale, de nombreux États étaient beaucoup plus étendus que ne l'avaient été les entités politiques précoloniales, et les groupes ethniques dirigeants pouvaient envisager de régir des espaces plus vastes que ceux placés sous leur contrôle au XIXe siècle. On comprend bien que le premier ministre d'Éthiopie ait déclaré qu'il fallait « respecter la carte et les frontières tracées — qu'elles soient mauvaises ou non — par les anciens colonisateurs », puisque, dans une large mesure, le pouvoir amhara avait participé au partage de l'Afrique, comme en témoigne la « Lettre circulaire » de Ménélik (cf. p. 166).

Mais, dans d'autres cas, le statu quo figeait des situations jugées inacceptables par certains États. Certains considéraient leurs territoires comme trop exigus pour être viables et contestaient la division de groupes ethniques importants entre plusieurs entités, comme au Togo. Le premier président du Togo, Silvanus Olympio, souligna parmi les premiers les conséquences économiques négatives du cloisonnement hérité *.

D'autres refusaient qu'une dynamique historique — exprimée sous forme de droits — soit bloquée par l'application du statu quo, cas des dirigeants de l'Istiqlal au Maroc, et tardèrent à reconnaître la création d'États voisins. D'autres encore souhaitaient revenir à d'autres limites coloniales (cas du Mali, du Togo et du Ghana) ou reprendre à leur compte des projets coloniaux (cas de la Grande Somalie).

Des objections furent donc formulées dès 1963 par les représentants de deux États, la Somalie et le Maroc, et on sait que leurs confins restent près d'un quart de siècle plus tard deux des régions des plus graves tensions en Afrique.

Des incidents avaient eu lieu entre les armées marocaines et algériennes dès 1962 dans la région de Tindouf. Les dirigeants marocains revendiquaient Tindouf et Béchar, exigeaient de recouvrer les confins algéro-marocains, tandis que le parti Istiqlal, et son animateur Allal el Fassi avaient diffusé l'idée, carte à l'appui, d'un Grand Maroc délimité en fonction de la géographie des liens d'allégeance historiques. L'argumentation était présentée en termes de droits historiques, mais elle se développait sur fond de rivalités au sujet du Sahara.

Le gouvernement marocain adhéra à l'O.U.A. mais fit état de ses réserves sur le principe du statu quo. Le conflit armé d'octobre 1963 fut, avec la crise congolaise et la tension Togo-Ghana, l'un des facteurs d'adoption de la résolution du Caire.

Or, celle-ci était inacceptable pour les Somaliens, dont la constitution de 1960 indiquait dans l'article 6 que « la République somalie promouvra, par les moyens légaux et pacifiques, l'union des territoires somalis » (*in* Decraene, 1977 : 21). Le président Aden Abdullah Osman affirma que la résolution ne s'appliquait qu'aux litiges à venir car les revendications somaliennes avaient été formulées dès 1961 et que le principe de l'O.U.A. ne pouvait pas concerner la limite de l'ex-Somalie italienne, puisqu'elle n'avait pas été fixée et n'était qu'une ligne administrative provisoire. Frontière de facto mais non de jure, qui fut remise en cause par les Somaliens au nom d'un autre principe, celui de l'autodétermination. Il avait été écarté par l'O.U.A., dans le souci de prévenir les politiques irrédentistes et de repousser les mouvements séparatistes qui pouvaient affecter la plupart des États.

Ces deux États ont introduit d'autres principes d'attribution territoriale dont la signification dépasse largement les deux seuls cas cités. En

* « La politique des puissances coloniales a provoqué l'isolement économique de peuples qui vivent côte à côte, parfois à peine distants de quelques kilomètres l'un de l'autre, en dirigeant le courant des ressources vers les métropoles. Par exemple, je puis appeler Paris de mon poste téléphonique de Lomé, mais je ne peux lancer un appel à Lagos, en Nigeria, distant seulement de 400 km. De même, s'il faut peu de temps pour expédier une lettre par avion à Paris, il faut plusieurs jours pour que la même lettre atteigne Accra » (*in* Atmore, 298).

effet, les notions de « droits historiques » et de « non-reconnaissance des faits accomplis », d'« autodétermination » et de « droit des peuples à disposer d'eux-mêmes » sont des principes légitimants de substitution. Ils seraient applicables ailleurs et sont, on le verra, devenus des concepts porteurs de changements dans les configurations actuelles. C'est en leur nom qu'ont été livrées la plupart des guerres à enjeux territoriaux depuis 1962.

En second lieu, c'est l'argumentation somalienne qui a alimenté et relancé la doxa : « L'histoire a montré que l'obstacle majeur à l'unité africaine provient des frontières politiques artificielles que les puissances colonialistes ont imposées dans des zones importantes du continent africain. » Mais Aden Abdullah Osman ajoutait : « A l'inverse de tous les autres problèmes de frontières qui existent en Afrique, le nôtre vient du fait que toute la longueur des frontières actuelles qui ont été imposées par les colonialistes traverse les pâturages traditionnellement utilisés par nos populations nomades » (24 mai 1963, *in* Jouve, 1984 : 124). Or, à cet égard, le cas somalien ne présentait pas une situation unique. Son caractère exceptionnel réside dans le fait que les dirigeants somaliens furent les seuls à objectiver, dès les indépendances, les effets négatifs des tracés coloniaux et à en tirer les conséquences en signifiant clairement les principes et l'aire d'extension du remaniement espéré.

On peut parler, en raison de l'antériorité des revendications et de la valeur de généralisation des problèmes posés, d'un « modèle géopolitique somalien ». Il est vraisemblable que, au mieux de leur connaissance, les fondateurs de l'O.U.A. aient voulu l'exorciser, car les implications du modèle étaient trop importantes pour qu'ils prennent le risque de le tolérer.

En effet, on y rencontre, en première analyse, la somme des effets des politiques frontalières antérieures : contradictions spatiales entre tracés frontaliers et aires de parcours des groupes nomades, principalement les Issak du Haud et les Darod de l'Ogaden ; troncature des aires d'influence commerciales (par exemple, celle d'Hargeisa) ; division d'ensembles géographiques et ethniques homogènes par les tracés et revendications irrédentistes-sécessionnistes dans trois États voisins. Les tracés sont donc nettement sécants par rapport aux réalités de la géographie physique (utilisation alternée d'espaces complémentaires) et humaine.

Comme on trouve des caractéristiques comparables ailleurs mais avec des effets politiques différents, il convient de rechercher d'autres raisons à l'émergence du problème somalien dès 1960.

S'agissait-il, exception en Afrique à cette date, d'une nation précoce et déjà identifiée, sur la base d'un peuplement très homogène ? « Les peuples somalis sont les membres d'une seule nation somali. Le somali est notre langue, parlée du golfe d'Aden au district de Northern Frontier (Kenya). L'islam est notre culture, le pastoralisme notre genre de vie », déclara le président somalien au sommet d'Addis-Abeba en 1963.

L'homogénéité interne de la Somalie dans ses limites de 1960 était un premier facteur de pression pour des agrandissements territoriaux, d'autant que ceux-ci, une fois réalisés, n'auraient pas modifié l'équilibre interne du pouvoir. Et il y eut incontestablement un projet de construction nationale (dont l'un des éléments fut, en 1971, la création et l'imposition d'une langue somali).

La mise en évidence de cette homogénéité, qui apparaît d'autant plus nette, sur une carte à petite échelle, qu'on la compare au puzzle éthiopien, ne doit pas masquer les phénomènes de division interne observables à plus grande échelle, et caractéristiques de sociétés pastorales. On compte au moins six groupes « ethniques » ou « tribus », c'est-à-dire groupes de parenté (Dir, Issak, Darod, Hawiye, Rahanwein et Dighil), qui se subdivisent en clans, auxquels s'ajoutent des castes spécialisées (Migdan, Toumal et Yibir).

Ces groupes, affectés diversement par les deux colonisations, britannique et italienne, ainsi que par l'expansion éthiopienne en Ogaden et dans le Haud, étaient en compétition pour le contrôle du pouvoir, même s'ils s'exprimaient par le biais de très nombreuses organisations politiques d'allure moderne. Modernité acquise à l'occasion de nombreux contacts extérieurs dans les armées coloniales (de nombreux Somalis furent recrutés dans les armées britannique, italienne — notamment pour la deuxième conquête de l'Éthiopie en 1935-1936 — et française), dans la marine marchande et sur le port d'Aden.

Or, c'est le groupe Darod, grands nomades dispersés dans le Nogal, le nord-est de Kenya et surtout l'Ogaden (et auquel appartiennent de nombreux dirigeants et officiers, tels Syaad Barre, ainsi qu'une bonne partie de l'armée), qui fut le plus actif dans la revendication de la Grande Somalie ; il était l'un des plus affectés par le découpage frontalier tout en étant le mieux à même de susciter des mouvements séparatistes chez les Ogadeni.

La prise en compte attentive des configurations géopolitiques internes à la Somalie permet de lier l'émergence d'un projet irrédentiste aux nécessités politiques internes.

Mais cela ne suffit pas à expliquer la vigueur et la précocité de l'idée de « Grande Somalie ». A la différence de l'idée indogène de « Grand Maroc », le projet pan-somali est, à son origine, typiquement colonial. Il fut imaginé en 1943-1944 par Ernest Bevin, titulaire du Foreign Office. A la suite de la campagne britannique de 1941 contre les Italiens, toutes les tribus somalies, à l'exception de celles de la Côte Française des Somalis, s'étaient trouvées réunies, pour la première fois, sous une même administration. Les Britanniques contrôlaient le Haud et l'Ogaden, le Kenya et les deux Somalies (Somaliland au nord et Somalia italienne au sud). Le Plan Bevin consistait à créer un État Somali unifié, et à éliminer l'influence italienne en suscitant la création d'un mouvement politique pan-somali. Ce fut le Somali Youth Center, devenu Somali Youth League, organisation trans-tribale, mais appuyée sur les nomades, dont elle défendait les intérêts.

Toutefois ce projet n'aboutit pas immédiatement, car, en raison des différends entre les puissances sur le sort des colonies italiennes, la Somalie fut placée, en 1950, sous tutelle italienne, pour dix ans. Le Haud (ex « reserved area ») et l'Ogaden furent placés de nouveau sous contrôle éthiopien par les Britanniques au terme du retrait de l'Administration Militaire Britannique (traité de novembre 1954). C'est cette idée, élaborée dans le contexte de la rivalité anglo-italienne, qui fut reprise par tous les gouvernements somaliens à partir de l'indépendance (et de la réunion des deux Somalies), et surtout par Syaad Barre, au pouvoir à partir de 1969, qui y engloba Djibouti et le Nord-Est kenyan, alors que ces deux espaces n'étaient évidemment pas inclus dans le plan Bevin.

On voit, à partir de l'exemple somalien, premier problème frontalier et territorial concret à avoir été posé dès 1961, que la volonté de faire coïncider limites nationales et limites ethniques a été d'autant plus concevable qu'elle avait déjà été réalisée, sous tutelle certes, et d'autant plus vive que les dirigeants somaliens appartenaient aux groupes Darod et Hamiya qui avaient le plus perdu dans l'accord anglo-éthiopien et le plus à gagner dans un succès militaire.

L'interaction entre ethnicité et frontières n'est pas simple ni mécanique et, pour qu'elle joue, d'autres éléments doivent intervenir. Ceux-ci résultent le plus souvent des modifications de limites consécutives à des changements politiques qui se sont passés durant la période coloniale. On ne se réfère donc pas à des ensembles historiques précoloniaux supposés mais aux effets d'une dynamique coloniale complexe. On pourra le vérifier avec les cas du Togo, du Cameroun ou de la Libye.

Les luttes d'influence ont, dans ces situations, conduit les puissances rivales à mobiliser beaucoup plus profondément les structures politiques dominées, sollicitées tour à tour pour entrer dans des alliances et des contre-alliances. Après les indépendances, de tels États ont été plus à même d'entretenir des réclamations, de contester le statu quo.

Enfin, la notion de « frontières coloniales » est aussi ambiguë pour l'Afrique que celle d'*uti possidetis* en Amérique ibérique. Limites internes à des ensembles impériaux ou limites inter-impériales, elles ont souvent été remaniées entre 1886 et 1960, de sorte que les configurations présentes des États ne sont bien souvent que le dernier en date des « cas de figure » éprouvés.

Mais il en existe d'autres, aisément mobilisables ; les connaître peut contribuer à la prévision des lieux et des modalités des craquements.

Des usages actuels de la référence coloniale : un exemple sahélien aux confins du Mali et du Burkina Fasso

Il n'est guère possible de se référer à une carte coloniale unique, non seulement à cause des changements dans les puissances contrôlant un même espace, mais surtout en raison des modifications opérées dans les contours des territoires militaires et des colonies par les administrations successives, pour les besoins du maintien de l'ordre et de l'exercice de l'administration *

* Parmi les nombreux changements qui prirent place entre la fin du XIXe siècle et la fin des années 1950 dans les limites des territoires coloniaux, citons l'exemple de l'ex-Haute Volta, second territoire militaire et ensemble de sept cercles (Bobo Dioulasso, Dedougou, Fada, Gaoua, Ouahigouya, Ouagadougou et Say) de la colonie du Haut Sénégal et du Niger, détaché en 1919, amputé d'une grande partie du cercle de Say en 1927 au profit de la colonie du Niger, aboli en 1932 pour être divisé entre Niger (Fada et la plus grande

Prenons le cas du « conflit frontalier » entre le Mali et le Burkina Fasso en 1985-1986.

Les premiers commentaires ont très largement repris la notion de « frontières héritées... », mais de manière étonnamment polyvalente. Pour les uns, notamment des journalistes, la cause du conflit était inscrite d'emblée dans l'arbitraire du tracé; mais cette affirmation a priori et un peu passe-partout n'aurait-elle pas été appliquée à n'importe quel autre tracé? Pour les autorités maliennes, à la recherche d'appuis politiques et militaires, la France avait des « responsabilités historiques », dans la mesure où il s'agit d'un conflit ayant pour origine les frontières héritées de la colonisation d'où l'on conclut que : « La France peut et doit jouer un rôle. » Mais pour les dirigeants burkinais, qui ne se sont pas référés à ce type de causalité, la France était désormais une « puissance extra-africaine ». Pour les Libyens, qui selon toute vraisemblance ont soutenu la partie burkinaise, « la France doit s'abstenir dans les affaires africaines car, si ce conflit a eu lieu, c'est bien la conséquence de sa politique coloniale passée » (Radio Tripoli, 26 décembre 1985).

Le déclenchement de ce conflit limité résulte d'une série d'initiatives et de décisions prises, à un certain moment, par des dirigeants situés à divers niveaux de la hiérarchie politique. Le litige territorial est ancien et rien n'impliquait qu'il évoluât de la sorte à ce moment-là.

Il a été déclenché, non pas par le tracé, mais par la volonté de l'un des États d'étendre géographiquement son influence politique, ou plus exactement de diffuser ses nouveaux modes d'organisation politique (via les Comités de Défense de la Révolution) vers des marges septentrionales qui se trouvent dans une des aires revendiquées par l'État Malien. Il y eut donc au départ une volonté de consolider le contrôle politique et social (via le recensement) sur les populations fréquentant les régions bordant l'enveloppe frontalière.

La frontière actuelle est une ancienne limite administrative, établie au moment de la création de la colonie de la Haute-Volta (décret du 1er mars 1919). Elle court sur environ 1 220 km et compte pour 35 % de l'enveloppe totale du Burkina, alors qu'elle ne représente que 16 % de celle du vaste Mali (7 466 km de frontières). La cause principale apparente du conflit en est une revendication malienne* sur une longue bande frontalière, connue sous le nom de l'Agescher, large de 10 à 30 km et correspondant au quart de la longueur de la dyade.

Comment expliquer le non-règlement du litige entre Maliens et Burkinais? Le problème a été en discussion de 1961 à 1986. Comme la

---

partie de Dori), Soudan français (ouest de Dori, Ouahigouya) et Côte-d'Ivoire. Une majorité de cercles (Bobo Dioulasso, Gaoua, Kaya, l'est de Dédougou, Koudougou, Ouagadougou et Tenkodogo) furent rattachés, en fonction des besoins de main-d'œuvre, à la Côte-d'Ivoire, puis regroupés en 1937 en une Haute Côte-d'Ivoire dépendante de la (Basse) Côte-d'Ivoire. Enfin, en 1947, la Haute-Volta fut reconstituée dans les limites de 1932. D'autres cas, moins extrêmes, ont consisté en variations de limites : Togo-actuel Ghana ; Cameroun-Nigeria ; Kenya-Ouganda.

* L'État malien fut pourtant l'un des premiers à soulever, et à résoudre, des différends frontaliers, puisque le traité de Kayes passé avec le nouvel État mauritanien en février 1963 rectifia assez nettement et délimita une frontière qui avait fait l'objet de constants remaniements (1913, 1936, 1944) et qui est longue de près de 2 250 km.

frontière n'a été décrite par aucun texte à l'époque coloniale, les seuls documents de référence sont des cartes. Il n'y a pas de texte de délimitation. La question n'est pas qu'il s'agit d'une limite coloniale, mais tient à l'absence de documents de référence qui pourraient servir de base légale aux discussions.

On en est réduit à retrouver des éléments relatifs aux pratiques administratives et à leurs traces, sur des cartes, seuls « écrits » à porter des limites. Face à la revendication malienne, la position voltaïque fut de fonder ses droits sur les cartes officielles de l'*Atlas des cartes administratives et ethnographiques des Colonies de l'A.O.F.* (Paris, 1922) et sur celles de l'*Atlas des Cercles de l'A.O.F.* (Paris, 1926). Mais les Maliens peuvent se référer à des cartes plus récentes, notamment la couverture I.G.N. au 1/200 000 éditée en 1954-1956.

Or, si une limite est indiquée sur les feuilles qui couvrent le sud-ouest (Niéllé, Sikasso, Bobo-Dioulasso, Yorosso, San, Tougan, Ouahigouya), elle n'est plus marquée sur la carte, provisoire, de Douentza (édition 1951) ; elle est représentée de manière discontinue sur celles de Djibo (1960 et 1970), absente sur celle d'In Tellit (1957 ; discontinue sur l'édition de 1959) (de même, à l'est, que sur la feuille de Téra). Ces lacunes ne sont pas rares pour d'autres limites, mais elles deviennent essentielles lorsque d'autres éléments écrits font défaut. De plus, certains tracés ont pu être représentés différemment depuis les premières éditions, d'autant que l'une des régions en litige est caractérisée par une morphologie de chenaux d'écoulement multiples et sujets à des variations saisonnières (on se trouve dans la frange nord de la zone *sahélienne*), qui se réduisent souvent, en saison sèche, à des mares (comme celle de Soum). Ainsi, la rivière Beli, à l'Est, est-elle dessinée de manière fort variable selon les cartes.

Or, ces mares et chenaux, complétés de puits et de forages, restent des points d'attraction pour les groupes d'éleveurs nomades, Touareg (entre Gao et In Tellit) et surtout Peul (entre Douentza et Djibo). Les Maliens estiment que l'Agesher (secteur du Béli) est « géographiquement » et historiquement une partie du Mali, parce qu'il était déjà inclus dans la subdivision d'Ansongo à l'époque du Soudan français ; ils considèrent les populations présentes comme ethniquement « maliennes » (Touareg, Bellah) ; ils indiquent enfin qu'elles continuèrent de s'établir dans ces régions durant la période coloniale.

Il ne s'agirait donc pas d'une « revendication » mais d'un « fait historiquement et géographiquement irréfutable ». En outre, le segment occidental est contesté jusqu'aux environs de Koro. La revendication inclut donc aussi la petite région du Djelgodji (autour des bourgs de Djibo, Baraboulé et Tongomayel). Peuplée de Peul, elle était à la fin du XIXe siècle « pratiquement autonome [car] contrôlée de loin par les Peul du Macina » (Ki-Zerbo, 253). A l'occasion de rivalités intestines, l'une des parties fit appel à des chefs du Macina, qui furent repoussés par les Mossi du Yatenga voisin. Bref, un espace-tampon. Au total, le litige portait sur plus de 40 % de la longueur de la dyade frontière.

L'argumentation burkinaise est moins précise : elle s'en est tenue au dogme de l'O.U.A., et pour les périodes anciennes, aux tracés cartographiques, tout en refusant les versions (notamment une carte de 1925 du Service Cartographique de l'A.O.F.) « favorables » au Mali. Les Burkinais se réfèrent également aux conventions passées entre les deux États pour favoriser les mouvements migratoires ; ils jugent cette revendication dangereuse car « changer les frontières afin d'englober des groupes homogènes conduirait inévitablement à un bouleversement de l'actuelle configuration de tous les États africains ». A l'argument du rôle des Maliens dans l'occupation et la « mise en valeur » de cette région, ils rétorquent en rappelant la place des Burkinais dans d'autres États (Côte-d'Ivoire). Bref, tout en laissant entendre que le peuplement vient bien du Nord, attiré par des régions méridionales plus humides, ils considèrent que la thèse n'est pas recevable sur le plan juridique.

On se trouve donc, pour la section orientale, en face d'une situation d'intersection entre une limite frontalière et une dynamique de géographie humaine. Il n'est pas impossible que les épisodes de *sécheresse* aient accéléré ce mouvement migratoire ; c'est en tout cas à la fin de la grande sécheresse de 1972-1974 que les premiers incidents graves ont éclaté (novembre-décembre 1974). Il convient aussi de faire leur place aux « stratégies frontalières » des groupes Peul, dont Jean Gallais nous assure que « leur aire semble se situer délibérément sur le faisceau frontalier Mali-Haute-Volta-Niger » (1982 : 105).

Malgré les médiations, de nouveaux incidents eurent lieu en juin 1975, immédiatement à l'est de la route Ouahigouya-Koro ; c'est à cette occasion que s'illustra le capitaine Sankhara. Une nouvelle commission mixte fut nommée, et les deux parties s'engagèrent à renoncer à l'usage de la force. On sait, depuis les graves incidents de 1985-1986, ce qu'il en advint.

Deux conceptions s'opposent : l'une, malienne, est de nature ethno-historique — les migrants Peul et Touareg viennent, depuis longtemps, du Nord ; donc ils sont maliens ; l'autre, arrimée au dogme, est plus territoriale — les « Maliens » établis depuis l'époque du Soudan dans l'espace voltaïque sont des citoyens burkinais — et à ce titre doivent être recensés.

De plus, on peut remarquer que l'État malien a déjà obtenu des modifications des limites coloniales, et qu'il a été, très tôt, comme le Niger, confronté au problème de l'intersection entre les tracés de frontières et les aires de parcours des grands groupes nomades, qu'il lui fallait à la fois surveiller et satisfaire.

A l'inverse, l'histoire burkinaise montre assez nettement pourquoi les dirigeants, quels qu'ils soient, sont restés attachés au dogme de l'intégrité territoriale, à un principe de géométrie fixe. Or, au Mali, il est fort probable que des dirigeants gardent en mémoire les configurations de l'époque du Soudan, lorsque l'ouest de la Haute-Volta (ouest du cercle de Dédougou et tout le Yatenga) y était englobé.

Or, à cette période, l'ouest du cercle de Dori, c'est-à-dire le canton d'Aribinda, fut également inclus dans le Soudan : il correspond exactement à la première aire revendiquée ! Comme en outre elle n'est pas de peuplement mossi, l'ethnisme vient conforter le droit historique.

Mais si l'on prend en compte des temps plus longs et des espaces plus vastes, on est conduit à conclure que la ligne de partage actuelle n'a rien d'artificiel, dans sa localisation générale. Sa section centrale passe, en effet, dans une aire comprise entre deux pôles historico-politiques, le royaume Mossi occidental du Yatenga et le royaume Peul du Macina. Entre eux, des marges qui furent aussi des marches, occupées par des Peul plus ou moins autonomes (notamment, on l'a vu, dans le Djelgodji). La revendication malienne s'inscrirait ainsi dans la logique d'un mouvement de longue durée, celui d'une poussée Peul en direction de marches mal contrôlées par les Mossi. Et dans ce cas, la position burkinaise ne serait qu'un prolongement d'une tradition de méfiance à l'égard des Macinankobé (hommes du Macina). Ce n'est sans doute pas un hasard si les Mossi étaient coutumiers de la fixation des frontières de leurs royaumes ; ils utilisaient en général des marigots.

Sur des temps moins longs, il faut indiquer qu'au Burkina, c'est dans les régions occidentales, celles des confins avec le Mali, que la politisation a été la plus précoce : le R.D.A. au sud-ouest, proche de la Côte-d'Ivoire ; le Parti du Rassemblement Africain, à l'ouest, qui fut, détail intéressant, favorable à l'union de la Haute-Volta et du Mali (en 1958-1959). De plus, il se trouve que les deux dirigeants qui ont été les plus tentés par une solution militaire, Lamizana, puis Sankhara, sont des « pré-Mossi » de l'Ouest, d'origine samo (à noter que l'historien et opposant politique Ki-Zerbo est de même ascendance).

Le pays samo, qui est situé à la frontière malienne (au sud-ouest de Ouahigouya), fut une des aires de recrutement privilégiées des militaires — les officiers des fameux régiments de tirailleurs dits sénégalais étaient Samo — et des politiciens.

Au-delà de la question du tracé, c'est, sur la longue durée, le jeu des groupes Peul et la volonté du pouvoir malien (et bambara) d'étendre son allégeance sur les Peul situés sur les marches Mossi (sans doute pour conforter son propre contrôle des Peul maliens, excentrés) qui compte. Le tracé colonial est en cause, non pas parce qu'il sépare, mais parce qu'il bloque une dynamique séculaire (sous sa forme migratoire), doublée d'une nécessité d'intégration politique d'une région enclavée et éloignée de Bamako.

Cela modifie radicalement l'appréciation, négative, que l'on peut attribuer au tracé, qui serait dans ce cas (comme dans beaucoup d'autres) une coupure non pas spatiale, mais *temporelle.* La frontière fait problème, non pas tant parce qu'elle traverse un espace assez homogène que parce qu'elle est utilisée par l'un des pouvoirs pour entraver une dynamique. Dans ce cas, le recours à la doxa, aux responsabilités coloniales (c'est-à-dire, dans le cas présent, à une tranche d'histoire assez brève) sert de masque à la fois à des processus de longue durée et à des problèmes postcoloniaux.

Il y a, pour des raisons inverses, un « problème » Peul au Burkina. Si ceux de l'Est sont « attirés » vers le Niger, ceux du Nord résistent à l'intégration. Ce n'est pas tout à fait un hasard si les hostilités récentes ont été déclenchées à la suite d'une opération de recensement, acte de prise de contrôle politique s'il en est. La statistique n'est-elle pas étymologiquement la « science de l'État », et avec la géographie, une des sciences politiques ?

Ce processus a été accéléré par la radicalisation du régime burkinais, qui a envoyé ses Comités de Défense de la Révolution à ces confins. Ce n'est pas la nature du tracé qui a provoqué la réaction malienne, mais la décision burkinaise de le consolider. Quant aux acteurs, la décision de recourir à des campagnes de propagande (comme en 1974) est bien de leur fait, car c'est un choix conscient dans l'escalade.

Or, de ce point de vue, il ne s'agit plus d'un litige territorial, mais d'une tension de nature politique. En effet, une procédure de règlement avait été entamée devant la Cour Internationale de Justice, et dispensait de déclencher des hostilités. Par contre, ce litige semble avoir été pris comme prétexte, soit, du côté malien pour mettre un coup d'arrêt à l'expérience « révolutionnaire » burkinaise, soit, du côté burkinais, comme manœuvre de diversion face à des difficultés intérieures croissantes.

Une caractéristique de cette tension est que d'autres États s'en sont mêlés d'emblée, et en premier lieu *deux puissances maghrébines*, l'Algérie et la Libye, dont les diplomates ont montré plus de hâte que ceux de l'O.U.A.

Cela est sans conteste un indicateur supplémentaire des changements en cours dans l'Afrique sahélo-saharienne, dont les États sont de plus en plus soumis à l'influence des États nord-sahariens. Ceux-ci sont à la fois dans une situation de concurrence — d'où l'esquisse de coalitions (Algérie-Mali-Côte-d'Ivoire; Libye-Burkina Fasso-Ghana) — et de connivence, chacun œuvrant à étendre l'influence arabo-musulmane sur les États sahéliens.

Rappelons encore que la fortune politique de Sankhara avait commencé avec les incidents frontaliers de 1974-1975 et qu'il a pu être tenté de réutiliser un thème « mobilisateur ».

Dans ces conditions, la référence commune à la nature coloniale des tracés masque des objectifs opposés. Si les Maliens ont sollicité l'appui français en faisant jouer le sentiment qu'une « réparation » serait due, si les Burkinais ont critiqué la puissance « extra-africaine » supposée soutenir le Mali selon une logique néo-coloniale alors que leur dossier, devant la Cour de La Haye, est fondé sur le principe de la validité des tracés coloniaux, les Libyens ont dénoncé une « culpabilité » historique de la France pour mieux œuvrer à réduire son influence. Quant aux Algériens, bénéficiaires de l'héritage frontalier colonial, ils s'inquiètent, de manière réaliste, de « la bombe à retardement » que sont les questions frontalières non réglées.

L'arrêt de la Cour de la Haye rendu le 22.12.1986 * n'est pas d'abord un jugement qui tranche entre des revendications : *c'est une opération de délimitation, fondée sur la recherche de signes tangibles — toponymie, textes administratifs — de « l'instantané territorial » à la fin de la période coloniale.* Les points permettant d'appliquer l'*uti possidetis* et de localiser le legs colonial étaient très peu nombreux, de toponymie variable selon les cartes ou indécise : il revenait à la Cour de concrétiser une ligne qui n'était pas arbitraire mais imprécise — et non cartographiée —, sur la base d'une étude historique et de l'interprétation des textes. Les éléments actuels ou anciens de la géographie humaine n'ont donc pas été pris en compte — à la seule exception d'un témoignage oral sur des travaux de piste menés à cette époque et offrant des indices

* Affaire du différend frontalier (Burkina Fasso/République du Mali). Arrêt du 22 décembre 1986, in *Recueil des Arrêts, Avis Consultatifs et Ordonnances* (pp. 550-663), Cour Internationale de Justice.

de limites —, puisqu'il s'agissait pour la Cour de retrouver les limites coloniales. Cependant, parmi les indicateurs de limites — un baobab, un chapelet de mares, tel piton —, les juges ont dégagé *la notion d'intention des administrateurs de cercles* telle qu'elle pouvait se dégager des rares textes administratifs disponibles. Un des juges a émis des réserves sur un jugement impliquant un renvoi du droit international au droit colonial (*ibid.* p. 100). C'est assez dire qu'en l'espèce c'est le tracé colonial qui, en 1986, a été délimité avec plus de précisions, faute de prendre en compte d'autres indices de limites, un autre instantané ou une autre « date critique ».

Les frontières africaines sont donc coloniales ; mais d'un point de vue géographique ce référent est polysémique, ce qui fait problème. Les États plaideurs peuvent donc arguer d'une multiplicité de limites, quitte parfois à prendre une position intenable. A cet égard, l'exemple le plus savoureux est la revendication du colonel Kadhafi sur le nord du Tchad : formulée au nom de l'anti-colonialisme, elle se fonde, en droit, sur le traité typiquement colonial de 1935 entre France et Italie, qui avait dessiné une autre limite que l'actuelle !

Toutefois, compte tenu de la brièveté relative de la période coloniale dans la plus grande partie de l'Afrique — en moyenne, une soixantaine d'années d'occupation effective * — le précolonial a joué au moment de la conquête et dans ses modalités spatiales et joue, une fois la décolonisation faite, un rôle de premier plan.

Prêter attention à l'histoire « d'en bas », celle qui se déroulait au moment des conquêtes et qui avait laissé des empreintes sur le sol africain, reste indispensable pour mieux connaître les configurations de la géopolitique précoloniale, qui ne se réduit pas à la réhabilitation des actes de résistance. La prise en compte, dans leurs effets spatiaux, des tentatives d'intégration du XIXe siècle (Ousman Dan Fodio, El-Hadj Omar Tall, Samori Touré, Ménélik II, Chaka) et des autres structures politiques locales est tout à fait essentielle pour comprendre deux facteurs fondamentaux de la structuration géopolitique de ce continent :

— les tracés frontaliers qui ont été réalisés le plus souvent en fonction de ces configurations, j'entends : soit contre elles — en les divisant —, soit en les utilisant — les tracés passant alors dans leurs marches ;

— la résurgence contemporaine des géopolitiques précoloniales qui ne se limite pas à l'affirmation de l'ethnicité, et fait jouer d'autres limites spatiales.

Du côté des vieilles frontières d'État

La pratique des frontières — marches et lignes — ne fut en rien ignorée des entités africaines politiquement organisées. L'image quel-

* Y compris dans le cas portugais, dont la colonisation fut, contrairement aux représentations produites à Lisbonne à la fin du salazarisme (« les 500 ans ») pour bloquer toute émancipation, très tardive et ne commença vraiment qu'avec l'Acte colonial portugais de 1930, supprimant les concessions étrangères.

que peu idyllique, ou teintée d'irénisme *, d'une Afrique précoloniale organisée comme une vaste « économie-monde » et animée par une sorte de régime de l'entrecours, bref d'une unité originelle que « la » colonisation aurait brisée, ne résiste guère aux conclusions que l'on peut tirer de la lecture des historiens de l'Afrique. Ceux-ci indiquent assez nettement en quoi les rivalités entre entités politiques — guerres religieuses, conflits pour le contrôle des routes commerciales et des « gisements » d'esclaves, luttes intestines préalables à l'affirmation du pouvoir des dirigeants, sécessions suivies de migrations... — ont facilité la tâche des conquérants, là comme ailleurs.

Près d'un cinquième de la longueur des frontières africaines (18,4 % ou 14791 km) correspond, en réalité, à des traces et tracés précoloniaux. Chiffre surprenant sans doute, mais qui montre la diversité géographique des horogenèses.

Les États concernés, pour tout ou partie de leurs dyades — mais rappelons que l'on délimitait souvent à partir de segments déjà formés —, se regroupent en 4 ensembles : le Maghreb, la partie centrale et orientale de l'axe sahélo-saharien, les royaumes interlacustres et une partie de l'Afrique australe.

— **Le Maghreb :** Les grandes lignes de l'organisation politique de l'espace du Maghreb sont déjà en place au XVIe siècle. Une des plus anciennes frontières africaines est celle qui sépare le Maroc de l'Algérie, dans sa section nord, disons jusqu'à Teniet el-Sassi. C'est aussi la première à avoir fait l'objet d'un accord de délimitation au début de la période coloniale, avec le traité de Lalla Marnia de 1845, ville située entre Tlemcen et Oujda. Or, les deux parties convinrent dans l'article premier que « les limites qui existaient autrefois entre le Maroc et la Turquie restaient les mêmes entre l'Algérie et le Maroc. Aucun des deux Empereurs ne dépassera la limite de l'autre ; aucun d'eux n'élèvera à l'avenir de nouvelles constructions sur le tracé de la limite ; elle ne sera pas désignée par des pierres ».

Elle restera, en un mot, telle qu'elle existait entre les deux pays, avant la conquête de l'Empire d'Algérie par les Français.

Il s'agit d'une frontière historique, reprise par les Ottomans, qui s'étendait au moins jusqu'à Figuig et date du début du XVIe siècle ; elle marque la limite occidentale de l'expansion des Ottomans qui ne parvinrent pas à y installer leur influence, en raison de la résistance des dynasties Sa'di puis Alawi.

Frontière fixée militairement, à l'ouest de Tlemcen, qui vers l'est couvrait les plateaux oranais et vers l'ouest était un passage obligé vers le seuil d'Oujda et la moyenne Moulouya, et qui fut l'enjeu de

* Le lecteur voudra bien admettre que les réflexions qui vont suivre n'ont pas pour finalité de participer à un quelconque révisionnisme historique ni d'entrer dans un débat moral sur la colonisation ; elles ne sont dictées que par la conviction, nourrie d'expériences de recherche sur plusieurs terrains africains assez complexes (Éthiopie, Kenya, Zimbabwe, Namibie et Afrique du Sud), qu'une analyse actuelle et efficace des problèmes géopolitiques des États africains du Tiers Monde se doit d'intégrer un certain nombre de réalités géohistoriques trop négligées, mais particulièrement opérantes aujourd'hui.

nombreuses batailles*. Du point de vue marocain, il s'agissait bien d'une « frontière » au sens de lieu par où pouvait se présenter l'adversaire. La fixation de cette ligne d'arrêt contribua à orienter la concurrence commerciale (routes de l'or et du sel) et religieuse (querelle de légitimité pour la direction de l'umma) entre les deux États vers le sud, Sahara et Soudan. L'influence marocaine s'étendit non seulement sur le fleuve Sénégal (par Tindouf et la Seguiet el-Hamra vers les émirats Trarza et Brakna) et sur le Songhay (par l'axe Marrakech-Tombouctou) mais aussi sur le Bornou. Influence durable si l'on en croit l'appel à l'aide lancé en 1892 par le pacha de Tombouctou au roi du Maroc (M. Morsy, 1984 : 33). Une des conséquences de la présence marocaine fut de bloquer l'avance ottomane vers l'ouest, dans l'aire sahélo-saharienne, à partir du Kanem, dont tout le commerce se faisait avec Tripoli.

Un autre effet de l'expansion marocaine au Sahara fut l'établissement, au milieu du XVIIe siècle, de la dynastie alaouite (Alawi) : formée dans le Tafilalt, c'est-à-dire sur la grande route des caravanes ralliant Fès et Sijilmassa à Tombouctou via Terhazza et Taoudeni. De cette période glorieuse, qui mieux qu'une dynastie née dans le Tafilalt pouvait en exhumer la thématique actuelle d'un « Grand Maroc » ?

La frontière Algérie-Tunisie est, pour les deux tiers, jusqu'aux environs de Bir Romane, une ancienne limite administrative entre les deux régences turques. Toutefois, elle fut en quelque sorte confirmée par l'évolution différente des deux sous-ensembles turcs (en raison d'une plus grande cohésion acquise dès le XVIIe siècle sous la direction des beys de Tunis qui s'imposèrent aux suzerains ottomans comme « pachas » héréditaires, alors que la régence d'Alger resta divisée en trois beyliks) et par les épisodes de leurs rivalités, qui ne cessèrent qu'au début du XIXe siècle. Plus à l'est, la frontière Tunisie-Libye séparait la régence de Tunis de celle de Tripoli, qui englobait aussi le Fezzan. « La séparation entre Tunisie et Libye fut définitive en 1710 quand la Tunisie fut pourvue d'un dey alors que la Tripolitaine, réunie à la Cyrénaïque et au Fezzan, était sous l'autorité d'un gouvernement turc », écrit Jean Dresch (1982 : 60), qui ajoute que, bien qu'elles aient exprimé d'anciennes différences, ces frontières manquaient de précision à mesure qu'elles s'avançaient vers l'intérieur, vers les steppes des hautes plaines, parcours de tribus nomades.

Concluons, *a minima,* à l'existence de traces, assez comparables aux aires séparantes de l'Afrique sub-saharienne, mais vieilles de plusieurs siècles.

Si les délimitations coloniales (conventions entre la Tunisie, France, et l'Empire ottoman de 1888 et de 1910 ; délimitation administrative française entre Algérie et Tunisie de 1883-1902) ont imposé des changements locaux, et provoqué des litiges non résolus, elles n'ont pas modifié, à l'échelle du Maghreb, les configurations globales, sauf évidemment au sud de Figuig.

* Envisagée à plus petite échelle, la région de Tlemcen est, en Afrique du Nord, celle où les steppes sont les plus proches du littoral, ce qui contribue à dessiner une aire de discontinuité (dès la période romaine, cette contrainte avait pesé sur les modalités spatiales de leur occupation (Ch.-André Julien, 1964 : 307)).

— **L'Afrique de l'Est** : En dehors de l'Afrique du Nord-Ouest, l'occupation ottomane a laissé un certain nombre de « traces primaires » qui, bien que très discontinues, ont servi de base aux délimitations linéaires : c'est le cas de la limite Libye-Niger, qui correspond à l'aire d'extension vers le sud des wilayet de Tripoli et de Barca.

Moins connue est l'origine des frontières du Soudan avec le Zaïre, l'Ouganda et l'Éthiopie, qui furent les limites méridionales de l'aire d'extension, au XIXe siècle, du Pachalik d'Égypte, soumis à la souveraineté formelle des Ottomans. Les provinces turco-égyptiennes du sud étaient la Nubie, le Darfour, le Kordofan, le Sennar, le Kallabat et le Taka, ainsi que leurs « dépendances ». La province d'Equatoria fut acquise en 1871, et le Bahr el Ghazal en 1873 par les pachas turco-soudanais, en quête d'esclaves, de sorte qu'au moment où le colonel Gordon devint gouverneur général, son administration s'étendait jusqu'aux confins des actuels Zaïre et Ouganda.

Or, le cours du Nil Blanc est navigable jusqu'aux rapides qui se trouvent entre Juba et Nimule, et Gondokoro était le dernier poste du commerce d'esclaves — qui étaient convoyés à Khartoum par bateaux — (à raison d'une dizaine de milliers par décennie, au prix de 2 £ par tête, selon Morsy (*op. cit.* : 224)). Au-delà de ces régions d'approvisionnements fixe, des raids étaient lancés vers les régions des grands lacs, mais c'est la limite extrême de l'aire de trafic permanent qui est devenue l'aire frontière *.

L'actuelle frontière de l'Éthiopie avec le Soudan, qui coïncide du reste avec une rupture topographique nette comme on peut l'observer sur les cartes et depuis l'avion, fut dans la seconde moitié du XIXe siècle disputée d'abord entre les deux États (1875-1876), puis soumise à la pression du Madhi, qui s'avança jusqu'au lac Tana. Ligne de front et lieu des défaites égyptiennes, la frontière était aussi une aire d'échanges actifs : les marchands d'Abyssinie venaient y vendre des esclaves « galla », femmes, pour les harems turcs et d'Arabie, ainsi que des cornes de rhinocéros !

De fait, les Britanniques se rendirent héritiers des droits acquis égyptiens, et la limite contemporaine fut démarquée comme frontière orientale de l'Égypte et non du Soudan. Il y a là un ensemble naturel individualisé, le bassin du Nil, artère navigable d'un système économique ** fondé sur le commerce des esclaves.

La moitié sud de la frontière Soudan-Tchad contraste avec le tracé méridien de la section nord qui suit le 24e parallèle, car elle reprend

* A une exception près, celle de l'enclave de Lado, sur la rive gauche du Nil Blanc, qui fut rattachée à l'Ouganda sous le nom de West Nile. (Ce district frontalier, peuplé de Kakwa que l'on trouve surtout au Soudan et au Zaïre, est le foyer d'origine d'un certain Idi Amin Dada, dont l'histoire aurait peut-être été différente si le Colonial Office avait, en 1912, suivi l'avis de ses officiers qui recommandaient d'intégrer cette enclave dans le Soudan, sur des critères ethniques ! Une partie de l'armée d'Idi Amin fut recrutée au Zaïre et au Soudan.)

** Durant la période anglo-égyptienne, et du fait des contraintes hydrologiques inhérentes à l'économie agricole du delta et de la vallée du Nil, un droit de regard sur le partage des eaux en amont s'est exercé sur cet espace, le transformant en ensemble géopolitique sous influence égyptienne.

l'ancien clivage entre les sultanats de Darfour et du Wadai, sur plus de 700 km. Là encore, l'esclavage était l'un des fondements économiques.

Dans la région des Lacs, les sept limites des royaumes Tutsi très organisés du Rwanda et du Burundi sont elles aussi très anciennes, souvent marquées par des supports fluviaux : ainsi le Rwanda est-il séparé de la Tanzanie par la rivière Kagera. Comment ces limites furent-elles affectées par la traite imposée par les négociants arabes ou swahili, liés au sultan de Zanzibar, et dont les grands centres de collecte de l'intérieur étaient situés à Tabora et Ujiji (au sud de Kigoma), c'est-à-dire à proximité des États Tutsi ?

Quoi qu'il en soit, et à l'exception des régions Masaï, la conquête allemande se moula complètement dans l'espace continental contrôlé par les sultans de Zanzibar au XIXe siècle et réorganisé par la traite : les forts contrastes de densité entre le Rwanda et l'extrême nord de la Tanzanie coïncident certes avec des différences d'altitude, mais les terres basses se trouvaient également sur l'axe de capture partant de Tabora en direction d'un autre royaume, le Buganda.

— **L'Afrique australe :** Les limites historiques en Afrique australe ne datent que du XIXe siècle en raison des profonds bouleversements dans la répartition des peuples, provoqués d'abord par les entreprises zulu et prolongés ensuite par les avancées des Boers.

Si la limite Botswana-Zimbabwe correspond à celle établie de fait entre le royaume Ndébélé (dissidents Zulu) alors dirigé par le roi Lobengula et celui des Tswana soumis au roi Khama, et ne doit à peu près rien aux Anglais, celle du royaume du Swaziland a été reculée vers l'est, à la suite de cessions de terres commencées en 1855 dans l'espoir, si l'on en croit les rapports des commissions de démarcation hollando-swazi, d'une protection boer contre les Zulu.

En revanche, le Lesotho, ex-protectorat du Basutoland, encore vide au début du XIXe siècle, fut peuplé de groupes Sotho trouvant sur des terres d'altitude supérieure à 1 500 m un refuge contre les Zulu. Le protectorat britannique fut accepté sous la garantie qu'aucune concession de terres ne soit faite à des étrangers (Gourou, *op. cit.* : 356) ; cela lui évita l'annexion pure et simple par les colons de l'Orange qui s'étaient établis entre Bloemfontein et la rivière Caledon, faisant reculer de plus de 150 km les limites initiales.

Le Lesotho est ainsi le premier cas historique d'une longue série de frontières de refoulement en Afrique australe (cf. chapitre VIII).

Marches et traces précoloniales

On relève, en Afrique, plusieurs catégories d'interactions frontalières précoloniales :

1. *les frontières-fronts,* linéaires et matérialisées, séparant des groupes ethniques différents et opposés, et qui sont, au sens militaire du terme, des lignes de « contact » ;
2. *les frontières de contiguïté,* linéaires, où des entités distinctes sont proches, voisines ou en contact direct ;
3. *les aires frontalières à fonction de séparation,* qui peuvent être soit dépeuplées, soit occupées par des groupes mineurs ;

4. *les aires frontalières d'intersection ethnique* (situation déjà évoquée avec le cas somali).

Le premier cas est illustré par des exemples éthiopiens. Dans le sud de l'Éthiopie et jusqu'aux conquêtes de Ménélik II, certains royaumes Sidamo, menacés à la fois par la poussée Ahmara venue du nord et par les raids esclavagistes conduits par les royaumes musulmans de Jimma, s'étaient protégés par un système de défense. Observable sur des photographies aériennes, il comprenait des fossés larges (6 m) et profonds (3 m) renforcés de palissades de bois et parfois de remparts et de tranchées dans les secteurs les plus exposés. L'accès se faisait par des portes dotées de véritables herses en bois ; des droits de douane devaient être acquittés. On trouvait un tel dispositif défensif dans le royaume de Janjero, situé autour de Fofa dans le coude de l'Omo-Gibé, dont les gorges formaient un rempart naturel à l'est. Région de hautes terres (de 1 000 à 3 000 m), relevant de l'ensemble dit de la « civilisation de l'ensete » (faux bananier à feuilles rouges qui produit 20 millions de calories à l'hectare, vingt fois plus que l'orge !) et présentant un paysage vert et bocager, densément peuplée en raison de son rôle refuge, aux populations non musulmanes : bref, un foyer démographique attractif pour les États esclavagistes qui étaient en relation avec le sultan de Zanzibar.

Au sud de la Gojeb, le royaume de Kaffa était doté d'une frontière comparable (selon Huntingford, 1955). A l'est de l'Omo, le royaume Wollamo du Wollaita aurait (aux dires de mes informateurs sur place, à Soddo ; 12-1983) eu une protection semblable, face aux Galla. Il s'agissait bien de frontières linéaires, au sens originel du terme, développées sur les espaces ouverts et ceinturant des entités de l'ordre de 4 000 à 25 000 km². En avant des fossés s'étendaient des espaces inoccupés, nommés « moga », que l'on pouvait trouver aussi en périphérie des États Galla. Mais ces fronts n'ont pas été repris pour fixer des limites externes d'États modernes, beaucoup plus vastes.

Le deuxième cas se rattache au premier au sens où il s'est le plus souvent agi de lignes de front entre des États aux intérêts opposés. Là encore, « la mainmise sur le trafic négrier était la principale raison de cette empoignade forcée », relate Ki-Zerbo (282) à propos des conflits permanents entre les royaumes Yoruba du Nord et l'émirat Peul d'Illorin à partir du milieu du XIXe siècle ; l'occupation britannique en fut accélérée et certaines limites administratives internes du Nigeria (entre Northern et Western dans le dispositif de découpage interne en trois États seulement au moment de l'indépendance ; entre Kwara et Western dans le schéma des douze États, en 1967 ; entre Kwara d'une part et Oyo et Ondo dans le schéma des 19 États de 1975) n'ont fait que reprendre le tracé de ces lignes de front. Cependant, ces fronts étaient par définition mobiles en fonction des aléas politiques et militaires.

Le troisième cas est le plus fréquent et le moins mal connu. Il est facilement repérable sur des cartes de répartition de la population, qui est caractérisée de manière schématique selon un modèle d'alternance entre des foyers ethno-démographiques denses et des aires intermédiaires peu peuplées, qui avaient une fonction d'espaces-tampons.

Certains pouvaient se réduire à des simples ensembles linéaires, lorsque l'encaissement du réseau hydrographique était exploité à des fins de séparation : voir les cas des gorges du Niger, entre le Borgou et le Gando, de la vallée de l'Omo-Gibé en Éthiopie du Sud ou du Nil bleu, entre Gondar et Tigré, ou encore ceux des vallées très incisées qui descendent du Drakensberg et furent des limites nettes entre Zulu, Pondo et Xhosa. Il n'était pas rare que des axes fluviaux moins marqués fussent utilisés comme limites politiques : citons les cas du haut Limpopo entre Pedi et Tswana, de son affluent de rive gauche, le Sashi, limite entre le royaume Ndébélé de Lobengula et celui, à dominante Tswana, de Khama. En Afrique occidentale, Ki-Zerbo mentionne au sujet du royaume Mossi du Yatenga que « le Naba Géda fixe la frontière avec le royaume de Ouagadougou au marigot de Niéséga » et que, au nord-est, « les Peul du Macina contrôlaient alors (milieu du XIXe siècle) de loin le Djelgodji pratiquement autonome, le marigot de Bèlèhèdè étant la frontière fixée par Ousman Dan Fodio » (*op. cit.* : 252-253).

Même si le concept moderne de frontière est employé par extrapolation, retenons que la notion de *limite politique* était claire dans le cas d'entités très organisées. Du reste, celles-ci disposaient de systèmes de douanes, ainsi qu'en témoignent, parmi d'autres, les exemples de l'Ashanti ou d'Abomey, qui n'ignoraient pas la pratique de statistiques démographiques à usage fiscal, au moyen de sacs de cailloux correspondant aux différents villages (*ibid.* : 278). Dans des régions de climat plus humide, la technique des « haies » (Sautter, 1982 : 48) forestières était également fréquente et associée aux « no man's land », par exemple chez les Baoulé du centre de la Côte-d'Ivoire.

Ces aires frontalières séparantes étaient caractérisées par des zones de friches vides (parcourues seulement par les chasseurs d'esclaves ou plus simplement issues des ravages de la guerre) ou bien peu peuplées par des groupes mixtes ou mineurs ; elles furent et sont encore un trait général de l'organisation à la fois démographique et politico-stratégique de l'espace sud-saharien. Bref, une alternance d'espaces pleins et de vides relatifs, qui introduisait une fragmentation géopolitique réelle de l'espace à l'aube du partage colonial : les tracés actuels reprennent bien souvent des « traces » antérieures.

Des frontières nouvelles sur des traces anciennes

Des traces — c'est-à-dire des *proto-frontières* — ont été utilisées par les colonisateurs qui passèrent toute une série de traités de protectorat, notamment sur les côtes de l'Afrique occidentale, qui fossilisèrent, même après regroupement, les dispositifs spatiaux préalables. De nombreux tracés passent dans ces aires frontalières séparantes. Voir par exemple la limite entre Bénin et Nigeria, qui se situe, dans sa section méridionale, entre l'ancien Dahomey et les royaumes Yoruba.

Fréquemment, — mais le cas des Ewe montre que la remarque souffrirait d'être généralisée —, le tracé perpendiculaire au littoral des frontières des États du Golfe de Guinée s'explique par la combinaison de deux facteurs : les points de départ de la colonisation étaient sur les comptoirs côtiers, de sorte qu'après 1885 on s'est projeté vers l'intérieur à la mesure de l'aune coloniale initiale ; les entités préalables les moins faibles étaient elles-mêmes le plus souvent organisées dans un sens méridien (recherche de l'accès au marché des armes, orientation des flux d'esclaves... voir à ce sujet l'histoire des efforts de l'Ashanti pour atteindre les côtes).

On a aussi tiré parti de lignes de fracture politique de manière à rendre les négociations entre puissances rivales plus aisées. Un cas tout à fait net et significatif en raison de son extension (plus de 800 km) est celui de la frontière inter-impériale entre le Niger et le Nigeria.

Certes, elle recoupe aujourd'hui un vaste ensemble ethno-linguistique Haoussa, de sorte qu'à prendre en compte cette seule strate, on conclut à une intersection arbitraire. Mais, si l'on envisage une autre strate spatiale, où sont dessinées les aires d'extension des États et entités Haoussa et Peul du milieu du XIXe siècle, on est conduit à une conclusion inverse. En effet, à la suite de la jihad conduite par les Peul (Ousman Dan Fodio) au début du XIXe siècle contre les infidèles dont l'influence s'accroissait dans les pays Haoussa, et après la fondation de Sokoto (1809) — symbole du « nouvel ordre politico-social » (Ki-Zerbo, 362) qui s'étendait du Macina à l'Adamaoua —, des chefs Haoussa repliés au nord d'une ligne théorique Gwandu-Sokoto-Katsina organisèrent une série de petits États et refusèrent la collaboration ou la soumission. L'Empire Peul « connaît, en lui-même ou sur ses flancs, des noyaux rebelles ou ennemis », nous dit H. Deschamps (1971, II : 162). « A l'extérieur, des exilés rebelles du Katsina et du Gobir se sont installés à Maradi et Tasoua et ont fondé Tsibiri. (...) La lutte continua, accaparant beaucoup des efforts des souverains de Sokoto et de Gwandu. Aux deux tiers du siècle, le Sokoto reconnut un État-tampon gobiwara entre le sultanat et Tsibiri, et pour mettre fin à des guerres ruineuses, Sokoto et Gwandu durent accepter la renaissance partielle du Kebbi. » Au terme de plus de soixante années de conflits, l'aire située au nord du sultanat était dévastée. Des villes Haoussa, centres politiques de la rébellion, avaient été créées, et des marches établies entre Sokoto et Maradi.

Durant les négociations anglo-françaises commencées en 1890, une première limite conventionnelle avait séparé deux sphères d'influence au long du 14e parallèle (ce qui recoupait le sultanat de Sokoto au nord-ouest), procédé classique qui avait été utilisé, on l'a vu, pour la limite Ghana/Haute-Volta. Or, curieusement, la frontière nord du Nigeria n'est pas rectiligne, mais sinueuse. Pourquoi ? La convention finale de 1903-1904, qui ménageait des compensations en faveur de la France (en échange de l'abandon de ses droits de pêche à Terre-Neuve !), modifia les tracés qui furent reportés vers le sud. Le tracé final et actuel fut fondé sur celui des limites nord de Sokoto, Gwandu et Bornu, qui correspondait soit à la ligne de front Gwandu-Keddi à l'ouest, soit aux aires frontalières séparantes et aux marches situées au sud d'une ligne Kebbi-Maradi-Zinder.

Une fois n'est pas coutume, les raisons du changement sont données dans le texte de la convention d'avril 1904 qui fait explicitement référence non plus aux grandes routes et rives commerciales mais aux divisions politiques, afin que les territoires de Tessaoua-Maradi et de Zinder reviennent à la France et les autres à la Grande-Bretagne.

La frontière actuelle n'est pas présentement remise en cause, en dépit de son tracé sécant avec les ensembles ethniques et économiques

(Zinder n'est qu'à 240 km de Kano). C'est sans doute qu'elle était perçue comme coïncidant avec un clivage politico-historique réel.

La prise en compte des réalités locales : où ? pourquoi ?

La lecture des textes des traités et l'observation de cartes détaillées autorisent à conclure que, *dans un sixième des cas*, les configurations ethniques locales (que l'on appelait alors tribales) ont été prises en compte pour les tracés. Ce pourcentage est une valeur minimale, car il ne comptabilise que les limites pour lesquelles le critère ethnique a été avancé explicitement dans les textes et étudié par les commissions d'enquête. Il faudrait y ajouter une partie des limites précoloniales de nature politique (lorsque des ethnies sont aussi des entités politiques organisées en royaumes) ainsi que les dispositions particulières qui concernaient l'usage des aires de parcours et des puits.

Pourquoi un tel souci, contraire au procédé des sphères d'influence ? D'abord pour adapter, à des échelles plus grandes (supérieures au 1/500 000), les décisions prises à grands traits. Mais aussi et surtout pour rationaliser les tâches de maintien de l'ordre et d'administration. Ces nécessités pratiques expliquent que de nombreux tracés aient fait ensuite l'objet de remaniements.

Un premier exemple est fourni par l'existence d'une différenciation fonctionnelle des deux frontières entre l'Égypte et le Soudan, dans la région située entre Wadi Halfa et le littoral de la mer Rouge : si la limite politique suit le 22e parallèle, la limite dite administrative en est dissociée sur près de 500 km. En vertu de l'arrêté de 1902, l'autorité égyptienne (en l'occurrence la « moudir » d'Assouan) s'étend au sud du parallèle pour englober les aires de parcours des Ababda, tandis que celle exercée depuis Khartoum concerne les espaces utilisés par les bédouins nommés à l'époque Becharia (Beja) et Malikab, c'est-à-dire sur plus d'un degré au nord de la limite politique. Il en est résulté que cette région Beja échappe au contrôle soudanais et est devenue une aire de contrebande très active (trafic de drogue en particulier).

Les mêmes préoccupations de police ont présidé au tracé de la section centrale de la frontière Tchad/Soudan, au contact cette fois de deux sphères d'influence. Le gouvernement britannique reconnut (convention de 1919) aux Français un droit de regard sur les tribus semi-nomades Bedayat et Guraan (ou Gorane), au nord du Wadi Howa, qui formait limite avec les aires de parcours des Zaghawa, placés sous son autorité. Le tracé de plusieurs segments fut fixé sur le cours des wadi (Tini et Kaja), lignes d'attraction pour les groupes des deux côtés durant la très longue saison sèche, et également limite traditionnelle entre Darfour et Wadaï. La fonction séparante de la frontière se combinait avec une aire de convergence écologique. En fait, la position marginale du Darfour dans l'ensemble soudanais et les liens établis avec les populations des régions de l'est du Tchad expliquent l'engagement de Soudanais dans les luttes tchadiennes.

La section nord de la limite Éthiopie-Soudan fut fixée selon les mêmes principes par les Italiens et les Britanniques, c'est-à-dire entre le Pasha Kitchener et le gouverneur de l'Érythrée, en 1895, selon l'allégeance des groupes. Mais le partage se fit au niveau du clan, en particulier pour les Beni Amer, selon qu'ils reconnaissaient l'autorité de tel ou tel cheikh. Le but était (article IV, accord de juin-juillet 1895) d'obtenir ainsi le désarmement total ou partiel des tribus, dans l'intérêt de la tranquillité publique.

Depuis l'annexion éthiopienne, l'un des deux mouvements de libération de l'Érythrée, le F.L.E., a été animé par le réseau des notables Beni Amer de la région côtière et a disposé d'emblée d'appuis au Soudan, à la différence du F.P.L.E., d'orientation marxiste, composé de Tigréens, sans appui ethnique externe et conduits par conséquent à une lutte intérieure plus radicale.

En Afrique occidentale, les *remaniements* (selon le terme employé à l'époque) à des fins autres que militaires n'ont pas été rares. Ainsi, au sujet des limites du cercle de Gourma, aux confins du Bénin et de la Haute-Volta, le ministre des Colonies rapportait à la présidence de la République en 1909 « les inconvénients que présentent ces limites mal définies qui, depuis un an, ont donné lieu à de nombreuses contestations entre les administrateurs des cercles de Fada N'Gourma et de Djougou. Il importe dans ces conditions de fixer lesdites limites afin d'assurer l'unité de notre action et l'intérêt de la bonne administration des territoires contestés. C'est dans ce but que j'ai l'honneur de soumettre à votre haute approbation un projet de décret rattachant à la colonie du Dahomey les groupements baribas de Boulgou... (suivent six autres noms) qu'aucun lien ethnique n'unit aux habitants de Gourma ». D'où un tracé qui au nord-ouest ne suit plus la chaîne de l'Atakora. De même, en 1913, pour la « région dite Porga », incorporée au Dahomey, avec l'avantage d'assurer « l'unité d'action sur des populations de même race et aussi de donner une limite naturelle (l'Oti et la Pendjari) aux deux colonies » (textes *in* Brownlie, 204-206). Ailleurs, on invoque les problèmes d'isolement, de surveillance des confins.

Dans le cas de la dyade Sénégal-Guinée, au nord du massif du Fouta Djalon, c'est le terme de « frontière » qui fut, curieusement, employé (dépêche de 1898, décret de 1915), sans doute parce qu'elle prolongeait celle de la Guinée portugaise. Les textes indiquent que le tracé définitif devrait suivre « autant que possible les limites politiques du Coniagui et du Labé », qui seront inclus dans la Guinée. Il s'agissait d'incorporer l'espace très organisé (subdivision en provinces) des Peuls du Fouta Djalon, dont la conquête avait été menée depuis Conakry. La frontière est décrite comme « séparation de groupes ethniques » (rapport du 27 février 1915).

Un remaniement beaucoup plus ample eut lieu aux confins du Kenya (colonie) et de l'Ouganda (protectorat), entre 1902 et 1926. A l'origine, la limite coloniale orientale de l'Ouganda suivait le rebord occidental de la Rift Valley qui était aussi la ligne d'arrêt de l'expansion des pasteurs-guerriers Masaï (autour de Nakuru); et la limite Est du puissant royaume de Buganda qui s'étendait là sur des populations nilotiques, mais d'ethnies distinctes (Luo, Kisii, Kavirondo). Pour des raisons de maintien de l'ordre, plus aisé à assurer dans le cadre de la colonie du Kenya que dans celui du protectorat de l'Ouganda, la frontière (le terme est « boundary ») fut placée, en deux étapes, sur des limites inter-ethniques. Au nord du massif de l'Elgon, on sépara les

Karamajong (éleveurs du Karamoja) des Turkana et des Suk, en compétition pour l'usage des pâturages. Celle-ci n'a d'ailleurs pas cessé, notamment dans les années récentes de sécheresse, et la nouvelle frontière est restée ce qu'elle était auparavant, une ligne de front entre ces groupes.

Ces mesures * ont permis d'incorporer les masses démographiques nombreuses des régions Luo et Kisii (un des records de densité rurale d'Afrique), qui sont devenues des aires d'émigration vers Nairobi et Mombassa (Foucher, 1981 et 1984).

Au Kenya encore, mais cette fois aux confins du Soudan, la frontière initiale (1914), qui, suivant le 5e parallèle, recoupait les pâturages (« customary grazing grounds ») des Turkana, fut remplacée en 1931 par une « red line » (couleur du tracé sur la carte) située plus au nord, sinueuse et adaptée à l'aire d'extension de ces pasteurs. C'était une solution administrative provisoire, comme dans l'Égypte du sud-est, visant à stopper les raids tribaux. Une « blue line » fut également envisagée (au long de la Kibbish, qui est parallèle à l'Omo), en raison de sa valeur pour la surveillance, assurée par la police kenyane, en territoire soudanais.

Au sud de l'Éthiopie, la longue frontière avec le Kenya fut définie une première fois dans la fameuse « Lettre circulaire » de Ménélik (10 avril 1891) envoyée à cinq chefs d'État européens, et restée sans réponse en raison de son programme expansionniste. « En indiquant aujourd'hui les limites de mon Empire, je tâcherai, si Dieu veut bien m'accorder la vie et la force, de rétablir les anciennes frontières de l'Éthiopie jusqu'à Khartoum et le Lac Nianza, avec tous les pays Galla. Je n'ai point l'intention d'être spectateur indifférent, si des Puissances lontaines se portent avec l'idée de se partager l'Afrique, l'Éthiopie ayant été, pendant bien quatorze siècles, une île des Chrétiens au milieu de la mer des Païens » (*in* Brownlie, 799). Pour le Sud, Ménélik se référait à « tous les pays Galla », et la frontière de 1907 fut délimitée en fonction de l'expansion éthiopienne antérieure. Ces pays Galla incluaient un royaume Borane, au sud duquel il fut décidé de fixer le tracé. Mais, les choses se compliquèrent ensuite du fait de la soumission aux Borane de groupes d'origine somali (les Garre) ayant adopté la religion et la langue des Galla (nous dit le major Gwynn dans un mémorandum qui est un modèle d'analyse géopolitique, 1909). La ligne Gwynn fut tracée de manière à bloquer l'expansion Galla-Borane au sud de la Dawa : il obtint l'acquiescement des Garre en échange de la garantie britannique d'accès aux points d'eau et aux puits qui furent utilisés comme support de la section orientale de la frontière. Les problèmes n'ont guère cessé depuis, compliqués par l'irrédentisme somali. Mais, pour y faire face,

* Idi Amin s'éleva dès 1976 contre ces remaniements, sans pouvoir aboutir dans cette région-là, qui est demeurée longtemps « polarisée » par Kampala (et l'Université Makerere, la première fondée en Afrique) et en position de « dissidence » plus ou moins ouverte par rapport au foyer ethno-politique Kikuyu des environs de Nairobi. Il est vrai que durant la terrible révolte Mau-Mau (menée entièrement par des Kikuyu), les groupes de l'Ouest collaborèrent avec les autorités britanniques. Ce changement de limites a eu des conséquences profondes dans l'organisation politique du Kenya indépendant sous domination Kikuyu jusqu'à la mort de son leader, Kenyatta.

les dirigeants du Kenya et de l'Ethiopie signèrent un accord définitif en 1970, confirmant *la ligne Gwynn.*

A la différence des frontières européennes, qui ont été délimitées d'emblée comme *frontières d'État,* celles de l'Afrique ne furent d'abord que des *limites,* administratives ou inter-impériales, d'entités dépendantes, à l'exception de celles de l'Éthiopie et du Liberia. Si des indépendances ont provoqué un *changement de fonction* de ces limites, devenant des enveloppes d'entités étatiques autonomes, elles ne se sont pas accompagnées de modifications dans leurs tracés, dans leur *inscription dans l'espace.* Le strict respect du dogme de l'O.U.A. suffit-il à expliquer cette étonnante stabilité, qui paraît si contradictoire avec les effets que l'on devrait logiquement attendre des procédés de surimposition appliqués ? Et les facteurs de stabilité qui ont joué durant le dernier quart de siècle sont-ils acquis définitivement et durables ?

* *cartes 20 à 24*

CHAPITRE VI

Frontières immédiates : vers l'érosion ?

« Il appartient aux États africains de veiller à ce que soit respectée leur règle d'existence : l'intégrité des frontières héritées des grandes puissances coloniales. Ils y prendront garde, je suppose. »

François Mitterrand, 1986.

Alors que, sauf exceptions, l'instabilité était, dans la période 1960-1975, restée circonscrite à l'intérieur des États, provoquant en réaction le « gel » des questions frontalières, on observe que désormais la stabilité territoriale depuis un quart de siècle commence à être remise en cause, dans les faits mais aussi dans les principes. Un processus d'érosion est à l'œuvre et le révisionnisme frontalier, tant redouté, est désormais réel. Les normes des relations inter-étatiques, en particulier l'intangibilité des tracés et la non-intervention, ont été mises à l'épreuve par une série de changements géopolitiques. Des frontières ont été effacées ; d'autres ont été créées.

La stabilité territoriale n'a été qu'apparente depuis les années 1960. D'une part, des frontières d'États (ou de colonies) ont été effacées : c'est le cas entre les deux Somalies, entre le Maroc et l'ex-Sahara espagnol, entre l'Éthiopie abyssine et l'Érythrée et, un temps, entre la Mauritanie et le Sahara occidental.

D'autre part, des processus de regroupement sont en cours : ainsi en est-il de la confédération de Séné-Gambie (en 1982) qui fut instituée à la suite d'une intervention militaire sénégalaise en Gambie, mais dont la fonction est surtout de limiter les effets du séparatisme du foyer minoritaire et oppositionnel casamançais. Un précédent eut lieu dès 1964 avec le rattachement des sultanats de Zanzibar et de Pemba au Tanganyika pour former la Tanzanie ; de même entre le Togoland et le Ghana, entre le Nord-Cameroun et le Nigeria, entre le Sud-Cameroun et le Cameroun (dans les deux cas à la suite d'un plébiscite).

Des frontières d'État sont devenues de simples limites administratives et inversement. Or, ces changements n'ont pas interrompu une dynamique visant à retourner à l'état de fait ancien, notamment en Érythrée.

D'autres évolutions de ce type ne sont pas à exclure : ainsi, entre la Guinée équatoriale (récemment intégrée dans la zone franc) et le Gabon, avec une formule de confédération centrée sur Libreville (qui est plus proche de Bata que de Lambaréné).

Par ailleurs, on continue de tracer des frontières internes avec le projet d'en faire des frontières d'État de manière à perpétuer une domination ; l'argument ethnique est le critère affiché pour le détail des tracés : on aura reconnu l'Afrique du Sud. Inclure ce cas unique dans la rubrique des litiges frontaliers surprendra moins lorsqu'on aura pris le temps d'indiquer que dans tous les bantustans sans exception sont aujourd'hui posés, par leurs dirigeants (c'est là une des principales formes d'expression de leur nouveau pouvoir), des revendications portant sur les nouvelles limites. Habile détournement !

Des litiges peu nombreux, mais graves

Une estimation minimale indique qu'une quinzaine de dyades sont concernées, sur tout ou partie de leur longueur (on a placé en tête l'État qui exprime une revendication) : Maroc-Espagne, Algérie et Sahara occidental ; Libye-Algérie, Niger et Tchad ; Nigeria-Tchad et Cameroun ; Togo-Ghana ; Somalie-Éthiopie ; Malawi-Tanzanie, Mozambique et Zambie ; Zambie-Zaïre ; Lesotho-Afrique du Sud. Les contestés porteraient sur environ 13000 km, soit *16 %* du total.

Peu nombreux, les litiges peuvent être très graves, au point d'avoir provoqué des guerres ou des interventions militaires (frontières du Maroc, de la Libye et de la Somalie) qui n'ont pourtant rien réglé. Les autres revendications ont pu donner lieu à des incidents plus ou moins sérieux (Mali-Burkina Fasso ; Zambie-Zaïre ; Nigeria-Cameroun). Elles entrent dans la rubrique des conflits latents (tels Togo-Ghana). Mais, à la différence de l'Asie ou de l'Amérique latine, la guerre n'a été jusqu'à maintenant qu'un moyen peu fréquent pour réaliser la seconde horogenèse. Les litiges graves qui ont été résolus depuis 25 ans sont peu nombreux (Kenya-Somalie) et le plus souvent ce sont des problèmes mineurs qui ont pu être définitivement réglés (Algérie-Tunisie, Mali-Mauritanie, Ghana-Haute-Volta, Éthiopie-Kenya, Liberia-Côte-d'Ivoire et Guinée).

Les limites intra-impériales, souvent non démarquées, ne sont pas plus remises en cause que celles des autres catégories. De même, les phénomènes d'intersection ethnique ne semblent pas avoir un effet majeur (sauf dans les cas du Togo et de la Somalie). Encore faut-il rappeler que, pour ces deux États, c'est dans les modifications de tracés opérées durant la période coloniale que s'originent les litiges actuels.

Si les litiges sont peu fréquents, ils sont potentiellement innombrables, et c'est l'une des caractéristiques géopolitiques de cet ensemble. Ils le deviennent dès que le problème des tracés est posé par un État dans le cadre de sa stratégie (Algérie) et dès lors que de nouveaux critères légitimants sont avancés.

Plusieurs types d'arguments sont utilisés. Soit, il s'agit d'une revendication exprimée par un groupe assez cohérent qui a été divisé par des tracés coloniaux. C'est l'intersection frontière/ethnie qui joue alors, ou plus exactement la perception qu'en a le groupe concerné (Somali, Éwe au Togo, mais aussi Kongo de l'Angola et du Zaïre, Batéké du Gabon...). Soit l'insatisfaction demande une réorganisation spatiale concernant une époque récente, celle de la colonie, au cours de laquelle furent, pour un temps, dessinés des ensembles qui ont ensuite été modifiés, aux dépens de tel ou tel groupe : Nigeria face au Cameroun, Mali, mais aussi Érythrée. On l'a vu pour le cas de la « Grande Somalie », idée d'origine britannique. Bref, un retour à un tracé colonial ou à base ethnique. Soit c'est une revendication de nature irrédentiste qui est avancée, visant à « remembrer » (Maroc), à recouvrer des territoires « perdus » par rapport à un passé précolonial (Malawi, Lesotho). L'argument des « droits historiques », plus ou moins actualisés, est alors affiché (cf. la Senoussya, en Libye).

Enfin, un argument fréquent et paradoxalement difficile à faire accepter à d'autres parties réside dans l'application pure et simple de la doctrine de l'O.U.A. : voir les positions du Tchad sur Aouzou, de l'Algérie sur le Sahara.

L'érosion des principes : le retour des frontières « naturelles » ?

Il est un « facteur d'érosion » des configurations actuelles qui réside autant dans l'évolution des idées que dans des actes concrets. Le leitmotiv de l'artificialité contribue en effet à justifier intellectuellement une remise en cause des tracés. Mais, selon quels autres critères « retracer » ?

La critique, endogène ou exogène, des tracés actuels au nom de leur « artificialité » peut déboucher en effet sur la valorisation d'un autre principe légitimant, la frontière « naturelle ». Étant donné la prégnance du discours commun sur les frontières africaines — qui ne tient pas compte de ce qu'apprend l'étude des horogenèses en Europe, où les frontières furent soit construites soit imposées —, il y a peut-être là le germe d'un révisionnisme qui se ferait par l'adoption de la notion de « frontières naturelles ».

Trois séries de raisons permettent d'envisager l'émergence de ce critère.

La première tient à la rigidité du schéma conceptuel relatif aux frontières tel qu'il a été diffusé depuis l'Europe où les juristes continuent de s'en tenir au binôme artificiel-naturel. Si on continue de qualifier les limites d'artificielles et de penser que cela est la cause de tous les maux, il devient pressant d'adopter un autre principe ; or, celui-ci ne peut être, dans un schéma alternatif rigide, que fondé sur « la nature ».

En deuxième lieu, étant donné l'importance culturelle du référent Nature en Afrique (cultivé par les dirigeants : les crocodiles de Yamoussoukro, les lionceaux de N'Djamena...), est-il tout à fait improbable que certains dirigeants se privent d'en faire usage dans l'avenir pour populariser leurs dess(e)ins ?

Enfin, ce vieux concept de frontière naturelle est bivalent : outre un support topo-hydrographique à forte visibilité, il peut servir à désigner, de manière masquée, des limites historiques datées.

On n'aura sans doute pas prêté assez d'attention à un aspect des facéties d'Idi Amin Dada, issu d'une ethnie minoritaire du nord-ouest de l'Ouganda (les Kwakwa de la région d'Arua, qui ont failli être complètement soudanais) et qui, à partir de 1977, s'engagea dans une politique de revendications territoriales, sur la base de critères historiques, à l'encontre du Kenya et de la Tanzanie.

D'autres facteurs de changements du statu quo peuvent jouer. Ainsi, certaines difficultés de voisinage tiennent à des revendications sur des aires riches en ressources (exemple : l'intérêt affiché par les Zambiens sur le district zaïrois de Kaputa, dans le sud du Shaba) ou bien sont un effet rétroactif de contentieux sur le partage des eaux territoriales (cas du Congo et du Zaïre par rapport à l'enclave angolaise de Cabinda ; problèmes entre Nigeria et Cameroun sur le golfe de Guinée, entre le Gabon et la Guinée Équatoriale sur la baie de Corisco ou entre le Kenya et la Tanzanie sur l'île de Pemba).

Il conviendrait aussi de mentionner les effets des crises climatiques sur certains changements de limites. Ce facteur a probablement joué au nord du Burkina. Mais un exemple plus certain est fourni par la progression de l'armée nigériane sur les îles du lac Tchad qui émergent du fait de l'abaissement du niveau des eaux dû à la sécheresse et au pompage.

Un événement passé quelque peu inaperçu à l'origine était lourd de signification : le report unilatéral de la frontière ougandaise sur la rivière Kagera (en novembre 1978) par l'annexion du « saillant de Kagera » (environ 1 600 km^2) provoqua l'intervention militaire tanzanienne, qui faisait suite à une tension continue depuis 7 ans. Or, le dictateur ougandais se référait (dès 1972) à des droits historiques avérés, puisque ce secteur relevait traditionnellement des royaumes du Buganda et d'Ankoli. Mais il les exprima en employant l'expression de « frontières naturelles », expliquant (*The Guardian*, 28 septembre 1972) qu'un support « naturel » était plus « africain » qu'une ligne géométrique (c'est le 1er parallèle qui marque la limite actuelle fixée en 1914).

On objectera qu'il s'agissait là des rêves d'un « fou ». Or, qu'on ne voie pas de malice dans ma remarque, c'est également ce type d'argument qu'utilisa le président togolais Eyadema en 1977 dans le différend avec le Ghana : « les problèmes de frontières sont évidemment courants en Afrique. Dans le monde, sauf dans un petit nombre de nations privilégiées (*sic*), il n'y a pas de frontières naturelles pour séparer les nations, grandes ou petites. Les frontières ont toujours été créées par les hommes ». D'où une proposition de définir la Volta comme la « frontière naturelle » du Togo et du pays Ewe (*Jeune Afrique*, septembre 1977), comme limite de l'entité coloniale de 1890.

Ces deux propositions n'ont finalement pas abouti. Mais, ne sont-elles pas un précédent conceptuel (en Afrique) dont d'autres ne manqueraient pas de s'inspirer ?

A suivre à la lettre un tel discours, il était inévitable que certains leaders, moins « sages », en arrivent à concevoir de nouveaux tracés qui seraient légitimés par l'autre grand critère classique, celui de frontières « naturelles ». Le dirigeant somalien Shermarke n'évoquait-il pas le « désir naturel » d'une Grande Somalie ? Ojukwu, chef de la sécession biafraise, la justifiait par le caractère de « conglomérat artificiel » du

Nigeria, qu'il opposait (non sans quelques raisons, bien que tous les Ibo ne vivent pas dans le seul Biafra) à la réalité d'un « véritable État-Nation » Ibo.

Lorsque les Nigérians projetèrent d'annexer l'île de Fernando Poo (peuplée en partie d'Ibo), ils expliquèrent que l'île était « géographiquement » à l'intérieur des « frontières naturelles » du Nigeria, comme le rappelle le juriste B. Neuberger (1977-1978, 16-17) qui montre aussi que les publications officielles somaliennes décrivaient la Grande Somalie comme une « unité géographique bien définie », comme une « péninsule ».

Tracés frontaliers et ethnies, litiges et ethnogenèse

Aujourd'hui, Lomé est une ville frontière (comme au Bénin, Porto Novo), que le litige avec le Ghana a durant de longues années coupée de ses « banlieues » occidentales. Frontière morte quand elle est fermée, qu'elle sépare des régimes aux idéologies opposées et qu'elle est une discontinuité marquée dans les valeurs respectives des monnaies (le sédi dévalué, face au franc C.F.A. solide). D'où une surveillance accrue contre la contrebande de cacao ; il n'est pas rare d'entendre des coups de feu près du poste frontière.

Les divers groupes Ewe (occupant ce qui fut une sorte de « marche » historique entre l'Ashanti et l'Abomey) furent divisés une première fois par le partage anglo-allemand de 1884, puis une seconde fois, selon un tracé situé plus à l'est, par l'accord franco-anglais de 1920, entre le British Togoland et le Togo français. Les deux Togo, placés sous la tutelle de l'O.N.U. après 1945, devinrent le cadre de développement d'un mouvement « pan-Ewe ». Le plébiscite de 1956 vit une majorité d'habitants du Togoland se prononcer pour l'intégration dans la Côte de l'Or, mais, présentés à plus grande échelle, les résultats firent apparaître que dans deux des six circonscriptions (peuplées d'Ewe), Kpandu et Ho, les électeurs avaient voté contre.

Le projet de Nkrumah — résoudre le problème Ewe par une unification des deux États — ayant été repoussé par le Togolais S. Olympio, un mouvement sécessionniste se développa au Ghana. En fait, chaque État envisageait une « réunification » à son profit (les Ewe étant quatre fois plus nombreux au Togo) et encourageait les opposants au régime adverse. A chacun son irrédentisme, Nkrumah considérant le Togo comme la septième province du Ghana et Eyadema se fixant, plus tard (1977), comme objectif la limite anglo-britannique (1890) puis la vallée de la Volta. La frontière fut d'ailleurs fermée à de très nombreuses reprises (1940-1943, 1960-1965, 1971-1972, 1977, 1982-1984).

Qu'apporte, sur le plan théorique, cet exemple ?

On constate que trois éléments au moins sont utilisés : l'irrédentisme, de la part de chacun des États ; le refus de la partition ethnique ; le retour à des limites coloniales anciennes. Sa complexité explique sa longévité, puisqu'il fut posé dès les années 1920.

Or, par rapport à un schéma d'explication selon lequel ce serait l'intersection ethnie/tracé qui provoque ensuite, inéluctablement, un litige, on est fondé à avancer une hypothèse différente, en prenant comme base la notion de bifurcation, ici spatio-temporelle. Tout semble en effet s'être passé comme si l'ethnogenèse Ewe s'était réalisée comme une conséquence, dans le temps, des dispositifs frontaliers successifs. En effet, était-il concevable de parler de « réunification » et donc de partition pour une entité dite Ewe qui ne comptait pas moins de 120 sous-groupes et chefferies, et qui était restée dominée par deux États véritables, l'Ashanti et l'Abomey ? Dans un premier temps, c'est l'intérêt immédiat de certaines chefferies affectées par le détail des tracés successifs qui provoqua une remise en cause des frontières (dans les années 1920). *Le sentiment d'appartenir à un ensemble Ewe fut postérieur aux tracés* (il n'est donc pas la cause originelle du litige) et ne semble s'être construit que, précisément, par rapport au jeu local des tracés successifs.

De plus, comme chaque régime colonial était distinct (politique d'assimilation du côté français et de maintien des « traditions » et de la langue du côté anglais), que les différences économiques (développement supérieur à l'ouest jusque dans les années soixante, inversion ensuite) étaient d'autant plus visibles que c'étaient des Ewe qui contrôlaient les flux commerciaux, légaux ou non, issus directement de cette dissymétrie, il en est résulté une sorte de brassage favorable à l'émergence d'une conscience ethnique et bientôt nationaliste (soit comme élément de résistance d'Ewe en position minoritaire au Ghana, soit comme outillage anti-français au Togo).

Bref, l'ethnogenèse Ewe serait, dans cette hypothèse, un produit des rapports d'interaction entre des groupes encore peu liés entre eux et des frontières et barrières successives ; et il était d'autant plus facile d'imaginer un « État Ewe » que l'on pouvait se référer au précédent du Deutsch Togoland.

Dans une très large mesure, il apparaît dès lors que l'ethnogenèse somali relève d'un processus comparable, les aléas frontaliers — favorables à l'établissement de comparaisons par les populations, aux changements de statut et au brassage — ayant en quelque sorte une fonction de déclencheur. Le contentieux est ensuite provoqué par le dernier remaniement défavorable et se nourrit de ce que les tracés précédents (et la succession des tutelles) ont contribué à enclencher. Dans ce schéma, il y aurait donc à considérer *le jeu des frontières,* là où il a été très complexe, comme un facteur essentiel de l'ethnogenèse. C'est en quelque sorte parce qu'il avait été coupé ou dispersé que le groupe somali en vint à se définir *comme nation.* Cette condition est-elle suffisante ? Sans doute pas, et il a été montré plus haut que la fragmentation extrême des Somali en clans et en parentèles avait trouvé un élément d'unité dans la lutte contre l'ennemi éthiopien.

En Érythrée, entité multi-ethnique issue d'un regroupement colonial, la lutte incessante contre le pouvoir central amhara a fini par créer un processus d'ethnogenèse avec la formation, par opposition, d'un « peuple » érythréen que les dirigeants dessinent comme une nation, malgré sa très grande hétérogénéité initiale et malgré l'intégration d'une partie des Érythréens dans l'appareil économique, militaire et politique d'Addis-Abeba. D'où de nombreuses contradictions internes à ce peuple, qui ne sont pas pour rien dans l'échec de son projet d'indépendance.

Des frontières « historiques »

Le cas du Malawi est simple, dont les dirigeants ont des litiges avec tous leurs voisins (avec la Tanzanie dont les autorités n'admettent pas que la frontière passe sur la rive droite ou orientale du lac Nyassa-Malawi ; avec le Mozambique et la Zambie) ; pour eux, l'aire de référence est clairement historique. Le président Hastings Banda voudrait recouvrer l'ancien empire Maravi (ou Malawi), du XVIIe siècle, qui s'étendait au nord de la Songwe, dans la région de Mbeya, jusqu'au Zambèze au sud, jusqu'à la Luangwa à l'ouest et jusqu'à l'océan Indien à l'est. On peut se demander dans quelle mesure son alliance avec le régime sud-africain n'est pas un moyen de faire avancer un projet pourtant peu réaliste.

Les choses sont plus complexes au Lesotho, puisque ses dirigeants réclament en vain le retour aux frontières de 1858, celles correspondant à l'aire d'extension du royaume Basuto du roi Moshoeshoe. Ils remettent en cause non seulement les empiétements des Boers, au nord, mais aussi la création du bantustan du Transkei, au sud.

Quant à l'extrême nord du Niger et au tiers nord du Tchad, l'influence libyenne n'est pas négligeable, et elle est justifiée à Tripoli par des précédents historiques. Au Tchad (selon R. Buijtenhuis, 1985), le dinar libyen avait cours depuis 1978 à 1987 dans la région B.E.T. (Borkou, Ennedi, Tibesti), ce qui signifie que l'État central y a perdu un de ses attributs essentiels, le monopole de la frappe de la monnaie ; de même ne peut-il plus y envoyer ses fonctionnaires d'exécution tandis que des « seigneurs de la guerre » y ont établi leurs propres barrières douanières : l'État « dépouillé ». Le fait de déterminer des « lignes rouges », 15e puis 16e parallèles, placées sous la surveillance de l'armée française, n'était-il pas l'amorce d'une partition ? (Selon F. Mitterrand, 1986 : 123, il s'agissait par ces deux choix de « tenir le Tchad utile et (d')interdire aux Libyens le voisinage de l'Afrique noire », c'est-à-dire le sud-est du Niger.) Paris laissait la région de Faya Largeau sous contrôle libyen ; ce centre administratif, proche de Aïn Galakka, fut la place forte (prise par l'armée française en 1913) de la Senoussiya dont l'une des capitales fut Gouro, au sud-est du Tibesti. Il est vrai que 3,5 % seulement des quelque 4,3 millions de Tchadiens y vivent, mais il n'y en a pas moins un cas flagrant d'érosion du dogme et des limites héritées.

L'occupation permettait d'en conserver une autre, celle de la « bande d'Aouzou », qui semblait acquise à la Libye, même si Aouzou n'est qu'à 100 km de Bardaï, oasis du Tibesti et capitale des Toubou qui ne cherchent qu'à obtenir un statut d'autonomie. Si les raisons du succès de cette influence extérieure sont à rechercher dans les contradictions internes du Tchad, des conséquences sur les frontières des États voisins (Soudan : l'Ennedi donne accès au Darfour, qui comme on l'a vu, est plus « tchadien » que soudanais ; Niger) sont à prévoir. « A ce titre, dans les conflits du Tchad, le chef d'État libyen a toujours soutenu les gouvernements qui acceptaient d'occulter ses revendications ; il a en revanche lutté sans répit contre les tenants d'un Tchad unitaire incluant Aouzou et les confins tchado-libyens » (Gal Gibour, 1985 : 1).

On comprend dans ces conditions que Khadhafi ait nourri le projet de transférer la capitale et le siège de l'état-major à Joufra, dans le Fezzan, à plus de 600 km au sud de Tripoli. Quant à l'avenir, rappelons simplement que la Senoussiya était influente jusqu'au Kanem, sur les rives du lac Tchad !

La présence libyenne à Aouzou dure déjà depuis plus d'une décennie. L'accord d'Alger de septembre 1989 admet l'existence d'un différend frontalier, après la reconquête militaire tchadienne de 1987. Il prévoit le recours à la Cour internationale de justice de La Haye. Mais le Tibesti reste un foyer de tension politique et militaire.

Des démarcations à (re)faire

La non-démarcation n'est pas en soi une cause de litige. Mais elle s'y prête, le cas échéant. Or, 41,2 % des longueurs n'ont jamais été démarqués (32 236 km). Quant au reste (qui inclut 17,5 % de limites à supports fluviaux, soit 13 752 km), la démarcation est souvent ancienne et devrait être refaite. Rappelons que depuis les indépendances, moins de 10 000 km (9 946 km exactement, soit 13 % du total) ont été renégociés (Mali-Mauritanie, Kenya-Ouganda et Kenya-Somalie, Mozambique-Malawi) et parfois démarqués par les États (Algérie) dans le cadre de la « seconde horogenèse ».

Des démarcations telles que celle réalisée entre Ghana et Côte-d'Ivoire en 1970 restent une exception : défrichement mécanique d'une bande de huit mètres de large, plantée ensuite de tecks (arbres tropicaux au bois dur et imputrescible, employé aussi dans la construction navale).

Dans plus de *40 %* des cas, le travail est à recommencer, parce que les traceurs usèrent de procédés de démarcation très expéditifs, même sur des limites inter-impériales. Certes, on trouve quelques bornages réalisés d'emblée de manière définitive : ainsi, en 1913, sur la frontière Zaïre-Angola, « les bornes de la frontière sont composées d'une armature en fer galvanisé à trois branches formant une pyramide d'environ 2 mètres de hauteur et au sommet de laquelle se trouve un écusson portant d'un côté les armes du Portugal, de l'autre celle de l'État indépendant. Les extrémités des montants sont encastrées dans les fondations en maçonnerie. Les bornes de Ceya, de la Venzo et de Mallongo ont été complètement maçonnées. Elles forment un tronc de cône plein d'où émerge l'écusson au sommet. Les pyramides de la Kanga et de Selili sont en pierres liées par du mortier et du ciment ». Mais ces piliers directeurs ont-ils résisté aux outrages du temps... chaud et humide ?

Les quelque 142 poteaux de la section méridionale (du golfe de Guinée à l'Okpara) de la limite Bénin-Nigeria sont une autre des rares exceptions de bornage colonial précis. Mais plus au nord, on se contenta de couper des arbres ou de les marquer d'entailles !

Entre Mauritanie et Sénégal, l'arrêté de 1904 se contenta d'indiquer : « les limites seront déterminées de la façon suivante : par une borne à construire sur la côte de l'océan Atlantique, près de l'immeuble en ruine dit " Maison Gardette ", à 1 kilomètre environ au Sud de la tuyauterie de pompage de l'usine de Salsal » (*in* Bronwlie, 433).

Entre Tchad et Soudan (protocole de 1924), on trouve la mention suivante : « après cela, la frontière prend une direction ouest-nord-ouest et suit une ligne droite jusqu'à un arbre " murraia " situé sur le wadi Kajul à environ un kilomètre au sud du village de Siarrei. Ensuite, elle continue vers le nord-ouest vers le sommet du Hagar Dadankei qui est environ à 7 km de ce " murraia "... ». La limite Namibie-Botswana de 1915 n'était marquée que par la seule barrière de contrôle vétérinaire du Ngamiland.

Le Maghreb : la bataille du Sahara

Dans ce sous-ensemble africain, les arguments décrits plus haut sont concomittants : attachement aux tracés coloniaux — Algérie —, invocation de droits historiques — Maroc —, souci de démarquer — Algérie —, recours à l'argument des frontières « naturelles » — discours marocains sur les présides. Face à des États-Nations forts, le discours libyen du sans frontière ne tient guère ; à l'inverse, les rivalités pour reculer les horizons d'influence animent les rapports spatiaux entre États, avec le recours, le cas échéant, aux techniques de la ligne de front — Égypte face à Libye, Maroc-Algérie.

Le Maghreb est l'un des sous-ensembles géopolitiques du continent où se déploient les stratégies frontalières les plus affirmées, non seulement dans le cadre des relations interétatiques directes, mais aussi en fonction d'une « projection » de l'influence des États du Nord vers les marges saharo-sahéliennes.

Il est frappant de constater que les anciennes relations économiques, politiques et religieuses transsahariennes sont réactualisées et qu'elles constituent désormais une tendance lourde dans l'organisation géopolitique en cours du tiers occidental de l'Afrique. Les États du Nord (sauf la Tunisie, qui n'a guère d'accès au Sahara) sont engagés pour longtemps dans des entreprises de développement de leur influence dans les espaces sahélo-soudanais. Mais celles-ci prennent des formes variées selon les États. Bien qu'il n'existe pas de centres à vocation d'études stratégiques (hormis bien sûr les états-majors des partis et des armées), des projets géopolitiques transfrontaliers sont bel et bien mis en œuvre.

On n'en considérera pour l'instant que le mouvement général, qui intéresse un espace de l'ordre de 9 millions de km^2.

Pour ce qui relève des États, il semble qu'une « bataille » du Sahara ait été engagée depuis près d'un quart de siècle, dont l'enjeu est la redéfinition des frontières intra-sahariennes. Deux stratégies distinctes sont identifiables.

L'État algérien agit strictement en conformité avec le dogme de l'O.U.A., parce que l'indépendance lui a conféré un contrôle sur près de 2 millions de km^2 d'espace saharien. Sa méthode consiste donc à garantir un acquis territorial dont le principe légitimant est moins à trouver dans de très anciens droits historiques (quasi inexistants, à la différence du Maroc) que dans la succession coloniale, qui, comme chacun le sait, fut chèrement payée (ce qui, après tout, a autant de valeur historique).

L'État algérien était, à l'origine, formé de deux sous-ensembles : l'Algérie « historique », c'est-à-dire ottomane (ou, si l'on préfère, numide, selon la référence très antérieure affichée par la nouvelle charte nationale de 1985), qui se réduisait à celle des littoraux et des hauts plateaux ; l'Algérie saharienne, large triangle se terminant au 19e parallèle, dans le Tassili du Hoggar, entre les massifs de l'Aïr (Niger) et de l'Adrar des Iforha (Mali).

Si le Sahara central est aujourd'hui algérien, c'est d'abord parce que sa conquête s'est effectuée depuis Alger. Les frontières actuelles entre l'Algérie et les anciennes colonies de l'A.O.F. résultent des rivalités franco-françaises, entre administrations différentes à Paris et sur place, Alger et Dakar : en l'occurrence, le Ministère de l'Intérieur et le Ministère des Colonies, mais aussi l'armée (depuis Alger) et l'infanterie de marine (depuis Dakar et Conakry), engagée profondément en Afrique soudanaise du fait de sa lutte contre Samori Touré *.

La section occidentale fut tracée en ligne droite en direction du cap Noun, au Maroc et la délimitation totale (1 859 km) décidée par Laperrine et Venel a tenu en 17 lignes sur la convention.

La partie algérienne ou Territoires du Sud était placée sous l'administration militaire des Bureaux arabes, alors que le nord dépendait d'une administration civile.

Mais, en second lieu, il faut rappeler que, après la découverte des gisements pétroliers (1956) et en raison de l'intérêt du site de Reggane par les expérimentations atomiques, des projets visant à détacher le Sahara du reste de l'Algérie furent élaborés dès 1957, avec la création de l'O.C.R.S. (Organisation commune des régions sahariennes, associant Niger et Tchad) ; l'un des buts était de contrer les actions du F.L.N. dans la wilaya VI. Malgré les propositions de partition (notamment celle d'A. Peyrefitte) et au prix d'un prolongement de la guerre, l'indépendance se réalisa dans le statu quo territorial. Il est vrai qu'entre-temps un nouveau site d'expérimentation nucléaire venait d'être aménagé, à Mururoa.

L'État algérien est donc bénéficiaire d'un découpage colonial qu'il ne remet absolument pas en cause et il mène dès lors une stratégie minutieuse visant soit à consolider ses acquis, soit à les défendre. Il ne présente en outre aucune revendication territoriale, son seul objectif étant de faire reconnaître par *tous* ses voisins des tracés définitifs. A cet égard, l'argument d'une volonté algérienne d'accès à l'Atlantique, via le Sahara occidental, n'a guère de fondement, la préoccupation majeure restant d'obtenir la délimitation de sa frontière avec le Maroc, non encore démarquée.

* « Ainsi s'explique en particulier le tracé des frontières méridionales de l'Algérie. Rectilignes, elles convergent vers le sud de Tin-Zouatene, puits situé sur la piste du Hoggar à Kidal puis à Bourem sur la boucle du Niger. Le Général Laperrine, venu d'Alger, poussait vers le sud, en 1905, en direction de l'Adrar des Iforha. Cette extension de l'Algérie parut abusive au gouverneur de l'Afrique occidentale qui intervint vigoureusement à Paris pour stopper le Général. L'accord du 7 juin 1905 et la convention de Niamey en 1909 ont ainsi fixé les frontières par des droites joignant la région de Tin-Zouatene vers le nord-est à un point situé sur le tropique à l'ouest des monts Toummo, vers le nord-ouest, à la frontière du Sahara occidental, au sud-ouest de Tindouf » (J. Dresch, 1982 : 61).

Dans le premier cas, il s'est agi de passer des accords de délimitation et d'abornement avec les États non rivaux : Niger, Tunisie, Mali et Mauritanie. C'est une action menée de manière systématique depuis plus de douze ans qui a abouti à quatre accords en 1983 :

— Le 5 janvier 1983 fut signé à Alger un traité de délimitation avec le Niger, qui confirme le tracé colonial et qui entérine l'abornement réalisé depuis 1971 par une commission mixte, c'est-à-dire en fait par l'armée algérienne.

— Le 19 mars 1983, un traité équivalent fut signé à Tunis avec la Tunisie, qui reprenait le tracé, longtemps contesté (pour la section située entre Gafsa et El Borma, là où il recoupe le grand erg oriental), établi en 1929 par l'I.G.N.

— Le 8 mai 1983 fut signé à Alger un accord de bornage, qui confirmait les résultats de l'abornement effectué là encore par l'armée algérienne depuis l'accord du 31.1.1970, et sur la base des dispositions de la convention de Niamey de 1905.

— Enfin, le 13 décembre 1983, un traité de délimitation a été signé à Alger avec la Mauritanie, sur la base des accords de 1905 et de 1909, complété par un accord de démarcation en avril 1985.

Processus exemplaire de seconde horogenèse, qui tout en maintenant les anciens tracés réactualise leur légitimité. Mais il doit être compris moins dans le cadre des relations immédiates entre les cosignataires que dans le contexte plus large des rivalités intra-maghrébines. La stratégie algérienne a d'abord pour fonction de confirmer une souveraineté sur le Sahara central, qui est doublement contestée par ses deux rivaux.

Du côté de l'Est, le régime libyen revendique en effet la totalité d'une bande frontalière qui s'étend du tripoint avec la Tunisie à la Passe de Salvador, selon le tracé figuré sur le *Libyan National Atlas* de 1977. En fait, l'occupation permanente de la bande d'Aouzou autorise les Libyens à prolonger leur revendication vers l'ouest : ils se sont installés à partir de 1967 au sud-ouest du puits de Tummo, au Niger, et plus récemment sur le plateau de Mangeni (selon ce qui ressort des observations satellitaires récentes : longue piste d'atterrissage, base-vie...), sur plus de 400 km et de 20 000 km^2. Il est vrai que ce tracé ne fut pas clairement délimité dans les échanges de lettres entre le ministre français Pichon et l'ambassadeur italien Bonin (1919), parce que ceux-ci étaient convenus de fixer la frontière entre Ghat et Tummo sur une « ligne de crête » alors qu'il s'agit d'une hamada (plateau) ; la nouvelle délimitation de 1935 fixait la ligne plus au sud, en prolongement de la bande d'Aouzou ; mais cet accord franco-italien (proposé par Laval dans l'espoir d'obtenir la neutralité de Mussolini) n'a été ni respecté (l'Italie n'étant pas restée neutre) ni ratifié ; de plus, il est établi que le puits de Tummo n'a jamais été le lieu d'une garnison turque.

On a là un exemple de remise en cause du principe de l'intangibilité des frontières (d'où le silence officiel du gouvernement nigérien sur cette occupation libyenne, qui équivaudrait à admettre l'érosion du dogme), mais la petite armée nigérienne n'y peut rien.

À partir de là, les Libyens estiment avoir des droits historiques sur Djanet, le Tassili des Ajjer et la région d'In Amenas. C'est moins la présence de ressources pétrolières que la reprise en compte de l'aire d'extension maximale de la confrérie Senoussya (à partir de la deuxième moitié du XIXe siècle et notamment au long de l'axe caravanier occidental Tripoli-Ghadames-Ghat-Agadès) qui fonde l'argumentation implicite des Libyens.

Ils se sont du reste employés à organiser en 1980 un front de libération Touareg en tentant de convaincre les notables tribaux de l'Amenokar de se lancer dans une djihad contre un État laïc et perçu comme lointain, sinon comme étranger. La « carte » Twareg, populations réparties sur quatre États, était un élément du grand dessein géopolitique de Kadhafi, la constitution dans le Sahara et le Sahel d'une « Grande Sahélie », impliquant l'abolition des frontières du Sahara et des États méridionaux.

La stratégie algérienne est donc dans un premier temps une réplique à ce projet, et les Algériens n'ont de cesse d'obtenir des Libyens un accord de délimitation. En 1979, lorsque les Libyens prirent le relais des Algériens dans le soutien au Front Polisario, et rappelèrent que « la lutte nationale algérienne doit nécessairement déboucher sur une action unioniste dépassant les frontières nationales fabriquées », ceux-ci répliquèrent par une demande de convention de bornage, qui fut refusée (Bleuchot, 1985 : 91). De même en décembre 1984 et en janvier 1986. Faute d'accord, l'aire frontalière est gérée du côté algérien comme une ligne de front potentielle, et un sixième au moins de l'armée (25 000 hommes) y est stationné en permanence, notamment des forces nomades et polyvalentes, tandis qu'un renforcement des moyens de surveillance (de type barrière électronique) est à l'étude depuis la signature du traité maroco-libyen d'Oujda (août 1984). Ces préoccupations ont eu des répercussions sur le plan intérieur, car l'État algérien a entrepris de densifier le maillage administratif : la wilaya de Tamanrasset s'étendait sur plus de 500 000 km^2 ! Elle a été subdivisée et, pour l'ensemble du pays, la réforme du 31 décembre 1984 a multiplié par trois le nombre des wilayas (de 15 à une cinquantaine). Des travaux de désenclavement sont en cours : nouveaux aérodromes civils et militaires, goudronnage de la transsaharienne, ouverture d'une « rocade » à partir de Djanet qui longe la frontière libyenne... Tout cela est pris en charge par l'armée algérienne, qui agit ainsi en gardienne de l'héritage laissé par... l'armée française !

A en croire les Libyens, l'armée algérienne aurait, en 1987, modifié le tracé effectif de la frontière en avançant ses postes à quelques kilomètres de Ghat et de la piste allant de Ghat à la Libye du Nord.

Dans le cas de la Tunisie, la section nord avait été par deux fois établie : d'abord comme frontière turque ; ensuite comme ligne de front, avec la ligne Morice et son avant-barrage. Mais le nouvel accord de bornage passé en mars 1983, précédant de quelques jours la signature d'un « traité d'amitié et de concorde », revêt une double signification. A court terme, c'est un des éléments du jeu des coalitions qui peuvent se faire et se défaire dans le cadre du grand Maghreb : on retrouve là un mouvement diplomatique qui n'est pas sans rappeler le schéma européen Duplice (en l'occurrence Libye + Maroc) contre Triplice (Algérie + Tunisie + Mauritanie).

Sur une plus longue durée, il apparaît que l'État algérien monnaye en quelque sorte la garantie stratégique offerte aux deux maillons faibles du « système maghrébin » par l'obtention d'accords de bornage qui consolident ses possessions sahariennes face à ses deux rivaux. Il n'est pas interdit d'estimer que, dans l'état actuel des choses, la Tunisie est en quelque sorte un État-tampon entre Algérie et Libye, mais sous influence de l'État algérien qui offre une assurance face à des entreprises réelles de déstabilisation qui affecteraient la moitié méridionale de la Tunisie.

C'est du Sud tunisien que proviennent pour l'essentiel les travailleurs émigrés en Libye. Cette région est marginale en Tunisie, politiquement sous-représentée (face à un pouvoir détenu par les « Sahéliens ») et elle est, économiquement au moins, dans l'aire d'influence du pôle urbain de Tripoli : Gabès est à 349 km de Tripoli et à 444 km de Tunis ! L'électricité du Sud tunisien provient de Libye ; Tripoli est le premier pôle d'emploi en Libye (46 % des emplois industriels, selon Fisher, 1978 : 553) et l'une des deux Universités libyennes s'y trouve, El Fatah. En gros on peut estimer que les aires d'influence des deux capitales se recoupent dans la région comprise entre Gabès, Sfax et Gafsa (lieu des émeutes de 1980 où le gouvernement de Tunis a vu la main libyenne).

L'Algérie, sa frontière occidentale et les droits historiques marocains

On ne trouvera pas ici d'analyse spécifique de la question du Sahara occidental. D'une part, elle est désormais bien connue (cf. Y. Lacoste, 1985 : 3-49 ; Barbier, Santucci et al., 1984 : 101-233 ; Clément, 1985 : 1-35) ; d'autre part, on peut se demander si l'État marocain n'a pas d'ores et déjà atteint ses objectifs d'absorption de l'ex-Sahara espagnol, battant en brèche le principe de l'intangibilité, comme il l'avait du reste annoncé dès 1963 à l'O.U.A. En Afrique, aucune sécession d'un État post-colonial n'a d'ailleurs réussi, et aucun référendum d'autodétermination ne fut proposé. Je m'en tiendrai donc à ce qui relève directement des stratégies frontalières.

Du point de vue algérien, l'enjeu central est d'obtenir la démarcation de la frontière avec le Maroc entre Figuig et Tindouf. Or, son statut est paradoxal puisque cette limite a fait l'objet d'une convention de délimitation signée à Rabat le 15 juin 1972 : article 7, « les hautes parties contractantes sont convenues que les dispositions de la présente convention règlent définitivement les questions de frontières entre l'Algérie et le Maroc » ! Quant à l'article 3, il stipule : « au terme de ses travaux, la commission mixte établira un acte constatant le bornage de la frontière algéro-marocaine », ce qui aurait dû être achevé en 1975. Le tracé retenu, figuré clairement désormais sur 9 cartes I.G.N. au 1/200 000 et 6 cartes au 1/100 000, suit le talweg de l'oued Dra ; ensuite il recoupe la hamada du Guir et suit la crête du djebel Grouz jusqu'à Figuig. De l'oued Guir à Teniet el Sassi, la limite négociée reprend presque entièrement l'ancienne « ligne Varnier » (1912), qui servit de référence pour l'exercice de l'administration française. Or, cette convention n'a été ratifiée que par le gouvernement algérien (ordonnance du 17 mai 1973, *J.O.*, 15 juin 1973), au moment même où se produisirent les premières escarmouches dans le Sahara espagnol entre indépendantistes (du front Polisario, formé le 10 mai 1973 à Nouakchott) et militaires espagnols. L'émergence de l'affaire du Sahara occidental explique la non-ratification marocaine.

La section frontalière au sud de Figuig n'est plus représentée sur les cartes, sur décision marocaine (et après intervention auprès des fabricants, tel Michelin ; cf. sa carte au 1/4 000 000).

Comment expliquer la persistance d'une telle rivalité ?

Certes, les tracés coloniaux manquaient de précision. Dans le traité de Lalla Marnia (1845), les négociateurs estimèrent : « dans le Sahara (désert), il n'y a pas de limite territoriale à établir entre les deux pays, puisque la terre ne se laboure pas et qu'elle sert seulement de pacage » (article IV) ; ou encore : « quant au pays qui est au sud des ksour des deux Gouvernements, comme il n'y a pas d'eau, qu'il est inhabitable, et que c'est le désert proprement dit, la délimitation en serait superflue » (article VI, *in* Brownlie, 62). On se contenta de définir les droits des deux empires sur leurs sujets respectifs, en répartissant les tribus. Mais l'imprécision coloniale ne peut plus être invoquée depuis 1972, puisqu'un tracé cartographié a été agréé. La question n'est plus technique mais politique. Un double déni de légitimité est formulé, les Algériens s'inquiétant des effets en retour d'un succès marocain au Sahara occidental et les Marocains n'ayant pas encore renoncé définitivement à exciper de certains droits « historiques » sur la moitié ouest du Sahara.

Pour l'essentiel, l'argumentation marocaine s'appuie sur la notion de droits historiques : en se référant à une plus longue durée, elle envisage des espaces plus vastes. De fait, deux périodes et deux ensembles sont invoqués par les dirigeants marocains depuis la fin des années 1950.

En premier lieu, ils évoquent un « Maroc perdu » au moment de la période coloniale. Les deux politiques successives suivies par les Français dans ces confins avant et après 1912 ont été amplement étudiées par les historiens (voir parmi les travaux récents : « Lyautey, l'institution du protectorat français au Maroc, 1912-1925 » de Daniel Rivet, Lyon, 1985, et l'article de D. Nordman, 1977 : 33-55). Si Lyautey « l'Algérien » et haut-commissaire aux confins a poussé la présence française en direction de la Moulouya (ce « Rhin colonial » du lobby affairiste oranais), de Béchar (et de ses mines), puis du Touat, du Tidiklet et même du Tafilalt, Lyautey devenu « le Marocain » en 1912 agit en direction inverse, au nom du « régionalisme colonial » (remarque de D. Rivet, 1985) : il revendiqua un droit de poursuite en Algérie depuis le Maroc et freina les ambitions du lobby des députés algériens qui voulaient prolonger le chemin de fer Oran-Béchar vers le Tafilalt (qui « nul ne l'ignore, est le berceau des chorfa alaouites, de la dynastie marocaine », Nordman, 36). Lyautey « bi-frons ». Dynastie dont Hassan II représente la dixième génération (et le quinzième descendant, Morsy, 1984 : 35). L'influence marocaine était dominante au moins jusqu'au Touat, dont les oasis étaient reliées par l'une des grandes pistes caravanières venant de Sijilmassa ; mais pouvait-on conclure à un rapport d'allégeance *stricto sensu* ?

C'est la thèse officielle marocaine au sujet de Tindouf : « Tindouf faisait partie intégrante du territoire marocain jusqu'au début des années 1950, puisque, lors des cérémonies de l'Aïd-el-Kébir et de l'Aïd-el-Séghir, le pacha de cette ville, je l'ai vu de mes propres yeux, venait faire allégeance devant mon père. Mais, lorsque nous sommes partis en exil (août 1953), Tindouf, entre autres, nous a été enlevée pour être rattachée à l'Algérie. C'est que la France pensait que l'Algérie ne serait jamais indépendante », relate Hassan II, 27 novembre 1985, qui parle ensuite de sa stratégie de « remembrement morceau par morceau » (les autres morceaux étant Ifni, Tarfaya, les présides et les îles de la côte nord, et sans doute plus encore).

Toutefois, on voit aisément, car le cas n'est pas unique, que ce sont les contradictions inhérentes aux multiples stratégies coloniales et les indéfinitions qui ont fait problème dans le cas de la limite avec l'Algérie. Le fait que l'on ait parlé de « confins » (A. Bernard) est un élément de preuve.

Du reste, des modifications de limites eurent lieu en 1912, 1914 et 1950, au sud de Figuig, de sorte que plusieurs lignes figuraient en même temps sur les cartes françaises (cartes des gouvernements du Maroc et de l'Algérie, n° 28394 et 28395, édition de 1953) : celle du protocole de 1902 et la « ligne Varnier » de 1912, fixée plus au nord et à l'ouest de la précédente. (En 1938, une « ligne Trinquet » définissait les « frontières naturelles » du Maroc, considérées comme passant au sud de l'oued Draa et de la hamada du Guir ; elle ne fut pas retenue par les Français, mais devint une des bases de revendications marocaines).

Quant à la section située entre le Guir et Tindouf, elle ne fut jamais définie dans les textes autrement que comme « limites naturelles du Maroc » et pour le Guir comme « limite de la zone de sécurité ». Mais les cartes françaises de l'Algérie n'en indiquaient pas moins l'oued Draa comme frontière.

En second lieu, les dirigeants marocains se sont plus ou moins explicitement référés à une notion géohistorique plus globale, celle de Grand Maroc. Ses fondements en seraient d'abord l'assimilation de l'allégeance (« beïa ») à la souveraineté (« chez nous, une seule et même chose », selon Hassan II), qui aurait impliqué des populations situées au sud de l'oued Noun. Mais ils ont été également trouvés par Allal el-Fassi dans un passé plus lointain et glorieux, qui remonte à l'invasion marocaine de 1590 dans l'empire du Songhay, menée au long d'un axe Marrakech-Tombouctou.

La carte publiée dans le journal du parti Istiqlal, *El Alam*, le 7 juillet 1956 (et reproduite par *The Geographer*), montrait une aire de revendication englobant l'Ouest algérien (Touat et Gourara inclus), le Nord-Ouest du Mali (avec l'ancienne étape caravanière de Taoudenei), toute la Mauritanie jusqu'au fleuve Sénégal et bien sûr le Sahara espagnol.

De telles références historiques, quelle que soit leur validité (l'administration à longue distance fut de courte durée), n'importent que parce qu'on les réactualise en leur attribuant une fonction géopolitique. Ce qui compte est qu'un tel programme ait été adopté par Mohammed V en 1958 avec son discours du 25 février prononcé symboliquement à Mhamid, qui est la dernière oasis accessible par la route dans la haute vallée du Draa, à 94 km au sud de Zagora ! D'où le refus de négocier tant avec De Gaulle (selon Hassan II) qu'avec les dirigeants mauritaniens ; ce nouvel État ne fut d'ailleurs reconnu par le Maroc que 9 ans plus tard ; d'où enfin la « guerre des sables » avec l'Algérie à peine indépendante, en 1963. C'est sur la base de la manipulation d'une même représentation que fut lancée à partir de 1975 la fameuse marche verte marocaine sur l'ex-Sahara espagnol (avec 350 000 participants).

Bref, au-delà des différences de régime et... d'humeur, les deux États ne sont pas encore parvenus à démarquer leur frontière, chacun se référant à des critères de légitimité pris à des périodes différentes de leur histoire.

Tactiques frontalières et spatiales de l'État marocain

Les méthodes marocaines d'absorption du Sahara occidental reposent sur trois éléments (autres que ceux de la diplomatie) : la guerre contre le Polisario, la construction de frontières en dur et des actions de ralliement des populations.

Ce dernier point, généralement moins souligné que le premier, comporte deux aspects. D'une part, dans cet ex-Sahara espagnol quelque peu négligé par la puissance coloniale, l'État marocain a pu faire ressentir toute action d'équipement comme bénéficiaire ; une sorte de « Plan de Constantine » a été appliqué dans la Seguiet el Hamra : urbanisation à Laayoune, distribution gratuite d'eau et d'électricité, réception d'émissions télévisées par voie hertzienne, édification de mosquées... Mesures visant à la fois à encourager le regroupement des populations et à favoriser les migrations de « Marocains » (qui comptent aujourd'hui pour le tiers des quelque 100 000 habitants). Le choix de cette région n'est évidemment pas le fruit du hasard : accessible depuis le nord-ouest de la Mauritanie et Tindouf, comportant les gisements de phosphates de Bou Craa, elle fut aussi un des principaux foyers de formation religieuse. C'est au nom du souverain alaouite que l'on récitait la prière aux XVIIIe et XIXe siècles (ce qui est considéré comme un signe d'allégeance politique en terre d'islam, selon Mosry, 56), et aux confins du désert (dans le Sous, le Tafilalt, la vallée du Dra et la Seguiet el Hamra) les marabouts éduquaient les fils des familes tribales influentes. Par ce réseau de maîtres spirituels, des liens se tissèrent avec la Cour alaouite dont l'influence s'étendit à mesure que s'accroissait l'importance de la grande confrérie soufie Quadriya. Il n'est donc pas difficile de remobiliser ce réseau soufi.

Si la notion d'allégeance avancée du côté marocain est d'emploi délicat, il reste qu'au moins un groupe ethnique est considéré avec certitude par les historiens comme ne l'ayant jamais acceptée, les grands nomades Regueibat ; ces groupes maures nomadisaient de l'oued Dra au fleuve Sénégal. On sait qu'ils sont à l'origine du Front Polisario (qui s'est constitué par recrutement sur la base des alliances matrimoniales et des choix familiaux) et à la racine du nationalisme saharoui *.

* Yves Lacoste (1985 : 20-28) en a montré la formation originale, notamment en raison de leur rôle majeur dans l'Armée de Libération du Maroc qui refoula les Espagnols en 1957.

Or, la société est hiérarchisée en tribus et en castes. Au sommet, de grandes tribus, tels les Ouled Delim (dont on trouve des descendants au Maroc, sous le nom de Dlimi), refoulés de Tindouf vers le sud par les Regueibat à la fin du XIXe siècle, les Ait Lashen et les Aroussyin. En dessous, des groupes tributaires, comme les Ouled Tedarin. Si les Regueibat sont la majorité, ils ne sont donc pas seuls, et il faudrait pouvoir évaluer si d'anciens clivages n'ont pas été utilisés par le pouvoir marocain dans ses entreprises de ralliement, qui doivent être suffisamment avancées pour que la « fête du trône » ait eu lieu à Laayoune en 1985 et pour que le roi n'écarte plus désormais le recours à un référendum d'autodétermination.

En tout cas, l'opposition armée a été suffisamment forte pour que l'État marocain se lance (à partir d'une suggestion du général Dlimi) dans des opérations de construction d'un faisceau de murs qui tiennent à la fois du « limes », de la « ligne Morice » et de la ligne fortifiée d'El Gazala (en Libye, 1942).

La première « ligne de défense opérationnelle » date de 1980 et englobait Bou Craa, une partie de la Seguiet el Hamra et se terminait sur le djebel Ouarkziz : sur 600 km, c'est une dune artificielle de 3 à 5 mètres de haut, élevée au bulldozer et équipée de fortins, de fils barbelés et précédée de champs de mines ; elle était tracée de manière à bloquer les points de passage obligés (puits, pistes). Les circonvallations suivantes ont eu pour fonction d'augmenter les superficies placées sous contrôle marocain : la deuxième engloba Smara, ville sainte et capitale déclarée du Polisario, ainsi que Hausa, autre centre religieux de la Seguiet el Hamra ; la troisième longea la frontière de Mauritanie ; la quatrième, partant de l'oued Dra, fut tracée à une quinzaine de km de la frontière algérienne de manière à ce que des opérations du Front puissent être dénoncées comme venant d'Algérie ou de Mauritanie (avec dans ce cas une menace de droit de suite). Au total, près de 2 000 km, gardés par une armée de 60 000 hommes équipés de matériel nord-américain (radars, écoute radio). Un cinquième et un sixième mur de remblais, équipés d'un fort tous les cinq kilomètres, complètent un dispositif d'englobement qui couvre les deux tiers du Sahara occidental et permet à l'armée marocaine — forte d'une centaine de milliers d'hommes, la moitié du total national — de contrôler les « provinces du sud ». La République Arabe Sahraouie Démocratique est sans territoire autre que virtuel, puisque ses bases sont à Tindouf, en Algérie. Quant au projet de référendum d'autodétermination, il est d'issue incertaine, puisqu'en Afrique aucune dérive de type sécessionniste ne s'est encore réalisée à partir d'un État qui n'était pas la puissance coloniale. Ce conflit, qui se nourrit de la rivalité entre l'Algérie et le Maroc pour le contrôle d'une partie du Sahara et, pour l'hégémonie dans le Maghreb et de l'opposition politique et idéologique entre les deux régimes, ralentit la mise en place d'une coopération dans un ensemble maghrébin qui ne manque pourtant pas de traits et d'atouts communs dans le cadre de l'U.M.A. (Union du Maghreb Arabe).

Frontières et horizons des États au nord de l'Afrique

En ce qui concerne les frontières immédiates, une seconde horogenèse est bien en cours dont l'enjeu est double : l'établissement de frontières mutuellement reconnues, le contrôle du Sahara. Mais des critères également légitimants s'opposent : droits historiques contre tracés coloniaux.

L'État algérien devra-t-il cesser de soutenir le Front Polisario pour obtenir la démarcation de sa frontière avec le Maroc ? En attendant un règlement définitif des tensions internes au Maghreb, on doit constater que les différentes frontières non encore démarquées relèvent de la catégorie des « lignes de front ». Qu'on en juge, sur la base du déploiement des armées : la moitié de l'armée algérienne (plus de 50 000 hommes, 500 chars) se trouve dans la région comprise entre Colomb-Béchar et Tindouf (le reste se trouvant dans le nord et à proximité de la Libye) ; l'armée marocaine compte près de 120 000 hommes (et plus de 200 chars) dans le nord du Sahara occidental, alors qu'elle se réduit à 4 000 soldats dans la région d'Oujda ; en Tunisie, outre les villes (Tunis, Gabès et Gafsa), le gros des troupes est à proximité de la frontière libyenne, tandis que les troupes libyennes sont réparties sur les quatre frontières (et au nord du Tchad) sans que l'on puisse déceler des concentrations particulières.

— **Le fleuve Sénégal :** Si la notion de droits historiques n'est pas dénuée de fondements, elle n'est pas non plus sans risque, si l'on en fait le critère légitimant unique.

On voit bien en quoi ce type de référence, apparemment populaire au Maroc, peut contribuer à affermir le régime et rélève d'un dessein qui peut s'énoncer : le Maroc doit s'étendre « du Détroit au Sahara ».

Mais où situer la limite sud du « Sahara » ? Est-elle sur le fleuve Sénégal, comme l'indiquait la carte de 1956 ? On rappellera ici que l'État sénégalais (en particulier le président Senghor) s'est toujours refusé à cette hypothèse, rendue pourtant vraisemblable par le refus marocain de reconnaître l'État mauritanien. Il serait sans doute exagéré de considérer la Mauritanie comme un état-tampon entre Sénégal et Maroc. Mais l'État sénégalais peut-il se désintéresser de l'évolution politique d'un État longtemps administré depuis Saint Louis ? Il conviendrait ici d'analyser la structure géopolitique interne de la Mauritanie, marquée par la domination des Maures des anciens émirats (Adrar, autour d'Atar et du centre religieux de Chinguetti ; Tagant ; Brakna et enfin Trarza, dont venait le président M. Ould Dadda) sur les populations noires, Toucouleur et Sarakolle, que l'on trouve sur les deux rives du fleuve-frontière *.

Celles-ci, qui ne comptent que pour le quart de la population, vivent dans une aire d'influence sénégalaise. L'évolution démographique leur est défavorable dans le cadre mauritanien. De son côté, l'État sénégalais peut craindre l'extension de l'arabophonie depuis les régions maures méridionales, tout en estimant que l'émergence d'un sentiment

* Cf. chapitre VII.

national maure (peut-être « facilité » par le regroupement à Nouakchott et Akjoujt de populations victimes des années de sécheresse) pourra contribuer à freiner d'éventuelles ambitions marocaines.

— **Le Détroit, les présides et les îles :** Au nord, fixer une limite sur « le détroit » implique que la question des présides, sous contrôle espagnol depuis 1580 (après avoir été portugais depuis 1415) — Ceuta, Mellila et les îles attenantes ou « Penones » de Alhucemas et Vélez de la Gomera et de Chafarinas — sera posée tôt ou tard, soit lorsque la marocanisation du Sahara occidental sera achevée, soit lorsque l'État espagnol aura réussi à négocier le recouvrement de Gibraltar (le roi du Maroc n'a-t-il pas laissé entendre en 1975 que, dans ce scénario, il n'était pas souhaitable qu'une même puissance ait des points d'appui sur les deux rives du détroit ?).

Là encore, le dogme de l'O.U.A. est remis en cause au nom du principe des « frontières naturelles », qui fonde la revendication marocaine depuis 1956. A quoi répond l'argumentation espagnole (12 février 1975, O.N.U.) : ce sont des territoires « géographiquement séparés » mais non « ethniquement ou culturellement distincts » car leur « population indigène est d'origine, de nationalité et de langue espagnoles comme le sont leurs sentiments, leurs mœurs et leur culture » *.

— **Le déploiement des armées dans le Nord de l'Afrique :** Certaines frontières sont donc devenues de véritables lignes de front. Une illustration en est fournie par le déploiement de l'armée égyptienne.

Les accords de Camp David ont imposé un seuil maximal de trois divisions dans le Sinaï, de sorte que le gros des troupes est d'abord disposé en lignes (au long de tranchées), entre le canal de Suez et la capitale. Mais on trouve un dispositif comparable à l'ouest, où se localise en permanence une cinquantaine de milliers d'hommes (le 1/9 de l'armée égyptienne) face à un nombre un peu inférieur de soldats libyens (soit 40 % de l'armée libyenne). Chiffres équivalents, mais pourcentages différents.

D'un point de vue géostratégique, en effet, on note que le centre de gravité des principaux gisements de pétrole libyens (qui sont exploités par des compagnies nord-américaines dans une proportion de 67 % de la production) se trouvent à environ 400 km de la frontière, qui passe à une centaine de km à l'est de lieux comme Tobrouk. L'avantage est donc en principe du côté des Égyptiens, qui, en cas de conflit ouvert, pourraient envisager de se fixer comme but de guerre la création d'un État de Cyrénaïque associé à l'Égypte ; il leur serait possible de faire état de liens historiques entre leur État et cette province libyenne.

Au sud de l'oasis de Siwa (qui est aussi peuplée de Libyens de Cyrénaïque), la limite d'État recoupe des ergs étendus (désert de Calanshio en Cyrénaïque et As Sahra al-Gharbiyah dans l'ouest de l'Égypte) qui sont autant d'obstacles à la circulation, et elle n'est surveillée que par des patrouilles de chameliers gardes frontières.

* Des incidents ont lieu fréquemment depuis la mort de Franco dans ces « places de souveraineté » où sont regroupés plus de 19000 soldats espagnols, pour une population totale de 132000, composée pour environ un tiers de « musulmans » qui n'ont en général pas la nationalité espagnole et qui, après l'avoir réclamée, s'affichent désormais comme sujets marocains.

En revanche, la section septentrionale, jusqu'à As Saloum, est équipée du côté égyptien comme un véritable front : succession de tranchées, de chars enterrés et d'espaces ouverts disposés en chicane selon la doctrine soviétique classique en matière de tactique de défense fixe. C'est donc, y compris en temps de paix, une organisation caractéristique d'une « zone opérationnelle ». Mais, elle se trouve sous-incluse dans l'aire d'écoute radar libyenne, qui s'étend de Masrah Matrouh à Siwa. Il est vrai que, parmi les causes possibles de tension (en particulier la fermeture de la frontière aux travailleurs égyptiens), subsiste un contentieux frontalier sur l'oasis de Siwa, un des facteurs du conflit frontalier des 21-23 juillet 1977 (stoppé part une médiation de H. Boumedienne, de Y. Arafat et de N. Eyadema).

Dans ces conditions, les Égyptiens ont prévu d'installer à Siwa (de peuplement libyen) une ville nouvelle, élément de la politique plus globale d'urbanisation hors du delta (où vivent 40 millions d'habitants sur 35 000 km^2). Pour leur part, les Libyens ont récemment entrepris de construire une route en direction de Koufra et de la frontière du Soudan.

Paradoxes nord-africains

Il est paradoxal de devoir conclure que c'est là où les sentiments nationaux sont les plus ancrés et où les frontières sont, pour une partie de leur longueur, les plus anciennes et les moins coloniales, que des litiges graves demeurent et que les principes de l'O.U.A. sont les plus ouvertement négligés.

On serait tenté de comparer les luttes d'influence auxquelles se livrent les États du nord de l'Afrique aux pratiques diplomatiques de l'Europe du XIXe siècle — les jeux d'équilibre entre « puissances — si les divergences de conception en matière de frontières n'étaient aussi grandes, symptôme d'un désaccord sur les principes mêmes des relations internationales.

Alors que le régime et le peuple marocains estiment que le règlement de la question ouest-saharienne, même par un compromis d'autonomie large — le roi se satisferait de n'avoir que « la monnaie et les timbres » —, est un préalable à des accords de coopération intra-maghrébine, l'État algérien fait de la création d'une République sahraouie une condition nécessaire à la réalisation d'un « équilibre » maghrébin qui faciliterait une avancée vers la constitution d'un ensemble politique maghrébin. A l'inverse, certains dirigeants libyens, dont Kadhafi, estiment que l'ajout d'un nouvel État compliquerait ce processus.

Quant au Tchad, les Libyens, qui affichent leur déni des frontières coloniales, n'en sont pas moins attachés à la revendication sur Aouzou, espace qu'ils présentent comme historiquement délimité. Contradiction ? La logique immédiate de cette position assez étonnante réside d'abord dans la rivalité opposant Libyens et Algériens à leur frontière, les premiers — notamment les dirigeants de l'armée — craignant qu'une concession sur le Nord du Tchad ne les affaiblisse aussi face au second.

Si un jour la contestation sur l'appartenance d'Aouzou était portée devant le Tribunal International de La Haye, *il ne serait pas facile aux juges de « trancher », c'est-à-dire de dessiner sur une carte une limite satisfaisant les deux États plaideurs.* Selon les cas, on invoquerait tour à tour : la conquête (française, puis libyenne), le troc (1935), l'héritage historique (les Senoussi), le contrôle militaire de facto (Libyens de 1973 à 1987, Tchadiens durant quelques jours en 1987, puis de nouveau les Libyens), le code de bonne conduite (principe d'intangibilité de l'O.U.A. affiché par les Tchadiens), l'héritage colonial (Tchad comme État successeur), le partage entre deux Empires (traité franco-britannique de 1899). Il n'y manque que deux modes d'attribution des territoires, plus rarement employés : la consultation des populations locales — mais elles sont si éparses ; l'arbitrage international — mais, ici ce serait un « retour à la case départ » du raisonnement, car quel critère retenir parmi tous ceux qui s'offrent ?!

Pourtant, le territoire contesté est vide — les palmeraies d'Aouzou et d'Ouri abritent moins d'un millier d'habitants permanents, pour un espace total de plus de 114 000 km² — et dépourvu de ressources prouvées. Le critère immédiat de la « possession » est le contrôle militaire du fortin d'Aouzou et des rares pistes qui y mènent. A cet égard, l'avantage stratégique est du côté libyen, puisque les bases d'appui (Sabha, Maaten es Sarra et la base d'Aouzou, située à 80 km plus au nord, à cheval sur la « frontière ») en sont proches et que l'accès à Aouzou, oasis du piémont nord du massif du Tibesti, est nettement plus facile par le Nord ; mais, depuis le Sud, des actions de type *rezzou* ou Blitzkrieg sont à la portée des troupes aguerries du Tchad : le contrôle du piémont suppose donc de garder aussi les accès, donc de s'enfoncer plus au sud dans le Tibesti, ce qui est plus risqué, car les passages obligés dans les défilés sont propices aux embuscades.

Les juges pourraient choisir de s'en tenir au principe fondateur de l'O.U.A. : le Tchad serait alors considéré comme un État successeur de l'Afrique Équatoriale Française dans ses limites au jour de l'Indépendance (11 août 1960), celles que revendique aujourd'hui le pouvoir en place à N'Djamena. Le fondement juridique en est le principe d' « uti possidetis ». Dans ce cas, la seule cause de litige pourrait naître d'une incertitude sur le tracé concret de la frontière, qui, en l'occurrence, n'est pas démarquée sur le terrain, mais délimitée dans les traités et les cartes annexes avec une précision suffisante. L'État tchadien se réfère au traité franco-britannique de 1899 ; l'État libyen s'appuie sur une promesse de cession de ce territoire faite par Laval (et l'Assemblée nationale) à Mussolini en 1935 pour le détourner d'une alliance avec l'Allemagne, alors qu'il souhaitait un accès à un piémont prétendument riche en eau et revendiquait un droit d'héritage sur des limites patrouillées naguère encore par des troupes turques. Le critère retenu est donc, dans les deux cas, d'origine coloniale !

Les Libyens peuvent, par ailleurs, et non sans fondement, mobiliser l'histoire et rappeler que la confrérie musulmane des Senoussi, installés en Cyrénaïque, puis à Koufra, étendit au début du XXe siècle son influence jusqu'au sud du Tibesti ; la conquête du Tchad par les Français ne fut achevée que par la défaite des Senoussi à Aïn Galakka, leur forteresse près de Faya Largeau. Or, Kadhafi a repris à son compte, semble-t-il, l'espace de référence de la Senoussya : c'est en quelque sorte le seul fondement historique d'un État libyen, qui, pour cette raison, dénie toute légitimité à un État tchadien indépendant : c'est l'enjeu de la querelle d'Aouzou. Elle n'est pas juridique mais géopolitique ; ce n'est pas une raison pour ne pas la porter devant un tribunal international, seule manière de réaffirmer que la légitimation des frontières est une question de principes autant que de tracés concrets.

Depuis le 17 février 1989, cinq États du Maghreb, de la Mauritanie à la Libye, se sont associés pour jeter les bases d'une U.M.A., Union du Maghreb Arabe. Cette initiative, fortement inspirée de l'expérience de la C.E.E., a conduit à la réouverture de la frontière algéro-marocaine, fermée depuis plus de quinze ans. Des projets communs ont été envisagés — tracé de gazoducs vers l'Europe, mise sur pied de compagnies de transports, libre circulation des personnes —, pour accroître la part des échanges mutuels qui ne dépassent pas 3 % de leur commerce extérieur. Ce chiffre résulte tant de l'absence de complémentarité des économies que de divergences politiques anciennes.

Par ailleurs, les frontières méridionales de ces États sont devenues des aires de tensions, du Tchad à la Mauritanie. Dans la partie centrale, les appareils d'État du Mali et du Niger voient leur autorité contestée avec violence par des groupes Targui, partie d'une communauté ethnolinguistique forte d'un million d'individus. Ces nomades passe-frontières, parfois suspectés d'être le bras armé de la Légion islamique formée par le dirigeant libyen, récusent le renforcement des contrôles frontaliers qui entravent leurs déplacements nomades. Ils exigent également l'autonomie administrative et la fin de l'occupation militaire des sous-préfectures septentrionales, notamment dans l'Adrar des Iforas. L'État algérien apparaît comme une puissance « régionale » soucieuse de sécurité dans les confins sahariens ; il a imposé, en 1991, au gouvernement malien un accord prévoyant un « régime spécial » et l'autonomie interne dans l'Adrar.

Plus à l'Ouest, l'opposition fondamentale entre les Maures, dont les Beydanes constituent le groupe dirigeant, et la majorité négro-africaine, a dégénéré en conflit ouvert entre les deux États riverains du fleuve Sénégal depuis 1989. Les ressortissants sénégalais et mauritaniens ont été expulsés dans la violence des régions agricoles riveraines du fleuve *. Celui-ci est une ligne de front, où deux armées se font face. Le traitement diplomatique du conflit ne suffit pas à calmer l'esprit d'agriculteurs impatients de retrouver leurs terres sur les deux rives du fleuve.

* En décembre 1989, le gouvernement malien avait ouvert les vannes du barrage de Manantali pour compenser le bas niveau des eaux et séparer les « frères ennemis ».

CHAPITRE VII

Clivages et frontières internes ou les effets du remembrement colonial

« L'unité africaine est la seule réponse historique aux redoutables contradictions de l'Afrique noire. »

Léopold Sedar Senghor, 1959.

Les frontières de l'Afrique posent plus de problèmes par ce qu'elles regroupent que par ce qu'elles recoupent. C'est le constat fondamental. On soutiendra donc la proposition qu'en Afrique sud-saharienne ou tropicale, les contradictions géopolitiques externes sont secondes par rapport aux contradictions internes. Mais avant d'avancer dans cette voie, vidons d'abord la querelle de la bonne et de la mauvaise frontière externe.

Bonnes ou mauvaises frontières externes ?

Les dirigeants africains qui refusent de se laisser enfermer dans le faux dilemme nature-artifice sont bien peu nombreux. Senghor eut le souci d'expliquer que « toutes les frontières sont artificielles, même en Europe » ; de même le Nigérian Enahoro, qui estimait que le Nigeria était « un accident de l'histoire, comme les États-Unis, le Canada et les États d'Amérique du Sud. D'autres accidents de l'histoire ont produit les États d'Europe. Par conséquent, le Nigeria n'est pas un cas particulier comme accident de l'histoire ou dans l'histoire des accidents » (cité *in* Neuberger). Certes, ces remarques ne sont pas innocentes, puisqu'elles ont été écrites durant la guerre civile nigériane et qu'elles reflétaient à l'évidence une option fédéraliste.

Quoi qu'il en soit, il reste que la transposition en Afrique (via les manuels de droit international public, certaines analyses historiques et les media) des conceptions classiques européennes qui, comme on l'a vu, sont fondées sur la distinction, ou l'opposition, sommaire, entre l'artificiel et le naturel contribue à pérenniser cette représentation des réalités. Or, ces notions peuvent contribuer à créer un effet de rupture dans les perceptions de l'organisation politique de l'espace.

Il n'est pas sans intérêt de noter que, globalement, les appréciations de plusieurs géographes africanistes sont beaucoup plus nuancées. J. Gallais estime que les États contemporains ont « une certaine validité » ; « le découpage a été arbitraire dans la mesure où le pouvoir colonial pouvait " arbitrer " entre différentes possibilités, mais il n'a jamais été sans fondement, et au bon rang des principes d'organisation fut la prise en considération des noyaux ethno-démographiques dont certains étaient déjà des pôles politiques traditionnels » (1982 : 114). G. Sautter considère que : « s'il était possible de recommencer l'histoire, avec ce que l'on sait aujourd'hui, on aboutirait sans doute à une bien meilleure division politique du continent. Mais sûrement pas à des frontières satisfaisantes. Presque chaque tracé obligerait, selon le mot du cardinal de Richelieu, je crois, à choisir (ou à opérer une cote mal taillée) entre de grands inconvénients » (1982 : 47). L'auteur cite plus loin l'historien Zidouemba : « ... bien qu'elles ne soient pas des frontières idéales, leur existence est une réalité avec laquelle il faut désormais compter. Elles existent et c'est un fait, les remettre entièrement en cause constituerait une situation dangereuse... compte tenu du fait que la période actuelle est essentiellement une période d'échanges (d'idées, d'hommes, de produits), rendus possibles par l'essor des moyens de communication (transport et information), les frontières entre États devraient obéir à d'autres principes que la rigidité — et l'hostilité — qui les définissent dans d'autres zones historiques. » Quant au géographe nigérian Reuben K. Udo (Université d'Ibadan), il n'hésite pas à parler de « prétendues frontières artificielles ». Il rappelle qu'à l'époque des tracés réalisés à la suite des accords passés avec des chefs locaux, les limites politiques préexistantes étaient mouvantes (« in state of flux ») ; en effet, les royaumes n'étaient ni établis depuis longtemps ni permanents, et les chefs locaux utilisèrent souvent la demande territoriale des colonisateurs pour se faire attribuer des territoires au-delà de ce qu'ils contrôlaient effectivement. Dans cette hypothèse, les frontières auraient été tracées sur la foi des revendications territoriales des chefs locaux. Udo voit dans ces attributions, confirmées par des accords mais contestables, la cause principale des intersections ethniques. Mais il constate que ces frontières ont persisté vingt ans après le retrait des puissances coloniales et estime qu'elles ne seront pas altérées dans un avenir prévisible (1982 : 209).

Cela dit, la notion de frontière naturelle peut resurgir, avec une fonction métonymique, pour exprimer en fait une limite historique. A mesure que progressera la connaissance des réalités spatiales de l'histoire africaine, on voit mal pourquoi des dirigeants se dispenseraient d'y recourir. Du reste, il devient fréquent que de nouvelles générations s'emploient à « débaptiser » les noms de leurs pays pour y substituer des toponymes plus « authentiques », qui ne sont d'ailleurs pas toujours choisis en concordance des lieux. On connaît le Mali, le Ghana, le Zimbabwe, le Malawi ; les militants de l'African National Congress (A.N.C.) invoquent une « Azanie » (espace d'une civilisation répandue non pas en Afrique du Sud, mais du Malawi au Kenya) et d'autres changements sont probables, qui réactualiseront d'anciens toponymes à fonction de représentation géopolitique. N'est-ce pas, en fin de compte, avec l'objectif de reconstituer un royaume Kongo que fut organisé le F.N.L.A. du nord de l'Angola, dirigé par Holden Roberto ?

En somme, dans les esprits comme dans les faits, le principe de l'*uti possidetis* est plus ou moins ouvertement remis en cause, le premier terme tendant à devenir la base du second. On peut y voir un effet, contradictoire, de l'extension du contrôle des appareils d'État sur les périphéries autant que le résultat de phénomènes de décomposition interne (du type tchadien).

Si l'ère des craquements généralisés n'est pas ouverte, l'heure est à l'érosion des principes anciens — le statu quo — et à l'avènement de nouveaux critères légitimants — banalement classiques — qui vont de pair avec des situations de facto marquant d'objectives modifications imposées des frontières héritées. C'était, entre autres, l'enjeu tchadien.

Un autre maillage géopolitique

Dans une perspective géographique, on remarque que les horogenèses n'ont pas joué d'abord comme des opérations de découpage, mais comme des *créations d'ensembles politiques inédits*. Dans la plupart des cas, les nouveaux États sont plus vastes que les entités initiales : changement d'échelle, au terme duquel les entités ethnopolitiques préexistantes ainsi englobées se trouvent placées désormais en position de sous-ensembles : elles ne sont plus que des « régions ».

Dans bien des cas, les limites coloniales apparaissent comme arbitraires, mais *à quelle échelle une frontière est-elle arbitraire ?* En réalité, les frontières africaines relèvent d'un autre ordre de grandeur que celui des entités préexistantes, puisque le « maillage » imposé englobait à chaque fois une série d'entités plus petites. De la sorte, il pouvait y avoir, sur un même tracé, des intersections puis des coïncidences entre les contours d'unités de taille très différente. Si, souvent, les limites ethniques n'ont pas été prises en compte, c'est parce qu'elles ne pouvaient pas l'être, en raison de l'hiatus entre les deux niveaux scalaires de l'organisation de l'espace.

Les frontières de l'Afrique tropicale sont moins arbitraires dans le concret de leurs tracés que par l'échelle de leurs tracés.

On le voit pour les limites des États côtiers de l'Afrique occidentale, qui peuvent, dans leurs sections inférieures, être conformes aux limites des chefferies, mais qui, prolongées vers les hinterlands, ne présentent plus la même conformité. La colonisation n'a pas introduit l'État en Afrique, mais d'abord, *un autre maillage géopolitique*, plus large.

Peu nombreuses étaient au XIXe siècle les entités de taille équivalant à la superficie moyenne théorique des quelque 52 États contemporains (environ 550 000 à 600 000 km^2) : citons l'État madhiste, l'Empire éthiopien, l'aire d'influence commerciale du sultanat de Zanzibar. À un niveau inférieur, des unités politiques comme l'État militaire Zulu ou l'Ashanti, s'étendaient sur une centaine de milliers de km^2 tandis que les royaumes inter-lacustres ne dépassaient pas 25 000 km^2. Mais à côté de ces quelques cas, plus de 700 groupes « ethniques », plus de 1 200 langues. Dans ces conditions, est-il envisageable de fonder l'organisation de l'espace sur cette seule réalité géo-ethnique ou linguistique, au risque, cette fois, d'une véritable balkanisation ?

On se souvient aussi que les premières critiques formulées par des chefs d'État à l'égard de l'héritage portaient sur les conséquences économiques de la chirurgie coloniale. Certains auteurs soucieux d'anthropologie « topologique » (Amselle, 1985) et très critiques à l'égard de la notion d'ethnie estiment que « le phénomène majeur de la colonisation est l'instauration de nouveaux découpages territoriaux [...], c'est-à-dire le fractionnement de cette " économie-monde " que constituait l'Afrique précoloniale en une myriade de petits espaces sociaux que l'on va bientôt ériger en autant de " races ", de " tribus " et d' " ethnies ". Alors qu'avant la colonisation, ces différents espaces étaient imbriqués à l'intérieur de " chaînes de sociétés ", on va assister avec la conquête à une entreprise de désarticulation des relations entre les sociétés locales » (*op. cit.* : 38).

Cette appréciation me semble laisser de côté le caractère très inégalitaire des relations économiques (à commencer par la question de l'esclavage) et aussi tout le jeu militaro-politique spécifique des entités pré- et post-coloniales. Certes, en risquant une comparaison avec l'Europe d'Ancien Régime, on pourrait avancer qu'un certain nombre d'ensembles géographiques africains étaient alors caractérisés par le régime de « l'entrecours », qui se serait ensuite trouvé freiné par le cloisonnement colonial. En tout état de cause, cette rupture fonctionnelle de vastes ensembles est beaucoup plus nette dès l'instant où les États décident de contrôler leurs frontières, en tentant de les fermer ou de les surveiller, pour des raisons fiscales ou démographiques.

Or, une des caractéristiques des frontières africaines actuelles est qu'une part non négligeable d'entre elles sont l'objet de décisions de fermeture ou d'ouverture temporaires (au moins une vingtaine de cas dans les cinq dernières années). Mesure relative sans doute, mais qui dénote que le régime de l'entrecours persiste, et s'est amplifié, puisque de nombreuses frontières séparent des États ayant des unités monétaires et des niveaux de consommation distincts (voir le cas des États périphériques du Nigeria). Il reste à évaluer si les faits économiques peuvent induire, comme le pensent certains responsables (tel Edem Kodjo, ancien secrétaire général de l'O.U.A.), une modification de l'assise géographique des États.

En attendant, les bourgeoisies locales prospèrent grâce au contrôle des flux d'import-export et au jeu des variations de change de part et d'autre des lignes de discontinuité monétaire ; la contrebande est un art officiel transgressant des limites qui n'en finissent pas d'être « fermées » : en quoi la bonne frontière est ici la frontière subvertie. Au demeurant, l'essentiel n'est-il pas ailleurs ? En effet, les nouveaux découpages, de maille cinq à cinquante fois plus large que les entités initiales, ont eu pour résultat de créer des ensembles politiques plus vastes : ce qui compte est moins le morcellement d'entités préexistantes que leur regroupement dans de nouveaux ensembles politiques, au terme d'opérations de remembrement aux effets incertains. En effet, sauf exceptions (Maroc, Égypte, Éthiopie...), ce ne sont pas les frontières qui sont « artificielles », mais les États créés en quelque sorte par déduction.

Des limites « diachrones » pour des États inchoatifs

L'on se trouve donc en présence de limites politiques antécédentes, ou « diachrones », par rapport à l'émergence des États, alors que celles de l'Europe sont soit synchrones, soit postérieures aux structures d'État.

L'indépendance africaine est, géographiquement, une reproduction à l'identique du cadre spatial préexistant, alors que, historiquement, elle est une rupture, ce qui ne signifie pas forcément une crise fondatrice (sauf dans les cas de luttes, Algérie ou Zimbabwe). On a vu que ce fut tout différent en Amérique latine.

D'où le défi pour les appareils d'État nouveaux de faire coïncider leur autorité avec un cadre spatial plus ancien qu'eux. Le chef d'État africain disposait bien d'une couverture cartographique à grande échelle de « son » territoire dès le premier jour de son installation; mais il lui restait à y diffuser effectivement son autorité. Or, « l'État africain n'est pas toujours bien lié à la société civile, pas toujours bien assuré de ses moyens même s'il a une apparence autocratique, pas toujours bien défini, car il est mimétique, car il est approprié et qu'il peut être dénaturé », diagnostique G. Balandier *.

Cela explique que l'instabilité politique depuis plus de vingt-cinq ans ait pris la forme non pas tant de frictions entre États que de tensions internes (avec des coups d'État dans près des deux tiers des États). Celles-ci étaient inhérentes au changement de l'échelle politique déterminé par la réorganisation coloniale. Dans ce schéma, les États se sont trouvés caractérisés par une situation de fractionnement intérieur, du fait de la persistance plus ou moins accentuée de « frontières internes », contours de sous-ensembles ethno-politiques.

Bref, si les phénomènes d'intersection entre les tracés et les contours ethniques étaient le trait majeur de la géopolitique africaine, il faudrait s'attendre dès lors à l'émergence d'une multiplicité de conflits entre États provoqués par cette contradiction géographique entre deux réalités. Or, ce n'est pas le cas, comme l'indique, entre autres, le déploiement des armées en Afrique tropicale. Certes, on rencontre des armées aux frontières ou au-delà — Afrique du Sud, Zimbabwe —, mais pour l'essentiel, ce sont encore les fonctions de maintien de l'ordre qui dominent. Les armées, souvent peu nombreuses, restent encore localisées autour des capitales, comme « forces de sécurité », et dans les ports; la présence sur les lieux de tension externe éventuelle ne vient généralement qu'en troisième position sauf dans l'Afrique septentrionale et australe. Ainsi, au Sénégal, outre les villes, l'armée est localisée à Ziguinchor, en Casamance, en Gambie et au sud du fleuve.

En Éthiopie, cas extrême, la très nombreuse armée se trouve à la fois sur les fronts intérieurs du Tigré et de l'Érythrée et autour de Harar et de Dire Dawa. C'est moins la tension avec la Somalie (les Éthiopiens ont par tradition une conception en quelque sorte « verticale » de la frontière, tolérant des incursions somaliennes tant qu'elles ne franchissent pas les « courbes de niveau » marquant le passage des basses

* Table ronde sur l'état contemporain en Afrique, E.H.E.S.S., décembre 1985.

terres aux terres moyennes) que les risques de décomposition interne qui expliquent la localisation de l'armée : plus de la moitié des effectifs sont en effet engagés dans les deux provinces du nord. Le face à face avec le Front Populaire de Libération de l'Érythrée (F.P.L.E.) a pris désormais l'allure d'une véritable guerre de tranchée, entre la vallée de la Baraka et la place forte du F.P.L.E. à Nafka. C'est l'ancienne frontière d'État qui est désormais l'enjeu d'un conflit interne.

Le géographe J. Denis écrit que « les frontières ne sont pas seulement une limite aux empiétements des voisins, elles constituent également une barrière aux forces centrifuges de la Nation » (1971 : 111).

Telle est en effet la conséquence majeure des configurations coloniales, cadres de regroupement de populations diverses, étrangères et souvent antagonistes.

Après un tiers de siècle d'indépendance trois tendances se dégagent : dans l'organisation de l'espace, l'ethnicité conserve une expression géographique forte, non sans incidences politiques ; des résultats ont cependant été acquis, des avancées réalisées au registre de la construction nationale ou, au moins, de la viabilisation des États ; mais de graves situations d'implosion ont surgi.

Les facteurs d'antagonisme internes sont l'ethnicisme ou « tribalisme », l'aggravation de disparités régionales, la non-résolution des contentieux liés à l'esclavage et la persistance, au sud, de graves luttes idéologiques.

Référent ethnique et organisation de l'espace : quelques interactions

Ce concept très complexe (et dont l'étude dépasse le propos de ce travail) relève d'abord de l'anthropologie, puisqu'il s'agit de définir ces « ensembles flous » que sont les aires d'appartenance ethnique, souvent considérés comme des produits de la taxinomie coloniale et, en tout état de cause, susceptibles de mutations, par disparition de caractères ethniques anciens.

L'ethnie est un ensemble social composé d'individus qui se reconnaissent en commun un certain nombre de traits (origine, langue, histoire, culture, éventuellement religion) et qui disposent d'un terme spécifique pour nommer le groupe ainsi formé. On se réfère là à une forme d'organisation de la société civile, mais l'ethnie peut être aussi un mode de structuration de la société politique, qui nous intéresse dans la mesure où il a une inscription spatiale.

Les « régions » des États de l'Afrique sud-saharienne recouvrent très généralement les aires d'extension de groupes ethniques (mais il y a la grande exception Peul), au point que depuis la période coloniale ces sous-ensembles spatiaux sont souvent désignés par des ethnonymes : les « pays » Kikuyu ou Luo, le Matabeleland ou le Mashonaland. Ce mode de découpage et d'identification de portions de l'espace d'un État selon des traits de géographie humaine est à l'origine fonctionnel : il correspondait aux préoccupations des officiers chargés de maintenir l'ordre ou de prélever la main-d'œuvre ou l'impôt. On s'intéressait alors moins aux espaces qu'aux masses démographiques.

Ce mode de nomination est souvent récusé aujourd'hui par les appareils d'État qui préfèrent d'autres référents pour nommer les divisions administratives : on emprunte à la topographie (toponymes « Cuvette » et « Plateaux » au Congo), à l'hydrographie (hydronyme « Fleuve » au Sénégal), aux points cardinaux (« Nord », « Ouest », « Est », au Cameroun ou « Western » au Kenya). Mais dans bien des cas les anciens toponymes ont été conservés : « Matabeleland North » et « South », « Manicaland » (« pays Manyka »), au Zimbabwe, ce qui ne fait que traduire la persistance de clivages ethniques. Ces éléments constituent une combinaison d'autant plus durable qu'ils correspondent à des aires de plus forte densité démographique relative. L'examen de la distribution de la population met assez nettement en évidence l'alternance de foyers régionaux peuplés (et à l'économie intégrée) et d'aires intersticielles d'occupation plus lâche. Il devient possible d'identifier des foyers ethno-démographiques qui, en même temps, sont ou ont été des pôles ethno-politiques actifs (royaumes, émirats, sultanats, confédérations).

On peut alors se représenter les réalités comme une série de « strates » distinctes dont l'agencement qualifie l'organisation politique d'un espace délimité. Une des strates a été dessinée par les pratiques administratives et économiques et elle a été superposée à ce qu'on nommera la « strate fondamentale » ; celle-ci désigne la répartition dans l'espace des masses ethniques et démographiques, qui constituent des noyaux ou des foyers régionaux.

Le résultat majeur des tracés de frontières est de fixer de nouvelles coordonnées relatives pour chacun de ces foyers-pôles et, par conséquent, de définir leurs positions respectives dans le cadre d'un État. Or, il est rare qu'un État coïncide avec l'aire d'extension d'un seul foyer (Lesotho) ou n'englobe qu'un pôle majeur (Mossi, au Burkina). Le plus souvent, plusieurs foyers-pôles se trouvent juxtaposés dans un même ensemble étatique, et sont désormais associés, que leurs dirigeants le veuillent ou non : voir le Kenya, avec ses deux foyers Kikuyu et Luo (ce dernier ayant été inclus dans l'Ouganda, dont il est ethniquement et historiquement plus proche, pendant plusieurs décennies).

C'est donc surtout dans leurs conséquences spatiales que les entreprises coloniales ont pu aviver ce qu'on pourrait appeler « l'ethno-régionalisme ». Les colonisations ont engendré toute une série de disparités régionales qui ont persisté dans les États contemporains : certains espaces furent plus modernisés que d'autres (certaines régions côtières ou desservies par des axes de circulation) ; certains groupes furent mieux encadrés, christianisés, scolarisés dans les missions, d'où émergèrent les nouveaux leaders (Mugabe, Nyerere, Kaunda...) ; d'autres, à l'inverse, se sont soustraits à l'influence coloniale (Guinée-Bissau ...). On a pu aussi appuyer un groupe contre un autre : ainsi, en Ouganda, les Britanniques eurent une politique foncière plus libérale en faveur des chefs du puissant royaume Buganda (confirmés dans la possession de 50 % des terres) alors que dans les deux royaumes rivaux d'Ankoli et de Toro les chefs locaux n'eurent droit qu'à 6 % de la superficie ; quant au royaume de Bunyoro, dont les autorités résistèrent le plus longtemps à la colonisation (il servit de refuge aux dissidents Buganda et aux marchands d'esclaves liés au Soudan proche), il fut traité en pays conquis ; toutes les terres furent placées sous le contrôle de la Couronne (Boateng, 1978 : 207-208). L'indépendance a amorcé le début d'une revanche Ankoli et Longi contre les Baganda (grands bénéficiaires de la période coloniale, notamment par leurs acquisitions de terres hors du royaume), qui explique pour une grande part la crise ougandaise présente.

Si les États anciens étaient des formations politiques multi-ethniques (avec leur cascade de domination), c'est-à-dire qu'ils n'étaient pas des ensembles à caractère national, faut-il affirmer que le régime colonial est le « responsable conscient et exclusif » des conflits tribaux ? Ainsi, les Balante, dispersés dans les forêts de Guinée-Bissau, qui avaient d'abord refusé toute intégration culturelle, ont formé le gros des troupes du P.A.I.G.C. d'Amilcar Cabral et sont maintenant rétifs à la domination des « assimilados » du gouvernement.

Certes, des modes de gestion différenciée ont été introduits à l'intérieur d'une même colonie (notamment sur le plan foncier) et l'exploitation des divisions — ethniques ou religieuses — fut une arme fréquente (au Maghreb : Berbères contre Arabes ; en Afrique du Nord-Est : musulmans contre chrétiens en Éthiopie sous les Italiens ; en Afrique australe : fragmentation selon les clivages anciens ; (Zulu contre Xhosa ; Tswana contre Ndébélé ; Sotho contre Zulu).

Mais on rencontre aussi des situations où un foyer jusque-là soumis a pu trouver dans l'alliance coloniale un moyen de compenser sa faiblesse ou sa dépendance. Ce fut le cas des Luo durant la révolte Mau Mau, des Oromo musulmans d'Éthiopie à l'époque italienne ou des populations noires Sara du sud du Tchad, enfin protégées des intrusions des groupes musulmans et esclavagistes du Nord.

Tout cela invite à envisager la fonction géopolitique du référent ethnique non pas seulement comme un fait de structure, mais aussi comme une stratégie. S'en tenir à la structure pour rendre compte des crises internes signifierait que la multipolarité ethno-politique de la plupart des États actuels est en quelque sorte une donnée irréductible et porte en elle la décomposition de l'État comme la nuée, l'orage. C'est sur cette croyance déterministe que se fondent nombre d'analyses expliquant les crises en termes d'ethnicité et de « tribalisme ». Par contre, il apparaît plus efficace de considérer que la diversité ethnique offre aux dirigeants une plus grande marge de manœuvre dans leur lutte pour le pouvoir.

La connaissance du fond de carte ethno-démographique et ethno-historique permet de préciser les relations de pouvoir qui s'établissent à la fois entre groupes régionaux et entre ceux-ci et le pouvoir central d'État.

État et/ou ethnie ou l'ethnicité comme stratégie

La réduction des enjeux politiques à la contradiction suivante, l'État ou l'ethnie, semble ne pas considérer qu'il s'agisse d'instances de niveau scalaire nettement distinct et donc de nature différente. Un raisonnement en termes d'ensembles multiples permettrait sans doute

* *Et demain l'Afrique*, Stock, 1985.

de montrer que des groupes sont inscrits simultanément dans différents champs ou systèmes spatiaux : l'ethnie et la région, les champs économiques (État et aires d'échanges et de migrations), la maille administrative, enfin les champs politiques (État, circonscriptions et aires d'influence des partis) et idéologiques (religions...).

Ces champs sont variés, car de taille et de contours différents. Dans cette gamme, d'autant plus riche que les niveaux étatiques sont surimposés sans forcément qu'il y ait eu érosion des autres niveaux, le référent national ne reste-t-il pas un champ comme un autre, bien que d'un ordre de grandeur supérieur aux champs ethniques ou régionaux ?

Selon les circonstances, tel ou tel champ est manié par les acteurs. Ainsi, au Zimbabwe, on se dira Shona face aux Ndébélé pour imposer le parti unique, mais on agira comme Zezuru ou Karanga (ethnies de l'ensemble linguistique shona et à forte identité régionale) pour la répartition des postes dans l'actuel parti dominant (Z.A.N.U.). Face à l'Afrique du Sud, c'est évidemment l'appartenance au Zimbabwe qui est affichée. Mais quel est le champ de référence majeur ?

A voir comme le 2e Congrès de la Zimbabwean African National Union, parti hégémonique à ambition de parti unique réuni en août 1985, a pris soin de doser la composition du nouveau bureau politique, on se doit de comprendre qu'il y a bel et bien un jeu triangulaire fondamental entre les trois sous-groupes de langue shona : si le numéro un, Robert Mugabe, est un représentant zezuru, le vice-Premier ministre et numéro deux est un Karanga (Simon Muzenda) et le numéro trois, Maurice Nyagumbo (ministre des Affaires politiques), est un Manyka. Les grands foyers régionaux sont ainsi représentés : l'État fait office de « table tournante » (selon l'expression de J. F. Bayart pour le Cameroun) pour l'allocation des postes et des crédits régionaux. Quant au numéro quatre, Enos Nkala, il est Ndébélé ; qu'il soit le plus farouche adversaire de Josuah Nkomo, leader du pôle ethno-oppositionnel de la région méridionale et de l'autre parti (Z.A.P.U.), n'est pas pour surprendre : sa circonscription électorale des Midlands se trouve encore sous influence de la Z.A.P.U. Un nouveau clivage, moins spatial que politicien, est ainsi introduit.

Cette multiplicité des champs tient évidemment à la nature inchoative de l'État, qui explique à son tour qu'on se réfère tantôt à la nation, tantôt à l'ethnie, tantôt à la région (ou à la confrérie) selon les besoins ou la corrélation des forces. Ainsi est-il utile de se souvenir que la sécession Ibo, à l'échelle du Biafra, ne fut tentée qu'après l'échec d'un coup d'état militaire mené par des Ibo à l'échelle de la fédération du Nigeria. Guy Nicolas, étudiant le Nigeria, n'hésite pas à parler de « nation à polarisation variable » (communication orale, EHESS, décembre 1985). Mais le Nigeria ne peut-il pas être considéré comme le miroir grossissant de la complexité des structures de la majorité des États africains ?

Le plus surprenant est qu'au bout du compte les États aient, sauf exception, réussi à s'imposer comme souverains et légitimes dans les cadres hérités et discordants. La nature du tracé des enveloppes externes n'apparaît plus comme un obstacle dirimant à l'accès à un certain degré de cohésion interne ; une preuve en est qu'aucun mouvement sécessionniste n'est parvenu à son terme.

Il y a d'incontestables acquis, qui peuvent être décrits, soit comme l'établissement de l'hégémonie des représentants de l'un des foyers-pôles, soit, dans le meilleur des cas, comme le résultat de l'effacement progressif de clivages ethno-politiques internes, sous l'effet des stratégies de compromis des dirigeants des États et des groupes régionaux.

Dans la première catégorie, deux situations doivent être distinguées. Soit le groupe qui gouverne sans partage est démographiquement majoritaire : citons les exemples du Zimbabwe (où dominent les locuteurs Shona, en particulier de l'ethnie Zezuru), du Mali (avec les Bambara), du Ghana (Ashanti) ou encore du Rwanda (Hutu).

Soit il est (ou est devenu) minoritaire tout en conservant son poids politique : c'est la situation des Amhara en Éthiopie ou des Ankholi en Ouganda. Le cas le plus tragique d'inversion des rapports entre minorité et majorité fut celui des Tutsi du Rwanda, massacrés par la majorité Hutu en 1963-1964. En Éthiopie, la totalité du D.E.R.G. — Conseil Révolutionnaire, remplacé en 1987 par un Parti des Travailleurs — était formée d'Amhara.

Pour la seconde, on ne se risquera pas à dresser une liste, qui pourrait être interprétée comme un palmarès de la cohésion obtenue ; nommons seulement quelques cas :

— la Tanzanie, où la multiplicité des groupes ethniques (dans le cadre de l'ancien Tanganyika ; la question de Zanzibar et de Pemba est plus difficile à trancher) a finalement facilité la tâche du président Nyerere, qui n'a pas craint en 1985 de désigner son successeur ;

— le Kenya, où l'hégémonie Kikuyu, légitimée par son rôle dans la révolte anti-britannique des Mau Mau, a été quelque peu atténuée, depuis la mort de Kenyatta, avec l'intégration du pôle ethno-régional et oppositionnel Luo à l'appareil d'État, au champ économique et au marché du travail, via les migrations depuis les provinces occidentales de Western et Nyanza vers Nairobi et Mombassa ; le successeur de Kenyatta n'est pas Kikuyu, mais Kalenjin (groupe minoritaire de la région d'Eldoret) ; mais des signes de tensions apparaissent : volonté de revanche kikuyu ?

— la Côte-d'Ivoire, où la croissance économique a eu un effet d'homogénéisation ou du moins de brassage tandis que le pouvoir était distribué entre divers groupes ethniques, notamment les Agni et les Baoulé (mais il y a le problème des immigrés burkinais).

On pourrait citer encore le Sénégal — malgré la Casamance, plus riche, chrétienne et séparatiste —, le Cameroun ou le Congo*. Les compromis politiques ont été l'un des modes privilégiés de dépassement des clivages. Le plus étonnant est que certains États, pourtant jugés fragiles dès l'origine, aient subsisté dans leurs limites initiales : voir le Nigeria — au prix il est vrai d'une guerre civile, de remaniements géopolitiques constants et d'une série de compromis — et surtout le Zaïre — dont les forces centrifuges réelles, attisées par les rivalités internationales qui continuent de s'exercer sur ce Bassin International du Congo, semblent, pour l'instant, contenues. Il y a sans

* Quant à l'Angola, le mouvement d'opposition de l'U.N.I.T.A. n'inscrit pas sa lutte dans une perspective de sécession, mais pour imposer le partage du pouvoir ; il est vrai que les principales ressources régionales sont sous le contrôle du gouvernement.

doute un « miracle zaïrois », non pas économique, mais géopolitique : le maréchal Mobutu Sese Seko, qui a fondé sa carrière sur l'arrêt de la sécession du Katanga-Shaba, a montré jusqu'à maintenant une étonnante capacité à gérer un État aussi vaste et mal structuré que diversifié. L'aide étrangère n'explique pas tout ; le système Mobutu qui comprend sa famille, son ethnie d'origine — les Ngwandi et ses voisins Ngnaka —, intègre aussi un réseau de pouvoir multi-régional et multiethnique doublé d'un parti unique large et autoritairement intégrateur — le Mouvement Populaire de la Révolution —, et, pour finir, de l'armée. Le système de la « table tournante », notamment pour les affaires, favorise la fluidité du système ; un regroupement administratif en huit provinces a brisé les cadres plus anciens (21 entités). On ne s'étonnera pas de trouver des conseillers zaïrois à N'Djamena, sans doute spécialistes de l'ingénierie ethno-politique en milieu complexe.

— **Tensions internes et situations d'implosion :** Certes, on peut constater que les traits structurels de la géopolitique précoloniale interne se font de plus en plus saillants à mesure que l'héritage politique colonial s'estompe ; mais il serait plus exact d'estimer que ces configurations anciennes redeviennent mobilisables si nécessaire : retour du « refoulé » si l'on veut, mais qui se réalise en fonction des nouveaux rapports de force, et non comme une simple « répétition » de l'Histoire.

Dès lors, on comprend mieux que les phénomènes de tension se soient localisés pour l'essentiel à l'intérieur des États. Bien qu'on ne trouve aucun cas de sécession réussie, définitive (Biafra, Shaba, Ogaden, Érythrée, Tigré, Sud-Soudan, Nord-Tchad, Casamance), de graves tensions subsistent dans plusieurs de ces États. C'est donc le risque d'implosion qui y reste le plus important : l'historicité propre de ces sociétés émerge à nouveau, intacte ou modifiée, après l'épisode colonial. Mais l'issue n'est pas donnée d'avance, puisque les acteurs disposent le plus souvent d'options, allant du compromis à la sécession.

On peut ainsi constater la résurgence d'anciens clivages politico-historiques : les dirigeants des groupes oppositionnels s'appuient sur une entité ethno-démographique importante à l'échelle du pays et dotée d'une forte identité historique qui est de nouveau mobilisée : c'est le cas du mouvement autonomiste du Tigré en Éthiopie, qui agit dans ce que le Front Populaire de Libération du Tigré considère comme l'Abyssinie authentique, ruinée par les usurpateurs Amhara ; de même, les problèmes internes de l'Ouganda, déjà évoqués, ne se comprennent que par référence à la destruction systématique du royaume Buganda (les Bagandais forment 60 % de la population) par les dirigeants politiques appartenant aux autres groupes ethno-régionaux.

Au Zimbabwe, les problèmes internes, parfaitement inscrits dans l'espace, ne se réduisent pas à une opposition ethnique entre Shona et Ndebele : ce qui clive le pays aujourd'hui résulte de l'influence des uns et des autres dans les différentes phases de l'histoire depuis près d'un siècle : domination ndébélé sur les groupes de langue shona ; attitudes différentes durant la période coloniale ; rivalités politiques, électorales et militaires pendant et après la seconde indépendance (en 1980).

L' « épaisseur historique » sera d'autant plus visible que la colonisation a été plus brève. Le cas éthiopien illustre à la fois le poids des permanences et la place des acteurs : on ne voit en effet guère en quoi la politique de contrôle des périphéries musulmanes et des marches frontières et l'extension de l'amharisation menées sous la férule de Menguistu diffèrent des pratiques féodales précédentes de Hailé Sélassié et de Ménélik II (Foucher, 1985). Seul l'emballage idéologique explicite a varié. Il s'agit aussi bien d'étendre l'aire de contrôle du foyer-pôle à base ethnique sur d'autres foyers, dont il n'est pas très étonnant que certains soient (re)devenus des pôles d'opposition (Tigré, Gondar), soucieux d'autonomie. Les anciennes frontières politiques sont alors réactualisées comme lignes de clivage, au point que des révoltes peuvent naître du refus de nouveaux découpages administratifs. Ainsi, il est significatif qu'en Éthiopie l'influent Front Populaire de Libération du Tigré considère le Tigré comme l'Abyssinie authentique dont la direction aurait été usurpée par les princes Amhara du Shoa : légitimiste, il refuse la scolarisation en amharique et nomme Tigré, non pas la province dans ses limites actuelles, mais un ensemble plus vaste qui inclut des sections du Begemder (Wolkeit et Tselemti, détachés en 1940) et du Wollo (Raya, détaché en 1957). Leur lutte semble viser d'abord à recouvrer une sorte de « Grand Tigré », qui serait doté d'autonomie : bataille pour la redéfinition du tracé de limites administratives par référence à des frontières historiques. Refus de l'État centralisateur.

Il peut s'agir d'une évolution au terme de laquelle une entité devenue peuple fait sécession et réclame l'indépendance, c'est-à-dire la transformation d'une limite administrative en frontière d'État ; le cas le plus net est celui des Érythréens, qui luttent pour redonner à la limite provinciale actuelle de l'Érythrée avec le Tigré et le Gondar son ancien statut de frontière internationale ; il s'agit bien d'une revendication pour revenir à une frontière coloniale !

Le cas de l'Érythrée est tout à fait particulier puisqu'il s'agit pour le F.P.L.E. en lutte depuis 1961 d'imposer le retour à la frontière italo-abyssine effacée par l'annexion de 1958. En effet, l'ensemble Érythrée n'est en rien, à l'origine, un foyer ethnique, puisqu'il ne comprend pas moins de huit groupes ethniques ou tribaux (Beni Amer, Tigré et Tigray, Danakil, Bedja, Sakho, Kunama, Barya, Bilin) et plusieurs appartenances religieuses : islam et christianisme. Cette diversité, combinée aux divergences idéologiques, explique que durant près de douze années (1970-1982) les deux mouvements — Front Populaire de Libération de l'Érythrée, d'orientation marxiste, recrutant dans les populations chrétiennes de langue tigrinya ; Front de Libération de l'Érythrée, premier formé, en 1961, formé de musulmans et animé par le réseau des notables Beni Amer de la région côtière — aient consacré plus d'énergie à lutter entre eux que contre le pouvoir central.

La prépondérance enfin acquise par le F.P.L.E. marque le glissement d'une lutte traditionnelle — menée au nom de l'islam contre un pouvoir central perçu comme chrétien — à une revendication de caractère national. C'est un cas exemplaire, mais tragique (plus de 300 000 morts), de formation d'un « peuple » : ethnogenèse. Ce processus de différenciation par rapport à l'ensemble éthiopien actuel résulte de la longueur de la présence coloniale italienne (des années 1880 à la conférence de Potsdam, 1945) : routes, vie urbaine, ports, scolarisation... Il s'est mué en affirmation nationale par opposition à l'annexion réalisée en 1952 par Hailé Sélassié (qui ne voyait, comme son successeur, dans cette province qu'un territoire « arabo-musulman »).

Mais cette rivalité qui s'exprime à l'échelle de l'État ne doit pas masquer des stratégies de groupes et de familles. Comme au Sahara occidental, l'adhésion à un projet national encore neuf n'est pas le fait de tous. On trouve des Érythréens qui sont officiers dans l'armée éthiopienne, cadres dans les instances dirigeantes ou étudiants à l'université d'Addis-Abeba (où ils forment parfois la moitié du public étudiant, à côté des Amhara du Shoa). Des membres des mêmes familles sont, pour leur part, dans les maquis, au Soudan ou encore en prison. Stratégies familiales, si l'on veut, qui consistent à diversifier les alliances. Des clivages internes demeurent : opposition entre musulmans des basses terres et chrétiens des plateaux ; choix pro-amhara de Tigrinya et des groupes Saho et Kunama. L'histoire de ce qui est le plus long conflit interne du monde a pris souvent l'allure d'une double guerre civile.

— **L'héritage de la traite :** Un autre facteur générateur de tensions ou de blocages politiques réside dans les contentieux historiques issus de l'esclavage : effets locaux de la traite atlantique, mais aussi de la traite arabo-musulmane et de la traite intérieure. Les deux dernières ont été actives jusqu'au milieu du XXe siècle, pour le moins. On apprenait récemment qu'au milieu de l'année 1987 des raids à l'esclave étaient menés par des milices de Rezigat, Noirs islamisés du Soudan central, contre leurs voisins Dinka, qui soutiennent le mouvement oppositionnel du S.P.L.A. (Sudan People Liberation Army), dans la région de Safata, au nord du Bahr el Ghazal. En Mauritanie, l'esclavage n'a été officiellement aboli qu'en 1980.

Ces tensions jouent soit le long de la ligne de contact entre musulmans et animistes, dans l'aire soudano-sahélienne, soit, cas inverse, entre chrétiens esclavagistes — Amhara — et les peuples musulmans périphériques — Oromo, nommés « Galla », c'est-à-dire esclaves. Mais l'Afrique de l'Est et du Centre-Sud n'a pas été épargnée.

Le maillage colonial en effet a regroupé des populations ayant de lourds contentieux historiques, puisque se trouvaient juxtaposés dans le même ensemble administratif, puis étatique, des appareils négriers d'une part et des ethnies « gisements » d'esclaves de l'autre qui étaient victimes de la traite intérieure.

D'une manière générale, la géographie de la traite se décomposait en quatre grandes catégories régionales :

— du fleuve Sénégal aux basses terres de l'Éthiopie, en passant par le nord du Nigeria et du Cameroun, par le Tchad et le Soudan, l'aire soudano-sahélienne est aussi une large zone d'interaction entre groupes musulmans, arabisés ou non, naguère encore esclavagistes, et des ethnies « gisements » traditionnels ;

— le front d'islamisation se poursuit à l'Est, de la côte du Kenya à la vallée du Zambèze, jusqu'aux grandes régions interlacustres et à l'est du Zaïre : l'espace intérieur tanzanien a été structuré de manière quasi exclusive par les routes de la traite, à destination de l'Asie occidentale, et les sultans de Zanzibar étaient à la tête d'un système logistique s'étendant jusqu'au bassin du Congo ;

— du golfe de Guinée à l'Angola, les rapports entre peuples ont été inscrits dans des chaînes de domination liées à la traite atlantique : voir le « gisement » Ibo ou les groupes « fournisseurs » Ovimbundu et Lunda ;

— enfin, l'esclavage de type domestique a été plus fréquent qu'on ne le dit, en particulier dans les fermes boers d'Afrique du Sud.

« On a estimé qu'en fin de compte, à la veille de la colonisation, un quart de la population avait, en Afrique de l'Ouest, le statut d'esclave », souligne C. Coquery Vidrovitch (1985 : 43). Dans certains cas, le colonisateur s'est appuyé sur les appareils existants ; dans d'autres, ce sont les groupes victimes qui s'y sont alliés pour se libérer des premiers ; les systèmes négriers ont été souvent désorganisés par l'abolition de l'esclavage décidée lors de la Conférence de Bruxelles. Pour illustrer la redoutable actualité de cette question centrale, on présentera quelques exemples qui jouent à l'échelle des États. Ainsi, en Mauritanie, la publication en avril 1986 d'un « manifeste du négro-mauritanien opprimé » rédigé par des intellectuels noirs d'origine peule attirait l'attention sur la domination exercée par la minorité maure — beydane ou arabo-berbère — sur les Noirs de Mauritanie, qui sont majoritaires dans les régions du Sud. Cet ensemble négro-mauritanien, fort d'un million de personnes, est très différencié puisqu'il comprend un demi-million d'Haratine — libérés en 1980 et dont certains sont cadres dans l'armée —, et des Noirs libérés du Sud — Wolof, Soninké et Peul, autrefois esclavagistes eux-mêmes et situés à cheval sur plusieurs États (Sénégal, Mali, Guinée et Mauritanie).

Le conflit politique, se nourrit de la rivalité entre les nomades Beydane et les Peuls libres pour le contrôle des terres de la vallée du Sénégal. Dans ce cas, les épisodes de sécheresse ont participé à l'exhumation des contentieux.

Au Bénin, le pouvoir est depuis plus de quinze ans aux mains du président Mathieu Kérékou qui, comme son équipe dirigeante et son armée, est issu d'une ethnie Somba ; celle-ci a toujours été considérée par le puissant noyau ethnique des Bariba, présents dans la moitié nord du pays, centre de l'ancien royaume du Borgou, comme des esclaves. Seuls le contrôle de l'armée et la fidélité personnelle de ses chefs permettent à Kérékou de se maintenir au pouvoir ; il lui a fallu sans doute mobiliser une idéologie égalisatrice — présentée comme marxiste-léniniste — pour tenter d'homogénéiser un pays très clivé.

Ailleurs, les clivages politiques, exprimés par des divergences idéologiques d'aspect moderne, traduisent aussi la résurgence des structures historico-régionales ; des lignes de front se forment ou, du moins, des aires d'opérations militaires entre le noyau ethno-politique au pouvoir et le pôle oppositionnel : l'enjeu n'est pas la sécession, mais le partage du pouvoir ; c'est en Angola que ce schéma est le plus affirmé, d'autant que les lignes de partage ethniques sont réutilisées par les acteurs ; dans cette catégorie, on pourrait situer, avec des nuances, le Soudan, le Mozambique ou le Tchad.

— **L'Angola :** Le cas de l'Angola mérite attention, en raison de la non-coïncidence entre le support ethnique de l'opposition armée dirigée par l'U.N.I.T.A. et son assise géostratégique. La répartition ethnique des Angolais est la suivante : les Ovimbudu forment 38 % de la population ; c'est le premier foyer démographique, qui occupe les plateaux au climat humide du centre-est (Huambo, Bié, Benguela, Huila nord et Kwanza sud) ; ce sont des régions modernisées et greniers du pays, entre Benguela et Huambo ; ils ne formaient pas une entité politique forte dans le passé, car ils étaient divisés en une série de royaumes ; « ils ont dû activité et progrès à leur rôle de courtiers entre l'intérieur et la mer, entre l'Empire lunda et les Portugais de Benguela. Principal trafic : l'esclave », souligne Pierre Gourou (1970 : 370).

Les Kimbundu 23 % de la population, sont dans le centre-nord : Luanda, Bengo, Nord-Kwanza, Malanje et nord du Kwanza Sud ; ce sont eux qui, du fait de leur localisation, ont subi la plus longue et la plus forte influence portugaise. La capitale, Luanda, et les régions plus basses desservies par l'axe ferroviaire Luanda-Malanje ; les Ovambo — que sont aussi la majorité en Namibie — occupent l'extrême sud ; les autres groupes (Bakongo au nord, Xindonga, Nyanyeka au sud, Lunda et Ngangela à l'est et au nord-est) comptent pour 30 % ; enfin, les métis sont environ 3 % du total. C'est d'abord parmi ces derniers, très minoritaires, que l'on trouve les dirigeants politiques les plus favorables à l'alliance avec le bloc communiste. Les Bakongo ont formé la base du Front National de Libération de l'Angola, tandis que les Kimbundu ont appuyé le Mouvement Populaire de Libération de l'Angola, aujourd'hui au pouvoir ; la majorité de ses membres se recrutent parmi les Kimbundu. Le mouvement oppositionnel, l'U.N.I.T.A. (Union pour l'indépendance totale de l'Angola), est soutenu par les Ovimbundu et les Chokwe (qui sont aussi dans l'ouest de la Zambie). Mais, du fait de l'importance démographique et économique de leur région (grenier, chemin de fer, villes), le M.P.L.A. a très tôt établi, avec l'aide cubaine et soviétique, son contrôle sur le « pays Ovimbundu ». Les bases de l'U.N.I.T.A.*, qui bénéficie de l'appui de l'armée sud-africaine de Namibie et du Zaïre, se trouvent en dehors de leur foyer d'appartenance, en région Xidonga et Ngangela, au sud-est ; son objectif incessant est dès lors de tenter de s'implanter dans la région Ovimbundu, à partir de Huambo. Autre contradiction, la S.W.A.P.O. (South West African People Organization), qui lutte contre l'armée sud-africaine pour obtenir l'indépendance, sous sa direction, de la Namibie, se recrute chez les Ovambo et trouve donc des sanctuaires dans le sud de l'Angola. Mais, bien qu'ayant des options et des alliances opposées, Ovambo et Ovimbundu ne sont pas en conflit en Angola, en raison de leur proximité ethnique. Enfin, la principale compagnie d'exploitation de diamants, la Diamang, est en fait liée pour la commercialisation au groupe sud-africain De Beers !

Ne contrôlant ni l'enclave pétrolière de Cabinda, ni, sauf à l'extrême sud, la région diamantifère de la province de Lunda, ni enfin le foyer ethno-démographique principal, l'U.N.I.T.A. n'a aucune possibilité de chercher une sécession. Son objectif permanent est de s'établir dans la région occidentale située de part et d'autre du chemin de fer de

* Dont le dirigeant, Jonas Malheiro Savimbi, a écrit une thèse de doctorat sur Yalta (1965, Université de Lausanne).

Benguela, là où elle trouverait un soutien populaire plus important. Le facteur ethnique est donc ici essentiel. En attendant, le pays est clivé selon une série de *lignes de front* militaires.

L'inimitié entre les groupes qui s'expriment par le M.P.L.A. et l'U.N.I.T.A. est ancienne et chacun accuse l'autre de biais ethnocentriste : les populations du Nord-Ouest étaient hostiles aux migrants Ovimbundu transférés par les Portugais dans les plantations de café ; le M.P.L.A. a une base de Noirs éduqués (*assimilados*) et de métis de Luanda (souvent plus radicaux), avec une influence des réseaux méthodistes (cas du docteur Neto, fondateur du M.P.L.A.) ; à l'inverse, l'U.N.I.T.A. est perçue, de Luanda, comme un mouvement ethnopopuliste opposé aux vues des dirigeants décrits comme citadins acculturés et métis. L'U.N.I.T.A. n'a donc pas aidé le M.P.L.A. dans la lutte contre les Portugais, ce qui explique en grande partie l'échec de la coalition tripartite de 1975 (avec le F.N.L.A. Bakongo) ; « à l'opération Zulu » menée par les forces armées sud-africaines a répondu l'opération Carlotta, cubano-soviétique.

Savimbi donne, avec sa canne, l'image d'un chef traditionnel qui revendique certes le partage du pouvoir mais qui tire sa force d'abord de l'appui direct des Sud-Africains à partir de la bande de Caprivi (proche de la capitale de l'U.N.I.T.A., Jamba) lié à leur présence en Namibie, ainsi que du relatif sanctuaire zaïrois.

L'Angola est donc un cas très complexe où les facteurs géopolitiques internes (contentieux historiques, différences régionales issues de la colonisation, opposition entre villes et campagnes, littoral et intérieur) se combinent à de multiples interventions géostratégiques externes. A terme, le soutien Sud-Africain explicite à l'U.N.I.T.A. ne peut que contribuer à déconsidérer ce mouvement aux yeux des États africains voisins, à moins que leurs relations avec le pouvoir de Pretoria ne soient marquées, là encore, du sceau de la complexité ou de la contradiction.

— **Le Soudan : le Nord et le Sud, les eaux du Nil et l'Égypte :** C'est un autre exemple d'emboîtements complexes de facteurs politiques jouant à des échelles différentes : les tensions entre le pouvoir central et des groupes sudistes paraissent permanentes mais elles sont très anciennes. L'horogenèse coloniale a, au Soudan, repris les contours de ce qui était un vaste bassin de drainage des esclaves du Sud pour les marchés du Nord et de l'Est (Arabie), équivalent historique du nord des foyers de peuplement dense des régions interlacustres de l'espace qui, au sud, correspond à l'actuelle Tanzanie.

Par ailleurs, le Soudan est dans la sphère d'intérêts des Égyptiens, non seulement en raison des nécessités d'augmenter les équipements hydrauliques pour satisfaire les besoins en Égypte même *, mais aussi

* Deux accords de répartition des eaux furent signés : le premier (Nile Water Agreement) en 1929, attribuant 4 milliards de m^3 par an au Soudan (soit 4 % du débit annuel moyen) et le second en 1959, portant la part soudanaise à 18,5 milliards de m^3 par an, contre 55 pour l'Égypte. Comme le lac Nasser a inondé une partie de la vallée dans son cours soudanais, débordant largement la frontière en amont de Wadi Halfa, une compensation de 15 millions de £ fut payée. Mais l'opposition soudanaise (Parti Communiste) dénonce régulièrement les empiétements territoriaux égyptiens dans l'aire

parce que le développement de l'islamisme au Soudan est ressenti comme une menace et enfin parce qu'il n'est pas acceptable pour les dirigeants égyptiens que le nord du Soudan soit éventuellement utilisé contre eux par leur adversaire principal, l'actuel régime libyen. Lorsque les dirigeants du Soudan souhaitent desserrer l'influence égyptienne, ils ont le choix, selon leurs inclinations, entre l'alliance avec le régime d'Arabie Saoudite (Port-Soudan est « l'avant-port » de La Mecque, étant le terminus de la grande voie commerciale et religieuse qui draine le Sahel depuis Dakar) et un rapprochement avec le régime libyen. Dans cette option, l'État égyptien ne peut que s'inquiéter des « menaces » pesant à ses frontières, étant donné les pratiques libyennes de dénégation des limites d'État.

Le haut barrage d'Assouan permet de stocker en moyenne l'équivalent de trois années de consommation (volume utile de 90 km^3, soit 74 km^3 disponibles compte tenu de l'évaporation, pour des besoins annuels de l'ordre de 22 km^3, selon J. Bethemont, 1980 : 13), et ces réserves ont mis l'agriculture égyptienne à l'abri des effets négatifs des déficits pluviométriques récents en Éthiopie qui ont provoqué l'abaissement du niveau des eaux du Nil Bleu (au point que ces dernières années le barrage de Roseires était à sec). La poursuite de l'aménagement du haut bassin est devenue une nécessité : avec la construction sur 260 km du canal de Jonglei, l'objectif était de diminuer les pertes (de 12 à 18 milliards de m^3) par évaporation des eaux du Nil Blanc et l'évapo-transpiration des végétaux dans leur traversée des marais du Sud et d'augmenter le volume des retenues à Assouan ; on en attendait une compensation des baisses de débit sur le Nil Bleu.

Après l'accord de 1975 sur le Jonglei, la charte d'intégration d'octobre 1982 visait à fusionner les économies de l'Égypte et du Soudan dans un délai de 10 ans, pour valoriser les situations de complémentarité entre les deux États, les étendues vides et facilement irrigables des plaines du Soudan central étant considérées pour le long terme comme un espace-réserve pour une population égyptienne qui sera de 65 millions en l'an 2000.

Ce projet se localise dans une région méridionale du Soudan qui, peuplée de diverses populations noires, non arabes et non musulmanes, a été et reste le théâtre de violents affrontements contre le pouvoir central de Khartoum. Si la première révolte (1954-1962) dirigée par l'Anyanya I était née dans la province (catholique) d'Équatoria, qui, on l'a vu, fut autrefois ougandaise, celle qui est animée par l'Armée Populaire de Libération du Soudan depuis 1983 se localise dans la province de Jonglei. Son chef, le général Lagu, membre de la petite ethnie Madi, et populaire auprès des populations du sud séduites par ses discours prononcés en « arabe de Juba », prit la tête d'une résistance au régime « nordiste » de Nimeiry, à partir de ses bases arrière situées dans les régions montagneuses proches des trois fron-

---

frontalière, accusant l'État voisin d'annexion du district de Hailab et du lac de Nubie (nom soudanais du lac Nasser) ; elle exige également une abrogation du traité sur le partage des eaux du Nil.

tières Kenya-Éthiopie-Ouganda. La guerre civile dura dix-sept ans ! Menée contre les gens du Nord, elle le fut aussi contre l'ethnie majoritaire au sud, les Dinka, seuls bénéficiaires de l'autonomie politique accordée aux trois provinces du Sud.

Aujourd'hui, l'opposition aux régimes successifs de Khartoum est conduite par John Garang, colonel ayant étudié aux États-Unis et auteur d'une thèse de doctorat en sciences économiques (collège de Grenelle, Iowa) sur les conséquences écologiques posées par le percement du canal. Selon Garang, les transferts d'eau vers le Soudan central et l'Égypte ruineraient les populations du Bahr el Ghazal, alors que les volumes « exportés » pourraient servir à l'irrigation de 1,4 million d'hectares sur place ; de plus, il considère que le canal entraverait la circulation et la transhumance Ouest-Est des pasteurs Dinka et que la route nouvelle parallèle au canal faciliterait l'acheminement de troupes « nordistes ». L'autre série de raisons de l'opposition aux gouvernements de Khartoum est : la suppression décidée en 1983 de l'autonomie des provinces du Sud, l'imposition de la charia (loi musulmane alors que le tiers de la population n'est pas musulman), le projet de situer dans le centre la raffinerie destinée à traiter le pétrole extrait dans le Sud par la compagnie Chevron et la mutation vers le Nord d'unités militaires sudistes. Conséquence du soulèvement, le projet de canal n'est réalisé qu'à moitié.

Comme le théâtre de la rébellion est proche de l'Éthiopie et que le régime soutient l'A.P.L.S., les provinces frontières de l'Illubabor et du Wellega sont utilisées comme sanctuaires.

Mais ce mouvement d'opposition reste limité à l'ethnie Dinka (qui s'étend dans l'est du Bahr el Ghazal, de Bor à Malakal, ville située non loin de Kodok, autrefois nommée Fachoda), opposée traditionnellement aux Nuer et aux groupes noirs de l'Equatoria, ce qui lui interdit toute possibilité de sécession. Toutefois, il contribue à retarder l'achèvement du Jonglei, ce qui ne peut que conduire les dirigeants égyptiens à renforcer leur tutelle sur le Soudan.

— **Le Mozambique : un État divisible ?** Situation différente au Mozambique, où la R.E.N.A.M.O (Mouvement National de Résistance) n'a pas de base ethnique particulière, même si les Yao, musulmans, soutiennent aujourd'hui la R.E.N.A.M.O. contre leurs voisins Makua-Makondé, qui furent les initiateurs du F.R.E.L.I.M.O., et si certains chefs sont des Manyka. Armée financée de l'extérieur par des hommes d'affaires portugais (dont Fernandez) qui délivrent des armes via l'Afrique du Sud, la R.E.N.A.M.O. est assimilable aux groupes de « contras » basés au Honduras et au nord du Nicaragua. Il est vrai que le F.R.E.L.I.M.O. fut aussi une organisation multi-ethnique, du fait de son origine nordiste (Makua-Lokwe) ; mais cela n'a pas empêché ensuite des épurations, au profit des Tsonga-Shangaan du sud (ethnie de feu Samora Machel).

Le Mozambique actuel apparaît comme l'un des États africains les plus menacés d'une partition, les profonds clivages internes se trouvant renforcés des interventions externes.

Dans ce pays très artificiel, de colonisation effective très récente — elle ne date véritablement que des années 1920 —, où moins du quart de la population parle le portugais, les sociétés sont très divisées : dix groupes ethniques nets, vingt-cinq langues (dont dix-neuf langues officielles plus le portugais).

Dans le Nord et le Centre, l'esclavage a laissé de lourdes séquelles, notamment du fait du rôle des Yao, présents également au Malawi, et intermédiaires traditionnels avec les comptoirs côtiers *.

La colonie comprenait deux grands bassins de main-d'œuvre : au sud de la Save, le gouvernement de Lisbonne recrutait des mineurs pour le Transvaal et passait directement des accords avec la Wenela (White Labour Association) des employeurs du Rand et recevait les salaires en or; le gouvernement de Maputo a repris ce système qui a d'abord affecté les Tsonga-Shangaan (présents aussi dans l'est du Transvaal) et leur groupe a été, de ce fait, le plus touché par ce phénomène de modernisation relative. Au Nord de la Save régnait le chibalo, le travail forcé, aboli en 1961 mais qui a duré jusqu'en 1975, et qui devait assurer de la main-d'œuvre pour les plantations des grandes compagnies (Nyanza, Mozambique, Nyassa) concessionnaires d'immenses domaines (de 125 000 km^2 chacun).

La guerre d'indépendance a également entraîné de profondes divisions entre les populations et dans l'organisation de l'espace.

Comme elle fut conduite d'abord dans l'extrême Nord, avec l'appui du sanctuaire tanzanien, cette région fut bouclée au sud — l'état-major portugais du général d'Arriaga voulait empêcher le F.R.E.L.I.M.O. de franchir le Zambèze — par une série de « villages debout, kibbutzim sur la ligne de front ».

Entre le rio Messalo et le Zambèze fut installé un système défensif comprenant des villages de regroupement à fonction stratégique, sur un modèle testé en Algérie avant 1962.

De son côté, le F.R.E.L.I.M.O., s'inspirant des expériences d'ujamaa menées dans la proche Tanzanie, créa dans le nord sous son contrôle des « aldeias comunais » pour rassembler les populations fuyant le travail forcé et enrayer une dispersion qui devenait un obstacle majeur à la socialisation de l'agriculture et à la mobilisation politique. Aujourd'hui, 45 % des aldeias se localisent dans la province nordiste de Cabo Delgado; celles réalisées plus à la hâte dans les vallées du centre et du sud ont été souvent désertées par la suite, entraînant un retour à une très précaire économie de subsistance et, localement, de vraies famines.

A l'ordre de la géopolitique interne, la contradiction mozambicaine est flagrante. Le pouvoir est à l'extrême sud, autour d'une capitale au rôle accru par la fermeture des liaisons avec la Rhodésie (durant le blocus de 1965 à 1980) et par sa fonction de transit vers le Transvaal : ville excentrée, que le F.R.E.L.I.M.O. n'a jamais songé à transférer vers un site comme Beira, plus central. Mais les régions les mieux encadrées et les plus favorables au régime sont celles du nord. Quant aux régions centrales du Zambèze, elles sont parcourues par les groupes armés de la R.E.N.A.M.O., dont le foyer intérieur se trouve dans les montagnes du parc naturel de Gorongoza, à proximité immédiate du corridor — route, voie ferrée et oléoduc — de Beira à Mutare et Harare.

* Les Yao fournissaient aux chérifs côtiers des Makua pour répondre à la demande croissante des planteurs des îles de l'océan Indien, où les Noirs sont appelés des « Macua » !

Sur le plan de la géopolitique externe, les quatre États voisins interviennent de manière certes très différente mais non négligeable, dans les affaires intérieures du Mozambique. Deux d'entre eux, Afrique du Sud et Malawi, soutiennent l'opposition armée tout en proposant, dans le cas sud-africain, des accords de coopération technique avec un régime affaibli et très dépendant (gestion du port de Maputo, reconstruction de la ligne à haute tension de Cabora Bassa au Rand) ; les deux autres, Zimbabwe et Tanzanie, apportent un soutien militaire décisif au régime de Maputo et occupent l'un le centre, l'autre l'extrême nord.

Les dirigeants du Malawi ont longtemps eu un projet de « grand Malawi » : reprise d'une aire d'influence ancienne sur le « Maravi », à quoi on ajouterait le rêve d'un accès à la mer, au port de Nacala, et qui pourrait se trouver réactualisé par les actions du mouvement U.N.A.R. — Uniao Nacional Africana da Rombezia. Au nord du Zambèze serait formé un État de Rombezia, appuyé sur le noyau ethnique Yao — présent et politiquement actif aussi au Malawi, seul État africain noir officiellement lié à l'Afrique du Sud —, financé par des capitaux de « pieds-noirs » portugais du Rand ou de Lisbonne (Champalinaud, J. Jardim). Où l'on retrouve l'ancien appareil négrier, allié des nostalgiques de l'ordre colonial !

L'armée du Zimbabwe occupe, pour sa part, le corridor de Beira, car c'est le seul axe lourd de relation avec l'extérieur qui ne soit pas sous influence sud-africaine. La R.E.N.A.M.O. (par la voix de son représentant à Washington, M. Serpiao) a accusé, en 1987, le gouvernement d'Harare de reprendre à son compte un rêve de Cecil Rhodes consistant à fédérer le Zimbabwe et le Mozambique central en un hypothétique « Mozamawe » : son axe ethnique serait les Shona, dont le sous-groupe Manyka se trouve présent des deux côtés de la frontière.

Il s'agit là d'un axe historique, sur le Zambèze moyen et inférieur, qui menait des comptoirs du littoral au riche royaume du Monomotapa. Alors que les axes traditionnels sont orientés de l'Ouest à l'Est, le Mozambique est étiré du Nord au Sud, avec une capitale excentrée et un régime dont l'emprise sur son territoire est réduite ou battue en brèche. Partition de fait ? Non, mais seule la garantie internationale devra permettre de conserver l'intégrité du Mozambique.

Pour conclure à partir de ces trois types de situation, on retiendra que les principaux foyers de tension en Afrique coïncident (à la seule exception du Sahara occidental) non pas d'abord avec des litiges sur les enveloppes externes, mais avec des situations d'implosion, c'est-à-dire de réactivation de clivages et de frontières internes selon des revendications et des stratégies ethno-régionales et politiques. Un des résultats de ces évolutions rampantes pourrait être l'établissement de nouvelles frontières d'État, ce qui serait une manière d'ouvrir, de l'intérieur, la boîte de Pandore.

L'enjeu est bien de « faire tenir » ensemble des foyers dominants et des pôles oppositionnels. Mais on peut se demander si, dans les cas d'implosion avancée (de type Ouganda), certains acteurs ne tenteront pas de réhabiliter les anciennes frontières historiques, comme solution à la décomposition des configurations actuelles. La résurgence du référent historique est en soi un symptôme de l'érosion des tracés contemporains.

Une des raisons qui pourraient être invoquées par les acteurs pour justifier ce retour au passé est que les tracés présents ont eu pour fonction ou pour effet de bloquer un des moteurs essentiels de la dynamique historique : en cas de conflit, entre entités ou dans une unité ethno-politique, l'issue souvent choisie était la sécession accompagnée le plus souvent d'un déplacement hors de l'atteinte du pôle récusé.

Un des épisodes les plus frappants de ce type de migration politique connue sous le nom de « mfecane », en Afrique australe, s'est produit en 1839. Lorsque des lieutenants du puissant chef zulu Chaka furent en désaccord avec lui, ils optèrent pour la sécession, qui les conduisit du sud du Natal aux plateaux du Zimbabwe : ils ne sont autres que les Ndébélé (nom tswana pour désigner les Zulu), dont on connaît les démêlés actuels avec les groupes de langue shona. Un déplacement réalisé sur plus de 1 200 km !

Toute l'histoire du peuplement de l'Afrique australe et sud-centrale est placée sous le signe de ces migrations politiques, réagissant les unes sur les autres. La conquête s'en est trouvée facilitée d'autant.

Avec l'établissement de frontières d'État, le recours à ce type de solution a été entravé. Pourtant, le fait que l'on compte dans les régions frontalières des États africains le plus grand nombre de réfugiés au monde (près de dix millions, selon le rapport du Haut Commissariat des Nations unies pour les Réfugiés ; projet de budget 1986, Genève) n'est-il pas un aspect contemporain tragique de cette pratique ancienne ?

Redessiner les frontières africaines ?

Imaginons un instant un scénario de révision des frontières fondé sur la prise en compte des données hydro-topographiques : serait-ce un critère efficace ? Ce qui rendrait plausible l'emploi de ce type de critère est que précisément des rivières étaient souvent utilisées, notamment dans la région interlacustre, pour marquer les limites entre royaumes, comme on l'a mentionné plus haut.

Mais serait-il pour autant applicable partout uniformément ? Plus de 45 % du continent africain sont marqués par l'endoréisme ou l'aréisme, tandis que dans les régions d'écoulement pérenne, les fleuves, loin d'être des lignes de discontinuité dans la géographie humaine, servent au contraire de support à des ensembles ethno-régionaux (haut Nil, plusieurs sections du Niger, Sénégal).

Quant aux lignes de partage des eaux, elles ne peuvent avoir la netteté qu'on leur connaît dans les Andes, en Europe ou en Asie du Centre-Sud ; l'Afrique est globalement une terre de plateaux développés sur le socle précambrien et ses couvertures ; ce sont les paysages uniformes de lignes horizontales superposées (Gourou, 1970 : 23) qui dominent. Du reste, les interfleuves ont souvent été utilisés comme points d'appui par les traceurs, sans pour autant éviter les effets d'intersection avec les groupes ethniques (cas des Azande) qui se localisaient dans ces régions de transition à la topographie peu marquée. Bref, « il faut donc abandonner toute idée de faire coïncider carte politique et carte oro-hydrographique », avertit le géographe Gilles Sautter (1982 : 44).

Mais les non-géographes en sont-ils persuadés ? Ce n'est en effet pas parce que l'argument peut être scientifiquement invalidé qu'il restera inemployé. Choisit-on des critères ethniques : voilà 700 États environ, mais que faire, dans ce cas, des villes et des métropoles multi-ethniques ? Préfère-t-on les limites linguistiques ? 1 200 entités ont été distinguées par les linguistes ! Quant aux configurations historiques, quelles époques retenir, que faire des espaces, nombreux, sans structuration clairement identifiée ? Quels types de « droits historiques » accepter ?

Si l'on retient le souci de la viabilité économique, des accords de coordination peuvent être passés entre des États proches, complémentaires, modifiant certaines fonctions des frontières, sans retoucher à l'ensemble. Des formes de confédération sont d'ailleurs envisageables, comme le furent l'A.O.F., l'A.E.F. ou l'East Africa et probablement souhaitables.

En réalité, ce sont les phénomènes d'implosion* qui menacent certains États africains, au long de lignes de fracture qui sont les actuelles limites administratives. Et c'est face à ces situations de décomposition que d'aucuns tendent désormais à s'écarter du principe du statu quo, estimant que, parfois, la renaissance des structures politiques anciennes serait plus apte à assurer la paix civile, compromise par la crise de l'État et les rivalités ethno-régionales.

Les exemples de crises internes profondes et durables abondent, dont les symptômes sont, pêle-mêle : les milices vagabondes du Soudan central, l'incapacité du régime militaire ougandais à se faire reconnaître au-delà de la moitié du pays, la désintégration du Liberia dont le régime n'exerce ses fonctions que sur la capitale et qui ne survit que grâce à l'assistance américaine, l'évolution comparable de la Sierra Leone, la ruine économique de la Guinée qui n'a pas encore pu commencer sa reconstruction. Les apparences d'État, sans cohésion ni unité, parsèment le « paysage » géopolitique africain. Est-ce par un redécoupage — à la charge de qui ? — que l'on pourrait enrayer de telles dissolutions politiques ? Il faut certainement s'attendre à de graves convulsions dans les décennies à venir, même si l'urbanisation peut diluer les contentieux et les référents ethniques exclusifs et les métropoles servir de principes à une réorganisation plus cohérente des espaces dans leurs cadres actuels.

* Le cas le plus grave à cet égard est la Somalie, issu d'un regroupement entre deux anciennes colonies. Les rivalités entre les Issak du Nord — regroupés dans le Mouvement National Somali —, les Hawiye du Centre et de la région capitale — rassemblés dans le Congrès de la Somalie Unifiée — et la partie des Ogadeni qui vivent dans le Sud — du Mouvement Populaire Somalien — se sont aggravées dans le contexte de la chute du régime des Syad Barre. Certes, les contradictions internes entre les clans et sous-clans Hawiye (Agbal, Habr Gidir sont une des clés des troubles politiques somaliens. Mais la revendication d'autonomie économique exprimée par le foyer oppositionnel nordiste demeure, appuyée sur l'espoir d'un renforcement des relations commerciales avec l'Arabie Saoudite voisine. Non satisfaite, elle entretiendrait un esprit de sécession.

Ce n'est pas une raison pour prôner un chamboulement des tracés. Dans le cas contraire, on devrait d'abord se garder d'oublier que le seul cas concret de révision des frontières a été tenté, sans succès politique et économique en Afrique du Sud : il est présenté comme un redécoupage selon des lignes ethno-historiques réelles ou supposées, donc *selon ces mêmes critères qui servent à beaucoup pour dénoncer l'actuel statu quo dans le reste de l'Afrique !*

* cartes 25 à 30

CHAPITRE VIII

L'Afrique du Sud

« Un État blanc, une grande et forte nation environnée de zones bantoues variées... Des États, si vous voulez. »

Verwoerd, 1959.

Réformes politiques, héritages géographiques

Le démantèlement « final et sans condition » des institutions de l'apartheid a commencé en 1991 : abolition du Group Areas Act de 1966 (loi sur la résidence), du Land Act de 1913 et de 1936 (lois foncières), du Black Communities Development Act (loi sur la ségrégation territoriale) ainsi que près de deux cents autres lois organisant la ségrégation spatiale et le « développement séparé ».

Après avoir imposé depuis 1948 une politique de fragmentation volontaire du territoire visant à diviser la majorité démographique noire, le Parti National a changé de stratégie. Il s'agit d'une rupture radicale, résultat partiel des sanctions économiques et financières imposées depuis 1985 par plusieurs États occidentaux, et effet de la fin de la rivalité Est-Ouest en Afrique australe. L'élément déterminant réside dans le bilan d'une quarantaine d'années d'apartheid dressé dans les cercles influents du « Broederbond », réseau des dirigeants politiques, économiques et intellectuels afrikaners. Hier, en 1948, l'apartheid avait été conçu comme une stratégie de prééminence du groupe anglo-afrikaner. Aujourd'hui, sa liquidation obéit à l'impératif de la survie de l'ethnie afrikaner comme nation. Le coût financier d'un « développement séparé » complet n'a jamais été assumé, car la minorité privilégiée anglo-afrikaner n'a jamais consenti aux transferts aptes à soutenir l'émergence d'entités noires autonomes. L'auto-partition de l'Afrique du Sud était contradictoire avec l'unité du marché capitaliste de l'emploi et de la consommation.

L'Afrique du Sud est entrée dans une période de transition : elle n'est plus une « société d'ordres » faite de groupes à statut fortement inégal ; elle devient à tous égards une réelle société de classes où l'accès à l'emploi et le niveau du revenu fixeront la place de chacun dans une société multi-ethnique et dans l'espace urbain.

Pour autant, la dimension spatiale de l'apartheid demeure, pour deux raisons : l'inertie des structures de la géographie humaine est plus durable que celles du champ politique; l'inégalité inhérente aux sociétés de classes à statut très contrasté se traduit elle aussi dans l'espace. A Harare, capitale du Zimbabwe, état successeur d'une Rhodésie elle aussi marquée par un apartheid jusqu'en 1980, la répartition spatiale des divers groupes n'a guère varié; les townships demeurent le lieu d'habitat du plus grand nombre des citoyens noirs.

En outre, la majorité démographique noire reste fortement divisée, tant sur le registre des solidarités ethno-politiques que sur celui des héritages territoriaux. L'apartheid, comme trace géographique d'un régime d'oppression, restera une clé de la compréhension de la structuration de l'espace sud-africain en dépit de la conquête du suffrage universel. C'est dans cette perspective, celle d'un enquêteur géographe, qu'il est analysé ici.

L'apartheid se voit d'avion

Pour se convaincre que l'apartheid est une réalité géographique, inscrite dans l'espace autant que sur les « pass books », il suffit en quelque sorte d' « ouvrir l'œil », à travers le hublot, et ce, quel que soit l'axe du survol. Ce n'est pas dans les grandes agglomérations urbaines que, vus de haut, les contrastes sont les plus spectaculaires. Certes, le « zonage » est évident, les « townships * » des périphéries apparaissent nettement séparés des centres par des aires tampons (terrils de matériaux jaunes du Reef, immenses centrales thermiques au charbon, larges emprises ferroviaires) tandis que dans les vastes banlieues « blanches » scintille l'eau bleue des piscines. C'est plus la puissance industrielle et minière et l'équipement énergétique qui retiennent l'attention qu'un zonage qui se rencontre aussi à Harare comme à Bulawayo au Zimbabwe aussi bien qu'à Nairobi au Kenya. Encore que, dans ce dernier cas, les townships ordonnés cèdent la place aux vastes bidonvilles de Matare Valley.

Les choses se précisent lorsque, survolant les provinces, on constate que la moindre petite ville, bourg à fonctions rurales ou centre industriel secondaire, est composée de quartiers complètement séparés : un centre, des quartiers aérés et, de l'autre côté d'une route et d'une voie ferrée, un township. C'est ainsi que se présentent, dans le Nord du Transvaal, Messina, Pietersburg, Nylstroom (référence calviniste au Nil biblique) ou Rayton (sur la route Pretoria-Maputo). Encore que, à Rayton, proche de Pretoria, la surface d'habitat spontané occupe, simple estimation, trois fois celle du township.

Mais le plus frappant, ce sont les contrastes de densités et de formes d'occupation de l'espace qui caractérisent la moitié nord du Transvaal. Au sud du Limpopo, quasiment à sec, dans ce bas veld qui vient de

* Un township est une cité noire, au plan en général radio-concentrique, aux rues et avenues larges pour faciliter le maintien de l'ordre, bordées d'alignements de maisons individuelles standardisées (briques et toits de tôle ou de fibrociment), les seuls immeubles étant les « hostels » des migrants célibataires.

subir plusieurs années de sécheresse (1981-1986), les plateaux (moyen veld) sont occupés par de grandes fermes où se distinguent de vastes taches circulaires verdoyantes, presque aussi nettes que celles du désert de Libye. A l'est de Pietersburg, sur les collines plissées du Drakensberg (petit massif du nord), se situe le Lebowa, avec des fonds cultivés en sec dans des champs de petite taille. Au sud de Nylstroom, le contraste est saisissant entre les grandes fermes aux sols rouges et les champs minuscules entourés de haies. Une ségrégation verticale, puisque les collines du Kwandébélé, autre Bantustan, apparaissent surpeuplées, tandis que les étendues des plateaux en contrebas sont entièrement cultivées, mais peu peuplées. On ne repérerait là qu'un classique paysage de latifundio-minifundio si l'on ne remarquait qu'à l'évidence les fortes densités des secteurs les plus élevés ne correspondent pas à une population rurale. Un retour sur place confirmera qu'il s'agit bien de secteurs de « réinstallation » (*resettlement*) de groupes déplacés depuis les régions voisines.

Ce que l'on voit, ce sont des limites nettes de densités, qui sont autant de lignes de refoulement. Bref, des « réserves », mais, en l'occurrence, de formation récente. La sécheresse persistante ne fait qu'ajouter au caractère désolé de ces régions surpeuplées. Tout se passe comme si on pouvait observer, d'en haut, l'équivalent d'une carte par points de la population marqués par des « frontières », et par l'absence de gradients de densités. Les contrastes semblent d'autant plus accusés que l'on se rapproche de Pretoria et du Rand, centres de l'attraction principale : aux limites du Bophutatswana, qui ne sont qu'à une vingtaine de kilomètres de Pretoria, d'énormes concentrations humaines, qui sont plus des camps de regroupement que de véritables townships ordonnés.

A l'autre extrémité du pays, dans la partie orientale de la province du Cap, les « lignes de rupture » de densités sont également visibles de haut, puisqu'elles ont un support fluvial : le fleuve Kei marque la limite occidentale du Transkei ; le « white corridor » situé entre Queenstown et East London a une densité rurale environ quinze fois moins élevée que dans le Ciskei voisin (densité supérieure à 120 hab./km^2). La limite la plus nette est celle qui suit le cours inférieur de la Great Fish River, dont les méandres sont encaissés d'environ 300 mètres : première frontière fixée comme ligne de front, au lieu du premier contact entre fermiers blancs et pasteurs Xhosa (1778, lors de la première guerre dite des « frontières »).

De l'aveu de deux géographes sud-africains, « dans probablement aucun autre pays au monde les divisions administratives internes coïncident aussi clairement avec des différences de densité que le long des limites (*boundaries*) entre ces aires *(whites and black areas)* » (Barnard et Nel, 1981 : 219).

Lorsqu'en juin 1976 les écoliers de la « Orlando West Secondary School » de Soweto (« South West Township ») se mirent en marche pour se rassembler au stade d'Orlando, ils protestaient contre la décision gouvernementale d'imposer, comme dans les écoles blanches, un usage équivalent de l'anglais et de l'afrikaans. Charge supplémentaire pour des élèves qui, outre l'anglais, parlaient aussi chez eux zulu, sotho, tswana ou xhosa ; obligation ressentie comme une provocation aussi puisque les matières désignées par le décret de 1974 comme devant être enseignées exclusivement en langue afrikaans étaient les mathématiques, les « social studies », l'histoire et... la géographie !

L'apartheid se cartographie

Il y a bien une organisation « afrikaner » de l'espace, dont le but est, depuis les lois de 1959, 1967 et 1971, d'empêcher l'émergence d'une majorité politique noire et dont la stratégie principale consiste à fragmenter le pays en un certain nombre d' « unités spatiales » qui serviraient de cadre exclusif à l'exercice des « droits politiques » des Noirs.

D'une manière générale, l'apartheid a été surtout analysé comme un ensemble de pratiques ségrégatives, ce que, bien entendu, il est. Mais, c'est aussi une stratégie spatiale, très élaborée et évolutive, et qui s'applique à différents niveaux scalaires.

S'il est vrai que l'apartheid se voit d'avion, on sait aussi qu'il peut se cartographier. La représentation cartographique de l'autopartition est désormais bien connue. Elle fut d'ailleurs produite et diffusée par les dirigeants sud-africains eux-mêmes, ne négligeons pas ce fait, qui a pour fonction de convaincre de la diversité « intrinsèque » de l'Afrique du Sud, « pays de minorités », « communauté de nations » et de persuader de l'inviabilité d'une solution unitaire, de type « Azanie ». Étant donné le pouvoir d'évocation de la carte — véritable « affiche politique », selon l'usage qui était fait dans la revue de Haushofer —, la diffusion de ce type de document peut avoir des effets redoutables, quel que soit le caractère, artificiel, des entités politiques ainsi dessinées. C'est d'ailleurs si vrai que les « frontières » internes ne sont pas démarquées sur le terrain et que, dans bien des cas, notamment au Transvaal, les gens transférés ne savent pas toujours de quelle entité ils sont censés relever.

Un autre effet « pervers » de cette propagande cartographique est indiqué par la nature des commentaires qui en sont faits. Plutôt que de s'en prendre au principe même de la partition imposée, on tend le plus souvent à discuter sur les formes produites (émiettement, États-confetti) ; les problèmes de « morphologie » politique, sur lesquels les interlocuteurs sud-africains sont intarissables (on compare l'archipel du Bophutatswana à l'Indonésie), sont vides de sens.

Mais, si les entités produites étaient « cartographiquement » acceptables, que dirait-on ? La question n'est pas vaine, si l'on songe qu'une « consolidation » du Kwazulu (par rectification des limites et incorporation de centres urbains, industriels et portuaires) est depuis longtemps proposée par les dirigeants Zulu. Après tout, peut-on entendre, un « Kwa-Natal » serait aussi grand, peuplé et viable que le Ghana.

En outre, cette carte donne comme terminé ce qui n'est qu'un processus, dont la réalisation est plus longue que prévu, du fait, entre autres raisons, de son coût très élevé, du fiasco économique produit et, plus encore, de la résistance des populations directement affectées.

De la barrière à la frontière

Ce qui se présente aujourd'hui comme une stratégie spatiale a-t-il été conçu comme tel à l'origine ?

Autrement dit, le concept a-t-il été construit d'emblée comme une « géopolitique », ce qui, compte tenu de la période où il est apparu — le milieu des années 1930 —, et des références culturelles de ses auteurs, — formés en Allemagne —, pouvait induire une hypothèse plus précise : l'apartheid pouvait-il être considéré comme un sous-produit de la « Geopolitik » allemande ?

Un certain nombre de sources intellectuelles de la « Geopolitik » se retrouvent chez les penseurs de l'apartheid, de sorte que l'on repère des thèmes communs : il y a eu transposition. La diffusion s'est d'ailleurs effectuée sur place, en Allemagne, où étudièrent deux des principaux auteurs. Le premier fut Nico Diedericks (professeur de philosophie et de sciences politiques à Bloemfontein, puis président du Broederbond, ministre des Finances de Verwoerd et enfin « state president » et auteur d'un ouvrage sur le nationalisme, publié en 1935 sous le titre, traduit, de : « Le nationalisme comme vision du monde et ses relations avec l'internationalisme »).

Ce fut le premier texte politico-philosophique rédigé par un Afrikaner, et il y soutient la thèse que l'individu n'existe que dans la nation et que celle-ci est justifiée et ancrée dans la religion. Le second auteur fut Pietr Meyer, fondateur de la Volkskas (1934), banque de Broederbond (cette « banque populaire » est devenue le 3e établissement financier du pays) et futur directeur de la radiotélévision, qui, au retour d'Allemagne, publia en 1941 *Die Afrikaner,* où il complète le précédent en définissant la nation « comme un tout organique » (comme Ratzel et ses successeurs); il développe une théorie du *Volk,* « communauté sociale et culturelle » dont « la vocation ethnique trouve son accomplissement le plus profond dans la langue ethnique ». La base du classement des groupes noirs sera linguistique. Meyer était l'un des thuriféraires locaux du nazisme.

Comme chez Haushofer, on retrouve ici des thèmes tels que la défense du *Volk* (se rattachant au mouvement romantique « völkich ») et de son identité (là le « Deutschum », ici l' « afrikanerdom », puisqu'il importe d' « afrikaneriser » le pays), enfin une référence à la « race ». Les relations théoriques entre les concepts de « nation », de « race » et d' « ethnie » ont d'ailleurs été quelque peu manipulées en Afrique du Sud; mais des débats entre théologiens, philosophes et dirigeants politiques a émergé une conception « ethnique » de la nation.

Des théologiens, s'inspirant du néo-calvinisme hollandais, ont, pour leur part, légitimé cette conception restrictive (puisqu'en l'occurrence elle excluait les *Blancs* ne parlant pas l'afrikaans) en développant la théorie de « la souveraineté dans sa propre sphère ». Définition qui posait un problème pratique pour la « classification » des métis (appelés « coloured »), qui n'étant manifestement pas un groupe ethnique, ont été « théorisés » comme « volk na morgen » (nation en devenir).

Même si la *Zeitschrift für Geopolitik* était connue et lue, elle venait en partie trop tôt ; on en était encore à Fichte, puisque la finalité de tous ces travaux étaient, au début des années 40, d'être en quelque sorte un « discours à la nation afrikaner », elle aussi « na morgen ». On en était encore à l'étape « culturelle ».

Le terme d' « apart-heid » était utilisé par le « Afrikaanse Bond vir Rassenstudie », à partir de 1935, comme un slogan. Il s'est ensuite diffusé, par la presse (*Die Burger,* 1943), pour définir la politique du parti nationaliste, mais c'est à partir de la publication du texte de Geoff Cronjé, professeur de sociologie politique à l'Université de Pretoria, (*'n Tuiste vir die Nageslag,* « Une demeure pour la postérité », 1945) qu'il est devenu le leitmotiv des quelque 135 « afdeling » ou cellules du Broederbond. Société secrète, fondée en 1918 à Johannesburg par des cheminots, elle comptait déjà près de 2 000 membres en 1940 ; fonctionnant d'abord comme une société d'entraide pour les Afrikaners récemment urbanisés, la « bande de frères » devint le conservatoire du nationalisme boer, la pépinière des futurs dirigeants et l'instance rectrice des établissements d'enseignement.

L'ouvrage de Cronjé était en fait un programme d'action pour 25 ans, fondé sur le principe de la ségrégation complète (destinée à « préserver la variété raciale et culturelle »). La mise en œuvre de ce « Rasse-apartheid » — le terme est employé (page 41) — passait, selon l'auteur, par la « séparation raciale » ; or, dans ce texte, la notion de « développement séparé » était déjà présente, en particulier sous la forme de la « séparation territoriale » (« Die territoriale segregasie van die Naturelle... »). Et l'auteur de citer des extraits de la Bible où il est question de frontières (Deutéronome, 32 : 8 ; Actes, 17 : 26).

La dimension « territoriale » du projet est donc bien affirmée, dès avant l'arrivée au pouvoir du Parti National (1948), mais elle n'est pas l'essentiel. La problématique est sociologico-politique et la justification, philosophico-théologique. De ce point de vue, le projet d'apartheid n'est pas un avatar, en droite ligne, de la « Geopolitik ».

Si les premiers textes cités relevaient d'un système de légitimation, celui de Cronjé était plus opératoire. Et l'activité des groupes adhérant à ces idées a été facilitée par l'émergence d'un mouvement néo-nationaliste (de Klerk, 1974) qui s'est lui-même développé dans un contexte de forte croissance urbaine qui a touché à la fois les Afrikaners et les Noirs.

L'apartheid, comme « réaction » urbaine

Pour les premiers, l'exode rural et la prolétarisation ont sans doute provoqué le développement d'un sentiment d' « aliénation », dans les villes « anglo-saxonnes » (en afrikaans, la notion de « vreensdelingskap » signifie : se sentir étranger dans son propre pays ; on ne peut s'empêcher de se demander si les dirigeants afrikaners ont jamais songé qu'il pouvait y avoir un concept comparable en langues zulu, xhosa, tswana ou sotho).

Quoi qu'il en soit, il s'agissait, le plus souvent, de « pauvres Blancs », dont l'état économique avait fait l'objet d'une vaste enquête menée entre 1929 et 1932 par la Commission Carnegie. Or, à la faveur de la croissance économique provoquée par le second conflit mondial, le nombre de travailleurs noirs employés dans les villes avait fortement augmenté. Les deux groupes, d'arrivée récente, étaient, pour l'essentiel, deux prolétariats en concurrence. Les syndicats ouvriers blancs sont aujourd'hui encore l'un des plus solides piliers du régime.

La croissance urbaine
(en milliers d'habitants)

	1911	1921	1936	1946
Populations « blanches »	658	847	1 307	1 740
Populations « noires »	508	547	1 141	1 810

L'un des slogans de la campagne électorale du Parti National en 1948 fut celui du « swart gevaar » (le « danger noir ») et l'une des premières décisions de caractère géographique fut la promulgation du Group Area Act (1950), loi de stricte ségrégation appliquée d'abord aux villes. Le nouveau pouvoir s'empressa de rejeter les conclusions de la Commission Fagan (1946-1948) : elle considérait l'immigration urbaine « comme un phénomène économique normal », qui ne devait (et ne pouvait) pas être renversé, mais que l'on devait réguler. Une des raisons avancées était qu'il serait impossible d'installer plus de « natives » dans les réserves (qui regroupaient déjà 40 % du total des Noirs, soit 3,1 millions en 1946, les autres se trouvant soit dans les villes (25 %), soit dans les campagnes situées hors des réserves (35 %)), qui étaient déjà considérées comme saturées et, de plus, incapables de recevoir le croît démographique local. La publication de ce rapport avant les élections fut un des facteurs de l'échec de l'United Party du général Smuts, de tendance libérale.

Le Parti National décida au contraire que la résidence permanente en ville devait rester exclusivement réservée aux Blancs et se lança dans une politique de contrôle de l'immigration et de « désurbanisation » des non-Blancs, considérés comme des travailleurs migrants temporaires, des « visiteurs ».

On a en quelque sorte étendu aux villes le principe de la ségrégation foncière qui avait été à l'origine de la délimitation des « réserves » rurales (1913). On a très rigoureusement contrôlé les migrations, par l'obligation (Native Act, 1952) du « dompass » (ou « livre de référence ») qui est à la base de l' « influx control ». (Les vérifications provoquent entre 400 000 et 650 000 arrestations par an).

C'est par rapport à la question urbaine que doit se comprendre la stratégie du « développement séparé » menée ensuite à l'échelle du pays.

L'invention des Bantustans : géographie et géopolitique appliquées

Assez rapidement, l'application de l'apartheid va prendre une dimension spatiale. La Commission Tomlinson, qui fut chargée d'un rapport sur « le développement socio-économique des aires Bantu à l'intérieur de l'Union Sud-Africaine », était sans équivoque. Dans le chapitre des recommandations, on lit : « Un choix devra être fait entre deux pôles ultimes, celui de l'intégration complète et celui du développement séparé des deux principaux groupes raciaux (p. 207). » Traitant des « processus de contact », les auteurs analysent les « réactions » de rejet, par les citadins « européens » à l'encontre des « squatters » noirs et la « frustration » qui en résulte chez les Noirs, sous trois formes : « tentatives d'intrusion », « mouvements nationalistes » ou « fuite en avant ». Le premier pôle est jugé « assimilationniste », le deuxième « éliminationniste » ; les auteurs suggèrent de « jouer » les aspirations nationalistes des Noirs « parallèlement et non pas en opposition à la sphère de vie européenne » (pp. 12-13).

Sur le plan pratique, l'option « nationaliste » offrait le choix suivant, selon la Commission, qui avait préalablement procédé à 83 jours d'auditions à travers l'Union : soit « élargir et ennoblir la structure tribale traditionnelle », soit prendre en compte « le désir de participation à l'administration du pays, par des représentants élus dans leurs rangs au Parlement de l'Union, sur la base de la liste électorale commune ».

« Beaucoup de Bantus ont indiqué qu'ils étaient contents des négociations conduites à travers leur système de conseils de chefs. Au pôle opposé, la Commission eut connaissance de l' " African National Congress ", structuré dans le moule des organisations politiques néo-occidentales et de syndicats nouveaux, cherchant à atteindre leurs fins par des moyens révolutionnaires » (p. 15).

« Le temps est déjà arrivé où il faut choisir entre le maintien d'identités séparées et le processus de coalescence » (p. 16).

Ce long rapport* est d'un intérêt exceptionnel : recommandant l'option du « développement séparé », la Commission a inventé le concept de Bantustan(s) (p. 106), en a défini les contours spatiaux et les conditions, économiques et démographiques, de fonctionnement, et a formulé, en 1955, une série de notions qui sont, aujourd'hui, adoptées dans le cadre du néo-apartheid (« coopération et développement », foyer national, décentralisation). Une opération d'horogenèse, tragique ou sinistre, qui se poursuit aujourd'hui.

Partager le territoire pour ne pas partager le pouvoir

Si l'urbanisation se poursuit, dit le rapport, l'intégration est inévitable ; elle aboutira à l'octroi de droits et privilèges égaux. « Quelles que soient la vitesse et la modalité du processus évolutif d'intégration

* Il s'agissait pour la Commission de formuler un plan de « réhabilitation » des « natives areas » et de le chiffrer, autrement dit d'évaluer si la politique d'apartheid territorial pouvait réussir. Cinq années de recherche (1950-1955), la rédaction de 17 volumes comprenant 51 chapitres et 3 755 pages ainsi qu'un atlas de 66 cartes originales. La commission comprenait dix membres, dont un député, de Wet Nel (qui devint ministre des Affaires Indigènes de Verwoerd) et cinq professeurs d'université (économistes, anthropologues, historien). C. W. Prinsloo, économiste à Pretoria, avait rédigé des articles sur la ségrégation territoriale dès 1941.

L'un d'entre eux était un géographe, le docteur Jan Moolman ; il vit, retraité, à Pretoria, et ne refuse pas la discussion.

et d'égalisation entre Européens et Bantus, il n'y a pas de doute quant à l'issue finale dans la sphère politique, à savoir que le contrôle du pouvoir politique passera dans les mains des Bantus » (25 : VI, 17). La manipulation des « qualifications pour les franchises » (électorales) ne sera possible que peu de temps.

Comme il n'y a pas de voie moyenne, il faut envisager, disent les auteurs, soit une intégration complète, soit une séparation complète. Bien que l'association d'idées ne soit pas explicitée par écrit, elle peut se résumer ainsi : puisque l'intégration complète n'est pas imaginable et que, par conséquent, le choix d'une « séparation complète » est le seul possible, il faut envisager une partition, qui ne serait pas sans analogie avec ce qui venait de se passer dans l'ex-Empire des Indes : Pakis-tan, Bantus-tan.

Mais le rapport précise aussitôt la nature géographique de cette séparation complète qui ne vise pas à créer un seul et grand Bantustan mais un « foyer national » pour chacun au moins des grands groupes ethniques (25 : XII, 42). Le terme est lancé, dans le chapitre intitulé « Le choix », pour être aussitôt présenté comme pluriel. Le lecteur était d'ailleurs prévenu, puisque les différences entre musulmans et hindous en Inde avaient été décrites comme bien moins fondamentales que celles supposées exister en Afrique du Sud. Il n'était donc pas question d'adopter la théorie, pakistanaise, des « deux nations », d'autant qu'il s'agissait ici d'une partition imposée et parfaitement arbitraire. Le plus étonnant de ce gros rapport est que la stratégie choisie tient en 4 lignes et que nulle part l'option de seconde partition (interne à l'ensemble noir) n'est justifiée. C'est le seul non-dit du rapport. Il est de taille !

L'apartheid comme ethnogenèse

La Commission a repris la classification raciale rigide établie par la « Population Registration Act n° 30 » de 1950. Il était distingué, pour les Noirs, quatre catégories linguistiques * (nguni, sotho, venda et shangaan-tsonga, les deux derniers ne comptant que pour 4,6 % du total), puis dix sous-groupes, définis comme des « ethnies ». Si certains groupes pouvaient, en raison de leur histoire politique et militaire récente, être qualifiés d'ethnies (les Zulu du Natal, les Xhosa du Transkei), d'autres ne devaient leur singularité qu'à leur éloignement du groupe de référence : ainsi a-t-on distingué les Ndébélé du Nord de ceux du Sud (mais Ndébélé est un terme sotho pour désigner les Zulu), les Sotho du Nord de ceux du Sud.

Cette fragmentation relative est le résultat de deux séries de facteurs. Elle est d'abord un effet des conflits des deux siècles précédents (avec le recours à la sécession, à moyenne ou longue distance en cas de tension), dont les plus célèbres sont connus sous le nom de « mfecane » (en zulu, l'écrasement) ou « difaqane » (en sotho, le coup de marteau) ; ils ont eu

* La famille *nguni* comprend : le xhosa, le zulu, le ndébélé et le swazi ; la famille *sotho* comprend : le sotho sud et nord (ou pedi) et le tswana. La différenciation des sotho écrits résulte des interventions de missionnaires de nationalités diverses, sur des langues orales semblables.

lieu entre 1820 et 1837, selon des axes de dispersion partant du Natal, sous domination des rois Zulu (Chaka et Dingane). Sans entrer dans les détails, on retiendra deux faits : de vastes régions se sont trouvées temporairement dépeuplées, notamment celle située à l'ouest du royaume Zulu (limité par le fleuve Tugela), le vaste espace compris entre le bastion Sotho (du Basutoland, aire refuge) et les fleuves Orange et Vaal, enfin la région située au nord du Transvaal ; or, c'est en 1836-1837 qu'eut lieu le fameux Grand Trek, conduit par les Boers et leurs alliés Sotho contre les avant-postes Zulu.

La localisation et la dispersion des groupes fut aussi le résultat des conflits provoqués par les migrations de fermiers blancs, en direction du Transvaal, mais aussi du Natal, tandis que les migrations noires se trouvaient bloquées sur l'aire frontière située entre la Kat et la Great Fish, en région Xhosa.

Les « treks » ont bloqué le repeuplement des régions dévastées par le « mfecane », puis créé des « brèches » dans des régions encore peuplées : ainsi, entre le Natal et le Transkei actuels, ou entre le Transkei et le Ciskei, tandis que dans le Transvaal et l'État Libre d'Orange, les groupes noirs étaient souvent en partie refoulés dans les secteurs de « bushveld » de climat plus chaud. L'orientation générale sud-ouest/nord-est des « treks » rend compte de la répartition en fer à cheval des « réserves africaines », qui, de plus, se trouvent souvent à proximité des frontières externes.

La politique foncière menée dès la fin de la guerre des Boers, en interdisant toute possibilité d'extension des surfaces cultivées par la paysannerie noire hors des « réserves » (native areas), avait pour fonction d'instaurer la ségrégation territoriale tout en faisant reposer l'économie sur l'utilisation d'une main-d'œuvre migrante bon maché (le Natives Land Act n° 27 de 1913 « réservait » 9 millions d'hectares et le Native Trust and Land Act n° 18 de 1936 ajoutait 6 millions d'hectares à transférer par achat (released), ce qui confinait plus de 3 millions de Noirs ruraux sur 12,9 % de la surface totale).

La fragmentation en 260 « locatie »* (secteurs peuplés) de ces surfaces et de ses habitants fut considérée par la Commission comme un obstacle à la mise en œuvre du « développement séparé ». D'où son insistance sur une *stratégie de « consolidation ». Celle-ci n'est pas d'abord un « remembrement » foncier, mais une opération d'ethnogenèse.*

Les structures politiques centralisées anciennes ne subsistaient que dans les « Territoires de la Haute Commission » (Basutoland, Bechuanaland et Swaziland). Pour le reste, le niveau de cohésion le plus fréquent correspondait à l'espace de « tribus » (une preuve en est fournie par la multiplication d'Églises noires appelées « séparatistes » et généralement organisées dans des cadres « tribaux », par exemple la « Tembu National Church », d'un sous-groupe Xhosa).

Dans la perspective du « développement séparé », c'est-à-dire pour éviter que l'affaiblissement des « loyautés ethniques » déjà fort avancé ne facilite l'intégration urbaine et l'occidentalisation, il convenait en

* Dont 154 « black spots », noyaux de peuplement situés dans des districts ruraux réservés aux Européens.

quelque sorte de « changer d'échelle » de manière à rassembler ces 104 confetti et ces quelque 60 groupes tribaux principaux en « groupes » ou « blocs », selon une certaine logique. L'ethnicité n'était pas le point de départ, mais bien plutôt le point d'arrivée de cette *ingénierie sociale* *.

La méthode employée a consisté à repérer des « heartlands », dit le texte, des « cultural-historical cores », qui puissent servir de points d'appui à la coalescence recherchée. D'où la définition d'une série d' « ensembles » géo-historiques, nommés « complexes géographiques et culturalo-historiques », formés par regroupement de « blocs ».

Ainsi, le groupe « E », dans la région située au nord de Durban-Pietermaritzburg, correspondait au pôle historique Zulu. Les choses étaient plus compliquées pour le groupe « F », au sud de Durban, où l'on trouvait : une aire de transition Zulu-Xhosa, le centre Xhosa (dans le Transkei), puis des groupes dispersés. Mais, comme il n'était pas toujours possible d'identifier des noyaux historiques ou de définir des ensembles homogènes, la Commission décida de choisir comme cadre de référence, non pas la seule Union Sud-Africaine, mais une grande partie de l'Afrique australe. Cet aspect est essentiel pour l'avenir.

Sur les huit ensembles, quatre avaient leurs centres en dehors de l'Union ou se trouvaient en intersection avec ses frontières : ainsi, le groupe Tswana (prolongement du Bechuanaland), les Sotho du Sud (voisins de Basutoland), le groupe Swazi (voisin de Swaziland), tandis que les Tsonga, immigrants récents, étaient considérés comme relevant de l'Afrique orientale portugaise. Lorsque, notamment dans le Transvaal, les groupes étaient hétérogènes, le parti était pris de repérer un groupe dominant (cas des Pedi, ou Sotho du Nord).

Les trois protectorats britanniques ont servi de modèle et de points d'appui, car on considérait alors qu'ils avaient été « artificiellement exclus de l'Union en 1910 ».

Pour résumer, la Commission recommandait « la consolidation des aires Bantu en sept blocs qui peuvent être systématiquement construits autour des sept noyaux historico-logiques ou *heartlands* servant de lignes directrices » (46 : III, 18). Quarante ans après, cette stratégie continue ! Cela fait, l'étape ultérieure consistait à trouver des autorités capables d'exercer leur pouvoir sur ces nouveaux ensembles, autrement dit, de trouver des alliés. Pour les Zulu, il était suggéré de choisir parmi les principales chefferies, telles que Buthelezi, Biyela, Nyuswa... Pour le bloc Venda-Tsonga, très hétérogène, on avait identifié deux clans principaux et une série de groupes plus faibles ; l'actuel dirigeant provient de l'un des deux clans, Patrick Mphefu. En revanche, dans le cas des Xhosa, opposants historiques, on ne proposait pas moins de huit autorités régionales, dont l'une pour le Ciskei.

La stratégie politique était plus fine encore dans le cas du bloc Swazi : comme il était attenant au noyau du Swaziland, il était recommandé de choisir comme chef de l'autorité régionale un ancien du secteur de Barbeton, parce que ce lieu était le plus proche du centre

* La dispersion linguistique aurait pu être, à l'inverse, enrayée par la formation de deux grandes langues écrites, le *nguni* est le sotho, comme cela se passe dans les émissions de télévision aujourd'hui.

historique, Mbabane. Enfin, dans le cas des Sotho du Sud, le projet était de les rattacher au Basutoland ; de même pour les Tswana.

Partage jugé équitable, en somme, puisque situé dans le cadre de l'ex-British South Africa ; en ajoutant la superficie du vaste Bechuanaland, la Commission pouvait conclure que les Bantustans disposaient de 47 % de la surface totale !

L'étape suivante consistait à remembrer, par échange de parcelles entre Blancs et Noirs, de manière à « consolider » les bases territoriales des autorités en formation. En cas d'hétérogénéité marquée, comme par exemple chez les Ndébélé, très dispersés, on proposait, soit des transferts, soit une « identification à leur environnement actuel ».

Une seule voix discordante s'est élevée, dans cette commission de dix membres, contre ce choix du développement séparé, celle de Bisschop. Son point de vue « minoritaire » était le suivant : « La faisabilité de la formule de ségrégation doit être pleinement analysée et testée. Si, au bout du compte, elle est jugée impraticable, et je crains fort qu'il en soit ainsi, une intégration progressive avec ses conséquences économiques et politiques devra être acceptée » (25 : XIV, 27).

Le rapport lui-même n'indiquait-il pas qu'en 1955 déjà 58 % de la population noire vivaient et travaillaient hors des « réserves » ?

Le peuplement forcé des bantustans : étude géographique

Les limites des bantustans sont d'abord des frontières de refoulement, longues de 8 000 kilomètres. C'est pour bloquer l'émergence d'une majorité politique noire que les dirigeants afrikaners ont transformé l'apartheid en stratégie spatiale. Dans les années 50, il ne s'agissait encore que de ségrégation, ayant des effets géographiques à l'échelle locale (Group Area Act, 1950). Non sans hésitation (à cause de son coût et des risques encourus quant à la défense de la république blanche), le premier ministre Verwoerd adopta la stratégie des Bantustans imaginée par Tomlinson, en la menant jusqu'à son terme, la constitution d'États séparés.

Ce qui devait être un « développement séparé », impliquant donc un effort massif d'investissement public (un « sacrifice », disait Tomlinson), s'est réduit à une politique d'auto-partition : séparation, sans guère de « développement » (le montant d'emplois créés dans les entreprises des « border industries » n'a pas dépassé 80 000 sur une période de 25 ans).

Après 1959 (Bantu Self Government Act) et surtout après 1971 (Bantu Homelands Constitution Act), une stratégie de partition a été amorcée, aboutissant à tracer, dans une première phase, quasiment autant de kilomètres de « frontières » internes (4 930 km pour les seuls quatre Bantustans « indépendants », soit le Transkei, le Bophutatswana, le Venda et le Ciskei) que l'État ne compte de frontières terrestres externes (4 910 km). Le chiffre total peut être estimé à plus de 8 000 km. Il y a donc, pour l'instant, deux catégories de « frontières ».

Ce sont d'abord celles des États dits indépendants, à savoir le Transkei (1976), le Bophutatswana (1977), le Venda (1979) et le Ciskei (1981) ; en vertu du Bantu Homeland Citizenship Act n° 26 de 1970, les

Noirs ont perdu leur « citoyenneté » sud-africaine lorsque le Bantustan auquel ils sont de gré ou de force rattachés par l'administration est devenu « indépendant, puisque c'est dans ce cadre qu'ils sont désormais censés exercer leurs " droits politiques " ». Les critères d' « appartenance » définis en 1970 sont très larges : naissance, langue ou dialecte, domicile ou simplement des « liens » avec des habitants du Bantustan.

En 5 ans, près de 8 millions d'Africains noirs ont perdu ainsi leur citoyenneté sud-africaine et sont devenus des étrangers au terme de cette politique de dénationalisation.

(Un enfant né après l'une de ces dates fatidiques ne peut donc bénéficier des droits de résidence permanente en ville (« white area ») inhérents à la « section 10 » (qualification obtenue après 10 ans de travail pour le même employeur ou 15 ans de résidence continue). Enfin, les données relatives à ces entités disparaissent des statistiques officielles.

La seconde catégorie correspond aux limites des six autres Bantustans, théoriquement voués à la même évolution, mais que les populations (cas actuel du Kwandébélé) ou leurs dirigeants refusent (cas de Gatsha Buthelezi, dans le Kwazulu) ou du moins tentent de retarder. Tout en devenant « citoyen » de leurs homelands de rattachement, ils restent citoyens sud-africains (et continuent de figurer dans les statistiques sous la rubrique des « Nasionale State »). Ils étaient environ 17 millions, dont 6 millions seulement étaient présents en permanence dans ces entités (recensement de 1980).

En effet, compte tenu de l'importance de l'emploi urbain, on doit distinguer, pour les Bantustans, entre les populations virtuelles (et de jure) et les populations réelles (résidant sur place). Et comme l'objectif affiché par le gouvernement sud-africain est d'empêcher la majorité noire de s'incorporer aux institutions politiques centrales, il lui importe que l'écart entre les deux catégories de population diminue.

On est ainsi amené à distinguer deux tactiques de réalisation de la stratégie de l'apartheid : au processus, politique, de dénationalisation des Noirs s'ajoute une entreprise de transfert des populations vers les Bantustans. Tracés d'une discontinuité politique imposée, les frontières ont aussi pour fonction de délimiter les périmètres de « relocalisation ».

La redistribution coercitive de la population noire

Entre 1960 et 1980, plus de trois millions et demi de personnes ont été affectées par les déplacements forcés et un million et demi supplémentaire seraient sous la menace de subir le même sort (selon le « Surplus People Project », 1983).

C'est l'un des aspects de la politique officielle qui a fait l'objet des dénonciations les plus fortes de la part de nombreuses organisations d'opposition à l'apartheid (Parti Fédéral Progressiste, Églises, journaux tels que *The Sowetan*...). Le Révérend Simon Gqubule, de l'Église Méthodiste, estimait, lors d'une conférence devant le Conseil Sud-Africain des Églises, en 1983, que cette politique n'était rien d'autre qu'un « lent génocide » car les gens déplacés de force souffraient de la pauvreté, de la faim, de conditions inhumaines et du désespoir (*Survey of Races Relations*, 1983 : 298-315).

Comme le confiait un planificateur du ministère de la « Coopération et du Développement », dont les nombreux fonctionnaires passent l'essentiel de leur temps à organiser ces transferts, ce sujet a été très « politisé » !

Les déplacements forcés peuvent être classés en plusieurs catégories, présentées par importance numérique décroissante :

a) l'éviction des paysans et travailleurs agricoles des fermes « blanches », à cause de l'abolition des systèmes régissant les relations de travail dans les campagnes. Le « labour tenancy », régime sous lequel des familles pouvaient cultiver un lopin de terre sur une exploitation « blanche » en échange de 3 à 9 mois de travail, répandu surtout dans le nord du pays, a été définitivement supprimé en 1979. De même, ceux qui, plus ou moins squatters ou ouvriers occasionnels, louaient une parcelle de terre ont dû la quitter.

Par ailleurs, la modernisation de l'agriculture dans les deux dernières décennies (mécanisation, irrigation, subventions élevées pour la production de maïs et de blé) s'est accompagnée de l'expulsion des travailleurs agricoles « en surplus ».

Au total, plus d'un million de ruraux, noirs, ont été expulsés à travers le pays, mais principalement dans les régions céréalières de l'État d'Orange et du Transvaal.

b) l'application du « Group Area Act » a affecté, sur 20 ans, plus de 800 000 personnes ; avec cette loi de 1950, 1 700 « aires homogènes » ont été dessinées, dont la moitié pour les Blancs ; les groupes qui résidaient ou avaient des activités commerciales dans un secteur attribué à un autre groupe ont été déplacés, ce qui a touché 1 % des Blancs, 20 % des métis et 33 % des Indiens, surtout au Cap et dans le Natal.

c) la « relocalisation urbaine » a touché au moins 730 000 personnes ; il s'agit de mesures dites de « déproclamation » des cités noires, terme difficilement traduisible si ce n'est par celui de « déclassement ». Une cité, ou township, est une aire d'habitat locatif noir, indien ou métis, située à proximité d'une ville blanche, à distance permettant des migrations pendulaires journalières vers les lieux d'emploi qui y sont presque exclusivement situés ; le statut de township implique que l'État y assure un minimum de services et d'équipements, ce qui les différencie des « closer settlements », où sont relogées dans des conditions rudimentaires des populations noires expulsées ; l'État se contente d'installer des points d'eau et des latrines, ainsi que des huttes en bois ou en tôle, la construction définitive étant à la charge des habitants.

Lorsqu'un township est « déclassé », deux issues sont possibles : soit, ses habitants sont transférés dans des « townships nouveaux » construits dans les Bantustans (généralement sur leurs frontières), soit les populations restent sur place, mais on modifie le tracé de la frontière du Bantustan de manière à englober le township.

Cette pratique est fréquente lorsque les tracés des limites des Bantustans sont déjà relativement proches des villes, ainsi dans le Transvaal et le Natal.

d) Plus de 500 000 personnes ont été expulsées des « black spots » ou « points noirs », terme officiel pour désigner des terres possédées par des individus ou des communautés, et acquises, par don ou par achat, avant les lois foncières de 1913 et de 1936 ; bien que leurs titulaires aient des titres de propriété (que les fonctionnaires s'efforcent d'égarer ou de détruire lors des tractations), ils sont déplacés ou menacés de l'être, car ils se situent dans des secteurs « blancs ». Il n'est tenu aucun compte ni de la validité juridique des titres, ni du fait que dans bien des cas il s'agit d'anciennes missions, ni de la viabilité économique des exploitations. C'est le groupe le plus vulnérable, et au moins 350 000 personnes étaient, en 1982, susceptibles d'être transférées dans un Bantustan.

e) Viennent ensuite les transferts liés aux opérations de « consolidation », menées à partir de 1975 pour réduire le nombre de blocs séparés des Bantustans ; ces déplacements sont provoqués par les divers ajustements frontaliers entre les Bantustans, et affectent en particulier des populations qui deviennent des « minorités ethniques » dans les nouveaux États (par exemple, les Sotho de l'Est du Bophutatswana).

D'autres causes doivent être citées, qui portaient encore sur des effectifs réduits dans la période 1960-1980, mais qui ne peuvent que prendre de l'ampleur :

a) l'éradication de secteurs péri-urbains occupés sans autorisation par des squatters ; le cas le plus célèbre est celui de Crossroads, près du Cap, du fait de la résistance de ses habitants à un transfert, soit vers le Ciskei, soit vers un township récent et éloigné d'une cinquantaine de kilomètres, Khayelitsha ; mais tous les camps de squatters, c'est-à-dire de bidonvilles, n'ont pas la « chance » de se trouver près d'une grande métropole, proximité qui encourage les habitants à y demeurer et facilite les visites des journalistes ;

b) les déplacements à cause directement politique, c'est-à-dire qui résultent du refus de groupes de se trouver inclus dans un Bantustan pourtant co-ethnique ; c'est ainsi que les communautés Xhosa des districts de Herschel et de Glen Grey (environ 50 000 personnes) se réfugièrent au Ciskei, dans ce qu'elles croyaient être un lieu plus sûr, lorsque leurs territoires furent cédés au Transkei en 1976 (en échange de l'acceptation de l' « indépendance » par Kaiser Matanzima) ; ces groupes avaient voté contre et craignirent, dès lors, des représailles ; des cas de ce genre sont en cours entre les six Bantustans du Transvaal (voir plus bas) ;

c) dans les régions frontalières jugées les plus sensibles (en fonction des axes de pénétration des groupes armés de l'A.N.C.), l'armée sud-africaine a procédé à des déplacements : ce fut le cas aux confins du Natal et du Mozambique (Maputo est, là, à moins de 100 km), à la frontière de la province du Cap et du Botswana et, plus récemment, dans le Nord du Transvaal, où un no man's land a été délimité entre le Venda et le Zimbabwe ; c'est pour les mêmes raisons que le littoral du Natal a été évacué de sa population noire (dans le Nord du Natal, les déplacements sont liés à l'installation de la base de lancement de missiles de Saint Lucia) ;

d) enfin, il faudrait faire le bilan des expulsions imposées sous l'effet de l' « influx control », cet ensemble de lois et de contrôles qui limitent de manière drastique l'accès en ville.

Le nombre des arrestations pour infraction à la législation sur les « pass laws » dépassait 200 000 en 1982 (dont 160 000 dans les dix premières conurbations) (Survey, 1983 : 262), mais les prévenus sont plus souvent condamnés à des amendes ou à la prison (de 30 à 90 Rands ou de 30 à 90 jours de prison, au choix !) ; le nombre des expulsions n'est pas connu.

Au terme de cette recension des causes immédiates de ces déplacements forcés, il apparaît bien que ce sont celles liées directement à la formation des Bantustans qui affectent le plus grand nombre de gens, à l'échelle nationale.

Les transferts forcés : un bilan démographique provisoire

Le bilan démographique de ces transferts, qui continuent, est le suivant : le pourcentage des Sud-Africains noirs vivant dans les Bantustans est passé de 40 % en 1960 à plus de 50 % (peut-être 54 %) en 1980, selon les chiffres officiels.

Pour la dernière décennie, les taux d'augmentation pour chaque Bantustan vont de 21 % (Venda) à 972 % (Qwaqwa).

Les populations des Bantustans *

Bantustan	surface km²	nombre de blocs	population 70/80			augmentation 70/80	densité hab./km²
			de jure 1980	*de facto* 1970	*de facto* 1980		
Transkei	45 000	3	4 157	2 029	*2 622*	29 %	59
Ciskei	5 300	1	1 072	365	*630*	73 %	120
Kwazulu	35 000	40	5 495	2 234	3 178	42 %	91
Bophuta	44 055	7	2 085	937	*1 286*	37 %	37
Qwaqwa	480	1	1 938	24	232	972 %	483
Kwandébélé	730	1	679	...	250	...	?
Lebowa	25 000	11	2 350	1 150	1 658	44 %	66
Gazankulu	67 500	4	985	282	477	69 %	71
Venda	6 500	1	522	284	*360*	21 %	55
KaNgwane	2 416	2	737	124	350	182 %	145
TOTAL			*20 020*	7 429	*11 043*		

Pour autant que ces chiffres soient fiables, on remarque que la population totale effectivement présente dans les Bantustans a augmenté de 50 % en 10 ans. C'est évidemment supérieur aux seuls effets de la croissance démographique, qui est, en moyenne, de 2,5 % à 2,8 % par an (pour une composition par âge où les adultes des deux sexes sont en nombre équivalent), puisqu'à ce taux le total ne devrait pas dépasser 9,5 à 9,8 millions d'habitants, émigration exclue. Près de la moitié de l'accroissement résulte ainsi des transferts forcés.

* Population en milliers ; sont soulignés pour 1980 les chiffres des quatre Bantustans « indépendants » ; d'après E. Walt, 1982.

On estime que 47,8 % des Noirs sud-africains sont, *de facto,* dans « leurs » Bantustans de rattachement linguistique (les valeurs sont plus élevées encore pour le Transkei et le Kwazulu), contre 41,8 % en 1970.

Tout cela indique une certaine efficacité dans l'entreprise d'inversion coercitive des flux migratoires. Mais l'écart numérique entre les deux catégories de population, *de jure et de facto,* en marque aussi les limites.

Si la stratégie des Bantustans relève d'un processus de partition mené à l'échelle de l'État, il reste que les transferts forcés se sont effectués en majorité dans le cadre de chacune des provinces. Cette coïncidence spatiale est liée aux raisons mêmes des transferts (évictions rurales, déconcentration industrielle, rectification de frontières), qui se font à courte ou moyenne distance.

Toutefois, les expulsions dues à l'*influx control* débordent le cadre provincial, lorsqu'elles affectent des métropoles comme celles du P.W.V. *, ou encore des cités minières, dont la population noire a pour caractéristique d'être multi-ethnique (migrations spontanées, dans le premier cas ; stratégie d'embauche et de « gestion » du personnel dans le second). En effet, les Xhosa, les Zulu et les Sotho (du Sud) y sont nombreux.

Par contre, Le Cap, Port Elizabeth-Uitenhage, Durban-Pinetown ont des populations noires mono-ethniques, de même que les petites villes du Transvaal (dont les townships ont été formés à partir des groupes locaux). Les migrations, qui peuvent se faire aussi à très longue distance (Le Cap), restent le plus souvent dans le cadre provincial.

Les apartheids régionaux : analyse géographique

C'est dans le Transvaal que le nombre des personnes déplacées a été le plus élevé (1,3 million) ; viennent ensuite le Natal (750 000), la province du Cap (580 000) et l'État Libre d'Orange (514 000).

a) Le **Transvaal** a quatre caractéristiques : province la plus peuplée, elle est aussi celle où l'on trouve la première région d'activité économique et donc d'attraction migratoire, la capitale politique, administrative et idéologique, Pretoria, enfin, six des dix Bantustans (le Bophutatswana étant éclaté entre trois provinces).

C'est la province la plus complexe : on ne trouve guère de larges blocs ethniques homogènes ; les divers groupes sont souvent en intersection, parce qu'il s'agissait d'une région de refuge, de sorte que les limites des Bantustans ne sont ni claires ni cartographiées. Quant à leurs habitants, ils ne savent pas toujours s'ils relèvent du Lebowa ou du Kwandébélé, du Venda ou du Gazankulu, du Lebowa ou du Gazankulu, dont les différents morceaux s'emboîtent les uns dans les autres. C'est, effet aggravant de l'apartheid, une source de litiges et de conflits constants.

Le pouvoir de Pretoria a accentué l'atomisation des groupes noirs et il n'est pas exagéré d'estimer, au terme de plusieurs visites dans le centre du Transvaal, qu'il a provoqué des tensions ethniques dans des

* Pretoria — Witwatersrand — Vereeniging.

communautés souvent multi-ethniques marquées par des phénomènes d'acculturation. *L'apartheid crée, dans le Transvaal, des phénomènes de minorités ethniques et des conflits de frontières.*

En effet, les nouveaux dirigeants appliquent à la lettre les principes de l'ethnicité auxquels ils doivent le pouvoir. Ainsi, le chef Mangope, qui se présente en Europe, lors de ses fréquentes visites, comme un homme d'affaires moderne, a décidé d'exclure, au nom de la « pureté ethnique » (*sic*) tous les non-Tswana de l'accès aux affaires et aux emplois publics : or, ils forment 29,4 % de la population *de facto* (chiffres officiels de 1980, sous-estimés), pourcentage élevé dû à l'importance des activités minières (mines de platine d'Impala) et à la proximité du P.W.V. L'enseignement est donné uniquement en tswana, et les groupes non tswana, qui sont majoritaires dans les parties orientales du Bantustan, sont menacés d'expulsion, à moins d'accepter l'intégration linguistique.

Or, dans les secteurs frontaliers les plus proches de Pretoria sont installés plusieurs centaines de milliers de non-Tswana dans de vastes camps de squatters, que, sans l'apartheid, l'on rencontrerait aux portes des grandes agglomérations, comme dans la plupart des États du Tiers Monde.

Ainsi Winterveld (qui a entre 300 000 et 600 000 habitants), vaste bidonville-dortoir proche des centres industriels de Rosslyn, Babelegi et Pretoria : on y voit un habitat de cabanes construites avec des caisses d'emballage (en l'occurrence, Datsun) et des déchets métalliques des usines voisines. Il s'agit, au départ, de populations déplacées depuis les fermes proches et les banlieues de Pretoria (Lady Selborne, Eastwood, Eersterus).

En dépit des demandes et protestations de l'association de propriétaires, qui souhaitaient, n'étant pas Tswana, mais Zulu, Tsonga et Sotho, demeurer en territoire sud-africain, Winterveld a été inclus dans le Bantustan en 1977. Ils disent ne pas se considérer comme « part of the Tswana nation » et font valoir, pour les plus anciens, leurs titres fonciers. La réponse de Pretoria a consisté à indiquer que le gouvernement du Bophutatswana était compétent pour entreprendre les démarches pour préparer leur réinstallation (en fonction de leur appartenance linguistique). Donc, le choix était de se soumettre aux autorités Tswana ou bien de quitter lieux et emplois. Or, 75 % des familles ont un membre travaillant dans le P.W.V.

Comme dans le Ciskei, les autorités nouvelles font preuve d'une susceptibilité extrême, lors des réunions, quant à leur légitimité et à leur droit de décider désormais de l'avenir de Winterveld. En clair, tout résident, même doté de titres, doit acheter un permis de résidence temporaire et obligatoire (90 rands), lui donnant la qualité d'étranger autorisé : voilà donc des groupes qui sont deux fois étrangers et qui sont condamnés, soit à accepter un statut de minoritaires, soit à migrer vers un Bantustan qu'ils ignorent.

C'est ainsi que 90 000 Ndébélé ont quitté Winterveld pour s'installer tant bien que mal dans le Kwandébélé, le dixième des Bantustans, « homeland » officiel des Ndébélé du Sud. La formation du *Kwandébélé* est probablement le cas le plus remarquable de création artificielle d'un « foyer national » sans aucune base territoriale initiale.

Le pouvoir de Pretoria n'a pas hésité à parler de « résurrection de la nation Ndébélé », et ses fonctionnaires zélés remettent au chercheur un bref opuscule tendant à démontrer la réalité d'une unité Ndébélé (« histoire », « géographie », villes, signification des symboles et des couleurs du drapeau) ; le commentaire mérite d'être cité : « le bleu est la couleur du ciel et représente l'infini de l'espace ; il symbolise l'espace vital (*living room*) pour lequel chaque nation lutte et qui a été maintenant obtenu par le peuple Ndébélé qui a reçu sa terre sur laquelle il peut vivre selon ses propres principes et idées » ; le « jaune est la lumière de la nation » ; le « vert symbolise la croissance de ce jeune État » ; « le bâton est le symbole de l'autorité » ; « les haches de bataille sont le symbole de la lutte d'un peuple pour se protéger non seulement contre les autres nations mais aussi contre l'anéantissement *(onslaught)* de ses traditions et de sa culture ».

Toutefois, il n'est pas certain que l'idée initiale de la création d'une « unité ethnique Ndébélé » revienne au pouvoir central, qui ne l'avait pas prévue et qui, à l'inverse, s'en tenait au principe de l'intégration des Ndébélé dans les deux Bantustans où ils se trouvaient (déclaration de F. Hartzenberg, ministre de la Coopération, 1979).

En effet, à la différence des Sotho et des Tswana, les « Ndébélé », tard venus dans le Transvaal, comme réfugiés, vivaient en groupes séparés les uns des autres et plus ou moins intégrés dans les ensembles linguistiques plus nombreux et préétablis. Le projet d'une entité séparée semble avoir été formulé par des chefs tribaux au moment de la mise en place de gouvernements autonomes dans le Lebowa et le Bophutatswana, qui, réactivant les clivages ethniques, les plaçaient en position de minorités.

Plus qu'une démarche d'identification à un Bantustan mono-ethnique, il s'est agi d'attitudes de sécession de certains groupes tribaux Ndébélé par rapport aux deux Bantustans dans lesquels ils étaient maltraités : le refus d'enseigner en tswana, dans le secteur d'Hammanskraal, comme les raids policiers sur Winterveld, ont amené certains groupes à fuir ; dans le Lebowa, deux factions se sont opposées sur l'opportunité d'une sécession, certains redoutant de devoir payer des impôts dans le Lebowa et refusant de devenir des « citoyens Lebowans ».

Quant à l'assise territoriale, elle a été constituée à partir d'un seul « black spot », situé près de Groblersdal et occupé par un chef Ndébélé ; une série de fermes et de terrains utilisés pour des résidences secondaires ont été ensuite achetés par l'État : au total, près de 300 000 hectares, pour un coût de 240 millions de rands.

La base spatiale est aussi artificielle que l'ethnie Ndébélé. Mais elle se situait à moins de cent kilomètres de Pretoria, de sorte que le Kwandébélé pouvait servir d'aire de réception pour les groupes expulsés des fermes situées entre la capitale et Witbank-Middleburg, quelle que fût leur ethnie (le cinquième de la population est Tswana, Zulu et Sotho du Nord). En 1982, les habitants permanents du Kwandébélé étaient originaires des secteurs ruraux blancs (55 %), du Bophutatswana (23 %) et des banlieues du P.W.V. (9 %) (Survey :

1982 : 397). Les nouveaux venus doivent verser un droit d'entrée de 40 rands au chef local et une taxe annuelle, destinés au « développement de la nation Ndébélé ».

90 % des habitants sont arrivés après 1979, mais 2 % ont des emplois sur place.

Le Kwandébélé, dénué de toute ressource propre, est donc devenu un véritable « Bantustan-dortoir », peuplé de migrants journaliers. Environ 220 autobus en partent quotidiennement (chiffres 1984), transportant plus de 15000 travailleurs : il faut savoir qu'ils partent entre 2 heures et 5 heures du matin, et que seuls 8 % d'entre eux prennent le car après 5 heures (Survey, 397). Ceux qui sont embauchés à Pretoria font 270 km de trajet par jour ; le voyage coûte de 1,2 rand à 4 rands et seuls les billets aller-retour sont subventionnés.

Les migrants restent opposés à l'accès du Kwandébélé au statut d'État « indépendant », réclamé par les dirigeants, car ils y perdraient la nationalité sud-africaine, à laquelle ils tiennent, en dépit de la rudesse de leurs conditions d'existence.

Une autre raison contribue à retarder une évolution politique qui devait se terminer en 1984. Comme ailleurs dans le Transvaal, l'agrandissement des bantustans conduit à inclure des groupes ethniques différents. C'est le cas du district de Moutse (66000 ha), peuplé de 90000 Sotho (ou Pedi) et inclus à l'origine dans le Lebowa, puis transféré au Kwandébélé, en dépit de leur refus. On y trouve en effet des équipements (routes goudronnées, écoles, un hôpital) et des fermes en production, qui font défaut dans le « Kwandébélé ».

Il est établi que le dirigeant Sotho du *Lebowa*, Cedric Pathudi, a échangé ce district contre des concessions sud-africaines (des plantations d'orangers et une portion de voie ferrée) (T.R.A.C., 1986 : 10). La minorité Sotho craint que les exploitations ne soient confisquées, refuse une scolarisation en ndébélé et cherche à se protéger du comportement violent des « vigilantes », hommes de main du dirigeant Skosana. Pretoria leur a proposé un déplacement vers une autre région, située à 150 km ! L'incorporation de ce district Sotho est d'autant plus absurde que les Ndébélé y deviendraient minoritaires. Il est donc vraisemblable que ces groupes Sotho, pourtant établis antérieurement, devront, eux aussi, quitter leur district.

Plus loin, vers le Nord et l'Est du Transvaal, on rencontre des situations dramatiques comparables, où la mise en place de pseudo-entités politiques s'accompagne de violences inter-ethniques et de conflits de « frontières » ; il est impossible d'y concilier la consolidation des bantustans et le principe de l'unicité ethnique. Cette contradiction est un élément supplémentaire dans le processus de redistribution contrainte des populations, surtout si les hasards d'un tracé et les réalités des ambitions des nouveaux alliés du pouvoir central les rendent minoritaires. Ce dernier réussit à se « défausser », en changeant, en quelque sorte, le niveau scalaire de la coercition.

b) Dans l'**État Libre d'Orange,** la curieuse enclave de Thaba N'Chu fait partie de l'archipel du Bophutatswana. Elle se situe, aujourd'hui, entre Bloemfontein et la frontière du Lesotho, qui suit la Caledon, affluent de l'Orange. La Caledon coule à travers le haut veld méridional, qui fut, dans les années 1830, à la fois un des axes de « trek » et une aire frontalière entre le royaume Sotho de Moshoeshoe (qui est devenu ensuite le protectorat du Basutoland) et des chefferies Tswana (le Thaba N'Chu était sous l'autorité d'un chef tribal, Moroka). En 1837, les Boers passèrent une série de traités avec les chefferies mineures, de manière à garantir leurs acquis fonciers et trouver des alliés en cas de conflit avec le royaume Sotho.

En échange, les chefferies, notamment Thaba N'Chu (mais aussi Taung, autre enclave Tswana, qui est devenue un des morceaux du Bantustan, entre Kimberley et Vryburg), qui étaient convoitées par Moshoeshoe I et en passe d'être conquises par les Sotho, s'en trouvèrent protégées, tout en devenant des réserves. Les Boers y puisèrent des soldats dans leurs guerres contre les Ndébélé, de sorte que la réserve se dépeupla (Parsons, 1982 : 125).

Elle comprenait, au moment de l'indépendance du Bantustan, une forte proportion de Sotho (160 000 à 200 000 personnes).

Il convient ici de mentionner le plus petit (moins de 500 km^2) et, en apparence, le plus aberrant des Bantustans, *le Qwaqwa*, qui se trouve aux confins de l'Orange, du Natal et du Lesotho, morceau de terre surpeuplé (environ 500 hab./km^2 en 1980) au pied du rebord nord-est du Drakensberg. C'est le « foyer national » annexe des Sotho du Sud, dont Tomlinson avait recommandé la formation, pour y regrouper les Sotho. Pour l'instant, ce misérable Bantustan ne regroupe que 8 % des Sotho du Sud, et le chef Mopeli n'a de cesse d'obtenir une extension de la superficie pour porter le « taux de représentativité », si l'on peut dire, à 20 %; ce que lui refusent les fermiers de la région céréalière d'Harrismith, peu enclins à vendre leurs terres.

D'où, semble-t-il, l'intérêt du chef Mopeli pour les Sotho de Thaba N'Chu. Au moment de l'indépendance du Bophutatswana (1977), les non-Tswana furent victimes du comportement discriminatoire de Mangope et de sa police locale, qui procéda à des arrestations massives sous le prétexte qu'ils étaient des squatters en infraction par rapport aux nouvelles lois du Bantustan ! Il s'ensuivit un exode massif des populations Sotho, au point que le pouvoir de Pretoria dut ouvrir (1979), en lisière de l'enclave, ce qui est devenu le plus vaste camp de réinstallation du pays, Onverwacht. Ces réfugiés auraient « logiquement » dus être dirigés vers le Qwaqwa, mais le chef Mopeli s'y opposa, de manière, semble-t-il, à appuyer ses exigences territoriales. Mais, désormais, Onverwacht fait partie du Qwaqwa, sous le nom de Botshabelo !

Comme depuis 1977 la construction de logements est bloquée dans les trois townships de Bloemfontein, ceux qui sont sur des listes d'attente sont dirigés par l'Orange Vaal Administration Board vers ce qu'il nomme un « closer settlement » : il a fourni 800 points d'eau, 61 tentes, 33 maisons (Survey, 1982 : 461 ; 1983 : 309). Comme ailleurs, c'est un paysage désolé de cabanes en bois ou en tôle. La surface réservée permet d'y fixer 400 000 personnes.

c) La situation du **Natal** est unique, car la province ne compte qu'un seul Bantustan, le Kwazulu. C'est le plus peuplé de tous pour le groupe ethnique le plus nombreux et dont la cohésion est sans doute la plus forte. En outre, le Kwazulu rassemble près de 60 % des Zulu du pays, de sorte qu'il y a quelque représentativité (ce n'est pas entrer dans une logique d'apartheid que d'y insister, on y reviendra).

Sans examiner pour l'instant le jeu politique Zulu, on doit constater que ses dirigeants (qui sont des descendants des rois du XIXe siècle) ont été en mesure de refuser le statut d'État indépendant, alors qu'en réalité ils sont les moins dépendants de Pretoria. En clair, tout se passe comme si l'État Zulu avait survécu à sa défaite militaire de 1879. On célèbre chaque année le « Jour de Chaka » dans les townships de Durban.

En témoigne le fait qu'il ait conservé une grande partie de son assise territoriale. On objectera que ce bantustan est le plus fragmenté, puisqu'il compte encore une quarantaine de blocs. Mais, on remarque que ces blocs se répartissent sur l'ensemble de la province (dont ils couvrent 40 % de la superficie). Il faut y voir l'effet d'une certaine capacité de résistance aux empiétements fonciers de la fin du XIXe siècle.

A la différence de ce qui se passe dans le Cap oriental (Eastern Cape) et, dans une moindre mesure, dans le Transvaal occidental, où l'apartheid aboutit à reléguer et à confiner les groupes noirs dans les régions périphériques (ils y forment de larges blocs homogènes, comme le Transkei), le Natal est caractérisé par l'enchevêtrement des deux trames de peuplement (trois, avec les Indiens).

Les phénomènes d'intersection s'étendent sur une grande partie de la province de sorte que les lignes de discontinuité sont floues, contournées et d'un tracé sur la logique duquel on peut s'interroger.

En gros, les secteurs qui ne font pas partie du Kwazulu correspondent d'abord à un corridor qui va de Durban à Newcastle, puis à un second axe de Vryheid à Richard's Bay, enfin à la plaine littorale.

Entre la haute vallée de la Tugela et la limite provinciale avec le Transvaal s'étendent un grand bassin charbonnier et des mines de fer : Newcastle est un important centre sidérurgique, Vryheid un centre minier.

L'aire métropolitaine de *Durban-Pinetown-Pietermaritzburg* est la seconde région industrielle du pays (environ 15 % de la production totale; mais elle est devancée par Le Cap pour les activités tertiaires). Durban est le principal débouché du P.W.V., distant de 600 km. La plaine littorale est le domaine des plantations de canne à sucre, qui sont intégrées dans de puissantes compagnies (comme Hullets) gérant une douzaine de sucreries; elles forment un lobby qui a le moyen de peser sur la répartition des terres, en fonction de leurs stratégies de développement de la production sucrière. Sur la côte comme autour de Pietermaritzburg (ainsi qu'à la frontière du Swaziland), le Kwazulu commence là où se termine la culture de la canne en grandes plantations. Inversement, c'est parce qu'il n'a pas été donné suite au projet, trop coûteux, de développement de la production sucrière dans les plaines marécageuses des Makatini Flats, entre le Swaziland et le Mozambique, que cette région a été incluse dans le Kwazulu.

Enfin, depuis une décision de février 1970, tous les métis et les Indiens présents au nord de la Tugela ont été transférés au sud. Le reste forme le Kwazulu.

Il est intéressant d'évoquer brièvement quelques facteurs explicatifs des configurations globales du Kwazulu, en sollicitant *l'éco-géographie*, comme renfort d'une histoire connue (celle de l'émergence de l' « empire de Chaka »). Les contours du grand bloc central coïncident généralement avec deux niveaux d'altitude : au-dessus de la plaine, les courbes des 400-500 mètres, et vers l'intérieur du Natal, des courbes comprises entre 1 200 et 1 500 mètres. Ces deux niveaux délimitent les parties médianes des bassins des fleuves qui descendent du « Grand Escarpement » (du sud au nord, Tigela, Mhlatuze, Molozi blanche, Molozi noire) et de leurs affluents. D'où cette forme quelque peu « festonnée » des limites intérieures.

On se trouve là dans l'ancien Zululand (dont la capitale est, aujourd'hui comme hier, Ulundi), qui ne s'étendait ni sur la plaine tropicale ni sur le haut veld, et qui était limité au nord par le royaume Swazi, et au sud par les groupes Xhosa. Des conditions éco-géographiques variées, sur des distances assez courtes, déterminent une sorte d'étagement des formations végétales : on trouve des savanes dites de « sourveld » (ou « zuurveld », pâturages à l'herbe consommable l'été) dans les secteurs bien arrosés et de « sweetveld » dans les secteurs plus secs (pâtures d'hiver). Le contrôle d'un territoire suffisamment étendu pour inclure une large gamme de milieux complémentaires ne pouvait qu'être bénéfique à ces agro-pasteurs qu'étaient les Zulu.

Cela dit, trois caractéristiques des processus de transferts forcés dans le Natal doivent être soulignées. La première est que, la pression démographique étant depuis longtemps très forte, les évictions des paysans depuis les secteurs ruraux blancs toujours proches sont très nombreuses (300 000 en 20 ans) : on compterait encore 189 « black spots » (soit 245 000 personnes, Survey, 1983 : 455).

La deuxième tient à la résistance opposée tant par les fermiers noirs que par les « lobbies » de l'agro-business aux opérations de consolidation.

La troisième du fait de l'utilisation systématique par l'administration sud-africaine du procédé de rectification des frontières à la lisière du centre et des quartiers non noirs des villes, le Kwazulu est devenu, avec le Ciskei, le plus « urbanisé » des bantustans (le pourcentage de citadins est d'environ 29 % en 1980, et probablement de 35 % en 1986).

Dans l'agglomération de Durban-Pinetown, les Noirs ne sont donc que 32 % de la population urbaine totale alors qu'ils sont plus de 60 % dans le P.W.V. et plus de 50 % à Port Elizabeth.

Depuis avril 1977 en effet, les grands townships de la conurbation, à savoir Kwamashu au nord (200 000 habitants) et Umlazi au sud (idem), font partie du Kwazulu, de sorte que la « frontière » passe à environ 8 km du centre des affaires, ne s'interrompant que de chaque côté du corridor de Pinetown. Cette situation propre à la plupart des villes du Natal (les banlieues noires de Pietermaritzburg, Edendale, sont dans la même position) me semble résulter de trois facteurs.

Le fort degré d'intersection déjà cité et la proximité entre les villes et les aires rurales densément peuplées facilitent l'extension des aires périurbaines d'habitat spontané ; en les intégrant dans le Kwazulu, le pouvoir de Pretoria (et, ici, le Durban City Council) se décharge de problèmes qu'il refuse de prendre en compte ailleurs (autrement que par des mesures d'expulsion) ou qu'il sous-traite à des organismes privés (cas de l'Urban Foundation, filiale des grandes entreprises, et active localement à Inanda, près de KwaMashu, dans un programme de réhabilitation de type « site and service », selon les normes de la Banque Mondiale).

Enfin, le pouvoir en place au Kwazulu accepte, dans ces cas précis, de telles modifications de frontières, quand il ne les souhaite pas, puisqu'il y gagne un contrôle politique plus direct sur *les grands townships, là où désormais se joue l'essentiel.*

d) Dans la **province du Cap** enfin, on compte deux Bantustans entiers et trois des sept morceaux d'un troisième (il s'agit du Bophutatswana, déjà envisagé). Sur le plan de la géographie des redistributions coercitives, la province est un cas très spécifique.

La population est répartie en quatre foyers principaux : les deux aires métropolitaines du Cap et de Port Elizabeth (P.E. selon l'usage local), le Ciskei et le Transkei. Cette répartition fait souvent l'objet d'explications « écologiques ». Que cette distribution puisse être mise en corrélation avec celle des pluies et que l'isohyète des 600 mm, qui court de Port Elizabeth à Mafeking, suive la limite occidentale de la moitié peuplée du pays sont des observations valables pour comprendre des faits de longue durée et établir un premier fond de carte. Mais cette coïncidence n'a d'intérêt que parce que l'histoire, passée et en train de se faire, a transformé un front de progression agro-pastorale (au sud-est, chez les Xhosa) en ligne de front (au prix de neuf guerres dites « des frontières ») que les tenants de l'apartheid ont transformée ensuite en frontière politique.

Il y a plus, si l'on considère que c'est dans la ville du Cap, cité anglophone de réputation libérale, que l'on a d'abord appliqué l'apartheid : jusqu'en 1948, les Noirs pouvaient y voter, selon un suffrage censitaire il est vrai ; jusqu'au Group Area Act de 1950, les métis pouvaient résider où bon leur semblait ; jusqu'en 1956, ils avaient le droit de vote. Mais surtout, l'agglomération du Cap a été et reste en principe interdite aux Noirs, de sorte que les transferts forcés, qui ailleurs, on l'a vu, affectent surtout les ruraux, touchent ici des citadins. Cette interdiction est d'autant plus étonnante que c'est l'agglomération la plus éloignée des foyers ethno-démographiques noirs (il y a plus de 1 000 km jusqu'au Ciskei).

Il y a en effet, entre le Cap et les régions Xhosa, deux lignes frontières qui sont en principe infranchissables : la *ligne Eiselen* et la ligne dite *Aliwal North-Kat-Fish.*

La première, qui tient son nom d'un ancien secrétaire aux « Native Affairs », celui qui avait condamné le rapport Tomlinson, fut fixée, dans les textes, en janvier 1955 : tous les Sud-Africains noirs présents à l'ouest de cette ligne devaient être déportés, car ils étaient établis dans ce qui était considéré comme le « natural home » des métis (dits Cape Coloured) ; le Cap occidental était décrété « Coloured Labour Preference Area » : traitement préférentiel dans l'accès aux emplois, pour les métis qui ont comme langue l'africaans et tiennent à s'affirmer en fréquentant avec assiduité les temples de l'Église Réformée Hollandaise.

Cette région fut définie comme limitée au nord par le fleuve Orange et à l'est par la ligne Eiselen, allant de Kimberley à Middleburg et Humansdorp. Elle incluait la plupart des petites villes de l'intérieur, mais excluait Port Elizabeth, dont les industries automobiles étaient alors en pleine croissance. Furent renvoyés les Noirs étrangers (dont beaucoup étaient d'actifs syndicalistes), puis les familles et ceux dont l'emploi pouvait être occupé par un métis. L'« influx control » et la surveillance des « pass laws » y furent appliqués de manière très restrictive.

En 1967, une seconde ligne fut définie, plus à l'est, allant d'Aliwal North sur l'Orange, longeant les rivières Kat et Fish et passant par Grahamstown. Elle suivait donc à une dizaine de kilomètres la limite occidentale du Ciskei. Cette nouvelle ligne dessine avec la précédente un nouvel espace d'application de l'embauche préférentielle pour les métis dans les Cape Midlands (donc excluant Port Elizabeth).

Les Noirs travaillant et résidant dans les villes de Cradock, Middleburg, Burgersdrop ont été en grande partie transférés dans le Ciskei et le Transkei, et pour l'accès aux villes situées à l'Est (comme Grahamstown, où se trouve la célèbre Rhodes University, anglophone ; l'écrivain André Brink y dirige le département d'africaans), le gouvernement estime que le Ciskei se trouve à une distance apte à la migration journalière ! Cependant, aucun township n'a été installé dans l'ouest du Ciskei, trop éloigné en fait de grandes villes.

Il va sans dire que ces deux dispositions de blocage des migrations sont toujours en vigueur, même si elles sont tournées.

La population noire du Cap reste donc réduite (213 000 en 1980, 230 000 en 1983). Autrement dit, *la deuxième métropole du pays, et qui est en outre la capitale administrative six mois par an (quand y siège le Parlement) ne compte que 12 % de Noirs !* (Les métis sont eux 55 %.)

Mais le nombre des travailleurs noirs se serait accru de 63 % en dix ans. Si les uns ont pu obtenir un permis pour résider légalement mais de manière temporaire dans les trois townships de Nyanga, Langa et Guguletu (38 000 habitants en 1986), ceux qui s'entassent dans le vaste bidonville de Crossroads, formé à partir de 1975 et qui compte environ 47 000 habitants, sont pour les deux tiers des « squatters ». A l'origine, ce sont des gens expulsés des trois townships. Les rafles y sont fréquentes, suivies d'expulsions dans le Transkei, d'où effectivement ils provenaient.

Ainsi, en juillet 1981, un millier de personnes ont été reconduites à Umtata, mais sont revenues en octobre dans des autobus prêtés par le Bantustan, qui n'a ni emploi, ni argent, ni logement à offrir, et refuse cet « exode urbain ». Les incidents sont donc constants puisque les « illégaux » refusent ces déportations, tandis que ceux qui ont un permis veulent pouvoir rester définitivement au Cap (ce privilège leur a été reconnu en février 1985).

Mais, là encore, les tensions sont « introverties » et s'expriment à l'échelle locale. De vastes batailles ont en effet opposé (en mai-juin 1986) les « vigilantes », petits chefs locaux de Crossroads, et les « comrades », jeunes militants des trois townships : cette tension provoquée et gagnée par les premiers, qui ont bénéficié de la non-intervention de la police, a entraîné la destruction de 3 000 cabanes et laissé 30 000 sans-abri. L'enjeu pour le pouvoir est de contraindre les habitants, même munis de permis, à se déplacer vers un nouveau township, Khayelitsha, situé à 40 km au nord du Cap. Simple mesure d'aménagement urbain ?

En réalité, les organisations politiques nationales (telles l'African National Congress et l'United Democratic Front) sont bien implantées dans les trois townships. Or, le site de transfert est déjà sous le contrôle politique (et policier) du dirigeant des vigilants de Crossroads, Ngxobongwana. Il a donc la même fonction qu'un dirigeant de bantustan. L'utilisation du sous-prolétariat contre les travailleurs organisés est une vieille recette qui n'a pas fini de « marcher ». Manière de briser une population noire qui est Xhosa à 95,3 %.

Dans le Cap occidental, la résistance à tout transfert est d'autant plus vive que les deux Bantustans sont très éloignés. Le pouvoir ne peut pas appliquer au Cap cette méthode d'inclusion décrite pour Durban, où les tensions sont beaucoup moins fortes.

c) Dans **le Cap oriental,** le peuplement forcé du Ciskei se constate de deux manières.

Il se déduit d'abord de l'examen des chiffres : selon les données officielles, très sous-estimées, la population est passée de 350 000 en 1970 à 630 000 en 1980, soit une augmentation de 76 %, correspondant à un taux de croissance annuel de 5,83 %, ce qui semble beaucoup pour ce morceau de terre érodé, déboisé et désolé. Tous les types de transferts ont joué, depuis l'élimination des « black spots » dans le corridor d'East London jusqu'aux rectifications du tracé. S'y ajoutent les conséquences du blocage migratoire au-delà des deux lignes Eiselen et Kat-Fish.

Il s'observe ensuite sur le terrain. Dans le Ciskei, plus de 350 000 personnes y ont été transférées sur 20 ans. D'où la croissance de townships comme Mdanstane, mais aussi Zwelitsha, cité dortoir de King Williams' Town, et Dimbaza. Dimbaza, un des premiers camps de réinstallation (1969), a été rendu célèbre par le film *La Dernière Tombe à Dimbaza,* qui montrait les conditions réelles des transferts : des huttes et des tentes dans le veld. Pour contrer cette image négative, l'État y a établi 28 des 33 entreprises industrielles du Ciskei !

Ces lieux, à caractère urbain, ne sont que trois des vingt points de réinstallation du Ciskei, qui se présentent comme de petites cités de maisons rectangulaires en bois, placées au milieu de lots grossièrement délimités. De rares points d'eau. Dans la campagne environnante, des huttes rondes et blanches, aux toits coniques en chaume, des cultivateurs de maïs, à l'étroit sur des terres érodées.

Voici Mdanstane, qui est la seconde agglomération noire du pays, après Soweto. C'est une « ville » frontière, située à une trentaine de kilomètres d'East London. Elle comptait entre 250 000 et 350 000 habitants en 1980 (selon le « Quail Report », rédigé pour montrer la viabilité d'une option d'indépendance, et inventeur de la notion de « Ciskeiens » ; le recensement donnait, lui, 193 000) et environ 400 000 en 1984. Sur une topographie de collines, des alignements de maisons rectangulaires de couleur bleue et rouge, à toits de tôle, comptant chacune 4 pièces et 15 personnes en moyenne pour 45 m^2.

Un « centre » urbain, marqué par le « Lennox Sebe Building », qui compte un supermarché de la chaîne Checkers, un cinéma, un magasin de boissons sucrées et des panneaux publicitaires (réclames pour du vin blanc, des bougies et de la chicorée). A l'extérieur, un marché aux fruits, une vaste gare routière où sont stationnés les taxis Kombi, un stade et un hôpital. A quelques centaines de mètres, les silos de « Ciskei Millings », une brasserie (« Amapalisa ») et une usine textile.

En contrebas, la frontière est marquée par une barrière à vaches, à cinq fils ; elle passe entre l'autoroute et la voie ferrée. Des postes de police et un drapeau sud-africain la signalent.

Le secteur informel est réglementé, mais fait vivre 15 % de la population. On compterait 35 % de chômeurs. Les actifs sont dans leur grande majorité employés à East London. Les deux tiers des revenus monétaires proviennent du travail migrant.

Ce township a été établi à partir du milieu des années 1960 comme cité-dortoir pour East London ; il a ensuite reçu des populations Xhosa expulsées, d'une part de l'aire métropolitaine du Cap, d'autre part de districts du « corridor blanc » qui est situé entre le Transkei et le Ciskei. Région revendiquée du reste par le « président » Lennox Sebe.

Si cette agglomération est peu connue, ce n'est pas parce qu'il ne s'y passe rien, mais parce qu'elle se trouve dans le Ciskei, État fantoche placé sous la férule de Lennox Sebe et que la presse ne parle guère des tensions quasi constantes qui la caractérisent. C'est, selon la doctrine officielle, un problème intérieur.

Ainsi, en 1983, pour protester contre une augmentation des tarifs d'autobus appartenant à l'État, un boycott fut lancé et suivi à 80 % dès le deuxième jour. Il dura huit mois : 832 arrestations, 90 morts connus dans les trois premiers mois, interdiction du principal syndicat ouvrier, une centaine de bus détruits, explosions devant les « consulats » du Ciskei à Pretoria et Johannesburg (revendiquées par l'A.N.C.), protestations du président de la Border Chamber of Industries contre l'incompétence du clan Sebe (et les pertes économiques). Les ouvriers migrants utilisèrent, soit les trains de la compagnie sud-africaine, soit la marche à pied, et obtinrent, au début de 1984, gain de cause ; l'augmentation des tarifs (qui n'était que de 11 %) fut rapportée.

Comme la fonction première des frontières internes est de délimiter des espaces de réception des populations en « surplus », c'est dans les secteurs proches de ces limites que se concentrent les groupes déplacés, notamment quand ils continuent d'avoir un emploi urbain.

Les confins des Bantustans les plus proches des aires métropolitaines et des grandes villes sont donc aujourd'hui devenus de vastes camps dits de « resettlement », de réinstallation.

Bien que ces limites à fonction politique soient rarement démarquées, elles n'en sont pas moins nettement visibles. Elles témoignent d'une politique d'urbanisation spatialement différée ou volontairement délocalisée (par rapport à une croissance urbaine « normale » en économie de marché qui se ferait en fonction de la distance au centre). Les segments frontaliers des Bantustans proches des grands centres urbains sont devenus en quelque sorte des fronts d'urbanisation par rétroaction. De ce survol régional, il ressort que la majorité noire sud-africaine est spatialement différenciée, non seulement sur le registre ethnique, mais aussi selon sa capacité d'accès aux emplois urbains et son statut (ruraux des homelands, ruraux des régions agricoles blanches, travailleurs frontaliers, migrants de longue durée originaires des homelands, résidents urbains permanents). Diversité qui doit être prise en compte pour comprendre à la fois la variété des choix politiques (voir plus loin) et les limitations du projet d'auto-partition.

A cet égard, pour que la logique du grand apartheid territorial soit menée à son terme, il faudrait, si l'on peut s'exprimer ainsi, que tous les centres urbains dont l'activité dépend de la main-d'œuvre noire fussent dans la situation géographique de Durban, ou encore que le pouvoir acceptât de tracer des frontières au cœur des conurbations, de telle manière qu'elles passent entre Soweto et le centre de Johannesburg ou entre Vereeniging et Sharpeville.

Ce scénario — qui est envisagé par l'extrême droite afrikaner sous la forme d'un État blanc autarcique — est irréalisable dans la mesure où la minorité blanche ne vit pas d'abord de son propre travail. L'idéal afrikaner de sauvegarde d'identité (qui est respectable en tant que tel) serait plus crédible si les Afrikaners ne vivaient que de leur travail et ne masquaient pas, sous cette justification culturelle, le maintien des privilèges économiques énormes qui sont les leurs et ceux des anglophones.

Bantustans et métropoles ou les « limites » d'une dénationalisation

La tactique de redistribution forcée n'a pas suffi à enrayer *le phénomène irréversible de l'urbanisation des Noirs sud-africains* ; celle-ci n'en est que retardée et partiellement déroutée.

Le nombre de Noirs sud-africains présents en permanence hors des Bantustans était supérieur à 10 millions en 1980 (selon le recensement de 1980, qui exclut les trois bantustans considérés comme « indépendants » à cette date ; or, on estime que 1 750 000 de leurs « ressortissants » sont en permanence hors de ces entités et que deux millions et demi de gens ont résidé hors des homelands de manière intermittente ou bien les ont quittés après les dates de l' « indépendance »).

Certes, le taux officiel d'urbanisation des Noirs, 39 % en 1980, est nettement inférieur à celui des Indiens et des Malais (90 %), des Blancs (88 %) et des métis (77 %). L'état de sous-urbanisation des Noirs est réel, à la fois par rapport aux autres groupes et au regard de ce qu'on observe dans d'autres pays à niveau de vie comparable. Mais, de l'aveu des démographes sud-africains de l' « Human Sciences Research Council », ce pourcentage est fortement sous-estimé (Smit, 1984). Pour une population noire totale de 25 millions en 1985, on estime que la moitié vit en permanence hors des Bantustans, soit une douzaine de millions, dont deux sont des travailleurs agricoles et dix millions environ sont des citadins habitant à la périphérie des agglomérations situées hors des homelands.

D'autres éléments confortent l'idée d'un ancrage urbain solide de la majorité des Noirs des townships. Ainsi à Soweto*, 95,7 % des

* Un seul exemple de cette sous-estimation, qui n'est guère surprenante, puisque beaucoup cherchent à échapper à l'influx control tandis que les dirigeants blancs ont longtemps choisi de nier la réalité de l'urbanisation noire : alors que la population

résidents habitent en zone urbaine depuis plus de 20 ans (enquête du W.R.A.B., 1982). Le plus significatif est l'évolution de la structure par âge, qui tend vers une diminution nette du déséquilibre entre les sexes. A Johannesburg, le nombre des hommes ne dépasse celui des femmes que de 49 000 en 1980.

Les démographes estiment que 72 % des Noirs légalement présents dans les grandes villes ont une structure par âge équilibrée, tandis que 28 % peuvent encore être considérés comme des migrants.

D'autres sources indiquent un pourcentage plus élevé de travailleurs migrants (à contrat annuel renouvelable, après recrutement dans un Bantustan) : environ 38 % du total des actifs noirs des quatre régions urbaines, en incluant les mineurs (Department of Statistics, juin 1982). Mais une tendance à la diminution de leur importance est observable. Ainsi, dans une ville minière comme Kimberley, la proportion de travailleurs migrants sur le total des ouvriers de la De Beers est passée de 86 % en 1970 à 38 % en 1979, du fait de la construction de maisons pour familles en remplacement des « hostels » pour célibataires : souci de fixer une main-d'œuvre qu'il est devenu nécessaire de qualifier (Smit, 1984).

Il est vrai que Harry Oppenheimer, ancien président de l'Anglo-American, considère l'urbanisation comme un processus naturel, qui participe de la mobilité de la main-d'œuvre réclamée par les grandes entreprises. Empêcher l'urbanisation de vingt millions de Noirs sud-africains serait « vain et coûteux » (H. Oppenheimer, in *Le Monde*, 12 novembre 1981). Est-ce à dire que l'influx control ne sert à rien ?

Les Bantustans : des frontières artificielles ?

Aussitôt expulsés, les citadins cherchent à revenir à proximité des villes où se trouve le seul espoir d'un travail. Quant à ceux qui migrent pour la première fois, sortir des bantustans n'offre pas de difficulté.

— **Des frontières non démarquées :** En effet, ces frontières internes ne comportent généralement ni postes de garde, ni barrières, ni barbelés (sauf aux limites de quelques fermes dans le Transvaal) ; tout juste un banal panneau indicateur. Les contrôles se font en fait sur les routes à l'entrée des grands centres urbains.

Les frontières les plus proches des pôles urbains suivent les voies ferrées : aux limites du grand township de Mabopane, près de Pretoria, on est en « Afrique du Sud » sur le quai sud, au Bophutatswana sur le quai nord. Ce sont des « soft boundaries », selon l'expression d'un des responsables de la mise en place du néo-apartheid.

Les quelque 4 900 km de « frontières » entourant les Bantustans « indépendants » auxquelles s'ajoutent les 3 500 km des six autres

---

officielle de Soweto est de 827 520 (recensement), Le « West Rand Administration Board » (W.R.A.B.) donnait pour 1981 le chiffre de 1 019 135. Or, sur la base d'indicateurs plus fiables (décompte des maisons louées : 112 837, et des cabanes situées dans les arrière-cours : 25 393, nombre de migrants quotidiens utilisant un moyen de transport public : 438 000), le chiffre non officiel généralement admis était, en 1981, supérieur à 1 500 000 résidents.

« homelands », estimation minimale à échelle moyenne (ce qui est plus du double de la longueur des frontières « externes ») ne sont pas contrôlables. Selon le ministre des Affaires intérieures, M. Chris Heunis, seules trois des quelque 179 sorties routières et ferroviaires des quatre États-Bantustans sont contrôlées par des postes d'immigration. Une seule commission frontalière a été formée, qui devrait définir, puis délimiter et démarquer une ligne autour du Venda. Quant à établir des « fences », des barrières, cela dépendra, dit-il, des fonds disponibles. Le principe est que les dépenses de clôture doivent être partagées.

Des démarches sont en cours pour délimiter les frontières du Transkei, du Ciskei et du Bophutatswana. Mais les nombreux différends territoriaux qui persistent, soit entre ces entités et Pretoria, soit entre elles, sont loin d'être réglés. Ainsi, selon le « ministre des Affaires étrangères » du Transkei, Mr Mtutelezi Jujabe, il ne peut y avoir de négociations et de démarcation tant que la consolidation des terres ne sera pas terminée (Survey, 1982 : 375).

Deux facteurs peuvent toutefois conduire à passer outre et à commencer des démarcations : d'une part, des conflits de terres, sérieux, entre Noirs et Blancs, comme dans le Kwazulu ; or ce Bantustan n'est pas considéré comme un État ; d'autre part, l'application de l'influx control au départ par des collaborateurs zélés : la frontière se matérialiserait comme une barrière à l'émigration. Des tentatives sont en cours dans le Ciskei et le Transkei, au point que certaines entreprises de Port Elizabeth et East London ont eu des difficultés passagères d'embauche. Enfin, des contrôles sévères sont effectués aux entrées du Ciskei à l'encontre des militants politiques, tandis que certains sont assignés à résidence. C'est une nouvelle fonction de ces Bantustans dont sont issus de nombreux opposants et il est à noter que l'une des conditions posées par le gouvernement sud-africain à l'élargissement du dirigeant noir Nelson Mandela est qu'il accepte de résider dans le Transkei, où il est né.

— **Des entités économiquement inviables et coûteuses :** Pour que les Bantustans retiennent leurs populations, il faudrait surtout que celles-ci aient quelque raison d'y travailler.

Or, ils « pèsent » à peine 4 % du Produit Intérieur Brut du pays, et leurs ressources proviennent à 72 % des revenus des travailleurs migrants (*Financial Mail,* Le Cap, 29 juin 1984). Quant à leurs finances, elles sont subventionnées par l'État sud-africain et ne servent pas à des investissements productifs.

Le budget 1983-1984 du Département de la Coopération et du Développement se montait à 827 millions de rands pour les « Bantustans en marche vers l'autodétermination » et à 690 millions pour les quatre autres. La participation de l'État central va de 45 % pour le moins mal pourvu en ressources propres (mines et industries du Bophutatswana ; transferts des migrants au Transkei) à 85 % (Venda, Ciskei, Kwazulu).

Ce qui est présenté comme une « aide » compte pour 77 % du budget des gouvernements de ces entités. Elle sert à financer des embryons d'appareil d'État (une capitale, des fonctionnaires, une police, sans oublier les confortables salaires des présidents qui ne sont pas inférieurs à 45 000 rands par an).

Ces entités n'ont pas de réalité économique (excepté pour leurs dirigeants, qui n'hésitent pas à utiliser leur pouvoir pour contrôler les sources endogènes de revenus, tels les « beer halls »). On se trouve là à l'inverse du schéma qui avait été proposé par Tomlinson et Moolman. Tout en continuant de faire siennes les recommandations de la commission, Moolman juge que l'apartheid n'a plus d'avenir, parce que les gouvernements n'ont pas voulu « développer » les homelands : ils ont craint, estime le géographe, que la dépense des sommes considérables requises ne suscite une réaction brutale des électeurs blancs. Sa réserve est partagée par Frederik Tomlinson, qui est aujourd'hui éleveur dans le Transvaal, à Hammanskraal, à quelques kilomètres de la « frontière » du Bophutatswana. Dans la conférence en forme de bilan qu'il donna en 1975 et au texte de laquelle il renvoie le visiteur, il expliquait que les gouvernements avaient en fait failli à leur tâche de développement des homelands, en refusant d'y investir du capital « blanc ». Il se montre conscient des phénomènes de croissance démographique, et donc de la nécessaire « vitesse », dit-il, requise pour le « développement ». Or, les actions menées, d'après lui, ont été beaucoup trop lentes. La seule autocritique qu'il adresse au rapport qu'il dirigea porte sur la sous-évaluation de la croissance démographique. Enfin, à la question de savoir si les Bantustans pourraient encore devenir les États indépendants promis par Verwoerd, il ne répond pas, tout en haussant les épaules !

Malgré tout, l'apartheid réel reste financièrement coûteux. Son coût direct comprend ce qui est versé aux embryons d'appareil d'État, sous forme d'aides, de subventions, d'avances, soit 2 250 millions de rands en 1984-1985, ce qui représente, selon le député d'opposition van Zyl Slabbert, 8,85 % du budget total de l'État (*Financial Mail*, 29 juin 1984). Son coût financier indirect se mesure à l'accroissement de la bureaucratie, dont une partie a pour tâche de gérer l'apartheid au quotidien : 253 000 fonctionnaires, 82 500 militaires, 44 000 policiers, ainsi que 619 000 agents de l'administration des provinces, des districts, des boards et des homelands. Au total, près de 998 000 employés de l'État, consommant 40 % du budget, dont une partie sert à payer le maintien de ce système. La seule gestion du contrôle des arrivées de main-d'œuvre (environ 2 000 lois, amendements et règlements) entraîne une dépense estimée à 113 millions de rands.

— **Pas de frontières économiques internes :** De même que les limites de ségrégation qui ceinturent les townships, les frontières des homelands sont en quelque sorte abaissées lorsqu'il s'agit de la consommation. Le marché sud-africain est un, et la ségrégation n'a pas bloqué sa force intégratrice. Si l'on se souvient du rôle des barrières douanières dans la sédimentation des frontières politiques dans d'autres parties du monde où l'État et le marché coïncident spatialement, il convient d'y insister *.

* Ce n'est pas le lieu de discuter la thèse selon laquelle l'apartheid et le capitalisme sont une seule et même chose ; elle fonde la plupart des analyses critiques de ce système de racisme institutionnalisé, mais je ne la partage pas, car elle en sous-estime gravement les dimensions idéologiques et géopolitiques. J'observe d'ailleurs que c'est sur la réponse qu'elles donnent à ce problème que se divisent plusieurs organisations politiques noires en Afrique du Sud : pour les unes, telles l'United Democratic Front, la priorité est la lutte

En raison de la forte progression des revenus des 4,2 millions de salariés noirs depuis le début des années 70 (multiplication par 7,5 en rands courants de 1970 à 1983), notamment dans les mines (+ 136 % de 1980 à 1983), les transports (+ 78 %), l'industrie et les services (+ 60 %), il y a désormais un « marché noir » urbain (que les observateurs n'hésitent pas à qualifier de « prometteur »).

Les Noirs urbains réalisent 40 % du total des achats au détail (selon la répartition géographique suivante : Johannesburg-Pretoria, 36 % ; Durban-Pietermaritzburg, 10,4 % et Le Cap, 11,5 %). Et comme la part du revenu (la masse salariale est de 7,6 milliards de rands par an) absorbée par des dépenses liées à l'alimentation n'est que de 45,1 % * (la plus basse d'Afrique) il reste d'importantes disponibilités pour des achats de biens durables, qui ne sont en vente que dans les secteurs blancs.

Les dépenses des salariés des bantustans péri-urbains, comme, du reste, de ceux des grands townships, sont effectuées en grande partie dans les secteurs commerciaux blancs : c'est le cas des deux tiers des achats des Sowetans. Il est à noter que 90 % des commerces de Jo'burg sont à destination de la clientèle noire ; ils se localisent à proximité des gares routières et ferroviaires. Il y a encore très peu de points de vente dans les townships, malgré l'expansion récente de la Black Chain (réseau de supermarchés à capitaux noirs).

Quant à l'épargne, elle est, selon Mr. Maubane, directeur de l'African Bank, la seule banque des Noirs sud-africains, de 8 milliards de rands. Mais cette épargne est déposée dans des organismes financiers blancs, tels que les Assurances et les « Building Societies » ; les dépôts à l'African Bank ne s'élèvent qu'à 22 millions (1984) !

Cette organisation des flux économiques tend à renforcer la concentration des activités dans les métropoles, centres de production mais aussi de consommation et donc d'emplois, et joue à contre-courant de la politique des bantustans (qui se trouvent placés hors circuit, sauf par les envois des travailleurs migrants contractuels à leurs familles). Le rapport entre le total des budgets des dix bantustans et la masse salariale des Noirs urbains est de 1 à 7 ! Ce chiffre éloquent indique assez que les métropoles ne peuvent que garder leur pouvoir d'attraction comme pôles d'un marché unifié sans barrières intérieures. Les divergences qui se manifestent entre une fraction du patronat et le gouvernement viennent de ce que le premier sait que les Noirs urbains constituent le seul marché économique en expansion rapide (leur part de marché est déjà de 45 % pour les vêtements, de 50 % pour la radio-télévision ; la croissance des ventes de voitures est de 20 % par an, tandis qu'un nouveau « produit » se profile, le logement en pleine propriété — source : *The Black Market Book*, 1984, qui se substituerait au système de logements exclusivement public et locatif).

---

pour l'abolition de l'apartheid ; pour d'autres, tels le Pan African Congress ou l'Azanian People's Organization, c'est la liquidation du système capitaliste qui doit être visée ; enfin, ce clivage passe à l'intérieur de l'African National Congress.

(Voir à ce propos : M. Foucher : « Géopolitiques en Afrique du Sud, l'énigme sud-africaine », *Hérodote*, n° 46, 1987, pp. 108-149.)

* Pourcentage le plus faible d'Afrique et signe d'un revenu non négligeable (revenu moyen de 28 000 F/an, en 1982).

Enfin, l'intégration dans le marché de la consommation participe à la formation d'une société noire sud-africaine à caractère urbain (par exemple, via la radio, la presse et la télévision : on compte depuis 1981 deux chaînes, l'une en langue nguni, intelligible par les Zulu et les Xhosa, l'autre en sotho, que peuvent comprendre aussi les Tswana ; dans ce cas, on ne tient plus compte des différences irréductibles entre les dix ethnies dont la réactualisation a servi à légitimer la balkanisation). Or le pouvoir tente d'imposer une dissociation entre cette « urbanisation sociologique », déjà réalisée, et l' « urbanisation géographique », qui n'est encore que tolérée ou confinée aux lisières des bantustans.

Et l'un des enjeux des révoltes qui ont commencé en 1984 est bien que des citadins de facto puissent obtenir le droit légal de demeurer définitivement dans les conurbations. Autant que la grève générale, la menace du boycott des achats est un outil efficace entre les mains des Noirs urbains qui sont des travailleurs (de plus en plus syndiqués), des consommateurs (il y a un mouvement consumériste, la « Black Consumer Union »), mais restent considérés comme *des pseudo-citadins et des non-citoyens.*

Mais, la lucidité impose de souligner également le fait que pour la génération des « parents de Soweto », il y a eu, sans conteste, ascension sociale : d'où l'ambiguïté de leurs choix politiques et de leurs options souvent qualifiées, sur le registre syndical, de « bread and butter ». Leurs « enfants », eux, sont plus « radicaux » : d'où, dans les cités noires, de profonds clivages internes, pas tous artificiels ou manipulés.

— **Rectifier les tracés de frontières :** En Afrique du Sud la main-d'œuvre ne vient en ville que pour travailler (et consommer) et fait partie de cette catégorie en augmentation des « frontier commuters », les « frontaliers » au sens franco-suisse du terme.

Ils sont environ 740 000 en Afrique du Sud (1981), qui se répartissent ainsi par bantustans d'origine : Kwazulu (52 %), Bophutatswana (22 %), Lebowa (10 %), KaNgwane et Ciskei (5,5 % chacun). L'originalité du Kwazulu, dont les lisières servent de banlieues-dortoirs pour la région urbaine, est évidente. Au Cap comme pour le Rand occidental et le Rand oriental, ce système qui permet d'éviter l'urbanisation ne joue pas, ces régions étant trop éloignées des limites actuelles des bantustans.

S'il était question de viabiliser les bantustans de manière à ce qu'ils puissent « retenir » les candidats à la migration vers le P.W.V. ou le Cap, il « faudrait » aussi, à une échelle régionale, rectifier leurs frontières de manière à y inclure les nombreuses villes moyennes qui se situent dans les corridors proches et où se regroupent les activités productives.

Or, c'est ce que réclament depuis longtemps la plupart des dirigeants locaux des bantustans et la liste de leurs revendications territoriales est fournie :

— dans le Lebowa, Cedric Phatudi voudrait gagner le contrôle des villes du Transvaal du Nord, qui se trouvent entre les divers morceaux de son Bantustan : il cite Pietersburg et Potgietersrus ;

— dans le Venda, c'est le chef Patrick Mphefu qui s'intéresse aux villes de Louis-Trichardt, Messina, Soekmekaar, Tshipie et Levumbu (demande officielle formulée le 13 septembre 1980, un an après l'acceptation de l' « indépendance »); il propose aux propriétaires blancs des garanties comparables à celles dont ils jouiraient au Swaziland ou au Botswana;

— dans le Gazankulu, Hudson Ntsanwisi lorgne vers les villes industrielles de Phalaborwa et de Tanzeen, ainsi que vers Mica, Hoedspruit et Komatipoort, ville frontière avec le Mozambique (rendue célèbre par la signature d'un accord politique entre P. W. Botha et Samora Machel) (déclaration du 30 mai 1973);

— dans le Ciskei, Lennox Sebe aurait souhaité intégrer plusieurs villes, dont King William's Town et les incertitudes qui ont pu peser sur East London expliquent que les investissements s'y fassent rares et que se développe une crise économique locale depuis 1981 ; les électeurs blancs de King William's Town ont rejeté en janvier 1981 le projet d'incorporation de leur ville suggéré par la Commission Quail;

— quant au Kwazulu, Buthelezi a souvent réclamé un droit de regard sur le grand port minéralier de la moitié sud de l'Afrique (imaginé par Moolman), Richard's Bay (dès sa mise en service, en 1972 ; il souhaitait en faire un port pour le Kwazulu) tout en songeant en réalité à la totalité du Natal; il n'a obtenu jusqu'à maintenant, on l'a vu, que le contrôle du grand township de KwaMashu.

Le seul cas de rectification de frontière conçue de manière à englober une ville blanche a eu lieu dans le Bophutatswana en 1980. Le chef Lucas Mangope revendiquait la totalité des douze villes qui se trouvent à l'ouest de Pretoria, en direction de Vryburg (Brits, déjà citée, Rustenburg, Swartruggens, Zeerust, Mafeking, Koster, Lichtenburg, Delareyville, Vryburg, Warrenton, Taung et Kuruman)! Il s'agit de centres de déconcentration industrielle, de nœuds ferroviaires (sur les voies venant du Botswana et de Zambie) et de centres miniers. Ont été concédées Taung, déjà enclavée, et surtout Mafeking, rebaptisée Mafikeng en 1980. Tant pis pour Baden Powell qui y est enterré!

Au terme de tels scénarios, la carte serait inverse de l'actuelle puisque l'archipel ainsi dessiné serait fait des îles des secteurs blancs. Une telle redistribution foncière est exclue par le gouvernement dont la position constante est de s'en tenir aux 13 % de 1936 : il est à noter d'ailleurs que ce pourcentage n'est pas atteint et qu'en 1986 il « manque » encore un million d'hectares environ aux bantustans. Le coût élevé des remembrements et l'opposition croissante des fermiers et des citadins blancs * expliquent la lenteur des consolidations.

— **Dénationaliser les citadins ? :** Pour contourner la non-viabilisation des banstustans, le pouvoir de Pretoria pouvait espérer « dénationaliser » tous les Noirs, même les citadins, en les rattachant à une ethnie et à son territoire.

Mais entre 37 et 90 % des ressortissants de chaque classe ethnique se trouvent *à l'extérieur* de leur homeland d'attribution, notamment pour des groupes nombreux comme les Xhosa (76 %) et les Sotho du Sud (90 %). Les Zulu font là encore exception : 41 % seulement d'entre eux

* C'est dans des villes comme Brits et Pietersburg que la toute récente organisation fasciste A.W.B. (Afrikaner Weerstandbeweging, d'Eugène Terre'Blanche) se développe.

sont hors du Kwazulu ; mais localement, surtout dans le P.W.V., ils forment le groupe le plus nombreux (20,1 %, au total ; 33 % à Soweto), ce qui en fait un groupe plus différencié qu'il n'y paraît.

En outre, si certaines villes ont encore une population noire mono-ethnique (95 % de Xhosa au Cap, 98 % à Port Elizabeth ; 86 % de Zulu à Durban), d'autres sont devenues pluri-ethniques : c'est le cas depuis longtemps des grands centres miniers de l'Orange et du Transvaal, mais aussi des villes du P.W.V.

Dans le P.W.V., les Zulu sont 20 %, les Sotho du Sud 15,6 %, les Tswana 14,5 %, les Xhosa 13,2 %, les Sotho du Nord 12,8 % ; on trouve aussi plus de 200 000 Swazi, 220 000 Shangaan, 210 000 Ndébélé. La capitale, Pretoria, présente une variété comparable, tout comme Soweto (puisque, dans les deux cas, aucun groupe ethnique ne représente plus du tiers du total des habitants).

En conséquence, la tactique consistant à lier chaque groupe à un territoire (extérieur) spécifique est remise en cause par la mixité ethnique des populations urbaines.

Le principe verwoerdien de renaissance des ethnies s'est dilué dans les réalités de l'urbanisation. Certes, trois métropoles ont encore des populations noires mono-ethniques * (encore que l'immigration Xhosa à Durban s'accroisse, en provenance du Transkei), mais elles ne regroupent que 24,7 % des Noirs urbains. La grande majorité d'entre eux, 75,3 % (1980), se localise dans les nombreuses villes du P.W.V. : c'est là où les Noirs urbains sont les plus nombreux qu'ils forment la masse la plus composée.

Un dernier obstacle se dresse sur la voie de la dénationalisation : selon les enquêtes de l'Human Sciences Research Council (dont le directeur actuel est un géographe afrikaner très influent à Pretoria, d'autant que, comme nombre d'intellectuels et de professeurs d'université, il est membre du Broederbond), 80 % des Noirs urbains n'avaient (en 1978) ni parents ni enfants dans les homelands, tandis que plus de 50 % des Noirs vivant dans les aires blanches (au sens du Group Areas Act) y étaient nés. Ainsi, *95 % des habitants de Soweto ont vécu plus de 20 années en ville* (selon le W.R.A.B., 1979).

L'indicateur le plus précis est le suivant : 13 % seulement des Noirs urbains ont adopté la nationalité des homelands auxquels ils étaient théoriquement rattachés ; ce chiffre, non rendu public, fut donné par le

* La question du devenir de l'ethnicité en ville est difficile à traiter, et les éléments d'appréciation me font défaut ; il est en effet hors de question d'aborder ce sujet sur place, en raison du tragique à quoi il renvoie, l'apartheid. Mais je pense qu'on ne peut pas faire comme si les clivages ethniques étaient tous des inventions machiavéliques, surtout lorsque, après avoir exploré l'histoire des deux derniers siècles, on tente de les examiner en géographe, pour constater qu'il y a des régions ethniquement homogènes, et d'autres qui ne le sont pas.

Dans les villes, les clivages ethniques demeurent, incontestablement, d'autant que la plupart des sous-ensembles des townships étaient attribués à des groupes spécifiques, mais ce qui compte est de repérer s'ils coïncident ou non avec des lignes de fracture politiques. Dans les townships de Durban, il est fréquent que les étudiants zulu accusent les dirigeants zulu de « tribalisme ». Il n'empêche que, dans son ensemble, le groupe zulu a, dans le Natal, un rôle singulier. L'érosion des clivages ethniques n'est pas aussi avancée que ne le prétendent les militants sud-africains, mais l'urbanisation « sociologique » y participe.

secrétaire du « Special Cabinet Committee », chargé par P. W. Botha de réfléchir au « développement constitutionnel » des citadins noirs sud-africains, selon la terminologie en vigueur pour désigner les formes de participation politique, à l'exclusion du niveau central.

Cet interlocuteur souligne, je cite, « l'insuffisance politique des homelands comme cadre politique de l'expression des Noirs », puisqu'ils « les regardent comme étrangers » ; il ajoute que toute réforme doit se faire en position de force, parallèlement à un renforcement de la « sécurité » (entretien, Pretoria, août 1984).

De ce bilan, il appert que la stratégie des bantustans se heurte à trois réalités incontournables : la faillite économique de ces entités, désormais reconnue, qui se double d'une réduction de leur fonction politique ; la pérennité d'une organisation de l'espace qui reste, sur le plan de l'économie, des infrastructures et des flux migratoires, un invariant, avec la polarisation sur le P.W.V. et les trois régions urbaines secondaires ; enfin, l'autonomisation économique, culturelle et politique d'une masse noire urbaine et citadine.

L'intéressant est que, bien entendu(s), ces trois éléments sont en profonde interaction, dans la réalité, et que les nouvelles politiques cherchent précisément à en jouer.

— **Une nouvelle ethnie, les « résidents urbains permanents » :** A problème nouveau, nouvelle commission. Cette fois, c'est P. J. Riekert qui fut chargé de 1977 à 1979 d'un rapport critique sur le fonctionnement de l'apartheid classique, où il s'interrogeait sur les mécanismes d'adéquation de l'offre et de la demande de travail dans les villes. La thèse centrale de Riekert est la suivante : « Maîtriser le rythme d'urbanisation constitue, dans la période que traverse l'Afrique du Sud, une politique prioritaire pour assurer la sécurité de la société. Même si l'abolition de ce contrôle (influx control) menait à une croissance économique plus rapide, le prix à payer, mesuré en coûts directs et indirects pour la collectivité, serait trop élevé. » D'où la proposition de renforcer le contrôle établi sur les arrivées de demandeurs d'emploi, en faisant de l'occupation d'une maison et de l'exercice d'un emploi approprié les critères d'une résidence en ville qui ne devrait plus avoir un caractère temporaire. Ce qui était une manière aussi de faire d'une menace de licenciement une menace d'expulsion.

Ce texte est l'une des bases du néo-apartheid, qui vise à favoriser l'émergence de « couches moyennes » de citadins permanents, capables de s'opposer aux menées des radicaux. *La discrimination raciale, dépassée, fait place à la planification de la population active.*

Il faut souligner que le rapport Riekert est le premier à reconnaître officiellement l'existence de citadins qu'il nomme des « résidents urbains permanents » (par la naissance, la résidence continue et l'emploi), qui devraient avoir un accès préférentiel au marché du travail, alors que les travailleurs sur contrat, les frontaliers et les illégaux ne pourraient y prétendre.

Ils sont en quelque sorte traités comme un groupe ethnique, tels les métis du Cap, les villes devenant des sortes de « labour preference areas » réservés aux vrais citadins. Mais, en même temps, faire des Noirs urbains une « 11e ethnie » en quelque sorte est avouer qu'on ne peut plus se les représenter comme divisés en groupes ethniques *.

Les réformes proposées ont reçu un début d'application, avec l'offre de baux de 99 ans pour l'habitat et la mise en place, dans les townships, de conseils municipaux dotés de larges pouvoirs, proches d'une autogestion. Ces conseils, élus par moins de 9 % des votants, ont dû procéder à une augmentation des charges et des loyers (rappelons que jusqu'à maintenant tout l'habitat est locatif) pour compenser le désengagement de l'État, qui accepte l'urbanisation à condition d'en transférer les coûts : ces mesures sont à l'origine immédiate des révoltes locales de 1984-1985.

— **Régionaliser pour détourner le grand trek ?** D'ici à une quinzaine d'années, les Noirs urbains seront entre 20 et 25 millions. C'est numériquement le plus grand trek de l'histoire de l'Afrique du Sud qui s'est amorcé et qui impliquera la construction de huit à dix nouveaux « Soweto ».

« La stabilité politique de l'Afrique du Sud nécessite une stratégie totalement efficace de déconcentration économique et de décentralisation », selon Jan Lombard, premier directeur de la South African Development Bank, qui qualifie son approche d' « économie politique ». Il ajoute qu'il faudrait détourner environ de 22 à 25 % de la formation de capital dans le P.W.V. pour les affecter à d'autres régions. Vaste programme, qui plus est, sans précédent !

Depuis 1982 a été engagé un nouveau programme de décentralisation industrielle. Prenant acte du fait que les mesures restrictives précédentes ont échoué (le P.W.V. assure toujours 52 % de la production industrielle, groupe 45 % des ouvriers et 33,1 % de l'ensemble des actifs noirs du pays) et que l'inégale répartition spatiale de l'activité économique demeure un des problèmes majeurs de l' « Afrique du Sud », les planificateurs du Presidence's Council (un géographe et des économistes) ont découpé le pays en huit régions, que l'on pourrait appeler des régions-plans.

Il est à noter que leurs limites sont souvent en intersection avec celles des Bantustans, ce qui est l'aveu officiel de leur échec économique ; les nouvelles régions sont conçues de manière à associer des parties de homelands et des districts adjacents.

Il est trop tôt pour évaluer les résultats économiques, mais deux faits sont notables d'un point de vue géopolitique :

— d'abord, la hiérarchie des régions prioritaires, qui sont, dans l'ordre décroissant du volume des incitations offertes : le Cap oriental (Ciskei et East London), le Natal et le Kwazulu, le Nord du Transvaal (avec le Venda, le Lebowa et le Gazankulu), le Cap occidental... le P.W.V. venant en dernier ; cela dessine une sorte de *géographie de la crise* (les deux premières régions couvrant trois homelands, où certains pôles industriels sont en difficulté, où le sous-emploi est important et les revenus faibles ; ce sont aussi les deux foyers ethno-démographiques Zulu et Xhosa et deux centres politiques majeurs) ;

* Un rapport parallèle, rédigé par Nic Wiehahn, a recommandé de considérer le syndicalisme noir comme un fait normal, pouvant jouer un rôle stabilisateur ; la syndicalisation est aussi un facteur de dilution des différences entre ethnies ; enfin les syndicats regroupent délibérément les travailleurs permanents et les migrants dans les mêmes organisations.

— ensuite, le principe même de ces régions fonctionnelles, qui pourraient ensuite être utilisées dans un schéma de type fédéral, puisque l'administration des opérations de décentralisation est confiée à des comités techniques régionaux où les autorités noires des bantustans sont représentées. Ils sont considérés, à Pretoria, comme le cadre d'une première expérience de « power sharing ».

Dans les dernières années, deux changements majeurs se sont produits en Afrique du Sud. Les dirigeants afrikaners ont dû reconnaître la réalité du fait urbain noir et accepter le « droit à la ville » pour une partie des Noirs (y compris pour les squatters du Cap occidental).

Dans le centre de Johannesburg, certains quartiers, tel Hillbrow, comptent désormais une importante communauté noire illégale et aisée, capable de payer des loyers élevés. Au Cap comme à Jo'burg, la « conquête » des centres, désertés par les Blancs car trop coûteux, est commencée ; des « zones grises » sont en formation.

Le néo-apartheid

Si les Bantustans n'ont ni réalité économique, ni capacité à retenir les migrants, ni représentativité interne, ni statut international, à quoi servent-ils donc ? Quelle est leur place dans le néo-apartheid qui s'organise ?

Les opposants œuvrent à l'établissement d'une Afrique du Sud unitaire, débarrassée de frontières internes, mais ils restent très divisés. De leur côté, les dirigeants imaginent de nouvelles structures politiques, c'est-à-dire de nouveaux découpages, et les références officielles à la « géographie » et à la « géopolitique » sont devenues à la mode, depuis qu'un doute s'est emparé de certains d'entre eux sur l'efficacité de l'apartheid territorial classique.

« Apartheid », donc, parce que l'objectif final demeure inchangé, le refus de l'État unitaire, cadre du « one man-one vote ». « Néo- », car l'approche et le discours ont changé.

L'apartheid première manière consistait, on l'a vu, en une tentative de partition du territoire sud-africain selon des frontières ethniques, chaque groupe étant, selon l'idéal verwoerdien, censé exercer ses droits politiques dans sa propre sphère. Conception uni-scalaire d'un découpage géopolitique mené à « l'horizontale ».

L'apartheid seconde manière est plus élaboré, parce qu'il doit digérer le phénomène urbain (et la résistance des populations). On revient donc, plus ou moins clairement, à la situation de 1948, puisque l'Afrique du Sud est conçue comme un « seul pays géographique » ; le nouveau découpage régional en témoigne, sans pour autant mener au concept politique d'État unitaire (refusé par tous les Blancs, même les plus libéraux, dont les 30 députés se regroupent sous le nom de « New Nats », nouveaux nationalistes, et s'en tiennent à un scénario de type fédéral).

A interroger ceux qui (architectes, « planners », politologues) ont préparé le nouveau schéma, à Pretoria, on retient que la tentative en cours consiste à faire en sorte que les diverses « unités spatiales » à fonction politico-administrative soient perçues, je cite, « comme des produits, non de l'apartheid, mais de la dévolution de pouvoir ». (L'indicateur de conviction des citadins noirs concernés est le taux de participation aux élections municipales : s'il était de 6 % en 1977 à Soweto, il est passé à 21 % en 1983 ; les planificateurs y ont vu un signe encourageant, jusqu'à ce que le futur maire de Soweto soit assassiné, à la sortie d'une réunion où il venait d'être désigné.)

Qu'il y ait, chez les leaders noirs, une rivalité entre les « modérés » et les « radicaux » est évident, et des discussions ont lieu entre les premiers et le gouvernement sur les formes de l'autonomie municipale qui serait octroyée. Le premier accord passé a porté sur la sémantique : « éviter les labels », « ne pas tomber dans l'erreur de nommer les formules en discussion » car, m'a-t-il été dit, « le mot apartheid a fait du mal ». Il ne faut donc pas négliger le fait que l'approche nouvelle est plus « sophistiquée », comme me l'a fait remarquer André Brink (écrivain sensible au paysage, parce que, dit-il avec justesse, l'apartheid déracine). Quand il s'agit d'espace et de géopolitique, qu'est-ce que la sophistication sinon le passage à une stratégie à plusieurs échelles ?

Ce qui a changé en Afrique du Sud depuis les révoltes de 1981-1986 est d'abord que les dirigeants commencent à mesurer le caractère inéluctable de la croissance urbaine noire. Leur réponse technique tient dans une « urbanisation ordonnée » : dans le meilleur des cas, le droit de résidence sera lié à l'accès à la propriété, de nouveaux quartiers de type « site and service » seront construits à la périphérie des villes, le secteur d'activités informelles sera autorisé dans les townships, les quartiers de squatters seront interdits. Le schéma général semble consister (selon le rapport sur l'urbanisation rédigé par le Presidence's Council à la fin de 1985) à lier l'influx control et l'offre de logements et de parcelles constructibles.

Sur le plan politique, ils envisagent un système de « dévolution de pouvoir », selon la formule constitutionnelle d'usage, à destination des citadins noirs permanents. Constatant que les Bantustans ne suffisent pas à remplir cette fonction pour la totalité des groupes noirs, l' « ethnie » citadine se verrait offrir un nouveau cadre spatial d'expression politique, le township. P. W. Botha n'a pas hésité à citer San Marin, Monaco, Luxembourg, Andorre, le Liechtenstein et les Seychelles dans son discours de Durban (12 août 1985), figures classiques de la géographie politique formaliste, pour trouver une légitimation à ce projet de transformation des grands townships en « Cités-États » dotés d'une pleine autonomie.

L'élément nouveau réside dans la mise en place d'une stratégie fondée sur le jeu des échelles dans les degrés de « dévolution de pouvoir » : le local, le central et des niveaux intermédiaires, modulés selon les groupes, les rapports de force et les situations objectives, puisque dans tous les cas, il s'agit de jouer (je cite l'un des concepteurs, non géographe celui-là) de « la dialectique du nombre et de l'espace ». En clair, cela signifie que si l'on peut associer Indiens et métis à la gestion des affaires « communes », au niveau central, les Noirs non urbains sont, eux, confinés à exercer des droits à l'échelle locale, dans les homelands. Mais dans le cadre des régions fonctionnent des comités techniques multi-raciaux.

Quant aux Noirs urbains, il est envisagé une « différenciation régionale » dans le degré de « dévolution » de pouvoir dans les quelques 232 entités administratives noires locales, dont 31 ont le statut de township. Ainsi, les Sowetans devraient être plus autonomes que d'autres. Les révoltes de 1984-1985 ont porté en partie sur le refus de cette cooptation, qu'elles ont contribué à annuler à mesure qu'elle se mettait en place, mais pas partout. Il faut savoir, par exemple, qu'en 1985, dans 16 des 31 townships, les conseils municipaux s'étaient déjà dotés de leurs propres unités de police.

Bref, ce qui est proposé est une sorte de version urbaine des bantustans, comme seule solution envisageable par Pretoria « pour maintenir les conflits à un niveau contrôlable ». L'assemblage général a été nommé « confédération ethno-géographique » par Chris Heunis, ministre des Affaires Constitutionnelles. Le pays est conçu comme composé d' « unités géographiques et ethniques » : « chaque unité devrait avoir l'autonomie sur les affaires qui ne concernent que cette unité, tandis que les unités au niveau central géreraient conjointement les affaires d'intérêt commun » (P. W. Botha, discours de Port Elizabeth, 30 septembre 1985). Un Conseil national statutaire pour les Noirs urbains serait créé, ayant compétence sur les affaires des townships et fonctionnant comme un gouvernement de type homeland. Il y aurait ensuite des mécanismes de consultation entre ce conseil, les gouvernements des homelands et le gouvernement central au sujet des affaires générales au niveau du pays.

Pour que ce schéma, qui a pour but de « *partager le pouvoir sans en perdre le contrôle* », selon la formule d'Hermann Giliomee, politologue de l'université du Cap, fonctionne, il faudrait à la fois que les mouvements nationalistes soient affaiblis et que les dirigeants des principaux bantustans s'y engagent.

Unité et diversité des Bantustans

Les Bantustans seraient-ils en train d'atteindre un degré de réalité conforme à ce que suggère leur représentation cartographique ?

Malgré leur échec économique et démographique, je pense qu'ils ont acquis une certaine fonction géopolitique véritable, plus limitée que dans le projet initial, mais suffisamment inscrite dans les réalités pour entraver la mise en place d'un État unitaire et pour servir de points d'ancrage à une structure plus ou moins confédérale. Des habitudes ont été prises, des intérêts ont été créés et avec le temps, certains dirigeants locaux ont obtenu un pouvoir de marchandage.

Tout se passe comme si des « traces » étaient en train de s'y dessiner, les limites étant en quelque sorte des « proto-frontières », ou en tout cas des plans de clivage ou de brisure. Le fait que les querelles frontalières se multiplient, entre tous les Bantustans, en est un symptôme. Ces litiges opposent soit leurs dirigeants, soit ceux-ci et l'État sud-africain, et sont une des causes de la diversité de statut des Bantustans.

Ceux-ci sont classables en quatre catégories.

a) La première est formée de ceux dont les dirigeants ont voulu et pu collaborer avec la stratégie proposée en acceptant l' « indépendance ».

Le cas du Transkei a déjà été évoqué. Pour le Ciskei, il s'est agi à la fois d'accentuer la division des Xhosa, en utilisant les divisions internes historiques (réactivées par la création du Transkei et la sécession de plusieurs clans), tout en neutralisant une population politiquement active. Dans le Venda, à l'extrême-nord du Transvaal, le gouvernement s'est appuyé sans difficulté sur un parti dirigé par le chef Mphefu qui, avec l'appui des quelque quarante chefferies de l'entité, a vu dans l'indépendance le moyen de l'emporter sur un parti rival animé par des Venda de Johannesburg.

Le Bophutastwana n'est pas le moins intéressant, d'autant que les ressources minières qu'il renferme comme la proximité du P.W.V. lui valent d'être considéré par les investisseurs étrangers comme économiquement viable. De fait, les activités minières locales (la société Gencor emploie plus de 30 000 mineurs dans la grande mine de platine d'Impala) assurent la moitié de la production intérieure brute.

Le gouvernement de Pretoria a fait, plus qu'ailleurs, des concessions territoriales dans le cadre de la consolidation (en réduisant de 19 à 6 le nombre des blocs) et c'est le seul cas où une ville, blanche, a été transférée, Mafeking. En contrepartie, le chef Lucas Mangope (qui est l'héritier de l'une des grandes chefferies Tswana du XIXe siècle) a pu s'imposer à ses concurrents en se faisant le champion d'un séparatisme Tswana (Bophutatswana signifie : « ce qui lie les Tswana ensemble »).

Toutefois, sa logique ethniciste est originale, car elle ne se réduit pas à une simple utilisation des structures politiques traditionnelles (comme dans le Venda ou le Transkei). La collaboration avec le schéma de partition a été acceptée par Mangope, parce qu'il s'opposait à une éventuelle Fédération Noire Sud-Africaine, dans laquelle les Tswana seraient non seulement « submergés » par les Zulu et les Xhosa, plus nombreux mais contraints de partager leurs richesses minérales (déclaration faite avant les élections de 1972, citée dans *S.A.I.R.R. Survey*, 1982 : 38).

Ce Bantustan a une autre caractéristique géopolitique : étiré le long de la frontière du Botswana qui recoupe l'ensemble ethnique Tswana, il comprend deux fois et demie plus de Tswana que l'État indépendant voisin. Rien n'indique cependant que cette absence de discontinuité ethnique puisse être mise à profit pour une quelconque modification des configurations présentes.

b) En revanche, une deuxième catégorie de Bantustans doit son absence d' « indépendance » au fait que depuis longtemps les Sud-Africains tentent de rattacher certaines ethnies frontalières à des États, plus peuplés : c'est le cas du Qwaqwa, par rapport au Lesotho et surtout du KaNgwane, par rapport au Swaziland (on se souvient que dans le rapport Tomlinson la stratégie des Bantustans était aussi envisagée à l'échelle de l'Afrique australe).

Le prince Dlamini, devenu Premier ministre du Swaziland en 1983, est depuis le début des années 60 un ardent avocat de la « réunification » Swazi, sur un espace allant des environs de Nkomati à l'océan Indien : il a suscité au sein du KaNgwane un mouvement d'opposition favorable à ce changement, auquel s'oppose le leader en titre, Enos Mabuza. Si le projet n'a pas encore abouti, c'est que le prince Swazi a également une revendication sur la région de l'Ingwavuma, peuplée de Swazi mais située dans le Kwazulu.

Un accord a été passé en 1980 entre le Swaziland et le gouvernement de Pretoria au sujet du « retour » (selon les Swazi) de ces deux régions au sein du Swaziland. Il a soulevé une série de protestations et provoqué plusieurs recours en justice. L'Ingwavuma fut placée sous le contrôle direct du département de la Coopération, qui invoqua une loi ancienne l'autorisant à modifier les frontières des homelands sans consultation. Le plus étonnant dans cette affaire est que la Cour Suprême a donné tort au gouvernement, accusé de ne pas avoir respecté les règles de consultation prévues par la loi de 1971 sur la « Black States Constitution », et approuva donc la plainte déposée par le gouvernement autonome du Kwazulu *(S.A.I.R.R. Survey,* 1982 : 378) ! Avec ce marchandage, le pouvoir sud-africain cherchait à obtenir du Swaziland une attitude plus restrictive à l'égard des militants de l'African National Congress, tout en dénationalisant 850 000 Swazi. Il n'y a pas renoncé et une commission, dirigée par un magistrat, Mr. F. L. Rumpff, y travaille. Quant au Lesotho, le cadre spatial de la revendication traditionnelle correspond aux limites maximales atteintes par le royaume Sotho en 1858, sur la rive droite de la Caledon et jusqu'au Thaba N'Chu. Elle inclut donc le Qwaqwa. Mais il semble peu vraisemblable que cet État, déjà dépendant, prenne le risque de se couper du reste des États du continent africain en se prêtant à un éventuel marchandage.

c) Une troisième catégorie comprend les Bantustans qui ne sont pas « indépendants » parce que leurs dirigeants le refusent (et ils ont les moyens légaux de le faire). Si l'on excepte le cas du Kwandébélé (cité plus haut), on constate que les « ministres chefs » du Lebowa, du Gazankulu et du Kwazulu sont opposés à une telle évolution, à la fois parce qu'elle implique la perte de la nationalité sud-africaine et qu'ils considèrent que leurs revendications territoriales ne sont pas satisfaites.

Ainsi, dans le Lebowa, Cedric Pathudi, on l'a vu, s'intéresse aux villes et aux mines du Transvaal du Nord; en outre, il défend une option fédérale multi-raciale. Les raisons de ce comportement quelque peu hétérodoxe tiennent, selon moi, au fait que Cedric Pathudi, élu aux élections de 1973 contre ses rivaux représentant une partie des chefferies (tel Matlala, favorable lui à l' « indépendance »), n'est pas un chef traditionnel, mais un médecin.

Le Lebowa est le bantustan des Sotho du Nord, ensemble hétérogène (on est loin du Lesotho) qui fut dominé par les Pedi, fédération de groupes qui furent en contact avec les Boers au XIXe siècle, en une succession de périodes de conflits et de coexistence. L'hypothèse la plus vraisemblable est que les relations ont varié d'un groupe à l'autre, ce qui expliquerait la pérennité des divisions internes (Kaplan et Nelson, 1981 : 97).

Le centre de la fédération Pedi était le Sekhukhuneland, que Tomlinson utilise comme noyau initial d'un bantustan Pedi-Sotho (Rapport, 46 : IV, C, 24) : il affirmait qu'il avait certes perdu son influence spatiale dans le dernier demi-siècle, mais il pensait qu'en choisissant un « strong central core » (le noyau Pedi) une autorité régionale pourrait être établie. (Ce noyau se localise au nord de la ville de Lyndenburg.)

Dans ce cas, il s'agissait moins d'ethnogenèse que de reconstruction d'un ensemble autour d'un ancien noyau fédérateur. Cela explique l'extension du Lebowa (25 000 km^2 environ), correspondant moins à une réalité « ethnique » homogène qu'à un cadre de regroupement (la notion de « Sotho du Nord » est d'ailleurs suspecte, alors que ceux « du Sud » ont eu, pour leur part, une cohérence historique).

Le Lebowa a donc été, à mon sens, fondé sur le pari de la réussite d'un amalgame. Pour l'instant, les divisions politiques et les conflits entre chefs l'emportent, ce qui est, selon les experts sud-africains, une de ses caractéristiques (*S.P.P. Reports*, vol. 5, 1983 : 40-41).

Si l'on ajoute, pour conclure, que Pathudi a été élu en 1973 avec l'appui d'un groupe restreint mais précis de chefs, ceux de Sekhukhuneland, c'est-à-dire ceux du noyau Pedi, on peut penser que son autorité est refusée par tous les autres, ceux qu'il voudrait en quelque sorte refédérer et que, pour l'instant, à moins de succès dans l'annexion négociée de centres urbains et d'activités minières, il ne serait guère en mesure de gouverner un homeland indépendant. On voit mal comment le Parti National réussirait à imposer à ses électeurs conservateurs du Transvaal du Nord de telles rectifications de frontières !

Le Gazankulu, coincé entre le Lebowa et le Venda à l'ouest et le Parc Kruger à l'est, peuplé de groupes Tsonga et Shangaan venus du Mozambique à la fin du XIXe siècle, est dirigé depuis 1971 par le professeur Hudson Ntsanwisi. Spécialiste de langue tsonga, il fait figure d'intellectuel et se caractérise à la fois par sa popularité et son refus véhément de tout changement de statut : critiques répétées de l'absence de viabilité économique de ce Bantustan, très périphérique ; revendications territoriales sur plusieurs villes (dont Phalaborwa) ; enfin, litiges frontaliers assez graves avec le Venda.

Figure paradoxale d'un dirigeant qui participe au processus de partition dans sa composante politique et culturelle (il a lancé le Ximoko Xa Rixaka, « mouvement national culturel et de libération », qui comptait 70 000 membres en 1983 et n'est pas sans ressembler à l'Inkatha), mais qui a pu déclarer que « la création d'une nation ne consiste pas à tracer arbitrairement des lignes sur une carte puis à appeler cela la naissance d'une nouvelle nation » (*S.A.I.R.R. Survey*, 1971 : 36 et 1983 : 342-343).

d) Reste un cas unique, celui du Kwazulu, qui pourrait relever de la catégorie précédente s'il ne s'agissait du groupe ethnique le plus nombreux et l'un des moins dispersés.

Kwazulu + Natal = KwaNatal ?

Parmi les raisons, complexes, qui rendent compte de la pérennité de l'hégémonie des Blancs sur une majorité noire qui est pourtant six fois plus nombreuse, il convient de ne pas négliger le rôle de l'appareil politique Zulu.

Nous l'avons dit, tout se passe comme si l'État Zulu avait survécu à sa défaite de 1879. Premier groupe ethnique du pays, les Zulu sont à près de 60 % rassemblés dans une seule province, mais les 40 % restants sont présents, outre Durban, dans les villes du P.W.V., où ils viennent globalement en tête, suivis de près par les Sotho et les Xhosa.

C'est d'abord dans cette dualité de la distribution des Zulu que réside l'ambiguïté fondamentale du comportement politique de ce que l'on appelle dans le Natal le « leadership Zulu ». La position de principe consiste à obtenir le degré le plus élevé d'autonomie dans le Kwazulu sans pour autant accepter une « indépendance » qui serait à la fois une rupture définitive avec les organisations nationalistes et le renoncement à jouer un rôle dans l'ensemble de l'Afrique du Sud (Oscar Dhlomo, secrétaire général de l'Inkatha, juin 1981). Celui-ci déclarait deux ans plus tard devant l'assemblée législative du Kwazulu que dans l'avenir l'Inkatha * dirigerait l'Afrique du Sud et que l'A.N.C. y serait un « groupe d'opposition minoritaire » (novembre 1983; *S.A.I.R.R. Survey*, 1983 : 51).

Le « leadership Zulu » a-t-il comme seul objectif d'obtenir un contrôle accru sur le Natal ** ?

Le chef Buthelezi a, via l'Inkatha, ses syndicats, ses entreprises et ses clientèles, une solide base politique régionale. Il est le promoteur de l' « Indaba », négociations visant à fondre les deux administrations du Natal et du Kwazulu en un KwaNatal : ce serait le premier cas de partage du pouvoir politique régional. Cette voie moyenne, conforme à la stratégie non violente de l'Inkatha, vise à terme à faire coïncider les frontières du Kwazulu et celle du Natal, ce qui passe par une étape intermédiaire de région semi-autonome qui serait dirigée par une législature multiraciale. Ce KwaNatal serait un « modèle » pour l'ensemble de la république sud-africaine, qui deviendrait une confédération de régions différentes, ayant chacune ses options locales.

Les milieux d'affaires du Natal soutiennent d'autant plus ce projet que leurs intérêts sont d'abord fonciers : la plaine tropicale côtière est occupée par les grandes plantations de canne à sucre possédées par des groupes comme Tongaat-Hullets, filiale de l'Anglo-American; une fusion de type KwaNatal écarterait le risque d'un agrandissement du homeland surpeuplé du Kwazulu aux dépens des terres « blanches ». Par ailleurs, les options favorables aux affaires et opposées à l'A.N.C., à l'U.D.F. et aux syndicats nationaux — qui cherchent à s'implanter dans le Natal mais butent sur l'Inkatha — ainsi que l'insistance actuelle des dirigeants Zulu sur la non-violence et un processus « evolutionary » (sans « r » initial) rassurent les anglophones libéraux de Durban. Devenant Premier ministre d'un gouvernement provincial fédéral, Buthelezi gagnerait en influence nationale et répondrait aux critiques

* L'Inkatha est à l'origine un mouvement culturel qui a aujourd'hui un rôle de parti unique, et compterait entre 400 000 et 750 000 membres. Force politique hégémonique dans le Kwazulu et le Natal, elle est présente aussi dans les townships, mais a un recrutement exclusivement Zulu. Sa stratégie est opposée à celle des autres organisations, surtout l'A.N.C. et l'U.D.F., dont elle tente de manière violente de freiner l'implantation dans le Natal; il en va de même à l'encontre des syndicats.

** Les revendications du chef Buthelezi sur Richard's Bay et Durban ne sont pas nouvelles. La Commission dite Buthelezi a mis à l'étude à partir de 1980 une « Natal option », en prenant comme point de départ le constat d'un dédoublement et d'une interférence des fonctions dans la province du Natal entre les deux administrations.

ethnicistes de ses adversaires que les Zulu du Natal sont « des Noirs sud-africains qui ont une contribution Zulu à apporter ».

Ce schéma est évidemment rejeté par les nationalistes, qui y voient un obstacle majeur à la réalisation de l'État unitaire, et traitent l'Inkatha de « tribaliste ».

Sa faisabilité dépend de plusieurs facteurs, dont le moindre n'est pas l'audience politique de Buthelezi dans les villes et les townships du Natal ; les sondages et les enquêtes se succèdent, qui montrent que le dirigeant Zulu a le soutien du tiers des Zulu urbains du Natal.

En réalité, la configuration géopolitique du Natal est singulière :

— c'est la seule région marquée par une continuité d'un appareil politique noir car les Zulu ont été conquis tardivement ;

— l'ethnie la plus nombreuse est aussi la plus concentrée géographiquement car elle n'a pas subi la dispersion (connue sous le nom de « mfecane ») que les rois Zulu imposaient aux autres lors des conquêtes.

— la colonisation du Natal s'est faite avec une main-d'œuvre indienne qui a ensuite occupé les emplois urbains qualifiés : les Zulu sont longtemps restés des ruraux, relégués dans des positions inférieures et bloqués dans leur intégration à l'économie et donc à la politique moderne, à la différence des groupes ethniques — Xhosa, Sotho — ayant très tôt migré vers le Rand et le Cap oriental.

Bref, *le premier groupe ethnique du pays joue un rôle en creux dans l'opposition à l'apartheid, dissociant toute majorité à portée nationale.* Les mouvements qui luttent pour *une Afrique du Sud sans frontières* sont conduits à implanter leurs structures politico-syndicales non seulement dans les banlieues des grands centres urbains, mais aussi dans les cités-dortoirs des Bantustans.

A long terme, il se pourrait que l'urbanisation par refoulement sur les confins produise des effets contraires à ceux recherchés par les tenants du néo-apartheid. A moyen terme, ces Bantustans sont un élément essentiel dans la mise en place d'un système de dilution des pouvoirs, avec sa multitude de niveaux et d'entités spatiales.

Que dans l'immédiat, comme le montre l'exemple du Natal-Kwazulu, l'un des conflits principaux se déroule au sein même de la majorité noire, divisée désormais entre nationalistes et « fédéralistes », n'est pas l'un des moindres succès des géopoliticiens d'en haut, qui ont tracé les frontières de ces pseudo-États, limites géopolitiques qu'il ne sera pas facile d'effacer.

L'évolution interne de l'Afrique du Sud est conduite par le pouvoir anglo-boer à rebours des principes de légitimité de l'époque et du continent.

Alors que le statu quo est affiché comme un dogme, l'Afrique du Sud est un État où l'on continue de tracer des frontières conçues comme limites d'État et de cantonnement de l'exercice des droits politiques de la majorité.

Alors qu'ailleurs le principe est affirmé d'un nécessaire dépassement des clivages ethniques, c'est à l'inverse sur la revalorisation des singularités ethniques que s'appuie la stratégie de l'apartheid. Mais ces deux projets sont contredits par les phénomènes d'intégration économique, d'urbanisation croissante des Noirs et de résistance des populations aux refoulements. Cela ne traduit pas un échec complet de la politique d'apartheid, puisque le régime continue d'être en mesure de maintenir les révoltes à un niveau « contrôlable », selon ses propres termes.

La nouvelle carte de l'Afrique du Sud

Le « grand apartheid » a cessé d'être inscrit dans les lois depuis 1991. Depuis le 27 février 1991, l'un des bantoustans, le Ciskei, est de nouveau administré par l'État sud-africain, comme le souhaitait le Congrès National Africain (A.N.C.). Les dirigeants du Transkei et du Venda se sont prononcés en faveur de la « réincorporation ». Le Transkei est d'ailleurs devenu l'un des bastions de l'A.N.C. Seul hésitait encore à reconnaître le caractère un et indivisible de l'Afrique du Sud le gouvernement du Bophutatswana.

Ainsi se trouve accomplie l'une des exigences majeures de l'A.N.C., conforme du reste aux réalités économiques d'un marché unique. Les autres étapes de la réforme sont l'exercice du suffrage universel ainsi que la négociation sur le partage du pouvoir économique dans un pays dont l'appareil financier reste très concentré aux mains de l'État et de quelques grands conglomérats industriels *.

Ces groupes ont d'ailleurs pris des dispositions pour limiter l'impact des sanctions puis d'éventuelles nationalisations : investissements en Afrique australe (Zimbabwe, Mozambique, Namibie, Angola) et en Europe (Suisse, Belgique, Irlande, Royaume-Uni, Allemagne, Suède, France). Un conglomérat comme De Beers ne dispose plus que de 10 % de ses actifs en Afrique du Sud. En revanche, par la Central Selling Organisation (C.S.O.) et les accords récents avec Glavalmazzoloto d'Union Soviétique et Endiama d'Angola, elle exerce un quasi-monopole mondial sur le marché du diamant, à partir de filiales basées en Suisse, en Belgique et au Royaume-Uni.

Il reste que la nouvelle organisation spatiale d'une Afrique du Sud démocratisée visera à garantir des droits pour la minorité blanche. Inspirée du modèle nord-américain, le nouveau schéma administratif comporte une importante dévolution de pouvoir en faveur d'une dizaine de régions autonomes et de conseils de districts. Cette double décentralisation permettrait de maintenir des majorités blanches à l'échelle locale, disposant de droits particuliers dans les domaines des langues et de l'éducation. Elle assurera les mêmes droits aux autres communautés. De la sorte, le principe de la souveraineté locale sur ses *own affairs*, affaires propres à un groupe, sera conservé.

Ces régions autonomes coïncideront avec les régions de « développement régional » délimitées au début des années quatre-vingts autour de métropoles régionales, pour favoriser la déconcentration économique et limiter les migrations vers les quatre pôles urbains. Elles englo-

* Familles et groupes Oppenheimer, Ruppert/Hertzog, Gordon, Methven, Ackerman, Venter, Jowell, Wessels, Wiese, Liebesman, Mowszanwski, Hersov/Menell, Lewis, dont la fortune dépasse cent millions de rands.

baient déjà les bantoustans. Dans un tel schéma, cinq régions seraient peuplées majoritairement par les Noirs des anciens bantoustans : le Natal et Durban, le Cap-Oriental et Port-Elizabeth, le Transvaal occidental et Klersdorp, le Transvaal du Nord et Pietersburg, le Cap-Septentrional et Kimberley. Trois resteraient sous contrôle démographique blanc : le Cap-Occidental et Capetown, le Transvaal oriental et Witbank et l'État libre d'Orange autour de Bloemfontein. Les autres seraient de composition mixte, comme le Transvaal central, qui inclut les conurbations de Johannesburg/Soweto et Pretoria.

Cette diversification géographique interne ne saurait toutefois rester figée par un nouveau découpage. La fin de l'apartheid va corriger la sous-urbanisation forcée des populations noires en provoquant un vaste exode vers la périphérie des villes, depuis les bantustans. Les villes du Cap-Occidental auront, à brève échéance, une majorité noire. Les droits d'occupation sont en voie de conversion en droits de propriété. Du reste, l'adoption d'une loi simplifiant la procédure d'autorisation des camps de squatters en périphérie des villes a été votée en 1991. *L'apparition des bidonvilles — les cités noires ou townships n'en étaient pas — est ainsi l'un des signes les plus visibles et contradictoires de l'abolition de l'apartheid territorial.*

Par ailleurs, la majorité noire reste divisée entre les deux groupes ethno-politiques principaux, Xhosas et Zulus. Les cités d'urbanisation récente sont leur terrain de rivalité, notamment autour de Durban mais également dans le Transvaal central *. Les barrières ethniques, accentuées par l'apartheid mais qui résultent d'une structure historique ancienne, peuvent être aggravées par les luttes politiques, comme dans les États voisins après l'indépendance lorsque furent imposés des partis uniques à l'initiative de l'un des groupes ethniques. L'A.N.C. n'est donc pas le seul mouvement représentatif et la majorité démographique noire ne se traduit pas par une majorité politique homogène.

Une nouvelle carte de l'Afrique australe

Il n'y a plus de « pays de ligne de front ». Un apaisement des tensions dans cette partie de l'Afrique marquée par quinze années de guerres de décolonisation suivies de quinze autres années de conflits politiques et inter-ethniques paraît possible. Épuisement des populations, fin du soutien inconditionnel de l'U.R.S.S., changement de stratégie des nouveaux dirigeants sud-africains et aussi des anciennes métropoles européennes, tout cela concourt à modifier l'interaction entre le pôle dominant et sa périphérie.

On l'a constaté en Namibie, devenue indépendante au plan politique mais dont l'économie et les infrastructures restent contrôlées par l'État et les firmes sud-africaines et leurs partenaires européens. Un sérieux contentieux frontalier persiste, autour de l'exclave de Walvis Bay, unique port en eau profonde du littoral sud-atlantique et débouché de deux des trois voies ferrées du pays (Tsumeb- Usakos et Karasburg-Mariental- Windhoek-Okahandja-Swakopmund). Administrée par Pre-

* Soweto compte 33 % de Zulus, 10 % de Xhosas et 20 % de Tswana.

toria depuis 1977, l'exclave reste revendiquée par le gouvernement de Windhoek. Elle était le cinquième port sud-africain. Elle fut annexée par la marine britannique en 1884, ainsi que douze îles côtières. L'arbitrage d'Alphonse XIII, en 1911, trancha contre la revendication allemande et en faveur de Londres et délimita les frontières actuelles ; la République d'Afrique du Sud en hérita en 1961, comme État successeur. Cet acte fonde la position juridique de Pretoria. Mais Windhoek invoque le précédent de la période d'administration conjointe de Walvis Bay et de la Namibie/Sud-Ouest Africain de 1922 à 1977, comme partie du territoire sous mandat C de la S.D.N. Sa position est de considérer qu'il s'agit d'une enclave coloniale, liée pendant un demi-siècle à la Namibie ; la norme légale dite de l'« estoppel » s'applique : procédure britannique permettant de démontrer que l'association administrative conjointe durant cinquante ans élimine l'argument sud-africain de possession directe antérieure.

Le contentieux est plus politique que juridique. Le contrôle de Walvis Bay est un moyen de pression efficace sur la Namibie indépendante, dans une période de débat sur les nationalisations, la poursuite de l'appartenance à la zone monétaire du rand et au système douanier sud-africain. Un statut de port franc est à l'étude, pour le principal port sud-atlantique entre Le Cap et Lobito. Lors des rencontres préparatoires à l'indépendance, en décembre 1988, la question de Walvis Bay avait été renvoyée à une « future négociation ». Elle ne saurait tarder si la stratégie de redéploiement des intérêts sud-africains en Afrique australe se poursuit.

Dans le reste de l'Afrique, on aura noté que la stabilité actuelle est paradoxale. Choix des dirigeants, certes, car, en cas de remise en cause, quels critères nouveaux de légitimité adopter ? L'apparition de nouveaux référents (limites « naturelles », limites historiques) est un symptôme de l'érosion des principes. Est-ce le prélude à un bouleversement généralisé ? Dans ce cas, il faut garder à l'esprit que l'Afrique reste « divisible » et que de nouveaux découpages, moins artificiels, ne feraient qu'augmenter le nombre d'entités étatiques. Les puissances intervenantes extérieures agissent, semble-t-il, dans le sens du statu quo (France, États-Unis mais aussi U.R.S.S., en Éthiopie).

Il y a donc quelque imprudence à continuer de tenir le discours de l'artificialité des tracés, car si certains dirigeants se mettaient en tête d'en tirer les conséquences, quelles seraient-elles ? On aura noté au passage l'ambivalence de la référence coloniale, tantôt cause de difficultés tantôt principe de légitimité (même non dit).

Si les États d'Afrique semblent faire encore « l'économie » de remaniements de type latino-américain, c'est aussi parce que les tracés suivent plus souvent les lignes de discontinuité des réalités locales qu'on ne l'a dit. En outre, des sédimentations se sont produites. Mais surtout, les frontières politiques restent, dans bien des cas, « subverties » par les populations qui ont leurs propres stratégies frontalières (jeu du commerce et des échanges, souvent à longue distance, comme on peut le voir sur les marchés du Togo fréquentés par les Nigérians). Le régime de l'entrecours et les facilités relatives (bien que précaires) des migrations à caractère économique sont à la fois des facteurs de négation de tracés trop souvent sécants par rapport aux limites des régions économiques et des éléments expliquant qu'ils ne soient pas vraiment remis en cause. Pour le reste le *quieta non movere* ne s'impose-t-il pas ?

TROISIÈME PARTIE

L'ASIE : TERRE DE FRONTIÈRES

INTRODUCTION

Contrastes et démesures

Du Sinaï et de la Thrace au 38e parallèle coréen et à la Papouasie-Nouvelle-Guinée, quelque 66 dyades limitent les États relevant du continent asiatique et s'étirent sur plus de 67 000 km, soit le quart seulement du kilométrage mondial, pour 30 % de la surface terrestre et plus de 60 % de la population de la planète.

On y trouve les plus courtes des limites politiques : les 274 mètres qui séparent Macao de la Chine, limite guère plus large que le « causeway » qui enjambe le détroit de Johore entre l'île de Singapour et la Malaisie (et par où passent route, voie ferrée et canalisation d'eau) ; les 21,2 km (c'est-à-dire 20 verstes) entre l'Union Soviétique et la Corée du Nord et les 29 km (18 miles) qui isolent encore jusqu'en 1997 les Nouveaux Territoires de Hong Kong.

On y trouve aussi les plus longues de dyades : 6 681 km entre la Chine et l'U.R.S.S., en deux segments presque équivalents, 4 673 km entre la Mongolie et la Chine ou encore, contre toute apparence, les quelque 2 600 km qui ne séparent pas assez, au gré des Assamais, le Bangladesh de l'Inde.

Si cette dernière limite est en partie au niveau de la mer (et parfois même en dessous, en période de mousson et de crues, dans les îles des bouches du Gange), et si la limite occidentale de la Jordanie est à moins 383 m au Pont Allenby, d'autres sont au contraire les plus hautes du monde : la frontière Chine-Pakistan passe, dans la chaîne du Karakorum, par le sommet du K 2 (8 611 m) tandis que plus à l'Est c'est l'Everest qui sert de repère (litigieux) à un segment de la frontière sino-népalaise. Les cols entre Pakistan et Afghanistan au sud du corridor de Wakhan sont tous à plus de 5 000 m. Les divisions de montagne des armées indienne et pakistanaise ne sont-elles pas depuis 1985 en conflit localisé, dans l'extrême nord du Cachemire, pour la possession du grand glacier de Siachen qui est à plus de 6 500 mètres d'altitude ?

Quant aux litiges portant stricto sensu sur des tracés et des territoires, on devra nommer aussi bien l'enclave de Taba, dans le Sinaï, qui a un 1 km^2, que les espaces de l'Asie du Nord plus ou moins revendiqués par les dirigeants chinois, grands de plus de 1,5 million de km^2 !

Bref, il s'agit à l'évidence de situations frontalières caractérisées par les contrastes et la démesure, entre lesquelles il apparaît difficile d'établir des traits communs. L'Asie ? Plus encore qu'en Afrique ou en Amérique, la notion quelque peu scolaire de continent — au sens d'ensemble non discontinu — rend mal compte d'une diversité poussée. La distinction classique entre Asie des Moussons et Asie Sèche reste pertinente : Asie orientale, Asie occidentale, premier repérage commode. Deux sous-ensembles donc mais aussi quatre grands États *, Chine, Inde, Union Soviétique et Japon peuplés, influents, à longues enveloppes terrestres et maritimes, entre lesquels se nouent des rapports complexes. Le poids des grands États (qui ont chacun leurs propres stratégies sur leurs enveloppes externes) y est tel qu'on ne peut dégager une problématique unique à cette portion d'espace nommée Asie : on ne trouvera pas, ici, de stéréotype de frontière ni de discours unique, valable à l'échelle de l'Asie entière.

* Sur le cas exemplaire des frontières afghanes, à la charnière de deux Asies, voir notre thèse *Fronts et Frontières, une étude de géographie géopolotique* (1986, 1050 pages).

* cartes 31 et 32

CHAPITRE IX

L'Asie compliquée, terre de frontières

« La fixité des espaces occupés et des frontières qui les bornent n'exclut pas la perméabilité de ces mêmes frontières devant les multiples voyages des biens culturels qui ne cessent de les franchir. »

Fernand Braudel, *Grammaire des civilisations*, 1987, p. 45.

Frontières asiatiques, frontières atypiques ?

Si la comparaison avec les situations frontalières rencontrées dans les ensembles de première grandeur précédemment analysés révèle quelques éléments communs aux trois « continents », elle conduit surtout à constater de nombreuses différences.

En Asie près de la moitié du kilométrage de frontières est d'époque coloniale, avec une prédominance de la période 1860-1920. Rappelons le rôle des puissances extérieures : les Britanniques ont tracé 27,2 % des frontières actuelles (leur participation se monte à 36,6 % si l'on prend en compte la partition des Indes) ; les Français ont été actifs sur près de 6 % du total et les Hollandais sur environ 2,3 %. Sans compter bien entendu l'activité des Russes à l'est de la mer Noire, qui ont contribué à fixer 10 % du total (jusqu'en 1917).

On rencontre donc un certain nombre de frontières de type « inter-impérial » (exemples : Laos-Birmanie, Malaisie-Indonésie) et de type « intra-impérial » (exemples : une section de la frontière Inde-Pakistan, Laos-Vietnam, Inde-Birmanie...).

Plusieurs frontières sont des lignes géométriques, dont on peut penser en première analyse qu'elles ont été tracées à coups de crayon, de gommes et de ratures, comme on le fit pour l'Afrique : c'est le cas des limites de plusieurs États du Proche et Moyen-Orient ainsi que de la frontière entre l'Irian Jaya et la Papouasie-Nouvelle-Guinée.

Comme ailleurs (Bassin du Nil ou de l'Amazone, Afrique australe), les préoccupations stratégiques ont largement dicté le tracé des frontières d'époque coloniale, notamment autour de l'Inde, en Asie du Sud-Est et en Asie du Centre et du Nord. Les traceurs recherchaient des contours externes faciles à défendre : voir par exemple le tracé des limites septentrionales de l'Inde, au sud des Himalayas, entre Népal et Bhoutan, qui passent par les piemonts malariens du Terai au sud du Népal, puis par la ceinture de marais, les Duar, au sud du Bhoutan, de manière à bloquer les possibilités de raid en direction des basses terres. De même a-t-on ménagé des aires tampons (Pamir, Haut Mékong) pour limiter les frictions.

Enfin, les critiques formulées à l'égard de l'horogenèse coloniale ne manquent pas, que l'on invoque les traités inégaux, en Chine, les frontières arbitraires, au Proche-Orient, ou encore les frontières historiques, comme en Afghanistan (le « grand » Pachtunistan) et au Cambodge (les plaines de Battambang sous contrôle thaïlandais que Sihanouk revendiquait comme « notre Alsace-Lorraine »).

Toutefois, les phénomènes d'horogenèse passés et actuels en Asie diffèrent très largement de ceux qui ont joué et jouent dans les deux autres ensembles de première grandeur, Afrique et Amérique latine. Malgré l'intervention directe des puissances coloniales dans les tracés, les frontières sont, dans leur grande majorité, moins issues d'un partage « tombé du ciel » que de négociations (plus ou moins inégales) avec les entités politiques préexistantes (dont les contours se sont souvent trouvés remaniés). Pas de découpage général de l'Asie au cours d'une conférence hâtive, mais un long processus de colonisation par étapes et un jeu de rivalités menées aux limites du conflit.

Toutefois, les préoccupations proprement stratégiques furent le souci dominant des traceurs (britanniques, russes, français), de sorte que l'on rencontre de longues enveloppes soigneusement délimitées, au terme de raisonnements géopolitiques et géostratégiques élaborés *.

Des remaniements récents et plus ou moins acceptés...

En dépit de la précocité du fait frontalier en Asie, le quart de la longueur des frontières actuelles est postérieur aux années 1940 ; on a tracé, en Asie, deux fois plus de kilomètres de frontières depuis cette période qu'en Europe en 1945 ! *L'horogenèse continue, alors qu'elle semble quasi achevée en Amérique latine et reste « suspendue » en Afrique. Ce qui est un facteur, une forme et un signe de tension.*

On se persuadera aisément de l'ampleur des changements post-coloniaux en lisant ci-après une chronologie simplifiée et commentée des remaniements frontaliers et territoriaux principaux opérés depuis 1945 ainsi que des principaux blocages :

— 1947 : Partition des Indes et guerre du Cachemire (qui aboutit à l'établissement d'une ligne de cessez-le-feu) suivies de nouveaux conflits en 1965 et 1971. Le découpage de l'ex-Empire des Indes selon des principes essentiellement politico-religieux (en vertu de la « théorie des deux Nations ») a constitué l'un des plus importants remaniements post-coloniaux ;

— 1948 : création de l'État d'Israël, puis guerre de 1948-1949 portant les limites du nouvel État sur la « ligne verte » (voir plus loin) ;

* Dans plusieurs cas, on observe une réactivation de cette fonction stratégique, ainsi autour de la « ligne Durand » aux confins pakistano-afghans.

— 1950 : annexion du Tibet par l'armée chinoise ; les dirigeants de Pékin sont alors en mesure d'intégrer la notion de « frontières traditionnelles » du Tibet à leurs revendications territoriales, tout en refusant de considérer comme valides les accords passés entre le Tibet et le Royaume-Uni à la fin du XIXe siècle ; ces limites méridionales de l'influence tibétaine incluent d'une part les populations tibétaines, d'autre part, à l'est du Bhoutan, des populations tibéto-birmanes plus ou moins vassales (et dont les aumônes revenaient aux monastères de Lhassa) ; toutefois, la limite Tibet-Népal est ancienne, appuyée sur des délimitations de pâturages et confirmée au terme des guerres népalo-tibétaines du milieu du XIXe siècle, durant lesquelles les Népalais échouèrent dans leur tentative de prise de contrôle des piémonts nord du Grand Himalaya ;

— 1953 : partition de la Corée ;

— 1954 : partition du Vietnam par une « ligne de démarcation militaire provisoire » (Goi tuyen quan su tam thoi) et une « zone démilitarisée » (délimitée au nord et au sud par des « lignes de sécurité » passant entre le parallèle 16° 50′ et le 17e ; elle a été effacée en 1975 par la réunification ;

— 1960 : traité sino-birman de délimitation, comportant quelques échanges de territoires ; la Birmanie, premier État à avoir reconnu la République populaire chinoise, bénéficie ainsi d'un traitement de faveur ;

— 1961 : occupation par les Indiens des enclaves portugaises (dont Goa) ;

— 1962 : occupation complète de l'Aksai Chin par l'armée chinoise ; cette région est traversée par une route d'intérêt stratégique (construite à partie de 1956-57) reliant le Xinjiang au Tibet (de Kashgar et Yarkand à Lhassa, en passant à l'ouest du massif des Kunlun), et qui est fréquentée principalement par des populations Uighur du Xinjiang ;

— 1962-1966 : « Konfrontasie » entre Indonésiens et Malais au sujet de la frontière de Bornéo qui, selon les termes de l'accord anglo-hollandais de 1891, passait dans les montagnes de Kalimantan peuplées de Dayaks ; la confrontation, provoquée par le refus indonésien d'une incorporation de Sarawak et Sabah à la fédération de Malaisie, n'a eu comme conséquence territoriale que de confirmer la définition de la frontière, les deux armées groupant ensuite leurs forces pour combattre les guérillas communistes ;

— 1963 : refus du sultan de Brunei d'intégrer la fédération de Malaisie ;

— 1965 : accord de partage de la « zone neutre » (et pétrolifère) entre Koweit et Arabie Saoudite ;

— 1967 : occupation de la Cisjordanie, de Gaza et du plateau du Golan par l'État israélien ;

— 1967 : accord entre Arabie Saoudite et Abu Dhabi au sujet des six oasis (et aires pétrolifères) de Buraimi, restitués à l'émirat en échange d'un corridor permettant l'accès au Golfe Arabo-Persique, entre Qatar et Abu Dhabi ;

— 1974 : sécession du Bangladesh, sans modification de frontière avec l'Union Indienne ;

— 1974 : partition de Chypre au long de la « ligne Attila », qui s'étend de la baie de Morfou à Famagouste et traverse Nicosie ;

— 1975 : accords d'Alger entre l'Iran et l'Irak, au profit de l'Iran qui obtient comme base de la frontière fluviale du Chatt el Arab le talweg, et non plus la rive gauche ;

— 1975 : annexion du Sikkim, devenant le 22e État indien ;

— 1978 : accords de Camp David et restitution du Sinaï à l'Égypte, sauf la micro-enclave de Taba (80 ha), au sud d'Eilat ;

— 1981 : annexion du petit Pamir afghan par les Soviétiques ;

— 1981 : accord Irak-Arabie Saoudite pour le partage de l'autre « zone neutre » ;

— 1984 : accord Irak-Koweit marquant une pause dans les revendications territoriales irakiennes sur le Koweit (îles de Bubiyan et Warbah) ;

— 1984 : édification d'une ligne de barbelés aux confins du Bangladesh et de l'Assam par les Indiens pour freiner l'immigration bengali ; la mention de cette décision indienne, qui ne modifie pas un tracé, mais seulement sa fonction, mérite de figurer dans cette série, si l'on remarque que les migrations bengali se produisent dans les régions assamaises que la Ligue musulmane voulait incorporer au Pakistan oriental en 1947, pour disposer de réserves de terres ; la réaction des Indiens en est d'autant plus forte qu'ils peuvent considérer qu'il s'agit à terme d'une tentative de modification du tracé de 1947 ;

— 1984 : séance de « clôture » des travaux de la commission mixte sino-mongole pour l'inspection des frontières, formée en 1962, réunie seulement à partir de 1982 ; le protocole définitif (adopté dès 1964) est en retrait par rapport aux ambitions chinoises exprimées dans les cartes publiées en 1960 et suit le tracé dessiné sur les cartes soviéto-mongoles de 1960 ;

— 1985 : bataille indo-pakistanaise sur le glacier de Siachen, au nord du Ladakh, vraisemblablement gagnée par l'armée indienne, qui consolide ainsi un accès au col de Karakorum (libre de neige même en hiver) et permet de bloquer une éventuelle avancée chinoise au sud de l'Aksai Chin.

— 1986 : réorganisation spatiale de l'armée chinoise dans les trois régions militaires frontalières ;

— 1987 : reprise de tension entre la Chine et l'Inde, avec envoi de troupes indiennes dans l'Arunachal Pradesh (dans le secteur de Tawang, proche du Bhoutan), au sud de la ligne Mac-Mahon de 1913-1914 ;

— 1987 : remise en cause par le prince Sihanouk des accords frontaliers signés entre les dirigeants « pro-vietnamiens » de Phnom Penh et ceux de Hanoi ;

— 1987 : reprise des discussions (et échanges de cartes) entre Chinois et Soviétiques sur les territoires sibériens sous contrôle russo-soviétique, comme gage de bonne volonté réciproque pour des négociations sur l'ensemble des contentieux politiques entre Pékin et Moscou ;

— 1987 : bruits de bottes à la frontière turco-irakienne et rumeurs d'une reprise d'intérêt, dans les milieux très nationalistes d'Ankara, pour la région de Mossoul ;

— 1987 : incidents politiques et militaires aux confins des deux Yémens ;

— 1988 : arrêt, par épuisement, de la guerre meurtrière entre l'Irak et l'Iran, guerre de position aux frontières, de part et d'autre de levées fluviales, plans d'eau, fossés inondables et murs de sable ;

— 1988 : fermeture de la frontière indo-pakistanaise du Penjab et réalisation d'une étude de faisabilité pour l'érection d'une clôture électrifiée de 550 kilomètres entre les régions indiennes de peuplement sikh et le Penjab pakistanais ;

— 1988 : ouverture du Timor oriental à l'immigration en provenance des îles de l'Indonésie ;

— 1989 : déclaration d'intention portant sur l'unification des deux États yéménites ;

— 1989 : reprise de la crise du Cachemire ;

— 1989 : graves incidents sur la « ligne de contrôle » imposées par les Nations unies en 1949, au Cachemire, entre Inde et Pakistan, dans la localité de Ranbirsingh-Pura ;

— 1989 : reprise du trafic ferroviaire et du commerce trans-frontalier entre la Chine et l'URSS, dans les régions extrême-orientales ;

— 1990 : réunification du Yémen ;

— 1990 : nouvelles discussions entre Chine et Bhoutan ;

— 1990 : invasion du Koweit par l'armée irakienne ;

— 1990 : acceptation par l'Irak des accords d'Alger de 1975 portant sur la frontière du Chatt el Arab ;

— 1990 : visites croisées des Premiers ministres de Corée du Sud et de Corée du Nord à Séoul et Pyongyang ;

— 1990 : fermeture par l'Irak du seul poste frontalier avec la Turquie, Habur ;

— 1990 : rétablissement de la « ligne verte » entre Israël et la Cisjordanie comme frontière de contrôle des travailleurs palestiniens ;

— 1991 : accord de commerce transfrontalier entre l'Inde et la Chine, interrompu depuis trente ans ; les points de transit sont Garbyang, dans le district de Pithoragarh (Uttar-Pradesh) et Taklakot, au Tibet ;

— 1991 : poursuite de la guerre civile en Afghanistan et sur les confins pakistanais et indo-pakistanais du Cachemire ;

— 1991 : résolution 687 des Nations unies précisant le calendrier de délimitation exacte de la frontière entre l'Irak et le Koweit, en s'appuyant sur le tracé de 1963 ;

— 1991 : impasse dans le règlement soviéto-japonais de la question des quatre îles de l'archipel des Kouriles, annexées en 1945 mais reconnaissance par Moscou de la réalité d'un problème de souveraineté territoriale entre les deux États ;

— 1991 : début d'un processus de doublement du nombre de colons israéliens en Cisjordanie ;

— 1991 : exode des Kurdes d'Irak vers la Turquie et l'Iran et création d'enclaves dans le Kurdistan irakien sous contrôle militaire de la coalition alliée ;

— 1991 : établissement d'une zone démilitarisée à la frontière Irak-Koweit et présence des troupes de l'ONU.

— 1991 : contrôle syrien sur le Liban et suppression de la « ligne verte » coupant Beyrouth.

... et des frontières « chaudes »

La quasi-totalité des 66 dyades sont l'objet de contestations, dans la période contemporaine, des rives de la Méditerranée à celles de la mer de Bismarck. Les raisons de ces problèmes sont évidemment différenciées et plus ou moins complexes selon les lieux.

D'une manière globale, on doit souligner la contradiction suivante : alors que les frontières en Asie sont délimitées et démarquées sur 92 % de leur longueur, fait unique hors d'Europe, tout se passe comme si la plupart des États (ou des peuples) ne considéraient pas les tracés actuels comme définitifs, et ce, quelle que soit leur ancienneté. Ce trait quasi général se double de ce que l'on ne trouve ni l'équivalent de l'O.U.A. ou de l'O.E.A. ni de dogme commun relatif à la légitimation des frontières (de type uti possidetis ou statu quo). D'où la très grande variété des situations, des stratégies, des argumentaires sur ces frontières souvent « chaudes », symptôme parmi d'autres de *la plus grande complexité des situations géopolitiques asiatiques.* Ce qui fut dit naguère de l'Orient — proche — vaut également pour l'ensemble du continent : l'Asie (est) compliquée. L'adjectif désigne, dit le *Robert,* une situation « qui possède de nombreux éléments dont l'assemblage est difficile à comprendre ». Il est, en effet, difficile de comprendre a priori que tant de problèmes s'y posent alors que pourtant, sur les cartes comme dans les faits, la très grande majorité des tracés sont délimités et démarqués, que l'horogenèse a été moins exclusivement coloniale qu'ailleurs, que les tracés « au cordeau » sont quantitativement l'exception et que dans de nombreux cas ce sont les États actuels qui se sont accordés sur leurs limites respectives.

Tout se passe comme si on se trouvait dans une situation inverse de celle de l'Afrique. Alors que dans ce dernier cas on paraît avoir d'autant moins choisi de remettre en cause les tracés qu'ils sont presque tous surimposés, en Asie l'ampleur des problèmes aux frontières semble d'autant plus marquée que celles-ci ont un degré plus élevé de réalité ou d'inscription géohistorique.

L'Asie est en effet caractérisée par l'ancienneté de nombre d'appareils d'État — Chine, Russie, Corée, Vietnam, Thaïlande, Birmanie, Inde du Nord, Perse, Turquie, sans négliger le Japon, traceur éphémère de frontières terrestres dont les traces persistent, de manière subtile, dans la géopolitique interne de la Chine actuelle (cf. chap. X).

Là encore, après de brefs épisodes coloniaux, le précolonial a fait retour, dans les moules étatiques antérieurs, mais selon des enjeux nouveaux.

Comment comprendre que le seul conflit interétatique ouvert, dans le Tiers Monde, entre l'Iran et l'Irak, ait été déclenché autour de la plus ancienne des frontières délimitées au Moyen-Orient, et que, parmi les buts de guerre explicites, les deux parties aient pu afficher des revendications territoriales, moins de cinq années après l'accord frontalier d'Alger (1975) ?

Complication des situations en Asie, en raison non seulement du grand nombre d'éléments qui entrent en ligne de compte, mais aussi du fait de leur « mise en jeu » par les « acteurs ». Sans doute objectera-t-on que la diversité des phénomènes à prendre en compte n'est pas négligeable non plus ailleurs; mais, comme on l'a vu dans le cas africain, ils ne sont pas toujours tous « mobilisés » par les acteurs (en particulier les phénomènes ethniques), de sorte que les situations sont beaucoup plus stables qu'elles ne devraient théoriquement l'être. Il en va, semble-t-il, différemment en Asie.

Précisons. On y rencontre d'abord des enjeux frontaliers analysables comme l'effet de l'interaction somme toute classique entre des États, par exemple Chine-U.R.S.S., Chine-Vietnam, Inde-Pakistan, Malaisie-Indonésie ou même Iran-Irak. Comme en Europe autrefois, ce qui se joue par le biais des questions territoriales concerne des problèmes relatifs aux équilibres du pouvoir, aux luttes d'influence ou à la perception de menaces : *fonction politico-stratégique des frontières.* Toutefois, les frontières interétatiques séparent le plus souvent des « régimes » distincts, rivaux ou contraires : État laïc contre régime islamique, communisme pro-soviétique contre communisme pro-chinois, démocratie à l'occidentale contre monarchie, pour ne rien dire de l'animosité entre les deux frères ennemis se réclamant du parti Baas. En cas de tension, c'est à l'évidence le régime adverse qui est visé; or, l'Asie est du point de vue politique l'espace le plus hétérogène qui soit : la discontinuité politique l'emporte, facteur essentiel d'instabilité, puisque les États et les partis n'hésitent guère à mener des actions transfrontalières : *fonction politico-idéologique des limites d'État.*

Mais la dynamique géopolitique résulte aussi, dans un certain nombre de cas, de l'intervention de ce que l'on pourrait appeler des « acteurs non étatiques » ou des sous-systèmes : il s'agit non seulement des ethnies et des peuples minoritaires (des Kurdes aux Karen) ou majoritaires (des Juifs israéliens aux Penjabi ou aux Javanais), mais aussi des communautés religieuses (intégristes sunnites, chiites ou wahabites; fondamentalistes hindous ou sikh) ou linguistiques (cas de l'Inde, « nation multinationale » et véritable « Tour de Babel » selon l'heureuse expression du géographe Jean Racine (Racine, 1986)), elles aussi dominantes ou dominées, et enfin des clans (clan sunnite de Tikrit en Irak, alaouites de Lattaquié en Syrie, Pashtun tribaux en Afghanistan, clans Chammar et Soudeiry d'Arabie Saoudite), des tribus et des clientèles, des factions (Liban), et des partis minoritaires (communistes irakiens ou iraniens, guérilleros chrétiens de Birmanie ou musulmans des Philippines). Ajoutons que les diasporas sont nombreuses et actives, des Palestiniens du Moyen-Orient aux Chinois de l'Asie du Sud-Est : *fonction (ressentie comme) oppressive des enveloppes d'État.*

Chaque entité sociale, politique ou culturelle, poursuivant ses propres objectifs, contribue à « l'universelle explosion des particularismes » qui affecte la majorité des États, lorsqu'ils ne sont pas structurés en États-Nations (comme le sont, par exemple : le Vietnam, l'Indonésie ou l'Iran). Les États non nationaux sont en effet assimilables à des systèmes politiques hétérogènes, et, de ce fait, spatialement différenciés.

Or, les tensions internes peuvent rapidement y prendre une dimension plus large, soit que les acteurs non étatiques soient aussi localisés en position frontalière et d'intersection (Kurdes), *frontière-obstacle*, soit qu'ils puissent disposer d'appuis logistiques dans des États voisins (cas des partis et organisations), *frontière-sanctuaire*, soit les deux. Dans ces conditions, les tensions et conflits se déroulent sur une gamme assez large de registres, de niveaux spatiaux, par le biais d'alliances, de coalitions, de combinaisons qui, dans la durée, ne restent pas fixes.

Outre les autres facteurs de clivage, il est essentiel, en « Asie », de repérer si l'État est, ou non, l'acteur principal, ou s'il n'est que l'expression, l'outil de quelque faction. En somme, plus que les formations sociales, ce sont les formations politiques qui importent pour l'analyse géographique, en tant qu'elles vont se trouver, dans l'espace, juxtaposées.

De manière simplifiée, on peut discerner au moins quatre catégories de formations politiques : les États à fort pouvoir central (U.R.S.S., Chine, Iran, Vietnam, Turquie...) ; les États à structure fédérale, de droit ou de fait (Inde, Malaisie, Pakistan...) ; les États à assise minoritaire, dominés par des clans (Syrie, Irak, Arabie Saoudite) ; enfin, les peuples qui se considèrent comme étant « sans État » et sont à la recherche, qui d'un territoire (Palestiniens), qui d'une indépendance (Kurdes, Karen et Tibétains).

Il importe donc de souligner l'extrême variété des réalités et des situations géopolitiques autour des frontières d'État. Cette diversité interne tranche avec ce qui a été décrit pour l'Amérique Latine et surtout pour l'Afrique, où l'on a pu dégager des problématiques valables à l'échelle de chacun des deux ensembles continentaux.

Le constat de la variété des réalités envisagées à l'échelle de l'ensemble « Asie » tendrait à rendre ce niveau géographique d'analyse en quelque sorte inopérant (pour autre chose qu'une comparaison avec les autres parties de l'ensemble Tiers Monde), n'en déplaise à Mackinder et à ses émules !

D'ailleurs, les États de l'Asie, qui ne disposent pas d'instance supra-étatique pour trancher les litiges, ne se réfèrent jamais à une quelconque *« unité » asiatique* dans le cadre continental classique : on n'y rencontrera ni Nkrumah ni Bolivar ni Castro.

L'inévitable Eurasie

Malgré sa grande hétérogénéité, la portion d'espace terrestre nommée Asie reste considérée par maints auteurs comme un ensemble ou un continent. Cette perception des choses était sans doute justifiée au XIXe siècle lorsque, de Port-Saïd à Hong Kong, s'étendait un système impérial unique : « the East ». Ou, pour les Français, dans des proportions plus modestes, « l'Orient », proche ou extrême.

Que depuis 1947 la croyance à l'unicité de l'Asie ait survécu, alors que déjà, dans les coulisses de la conférence de Bandoung, Chinois et Indiens laissaient percer leurs différends, tandis que des idéologies d'autant plus rivales qu'elles puisaient à la même source nourrissaient bien des conflits, voilà qui surprend.

Il me semble qu'elle survit sous la forme ô combien classique de l' « Eurasie », notion créée, rappelons-le, par Mackinder. Sa vision du monde, construite précisément en fonction de la sauvegarde de l'Empire britannique, opposait par une généralisation extrême des puissances dites terrestres, placées dans un « heartland » mythique, et des puissances maritimes, situées sur ce que Spykman appela ensuite un « rimland ». Qui ne voit que ce « rimland », cette « périphérie », correspondait aux rivages de la fameuse route des Indes ?

Mais ce « modèle » simpliste n'est devenu véritablement célèbre qu'au terme de la Seconde Guerre mondiale, lorsque la rivalité entre l'Union Soviétique et les États-Unis, notamment en Asie de l'Est, fut « théorisée » selon le schème de Mackinder : pour contenir l'expansion d'un « centre » continental, les États-Unis devaient garder pied sur des « atterrages », sur une périphérie composée de « dominos ».

La rivalité idéologique réelle était ainsi spatialisée. La méthode de la « contention » est une adaptation du schéma mackindérien, devenu la base de la vision du monde ou de la « carte mentale » des dirigeants américains successifs et des états-majors. C'est dans ce moule simplificateur, géo-idéologique, qu'a été pensée la rivalité dite Est-Ouest, dans un cadre simple, « l'Eurasie », définie comme champ d'expansion « naturel », nécessaire, du communisme russo-soviétique.

Il est important de souligner à quel point les stratèges des États-Unis (et parfois aussi d'Europe) fonctionnent encore avec cette vision des choses (les cours de géographie militaire donnés à la Military Academy de West Point en témoignent amplement, puisque les idées de Mackinder, revues par Spykman, sont exposées comme bases théoriques de l' « impératif géopolitique » de la stratégie des États-Unis). La thèse de base est que la compétition Est-Ouest se joue, géographiquement, sur le « rimland » (ces thèses sont exposées dans *Readings in Military Geography*, Department of Geography, West Point, 1981, 509 p.).

On aurait pu penser que depuis l'intégration de Cuba dans le C.A.E.M. ou le succès soviétique en Angola, au Yémen du Sud ou en Éthiopie, et surtout depuis la mise en place d'une puissante flotte capable d'avoir une politique du pavillon sur tous les océans, ce schéma simpliste n'aurait plus cours. Or, depuis le début de la guerre afghane et les menaces (internes) sur les aires pétrolières du Golfe, le « modèle » est de nouveau à la mode. Le retour d'une certaine géopolitique se nourrit, faute d'un renouvellement théorique suffisant, de schémas anciens. Pourquoi s'en priver quand ils sont si commodes !

Le dernier ouvrage de Zbigniew Brzezinski, qui fut pour le président Carter ce que Henry Kissinger fut aux côtés de Richard Nixon, est construit entièrement sur ce schéma (*Game Plan*, 1986). Loin d'être un essai philosophique, l'ouvrage est présenté comme un guide pour l'action. L'un des thèmes exposés est celui de la centralité de l'Eurasie, « centre géostratégique », dont il importe de contenir l'utilisation par l'adversaire soviétique en établissant trois « fronts stratégiques centraux » (en Europe médiane, nommée péninsule eurasienne extrême-occidentale, en Eurasie du Sud — du Kurdistan au Pamir —, enfin, à l'extrémité orientale — de Singapour à Hokkaido).

Ce type d'interprétation dualiste se fonde aussi sur un recours à la cartographie à très petite échelle, où la représentation des quelque

22 millions de km² de l'Union Soviétique donne du « poids » à la notion d'Eurasie. Ce schéma peut être d'autant plus facilement accepté que, de l'aveu de l'auteur, « les Américains ne sont pas habitués à penser en termes stratégiques ou géopolitiques (...) la culture politique américaine continue d'être marquée par l'absence d'une conscience stratégique ou géopolitique » (194).

Cela dit, il n'est pas impossible que, de leur côté, tels ou tels dirigeants soviétiques aient repris à leur compte ce modèle schématique, le jugeant favorable à des projets expansionnistes. Ne raconte-t-on pas que Gromyko lui-même confia, en 1985, à un ministre occidental qu'il avait l'habitude de se retirer, plusieurs fois par semaine, dans une petite pièce attenante à son bureau, où il restait pour méditer, devant une grande carte du monde (« Pendant une heure, dit Gromyko, je ne fais rien d'autre que m'asseoir là, regardant la carte et réfléchissant », selon Z. Brzezinski *, p. 3). Carte centrée sur Moscou, « capitale » d'une mythique Eurasie.

L'examen des stratégies soviétiques à leurs frontières (cf. chap. XIV) donne du poids à cette vision eurasiatique. Mais elle reste une notion « occidentale », issue d'une observation sommaire de la « géographie physique ».

L'Eurasie dans tous ses États

Les réalités géopolitiques internes sont infiniment plus complexes et il me paraît utile de distinguer plusieurs ensembles spatiaux en fonction de la disposition des grandes enveloppes frontières.

Dégageons quelques traits des interactions frontalières en Asie.

Les trois grands États ont à eux seuls près de 47 % (non cumulés) de la longueur totale des frontières. Sur ce schéma frontalier simplifié se trouvent situées de grandes articulations, qui sont des plans de discontinuité fondamentaux, d'autant que les grands États ont entre eux des frontières communes :

— la Chine a 54 % de son enveloppe qui est commune avec l'U.R.S.S. et la Mongolie, 10 % avec l'Inde (18 % en ajoutant le Népal et le Bhoutan) ;

— l'Inde a 16 % de son enveloppe qui est commune avec la Chine ;

— l'U.R.S.S. a avec la Chine le tiers de ses frontières totales, et près de la moitié de son segment « asiatique ».

La Chine, qui a la plus longue enveloppe du monde, est en contact immédiat avec cinq des ensembles géopolitiques de l'Asie. Seul le Moyen-Orient en est « éloigné ». La Chine est, à cet égard, un Empire du Milieu : nul déterminisme dans ce constat, puisque la politique

* Zbigniew Brzezinski ne cacha pas sa surprise et sa curiosité lorsque, durant un entretien à Washington (mars 1987), je lui faisais remarquer que les Soviétiques eux-mêmes étaient peut-être devenus « mackindériens » ou adeptes de Spykman : obsession de Gromyko et de Brejnev pour la « sécurité aux frontières », réactualisée par Gorbatchev ; ce dernier venait d'afficher une priorité, dans son action diplomatique et conjointement aux négociations stratégiques, aux relations avec les États immédiatement voisins, soit à ce que mon interlocuteur avait, naguère, nommé « l'arc de crise », reprenant en cela la notion de « rimland » de Spykman, étendue jusqu'au Japon.

frontalière ne s'y réduit pas à la répétition inlassable de revendications territoriales ; la situation géographique chinoise est plutôt valorisée par ses dirigeants comme un outil de leur action extérieure, un des rares moyens dont, de fait, ils disposent aujourd'hui, après l'affadissement du rayonnement d'une voie chinoise de « développement ».

Bien que les distances entre les deux rives extrêmes de l'Asie soient considérables, les horogenèses d'origine impériale ont obéi à une logique globale, et les tracés ont été produits comme *éléments connectés dans des systèmes d'échelle continentale.*

Mais, à la différence de tous les autres espaces colonisés dans le monde, l'un des acteurs du grand jeu inter-impérial, la Russie Soviétique, est demeuré sur place, de la mer Noire à la mer du Japon, et se considère comme une puissance asiatique « sans partage » : l'Union Soviétique a 80 % de ses frontières en Asie, avec cinq États contigus. Elle est jugée par ses voisins, de la Turquie à la Chine, comme une puissance volontiers expansionniste — compte tenu des revendications territoriales russes sur le nord-est de la Turquie et sur l'Azerbaïdjan iranien — et coloniale — vue de Pékin, d'Islamabad ou de Peshawar.

D'autres ensembles, par déduction, se distinguent par une caractéristique topologique telle que d'avoir des frontières communes avec l'un des trois grands États (ou sous-ensemble, dans le cas de l'Inde et de sa périphérie) : ainsi l'Asie du Sud-Est, nommée fort à propos Indochine ; de même l'Asie du Nord-Est (ici les deux Corées), enfin l'Asie occidentale, frontalière de l'U.R.S.S. sur une longue distance et du « sous-continent » indien, la limite étant fixée à l'est de l'Iran.

Élisée Reclus distinguait, vers 1884, quatre sous-ensembles : l'Asie russe (Caucasie, Turkestan, Sibérie) ; l'Asie orientale (Empire chinois, Corée et Japon) ; l'Inde et l'Indo-Chine ; enfin une Asie antérieure (Afghanistan, Balouchistan, Perse, Turquie d'Asie, Arabie).

Ce découpage quadripartite découle de l'analyse que fait Reclus dans le chapitre de présentation du livre VI, où il insiste sur « le conflit des trois grands États rivaux », Angleterre en Inde, Russie et Chine ; quant au quatrième ensemble, l'Asie antérieure, musulmane, où se fait déjà sentir la pression de l'Occident, c'est le lieu où s'amorce un partage entre puissances mais « où l'unité de religion dans cette partie du continent est loin de donner la cohésion politique à ses peuples » (1884 : IX, 20-22).

L'Asie contemporaine est une composition de sept ensembles : outre l'archipel japonais — frontalier de l'U.R.S.S. par Hokkaido et les Kouriles revendiquées —, trois entités mono-étatiques voisinent avec quatre groupes multi-États et plus hétérogènes : Proche- et Moyen-Orient, Asie du Nord-Est, Asie du Sud-Est et Asie sub-indienne, de l'Afghanistan au Bangladesh.

Seules l'Inde et l'U.R.S.S. n'ont pas de frontières communes, résultat de la politique consciente des Britanniques ; mais l'affaire afghane n'est pas sans rapport avec ce qui, vu de Moscou, est peut-être considéré comme une anomalie (cf. chap. IV).

L'Inde est en réalité partie prenante de la crise afghane, ne serait-ce qu'en raison de l'effet que celle-ci produit sur la corrélation entre le Pakistan et l'Inde. La notion de « sous-continent » indien demeure un horizon permanent dans l'action extérieure des dirigeants indiens de Delhi.

De leur côté, les ensembles multi-États sont également contigus d'un ou plusieurs ensembles mono-étatiques : les « trois Grands » ont des frontières communes avec le tiers des États asiatiques. Ils disposent ainsi, à leur gré, d'options stratégiques très spécifiques, par le biais de leurs actions aux frontières : choix de la tension ou de la détente, intentions inhérentes au déploiement concret de leurs armées, ouverture ou fermeture des postes frontaliers. En Asie, plus qu'ailleurs, les « trois Grands » ont un rôle politique majeur.

Ces actions peuvent jouer d'abord sur des dyades de première grandeur : U.R.S.S.-Moyen-Orient, Inde-« sa » périphérie, Chine-périphérie de l'Inde, Chine-Asie du Sud-Est, à quoi s'ajoute, privilège de grande puissance, l'action soviétique à distance en Asie du Sud-Est.

L' « Asie » apparaît ainsi, en vue olympienne, comme le champ, immense, d'une sorte de réseau maillé dans lequel chaque ensemble — et les éléments qui le composent — est en interaction avec plusieurs ensembles contigus. L'« Asie » est aussi traversée, non seulement par la ligne de discontinuité majeure, celle qui passe entre le « monde » développé et le Tiers Monde, mais aussi par des *lignes de clivage idéologique* (tous les systèmes politiques et toutes les idéologies y sont présents) et stratégiques (beaucoup de frontières sont aussi des fronts — des frontières « dures ») : les unes et les autres se combinent aux frontières politiques, ce qui leur confère des fonctions beaucoup plus complexes que dans les autres parties du monde.

Comme le remarque Henry Kissinger *, « en Europe, il y a une ligne de division claire entre des blocs opposés ». En Asie, « seule la Corée a l'aspect qui nous est familier en Europe, celui d'une ligne de division claire protégée par une force militaire qui est partie d'un système d'alliance... ». Mais « de l'autre côté de la ligne, c'est beaucoup plus complexe qu'en Europe ».

Complexité donc de situations plurielles où beaucoup d'États perçoivent des menaces multiples sur leur sécurité. Pas d'O.U.A. ni d'O.E.A., pas d'équivalent de l'O.T.A.N. non plus ni de Pacte de Varsovie, mais une chaîne d'ensembles et de sous-ensembles où dominent des intérêts étatiques et souvent nationaux — même dans le « monde » arabe — nettement définis ; la problématique frontalière y est donc multiple, la réflexion géopolitique également.

Des discours de géopolitique externe, à orientation stratégique et pratique

Compte tenu de ces configurations spécifiques et de l'ancienneté des États, il n'est guère surprenant que l' « Asie », espace objectivement et subjectivement discontinu, soit le lieu d'une production géopolitique élaborée, tant il est vrai que *la pensée et la gestion du discontinu impliquent que les appareils d'État conduisent des raisonnements géopolitiques.*

* « East Asia, The Pacific and the West », Adelphi Papers, printemps 1987, discours à la conférence d'Osaka de l'I.I.S.S. de septembre 1986.

Donc, par rapport au quasi-vide africain, les États d'Asie se caractérisent par l'importance de la production géopolitique. Signe, parmi bien d'autres, de l'originalité historique des formations politiques, de la vigueur de nombreux appareils d'État, de la permanence des enjeux inter-États. J'y vois un symptôme et un outil d'une capacité et d'une nécessité d'objectivation de la situation de chaque État par rapport à des voisins et à des ensembles.

A la différence de l'Amérique Latine, la thématique dominante, en Asie, n'est pas celle de l'intégration interne, mais celle de la sécurité extérieure, c'est-à-dire de la géopolitique externe. Le développement récent de la production géopolitique en « Asie » est donc une conséquence de la rivalité entre les États, et a des fonctions d'abord pratiques. On traite de problèmes de frontières, du droit de la mer, des détroits, des questions militaires et des rivalités entre les grands États.

Certes, il y a lieu de distinguer entre trois catégories de discours : ceux qui sont produits dans des instituts liés à des appareils d'État; ceux qui animent des dirigeants ou des groupes au pouvoir; ceux qui, enfin, sous-tendent la pratique de peuples « sans État ». Dans ce dernier cas, le projet est plus ou moins spatialisé, sous la forme d'un « géonyme » censé exprimer l'aire d'extension de l'indépendance tant souhaitée : on dira « Kurdistan », ce qui est cartographiable, « Khalistan », pour les extrémistes Sikhs, ou encore « Palestine », ce qui est déjà plus flou (comme on le verra plus loin, en détail). Par contre, la distinction entre les deux premières catégories est plus difficile à tracer, dans la mesure où le projet d'un dirigeant ou d'un petit groupe s'exprime rarement de manière publique, explicite et par des canaux institutionnels. Esquissons une carte, qui peut être construite, dans le cas de l'Asie, moins en s'appuyant sur l'édition d'ouvrages qu'en prenant en compte les institutions et les revues qu'elles éditent.

En dehors du Japon * (en particulier le très actif « Research Institute for Peace and Security » de Tokyo, qui publie chaque année un bilan, « Asian Security ») et l'Australie (dont les Universités sont très versées dans l'étude de l'Asie du Sud-Est et de la Chine, tandis que le Strategic and Defence Studies Center, de l'Université de Canberra, est lié à son homologue de Londres), on relève la présence de centres actifs dans les États suivants :

— En Indonésie, le Center for Strategic and International Studies (C.S.I.S.) de Djakarta est l'outil de réflexion du pouvoir militaire; ce centre consacre d'ailleurs autant d'attention aux problèmes internes de l'Archipel qu'à la politique extérieure, longtemps jugée non prioritaire;

— A Singapour, l'Institute of South East Asian Studies, qui édite une revue (*S.E.A.S.*) est civil mais lié au gouvernement (la géographie politique est d'ailleurs enseignée à l'Université de Singapour);

* Depuis 1987, le « Japan Institute of International Affairs » publie une nouvelle revue, *Japan Review of International Affairs*, consacrée pour l'essentiel au Pacifique, à l'Asie du Sud-Est, à la Chine et à l'Union Soviétique. Pour sa part, l'ancien premier ministre Nakasone a indiqué son intention de former un « think tank » comparable à l'I.I.S.S. de Londres, ce qui indique nettement une volonté de toucher des dividendes politiques et géopolitiques d'une influence économique restaurée; cette entité compléterait les nombreux instituts de réflexion macro-économique, tels Nomura, centres de traitement d'information mondiale auxiliaires des plus grandes entreprises.

— A Taiwan fonctionne un Institut de Relations Internationales ;

— En Thaïlande, l'Institute of Asian Studies (de l'Université Chulalongkorn) travaille en liaison, au moins par ses enseignants, avec les instances gouvernementales ;

— En Inde, le Centre International de Delhi ainsi que le Jawardal Nehru International Studies (basé à l'Université), institutions toutefois moins influentes que le Conseil pour les Affaires Stratégiques ;

— Au Pakistan, l'Institute of Strategic Studies, d'Islamabad, dirigé par des militaires, éditant une revue, *Strategic Studies*, bien informée et une des rares comportant des cartes à chaque numéro ;

— En Iran, on note la présence d'un Centre d'Études Stratégiques, lié au ministère des Affaires étrangères * ;

— En Turquie, l'Institut de Politique Étrangère d'Ankara publie la revue *Foreign Policy*, qui présente des vues proches de celles du ministère des Affaires étrangères ; mais l'essentiel de la réflexion est conduite dans un centre dépendant directement de l'état-major (ce qui n'est évidemment pas sans rapport avec l'insertion de la Turquie dans l'O.T.A.N., mais aussi avec la nature des relations entre la Turquie et tous ses voisins : des Bulgares aux Grecs, des Russo-Soviétiques aux Syriens, que de contentieux ; quant à l'Irak, l'armée turque n'hésiterait pas, à mon sens, à occuper le nord, Kirkouk, en cas de menace concrète de désintégration de l'Irak, sous l'effet d'une victoire iranienne) ;

— En Israël, les centres ne manquent pas, tant à Jérusalem (Universités et leurs « think tanks ») qu'à Tel-Aviv (en particulier, le Centre d'Études Stratégiques, dirigé par des militaires) **...

— En Chine, l'évolution récente en la matière est digne d'attention. Au traditionnel Institut d'Études Stratégiques Internationales de Shanghai, fondé en 1960, et consacré surtout à l'étude de l'U.R.S.S. (revue *Regard sur les affaires internationales*) et aux Instituts de Diplomatie et de Politique Étrangère, est venu s'ajouter, en 1979, un Institut des Études Stratégiques Internationales, sis à Pékin, qui est spécialisé dans les questions stratégiques ; comprenant surtout des militaires, il dépend complètement de l'Armée Populaire de Libération, et ses dirigeants occupent, en outre, de hautes fonctions (dans l'état-major de l'armée et au Bureau Politique) (cf. *China Daily*, 8.1.1986). Cet institut participe directement au processus de décision. Cet « academic brain trust » sert d' « interface » avec les instituts étrangers et est l'un des outils de la « modernisation » décidée lors du XIe Congrès (1978).

— Reste l'Union Soviétique, puissance asiatique pour les deux tiers de son territoire, le cinquième de sa population et plus des trois quarts de ses frontières (14 000 km environ sur 18 400).

L'analyse des affaires internationales est réalisée dans plusieurs institutions, dont l'Université de Moscou, le Comité Central et l'Académie des Sciences. Celle-ci comprend d'abord l'IMEMO (sigle russe pour l'Institut de l'économie mondiale et des relations internationales), qui coiffe d'autres instituts spécialisés par ensembles géographiques (Afri-

* Le discours islamiste est explicitement géopolitique, étant employé comme une « machine de guerre » idéologique contre le nationalisme arabe, dans son acception singulière — la nation arabe — et plurielle — les États.

** On trouve des centres comparables, en Jordanie, en Malaisie et en Corée du Sud.

que, on l'a vu; Amérique Latine et Extrême-Orient). Mais le plus célèbre, et le plus ancien, est l'Institut de l'Orientalisme, sesquicentenaire, dont le champ d'intérêt s'étend aujourd'hui sur la majorité du continent, Extrême-Orient (Japon, Corée) exclu. Ces instituts doivent inscrire leurs travaux dans le dogme interprétatif général (avec Gorbachev, la place du Département International du Comité Central s'est considérablement accrue) et avec un recours très limité au travail de terrain. Il est notable que les « orientalistes » accordent, en raison du caractère pratique de leurs travaux et de leur longue expérience, une large place à l'étude (à toutes fins utiles) des configurations ethniques et religieuses.

Que nous apprend cette brève recension ?

Sur la carte ainsi esquissée, un vide relatif : le Moyen-Orient. Ce qui va de pair, du reste, avec la grande faiblesse des études géographiques classiques dans ces États (Liban excepté). Cela ne signifie pas, bien entendu, que les dirigeants soient sans projet géopolitique concret (on le verra avec le thème de la « Grande Syrie »); mais, on se trouve là dans cette partie de l'Asie caractérisée par le caractère récent de la grande majorité des États; de plus, jusqu'à ces dernières années, le référentiel géopolitique unique était le « monde arabe », espace mythique d'un discours unitaire (employé d'abord par A. Eden en 1941). Faut-il estimer que la croyance en un « Dar al Islam » implique l'uniformité et récuse toute discontinuité ? Pourtant, dans des situations géopolitiques singulières, des appareils d'État se référant à l'Islam ont cependant dû faire une large place à une réflexion stratégique (voir le Pakistan). Mais, d'une manière générale, cette lacune de la production géopolitique va de pair avec la grande faiblesse de la « géographie » comme discipline (y compris chez les Palestiniens).

Partout ailleurs, en Asie, une analyse relevant de la stratégie et de la géopolitique a sa place dans les appareils d'État.

La grande majorité des centres de production sont animés par des militaires; la réflexion proprement stratégique domine, d'où l'insistance sur le thème de la « sécurité ». Il est vrai que l'Asie est fortement militarisée, tant par le rôle politique dirigeant des militaires (de la Turquie à l'Indonésie) que par le nombre des armées.

De longues frontières

En Asie les enveloppes frontalières sont souvent très longues : plus de 21 000 km pour la Chine, 14 000 dans la partie asiatique de l'U.R.S.S., 12 500 pour l'Inde. D'autres États, de grandeur inférieure, ont également de longues frontières.

Citons, par ordre décroissant : la Mongolie (environ 8 000 km), le Pakistan (6 632 km), la Birmanie (5 804 km), l'Afghanistan (5 532 km), l'Iran (5 214 km), le Laos (5 070 km), la Thaïlande (4 823 km), l'Arabie Saoudite (4 713 km), le Vietnam (4 641 km). Un État comme le Népal compte autant de kilomètres de frontières terrestres que la France.

Ces chiffres bruts ne valent bien entendu qu'au regard des configurations de la géographie humaine et des caractéristiques géomilitaires des États et des régions frontalières, ainsi qu'en fonction des stratégies, militaires ou politiques, actives ou lointaines, qui y sont menées, en interaction avec celles des États et peuples voisins.

Dans le domaine des stratégies internes, il se pose souvent un problème de « contrôle » des groupes humains situés dans les régions périphériques (notamment en Asie du Sud-Est). Ainsi, comment l'État birman pourrait-il durablement « tenir » les quelque 20 % de non-Birmans (Karen, Kachin, Chan) qui sont installés sur les périphéries montagneuses et frontalières du pays ? Ce qui n'empêche pas le pouvoir central birman de conserver une notable longévité, avec l'appui des populations des plaines centrales.

Du point de vue des peuples minoritaires dans le cadre d'un État, ces situations sont évidemment favorables : leur position sur des frontières, et notamment sur les lieux de passage obligés, leur permettent de se faire entendre, et d'obtenir des trêves ou des accommodements dans le cadre d'une fédération (cas birman). Toutefois, cela ne remet pas en cause la viabilité des États.

Cette question, qui vaut partout où les tracés forment intersection avec des peuples ayant assez de cohésion et de conscience de leur identité pour s'opposer à une absorption dans un ensemble « étranger », concerne donc bien des espaces, de la Mongolie au Kurdistan :

— indépendance de fait des groupes agissant dans le fameux « triangle d'or », dans la région des trois frontières, aux confins de la Birmanie, de la Thaïlande et du Laos ;

— double jeu des tribus Pachtun des confins afghano-pakistanais et enjeu, pour le pouvoir d'Islamabad, du contrôle des Pathan de la « NWFP », province frontière du Nord-Ouest, autour de Peshawar ;

— incertitudes de la maîtrise par les Han des périphéries de l'ouest — Xinjiang — et du sud-ouest — Tibet ;

— oppositions séculaires entre minorités ethniques montagnardes et majorités dominantes des plaines et des vallées en Asie du Sud-Est (par exemple, dans les régions orientales de la Thaïlande) ;

— rapports conflictuels entre le pouvoir central de Delhi et les minorités des provinces du nord-est (notamment les Gurkhas, les minorités des provinces du Nord-Est et les Cachemiris).

Du point de vue des stratégies externes, les frontières sont aussi, dans bien des cas, des lignes de front, activées ou non. On compte plus de seize millions de soldats permanents en « Asie », soit un pour environ 160 habitants. Plus encore qu'en Amérique latine, ensemble fortement militarisé (un soldat pour 200 habitants), les armées sont d'abord placées « aux frontières ».

Outre l'épouvantable guerre entre l'Irak et l'Iran, où la ligne de front coïncida du reste à peu de chose près avec la frontière internationale, on recense un grand nombre de lignes de cessez-le-feu, de lignes de démarcation et de lignes de front potentielles (cf. chapitre XI). Les fortifications ne sont pas rares, sur le plateau du Golan comme dans le Chatt el Arab (où l'on a construit des voies d'eau artificielles). Les frontières de l'U.R.S.S., sont, surtout face à la Turquie, membre de l'O.T.A.N., de véritables dispositifs de surveillance électronique (cf. chapitre XIV). Sait-on que c'est l'une des premières fonctions du K.G.B. que de garder les frontières ? Il dispose pour cette tâche de plus de 250 000 hommes, qui ne relèvent pas du ministère de la Défense (selon J. Dziak, 1981 : 780).

Au Cambodge, un « mur » a été construit à la frontière thaïlandaise. Quant à l'Inde, l'établissement d'une « safety belt » était à l'étude en 1986, pour couper les Sikhs de tout lien avec le Pakistan. Le Congrès s'est cependant ému, en 1987, du coût prohibitif d'une telle réalisation (comportant transfert de populations sur une bande de 500 mètres de large, usage de défoliants...), et ce, du Rann de Kutch au sud jusqu'au Cachemire.

Bref, l'Asie reste quadrillée de frontières, souvent anciennes, aujourd'hui réactivées comme fronts : le terme « chypriote » de « ligne Attila », qui désigne la ligne de démarcation militaire, l'illustre.

* cartes 33 à 39

CHAPITRE X

L'Asie de l'Est : autour de la Chine

« Un État plus ancien que l'Histoire, constamment résolu à l'indépendance, s'efforçant sans relâche à la centralisation, replié d'instinct sur lui-même et dédaigneux des étrangers, mais conscient et orgueilleux d'une immuable pérennité, telle est la Chine de toujours... »

Charles De Gaulle, 31 janvier 1964, *Discours et Messages*, IV, p. 178.

L'Asie de l'Est correspond à ce que les économistes anglo-saxons tendent de plus en plus à nommer aujourd'hui l'Asie stricto sensu, non pas tant celle des steppes, des moussons et des vieux foyers de civilisation que celle des masses démographiques, des pôles économiques et des grands marchés. Les archipels mis à part, l'Asie de l'Est est marquée à la fois par le jeu d'influence mutuelle des trois grands États continentaux — Inde, Chine et Union Soviétique — et par les effets de leurs ombres portées respectives sur leurs voisins de rang politique moindre.

L'Asie du Nord-Est : le front intra-coréen

L'Asie du Nord-Est, qui fut dans le passé un des points chauds majeurs de la planète, de 1904-1905 à 1945-1953, du fait de la triple rivalité russo-japonaise, sino-japonaise et russo-chinoise, recèle aujourd'hui trois problèmes distincts. Outre le contentieux russo-japonais, plus territorial et stratégique que frontalier stricto sensu *, deux enjeux dominent la scène : l'interaction russo-chinoise et la partition de la Corée.

* Il porte sur les îles Kouriles ou Territoires du Nord et, bien plus, sur les conditions d'accès de la flotte soviétique aux trois détroits de Tsushima, Tsugaru et La Pérouse, corridors obligés et surveillés, franchis chaque année par près de 300 navires d'une Eskadra qui est concentrée pour un tiers de son total dans les eaux riveraines de l'Extrême-Orient soviétique.

La péninsule coréenne est le seul cas, on l'a noté, de division militaro-idéologique de type européen, qui traverse une nation pourtant ancienne, unifiée dès le XIVe siècle. Le Yalu est une très vieille frontière avec la Chine.

La rive droite avait été volontairement interdite d'occupation par les Chinois, face aux Coréens durant des siècles. C'est un fleuve au cours très encaissé dans une région de moyennes montagnes et il a servi de base à l'une des plus anciennes lignes de discontinuité de l'Asie orientale, à l'abri de laquelle a pu se former un royaume progressivement unifié, sans que la Corée échappe pour autant aux dominations mongole, puis mandchoue. Les Li régnèrent au sud du Yalu de 1392 à 1910.

Les deux zones d'occupation issues de la Seconde Guerre mondiale devinrent deux États distincts, après l'échec de réunification militaire au profit de l'État du Nord. La fixation de cette frontière-front a provoqué la perte d'au moins cinq millions de vies humaines : à la profondeur de la rivalité idéologique — entre les deux régimes et leurs alliés — se sont ajoutées les conditions concrètes de cette guerre de Corée menée dans une péninsule au relief coupé, au terrain montagneux sur près de 85 % de sa superficie et où les enjeux correspondaient à des vallées rizicoles qui formaient et sont encore autant de passages obligés, de corridors peu nombreux, lieux de combats acharnés hier et d'une surveillance obsessionnelle aujourd'hui.

La frontière intra-coréenne est en réalité composite : elle comprend une « D.M.Z. » (« demilitarized zone »), large de 4 km, établie de part et d'autre d'une « ligne de démarcation militaire provisoire » longue de 239 km et marquée de 1 292 poteaux, au-delà de laquelle s'étend, au sud, une zone de défense de cinquante kilomètres de profondeur. La frontière sinue dans des régions de topographie contrastée et ne suit en rien le 38e parallèle, mais la ligne de cessez-le-feu de juillet 1953. Elle se prolonge par le talweg de l'embouchure du fleuve Han, navigable jusqu'à Séoul qui ne se trouve qu'à 40 km de cette frontière militaire et idéologique plus imperméable, fortifiée, surveillée et infranchissable que toute autre, si ce n'est les quelque 17 tunnels édifiés en secret par les troupes du Nord ! Cette zone est en réalité l'une des plus militarisées qui soient, puisque s'y font face les 6e et 7e armées du monde *. Elles ne sont d'ailleurs pas réparties de manière uniforme tout au long de la « D.M.Z. », mais sont massées de part et d'autre de l'un des « passages obligés » les plus importants de cette péninsule montagneuse, le couloir d'Uijongbu, qui va de Séoul à la frontière et passe entre le fond de l'estuaire du fleuve Han et la chaîne des Taeback ; la frontière a été tracée de manière à inclure la totalité du couloir (son accès nord se trouve au-delà du 38e parallèle) dans le théâtre sud-coréen.

Les incidents y sont constants sans être en rien le fruit du hasard : ce sont autant de signaux que s'adressent les deux parties, notamment dans leur rivalité pour la représentation internationale. La pression du régime de dynastie communiste autocratique et familiale qui sévit au

* 22 divisions au Nord (1 million de soldats), 18 divisions au Sud (650 000 soldats), appuyées par les troupes américaines de réserve (55 000 hommes).

nord sur la Corée du Sud est constante sinon croissante, à mesure que le Sud s'est doté d'une économie beaucoup plus solide que le Nord, deux fois moins peuplé.

Aucune discussion sur une éventuelle réunification n'a lieu; le pouvoir de Pyongyang admettrait une option de type confédéral, dont on ne voit guère la viabilité. Le déséquilibre démographique et économique croissant se double d'une accentuation de la dissymétrie politique : tandis qu'au Nord l'héritier de la dynastie paraît tenir un langage encore plus dogmatique que son père, le mouvement de démocratisation qui se produit au Sud va faire resurgir les aspirations de la société civile. Or, la guerre a provoqué la séparation de près de dix millions de Coréens : il n'est pas impensable que, comme en Allemagne de l'Ouest, le futur pouvoir de Séoul soit tenu, sous la pression de sa base sociale, d'offrir au régime du Nord des concessions, par une sorte de redistribution de la reconnaissance internationale que lui vaudraient son dynamisme économique et son évolution politique interne.

Depuis que la détente a abouti à une liquidation des conséquences territoriales de la guerre froide en Europe et que l'Allemagne s'est réunifiée, l'anomalie de la partition de la nation coréenne éclate au grand jour. Des visites réciproques ont eu lieu à partir de septembre 1990 à Pyongyang et à Séoul, dont l'objet premier est de réduire les tensions militaires. La Corée du Sud veut obtenir le repli des armes offensives localisées à proximité de la D.M.Z.

Un tel processus doit prendre en considération les réalités géostratégiques concrètes de la division de la péninsule. En effet, la capitale sud-coréenne, Séoul, se localise à moins de 40 kilomètres de la D.M.Z. alors que Pyongyang en est à 150 kilomètres. Certes, la parité des forces est atteinte entre les deux États, du fait du complément apporté par les troupes américaines au sud. Mais, sur le terrain, la concentration des deux tiers de l'armée nord-coréenne à proximité de la frontière — ce qui laisse planer la menace permanente d'une attaque éclair ou d'un incident non contrôlé — et la dissymétrie du déploiement par rapport aux objectifs primaires, les deux capitales, conduit à envisager un schéma opérationnel de désengagement et non pas un modèle de réduction global. Il a été suggéré par un analyste soviétique, Arbatov, de créer une zone tampon de réduction des armements, une véritable zone démilitarisée. Elle serait complétée d'un désengagement proportionnel aux réalités géostratégiques. En clair, ne concentrer que 30 % des troupes de chaque pays dans un premier secteur large de 40 kilomètres et pas plus de 50 % des troupes dans une zone de 150 kilomètres de profondeur.

La situation coréenne diffère par bien des aspects de celle de l'Allemagne. Les relations entre les deux sociétés sont inexistantes, y compris par la radio. La division résulte d'une guerre entre les deux États autant que de la rivalité entre Chine, U.R.S.S. et États-Unis. Le jeu n'est pas binaire, Est-Ouest, mais plus complexe, compte tenu du poids de la Chine et de l'influence croissante du Japon, que l'on soupçonne parfois à Séoul, de ne pas souhaiter une réunification coréenne au profit de l'économie dynamique de l'ancien sous-traitant, la Corée du Sud. Tout se passe comme si cette partition contribuait à maintenir un certain équilibre, en creux, entre les trois puissances régionales.

On estime, à Séoul, l'unification « impensable ». Mais tel n'était-il pas le cas en Allemagne au début de l'année 1989 ? La succession de la dynastie familiale régnante en Corée du Nord apportera un élément de déblocage. Déjà, un architecte sud-coréen, Kwaak Young Hoon, soutenu par le Fonds national sud-coréen d'Unification, a dessiné les plans de transformation de Panmunjon en une conurbation de quatre villes, deux au sud, une au nord et une à cheval sur la D.M.Z., de Panmujon à la rivière Imjin, nommée « Unipeace City », « ville de l'unité et de la paix », complétée d'un centre mondial d'exposition*. Le reste de la D.M.Z. serait transformée en parc naturel. L'architecte s'inspire de la tradition architecturale de la Corée, qui distingue l'*anbang*, antichambre pour les visiteurs, et le *saranbang*, domaine privé. La ville-exposition répond à la première notion ; le Sud et le Nord à la seconde.

La péninsule coréenne reste le dernier vestige de la guerre froide. Mais là l'U.R.S.S. n'est pas le seul maître du jeu ; elle n'a aucune retraite stratégique à offrir de manière directe, et le registre économique, qui va s'imposer comme facteur de recomposition de l'Asie du Nord-Est, n'est pas à son avantage. Reste la mémoire de l'histoire des années 1930 et 1940, en Chine et en Corée, qui tempère l'influence japonaise. L'unification de la Corée n'est qu'un élément d'un règlement plus global qui inclut la question de la restitution des Kouriles au Japon, la diminution de la pression militaire soviétique en Extrême-Orient, la justification de la présence américaine autour du Japon et, surtout, l'apurement du profond contentieux sur le passé entre le Japon, la Corée et la Chine. Gageons simplement que ce long travail de dépassement des séquelles vives d'un demi-siècle de guerres et de rivalités est engagé depuis les premiers contacts directs entre Séoul et Pyongyang, à la fin de 1990.

Asie du Sud-Est : foyers nationaux et minorités

Une situation comparable à celle de la péninsule coréenne a duré pendant 21 ans, jusqu'à la réunification du Vietnam en 1975.

Dans cette Asie péninsulaire des moussons, les tracés de frontières sont appuyés sur des supports variés : aires montagneuses encadrant des plaines, grandes vallées.

Le Mékong est un cas particulier car, à la différence d'autres fleuves de l'Asie sud-orientale, il n'a pas été l'axe d'un foyer ethno-historique unique. Fleuve frontière sur environ 40 % de son cours, il fut lui aussi un axe d'exploration dans les années 1866-1868, avec Francis Garnier et Doudart de Lagrée, qui pensaient initialement qu'il serait une voie d'accès au marché chinois aussi prometteuse que le Yang Tsé. Mais son cours coupé de rapides dans la section centrale s'avéra moins accessible que le fleuve Rouge. Le Mékong ne fut retenu comme frontière que sur le tiers de sa longueur, entre la Birmanie et le Laos et sur les deux tiers de la dyade Laos-Thaïlande. Bien qu'il s'agisse du troisième fleuve de l'Asie, les régions utiles de son bassin (plaines qui se succèdent depuis Vientiane) étaient, à l'exception du delta, nettement moins

* Source : F.E.E.R., 20 décembre 1990.

peuplées que les autres grandes vallées asiatiques. La vallée avait cessé en effet d'être l'axe d'une vaste entité politique unifiée depuis la chute de l'empire khmer d'Angkor (en 1431, sous les coups d'un roi thaï) ; au XIXe siècle, on rencontrait une succession de petits royaumes affaiblis et placés sous la double influence rivale du Siam (Bangkok) et de l'Annam (Huê) : au nord, il s'agissait des royaumes Lao de Louangprabang, Vientiane et Xiengkhouang, au centre, du petit État Lao de Champassak et, au sud, de l'entité khmer centrée sur Phnom Penh. Or, le Mékong n'a été utilisé comme frontière que sur deux des quatre sections que l'on peut distinguer : au nord, sur l'actuelle limite Laos/Birmanie et au centre, sur une grande partie de la limite Laos/Thaïlande. Sur les deux autres sections, le fleuve ne fut qu'une limite provisoire. Ces variations fonctionnelles au long de son cours tiennent au jeu de deux séries de facteurs d'échelles distinctes, c'est-à-dire de deux séries d'acteurs.

L'interaction la plus décisive se joua entre la France et le Siam, car les Français ont utilisé la situation de recouvrement d'influence entre Annam et Siam sur les États Lao et Khmer pour y établir leur protectorat, c'est-à-dire faire reculer l'influence politique du Siam (le blocus naval de Bangkok aidant, en 1893) sur les régions situées à l'ouest du Mékong. Au nord, la limite actuelle (imposée en 1904) entre Laos et Thaïlande passe sur l'interfluve entre le Mékong et la Ménam, c'est-à-dire au long de l'ancienne limite occidentale du royaume Lao de Louangprabang. Plus au Sud, la fixation définitive de la frontière s'est étalée sur plus de quarante ans (Lamb, 1968 : 172-189) au rythme de la progression française : elle passait à l'ouest et au nord du Tonlé Sap après l'établissement du protectorat français sur le Cambodge (1862), fait accepté par le Siam en échange d'une garantie de suzeraineté siamoise sur les provinces de Battambang et de Siem Reap (1867) ; l'accord franco-siamois de 1893 fixa la frontière au nord du 13e parallèle (celui du Tonlé Sap) sur le Mékong, ce qui entérina la présence française dans les royaumes Lao ; enfin entre 1904 et 1907, les deux provinces citées furent incorporées au Cambodge et la frontière fixée sur la crête de la chaîne des Dangrek au nord et le massif des Cardamones à l'ouest.

Dans ces deux derniers cas, la progression française s'est faite sur des territoires ethniquement khmers mais sous contrôle politique thaï. La frontière passe dans des régions montagneuses peu peuplées et correspondant en gros à une ligne de partage ethnique ou de minorités, sauf quelques exceptions (Khmers de Chantahaburi).

Les provinces occidentales du Cambodge, Battambang et Siem Reap, furent l'objet d'un conflit armé en 1941, placées de nouveau sous contrôle thaï par un arbitrage japonais de mai 1941, puis restituées en 1946. Or, il n'est pas sans intérêt de noter que ces régions, situées à l'ouest du Tonlé Sap, ont longtemps servi de sanctuaire aux Khmers rouges aujourd'hui repliés dans les Cardamones et surtout les Dangrek, où ils disposent encore de l'appui thaïlandais.

Dans la section centrale du Mékong, la frontière a été fixée, à l'inverse des cas précédents, sur le fleuve, qui coule là dans une région de contact entre la chaîne annamitique et le plateau Khorat. Ce « plateau », région de basses terres gréseuses aux sols siliceux très pauvres, peuplé de Lao et conquis par le Siam sur le royaume de Vientiane au début du

XIXe siècle, n'a, semble-t-il, jamais fait l'objet de rivalités entre les cours de Huê et de Bangkok, à la différence des royaumes Lao du Nord et du Cambodge. La frontière fut fixée par un seul traité, en 1893, qui fut à l'origine de l'État moderne du Laos *.

Enfin, au moment de la colonisation franco-britannique, il avait été décidé que le royaume du Siam (ou plus exactement la vallée de la Chao Phraya, axe du Siam) serait conservé comme un État-butoir entre les deux puissances (« déclaration relative à la délimitation des possessions françaises et anglaises le long des frontières du royaume de Siam », 15-1-1896). Cette disposition ne fut tournée qu'à l'extrême nord, sur l'actuelle limite entre le Laos et la Birmanie : en réponse aux avancées françaises à partir du Tonkin, les Britanniques annexèrent les États Shan, qui étaient sous suzeraineté birmane, et les deux puissances fixèrent la limite de leurs « sphères d'influence » sur le haut Mékong.

Malgré une *diversité ethno-linguistique aussi accentuée qu'en Afrique*, l'originalité de l'ensemble asiatique sud-oriental réside dans la présence d'appareils d'État anciens, appuyés sur des foyers ethno-démographiques nombreux, installés depuis des siècles dans les plaines et les grandes vallées : noyaux de véritables États-Nations Birman, Thaï, Kin du Vietnam, Khmer. Toutefois, le degré de projection de ces « centres » politiques sur leurs périphéries est variable et, pour une part, d'importance relative, puisque la maîtrise des vallées, et des villes, suffit à assurer des ressources.

Les ethnies minoritaires sont reléguées dans les périphéries montagneuses, là où ont été tracées la majorité des frontières. Cette structure géopolitique interne en une série de « cercles » de contrôle décroissant à partir d'un noyau central homogène et dominant, est ancienne. Ainsi, la frontière au tracé curieux qui traverse dans sa longueur l'isthme de Kra résulte de la rencontre de deux sphères d'influence thaï et birmane à la suite de mouvements migratoires vers le Sud.

Il y a peu de litiges *stricto sensu* sur les tracés des frontières terrestres, alors que ceux des limites maritimes dans la Chine du Sud sont l'objet de contentieux graves entre tous les États riverains.

La revendication chinoise sur deux secteurs du nord du Vietnam, Lang Son et Cao Bang, résulte certes d'une remise en cause du tracé pourtant établi de manière conjointe par les Français et les Chinois à Pékin en 1887 (convention de Pékin, modifiée par le traité de Tien Tsin de 1895) ; mais les incidents meurtriers qui s'y produisent depuis 1979 s'inscrivent dans le cadre plus global de l'interaction sino-vietnamienne, définie à Pékin comme nécessairement dissymétrique. Les tensions politiques et militaires au Cambodge ont abouti à la réalisation depuis 1984 par l'armée vietnamienne et la population rurale khmère d'un cordon frontalier au long de la frontière avec la Thaïlande : défrichements, palissades, fossés, champs de mines et rocade stratégique face aux incursions des Khmers rouges.

* Ces provinces peuplées d'environ 15 millions de Lao-Thaïs, volontiers autonomistes et mal reliées au pouvoir central, sont perçues, depuis Bangkok, comme pouvant intéresser l'adversaire vietnamien. Mais rien n'indique que tel soit le cas ; ces plateaux gréseux aux sols ne retenant pas l'eau sont du reste d'un attrait tout relatif. C'est donc surtout d'un enjeu d'intégration nationale qu'il s'agit dans ce cas.

Alors que la Conférence internationale de Paris sur le Cambodge poursuit ses travaux, sous la co-présidence de la France et de l'Indochine, offrant un lieu de rencontre aux douze membres du Conseil National Suprême Cambodgien, les attaques des Khmers rouges — écartés du pouvoir en 1979 — ne cessent pas. Discussions et guérilla restent les deux versants d'une lutte qui n'en finit pas...

Indochine et « Bec de Canard ? »

En dépit du retrait des troupes vietnamiennes en 1989 du Cambodge, le Vietnam n'a pas renoncé à reconstituer une « Indochine » sous son contrôle, et il s'agit d'associer les trois États, Laos, Cambodge et Vietnam, dans un unique ensemble économique.

En revanche, le Vietnam seul sert de cadre au programme de redistribution de la population qui a commencé durant le Plan de 1976-1980 et qui a pour objectif de freiner l'urbanisation et de mettre en valeur des périphéries moins peuplées; près de 1,4 million de personnes ont déjà été déplacées. Les régions principales de réinstallation — delta du Mékong, les plateaux et les secteurs des plantations — sont les quatre provinces de Minh Haiu et Kien Giang, à l'extrême sud, de Tien Giang, au sud d'Hô Chi Minh-Ville et enfin de Long Am *.

Dans ce dernier cas, il s'agit de renforcer la présence démographique vietnamienne dans la région dite du « Bec de Canard », qui se présente comme un profond saillant en direction de l'ex-Saigon, là où furent lancées les premières attaques khmères dès 1975 **.

Rappelons que la capitale du Cambodge, Phnom Penh, n'est qu'à 80 kilomètres de la frontière vietnamienne, et que le pouvoir Khmer rouge a, dès la fin de la guerre du Vietnam, cherché à profiter de l'affaiblissement de cet État pour relancer une revendication sur le Khmer Krom, régions où l'influence khmère s'était manifestée avant la colonisation française.

Ce secteur du Bec de Canard, rebaptisé Bec de Perroquet par les Américains et qui s'avance sur l'interfluve entre la Vam Co Dong et la Vam Co Tay, était d'autant plus vulnérable que la province de Long An était peuplée en partie de populations venues du Cambodge et qu'il est très proche de l'ex-Saigon, à une soixantaine de kilomètres.

Ces deux vallées, ainsi que celle de la rivière de Saigon étaient, dès avant l'arrivée des Français, à la fin des années 1860, en voie de peuplement par des communautés annamites, qui se heurtaient là à des groupes cambodgiens progressivement refoulés sur les interfluves.

Les Français proposèrent un tracé frontalier avantageux pour la puissance coloniale, puisqu'il englobait la plus grande partie des bassins des rivières citées et donc des secteurs considérés par le roi khmer comme relevant de sa souveraineté (provinces de Bang Chrum et Chun Ba Den, aujourd'hui Tay Ninh). Devant ses protestations, un décret publié en 1871 rectifiait le tracé initial, mais maintenait sous

* Cf. « The population of Vietnam », U.S. Department of Commerce, oct. 1985.

** Cf. Yves Lacoste, *Hérodote*, n° 21, et « Géographie, Géopolitique et Relations Internationales », *Relations Internationales*, 1985.

contrôle français les vallées de Vam Co Dong et Vam Co Tay ainsi que le bassin de la rivière de Saigon dont les secteurs amont s'avérèrent composés de sols rouges basaltiques particulièrement bienvenus pour les plantations d'hévéas.

C'est d'ailleurs en fonction de cet intérêt économique que le gouverneur général de l'Indochine donna instruction, en 1910, à la commission de délimitation frontalière de tracer une frontière passant entre la rivière Cham et la Dak Dam — au nord de Loc Ninh — de telle sorte qu'elle englobe des aires aptes aux plantations, complétées de régions de peuplement varié — Moi, Stieng, Khmers Tamoun — ayant une fonction de réserve de main-d'œuvre pour la construction de la route entre Saigon et le moyen Mékong ainsi que pour le travail des plantations *.

Le Bec de Canard était le point terminal des pistes de ravitaillement Hô Chi Minh et Sihanouk durant la guerre du Vietnam, de même qu'un des bastions des communistes vietnamiens de 1946 à 1954. Il s'agit donc d'un secteur stratégique, du fait même du tracé de la frontière.

Frontières et archipels : Bornéo et Timor

Dans l'Asie sud-orientale insulaire et archipélagique, on repère trois dyades terrestres.

Dans l'île de Bornéo, la frontière entre la Malaisie et l'Indonésie, c'est-à-dire entre les provinces de Sarawak-Sabah et de Kalimantan, suit en très grande partie une ligne de partage des eaux, sauf au nord-est. C'est un tracé anglo-hollandais, fixé entre 1885 et 1915, qui passe dans des régions de moyennes montagnes faiblement peuplées de Dayak. Ce curieux partage d'une île très vaste — la troisième du monde —, aux sols comparativement pauvres — par rapport à ceux de Java, par exemple, faute de volcans actifs à Bornéo —, se comprend à la lumière des préoccupations générales des Hollandais et des Anglais.

Pour les premiers, dont le point d'ancrage était l'île de Java, Bornéo n'était qu'un avant-poste dont l'occupation, limitée à la côte méridionale, contribuait à la protection de Java. Pour les seconds, la côte nord de Bornéo était une étape sur les routes maritimes reliant l'Inde à la Chine. A l'époque de la marine à voile, les vaisseaux voguant vers la Chine utilisaient, de mai à octobre, les vents de la mousson du sud-ouest qui soufflent depuis les détroits de Malacca jusqu'à la mer de Chine du Sud. D'octobre à avril, époque de la mousson du nord-est, cette première route était peu praticable et les navires contournaient Bornéo par le sud et l'est. Après le milieu du XIXe siècle, Bornéo resta une étape pour la marine britannique, ce qui valorisa la côte nord et ses nombreux sites portuaires, peuplés de Chinois et de Malais; les Britanniques se fixèrent d'abord dans le sultanat de Brunei. L'occasion de cette occupation en était une extinction de la souveraineté du sultan de Sulu (de la partie sud de l'archipel philippin), sous les coups des Espagnols (1878). L'État philippin maintient encore une revendication sur le Sabah, sur la base de cette ancienne appartenance au sultanat de

* Cf. S. Chhak, *Les Frontières du Cambodge*, 1966.

Sulu, d'autant que le Sabah est une aire-refuge des Moros qui soutiennent les rébellions musulmanes de Mindanao contre le pouvoir catholique et central de Manille.

La formation de la frontière nord de l'Indonésie dans l'île de Bornéo est donc plus complexe que ne le suggère le simple tracé physique : au centre, elle touche au sultanat de Brunei, protectorat britannique durant près d'un siècle ; au nord-est, le Sabah fut, après la défaite de Sulu, exploité par une compagnie américano-autrichienne (Dent-Overbeck) payant un tribut annuel de 5 000 $ au sultan de Brunei, puis par les Anglais de la North Borneo Company : dans ce cas, cette limite anglo-hollandaise sépare des sphères d'influence définies en 1889 (après un accord avec l'Espagne en 1885) ; à l'ouest, le rajah de Sarawak était dans une phase d'extension de son influence aux dépens de Brunei.

Détruites durant l'occupation japonaise, ces entités furent reconstituées, cette fois comme colonies britanniques en 1946. En 1963, le regroupement des colonies de Sarawak et Bornéo-Nord-Sabah avec la Malaya forma la fédération de Malaisie, en dépit des protestations de Manille et de Djakarta ; les Indonésiens se lancèrent dans une politique de confrontation, la Konfrontasie, qui n'aboutit pas.

A l'est de l'archipel indonésien, la frontière de Timor, d'origine hollando-portugaise (accords de 1859 et 1893) a été effacée par l'occupation indonésienne, au nom d'une revendication sur la totalité de l'île formulée dès 1946, relayée par les mouvements nationalistes locaux favorables au rattachement à l'Indonésie, sauf le Fretilin, d'orientation communiste, qui décréta une indépendance unilatérale en 1975, jusqu'à ce que la prise de la capitale, Dili, par les « nationalistes » et l'armée indonésienne, la même année, n'anéantisse tout espoir d'État indépendant et ne conduise à une lutte sans merci contre le Fretilin. Depuis 1990, Timor oriental est ouverte à l'immigration indonésienne.

La situation n'est guère plus simple dans la grande île de Nouvelle-Guinée (422 000 km^2), partagée entre l'Irian Jaya, province indonésienne, et l'État indépendant de Papouasie-Nouvelle-Guinée. On se souvient que la frontière suit le 141e méridien Est et fut tracée par les Hollandais de manière unilatérale en 1828, au terme d'une exploration côtière qui les avaient conduits jusqu'à l'embouchure de la Digul : la limite retenue, par des marins, englobait donc toutes les côtes déjà reconnues. L'État indonésien, héritier des Hollandais, a repris une politique d'expansion : le peuplement de l'ouest de l'île n'était en effet ni javanais ni même moluquois.

Les tensions actuelles avec la Papouasie-Nouvelle-Guinée * tiennent à la mise en œuvre d'une colonisation de peuplement à la frontière du

* A noter que tout le détroit de Torres, large de 130 km, est sous contrôle australien, héritage d'une revendication des autorités du Queensland qui cherchaient à annexer la Nouvelle-Guinée de manière à y trouver de la main-d'œuvre pour l'extraction perlière : elles assimilaient ce détroit à un bosphore, jusqu'à ce que l'occupation britannique directe de la Nouvelle-Guinée (1878) arrête l'entreprise. Le contentieux maritime est aujourd'hui sérieux (pétrole et passage jugé important par l'Australie). (Sur les frontières de la Nouvelle-Guinée, voir : Van der Deur, *The Search for New Guinea's Boundaries*, Canberra, 1966.)

141e méridien, à partir d'une ville littorale, Jayapura, rebaptisée de manière fort explicite Sukarnapura (« ville de Soekarno »).

La longue enveloppe chinoise, vue de Pékin

Le dixième des frontières du monde relève de l'enveloppe chinoise qui, avec ses quelque 22 000 kilomètres, est la plus étendue de toutes. Si l'État chinois mène, plus que d'autres, une active diplomatie frontalière, ce n'est pas sous l'effet d'un quelconque déterminisme de kilométrage mais en raison de ses propres objectifs permanents et de la nature de ses relations et interactions avec ses treize voisins (en incluant Hong Kong, jusqu'en 1997, et Macao).

— Frontières réelles, frontières virtuelles

La Chine, État très ancien, a eu depuis des siècles, on l'a vu, une pratique de la démarcation des limites spatiales de sa souveraineté politique et fiscale. Ainsi, dans la région des steppes située à l'est du lac Balkach, dans la fameuse porte de Dzoungarie, étaient disposées deux séries de piquets : les premiers indiquaient la frontière permanente ; les seconds étaient temporaires et plantés plus à l'ouest durant la saison où les pasteurs poussaient leurs troupeaux à raison de la transhumance annuelle.

Le choix entre les deux types de limites fut posé au moment des négociations frontalières avec la Russie (1864), les Russes préférant la ligne, plus à l'est, de poteaux permanents, qui fut retenue. Ce qui était un signe d'englobement et d'appartenance, fixé jusque-là de manière unilatérale, et qui marquait « l'extrême limite » de l'extension d'une souveraineté, devint ensuite une frontière « bilatérale ».

Les Chinois ont ainsi deux conceptions, largement contradictoires, de la frontière : soit il s'agit d'une limite d'imperium ou même de civilisation, fixée de manière unilatérale, puisque selon la représentation géopolitique de la cour de Pékin, « l'Empire n'avait pas de voisins » ; de la sorte, tout traité, résultat d'une négociation avec un voisin — nouveau venu — et aboutissant à muer la ligne d'englobement en limite bilatérale, ne pouvait être considéré que comme inégal puisque imposé ; mais ce qui était imposé était moins un tracé qu'une nouvelle conception de la frontière ; soit il s'agit d'une notion moderne, par nature bilatérale, telle qu'elle fut appliquée depuis une trentaine d'années par l'État chinois dans ses relations avec certains États contigus, le Pakistan, le Népal ou la Birmanie, mais pas tous.

Les réalités immédiates et contemporaines, notamment d'ordre géomilitaire, imposent la seconde conception, tandis que, le cas échéant, la première — qui attribue à des phénomènes anciens et de longue durée une valeur d'actualité — est utilisée pour fonder la politique extérieure de la Chine à l'égard de certains États.

Autrement dit, la dynamique géopolitique autour de l'enveloppe chinoise est la résultante de deux stratégies de nature distincte : d'une part, une stratégie ayant pour enjeu les relations entre deux États (ou deux groupes, peuples) de chaque côté d'*une frontière* que je qualifie de réelle, c'est-à-dire actuelle et tracée ; d'autre part, une stratégie qui se déploie sur des temps plus longs et que ses initiateurs placent dans un cadre différent, plus large, limité par ce que je nommerai *une frontière virtuelle ou une frontière-horizon.*

La frontière virtuelle n'est peut-être pas le but à atteindre, mais l'horizon, plus ou moins imaginaire, plus ou moins fondé historiquement, en deçà duquel les acteurs inscrivent leurs projets. Ceux-ci n'apparaissent guère dans les « rationalisations » produites dans les centres spécialisés décrits plus haut, d'autant plus qu'en l'état des tensions en Asie, le discours géopolitique est, on l'a vu, très axé sur la réflexion stratégique, c'est-à-dire sur la « sécurité », et secondairement sur l'économie.

L'innovation en matière de recherche stratégique et géopolitique en Chine depuis 1979 est un effet et un moyen de la modernisation. La « démaoïsation » passe par l'abandon de la prétention à être un leader du « Tiers Monde » ; elle débouche donc sur un retour à un nationalisme « sino-centré », c'est-à-dire sur une réduction, si l'on veut, de l'horizon de référence. Logiquement, il doit s'ensuivre une réactivation des visions géopolitiques plus classiques des Chinois. Ce qui passe par une politique aux frontières plus active.

Malgré la mise en place de nouveaux outils d'analyse, il serait prématuré d'estimer que les dirigeants chinois ont renoncé à des approches plus traditionnelles dans le domaine des relations avec leurs voisins, comme l'a démontré la tentative de « donner une leçon » au Vietnam en 1979 (ce qui a quand même provoqué la mort de 50 000 Vietnamiens, en cinq ans).

La diplomatie impériale consistant, cartes à l'appui, à revendiquer soit des territoires, soit le paiement d'un « tribut » (politique), n'est sans doute pas effacée dans l'esprit des dirigeants, même si ceux-ci ont d'autres problèmes, nouveaux, à régler, sur leurs *frontières réelles.*

La carte publiée en 1954 dans un abrégé d'histoire montrait que les revendications chinoises de l'époque s'étendaient aux « frontières » d'influence de l'empire au moment des guerres de l'opium (1840) ; des géographes de l'Academia Sinica furent à cette époque très diligents dans le dessin de cartes servant ces desseins (Woodman, 1969 : 287-317) : *frontières virtuelles.*

Indira Gandhi déclarait : « Ce qui est certain, c'est que les Chinois sont expansionnistes. Non seulement ils veulent annexer des parcelles de territoire vietnamien, mais aussi celles des pays limitrophes, dont une partie substantielle de l'Inde [...]. Maintenant, ils revendiquent même des régions habitées par les Indiens. Leurs revendications se fondent sur des cartes anciennes. Mais si l'on se réfère à ces cartes-là, alors la région de Kaïlash, c'est-à-dire le Tibet, devrait être considérée comme partie intégrante de l'Inde. Que penseraient les Européens si l'on déterminait leurs frontières à partir de cartes anciennes ? » (*in Géopolitique,* 1984, 7 : 9).

Une esquisse rapide du déploiement des armées chinoises révèle le regard que l'on porte, depuis Pékin, sur les divers segments de l'enveloppe : 54 % de sa longueur sont une dyade sino-soviéto-mongole, 18 % sont sino-népalo-indiens et le reste (28 %) correspond aux dyades avec la Corée du Nord, l'Afghanistan et le Pakistan et l'Asie du Sud-Est (dont 6 % avec le Vietnam).

Les quelque 3,2 millions d'hommes sont répartis en sept régions militaires dont les centres sont : Pékin, Shenyang, Lanzhou, Jinan, Nanging, Guangzhou et Chengdu. Le tiers des effectifs se situent dans les régions de Shenyang — 300 000 hommes environ en Mandchourie — et de Pékin — 700 000 hommes pour couvrir la capitale et la frontière mongole. Un douzième des troupes stationnent à la frontière du Vietnam tandis qu'une centaine de milliers d'hommes font face à l'armée indienne sur les deux segments de leur frontière commune. Le reste concerne l'Ouest — moins de 30 000 soldats dans le Xinjiang — et l'intérieur du pays — principalement le Centre et l'Est. Les périphéries sont donc peu garnies, sauf en Mandchourie, seule région où les Han sont au contact direct des Russes, et cette géographie confirme que pour les Chinois trois adversaires demeurent : dans l'ordre des forces armées chinoises, ce sont l'État russe, le Vietnam et l'Inde.

Avec les autres États, les « problèmes de frontières » ont été réglés : accords passés au début des années 1960 avec la Birmanie, le Bhoutan, le Népal, le Pakistan, la Mongolie, dans la période et le contexte des tensions majeures avec l'Inde, puis avec l'U.R.S.S.

Si l'accord avec le Népal (1960) visait à placer cet État dans une situation d'État-tampon, celui passé en 1963 avec le Pakistan est une « alliance de flanc » dirigée contre l'adversaire indien ; quant à la Birmanie, non alignée mais proche du régime chinois, elle fut le premier État visé et séduit par les offres chinoises de signature d'un traité frontalier. Les Chinois conduisent ainsi une politique différenciée selon l'état des interactions frontalières.

— La bataille de l'Himalaya

Le seul État à l'égard duquel les dirigeants chinois ont de véritables revendications territoriales est l'Union Indienne. Le contentieux porte sur environ 140 000 km^2.

A l'ouest, il s'agit, outre cinq petits secteurs du haut Indus (Lapthal-Sangsa, Sang, Shipki La-Shanku, Chuva, Palichiassu-Demchok), de l'Aksai Chin, région aréique, de 5 400 mètres d'altitude en moyenne et sans aucun intérêt économique mais dont l'occupation a permis la construction par les Chinois d'une route* d'intérêt stratégique (en 1954-1957) reliant le Xinjiang au Tibet (de Kashgar et Yarkand à Lhassa, en contournant par l'ouest le massif des Kunlun), qui est fréquentée surtout par des populations Uighur du Xinjiang.

L'Aksai Chin fait partie du Ladakh historique et est considérée par les dirigeants indiens comme une région du Cachemire ; elle se situe à proximité du col de Karakorum qui marque la limite entre Inde et Pakistan, au long de l'actuelle frontière, ligne de contrôle fixée en 1949. La route du Tibet, rocade stratégique, est à l'évidence un moyen d'affirmation du contrôle chinois sur le Tibet (qui fut un protectorat chinois de 1720 à 1911 — les Chinois remontent au XIIe siècle pour exhumer un lien d'allégeance qui devait rester fort lointain —, puis une province chinoise autonome depuis 1950) : ce fait avait été accepté par les Indiens lors du traité de 1954.

* C'est donc l'une des trois routes donnant accès au Tibet, les deux autres venant de Lanzhou et Chengdu (construites en 1952-1955).

C'est par cette piste, utilisée déjà par les Dzangar Mongol, que l'armée chinoise avait investi le Tibet en 1950, de manière à prendre l'armée tibétaine à revers et à aborder les centres politico-religieux du pays par Shigatsé, siège du Panchaï-Lama, autorité rivale du Dalaï-Lama résidant à Lhassa, plus à l'est.

L'actuelle limite *de facto* dans l'Aksai Chin est celle atteinte par les troupes chinoises en octobre 1962 (au terme d'un conflit ayant fait près de 10 000 morts) ; ces régions sont plus facilement accessibles depuis le Nord et les Chinois se sont trouvés en position topographique dominante tandis que l'armée indienne, forte aujourd'hui de 45 000 à 60 000 hommes, reste cantonnée dans les fonds de vallée du Ladakh. Le Ladakh, ancienne marche entre le Cachemire et le Tibet, parcouru de caravanes jusqu'en 1959, a été considérablement transformé par cette forte présence militaire, qui contribue à percer des routes stratégiques (de Srinagar à Leh), partiellement ouvertes aux touristes, et à indianiser les Ladhaki (consommation de thé noir, de riz et de vêtements kashmiri).

Selon les termes de la conférence de Colombo, les deux armées sont séparées de 20 kilomètres de part et d'autre de la ligne de partage Shyok-Lingzitang. La frontière revendiquée par l'Inde, bien que définie de manière partielle et non contrôlée faute d'enjeu économique réel, coïncidait avec une trace ancienne et coutumière entre le Ladakh et le Tibet, elle-même liée à des seuils altitudinaux, comme sur l'ensemble du pourtour himalayen (*cf.* E. Gonon, 1987). Dans ce cas, il s'agit d'une zone de séparation entre des secteurs de pâturages tibétains et ladakhi. En revanche, la ligne chinoise ne semble pas fondée historiquement et obéit à une stricte logique géomilitaire.

Toutefois, les Indiens ont proposé en 1985 de céder à la Chine les deux tiers de l'Aksai Chin en échange de la vallée de la Shamba (secteur de Tawang) dans l'Arunachal Pradesh, autre grande région litigieuse entre le Bhoutan et la Birmanie. Depuis 1959, l'État chinois a dénoncé la « ligne Mac-Mahon » dessinée à la conférence de Simla de 1913-1914 par des officiers britanniques.

Comme on observe depuis 1986 une nette reprise des tensions dans les secteurs occidentaux de ce segment (à proximité de la frontière du Bhoutan, dans la vallée de Sumdorong Chu et autour de Tawang), il importe de clarifier les enjeux selon les niveaux scalaires et les périodes historiques : ces litiges sérieux se localisent en effet dans une des régions du monde où, selon la doxa, la « Nature » aurait disposé les plus formidables barrières topographiques qui soient, les chaînes de l'Himalaya.

En réalité, cette notion de « barrière » est d'origine stratégique : Lord Curzon décrivait les Pamir et le Karakorum comme une barrière entre la Russie tsariste et l'Inde ; Holdich considérait la chaîne de l'Himalaya comme « the finest naturel combination of boundary and barrier that exists in the world » ; « it stands alone » ; « never was there such a vast, impressive and stupendous frontier ».

Barrière de circonstance relative à des enjeux inter-impériaux. A la fin du XIXe siècle, en effet, les Britanniques avaient délibérément favorisé l'extension de l'influence chinoise dans le Sud-Ouest du Xinjiang, parce qu'ils y voyaient une manière de bloquer toute avancée russe. En revanche, ils étaient plus indécis sur la fonction à attribuer au Tibet et à la région de l'Himalaya, aire d'expansion coloniale ou espace-tampon ? Devant les initiatives diplomatiques russes, les Britanniques imposèrent un protectorat économique sur le Tibet (1904), puis obtinrent des Russes en 1907 (époque du partage de la Perse et de l'alliance anglo-russe en Europe) la reconnaissance de la suzeraineté chinoise sur le Tibet, conçu alors comme un « outpost of India ».

Mais la frontière du Nord-Est n'était guère définie, car mal connue, faute d'explorations : elle suivait une ligne Walong-Tawang permettant de contrôler les cols, les passes et les accès. Elle ne passait qu'à 220 kilomètres de Lhassa. Or, dans le contexte de la révolution chinoise de 1911, fut réunie la Conférence de Simla, qui proposa de distinguer un « Tibet intérieur » — litigieux entre Chinois et Britanniques — et un « Tibet extérieur », indépendant. Devant le refus chinois, il ne fut signé qu'une convention bi-partite, en 1914, aux termes de laquelle un Tibet indépendant reconnaissait aux Britanniques la « ligne Mac-Mahon ».

Mais cette frontière ne fut pas définie par des textes : elle ne fut que dessinée sur une carte à très petite échelle (1/3 500 000) par un épais trait rouge. Elle englobait du côté de l'Inde des populations tibéto-birmanes dont certaines étaient des vassales de Lhassa. Après l'incorporation du Tibet dans la République populaire de Chine, Pékin reprit à son compte les « droits historiques » tibétains et dénonça la ligne Mac-Mahon.

Au terme de l'occupation de l'Assam (1838), les Britanniques avaient établi une « inner line », frontière économique séparant l'Assam des plantations de thé des régions tribales tibéto-birmanes des régions montagneuses et placèrent les royaumes du Népal, du Bhoutan et du Sikkim sous leur influence.

A Simla, Sir Henry Mac-Mahon avait divisé le Tibet en deux zones, le Tibet extérieur étant placé sous l'autorité d'un pouvoir tibétain lui-même soumis de loin à la suzeraineté chinoise et le Tibet intérieur reconnu comme relevant du contrôle direct de Pékin.

La ligne Mac-Mahon devait suivre la ligne de partage des eaux ou la ligne des sommets les plus élevés au nord des aires tribales : mais cette mention ne suffisait pas à la définir. Elle n'a pas été acceptée par la Chine * et ses dirigeants successifs ont dénoncé la nature « impérialiste et colonialiste » de la ligne limitant la N.E.F.A. (province frontière du nord-est) devenue en 1972 l'Arunachal Pradesh.

Les affrontements sporadiques actuels se déroulent dans les mêmes secteurs que lors de la grave tension de 1962 (près du poste militaire indien de Dhola, à l'ouest de Tawang, une des portes d'entrée de la N.E.F.A.). Le « mythe de la herse » cher à Holdich et Curzon ne rend guère compte des enjeux régionaux et locaux. En effet, l'ensemble himalayen est formé d'une série de chaînes parallèles, elles-mêmes percées de brèches et de saillants décrochés qui provoquent une avancée vers le sud des conditions climatiques plus sèches du Tibet : dissymétrie, donc, dont peuvent profiter les armées chinoises aux saisons où l'armée indienne, plus bas, est bloquée par les neiges des versants plus humides. Ces secteurs ne sont donc accessibles aux

* En revanche, les forces indépendantistes du Tibet la reconnaissent désormais.

Indiens qu'en été alors que l'aridité persistante au nord favorise les implantations chinoises.

L'enjeu est donc d'ordre tactique et se réduit à une lutte pour le contrôle des passages, là où les rivières coulent dans les gorges des vallées suspendues. La frontière *de facto* coïncide donc avec la ligne de contrôle actuelle et la revendication chinoise ne porte que sur quelques saillants à valeur tactique ainsi que sur des bourgs et monastères d'obédience tibétaine comme le monastère bouddhiste de Tawang. Mais l'autorité du Dalaï-Lama ne s'est jamais étendue sur les tribus frontalières du Nord-Est. Les dirigeants chinois pourraient accepter un compromis consistant à assouplir leurs positions à l'est pour se voir attribuer l'Aksai Chin à l'ouest, selon la proposition de Deng Hsiao Ping alors vice-Premier ministre en 1980.

Du Cachemire à la Birmanie, alternent les aires de contact direct — notamment au Sikkim, annexé tôt par les Britanniques car c'était le lieu de passage de la route la plus courte entre Lhassa et Calcutta — et les États-tampons — Népal et Bhoutan. Les deux grands États de l'Asie n'ont passé entre eux aucun traité frontalier moderne ; seuls ont été signés en 1954 des accords ouvrant aux pèlerins et aux commerçants six cols et routes : tandis que les Chinois s'en tiennent à cette réalité, les Indiens s'affirment là aussi héritiers des Britanniques.

A cette étape du tour de l'horizon chinois, on est en droit de s'interroger sur la signification réelle des revendications chinoises. L'usage des questions de frontières est-il un outil de la diplomatie des dirigeants chinois, l'un des rares dont finalement ils disposeraient ? En réalité, comme l'indique le cas de l'interaction conflictuelle entre le Vietnam et la Chine, ce n'est pas le tracé qui fait problème : la frontière fut clairement délimitée par une commission franco-chinoise en 1885-1887, puis démarquée par les soins du colonel Gallieni en 1892-1894. L'action militaire chinoise à la frontière depuis 1975 relève d'une stratégie de pression dont le but est interprété par Nguyen Van Linh, secrétaire général du parti communiste vietnamien depuis décembre 1986 de la manière suivante : « (avec la Chine), les relations sont difficiles, pas seulement à cause du problème du Cambodge. La Chine voulait faire du Vietnam son satellite et, à travers lui, le Cambodge et le Laos, étendre son pouvoir sur tout le Sud-Est asiatique » (*Time*, septembre 1987). Où l'on retrouve la politique ancienne du rapport tributaire. Pourtant, depuis l'achèvement du retrait des troupes vietnamiennes du Cambodge (septembre 1989), un processus de normalisation des relations avec le voisin chinois est engagé, mettant fin à une brouille apparue dès 1972 *. La visite du général Giap à Pékin en septembre 1990 a commencé par le franchissement de la frontière à la « porte de l'amitié », fermée depuis la guerre de 1979. Une nouvelle phase du cycle millénaire — brouille, guerre, réconciliation — est engagée.

— La menace vient toujours du Nord

Avec l'ensemble russe, la revendication des territoires « perdus » ne tiendrait plus, si l'on en croit l'éditorial de la revue *Shijie Zhishi*

* Visite de Richard Nixon à Pékin, en février 1972, en pleine période de bombardements de Hanoi par les B-52.

(23 janvier 1983) : « Le gouvernement chinois a solennellement déclaré à plusieurs reprises que la Chine n'avait aucune revendication territoriale à l'égard de l'U.R.S.S. et ne demandait pas la restitution des territoires cédés à la Russie tsariste par une série de traités inégaux. La Chine souhaite sincèrement voir écarter les obstacles qui entravent l'amélioration des relations entre les deux pays et préconise une solution d'ensemble du contentieux relatif aux frontières » (in *Chronique Rousseau,* 1983 : 379). Mais on lisait plus loin : « Karl Marx, Friedrich Engels et Lénine ont reconnu le fait historique de l'agression tsariste contre la Chine. Même le Dictionnaire (soviétique) des relations diplomatiques publié en 1961 a reconnu que le traité sino-soviétique de Pékin était un traité inégal » (*ibid.*). Ce texte était une réplique à l'hebdomadaire *Temps nouveaux* (du 13 janvier 1983) où il était indiqué que l'amélioration des relations supposait « une renonciation claire et inconditionnelle aux revendications territoriales réciproques ». « Les incessantes élucubrations sur les prétendus traités inégaux et les prétendues conquêtes russes n'ont rien à voir avec la vérité historique ni avec les tâches de normalisation des relations bilatérales » (*ibid.*, 378).

Lors de son discours de Vladivostok (28 juillet 1987), Mikhaïl Gorbatchev a réaffirmé avec netteté que le lieu d'où il s'exprimait était territoire soviétique et il est clair que toute remise en cause des tracés généraux est jugée par les Soviétiques comme inacceptable et impensable. L'objectif principal de la diplomatie soviétique est d'éviter la menace d'un second front * en obtenant une réduction des « tensions ». Des concessions sur le détail de tel ou tel tracé (par exemple, accepter de considérer le talweg de l'Amor-Ussouri comme limite, et non, comme actuellement, la rive droite) peuvent y contribuer. Encore faut-il admettre que, dans ce cas, la frontière fluviale fixée sur le chenal principal des deux fleuves passerait à peu de distance de la grande ville de Khabarovsk, qui est immédiatement à l'est de la confluence, alors que pour l'instant, la frontière suit un chenal secondaire, qui coule plus de quarante kilomètres à l'ouest.

Les négociations frontalières, interrompues en 1979, ont repris en 1987 et une commission mixte d'experts géographes et hydrologues a été désignée, qui devra déterminer où se situent le chenal principal et donc le confluent, à partir des cartes que les deux parties ont récemment échangées. La réduction des tensions se marquera aussi par l'ouverture de quelques points de passage. Depuis 1983 ont été ouverts au trafic des marchandises quatre postes frontaliers : Korgas, fermé en 1962, a été réouvert en 1983 ; Turugat (près de Kashgar, à l'est du Pamir) et Yining (dans la porte de Dzoungarie) ; Skorskog (fermé lui en 1916). Jusque-là, les échanges passaient par la Finlande !

Il est vrai qu'ils sont encore très réduits et ne portent que sur moins de 1 % des exportations totales.

L'on connaît les trois obstacles que les Chinois souhaitent voir levés pour accepter une normalisation des relations (Afghanistan, Cambodge et dissymétrie des forces en Asie de l'Est).

* Cf. Chapitre XIII.

Le premier est assez étrange car l'intérêt chinois pour l'Afghanistan est très secondaire, en dépit de l'annexion par l'U.R.S.S. du corridor de Wakhan qui peut faire planer une menace sur le transit sino-pakistanais par la nouvelle route du Karakorum ; en le maintenant, les Chinois veulent en réalité un clair engagement de non-interférence russo-soviétique dans l'Ouest du Xinjiang (à la différence des années soixante où Moscou joua une « carte Kazakh ») ; la frontière, autour des portes de Dzoungarie, qui recoupe des entités ethniques dont les membres sont souvent liés par des mariages mixtes, a été de nouveau ouverte durant l'été 1987 en deux points pour faciliter les échanges. La frontière est de fait assez perméable. Bien qu'elle ne soit qu'à 200 km d'Alma-Ata (lieu d'affrontements politiques entre le pouvoir central et les clans Kazakh), elle reste plus importante pour les Chinois que pour les Soviétiques, les premiers étant soucieux de renforcer un contrôle Han sur le Xinjiang Ouïghour et Kazakh. Le deuxième « obstacle » relève de la politique tributaire traditionnelle de la Chine, qui souhaite étendre son influence sur l'Asie du Sud-Est.

Le troisième obstacle est plus directement lié à l'état de dissymétrie des forces. Les Chinois veulent obtenir l'allègement de la pression militaire soviétique sur le Nord-Est. D'une part, les 4 divisions soviétiques en Mongolie sont placées sur un remarquable corridor (nom moderne pour « route d'invasion »), qui est parcouru par la voie ferrée Oulan Bator-Pékin, et qui fait peser une menace conventionnelle directe sur la région de Pékin. Ces forces sont en cours de repli.

Enjeux stratégiques, les trois provinces de Mandchourie sont aujourd'hui l'objet d'une active coopération soviéto-chinoise depuis la signature des accords de 1985. Des techniciens russes travaillent à la modernisation de plusieurs des quelque 156 usines qu'ils avaient installées avant 1958, dont la moitié se trouvait, rappelons-le, en Mandchourie, tandis que sept nouvelles implantations sont en cours ou déjà achevées : une aciérie à Anshan, une usine de pâte à papier à Jiamusi, au nord-est, à mi-chemin entre Khabarovsk et Harbin. L'usine traite du bois coupé sur la rive russe de l'Amour et acheminé par trains ; mais il est prévu que des navires soviétiques empruntent l'Amour et la Songhna jusqu'à Jiamusi. Le « dongbei », « terre située au-delà de la muraille », est donc, de nouveau, le champ d'une « coopération » transfrontalière *.

* Il est vrai que c'est une des régions qui ont été le plus marquées par l'influence russe, qui progressait avec le chemin de fer, au point qu'Harbin était surnommée le « Moscou de l'Est », avec ses dômes à bulbe et ses stucs colorés. Dans les campagnes, la production se fait dans le cadre de fermes d'État, établies sur le modèle soviétique, de sorte que les réformes en cours dans l'agriculture chinoise sont plus lentes à être appliquées. C'est en partie dans ces régions industrielles (le cinquième de l'industrie lourde, 15 % de la production industrielle, 10 % de la population) que se joue le succès des réformes de Deng Hsiao Ping ; or, il s'agit des régions chinoises les plus influencées par la Russie soviétique ; enfin, l'apport technique et financier du voisin du Nord apparaît comme une condition, localement, de réussite de la modernisation (joint-ventures, accords de troc sans sortie de devises bien que les prix soient déterminés en francs suisses).

Bref, les régions chinoises situées au sud immédiat de l'Amour et de l'Oussouri sont affectées par une reprise d'influence russe : nul doute que cette nouvelle situation, qui est le versant civil, économique, de la présence militaire soviétique, renforce celle-ci tout en réintroduisant un « facteur russe » dans le débat politique chinois interne.

Il reste que la Russie a encore sur la frontière avec la Chine les deux cinquièmes de ses forces armées terrestres. Ce pourcentage est tout à fait important et qualifie en réalité une situation de « second front ». front ».

D'un point de vue chinois, et en dépit de la longueur de la frontière, les menaces sont relativement localisées. La pression militaire soviétique se fait sentir d'abord au nord de la Mandchourie et dans le secteur de la porte de Dzoungarie. Menaces que confirme le dispositif adverse : les deux tiers des divisions blindées et le tiers des divisions d'infanterie (41 sur 120) se trouvent dans les régions militaires nord-est (Shenyang), nord (autour de Pékin) et ouest (Urumqui, Lanzhou). Quant aux forces stratégiques défensives, elles disposent de deux stations de surveillance situées dans le Xinjiang et dans le Shanxi. Examinée sous cet angle géographique, il est assez net que l'interaction « conflictuelle » sino-soviétique se déploie dans des configurations où le tracé des frontières place l'État chinois en position de vulnérabilité, puisque deux régions motrices du pays (la région capitale et la Mandchourie industrielle et agricole) sont assez facilement accessibles.

En revanche, le Xinjiang — ce terme chinois signifie « nouvelle frontière » — est dégarni, à la différence du Tibet, où se concentre le tiers du potentiel nucléaire chinois, face à l'Inde.

De leur côté, les Chinois peuvent « menacer » des sites essentiels comme Vladivostok et donner consistance à la crainte russo-soviétique du second front. Le tracé du chemin de fer Baïkal-Amur, plus au nord que le Transsibérien, a été choisi, entre autres raisons, pour réduire une menace chinoise potentielle (cf. chap. XIII).

La frontière de Sibérie est aussi une longue ligne de discontinuité ethnique : certes, on rencontre quelques groupes de Coréens près du Yalu, des Toungou des deux côtés des fleuves et des Mongols sur la rive chinoise du haut Argun ; mais pour l'essentiel elle forme limite entre les noyaux Han et les groupes russes et ukrainiens.

Du côté chinois, les régions bordières (steppiques à l'ouest, forestières au centre et au sud-est, marécageuses au nord-est) sont souvent vides d'hommes — moins de un habitant par km^2 — à l'exception du couloir mongol menant à l'ex-Mandchouli, du nord-est du Heilonjiang et du secteur du tripoint avec la Corée du Nord, dans le Jilin.

A l'inverse, les rives soviétiques sont de dix à cinquante fois plus peuplées — région de Blagoveshchensk, et de Khabarovsk à Vladivostok) et, de ce fait, mieux équipées (voies ferrées, routes).

Les dirigeants chinois recherchent dans l'immédiat une diminution de la pression militaire soviétique en exigeant, parmi les conditions de normalisation, une réduction du nombre des soldats déployés en Mongolie et sur les deux autres segments. Or, pour compenser en quelque sorte la dissymétrie du rapport des forces militaires, ils réclament en fait un règlement d'ensemble du contentieux frontalier. Autrement dit, les discussions portant sur les problèmes stratégiques concrets relatifs aux tracés actuels sont soumises au préalable d'une non-reconnaissance explicite de ces frontières. Et inversement, la « surmilitarisation » des confins par les Soviétiques semble finalement répondre moins à un besoin objectif qu'à la volonté de « durcir » cette discontinuité dont le tracé est contesté officiellement par l'État chinois.

Compte tenu de la dissymétrie des forces, la question des *tracés* est soulevée puis écartée pour obtenir, non pas tant leur modification, qu'une négociation plus « égale » dont l'objectif serait d'obtenir l'allégement de la pression militaire soviétique. Dans ce cas, il ne s'agit plus d'un contentieux territorial, mais stratégique, de part et d'autre des actuels tracés et *pour le temps présent.* Pourtant, le « sino-centrisme » réaffirmé, qui s'accompagne d'expéditions militaires au Vietnam, d'une prochaine inclusion de Hong Kong (1997), d'une intervention indirecte au Cambodge, peut laisser penser que, pour les temps à venir, certains horizons restent à l'esprit de certains dirigeants.

L'hypothèse la plus probable est à mon sens que les Chinois n'ont pas accepté leur échec en Mongolie (toujours qualifiée d' « extérieure ») : dernier en date des territoires exclus de la sphère d'influence impériale, il est aujourd'hui (depuis 1921) comme élément du glacis soviétique l'outil de la menace militaire potentielle la plus grave ; enfin, l'autorité chinoise s'impose mal sur les populations de Mongolie intérieure (durement touchées pendant la Révolution culturelle, ce qui n'incitera guère les Mongols du Nord à souhaiter un changement de tutelle). La frontière virtuelle de référence n'est pas celle de 1854, mais celle de 1919, correspondant aux limites existantes au terme de la « première révolution démocratique ». Deng Hsiao Ping n'a-t-il pas « réhabilité », à sa manière, Sun Yat Sen ?

Dans ces conditions, les Chinois cherchent à obtenir que la Mongolie, à l'instar du Népal et du Bhoutan, devienne pour le moins un véritable État-tampon, ce qui éloignerait la menace conventionnelle russe de la région de Pékin. Mais, si les Soviétiques en viennent à leur tour à se représenter l'Asie du Nord-Est comme un « centre » de portée planétaire du fait du poids du Japon et du renforcement militaire américain dans le pacifique du Nord-Ouest, ils seront tentés, pour y être présents et y peser, d'y faire porter leur effort militaire. C'est pourquoi les Chinois continuent d'estimer que l'État russe est, aujourd'hui et dans l'avenir, leur seul adversaire réel : « celui du Nord ».

A une autre échelle, les Chinois restent conscients de la vulnérabilité interne de leur contrôle sur un espace qui, au nord, à l'ouest et au sud-ouest, reste sous-peuplé et encore peu sinisé.

Selon une stratégie séculaire dans l'au-delà des dix-huit provinces, peuplé de minorités « nationales », la politique de maîtrise des frontières a aussi une fonction interne de surveillance des forces centrifuges. C'est l'un des enjeux de la tension sino-indienne, qui concerne le Tibet. Lhassa est, par la route du Sikkim, quatre fois plus proche de Calcutta que de Pékin ; les dirigeants tibétains ont, depuis le milieu du XIXe siècle, été partagés entre une politique « noire » d'alliance chinoise — cas du Panchen Lama de Shigatsé — et une politique « blanche » d'alliance indienne (ou britannique) — cas du Dalaï-Lama de Lhassa, réfugié en Inde, avec une centaine de milliers de partisans. Les dirigeants chinois réagissent en affirmant que le Tibet fait partie intégrante de la Chine « depuis le milieu du XIIIe siècle », tandis que le Dalaï-Lama revendique le droit à l'autodétermination et exige des négociations pour le retrait des troupes chinoises : retour à un statut de « marche » ? Issue bien improbable dans un empire chinois divers mais centralisé qui devra continuer de gérer l'unité dans la diversité des nationalités majoritaires mais dominées dans le « dongbei » et dans l'Ouest lointain, à proximité des deux autres grands États de l'Asie. La sinisation des villes tibétaines se poursuit, la répression s'est accentuée et le mouvement indépendantiste tibétain, basé en Inde à Dharamasala, s'affirme. Mais l'Inde préfère utiliser les combattants tibétains, les « khompas », accoutumés à l'altitude, comme gardiens des confins montagneux de la Chine.

Inde et périphérie : un « sous-continent » indien ?

Ailleurs, on pourrait également discerner des tendances de longue durée, dont la prise en compte éclaire utilement des actions présentes. Ainsi peut-on penser que les dirigeants de l'Inde n'acceptent pas sans mal l'indépendance du Pakistan et qu'ils considèrent le « sous-continent », de la ligne Durand à la Birmanie, des marges du Tibet au Sri Lanka, comme leur domaine d'intérêt.

L'Inde a une très longue enveloppe, composite, puisque les segments du Nord reprennent la limite stratégique britannique (et se doublent de plusieurs États-tampons) tandis que ceux de l'Ouest et de l'Est sont issus de la Partition. La frontière occidentale reste depuis 1947 une véritable ligne de front, prolongée au Cachemire d'une ligne de cessez-le-feu tandis que de sérieux litiges opposent Indiens et Chinois aux confins situés du Karakorum au Népal et du Bhoutan à la Birmanie. C'est donc l'un des ensembles asiatiques où les tracés ont été les plus remaniés au XXe siècle. Outre la rivalité avec la Chine sur les confins himalayens, trois dyades sont des lignes de tension : la frontière très contournée du Bangladesh, la limite indo-pakistanaise et la ligne Durand sur les confins afghans.

Dans les deux premiers cas, il faut se souvenir des conditions de la Partition de 1947. 6 353 kilomètres de frontières d'État ont été établies, qui ne s'appuyaient que rarement sur des limites administratives majeures (ce n'est donc pas le modèle « A.O.F. » d'éclatement selon des clivages préétablis). Dans le détail, la commission présidée par Sir Cyril Radcliffe a ménagé les intérêts des Sikhs du Pendjab : lorsqu'ils constituaient une forte minorité (plus de 18-19 % dans un district), ils furent inclus dans l'ensemble indien, même si les mêmes districts comportaient une majorité musulmane. C'est pourquoi la frontière ne suit pas la rivière Sutlej (qui marquait la limite orientale d'un peuplement musulman majoritaire contigu, selon les termes de référence des travaux de la commission) mais passe à l'ouest d'Amritsar, bastion Sikh. D'où ensuite de tragiques transferts de populations.

La frontière indo-pakistanaise est d'abord une « ligne Sikh »; la situation se complique aujourd'hui de la volonté sécessionniste d'une partie des Sikh du riche Pendjab indien, qui trouve son origine à la fois dans un particularisme religieux accentué et dans le refus de devoir, du fait de la structure fédérale de l'Union, subventionner des États démunis.

A l'est, l'interaction Inde-Bangladesh est nécessairement problématique : s'y combinent l'intersection ethnique bengali, le drame économique d'un Etat à la fois inégalitaire et très peuplé, dont l'espace autrefois organisé en fonction de Calcutta s'est trouvé coupé de son pôle principal par la Partition et son inclusion dans un ensemble pakistanais inviable, enfin des poussées migratoires constantes.

Or, ces dernières se déroulent dans des régions bordières indiennes — Assam, Bengale — dont la Ligue musulmane, on s'en souvient, avait demandé l'inclusion en 1947 pour constituer des réserves de terres ! Cet argument n'avait pas été retenu par la Commission Radcliffe — (cf. p. 266). D'où la construction d'une ligne de barbelés.

La tension indo-pakistanaise doit se comprendre en elle-même et en fonction de la crise afghane. Les gouvernements indiens semblent mal s'accommoder de l'existence du Pakistan et trois guerres les ont déjà opposés. Au-delà des différends territoriaux (Cachemire) et frontaliers directs ou indirects (non-reconnaissance de la ligne Durand par l'Inde comme frontière pakistanaise), les deux États sont en rivalité. Mais il importe de distinguer plusieurs cadres géographiques de référence.

Dans le cadre de l'ex-Empire des Indes, l'État indien prétend à une position hégémonique, sur les États himalayens, le Sri-Lanka, le Bangladesh ou le Pakistan, et, au-delà, sur l'océan « Indien ». La sécession du Bangladesh est ainsi analysée comme l'invalidation de la théorie des deux nations, qui avait justifié la fondation du Pakistan. Celui-ci devrait donc admettre l'hégémonie de l'Inde, c'est-à-dire des Hindous, alors qu'à l'inverse ses gouvernements recherchent la parité. Le développement des liens avec l'Asie du « Sud-Ouest » et le monde islamique, l'effort dans le secteur nucléaire, les choix faits face à la crise afghane le prouvent.

Or, les dirigeants indiens semblent n'apprécier la crise afghane qu'en fonction de la rivalité avec le Pakistan, puisque celui-ci s'en trouve militairement renforcé (la moitié de l'aide américaine de 3,2 milliards de $ (1981-1986) est militaire, bien que présentée comme défensive). De plus, la Partition est mal acceptée, et les Indiens peuvent rappeler que c'est en Inde qu'a germé l'idée pakistanaise d'une nation séparée et revendiquer si ce n'est une réunification à échéance lointaine, du moins une place mineure pour leur voisin. La reconstitution d'un Raj sous domination hindoue ne ferait qu'exacerber des tensions religieuses croissantes en Inde, ce qui ôte à cette « option » théorique tout intérêt.

Mais dans un cadre de référence un peu plus vaste, celui du sous-continent, que les stratèges indiens se représentent comme un ensemble topographique unitaire et limitent, tels les Britanniques, à la barrière de l'Hindu Kush, la corrélation indo-pakistanaise est quelque peu différente.

Vue de Delhi, la position géostratégique du Pakistan était, en perspective, celle d'un glacis ou mieux d'un État tampon face à une éventuelle poussée militaire soviétique à caractère définitif au sud de la « barrière » de l'Hindu Kush (massif qui, comme l'Himalaya, n'est peut-être pas autant une barrière infranchissable qu'on pourrait l'imaginer à partir de cartes générales à très petite échelle). Le maintien de cette situation fonctionnelle finalement classique dans le cadre de l'ancien dispositif frontalier du Raj implique la cohésion du Pakistan, et non son démembrement.

Le Pakistan en soutenant la résistance afghane, a empêché la formation d'un condominium indo-soviétique au long de l'axe territorial Tachkent-Kaboul-Delhi.

Le choix dépend de la corrélation indo-soviétique, qui n'est une alliance qu'en raison de l'interaction des deux États avec la Chine et de l'alliance du Pakistan avec les États-Unis. Mais les chercheurs soviétiques n'en analysent pas moins le système socio-économique indien comme dominé par un pouvoir bourgeois certes en expansion et susceptible de faire reculer le mouvement communiste (Bengale, Tripura, Kerala), mais « dans un futur plus lointain, des changements politiques majeurs dans le pouvoir politique peuvent être précipités par de nouvelles tensions sociales et une lutte de classe plus vigoureuse » (G. Kotovsky, 1984). Parmi ces tensions, l'auteur cite la « cristallisation » des intérêts ethno-nationaux et régionaux.

C'est précisément ce dernier point qui peut devenir un impératif majeur dans l'interaction indo-pakistanaise, celui du maintien de l'unité de l'Inde, dont les causes internes de tension sont assez fortes pour que des modèles de fragmentation ne soient pas importés, par exemple du Pakistan voisin. Or, les choses se compliquent du fait que c'est dans la province frontalière du Penjab indien que, sous l'effet du séparatisme d'une partie des Sikh, l'Union Indienne est mise en péril, et la complicité pakistanaise dénoncée. Mais l'importance économique du Penjab (l'une des régions de la révolution verte) et le poids essentiel des Sikh dans l'appareil militaire (pour 2 % de la population, ils forment 10 % des soldats, de 20 à 30 % des officiers et pas loin de la moitié des pilotes de l'armée de l'air) font du maintien de cet État dans l'Union Indienne une priorité absolue.

Cela passe-t-il par un nouveau conflit avec le Pakistan ou bien au contraire par une « normalisation », commencée en 1982 ? La sécurité à long terme du Pakistan passe-t-elle par une « garantie » indienne, comme dans le passé ? Sans doute, à ceci près que la médiation qui mit fin à la guerre indo-pakistanaise sur le Cachemire, en 1966, fut entreprise non pas à Londres, mais à Tachkent.

Les Indiens souhaitent le départ des troupes soviétiques d'Afghanistan, puisque la menace pesant sur le Pakistan a contribué à renforcer ce dernier, du fait des aides saoudiennes et surtout américaines. Mais si ce scénario se doublait d'une diminution de l'appui extérieur, qui est pour l'instant une garantie de sécurité, les dirigeants d'Islamabad pourraient être tentés de rechercher une protection stratégique dans le développement de l'arme nucléaire — à laquelle, selon les Indiens, ils travaillent — : bref, de sanctuariser leur territoire pour compenser un déséquilibre des forces militaires autour de la dyade indo-pakistanaise et exorciser une menace venue d'Inde.

En effet, l'armée indienne est pour moitié à la frontière pakistanaise, du Rann de Kutch au Cachemire, alors qu'à la frontière chinoise on ne compte qu'un cinquième des troupes indiennes. Quant à l'armée pakistanaise, elle se localise pour l'essentiel à l'est, et non sur la « ligne Durand » avec, selon New Delhi, 14 des 17 divisions d'attaque : symptôme clair de la hiérarchie des menaces perçues.

La frontière pakistano-afghane est un cas extraordinaire de frontière impériale à rôle stratégique qui remplit aujourd'hui — depuis 1979 —

la fonction qui a présidé il y a près d'un siècle — 1893 — à son tracé *.

Pour les résistants afghans comme pour les Pakistanais, c'est plutôt une « bonne frontière », du fait de son tracé, et notamment des accès qu'il permet vers Kaboul et Kandahar ainsi que vers le nord.

L'Inde reste perçue comme l'adversaire majeur, depuis le retrait des troupes soviétiques d'Afghanistan en 1990. Les incidents de frontière, notamment autour du Jammu-Cachemire, se multiplient depuis 1987, de part et d'autre de « la ligne de contrôle » fixée en 1949 par les Nations unies. New Delhi accuse le Pakistan de laisser les séparatistes Sikhs utiliser des bases arrières au Pendjab pakistanais. La dyade indo-pakistanaise est donc, depuis son origine, un véritable front, qui a déjà été l'enjeu de trois guerres, qui n'ont laissé que des questions territoriales en suspens, lourdes de nouvelles menaces. Le Pakistan soutient ouvertement les séparatistes islamistes du Cachemire en lutte contre New Dehli qui revendiquent une « réunification » avec l'État pakistanais. Face à la pression indienne, le Pakistan s'est lancé dans un projet de sanctuarisation nucléaire, aux conséquences imprévisibles.

Pour longtemps, le front indo-pakistanais sera l'un des plus critiques qui soit d'autant que la cohésion politique de l'ensemble indien est loin d'être assurée.

* Cf. M. Foucher, *Les frontières de l'Afghanistan*, in « Les Frontières du Tiers Monde, une géographie géopolitique », 4e partie, thèse, 1986.

* cartes 40 à 51

CHAPITRE XI

L'Asie occidentale : les questions d'Orient

« Nous ne nous connaissons pas le droit d'imposer le continu quand nous constatons sans cesse et partout le discontinu. »

Gaston Bachelard, 1936.

Orient proche, Orient moyen et Asie du Sud-Ouest : de quelques repères

Les géographes ne sont pas les seuls à imaginer des « ensembles », qui sont autant de visions du monde, amples ou réductrices, mais fonctionnelles. Il se trouve que les géonymes (mot que l'on proposera pour éviter l'emploi du terme « toponyme », qui désigne des lieux de petite taille, de manière fixe) les plus en usage ont été produits par des journalistes et des stratèges. Journalistes qui observaient, à partir du début du siècle, le développement des rivalités politiques et économiques.

Ainsi en est-il du « géonyme » Moyen-Orient, qui n'est que la traduction française de l'expression « Middle East ». On la devrait (selon Davidson) à l'amiral Mahan, qui, observant en 1902 l'activité russe en Iran et les projets allemands vers Bagdad, s'inquiétait de la (contre) stratégie navale britannique. Celle-ci devait s'appuyer sur le golfe « Persique » et se déployer dans un sous-ensemble dont les géonymes habituels, Proche-Orient et Extrême-Orient, ne pouvaient rendre compte. Il fut repris par Chirol, correspondant du *Times* à Téhéran, en octobre 1902, pour qualifier les accès Nord et Ouest de l'Empire des Indes, c'est-à-dire l'Afghanistan, l'Iran et l'Irak dans leurs limites actuelles. On soulignera que, pour le journaliste, ce sous-ensemble était discontinu et incluait le Tibet, dont le statut n'avait pas encore été fixé. L'expression de « Middle East » désignait donc, à l'origine, une sorte de large périphérie de l'Empire des Indes définie comme champ de menaces. Terme géo-stratégique par conséquent regroupant des aires frontières qui n'étaient pas encore sous contrôle direct ou indirect du Royaume-Uni, et employé en ce sens par Lord Curzon en 1911 lors d'une discussion à la Chambre des Communes (Beaumont, 1976 : 1) : un ensemble englobant la Perse, la Turquie et le

Golfe, où les projets ferroviaires concurrents le préoccupaient. Des limites différentes des précédentes, donc, pour un ensemble situé plus à l'ouest.

Durant la Première Guerre mondiale, le corps expéditionnaire basé en Irak et envoyé à Delhi fut désigné comme « Middle East Forces » alors que celui basé au Caire était nommé « Near East Forces ». Lorsque les deux commandements régionaux de la Royal Air Force furent regroupés en 1932, le terme de Middle East fut conservé. La menace italienne sur le canal de Suez vers 1940 provoqua l'établissement de l'état-major de l'armée au Caire, sous le nom de « G.H.Q. Middle East ». Son aire de responsabilité s'étendait de la Libye et de la Somalie au Golfe Persique, l' « Afrique du Nord » n'étant alors qu'une subdivision opérationnelle. Province militaire donc : l'usage de ce terme dans les communiqués militaires et chez les officiers contribua à sa diffusion en Europe et aux États-Unis. Dans le même temps, la réorganisation, par les Alliés, des économies régionales, en fonction de l'effort de guerre, contribua à diffuser ce terme localement (via les plans de développement, les couvertures cartographiques et les publications officielles). Le Moyen-Orient fut ainsi défini comme un théâtre, désormais centré sur Le Caire. Ce qui, à l'évidence, était un empiétement à la fois sémantique et concret sur le « Proche-Orient », géonyme lui d'origine française.

L'actuelle dualité du vocabulaire, Proche et Moyen-Orient, est, dans une large mesure, un effet de la rivalité franco-anglaise (effet onomastique des accords Sykes-Picot, 1916, puis de la guerre de Syrie, 1942). En France, on parlait tour à tour de « Levant » (Liban et Syrie), d' « Orient » ou, plus tard, de « Proche-Orient » (équivalent du Levant, cf. Pichon, 1938). Aujourd'hui, des différences de contours demeurent. Si, au lendemain de la création de l'État d'Israël, le terme de « Near East » a été employé, celui de Proche-Orient ne fait pas partie de la terminologie officielle du Quai d'Orsay. On y trouve ainsi une Direction Afrique du Nord-Moyen-Orient, qui inclut trois sous-directions, dont celle de l'Égypte-Levant et celle du Moyen-Orient (d'Aden à Téhéran), tandis que la Turquie (et Chypre) sont « suivies » par la sous-direction d'Europe méridionale.

Aux États-Unis, on a vu apparaître le terme d' « Asie du Sud-Ouest », qui est une adaptation de la notion d' « arc de crise » formulée par Brzezinski, pour désigner un ensemble allant de Beyrouth à Islamabad. Il s'agit là encore d'un théâtre, centré sur le Golfe arabo-persique, défini comme menacé par l'Union Soviétique (depuis 1979), et correspondant en fait à l'aire d'une éventuelle action de la « Force de Déploiement Rapide » (réplique à l'Ouest d'un autre ensemble, défini aussi en tant que théâtre, l'Asie du Sud-Est, comprenant les espaces qui furent occupés par les armées japonaises au sud de la Chine).

Si la notion de « Proche-Orient » était en quelque sorte centrée sur le problème des rapports immédiats entre Israël et ses voisins, puis, et en plus, sur les questions libanaises et syriennes, et si celle de « Moyen-Orient » évoquait d'abord le pétrole, puis le conflit Irak-Iran, il est clair qu'avec la « révolution » (ou réaction) islamique partie d'Iran et ses effets internes au Liban, les deux sous-parties de l'Asie de l'Ouest peuvent être envisagées comme insérées dans le même ensemble géopolitique, qui se définit comme un vaste champ d'interactions et d'ingérences multiples. Toutes les frontières y sont en question et ne paraissent ni sûres ni reconnues.

L'Asie occidentale : une aire sans frontière jusqu'au début du XXᵉ siècle ?

Comme l'Afrique, cette partie du monde fait l'objet d'une puissante représentation, celle de l'unité naturelle du « monde arabe », que serait venue briser l'ingérence extérieure. On prend soin d'ailleurs d'oublier que cette notion unitaire est d'origine britannique, quand il s'était agi de mobiliser les tribus contre les Ottomans en laissant espérer le « mirage » d'un royaume arabe uni. Certes, beaucoup de frontières actuelles sont des innovations non seulement dans leur tracé, mais encore dans leur principe même et, dans bien des cas, en Arabie du Nord par exemple, la frontière linéaire d'État ou d'Empire était inconnue jusqu'au début du XXᵉ siècle.

Du reste, près du quart des contours éventuels des États de l'Asie occidentale ne sont ni démarqués ni délimités ; les atlas signalent l'absence de tracés dans le sud de la péninsule arabo-yéménite : « dyades » Yémen-Arabie Saoudite-Oman-Émirats Arabes Unis. C'est aujourd'hui une lacune relativement unique au monde.

En outre, la critique des tracés peut se soutenir d'une référence à l'Islam, dont on a pu écrire qu'il était une « pensée sans frontière ». Les questions relatives au territoire dans la pensée islamique restent complexes et controversées, et sont de celles qui, à l'évidence, n'échappent pas à ce que F. Braudel appelait « les conjonctures synchrones ». Selon les périodes, tantôt on pointera une conception unitaire (l'umma), conquérante (djihad, ghazi) et dissymétrique (la conversion comme condition de la trêve), tantôt on mettra en valeur les traités passés sur un pied d'égalité, impliquant la légitimation, idéologique, des délimitations frontalières.

L'Islam est-il une pensée « sans frontière », ignorante d'un droit international public, ou bien, à l'inverse, y a-t-il un corpus théorique au sujet de l'État, de la nation et des limites interétatiques ? Ce problème a été soulevé après la partition de l'Inde, par des juristes pakistanais, puis lors de la décolonisation en Afrique du Nord et la conjoncture présente n'est-elle pas marquée par l'opposition, à l'intérieur du monde islamique, entre plusieurs conceptions géopolitiques irréconciliables ? En réalité, des frontières sont apparues très tôt dans ce qu'on a coutume d'appeler le « monde » musulman, et sur ses marges, dont certaines demeurent.

Au départ étaient, dans le Dar al Islam, comme à Byzance ou à Rome, de grandes représentations du monde, à ambitions universalistes, donc illimitées. Les aires de contact avec les autres grands systèmes synchrones, au centre proche — Byzance — ou plus lointain — lieux de rassemblement des croisades —, n'étaient-elles pas de vraies frontières, sur lesquelles on s'est, des siècles durant, affronté, à moins que d'autres intérêts ne fassent que l'on en arrive à se « tourner le dos » ?

Du IXᵉ au XVIIᵉ siècle, l'Islam, arabe puis turc, fut conquérant, mais avec des possibilités d'expansion différenciées selon les systèmes politiques rencontrés. Les concepts (construits par les légistes Abbassides) de Dar al Islam et de Dar al Harb (lieu de la guerre et de la conversion ou de la soumission, et qui peut inclure le Dar al Solh, régions habitées par des chrétiens ou des juifs payant tribut) impliquent une représentation tranchée du monde, en subdivisions de première grandeur. Mais la division de l'espace islamique en trois entités, Ottomane, Perse et Moghol, a introduit des facteurs durables de dissociation.

Entre Chrétienté et Islam de l'Ouest, il y eut des capitulations, puis des traités, mais les accords de délimitation, tardifs, résultèrent d'une modification de la conjoncture.

La langue arabe dispose d'ailleurs de plusieurs termes pour désigner les frontières : « hadd », séparation et extrémité ; « awasim », relatif (selon l'*Encyclopédie de l'Islam*) à la frontière entre Byzance et les califats du Nord (Syrie), en avant de laquelle se trouvaient des places frontières (« al tugghur »). Les opérations menées contre les « acrites », gardiens des frontières byzantines, étaient le fait des « ghazi », participants des rezzou (et de la djihad), recrutés parmi les mercenaires turcomans ; l'État ottoman fut, à l'origine, une des principautés ghazi. On se souvient que les empires musulmans avaient eu une pratique très précise de la frontière et de sa fonction fiscale aussi bien que militaire. En outre, le « monde » musulman a été très tôt divisé au long de limites ethniques, linguistiques, politiques et souvent religieuses. A cet égard, le cas le plus remarquable est celui de la double dyade Irak-Iran et Iran-Turquie, qui est autochtone et ne doit rien à des interventions exogènes, même si la première fut précisée dans sa démarcation au début du XXᵉ siècle et est restée en litige dans son ultime section méridionale jusqu'en 1975. Elles datent en réalité du XVIIᵉ siècle.

En Asie, la montée d'un pouvoir safavide en Perse érigeant le chiisme en religion d'État et donnant au « nationalisme » perse un idéal spirituel, avec l'attente du retour de l'imam caché, avait conduit à près de 120 ans de conflit avec un État ottoman gardien de l'orthodoxie sunni et inquiet des effets de l'avancée du chiisme chez les Turcomans de l'Anatolie. Le « Kurdistan » et, de manière plus générale, tout l'espace compris entre Diyarbakir et Tabriz furent disputés, conquis et repris, ravagés par la tactique de la terre brûlée et dépeuplés.

Des lignes fortifiées furent édifiées de part et d'autre d'une zone parcourue par les Turcomans, qui faisaient allégeance, selon les circonstances, aux autorités d'Istanbul ou à celles de Tabriz (Parry, 85). En fait, le conflit s'étendit de la Géorgie au « Chatt el arab », après les campagnes de Suleiman (qu'on a appelé « Le Magnifique », mais qui était « Le Législateur »), et s'aggrava au milieu du XVIᵉ lorsque les chefs Turcomans se rallièrent à la dynastie safavide, obtenant la position d'une aristocratie militaire privilégiée. C'est à la suite d'une nouvelle défaite perse à Bagdad que fut signée en mai 1639 la paix de Zuhab : l'Arménie fut laissée sous contrôle perse et l' « Iraq » sous contrôle ottoman.

Parmi les clauses, il fut décidé de procéder à la démarcation de la frontière, dont le tracé est le même qu'aujourd'hui. Les Ottomans lâchaient des territoires, situés au-delà des vilayets frontalières de l'est anatolien, parce qu'ils ne pouvaient pas les tenir sans y rester de manière permanente, avec le risque d'être exposés au harcèlement perse, à partir de Tabriz.

Zuhab est aujourd'hui un bourg iranien sur l'ancienne grande route commerciale allant de Bagdad à Kermanshah.

Enfin, à l'intérieur de l'ensemble arabophone, les facteurs de discontinuité ne manquent pas. D'abord, on relèvera ces lignes de partage des aires d'influence foncière, commerciale ou politique des villes historiques, si caractéristiques de la géopolitique de l'Orient — Damas, Bagdad, Mossoul, Le Caire. On insistera ensuite sur le rôle spatial de la répartition entre les tribus bédouines des droits de pâturage et d'occupation dans le cadre de longs déplacements saisonniers. Dans ce cas, qui vaut dans le vaste espace s'étendant du moyen Euphrate au Yémen et du golfe d'Akaba au Khuzistan, les contours pouvaient varier mais ils n'en étaient pas moins clairement connus et soigneusement définis, la taille de chaque territoire n'étant pas sans relation avec la force et le prestige de chaque tribu, la nature des systèmes d'alliance et de protection dans le cadre de fédérations (comme celle des Anizah, du nord-ouest de l'Arabie) et l'écologie des régions parcourues.

Certes, le grand nomadisme a décliné à partir de la fin du XIXe siècle, mais les bédouins ont joué un rôle essentiel dans la formation de la carte politique du Moyen-Orient dans les années 1920-1930. Aujourd'hui encore, on ne manquera pas de souligner la place des bédouins comme assise du pouvoir du roi Hussein de Jordanie et la fonction essentielle à la stabilité interne d'un vaste royaume de la consultation des clans et des tribus comme moyen privilégié de gestion par les Saoud des affaires de l'Arabie, confédération de tribus unifiées par conquête et passation d'accords d'alliance. Du grand nomadisme, il reste aussi une conscience aiguë du territoire, de ses variations et de ce qu'il contient — puits, oasis, types de pâturages, pistes, massifs, oueds — plus que d'une limite abstraite : la multiplicité des conflits et de la formation de réseaux d'alliance l'attestent.

Enfin, même inspiré par les Britanniques, le thème de la « nation arabe » fut formulé par le chérif Hussein de La Mecque, lors de l'établissement du Protocole de Damas (1916), rédigé par les nationalistes en des termes spatiaux assez précis : au Nord, sa limite devait suivre la ligne Mersin-Adana jusqu'au 37e parallèle, puis une ligne Urfa-Mardin-Jazirat ; à l'Est, elle devait s'étendre jusqu'à « la frontière perse et le Golfe persique » (cf. Correspondance Hussein-Mac-Mahon, haut commissaire au Caire, publiée en 1939).

Les acteurs des tracés : une doxa à revoir

On admet généralement que les frontières actuelles de l'Asie occidentale sont dues au partage de l'Empire ottoman par les grandes puissances européennes. Et l'on a coutume d'invoquer les accords secrets Sykes-Picot de 1916, qui décidèrent effectivement d'une répartition spatiale entre plusieurs États, France, Royaume-Uni, mais aussi Italie, Grèce et Russie.

Or, à examiner les tracés actuels, on constate que moins de 700 kilomètres et une dyade et demie sont directement* nés de ces accords : limite Jordanie-Syrie et la moitié occidentale de la dyade Irak-Syrie. Sur un total de 29 dyades et d'environ 14000 kilomètres de frontières effectives — en incluant, de manière approximative, ce qui reste à déterminer en choisissant entre les diverses lignes proposées par les uns et les autres, soit environ 3500 km, le quart du total —, l'intervention française a porté sur 16 % des tracés, celle des Britanniques sur 26 %, celle des Russes sur 14,5 %. Le rôle des Ottomans et de leurs successeurs est attesté pour 29 % des tracés actuels. Quant à la rivalité franco-anglaise, elle a « produit » 1050 km de frontières seulement, soit moins de 7,5 % du total* ! En réalité, s'il y eut bien une série de plans de partition de l'Asie occidentale — accords de 1916, traité de Sèvres de 1920 —, ils n'ont été réalisés que très partiellement sous l'effet du retrait russe après 1917, de la rivalité franco-anglaise, du sursaut national turc et de l'éveil arabe.

Les Turcs auront ainsi réussi à annuler les dispositions du traité de Sèvres, remplacé par celui, plus avantageux, de Lausanne (1923). En effet, si le traité de Sèvres avait été appliqué, la totalité du Moyen-Orient, à l'exception de la Perse et de l'Arabie intérieure, aurait effectivement été partagée entre quatre États européens — France, Royaume-Uni, Italie et Grèce —, une « zone des détroits » sous contrôle international dessinée, un État arménien créé, à l'initiative américaine, dans l'Anatolie orientale, ainsi qu'un État kurde.

L'État turc en aurait été réduit au quart de sa superficie actuelle ; on sait que sous la direction de Mustapha Kemal Pasha Ataturk et au prix de terribles luttes — aux dépens des Grecs de Smyrne et des Arméniens, chrétiens, alliés des Russes, massacrés par des Kurdes en 1915-1916 —, l'État turc fut capable de négocier le traité de Lausanne, qui fixa ou confirma les frontières présentes, rendant du même coup les accords Sykes-Picot et leur version remaniée et élargie de 1920 inapplicables.

Dernier fait : les médiations internationales, par des conférences dont Camp David fut la plus récente, n'ont joué qu'un rôle mineur avec moins de 6 % du total (Turquie-Irak ; Turquie-Grèce ; Israël-Égypte).

Sur quoi se fonde aujourd'hui l'évocation de l'hypothétique tenue d'une « conférence internationale sur le Proche-Orient » sinon sur une représentation du passé récent selon laquelle les acteurs externes et lointains auraient eu un rôle exclusif ? Il deviendrait alors logique et conforme à une certaine idée de l'Histoire de rétablir l'ordre en écrivant une version moderne des accords Sykes-Picot... entre Russes et Américains cette fois. C'est oublier qu'en Asie occidentale les acteurs internes ont eu des actions décisives : des États d'abord, souvent depuis longtemps — 18 % des tracés datent d'avant la fin du XIXe siècle et des tracés anciens ont été souvent repris ou recouvrés, notamment entre

* Certes, les frontières jordaniennes avec l'Irak et l'Arabie Saoudite coïncident en partie avec la limite sud de la sphère d'influence anglaise mais elles ont été tracées au terme d'accords avec Ibn Saoud en 1922.

** France : seule, Syrie-Liban ; avec les Anglais : Syrie-Irak, Syrie-Jordanie, Israël-Liban ; avec les Turcs : Syrie-Turquie. Royaume-Uni : seul, Irak-Koweit ; avec les princes arabes : Irak-Arabie Saoudite, Koweit-Arabie Saoudite, Arabie Saoudite-Jordanie ; Jordanie-Irak.

Turquie et Russie soviétique —; des peuples ensuite — les Maronites puis les Juifs —; le cas palestinien n'est particulier que parce qu'il n'aboutit pas (cf. chap. XII).

Si les frontières de l'ensemble ouest-asiatique résultent, au nord, du regain de vitalité de l'État turc, elles sont, au centre, nées de la rivalité franco-anglaise et des initiatives hardies de quelques minorités ethno-religieuses; dans le Sud, en dépit de la forte présence anglaise, les tracés ont été négociés avec les princes d'Arabie, qui ont pu bloquer des décisions moins favorables et laisser des tracés dans l'indétermination; à l'est enfin, la frontière multiséculaire est une ligne de front meurtrière. Dans les quatre situations en effet de graves problèmes restent en suspens.

Les frontières de l'État turc

Au nord, l'État turc a imposé, par les traités de Kars (1921) et de Moscou (1924), l'application des dispositions contenues dans les traités d'Aleksandropol (1920) et surtout d'Adrianopole (Edirne, 1929), qui fixaient la frontière russo-turque au long des limites administratives des sanjak de Batoumi, Ardahan et Kars (placés en Russie de 1878 à 1920).

Par rapport à 1829, seule la région située au nord de Batoumi est restée russe, tandis que la frontière turque était reportée au fleuve Araxe, incorporant le sud de la province arménienne d'Érevan : l'église d'architecture russe de Kars abrite aujourd'hui une usine électrique. Depuis 1945, les Soviétiques ont revendiqué la région de Kars-Ardahan selon les limites antérieures à 1921, ainsi que le littoral de la mer Noire sur environ 260 kilomètres en invoquant l'affinité ethnique de sa population avec les Géorgiens.

Trois millions d'Arméniens vivent aujourd'hui en Union Soviétique, dont deux dans la république créée en 1936, qui dispose d'une large autonomie. Le projet d'État arménien indépendant, autour des régions de Cilicie et du lac Van, donc dans les limites dessinées par le président Wilson en 1919, est toujours vivant dans la diaspora. Ne servirait-il pas d'abord les intérêts géopolitiques de l'U.R.S.S.? De fait, un État arménien existe, sous contrôle de l'État soviétique, il est vrai.

La frontière turco-soviétique est fermée, hautement gardée et le chemin de fer Erzerum-Kars-Leninakan n'est plus fréquenté; c'est, avec celle de Norvège, la seule limite stratégique où les deux blocs militaires sont en contact : c'est pourquoi la troisième armée turque est basée à Erzerum, tandis que les bases aériennes et d'écoute de l'O.T.A.N. sont situées plus en retrait et ont vu leur rôle renforcé depuis l'évacuation des sites américains en Iran (Sinop, Dyarbakir, Belbasi).

Au sud, la Turquie borde la Syrie et l'Irak. La dyade occidentale comprend trois segments. Le premier limite la fameuse « sanjak d'Alexandrette » (aujourd'hui Iskanderum), partie de la Syrie du mandat mais peuplée dès cette époque de Turcs pour moitié (ainsi que d'Arméniens) et cédée à la Turquie en 1939 dans le cadre de la politique d'octroi de garanties contre l'Allemagne. En fait, l'État turc avait depuis 1921 un droit de regard sur les populations turques, économiquement dominantes. Faut-il estimer avec Pierre Rondot que ce sanjak est l'Alsace-Lorraine des Syriens ou, du moins, de ceux qui rêvent de la mythique « Grande Syrie » dans les limites définies par Fayçal à Damas en 1919 ? Ce n'est qu'un élément dans les relations hostiles mais froides entre les deux États voisins et qui seront de plus en plus rivaux au Moyen-Orient.

Le segment central, négocié entre France et Turquie (1923), a la particularité de suivre le chemin de fer du Bagdadbahn sur près de 400 kilomètres, qui longe le pied du plateau anatolien (la section située à l'est de Nusaybin n'était pas encore construite à cette date).

De fait, la voie ferrée et les emprises sont en territoire turc et la gestion était, à l'origine, mixte. Cette limite a été retenue pour sa commodité car elle offrait, dit P. Rondot, la « clarté pour l'intervention des gendarmes » dans une région marquée par les transhumances des pasteurs kurdes.

— **L'intersection kurde :** A l'est de Nusaybin, le tracé suit une vieille route menant à Cizre. A été dessiné un « bec de canard », occupé par les Français en 1929, car il présentait l'avantage d'ouvrir une « fenêtre sur le Tigre ». La frontière sur le fleuve fut établie scientifiquement par des officiers de marine français et turcs. Ce « bec de canard » est aujourd'hui une base de repli de groupes opposants kurdes du P.K.K. (parti marxiste-léniniste des travailleurs kurdes, dont le siège est à Damas) : l'État syrien — pays de minorités dont 8 % de la population est kurde — offre ainsi un sanctuaire permettant d'agir, depuis le « bec de canard » et Nusaybin en direction des provinces de Mardin et de Diyarbakir, deux des quatre provinces placées sous le régime de la loi martiale. Comme on s'en doute, la frontière, du côté turc, est bordée d'une ligne de barbelés souvent triple ou quadruple et de tours de guet tous les deux cents mètres.

A l'est du grand fleuve, connu sous le nom de Dijlah, s'étendait l'ancien wilayet de Mossoul qui, bien qu'attribué à la France en 1916, fut abandonné aux Britanniques dès 1918 par Clemenceau (ce qu'entérina la conférence de San Remo, 1920). Anticolonialiste, il estimait que l'annexion de cette région kurde serait une cause d'ennuis et il ignorait, en 1918, la valeur pétrolière de la région de Kirkouk.

La frontière Turquie-Irak a été établie par le traité anglo-irako-turc de 1926 (Angara) et suit grosso modo la limite nord de l'ancien wilayet de Mossoul, encore appelée « ligne de Bruxelles » dans le traité de Lausanne. Les Turcs auraient souhaité un tracé englobant l'ensemble du wilayet ainsi que la tenue d'un plébiscite.

L'article 10 du traité définissait une zone frontière de 75 kilomètres de profondeur des deux côtés à l'intérieur de laquelle les deux États empêcheraient tout acte hostile dirigé contre l'autre. Allusion claire à la question kurde, très sensible dans cette région de montagnes *. En 1986 comme en 1983, ce traité a servi de base juridique à l'intervention de l'armée turque en Irak contre les opposants armés kurdes agissant depuis ce pays. Il est probable qu'en cas d'avancée iranienne sur le

* Ces régions frontalières, à la topographie très montagneuse, sont beaucoup plus difficiles à surveiller que le secteur syrien et la ligne ne peut être fortifiée. D'où la tentation d'intervention en territoire irakien.

Nord de l'Irak, l'armée turque n'hésiterait pas à occuper l'ancien wilayet, dont proviennent aujourd'hui 45 % environ de son pétrole et où travaillent un million de Turcs. Or, les deux villes du nord, Mossoul et Kirkouk, sont aussi l'un des enjeux principaux de la longue lutte entre les partis kurdes d'Irak et l'État irakien, puisque celui-ci les avait exclues des dispositions octroyant l'autonomie interne, en 1974, dans « the area of Kurdistan ».

Mais, qu'est-ce que le « Kurdistan » ? On sait à quel point les 20 millions de Kurdes sont aujourd'hui éclatés entre divers États et en quoi leur statut de minoritaires dans les États où ils vivent nourrit leur lutte constante contre les pouvoirs centralisateurs. Pourtant, comme dans le cas des Somali, on peut se demander si l'affirmation politique d'une unité kurde n'est pas un phénomène largement postérieur aux tracés des premières frontières. En effet, ce peuple de culture iranienne ne formait pas une entité politique homogène, mais était divisé en une série d'émirats. Au terme du conflit séculaire et de première grandeur qui opposa les Ottomans et les Perses, la frontière fut tracée selon les choix d'alliance décidés par les émirs et les aghas kurdes.

Si la majorité d'entre eux (notamment les émirs de Rowanduz, Botan et Chirwan) se rangèrent aux côtés des Ottomans (sunnites comme les trois quarts d'entre eux) dont ils devinrent, moyennant l'octroi de fiefs, les sentinelles face aux Perses, une minorité choisit la Perse : le tracé contemporain résulte de ce choix ancien : ligne de partage des alliances. Les Kurdes ainsi inclus dans l'empire ottoman formèrent à partir de la fin du XIXe siècle des milices chargées de surveiller l'Anatolie orientale et notamment les avancées russes en terres arméniennes (avec les méthodes que l'on sait). La question kurde a résulté de la non-mise en œuvre (au traité de Lausanne, 1923) des articles 62-64 du traité de Sèvres (1920), qui avait prévu la création d'un État kurde étendu sur le « Kurdistan » (notion encore récente, promue, semble-t-il, par la « Kurdistan Taali Djemiyeti », « société pour le recouvrement du Kurdistan » et par le général Sherif Pasha, qui craignaient que le projet des Alliés de création d'un État arménien ne se fasse aux dépens des intérêts kurdes (McDowall, 1985 : 11)).

Ils sont aujourd'hui en position minoritaire dans les cinq États dont les limites recoupent l'ensemble nommé Kurdistan : sunnites dans l'Iran chiite, étroitement surveillés dans l'Irak en guerre et dont l'armée quadrille le nord frontalier de l'Iran, accusés en Turquie « d'affaiblir le sentiment national », manipulés en Syrie, marginaux en Union Soviétique. Certes, il s'agit du peuple le plus nombreux qui n'a acquis ni indépendance ni autonomie en dépit de son identité commune : mais, outre que l'idée de Kurdistan — comme entité unifiée — est en quelque sorte d'origine externe et récente, ne s'agit-il pas là aussi d'une revendication à caractère national développé comme phénomène d'ethnogenèse postérieur aux tracés des frontières les plus récentes ? A la différence d'autres cas, telle l'Érythrée, les luttes se déroulent à l'intérieur des deux États où ils forment une forte majorité, la Turquie (19 %) et l'Irak (23 %) : l'enjeu n'est pas d'abord la reconstitution d'une entité transgressant les frontières actuelles mais la reconnaissance de l'autonomie interne dans les deux États et dans des limites telles que la viabilité économique soit assurée.

Le drame kurde : L'autonomie mais sur quel territoire ?

Avec le cuisant échec militaire de l'État irakien devant les forces de la coalition alliée conduite par les États-Unis lors de la « guerre du Golfe », les dirigeants de l'Union patriotique du Kurdistan, Jalal Talabani, et du Parti démocratique du Kurdistan, Ayoub Barzani, enfin associés dans le Front du Kurdistan irakien, ont cru le moment venu d'engager le fer contre un régime baassiste affaibli. Il s'en est suivi une répression féroce, accompagné d'un véritable exode en masse des Kurdes en direction de l'Iran et de la Turquie. Seule une intervention internationale, dont la composante humanitaire a été renforcée d'une présence militaire de protection, a pu limiter les conséquences de cette guerre civile entre forces inégales. La sécurité n'a été rétablie, à partir d'avril 1991, qu'au prix de la création d'enclaves de protection dans le Nord de l'Irak.

Ce nouvel épisode de la lutte des Kurdes d'Irak contre le pouvoir central arabe de Bagdad s'est déroulé dans un État qui pourtant avait octroyé plus d'autonomie que ses voisins. En Iran, les Kurdes sunnites restent une minorité religieuse. En Turquie, une certaine libéralisation de l'usage public de la langue dans l'Est de l'Anatolie, où les locuteurs kurdes sont majoritaires, a été engagée par un État qui reste très jacobin. Cette ouverture n'est pas sans lien avec la stratégie de montée en puissance régionale des dirigeants politiques et économiques turcs, pour qui la guerre du Golfe offrait l'occasion d'un droit de regard accru sur le Nord de l'Irak. A Ankara, la mise en place d'un Irak fédéral, composé au nord d'une province kurde et d'une province turcomane — entre Kirkouk et Mossoul — ne serait pas pour déplaire. Ce qui passe par une amélioration des relations entre le pouvoir central et la première minorité de Turquie, forte d'une dizaine de millions de Kurdes.

En Irak, l'enjeu permanent du conflit avec le pouvoir central porte moins sur l'autonomie que sur son aire géographique d'application. Pour Bagdad, l'autonomie se limite aux montagnes du Nord-Est irakien, sans intérêt autre que militaire ; d'où l'établissement violent, à partir de 1980, d'un corridor de sécurité de vingt kilomètres, au long des frontières avec l'Iran et la Turquie, vidé de sa population regroupée dans des hameaux stratégiques. Pour les Kurdes, l'autonomie est dénuée de sens si elle ne s'accompagne pas d'un contrôle des ressources naturelles — le quart des réserves pétrolières se localisent au nord de l'Irak — et de l'administration des villes de la plaine, Kirkouk et Mossoul. Leur objectif reste donc plus nettement fédératif que séparatiste. Les Kurdes dénoncent l'arabisation croissante des villes du Nord irakien « utile » et des fonctions de direction, alors qu'ils ne sont réduits qu'à des tâches subalternes. La répression en Irak intervient dans deux cas précis : soit lorsqu'ils s'allient à un adversaire de Bagdad, soit lorsque les « peshmergas », les combattants, quittent leurs montagnes pour tenter d'établir leur contrôle dans le Kurdistan des plaines, des vallées, des villes et des gisements pétroliers. Vieille opposition entre le « bled es siba » — le pays des lions — et le « maghzen » — pays des bureaux. Ceux du premier sont indésirables dans le second. Le refoulement depuis les villes que les peshmergas ont occupées durant quelques semaines en mars 1991 a ainsi été terrible.

Gardiens des marches frontières entre de puissants États aux ambitions régionales, les Kurdes ont toujours été utilisés ou sacrifiés pour des logiques d'État, contribuant à entretenir leurs divisions internes.

Les trois États sont aussi en désaccord sur le partage des eaux de l'Euphrate et du Tigre. Les projets de barrages turcs — connus sous le nom de système Ataturk — sont calibrés pour une production de près de 22 milliards de kwh et l'irrigation d'environ 700000 hectares. Commencés en 1981, ils relèvent d'un plan de 30 ans de développement du Sud-Est kurde ; les Syriens estiment que la moitié du débit coulant dans ce pays serait ainsi retenue pour l'irrigation et que seraient rejetées dans l'Euphrate des eaux plus salées.

Un problème équivalent est posé pour l'usage des eaux de l'Oronte dans le sanjak d'Alexandrette, car un accord hydraulique conduirait à une reconnaissance par la Syrie de la souveraineté turque. Enfin, le barrage d'Al Thawra en Syrie (1975) a pu provoquer une baisse du débit en Irak, d'où de vives tensions entre ces deux États à cette date, les dirigeants de Bagdad estimant que trois millions de fermiers étaient menacés par ce nouveau barrage syrien.

— **Syrie-Irak ; la recherche des réalités :** La frontière syro-irakienne est d'origine franco-anglaise (1926). Bien qu'elle ait délimité des sphères d'influence, elle ne suit pas, entre le Tigre et l'Euphrate, une simple ligne droite. Elle fut l'objet d'âpres négociations de 1926 à 1932 et nécessita un rapport de la Société des Nations (septembre 1932).

Le tracé laisse entièrement à l'Irak le djebel Sinjar (massif remarquable dans la plaine, à 1453 mètres d'altitude), peuplé de Kurdes Yezidi, chiites, qui avaient ensuite émigré en Syrie pour échapper au service militaire. En compensation, le « bec de canard » a été agrandi jusqu'au Tigre, dans une région qui s'est révélée ensuite pétrolifère. Quatre des six gisements pétroliers de la Syrie s'y localisent, les deux autres se trouvant à l'ouest du djebel Sinjar ; le pétrole est évacué par l'unique oléoduc syrien vers Homs et Tartous.

Au sud du massif, la ligne droite a été remplacée par un tracé sinueux de manière à recouper les sebkha, étendues humides utilisées par les bédouins Djebour, Shamar et Tai dont les aires de parcours étaient situées en Irak : les traceurs français cherchaient ainsi à les contrôler et à leur offrir alentour des terrains de parcours en avant des régions cultivées des vallées de l'Euphrate et du Khabour : bref, laisser un espace aux nomades pour protéger les sédentaires.

Cette « recherche des réalités », selon la formule de P. Rondot, a ainsi présidé au tracé de la dyade syro-irakienne.

Frontières et minorités : le Levant et ses divisions

De la Méditerranée orientale au golfe Arabo-Persique, la rivalité franco-anglaise a été déterminante et l'horogenèse mandataire n'a pas épuisé ses effets trois quarts de siècle plus tard. Mais le jeu propre de certaines minorités agissantes n'a pas été moindre, articulé à celui des puissances extérieures.

Le souci britannique, exprimé dès 1916, était de disposer d'un corridor allant de la Méditerranée au Golfe, de la Palestine à la Mésopotamie, variante terrestre d'une route des Indes. Cela explique la formation d'un ensemble jordano-irakien placé entre l'aire du mandat français et l'Arabie et qui a permis aux Anglais d'affirmer que la promesse de la constitution d'un royaume arabe avait été tenue.

— **La frontière jordano-irakienne :** Elle n'a jamais fait l'objet d'un traité ; mentionnée en 1932 dans un échange de lettres entre le Premier ministre de l'Irak et le roi Abdallah, elle a été définie par déduction, en reliant le point d'intersection Irak-Arabie Saoudite — sur le Djebel Unayzah — au Djebel Tauf, sur la frontière syrienne.

Traversé par l'ancien oléoduc de l'Irak Petroleum Company — débouchant à Haïfa et fermé en 1948 —, le couloir irako-jordanien se trouve coupé à mi-chemin entre l'Euphrate et le Jourdain. La frontière n'est pas démarquée, mais c'est là que se termine l'autoroute irakienne n° 1 venant de Bagdad, voie d'accès éventuelle de renforts irakiens en appui à la Jordanie en cas de conflit avec Israël... ou la Syrie. C'est, la seule frontière qui ne pose pas de problème : les convois de matériel de guerre et d'équipements débarqués à Akaba et allant sur le front irakien la franchissaient sans relâche jusqu'à l'embargo.

— **Le Levant ; frontières imposées, frontières niées :** Somme de micro-théâtres depuis quarante ans, dont les conflits ont un écho sans commune mesure avec les superficies et les masses démographiques concernées, le Levant est l'une de ces régions du monde marquées à jamais par le « jeu » des frontières : interventions extérieures, remaniement de deux tracés (Israël avec la Jordanie * et la Syrie), effacement d'un troisième (Syrie-Liban), transgression d'un quatrième par une « zone de sécurité » (Israël-Liban).

Comme on le sait, le pouvoir syrien de Damas n'a eu de cesse d'effacer la frontière syro-libanaise qui fut tracée par les Français de telle manière qu'elle satisfasse les ambitions des chrétiens maronites à la domination d'un « plus grand Liban » ; sa délimitation, en août 1920, a suivi de quelques semaines l'échec militaire du roi Fayçal à Damas ! « La Syrie et le Liban sont un seul pays et un seul peuple », affirmait Hafez el Assad en 1976, quelque temps avant l'occupation militaire du Liban par son armée dans le cadre de la Force Arabe de Dissuasion.

On n'insistera pas ici sur une histoire tragique et désormais connue, sauf à rappeler ce qui l'est moins, l'importance des représentations géopolitiques chez les acteurs internes et externes de la formation d'un « grand Liban » dont la destruction est aujourd'hui au centre de la crise interminable qui affecte ce pays.

En effet, la création d'un Liban indépendant, dirigé par les chrétiens et soutenu par la France — selon une tradition séculaire longtemps admise sans examen critique — n'impliquait pas de telles frontières, dont on voit bien aujourd'hui en quoi, par le regroupement ethno-politique contradictoire qu'elles ont opéré et les contestations qu'elles

* Sur la frontière israélo-jordanienne ainsi que sur le mythe de la « grande Syrie », voir l'ensemble du chapitre suivant.

ont suscitées à Damas depuis plus de soixante ans, elles se sont avérées peu durables et non viables.

Il reste surprenant que, souhaitant un État indépendant où ils seraient les maîtres, les maronites aient œuvré à des tracés tels que le maintien de leur position chrétienne majoritaire se soit trouvé bientôt compromis du fait de l'incorporation de régions à majorité musulmane, chiite et sunnite, en dépit de leur opposition ancienne.

Certes, les Maronites ont bénéficié de la conjoncture internationale et de l'appui que les Français devaient leur apporter pour que ceux-là soutiennent, en retour, les ambitions de ceux-ci au Levant. Certes, les chrétiens du Liban avaient de nombreux relais, via les émigrants, les groupes d'intérêt français et les Églises, formant un véritable « lobby » capable de faire admettre que les desseins français — dominer la Syrie — seraient mieux servis par la formation d'un plus grand Liban.

Pourquoi ce choix d'un plus grand Liban « chrétien » mais à demi musulman — comme le révéla, plus tard, le recensement de 1932 —, dessiné malgré les propositions d'un Émile Eddé partisan d'en détacher certains secteurs non chrétiens, alors que certains observateurs français — tel de Caix — avaient imaginé un système décentralisé de type cantonal * ? La réponse est double et contenue dans le mémoire du patriarche maronite Hawayik présenté le 25 octobre 1919 à la Conférence de la Paix à Paris, qui justifiait les revendications territoriales maronites : le point 2 traite de « la Restauration du Liban dans ses limites historiques et naturelles, par le retour à lui des territoires qui lui ont été arrachés par la Turquie ». L'histoire et la géographie étaient ainsi conviées à justifier ce qui était en fait un agrandissement incluant la Bekaa, l'Anti-Liban, le Mont Hermon et le Sud jusqu'à Nakoura. Les limites « naturelles » étaient en fait les contours de 1860-1862. Plus loin, le Patriarche précisait : « Cette restauration du Liban dans ses limites historiques marquées [...] répond à une entité géographique qui fut, jadis, la Phénicie et qui dans les temps modernes jusqu'en 1840 constitua le territoire libanais. » Il poursuit : « Elle constitue la réparation d'une série d'injustices et de spoliations dont le Liban fut victime de la part de la Turquie. Elle répond à une nécessité vitale pour un pays qui, privé des plaines du Nord [Akkar], de celles de l'Est (Baalbek, Bekaa) serait une chaîne de montagnes improductives et incapables d'assurer l'existence de leurs habitants. L'expérience de la guerre l'a démontré d'une façon péremptoire et douloureuse. Alors que les vilayets voisins ont pu, durant toute la guerre, produire des quantités considérables de blé qui, sur place, ont assuré la vie et une relative aisance des populations, le Liban, bloqué et livré systématiquement à ses propres ressources, sans possibilité d'importer du blé des régions voisines, vit mourir de faim le tiers environ de sa population. »

Alors, une « géopolitique du blé » ? Sans aucun doute, puisqu'il s'est agi, en s'adjoignant des plaines, d'écarter le risque d'un nouveau blocus du « Liban », c'est-à-dire, pour les Maronites qui se sont approprié le géonyme, de la « montagne chrétienne ».

Après les terres à blé, d'autres lieux fonctionnels ont été revendiqués : le port de Tripoli, car il s'agissait de le soustraire à l'influence

* Mémorandum de Caix sur l'organisation de la Syrie, 1921, A. E. Levant, vol. 200.

syrienne et d'empêcher qu'il ne devienne un port concurrent de Beyrouth ; d'autres ports encore, Tyr, Saïda, comme débouchés vers l'Europe et outils de capture du commerce syrien.

Dans la « combinaison représentative » d'un dessein géopolitique que produit le Patriarche un dernier élément a été ajouté, la croyance en des limites « naturelles et historiques » pour un « Liban » devenu le mythe fondateur du nationalisme. A quoi s'ajoutèrent d'autres « mythes », comme celui du « pont » entre l'Orient et l'Occident et entre la Chrétienté et l'Islam.

Qu'en était-il pour les autres communautés ?

Les Sunnites allaient, pour la première fois, se trouver en position de minoritaires dans un État chrétien ; ils jugeaient le plus grand Liban comme un État artificiel créé de l'extérieur pour les dominer ; les habitants de Tripoli étaient les grands perdants de cette nouvelle configuration et devinrent donc des opposants. Alors que les Grecs orthodoxes étaient réservés, les Druzes, liés aux Maronites, soutinrent le projet en échange de l'autonomie. Les Chiites, liés à Damas et opposés aux Français, n'avaient cependant pas les moyens de le contrarier : le Sud du Liban, chiite, fut intégré au grand Liban du fait du conflit croissant avec les colons juifs et de la rivalité franco-anglaise sur l'avenir de la région située au sud du fleuve Litani.

Les intérêts des Français coïncidaient avec ceux des Maronites : intégrer la Bekaa, car c'était le lieu de passage stratégique pour le contrôle de Damas ; inclure le djebel Akkar, car cela permettait une liaison continue avec une autre partie du territoire sous mandat, l'État alaouite (autour de Lattaquié). Ils heurtèrent donc les populations musulmanes, hostiles à un État indépendant sous domination maronite et au territoire duquel ils déniaient toute limite « naturelle ou historique », et qui étaient favorables à une fédération avec la Syrie. Les dirigeants de Damas ont eux aussi produit une représentation géopolitique « grand-syrienne », ni plus ni moins fondée que l'autre.

De leur côté, les Français, « protecteurs des chrétiens d'Orient » depuis les croisades, ont, jusqu'à il y a peu, considéré le Liban comme une sorte de frontière de civilisation entre Islam et Chrétienté : le coût humain et politique élevé d'un tel dessein poursuivi dans des configurations inédites a conduit à des révisions et à la reconnaissance de la validité des ambitions damascènes adverses. Que les opposants les plus irréductibles à une action diplomatique et culturelle française au Liban aient été recrutés en grande partie dans les régions annexées de facto au Liban chrétien — Akkar et Tripoli, Bekaa et Sud — est une cruelle revanche de l'Histoire qu'il ne servirait à rien de masquer puisque c'est une « carte » que les dirigeants de Damas — et leurs alliés irano-chiites — ont amplement maniée pour effacer les traces de l'horogenèse mandataire et contester violemment son acteur principal.

— **La frontière israélo-libanaise** est d'origine franco-britannique, mais reprend une ligne allant du lac Hulé à la côte, limite entre deux districts militaires anglais, l' « Occupied Ennemy Territory Administration (O.E.T.A.) North » — Liban — et l' « O.E.T.A. South ». Après l'intervention militaire française conforme aux accords de 1916, les aires respectives des deux puissances durent être définies. Les Britanniques proposèrent une limite allant de Sidon en direction de l'est de manière à inclure le Litani à l'ouest et, par un trait prolongé, Mossoul et Kirkouk, à l'est; ils projetaient un oléoduc depuis les champs irakiens, qui passerait par la vallée du Yarmouk.

La ligne retenue en décembre 1920, Nakoura-Mont Hermon, est un compromis; elle passe à quelques kilomètres au nord de celle décidée par les diplomates Sykes et Picot et tracée sur une carte ottomane au 1/200 000. Mais elle dénote aussi l'influence d'un troisième acteur, l'Agence juive, qui était préoccupée de l'accès aux sources du Jourdain et avait, pour ce faire, établi des colonies entre le Jourdain et le Hasbani : c'est l'origine du « doigt de Metulla », secteur très vulnérable depuis le Liban aujourd'hui et le Golan hier. On notera que la frontière est éloignée de la rive est du lac de Tibériade pour éviter tout différend.

Cette frontière n'a pas changé de tracé, mais seulement de statut : ligne d'armistice en 1948, aujourd'hui ligne de front, garantie par une zone de sécurité de 78 kilomètres de long qui est une aire-tampon entre Israéliens juifs et arabes et les Libanais chiites.

La présence de cette zone illustre la conception géomilitaire que les Israéliens ont de la frontière : ligne à partir de laquelle on se bat.

— **La frontière syro-jordanienne** a la même origine (protocole de Paris de 1931) mais elle fut contestée pendant deux ans. Dans sa section occidentale, elle suit le cours du Yarmouk, affluent du Jourdain, et la voie ferrée parallèle, laissée à la Syrie et aujourd'hui abandonnée. Les Syriens de Damas revendiquaient la région d'Irbid où ils pouvaient arguer de liens familiaux; ils n'obtinrent qu'un report au sud de Dara, de manière à passer au sud des secteurs des cultures permanentes (où certains émirs résidant à Damas avaient des terres).

La frontière ne fait plus l'objet de contesté; mais, c'est l'existence même d'un État jordanien qui a été, à l'occasion, remise en cause par les dirigeants syriens : « La Jordanie a été créée pour démembrer la Syrie. Nous et les Jordaniens sommes un seul peuple et le jour viendra où nous serons réunis », déclarait Assad en 1981.

A cet égard, on peut, sans se dissimuler le paradoxe, estimer que, de manière indirecte et contradictoire, la présence de l'État israélien est, en cas de menace syrienne sur la Jordanie et dans l'état actuel du régime hachémite et de la question palestinienne, un facteur de sécurité ou du moins de garantie pour son adversaire et voisin jordanien.

D'Aden à Ormuz : oasis et pétrole, indétermination et litiges autour de l'Arabie

Si les Britanniques eurent une large part dans la fixation des limites des Émirats Arabes Unis avec Oman et dans le partage du Yémen avec les Saoudiens, les cheikhs ont montré une relative autonomie dans les processus d'unification politique et la stratégie frontalière.

On le voit dans le cas des dyades autour du Koweit, naguère encore considérées comme des « zones neutres ». En droit international, un tel statut implique un condominium, mais dans les cas présents, les deux parties étaient d'accord pour que ces territoires n'appartiennent à aucune d'entre elles.

La zone neutre située entre l'Arabie Saoudite et l'Irak — souvent représentée comme telle sur les cartes actuelles, en dépit de l'accord de partage de 1981 — s'étendait du tripoint jordanien à celui du Koweit.

La frontière fut fixée par le traité de Muhammarah (Khorramshahr) en 1922 : son tracé ménageait le corridor terrestre britannique, tout en prenant en compte l'avancée du contrôle « arabe » — royaume du Nedj — sur les secteurs situés au nord du désert du Nefoud et parcourus de cours d'eau temporaires. Le traité indique de quelles entités politiques relevaient les tribus — les Muntafiq, les Dhafir et les Amarat du côté de l'Irak et la puissante confédération des Shammar du côté du Nedj — et stipulait la répartition des puits.

Après la conquête de Ryad en 1902, Ibn Saoud avait étendu son pouvoir sur ses rivaux et clients des Britanniques, les Rashidi (occupant le djebel Shammar) et pris possession des oasis de Hail, au sud, et de Jauf, au nord du Nefoud. En réalité, les Anglais soutenaient des groupes différents et rivaux car le Foreign Office — agissant depuis Le Caire dans le Levant pour contrer les Français — n'avait pas les mêmes objectifs que l'Indian Office, soucieux de la sécurité des liaisons vers l'Inde *.

Le traité eut d'abord pour fonction d'éliminer un risque de conflit entre Ibn Saoud et Fayçal — fils de Hussein, roi du Hedjaz puis roi d'Irak : elle fixait une ligne d'arrêt vers le nord au processus d'unification de l'Arabie et garantissait le protectorat anglais sur le Koweït.

Or, Ibn Saoud refusa de fixer une frontière, « ligne imaginaire dans le désert ouvert où les tribus sont habituées à se déplacer »; il en admettait une à la double condition qu'elle ne comportât ni fortification ni garnison et que la liberté d'accès des tribus du Nedj aux puits désormais « irakiens » fût assurée : c'est l'origine de la zone neutre, aire de droits égaux, entre l'oued al Andja et l'oued al Batin.

Elle fut partagée en 1981 dans le contexte du rapprochement entre les deux régimes de Bagdad et de Ryad du fait du conflit irako-iranien.

Le Koweit est à l'origine un protectorat établi en 1913 selon un rayon de 64 kilomètres autour de la ville de Koweit dont le cheikh s'était vu garantir l'autonomie en échange d'une participation à la guerre contre les Ottomans qui contrôlaient le Chatt el Arab; la frontière fut délimitée en 1922 par le haut commissaire anglais pour contrer les raids d'Ibn Saoud. Au sud, cependant, fut employé le procédé de la « zone neutre », qui, pétrolifère et d'administration complexe, fut finalement partagée en 1965-1967. Avant même l'éclatement de la guerre Irak/Iran, le Koweït était convoité par son voisin du nord cherchant à élargir son accès au Golfe.

— **Les confins arabo-yéménites :** Dans la moitié sud de la péninsule arabo-yéménite, l'absence de délimitation est une caractéristique géopolitique majeure. Les choses sont relativement plus complexes que ne le suggère la lecture des cartes d'atlas : tracés signalés comme non définis ou absents. Il peut paraître en effet curieux que des territoires placés sous occupation coloniale depuis le début du XIXe siècle (Aden, 1839), riches en pétrole d'extraction facile et peu coûteuse et, de ce fait,

* C'est l'une des origines de la double représentation de l'Orient : « Proche », le Levant, et « Moyen », autour du Golfe (cf. pp. 337-338 et 401).

longtemps considérés comme un des enjeux « stratégiques » mondiaux principaux, soient encore aussi peu clairement divisés par des limites politiques. La non-délimitation fait donc doublement problème, dans ses causes et ses effets.

Certes, on rencontre quelques rares exceptions. En 1985, les seuls segments délimités sont : le tiers occidental des deux frontières sud et nord de l'ancien Yémen du Nord et la limite entre Oman et les Émirats Arabes Unis. Le premier, qui passe entre Aden et Taez, a été fixé par une commission mixte anglo-turque en 1903-1905 et confirmé en 1914 par un accord entre l'administration britannique et l'imamat zaïdite. Au début du siècle, les Turcs avaient reconnu aux Britanniques une zone d'influence (« the British hinterland of Aden ») située au sud d'une ligne théorique allant de l'extrême sud-ouest de la péninsule à la presqu'île de Qatar, tracé rectiligne connu ensuite sous le nom de ligne Violet (1914), et qui sert de base aux revendications du Yémen du Sud à l'égard des deux voisins du Nord.

La fonction inter-impériale de ce segment explique qu'il ait été délimité, dans les seules régions montagneuses et tribales, en fonction de préoccupations de maintien de l'ordre. Il n'est cependant pas borné et n'est signalé que par de rares postes-frontières.

Le second segment a été imposé militairement par Ibn Saoud aux Yéménites qui refusaient l'annexion des provinces d'Asir et de Jizan conquises en 1934 à la faveur du retrait des Turcs. Frontière délimitée donc parce qu'imposée au moyen de l'occupation militaire du Yémen. Il faut dire que, pour Ibn Saoud, les hautes terres de l'Asir (entre 1 500 et 3 000 m), bien arrosées, représentaient un enjeu économique important : elles forment aujourd'hui la région agricole la plus cultivée et la plus peuplée de l'Arabie Saoudite.

Enfin la frontière Oman/Émirats Arabes Unis a été délimitée par les Britanniques en 1955, pour tenter de mettre provisoirement fin à des litiges provoqués par les revendications saoudiennes sur les oasis de Buraimi. Mais, même dans ces trois cas, les désaccords subsistent. D'abord, il semble que les Yéménites ne considèrent pas comme définitive l'annexion de l'Asir, de Najrane et de Jizane, qu'ils continuent de faire figurer sur leurs propres cartes. Mais la situation due à l'accord de Ryad de 1973 n'est pas très claire à cet égard, en raison de clauses secrètes pouvant contenir une renonciation à ces droits historiques en échange d'une aide financière substantielle. Enfin, les litiges ont été réactivés récemment (depuis mai 1985) par la découverte de gisements de pétrole dans le graben de Marib-Shabwa-Balhaf, aligné du nord-ouest au sud-est et qui recoupe une région qui non seulement est contestée entre les deux Yémen (la frontière n'y a jamais été délimitée), mais est, de plus, revendiquée en partie par les Saoudiens. La compagnie nord-américaine Hunt Oil y prospectait depuis 1981.

D'une manière générale, il convient de retenir que la politique saoudienne a tenté d'empêcher la réunification des deux Yémen, ce qui en ferait un État beaucoup plus peuplé (et militairement plus puissant) que l'Arabie Saoudite ; selon les circonstances, celle-ci versera des subsides aux tribus frontalières du Yémen du Nord, notamment les Hached et les Bakil, chiites, mais conservatrices, se rapprochera du gouvernement du Yémen du Sud malgré les profondes divergences idéologiques ou bien encore tentera d'appuyer la sécession des tribus de l'Est du Yémen du Sud. Au début des années 70 en effet, les opposants au nouveau régime marxiste d'Aden tentèrent non pas de le renverser, mais de détacher par la sécession les 5e et 6e gouvernorats de l'Hadramaout et de Mehra pour en faire soit un État indépendant soit une entité incluse dans l'Arabie Saoudite, au nom de droits historiques datant d'avant 1819. Les Saoudiens maintiennent aujourd'hui une revendication sur le nord-est du Yémen du Sud, réaffirmée par la ligne Bindaji de 1984 qui va de Wudayah au sud du Dhofar; son tracé potentiel reprend celui de la ligne Fouad de 1935. Il est intéressant de noter que les Yéménites du Sud ont répliqué (29 mars 1984) en invitant une quarantaine de compagnies pétrolières à acquérir des droits d'exploration dans ces deux gouvernorats.

La réunification du Yémen

Après la déclaration d'intention du 30 novembre 1989, la République du Yémen a été unifiée le 22 mai 1990, avec treize millions d'habitants et près de deux millions à l'extérieur — dont une grande partie a été expulsée par l'État saoudien pour prix de l'alignement diplomatique de Sanaa sur les positions de Bagdad durant la guerre du Golfe. — Le Yémen est devenu l'État le plus peuplé de la péninsule. L'unification résulte d'un long processus ponctué par le premier accord d'unité du 28 novembre 1972, à la demande du Yémen du Nord et l'établissement d'un Conseil supérieur yéménite, suivi d'un accord, en mai 1988, pour l'exploitation conjointe des gisements pétroliers alors frontaliers de Marib et de Shabwa ; ce, malgré des conflits armés en 1971-72 et 1979 et des incidents en 1985. L'isolement croissant du régime marxiste du Yémen du Sud, le seul du monde arabo-musulman, ses profondes divisions qui ont miné l'influence soviétique, le délabrement de son économie et la volonté de présenter un front uni dans le monde arabe ont poussé à ce rapprochement. L'unité des deux États est faite. L'union sera plus longue, dans un pays structuré selon les appartenances tribales et traversé par des clivages politiques persistants entre les conservateurs nordistes et les socialistes du Sud. Les divisions religieuses entre les chiites zayadites du Nord et de l'Est et la majorité sunnite introduisent un autre obstacle à l'intégration.

A partir du cas yéménite, on constate que les différends expliquant les incertitudes pesant sur les limites résultent de deux facteurs : le pétrole et les ambitions saoudiennes. Or, on les retrouve pour l'ensemble de l'Arabie du Sud. Si les frontières politiques n'y sont pas fixées, ce n'est pas qu'il serait difficile de choisir un tracé dans un désert ou que ce serait sans objet dans des lieux peu habités aujourd'hui, mais bien parce que des désaccords anciens subsistent. En effet, les périphéries du désert inhabité du Rub Al Khali (« the empty quarter » des géographes britanniques) ont fait l'objet depuis près de trois quarts de siècle d'une série de projets de limites — j'en ai recensé dix —, ce qui indique que la non-délimitation tient moins aux éléments contraignants du milieu naturel qu'aux désaccords sur le partage des ressources pétrolières qu'il recèle ainsi qu'aux rivalités politiques anciennes et incessantes.

Examinons d'abord la question pétrolière, essentielle puisqu'il est clair pour les voisins de l'Arabie Saoudite que c'est en quelque sorte le tracé des frontières qui pourra « décider » de la fortune ou de la misère des États en cas de succès des forages. Tout se passe par conséquent comme s'ils utilisaient l'octroi de nouveaux périmètres de prospection (blocs) pour appuyer leurs revendications territoriales. En effet, l'augmentation des prix du pétrole entre 1973 et 1985 a provoqué une extension spatiale des activités de prospection dans tous les États de la péninsule. On l'a noté pour le Yémen du Sud face à l'Arabie Saoudite ; on l'observe aussi sur les confins avec le Dhofar, où la frontière n'est encore qu'une limite « administrative » d'origine britannique, alors que les Yéménites revendiquent une limite plus orientale. De ce fait, ils ont créé un bloc de prospection, Habrat, dont la limite orientale coïncide avec leurs prétentions tandis que le gouvernement d'Oman a octroyé une concession à la British Petroleum qui s'étend jusqu'à la limite administrative. Ce dernier État a de la même manière offert des droits d'exploration et d'exploitation à B.P., Elf et P.D.O. (Petroleum Development of Oman, formé par quatre des « sept sœurs ») pour contrer les revendications saoudiennes. Mais que sont les ambitions saoudiennes et quelles sont les stratégies spatiales des États ?

— **Buraimi et les ambitions saoudiennes :** Trois éléments doivent être pris en compte.

Le plus évident est d'ordre pétrolier, mais il ne joue que là où l'on pense pouvoir extraire du pétrole. Ainsi, dans l'extrême sud-est de l'Arabie Saoudite, les différends frontaliers semblent coïncider avec la vieille rivalité entre les compagnies américaines regroupées dans l'A.R.A.M.C.O. (Arabian American Oil Company, soit Standard Oil, Exxon et Mobil) et les autres, notamment britanniques et françaises, présentes à Oman. Rivalité accentuée dès lors que les États devinrent actionnaires de ces groupes : le gouvernement d'Oman a depuis 1975 60 % du capital de P.D.O. tandis que l'A.R.A.M.C.O. n'est plus, depuis 1980, que prestataire de services (selon Energy Information Administration, mai 1983 : 7 et 53). Au bout du compte, la délimitation des périmètres est le moyen d'une détermination unilatérale des frontières tout en devenant une cause de litige, en cas de succès des forages. Mais on ne peut s'en tenir à ce seul aspect de l'interaction État/territoires, comme l'illustre le cas du litige de trente ans sur les oasis des Buraimi.

De 1949 à 1979, le « conflit » de Buraimi a mis aux prises à la fois trois États (Abu Dhabi, Oman et Arabie Saoudite) et les compagnies anglaises et américaines. Il s'agit d'un groupe de neuf villages (Buraimi, Saraa, Hamassa, al Muwaiqi, al Ain, al Mubara, al Qimi, al Qattara et Hilli) situés au contact du désert et du massif de Hajar al Ghard (qui fait partie de la chaîne montagneuse, le djebel Akkar, s'étendant des environs de Mascate à la péninsule de Musandam, laquelle se termine en falaises sur le fameux détroit d'Ormuz). Bien pourvues en eau, ces oasis furent, au cours du XIXe siècle, occupées par des tribus Beni Yas, alliées des Wahabites, car c'était un point de passage obligé de la circulation entre leurs bases côtières (Dubai et Abu

Dhabi) et Mascate et Oman, sultanats rivaux. C'est par là que passe aujourd'hui la route qui va d'Abu Dhabi à Mascate.

De leur côté, les Britanniques, soucieux d'assurer leurs communications maritimes avec l'Inde, avaient imposé aux petits émirats de la « côte des pirates » une trêve en 1835 (d'où le nom de « trucial states »), puis établi leur protectorat avec chacun des émirs et cheikhs de la côte du golfe arabo-persique, régime de dépendance géré depuis les Indes, jusqu'en 1947. Cela explique que l'on ne trouve pas moins de sept entités à ambition d'État à l'ouest d'Oman. Ils étaient, pour la même raison, présents à Mascate depuis 1800, tout en appuyant le sultan contre les ambitions wahabites (elles-mêmes facilitées par le recul de l'influence perse).

La première mention d'une délimitation date de 1913 : ce fut la « ligne bleue » de la convention anglo-turque, qui séparait le sanjak du Nejd de l'hinterland d'Aden, et passait à l'ouest de Qatar et de l'archipel de Bahrein. Plus tard, sous l'effet de l'extension de l'influence wahabite dans la péninsule, favorisée par le jeu des alliances tribales, fut avancée par Ibn Saoud une « ligne rouge » (3 avril 1935) exprimant les revendications territoriales saoudiennes : celles-ci englobaient la totalité des régions périphériques du Rub al Khali, depuis le sud de Qatar jusqu'au centre du Yémen, c'est-à-dire tous les espaces du Dhofar et de l'Hadramaout parcourus par les « wadi » et pourvus de points d'eau. La réplique britannique, « ligne Ryad » (25 novembre 1935), suivait un tracé très proche au sud de l'émirat d'Abu Dhabi, mais s'en éloignait considérablement ensuite, longeant la lisière sud du désert.

A la suite de la découverte de pétrole à Qatar en 1947 par une filiale de l'Irak Petroleum C°, la compagnie rivale, A.R.A.M.C.O. (récemment formée et renforcée d'Exxon et de Mobil), concessionnaire en Arabie Saoudite, fit valoir les « droits historiques » de cet État pour entreprendre des prospections dans le périmètre des oasis que les Britanniques avaient attribuées à Abu Dhabi et à Mascate. Un petit détachement saoudien les occupa en août 1952. Soucieux d'éviter un litige avec les États-Unis, les Britanniques acceptèrent dans un premier temps un arbitrage international, puis déléguèrent des officiers pour faire reprendre les oasis par une troupe de soldats d'Abu Dhabi et de Mascate (5 octobre 1955). Le 26 octobre, ils déterminèrent unilatéralement les frontières de l'émirat et du sultanat selon un tracé proche de la ligne Ryad de 1935. Cela indique que le pétrole n'était pas la première raison du choix du tracé.

Si la ligne Ryad est la base des frontières actuelles d'Oman et des deux Yémen avec l'Arabie Saoudite, la revendication saoudienne, elle, a été réaffirmée et amplifiée en 1984 (« ligne Bindaji »), puisqu'elle vise aussi le Nord-Est du Yémen (Marib) et le Nord-Ouest d'Oman.

— **Puzzle politique dans la péninsule de Musandam :** Le pourtour sud-oriental de l'Arabie Saoudite est caractérisé par une extrême division politique et culturelle.

On se trouve en présence d'une mosaïque éco-géographique, puisque de Bahrein à Mascate se succèdent des littoraux coralliens dotés de rares sites portuaires (Dubai), des plaines côtières souvent sans eau douce, des sebkha, des champs de dunes et des plaines caillouteuses, puis le piémont occidental du haut plateau omanais dont le point culminant est le djebel Akkar (2 980 m) et qui s'étend des falaises du détroit d'Ormuz à la plaine du Ramlat, enfin du sud de Fujairah à Mascate, la Batina, plaine au climat semi-aride.

La division politique extrême de ces régions résulte d'un enchevêtrement de droits territoriaux qui exprime les mouvements des groupes semi-nomades qui peuvent se croiser, chacun revendiquant un droit d'usage exclusif sur ses parcours. Ce puzzle se complique de différences religieuses : ainsi s'explique que le nord de la péninsule de Musandam, partie sud du détroit d'Ormuz, occupé par une tribu « Shihuh », c'est-à-dire chiite, soit territoire omanais alors que la partie centrale relève des divers émirats.

Isolées de l'Arabie centrale par les obstacles topographiques — Oman — ou topo-climatiques — émirats côtiers —, ces régions sont depuis des siècles ouvertes sur l'extérieur : Iran en premier lieu — notamment par les Chirazi, commerçants au long cours —, mais aussi actuel Pakistan (Baluch) et autres États riverains de l'océan Indien.

Jusqu'au milieu du XVIIIe siècle, l'influence iranienne était dominante, notamment à Bahrein. Son affaiblissement permit l'émergence de groupes tribaux arabes — Khawasim à Ras el Khaimah, Beni Yas à Dubai et Abu Dhabi (Fisher, 1978 : 489).

Les sept entités de la « côte des Pirates » — qui est de nouveau bien nommée, puisque, fait peu connu, la piraterie est monnaie courante tandis que les « volontaires iraniens » les plus fanatiques ont inventé une forme inédite de guérilla navale — ont été regroupées en une Union des Émirats Arabes en 1971, marquée par des rivalités entre Abu Dhabi, l'émirat pétrolier, et Dubai, port principal et emporium.

— **La rive occidentale du Golfe,** nommé « persique » en raison de la forte influence historique perse et confirmé comme tel par la stratégie américaine à l'époque où elle pouvait s'appuyer sur le régime et l'armée d'Iran pour assurer la sécurité régionale des flux pétroliers, borde le Golfe aujourd'hui qualifié d' « arabo-persique ».

Elle fut l'enjeu d'une rivalité arabo-iranienne née d'une volonté du régime en place à Téhéran depuis 1979 d'étendre son emprise idéologique en réutilisant des liens historiques et des affinités religieuses avec les populations des émirats. C'est donc une large ligne de front entre deux affirmations religieuses légitimistes et deux systèmes politiques, puisque le régime iranien, fort d'une ancienne tradition nationale, utilise l'arme du chiisme pour diviser la « nation arabe » et contester la fonction, prestigieuse pour la dynastie des Saoud, de gardienne des lieux saints de l'Islam. Ce qui est en fait visé, c'est moins un lieu, même symbolique, que le rôle idéologique dirigeant des Arabes, qui sont les inventeurs de l'Islam mais ne sont plus, comme se plaisent à le souligner les prosélytes iraniens à des fins d' « expropriation », que le quart des musulmans du monde...

L'Irak, l'État-limes : *géostratégie de l'interaction frontalière irako-iranienne (1980-1989)*

Cette longue guerre, sans contredire la logique géohistorique valable sur les temps longs, s'est singularisée par *quatre paradoxes* * :

— L'État qui a pris l'initiative de l'attaque n'a pas gagné la première bataille alors que le rapport des forces militaires lui était nettement favorable ;

— L'État qui dispose du plus fort potentiel de mobilisation démographique — sous les drapeaux, trois millions d'hommes et d'adolescents, puisque les ayatollah n'hésitent pas à envoyer à la mort les plus jeunes des citadins pauvres et des paysans — et idéologique — la certitude révolutionnaire renforcée et « légitimée » par l'agression externe — et dont les dirigeants semblent les plus déterminés à atteindre leur but de guerre — anéantir l'adversaire en lui faisant perdre la face —, n'a pas réussi, malgré la vigueur de ses offensives, à l'emporter ; il ne paraît pas en mesure de le faire, sauf à envisager un effondrement du camp d'en face pour des raisons internes ;

— Bien qu'il s'agisse d'une guerre totale — entre deux États, deux idéologies, deux nationalismes, deux foyers ethniques —, à dire vrai la seule guerre ouverte entre deux États, le « théâtre » de la guerre terrestre est resté singulièrement limité autour d'une très étroite bande frontalière (même si les impasses sur le front ont conduit à des opérations aériennes ponctuelles sur les villes et les terminaux pétroliers). On a pu comparer ce conflit meurtrier avec la guerre de 1914-1918 ; c'est le cas par bien des aspects : nationalismes, guerre de position, nombre élevé des victimes — 600 000 peut-être, comment savoir ? — dans les tranchées et les marais. Mais, à la différence du conflit franco-allemand, qui s'est déroulé en territoire français, les batailles terrestres se livrent littéralement « aux frontières ».

— Alors que la frontière commune s'étire sur 1 458 kilomètres et que l'essentiel de la masse démographique irakienne se trouve sur un corridor éloigné au plus de 150 à 180 km de la frontière, dans la partie centrale du pays, la capitale, Bagdad, n'a jamais été sérieusement menacée. En revanche, la majorité des affrontements se sont déroulés depuis fin février 1980 dans le Sud de l'Irak, à l'est du Tigre et du Chatt el Arab.

* On s'en est tenu à l'analyse de la dimension bilatérale et terrestre de cette guerre, qui s'est jouée d'abord sur des terrains concrets, aux frontières, ce dont une démarche géographique doit rendre compte, ne serait-ce que pour expliquer la stabilité du front depuis près de huit ans et cette situation d'impasse : ni vainqueur ni vaincu.

Bien entendu, il ne s'agit pas d'un « problème de frontière », mais, en période de conflit, c'est là, sur ces théâtres linéaires, que se joue la bataille. J'ai donc choisi de privilégier les échelles grande et moyenne. Les autres éléments et implications de ce conflit — rôle des puissances, jeu des alliances et des fournisseurs d'armes, économie pétrolière, terrorisme, luttes internes pour le pouvoir à Téhéran, degré de solidité du régime irakien, intervention des Nations Unies avec la résolution 598 de juillet 1987, nouvelles dimensions du nationalisme iranien... —, mieux connus, ne pouvaient pas être directement traités dans le cadre de ce bref sous-chapitre.

Il s'agit de secteurs aux conditions naturelles rigoureuses : un climat à réputation physiologiquement difficile, avec un air saturé et étouffant du fait de l'évaporation, des coups de chaleur (et des températures de 35° à 45° durant cinq mois); de nombreuses coupures humides, des marais, des aires inondables. Bref, des conditions peu propices à une offensive iranienne, dans des régions très éloignées de la capitale, alors que le but de guerre avoué est d'obtenir l'échec politique de Saddam Hussein.

La relative fixité du front terrestre n'est d'ailleurs pas sans lien avec la stratégie d'extension du conflit menée par les Irakiens, sur la base d'une nette supériorité aérienne (plus de 500 appareils de combat, dont des Mig 29, contre 65 pour l'Iran, au début de 1988), contre des objectifs économiques fixes — les terminaux du Nord du Golfe — ou mobiles — les pétroliers. Celle-ci vise aussi à internationaliser le conflit, pour y engager plus clairement les alliés — Koweit, Arabie Saoudite et Émirats.

Pour la majorité des dirigeants arabes et sunnites, ainsi que pour plusieurs États européens, dont la France, l'Irak est conçu dès l'éveil de la « révolution » islamique comme ce que je nommerai *l'État-limes.* Au nord, la Turquie est réputée solide, bien que la position de l'État soit affaiblie par les revendications kurdes des confins turco-iraniens. Au sud, on a jugé depuis plusieurs années que le Golfe arabo-persique, large de 250 km en moyenne, est un obstacle à une invasion militaire, en oubliant sans doute que l'influence iranienne sur la rive occidentale y est ancienne, que les chiites y forment des majorités régionales — Koweit ; Al Hasa ; Bahrein — que certains renseignent les « pasdaran » sur les mouvements de navires et que les échanges commerciaux sont intenses entre les Émirats et l'Iran.

On pourrait penser que la concentration des opérations à l'extrême sud tient à la vulnérabilité de l'État irakien dans ce secteur — infrastructures plus accessibles depuis l'Iran —, à l'importance pour l'Irak d'un accès permanent au Golfe — par Basrah, Umm Qasr et Fao (dans l'île de Bubiyan). Le déclenchement de la guerre n'avait-il pas été précédé d'une abrogation unilatérale, par Saddam Hussein, des accords d'Alger de 1975 ?

Ceux-ci avaient pourtant réglé le problème ancien du tracé de la frontière entre Basrah et Fao. En mars 1975, en marge d'une conférence de l'O.P.E.P. et sous les auspices de Houari Boumedienne, Saddam Hussein et le Shah s'accordèrent sur un tracé qui suivrait la ligne de talweg et non plus sur la rive gauche, orientale, du Chatt el Arab. En échange de cette disposition favorable pour lui, l'État iranien s'engageait à cesser toute aide à l'opposition armée kurde, qui, de ce fait, s'effondra.

— **L'enjeu du Chatt el Arab :** Le Chatt el Arab résulte de la confluence du Tigre et de l'Euphrate et coule sur 255 kilomètres à travers un vaste delta marécageux. A partir d'un point situé à une dizaine de kilomètres au nord de Khorramshahr, il sert de support à la frontière sur une centaine de kilomètres. Sa largeur moyenne est de 500 mètres, au droit de Basrah.

Lorsque cette section de la frontière a été délimitée pour la première fois (traité d'Erzorum, 1847) par une commission quadripartite, le port de Muhammarrah * (Khorramshahr), créé en 1812, l'île d'Abadan et son ancrage ainsi que la rive orientale du fleuve ont été attribués à la Perse, l'Empire Ottoman conservant la souveraineté sur la voie d'eau. Cette curieuse répartition s'expliquait par l'antériorité de Basrah et de l'utilisation de la voie d'eau par les Turcs, alors qu'elle était d'importance secondaire pour les Perses.

En 1869, devant les divergences entre Perses et Ottomans liées aux difficultés pratiques d'application du traité, Anglais et Russes dessinèrent conjointement la « carte identique », sans que cela règle définitivement le litige.

Après la découverte de pétrole dans le champ de Masjed e Soleyman — au nord-est d'Ahwaz — en 1908 et avec le développement du trafic portuaire à Mahammarrah, les navires devaient, du fait du tracé frontalier, mouiller dans les eaux turques et, par voie de conséquence, des droits d'importation devaient être payés à la Turquie. Selon le Protocole de Constantinople de 1913, le tracé fut divisé en sections : il suivrait la ligne du talweg jusqu'au sud de Khorramshahr et de la confluence avec la rivière Karun; en face d'Abadan et jusqu'à mi-parcours entre Abadan et Fao, le repère serait la ligne des basses eaux le long de la rive iranienne.

Dès cette époque, le Chatt el Arab était sous contrôle anglais, avec Basrah comme port principal et centre de commandement de la navigation. Malgré l'importance croissante du port d'Abadan, les Iraniens n'étaient pas en mesure de patrouiller et d'équiper le fleuve, mais devaient payer des taxes de navigation élevées. Reza Shah refusa d'admettre que l'Irak était le successeur de l'Empire ottoman et exigea un nouveau tracé suivant entièrement le talweg; l'Irak répondait qu'il n'avait pour seul débouché à la mer que ce fleuve tandis que l'Iran pouvait utiliser d'autres sites sur la côte du Golfe. En 1937, les deux États signèrent un accord de compromis, l'Iran ouvrant un nouveau port, Bandar Shapur, et l'Irak acceptant d'appliquer, face à Abadan, le « principe de Mahammarah » : le tracé suivrait le talweg sur 6,5 km.

Avec la construction des terminaux pétroliers de Kharg (dans les années 1950) puis de Cyrus et de Bandar Mashahr, l'Iran devint moins dépendant d'Abadan, qui n'en devint pas moins la première raffinerie du pays (capacité de 610 000 barils/par jour, contre 70 000 pour Basrah). En revanche, le trafic commercial non pétrolier passait par Khorramshahr.

En 1969, Mohammed Reza dénonça le traité de 1937, accusant l'Irak de ne pas utiliser les revenus douaniers pour entretenir la voie d'eau et refusant désormais que les navires iraniens y portent le pavillon irakien et soient pilotés par des Irakiens. La forte croissance économique de l'Iran dans les années 1970 et son intégration dans le marché international ont provoqué une hausse du trafic à destination de la rive iranienne et un renversement de la situation antérieure, ce qui fut sanctionné par les accords de 1975, favorables à l'Iran.

Le 17 septembre 1980, Saddam Hussein abrogea unilatéralement le traité de juin 1975 et exigea la restauration des droits irakiens sur le

* Port et ville fondés en 1812 par la tribu Muhaisin, dont le cheikh contrôlait de manière à peu près indépendante l'Arabistan du sud, malgré les ambitions turques de s'y étendre.

Chatt el Arab. Le 21 du même mois, il lança une offensive contre le Khuzistan, occupant Khorramshahr, et encerclant Abadan. Le 24, l'Irak, en position de force, fixa les conditions d'un cessez-le-feu : reconnaissance de la souveraineté irakienne sur la région frontalière et de ses « droits légitimes » sur le Chatt el Arab, retour à un contrôle « arabe » des îles du détroit d'Ormuz (Abu Moussa, Grande et Petite Tumb, occupées en 1971).

Les dirigeants irakiens avaient par ailleurs avancé l'argument d'un droit « historique » et « national » sur le Khuzistan, nommé « Arabistan », riche province pétrolière peuplée de deux millions d'Arabes chiites, à qui l'Irak promettait un statut d'indépendance. Ces « Arabes des plateaux », longtemps autonomes, n'avaient, en tout état de cause, jamais été soumis à un pouvoir ottoman ou irakien. Un émirat indépendant de Mahammarrah aurait pu être formé, sous la direction du cheikh Kahazaal *, si les Anglais n'avaient préféré soutenir Reza Shah pour contenir les Russes : pas d'équivalent du Koweit, donc, au nord du Chatt el Arab !

— **Une guerre déclenchée pour un problème de frontière ?** Adopter cette hypothèse serait ne retenir que des facteurs valables à une seule échelle. Cet élément est bien présent dans la décision de septembre 1980 ** ; mais la revendication territoriale fut abandonnée après mai 1982 lorsque les Iraniens eurent repris Abadan et Khorramshahr et recouvré leur territoire.

Il est établi également que les dirigeants de Bagdad souhaitaient étouffer dans l'œuf une révolution politico-religieuse qui aurait pu servir de modèle aux chiites irakiens majoritaires. Mais rien n'indique qu'une révolution comparable était en cours. De même, les populations du Khuzistan, qui s'autodéfinissent comme « Arabes des plateaux » mais sont iraniens de culture, n'ont pas accueilli l'armée irakienne en libératrice, au contraire. Preuve s'il en est de l'absence de déterminisme ethnique ou religieux qui jouerait de manière mécanique dans des ensembles supposés homogènes bien que partagés par les frontières. Cependant, une vulnérabilité tactique, localisée, pouvait être supputée.

Certes, les chiites sont 55 % de la population irakienne et leur part augmente du fait d'une croissance démographique plus rapide, s'agissant de groupes encore largement ruraux. En position dominée, ils forment depuis 1980 le gros des fantassins. Najaf, Kerbala et Al Hillah, sanctuaires chiites, ne sont que de modestes cités et le sud, entre Bagdad (3,3 millions d'habitants) et Basrah (915 000 en 1980), est une vaste campagne sans grandes villes : une population « atomisée » et quadrillée, mais qui a bénéficié des retombées des pétro-dollars (équipements hospitaliers, couverture sociale, promotion dans les administrations, construction et ravalement de mosquées). Ces chiites, dont les pasteurs étaient jusqu'en 1980 des Iraniens, sont aussi des Arabes, qui peuvent craindre une révolution islamique impliquant une

* Cf. Paul Balta, *Le Monde*, 25 octobre 1980.

** L'Iran était accusé par l'Irak de ne pas avoir restitué, comme l'y invitaient les accords de 1975, un secteur d'un millier de km^2 autour de Zein el Karous et de Seif Saad (près de Qasr e Shirin), lieux de grande valeur tactique (voir pp. suivantes).

soumission au pouvoir perse de Téhéran ou de Qom. Pas de schisme spatial donc entre le centre et le sud de l'Irak.

L'un des buts de guerre iraniens était d'obtenir la garantie de liberté religieuse — via le droit d'association — et la liberté d'accès aux sanctuaires pour tous les chiites ; décidés à abattre le joug laïc de Bagdad, les stratèges iraniens visaient à couper les régions chiites du contrôle de Bagdad et à y établir un État indépendant. Objectif inatteignable. En revanche, bien que certains chiites soient membres du parti baas ou officiers, ils revendiquaient une participation au pouvoir central ; or, certaines de leurs familles dirigeantes, comme les El Hakim, ont été décimées.

Ce pouvoir reste sous la tutelle du « groupe de Tikrit », lieu d'origine de la tribu de Saddam Hussein et placé au centre de la région arabe sunnite de l'axe Bagdad-Mossoul. Bien que les sunnites forment une minorité non négligeable (41 %), ils sont divisés entre deux groupes ethniques, Arabes (2,1 millions) et Kurdes (3,5 millions) de sorte que c'est une étroite minorité (représentant 16 % du total) qui sert d'assise au pouvoir *. Au début des années 1980, y avait-il une nation irakienne véritable ? Qu'en sera-t-il au terme d'une longue guerre ?

Le groupe de Tikrit, à l'origine de la prise du pouvoir en 1968 et noyau central du parti Baas, n'est cependant pas monolithique et des rumeurs de querelles de palais percent de temps à autre, du fait des vicissitudes militaires. Le pouvoir a une seconde assise : le groupe des officiers supérieurs de Mossoul, héritiers d'une tradition britannique d'alliance avec les citadins et de recrutement dans cette région pétrolière et proche de la Syrie du mandat français et de la Turquie, et baasistes, comme l'ensemble de l'armée.

La guerre a-t-elle été décidée comme action préventive, sur la base d'une perception de la vulnérabilité de la société irakienne dénuée de sentiment national ?

A cette explication logique qui vaut dans le seul contexte de la nouvelle interaction irano-irakienne, j'ajouterai une hypothèse qui se situe, elle, dans un autre cadre géopolitique, celui de la rivalité fondamentale entre les deux frères ennemis du Baas, parti de la renaissance socialiste arabe (et dont la division, rappelons-le, est née d'une divergence sur la place respective du nationalisme — thèse soutenue par Michel Aflak, fondateur du Baas, et par l'Irak — et du socialisme — thèse syrienne). Faut-il « interpréter » Saddam Hussein comme le rival « irako-abbasside » du « khalife syro-omeyyade » de Damas — autre dirigeant dont l'assise est une étroite minorité, alaouite et très proche des chiites ? L'objet du « désir » de gloire étant la direction du « monde arabe » qu'il faut obtenir par un succès face à un ennemi héréditaire **, ici le Perse, ailleurs Israël, les Maronites ou, demain, les Turcs ? — l'Irak, comme *État-limes* de l'ensemble arabe.

* Groupes ethniques : Arabes : 69 % (dont 75 % de chiites) ; Kurdes : 27 % ; Turkmènes : 2,5 % ; Perses : 1,7 % (expulsés à partir de 1978 et aux dirigeants pro-khomeinistes exécutés en 1979).

** Dans cette perspective, les Irakiens ont invoqué la bataille victorieuse de Qadissiya (637) contre les Perses Sassanides !

Plus prosaïquement, Hafez el Assad venait, en intervenant militairement au Liban moins de quatre années plus tôt et en annexant de facto plusieurs cantons et villes de cet État au nom de son caractère « arabe », de gagner en puissance — « Bismarck arabe », a-t-on dit, capable de faire reculer les grandes puissances et d'entamer la restauration symbolique d'un califat. Qu'à son tour Saddam Hussein ait décidé, malgré les conseils de prudence d'un Anouar el Sadate (on ne fait pas la guerre à une révolution), d'intervenir sur « la charnière du monde arabe » n'obéit peut-être pas seulement à une logique froide, rationnelle et d'intérêt collectif. Que les deux dirigeants baasistes et arabes se trouvent dans des camps opposés me paraît étayer cette hypothèse qui n'est avancée que pour laisser toute sa place aux « effets de représentation » dans les décisions géopolitiques, trop souvent objets d'interprétations restreintes, parce que jugées rationnelles *ex post.*

— **Une guerre géographiquement limitée ?** L'échec initial de l'Irak tient au choix d'une stratégie de guerre limitée* ; les dirigeants irakiens avaient des buts précis, prédéfinis et n'envisageaient pas une guerre générale : écarter une éventuelle menace sur le régime baasiste et signifier que la révolution iranienne devait être géographiquement contenue. D'où la décision d'arrêter l'offensive au bout d'un mois, dès la prise de Khorramshahr (24 octobre 1980) et de proposer un cessez-le-feu et l'ouverture de négociations. De ce fait, le régime iranien venait en un mois de gagner en légitimité — comme pays agressé — et en solidité, l'ouverture d'un champ d'action extérieur facilitant le dépassement consensuel des contradictions politiques. C'est deux ans plus tard (août 1982) que l'aviation irakienne commença à étendre son aire d'intervention avec le bombardement de l'île de Kharg ; quant à la guerre des villes, elle ne fut engagée qu'en février 1984. Choix d'une stratégie de guerre limitée donc de la part des Irakiens. Pourquoi ?

L'interaction géostratégique Irak/Iran doit être analysée à deux échelles au moins, puisque les conditions concrètes de la corrélation des forces en dépendent.

a) A une petite échelle cartographique, la dissymétrie entre les deux États est nette. L'Iran dispose, outre sa démographie et, après février 1979, sa ferveur révolutionnaire, de l'avantage d'une réelle profondeur stratégique. Ses régions peuplées, sa capitale et quinze de ses dix-huit grandes villes sont éloignées de la frontière : Téhéran en est à plus de 500 kilomètres ; le Zagros central compte moins de 5 hab./km^2. Seul fait exception le Khuzistan du Sud, avec trois ports, une grande raffinerie, plusieurs gisements pétroliers (au nord-ouest d'Ahwaz) et quatre oléoducs.

De plus, entre l'Iran central et la frontière est « interposée » toute l'épaisseur de la chaîne des Zagros. L'armée iranienne, bien qu'affaiblie et décimée par l'épuration khomeiniste, n'a pas été détruite ou défaite car pour l'essentiel elle était absente du front et a eu le temps — avec l'arrêt de l'offensive irakienne liée au début des pluies d'hiver — et l'espace — l'Iran central, abrité à l'ouest par les Zagros — de se réorganiser et de se préparer pour la contre-offensive (1982).

* *Adelphi Papers*, n° 220, printemps 1987.

La perception de cette dissymétrie défavorable a sans aucun doute pesé sur le choix irakien d'une stratégie de guerre limitée dans le temps et dans l'espace. Inversement, l'Irak apparaissait beaucoup plus vulnérable, puisque les douze villes, les barrages, les régions cultivées — dont le tiers se trouve autour du Tigre —, les deux régions pétrolières — Runaila-Zubair au sud et Kirkouk —, les gouvernorats les plus peuplés se trouvent à moins de 150 kilomètres de la frontière.

En outre, l'étalement de tous ces centres démographiques et économiques de l'espace irakien depuis Mossoul-Irbil jusqu'à Basrah-Oum Qasr-Fao a contraint l'armée irakienne à se déployer à proximité de la quasi-totalité des 1 458 kilomètres de la frontière terrestre, en sept corps d'armée.

Dissymétrie initiale donc, à l'échelle globale * : si elle explique que le potentiel iranien réduit ait été sauvegardé, elle n'a pas pour autant permis, après huit ans, un renversement décisif du rapport de forces. Basrah, qui est à moins de 25 kilomètres de la frontière, est resté sous contrôle irakien et le terminal de Fao, conquis en 1986, se situe immédiatement sur la frontière. Malgré ce déséquilibre, la guerre terrestre se déroule pour l'essentiel sur la ligne frontière.

Si l'armée iranienne, aujourd'hui six fois plus nombreuse, n'a pu tirer parti de son avantage géostratégique, cela tient, pour une part, aux caractéristiques régionales et locales de l'interaction irano-irakienne et à la manière dont l'Irak en a usé.

b) A plus grande échelle, celle du terrain, le tracé de la frontière présente plus d'avantages pour l'État en position de défenseur, donc pour l'Irak depuis 1982. Mais les configurations géostratégiques varient selon les quatre sous-ensembles qu'il est efficace de distinguer.

Au nord, de la frontière turque au sud du secteur de Panjwin-Marivan (qui s'étend à l'est de la ville de Souleymanié), la frontière, de direction NO-SE, suit des lignes de partage des eaux secondaires mais élevées (jusqu'à 3 600 m), dans une région très montagneuse, forestière, enneigée de novembre à mars et qui comporte peu de passages transversaux (route Mahabad-Rawanduz-Irbil et Marivan-Souleymanié). Certes, ces voies pénétrantes peuvent conduire à Irbil — qui n'est qu'à 80 kilomètres de Mossoul — et à Kirkouk, mais elles passent dans d'étroites vallées, qui sont autant de passages obligés prévisibles et aisément défendables. Cela interdit toute invasion de masse par surprise ; on n'observe donc qu'une série d'opérations permanentes mais limitées autour des cols (Panjwin, Haj Omran, près de Piranshahr).

Sans doute s'agit-il là du pays Kurde et il est établi que l'Iran sert de sanctuaire à des groupes de « peshmerga » irréguliers qui servent de guides à son armée. Cependant, l'ampleur des divisions intestines, accentuée par la politique irakienne, et de la répression iranienne contre les Kurdes sunnites (notamment ceux du K.D.P., Parti Démocra-

* La vulnérabilité irakienne a été compensée par un apport extérieur massif en équipements utilisés soit dans une tactique de défense ferme (4 500 chars, dont une partie faisant office de « mur »), soit une tactique d'offensive (envoi de l'aviation sur des objectifs éloignés) et par des alliances : Turquie, au nord, qui limite la possibilité pour l'Iran de jouer une « carte » kurde ; Arabie Saoudite et Koweit au sud.

tique Kurde de Barzani) ont limité l'utilisation d'une « carte » Kurde par l'Iran. Surtout, l'armée turque, depuis 1983, est intervenue à de nombreuses reprises pour surveiller les secteurs frontaliers situés au sud du tripoint, ainsi que pour patrouiller, plus à l'ouest, le long de l'oléoduc qui va de Kirkouk à Dortyol, qui est aussi important pour les Turcs (45 % de leur pétrole) que pour les Irakiens (alternative à la voie du Golfe).

Alors que, sur le plan ethno-politique, le Kurdistan est un important pôle oppositionnel et donc un lieu de vulnérabilité pour l'État irakien en guerre, l'exploitation des divisions internes d'un mouvement aujourd'hui atomisé et la garantie de sécurité turque s'ajoutent aux contraintes topo-climatiques pour réduire les chances d'une percée iranienne décisive dans ce secteur.

Le second sous-ensemble s'étend du sud de Panjwin au nord du Khuzistan, via le saillant de Mehran. La frontière prend une direction N.E.-S.O. jusqu'aux gisements pétroliers de Naft Shah-Naft Khaneh, puis suit le piémont des Zagros. Le deuxième corps d'armée a pour fonction évidente de couvrir Bagdad, accessible au long de cette route traditionnelle d'invasion qui, partant de Kermanshah, passe par Shahabad, Qasr e Shirin, Khanaqin et longe ensuite la vallée de la Diyala et son delta jusqu'à la capitale. Une autre voie vers Bagdad passe par Panjwin et Souleymanié, mais elle est plus longue. « Comme Erzeroum pour la Méditerranée, Bagdad est pour la Perse proprement dite le point de départ obligé des caravanes », notait Élisée Reclus (1884, IX : 434).

La vallée de la Diyala recoupe, en une gigantesque cluse, les chaînons plissés des Zagros ; la frontière la suit à une vingtaine de kilomètres à l'est. Ce couloir d'invasion avait été occupé très tôt par les Ottomans ; son contrôle fut même l'un des enjeux du traité de Zohab de 1639, bourg situé en Iran à 20 kilomètres de la frontière et à l'est de Qasr e Shirin *.

Il s'agit aussi d'une limite entre les Kurdes, au nord-ouest, les Perses à l'est et les Arabes au sud. Cela explique le tracé de la frontière, repoussée à l'est de Souleymanié, fortifiée par les Ottomans en 1788, et de la vallée de la Diyala **.

Pourquoi la contre-offensive iranienne engagée en 1982 ne s'est-elle pas portée là, à proximité de Bagdad, plutôt que dans les marécages du sud ? L'examen des cartes à plus grande échelle révèle que cette vallée franchit, avant de déboucher sur un piémont ouvert (qui est un immense cône de déjection, cultivé et aménagé depuis près de six millénaires), une succession de cluses secondaires, coupant les derniers chaînons des Zagros, le djebel Hamrin (qui présente un relief de type appalachien, en plis parallèles serrés). Cette structure impose donc, là encore, une série de passages obligés, au nord d'Al Miqdadiyah.

* Aux XVIIe et XVIIIe siècles, la frontière allait en ligne droite de Marivan au saillant de Mehran.

* « De toutes les vallées tributaires du Tigre, celle de la Diyala est de beaucoup la plus riche et la plus populeuse ; c'est également celle qui, du point de vue stratégique, a le plus de valeur pour la Turquie, car elle pénètre au loin dans la région des montagnes de l'Iran », Reclus, *op. cit.*, 437.

La deuxième voie pénétrante en direction de Bagdad passe par Mandali. Dans ce secteur et jusqu'au saillant de Mehran et Posht i Kuh, la frontière court au contact des Zagros et du piémont. Les Zagros, « Jura sans plateaux », souligne le géomorphologue Pierre Birot (1970 : 130), sont le plus grand ensemble de chaînes parallèles de plissement au monde : alternance de plis réguliers anticlinaux et de vallées parallèles synclinales, il est orienté N.O.-S.E. et sur près de 320 kilomètres, la frontière longe la chaîne occidentale ; celle-ci n'est traversée en cluses et gorges profondes que par une demi-douzaine de rivières.

Les débouchés obligés sont là encore très faciles à défendre, en particulier celui de Sumer, au nord de Mandali, d'autant que les accès routiers, du côté iranien, sont très réduits. Ce large piémont est, historiquement, une région de marche, dépeuplée car sans eau. En avant, les blindés irakiens peuvent prendre les cluses en enfilade. Certes, des batailles ont été livrées, à Mandali comme à Mehran, mais du fait de ces configurations locales, la capitale est restée depuis le début du conflit à l'abri de toute menace terrestre, en dépit de sa proximité de la frontière.

Le troisième sous-ensemble commence lorsque la frontière, obliquant vers le sud et s'éloignant de la chaîne occidentale qui semble s'être ennoyée, entre dans la plaine située entre le Tigre et la Karkheh ; il s'étend jusqu'à la confluence. C'est un secteur où la grande route Basrah-Bagdad ainsi que l'axe de peuplement de la vallée du Tigre sont situés entre 30 et 50 kilomètres de la frontière, d'Al Amarah à Al Qurnah et Basrah. Monde amphibie de marécages latéraux permanents et de lacs temporaires emplis par les inondations de printemps, dans le triangle Al Amarah, An Nasiriyah, Al Qurnah, qui sont isolés du fleuve par des levées. Le Tigre, qui en période de crue peut avoir un débit comparable à celui du Nil, coule au-dessus du niveau moyen de la plaine ; les marécages — Hor ou Hawr —, qui sont souvent des dépressions synclinales subsidentes, retiennent les quatre cinquièmes des eaux, d'autant que la dénivellation est faible (Bagdad, à 550 km en amont du golfe, n'est qu'à plus 34 mètres d'altitude).

Entre le Tigre et la frontière, et d'Al Amarah au Chatt el Arab, s'étendent les marais d'Howeizah, profonds en moyenne de 2 mètres ; le sous-sol comporte quelques poches à pétrole, dont celles des îles Majnoun, enjeux de combats meurtriers dans la boue et les roseaux. Le terrain est, en principe, un allié du défenseur, mais cet avantage a été renforcé par la construction d'une série de routes sur les levées et de murs en terre pour contrôler les crues. La route de Bagdad est doublée d'un « mur » de chars sur près de 200 kilomètres, tandis que certains secteurs ont été asséchés pour permettre la manœuvre.

C'est dans ces milieux difficiles mais proches à la fois de l'axe routier principal et de la frontière iranienne que les Iraniens ont choisi de faire porter la pression depuis l'offensive Aurore I (février 1983) et de manière continue en y sacrifiant des dizaines de milliers de « volontaires », tout en menant des opérations de diversion dans le centre et le nord pour étirer le front.

Le quatrième sous-ensemble s'étend de Basrah à Fao, à l'embouchure du Chatt el Arab, que longe la frontière sur environ 80 des 113 kilomètres de son cours dont les rives portent des palmiers. La prise de Fao au terme de l'opération Aurore VIII (1986) fut une victoire morale pour les Iraniens, mais son implication stratégique est réduite. Il s'agit d'une enclave, que les Iraniens peuvent cependant tenir longtemps, car les blindés irakiens ne peuvent guère progresser dans les marais salants qui l'entourent. Le seul gain iranien durable s'est produit là où le matériel lourd, qui fait la supériorité de l'armée irakienne, n'était pas utilisable.

Le secteur nord, entre la frontière et Basrah, n'est pas une étendue marécageuse, mais une large plaine ouverte. Le port a été protégé par le creusement de canaux, dont le canal Jasim (large de 30 mètres, profond de 6 mètres), longue douve qui s'élargit dans le « lac des Poissons », large de 10 kilomètres et bordant la frontière. C'est maintenant sur les levées du lac des Poissons que se livrent les meurtrières batailles d'infanterie.

— L'eau, le feu et le temps, une guerre à base de grands travaux « hydro-topographiques » : Un des aspects les plus singuliers de ce conflit est l'utilisation et la transformation par les ingénieurs militaires irakiens et leurs conseillers soviétiques, des conditions naturelles — particulièrement « dynamiques » dans ces milieux amphibies et à fortes crues saisonnières — pour appuyer une stratégie de défense fixe. Il est peu de guerres où le génie civil ait eu un rôle aussi grand pour modifier les milieux naturels au moyen de grands travaux visant, soit à accentuer leur caractère d'obstacles — plans d'eau autour de Basrah, qui prolongent dans le temps les effets des crues du Tigre, de novembre à mai-juin, de sorte que le temps de l'offensive est réduit aux trois mois d'été —, soit à les adapter à la stratégie de défense choisie — construction de routes sur levées, assèchement des marais situés à l'ouest des routes pour permettre le déploiement des chars.

De nouvelles rocades, routes et autoroutes ont été construites en 1987 : une autoroute à six voies va de la frontière du Koweit (Safwan) à An Nasiriyah, doublant l'axe Basrah-Bagdad, tandis que des axes transversaux la relient aux villes proches du front sur le Tigre (Al Qurnah, Al Amarah). Ce nouveau réseau, qui permet de transférer une division blindée du centre vers le sud en une seule nuit, a été conçu pour empêcher qu'une offensive iranienne sur Basrah, atteignant la grande route qui longe le Tigre, n'aboutisse à couper les accès vers le Chatt el Arab : ce scénario de « coupure » du pays « en deux » est depuis le début du conflit une hantise irakienne, partagée par le Koweit.

La guerre se déroule pour l'essentiel loin de Bagdad — et de Téhéran —, dans les milieux éco-géographiques les plus difficiles. Ce sont aussi les seuls où le tracé de la frontière, en avant des Zagros, se situe dans des plaines, à la morphologie marquée par les changements saisonniers liés aux inondations annuelles et aux crues secondaires. C'est là que l'armée iranienne a pu prendre pied, sans affronter directement les blindés irakiens. La prise de Fao ne fut qu'un gage mineur ; la conquête de Basrah, l'objectif militaire essentiel de l'armée iranienne, aurait été un tournant autrement significatif. Une république islamique irakienne aurait pu y être proclamée, amorce d'un démembrement de l'Irak.

Ce but de guerre n'a pas été obtenu avant la disparition de celui qui l'a inspiré, l'ayatollah Khomeyni ? Celui-ci aura joué un rôle essentiel dans la prolongation de cette guerre; il aura imposé sa propre représentation, strictement chiite, du monde. En effet, une victoire sur l'Irak signifierait que le retour de « l'imam caché » — la résurrection du douzième imam, disparu en 878, toujours « caché » selon les chiites, devant marquer le début de la croisade pour le rétablissement de la justice et de la vérité — est proche et que la renaissance de l'islam le plus pur commence, sous direction iranienne et contre les Wahabites, qui ne sont les gardiens des Lieux saints que depuis 1926, héritiers en cela des Ottomans.

Un tel dessein ne saurait être accepté ni par les Turcs — qui ne toléreraient pas un État kurde indépendant — ni par les Saoudiens — à moins d'un profond bouleversement préalable — ni par l'Égypte — qui depuis 1987 est de nouveau entrée sur la scène arabe, avec tout son poids, comme tenue en réserve en arrière de la ligne de front : c'est le seul État capable, avec son armée et son prestige de vieille nation, de faire pièce à l'Iran. De même qu'en Europe les luttes issues de la Réforme et de la Contre-Réforme ont provoqué la création de frontières — fronts idéologiques souvent durables —, de même s'opposent, sur le « *limes* hydraulique » du sud de l'Irak, autour du Chatt el Arab, deux légitimités musulmanes; le paradoxe est qu'il revient à un État laïc d'en être le protagoniste arabe principal. On touche là aux forces de l'idéologie, donc à des phénomènes placés sous le signe de la durée. C'est pourquoi la prospective la plus raisonnable doit, en l'occurrence, faire, nous l'avons vu, un détour par l'histoire de la plus ancienne frontière de l'Asie occidentale.

— **Après l'Iran, l'épilogue irakien au Koweit et le prétexte frontalier (1990-1991) :** En août 1988, sous les auspices des Nations unies, furent entamées des négociations entre Iran et Irak. Mais les troupes irakiennes ne furent retirées des poches qu'elles occupaient en territoire iranien qu'à la faveur de la crise du Golfe. Dans ce même contexte, Bagdad a dû se résoudre à accepter les termes humiliants de l'accord d'Alger de 1975, favorables à Téhéran.

L'invasion du Koweit, le 2 août 1990, fut curieusement agie par les dirigeants irakiens comme une répétition de la guerre engagée en 1980, avec, au départ, le même objectif apparent : maîtriser une ouverture libre de tout regard hostile sur le golfe Arabo-Persique. On ne retiendra ici de l'argumentation territoriale avancée par le régime de Bagdad pour justifier sa tentative d'annexion — la mise en cause des tracés frontaliers de 1963 —, puis la contestation radicale de toute légitimité à l'existence d'un État koweitien, enfin l'épilogue formalisé par la résolution 687 des Nations unies — 3 avril 1991 —, qui fonde désormais le processus de délimitation frontalière.

Le premier grief portait sur l'accès aux eaux du golfe par le contrôle des cheneaux menant des ports d'Oum Qasr et de Zubayr, construits en 1975 en complément de Bassorah, aux eaux du golfe, par le Khor Abdallah. En réalité, l'Irak disposait déjà d'un tel accès, sur une largeur de 58 kilomètres à l'ouest de l'embouchure du Chatt el Arab, et deux terminaux pétroliers, Mina al Bakr et Khor al Amaya avaient été édifiés sur cette façade maritime. La revendication irakienne, formulée dès

1939, portait, *a minima*, sur la possibilité de contrôler les deux îles marécageuses de Warbah et de Boubiyan, à l'entrée du Khor Abdallah, de manière à pouvoir développer le trafic du port d'Oum Qasr. A cette époque, les commerçants et des tribus du Nord du Koweit en relation avec le Sud de l'Irak étaient favorables à un rapprochement, sinon une unification, avec l'Irak. Après l'indépendance du Koweit, en 1961, une demande de location de longue durée des deux îles avait été présentée. Une réponse favorable avait été envisagée, en échange de la fourniture par l'Irak d'eau potable. Cet arrangement fut bientôt jugé trop périlleux pour la sécurité du nouvel État qui opta pour de lourds investissements dans des usines de dessalement de l'eau de mer.

L'autre grief apparent portait sur le tracé de la frontière irako-koweitienne, qui recoupe l'extrême sud du gisement pétrolier de Roumailah. Ce dernier, utilisé depuis 1972, avait valeur de symbole, puisqu'il fut le premier à être exploité par l'État et non par l'Iraq Petroleum Company, nationalisée la même année au terme d'un long conflit. Il est avéré que, durant la guerre Irak-Iran, le Koweit a pompé dans ce gisement au-delà de son quota ; mais ce gisement ne produit que 30 000 barils/jour, ce qui est marginal pour les deux États.

En réalité, la frontière reste, au nord, mal délimitée. Quels en sont les points de repère juridiques et diplomatiques ? Le 29 juillet 1913, la convention anglo-ottomane définit une « ligne verte » qui marque un large espace où l'autorité des Al Sabah était jugée prépondérante et où le sultan ottoman s'engageait à ne pas interférer. A l'intérieur de ce périmètre fut tracée une « ligne rouge », d'un rayon de 40 miles — 64 kilomètres — autour du port en eau profonde de Koweit — l'un des rares de la rive ouest du golfe avec Bahrein — ; elle signalait l'aire où s'exerçait la souveraineté sans partage de l'émir et incluait clairement les îles de Warbah et de Boubiyan. Lors des traités de Sèvres, puis de Lausanne, la Turquie renonça à tout droit sur le Koweit, ce qui invalidait la revendication de l'Irak — indépendant en 1932 — comme État successeur. La frontière fut précisée par un échange de lettres de 1923, puis 1932, entre les administrateurs britanniques de Koweit et de l'Irak alors sous mandat. Cette correspondance suivait le traité de Muhammara de 1922, qui fixait les limites nord du royaume de la dynastie conquérante des Bani Saoud dans le Nedj — ligne rectifiée en 1981 et qui forme l'actuelle dyade Irak-Arabie Saoudite après le partage de la zone neutre, encore représentée à tort sur les cartes. Ce même traité indiquait les limites entre le Nedj et le Koweit, alors protectorat britannique ; elles reprenaient le tracé de la « ligne rouge », tandis que l'espace compris entre celle-ci et la « ligne verte » était, au nord-ouest, inclus en Arabie Saoudite, et au sud-est transformé en zone neutre. Cette nouvelle délimitation constatait le caractère réduit de l'autorité de l'émir du Koweit dans cette région face à la poussée des Bani Saoud.

La section septentrionale de la ligne verte forma la base de la frontière Irak-Koweit ; si le segment occidental était clair, le talweg de l'oued Al Batin, — par ailleurs vieille route caravanière —, celui du nord manquait de précision. Les textes des échanges de lettres se contentent d'indiquer que la frontière passe après « le dernier palmier de Safwan », sur la piste allant de Bassorah à Bagdad. Manière de souligner que la limite séparait deux catégories de milieux et aussi de sociétés : les palmeraies caractéristiques du Sud de la Mésopotamie et le « désert ». Des palmiers ont vraisemblablement été plantés après cette date, au sud du dernier repère, de sorte que la confirmation, en 1932, au moment de l'indépendance de l'Irak, des termes du traité de 1922 n'apporte aucune précision nouvelle. Un flou persiste, de quelques kilomètres de large, dans le secteur Safwan-Abdali, qui concerne aussi le sud du gisement de Roumailah.

En juin 1961, une semaine après la proclamation de l'indépendance du Koweit, le général Kassem, Premier ministre irakien, revendiqua la moitié du nouvel État, au prétexte qu'il avait été une composante du wilayet ottoman de Bassorah, ce qui fut le cas jusqu'en 1913 ; il ne fut reconnu par Bagdad qu'en 1963, dans ses limites, non démarquées, de 1932 ; il est vrai que la présence de troupes britanniques limitait alors les ambitions irakiennes, comme lors de l'attaque de 1973.

La tentative d'annexion de 1990 s'inscrivait donc dans une suite logique, où le contentieux financier — dette irakienne à l'égard de l'émirat de Koweit —, économiques — maintien d'un prix du pétrole trop bas pour les énormes besoins de la première reconstruction irakienne —, technique — souci d'un accès élargi au golfe, qui ne soit plus sous le regard de l'Iran —, politique — menacer les monarchies du Golfe — et géopolitique — utiliser les forces accumulées pendant dix ans pour imposer une hégémonie sur l'Orient — ont trouvé une raison de s'exprimer brutalement : une querelle frontalière.

Il revient maintenant aux Nations unies, sous le couvert de laquelle fut menée cette opération de police armée contre un État agresseur et suréquipé, d'œuvrer pour obtenir une délimitation définitive, impliquant une reconnaissance du Koweit par l'Irak :

— l'article 2 de la résolution 687 (votée le 3 avril 1991) stipule : « (Le Conseil de sécurité) exige que l'Irak et le Koweit respectent l'inviolabilité de la frontière internationale et l'attribution des îles fixées dans le procès verbal d'accord entre l'État du Koweit et la République d'Irak signé par les deux pays à Bagdad le 4 octobre 1963 ;

— l'article 3 « prie le secrétaire général de prêter son concours (dans un délai d'un mois) afin que des dispositions puissent être prises avec l'Irak et le Koweit pour délimiter la frontière entre les deux États ».

Quant au principe de l'intégrité du Koweit, il n'a été obtenu qu'au prix d'une guerre brève mais violente, conduite par une coalition alliée coordonnée par les États-Unis, et non pas dans le cadre d'une solution diplomatique « arabe ». La stabilité de l'Asie occidentale paraît donc une fois encore reposer sur la menace de l'intervention militaire ou diplomatique extérieure. Il est évident que ce qui vaut pour la partie est de l'Asie occidentale s'applique également dans ses régions ouest, dès lors que subsistent des querelles territoriales permanentes, en dépit des solutions avancées dans les multiples résolutions des Nations unies. Du moins est-ce ainsi que les opinions, notamment arabes, perçoivent désormais le règlement des questions d'Orient, antérieures à la guerre froide et qui, pour cette raison, survivent à sa fin.

* cartes 52 à 55

CHAPITRE XII

Israël - Palestine - Jordanie : quelles frontières ?

« Je me rends compte de la ruse du charme biblique des paysages de la région : c'est un charme arabe en tous points. »

Amos Oz, les Voix d'Israël, 1983 : 110*.

Selon les termes de la fameuse résolution 242 des Nations Unies (novembre 1967), l'instauration de la « paix au Proche-Orient » devrait être fondée sur « le retrait israélien de ou des** territoires occupés et sur le respect et la reconnaissance de l'intégrité territoriale et l'indépendance de chaque État de la région et le droit de vivre en paix à l'intérieur de frontières sûres et reconnues à l'abri de menaces et d'actes de force ».

Le plan Reagan (1982) a repris ce principe du droit pour Israël à exister à l'intérieur de frontières sûres (secure borders) et reconnues, tandis que le projet franco-égyptien (1982) insistait en plus sur la nécessité d'assurer la « sécurité de tous ». Mais qu'est-ce qu'une frontière sûre ? Comment assurer la sécurité de tous ? Répondre à ces questions sera une partie importante d'une négociation globale qui paraît envisageable dès lors que la guerre du Golfe a placé dans le camp de la coalition des États jusque-là adverses, Israël, Syrie, Arabie Saoudite, Égypte. C'est même, selon certains diplomates, un point aussi délicat que la définition des caractéristiques d'une future entité palestinienne.

Certes, la dimension politique de la sécurité est primordiale. Elle passe par des négociations entre tous les États du Proche-Orient, sur le modèle de ce qui fut acquis entre l'Égypte et Israël, sous les auspices du président Carter à Camp David, ou dans un cadre plus large, conférence « régionale » incluant l'Union Soviétique ou conférence internationale, plus ouverte, placée sous l'égide des Nations unies avec une participation européenne.

* L'auteur décrit la région d'Ofra, implantation du « bloc de la foi » en Cisjordanie-Samarie.

** Le texte anglais de la résolution est « from territories », d'où l'ambiguïté entre « de » et « des ».

Une fois l'existence d'Israël reconnue en droit — elle l'est déjà dans les faits —, dans des limites géographiques claires, un élément de la sécurité, réciproque, est acquis. Mais le politique, parfois aléatoire, n'est qu'un volet d'un triptyque comprenant aussi l'état du rapport des forces militaires et la « géographie », terme choisi par le président Bush en 1991, pour signifier l'argument israélien de sécurité, le contrôle du Golan face à l'adversaire syrien, des collines de Cisjordanie face à la Jordanie et à l'Irak.

C'est pourquoi les questions de sécurité seront abordées ici sur le double registre de la géostratégie et de la géopolitique, à la fois pour rendre compte de réalités concrètes et pour analyser les argumentaires dès lors qu'ils se réfèrent à l'espace, pour mieux enrayer toute négociation.

Ces questions de sécurité relèvent d'une analyse géostratégique. Il s'agit en effet de tracer sur une carte des limites, frontières, « aptes » à assurer la sécurité. Mais il n'y a pas de frontières sûres en soi, dans l'absolu. Car une frontière est une configuration spatiale de bien plus petite taille que l'espace qui sert de cadre au déploiement des rapports de force entre les États frontaliers. La « qualité stratégique » d'une frontière ne peut être évaluée que dans le cadre d'un certain espace régional, et non comme résultat de ses caractéristiques propres. Les frontières *de facto* de l'État d'Israël n'ont pas toutes le même statut. La frontière avec l'Égypte est désormais fixée et considérée comme légitime par les deux États adjacents; elle reprend en fait une limite administrative turque, mais un problème demeure à Gaza, *terra nullius*.

La courte frontière avec la Syrie, sur le plateau du Golan, est composée de deux lignes de cessez-le-feu (accord de mai 1974) et depuis lors une impressionnante double ligne de front. La limite avec la Jordanie suit le fleuve et, dans la partie centrale, elle n'est qu'une ligne de cessez-le-feu (juin 1967); elle reprend curieusement la ligne de partage entre deux des zones d'occupation militaire britannique (O.T.E.A. South, ou Occupied Enemy Territory South, et O.T.E.A. East, comprenant l'actuelle Jordanie). Dans ces enveloppes qui résultent, pour une part, de conquêtes récentes, l'État israélien estime disposer de frontières sûres. Mais, elles ne sont pas, comme on le sait, reconnues, c'est-à-dire légitimées, formellement, par les États voisins (sauf un, l'Égypte).

Ces problèmes relèvent donc aussi d'une analyse géopolitique, que l'on devra envisager de manière diatopique* : ensemble israélien de facto, compris entre la Méditerranée et le Jourdain, mais aussi ensemble d'influence jordanienne, entre l'ancienne frontière d'avant 1967, *la ligne verte,* et les limites orientales de la Jordanie; ensemble géopolitique du Moyen-Orient enfin. Bien entendu, on s'en tiendra à l'analyse d'un seul aspect des rapports conflictuels entre Israël et ses voisins arabes immédiats, la question de l'occupation de la Cisjordanie. C'est en effet le plus étendu et le plus peuplé des territoires occupés et il est revendiqué depuis 1967 par le pouvoir jordanien. Le conflit dit israélo-arabe ne serait-il, à supposer que cette formule ressassée ait encore un sens (j'y reviendrai en conclusion), qu'une vulgaire querelle

* En faisant varier les échelles, comme la diachronie fait varier les temps.

de territoire portant sur un espace grand comme un département français et peuplé de moins d'un million d'habitants ? L'enjeu concret paraît, par comparaison, assez limité. Il est vrai que dans chacun des ensembles repérés vivent des populations arabes, chrétiennes ou musulmanes, qui se pensent comme « Palestiniens ».

Mais où est la Palestine, entité symbolique qui n'a jamais été un État, mais qui témoigne d'un phénomène, récent (il date de 1968) mais vif, de natiogenèse qui ne débouche pas sur une statogenèse ? Dans quelles limites spatiales concrètes cette mutation pourrait-elle s'opérer alors que tant de forces s'y opposent et que le même espace est revendiqué plusieurs fois simultanément ? Il convient donc aussi de faire le point sur cette imbrication d'interventions et d'appartenances.

Enfin, mais on le sentait, le « conflit » est plus qu'une banale dispute territoriale, parce que des éléments de type géo-idéologique s'en mêlent depuis longtemps : rarement autant de petits États n'auront autant voulu être « grands », sur le même espace : Grand Liban, Grande Syrie, Grand Israël. Qu'est-ce à dire, aujourd'hui ? Quel crédit accorder à ces représentations, ou plutôt quelle fonctionnalité leur attribuer ?

Ajoutons que l'État d'Israël reste perçu par ses voisins comme une sorte de tête de pont de l' « Occident », comme une enclave européenne ou nord-américaine dans une région qui relève de l'ensemble Tiers Monde (n'est-ce pas à cela, entre autres références et malgré qu'on en ait, que renvoie la notion, récente, de « déshérités », employée maintenant dans les communautés chiites du Liban méridional ? Notion qui pourrait fort bien gagner aussi la Cisjordanie). La « ligne verte » a été et demeure une véritable ligne de discontinuité, très nette sur le plan économique et très visible dans les paysages ; dans le même temps, certaines régions internes de l'État d'Israël sont désormais peuplées par des majorités d'Arabes palestiniens de nationalité israélienne. Les Israéliens, une minorité de plus au Proche-Orient, qui en compte déjà beaucoup ?

Parmi les cinq sections frontalières de l'État d'Israël, j'ai retenu d'étudier celle qui fait limite entre la Cisjordanie et la Jordanie et, par conséquent, l'espace situé entre la « ligne verte » et le Jourdain, conquis militairement en 1967 : principal « territoire occupé », il correspond à la région qui pourrait, ou aurait pu, être le foyer national palestinien. Certes, Gaza en serait, ou en aurait été, un second, mais cette vaste banlieue dortoir n'a pas l'intérêt stratégique de la Cisjordanie. De plus cette province reste, par bien des traits, plus « jordanienne » qu'on ne le dit généralement, et elle est aujourd'hui l'enjeu de rivalités politiques complexes, opposant les pro-Jordaniens, les militants de l'Organisation de Libération de la Palestine et les islamistes du mouvement Hamas.

La Cisjordanie : province et périphérie

Le destin de la Cisjordanie serait-il de n'être qu'une « province », soit, au sens romain du terme, un espace aux populations vaincues, et soumises à une domination extérieure ? On pourrait le penser, à considérer l'histoire, même récente, de ce territoire.

— **Une province :** Elle fut successivement une portion de wilayet ottomane, une partie de la Palestine sous mandat britannique, une province du royaume de Jordanie et depuis 1967 une marche occupée et administrée par l'État d'Israël. Cet espace fut inclus dans des circonscriptions administratives au découpage variable, au gré de la puissance occupante : il fut d'abord un « livas », district de la Syrie Ottomane puis du wilayet de Beyrouth, dont fut détaché le sandjak indépendant de Jérusalem; lui succédèrent des districts de l' « Occupied Enemy Territory Administration (South) », puis de la Palestine du mandat britannique. Ses limites actuelles résultent de la guerre de 1948, et le nom de West Bank ou rive occidentale du Jourdain désigna une province du royaume hachémite de Jordanie. Depuis 1967, c'est, pour les Israéliens, un territoire « administré » sous le nom de Judée et de Samarie, mais il reste, pour les Palestiniens qui l'habitent, un territoire occupé. D'autres entités du Levant ont été impliquées dans plusieurs de ces séquences historiques, mais elles sont devenues des États indépendants se reconnaissant mutuellement, au moins dans le principe.

— **Une périphérie :** province donc, mais aussi « périphérie » par rapport à des centres ou mieux des pôles de domination territoriale toujours externes, qu'ils soient lointains, Constantinople, Londres, ou bien proches, Amman, Tel-Aviv.

Pour mesurer ce fait de position, qui n'est pas topographique, mais géopolitique, il est utile de situer l'espace cisjordanien dans la série des ensembles politico-administratifs qui l'ont inclus.

Position périphérique ou marginale évidente dans le vaste ensemble ottoman, dont le couloir de circulation nord-sud, de l'Anatolie au Yémen, passait plutôt par Damas et le Hejaz, donc à l'est du Jourdain. Situation comparable à l'époque du Mandat car ce qui compte alors pour la puissance britannique est le contrôle de ses liaisons ouest-est, des ports de la Méditerranée au littoral de la Mésopotamie, d'où la création de la Transjordanie, pour assurer la continuité territoriale. Toutefois, une des clés stratégiques de cette continuité était le contrôle de Jérusalem, dernier point de passage transversal sur l'axe qui passe juste au nord de la mer Morte, obstacle majeur plus au sud. Le Haut Commissariat britannique s'y installa, sans que pour autant la ville devienne la « capitale » d'une région cisjordanienne.

A l'époque jordanienne, le centre du royaume hachémite était Amman et, comme on le verra, c'est sur la rive orientale que se trouvait la base interne du pouvoir de la monarchie. Enfin, depuis 1967, bien que la Cisjordanie soit « au centre » de l'attention des media et des préoccupations des gouvernements israéliens, sa fonction dans l'ensemble sous contrôle israélien reste celle d'un espace auxiliaire. La ville de Jérusalem, quant à elle, haut lieu des trois religions monothéistes, a toujours été perçue comme un site à la centralité symbolique affirmée, d'où la multiplicité, dans le passé, des projets de statut, dont le point commun semble être la constitution non d'un centre, mais bien d'une enclave dotée d'une quasi ex-territorialité.

Position plus floue à Gaza, territoire qui n'est décrit que comme « une bande » de 360 km^2, étirée sur 40 km le long de la grande route côtière, et qui fut une partie du sandjak indépendant de Jérusalem, puis, après le mandat, placé sous l'autorité d'un gouverneur militaire égyptien sans être formellement annexé ; occupée depuis 1967, la bande de Gaza, très densément peuplée, a un destin politiquement lié à celui de la Cisjordanie, mais pas à la Jordanie.

Ces particularités de la situation géopolitique de la Cisjordanie sont d'autant plus à prendre en compte que les limites des ensembles politiques qui incluaient l'espace cisjordanien ont elles-mêmes fortement varié, à quatre reprises, dans les soixante-cinq dernières années : en 1920, 1947, 1948 et 1967. Ces variations considérables ont à chaque fois entraîné d'importantes réorganisations de l'espace, dont les mouvements migratoires ne sont que les signes, ou, mieux, les « témoins », les plus manifestes. Ouverte au nord à l'époque ottomane, la Cisjordanie évolua ensuite dans le cadre de la Palestine, puis fut polarisée vers l'Est, entre 1950 et 1967, dans l'ensemble jordanien, avant d'être insérée depuis cette date dans un ensemble ancré à l'Ouest. Telle frontière, hier ouverte, est aujourd'hui filtrée : le Jourdain ; telle autre, hier séparante, a aujourd'hui fonction d'intégration : la ligne verte.

Bref, ce qui caractérise la « situation » géopolitique de la Cisjordanie telle que nous pouvons la définir en géographe, c'est d'avoir été et d'être insérée dans des ensembles spatiaux plus vastes qui la surdéterminent — d'où ce statut de « province » — et à l'intérieur desquels elle a été et reste spatialement et politiquement « périphérique ». Ce qui est en jeu, pour les « Cisjordaniens », qui sont arabes, palestiniens, citoyens jordaniens mais sous contrôle administratif israélien, c'est, à l'inverse, l'acquisition d'une *centralité*, qui n'est pas d'abord « géographique », mais politique. Oui, mais comment ?

— **L'intersection cisjordanienne :** Plutôt que de tracer des scénarios, d'évaluer des options, il semble préférable de rappeler quelques faits de la « situation » cisjordanienne. Réalité que les chercheurs palestiniens ont ces dernières années présentée par référence presque exclusive à la dimension économique, alors que d'autres dimensions, dont la combinaison est constitutive de la réalité cisjordanienne, doivent être prises en considération, notamment celle de la territorialité. Quant à la « situation » de cet espace, il n'est peut-être pas inutile de rappeler que la Cisjordanie se trouve aujourd'hui insérée simultanément, en raison de la rapidité des séquences historiques évoquées, non pas dans un seul mais dans plusieurs ensembles politiques.

Si d'une part il est clair que, depuis 1967, la Cisjordanie est incluse dans l'ensemble israélien, elle n'y est pas pour autant intégrée. Car, d'autre part, elle reste à bien des égards partie prenante de l'ensemble jordanien, ce qui, entre autres raisons, est une limite à l'inclusion précédente. On peut donc définir la Cisjordanie, depuis 1967, comme un *sous-ensemble à intersections multiples* ou encore comme le produit de l'*intersection* entre l'ensemble israélien et l'ensemble jordanien.

C'est une définition minimale, puisqu'il conviendrait de tracer aussi d'autres ensembles qui à l'évidence interfèrent avec ceux nommés : l'ensemble palestinien, qui est moins spatial que politique (un projet national, des forces, une audience) et démographique (une diaspora éclatée) et qui reste fragmenté et hétérogène, puisque, à titre d'exemple, il comprend aussi bien les réfugiés du Liban que les émigrés du Koweit et, au moins statistiquement, les Arabes palestiniens qui sont citoyens israéliens ; de même, les divers lieux où agissent les forces de l'O.L.P., elles-mêmes en intersection avec des appareils d'État de plus en plus directifs, en particulier celui de Syrie.

Sur le plan des affinités politiques, les populations cisjordaniennes ont depuis longtemps été ouvertes à toute une série de courants plus ou moins contradictoires et dont les centres étaient ou sont encore au Caire (nassérisme, Frères musulmans), mais aussi à Damas et à Bagdad, à Ryad et au Koweit, sans oublier Beyrouth et la proche Amman. Le paradoxe est que seule l'O.L.P., à qui une partie non négligeable des Arabes palestiniens de Cisjordanie reconnaissent une fonction historique et politique de représentation nationale même si la grande majorité des dirigeants de l'O.L.P. n'y sont pas nés, ne dispose plus de centre d'action autonome. Les animateurs du « soulèvement » — Intifada —, de 1987 à 1990, se sont toujours référés à l'O.L.P., même si cette révolte palestinienne a recentré le terrain de lutte politique vers « l'intérieur ». Ce qui compte, d'un point de vue géo-politique, est moins la succession de séquences historiques que leur « trace », la *combinaison* de leurs caractéristiques actuelles.

La « réalité » cisjordanienne ne peut donc être analysée à la seule échelle des quelque 5 600 km^2 de sa superficie, même si ces faibles dimensions — celles d'un département français moyen — ne sont pas sans effet sur les argumentations des uns et des autres. C'est pourtant à cette échelle que semblent se limiter les media * et nombre d'observateurs qui, par exemple, avec des dessins (ce sont moins des cartes que des schémas), représentent la Cisjordanie comme un espace où les gros points des « implantations » israéliennes tendent à recouvrir comme par coalescence la totalité de sa surface. Or, rien n'est joué. Et cette approche a le double inconvénient de gommer les traits de la géographie physique et humaine de la Cisjordanie et par conséquent de masquer la complexité des rapports entre ses habitants et les ensembles spatio-politiques englobants.

Il importe au contraire de les prendre en considération avec d'autant plus de précision que cet espace est de plus en plus considéré par la plupart des parties en présence comme le support géographique du règlement de la question palestinienne : cela est loin d'aller de soi puisque moins de 20 % de la population qui peut être considérée comme palestinienne y résident et que ce n'est pas de Cisjordanie mais de la plaine côtière, de la Galilée et du Neguev que sont originaires les réfugiés de 1948 ** et leurs descendants (environ 1,5 million en 1984) ainsi que la majorité de leurs dirigeants. Sous-ensemble très spécifique d'un ensemble palestinien aux contours spatiaux très flous, la Cisjordanie est aujourd'hui le lieu d'enchevêtrement de déterminations multiples dont il convient de préciser les fonctions et les effets.

— **La Cisjordanie, avant 1967 :** A partir de la guerre de 1967, la Cisjordanie s'est trouvée insérée dans l'ensemble stratégique et économique israélien. Insertion ou bien intégration ? La limite entre les deux positions n'est pas aisée à tracer, d'autant qu'elle varie selon les instances retenues ou les catégories de phénomènes concernés : l'écono-

* Voir la presse américaine, *Time, Newsweek*, et les rapports de l'O.N.U.

** Selon l'U.N.W.R.A., les habitants de Cisjordanie déplacés en 1967 en Transjordanie étaient 194 000 ; cf. Fiches du monde arabe, Jdn 1702/1.

mique, le spatial, le démographique, le politique. Pour chaque catégorie, il est utile de poser quelques questions : quelles sont les fonctions assignées à la Cisjordanie dans l'ensemble israélien ? En quoi la politique de faits accomplis conduit-elle à des « seuils », des points de non-retour, des acquis irréversibles, qui seraient tels qu'un processus d'annexion serait déjà inévitablement en voie de réalisation ? Quels sont les effets de cette politique sur les « Cisjordaniens » ?

Le rapide bilan que l'on peut établir n'a cependant pas exactement la même signification selon la période de temps prise en compte, car bien des caractéristiques observables aujourd'hui sur le terrain relèvent en réalité de structures déjà en place dans les périodes antérieures à 1967.

Ainsi convient-il de rappeler, pour commencer par la dimension économique, que durant le Mandat, la Cisjordanie et Gaza participaient pour environ 10 % de la valeur de la production totale de la Palestine ; malgré un début de modernisation (industries de Naplouse, emplois administratifs à Jérusalem), la Cisjordanie restait une région d'agriculture traditionnelle, à l'image de la plupart des régions de hautes terres du pourtour de la Méditerranée, orientée vers l'autosubsistance et dominée par la grande propriété contrôlant les processus d'intensification par irrigation qui étaient en cours dans les districts du nord (Jenin, Naplouse).

Terre de migration vers la plaine côtière et ses villes en expansion rapide. Les contradictions sociales y étaient cependant en développement, ce qui explique que la révolte de 1936, fondamentalement nationaliste, ait également pris, dans un double contexte de forte croissance démographique et de concurrence sur la terre en raison des achats des colons juifs, un caractère de révolution sociale dirigée contre les notables ruraux qui dominaient l'économie et la vie politique des districts.

Après 1948, la Cisjordanie fut coupée de son aire d'expansion occidentale et associée à la Transjordanie, émirat aride et bédouin très peu peuplé, pauvre en ressources, moins affecté que la rive ouest par le début de modernisation (éducation, luttes politiques, marchés urbains de l'agriculture) de la Palestine du Mandat, et en comparaison duquel la West Bank apparaissait « développée ».

Le bilan des dix-huit années est, en termes globaux, celui d'une croissance de l'East Bank par transfert de ressources et de main-d'œuvre (pas seulement les réfugiés de 1948) depuis la West Bank, qui fut en grande partie confinée à une fonction d'annexe agricole certes dynamique mais privée de possibilités de diversification ; en revanche, la grande majorité des investissements fut localisée dans l'East Bank (industries, énergie, expansion urbaine — Amman, Zarqa, Irbid —, et grands projets agricoles du système Yarmouk-Ghor, situés exclusivement à l'est du Jourdain). De la sorte, durant cette période, les rapports de niveaux de développement entre les deux rives se sont inversés *, au

* En 1967, la valeur ajoutée du secteur industriel dans l'East Bank était le triple de celle de la West Bank, situation inverse de celle de 1948. En 1967, le P.N.B. par habitant était de 50 % plus élevé à l'Est ; c'était l'inverse en 1950. Source : Meron Benvenisti, *The West Bank Data Project, A Survey of Israel Policy*, Washington, 1984.

point que l'ouest était en 1967 en état de retard économique relatif en dépit de son potentiel naturel et démographique.

Ainsi s'explique le fait qu'en dix-huit ans plus de 400 000 Cisjordaniens aient émigré vers l'East Bank*, au moins dans une première étape, soit 74 % de l'accroissement démographique naturel total de la période. L'ouest était encore composé d'une addition de districts agricoles inégalement développés, mal articulés entre eux, sans pôle unique, et ayant chacun des relations directes avec les villes de la rive est. Cette organisation interne de l'espace cisjordanien, juxtaposition de districts correspondant chacun à l'aire d'influence d'une demi-douzaine de villes moyennes, reflétait sans doute aussi la fragmentation des réseaux politiques en clans rivaux, qui avait déjà joué sous les Turcs, puis sous le Mandat, et qui s'était accentuée avec la politique de cooptation menée par les deux souverains hachémites à l'égard du clan Nashashibi et de ses alliés.

Exclus du jeu, les nationalistes, les partisans des Huseyni et les réfugiés se sont tournés vers des thèmes à la fois panarabes et plus radicaux et ont fait de la Cisjordanie un foyer d'opposition politique interne au royaume hachémite. Mais elle n'était pas pour autant une entité politiquement homogène, bien que ce soit à cette époque qu'elle ait acquis *une identité territoriale distincte comme province jordanienne :* les ressentiments que la politique jordanienne a provoqués dans certains réseaux familiaux exclus de la cooptation, dans les camps de réfugiés tenus en suspicion et politiquement réprimés et dans les villages proches de la « ligne verte » et dépossédés de leurs terroirs, ont accentué durablement les clivages politiques internes.

— **La Cisjordanie après 1967 :** Depuis 1967, la « ligne verte » a changé radicalement de fonction, en s'effaçant dans le nouvel ensemble économique, administratif et stratégique sous domination israélienne.

La conséquence immédiate de la guerre fut, en moins de quatre mois, l'exode d'environ 234 000 habitants de Cisjordanie, dont un grand nombre de réfugiés de « 48 » qui étaient établis dans la vallée du Jourdain et le long de l'ex-ligne verte, notamment à l'ouest d'Hebron et de Ramallah. L'effet structurel le plus important fut l'insertion de la West Bank (et de Gaza) *dans un ensemble économique à la puissance économique environ 40 fois supérieure*** et au niveau de vie par habitant six fois plus élevé.*

Cette différence peut expliquer à elle seule bien des traits de l'évolution des hautes terres dont la fonction ancienne d'auxiliaire économique a été renforcée, mais avec des effets contradictoires. En effet, le poids économique total de la West Bank et de Gaza équivaut encore aujourd'hui à celui d'une seule ville moyenne israélienne, même s'il a doublé en près de 15 ans, au point que le revenu par habitant égalait celui des Jordaniens depuis 1980. *Les deux territoires occupés pesaient en 1985 environ 6 % du P.N.B. total de l'ensemble israélien.*

Il convient de souligner ici que l'insertion de la Cisjordanie dans le marché du travail israélien a été d'autant plus rapide que l'on partait

* *Ibid.*

** En 1967, le P." N. "B. de la Cisjordanie et de Gaza représentait 2,6 % de celui d'Israël, et 5,2 % en 1980.(*Ibid*).

d'une situation initiale critique et que l'écart entre les deux sous-ensembles nouvellement « associés » était plus grand. Plus du tiers des actifs cisjordaniens travaillent en Israël, ce qui représente près de la moitié des revenus salariaux cisjordaniens. Le paradoxe est que la politique des implantations à l'est de la ligne verte est également créatrice d'emplois, puisque ce sont le plus souvent des équipes d'ouvriers arabes palestiniens qui travaillent sur les chantiers des quartiers nouveaux qui sont en cours de construction autour de Jérusalem, comme nous avons pu le vérifier sur place.

Il en résulte que le taux d'émigration a baissé depuis 1968 : le solde migratoire de la période 1968-1982 est négatif (moins 136 500 habitants), ce qui représente 46 % de l'accroissement naturel (estimé à 3,2 % l'an), chiffre certes élevé mais nettement inférieur à ceux des périodes antérieures. En plus des possibilités d'emploi offertes sur le marché israélien, d'autres causes expliquent la diminution des départs : restrictions imposées à l'entrée en Jordanie, diminution des offres d'emploi dans les États pétroliers, volonté de demeurer sur place ; cela, à l'exclusion du cas des diplômés, dont le cinquième seulement trouverait à s'employer en Cisjordanie.

L'augmentation des revenus individuels s'est traduite par la croissance de la consommation de biens durables (voitures, télévisions, logements,...) de sorte que l'économie israélienne y trouve un marché pour 10 à 16 % de ses « exportations ». A l'inverse, le cinquième de la valeur de la production cisjordanienne est vendu en Israël, dans le cadre de contrats de sous-traitance. L'épargne est plus volontiers placée à long terme dans les banques de Jordanie mais il y a néanmoins réinvestissement dans le secteur agricole, traduit par une nette intensification de la production : la valeur ajoutée agricole totale a été multipliée par trois entre 1968 et 1981 et la valeur ajoutée par travailleur par 4,6, sur des superficies agricoles, en culture tant irriguée que pluviale, stables, puisque leur extension est bloquée. Mais les agriculteurs de la West Bank, le tiers des actifs, ne maîtrisent pas les accès aux marchés israélien et jordanien en raison des quotas, variables, imposés par les deux États aux productions concurrentes.

— **La Cisjordanie occupée ; croissance dans la dépendance :** Bilan contradictoire, donc, puisque la croissance résulte de la dépendance et que les améliorations économiques individuelles contrastent avec la stagnation collective. C'est ce dernier aspect, « en creux », qu'il conviendrait de chiffrer pour montrer une situation de non-développement régional « autocentré » : les budgets de développement sont réduits au minimum ; la modernisation des équipements publics (voirie, électricité...) implique l'interconnection avec les réseaux israéliens ; les projets sont soumis à de multiples autorisations, plus faciles à obtenir s'il s'agit d'entreprises artisanales de village que d'industries localisées dans les centres urbains ; le réseau bancaire régional a été supprimé et les officines des agents de change et d'assurance procèdent à des transferts vers Amman, mais ne sont pas des banques de développement.

L'économie n'est pas asphyxiée mais bloquée dans sa diversification ; la seule issue reste l'usage plus intensif des facteurs préexistants, insuffisants, semble-t-il, pour constituer une « économie de résistance » ; la croissance par osmose se poursuit, ne serait-ce que pour financer, par les revenus fiscaux (douanes, impôts directs et depuis 1983 taxes à la valeur ajoutée), les dépenses que l'administration militaire des territoires occupés engage pour les populations non israéliennes : le pourcentage d' « autofinancement » indirect serait, selon Benvenisti *(op. cit.)*, des deux tiers.

Il est clair que la non-annexion n'est pas sans avantage financier. Mais, au gré des gouvernements, des mesures plus souples peuvent être prises : ainsi la politique des trois ponts ouverts sur le Jourdain décidée par M. Dayan durant le premier gouvernement travailliste, ou encore le projet d'ouverture d'une banque palestinienne à Naplouse (autour de la famille El Masri) mis à l'étude en 1984.

Bref, au vu de ce bilan, la dimension économique, dont beaucoup parlent, est-elle déterminante, tant du point de vue de l'intérêt de l'État israélien que de celui des Palestiniens de Cisjordanie ? Car, à observer la multiplication des constructions neuves, très visibles le long des axes routiers au sortir des agglomérations urbaines principales, on peut formuler deux conclusions divergentes : soit y voir le signe que les revenus disponibles, non négligeables, sont dirigés vers des investissements non directement productifs, ce qui peut apparaître comme négatif du point de vue de l'économiste qui y repère la preuve que l'occupation étrangère bloque la mise en place de structures économiques nécessaires au développement collectif ; soit, à l'inverse, juger que ce processus de péri-urbanisation, d'autant plus remarquable que la population reste rurale (de résidence, non d'activité) à 70 %, est au fond l'affirmation physique de la volonté de demeurer, ce qui est positif du point de vue de la territorialité.

Ces constructions neuves sont en quelque sorte des « contre-implantations », qui répondent aux implantations ou colonies dites de peuplement que les Israéliens juifs établissent en Cisjordanie depuis 1967. En outre, elles ont une fonction politico-spatiale essentielle : en effet, on l'oublie souvent, les surfaces urbanisées par et pour les Palestiniens ont augmenté, selon les villes, de 55 à 267 % entre 1968 et 1979 (*in* Benvenisti, *op. cit.*) : Beit Jallah + 55 % ; Al Bira + 67 % ; Ramallah + 76 % ; Bethléem (aire rurale) + 125 % ; Salfit + 162 % ; Hebron + 185 % ; Beit Sahur + 267 %, pour ne citer que ces quelques cas.

Il est vrai que durant la première décennie d'occupation, l'administration militaire n'avait exercé un contrôle sur l'utilisation du sol que dans la vallée du Jourdain, en application du Plan Allon. Depuis 1977 et jusqu'en 1984, c'est la totalité de la superficie de la Cisjordanie qui a fait l'objet d'un projet global de planification territoriale.

Dans le même temps et, je crois, en articulation avec le projet territorial, le gouvernement du Likoud a tenté d'agir sur la société civile palestinienne en favorisant l'émergence de leaders destinés à encadrer la population rurale dans un réseau de Ligues de Villages (Tamari, 1983, 9), un projet d'intégration du territoire et de ses habitants a été engagé, dont il convient d'évaluer les résultats, en gardant à l'esprit que les objectifs, méthodes et moyens ont varié selon les gouvernements et que depuis le milieu de l'année 1984, des infléchissements ont été apportés aux pratiques intégrationnistes menées par le Likoud.

Le rapport de forces économiques depuis l'Intifada

Avec le soulèvement palestinien et les restrictions apportées aux échanges économiques et aux apports de capitaux par la diaspora palestinienne et du fait de la rupture, en juillet 1988, des liens institutionnels avec la Jordanie, la situation économique des territoires occupés s'est considérablement dégradée.

Le produit brut des territoires occupés représentait, en 1989, 4 % seulement de celui d'Israël, soit 1 820 millions de dollars, dont 980 pour la Cisjordanie et Gaza, 600 millions de transferts nets générés par les travailleurs palestiniens en Israël, 140 millions en provenance de ceux des États du Golfe et 100 millions envoyés par la diaspora. Le revenu par habitant d'une population de 1 575 000 habitants ne dépasse pas celui de l'Égypte, 1 150 dollars, contre 10 000 dollars en Israël.

Un rapport de 25 à 1 donc entre Israël et l'ensemble Gaza-Cisjordanie, qui va se creuser avec l'arrivée de la main-d'œuvre juive soviétique. L'atout palestinien demeure cependant : main-d'œuvre bon marché, pour moitié employée sans être déclarée dans des branches comme la construction, l'hôtellerie, les services et surtout l'agriculture.

L'enjeu est donc de constituer en Cisjordanie une base économique autonome, dans les industries légères et dans les services, ou bien l'émigration, pour raisons économiques. Le rétablissement partiel de la « ligne verte » depuis 1988-1989 comme ligne de filtrage des travailleurs palestiniens ne peut qu'accélérer ce processus de diminution de l'interdépendance, dissymétrique, entre les deux entités. La fin des apports financiers généreux en provenance d'Arabie Saoudite et des émirats du Golfe, comme sanction au soutien de l'O.L.P. à la tentative expansionniste irakienne aggrave la situation économique des populations des « territoires occupés », dont l'avenir repose sur les capacités de négociation de représentants de ces populations « de l'intérieur ». Cette contrainte nouvelle réactualise l'option jordano-palestinienne, abandonnée ou, du moins, suspendue en 1988 par le roi Hussein, comme seul cadre d'une reprise économique viable.

Frontières et géostratégie

Indiquons tout d'abord que s'est affirmée durant toute la période une continuité dans la justification de l'occupation israélienne en Cisjordanie, qui relève de préoccupations stratégiques — la sécurité. Pourquoi et comment ?

— **L'allié-terrain ; rappels et application :** Une limite sûre est, dans l'idéal, un tracé qui devrait permettre aux deux parties de s'opposer le plus efficacement à un mouvement adverse. L'analyse géostratégique doit donc déterminer, dans le cadre d'un certain espace, quelles sont les configurations du terrain — j'entends par terrain le relief et l'espace humainement organisé — qui peuvent être un allié en offrant relativement les meilleures conditions pour la défense et l'offensive, ou un obstacle pour l'autre. Les opérations se déroulent nécessairement selon certains axes de déplacement, et l'analyse stratégique doit envisager l'espace concret du point de vue du mouvement.

Le (ou les) mouvement(s) se déroule(nt) dans l'espace mais aussi dans le temps. Les distances, les conditions topographiques, les techniques militaires mises en œuvre impliquent des temps plus ou moins longs pour la réalisation de certains mouvements, et ces durées variables servent à qualifier les avantages et les obstacles de l'espace-enjeu. (Les espaces peu différenciés ne présentent pas de configurations assurant une plus grande sûreté de la frontière).

Dans le cas du débat stratégique Israël-Jordanie-Syrie-Liban, sans doute y a-t-il lieu de considérer que « frontières sûres » pour Israël et « sécurité de tous » ne sont pas des concepts synonymes. Il n'est pas évident que tous les États concernés puissent un jour bénéficier de frontières également, symétriquement sûres, étant donné les conditions géostratégiques.

Il est douteux que la sécurité d'un État puisse être fondée sur la valeur défensive de ses frontières* : elle est d'abord fonction du rapport de force des potentiels militaires, et pour Israël elle repose sur la rapidité de mobilisation des réservistes, aux côtés de l'armée d'active. De plus, les problèmes de sécurité, qui concernent en fait toute la superficie d'un État, ou au moins ses secteurs considérés comme vitaux, peuvent se poser de manière comparable, quel que soit l'emplacement de la frontière, quand il s'agit de petits espaces.

(J'ajoute que chaque raisonnement géostratégique envisage les opérations de toutes les forces en présence, mais en fonction des intérêts de celui qui raisonne. Je me placerai ici non pas dans le « camp » des Israéliens, mais de leur point de vue, puisqu'ils justifient l'annexion rampante de la Cisjordanie par des impératifs de sécurité. Le même exercice pourrait être fait pour la Jordanie, mais les dirigeants jordaniens ne mènent pas une politique d'annexion au nom de la sécurité militaire. Enfin, il est clair qu'il faudrait pratiquer cette même approche pour une hypothétique entité palestinienne ; mais le problème actuel d'une partie des Palestiniens est de créer « quelque chose », au sens donné par Sieyès, d'indépendant, avec ou sans les Jordaniens, et non d'abord d'établir d'éventuelles frontières sûres.)

Or, bien que les problèmes israélo-palestiniens et israélo-arabes occupent le devant de la scène médiatique depuis près de quarante ans, jamais les cartes publiées ne permettent d'avancer dans la compréhension des enjeux spatiaux : ce sont des cartes réduites, à très petite échelle, « plates », où les configurations du relief et l'organisation de l'espace sont oubliées. Images peu utiles, sauf pour alimenter la double carto-propagande, celle d'une menace d'engloutissement ou celle de l'anomalie d'une enclave juive en « terre arabe » (autre géographisme).

Le seul élément physique représenté est le tracé du fleuve Jourdain. On sait que la grande majorité des Israéliens considèrent le cours

* Bien entendu, elle est aussi géopolitique, en fonction du degré de légitimité qui est accordée par les États limitrophes.

moyen et inférieur du Jourdain comme la frontière « naturelle » orientale d'Israël. Mais, pour juger de sa valeur tactique, il convient d'embrasser du regard l'ensemble de la configuration du relief dans un cadre plus vaste, l'espace qui s'étend entre la mer Méditerranée et les plateaux de Jordanie. On découvrira un terrain fait de « bosses et de creux », et non la surface plane qui semble servir de base à tant de raisonnements hâtifs à ambition stratégique. Ce qui suppose de disposer d'une géographie physique.

— **Géographie physique et stratégique de la Cisjordanie :** Dans l'espace compris entre le littoral méditerranéen et la vallée du Jourdain, on peut distinguer plusieurs régions naturelles, alignées nord-sud, qui sont les sous-ensembles d'un *large anticlinal* aux versants fortement dissymétriques, et constituent autant de compartiments de terrain : la plaine côtière, les plateaux du piémont ouest, les hautes terres centrales, les gradins étagés du piémont est, enfin le fossé du Jourdain entre le lac de Tibériade ou Kineret et la mer Morte.

Un voussoir anticlinal dissymétrique. La ligne de partage des eaux est à une altitude d'environ 1 000 mètres au sud, près d'Hébron (1 020 m) et de 940 mètres au nord, près de Naplouse et s'abaisse à 650 mètres au col de Jérusalem. Vers le nord, elle descend à 600 puis 400 mètres, près de Beit Shean. Ce *divortium aquarum* ne se situe pas à mi-chemin entre le littoral et le fossé du Jourdain, mais grossièrement aux deux tiers de la distance Méditerranée-Jourdain. Ainsi, Jérusalem, qui se trouve comme toutes les autres villes de Cisjordanie sur cette ligne de partage des eaux, est, à vol d'oiseau, à 55 km de la mer et seulement à 30 km du Jourdain ; Naplouse, au nord, est à 42 km de la mer et à 15 km du Jourdain.

Cette dissymétrie s'explique par l'importante différence de l'altitude des niveaux de base : 0 mètre sur la Méditerranée et entre – 300 et – 400 mètres dans le fossé du Jourdain, qui est un graben. De plus, l'anticlinal central est aussi fortement dissymétrique, car le pendage des couches calcaires est beaucoup plus fort à l'est qu'à l'ouest. D'où des dénivellations théoriques de 16-17 mètres par kilomètre à l'ouest et de plus de 40 mètres par kilomètre à l'est, soit trois fois plus.

En face, en Jordanie, le versant est du fossé du Jourdain est formé de trois gradins de faille, séparant des plateaux qui, vus de l'ouest, sont en grande partie masqués ; mais il est possible certaines nuits d'apercevoir les lumières d'Amman, qui est à 58 km de Jérusalem, à vol d'oiseau. Le relief de la partie centrale d'Israël et de la Cisjordanie correspond donc à un voussoir anticlinal large de 65 km au nord et de près de 100 km au sud.

Les compartiments de terrain. Le versant occidental peut se décomposer ainsi :

— une plaine côtière basse, qui s'étend du mont Carmel, au sud de Haïfa, jusqu'à Gaza et à l'Égypte. La plaine a une largeur comprise entre 14 et 20 km. Vers l'est, le bas-piémont, ou basse Séphéla, s'élève jusqu'à 200 mètres environ, puis au-delà de la courbe de niveau des 200 mètres qui marque un escarpement d'érosion bien net, commence la haute Séphéla (entre 200 et 400 m) ;

— une série de plateaux s'élevant de 400 à 800-1 000 mètres s'étendent entre la Séphéla et la ligne de partage des eaux ; celle-ci n'est pas une crête, mais un alignement nord-sud de sommets arrondis, correspondant à des affleurements de calcaires durs et de craie ;

— le versant oriental est coupé de trois escarpements principaux entaillés par de véritables canyons, comme le Wadi Qelt, à l'est de Jérusalem, jusqu'au fossé d'effondrement du Jourdain, large de 5 à 20 km.

La dorsale montagneuse se prolonge, au nord de la vallée de Yezréél qui s'étend du nord-ouest au sud-est entre Haïfa et le Jourdain, par les collines de basse Galilée et les monts de haute Galilée. Au sud, elle se continue par les collines du Néguev central, jusqu'au golfe d'Aqaba.

Sur les sommets et les piémonts de Cisjordanie, les paysages dominants sont ceux du karst, caractéristique des régions calcaires méditerranéennes : collines et monts où la roche en place affleure, vallées souvent sèches, circulation souterraine des eaux.

Mais en raison de la présence de couches marno-calcaires imperméables sous la couche calcaire supérieure, la dorsale est un réservoir d'eau assez facilement accessible : c'est le pays des sources et des puits, d'où l'on tire, depuis l'Antiquité, l'eau de la nappe aquifère ; son volume est estimé à 600-700 millions de m^3.

Sur la plaine côtière, l'aquifère d'âge pléistocène a un volume d'environ 300 millions de m^3 : il ne suffit pas à alimenter les villes, les industries et l'agriculture irriguée : l'eau de la région vitale d'Israël est amenée, par le « conduit national », depuis le lac de Tibériade, alimenté en amont par le haut Jourdain, et sur lequel on prélève au moins 500 millions de m^3. Source principale de l'alimentation en eau d'Israël, le haut Jourdain est formé de trois rivières dont deux prennent leur source dans le Liban méridional (le Hasbani) et sur les hauteurs du Golan, au pied du mont Hermon (dont les « neiges » étaient convoitées dans les années 20 par les agences juives de colonisation, qui voulaient porter la frontière nord sur le Litani pour inclure toutes les sources du Jourdain). Le mont Hermon, avec une altitude de 2 814 mètres, très arrosé, est un château d'eau à la fois pour la Syrie de l'Ouest, pour le Liban du Sud et pour Israël.

Les sources de Dan, sur le Golan, ont un débit annuel de 225 millions de m^3, soit autant que l'aquifère des montagnes de Judée (selon l'*Atlas d'Israël* « Hydrology », V, 2). Il n'est donc pas illogique d'estimer que l'occupation du Golan en 1967 et son annexion le 14 décembre 1981 correspondent, en plus de préoccupations stratégiques, à une prise de contrôle de la source principale d'alimentation en eau de la région vitale d'Israël.

En Cisjordanie, deux ensembles climatiques peuvent être distingués. A l'ouest de la ligne de partage des eaux, et jusqu'aux environs des monts d'Hébron, domine le climat méditerranéen : été sec, hiver frais et humide, parfois neigeux ; au sud d'Hébron et à l'est d'une ligne Beit Shean-Jérusalem, domine un climat nettement semi-aride : le piémont et le fossé du Jourdain sont un désert d'abri, recevant moins de 200 mm de pluie par an contre 600 à 700 mm sur les hauteurs centrales. Le désert de Juda commence à l'est immédiat de Jérusalem, qui se trouve sur la ligne de transition topo-climatique de la Cisjordanie. A quelques dizaines de mètres du mont Scopus, où est installée l'Université Hébraïque, nomadisent les Bédouins durant les mois d'hiver.

Les sols utilisés pour l'agriculture sont les sols bruns et des rendzines assez profondes ; en revanche, les sols de terra rossa sont trop peu épais pour avoir été cultivés dans le passé. Les *deux tiers* de la superficie de la Cisjordanie sont non cultivables et servent de pâturages pour les troupeaux d'ovins (le saltus classique).

On constate donc que, dans cette sorte de Haute-Provence proche-orientale, l'aire de répartition traditionnelle de la population correspond à peu près à la combinaison des sources et des bons sols, à l'ouest de la ligne Beit Shean-Jérusalem *. Ce sont le piémont occidental et les bassins des hautes terres centrales, régions occupées depuis des siècles. Depuis l'Antiquité, la ligne de partage des eaux est l'un des trois axes de circulation entre l'Égypte et la Syrie. Cet axe, qui était plus sûr que celui qui passait par la plaine côtière, a fixé les bourgs et les villes, depuis au moins trois millénaires. En revanche, Jéricho, oasis et étape sur la route des Monts de Judée aux « monts d'en face » (Moab) à l'est du Jourdain, fait figure d'exception, par sa position dans le fossé.

— **Géographie biblique ; problèmes géostratégiques d'hier et d'aujourd'hui :** Dans la géopolitique israélienne, les représentations spatiales actuelles sont directement reprises de celles de la Bible, dont les différents livres gardent la mémoire de périodes historiques fertiles en conflits politiques et militaires. Géo-idéologie.

A ces époques anciennes, le terme Israël avait un double sens : soit l'espace des douze tribus unifiées, de Dan au Litani (ou Leontès) au nord à Beersheva au sud, soit le groupe des tribus du Nord, dont la capitale était la cité de Samarie. Au sud de Jérusalem s'étendait le royaume de Juda, une des tribus, souvent séparatiste. Les termes de Judée et de Samarie (Yehuda et Shomron) désignent donc des régions historiques. Ils tiennent lieu depuis 1967 de nomenclature officielle chez les Israéliens pour désigner l'ensemble géopolitique qu'est la Cisjordanie. De même les districts ont été doublés depuis 1967 de divisions administratives nouvelles dont les noms et le plus souvent les limites sont ceux des anciennes tribus d'Israël et de Juda. Ainsi le sous-district de Ramallah est-il doublé de la circonscription de Benyamin.

La réactualisation des représentations anciennes a évidemment une fonction légitimatrice pour les dirigeants israéliens : comment « rendre » des territoires, occupés, qui sont nommés Judée et Samarie ?

Au-delà de cette manipulation « géo-nymique » ou « géo-idéologique », il convient de souligner que certains problèmes stratégiques évoqués dans les textes bibliques restent d'actualité. En effet, si les Hébreux ont pu se maintenir durant environ treize siècles dans l'espace qui est nommé aujourd'hui en Israël : Eretz Israël, le pays d'Israël, ce n'est pas seulement en raison de la vigueur de leur alliance symbolique avec le Dieu d'Israël. Encore faut-il noter que dans maints livres de la Bible, la question centrale de l'atopie et de l'utopie, le non-lieu, est constamment évoquée par les prophètes de ce peuple de l'exil. Dans la Bible, il est clairement répété qu'entre Dieu et le peuple, il y a un contrat : Yahvé offre une terre, un pays, en échange de l'identification de ce peuple à la Loi divine. Le non-respect de la Loi, matérialisée par

* D'après l'*Atlas d'Israël*, qui curieusement couvre la Cisjordanie pour ce qui est de la géographie physique, mais pas pour la géographie humaine !

la Torah, entraîne inéluctablement l'exil. Peut-on avancer l'hypothèse que la Torah tenait lieu de territoire, symbolique, pour la Diaspora ?

Les Hébreux se sont donc maintenus jusqu'à leur défaite devant Rome, défaite facilitée du reste par l'active collaboration de la famille du roi Hérode.

C'est qu'ils occupaient *un espace beaucoup plus défendable que les espaces voisins :* les austères montagnes de Judée. Celles-ci n'étaient un « bon pays » que pour qui venait du Sud, du désert. Dans l'Antiquité, le « bon pays », c'était la plaine côtière, aux sols faciles à travailler, plaine bien située sur le couloir majeur des échanges dans la partie sud du Croissant Fertile (et objet de délimitations frontalières, on l'a vu). Mais cette plaine était occupée par les Philistins, dont les Romains ont tiré le géo-nyme de Palestina (repris du grec Syrié Palaistiné, expression qui aujourd'hui n'est pas oubliée... à Damas, capitale de la Syrie géographique — *sic*).

La plaine, ou pays des Philistins, avait l'inconvénient d'être difficilement défendable et d'être ouverte aux invasions. Pendant des siècles, Hébreux et Philistins se disputèrent âprement le bas-piémont, ou Séphéla, *où passe la ligne d'armistice de 1948, ce que l'on a appelé la ligne verte,* qui sépare l'État d'Israël proprement dit des territoires occupés depuis 1967.

Le bastion hébreu de Judée ne fut soumis par les Romains qu'au moyen de la destruction de Jérusalem, ville et temple. Jérusalem se trouve à l'intersection de la route Nord-Sud, sur la ligne de partage des eaux, et d'une voie de passage Est-Ouest, qui emprunte un col facilement accessible des deux côtés par les vallées du Soreq et du Cédron. C'est le dernier point de passage transversal sur l'axe menant vers l'est, en ligne droite, juste au nord de la mer Morte qui, plus au sud, forme évidemment un obstacle majeur. Ville conquise par David, en terrain neutre, entre les tribus d'Israël établies en Samarie et les tribus de Juda établies en Judée, pour sceller leur unité. *Le contrôle de Jérusalem fut la clé de la permanence d'Israël en tant que nation enracinée. Position symbolique, position stratégique !*

Ces rappels historiques ne visent pas à légitimer les tentatives d'annexion rampante de la Cisjordanie menées aujourd'hui en terre palestino-jordanienne, mais à pointer l'importance des facteurs géostratégiques et géo-idéologiques.

Il faut d'ailleurs souligner à quel point s'est développée ces dernières années ce qu'on pourrait appeler l'archéologie politique. Une bonne moitié des colonies de peuplement installées par le Bloc de la Foi en Cisjordanie reprennent les lieux et le plus souvent les noms de sites bibliques. C'est que les hauts lieux de l'histoire biblique n'étaient pas sans valeur stratégique ; ils sont aujourd'hui nommés mitzpim, c'est-à-dire observatoires : destinés à contrôler, impressionner le « plat pays », cananéen autrefois, palestinien aujourd'hui.

Le paradoxe est que les juifs israéliens se trouvent maintenant dans une situation stratégique inverse de celle qui était la leur dans l'Antiquité : ils sont aujourd'hui localisés d'abord dans la plaine côtière, autrefois celle des Philistins, tandis que les hauteurs où se trouvaient jadis les Hébreux sont maintenant habitées, depuis des siècles, par des Arabes palestiniens. La Bible enseigne donc que la position stratégique de la plaine est fragile. D'où la tentation des Israéliens d'annexer les hauteurs et de fixer la frontière sur le Jourdain.

— **Le Jourdain, la bonne frontière ?** Une frontière naturelle, le Jourdain ? Frontière symbolique sans aucun doute, puisque les Hébreux rentrant d'Égypte occupèrent le pays de Canaan en l'attaquant par l'Est, et en franchissant le Jourdain aux environs de l'actuel kibboutz de Gilgal. Aujourd'hui, la quasi-totalité des Israéliens considèrent la vallée du Jourdain comme la frontière orientale d'Eretz Israël.

Cette limite, on l'a vu, divisait de 1922 à 1947 deux secteurs militaires, Palestine (terme repris par les Britanniques, mais déjà employé par Herzl) et Transjordanie (notion elle aussi d'origine grecque, Perea, c'est-à-dire « au-delà » du Jourdain). A partir de 1948, seule la section nord est devenue une frontière internationale tandis que les deux tiers sud étaient intégrés au royaume hachémite de Jordanie. Cette section est depuis 1967 une ligne de cessez-le-feu. Ce n'est pas une frontière internationale de jure, mais elle l'est *de facto*, en raison de la rigueur des contrôles israéliens et jordaniens exercés de part et d'autre des « ponts ouverts », Pont Allenby et Damya Bridge, sur les mouvements de personnes et de biens, alors que les Cisjordaniens restent détenteurs de passeports jordaniens.

Les implantations militaires puis civiles de la période 1967-1977 (Plan Allon, du gouvernement travailliste) avaient été localisées sur la rive droite du Jourdain en fonction de cette représentation d'un Jourdain frontière naturelle. Serait-il donc la frontière de sécurité ?

Le Jourdain, malgré la longueur de son cours (118 km entre le lac de Tibériade et la mer Morte) n'est pas un grand fleuve, mais un gros ruisseau et son débit est d'autant plus réduit que de 60 à 80 % des eaux du lac sont prélevées pour alimenter le conduit national. Sauf lors de la fonte des neiges, dans son cours amont, le Jourdain est une rivière de 10 à 15 mètres de large en moyenne, très aisément franchissable à gué en maints endroits, qui ont été souvent empruntés par les groupes activistes palestiniens jusqu'en 1970. Le fleuve n'est cependant jamais à sec, et dans la partie centrale de son cours, il coule dans un lit majeur assez étroit encadré d'escarpements. C'est aussi une source d'eau médiocre au point que les colons des kibboutzim proches puisent dans l'aquifère profond et non dans le fleuve.

Du point de vue stratégique, le Jourdain n'est en lui-même qu'un *obstacle mineur* sauf là où les rives sont escarpées. Mais le considérer comme une frontière permet d'inclure dans le territoire d'Israël des lignes de hauteur situées plus à l'ouest, de sorte que pour les stratèges israéliens, le Jourdain est une sorte de « ligne rouge », une limite à partir de laquelle commence la défense de tout le pays compris entre la Méditerranée et la « ligne verte », et d'abord la défense de Jérusalem. Pourquoi ?

Parce que la véritable frontière stratégique, à support « naturel » (c'est-à-dire topographique) d'Israël est l'espace compris entre le piémont oriental et la ligne des hauteurs de Cisjordanie. Et le souci de la situer bien en avant de la « ligne verte » tient simplement à la faible profondeur de la région principale du pays, les secteurs peuplés de la plaine, dont les caractéristiques — densité, urbanisation, faibles distances — se prêtent difficilement à des manœuvres militaires.

Une limite stratégique est donc en l'occurrence une ligne, qui peut être située hors du territoire national, en avant, dont le franchissement par les armées adverses est jugé comme menaçant la sécurité du territoire. Autrement dit, en demeurant en Cisjordanie, l'armée israélienne se trouve des deux côtés de la ligne verte, pour plus de sécurité.

Il est donc possible de dissocier la notion de frontière de souveraineté de celle de limite de sécurité : *frontières différentielles.*

Bien que l'appréciation de la valeur stratégique de limites et de configurations topographiques puisse varier selon les écoles et diffère considérablement en Israël même, il est intéressant d'examiner les options des stratèges israéliens opposés à la politique d'annexion et favorables à une solution de réglement négocié prenant en compte l'évidence, la présence arabe palestinienne en Cisjordanie *.

— **Frontières de souveraineté et limites de sécurité ; perspectives géostratégiques en Cisjordanie :** Selon les stratèges israéliens (des militaires et quelques géographes) qui réfléchissent en groupes de travail à cet aspect de la question palestino-jordanienne, un gouvernement israélien dispose de deux options quant à la Cisjordanie.

— Soit une annexion, qui supposerait d' « absorber » (comme on dit en Israël) près de 850 000 Cisjordaniens qui vivent dans les « territoires administrés » ou « occupés », ce qui ne serait accepté ni par les États-Unis ni évidemment par les États arabes, notamment la Jordanie.

En cas de nouvelle guerre, les accords de paix avec l'Égypte seraient ruinés, les relations avec les États-Unis rendues difficiles et l'État d'Israël en sortirait affaibli. Mais surtout serait posé le problème de l'intégration des Cisjordaniens, vingt-cinq fois plus nombreux que les colons juifs, et qui deviendraient, comme les Arabes situés à l'ouest de la ligne verte, des citoyens israéliens.

— Soit une solution politique, qui peut aboutir, soit à la création d'un État palestinien en Cisjordanie, soit à la constitution d'une confédération jordano-palestinienne, sans que les Israéliens cessent d'avoir un droit de regard, militaire, sur la Cisjordanie, soit encore une formule transitoire de gouvernement autonome palestinien, à compétences réduites.

Dans les deux scénarios, les accords passés ne signifieraient ni paix pour tous ni même sécurité, et par conséquent une longue période de transition serait nécessaire. Durant cette période de transition, une décision politique arabe pourrait menacer l'existence d'Israël, et il est clair que la principale menace est celle qui pèse sur les régions denses et urbanisées de la plaine côtière, avec le risque majeur que cette aire vitale soit coupée en deux. Cette possibilité, ou tentation, peut être plus forte que le désir de paix. Elle a été réactivée par le régime irakien en 1981 avec les missiles Scud lancés sur Tel-Aviv. Il convient en effet de rappeler la double contrainte géostratégique qui pèse sur l'État d'Israël : 67 % de la population et 80 % des équipements portuaires,

* Les éléments de l'analyse qui suit s'inspirent, pour une part, de l'ouvrage *Kav Hagana Be-Yehuda ve Shomron* du général de brigade (de réserve) Aryeh Shalev (Éditions Hakibbutz Hameuchad, 1982 ; en hébreu). Les principaux points en ont été discutés avec l'auteur au Centre d'Études Stratégiques de Tel-Aviv.

aéroportuaires et industriels se trouvent dans l'espace le plus étroit de l'État, entre Haïfa et Ashdod, sur une plaine qui a 14 km de large au nord, 20 km au centre et 30 km au sud. C'est donc là où l'État israélien est économiquement et démographiquement (les réservistes) le plus fort qu'il est stratégiquement le plus vulnérable, à la fois à cause de cette concentration due à l'histoire de la formation de l'État et du manque de profondeur stratégique entre la mer et la « ligne verte ».

C'est donc, en plus de Jérusalem, dont on a déjà indiqué la valeur à la fois stratégique et symbolique, un objectif en soi. Or, il suffit d'occuper la ligne de crête pour menacer ensuite le piémont occidental et la plaine. Les troupes israéliennes devraient d'abord gravir le piémont, qui a de 800 à 1 000 mètres de dénivelé. Ajoutons que le temps de mobilisation des réservistes est tel que, dans les deux premiers jours, un déséquilibre pourrait s'établir entre les deux protagonistes, avec un désavantage spatio-temporel pour les Israéliens, partant d'en bas.

Les Israéliens ont toujours craint une Blitzkrieg *qui serait suivie d'un cessez-le-feu décidé sous pression internationale avant qu'ils n'aient le temps de reconquérir le terrain perdu et qui les obligerait à négocier en position de faiblesse. La dialectique locale espace-temps a donc une portée diplomatique plus large.*

Le problème stratégique israélien est d'arriver à sauvegarder la région clé du pays en s'assurant moins le contrôle de la ligne de crête que celui des points hauts du piémont oriental pour pouvoir observer tout mouvement venu de l'Est (Jordanie, Syrie et Irak), *avant* le franchissement du Jourdain. Or, la topographie en gradins de faille du versant oriental, le relief du fossé du Jourdain, celui du versant jordanien et les conditions climatiques (seulement 20 jours de pluie par an) sont tels que les points hauts de la ligne de partage des eaux et des rebords des escarpements sont en eux-mêmes d'excellents observatoires.

Or, si la frontière de souveraineté est fixée sur la frontière de sécurité, c'est-à-dire sur, ou à proximité de, la ligne de partage des eaux, elle recoupe en son milieu les régions palestiniennes les plus densément peuplées et les villes.

Si la frontière de souveraineté est fixée sur les hauteurs du piémont oriental, sur une ligne située non loin de la route Allon, route stratégique s'il en est, c'est la majeure partie de l'entité cisjordanienne (ou palestinienne) qui se trouverait incluse dans l'État d'Israël. Malgré les avantages de sécurité externe, cette éventualité devrait être écartée dans une solution politique négociée. Et il convient de raisonner en termes de frontières les plus aisément défendables, et non pas « naturelles », c'est-à-dire d'envisager une solution où la frontière politique reste sur la « ligne verte » (avec des ajustements obtenus par échanges de surface), à l'est de laquelle serait installé pour une période transitoire plus ou moins longue un dispositif de sécurité sur les points stratégiques.

Quelques rectifications de frontières peuvent être négociées, notamment là où la largeur de la plaine est moindre et où la « ligne verte » passe à l'ouest de la courbe de niveau de 200 mètres. Ce dispositif, du point de vue israélien, doit être adapté à l'équilibre des forces envisagé à petite échelle : il est de 1 à 3 au profit des États arabes. Mais comme les forces armées israéliennes, à la différence des armées voisines, sont en grande partie constituées de réservistes (172 000 hommes et femmes d'active et 230 000 réservistes mobilisables en 48 heures), le rapport des forces est de 1 à 6 dans les premières 48 heures. Du moins à condition que plusieurs États coopèrent (Syrie, Jordanie et Irak), ce qui fut le cas dans les guerres passées (et est moins probable maintenant).

Pour la Syrie, l'espace-objectif serait le Golan ; pour la Jordanie, la zone d'action serait la « fenêtre » située entre le lac de Tibériade et la mer Morte. La Cisjordanie est donc le principal champ de bataille potentiel et peut être occupée en une nuit.

On estime également que les avions-bombardiers basés sur les plateaux jordaniens (base de Mafrak) et sur des lieux qui sont masqués depuis l'Ouest car situés en contrebas de la ligne de crête jordanienne, mettent, décollage compris, quatre minutes pour atteindre le Jourdain et trois minutes supplémentaires pour survoler la « ligne verte ». Un avion d'interception peut décoller en trois minutes. Les stratèges israéliens estiment donc indispensable de disposer de stations de préalerte (early warning stations) de façon à détecter les avions au décollage dans les espaces masqués et à gagner ces quatre minutes.

De même il faudrait entre six et dix heures à des troupes blindées jordaniennes pour descendre le versant occidental de la Jordanie puis remonter le versant oriental. Un système d'écoute électronique situé sur les hauteurs du piémont permettrait là encore de gagner du temps. Enfin des postes israéliens situés sur chacune des cinq routes remontant le piémont empêcheraient l'accès par surprise à la ligne de crête.

Les conditions topographiques et les distances-temps sont telles que ce dispositif assurerait la profondeur stratégique qui manque à la partie centrale d'Israël. De l'avis des stratèges israéliens, si l'entité palestinienne (ou jordano-palestinienne) éventuelle acceptait d'échanger ce dispositif transitoire et la démilitarisation de son territoire contre une indépendance politique dans le cadre de frontières situées globalement sur la « ligne verte », et si l'État israélien acceptait cette dissociation entre frontières de souveraineté et limites de sécurité, alors un accord serait possible.

Dans ce schéma, l'entité palestinienne n'aurait ni armée ni frontières sûres, sauf le contrôle théorique des hauteurs. La Cisjordanie indépendante ou confédérée deviendrait une marche.

Un bilan géostratégique

Résumons. L'atout géostratégique que représente pour les armées israéliennes la libre disposition de l'espace cisjordanien peut être décomposé en quatre éléments d'importance variable et jouant à des échelles géographiques distinctes.

Le premier est analysable à l'échelle d'un ensemble spatial Israël-Jordanie-Syrie. Il n'a joué que d'octobre 1967 à juin 1971, lorsque la Jordanie était une base arrière des opérations de commando menées par l'O.L.P. à travers le Jourdain ; le Plan Allon a consisté à équiper l'étroite plaine occidentale du Jourdain en routes de direction méridienne de manière à faciliter le déploiement des patrouilles tandis qu'il y établissait des « implantations » militaires de type « nahal* ». Depuis lors, plusieurs colonies militaires ont été converties en implantations civiles.

Le deuxième élément est au contraire durable et résulte du premier ; l'espace concerné se limite aux régions peuplées de Cisjordanie, qui sont quadrillées par le dispositif serré de l'administration militaire pour maintenir l'ordre, empêcher la mise en place de réseaux d'opposants armés, conserver la Cisjordanie palestinienne dans sa situation de non-théâtre d'opérations et limiter l'extension de l'influence de l'O.L.P. Du reste, l'administration fonctionne sur la base de près de 1 100 « ordres militaires » qui constituent une « législation de sécurité » ; l'ordre militaire n° 947 (8 novembre 1981) a certes établi une administration formellement civile mais qui reste soumise au commandant des forces israéliennes de défense de Cisjordanie qui procède à la nomination de l'administrateur civil.

Le troisième élément met en jeu un ensemble spatial s'étendant de la Méditerranée au Jourdain et est de nature géomilitaire. Il consiste en l'utilisation des secteurs généralement arides et dépeuplés du sud-est pour les activités d'entraînement et de manœuvre de l'armée, en remplacement des aires utilisées dans le Sinaï jusqu'en avril 1982 et où étaient déjà installés auparavant des camps militaires jordaniens. Utilisation de la surface, mais aussi de l'espace aérien cisjordanien pour des exercices de vol de nuit et à basse altitude.

Enfin, le quatrième élément s'inscrit dans le contexte spatialement plus vaste de ce que les stratèges israéliens nomment le « Front oriental », celui où, à partir du territoire jordanien, peuvent se déployer de manière conjointe les forces armées de plusieurs belligérants (Syrie, Jordanie et Irak). La Cisjordanie est ainsi, d'un point de vue géomilitaire, un espace-tampon entre ce front oriental et les régions littorales « utiles ». Le contrôle des hautes terres cisjordaniennes permet à la fois, dans une dialectique espace-temps, de compenser le temps nécessaire à la mobilisation d'une armée formée à 60 % de réservistes, et ce dans un rapport de forces numérique défavorable à l'État d'Israël, surtout dans les premières 48 heures, et ensuite d'exercer, à partir des gradins de faille orientaux, un « droit de regard » et un « droit d'écoute » sur les mouvements terrestres et aériens venus de l'est. Ces divers aspects, qui résultent des configurations concrètes, en distance-temps, du théâtre d'opérations principal, placent donc la Cisjordanie au « centre » théorique du conflit israélo-arabe, puisque c'est, avec les falaises et le plateau du Golan, un secteur d'accès au piémont occidental de la Séphéla et à la plaine littorale (que l'enjeu politique se soit déplacé au Liban ces dernières années n'est qu'une conséquence du « gel » du théâtre principal).

Bref, dans les différentes composantes et aux diverses échelles géographiques de l'instance stratégique, la Cisjordanie est intégrée dans le dispositif géomilitaire israélien en raison du gain net qu'elle procure, en dépit de la non-normalisation diplomatique qu'un tel

* « Nahal » : colonies agricoles, exploitées par de petits groupes de jeunes pendant la durée de leur service militaire et localisées dans les secteurs frontaliers.

bénéfice implique ou prolonge. Est-ce pour autant une intégration irréversible ?

Si le schéma de dissociation fonctionnelle des frontières décrit plus haut était appliqué, cela correspondrait à une option de « compromis territorial » dans laquelle le renoncement aux avantages géomilitaires pourrait aboutir à une atténuation de la tension sur le « front oriental », puisque l'une des causes du « conflit » israélo-arabe — l'annexion rampante de la Cisjordanie — se trouverait supprimée. Du point de vue israélien, ce serait un acquis important dans le processus de normalisation.

Toutefois, les perspectives précédentes ne risquent-elles pas d'être annulées par la poursuite des implantations dans les territoires occupés ? Par ailleurs, les raisonnements géostratégiques sont-ils les seuls qui vaillent pour déterminer le tracé des frontières et leurs conséquences ? A n'insister que sur le stratégique, on risque de négliger d'autres composantes du « fond de carte », ce qui relève des actions civiles de l'administration israélienne, mais aussi ce qui résulte du maintien et du développement de l'influence jordanienne actuelle.

La Cisjordanie, territoire occupé

— **La Cisjordanie et l'intersection israélienne :** La Cisjordanie fait l'objet depuis 1967 de pratiques d'intégration territoriale planifiée dont il convient d'évaluer les effets.

Utilisation du sol, existante et planifiée, par groupes ethniques (en %) (1985)

	Superficie totale	Contrôle israélien	Contrôle palestinien
Surfaces construites	7,3	6,6	8,1
Routes	2,5		
Industries	0,3	0,7	
Agriculture	25,1	4,7	39,9
Aires de parcours	31,8	6,7	50,0
Aires réservées	20,9	53,5	
Réserves naturelles	6,2	15,8	
Non précisé	5,9	12	2
TOTAL	100	100	100
Superficie (en millions de dunums) *	5,50	2,15	3,21
% de la superficie totale	100 **	*39,1*	*58,4*

On estime en effet que l'État israélien dispose déjà de 27 % des 5 500 km² de la Cisjordanie et qu'il a planifié l'appropriation de 12 % supplémentaires, soit au total *39 %* (Benvenisti, *op. cit.* et dépêche

* Un dunum équivaut à un dixième d'hectare.

** Ajouter 2,5 pour les routes. Source : Benvenisti, *op. cit.*

A.F.P. du 31 mars 1985). Les surfaces à usage militaire comptent pour 53,5 % de ce total et les réserves naturelles pour près de 16 %. Le reste se décompose en aires urbanisées (6,6 %), aires agricoles (4,6 %) et terrains de parcours (6,7 %) et terres d'État en réserve (12,6 %). En 1991, une étude du Département d'État américain remis au Congrès conclut que « les autorités israéliennes disposent à peu près de la moitié des terres » en Cisjordanie.

Contrairement à ce que suggère la seule carte des implantations, il apparaît que 95 % de ces surfaces se localisent sur la frange large de 15 à 20 km à partir du Jourdain et de la mer Morte, englobant la vallée et le versant oriental des hautes terres. L'administration israélienne a mis à profit l'état de sous-enregistrement des terres hérité de l'époque ottomane, les particularités de l'utilisation du sol de ces hautes terres méditerranéennes (opposition classique entre l' « ager » cultivé et planté des bassins et le « saltus » ou terrains de parcours des collines) qui sont occupées de manière discontinue, la présence de biens vacants depuis 1967 et enfin les possibilités de manipulation qu'offrent les régimes fonciers successifs (diverses catégories de terres d'État) pour atteindre ce pourcentage d'appropriation, complété localement de mesures d'expropriation et de réquisition et aussi d'achats sur le marché privé (pour environ 10 000 hectares jusqu'en 1983, principalement autour des implantations !).

Les politiques sucessives d'implantations (« settlements ») posent des problèmes plus complexes en raison de leur localisation volontairement choisie, durant le gouvernement du Likoud, dans les secteurs peuplés des hautes terres. De plus, ce qui compte est moins leur extension, toujours réduite (120 hectares en moyenne), que leur *position* les unes par rapport aux autres, conçue, semble-t-il, de manière à former des *systèmes spatiaux*, appelés blocs, aptes à mailler l'espace et à servir de relais, en cas de conflit ouvert, à une guerre de liaison. Pour en esquisser brièvement un bilan, notons que cette pratique spatiale n'est pas une innovation, puisque c'est sur la base d'un réseau de près de *800 implantations* que c'est réalisée la formation du territoire de l'État israélien. Elle fut en fait mise au point dans les siècles précédents sur le front entre Germains et Slaves, dans les vallées de l'Europe centrale : colonisation allemande, mise en place de réseaux de villes.

Cette méthode proprement géographique a donc fait la preuve de son efficacité à mailler et à borner un espace et, on l'oublie, elle continue d'être utilisée non seulement dans le Néguev, mais aussi dans l'Arava et surtout en Galilée, où la population juive est démographiquement minoritaire. Ces lieux — environ 114 en Cisjordanie, au début de l'année 1985 — ont beaucoup plus d'importance que leur surface à l'échelle locale (entre 2 et 3,5 % de la superficie de la West Bank) et que leur population, qui après avoir stagné à une trentaine de milliers, a atteint 42 600 colons en 1985 alors que le Likoud en espérait 100 000 à cette date.

Il n'y a donc pas irréversibilité démographique, mais le nombre de colons a presque doublé durant les deux dernières années du gouvernement du Likoud (1983-1984), et l'Agence Juive indique en 1985 des chiffres supérieurs : 51 000 colons. En revanche, l'interconnection des réseaux de colonies, appuyés sur le nouveau maillage d'axes routiers transversaux — route transsamarienne entre Tel-Aviv et Maaleh Ephraim via Ariel, projet de route directe Tel-Aviv-Bet Horon-Maale Adumin, et route transversale transjudéenne terminée jusqu'à Qiryat Arba, aux portes mêmes d'Hebron —, marque l'amorce d'une intégration des infrastructures.

Elle a pour but, ou au moins pour effet, d'ouvrir au marché immobilier des deux métropoles, Tel-Aviv et Jérusalem, un espace de périurbanisation pour des colonies-dortoirs situées à moins de trente kilomètres et à l'intérieur de l'isochrone des 45 minutes. 72 % des colons sont répartis dans les 15 grandes implantations périurbaines, en particulier Maale Adumim, alors que les autres se distribuent dans une centaine d'implantations *.

La motivation d'installation des colons est d'abord idéologique : 60 % d'entre eux seraient des juifs religieux, notamment dans les implantations situées dans les hautes terres peuplées de Palestiniens, comme autour de Naplouse et dans le centre d'Hebron.

Mais avec le développement planifié de sites périurbains, une motivation d'ordre économique a commencé à jouer, ce qui n'est pas moins efficace à terme du point de vue démographique, puisque ce sont les implantations situées dans les aires d'influence directe des deux métropoles qui ont la plus forte croissance. Les colonies installées de 1967 à 1983 auraient coûté au moins 1,5 milliard de $, selon le président de la commission interministérielle des implantations juives, Yuval Neeman **. Entre 9 et 13 % du budget de développement y aurait été affecté pour la seule année 1980. Le plan du Likoud pour la période 1983-1986 prévoyait une dépense de l'ordre de 2,6 milliards de $ pour atteindre un seuil de 100 000 habitants, Jérusalem exclue.

Pour conclure sur les pratiques de la planification territoriale, on constate qu'elles aboutissent moins à une intégration de la Cisjordanie qu'à la mise en place d'une nouvelle organisation de l'espace prolongeant celle de la plaine côtière : c'est en réalité un déplacement vers l'Est de la frontière de 1948, « ligne verte », qui est en cours, cette dernière ayant délimité le cadre de l'organisation de l'espace central israélien jusqu'en 1967. Voilà une frontière en voie d'effacement quant à la géographie humaine.

Mais la nouvelle trame se *superpose* plus qu'elle ne s'articule à l'organisation préexistante. L'existence d'une double trame administrative l'atteste; les limites des sous-districts de l'administration militaire et celles des conseils régionaux juifs ne coïncident pas.

— **La Cisjordanie et l'intersection jordanienne (1946-1987) :** Parmi les nombreux facteurs qui s'opposent à l'uniformisation territoriale, il convient de faire une place d'abord aux données qui relèvent de l'intersection jordanienne et qui opèrent soit comme héritages de la période 1948-1967, soit comme apports postérieurs. La réactivation des manœuvres diplomatiques durant ces dernières années oblige en effet à

* 80 % des implantations en Cisjordanie comprennent moins de 50 familles et 7,5 % accueillent plus de 250 familles (dépêches A.F.P., février 1985).

** Déclaration in *Le Monde* (20 janvier 1984).

rappeler brièvement ici ce qui, en Cisjordanie, s'inscrit dans un ensemble spatial plus vaste, associant la Jordanie.

Les Palestiniens de la rive occidentale, y compris ceux qui résident à Jérusalem, restent des citoyens jordaniens, depuis l'annexion d'avril 1950 qui a consacré l' « unité complète entre les deux rives du Jourdain et leur union en un État, qui est le royaume hachémite de Jordanie ». Ces citoyens détiennent des passeports jordaniens, qui portent cependant une mention permettant d'identifier leur origine cisjordanienne. Ils ont le droit de vote et dans le premier cabinet, on comptait cinq ministres palestiniens sur onze. Seuls trois cents habitants de Jérusalem Est ont choisi depuis 1967 la citoyenneté israélienne.

Le gouvernement d'Amman continue de payer les salaires des employés municipaux (12 000 emplois ?), et les lois jordaniennes restent en vigueur pour la gestion municipale mais ont été modifiées pour les procédures relatives à la planification spatiale locale. Un dispositif d'ordres militaires se substitue progressivement à la législation jordanienne, bien que la législation israélienne civile ne soit pas encore appliquée aux Palestiniens. L'État jordanien impose, depuis 1983, des restrictions à l'immigration cisjordanienne et interdit les voyages transitant par Israël.

Les deux chaînes de la télévision d'Amman, en couleurs, avec des programmes en arabe, en anglais, en français et même en hébreu, sont facilement captées à l'ouest : elles montrent quotidiennement des images du Dôme du Rocher, pour manifester l'intérêt constant du pouvoir jordanien, qui a perdu en 1967 sa fonction symbolique mais prestigieuse dans l'Umma de gardien du troisième haut lieu de l'islam. Émissions destinées à la fois à entretenir la référence jordanienne chez les habitants de la West Bank et à familiariser l'opinion israélienne avec le voisinage somme toute « modéré » de cet État arabe. Plusieurs journaux palestiniens influents (comme *Al Quds*, publié à Jérusalem) diffusent des opinions cohérentes avec les options jordaniennes.

Sur le plan économique, la Jordanie reste un marché essentiel pour les produits agricoles de la West Bank et aussi de Gaza et pour quelques produits industriels : au total, 30 % des exportations des territoires occupés se dirigent vers la Jordanie. Par elles transitent les fonds des émigrés et l'aide du Fonds de la Persévérance, créé à Bagdad en 1978 : 1,250 milliard de $ en 1978, 600 millions en 1983 et 500 millions en 1984. De plus, la commission mixte jordano-palestinienne canalise des fonds pour financer des équipements collectifs et distribuer des crédits à la construction favorisant l'installation dans les banlieues de Jérusalem. Le dinar, fort et stable, reste la monnaie de réserve, les agents de change et d'assurance remplaçant les banques jordaniennes qui ne gardent que des bureaux de représentation depuis 1967. Le dinar comme le shekel y ont cours légal. Enfin, la bourgeoisie palestinienne établie en Jordanie et alliée au régime hachémite conserve des intérêts fonciers en Cisjordanie.

Le maintien de l'intérêt officiel jordanien pour la rive occidentale est attesté par l'activité du Ministère des Affaires des Territoires Occupés, qui, entre autres tâches, définit la politique migratoire (choix des lieux d'études, contrôle des migrations vers les États du Golfe...). Il a surtout été affirmé en janvier 1984 avec la convocation du Parlement jordanien, suspendu depuis 1974, qui est composé de soixante membres dont la moitié représente la Cisjordanie. Le député désigné pour Naplouse, Taher El Masri, n'est rien moins que ministre des Affaires étrangères depuis janvier 1984 et il a conservé son poste dans le nouveau gouvernement jordanien formé en avril 1985 : le gouvernement présidé par M. Zaïd Rifaï comprend 23 membres, dont 11 Palestiniens ; cinq d'entre eux appartiennent à des familles résidant en Cisjordanie.

M. Taher el Masri est membre d'une famille influente de Naplouse, centre d'une région où l'influence hachémite a toujours été forte, en raison de l'importance des relations économiques entre le district de Naplouse et la Jordanie (55 % de la valeur totale des exportations du West Bank vers l'East Bank proviennent du seul district de Naplouse), et du fait des relations établies, durant la période jordanienne, par les mouvements migratoires qui se sont accompagnés de retours, à la différence, par exemple, des départs définitifs issus du district beaucoup plus pauvre d'Hebron *.

Les réseaux pro-jordaniens, dont l'influence avait décliné à partir de 1974 (résolution du sommet arabe de Rabat désignant l'O.L.P. comme « le seul représentant légitime du peuple palestinien ») et surtout de 1976 (élections municipales très favorables aux nationalistes, partisans d'une ligne dure face à Israël), semblent de nouveau actifs, en raison de l'affaiblissement de l'O.L.P. et de l'échec de la tactique de confrontation tentée, à l'échelle des municipalités, par les maires nationalistes.

Le pouvoir israélien n'a pas pour autant réussi à susciter l'organisation de groupes dirigeants alternatifs, puisque la tentative d'encadrement des populations par les Ligues de Villages, conduite dès août 1978 à partir de réseaux claniques ruraux de la région d'Hebron (village de Dura) a échoué et a dû être abandonnée en mars 1984 (Tamari, 1983).

La méconnaissance de la part de ses promoteurs (tel Milson) des réalités politiques cisjordaniennes est pour beaucoup dans cet échec, qui est un signe, parmi d'autres, de l'absence d'intégration des populations des territoires occupés. Le pouvoir jordanien, pour sa part, avait condamné pour trahison, dès mars 1982, leurs participants éventuels, de manière à bloquer la mise en œuvre par le Likoud d'une politique d'autonomie des personnes, mais non de l'espace.

La Cisjordanie, depuis 1988 : l'Intifada, l'Alya russe et l'effet Golfe

Dans le contexte de la révolte populaire palestinienne commencée en décembre 1987, le roi de Jordanie avait décidé de cesser de considérer la Cisjordanie comme une partie du royaume (été 1988).

Avec le nouveau cours politique en Union Soviétique, une nouvelle « alya » a conduit en Israël plus de 120 000 Juifs soviétiques en 1990 ; 200 000 étaient attendus en 1991, soit un total de l'ordre d'un demi-million pour 1990-1992. La population israélienne se renforcera ainsi

* Taux d'accroissement de la population dans la période 1952-1962 : Hebron : 4,9 % ; Naplouse : 8,4 % ; Jérusalem : 14,2 %. Émigration nette : moyenne de la West Bank : 20 % ; Hebron : 33 % ; Naplouse : 23 % (sources : statistiques démographiques jordaniennes).

notablement, avec comme effet une altération du rapport de forces démographiques avec les Palestiniens résidant à l'ouest du Jourdain et sans doute un sentiment de sécurité interne plus grand chez les tenants du sionisme traditionnel.

Cette immigration massive s'est fixée majoritairement à l'ouest de la ligne verte. Cependant, 4 % d'entre eux ont été installés en Cisjordanie, soit le cinquième de l'augmentation totale de la population israélienne dans ce territoire en 1990. Mais, surtout, Jérusalem-Est, sur lequel les Nations unies refusent de reconnaître la souveraineté israélienne, devient pour les partisans du « grand Israël » une région stratégique pour l'implantation des Juifs russes. 15 000 logements, sur huit sites nouveaux, dont six dans le secteur oriental, furent mis en chantier en 1990.

Les implantations en Cisjordanie ont été relancées. Une étude du Département d'État américain (mars 1991) estimait que plus de 225 000 colons étaient désormais installés dans les territoires occupés, Cisjordanie, Gaza, Golan et Jérusalem-Est, soit 13 % de la population totale de ces régions. 90 000 d'entre eux sont en Cisjordanie dans environ 150 colonies, soit 10 000 de plus qu'en 1989 et 40 000 de plus qu'en 1984; 12 000 se localisent dans 30 colonies du Golan, 3 000 dans 15 points de peuplement de Gaza, et 120 000 dans une douzaine de sites à Jérusalem-Est et dans les quartiers arabes.

Ces nouveaux arrivants, qui sont moins des militants que des couples à la recherche de logements accessibles avec des prêts bonifiés et des avantages, fiscaux, résident d'abord dans les grandes cités-dortoirs d'Ariel et Neve Ariel et à Maale Adumim. La population croît plus vite que le nombre des implantations; celles-ci voient leurs limites étendues, de nouveaux sites leur être rattachés tandis que des colonies abandonnées sont réactivées.

Enfin, les pressions diplomatiques internationales, plus fortes depuis la fin de la guerre du Golfe et dont la visée est d'obliger Israël à négocier et à respecter les résolutions 242 et 338 des Nations unies, s'expriment dans la formule : « des territoires en échange de la paix ». En riposte, des mouvements extrémistes comme le Bloc de la foi implantent à la hâte de nouveaux sites, équipés de quelques caravanes. Une course est engagée entre les partisans d'une annexion rampante et ceux d'une négociation régionale sous l'égide des États-Unis.

Le contrôle foncier par l'État israélien de 58 % de l'espace cisjordanien en 1991 et la présence de 5 % de la population israélienne dans ces territoires réduisent déjà l'espace concret d'une négociation entre l'État hébreu et les Palestiniens.

La ligne verte : hier invisible, aujourd'hui ligne de contrôle, demain, limite politique au tracé rectifié ? ou les « limites » de l'autonomie palestinienne

Dans le même mouvement, le gouvernement israélien a rétabli la fonctionnalité de la « ligne verte », comme frontière de maintien de l'ordre face à la révolte palestinienne. Les résidents palestiniens ont vu leur accès à Israël limité : permis spécial depuis 1989 pour les habitants de Gaza; interdiction de passage pour les porteurs d'une

« carte verte » (environ 20 000 personnes arrêtées lors de l'Intifada). Or Israël reste le seul lieu d'emploi rentable et 120 000 Palestiniens s'y rendaient quotidiennement en 1989.

Cette transformation de la « ligne verte » en véritable frontière au quotidien n'est pas sans effet sur les mentalités dans un pays où elle est invisible, tant sur les cartes officielles que dans les manuels scolaires. L'idée d'une séparation territoriale de deux nations fait son chemin dans l'opinion israélienne, qui estime, avec l'intifada et les tensions civiles à l'irlandaise, que la coexistence est impossible. *Mais selon quelles modalités politiques et géographiques envisager cette séparation ?*

Dans le meilleur des cas, l'État israélien n'envisage qu'une autonomie « pleine et entière » pour les Palestiniens de Cisjordanie et de Gaza, qui serait négociée avec des représentants des résidents de ce territoire. Ce gouvernement autonome aurait compétence sur des secteurs comme l'éducation, les finances, la santé, la justice et le commerce. Dans ce schéma, les deux champs de décision relatifs à la gestion des ressources hydrauliques et à la définition de la politique agraire et foncière feront sans nul doute l'objet d'une âpre discussion.

Il faut comprendre que le refus de négociations directes et explicites avec l'O.L.P. repose, de la part des Israéliens, sur de nombreux arguments, dont le moindre n'est pas celui exposé par Moshe Arens, ministre de la Défense (entretien au *Figaro*, 4 avril 1991) : « Si Israël ne veut pas parler avec l'O.L.P., c'est parce qu'elle s'exprime au nom de la diaspora palestinienne et réclame le droit au retour de 5 millions de Palestiniens. Nous n'allons pas discuter du retour des descendants de ceux qui sont partis il y a quarante-deux ans. » Cet argument concret, réplique inversée de la stratégie de promotion diplomatique des migrations juives en provenance du Yémen, d'Éthiopie et d'URSS, se double d'un jugement fréquent sur la Jordanie, « État palestinien qui ne porte pas son nom ». C'est en Jordanie que vivent une grande partie des Palestiniens, affirme pour sa part Yitzak Shamir (entretien dans *Al Hamishamar*, Tel-Aviv, 18 avril 1991).

Les limites de l'aire d'application de cette autonomie réduite sont un autre enjeu majeur d'une négociation. A l'est, le Jourdain est une frontière d'origine administrative, entre Transjordanie et Cisjordanie, issue d'une décision de la Couronne britannique. Depuis 1967, elle n'est qu'une ligne d'armistice, représentée en violet sur les cartes officielles d'Israël. La ligne verte, ligne d'armistice délimitée en 1949, est aussi une ligne d'armistice, qui n'a pas d'autre fondement international. « Verte », car coloriée ainsi sur les cartes israéliennes.

Cette ligne verte était redoublée d'une bande frontière de 3 à 5 kilomètres de large à l'intérieur de l'ancien territoire jordanien et suit le versant occidental du voussoir cisjordanien, au contact des collines et de la plaine et de la vallée d'Esdraelon. Cette région est depuis 1967 la plus intégrée dans le système économique et migratoire des basses terres, en Israël même, et plus de la moitié de sa population dépend exclusivement des activités des agglomérations et des zones maraîchères voisines.

En outre, l'eau utilisée dans les plaines provient, en partie, de ces versants occidentaux. C'est pourquoi un schéma d'autonomie se traduirait sans doute par une révision du tracé de la ligne verte, reculée de

5 kilomètres en moyenne à l'est, ce qui représenterait au total une superficie de près d'un millier de km^2, soit le cinquième de la Cisjordanie, et 200000 Palestiniens ! Une nouvelle limite passerait entre Tulkarm et Jenin, puis, englobant Jérusalem, irait jusqu'aux environs d'Hébron. Géopolitique de l'eau, comme facteur de tracé des frontières, ici comme, autrefois, dans le Sud du Liban et sur le Golan.

La diminution de la menace arabe atténue la valeur stratégique de la Cisjordanie comme espace-tampon, dès lors que les relations politiques pourraient être normalisées. Cet argument à la présence politique et administrative israélienne serait rendu caduc dans un contexte d'apaisement des tensions bilatérales. A l'opinion israélienne de trancher !

Frontières réelles, frontières virtuelles

On ne saurait en effet refermer ce chapitre proche-oriental sans prendre le temps, même bref, d'une nouvelle tournée sur les frontières d'Israël, tel le péripolarque grec.

Au sud, l'Égypte. Si la frontière y est désormais fixée et froide, c'est que, malgré les apparences, l'État égyptien n'est plus directement partie prenante dans la rivalité israélo-arabe sauf par le biais des répercussions internes — poussées islamiques — des contestations palestiniennes à Gaza depuis la fin de 1987. Mais, dira-t-on, pourquoi le litige a-t-il duré si longtemps sur l'enclave de Taba, qui n'a pas plus d'un seul km^2 (une plage et un hôtel, à l'ouest d'Eilat) ? La seule explication plausible au non-règlement de ce différend objectivement dérisoire tient précisément à la volonté israélienne d'avoir « prise » sur la diplomatie égyptienne. Car, à la différence des autres États (Liban, Syrie, Jordanie bien sûr), les Israéliens n'ont aucun moyen de pression sur des Égyptiens qui n'exigent plus rien d'eux, ayant enfin acquis Taba ; par contre, ils n'ont jamais souhaité incorporer l'enclave palestinienne de Gaza et sont satisfaits d'avoir recouvré le Sinaï.

Que les Israéliens aient renoncé à ce désert symbolique du Sinaï est assez curieux, compte tenu de la mobilisation, à des fins de légitimation, d'autres tranches de l'histoire juive. Ce simple fait est sans doute l'indice que le mythe du « Grand Israël » a vécu. On a dit qu'il avait animé la politique des conservateurs du Likoud, et celle de Begin en particulier. Ils n'ont pas dépassé le Jourdain et ont instauré, sur les espaces conquis, une sorte de cogestion de fait, bien que dissymétrique avec le pouvoir de Jordanie.

Hormis l'accès au Jourdain, aucune des frontières virtuelles d'un tel plan n'ont été (ni ne seront jamais) atteintes : au nord, le Litani (effectivement revendiqué par des groupes « sionistes » — ce terme est pris dans sa signification historique, et non polémique — au moment de l'application concrète de l'accord Sykes-Picot) n'est pas devenu, malgré l'invasion du Liban, la frontière politique nord d'Israël.

On observe une situation de frontière différentielle, puisque l'armée israélienne est présente des deux côtés de la ligne politique, grâce à ses alliés de l'Armée du Liban Sud.

Si ce mythe salomonien du « Grand Israël » a vécu (sauf sous la forme d'un projet d'annexion définitive de la Cisjordanie), c'est que, à notre sens, *le projet historique sioniste n'a pas abouti.* Israël ne regroupe que 18 % seulement de la population juive mondiale. Seule la modification récente de la politique migratoire soviétique procure à Israël une nouvelle et significative alya ; c'est pourquoi les conservateurs (tel Ariel Sharon) étaient favorables à un rapprochement « diplomatique » avec l'Union Soviétique (qui, pour sa part, ne semble pas fâchée d'engager une reprise d'influence, par la filière des groupes de chrétiens orthodoxes !).

La non-réalisation du projet sioniste n'est pas sans effets géopolitiques. En Cisjordanie, on l'a vu, les annexionistes n'ont pas les moyens, démographiques, de leur politique. En Galilée et dans le Triangle, les Juifs sont minoritaires, au point que de nouvelles implantations, juives, sont en cours. A l'échelle du Proche-Orient, les Juifs israéliens ne comptent désormais que pour 15 à 16 % du total de la population des quatre États du Proche-Orient. On est donc bien loin des 10 millions de Juifs que l'Agence Juive voulait établir en Israël, à une époque où les Arabes du Proche-Orient n'étaient que quelques millions. En clair, *les Juifs israéliens ne sont aujourd'hui qu'une minorité de plus au Proche-Orient, de sorte que, sans le dire ouvertement, les États voisins ne considèrent plus la présence de cet État comme une menace pour l'avenir.*

A l'intérieur même des frontières de facto établies après la guerre de 1967, une évolution de la répartition des deux populations est en cours. Le temps n'est plus où les deux communautés vivaient dans des régions nettement séparées ; la politique des implantations juives en Cisjordanie ne doit pas masquer la dynamique propre aux Arabes israéliens qui commencent à s'installer dans des villes qui étaient naguère encore exclusivement juives : c'est ce que l'on retient de visites à Beersheva, Eilat mais aussi dans les banlieues nord et est de Tel-Aviv ainsi que sur les routes qui, de Jérusalem, partent vers Ramallah et Bethléem, en voie d'inclusion dans l'aire métropolitaine de Jérusalem.

Dans une large mesure, Israël, pays multi-ethnique, est en passe de devenir un État multi-national (Juifs israéliens, Arabes israéliens et Palestiniens de Gaza-Cisjordanie). Ce qui n'est plus très différent des situations qui prévalent dans les trois États voisins. Reste à savoir quels seront les effets (géo-)politiques de ces micro-intersections, d'échelle locale, que le principe de la double trame, en Cisjordanie, tente de contourner. Plutôt qu'au Liban (où les tensions sont en partie exogènes), c'est à l'Irlande du Nord qu'il faut songer, dans un scénario pessimiste. L'Intifada l'a confirmé, pendant trois ans.

Quant à l'éventualité d'un État Palestinien pleinement souverain, qui ne voit que cette perspective s'éloigne sauf sous la modalité d'une entité autonome aux pouvoirs réduits, telle une république associée comme on en connaît en U.R.S.S. ? Il est vraisemblable qu'un État palestinien indépendant ne verra jamais le jour. Trop d'intérêts d'État conspirent pour bloquer cette issue, qui a été refusée par les notables de Cisjordanie quand elle était possible (au moment du premier partage de la Palestine). Est-on certain que les exilés, qui sont dans leur grande majorité issus de la région côtière, seraient accueillis par les Arabes palestiniens de Cisjordanie, seul morceau de territoire qui pourrait encore servir de base à une entité indépendante ?

A l'époque du mandat britannique comme à celle de la souveraineté ottomane, la Palestine n'existait pas, pour les habitants arabes qui se trouvaient entre Jourdain et Méditerranée. Ils se définissaient en termes d'appartenances confessionnelles et locales; à plus petite échelle, ils se percevaient comme Arabes et comme habitants de la province de « Syrie » *.

Les dirigeants alaouites de Damas continuent de se référer aujourd'hui à cette notion de « Syrie géographique » ou « Grande Syrie » : ses frontières virtuelles, que l'on qualifiait à Damas de « naturelles ». engloberaient aussi bien Israël et la Jordanie que le Liban et l'ex-sandjak d'Alexandrette, plus la Cisjordanie et Gaza. Comme la Palestine, cet ensemble n'a jamais existé comme État et ne fut qu'une province ottomane, avant le XIXe siècle.

Cet espace-horizon de la bourgeoisie sunnite de Damas, qui n'a jamais accepté que Jérusalem ait pu être placée sous le contrôle d'une dynastie hachémite (originaire du Hejaz, c'est-à-dire de la ville rivale de La Mecque), a été repris par le pouvoir alaouite (12 % des Syriens) : non pas en fonction de facteurs géopolitiques externes, mais comme moyen de légitimer, aux yeux de la majorité sunnite (56 % des Syriens), un pouvoir minoritaire et clanique. (La rhétorique d'opposition irréductible à l'État d'Israël participe de la même logique de gestion d'une contrainte politique d'abord interne).

Les actions au Liban, les pressions sur la Jordanie, la mise au pas des mouvements palestiniens s'inscrivent dans ce cadre, qui est moins géographique que politique (sauf, en partie, dans le cas du Liban, qui dans ses limites actuelles correspond au « Grand Liban » que les Maronites ont obtenu du mandataire français et qui inclut des régions, telles l'Akkar et la Bekaa, qui étaient incontestablement dans l'aire d'influence des Damascènes).

Quant aux hauteurs du Golan, elles seront l'enjeu des négociations bilatérales avec la Syrie. Occupé en 1967, annexé en 1981, le plateau est à la fois une zone-tampon et un des châteaux d'eau d'Israël. 32 implantations regroupent une dizaine de milliers de colons, tandis que les Druzes — d'appartenance syrienne — sont 15 000. A la différence de la Cisjordanie, un scénario transitoire d'autonomie ne pourrait être imposé sans un accord global syrien.

Vue de Damas, la Palestine n'est que la Syrie du Sud (« Sûriyya al-Janûbiyya »); mais le projet d'un État Palestinien ne peut être qu'opposé aux ambitions affichées par le pouvoir syrien **. Mais qu'est-ce que la Palestine ?

Le géonyme de Palestine est, pour les Arabes, d'un demi-siècle postérieur à la déclaration Balfour et n'a pris son sens actuel que quinze ans après la création de l'État d'Israël. La notion émerge dans la Charte Nationale Palestinienne (définie en 1968), *comme conséquence*

* Aujourd'hui, le référent est le terme « Palestinien ». Mais, dans les échanges de correspondance avec les universitaires de Bir Zeit, l'on doit indiquer : West Bank, via Israël.

** Hafez el Assad : « La Palestine est la Syrie du Sud » (1974); « La Palestine et Jérusalem sont nôtres » (juillet 1980); « La Jordanie a été créée pour démembrer la Syrie » (avril 1981) (A.F.P.).

de l'occupation de la Cisjordanie et de Gaza par l'armée israélienne.

L'Intifada a replacé les Palestiniens « de l'intérieur » au centre du débat politique. La forte revendication d'indépendance peut contribuer à leur faire accepter l'accession, transitoire, à un statut d'autonomie, selon les modalités indiquées plus haut, objets d'une négociation.

Un accord avec la Syrie sous l'égide américaine impliquerait la restitution des hauteurs du plateau du Golan. Quant à Gaza, des projets ont été élaborés en Israël pour y installer la base d'un micro-État palestinien, à condition que celui-ci s'étende aussi sur la côte nord-est du Sinaï égyptien.

Frontières réelles, frontières virtuelles ? Il n'y a guère d'espace dans le monde qui n'ait fait et ne soit encore l'objet d'autant de superpositions de projets géopolitiques concurrents et incompatibles. Il n'est pas certain que les peuples et les minorités y trouvent toujours leur compte. Mais, pour qu'il en aille autrement, les dirigeants des États et des clans, des sectes et des factions n'auraient-ils pas, d'abord, à faire le deuil de bien des chimères géo-idéologiques ?

L'Asie, terre de frontières, est aussi terre de conflits (et de réfugiés). Sur plusieurs dyades, tout se passe comme si les États en étaient au « degré zéro » des relations internationales (voir le cas israélien). Les interactions ne sont alors conçues qu'en termes de frontières sûres ; mais n'y a-t-il pas contradiction à chercher d'un même mouvement la sûreté et la reconnaissance, quand on sait que c'est l'absence de celle-ci qui explique (ou justifie) l'insistance sur celle-là.

Au Proche-Orient, le terme « géopolitique » reste un néologisme dont le préfixe « géo- » tient encore trop souvent la place de « politique ». L'argumentaire israélien à cet égard sur la Cisjordanie en est un exemple. La carte des frontières est partout inachevée, en dépit ou à cause de nombreuses guerres.

Une frontière « sûre » est pourtant bien, au bout du compte, une frontière « reconnue ». Tel est l'enjeu présent, dans l'après-guerre du Golfe.

QUATRIÈME PARTIE

LES TROIS GRANDS SYSTÈMES GÉOPOLITIQUES ET LEURS FRONTIÈRES

INTRODUCTION

L'identification des géants

Le point de départ de notre tour du monde était situé en Europe, puisque de là provient ce vaste transfert de technologie politique qui est à l'origine du découpage présent du monde.

Le point d'arrivée est identique, mais la perspective inversée : il sera question cette fois des Européens en « Europe ». « Arroseurs arrosés » que ces Européens qui, tout en imposant leurs vues à une grande partie du monde, n'ont pas toujours été les maîtres de leur propre destin frontalier ?

C'est que les contradictions internes aux formations politiques de l'espace européen, puzzle de nations qui se sont formées les unes contre les autres durant huit siècles, ont, par les querelles tragiques de ce siècle, favorisé à la fois l'émergence et l'intrusion de deux grands États, les États-Unis et l'Union Soviétique, devenus en quelques décennies seulement les deux grandes puissances militaires et idéologiques et qui le montrent par leur capacité de transgression des frontières établies. Celles-ci ont tissé un autre maillage géopolitique, d'une autre échelle et d'abord à fonction stratégique.

On se souvient que ces deux puissances ont été globalement peu actives dans le découpage du monde, à l'exception de leur périphérie immédiate, c'est-à-dire de leurs propres frontières. Là, sur leurs contours, les deux États restent sans doute des grandes puissances et le manifestent chaque jour. A l'évidence, certains de leurs attributs — tel leur arsenal nucléaire — est inutile et insignifiant pour en finir avec les résistances afghanes ou imposer l'alignement idéologique aux sandinistes frondeurs. Mais, leur ombre portée sur leurs voisins immédiats prend une dimension singulière, tant leur capacité d'influence est grande.

Certes, comparer n'est pas conclure à l'identique : l'armée américaine n'est pas au Mexique tandis que l'Armée rouge a stationné en Pologne depuis plus de quarante ans ; l'influence des États-Unis est celle d'une « société ouverte » et de frontières perméables et se diffuse à raison même de cette ouverture tandis que l'Union Soviétique avait imposé son modèle de « société close » et de frontières fermées.

Mais, dans aucun des deux cas n'a été constitué un ensemble homogène. Certes, le terme d'« empire » est souvent employé à leur propos ; il a l'inconvénient de négliger le fait qu'en l'occurrence l'État central a inclus dans sa sphère d'influence immédiate d'autres entités qui sont aussi des États, souvent même des États-Nations véritables et plus anciens. On le voit aujourd'hui autour de la Russie.

J'avancerai la notion de « *système géopolitique* » pour désigner l'aire où se jouent les interactions de proximité entre l'État central et les États contigus : c'est une structure spatiale multi-États, hétérogène et complexe, traversée de frontières marquées par l'asymétrie des relations. Ainsi peuvent être décrites les interactions frontalières à l'intérieur des deux grands systèmes, l'Amérique du Nord et l'Eurasie russe.

Cette « identification des géants » serait incomplète si l'on écartait deux autres cas, le Japon et l'Europe occidentale.

Le premier, archipel sans frontières terrestres autres que littorales, est sans aucun doute une grande puissance économique et a été une puissance militaire. Mais, en dépit de l'éventuelle réédition fortement corrigée d'une « sphère de co-prospérité asiatique », le Japon ne paraît pas enclin à revendiquer l'universalité de sa culture — à la différence des États-Unis et de l'Europe —, ni à exporter son modèle et, partant, à devenir ce centre du Pacifique que d'aucuns croient pouvoir prédire. Malgré la force économique et financière du Japon et son rôle mondial dans ces secteurs, on ne voit pas encore émerger de « système géopolitique japonais ».

Quant au second, un système géopolitique européen s'esquisse, dont l'originalité est qu'il ne comporte pas d'État dominant à l'intérieur des frontières extra-communautaires des douze États membres. Il reste une juxtaposition hétérogène d'États-Nations de poids démographique, économique et militaire très inégal, ce qui est créateur d'asymétrie et donc de discontinuité spatiale interne.

Du fait de la proximité et de l'hétérogénéité du système soviétique et des intérêts évolutifs des États-Unis, le dessein géopolitique en cours en Europe de l'Ouest implique, paradoxalement, une série de choix difficiles en matière de frontières.

* *carte 56*

CHAPITRE XIII

L'Amérique du Nord et ses trois États

« Avant d'être une réalité, les États-Unis furent pour moi une image. Rien d'étrange à cela : dès notre enfance, nous, les Mexicains, nous voyons ce pays comme l'*autre*. Un *autre* inséparable de nous-mêmes et qui, en même temps, est radicalement, essentiellement étranger. »

Octavio Paz, 1985 p. 163.

Pourquoi convoquer une notion de la géographie à l'ancienne, « l'Amérique du Nord », alors que chacun sait que le Canada est un État indépendant et qu'une ligne de discontinuité majeure sépare les États-Unis de l'Amérique Latine, de part et d'autre du Rio Grande-Rio Bravo ?

Le terme n'est employé ni dans son sens, classique chez les spécialistes de géographie physique, d'Amérique septentrionale, par opposition à l'Amérique du Sud, ni à la manière des stratèges de l'O.T.A.N., dont la « North America » exclut le Mexique et coïncide en fait avec l'Amérique anglo-saxonne. Il n'est pas question non plus de prétendre qu'il s'agirait d'un ensemble dont les traits communs — en particulier l'intensité des échanges économiques — l'emporteraient pour l'avenir sur les différences — le contraste irréductible entre États-Unis et Mexique, l'affirmation d'une identité politique fédérale canadienne. Cela est connu et la saga des passages clandestins et nocturnes de jeunes travailleurs mexicains est trop prégnante pour qu'on la néglige.

Mais la frontière sud des États-Unis n'est en rien un rideau de fer. Elle reste, en fait, très poreuse, parce qu'elle est physiquement incontrôlable par des moyens respectueux des principes démocratiques, que l'appel « del otro lado » continue de faire rêver et de rimer avec espoir d'une vie meilleure, que des liens historiques et familiaux se sont tissés et que les États-Unis, pays d'immigration à forte capacité d'assimilation, continuent d'avoir besoin de main-d'œuvre. Il n'est pas possible de raisonner comme si cette ligne de passage entre deux mondes était, par définition, à la fois une aire de tension et une ligne imperméable.

En réalité, il s'agit, depuis plus de cent quarante ans, d'une frontière froide et ouverte. De ce point de vue, il en va de même, aux confins du Canada. Et c'est précisément cela, *l'ouverture,* qui peut produire, en moyenne durée, des effets contradictoires, non seulement dans les deux États situés sur les marges des États-Unis, mais aussi dans l'État central lui-même.

Les frontières n'y sont pas des lignes d'arrêt, mais des bissectrices au milieu de vastes plages de recouvrement d'influences jouant dans les deux directions.

Or, ces interférences déjà anciennes se combinent désormais avec un projet d'inspiration d'abord géoéconomique qui consiste à renforcer les bases de la puissance des États-Unis en s'appuyant sur les potentiels les plus proches sur le plan géographique, bref en accentuant l'intégration des trois États en une entité de la taille d'un État-continent : 21 millions de km^2, 370 millions d'habitants, plus de 4 700 milliards de P.N.B. *.

Ce mouvement général, dont l'accord commercial éliminant toute barrière tarifaire entre les États-Unis et le Canada signé en octobre 1987 et le processus de privatisation des entreprises mexicaines ne sont que des symptômes et des étapes, serait comparable au processus ouest-européen s'il ne concernait que des États de structures économique, politique et culturelle « voisines » ; on pourrait alors conclure qu'un nouvel ensemble composé d'éléments homogènes est en formation.

Or, de même qu'il serait délicat d'intégrer pleinement la Turquie ou le Maroc dans une communauté « européenne » élargie sans introduire un élément d'hétérogénéité difficilement compatible avec le projet politique initial, de même l'association, de facto, du Mexique dans ce schéma peut prendre un sens sur le plan de l'énergie et de l'industrie, mais devient proprement insignifiante dans le registre politique tout en induisant des facteurs de changement dans la structure interne des États-Unis.

L'Amérique du Nord est en passe de devenir un « système géopolitique multi-États » de taille continentale, soit un cadre spatial défini moins par des traits communs que par le jeu des interactions qui le qualifient et l'animent. Système complexe, aussi hétérogène registre des formations sociales, des cultures et des conditions de vie et aussi marqué de phénomènes de dissymétrie et même de dépendance qu'il peut devenir uniforme sur le plan des structures économiques, des flux d'échanges et de sa cohésion, si, se plaçant à l'échelle planétaire, on le compare à d'autres. Les Japonais l'ont bien compris, qui tournent le protectionnisme croissant des États-Unis en investissant à ses portes, dans les aires frontalières du Canada et du Mexique. Ce processus de simplification par dépassement de certaines fonctions des frontières n'ira pas sans risque, car, à la différence de celui qui est en cours en Europe occidentale, il se déroule dans un espace où le découpage frontalier est récent et a toujours gardé une signification relative.

* U.S.A. : 4 200 ; Canada : 360 ; Mexique : 160 (1986).

Le découpage de l'Amérique du Nord : des frontières artificielles ?

— **L'Amérique du Nord : 12000 km de frontières, trois États et dix traceurs :** Les configurations frontalières de l'Amérique du Nord paraissent simples, en raison de leur forme souvent géométrique ; leurs tracés résultent cependant des rivalités et des négociations entre un grand nombre d'acteurs : empires russe, britannique, français et espagnol ; colons franco-canadiens, Anglo-américains loyalistes, Américains et Canadiens indépendants, Mexicains et Texans.

Tandis que les Treize Colonies, en 1783, bénéficiaient doublement de leur victoire militaire en gagnant l'indépendance politique et des territoires qu'elles ne contrôlaient encore pas, jusqu'au Mississippi, les Britanniques renforçaient leur imperium sur ce qui allait devenir le Canada ; paradoxalement, une des assises de la permanence britannique y fut l'ex-colonie franco-canadienne, contrôlée de manière assez libérale et habile (par l'Acte de Québec de 1774, qui étendait la province de Québec jusqu'au Mississippi, offrant à ses hommes d'affaires un hinterland alors plus étendu que celui de New York) pour qu'elle fasse preuve de loyalisme durant la guerre anglo-américaine, malgré l'aide française aux Américains. De plus, une quarantaine de milliers d'Anglais loyalistes quittèrent les nouveaux États-Unis en 1783, relais de la présence britannique ; enfin, les habitants de la Nouvelle Écosse, bien que très liés à ceux de la Nouvelle Angleterre, restèrent des « Neutral Yankees », neutralité surveillée par la flotte anglaise du port d'Halifax et encouragée par les profits que ses armateurs pouvaient tirer des désordres du port de Boston : cela explique le tracé actuel entre le Nouveau Brunswick et le Maine.

La section Est de la limite Canada-États-Unis résulte donc des choix politiques des diverses catégories de colons autant que des rivalités franco-anglo-américaines.

Si au sud du moyen Saint-Laurent la frontière correspond à l'état d'avancement du peuplement des colons français (tandis que dans un mouvement inverse, les néo-Écossais portaient l'influence britannique vers le nord-est), plus en amont, à partir de Cornwall, le tracé suit le fleuve puis la ligne médiane des lacs Ontario et Érié. Cette section fut délimitée par le traité de Versailles (1783). C'est cependant au terme de la seconde guerre anglo-américaine (1812-1814) qu'elle devint, par le traité de Gand (décembre 1814) une limite définitive, après avoir été, pour partie, une ligne de front (Toronto, alors York, fut brûlée en 1812).

A l'ouest des Grands Lacs, pas de traces historiques nettes, et les termes de l'achat du territoire de Louisiane en 1803 n'étaient guère précis (« la même extension que celle qu'il avait du temps de l'Espagne et qu'il a eue sous la domination française »). Le choix du 49e parallèle représente un compromis entre la volonté américaine de contrôler les plaines du Canada méridional et le souci de la Compagnie de la Baie d'Hudson (dans un espace hors de portée de l'administration britannique) de favoriser la colonisation agricole systématique de la Prairie pour bloquer les entreprises de la compagnie, rivale, du Nord-Ouest : d'où l'installation, à partir de 1811, sur les bords de la Red River (dans les environs de l'actuel Winnipeg, au sud des lacs Winnipeg et

Manitoba et à l'ouest du lac des Bois, dans un secteur où commence la Prairie), de colons écossais. C'est en 1818 qu'une convention entre l'Angleterre et les États-Unis fixe la limite sur le 49ᵉ entre le lac des Bois et le piémont oriental des Rocheuses : une limite nord est ainsi fixée aux ambitions américaines.

La rivalité est alors reportée à l'Ouest et porte sur le territoire de l'Oregon, objet d'une concurrence entre Russes (présents en pleine Californie, sur la baie de San Francisco, à Fort Ross, depuis le début du XIXᵉ siècle), Américains (établis à Astoria, au débouché de la Snake River) et Britanniques (installés à Vancouver et à Victoria).

En 1818, l'Oregon devint un condominium américano-britannique, ce qui eut pour effet de bloquer les entreprises coloniales de la dynamique Compagnie de l'Amérique Russe, dirigée de Saint-Pétersbourg par Baranov, qui avait créé une chaîne de comptoirs sur la côte du golfe d'Alaska. En 1824-1825 fut fixée la limite sud de la Russie en Alaska, sur le 54°40′ : elle correspond à l'aire d'influence réelle des Russes sur le littoral de l'archipel Alexandre ; la capitale en était Sitka, sur l'île Baranov, et on comptait quelques autres bourgs, tels Wrangel, Pétersbourg et Ketchikan, au sud. L'achat de l'Alaska en 1867 a fait de cette limite entre Russie et Oregon une section de la frontière américano-canadienne, sans en changer le tracé.

Dès 1846, l'Oregon fut partagé, selon une ligne qui prolongeait celle du 49ᵉ parallèle et respectait donc les aires d'influence respectives des Britanniques de Vancouver et des Américains d'Astoria.

Le dernier épisode — 1903 — du tracé de cette dyade à deux segments longue de près de 9000 kilomètres concerne la section Alaska-Canada qui suit le 141ᵉ méridien Ouest. Limite géométrique tracée dans des territoires qui devenaient à cette époque un enjeu avec la ruée vers l'or : la limite marque une séparation des régions de concessions puisqu'elle passe entre Fairbanks (dont les ressources furent découvertes en 1902) et Dawson, comme pour partager le fameux territoire du Yukon, et se termine, sur la mer de Beaufort, au lieu-dit « Demarcation Point » !

Mexique-Texas-États-Unis : pourquoi le rio Grande ?

Les circonstances historiques de l'avancée nord-américaine vers le Sud-Ouest et du repli consécutif de la souveraineté mexicaine au milieu du XIXᵉ siècle sont connues. En revanche, les implications géographiques de cette histoire sont moins élucidées, comme s'il était évident que la frontière dût être sur ce rio Grande (qui est le support physique de la frontière sur 1930 km, soit 62 % de la limite totale entre les deux États), sans doute en fonction d'une logique de choix d'une limite donnée par la « Nature ». Ce qui n'est guère compatible avec la logique pionnière de la « Frontier » turnérienne, dont la caractéristique fut d'ignorer des limites « naturelles » et ethniques. Il est vrai que dans le sud-ouest au climat semi-aride, les fleuves sont « valorisés » : points d'eau, obstacles à franchir par quelques gués, tel « El Paso », enjeux pour les éleveurs... Mais, ce fleuve n'était pas comme une sorte de Nil, unique, puisque d'autres rivières d'importance descendant des plateaux et chaînes situés en avant des Rocheuses : Colorado du Texas, Pecos. De plus, le rio Grande n'est un support frontalier que sur 65 % de son cours. Mais c'est le plus méridional et son franchissement était difficile tout au long de son cours moyen, qui est un canyon, justifiant le terme mexicain de rio « Bravo ». L'autre terme, utilisé aux États-Unis, de rio « Grande » ne marque-t-il pas qu'on le considérait comme plus important que les autres ?

« ... Ce fleuve étroit n'est pas un trait géographique d'assez grande valeur pour constituer une ligne de division ; des deux côtés les plaines et les collines offrent le même caractère et sont soumises au même climat : on n'observe de changement qu'au loin dans le Texas, là où la population se presse et où les cultures variées succèdent aux savanes infertiles », indiquait Élisée Reclus (1891, XVII : 21).

L'examen de la géographie administrative espagnole révèle que le fleuve ne fut pas utilisé comme support de limites, à la seule exception de son cours moyen entre El Paso et les monts Chisos, qui avait servi de séparation entre le « gobierno de Nueva Vizcaya » et la province du « Tejas » jusqu'en 1776. Son cours supérieur traversait la province de « Nuevo Mexico de Santa Fé », et son cours inférieur était inclus dans les provinces de Coahuila et Nuevo Santander, puis après l'indépendance du Mexique en 1824, dans celles de Chihuahua, Coahuila et Texas, et Tamaulipas. La limite avec les États-Unis se situait alors sur la Sabine et la Red River (traité Onis-Adams signé en 1819 et appliqué en 1831). Le tracé des juridictions espagnoles, reprises par les Mexicains sans guère de changement, avait pour fonction d'encourager la présence de colons, éleveurs et missions dans la marche texane, à partir de bourgs et missions fondés sur le bas rio Bravo durant le XVIIIe siècle. Avancée freinée par les migrations des Comanches vers les plaines, mais perçue par les Espagnols comme nécessaire face au développement des entreprises des marchands français installés en Louisiane, colonie qui correspondait alors à une grande partie du bassin du Mississippi. Ces derniers avaient emboîté le pas à Cavelier de La Salle, qui venait d'explorer les côtes du Texas (1682).

C'est La Salle qui le premier considéra le rio Grande, alors nommé rivière des Palmes, comme une frontière politique, celle de la Louisiane, limite-objectif mais aussi limite nord-orientale de ce qui était jusqu'alors effectivement occupé par les Espagnols. Même si cette limite n'était que revendiquée, elle resta une ligne de référence dans les transactions ultérieures. Lorsque la Lousiane, acquise par les Espagnols en 1762, fut rétrocédée à la France en mars 1802, l'une des clauses du traité stipulait que la France maintenait sa revendication sur le rio Grande « de l'embouchure au 30e parallèle environ » (Horgan, 1954 : 39), soit un peu au nord d'El Paso. Mais la Louisiane fut vendue l'année suivante aux États-Unis. Si le président Jefferson voyait dans cet achat le moyen de doubler la superficie initiale du pays et une étape dans la réalisation d'un projet de dimension continentale déjà clairement formulé, il préférait une transaction à une guerre de conquête qui aurait impliqué une alliance avec les Anglais. Des raisons symétriques — éviter de lutter contre une coalition anglo-américaine — firent accepter par Napoléon l'offre d'achat d'un montant de 15 millions de $ proposée par le négociateur James Monroe, l'auteur de la fameuse déclaration de 1823. Ce faisant, Jefferson reprit à son compte la revendication française sur le rio Grande, bien que Talleyrand eût refusé ensuite d'appuyer les Américains dans la réalisation immédiate de cette ambition. Cette ligne que les Espagnols avaient considérée comme un point de départ de l'occupation du Texas était perçue par les Français comme un « horizon ».

— **Le corridor Apache :** Avant d'évoquer brièvement les étapes qui sur 45 ans menèrent à l'actuelle limite, il est utile de faire mention d'un élément qui a joué à plus grande échelle, comme formateur de frontière. La première mention du moyen rio Grande comme limite date de 1598 et se réfère à la ligne de partage entre les territoires correspondant au « corridor Apache » (situé entre ce fleuve et le Pecos, qui est un espace de hauts plateaux où les Apaches étaient refoulés par les Indiens « pueblos » et les Comanches) et ceux des Indiens Mansos. Il y avait là une aire frontière pour la colonisation espagnole, qui dans son avancée vers le nord (Santa Fé) et l'est (Texas), devait contourner ce corridor Apache. La carte administrative représentait donc des réalités très théoriques.

Après 1803, la frontière espagnole se situait sur la Red River, mais l'occupation effective ne s'étendait que jusqu'à une ligne passant par San Antonio et Goliad, sur la rivière San Antonio ; elle marque la limite orientale des régions de climat semi-aride (le « désert ») et le début d'une vaste région de climat plus humide, boisée et assez bien pourvue pour que les groupes indiens présents refusent de se sédentariser dans des missions.

On estime que guère plus de 4000 Espagnols y vivaient (Degler, 1980 : 186). Après 1821, le gouvernement mexicain, soucieux de colonisation, favorisa, par des distributions de terres, l'installation de 25000 colons blancs, dont une vingtaine de milliers d'anglo-américains (les premiers ayant été dirigés par Moises Austin), entre la Red River et la Nueces. Ils en vinrent à ne pas tolérer les postes douaniers et les garnisons mexicaines, obtinrent d'être détachés du Coahuila et attaquèrent les « presidios » ou forts (L. Gonzalez, 1974 : 99). Santa Anna réprima les Texans à El Alamo (près de San Antonio) et à Goliad, sur ce qui était devenu la frontière de fait. Mais, en 1836, prisonnier du général Houston, il dut reconnaître l'indépendance de la république du Texas, avec le rio Grande comme frontière.

Le choix de cette ligne permettait aux Texans de disposer d'une sorte de « glacis » dans une aire dépeuplée et livrée à des bandes armées ; ils justifièrent ensuite leurs prétentions en s'appuyant sur la création récente (1839) d'un centre de colonisation au sud de la Nueces, à Corpus Christi. Cette limite n'était cependant pas reconnue par les Mexicains, car fixée sous la contrainte ; mais l'établissement de douanes provoqua une révolte fédéraliste débouchant sur une éphémère République du rio Grande en 1839. Le pouvoir central mexicain reconnut l'indépendance du Texas en mai 1845, pour éviter son annexion par les États-Unis ; il fut encouragé dans cette voie par l'Angleterre, dont les industriels convoitaient le coton texan. Mais le rattachement aux États-Unis fut suivi de l'avancée de leur armée sur la ligne de la Nueces, à 230 km du rio Grande, et provoqua la guerre en 1846 : les Mexicains voulaient une frontière sur la Nueces, limite effective de leur souveraineté et de l'hispanité ; l'armée américaine livra une série de batailles au sud du rio Grande, autour de Monterrey et de Parras.

« Monterrey est, au nord-est de la république mexicaine, la gardienne de la frontière ; aussi les Américains du Nord, pendant la guerre de 1846, commencèrent-ils par s'emparer de cette position stratégique : c'est là qu'ils s'essayèrent à ce métier de la guerre, pratiqué chez eux quelques années après de manière si terrible », écrit Élisée Reclus (1891 : XVII, 157). En 1847, Vera Cruz, puis Mexico furent occupés, tandis que quelque 700 Américains de Californie s'affranchirent de la tutelle mexicaine, de la côte pacifique à Santa Fé.

— **Rio Grande ou Sierra Madre ?** Le traité Guadalupe-Hidalgo (février-mars 1848) fixa la section orientale de la frontière, sur la base des revendications texanes. Ce choix fut imposé à ceux des Nord-Américains qui voulaient incorporer tout le Mexique (Degler, 1980 : 191) et à ceux parmi les Texans qui auraient voulu la fixer plus au sud : « La vérité est que notre gouvernement a commis une grave erreur en acceptant le rio Grande comme ligne frontière. Nous n'aurions jamais dû nous arrêter sur ce versant de cette grande frontière naturelle, la chaîne de la Sierra Madre » (cité dans House, 1982 : 28). Ce qui peut sembler curieux n'est pas tant le choix de cette limite ; c'est plutôt que le gouvernement se soit contenté de reprendre une limite antérieure, alors que partout ailleurs il étendait son emprise territoriale et que son armée occupait la capitale et le nord du pays.

Il me semble que cette « retenue » trouve son explication dans les graves contradictions internes de ses dirigeants : ceux des États du Nord étaient opposés à l'annexion du Texas et à la guerre contre le Mexique, car ils ne souhaitaient pas que l'expansion se fît au profit d'États esclavagistes ; mais ceux du Sud tenaient encore en leurs mains le pouvoir fédéral et voyaient dans les conquêtes un moyen d'équilibrer la montée démographique des États du Nord. Dans cette hypothèse, *il s'agirait d'une frontière de compromis... entre Nord-Américains : nouvelle illustration des effets de la géopolitique interne sur la géopolitique externe.*

On rappellera aussi que, de manière synchrone, les États-Unis étaient engagés dans un contentieux avec l'Angleterre au sujet de la frontière dite de l'Oregon, à l'ouest des Rocheuses. Les premiers voulaient la fixer sur la frontière russe de l'Alaska, sur le 54° 40′, et la seconde réclamait le bassin de la rivière Columbia, « Saint-Laurent de l'Ouest » ; un compromis fut trouvé en 1846 par la prolongation à l'ouest des Rocheuses de la frontière déjà fixée à l'est en 1818, le 49e parallèle. Solution visant à éviter une nouvelle guerre anglo-américaine, et négociée d'autant plus facilement par les sudistes qu'ils venaient d'acquérir le Texas. C'est là encore en prenant en considération les enjeux sur l'ensemble de l'enveloppe que s'éclairent les choix du tracé.

Au total, ce furent 2,4 millions de km^2 qui passèrent sous la souveraineté des États-Unis, en échange de 15 millions de pesos. Certains éditorialistes n'hésitaient pas, récemment encore, à écrire sur « la douleur latino-américaine face à la mutilation historique du Mexique » (*Vision*, 10 février 1979). Mais n'est-ce pas réécrire l'histoire en passant sous silence la présence ou l'absence des facteurs de cohésion sociopolitique qui donnent seuls consistance aux territoires que dessinent les cartes ?

La crise politique mexicaine permanente depuis 1821 explique pour une grande part cet échec : 50 gouvernements successifs, presque tous issus de « cuartelazos », dont onze présidés par Santa Anna ; affaiblissement de l'emprise territoriale effective dans un nord très peu peuplé de Mexicains sous le coup des attaques comanches, apaches, yaquis et mayos ; inefficacité de l'appareil d'État ; enfin, en 1848, éclatement, dans le Yucatan, à l'extrême sud, de la « guerre des castes », menée par les Indiens Mayas. Ce bilan sévère est celui des historiens mexicains (tel l'un des plus autorisés, Cosio Villegas, 1974).

A l'ouest d'El Paso le tracé actuel fut fixé plus au Sud que ce qui était prévu en 1848. Par l'achat Gadsen de 1853, la frontière fut placée de telle manière que les Mexicains puissent conserver un passage terrestre vers la Basse Californie, tout en laissant aux Américains la disposition d'un corridor de plateaux considéré comme le meilleur lieu de passage de la future liaison ferroviaire transcontinentale, qui devait être tracée depuis San Antonio et El Paso (et achevée en 1881). Elle suivit, de Galveston à Los Angeles, la « piste du sud », ouverte dans les années 1950, puis par la vallée de la Gila la « piste du désert », qui sont parallèles à la frontière. Si, pour évoquer un instant l'analyse contre-factuelle chère aux historiens américains, on imagine une découverte plus tardive de l'or californien, ne devient-il pas vraisemblable que la frontière de la colonisation menée à partir du Texas aurait largement débordé le rio Grande ? C'est en « regardant » l'Ouest depuis la côte texane, point de départ des expéditions et des migrations sudistes, que l'on saisit la logique, à petite échelle, du tracé frontalier : *une limite de « bord de piste » si l'on veut, laissant au Mexique ce qui n'était pas utile pour le fonctionnement logistique de ce mouvement vers l'Ouest.*

La « conquête de l'Ouest » a en quelque sorte dévié la direction initiale, orientée d'abord vers le sud du Texas et le fleuve ; facteur de perte territoriale considérable, elle fut ensuite un élément de stabilité d'un tracé qu'elle longeait.

Échec mexicain de 1848 dû au manque de cohésion de l'État face à un adversaire ambitieux mais encore peu nombreux ; échec analysé par les ancêtres des « cientificos », « la gente de pensamiento », dans ses causes internes d'abord. Cela explique sans doute que le tracé d'ensemble n'ait pas été remis en cause par les autorités mexicaines depuis 1853, et que leur politique extérieure ait été caractérisée jusque dans les années « 1970 » par son caractère défensif. Attitude que, pour rester dans la problématique frontalière, je qualifierai volontiers de « protectionnisme politique » et qui a servi de garantie durable à la construction nationale mexicaine, processus qui n'a pas été assuré d'emblée. Ce qui en effet mérite l'attention, c'est la *situation d'interaction géopolitique* qui s'est construite après la fixation du tracé général. Ses coordonnées en sont à la fois les conditions de l'horogenèse — une guerre portée jusque dans la capitale et sanctionnant l'échec mexicain à assumer l'héritage espagnol — et ses effets multiples et jouant à plusieurs échelles : pas de remise en cause du tracé au nom de droits historiques, pourtant réels, mais des pressions américaines fortes après 1853 pour le modifier ; des problèmes permanents d'ajustement du tracé fluvial posés en termes techniques et à la seule grande échelle; la mise en place d'un ensemble linéaire régional singulier; la dissymétrie croissante des rapports économiques entre les deux États, qui a des conséquences contradictoires selon les régions mexicaines; enfin et surtout le jeu de l'interaction États-Unis-Mexique dans les différentes étapes de la formation politique du Mexique, et, de plus en plus, dans les préoccupations géopolitiques des États-Unis.

L'Amérique du Nord comme système géoéconomique multi-États

L'Amérique du Nord un ensemble privilégié de flux économiques, à un degré souvent sous-estimé. Au nord, le total des échanges entre les États-Unis et le Canada se monte à 170 milliards de $ par an (1987), soit plus de trois fois celui entre les États-Unis et le Japon *. Chacun est le premier partenaire économique de l'autre. Au Sud, les échanges dépassent 30 milliards de $ et le Mexique est, au gré des prix du pétrole, le troisième ou le quatrième fournisseur des États-Unis, devant le Royaume-Uni et la République Fédérale Allemande. Certes, une dissymétrie persiste dans les relations avec l'État central, non pas dans les soldes, positifs pour le Canada comme pour le Mexique, mais dans la place prépondérante de ce client et fournisseur : quatre cinquièmes des ventes et 70 % des achats de l'un, deux tiers des ventes et des achats de l'autre (C. Manzagol, 1986:145).

Les investissements « américains » au Canada se montent au cinquième de leur total mondial — la moitié de ceux réalisés en Europe — de sorte que des pans entiers de l'appareil productif de ce pays sont sous contrôle extérieur (pétrole, automobile). Cela n'est pas valable au Mexique, puisque on n'y compte que 4 % environ des avoirs « américains » à l'étranger, le secteur spécifique des industries de la zone franche frontalière excepté. Effet du nationalisme économique de l'État mexicain, qui a dû, cependant, depuis la crise pétrolière de 1982 et l'aggravation de l'endettement — le Mexique est le premier débiteur des banques « états-uniennes » — s'engager dans un programme de privatisation, d'ouverture aux capitaux étrangers et de libération des échanges (par le biais de d'adhésion au G.A.T.T. en 1986).

Ce degré déjà élevé d'interdépendance vient d'être accentué par deux accords qui sont une étape essentielle dans une tendance à l'intégration des économies d'ici au début du siècle prochain.

L'ancien Premier ministre du Canada, Pierre Trudeau, libéral, mais favorable au « nationalisme économique », justifiait sa position en soulignant la difficulté qu'il y a pour une souris « de dormir avec un éléphant ». Après plus d'un siècle de croissance économique à l'abri de barrières douanières, un accord de libre-échange visant à éliminer dans un délai d'ici à 1999 toute barrière tarifaire et non tarifaire entre les deux États a été signé en 1987.

En principe, la plupart des secteurs économiques — industries, services, marchés publics, investissements, banques, agriculture, transports et propriété intellectuelle — seront rendus accessibles aux

* 52,8 milliards en 1987.

entreprises des deux États. Cet accord devrait satisfaire tant les Américains ardents partisans du libéralisme que les milieux d'affaires canadiens soucieux de s'affranchir d'une tendance protectionniste durable *. Mais, en éliminant les restrictions tarifaires pour l'entrée sur le marché canadien — qui pèse le dixième du marché américain —, il risque de modifier la stratégie spatiale des grandes entreprises des États-Unis qui avaient jusque-là massivement investi au nord de la frontière, principalement dans la péninsule de l'Ontario, de Niagara et Windsor — face à Detroit — jusqu'à Toronto, devenue au fil des ans l'annexe industrielle de la « manufacturing Belt » du nord des États-Unis : le tiers des plus grandes villes et des villes moyennes du Canada se localisent dans le sud de la province de l'Ontario (Lasserre, 1986: 100) !

« Il y a une telle continuité apparente de Detroit à Windsor que le ministère américain du Commerce oublie parfois sur ses cartes de faire figurer la frontière. » Il est vrai que l'organisation de l'espace canadien est souvent présentée par les géographes comme une « réplique miniature » et une « économie de succursale » : projection de « l'ombre économique » — *economic shadow* — des États-Unis. « Ce sont les industriels des régions américaines proches de la frontière qui ont investi le plus au Canada, et d'autant plus près de la frontière qu'ils en sont eux-mêmes plus proches. Detroit investit à Windsor, Seattle à Vancouver » (Manzagol, 154).

De fait, l'organisation de l'espace du Canada utile et habité, celui du sud, en un archipel n'a été rendue viable qu'au prix d'un effort logistique sans précédent reliant entre elles des entités séparées, de la Colombie Britannique au Nouveau-Brunswick en passant par la Prairie, l'Ontario et le Québec. L'entretien de ce lien de direction parallèle vise bien entendu à contrer les forces économiques centrifuges de direction méridienne, attirées par les régions américaines voisines dont elles ne sont souvent que le prolongement septentrional. Comme le remarque le géographe J.-C. Lasserre, « dans de nombreux cas, les villes américaines sont plus proches que les pôles urbains de la province canadienne voisine ».

P. Trudeau avait souhaité « tamiser » les investissements américains au Canada, au moyen de l' « Agence de Tamisage des Investissements étrangers » ; ce symbole de souveraineté a pourtant été, crise oblige, supprimé par son successeur, B. Mulroney, dans le cadre de l'accord de libre-échange. Si un tel processus économique est engagé durablement, il accentuera l'orientation méridienne des échanges entre les deux États **.

Comme ce sont très largement des flux de proximité entre des régions transfrontalières jumelles, il est vraisemblable que seul le renforce-

* Sur la base du rapport de la Commission Royale d'Enquête sur l'union économique, ou Commission McDonald (1985).

** Un projet tel que la construction d'une ligne à grande vitesse entre Montréal et New York — longtemps défendu par un ancien maire de Montréal, qui croyait le « salut » du Québec mieux assuré par une alliance avec les États-Unis qu'avec l'Ontario — ne pourrait qu'accentuer cette dérive vers le Sud, alors qu'une réalisation comparable en direction de Toronto renforcerait l'instance fédérale.

ment de la référence fédérale peut contrebalancer les effets géopolitiques internes de l'intégration économique avec l'État central situé immédiatement au Sud. On comprend que la question du libre-échange soit, comme l'on dit au Canada, « le débat du siècle » : il est vrai qu'elle est en discussion depuis 1874! *On voit aussi que de l'économie à la géopolitique, il n'y a qu'un pas, pourvu que l'on veille à spatialiser les enjeux.*

Il est tentant d'affirmer que la vision « américaine » du Mexique n'est guère différente, sur le plan économique. En effet, ce que Ford Canada a réalisé à Windsor dès 1904 — où il montait les châssis, pièces et moteurs fabriqués à Detroit —, ne l'a-t-il pas reproduit dans les années 1970 dans le nord du Mexique, à Hermosillo ? Chrysler, General Motors, Ford sont d'ailleurs parmi les principaux exportateurs « mexicains » vers les États-Unis. Pour ces firmes qui sont aussi installées au Canada, le marché comme l'espace de production sont sans nul doute de dimension « continentale ».

La frontière mexicaine : une région de sous-traitance

Alors que l'État mexicain avait fondé la croissance économique du pays sur une stratégie de substitution des importations, rendue possible par un protectionnisme rigoureux, l'insertion accélérée dans les échanges internationaux à partir du milieu des années 1970 du fait des exportations pétrolières — réalisées au moyen d'un endettement énorme — a modifié les conceptions dominantes. Les crises pétrolières ont conduit à une diversification de l'économie ; le paiement du service de la dette a contraint à donner la priorité aux exportations industrielles, pour peu qu'un avantage comparatif puisse jouer en leur faveur.

Révision doctrinale profonde que la « libéralisation » des structures en cours au Mexique depuis 1982. Elle s'effectue graduellement, mais en étroite liaison avec le partenaire américain. Le Mexique n'étant pas le Canada, un accord de libre-échange n'a pas été signé ; on s'en est tenu à une décision d' « entente » — understanding —, prise en 1987 quelques mois après l'entrée de ce pays dans le G.A.T.T., qui prévoit un encouragement du commerce bi-latéral et un mécanisme de résolution des litiges. En clair, un processus d'ouverture croissante et réciproque des deux économies est engagé : en échange d'un nationalisme économique moindre, les États-Unis élèveront certains quotas d'exportations. Les mécanismes de conversion de la dette en participations industrielles ne peuvent que favoriser les investissements venus du Nord et l'interdépendance, toujours dissymétrique, des deux économies.

Si les implantations industrielles étrangères visant le marché mexicain tendent plutôt à se localiser là où il est, le Centre-Est et le Centre-Ouest — de Guadalajara à Puebla, en passant par Mexico —, celles qui ont pour destination le marché des États-Unis se portent plus fréquemment, soit dans les grandes villes des États du Nord, soit directement sur la frontière, comme, naguère, dans le sud de l'Ontario et du Québec. La frontière américano-mexicaine est un cas unique au monde de région industrielle linéaire fondée sur l'exploitation méthodique d'une double discontinuité : au Sud, une main-d'œuvre migrante nombreuse et en quête d'un emploi autant que d'un salaire ; au Nord, le premier marché du monde, mais soumis à une vive concurrence étrangère.

Bref, une situation qu'en économiste froid on qualifierait de « complémentarité structurelle ». Elle a été utilisée dès 1965 pour fixer les migrants au Mexique même. Les entreprises américaines, produisant des biens manufacturés incluant une part élevée de coût de main-d'œuvre, et donc particulièrement sujets à la concurrence d'autres États du Tiers Monde, peuvent faire réaliser une partie de la production au sud de la frontière et n'acquitter des droits de douane que sur la valeur ajoutée au Mexique. Le bien reste produit américain, alors qu'il est fabriqué au Mexique où les matières premières et les composants entrent hors-droits — « in bond » — et sont élaborés dans des « maquiladoras » ou « in-bond industries » : ateliers d'assemblage possédés par des sous-traitants d'un genre particulier, puisqu'ils sont à près de 98 % américains, le plus souvent les maisons mères.

Les coûts de main-d'œuvre sont en moyenne sept fois moins élevés qu'aux États-Unis ; ce mode de production « off-shore » en quelque sorte, mais aux portes du marché, place les entreprises à l'abri de la concurrence internationale — asiatique surtout — dans une série de cycles de production où elle est vive : électronique, informatique, jouets... Les plus grandes firmes y sont présentes : General Motors, General Electric, Chrysler, Ford, Rockwell, Westinghouse, McDonell Douglas, Union Carbide.

Or, depuis la récession de 1982 au Mexique et la dépréciation continue du peso, donc la diminution des coûts salariaux, les maquiladoras se sont multipliées : on en compte près de 1 075, qui sont devenues le deuxième secteur fournisseur de devises.

Elles se répartissent en cinq sous-ensembles dont l'importance varie en fonction du poids démographique et économique de la région américaine contiguë : plus du tiers (35 %) des maquiladoras sont dans le secteur Tijuana et Mexicali, travaillant pour les aires métropolitaines de San Diego et Los Angeles (dix millions d'habitants) ; 28 % se localisent à Ciudad Juarez, en face d'El Paso, métropole située sur l'axe routier principal entre les États-Unis et le Mexique central et première ville américaine frontalière par sa population ; 9 % sont à Nogales, ville jumelle du Nogales américain, et liée aux centres urbains de Phoenix et Tucson ; 21 % sont à l'est, Matamoros et Nuevo Laredo, liées au sud du Texas (San Antonio).

Le fait nouveau est l'extension d'activités comparables — incorporant dans leurs produits des composants fabriqués dans les maquiladoras, mêlés à des pièces importées, du Japon par exemple (cas de Ford) (vers des centres plus éloignés de la frontière Hermosillo, Chihuahua ou Monterrey). L'État mexicain craint un « passage en sous-traitance » du Nord du Mexique — par formation d'enclaves ex-territoriales ou « off-border » pourrait-on écrire — et revendique une plus grande participation nationale dans la propriété de ces entreprises, pour conjurer un risque de perte de souveraineté économique. On estime que le quart des salaires des ouvriers de ces ateliers sont dépensés aux États-Unis, dans les villes situées de l'autre côté *.

— **Entre « el otro lado » et « the wrong side of the tracks » ** :** Il suffit de séjourner à Ciudad Juarez et de circuler dans l'espace compris entre San Diego-San Ysidro et Tijuana pour s'en convaincre : les 300 000 emplois créés dans les maquiladoras n'ont pas suffi à enrayer la migration des hommes nés du mauvais côté de la barrière.

On dispose de peu de données fiables pour évaluer l'ampleur de la pression migratoire, d'autant que le chiffre global des immigrants illégaux (« illegal aliens ») — de 2 à 6 millions selon les sources — est sujet de polémique entre groupes de pression aux intérêts divergents tandis que les autorités mexicaines se refusent à tout contrôle de « la libre circulation des personnes ».

Une confusion est entretenue entre les diverses catégories d' « hispaniques » d'origine mexicaine présents aux États-Unis. Les estimations les plus sérieuses concluent à un chiffre d'environ deux millions de Mexicains n'ayant ni visa de résident permanent ou temporaire ni document de travail : ce sont les « indocumentados », que l'on rencontre dans la moitié occidentale des États-Unis : à l'ouest du méridien de Chicago, où ils forment la main-d'œuvre à bas salaires dans les divers ateliers et services. Ils sont rejoints par un million de travailleurs saisonniers qui, à raison de six mois par an, font les récoltes dans les quelque 52 000 exploitations agricoles du sud-ouest aride.

La contribution de ces illégaux à l'économie américaine a été estimée à une vingtaine de milliards de $. On comprend, dans ces conditions, que ce type de migration corresponde à de puissants intérêts qui sont autant de « lobbies » favorables à une politique d' « open borders », de frontières « ouvertes ». Le lobby des fermiers n'a pas été le moins actif auprès du Congrès au moment du vote de la loi Simpson-Rodino (1986). Elle vise à contrôler et à diminuer les flux migratoires en imposant des sanctions aux employeurs (qui pouvaient jusque-là utiliser des illégaux en toute « légalité ») et en offrant aux « indocumentados », notamment les ouvriers agricoles, diverses formules de légalisation de leur situation. Parallèlement, le Congrès doublait le budget de l' « Immigration and Naturalisation Service », l'I.N.S., chargé de la surveillance des quelque 3 250 kilomètres de frontières ***.

Les États-Unis entrent donc dans une phase plus restrictive. Cette loi appliquée par l'administration Reagan mais préparée dès la présidence Carter fait écho à une nouvelle représentation sociale selon laquelle le chômage, les difficultés économiques et la délinquance sont le résultat de l'immigration hispanique, qui, en outre, menace les valeurs des « Anglos » ; ce que l'Attorney W. F. Smith résumait au début de 1982 par la formule lapidaire : « Nous avons perdu le contrôle de nos frontières ».

* *Financial Times* (10 décembre 1987).

** « L'autre côté » : les États-Unis, pour les Mexicains ; « Le mauvais côté de la voie » : expression courante de la sociologie américaine pour désigner les barrières sociales ; se reporter aussi à la chanson de Marilyn Monroe, qui témoigna de leur réalité.

*** Coût estimé à près de 600 millions de $ en 1984, à plus de 1 milliard en 1987.

En réalité, la question migratoire est ancienne : les premiers immigrants vinrent dans les années 1880 au moment de l'équipement ferroviaire et du développement agricole des États du sud-ouest ; une seconde phase coïncida à la fois avec la révolution mexicaine et la Première Guerre mondiale, suivie de mouvements de retour durant la grande dépression. Reprise des flux pendant la Seconde Guerre mondiale d'autant que l'effort de guerre américain sur les théâtres du Pacifique reposait d'abord sur les bases arrière — militaires, économiques, agricoles — situées en Californie : d'où, dès le début la guerre contre le Japon, le « programme Bracero » (1942) légalisant le travail temporaire au nord de la frontière. En revanche à la fin de la guerre de Corée, l'opération « Wetback * », en 1954, aboutit à l'expulsion d'un million de Mexicains. A l'expiration du « programme Bracero » en 1964, près de cinq millions de permis temporaires de résidence avaient été fournis.

L'ancienneté de ce mouvement migratoire — qui résulte d'une combinaison entre des facteurs d'attraction aux lieux d'arrivée, « pull », et des éléments d'incitation au départ, « push », selon la terminologie des chercheurs — explique sa persistance, autant que l'accroissement démographique mexicain. Les aires de départ sont d'ailleurs bien délimitées : régions rurales densément peuplées du centre-ouest — Michoacan, Bajio — et d'Oaxaca. Dans les plus petites villes, on y voit quotidiennement partir des autocars ralliant directement Tijuana, Los Angeles ou Ciudad Juarez tandis que les places centrales — « zocalos » — sont vides d'hommes. Pour les communautés rurales, la migration saisonnière est un élément de la subsistance depuis des générations : les envois d'argent se montent à deux milliards de dollars par an, qui, à la différence des revenus équivalents issus du tourisme et des activités de sous-traitance, vont irriguer ces régions rurales.

De plus, la frontière a longtemps été ouverte, comme en témoignent, de manière latérale, d'innombrables « westerns » qui décrivent des actions se situant dans la décennie 1880, au terme de laquelle les fermiers l'ont emporté sur les éleveurs. La fameuse « US Border Patrol » n'a été formée qu'en 1924, dans une période d'optimisme économique marquée par un renforcement du protectionnisme douanier, une vague xénophobe — illustrée par les activités du Ku Klux Klan — et une limitation de l'ensemble de l'immigration, tandis que la prohibition favorisait le transfert d'activités devenues illicites vers les villes mexicaines bordières : c'est l'une des origines de la fortune de Ciudad Juarez, Tijuana, Nogales ou Matamoros et aussi de l'image que les Américains conservateurs ont du Nord du Mexique, lieu origine du « péché » sous toutes ses formes — prostitution, jeu, alcool, drogue, contrebande, courses de chevaux —, et, souvent, du Mexique dans son ensemble.

Que les périodes où les valeurs morales républicaines redeviennent dominantes coïncident avec une volonté de reprendre contrôle de la frontière n'est pas pour étonner. Cette réaction n'est pas nécessaire-

* « Dos mouillé », en espagnol « espaldas mojadas », désignant ceux qui traversaient le rio Grande à la nage ; de là, la notion de « mojado power », qualifiant l'émergence d'organisations politiques des « Chicanos », Américains d'ascendance mexicaine.

ment corrélée à une augmentation de la pression migratoire effective. Et, pour la première fois dans l'histoire de la frontière américano-mexicaine, certaines voix se sont élevées en faveur de l'édification d'un mur ou d'une barrière métallique continue dans les secteurs de passage clandestin.

Cette alternance d'ouverture et de restriction a contribué à la formation d'une véritable région mexicaine frontalière, ou plus exactement d'une série de pôles urbains, jumeaux de ceux du nord — « twin cities » —, qui regroupent aujourd'hui près d'un Mexicain sur dix sur une bande large d'une quinzaine de kilomètres. Un espace transfrontalier original, dont l'élément mexicain n'est pas seulement un lieu d'attente et de transit pour nouveaux immigrants mais fait partie, de manière fonctionnelle, des aires métropolitaines américaines, dont elles sont souvent les villes-dortoirs. Le nouveau tramway de San Diego va jusqu'à San Ysidro, sur la frontière.

Prenons l'exemple de Tijuana. C'est le premier port terrestre des États-Unis — bien avant celui de Detroit-Windsor — et le plus important du monde : les seules entrées, en provenance du Mexique, s'y montent à 35 millions par an (soit à pied, 6 millions de piétons, soit en voiture, 10 millions de voitures). On compte un trafic de 18 000 véhicules par jour, répartis comme sur un péage en douze à dix-huit files, l'attente pouvant atteindre trois heures durant les fins de semaine *.

Il s'agit des seules entrées légales de Mexicains disposant, soit d'un permis de résidence — la fameuse carte verte —, soit d'une « border crossing card » — permettant de circuler durant 72 heures dans un rayon de quarante kilomètres (un « permis spécial » est délivré pour la visite de Disneyland !) —, soit de visas.

L'on compte près d'une quarantaine de ports terrestres au long de la frontière — 7 en Californie, 8 en Arizona, 4 au Nouveau-Mexique, et 20 au Texas — et le nombre des « entrées » depuis le Mexique approche la centaine de millions par an : c'est dire l'intensité des flux de proximité, signe du fonctionnement d'une série de régions urbaines transfrontalières, les secteurs méridionaux n'étant plus que des appendices américanisés des villes du Nord. A Tijuana comme à Juarez, les prix sont affichés en dollars dans les supermarchés et si l'on entend parler espagnol, c'est qu'il s'agit de nouveaux venus, qui se préparent à passer de l'autre côté du « tortilla curtain ». Quant à la culture mexicaine — cuisine, artisanat, musique —, elle ne subsiste que comme produit pour la consommation des visiteurs d'un jour, américains ! Ici, ce n'est déjà plus le Mexique mais ce n'est que l'antichambre des États-Unis.

La « linea » : les « pollos » entre les « coyotes » et la « migra »

Il est, à Tijuana comme ailleurs, une autre réalité de la frontière, celle du passage clandestin d'immigrants illégaux. Comme souvent, le vocabulaire suffit à signifier un pittoresque parfois tragique, souvent

* Entretiens I.N.S., Port Director et US Border Patrol, San Ysidro (mars 1987). A titre de comparaison, le total annuel cumulé de passages des « frontaliers » français s'est élevé à 76 millions en 1984.

dramatique. Le « pollo », c'est le candidat à l'immigration qui, ignorant les voies d'accès qu'il lui faudra emprunter de nuit, confie son sort à un « coyote » : le « renard » va « plumer » le « poulet » de trois cents dollars en moyenne (mille s'il s'agit d'un Salvadorien) pour le guider vers les lisières de San Diego en déjouant la surveillance de la « migra », c'est-à-dire la patrouille frontalière américaine. Bien entendu, il n'y a pas de garantie, ni de passer à travers les filets sophistiqués de la patrouille ni de trouver un point de chute à l'arrivée, de sorte qu'il faut le plus souvent recommencer l'aventure et payer de nouveau. C'est aussi un aspect de ces villes frontières que de prospérer de ce trafic humain dont on ne connaît pas le chiffre d'affaires, sauf à faire des multiplications hasardeuses.

Quelle est la géographie de cette immigration aussi illégale pour les uns qu'elle est vitale pour les autres ?

Les services de l'Immigration et de la Naturalisation ont procédé à 1 800 000 arrestations d'étrangers tentant de franchir illégalement la frontière en 1986 *. Ils estiment que ce chiffre représente *la moitié des entrées*, pourcentage élevé lié à l'efficacité croissante des contrôles. Mais, comme beaucoup de clandestins sont arrêtés plusieurs fois au cours de la même année, on ne peut en conclure que près de deux millions de Mexicains entrent chaque année de manière illégale aux États-Unis.

Les chiffres dénotent une forte concentration des points de passage : en réalité, près de 60 % des arrestations — et donc des passages — ont lieu dans deux secteurs seulement, San Diego-San Ysidro et El Paso. Les obstacles de l'aridité, de l'hydrographie et du vide démographique contribuent à réduire les secteurs de franchissement massif d'une frontière pourtant très longue. Ils se limitent en fait à la périphérie immédiate des villes mexicaines, qui ne sont guère plus d'une dizaine. De plus, quatre tentatives de passage sur dix se localisent dans le secteur de San Diego, et plus exactement, sur les vingt premiers kilomètres de la frontière : celle-ci commence sur la plage surplombée par les arènes de San Diego au sud et un jardin public — le « border field park » — au nord, qui se situe à proximité de la borne n° 258, pyramide blanche marbrée de 4 mètres de haut ; il n'est pas rare qu'y stationnent des camionnettes occupées non pas par des amoureux des paysages littoraux, mais par des trafiquants de main-d'œuvre.

Elle se poursuit par un grillage de 3 mètres de haut — « fence » —, édifié en 1979 seulement, sur environ 9 kilomètres, qui limite la zone urbanisée de Tijuana : la « linea » s'arrête dès la fin de la banlieue orientale de Tijuana, la « colonia Libertad » (*sic*). Plus à l'Est, la frontière est matérialisée par un simple câble, pour empêcher le passage des voitures ; après une dizaine de kilomètres, elle devient piste.

80 % des entrées dans le secteur de San Diego — soit le tiers du total des passages d'une frontière de 3 250 km — ont lieu dans les vingt premiers kilomètres. A une échelle globale, la région métropolitaine de

* US Border Patrol, rapport d'activités, 1986, géographie des arrestations par secteurs (1986) : San Diego : 39 % ; El Centro : 5,9 % ; Yuma : 5,8 % ; Nogales : 4,5 % ; El Paso : 19,3 % ; Marfa : 1,4 % ; Del Rio : 7,6 % ; Laredo : 8,9 % ; McAllen : 7,6 %.

Los Angeles-San Diego est devenue le pôle d'attraction principal des Mexicains immigrés (le tiers vit en Californie du Sud, le cinquième dans le sud du Texas et seulement le dixième à New York et à Chicago). Et les chances d'échapper aux contrôles des officiers de l'immigration sont plus fortes dans une grande agglomération. A l'échelle locale, les conditions de franchissement sont plus aisées car l'urbanisation est presque continue de Tijuana à San Diego — les banlieues américaines, commençant à peu de kilomètres de la ligne, offrant des caches temporaires — et la frontière passe, en son premier segment, dans une zone au relief peu coupé n'offrant pas d'obstacles à un cheminement.

Le grillage, symboliquement percé de trous par lesquels, le jour, on regarde l'autre côté, n'a pas d'effet de dissuasion ; il contribue seulement à reporter vers l'Est, là où il cesse, en un endroit connu comme « la fin de la barrière », les points de rassemblement des candidats au passage nocturne. Le no man's land diurne qui commence au bout du grillage présente un paysage de quasi-champ de bataille, strié de pistes et de chemins innombrables qui sillonnent une topographie de collines dénudées et de bas plateaux, coupée de canyons peu profonds portant de rares buissons et pouvant servir de caches.

Comment expliquer le nombre élevé des arrestations ? De l'aveu d'un des officiers, d'origine mexicaine, comme l'immense majorité des membres des patrouilles, « les migrants, sans formation militaire, n'utilisent pas bien le terrain » alors que la fréquence des canyons et des espaces masqués leur permettrait d'échapper à la vigilance des gardes frontières mêmes dotés de lunettes à infrarouges.

A l'inverse, les patrouilles choisissent leur terrain d'observation, en général, une « mesa », plateau surplombant les collines à environ un kilomètres et demi au nord de la ligne, de sorte que tout retour en arrière d'un clandestin repéré devient impossible, l'objectif étant de les identifier avant de les expulser. Mais surtout, elles disposent de moyens de repérage très sophistiqués. Outre la surveillance par jumelles à infrarouges perçant la nuit, les hélicoptères et les avions munis d'appareillage électronique et photographique, les itinéraires habituels sont équipés d'environ 170 senseurs invisibles, infrarouges, directionnels et magnétiques, ainsi que de géophones sismiques, qui sont capables de signaler une présence humaine, par ses pas ou la chaleur du corps, ainsi que d'indiquer la direction de son déplacement. Les signaux émis sont transmis à un ordinateur central qui à son tour informe les patrouilles, toutes équipées de matériels ultramodernes de communication et de repérage et qui peuvent ainsi remplacer la surveillance menée au hasard par des interventions précises. Comme l'écrit le rapport d'activités de l'U.S. Border Patrol, les méthodes de repérage nocturne ont été mises au point au Vietnam et les équipements proviennent souvent de dépôts militaires devenus excédentaires. Quant aux données recueillies après les arrestations, elles sont, depuis 1985, transmises par satellite à un réseau national de traitement en temps réel de nombreux fichiers sur la contrebande, le trafic de drogue — très actif du fait de l'importance du « marché » californien — et la criminalité.

Les segments les plus fréquentés forment aujourd'hui *une véritable frontière électronique.* Ce dispositif de surveillance, d'efficacité croissante, est, employé à des fins civiles, unique au monde *. L'emploi de techniques d'origine militaire qui ont été « civilisées » évite de fait une militarisation de la frontière. A l'échelle locale, le problème migratoire est perçu par les autorités d'immigration comme essentiellement technique. Mais l'interaction Mexique-États-Unis ne se limite pas à une gestion électronique des flux de personnes.

Lorsque, au sud du Texas, des membres du Ku Klux Klan patrouillent le long de la frontière, relayés ailleurs par des « amicales militaires », tandis que des Américains d'origine mexicaine s'organisent en lobbies — tel F.A.I.R. ** — pour obtenir l'arrêt de l'immigration illégale et le freinage de celle qui est légale et que, de fil en aiguille, on en vient, à Washington, à s'interroger sur la stabilité politique du Mexique alors que, pendant des décennies, on la croyait acquise à jamais, la question du voisinage change d'échelle et de portée.

L'Amérique du Nord comme système géopolitique et stratégique

— **Le voisinage régional ; la frontière au quotidien :** Il faut se rendre à l'évidence : les relations entre le Mexique et les États-Unis échappent largement aux deux appareils d'État : c'est ce qui explique leur complexité. Pour l'État du Sud, les conséquences des migrations sont considérées comme une question intérieure américaine ; pour les dirigeants des États du nord mexicain, le pouvoir est, malgré la centralisation, parfois ressenti comme lointain ; quant à l'État du Nord, c'est une fédération, où les pouvoirs sont fragmentés, les intérêts privés prédominants et les principes d'action des États du sud-ouest particulièrement soucieux d'écarter les interférences fédérales — notamment au Texas.

La perception américaine des questions de frontière est donc d'abord dominée par les niveaux locaux de décision et le dogme de la libre entreprise : la gestion des rapports quotidiens de voisinage l'emporte sur toute autre considération. Le Sud-Ouest n'est pas la Floride méridionale où agirait, par exemple, l'équivalent du puissant lobby anti-castriste.

Le quotidien, dans les villes-jumelles, c'est l'intendance, la pollution de l'air et des eaux, la répartition des eaux d'irrigation, l'évacuation des ordures et des eaux usées, la marche des économies locales, les trafics et la violence en tous genres. Une infinité de liens ont été tissés entre les deux sociétés civiles, les deux économies, les deux cultures au point de former *l'esquisse d'une « Mexamérique »*.

Cas là aussi unique au monde d'intensité des relations gérées au quotidien de manière décentralisée : les gouverneurs collaborent de manière permanente ainsi que les fonctionnaires de tous services. Le sort des deux côtés est lié : une dévaluation du peso favorisera les maquiladoras mais réduira le pouvoir d'achat et la consommation des Mexicains clients des services et commerces du Nord.

* Il n'est pas exclusif de méthodes plus rustiques, pour ne pas dire séculaires, comme la technique du champ labouré, employée en Arizona : les empreintes laissées conduisent aux contrevenants, là où ils doivent utiliser les passages obligés.

** Federation for American Immigration Reform, entretien Washington, mars 1987.

Au-delà du quotidien de la frontière, qui reste l'essentiel, surtout dans la vision des Américains, on peut discerner deux évolutions durables : à l' « hispanisation » du sud-ouest des États-Unis répond l'américanisation du nord du Mexique. Quels en sont les risques ?

— **Le défi hispanique dans la nation américaine : vers une Amérique anglo-latine ?** Les « amerikanisti », chercheurs soviétiques de l'Institut des États-Unis et du Canada, tendent à accorder beaucoup d'importance à l'augmentation de la part de la population hispanophone aux États-Unis, en y décelant un facteur de vulnérabilité, du fait de la mise en place d'une société plus hétérogène. Sans doute sont-ils inspirés par une comparaison implicite avec leur Asie centrale et conduits, par une appréciation trop théorique des réalités latino-américaines, à négliger l'ambiguïté des relations entre les deux sociétés et à sous-estimer la capacité d'intégration des États-Unis.

L'enjeu n'est bien entendu pas territorial : la « reconquête silencieuse » des territoires perdus en 1848, qui peut satisfaire l'orgueil national, est bien sûr évoquée, mais uniquement par référence aux débats internes aux décideurs américains sur le degré d'ouverture de la frontière aux migrants mexicains.

L'État mexicain n'a ni revendication territoriale ni litiges frontaliers : des accords en bonne et due forme ont été signés de 1848 à 1980 sur les questions relatives à la frontière. Cela ne signifie pas qu'il ne joue pas une « carte chicana », consistant en particulier à freiner tout ce qui irait dans le sens d'une naturalisation des Mexicains résidant aux États-Unis; comme on l'a vu, le « droit à la migration » est présenté comme un droit historique.

Évoquer, même par allusion, le passé, ou, mieux, rester dans le non-dit, de manière à trouver un accord avant que de prononcer des phrases irréparables, voilà une manière efficace d'étayer les nécessités du présent. Magnifique exemple, là encore, d'articulation entre réalités géopolitiques externes et situations internes (la migration comme subvention assurée à la paysannerie du Centre mexicain).

En effet, l'évocation de l'ancienne Nouvelle Espagne, à sa plus grande extension, ne se prête plus à un contentieux territorial ouvert. Mais elle resurgit lorsqu'on cartographie la localisation des « hispano parlantes » de sorte qu'elle reste, je crois, à l'horizon d'une stratégie de très longue haleine qui consiste pour les dirigeants mexicains comme pour leurs opposants à « jouer la carte » des chicanos, qui forment aujourd'hui entre 20 et 45 % de la population des quatre États frontaliers. D'où l'idée, exprimée par des intellectuels critiques — qui ne se dit pas « géopolitique » bien qu'elle ne soit pas autre chose, au sens, cette fois, de pratique (et non de discours) —, de passer alliance avec eux, « aliados naturales del movimiento popular mexicano en Estados Unidos »; « Vale la pena recordar que quiza ningun pais del mundo cuenta, como Mexico, con aliado tan poderoso al interior de un pais imperialista », peut-on lire dans *Las Relaciones Mexico-Estados Unidos* (Kaplan, Barkin, et al., 1980). Pour leur part, les dirigeants mexicains ont une stratégie comparable.

Les citoyens américains d'ascendance mexicaine sont entre cinq et six millions : ce sont les « chicanos », auxquels s'ajoutent deux à trois millions de Mexicains résidant légalement aux États-Unis.

Sur le plan politique, ils restent profondément divisés, sans organisation commune : il n'y a pas de lobby « chicano », pas plus d'ailleurs que de lobby représentant le point de vue mexicain à Washington où l'on ne compte pas moins de 9 000 lobbies enregistrés. Affaire de dignité.

Les chicanos agissent donc en ordre dispersé et divergent. Si les dirigeants de « La Causa » peuvent se montrer radicaux, tels autres « leaders » se rallieront aux points de vue dominants, tandis que d'autres encore prendront des positions très corporatistes.

Ainsi, des sondages ont indiqué que 55 % de la communauté hispano-américaine étaient favorables à la loi régularisant l'immigration mexicaine, suivant en cela les opinions des grands syndicats et de certains lobbies « chicanos » xénophobes, tels F.A.I.R., qui redoutent une paupérisation les « rendant plus pauvres que les Noirs ». Le célèbre dirigeant syndical Cesar Chavez, d'abord favorable à la loi, l'a ensuite combattue, car les syndicats d'importance moindre que l'A.F.L.-C.I.O. comptent beaucoup d'adhérents en position illégale.

Le défi « latino » pour les États-Unis relève à la fois de la politique interne et de ses effets sur l'action extérieure.

Les « latinos » d'origine mexicaine ont deux caractéristiques : ils sont géographiquement concentrés dans le sud-ouest des États-Unis, où ils sont en passe de former des majorités, à l'échelle des villes (Los Angeles, San Antonio), des régions (sud de la Californie et du Texas) ou même des États (Nouveau « Mexique », bien nommé) ; ils ne renoncent souvent pas à leur culture et à leur langue, cherchant au contraire à imposer une éducation bilingue, à l'inverse, par exemple, des asiatiques ou des immigrants d'origine européenne qui, à la deuxième génération, faisaient le choix de changer de patronyme et de ne plus parler que l'anglo-américain.

Cette attitude peut déboucher sur un changement majeur dans la structure géopolitique interne des États-Unis et la crise d'assimilation qui s'est déclenchée au début des années 1980 l'annonce peut-être. Le sous-ensemble des locuteurs espagnols formera bientôt, tous compris, une minorité plus nombreuse que les Noirs.

Or, au moins dans le cas des Hispano-Américains, dont la part ne peut que croître, l'assimilation de la culture « anglo » restera incomplète : pas de rupture avec les racines mexicaines, ni avec la langue ni avec la religion ni, peut-être, avec leur vision du monde. Nécessité pour rester soi-même quand on est minoritaire. Un signe indirect de cette réserve est l'opposition résolue de l'Église catholique américaine à la limitation des migrations ; quant à Jean-Paul II, ce pape voyageur qui a renoué avec la tradition géopolitique vaticane, il s'est attardé dans le sud-ouest des États-Unis lors de son dernier séjour.

Bref, il n'est pas certain que les prochaines générations de chicanos s'intègrent complètement à la nation américaine, à moins d'une impossible rupture avec l'Amérique latine du Nord, qui leur reste proche par la culture autant que par la géographie. À mesure que s'élargira l'intersection démographique et culturelle entre les États-Unis du Sud et l'Amérique latine du Nord, le facteur « hispanique » pèsera tant sur la cohésion interne de l'État central que sur la latitude de son action extérieure, dont les éléments domestiques deviendront plus influents.

Minorité généralement favorable aux démocrates, les « chicanos » vont gagner en audience quand ils accèderont à des postes de responsabilité au Congrès. Ils peuvent contrebalancer l'influence du lobby cubain, dont le poids sur les décisions de Washington reste considérable et explique bien des blocages et des impasses.

Discrets sur la politique menée en Amérique Centrale, ils ne le resteraient sans doute pas en cas de crise politique et sociale grave au Mexique. A terme, ils peuvent jouer à l'égard de la politique latino-américaine des États-Unis un rôle comparable à celui des organisations noires — par exemple, le lobby Tansafricana — qui maintiennent une vigilance accrue sur l'évolution interne en Afrique du Sud.

— **Des voisins distants * :** Vus de Mexico, les États-Unis sont souvent perçus comme une menace. Non pas en termes militaires. Le Mexique est d'ailleurs l'un des États latino-américains qui dépensent le moins pour leur défense (0,6 % de son P.N.B., soit pas plus que le Costa Rica, qui n'a plus d'armée depuis 1948) et son armée reste réduite.

La menace naît de la conscience de l'asymétrie des deux États et de la capacité d'influence démesurée des États-Unis sur l'économie — et sa vitesse de modernisation —, la culture — l'extrême nord du Mexique est « américanisé » — et, depuis peu, sur l'image de la situation politique interne — incertaine, peu conforme à la norme bipartisane qui, même formelle, est l'ingrédient obligé de la croisade démocratique des Républicains soucieux de « containment ».

D'où une réponse formulée en termes de nationalisme accru, à fonction d'abord défensive. Réaction ancienne qui ne peut que reprendre vigueur si l'ouverture économique imposée du Nord renforce encore les liens d'interdépendance inégale entre les deux pays.

Il est un domaine où la pression américaine joue, même indirectement : l'évolution du système politique, fondé depuis un demi-siècle sur l'hégémonie d'un parti, le Parti Révolutionnaire Institutionnel, à large assise et légitimité sociales. Que des signes d'érosion de sa capacité à gérer, à réformer, à moderniser se soient manifestés depuis la crise pétrolière et financière du début des années 1980 est incontestable et porteur de risques.

Mais l'opinion se répand, à Washington comme au Mexique, que, pour éviter une crise sociale, il conviendrait d'établir un véritable système politique bipartite, comme chez le voisin du Nord, en dépit des différences de formation sociale. Ce schéma satisferait sans aucun doute la minorité américanisée du pays, qui soutient le Parti d'Action National, opposition conservatrice proche du Parti Républicain.

On sait que ce pays doit sa stabilité politique depuis 60 ans à la place hégémonique du Parti Révolutionnaire Institutionnel, le P.R.I., qui recueille encore de 60 à 65 % des voix, à l'échelle nationale. Depuis quelques années, des formations politiques beaucoup moins nationalistes (en particulier le Parti d'Action Nationale, expression d'une partie du « secteur privé » et d'une droite catholique conservatrice) progressent et sont parfois, à l'échelle régionale, en mesure de concurrencer sérieusement le P.R.I. Ce débat politique n'aurait guère d'incidences géopolitiques si le P.A.N. n'avait ses bases principales (outre les

* Cf. Alan Riding, *Distant Neighbours, a portrait of the Mexicans, 1986.*

villes du centre-ouest conservateur) dans les riches États du nord du pays (Nuevo Leon, Sonora, Chihuahua, Baja California, autour des centres industriels de Monterrey et de Chihuahua, mais aussi de Ciudad Juarez, capitale des maquiladoras).

Le P.R.I. continue de régner au centre et dans le Sud, reflétant ainsi son rôle de porte-parole du Mexique « profond ».

Le Nord du Mexique est donc en passe de devenir un enjeu électoral majeur, avec le risque que la nécessaire réforme politique ne crée les conditions d'une « sécession » électorale des régions les plus américanisées. D'ores et déjà, l'armée mexicaine a été envoyée dans plusieurs villes du nord, théâtres d'affrontements électoraux à partir de 1984 (Nuevo Laredo et Chihuahua). Les « libéraux » du P.A.N. ont cherché et trouvé de forts appuis « del otro lado » (ce qui est classique en Amérique Latine), leurs références économiques et culturelles étant le Texas ou la Californie, et non le Mexique central. Si s'établissait un clivage durable entre les « deux Mexique », celui du Centre et du Sud, plus démuni (à l'exception du District Fédéral) et pilier du P.R.I., et celui du Nord frontalier, l'interaction des éléments internes et externes se nouerait avec des conséquences difficilement prévisibles.

Un risque majeur serait l'établissement d'un mode de dysfonctionnement politique de type centre-américain, où telle partie en présence ferait appel à des appuis américains pour peser sur un jeu interne qu'elle ne pourrait influencer seule.

L'insertion croissante dans le système économique Amérique du Nord ne peut qu'accentuer les pressions internes pour une évolution du régime politique. Si elle devait aussi se traduire par une modernisation accélérée, il ne serait pas certain que la majorité non américanisée trouve son compte dans les changements politiques et économiques imposés d'en haut. Après tout, c'est contre l'entreprise de modernisation accélérée, sous forte influence étrangère, menée par Porfirio Diaz et son élite de « cientificos », que s'était soulevé Zapata !

Certains pensent, comme Bzrezinski, que le Mexique est, comme la Pologne, une « zone périphérique de vulnérabilité spéciale » qui pourrait devenir un « front stratégique », selon la logique des dominos, si un échec américain en Amérique centrale se combinait à une crise sociale au Mexique, relayée par des chicanos mal assimilés et saisis par un néonationalisme (1986-1991). Est-ce un effet du « syndrome Zimmermann », auteur d'une célèbre dépêche allemande interceptée par la marine anglaise et publiée en mars 1917 dans la presse américaine qui, en échange d'une alliance germano-allemande, offrait aux Mexicains le Texas, le Nouveau Mexique et l'Arizona ? L'ancien conseiller de Carter ne s'y réfère pas, mais la fonction de son discours est de rappeler que le Mexique fait partie, bon gré, mal gré, du système géopolitique américain, car « la paix à la frontière mexicaine permet aux États-Unis de se projeter à l'extérieur » (Auditions du Congrès, débat sur l'Amérique centrale, 1986 : 106).

Telle est, semble-t-il, la perception dominante chez les responsables américains, qui sont nombreux à penser que seule l'adoption d'un système politique proche du leur sauvegarderait le pays d'une crise. La sécurité par la tranquillité mentale d'une reproduction à l'identique ? Le Mexique fait partie d'un système géopolitique singulier : certes, celui-ci est dominé par les États-Unis mais il reste profondément hétérogène et contradictoire car, comme le souligne avec pertinence Alan Riding, « dans son âme, le Mexique n'est pas — et peut-être ne sera jamais — une nation occidentale ».

Si l'on accepte la distinction établie par Karl Popper entre les sociétés « closes » et les sociétés « ouvertes », nul doute que le second concept s'applique aux États-Unis, tandis que le premier peut caractériser le Mexique ou du moins l'attitude — nationaliste, autocentrée, aux règles politiques secrètes, attachée au passé et peu encline à imaginer l'avenir * — que les Mexicains affichent face à une société américaine ouverte au point d'en être envahissante.

Tant que la frontière restera une ligne de discontinuité entre deux formations sociales distinctes et s'acceptant comme telles, elle sera une frontière froide et de bon voisinage. *La frontière du rio Grande est ainsi l'une de celles où les Américains doivent accepter une « limite » à leur pouvoir d'influence. Dans leur intérêt même.*

Dans ces conditions, on peut s'interroger sur les conséquences politiques à long terme de la mise en œuvre du projet de traité de libre-échange entre les deux pays. Il risque d'accentuer les déséquilibres entre le nord frontalier d'une part et le centre et le sud, d'autre part, même si la stratégie de croissance industrielle fondée sur les « maquiladoras » s'étend désormais sur le centre du Mexique. Au début du siècle, la forte emprise des compagnies américaines — dans le domaine foncier, autour des voies ferrées — joua un rôle dans le déclenchement du malaise agraire et dans la révolution mexicaine.

Plus au nord, la reprise de la crise de la fédération canadienne n'est pas sans rapport avec l'intégration croissante dans l'ensemble géo-économique sous contrôle des États-Unis. Elle réactive la question des identités politiques et des fondements nationaux.

Le Canada : souveraineté, stratégie et crise fédérale

Le Canada a, en Amérique du Nord, une fonction de frontière stratégique des États-Unis face à l'Union Soviétique : trois lignes de radar anti-missiles balistiques le traversent d'Est en Ouest, dans le Moyen Nord et le Grand Nord.

« En raison de la situation géographique de notre pays, les stratèges soviétiques doivent considérer le Canada et les États-Unis comme un seul et même ensemble d'objectifs militaires, quelle que soit la position politique que nous pourrions adopter », souligne le dernier *Livre blanc sur la Défense* (Ottawa, 1987 : 10)**.

* A cet égard, la quasi-absence de production de discours géopolitique au Mexique — cas unique dans les grands États d'Amérique Latine — et la non-formulation d'une doctrine de défense traduisent à la fois une surdétermination évidente de la part des États-Unis et aussi une difficulté d'objectivation autonome du statut géopolitique du pays, autrement qu'en termes économiques.

** C'est en ravitaillant, via le Canada, le Groenland et l'Arctique, l'Union Soviétique durant la Seconde Guerre mondiale par la voie des airs que les Américains prirent conscience de cette réalité stratégique. La notion de « guerre froide » a été plus ou moins consciemment construite à partir de cette « découverte » de la frontière polaire arctique entre U.S.A. et U.R.S.S.

C'est pourquoi un « Système d'alerte du Nord », comprenant aéroports et radars, de l'Alaska au Labrador, est en voie d'édification : frontière électronique elle aussi, mais, cette fois, à des fins militaires. C'est pourquoi aussi les États-Unis voient avec une certaine inquiétude le renouveau du nationalisme québécois et des régionalismes des provinces de l'Ouest — Alberta et Saskatchewan.

La présence d'un quart de francophones est sans doute un élément essentiel, bien que contradictoire, de l'originalité de la formation sociale et politique canadienne, dominée par les problèmes quotidiens de gestion d'une entité aux populations bilingues. De ce point de vue, le Canada n'est pas une succursale des États-Unis ; mieux, il peut préfigurer l'avenir bilingue et multiethnique des États-Unis.

Parmi les moyens disponibles pour marquer son identité, le gouvernement canadien a choisi de mieux afficher sa souveraineté sur un trop vaste territoire et un littoral démesuré : 58 808 km de côtes et 243 791 km en incluant toutes les îles !

Cependant, le traité de libre-échange — entré en vigueur le 1er janvier 1989 — pèse dans le sens d'une accentuation des flux économiques et financiers nord-sud et peut, à terme, fragiliser, l'unité économique de la fédération. L'Ontario est la province la plus affectée par la concurrence américaine et, demain, mexicaine, puisque les grandes firmes n'ont plus d'intérêt à de nouvelles implantations au Canada et sont tentées par des investissements, garantis, au Mexique, à coût salarial cinq à huit fois moindre.

Les deux communautés — anglophone et francophone — divergent sur l'interprétation de la légitimité politique du Canada *. Pour la première, il s'agit d'un pacte entre provinces égales. Pour la seconde, c'est une alliance entre deux peuples fondateurs égaux, ce qui implique une équivalence de droits entre tous les anglophones et les francophones. D'où la demande d'un statut de « société distincte » formulée par les représentants du Québec en 1987 — accord du lac Meech — et refusée en juin 1990 par ceux de deux provinces anglophones, Terre-Neuve et Manitoba. Plusieurs communes de l'Ontario se sont déclarées unilingues ; au Manitoba, les francophones ont été déboutés dans leur souhait de scolarisation en français.

L'indépendantisme québécois se nourrit du refus anglophone d'adopter une vision du Canada comme association de deux peuples fondateurs. La fédération canadienne est, de nouveau, en crise de représentations de son histoire commune et de son avenir, dans le vaste ensemble de l'Amérique du Nord.

* Jean-Claude et Frédéric LASSERRE, « Canada, La fin du rêve d'une nation », *Hérodote*, n° 62, 1991.

* *cartes 57 à 65*

CHAPITRE XIV

Autour de la Russie. Des fronts, extérieurs, aux frontières, intérieures

« On estimait, du reste, en ces années-là, que le tracé des frontières n'avait aucune importance : encore un petit peu, et toutes les nations se fonderaient en une seule. Le très perspicace Ilitch premier [*Lénine*] disait que la question des frontières était " même de dixième ordre ". »

Alexandre Soljénitsyne, *Comment réaménager notre Russie ? Réflexions à la mesure de mes forces*, 1990.

La « question soviétique » — comme on écrivait naguère encore la question allemande — est durablement posée : quelles sont les frontières, internes et externes, de l'inévitable « réaménagement », pour reprendre le terme de Soljénitsyne, de l'État et du territoire de l'ancienne Union soviétique ?

L'abandon négocié du front externe

Une première réponse a été donnée à partir de 1989. Une retraite stratégique et pacifique a été négociée en échange d'un accès à l'économie occidentale et une garantie de non-interférence sur les frontières externes de l'Union Soviétique. Le rappel insistant des principes d'Helsinki sur ce point sert en réalité autant l'intérêt de l'U.R.S.S. que celui de la stabilité en Europe centrale et orientale. Moscou était aussi soucieux d'un règlement de la querelle de l'Oder-Neisse que Varsovie. La présence de l'Armée rouge dans l'est de l'Allemagne jusqu'en 1994 incitait d'ailleurs à un comportement de non-ingérence européenne, et d'abord allemande, dans les affaires intérieures de l'Union. Mais l'accélération de l'histoire politique en U.R.S.S. — révolution démocratique d'août 1991 — a mis fin plus tôt que prévu à la fiction d'un « découplage » entre la recomposition de l'Europe, à l'ouest, et la décomposition de l'ex-Union Soviétique en entités nationales à vocation étatique.

D'ores et déjà, les accords passés en 1990 avec la Hongrie, la Tchécoslovaquie, l'Allemagne, et en 1991 avec la Pologne, organisent le retrait des troupes, au nombre de 52000, 73000, 380000 et 54000 soldats et officiers, respectivement. Ce repli négocié — et confirmé par la dissolution du pacte de Varsovie comme organisation militaire en avril 1991 annule l'une des deux composantes géographiques du système soviétique de défense, le contrôle direct d'un glacis externe, entre le Bug et l'Elbe. Jusqu'alors, la structure géostratégique soviétique, issue des modifications territoriales de la Seconde Guerre mondiale, était faite d'une double enveloppe.

Les enjeux internes de l'enveloppe frontalière russe

Autour de la Russie, était disposée une première série de républiques, intégrées à l'Union, étirées de Tallin au Caucase, de sorte que, sauf à Kaliningrad, en Carélie et à Kola, la Russie n'avait nulle part de frontières directes avec un État d'Europe centrale. La première enveloppe était redoublée par le glacis d'États alliés et satellites, de l'Elbe aux confins bulgares. Au milieu de la décennie, la seconde enveloppe aura cessé d'être fonctionnelle. Cette liquidation d'un front n'est toutefois pas sans effet sur les entités nationales et ethniques de la première enveloppe, situées entre la frontière de l'État soviétique et celle de la république de Russie. Soit en raison de leur volonté de sécession, comme dans les républiques baltes. Soit, de manière plus fondamentale, du fait même de la montée en puissance du projet national russe, en opposition à l'État soviétique : *cette dynamique débouche sur la question des limites de l'État-Nation russe avec les républiques voisines.*

C'est donc dans cette véritable zone frontière située entre la Russie et la limite externe de l'État soviétique que se joue l'avenir des nations de l'U.R.S.S. Les limites « républicaines » sont-elles les lignes de fracture de l'État soviétique et de confrontation entre des nations aspirant à la souveraineté ? Vont-elles devenir de réelles frontières d'État ? Seront-elles modifiées ou au contraire renégociées entre des entités politiques nouvelles ? Comment gérer la non-coïncidence généralisée entre les limites ethno-linguistiques et les limites politico-administratives ?

En s'en tenant au seul niveau des quinze républiques de l'Union, l'on constate que seules trois dyades interrépublicaines sur les vingt-quatre qui les délimitent ne font pas l'objet de contestation : Biélorussie/Lettonie, Lettonie/Lituanie et Russie/Biélorussie. En ajoutant les revendications exprimées à des niveaux subrépublicains, c'est près de quatre-vingts sujets de friction territoriale que les sources soviétiques (presse, travaux de l'Académie des sciences) et américaines (département d'État) dénombrent. L'autre grande catégorie de difficultés tient au statut des populations allogènes dans le cadre de chaque entité administrative actuelle, puisque 4 à 25 % de la population des quinze nationalités de base résident dans d'autres républiques : 17 % des Russes, 9 % des Ukrainiens, 21 % des Biélorusses, 8 à 25 % des natifs d'Asie centrale, 4 à 23 % des nations du Caucase, 4 à 14 % des Baltes (calculs d'après le recensement de 1989). Soit encore 26 millions de Russes, 7 millions d'Ukrainiens, 2,5 millions d'Ouzbeks, 2 millions de Biélorusses, 1,6 million de Kazakhs et 1,1 million de Tadjiks.

La coïncidence dans le temps des changements qui affectent les deux enveloppes de la Russie est frappante, puisque tout s'est radicalement modifié en moins de trois ans : première déclaration de souveraineté en Estonie en novembre 1988, initiatives hongroises dès mai 1989, proclamation de la souveraineté étatique de la république de Russie par des délégués élus au suffrage universel en juin 1990, ouverture du mur de Berlin en novembre 1990, négociations sur le retrait des troupes de Pologne à partir de décembre 1990 et référendum sur l'avenir de l'Union en mars 1991, pressions occidentales pour le retour de Gorbatchev en août 1991 et déclaration d'indépendance en Lettonie, Estonie et Ukraine. *On peut ainsi soutenir l'hypothèse que l'urgence d'un réaménagement d'une Union en crise profonde, traversée de mouvements nationaux puissants, est l'une des causes essentielles de la retraite stratégique négociée par l'État soviétique ; il vise une garantie de non-ingérence extérieure et même un appui alors même que la vulnérabilité de l'Union s'accroît.*

L'enveloppe frontalière externe de l'État soviétique de 1945 à 1990

« Comme tout autre pays, nous accordons, naturellement, une grande importance à la sécurité de nos frontières. Nous avons beaucoup de voisins et ils sont différents... Nous ne menaçons aucun d'entre eux », a déclaré Mikhaïl Gorbatchev au 27e Congrès du P.C.U.S. Il reste que le dispositif géostratégique soviétique était singulier, par son ampleur et sa localisation. Il n'a pas été modifié de manière significative en Asie, face à la Chine et sur le littoral Pacifique face au Japon et dans les îles que Tokyo revendique avec constance, les Kouriles.

— **Frontières dédoublées et « défense de l'avant »** : Il est peu d'États où les frontières aient été autant sacralisées et en même temps transgressées par leurs armées, puisque, fait unique au monde sur une telle longueur, les armées soviétiques sont présentes des deux côtés de la frontière de l'U.R.S.S. sur 45 % de l'enveloppe totale.

L'Union Soviétique est en effet le seul État au monde à avoir eu, jusqu'en 1991, autant de soldats hors de ses frontières — au moins 805 000 hommes à sa périphérie immédiate * — ce qui représente près de 30 % du total de ses forces. Dans le cas des États-Unis, on estime à 510 000 le nombre des soldats stationnés hors de leur pays, soit 24 % du total.

Or, comme cette enveloppe terrestre se déroule sur près de 19 000 kilomètres et est, en longueur, la deuxième du monde après celle qui clôt la Chine, ce dispositif a, à l'évidence, une portée géostratégique considérable et dénote des intentions délibérées.

Frontière idéale sans aucun doute pour les stratèges soviétiques, pour qui la « bonne frontière », souvent considérée, à tort ou à raison, comme introuvable dans bien des pays, était en fin de compte celle des deux côtés de laquelle ils se sont déployés !

* Compte non tenu des milliers de conseillers présents sur des théâtres plus lointains.

Certes, on rencontre quelques rares autres situations de dédoublement de la présence militaire, mais elles sont sans commune mesure avec le déploiement soviétique : si, dans le cas de la France, les armées sont présentes en avant des frontières françaises sur 17 % de l'enveloppe terrestre de notre pays, les chiffres concernés ne dépassent pas 48 800 hommes * et les troupes présentes sont là pour participer à la sécurité et non comme forces d'occupation servant à maintenir des régimes de « démocratie impopulaire ».

On remarquera incidemment que l'armée américaine est absente du Mexique et du Canada, dans deux États pourtant considérés comme relevant de la sphère de sécurité immédiate des États-Unis ; quant à l'Amérique latine en général, on n'y rencontre de manière permanente que 0,9 % du total de l'armée des États-Unis et moins de 4 % des troupes stationnées hors du territoire américain. Les dispositifs des deux Grands étaient donc très dissemblables, sur le plan des forces conventionnelles.

La dualité du rapport soviétique à l'espace se traduit avec précision dans la géographie du déploiement militaire : la défense du « socialisme dans un seul pays » — qui légitime la sacralisation de la patrie, thématique lancinante du discours officiel quotidien — a finalement conduit à organiser, occuper ou du moins contrôler des « marches » de plus en plus étendues et donc à accentuer le caractère hétérogène du système impérial.

De ce point de vue, l'occupation de l'Afghanistan ne fut pas sans intérêt logistique, puisque c'est d'un coup plus de 12 % de l'enveloppe qui ont été renforcés, par transgression, avec moins de 4 % du total de l'armée soviétique, donc, globalement, à faible coût. Vue de Moscou, la question afghane, désormais présentée comme le résultat d'une erreur, n'est pas d'abord perçue, et donc justifiée, comme la réponse à une menace concrète, mais comme l'extension de la stratégie du glacis à un segment supplémentaire de l'enveloppe. Même si les troupes soviétiques pour des raisons politiques, se sont retirées d'Afghanistan, nul doute qu'elles conservent, d'une manière ou d'une autre, un « droit de regard » sur les régions situées entre l'Amou Daria et le piémont nord de l'Hindu Kush, ne serait-ce que par l'appui logistique et les conseillers.

Qu'on m'entende bien : il n'y a pas là un quelconque déterminisme, le résultat d'un « appel » géographique, mais l'application consciente d'une stratégie fondée sur une conception de la défense qui est véritablement celle d'une « défense de l'avant », produisant une frontière-glacis, c'est-à-dire une frontière dédoublée. En quoi la défense se distingue mal de l'offensive — conquérante !

— **La frontière soviétique : un paysage géomilitaire :** Lorsqu'on se rend par avion de Varsovie à Moscou, par exemple, la frontière est, pour l'œil attentif, parfaitement visible, et ce à deux échelles d'observation. D'abord, c'est le contraste entre deux types de paysages agraires qui souligne la discontinuité : alors qu'en Pologne orientale s'étend le parcellaire laniéré de champs en propriété privée, ce sont, plus à l'Est, les vastes parcelles des fermes d'État et des kolkhozes qui retiennent

* Source : *Armées Aujourd'hui*, S.I.R.P.A., novembre 1986.

l'intérêt, d'autant que ceux-ci se présentent comme de vastes clairières. On remarque un tel contraste lorsqu'on se rend d'Autriche en Hongrie (ainsi, du reste, qu'entre l'ex-R.D.A. et la Pologne).

Mais il y a plus, puisque du côté soviétique est disposé ce qui apparaît dans un premier temps comme un large *no man's land*, profond d'une quarantaine de kilomètres : à l'est d'une ligne déboisée qui est conforme à la vieille technique russe de la « barrière » ou « bois coupé », et qui marque le tracé précis de la frontière, on note d'abord l'absence de cultures : on voit une alternance de forêts-frontières et d'aires déboisées où sont dégagées de larges pistes en terre qui sont autant de rocades reliant des champs de manœuvre et qui courent parallèlement à la frontière. En réalité, la totalité de l'enveloppe est doublée, à l'intérieur, d'une « zone » interdite aux civils d'au moins 25 kilomètres de large, qui est patrouillée par l'armée, les garde-frontières, et une bonne moitié de l'effectif du K.G.B.

La bande-frontière interne forme ainsi un véritable paysage à fonction géomilitaire, aménagé, équipé non pas de pénétrantes, mais de rocades de patrouille. C'est sur l'autre frontière, celle de l'Ouest, qu'il faut chercher les axes transversaux de pénétration et d'exploitation des corridors dans ce que les Soviétiques appellent la « zone de contact ». C'est donc une organisation géomilitaire dissymétrique, puisqu'on n'en trouve pas, pour des raisons évidentes, l'équivalent en Pologne ; en quoi ce dispositif diffère d'une ligne de front doublement fortifiée telle qu'on peut en trouver entre les deux Corées par exemple, de part et d'autre de la ligne « D.M.Z. » (demilitarized zone) qui est, en réalité, l'une des plus militarisées qui soient, puisque s'y font face les septième et huitième armées du monde.

L'Union Soviétique est aujourd'hui l'un des rares États, sinon le seul, où les stratèges ont une conception zonale de la frontière : la frontière est conçue à la fois comme un glacis externe et comme une bande interne. La limite du premier est la ligne à partir de laquelle on devrait combattre : zone de contact ; la seconde est la ligne d'appui pour la défense directe, immédiate, du territoire soviétique.

— **Frontières soviétiques sous le regard militaire et géographie du déploiement des armées (1945-1991) :** *Le déploiement, c'est-à-dire la géographie du dispositif en hommes répartis selon divers théâtres, est un descripteur, ou un symptôme, fort utile, de l'importance ou de la valeur géostratégique accordée par des états-majors et le pouvoir politique à certains segments d'une enveloppe.*

Certes, les forces peuvent faire l'objet de transferts — ce qui, en soi, est aussi un indicateur d'une intention datée —, et les Russes, puis les Soviétiques, sont célèbres par leur capacité à organiser des basculements de forces terrestres. Mais il n'en reste pas moins une structure spatiale permanente, une géographie régionale et différenciée desn armées qui est le produit d'une combinaison de facteurs : outre les impératifs concrets de la défense et ceux déduits du déploiement adverse (la logique du front-contre front), il faut ajouter la manifestation de la menace sur des objectifs situés en face ainsi que les configurations du terrain, en particulier, dans le cas présent, des corridors. Dispositifs symétriques ou dissymétriques, qui ont une fonction militaire ou, latéralement, de pression diplomatique.

Ensembles géostratégiques	Frontières (%)	Armées (%)
Europe	23,2	47,6
(Mer Noire)	—	4,7
Moyen-Orient	23,6	16,5
Asie	53,2	31,2

Les frontières européennes de l'U.R.S.S. ne comptent que pour moins du quart du total (environ 4 300 km); mais le théâtre européen, de la presqu'île de Kola à la mer Noire, regroupe la moitié des troupes soviétiques (entre 47,6 et 52,3 %).

A l'inverse, sur les théâtres moyen-orientaux et asiatiques, des détroits du Bosphore au fleuve Tumen, on compte 47 % des forces sur plus des trois quarts de la longueur des frontières (77 %).

Priorité européenne sans doute, mais qui n'exclut pas une attention aux théâtres de l'Est : la répartition des forces en deux masses presque équivalentes, de Kola à la mer Noire d'une part, du Caucase à Sakhaline de l'autre, marque bien la réalité d'une structure géostratégique de double front, on y reviendra.

Cependant, si 14 % des troupes en Asie se situent en avant des frontières soviétiques, dans l'aire-glacis afghane et mongole, la proportion s'élève à 45 % en Europe*. Cela signifie que la frontière russo-polonaise n'est en réalité que la limite occidentale des forces de second échelon.

— **Le théâtre européen :** Sur ce théâtre européen, trois secteurs doivent être distingués jusqu'en 1990.

a) Au nord, on ne compte que 3,6 % de l'armée sur 8,2 % de l'enveloppe : on voit ici avec netteté les avantages pour l'U.R.S.S. du statut géopolitique de la Finlande. Certes, cet État a une volonté et une capacité de défense qui sont efficaces bien que sous-estimées (autant que celle de l'armée helvétique) et qui a une détermination plus grande que ne le laisserait supposer la notion inadéquate de « finlandisation », laquelle ne devint notoire, à la fin des années 1940, qu'à l'occasion des débats entre anciens Alliés sur le statut de l'Autriche. Mais il n'en reste pas moins que la nature particulière des relations entre la Finlande et l'U.R.S.S. permet à cette dernière un allégement substantiel de son dispositif, même si la frontière commune est patrouillée en permanence par les deux armées.

En revanche, les quelque 190 km de frontières avec la Norvège ont une double signification : c'est une des rares lignes de contact direct avec l'ensemble O.T.A.N. c'est aussi une frontière avec la presqu'île de Kola qui est une *vaste région-base,* à fonction d'industrie militaire et de projection maritime, équivalent au nord-ouest des régions-bases de l'Extrême-Orient, contiguës avec la Chine, de la Corée et du Japon.

Secteur particulièrement sensible donc, objet de harcèlement permanent à l'encontre des Norvégiens, notamment dans l'aire maritime

* La frontière stratégique du contact direct, de Kiel à la Thrace, s'étend elle sur 5 340 km, soit presque le double de la frontière de l'U.R.S.S. en Europe centrale. Elle est, il est vrai, à portée des quelque 1 175 000 hommes du Pacte de Varsovie, qui renforcent les 625 000 soldats soviétiques présents en Europe.

bordière (le contentieux porte sur plus de 150 000 km^2 en mer de Barents). Frontière marquée par une dissymétrie plus acentuée que partout ailleurs : le Finnmark norvégien est dépeuplé — moins de 77 000 habitants — en dépit des incitations fiscales de l'État ; en face, Mourmansk et la péninsule de Kola comptent plus de 1,2 million d'habitants ; alors que le poste-frontière norvégien de Kirkénès, ville de 10 000 habitants, n'est gardé que par une poignée d'hommes (550), l'Armée Rouge est nombreuse de 350 000 soldats. Sur cette frontière plus stratégique pour l'O.T.A.N. que pour l'U.R.S.S., les Soviétiques sont, régionalement, en position de force.

b) Sur le front central, on ne rencontre pas moins d'un soldat soviétique sur trois dans la période de guerre froide :

L'U.R.S.S. a, depuis 1945, une frontière commune avec trois des quatre États de l'Europe du centre-nord. La R.D.A. n'étant pas dans ce cas, la Pologne a une fonction géostratégique spécifique, celui d'un faisceau de corridors de communication * ; son armée a pour mission de garder ces axes et ces dépôts qui équipent la grande plaine.

Le fait curieux est que l'armée soviétique se localise pour l'essentiel dans l'Ouest : officiellement, il s'agit d'une « mise en place temporaire pour garantir la frontière germano-polonaise » (*sic*).

En R.D.A., il s'agit d'une armée soviétique de premier échelon, dont l'un des objectifs tactiques serait, en cas de conflit, la prise de contrôle immédiate des détroits danois de maniète à éviter un blocage de l'Eskadra dans la mer Baltique. Plus au sud, l'Elbe inférieur, trop souvent assimilé, de manière implicite, à une « frontière naturelle », est certes une large coupure humide, mais n'est plus qu'un obstacle relatif, tout comme le Rhin, du fait de l'efficacité des moyens de franchissement de l'Armée Rouge (qui ont une importance tactique, sur le plan conventionnel, souvent négligée des observateurs).

En Tchécoslovaquie comme en Hongrie, les objectifs des armées de premier échelon présentes sont situés en Allemagne du Sud, en Autriche et en Italie. La Roumanie a un statut particulier, étant le seul État du Bloc à n'être pas au contact direct ; la moitié de l'armée roumaine est d'ailleurs engagée dans des tâches de grands travaux, empreintes monumentales que la dynastie familiale régnante mais déclinante voulait laisser sur ce malheureux pays jusqu'au coup d'État de décembre 1990.

c) Sur les frontières occidentales de l'U.R.S.S. se détachent deux régions essentielles sur le plan du déploiement :

— au nord-ouest, il s'agit des trois républiques baltes, ainsi que du district de Kaliningrad (ex-Prusse orientale, qui est rattachée administrativement à la République fédérative de Russie et fait partie de l'oblast de Moscou) ; ce sont des régions militaires interdites d'accès, sauf quelques villes ; il apparaît que les stratèges soviétiques ont longtemps considéré les Baltes comme plus fiables que les Polonais (dont l'armée a d'abord une vocation nationale) ; ils ont établi un système de lignes de ferries de transports militaires depuis les ports baltes vers les côtes de la R.D.A. qui réduit la dépendance à l'égard du transit polonais ;

* Désormais utilisé pour le retrait de l'ex-R.D.A.

— au sud-ouest, une seconde région militaire peu accessible inclut la Moldavie ; la modification des tracés en 1945 permet désormais un accès direct vers quatre États, Pologne du Sud, Tchécoslovaquie, Hongrie et Roumanie du Nord-Ouest.

— **Le théâtre sud-asiatique :** De la mer Noire au Pamir, se localise le sixième de l'armée soviétique (Afghanistan compris) sur le quart de l'enveloppe : frontières fermées avec la Turquie, entrouvertes avec l'Iran (sur la mer Caspienne) mais constamment balayées de projecteurs et surveillées par des gardes équipés de jumelles à infrarouge, enfin frontières de plus en plus conflictuelles sur l'Amou Daria.

Vu de Moscou, il s'agit d'un seul théâtre, lequel était bordé d'une frontière où coïncidaient, jusqu'à décembre 1979, limite politique et limite stratégique. L'interaction stratégique est désormais contrastée : sur le tiers occidental, l'U.R.S.S. confine avec l'O.T.A.N. ; sur les deux segments centraux, la discontinuité est soulignée par les divergences idéologiques, alors que le tracé recoupe des espaces Azeri et Turkmen ; à l'est enfin, on sait ce qu'il en est advenu. Un trait commun réside dans une sorte de tradition d'intervention ou de revendication d'influence russo-soviétique aux dépens de ces trois États.

A l'ouest, la revendication soviétique sur les anciens sanjaks de Kars et Ardahan (accordées à la Russie au traité de Berlin de 1878) n'est pas éteinte, et peut jouer par le biais des questions kurde et arménienne. Les relations officielles avec l'Iran sont fondées sur le traité de 1921, qui a été dénoncé par le pouvoir khomeyniste, car il stipulait qu'en échange de l'abandon par la Russie de ses prétentions au contrôle du tiers Nord de l'Iran décidé d'un commun accord avec les Britanniques en 1907, les Russes conservaient un droit d'intervention militaire en terre iranienne s'ils jugeaient la frontière menacée. Les Soviétiques considèrent que ce traité est toujours valable et ont donc opposé une fin de non-recevoir à la dénonciation iranienne (du moins, tant qu'un traité d'amitié et de coopération ne peut être signé). Quant à la revendication soviétique sur l'Azerbaïdjan iranien, réaffirmée naguère encore par Guedar Aliev, membre du Bureau politique jusqu'à son départ à la retraite en octobre 1986 et natif de l'enclave musulmane de Naivetchan, isolée en Arménie chrétienne et soviétique, elle semble avoir été mise en sourdine.

Quant à la question du statut de l'Afghanistan, on sait que les états occidentaux admettent que ce pays fait partie, d'une manière ou d'une autre, de la sphère de sécurité de l'U.R.S.S. Or, un statut équivalent ne serait pas admis pour l'Iran, riverain du Golfe prudemment qualifié d'arabo-persique. Où l'on voit, une fois encore, la prégnance des représentations mackindériennes — Terre versus Mer —, appliquées à une échelle régionale : l'Afghanistan, État de la « Terre », volontiers abandonné à son sort, mais test utile de l'agressivité soviétique ; l'Iran. État possédant un littoral, et donc perçu comme un enjeu de premier ordre par « la puissance maritime ».

Dans le meilleur des cas, c'est une solution « à la finlandaise » * qui est envisagée par les États occidentaux : un « État neutre et non

* On se reportera à l'article de l'américain Selig Harrison, paru dans *Foreign Affairs* en 1985, « Exit through Finland », titre pour le moins complaisant à l'égard des perceptions soviétiques de la sécurité.

aligné », ne menaçant pas son grand voisin, comme c'était du reste le cas jusqu'à ce que l'Armée Rouge crée, par son intervention, les conditions du développement inéluctable d'actions de résistance sur la rive droite de l'Amou Daria, dans le Tajikistan soviétique.

— **Le théâtre chinois et le glacis mongol :** A l'est du Pamir, s'étend une très longue section, près de 10 000 km, tenue par 31 % des forces. Là encore, on note, en termes de rapport coût-avantage, l'importance d'un glacis, mongol cette fois, puisque le tiers de cette frontière stratégique entre l'U.R.S.S. et la Chine est contrôlé avec cinq divisions seulement, 60 000 hommes, soit moins de 8 % des forces présentes en Asie : de faibles effectifs, mais placés à moins de 700 km de Pékin.

C'est sur le tiers oriental de la frontière commune que se situe l'essentiel des troupes, les 57 divisions du théâtre d'Extrême-Orient, soit quasiment autant qu'en Europe du Centre Nord, soit encore le quart de l'Armée rouge. Il y a donc bien, pour les stratèges soviétiques, deux fronts et la place accordée au second n'est pas moindre, vue de Moscou.

Les Soviétiques se sentent plus vulnérables en Asie de l'Est, notamment face à la Chine dans le domaine des forces terrestres.

Mais cette *interaction sino-soviétique* peut être envisagée à deux niveaux d'analyse géographique. A l'échelle de l'ensemble Union Soviétique, l'Extrême-Orient est très éloigné du noyau ethno-démographique russe central, d'où la contrainte logistique de la gestion d'un double front et la nécessité de scénarios de basculement d'un front à l'autre, domaine dans lequel les stratèges de Moscou ont montré leur compétence (une première fois durant l'été 1945, quand près d'un million et demi de soldats furent transportés depuis l'Est, à raison de trente trains par jour, à l'est du Baïkal, avec le matériel, en prévision de l'entrée en guerre contre le Japon ; une seconde fois à partir de 1965, lors de l'aggravation des tensions avec la Chine ; les effectifs furent alors doublés).

C'est sur le tiers oriental de la frontière que l'effort d'équipement militaire a été le plus important depuis deux décennies (construction de silos souterrains, d'aéroports, de bases de lancement de missiles — 162 SS 20 en Asie contre 216 en Europe —, ouverture de routes), de sorte que la longue région frontalière a été profondément transformée : le second front est aujourd'hui beaucoup moins dépendant du premier.

A l'échelle de l'Asie de l'Est, on estime généralement que face aux foules chinoises, les étendues sibériennes sont bien vides, difficiles à équiper ; à peupler et à développer. On pourrait même penser que les revendications territoriales chinoises sur l'outre-Amour-Ussuri — auxquelles nombre d'auteurs accordent encore aujourd'hui une place centrale dans la saga des relations sino-soviétiques — sont en quelque sorte le symptôme d'un dessein chinois ou d'une poussée inéluctable. En réalité, on constate, à une échelle plus détaillée d'observation, que la moitié Nord de la Mandchourie et de la Mongolie intérieure est vide d'hommes : les steppes de l'Ouest, les montagnes forestières du centre (les Khingan), les vastes marais du Nord-Est comptent moins de 1 habitant pour 3 km^2, à l'exception du couloir mongol menant à Mandchouli, du nord-est du Heilonjiang et du secteur du tripoint avec la Corée du Nord, dans le Jilin. A l'inverse, les rives soviétiques sont de

10 à 50 fois plus peuplées (autour de Blagoveshchensk et de Khabarovsk à Vladivostok) et de ce fait mieux équipées de routes et de voies ferrées.

En outre, il s'agit d'un peuplement russe et ukrainien, de sorte que la frontière est aussi une ligne de discontinuité ethnique avec les Han (même si l'on note des groupes coréens près du Yalu, des Toungouz des deux côtés des grands fleuves et des Mongols sur la rive chinoise du haut Argun). Peu d'intersections ethniques donc et guère de possibilités pour la Chine d'en jouer.

Il y a cependant une vulnérabilité soviétique qui résulte de l'interaction entre tracés frontaliers concrets, tracés des voies ferrées et localisation des villes. Le fameux Transsibérien, dans sa section terminale Nord-Sud (soit près de 300 km) passe à moins de 15 km de la frontière chinoise entre Dormidontovka et Lesosavodsk avant de s'en approcher à moins de 2 km à Ebergard, sur l'Ussuri (idem pour les lignes de transport d'électricité). Entre Khabarovsk et le lac Baïkal, la vulnérabilité de ce qui était jusqu'à maintenant le seul axe de transport terrestre permanent (par où transite en premier lieu le pétrole de la Sibérie occidentale) est bien moindre, puisque, sauf en deux points, il passe à plus de 15 km de la frontière. Il reste que le projet de liaison ferroviaire connue sous le nom de B.A.M. (Baïkal-Amour) répondait d'abord à ce souci de s'éloigner de la frontière chinoise. Projet ancien d'ailleurs, qui avait été formulé dès 1932, après l'intervention militaire japonaise en Mandchourie ; la bretelle qui relie le Transsibérien, à l'ouest de Khabarovsk, vers Komsomolsk-na-Amour et le port militaire de Sovietskaia Gavan datent de la Seconde Guerre mondiale. Les travaux du B.A.M. ont repris en 1974 et sont en voie d'achèvement, entre Ust Kut et Komsomolsk-na-Amour, soit 3 135 km de voie ferrée unique ; le tracé, à plus de 200 km de la frontière chinoise, en est séparé par plusieurs chaînes montagneuses et passe dans des régions de très grande sismicité. Son intérêt stratégique est indéniable, mais il n'est aujourd'hui qu'un élément complémentaire de l'édification de l'Eskadra du Pacifique.

Le tracé de la frontière a une autre incidence, puisque les grandes villes de Vladivostok et de Khabarovsk sont sous la menace des missiles chinois. En outre, la ville de Khabarovsk est construite sur la rive droite de l'Amour, sur le talweg duquel les Chinois estiment que doit passer la frontière, alors que les Soviétiques considéraient qu'elle devait passer sur la rive chinoise. Ce débat est loin d'être tranché. Si les deux parties se sont accordées en février 1987 sur le principe d'une frontière suivant le talweg du chenal principal, il reste à déterminer quel est ce chenal, dans un secteur de la confluence Amour-Ussuri à l'hydrologie très complexe au point que le différend porte sur des tracés éloignés de plus de 50 km (le chinois, qui passe en face de Khabarovsk ; le soviétique, reporté très à l'ouest).

La vulnérabilité autour de la frontière est donc fonction de la perception, de la corrélation régionale des forces et de l'échelle d'analyse. Mais, en tout état de cause, il faut admettre que les Soviétiques ont su créer une situation *de facto* qui a conduit les dirigeants chinois à renoncer à l'argumentaire des « traités inégaux ». Gorbachev avait réaffirmé avec netteté en juillet 1986 et sur place que

Vladivostok était territoire soviétique et le resterait. A l'exception du tracé de la frontière fluviale près de Khabarovsk et d'une incertitude de tracé dans les Pamir, il n'y a plus de réel problème de frontière entre Chinois et Soviétiques, au sens juridique et territorial ; mais les questions relatives et l'interaction stratégique et géopolitique restent essentielles et pendantes *.

Gorbatchev saisi par la géopolitique (1985-1991) : Retour à « l'Europe »

L'Union Soviétique n'est pas seulement un État immense, bordé d'une très longue enveloppe et à la longue histoire. Les tracés frontaliers actuels sont pour un tiers (environ 5 900 km) postérieurs à la Révolution de 1917 et, sauf dans un seul cas, le sanjak ottoman de Kars, il y a eu gain territorial après la période 1917-1922 : dans toute l'Europe, on le sait, mais aussi sur le tiers occidental de la Mongolie (république de Tannu Tuva, annexée en 1944).

Certes, sur des temps plus longs, des Russes pourraient objecter que les limites actuelles en Europe sont nettement en retrait par rapport à celles de l'Empire tsariste à son maximum d'extension, en 1860, qui confinait à la Suède et à l'Allemagne. A la politique coloniale la plus classique en Asie centrale, aboutissant du reste à des traités délimitant des sphères d'influence avec les Britanniques (frontière nord de l'Afghanistan dans les années 1880, projet de partage de la Perse en 1907) s'ajoutait une pratique du glacis pour protéger les terres russes à l'Ouest (annexion du grand-duché de Finlande en 1809, de la Bessarabie en 1812, du royaume de Pologne en 1815) et au sud (Géorgie en 1801, Azerbaïdjan et Arménie en 1828) ainsi qu'au sud de la Sibérie occidentale en voie de peuplement par les colons russes (Kazakhstan, annexé en 1846). Curieusement, toutes ces marches de 1860 ont aujourd'hui un statut particulier qui les lie d'une manière ou d'une autre à la Russie : soit partie de l'Union dominée par la République Fédérative, soit États satellites, soit enfin « finlandisation ».

Or, ce qui frappe est qu'*aujourd'hui l'Union Soviétique voisine la plupart des grands théâtres terrestres (et maritimes) du monde :* Europe bien sûr — la Scandinavie, l'Europe du Centre et celle du Sud-Est —, mais aussi Proche-Orient (Détroits, Turquie) et Moyen-Orient, Asie du Sud, Chine de l'Ouest et du Nord, péninsule coréenne et Japon. Kaboul est plus « proche » de Tachkent que Le Caire d'Athènes ; Damas n'est pas plus éloigné de Tbilissi que Nice de Bruxelles. (Il ne manque guère à ce tableau de voisinage que l'Afrique ** et l'Amérique latine.)

Si l'U.R.S.S. est une grande puissance, ce n'est pas seulement en fonction de son énorme équipement nucléaire et de son rôle de pôle idéologique, c'est aussi parce que, par ses officiers et ses diplomates, l'État soviétique a décidé de tirer parti de ces configurations frontalières en partie héritées. L'argument de proximité, qui dérive vite en rhétorique sécuritaire, est systématiquement invoqué pour intervenir, d'une manière ou d'une autre, dans les affaires des États proches ; ceux-

* Sur la Mandchourie et les « trois obstacles », voir ci-dessus, chapitre X.
** Sauf celle du Nord-Est.

ci sont certes très divers mais ils peuvent présenter des caractéristiques internes (ethniques, religieuses, historiques) comparables ou identiques à celles régnant du côté soviétique.

Dans une large mesure, les situations des États voisins ne sont pas incompréhensibles pour les dirigeants soviétiques, puisque des entités comparables ont été intégrées dans l'Empire. Les dirigeants russes ont acquis, à l'égard de leurs « peuples de l'Orient » un « savoir-faire » non négligeable.

De même que les convulsions du marché intérieur américain ont immédiatement une portée planétaire, de même la gestion des interactions de proximité par l'État Soviétique lui confère un rôle quasi mondial, étant donné la diversité, la nature et le nombre de ses champs d'action immédiats, d'où une stratégie diplomatico-militaire tous azimuts : offre de « désarmement » en Europe, proposition sur la sécurité dans l'Arctique, volonté de participer à une conférence internationale au Proche-Orient, offre de sécurité aux navires du Koweit dans le Golfe, influence en Afghanistan et pressions sur le Pakistan, renforcement de l'alliance indienne, détente avec la Chine, désir de discussion avec le Japon, ouverture sur le Pacifique.

C'est certainement un élément décisif de l'action extérieure de Gorbachev que de tirer parti, systématiquement, de la géopolitique de l'U.R.S.S. à ses frontières, dans une tradition toute tsariste, celle de Nicolas Ier et d'Alexandre II. A cet égard, la géographie de ses voyages est instructive : outre Prague (avril 1987), citons Vladivostok (juillet 1986), Mourmansk (octobre 1987), occasions, à chaque étape, de discours articulant les préoccupations internes et les messages à portée externe. « Comme tout autre pays, nous accordons, naturellement, une grande importance à la sécurité de nos frontières, tant terrestres que maritimes. Nous avons beaucoup de voisins et ils sont différents. Nous ne présentons de revendications territoriales à aucun d'entre eux. Nous ne menaçons aucun d'entre eux. Mais comme la vie l'a démontré plus d'une fois, nombreux sont ceux qui, au mépris des intérêts nationaux de notre pays et de nos voisins, tentent d'envenimer la situation sur les frontières de l'Union Soviétique », déclarait M. Gorbatchev lors du 27e Congrès du P.C.U.S. (*Rapport,* page 29). Suivait une diatribe contre l'impérialisme et la contre-révolution en Afghanistan, « plaie béante ». « Il est de notre intérêt national vital de maintenir des relations invariablement amicales et pacifiques avec tous les États voisins de l'U.R.S.S. C'est là un objectif très important de notre politique extérieure. »

« Le P.C.U.S. considère le secteur européen comme l'un des principaux secteurs de son activité internationale... » « La portée des secteurs asiatiques et du Pacifique se renforce. Il existe dans cette région pas mal de nœuds de contradiction compliqués, la situation politique dans certains endroits est instable... » *(ibid.)*

Bref, après l'objectif d'un accord stratégique avec les États-Unis, la gestion de l'enveloppe frontalière est affichée comme une priorité. Une conception plus géopolitique qu'idéologique de la promotion des intérêts soviétiques s'est esquissée.

On a pris l'habitude, dans les chancelleries occidentales, de faire d'un retrait de l'armée soviétique de l'Afghanistan un des critères de changement véritable à Moscou. Il est clair que la décision, prise en décembre 1988, d'y procéder a été le premier signal clair du « nouveau cours », à destination des États-Unis et de l'Allemagne.

En Europe, les configurations frontalières nées de la guerre ont été confirmées par les accords d'Helsinki. Mais dans le même temps, le discours soviétique exprime l'intention de modifier les contours de nos représentations familières. Certes, pour le général De Gaulle, l'Europe s'étendait de l'Atlantique à l'Oural ; mais, le plus souvent, dans l'acception commune, elle « bute » sur la frontière russo-polonaise, limite orientale d'un ensemble historique et culturel divisé.

Fait nouveau, Gorbachev a parlé de « l'Europe, notre foyer commun », « notre maison commune », soulignant ainsi un versant de leur situation d'Eurasiatiques. Un Institut de l'Europe est actif à Moscou, qui complète la gamme déjà étendue des « think tanks » consacrés à l'étude de diverses parties du monde (Orient, Amérique latine, Afrique, États-Unis et Canada). Mais l'U.R.S.S. ne sera pas un objet d'étude pour ce nouvel organisme rattaché à l'Académie des sciences.

Il a pour fonction d'encourager les échanges entre les deux sous-ensembles européens, et s'inscrit dans un mouvement marqué par la reconnaissance, diplomatique, de l'ensemble C.E.E., alors que cette réalité économique et géopolitique était jusqu'à maintenant niée.

La question de fond n'est pas de savoir si l'U.R.S.S. « fait partie » ou non de l' « Europe » puisque les contours de l'Europe relèvent de décisions et de représentations géopolitiques datées. Elle résidait dans le maintien du quart de l'Armée rouge hors de ses frontières sur un espace conçu d'abord comme un théâtre, composé de membres n'ayant en commun, de manière certaine et aisément délimitée, que le champ de leur rivalité géostratégique. Tant que les troupes soviétiques n'étaient pas revenues à l'est des frontières de leur État et que le principe de l'autodétermination dans les États d'Europe orientale n'était pas appliqué, il était vain de parler d'un changement réel dans le statut des États européens. Retrait stratégique contre « retour à l'Europe » ? Le troc a commencé. Mais son issue finale dépend d'abord des changements internes à l'Union.

Anciens et nouveaux enjeux frontaliers autour de la Russie (1988-199 ?)

La garantie de sécurité obtenue de l'O.T.A.N. avait permis à l'État soviétique de se concentrer sans risque externe sur les questions internes. Depuis la révolution démocratique russe d'août 1991, les nouveaux rapports de force entre le pouvoir central et les républiques semblent favoriser l'un des scénarios envisageables avant cette date : plutôt qu'une union certes rénovée mais imposée d'en haut, c'est la reprise de souveraineté effective par les républiques qui peut déboucher sur le maintien de liens économiques négociés, plus ou moins étroits selon les cas. Ce processus d'émancipation posera inévitablement la question complexe de la redéfinition des frontières de ces républiques devenues autonomes ou indépendantes.

— Les frontières intérieures de l'ex-Union Soviétique : abrégé géohistorique ; problématique :

Il en va des frontières intérieures de l'U.R.S.S. comme de celles de la plupart des États situés hors d'Europe. Ici, tout est attribué à Staline et à sa politique des nationalités, là aux métropoles coloniales. Est-ce toujours et partout si simple ?

L'U.R.S.S. compte 24 grandes dyades « républicaines », qui totalisent le chiffre impressionnant de 27 180 kilomètres de longueur, à moyenne échelle. Si l'enveloppe intérieure de la Russie elle-même — compte non tenu des segments où la limite de la Russie est aussi la limite externe de l'U.R.S.S. — s'étend sur 12 340 km, d'autres républiques ont des contours d'une longueur remarquable : 12 160 km pour le Kazakhstan, 7 310 pour l'Ouzbékistan, 3 430 pour l'Ukraine, 2 730 pour la Biélorussie. Les dyades les plus longues sont celles qui séparent la Russie du Kazakhstan — 7 540 km —, le Kazakhstan de l'Ouzbékistan — 3 020 km —, le Turkménistan de l'Ouzbékistan — 1 960 km —, l'Ukraine de la Russie — 1 820 km.

Sur de telles longueurs, il serait surprenant d'isoler un facteur unique d'horogénèse quand on se souvient que la formation de la Russie puis de l'U.R.S.S. est un processus multiséculaire.

Un examen géohistorique attentif de l'origine de chacune de ses limites, rendu difficile par la rareté des sources primaires publiées *, permet néanmoins de distinguer *trois grands types d'horogenèse :*

a) Sur l'enveloppe occidentale de la Russie, les limites intérieures actuelles reprennent soit des *limites administratives internes aux empires* russe et polono-lituanien, soit d'*anciennes frontières inter-impériales,* avec quelques correctifs ultérieurs dessinés le plus souvent en fonction du tracé des voies ferrées stratégiques.

Ainsi, la limite entre la Lettonie et la Biélorussie est-elle la suite d'une ligne de division interne à l'empire lituanien, entre deux palatinats. Idem entre Lettonie et Lituanie.

Les limites entre la Russie d'une part, et la Lettonie, l'Estonie et la Biélorussie d'autre part reprennent les tracés de la dyade entre la Russie et l'empire lituanien avant 1772-1795.

Les insatisfactions territoriales exprimées par des républiques en reprise de souveraineté se fondent généralement sur les limites obtenues au temps des indépendances (1918-1922 ou 1939) ou, pour les autres, sur les découpages administratifs antérieurs.

b) Comme il est logique, de nombreuses limites sont à l'origine des *lignes de front militaires,* elles-mêmes appuyées sur des configurations topographiques significatives : ainsi en va-t-il de la plupart des segments de la dyade Russie-Ukraine et Russie-Géorgie.

Dans le premier cas, le front russo-cosaque, ponctué de lignes de forts, tels Belgorod, sur le très large interfluve entre le Dniepr et le Don, s'est longtemps tenu au contact des collines et bas plateaux de plus de 200 mètres d'altitude et de la plaine ukrainienne. Sa trace se lit encore dans les limites des nouvelles divisions administratives imposées par

* Sauf lorsque ces républiques aspiraient à l'indépendance et que leurs délégations plaidèrent leur cause, cartes à l'appui, lors de la conférence de la paix, en 1919 (Ukrainiens, Baltes, Géorgiens, Arméniens).

Catherine II après la grande révolte paysanne de Pougatchev. L'ordonnance d'avril 1775 découpait la Russie en cinquante provinces dirigées par des gouverneurs. Dans sa section centrale, la dyade russo-ukrainienne suit l'ancienne limite entre les gouvernements de Koursk et Voronej et celui de Kharkov ; de même, plus à l'ouest, entre les deux gouvernements de Tchernigov et d'Orel, bien que la section nord que traverse la voie ferrée stratégique Moscou-Briansk-Gomel-Brest Litovsk ait été, après 1921, allouée à la Russie. Ces limites administratives tracées en 1775 furent reprises dans le projet de la République ukrainienne de 1919, comme segments d'une frontière d'État.

Dans le Caucase Nord et en Transcaucasie, les frontières sont, à grands traits, d'origine militaire, notamment entre Russie et républiques du Caucase et entre Arménie et Azerbaïdjan, avec, dans ce dernier cas, l'intervention de l'État turc. Mais, il faut insister sur les considérations politiques — inclusion de républiques rétives dans l'U.R.S.S. — ; elles ont orienté les choix des limites imposés à l'intérieur de la république fédérale de Transcaucasie (1922-1936) par le Kavbureau, le Bureau caucasien du Comité central du Parti communiste.

c) En Asie moyenne, les tracés portent là clairement, comme dans l'Ukraine orientale diminuée du Kouban, la marque de Staline, puisqu'il s'est agi, lors de *la Délimitation nationale de 1924*, la fameuse *razmiejevanie* (*mieja* signifie « limite »), de diviser pour régner en dissociant une aire culturelle — turcophone et musulmane — en républiques distinctes à base ethno-linguistique et à vocation « nationale ». Staline n'a produit directement pas moins de *9 980 km* de frontières en Asie centrale entre 1921 et 1924.

Lorsque le commissariat aux Affaires musulmanes fut remplacé en mai 1920 par le commissariat aux Nationalités, la nouvelle stratégie de contrôle de l'Asie centrale fut élaborée. Le rapport de Safarov présenté au Xe Congrès du P.C. était intitulé « Nécessité de lutter contre les deux tendances centrifuges des musulmans : le panislamisme et le pantouranisme » : « Il faut distinguer deux mouvements contraires parmi les peuples musulmans. Il existe des partisans de l'ancienne culture, hostiles à toute évolution. Ils nient toute nationalité, pour se désigner sous le nom commun et unificateur de musulmans. Perdues dans la masse, les nationalités s'effacent, perdent leurs particularismes locaux pour ne former qu'une seule et même nation : la " Nation musulmane* ". »

Il est apparu qu'à cette période les ethnonymes actuels, tels Ouzbeks ou Kirghiz, n'étaient guère usités ; on s'autodésignait comme « musulmans », par opposition à ceux qui ne l'étaient pas ou bien en fonction de son lieu d'origine : « quelqu'un de... », les administrateurs russes utilisant eux le terme de « sart », marchands, pour nommer les sédentaires des émirats et khanats du Turkestan.

Safarov poursuivait : « Les autres, les progressistes, sont partisans des réformes, ils évoluent vers un nationalisme chauvin. Le danger est d'autant plus grand que ce nationalisme, essentiellement musulman, pénètre au sein du parti communiste. Ces derniers se posent en défenseurs du pantouranisme et acceptent le principe d'une grande

* Source : *Aperçu sur le problème musulman en U.R.S.S.*, N.E.D., 1948, n° 1301.

Fédération orientale sous l'égide turque. » La notion de « turc » désigne en réalité les « Turco-Tatars » et le pantouranisme un mouvement d'unification des peuples turco-mongols, développé au début du siècle par des Tatars de Kazan en réponse au panslavisme.

Staline compléta ce rapport en mars 1921 et énonça les nouveaux principes du « divide ut imperat », le morcellement du Turkestan : frontières internes, différenciation ethnique, politique linguistique. L'Institut de philologie prépara le remplacement des anciens alphabets turc et arabe par l'alphabet latin, entre 1918 et 1928 puis par de nouveaux alphabets cyrilliques entre 1935 et 1939. « La langue du Turkestan est un dialecte turk-djagataï commun à tous les peuples qui habitent le pays, avec des nuances qui correspondent au mode de vie (nomade ou sédentaire). Les nouveaux alphabets renforcent ces nuances au point que les représentants d'un seul et même peuple ne tarderont pas à lire et à écrire en recourant à des signes différents. Il leur faudra bientôt apprendre la langue de leurs voisins » (*op. cit.*).

D'où une délimitation complexe, controuvée, dont un géographe soviétique, Mikhaïlov, soulignait qu'elle affectait un dessin bizarre, notamment entre Tachkent et le bassin irrigué de la Ferghana peuplé d'Ouzbeks, de Tadjiks et de Kirghiz mais rattaché à l'Ouzbékistan. Ce sont des *frontières de domination*, qui ne sont pas sans rappeler celles des Bantoustans sud-africains.

Le Kazakhstan, peuplé de Kazakhs d'écriture Tatar, combine les deux catégories de frontières. Ses limites nord et sud coïncident avec les deux lignes de conquête militaire de 1801 et de 1855, et correspondent à l'aire d'extension des trois hordes kazakhs, fédérations tribales placées sous la protection du tsar au milieu du XVIIIe siècle. Il fut intégré à la Russie comme république autonome puis élevé au rang de république séparée en 1936, comme le Kirghiztan, dans le cadre de la stratégie de morcellement de l'Asie centrale.

De toutes ces opérations, où la conquête agit comme l'élément commun, qu'elle ait visé à élargir le glacis russe ou à briser des ensembles socio-culturels concurrents, il résulte le fond de carte actuel. Un peu comme en Afrique à la veille de la décolonisation, les changements politiques s'opèrent sur un « terrain » prédessiné. Des cadres territoriaux ont sans doute été imposés, auxquels pourtant les dirigeants et les peuples en quête d'émancipation, par le bas, se réfèrent même pour en contester les contours. Le découpage actuel des républiques, qui peut évoluer, soit par traités horizontaux entre voisins, soit par fragmentation de la trop grande fédération de Russie, est devenu une donnée fondamentale de la nouvelle géopolitique soviétique. Pas plus que Lech Walesa n'a rejeté Yalta dans sa dimension spatiale polonaise, les nouveaux gouvernements souverains de l'URSS entendent bien exercer leur pouvoir sur la base géographique héritée, soit des tsars conquérants, soit de Staline le dictateur démiurge et le traceur de frontières de domination.

Nations territoriales ou nations ethniques ?

Dans tous les cas, le principe de la division de l'Union en territoires à base nationale demeure un invariant, à l'exception majeure de la

Russie, puisque le sixième des Russes vit à l'extérieur de la République. Les Russes en quête d'État développent leur projet d'opposition au « centre », dans le cadre d'une « Russie géographique », elle-même hétérogène (18 % de non-Russes en R.S.F.S.R.), et non point dans une perspective de « Russie ethnique ».

Il faut donc prendre en compte, dans le cas des nations nombreuses les plus dispersées, cette interaction entre un projet de souveraineté à base territoriale et une conception plus classique d'émancipation politique par regroupement national, qui serait un véritable bouleversement de la géographie du peuplement soviétique. En effet, près de 45 millions de membres des quinze nations républicaines principales (qui comptent pour 220 millions et 77 % du total de l'Union *) résident hors de leur république, soit un sur cinq. C'est l'équivalent de la population totale de l'Ukraine. Quel sera le destin de cet ensemble nombreux de minorités nationales dispersées au hasard de la formation de l'empire de Russie puis de l'U.R.S.S. ?

La base spatiale du réaménagement final sera-t-elle l'aire d'extension actuelle d'une nation ou bien le territoire républicain pré-existant ? C'est sans doute la question géopolitique la plus complexe et la plus décisive.

Enfin, on observe que la majorité des conflits, ouverts ou latents, se localisent sur les frontières administratives internes de l'URSS, en particulier dans les confins de la Lituanie et de la Biélorussie, sur l'ensemble de l'enveloppe ukrainienne, dans la totalité du Caucase ainsi que sur son versant nord, au contact de la Russie, enfin dans les cinq républiques d'Asie centrale.

Dans l'immédiat, les premiers accords bilatéraux passés entre des républiques en voie d'accès à la souveraineté ont porté sur l'affirmation de l'inviolabilité des frontières et l'engagement à protéger des intérêts des minorités allogènes. Choix du statu quo de façon à peser d'abord sur la répartition des compétences politiques entre le « centre » et les républiques, notamment en Russie. Mais ce gel des conflits inter-républicains latents est provisoire si certaines entités exigent et obtiennent l'indépendance, ou si une conception plus exclusivement ethnique de l'assise de souveraineté l'emporte.

Quel traité d'union ?

Le traité d'union entre les Républiques fédérées signé en 1922 est caduc. Il organisait les relations entre ses composantes et fut suivi de dispositions de découpage frontalier en 1924-1925. Les extensions

* *Pourcentage de nationaux résidant hors de leur république d'origine :* plus de 20 % : Tadjiks, 25 ; Biélorusses, 21 ; Arméniens, 23 ; 15-20 % : Kazakhs, 19 ; Russes, 17 ; Ouzbeks, 15 ; Moldaves, 17 ; 10-15 % : Azeris, 14 ; Kirghiz, 12 ; Lituaniens, 14 ; 5-10 % ; Turkmènes, 8 ; Estoniens, 6 ; Ukrainiens, 9 ; moins de 5 % : Lettons, 4 ; Géorgiens, 4. Pour les groupes mineurs : les pourcentages sont de : Moraves, 73, Tchouvaches, 51 ; Bachkirs, 25 ; Tatars (hors ceux déportés de Crimée), 73 (source : calculs d'après le recensement de 1989).

Les 22 premières nationalités comptent pour environ 95 % du total de l'Union : Tatars, Bachkirs, Mordves, Polonais, Tchouvaches, plus les Juifs et les Allemands (avant l'émigration massive à partir de 1990).

territoriales de 1939-1945 n'ont pas altéré ses principes, même si quatre républiques furent ajoutées, les trois baltes et la Moldavie, et des limites internes, modifiées.

Un nouveau projet de traité d'union a été élaboré par le conseil de la Fédération, organisme consultatif où la moitié des présidents des républiques n'est pas représentée, en débat début 1991, il a été renégocié en faveur des Républiques, après août 1991.

Déjà, un premier clivage divisait l'Union : d'un côté, six républiques ayant déjà opté pour l'indépendance totale, les trois Baltes, la Moldavie, la Géorgie, l'Arménie, ainsi qu'une douzaine d'entités autonomes autopromues républiques ; de l'autre, un noyau central de quatre républiques slaves, Biélorussie, Russie, Ukraine, Azerbaïdjan, et Kazakhstan ainsi que les quatre républiques d'Asie centrale.

Ce partage n'est pas sans cohérence : dans le premier cas se regroupent les quatre républiques les plus récemment annexées à l'Union (1940-1945) après une vingtaine d'années d'indépendance, pour les trois Baltes, et un épisode d'inclusion dans un autre État que l'Union Soviétique pour la Moldavie (1918-1944), ainsi que celles du Caucase, en rivalité constante entre elles et avec le « centre » dont elles n'attendent plus rien ; deux d'entre elles, la Géorgie et l'Arménie avaient été indépendantes entre 1918 et 1921.

La moitié des républiques donc, majoritairement non slaves (sauf la Moldavie) et des entités de deuxième ordre, mais seulement *25* millions d'habitants sur les 285 que comptait l'Union lors du recensement de 1989. Les éventuelles concessions du « centre » à propos de ces républiques périphériques d'un poids réduit ne mettraient pas en jeu la pérennité du noyau slave russo-ukrainien.

Dans le second cas se regroupe un ensemble central russo-ukrainien plus les terres de peuplement russe du Kazakhstan ainsi que les républiques d'Asie centrale qui dépendent très étroitement des subventions venues du « centre ». Au total, *260* millions de citoyens soviétiques sur 285 sont engagés dans un processus de redéfinition.

Le « maintien d'une union rénovée » par la signature d'un « traité d'Union d'États souverains » élimine le double référent « socialiste » et « soviétique », ciment idéologique de l'union voulue par Lénine. Une double nationalité est envisagée ainsi que des modalités de sécession, qui serait négociée.

On perçoit donc quatre enjeux distincts : l'avenir des relations entre les républiques sécessionnistes et le « centre » ; la « faisabilité » d'une union réduite aux quatre grandes républiques slaves, ce qui interroge la viabilité d'une indépendance ukrainienne ; la concurrence entre ce noyau fondamental et le « centre » fédérateur ; enfin, l'avenir des relations entre cette union slave et l'Asie centrale.

Il n'y a plus d'État-nation soviétique ; son dépérissement est en cours et sera un événement primordial, et redoutable, de la décennie. Les éléments fédérateurs de l'espace soviétique se dérobent : pouvoir central, idéologie communiste, industrialisation, cooptation des élites républicaines et autochtones, rôle géopolotique interne du P.C.U.S., de l'Armée, du K.G.B. Restent des nations, soit anciennes, soit, le plus souvent, de formation récente, encore inachevée, mais qui se soutiennent de leur opposition croissante de l'État soviétique, à la Russie pour les nations périphériques et, également, aux nations émergentes contiguës.

Les opinions publiques d'une majorité de républiques s'accommodent de la liquidation prochaine de l'Union, trop étendue et trop complexe pour être gérée efficacement sur un mode centralement planifié dès lors que la croissance de l'économie ne peut plus reposer sur le charbon, l'acier et les industries d'armement. Une gestion centrale dont les risques sont devenus manifestes, depuis Tchernobyl et la révélation des crises écologiques autour de la mer d'Aral. Seules les républiques les plus démunies, en Asie centrale, hésitent encore à rompre du fait de leur grande dépendance économique. Mais, dans les régions privilégiées comme sur le littoral baltique, la hâte est grande de quitter le carcan de l'Union pour nouer des liens économiques et culturels que l'on espère frucuteux avec la Suède ou la Finlande.

Cette remise en cause du dispositif hérité de Lénine, et, avant lui, des tsars, affecte aussi et surtout la Russie elle-même. C'est le fait géopolitique majeur : le maintien de l'empire colonial est refusé aussi dans la nation-cœur que l'on croyait bénéficiaire et donc attachée au statu quo. L'analyse ne peut plus se réduire à l'examen de l'interaction centre-périphérie. De manière contemporaine, les uns, à la périphérie, font sécession, les autres, en Russie, s'interrogent sur la conciliation entre souveraineté et bon voisinage.

Limites territoriales, ethniques et nationales

La question des limites internes des républiques est posée dès lors qu'une partie de leur population envisage d'accéder à « l'indépendance et, à l'autonomie de l'État », selon la formulation de référendum de mars 1991 en Lettonie et en Estonie, et qui avait recueilli 77 % d'approbation. Lorsque des républiques revendiquent une claire dévolution de pouvoir et aspirent à s'organiser sur la base de républiques-nations à attributs d'États, la définition précise de l'enveloppe de leur assise territoriale s'impose : quelles seront les frontières de la nation souveraine ?

Certes, l'on pourrait considérer que les actuelles limites républicaines formeront le support de futures frontières d'État. Mais déjà s'allonge la liste des doléances, suggérant que le versant géographique du démembrement de l'État soviétique sera très difficile : les frontières de la « désunion » soviétique ne sont pas définitivement tracées.

D'une part, les limites internes, toujours imposées, font souvent l'objet de contestations variées, soit entre elles, soit avec la Russie ; d'autre part, chaque république contient des minorités non autochtones, qui peuvent être localement majoritaires, dans les capitales et les villes, les ports ou les agglomérations industrielles. C'est le cas pour les quelque 20 millions de Russes résidant en dehors de la Russie.

Outre la volonté de reprise de souveraineté qui touchait déjà sept républiques sur quinze avant le référendum général du 17 mars 1991 portant sur la rénovation de la fédération soviétique, par le moyen d'un nouveau pacte fédéral, une série de contentieux à caractère territorial sont en train de s'exprimer :

— des revendications territoriales classiques,
— des corrections plus locales de tracés,
— la formation d'entités administratives séparées,
— l'élévation au statut de républiques,
— l'unification ethnique,
— la reconnaissance d'une nationalité spécifique,
— le retour des peuples déportés vers les régions d'origine.

Toutes ces exigences de modification du statu quo ont en commun d'être fondées sur des critères de nationalité et d'ethnicité, et, dans plusieurs cas, sur des choix politiques d'aspiration démocratique et de plus grande efficacité économique.

La complexité du dessin des frontières administratives et ethniques/nationales est utilisable comme un levier par le pouvoir central, soit par la menace d'une rectification territoriale en cas de sécession pour englober les minorités non autochtones, soit par l'appui aux minorités internes aux républiques, qui, à leur tour, exigent les mêmes droits que la république à l'égard du centre. Le jeu implique donc au moins quatre catégories d'acteurs, sinon cinq : le « centre », la république, les minorités allogènes, les minorités autochtones et... les États voisins, s'ils abritent aussi des groupes co-ethniques.

Les actes de violence visent, soit à forcer les populations perçues désormais comme allogènes à fuir la république où ils résidaient — Arméniens de Bakou, Azerbaïdjanais d'Arménie — pour ajuster la géographie nationalitaire au découpage administratif, soit à rétablir l'ordre voulu par le centre, politique ou de plus en plus, militaire (Tbilissi, 1989, Bakou, 1990, Vilnius, début 1991).

Il faut retenir la diversité des situations dans les périphéries de la Russie qui offre au pouvoir central l'opportunité d'une gestion différenciée, selon les rapports de force réels et les enjeux internes — Ukraine, Asie centrale — ou externes — interactions avec l'Europe, le Moyen-Orient, la Chine.

Par ailleurs, pour les nations les plus nombreuses et ayant essaimé sur l'ensemble du très vaste territoire soviétique, les critères du redécoupage restent à définir. Envisage-t-on des regroupements de républiques, pour englober les minorités nationales allogènes, autour de la Russie ou de l'Ukraine ? La grande Russie sera-t-elle un seul État-Nation ? Ou bien les terres qui furent soumises autrefois aux tsars de « toutes les Russies » seront-elles divisées en plusieurs États, ouest de l'Oural, Sibérie, Extrême-Orient ?

Des nations en formation, sur des territoires aux limites antécédentes

Les repères anciens manquent ou sont insuffisants pour étayer les nouvelles configurations. Il ne suffit pas de dénoncer les découpages effectués sous Staline et de revenir à un état antérieur pour voir émerger des assises géo-nationales incontestables. L'idée nationale, ancienne à l'ouest de l'Europe, plus récente au centre — le XIXe siècle — connaît aujourd'hui dans l'espace soviétique une étape de sa mise en place. La comparaison avec la situation de l'Empire austro-hongrois du milieu du XIXe siècle est utile, même si, bien entendu, des éléments irréductibles demeurent : le fait nucléaire, par exemple, sous contrôle russo-soviétique, l'option d'idéologies de relève, comme l'Islam, au sud, l'attraction de groupements européens d'États.

Il ne s'agit donc pas aujourd'hui d'un retour à des nations antérieurement constituées mais d'une nouvelle phase d'un long processus de formation nationale, se dégageant des contraintes d'un empire dont le règne s'est établi précisément sur la base de la faiblesse des identités nationales, comme en Biélorussie et en Asie centrale, et dans des cas plus rares, comme en Ukraine, de leur réduction violente. En cela, cet empire eurasiatique hérite ses traits plus de l'ingénierie sociale et spatiale apportée par l'occupation mongole que d'apports européens. Ce n'est pas contre l'Islam que se sont formées les nations européennes occidentales, mais les unes contre les autres, à partir de projets internes clairs. La lutte constante des Russes contre ceux venus d'Asie a provoqué une expansion de sécurité et forgé une identité défensive ; elle n'a pas structuré d'entités nationales définitives.

C'est en quelque sorte l'Union qui sert, dialectiquement, de matrice aux nations et la crise présente n'est ni un « réveil », encore moins une « revanche », mais peut être analysée comme l'achèvement d'un véritable processus de « natio-genèse ».

Du reste, les cartes historiques révèlent la fragilité de ces formations. Prenons les Républiques baltes : elles ne connurent l'indépendance que vingt-deux ans (1918-1940).

Auparavant, l'Estonie avait été dominée par les ordres Teutoniques dès le XIVe siècle, puis par les Suédois et les Polonais au XVIe siècle, annexée par la Russie en 1721, indépendante vingt ans seulement. La Lettonie fut polonaise (1561-1621), puis suédoise (1621-1710), russe (1710-1918) avant d'être de nouveau annexée en 1940. La Lituanie fut d'abord un empire — pas une nation —, unie à la Pologne de 1569 à 1795 et étendue jusqu'en Ukraine, puis partagée entre la Russie et la Prusse en 1795. La Moldavie, ancienne Bessarabie, avait été rattachée à la Russie de 1812 à 1918, puis à la Roumanie jusqu'en 1944. La Géorgie n'a été souveraine que de 1918 à 1921 ; elle avait été annexée à l'Empire russe dès 1801. Même parcours en Arménie, rattachée à l'Empire, en 1828, souveraine durant trois brèves années. Seul l'Azerbaïdjan, riche en pétrole, ne connut pas de répit souverain à la faveur de la Révolution.

Si l'Ukraine orientale fait partie de l'Empire depuis le XVIIIe siècle, l'Ukraine occidentale ne lui est rattachée qu'en 1945, après avoir été autrichienne et polonaise. « Ukraine », ce terme signifie en russe « sur la frontière », « marches », entre la Russie et la Pologne.

Quant à l'Asie centrale, ouverte à toutes les conquêtes, elle fut intégrée à l'Empire à partir du XVIIIe siècle pour le Kazakhstan et un siècle plus tard pour les émirats et khanats du Sud.

L'Empire était ainsi un « agrégat inconstitué de peuples désunis », de principautés, émirats, khanats, seigneuries, royaumes et même d'empires régionaux, comme dans le Caucase. Mais à la différence des empires coloniaux classiques, il s'est formé par coalescence, conduite lentement et étalée sur deux siècles et demi. Empire d'outre-terre, sans la rupture familière des systèmes impériaux européens éclatés en métropole et en territoires d'outre-mer, la Russie tsariste s'est étendue par une série de fronts pionniers — militaires, logistiques, agricoles —, consolidés par des transferts de populations à fonction de garde-frontière, face à l'Iran, à la Grande-Bretagne de l'époque de la *forward policy* au Turkestan et au Tibet et face à la Chine. Processus qui combine l'avancée pionnière de type nord-américain ou brésilien, l'ambition de civiliser, notamment en Asie centrale — la Russie fut partie prenante de tous les congrès de partage colonial du dernier quart du XIXe siècle — et la pratique de soumission tributaire de peuples allogènes, selon la méthode chinoise appliquée aux marges non Han.

A amalgame lent, décomposition ralentie ?

L'accélération présente de la natio-genèse est, en tout cas, dans ses dimensions spatiales, un effet paradoxal de la géopolitique stalinienne. En organisant l'État selon un principe d'autonomie territoriale, le pouvoir bolchevique a structuré son espace selon des méthodes qui ne sont pas sans rappeler celles tentées, sans succès, en Afrique du Sud. Briser les majorités culturelles et linguistiques en entités spécifiques à qui l'on attribue un territoire délimité et des traits identitaires singuliers. Pour Pretoria, il fallait diviser la majorité démographique, noire en sur-valorisant les différences ethniques internes, par l'attribution de territoires promis à devenir des États.

Pour Moscou, il s'est agi tantôt de combattre les mouvements turcophones et les idéologies de rassemblement — islam et panturquisme du Turkestan — tantôt de prévenir les montées en puissance — Géorgie, Ukraine —, toujours de fixer les peuples à un sol particulier. Vieille méthode asiatique de contrôle des hommes pour mieux tenir des espaces trop vastes, sans exclure les déportations en masse et l'exil sur des terres étrangères.

Loin d'être un projet unitaire ou de fusion dans une nation dominante, la pratique géopolitique stalinienne a figé la diversité ethnique et culturelle antérieure par la distribution de cent quatre-vingt nations, nationalités, peuples et même religions sur des territoires spécifiques.

Le principe de base en est bien connu, exprimé dès 1913 par Staline : « La nation est une communauté stable, historiquement constituée, de langue, de territoire, de vie économique et de formation psychique qui se traduit dans la communauté de culture. »

Dans un rapport de l'ambassadeur de France à Moscou adressé en 1951 à Robert Schumann, alors ministre des Affaires étrangères (juillet 1951), relatif au régime multinational à l'issue de la guerre, le commentaire suivant fut proposé : « Aussi ne pouvait-il être question d'accorder une autonomie culturelle et nationale à des nationalités insuffisamment développées, à culture et à littérature peu évoluées. En revanche, il revient une autonomie régionale à une population déterminée vivant sur un territoire déterminé. Il convient, en effet, de démolir les barrières nationales plutôt que de les renforcer, de manière à accomplir le rassemblement des masses pour l'avantage de la révolution internationale. Cette loi est encore soigneusement suivie aujourd'hui, et elle sert les intérêts de l'État Soviétique. »

Il n'est donc pas surprenant que les aspirations nationales s'expriment désormais dans les cadres spatiaux existants. Dans une large mesure, la base territoriale est une des composantes de l'ethnogénèse, au même titre que la maîtrise, orale et écrite, de la langue, la culture, l'école et la liberté d'expression politique. En Asie centrale, la division des peuples turcophones a donné naissance à des groupes qui parfois se perçoivent aujourd'hui comme des nations.

Mais ces cadres imposés sont également emboîtés : la figure des « poupées russes » rend assez bien compte du jeu des échelles d'autonomie territoriale entre républiques fédérées, républiques, oblasts et okrugs autonomes. Le pouvoir, ses vassaux et les vassaux des vassaux, souvent soutenus par le premier contre les seconds.

Les conflits de bornage et de limites sont donc inévitables, lorsque les attributs de souveraineté sont mis en cause. Mais, en même temps, ils participent de l'affirmation ethno-territoriale.

Reprenons, de Kola à la Mongolie, les trois catégories de questions frontalières internes distinguées plus haut : les limites des républiques en sécession ouverte, les limites internes et externes du noyau slave central, les enjeux spécifiques à l'Asie centrale.

Les enveloppes externes de la Russie du Nord-Ouest et des États Baltes

— **La Carélie et la dyade finno-russe :** La première contestation est élevée par la République autonome de Carélie (188 500 km^2, environ 1,5 million d'habitants, Russes en majorité, souvent militaires, et 10 % de Caréliens ; république à part entière jusqu'en 1956) et porte sur la quasi-totalité de la presqu'île de Kola, à l'exception de Mourmansk et de Petchenga (ex-Petsamo, qui fut le seul port finlandais sur la mer Blanche). Partie du groupe des Finno-Ougriens, comme les Estoniens, les Oudmourtes, les Saamy de Kola, les 125 000 Caréliens (chiffres de 1989), qui ont fait l'objet de mesures visant à les éloigner de leurs racines culturelles finnoises, sont aujourd'hui soucieux de s'intégrer dans un réseau de relations économiques et culturelles animé par la Suède et la Finlande et initiée par la « conférence baltique ». La Carélie occidentale fut en effet une province finlandaise jusqu'à la guerre russo-finlandaise de 1940, et beaucoup de Caréliens se réfugièrent en Finlande lors de la modification du tracé. La Carélie orientale, sous contrôle russe depuis le Moyen Âge, est un couloir stratégique de premier plan entre Léningrad et Mourmansk, et pour cette raison, peuplé de Russes.

Ces demandes vers le nord et l'ouest heurtent de front les intérêts stratégiques russo-soviétiques. Le rapatriement de l'Armée rouge depuis le théâtre centre-Europe conduit à un renforcement de fait du dispositif militaire sur la frontière de Finlande — longue de 1 320 kilomètres — et de Norvège — plus courte, avec 196 kilomètres —, dans la presqu'île de Kola et en Carélie. Les Soviétiques ne concentraient que 3 % de leurs forces militaires sur 8,5 % de la longueur de l'enveloppe totale de l'Union car la neutralité finlandaise permettait de maintenir un dispositif plus allégé qu'au nord, où la Russie est au contact direct d'un État appartenant à l'O.T.A.N.

Les Finlandais s'en sont émus. La réponse soviétique indiquant que l'Armée rouge ne pouvait se redéployer nulle part ailleurs, si ce n'est à la frontière chinoise, n'a pas satisfait. D'autres contentieux persistent : les atteintes à l'environnement produites par les industries militaires en Carélie, la pollution des eaux du golfe de Finlande et, au-delà, un ressentiment à l'égard des Soviétiques, à qui les Finlandais furent contraints de céder plusieurs territoires limitrophes lors de l'armistice de septembre 1944 : district de Petchenga (Petsamo), l'isthme de Vyborg-Kexholm et !a bordure nord du lac Ladoga, avec Sortavala, englobée ensuite dans la Carélie, soit 17 980 km^2 et 154 3000 habitants.

Dans l'isthme de Vyborg (ex-Vipuri, deuxième ville finlandaise à cette époque), fortifié par les Finlandais, âprement disputé en 1940 et en 1944, la préoccupation soviétique était de protéger Leningrad : « Comme on ne peut pas déplacer Leningrad, il faut déplacer la frontière », concluait le réaliste Molotov, et la peupler de Russes.

Les rumeurs de proposition de rachat de ces régions ont été démenties (1991). Les relations longtemps cordiales entre les deux États le seront sans doute moins à l'avenir, d'autant que le marché soviétique se réduit et que l'opinion finlandaise prend fait et cause pour les cousins estoniens. Toutefois, une ouverture de la frontière aux flux de travailleurs a commencé pour les Estoniens et peut toucher les Finnois de Vyborg. Une plus grande autonomie économique de Leningrad, où les édiles songent parfois à un statut de quasi-« cité-État » de type hanséatique, peut favoriser une coopération économique autour du golfe de Finlande.

— **Les frontières des États baltes :** Elles sont à l'origine de cinq contentieux. Les deux premiers concernent une demande de modification de limites entre Estonie (dyade de 360 km) et Lettonie (280 km) d'une part, et la Russie d'autre part, au profit de celles-là. Les trois autres intéressent la Lituanie, qui revendique le Nord du secteur de Kaliningrad réclamé à la Russie, et le Nord de la Biélorussie, tandis que celle-ci réclame le Sud de la Lituanie situé entre Grodno et Kaliningrad.

Les limites actuelles des trois républiques avec la Russie et la Biélorussie datent de la période 1940-1945. Elles coïncident très largement avec les frontières internationales négociées entre leurs représentants et le gouvernement des Soviets de Russie en 1919-1920 (traités de paix signés avec l'Estonie le 2 février 1920, la Lettonie le 11 août 1920 et la Lituanie le 12 juillet 1920).

Celles-ci reprennent à leur tour, dans ces confins longtemps disputés entre Suède, Russie, Prusse, Pologne, des traces plus anciennes, de nature variée : contours administratifs internes à l'Empire russe, frontières délimitant les sphères d'intérêt de la Suède et de la Pologne, limites de fiefs. Dans tous les cas se lit une même dynamique : ces frontières suivent des limites de diocèse ou de régions d'influence au sein d'une colonisation-évangélisation de territoires à population païenne, à partir de trois centres :

— le golfe de Riga, point de départ d'un rayonnement concentrique, par la remontée des fleuves et des rivières, au-delà des obstacles mineurs des dépôts morainiques. Un axe fut privilégié, vers l'est, en direction des régions orthodoxes, elles aussi à convertir ;

— le golfe de Finlande, et Tallin, à partir duquel les Danois s'établirent sur le littoral, puis dans l'intérieur ;

— le golfe de Gdansk, à partir duquel agirent les chevaliers Teutoniques, à la demande des Polonais, le long de la côte pour assurer la liaison permanente avec les chevaliers porte-glaive fondateurs de Riga. La Lituanie ne put, de ce fait, disposer d'un accès maritime qu'en 1923, avec Klapeida (ou Memel).

Les rivalités des évêques, chevaliers, barons puis jésuites dans ce front extrême de la Contre-Réforme, laissèrent des traces. Une limite ne fut pas franchie : celle de l'est face aux Slaves qui résistèrent à ces avancées, au long d'une ligne de front qui va de l'ouest de Leningrad aux environs de Vilnius. La présence de forêts épaisses bordant la Velijaka — encore décrites par Élisée Reclus comme des halliers impénétrables — a sans doute contribué à la permanence de cette limite tranchée.

Face à cette frontière ethnique et idéologique furent édifiées des forteresses promues ensuite villes-centres d'évangélisation : Narva, sans résultat ; c'est aujourd'hui une ville à majorité russe ; Dauvagpils (ex-Dynburg) devint au contraire un foyer de diffusion du catholicisme grâce aux jésuites.

Les frontières de 1920 furent tracées en suivant les limites ethno-linguistiques, entre les trois pays baltes. Quelques exceptions à ce principe wilsonien :

— l'extrême-nord de la Courlande, peuplé d'Estoniens, rattaché à l'Estonie et plaçant sous son contrôle l'entrée du golfe de Riga, letton ;

— dans bien des cas, les tracés suivent autant les crêtes mollassiques et les interfluves mineurs que des limites ethniques parfois floues.

Des concessions ont été faites à cette logique, afin, souvent, de préserver des acquis stratégiques :

— un secteur d'une quinzaine de kilomètres a été concédé à l'Estonie entre l'exutoire du lac Peipsi et l'embouchure de la Narva ;

— entre Pskov et Orstov, la frontière suit l'axe de la Velijaka, incluant en Lettonie une région à majorité slave et orthodoxe ;

— le territoire de Memel-Klapeida, à forte minorité allemande, fut placé sous mandat français, puis annexé par les Lituaniens en 1923.

Enfin, les limites de la Lituanie furent plus longues à établir. Du fait d'une longue unité avec la Pologne et d'un brassage des populations, la seule région strictement lituanienne commençait à une vingtaine de kilomètres au nord de Vilnius. Le traité de Moscou de 1920 avait reconnu l'indépendance de la Lituanie, dans des frontières qui sont les mêmes qu'aujourd'hui. En 1922, des corps-francs polonais s'emparèrent de Vilnius, peuplée surtout de Polonais, qui, par référendum, entérinèrent ce coup de force. Il ne fut reconnu par l'État lituanien qu'en 1936.

A la suite du pacte germano-soviétique, la Lituanie fut annexée mais le secteur de Vilnius lui fut restitué, tandis que l'Est et le Sud de la région conquise — secteur de Grodno — par les Polonais furent intégrés à la Biélorussie.

Des rectifications de limites eurent lieu en 1945 : annexion par la Russie de la région située à l'est de la Narva et du secteur de Petseri, au sud du lac Peipsi, peuplés de Russes, aux dépens de l'Estonie ; annexion du secteur de Yaunlatgale, au sud du précédent, et aux dépens de la Lettonie. Les modifications de 1945 sont la première cause des contentieux. En outre, au nord-ouest de la ligne Curzon choisie comme frontière soviéto-polonaise, Moscou procéda au partage de l'ancienne Prusse orientale : la frontière avec la Pologne, d'orientation ouest-est, suit les limites nord des régions de Ermland et Allenstein, revendiquées dès 1918 par la Pologne ; elles se situent à une vingtaine de kilomètres au sud de la voie ferrée Kaliningrad-Kaunas (traité de démarcation du 5 mars 1957).

Avec l'indépendance de la Lituanie, l'oblast de Kaliningrad, d'une superficie de 13 000 km^2, importante base militaire russe et biélorusse, devient une enclave qu'il faut relier à la Biélorussie par un « corridor » routier et ferroviaire, via Vilnius et Kaunas.

Ces divers contentieux, quelque peu formels, prennent sens dans un contexte de volonté de « sortie de l'Union » et dans la réaction que ce scénario suscite chez les anciennes ou nouvelles minorités (Polonais ; Russes). Quoi qu'il en soit, l'indépendance balte est acquise.

L'enveloppe externe de la Russie : les trois marches de Biélorussie, Ukraine et Moldavie

Les trois grandes républiques slaves situées à l'ouest de la Russie ont en commun une caractéristique géopolitique précise et mulltiséculaire : fonctionner comme véritables « marches » entre des noyaux étatiques plus forts, Russie, Pologne-Lituanie, Autriche et Empire ottoman, être soumises à des appartenances politiques, religieuses et culturelles alternées et n'être incluses dans l'Union Soviétique, selon leurs contours actuels, que depuis 1944-1945.

Véritables marches donc, aires de passage des invasions — Biélorussie et Bessarabie —, aires convoitées quand la terre fondait la richesse de la noblesse, surtout la terre noire d'Ukraine, ces espaces n'ont jamais été des États indépendants et l'ethnogénèse s'est toujours appuyée sur un travail de différenciation, de distinction, par rapport à la Pologne ou à la Russie. Tâche exigeante en temps ; or les changements fréquents d'appartenance n'offraient pas la durée nécessaire. Et dans les périodes de plus grande stabilité territoriale, la politique du « centre » s'est efforcée, très brutalement en Ukraine, d'annihiler l'ethnogénèse.

Trois républiques donc, sillonnées de fronts et de frontières comme peu en Europe, sauf au cœur de la Yougoslavie, et dont l'identité longtemps incertaine a facilité l'emprise russe. Chacun des trois cas diffère toutefois, n'étant pas au même degré de maturation nationale, largement pour des raisons géopolitiques.

— **La Biélorussie et la dyade polono-soviétique (section nord) :** *A l'est de la Pologne, la ligne Curzon a été reprise et corrigée.* Trois dyades ont été créées en 1945 qui ont réparti les territoires de l'Allemagne dans ses frontières de 1937 en quatre États. A l'est, la ville de Königsberg et le Nord de la Prusse orientale ont été intégrés dans la République fédérative de Russie. La frontière russo-polonaise a été reculée de 150 kilomètres vers l'ouest par rapport à celle du traité de Riga de 1920 et fixée sur la ligne Curzon. Le diplomate britannique, reprenant les conclusions de la « commission aux affaires polonaises » et de Clemenceau, avait proposé une ligne allant de Grodno à Przemysl en passant par Valovka, Nemurov et Brest-Litovsk. Elle coïncidait avec la limite entre les régions de peuplement polonais et celles habitées par les Biélorusses et les Ukrainiens.

Refusée par les Polonais qui rêvaient de reprendre les frontières de 1772 bordant le Dniepr et les environs de Kiev et qui, à Riga, avaient obtenu d'inclure cette bande biélo-russe et ukrainienne large de 150 kilomètres, elle fut, non sans raison, imposée par les Soviétiques. La frontière de 1920 était en effet inacceptable pour le nouveau pouvoir russe ; dès l'invasion nazie en Pologne, c'est la ligne Curzon qui sépara les troupes allemandes et russes en 1939 et ce tracé fut confirmé par les deux Alliés à Potsdam puis par les Russes et les Polonais lors du traité d'août 1945, avec quelques modifications entre le haut Bug et la frontière slovaque (Lvov inclus en U.R.S.S.).

Alors qu'un accord de bon voisinage a été signé entre la Pologne et l'Ukraine en octobre 1990 à Kiev, son équivalent a été refusé par la république de Biélorussie. La raison en est moins un éventuel contentieux portant sur le « rayon » de Bialystok restitué à la Pologne en août 1945 (11 000 km^2) que le sort des habitants co-nationaux qui y résident (600 000 en 1945 ; un demi-million aujourd'hui, évaluation incertaine en raison du refus polonais de reconnaître des minorités nationales sur son sol jusqu'à une date récente).

La ligne Curzon traverse ainsi une zone de confins laissant de part et d'autre des minorités : 417 000 Polonais à l'est du Bug ; environ 500 000 Biélorusses à l'ouest.

Les premiers revendiquent l'établissement d'une entité politico-administrative nationale. Les seconds ont formé une Association démocratique biélorusse en 1990, dans la circonscription de Byalistok, pour faire entendre leurs droits. Les Biélorusses de confession catholique sont assimilés à des Polonais par la hiérarchie catholique et les orthodoxes à des âmes qu'il faudrait ramener à la « vraie foi ». Le front idéologique est de nouveau actif, sur les confins de la Pologne catholique, qui suscite une réaction nationalitaire, distincte. La disposition d'un territoire aux limites stables et d'une capitale, Minsk, la reconstruction et la modernisation consécutives aux destructions massives de la guerre, l'augmentation du pourcentage relatif de Biélorusses dans la république à la suite du massacre des élites urbaines juives et polonaises, freinèrent peu l'assimilation à l'ensemble russe.

Il faut en réalité attendre les changements en Europe de l'Est et dans les régions Baltes pour que des élites biélorusses, jeunes, prennent conscience de leur distinction et de leurs atouts : infrastructure industrielle plus moderne, découverte d'une situation géographique de passage obligé utilisable dès lors que Moscou veut renouer avec l'aire économique européenne, multiplication des échanges, accords de jumelages, entreprises conjointes, bref un début d'ouverture qui aura des conséquences intérieures, avec l'affirmation probable d'une identité distincte. Déjà préexistent la base territoriale et la possibilité de nouer des relations extérieures vers l'ouest. Nul doute que les élites de Minsk chercheront, par des contacts à l'extérieur, à rattraper ce retard d'identité.

Entre Biélorussie et Ukraine subsistent deux contentieux : le premier est relatif au secteur ukrainien de Jitomir, Korosten et Novograd-

Volynskij, tandis que le second concerne la région biélorusse de Gomel. Mais, la présence, entre ces deux régions, de la centrale de Tchernobyl, située sur la rive droite du Pripet, à une quinzaine de kilomètres seulement de la limite avec la Biélorussie, a atténué l'intérêt d'un tel échange.

— **Ukraine, un espace frontière par excellence :** La dyade Biélorussie-Ukraine suit une limite ethnique même si l'on trouve 440 000 Biélorusses dans le Nord-Ouest de l'Ukraine et 291 000 Ukrainiens dans le Sud-Est de la Biélorussie. De même les Ukrainiens sont majoritaires entre Voronej et Belgorod, situés en Russie.

En cas d'impossibilité d'accord entre la Russie et l'Ukraine, qui peuvent toutes deux nourrir une « querelle des investitures » sur la légitimité du noyau fondateur de l'entité « Rous », Kiev ou Moscou, des questions graves de délimitation pourraient surgir entre l'est du Dniepr et l'ouest de la Volga.

Les limites orientales des deux républiques avec la Russie reposent sur des traces historiques anciennes, celles qui marquaient le contact entre le royaume polono-lituanien des Jagellon et la Russie, puis celles des gouvernements tsaristes. Elles ne suivent pas les limites nationales puisque l'on rencontre des Ukrainiens dans la moitié sud de Voronej ainsi que dans celle de Krasnodar et dans le Kouban *. Inversement, la population russe d'Ukraine s'élève à 11,3 millions ; c'est le groupe non autochtone le plus nombreux, et il domine dans la partie est de la république, en Crimée, dans le Donbass (Vorochilovgrad, Donetzk), à Kharkov, Dniepropetrovsk et Zaporoje. Ils forment le quart de la population de Kiev.

Le trait géopolitique spécifique de l'Ukraine, dans le passé, fut sa situation d' « espace frontalier » — « ukraina » : d'où, jusqu'à l'aube de ce siècle, l'absence d'un État. C'est la plus nombreuse nation d'Europe à n'en pas disposer. La nature de la relation avec la Russie est à l'évidence le nœud de la « question soviétique ». Une orientation confirmée de l'État soviétique vers une insertion plus forte dans l'ensemble européen peut favoriser l'Ukraine et donner une raison de créer une fédération russo-ukrainienne. A l'inverse, un choix de repli sur soi de la part des Russes de Russie compromettrait cette ouverture européenne et la viabilité d'une alliance avec la nation ukrainienne.

Le plus étonnant de l'histoire du territoire de l'Ukraine est qu'il fut en quelque sorte « réunifié » par Staline, le pacte de 1939 offrant l'annexion de l'Ukraine occidentale (Lvov). Celui-là même qui, après une politique d' « ukrainisation » conduite par Kaganovitch, et visant, de 1923-1928 (la langue ukrainienne était promue langue officielle), à marquer la différence d'avec les régions ukrainiennes passées sous contrôle polonais, organisa après 1930 le massacre des élites ukrainiennes au motif de leur « nationalisme bourgeois ».

Lors du référendum de mars 1991, un vote massif en faveur de l'indépendance s'est exprimé en Ukraine occidentale dans l'ancienne Galicie, notamment à Lvov, Ternopol et Ivano-Frankovsk. Le résultat

* Un accord de bon voisinage a été conclu avec la Pologne, à Kiev, en octobre 1990, prévoyant l'établissement de relations consulaires (on compte 200 000 Polonais dans l'Ouest de l'Ukraine, en Galicie).

fut interprété par les animateurs du mouvement indépendantiste non pas comme l'expression d'un régionalisme galicien mais comme l'amorce d'un processus général, pour laquelle la Galicie serait comme un « Piémont » ukrainien; mais y aura-t-il un Napoléon III pour le soutenir et où? A Varsovie? On y garde assurément la nostalgie des « kresy », des confins qui formèrent après 1918 la « Polska B » et que la revue polonaise de Paris, Kultura, nommait l'U.L.B., « Ukraine, Biélorussie et Lituanie » *. L'indépendance a été proclamée en août 1991.

L'avenir d'une telle ambition paraît déterminé avant tout par le degré d'adhésion des populations ukrainiennes et russes d'Ukraine centrale et orientale à ce projet et à la faisabilité d'un accord horizontal avec la Russie souveraine. Ira-t-on vers une sorte de « compromis dualiste » comparable à celui qui permit, un temps, d'actualiser la relation austro-hongroise après 1867 sur des bases plus équilibrées, entre Vienne et Budapest?

Dans cet esprit, les indépendantistes ukrainiens développent la représentation d'un rôle de « pont » entre l'Ouest européen et l' « Est », modernisant ainsi une situation géopolitique ancienne mais sur la base d'une nation qui serait dotée enfin d'un État. Deux exigences s'imposent à eux : étendre la « natio-genèse » sur l'ensemble de la république, organiser la « stato-genèse », avec ses attributs : presse, élections, langue, histoire, service militaire sur place, monnaie, douane.

— **Moldavie : un territoire spécifique pour une fraction de la nation roumaine :** L'interaction Moldavie/Ukraine est complexe et conflictuelle, puisque l'ancienne Bessarabie** a été divisée entre les deux républiques : la plaine, entre le Danube et Odessa, relève de l'Ukraine, qui d'ailleurs revendique le Dniestr comme frontière sud-ouest. La Moldavie a une visée ancienne sur le Sud-Ouest ukrainien; oblast de Tchernovsty, au sud du Dniestr, Bucovine du Nord.

En outre, les Ukrainiens et les Russes sont une forte minorité, de l'ordre de 1,2 million, contre moins de 3 millions de Moldaves. Le retour à l'alphabet latin et la stratégie sécessionniste moldave a provoqué chez les Ukrainiens et les Russes la formation d'une république indépendante du Bas-Dniestr, centrée sur Tiraspol, Benderi et Rybnits, tandis que les minorités gagaouzes (153000) et bulgares (88000) revendiquent leur autonomie dans les régions méridionales de la Moldavie.

Au-delà, c'est la relation avec la Roumanie voisine qui importe. Région sous suzeraineté ottomane, la Bessarabie fut conquise par le tsar en 1812 et ses villes peuplées de non-Roumains. La réunion à la Roumanie en 1918 ne fut pas reconnue par Moscou, qui l'inclut dans sa sphère d'influence lors du pacte germano-soviétique. La Moldavie est la seule république de l'Union dont le foyer national se localise en dehors des frontières de l'État soviétique.

Le pouvoir s'est ainsi trouvé devant une contradiction : créer une république en 1945, aux dépens de l'Ukraine, pour manifester un projet

* Le Rukh, Mouvement populaire d'Ukraine pour la perestroïka, s'est engagé à autoriser le retour des Tatars de Crimée déportés par Staline en 1945 et à y rétablir une république autonome. Celle-ci pourrait toutefois ensuite exiger la sécession.

** La Bessarabie avait été russe de 1812 à 1918. La Bucovine fut autrichienne de 1775 à 1918.

national spécifique — puisque l'Union ne fédère que des nations, selon Staline —, imposer l'alphabet cyrillique sur une langue latine, bref, jeter les bases d'une nation et, dans le même temps, la séparer de sa source, la Roumanie, en encourageant la venue de Russes et d'Ukrainiens. L'importation de livres roumains diffusés à partir de la capitale culturelle de l'ancienne principauté moldave, Iasi, fut interdite.

Gorbatchev régnant, les Moldaves du Front populaire ont d'abord renoué avec leur identité linguistique en rétablissant l'alphabet latin, reléguant du même coup les autres peuples au rang de minorités allogènes. Après le coup d'État de Bucarest en 1989, un processus d'unification culturelle s'est engagé, servant une relecture de l'histoire. Or celle-ci montre que lors de l'annexion du Nord de la Moldavie plusieurs régions roumaines furent incluses dans l'Ukraine, Bucovine, Balta. Par un parcours différent, la proclamation de la république russo-ukrainienne du Dniestr et de l'autonomie gagaouze et bulgare, réduit de nouveau l'aire sous contrôle du Front populaire.

Enfin, dès janvier 1990, le fleuve frontière, le Prut, affluent de la rive gauche du Danube, fut franchi par les nationalistes moldaves, qui appelèrent à une réunification **. Celle-ci n'est pas encouragée par le nouveau régime de Bucarest, dépendant de l'État soviétique. C'est donc une différence essentielle avec le processus qui a uni l'Allemagne. En revanche, les Moldaves sont aussi déterminés que les Allemands de l'Est et, comme les Baltes, décidés à sortir de l'Union. Mais celle-ci garde, plus que dans les républiques baltes, les moyens de freiner ce processus inéluctable, en jouant de la complexité des configurations frontalières, où sont impliqués deux États ainsi que la république d'Ukraine, bénéficiaire, dans le passé, de l'application du pacte Molotov-Ribbentrop.

Cas unique à la périphérie de l'U.R.S.S., laboratoire aussi des effets internes et externes de l'émancipation nationale, qui joue ici dans le sens de l'unification avec l'État roumain, créé avec l'aide de Napoléon III par l'union des principautés de Valachie et de Moldavie dans une marche ukraino-ottomane floue.

Un traité d'État d'amitié, de coopération et de bon voisinage entre la Roumanie et l'U.R.S.S. a été signé le 5 avril 1991, qui reconnaît l'inviolabilité des frontières, c'est-à-dire qui constate l'existence de « deux États roumains » **. La république souveraine de Moldavie n'a pas été consultée, où l'on estime que « les frontières sont des fictions ». Tout en ayant fait le choix de la « réunification » à long terme, les Moldaves paraissaient encore hésitants sur le moyen de sortir de la sphère soviétique ; indépendance ou rattachement à une Roumanie qui n'est guère attractive dans l'immédiat, pas plus qu'elle ne le fut après 1918 ? L'on s'achemine vers une politique contrôlée, par Moscou et

* Les premières visites de Roumains datent de Noël 1989. Le Front populaire roumain parla, en avril 1990, de la « Bessarabie, terre sainte séparée de la patrie », et, depuis le 6 mai 1990, la circulation est libre entre Oungueni et Iasi. A Kichinev-Chisinau est affirmée l'existence « d'une seule langue, d'une seule nation » mais aussi d'une « Grande Roumanie », incluant la Bucovine et le Sud de l'Ukraine.

** Le traité de paix de février 1947 reprend les clauses de l'accord soviéto-roumain de 1940, effet du pacte germano-soviétique de 1939.

Bucarest, de « frontières ouvertes » entre deux entités pour l'instant distinctes. Mais la « réunification » suivra de peu l'indépendance.

Les marches asiatiques de la Russie

Plus encore que sur le versant européen, se manifeste sur ces confins l'échec du projet démiurgique de la formation d'un *homo sovieticus.*

En outre, il est plus délicat de dissocier les facteurs internes du jeu des influences ou des répercussions externes, d'autant que les garanties internationales de stabilité obtenues par l'U.R.S.S. dans le cadre de la conférence sur la Sécurité et la Coopération en Europe ne s'appliquent pas aux théâtres situés à l'est de la frontière turque.

— **Caucasie du Nord et Transcaucasie; exclaves et désenclavements :** En Transcaucasie et sur le piémont du Caucase Nord, entre la mer d'Azov et la mer Caspienne, on dénombre le tiers des litiges frontaliers et territoriaux, des querelles inter-ethniques et des revendications de changements de statut politique de l'ensemble de l'U.R.S.S. Or ce sous-ensemble ne compte que pour moins de 9 % du total de la longueur des frontières internes de l'Union et 10 % de sa population. « L'acuité qu'ont pris récemment les conflits inter-ethniques place les géographes, les planificateurs ou les décideurs politiques face à des choix délicats : plus qu'ailleurs en U.R.S.S., la rationalité géographique ou économique se heurte ici à l'importance que prennent les frontières nationales », souligne le géographe Jean Radvanyi (1990, 263). L'auteur rappelle que les géographes arabes appelaient le Caucase « la montagne des peuples ». Vingt-huit millions d'habitants sur 440 000 km^2, 3 républiques de l'Union plus le Sud de la république de Russie, 7 républiques autonomes, 3 oblasts autonomes, qui font de cet espace une mosaïque ethnique, géographique, historique très complexe.

Aire frontière entre la Russie tsariste et les Empires ottoman et perse, elle fut intégrée à l'Empire russe depuis le premier tiers du XIXe siècle pour protéger les Arméniens et les Géorgiens chrétiens des menaces méridionales. La frontière du sud-ouest, russo-turque, fut fixée en 1878 à la paix de San Stefano, puis au traité de Berlin (sauf la région de Bayazid), du nord de Batoumi au haut Araxe, à l'est du coude de Kars, puis au sud de l'Araxe jusqu'à Nakhitchevan. Étendue au sud par la conquête de Kars et Ardahan, elle fut ramenée à son tracé actuel en 1921 (traités de Moscou et de Kars).

Un État arménien indépendant pourrait-il faire le deuil de la possession du mont Ararat, qui figure sur les emblèmes nationaux, et de l'ancienne Arménie occidentale, situés en territoire turc ?

A l'est, la limite avec l'Iran est également une frontière de conquête, fixée par le traité de Gulistan (1813) et de Turkmanchaï (1828). Pour rompre les réseaux culturels actifs qui unissaient Bakou, pôle économique rayonnant sur la base de la richesse pétrolière, Kazan, capitale tatare, Tabriz et Istanbul, Staline ferma les frontières avec l'Iran et la Turquie.

Au nord, enfin, la limite entre Russie et pays du Caucase fut ponctuée de lignes de fortifications cosaques, les « stanitsa », au-delà desquelles s'ouvraient des terres de conquêtes et de violences. La frontière russo-géorgienne suit d'ailleurs très largement, depuis l'ouest, à Sotchi et Gagra, les crêtes du Grand Caucase, haute chaîne d'allure pyrénéenne, qui n'est percée que de deux routes : elles vont d'Ordjonikidzé, capitale de l'Ossétie du Nord, à Kutaisi et à Tblissi par deux cols situés respectivement à 2 829 et 2 384 mètres, dont le col de la Croix ou Krestovyi Pereval, marqué d'une croix de bois sous Catherine II. C'est depuis 1799 la grande route militaire du Caucase.

De ces considérations militaires, il appert que les peuples du piémont nord, altaïques et caucasiens — Tcherkesses et Tchétchènes —, turco-altaïques — Balkares et Karatchaïs — et iraniens — Ossètes — sont inclus dans la république de Russie. Ils disposent d'un statut d'autonomie dans quatre oblasts et républiques. Souvent regroupés par deux ethnies différentes, ils revendiquent la création d'entités à base administrative nationale, tandis que les Ossètes, séparés en deux unités, l'une en Russie, l'autre, au sud, en Géorgie, exigent leur unification. La fréquence des rectifications de limites depuis les années 1920 nourrit d'innombrables litiges.

L'aspiration à l'autonomie territoriale sur une base mono-ethnique s'étend aux groupes dispersés du piémont, Grecs de Krasnodar, Turkmènes de Stavorpol, Allemands et Cosaques de Krasnodar, Nogays d'entre Trek et Kouma.

Enfin, les tensions n'en sont pas moins fortes au sein des trois républiques de Transcaucasie et entre elles. Certes, il s'agit des républiques les plus homogènes de l'U.R.S.S. : 94 % d'Arméniens en Arménie, 83 % d'Azéris en Azerbaïdjan et 70 % de Géorgiens en Géorgie. Mais elles comportent cinq entités enclavées, héritées des décisions du Kavbureau, ou Bureau caucasien, prises en mars et juillet 1921.

La question du Nagorno-Karabakh, exclave à majorité arménienne en territoire azeri, posée avec violence en février 1989, n'est que l'aspect le plus connu des tensions qui affectent la totalité des trois républiques. Rien de cela n'est neuf et la brève période d'indépendance (1918-1921) de ces nations fut marquée d'hostilités ouvertes portant sur l'aire d'extension de la souveraineté (conflit entre Géorgiens et Arméniens sur le district de Lore). Déjà à cette période le pouvoir central avivait les tensions entre majorités et minorités (Ossètes du Sud, en conflit permanent avec les Géorgiens, et Adjares, qui sont des Géorgiens musulmans) pour mieux reprendre pied.

Les limites de l'Arménie soviétique coïncident avec celles, restreintes, de l'ancien gouvernement tsariste d'Erevan. Mais les élites arméniennes étaient nombreuses à Tbilissi et à Bakou au moment de l'incorporation à l'U.R.S.S. Le traité de Sèvres et les massacres antérieurs ont mis fin au rêve de Grande Arménie. Les traités russo-turcs de 1921 stipulèrent que le Nakhitchevan, peuplé en partie de Kurdes, serait un district autonome de l'Azerbaïdjan ; Ankara souhaitait ainsi conserver une liaison terrestre directe avec Bakou. C'est un des rares cas de limites internes décidées dans un traité international. Les deux exclaves — Nakhitchevan et Haut Karabakh — sont ouvertement revendiquées par l'Arménie depuis 1988. Le Karabakh est aussi le symbole de l'insatisfaction arménienne à l'égard des frontières de la

République et de l'immunité turque à propos du grand drame de 1915, les Azeris étant assimilés à des « Turcs ».

Les crises récentes ont entraîné d'importants transferts de populations, 84000 Azeris se trouvant en Arménie et 390000 Arméniens en Azerbaïdjan au début de 1988. La moitié d'entre eux au moins a dû se réfugier dans la République co-ethnique. De son côté, l'Azerbaïdjan revendique le Zanguezour, exclave située en Arménie, à la frontière de l'Iran.

Les contentieux entre Géorgie et Azerbaïdjan ne sont pas moins sérieux ; l'un d'entre eux porte sur le secteur de Kazah, que traverse la route Tbilissi-Erevan-Bakou.

Les positions apparaissent inconciliables dans un cadre bilatéral. Ainsi, le pouvoir central a refusé de transférer l'administration du Karabakh à l'Arménie pour éviter le précédent de l'autodétermination. Cependant, la crise de l'U.R.S.S. et la déclaration d'indépendance de l'Arménie en 1990, comme celle de la Géorgie en 1991, élargissent le cadre de la recomposition géopolitique du Caucase.

En effet, l'on a vu, en janvier 1990, des Azéris attaquer des postes-frontières soviétiques sur l'Araxe, sur une longueur de 150 kilomètres et revendiquer la liberté des relations avec les Azéris du Nord de l'Iran et la possibilité de mettre en culture les terres irrigables laissées en friche pour des raisons militaires. Le Front populaire Azéri, tout en optant pour l'exercice de la souveraineté, a exigé l'abolition des barrières politiques. Une entente objective existe entre Moscou et Téhéran pour enrayer un rapprochement entre les deux parties de l'Azerbaïdjan et l'Armée rouge patrouille le long de l'Araxe, barrière à l'expression de la « solidarité islamique ».

Pour leur part, les Azéris soviétiques cherchent à nouer des liens économiques avec la Turquie. Certes, ils ne firent pas partie de l'Empire ottoman et, bien que turcophones, ont vécu dans la sphère iranienne. Mais ils préparent une stratégie de désenclavement, par l'établissement de liens directs — aériens et routiers — avec les pôles économiques du plateau anatolien.

De leur côté, les dirigeants nationalistes arméniens s'interrogent sur les alliances à nouer pour se dégager de l'emprise soviétique. Si une relation avec l'Iran permettrait d'acquérir du pétrole ailleurs qu'à Bakou, c'est l'accès à la mer Noire qui est un objectif stratégique, pour le développement des relations économiques avec l'Europe et les diasporas arméniennes. Il passe soit par la Géorgie et Batoumi, soit par la Turquie et Trébizonde. Ce serait un renversement d'alliance paradoxal, mais il chemine dans les esprits des dirigeants indépendantistes d'Erevan.

En Turquie même, l'affaiblissement de l'U.R.S.S. et la politique d'ouverture — qui est ici littérale, dans des confins russo-turcs longtemps clos, au contact du flanc sud de l'O.T.A.N. et de l'U.R.S.S. — offrent au pouvoir turc et à ses puissants conglomérats industriels et financiers à contrôle familial, l'occasion d'une stratégie d'expansion économique et culturelle autour de la mer Noire et dans le Caucase.

L'initiative de la formation d'un marché commun régional de la mer Noire (réunions d'Ankara de décembre 1990 et d'Istanbul d'avril 1991 ; visites du président turc à Moscou et en Ukraine) marque la volonté turque de prendre pied, au plan économique, dans des États et des républiques auprès desquels la Turquie apparaît comme une puissance régionale *. Il est notable que la république d'Arménie soit associée à ce projet.

De profonds bouleversements géopolitiques se préparent donc pour les nations du Caucase.

Dans le passé, la représentation dominante était celle d'une vaste aire frontière entre l'Europe et l'Asie. Cette position de contact fut de nouveau mentionnée lors de l'effondrement de l'Empire tsariste, qui eut un retentissement considérable dans le Caucase. Ainsi, au Congrès général géorgien de décembre 1917, Noë Jordania, chef et fondateur du Parti social-démocrate géorgien, estima que la Géorgie était revenue à la même situation qu'à la fin du XVIIIe siècle : opter pour l'Asie représentée par la Turquie ou pour l'Europe incarnée par la Russie. « Notre rapprochement avec la Russie à la fin du XVIIIe siècle a donné des résultats positifs. La réunion de la Géorgie et de la Russie n'a pas eu lieu sous des influences occidentales. C'était pour nous une nécessité historique. Devant nos ancêtres s'est posé le problème du choix entre l'Orient et l'Asie et l'Occident et l'Europe. Nous savions très bien que si nous nous séparions de la Russie, cela signifierait pour nous la mise à genoux devant l'Orient. » (N.E.D., février 1946, p. 12).

Aujourd'hui, l'accès à « l'Europe » ne semble plus devoir passer par l'U.R.S.S. ni même la Russie, mais, paradoxalement, par la... Turquie. Moscou peut trouver un certain mérite à des changements où la sécession contrôlée par la Turquie assurerait plus de stabilité que le maintien à tout prix d'un ordre soviétique dépassé.

— **Kazakhstan et Asie moyenne ; les effets inattendus de la délimitation de 1924 :** Ces deux entités forment l'Asie centrale. Comme dans le Caucase, les querelles ethniques et territoriales ne manquent pas, et l'on recense dix-neuf cas de litiges graves, soit le quart de ceux qui affectent l'Union (Kolosov V. et al., 1991). Cependant, la situation géopolitique des deux sous-ensembles est différente.

Au *Kazakhstan,* la part des Kazakhs n'est que de 39,4 % du total de la République et les seuls Russes sont encore aussi nombreux que les Kazakhs, effet d'une ancienne politique de colonisation agricole impulsée par l'abolition du servage (1861), systématisée par les réformes de Stolypine et la politique des « terres vierges » de Khrouchtchev et Brejnev. La République ne fait pas exception dans le mouvement d'expression nationale, depuis les émeutes d'Alma Ata de décembre 1986 : instauration de la langue kazakh comme langue officielle (septembre 1989) même si le russe reste la langue de communication inter-ethnique, début d'un retour à l'enseignement de l'alphabet arabe, critiques sévères contre la dégradation de l'environnement — mer d'Aral — et les essais nucléaires — Semipalatinsk —, tensions inter-ethniques et émigration de Russes, refus croissant d'une culture et d'une histoire exclusivement russes.

Il reste que le Kazakhstan, qui a une frontière de plus de 7 540 km avec la Russie et occupe une position stratégique dans la logistique

* Certains dirigeants politiques n'ont pas hésité à évoquer, tels Ercument Konukman, en 1990, la mise en place d'une chaîne d'États « à drapeau turc ». Il a été désavoué.

entre la Russie occidentale et la Sibérie, est une annexe technique de la Russie. Au plan régional, les Kazakhs ne sont majoritaires que dans les districts situés entre la Caspienne et la mer d'Aral et ils ne dépassent la moyenne républicaine (39,4 % en 1989) que dans les districts du Sud, entre la mer d'Aral et le lac Balkach, bien qu'ils ne comptent que le cinquième de la population d'Alma-Ata, la capitale.

En cas de recomposition de l'Union autour d'un binôme russo-ukrainien ou de la seule fédération russe, la question du partage du Kazakhstan se poserait si les critères ethniques étaient retenus comme primordiaux.

Un second facteur caractérise le Kazakhstan, sa position limitrophe avec la Chine périphérique non Han. La frontière du Xinjiang chinois a été définie lors de l'accord de Kashgar de 1884, puis reconfirmée après l'échec de la république du Turkestan oriental (1943-1949). Des groupes co-ethniques se localisent des deux côtés. Après un quart de siècle de fermeture, la frontière a été ouverte en 1985, avec la zone d'échanges de Horgos, dans la vallée de l'Ili. Une liaison ferroviaire entre Alma-Ata et Urumqui, via le poste-frontière d'Alasha, est en voie d'achèvement. Une zone économique spéciale est à l'étude à Huoerguosi (Ili).

Pourtant, cette perméabilité contrôlée des échanges et l'augmentation notable des flux commerciaux ne doit pas masquer les tensions croissantes qui se manifestent dans le Xinjiang entre le pouvoir central, les Hans d'un côté et les Ouïghours et les Kazakhs de l'autre. L'émergence des mouvements nationalistes en Asie centrale soviétique — Kazakhstan et Ouzbékistan — ont un impact avéré au Xinjiang, où les minorités tentent de résister à la sinisation et affichent leur volonté séparatiste ; des liens directs avec les Kazakhs et les Ouzbeks, qui sont en passe de conquérir leur autonomie culturelle, linguistique et religieuse, seraient un appui précieux. C'est sans doute pourquoi trois postes-frontières ont été de nouveau fermés en avril 1990. Une politique des nationalités dans la région autonome ouïghoure est envisagée par le pouvoir central de Pékin pour fragmenter l'aire culturelle ouïghoure *. On tente en quelque sorte d'appliquer au Xinjiang la méthode de balkanisation imaginée par Staline, dont on découvre pourtant les effets inattendus en Asie moyenne.

Dans les républiques d'*Asie moyenne,* les litiges frontaliers et les tensions inter-ethniques ne sont qu'un des symptômes des changements à l'œuvre.

Contrairement à des prévisions fréquentes, ce n'est pas en Asie moyenne que l'Empire soviétique a commencé à imploser, en dépit d'une forte croissance démographique, de la renaissance de l'appartenance à l'aire islamique et de la guerre menée dans l'Afghanistan voisin pendant près de dix ans. La dépendance économique à l'égard du Centre explique sans doute que les dirigeants de ces républiques continuent d'adhérer au projet gorbatchévien de rénovation de l'Union, ainsi que l'a montré leur acceptation de participer au référendum de mars 1991. Mais la Russie va-t-elle continuer de subventionner ces républiques ?

* Valérie Niquet, « Le Xinjiang et les républiques soviétiques d'Asie centrale », in *Courrier des pays de l'Est,* n° 355, décembre 1990.

Néanmoins, un mouvement d'affirmation nationale de grande ampleur se développe, sur les bases mêmes des configurations territoriales issues de la géopolitique stalinienne. Les conflits de frontières comme les tensions inter-ethniques — entre Tadjiks et Ouzbeks, entre Turkmènes et Ouzbeks — attestent de l'attachement des divers groupes ethno-linguistiques à leur identité propre forgée sur une base géographique nouvelle pour eux.

La république **d'Ouzbékistan** fut formée en octobre 1924, lors de la délimitation, par regroupement des districts de l'Amou Daria, du Syr Daria, de Samarkande, du Ferghana qui relevait de l'émirat de Boukhara, et d'une partie du khanat de Khiva.

La république autonome du Tadjikistan en fut détachée en 1929 et en 1936, une autre république autonome située à l'ouest et au sud de la mer d'Aral, celle de Karapalkak, alors partie de la Russie, y fut incorporée ; elle est aujourd'hui revendiquée par le Kazakhstan, qui fut république autonome de la Russie, comme le Kirghiztan, jusqu'en 1936.

La « balkanisation » volontaire du Turkestan et des entités politiques préexistantes, Boukhara, Kokand et Khiva, voulait briser les cadres de solidarité anciens et « diviser pour régner ». Tout se passe aujourd'hui comme si cette politique de promotion de « nationalités » visant à favoriser la domination russe était en passe d'aboutir à la formation d'une conscience nationale sur la base des territoires délimités un demi-siècle plus tôt. Là aussi, un processus de natio-genèse est en cours, qui conduira à terme à l'échec du contrôle russe sur l'Asie moyenne. L'émigration des Russes depuis les diverses villes de l'Asie moyenne — dont l'espace est structuré à la manière des villes du Maghreb durant la colonisation française, avec la ville « européenne » et la ville « indigène » — est un signe clair de l'opposition croissante à la russification.

La proportion de Russes présents dans ces républiques baisse, qui indique qu'un effondrement des structures d'encadrement colonial est en cours. Cette inversion de tendance est d'ailleurs cohérente avec la montée d'un nationalisme russe qui exprime une volonté de décolonisation, d'abandon des périphéries subventionnées et de repli des investissements sur la Russie.

La formation de groupes politiques d'opposition — Adilet (Justice) et Jeltoksan (Décembre, allusion aux émeutes de décembre 1986 à Alma Ata) au Kazakhstan, Ashar au Kirghiztan, Birlik (Unité) et Erk (Volonté) en Ouzbékistan, Rastojez (Renouveau) au Tadjikistan, Agjybirlik (Unité) au Turkménistan — paraît traduire davantage des préoccupations locales ou nationales que la naissance de mouvements à connotation panturque ou panislamique. Font défaut, en Asie moyenne, la mémoire collective d'un État « turc » comme l'influence de liaisons étroites avec les turcophones de l'Ouest. Cependant, l'Islam est une valeur partagée, réactivée par les écoles coraniques de Tachkent et de Boukhara (réouvertes en 1989).

En outre, l'Asie moyenne présente une large variété de situations républicaines, en fonction des particularités de l'organisation sociale, du rythme et des modalités de la colonisation russe. De plus, on relèvera la fonction particulière des Ouzbeks, nombreux (16,7 millions), présents dans toutes les républiques (2,5 millions hors de la

République). Ils furent longtemps les sous-traitants de l'influence russe en Asie moyenne et les piliers de l'économie de coton. Ils pourraient jouer dans les régions musulmanes le rôle oppositionnel et représentatif assumé par les Tatars dans le passé. Par ailleurs, ils furent actifs dans la soviétisation de l'Afghanistan, notamment du Nord, gérée depuis Tachkent.

Les **Turkmènes** restent structurés en confédérations tribales, avec les Ersery, les Tekke et les Yaroud. Ils gardent un souvenir vif du choc avec les colons russes. La mémoire anti-russe, dans une région frontière qui fut l'un des bastions du mouvement des Basmatchis (1918-1936), se nourrit aussi des épisodes de la conquête coloniale, avec le massacre de plusieurs milliers de Turkmènes lors de la prise de Geok-Teppe en 1881. Les Russes forment l'encadrement moderne de la république la plus pauvre d'Asie moyenne, et s'ils sont dix pour cent de la population, ils comptent pour près de la moitié de celle d'Achkabad, la capitale. On observe aussi que des relations croissantes se nouent avec les groupes co-ethniques de l'Iran du Nord-Est et de l'Afghanistan du Nord-Ouest.

Dans le **Kirghiztan,** les querelles portant sur l'eau et la terre ont été déclenchées contre les voisins tadjiks depuis 1989. Mais l'émergence d'une opposition nationale paraît plus lente. Les Russes forment encore près du quart de la population totale. Dans le **Tadjikistan,** de culture perse, la scène est dominée par les conflits avec les minorités ouzbeks, au nombre de 1,9 million pour 3,2 millions de Tadjiks. Un tel nombre indique assez qu'ils sont localement majoritaires.

Les frontières du Tadjikistan sont parmi les plus complexes de l'Asie moyenne, car la conquête russe y fut conduite par étapes. Le Nord fut annexé aux dépens de Boukhara dès 1866 et, de ce fait, modernisé plus tôt, à partir des secteurs miniers et des villes-gares de Khojdent (Leninabad), Proletarsk, Oura-Tioubé et Kanidabam, dans cette enclave septentrionale coincée entre Ouzbékistan et Kirghiztan. Cette région fut l'un des points forts du bolchevisme à partir de 1917. Le Centre et le Sud étaient restés sous contrôle formel de l'émirat de Boukhara jusqu'en 1918 et furent ensuite un terrain de résistance des Basmatchis jusqu'en 1931.

En 1920 fut créée une république soviétique populaire de Boukhara. Le Comité central exécutif pan-russe définit en 1925 une république autonome en Ouzbékistan, qui englobait les districts à majorité Tadjik du Nord, à l'économie plus moderne. La frontière entre Ouzbékistan et Tadjikistan fut modifée en 1929 pour inclure ces districts du Nord dans la nouvelle République fédérée tadjik, instituée à cette date. Mais le nouveau découpage, corrélatif d'une volonté d'écraser le mouvement Basmatchi, englobait de fortes minorités ouzbéks, tandis qu'à l'inverse les villes ouzbéks, telles Samarkande et Boukhara, conservaient d'importants groupes tadjiks.

La décision soviétique de ne pas traiter les Tadjiks rebelles comme une simple minorité ethnique à l'intérieur de l'Ouzbékistan et de mieux les contrôler par un découpage administratif plus serré débouche aujourd'hui sur la préexistence d'un territoire spécifique, une des conditions de l'émergence d'un mouvement national. C'est entre Ouzbeks et Tadjiks que les frontières de 1924-1929 sont le plus ouvertement contestées en Asie moyenne.

— **Russes et Mongols ; vers une nouvelle interaction :** Plus à l'est, l'enveloppe russe coïncide avec celle de l'Union, aux confins de la Chine et de la Mongolie. Les enclaves ethniques ne disposent pas d'une assise républicaine à part entière (un demi-million d'habitants). Des contestations se sont élevées pourtant, dans la région de peuplement bouriate, groupe bouddhiste de culture mongole, qui avait autrefois fourni les guides de l'exploration russe autour du lac Baïkal avant que la frontière ne fut délimitée par les Mandchous dès 1680.

La République autonome bouriate de 1923 fut brutalement russifiée, selon les méthodes habituelles, de manière à briser les liens culturels et linguistiques avec la Mongolie. Puis, l'ensemble bouriate fut fragmenté en trois entités : une république autonome restreinte, au sud et à l'est du lac Baïkal ; l'okroug d'Oust-Ordnynsk placé dans l'oblast d'Irkoustsk ; l'okroug d'Aga situé dans l'oblast de Chita. Un « revivalisme » bouddhiste se fait jour, à la faveur de l'ouverture politique manifestée depuis 1989 à Oulan Bator, capitale de la Mongolie. Des revendications s'expriment, langue, reprise du nom de République bouriate-mongole, liberté des relations entre les éléments bouriates dispersés.

La Mongolie elle-même, État-tampon avec la Chine et naguère encore englobée dans la sphère d'intérêts économiques et géostratégiques de l'U.R.S.S., est traversée par une renaissance bouddhiste autour du monastère de Gandan, et animée d'une volonté de récupération de ses ressources naturelles bradées à l'U.R.S.S. Le développement des relations diplomatiques avec les États de l'Asie bouddhiste traduit une stratégie de dégagement de l'emprise soviétique et d'insertion dans un ensemble économique est-asiatique. Ces changements ne seront pas sans effet sur le Tibet, longtemps protectorat mongol. Il y aura désormais, « au milieu des Empires », aux confins de la Chine et de l'U.R.S.S., un « facteur » mongol.

— **Les frontières et les limites de la désunion soviétique ; les réponses des géographes, des politiques et des militaires à une double crise systémique :** Le fédéralisme soviétique est entré dans une double crise systémique et durable.

En premier lieu, la confusion entre Russie et U.R.S.S., qui était le reflet de la domination russe sur l'État soviétique et du Centre sur la Russie (qui ne disposait pas d'un parti communiste), prend fin. Le conflit primordial oppose les dirigeants du « Centre » et ceux de la Russie. Il en résulte que si la Russie et l'U.R.S.S. se dissocient par une nouvelle dévolution, violente ou négociée, de pouvoirs, la fin de la domination russe sur l'ensemble de l'ex-Union Soviétique est amorcée durablement.

Plusieurs issues étaient alors envisageables. Soit un repli stratégique sur une union russo-ukrainienne, élargie à la Biélorussie et au Nord du Kazakhstan, selon le plan de réaménagement décrit par Alexandre Soljénitsyne. Soit la mise en place d'une ligue d'États souverains, unis par une série de traités « horizontaux » directs, selon la version de Boris Eltsine. Le « Centre » est dans ce cas doté de pouvoirs limités. Ces traités incluent des clauses de gel des contentieux frontaliers, un engagement à respecter les droits des minorités allogènes et servent à maintenir une cohésion économique.

Déjà, on observe que le « complexe économique national » unifié se désintègre au profit de prises de souveraineté locale; des entités à vocation autarcique se constituent à l'échelle des républiques, souvent aussi à celle des « bassins économiques ». L'économie soviétique, faite d'un réseau d'environ deux cents combinats monopolistiques interdépendants, se fragmente dès lors que l'un des éléments cesse d'opérer. Il n'est pas rare que soient rétablies des douanes régionales, que les exportations vers d'autres bassins économiques soient réglementées, que des coupons tenant lieu de monnaie locale soient émis et que le troc s'installe entre régions spécialisées.

Certains ont déjà envisagé un redécoupage de l'Union qui combinerait la diversité régionale de l'économie et l'aspiration des diverses entités administratives à la souveraineté. Ainsi en va-t-il du projet du géographe Vladimir Sokolov, dans un article intitulé « Démocratie et Frontières » (in *Literatournaia gazeta,* 2 août 1989) : « Si nous voulons conserver nos frontières extérieures, écrit-il, il faut savoir quoi faire avec nos frontières intérieures. Celles-ci ne doivent pas changer mais leur contenu politique va être modifié. » Il énonce des propositions de solution face aux prétentions « terrifiantes », dit-il, des nations. Le partage administratif ne doit pas reconnaître les principes nationalistes. D'où quatre principes :

« 1° : aucun des territoires actuels ne doit perdre ses droits ou compétences : pas d'absorption d'un territoire par un autre.

2° : le réaménagement du pays doit passer par l'élargissement du droit des territoires qui en possèdent le moins par le biais d'un référendum.

3° : les administrations actuelles de ces territoires peuvent se séparer ou s'unir mais en respectant les frontières.

4° : ces unités administratives ont un statut unique, avec gouvernements unitaires, égaux en droit, unis dans la fédération. »

La « nouvelle carte » ainsi dessinée — mais non publiée dans l'article cité — distingue 50 républiques. La Russie, « géant dont le gouvernement est trop centralisé », est découpée en une trentaine de républiques délimitées à l'intérieur de sept grandes régions économiques — Russie européenne, Oural, Sibérie occidentale, Sibérie orientale, Extrême-Orient, Baïkal et région moscovite. Ainsi, la « Russie européenne » serait-elle réorganisée en 8 républiques : région de Moscou, Caucase du Nord, Russie centrale (Smolensk, Vladimir), Povolje (Volgograd), Russie occidentale (Leningrad, Novgorod), Russie du Sud (Voronej, Belgorod), république de la Baltique (Kaliningrad), Carélie.

Ainsi serait mis fin à la suprématie de la Russie, que Sokolov décrit comme un « obstacle à la nouvelle fédération, car trop monolithique, trop grande ». En outre, vingt-trois petites républiques sont aménagées, regroupant le cinquième de la population, les républiques actuelles et celles d'ancien statut autonome.

Cette version géographique d'une nouvelle fédération telle que souhaitée par Gorbatchev n'est pas sans intention, puisqu'elle peut se lire comme une réponse du « Centre » à l'émergence de la Russie comme foyer oppositionnel majeur. Mais elle anticipe sur l'éclatement du « complexe économique national unifié » en systèmes économiques clos, à base régionale. Elle n'est pas sans rappeler le précédent de la décentralisation de la gestion économique des 105 sovnarkhoz, tentée après 1957. Elle est proche, au plan formel, du système des États-Unis, auxquels Sokolov se réfère explicitement.

Cette version géo-économique de recomposition de l'Union sur une base décentralisée illustre, parmi d'autres scénarios, l'un des enjeux du conflit entre le « Centre » et les réformateurs de Russie. Tout se passe comme si les pratiques de découpage de la période 1924-1936 étaient de nouveau d'actualité, en réponse à un néo-nationalisme, issu cette fois autant de la Russie que du Turkestan ou du Caucase.

En second lieu, l'U.R.S.S. est soumise à une autre crise systémique, où joue l'interaction entre la situation nouvelle en Europe et ses effets dans la cohésion de l'Union. En effet, la légitimité de l'Union Soviétique comme *alliance de sécurité* face à des menaces externes fortes, dont la dernière en date était incarnée par l'Alliance atlantique, s'épuise dès lors que s'installe sur le théâtre européen la détente. S'il n'y a plus de menace commune, à quoi bon maintenir une « communauté » de destin ? Que le retrait de l'Armée rouge depuis le glacis externe s'accompagne de revendications nationales divergentes — incluant l'exigence d'effectuer le service militaire dans la république d'origine, et de dénucléariser les territoires non russes — est, dans cette perspective, logique.

La cohésion de l'Union a été ainsi victime de la détente, parce que l'argument de la menace externe a trop longtemps servi à justifier une unité autoritaire. Il en résulte que la réponse aux défis de l'U.R.S.S. comporte clairement une dimension militaire. Soit par un improbable retour au *statu quo ante,* à l'issue incertaine. Soit, plutôt, par le réaménagement des intérêts de sécurité, y compris dans leur dimension territoriale. Il revient aux états-majors de définir quel sera l'espace de défense, qui, à son tour, délimitera le nouveau périmètre de l'Union. Lorsqu'un général de la Direction politique écrit dans le quotidien de l'Armée rouge, *Krasnaya Zvezda* (30 mars 1991), que la défense doit être réorganisée « sur la base des frontières de 1939 », il se risque à proposer une réduction de la sphère des intérêts vitaux de l'U.R.S.S., dont il exclut les républiques baltes et la Moldavie, mais sans doute pas l'Ouest de la Biélorussie et de l'Ukraine. Mais, si l'on se réfère à la tradition défensive russe, il n'est pas incohérent d'imaginer que l'accès à l'indépendance, sous conditions, au plan militaire, de républiques situées à l'Ouest de la Russie, n'aboutisse à ménager une nouvelle ceinture d'États faibles, démilitarisés, non membres de l'O.T.A.N. mais à fonction de tampon pour le noyau dur russo-ukrainien.

Hypothèse parmi d'autres, qui ne tire sa vraisemblance que de la reprise d'un schéma mental classique en Russie, dont les seules modifications porteraient sur l'aire d'application, non sur le principe traditionnel d'un nécessaire glacis autour de la Russie. Il y a sans doute là une représentation récurrente dans la pensée stratégique russe.

L'Union Soviétique a cessé d'exister, depuis la révolution démocratique d'août 1991. L'espace hérité est en voie de recomposition, autour de la Russie !

* *cartes 66 à 70*

CHAPITRE XV

Les Europes et le risque frontière

« L'Europe a payé cher pour savoir qu'on ne joue pas impunément avec les frontières. Mais trop de communautés ont subi les frontières comme tranche un couperet. Vous avez évoqué la situation des minorités nationales. Tous, ici, nous pressentons ce qu'il faudra de patience de la part des sociétés en question, de sagesse de la part des gouvernants, pour trouver, par le dialogue et la négociation, les équilibres satisfaisants. On ne répondra pas aux impatiences par les seuls calculs de la diplomatie. »

François Mitterrand, discours de clôture de la Conférence sur la sécurité et la coopération en Europe, (21 novembre 1990).

Lever de rideau sur l'Europe

Pour la première fois depuis plusieurs siècles, ce n'est pas la guerre qui a bouleversé l'ordre géopolitique ancien de cet immense personnage historique, l'Europe. Depuis 1989, sans coup férir, ont été acquises la fin d'une division idéologique, militaire et politique du continent et l'unification de la nation allemande. D'un même mouvement, le plus rigide front militaire du monde et une frontière interne imposée à une grande nation ont été effacés : le pacte de Varsovie a cessé d'exister au printemps 1991, tandis que le traité signé à Moscou le 12 septembre 1990 a porté règlement définitif concernant l'Allemagne, changement confirmé par la « Charte de Paris pour une nouvelle Europe » approuvée par les chefs d'État et de gouvernement de la C.S.C.E., le 21 novembre 1990.

La scène européenne a connu en 1989-1990 un véritable « lever de rideau », au propre comme au figuré. Le mythe unitaire peut reprendre vigueur et s'étendre, à la faveur d'une réduction de la confrontation et des niveaux d'armement dans ce qui était naguère encore nommé le « théâtre Centre-Europe ». La recomposition politique, stratégique, économique et culturelle du territoire européen est pour longtemps à l'ordre du jour, adossée au seul point d'ancrage solide de la nouvelle Europe, la communauté des Douze. De leur côté, les autres Européens, ceux « de l'Est », manifestent leur désir d'un « retour à l'Europe », après en avoir été séparés par un rideau de fer de plus de 7000 kilomètres.

Pourtant, une analyse géopolitique rigoureuse et prospective invite à considérer les effets immédiats et les conséquences plus lointaines des changements, dans une visée dynamique. Car les signes annonciateurs d'une « décomposition » partielle ne manquent pas, qui pourrait bientôt mettre en cause les configurations frontalières présentes, au nom de la liberté nouvellement acquise et de la volonté d'insertion dans un ensemble économique attractif, la C.E.E.

La question des frontières, pour avoir changé de nature, est loin d'être close. Elle peut se formuler ainsi : sortir du temps de l'après-guerre, est-ce sortir aussi de l'espace de l'après-guerre ? Quitter l'ordre de Yalta-Potsdam, est-ce remettre en cause « les-frontières-issues-de-Yalta », comme on écrit, pour l'Afrique, « les-frontières-issues-de-la-colonisation » ? La bifurcation historique présente doit-elle aussi se traduire dans une nouvelle organisation géopolitique de l'espace européen ? Quelles incidences les transformations politiques en Europe risquent-elles d'avoir sur la stabilité des frontières ? Les Allemands sont-ils les seuls à pouvoir effacer une frontière intra-nationale et à conduire une réunification ou bien leur exemple fera-t-il, en quelque sorte, « jurisprudence », si l'on adapte cette notion au champ de la géopolitique ?

Beaucoup de questions donc pour un petit espace.

La réponse n'est pas simple si l'on admet que les changements de limites territoriales en Europe ont toujours été liés dans les deux derniers siècles à la guerre. Le géographe allemand Ratzel le rappelait, qui écrivait, à la fin du XIXe siècle : « *Faire la guerre, c'est promener sa frontière sur le territoire d'autrui.* » Mais, ne pas les modifier, est-ce garantir la paix ?

Certes, les temps ont changé. L'heure est désormais à la dévaluation consciente et concertée des barrières économiques qui quadrillent encore l'espace ouest-européen. La notion d'Europe sans frontières traduit, au-delà de son aspect de slogan et de sa naïveté, l'émergence d'un nouveau principe dans les relations interétatiques de proximité, inscrites dans un espace ouvert plus large et accepté comme contrainte légitime. La notion même d'indépendance perd sa vigueur.

Si l'on admet que des valeurs occidentales triomphent et s'étendent, y a-t-il une conception occidentale de la frontière qui, elle aussi, s'imposerait ? La crise des systèmes fermés et son corollaire, le triomphe des systèmes ouverts, impliquent à l'Est un nouveau mode de gestion des frontières. Avec quelles conséquences concrètes ?

Parallèlement, la limite entre les deux blocs tend à s'effacer, de manière spontanée autant que négociée, et une autre dévaluation se joue autour de la fracture du continent, sous l'effet d'un automne des peuples. Lever de rideau. Mais sur quelles scènes se lève-t-il ?

Afin de clarifier la perspective, rappelons ici les trois principes d'une analyse géopolitique des frontières, pour mieux les appliquer au cas européen :

— Les frontières sont du temps inscrit dans l'espace, ou mieux, des temps inscrits dans des espaces. Que se passe-t-il dans les périodes d'inflexion de l'histoire ? Les frontières sont des lieux de mémoire par excellence, et les bifurcations historiques invitent à solliciter la mémoire, même si précisément celle des peuples et des nations est terriblement sélective. La querelle de l'Oder-Neisse a été clairement réactivée par l'effacement de la frontière inter-allemande, puisque aussi bien les deux tracés furent contemporains et tous deux imposés aux Allemands.

Ailleurs, on assiste également au « retour du refoulé » : à Timisoara, dont l'emploi sous sa forme magyare, Temesvar, fut interdit par les autorités roumaines en avril 1988. Ou encore à Vilnius (ou Wilno) ou à Lvov (ou Lemberg). Mais ceci vaut aussi à Pristina, à Bratislava, à Belgrade, à Zagreb, à Budapest et, bien sûr, à Berlin.

— Il n'y a pas de problèmes de frontières en soi. Cette proposition signifie que les tracés ne sont pas des acteurs de l'histoire mais de simples repères. Ce qui importe, c'est la relation que les acteurs, États, nations, peuples et voisins, entretiennent avec leur espace, c'est-à-dire aussi avec leur Histoire.

Or, en matière de frontières et de territoires, entrent en jeu à la fois des réalités concrètes, souvent douloureuses, et des représentations, des perceptions et des discours sur l'espace : tel rappellera des droits historiques et revendiquera celui du premier occupant, comme en Transylvanie ou dans le Kosovo, alimentant des querelles incessantes et sans issue, autre que la guerre. Tel autre ne voudra pas choisir entre le passé et le présent, quand bien même les réalités observables seraient fort éloignées des évocations nostalgiques.

— Enfin, proposition complémentaire, il n'y a pas de frontières « naturelles », prédessinées sur les cartes topographiques ou hydrographiques, pas plus qu'il n'y aurait de « bonnes » frontières inscrites dans la nature. Les tracés résultent de choix datés, réalisés pour satisfaire telle ou telle aspiration, notamment au plan géomilitaire. A l'évidence, les modalités de découpage de l'Europe ont accumulé une masse terrifiante de problèmes de nations et de minorités. Mais peut-on croire que l'on corrigera pacifiquement d'anciennes injustices en déplaçant des frontières qui susciteraient de nouvelles frustrations ?

Tout ceci renvoie à la question, souvent non formulée, de la bonne frontière. A une telle interrogation, deux réponses différentes : soit, comme c'est le cas le plus fréquent, la réponse est unilatérale, celle qu'un État impose, au nom de sa sécurité, de sa puissance, de sa victoire ; soit, et il conviendrait de redécouvrir le principe en Europe, le tracé est considéré comme légitime par les deux États contigus, au terme d'une reconnaissance bilatérale, certifiée par la communauté internationale, l'O.N.U., la C.E.E. ou les quatre Grands.

Quelle preuve plus nette de dépassement des contentieux que l'ouverture des frontières ? La bonne frontière serait alors la frontière « ouverte ». Il reste que, dans les conditions concrètes de l'espace allemand, l'ouverture aboutit à l'effacement, au nom de l'unité de la nation et de l'affirmation quasi philosophique de l'Un. Le principe d'Helsinki s'y trouve respecté, qui énonçait l'inviolabilité des frontières issues de la Seconde Guerre mondiale. Mais l'inviolabilité n'est pas l'intangibilité.

La fin d'une division globale, continentale, avec l'effacement des segments intra-européens du rideau de fer, marque paradoxalement l'achèvement d'une période caractérisée par des tensions froides. L'Europe n'avait jamais connu autant de *décennies* de paix continue que depuis qu'elle subissait cet état de partition, car les éventuels facteurs de discorde étaient insérés dans un cadre général contraignant. Alors, va-t-on passer désormais de la division aux divisions, plus locales ? Transition redoutable, qui joue différemment selon *la nature* et *l'âge des tracés.*

L'état des lieux : des frontières soit anciennes, soit très récentes

L'histoire européenne est faite, on le sait bien, des rivalités incessantes entre ses États, ses nations, ses peuples et leurs croyances, cause et effet des profondes divisions qui affectent un « continent » fort discontinu. Cette marque historique sur l'espace est révélée au simple examen d'une carte politique.

On y trouve aujourd'hui le cinquième des dyades du monde — 55 — pour le dixième du kilométrage, ce qui est assez souligner la densité du quadrillage. La moyenne de chaque dyade est de 470 kilomètres (ouest de l'U.R.S.S. compris) contre 800 en Afrique, 1 050 en Asie et plus de 1 300 dans les Amériques.

L'espace européen a été un exceptionnel faisceau de lignes frontières successives ; des tracés qui avaient duré plusieurs siècles n'en ont pas acquis pour autant une garantie de pérennité. Les processus d'horogenèse s'y sont étalés sur huit siècles, au point qu'une frontière sur deux est récente, datant du XXᵉ siècle. Bref, rien dans le passé ne signale le précédent d'une unité européenne, sauf dans le registre de la civilisation, où « Europe » se conjugait avec « Lumières » ou Chrétienté.

L'élément nouveau introduit en 1945 n'était donc pas l'état de division, mais la forme, la nature et l'échelle du clivage. Pour s'en tenir à celui-ci, on relèvera avec le Hongrois Gyorgy Konrad que « l'opposition des deux moitiés de l'Europe n'est pas un produit des sentiments nationaux, mais d'une adaptation lâche à l'édifice de Yalta » (1987 : 61). L'horogenèse inter-impériale, produit de la rivalité entre les deux grands systèmes géopolitiques, avait introduit un nouveau maillage, ravalant les entités nationales à de simples éléments de part et d'autre des quelque 7 056 kilomètres du rideau de fer.

Une situation de surdétermination stratégique leur a été ainsi imposée, doublée à l'Est de la contrainte de régimes excluant le pluralisme politique et l'indépendance extérieure. Toute tentative de changement à l'intérieur des États prenait aussitôt une signification géopolitique ou géostratégique externe. Les évolutions internes dans les États du glacis n'étaient en aucun cas des variables indépendantes du système global.

S'il y a à prendre en compte dans la dynamique géopolitique européenne ce qui se joue autour des deux catégories scalaires de limites d'État — frontières immédiates, celles du voisinage, et « grandes » enveloppes des regroupements endogènes ou exogènes d'États —, c'est bien entendu le jeu de leur combinaison éventuelle qui fait sens. Jeu qui se présente différemment selon les parties de l'Europe, le Sud, le Centre et le Centre-Est, l'Ouest enfin.

— **Les chiffres de la carte :** Elle est quadrillée de 55 dyades frontières terrestres d'une longueur totale de 26 281 km :

— 23,8 % des limites actuelles ont été tracées avant le XIXe siècle (6 251 km) ;

— 24,3 % ont été tracées entre 1910 et 1924, soit 15 dyades et 6 300 km ;

— 29,9 % datent de la période 1945-1949, soit 14 frontières et 7 630 km.

Au total, pour le XXe siècle, près de 15 000 km et 54,2 % des longueurs.

C'est donc le continent dont la structure géopolitique est la plus récente du monde (à l'exception du sous-continent indien), découpé bien après l'Afrique et, souvent, après le Moyen-Orient !

Cette approche chiffrée souligne aussi la durabilité très variable des tracés actuels : si l'Europe occidentale, la Scandinavie, la Suisse, l'Autriche de l'Ouest, etc. sont délimitées avant le XIXe siècle, le découpage des Balkans ne date que des années 20 ; c'est après 1940 que sont fixées les limites de l'U.R.S.S. (sur 2 807 km), de l'ex-R.D.A., de la Pologne, de la Roumanie et les limites orientales des États d'Europe médiane. En outre, de la Norvège à la Turquie, s'était surimposé le rideau de fer, sur plus de 7 056 km, dont 5 340 de Kiel à la Thrace (et 1 458 km entre les deux États allemands).

— **Les tracés récents dans l'autre Europe :** C'est dans l'autre Europe que les frontières sont les plus récentes, même si quarante-cinq ans de « *pax sovietica* » avaient pu les consolider dans une certaine mesure. En renversant la perspective, on peut considérer que l'Europe de l'Est est, au plan géopolitique, la partie de l'Europe dans laquelle les tracés sont encore fragiles.

Cette précarité est due d'abord à leur nature en général récente ainsi qu'à leur non-coïncidence avec d'autres limites, ethno-linguistiques ou nationales. C'est le cas autour de la Hongrie et en Yougoslavie. Elle résulte enfin de leur histoire, puisqu'elles ont été décidées par d'autres, en dehors des États et des nations contigus.

En effet, 55 % de la longueur des tracés du XXe siècle sont issus de décisions internationales (pacte germano-soviétique, Yalta et Potsdam), 19 % de décisions unilatérales (Ruthénie), 18 % de traités bilatéraux sous contrôle international (conférences).

Le travail de la mémoire, le retour du « refoulé », peuvent-il conduire à relégitimer ou en tout cas à confirmer les tracés actuels ? C'est à l'évidence ce qui est en jeu depuis la dissolution des blocs.

— **L'Europe occidentale : le discours du sans-frontière :** Cette spécificité de l'Europe de l'Est marque une différence géopolitique radicale avec l'Europe occidentale, *en termes de durabilité des tracés*, à l'exception de l'Irlande. Ici, un discours du sans-frontière est possible, parce qu'il ne remet pas en cause les symboliques nationales et qu'il s'inscrit dans un ensemble multi-États plus vaste. Il n'a pas d'effet déstabilisant, du moins tant que les coopérations régionales transfrontières restent limitées dans leur objet.

On notera toutefois que ce discours du sans-frontière a eu un effet d'érosion sur l'autre Europe, de même que le rappel, sans la Constitution de la R.F.A., de l'objectif de l'unité allemande a constamment sapé l'autorité morale du régime de R.D.A. Car cette autre Europe était caractérisée par un cloisonnement accentué, non seulement sur la ligne de contact mais entre les États eux-mêmes jusqu'en 1988-1989.

Peut-on estimer que ce discours, tenu depuis Bruxelles à partir de juin 1985 — Livre blanc sur l'achèvement du marché intérieur à l'intention du Conseil européen —, avait une portée sinon une intention géopolitique plus nette que son objectif présenté comme strictement économique ? En tout état de cause, il coïncidait avec les aspirations allemandes — État le plus à même de ressentir la distorsion entre la perméabilité de ses limites ouest et la rigidité anachronique et douloureuse de son flanc oriental, son insupportable asymétrie. Dans une large mesure, la rhétorique interne de la C.E.E. était aussi pour les Allemands la première application *in vivo,* du principe essentiel, pour eux, de « perméabilité », de « *Durchlässigkeit* », qu'ils voulaient diffuser sur leur Est immédiat.

1985 fut donc une date clef pour la mise en place d'une nouvelle Europe et, d'un certain point de vue, le slogan soviétique de la « *maison commune européenne* » en constitua une réplique. L'accord de reconnaissance mutuelle C.E.E./C.A.E.M. (Conseil d'Assistance économique mutuelle) qui inclua Berlin-Ouest, en juin 1988, en fut une nouvelle étape ; mais le C.A.E.M. ne survivra pas à la dissolution du pacte de Varsovie (1991).

— **A l'Est, la fin du masque :** Le mot clé de « transparence » promue par les réformateurs soviétiques a pris un relief particulier dès lors qu'il fut appliqué aux réalités « politico-territoriales » du continent, selon le terme que Gorbatchev emploie ; il aurait pu écrire « géopolitiques » : « m'étant moi-même familiarisé avec une nouvelle perspective politique, je ne pouvais plus accepter comme auparavant le patchwork multicolore qu'offre la carte politique de l'Europe ».

Car la fonction originelle du « rideau de fer » était bien celle d'un masque. Le terme, qui a tant qualifié la géopolitique européenne pendant 45 ans fut, à ses débuts, une frontière mouvante. Ses tracés ont varié.

Il avait été employé dès le 12 mai 1945 par Winston Churchill dans une lettre adressée au président américain Truman : « Un rideau de fer s'est abattu sur le front [soviétique]. Nous ignorons tout de ce qui se passe derrière la ligne Lübeck-Trieste-Corfou », avant de plaider contre le retrait des armées britannique et américaine du théâtre européen. Un an plus tard, le 5 mai 1946, Churchill, qui n'est plus Premier ministre, tient une conférence au Westminster College, à Fulton, où le président Truman, présent dans la salle, avait étudié les relations internationales : « De Stettin à Trieste, un rideau de fer s'est abattu sur le continent », lance-t-il, publiquement cette fois. La représentation est forgée, qui définit ce demi-siècle européen. Dans son esprit, il s'agissait de ce rideau métallique que les boutiquiers utilisent pour aveugler leurs vitrines. Et c'est cette fonction essentielle du rideau de fer, masquer une partie de l'Europe à l'autre, qui a cessé dans les dernières semaines de 1989. L'esprit d'Helsinki, accepté par la « transparence » soviétique, a eu raison de cette façade aveugle, déjà percée par la stratégie occidentale de diffusion radio-télévisée.

Il s'est étiré depuis l'ouest enneigé de Mourmansk, vers le 70e parallèle de latitude nord jusqu'aux environs du mont Ararat, à hauteur du 40e parallèle, sur le tripoint Turquie-Iran-Union Soviétique. Soit quatorze dyades, dont deux maritimes, traversant la Baltique et la mer

Noire. Une ligne plus longue que la muraille de Chine et qui, dans sa conception militaire, dessinait celle de l'affrontement des deux alliances militaires.

Là aussi, les questions de frontières ont été utilisées de manière symbolique pour marquer une volonté d'ouverture.

Si le 17 septembre 1987 une patrouille américaine essuie encore des tirs soviétiques en R.D.A., en décembre de la même année, le gouvernement hongrois assouplit la délivrance de passeports.

En juillet 1988, l'U.R.S.S. ouvre un troisième point de passage civil avec la Pologne, au sud de Vilnius. Un mois plus tard, est construit un pont à Sarp, à la frontière soviéo-turque, fermée depuis 1937.

Personne enfin n'a oublié la date du 3 mai 1989, et ces photos de soldats hongrois, blonds et joyeux, qui cisaillent les barbelés du rideau de fer, en quatre endroits des routes menant vers Vienne, dans le Burgenland, très précisément à Hegyeshalom, Koszeg, Sopron et Szentgotthard, alors que tout était fermé depuis 1966.

Mais la date du 25 avril 1989 n'est pas moins importante, lorsque 30 chars soviétiques de la 13e division blindée ont quitté Kiskunhalas, au sud-est de Budapest, à proximité en fait de Subotica, c'est-à-dire de la frontière serbe en Voïvodine. Choix très prudent, on le voit de la part des Soviétiques. Et ce, selon les termes annoncés par Mikhaïl Gorbatchev le 7 décembre 1988 à l'O.N.U.

Relecture de la carte

— **Géohistoire :** Au total, c'est la réalité d'une grande diversité dans le statut des tracés qui s'impose. La cartographie des formations frontalières met en évidence une structuration géopolitique du continent européen en trois sous-ensembles :

— à l'ouest, des frontières anciennes, coïncidant avec des nations séculaires et des masses démographiques importantes : France, Royaume-Uni, Espagne, Italie et même Allemagne, nation multiséculaire aux contours étatiques renouvelés ;

— à l'est, un autre sous-ensemble, étendu, au peuplement nombreux — Russes, Ukrainiens, Polonais — mais dont les limites n'ont cessé de varier, contrecoups des poussées venues de l'Asie ; pas de supports naturels évidents non plus, si ce n'est de larges vallées fluviales substituables pour asseoir des limites politiques ; mais dans ces trois cas aussi, des nations anciennes, pouvant même survivre à la discontinuité des expressions étatiques (Pologne, Ukraine) ; il faudrait ranger dans cette catégorie la Turquie, acteur majeur, passé et futur, de la géopolitique européenne, avec son noyau de 57 millions d'habitants (près d'une cinquantaine pour la seule nation turque) ;

— enfin, non pas au « centre » mais *entre les deux*, un troisième sous-ensemble, de formation étatique et souvent nationale extrêmement récente ; les nations qui le composent ont une nette caractéristique « géo-démographique » : la faiblesse relative de leurs populations, puisque aussi bien leurs noyaux nationaux comptent 10 à 20 millions d'habitants (Autrichiens : 8 ; Magyars de Hongrie : 10 ; Serbes : 8 ; Croates : 4,5 ; Tchèques : 10 ; Slovaques : 5 ; Grecs : 10 ; Bulgares : 7 ;

Albanais d'Albanie et du Kosovo : 5 ; Roumains : 19 ; Baltes : moins de 5 millions).

Leur position intermédiaire entre plusieurs empires conquérants — ottoman, russe et tatare, allemand, austro-hongrois — peut expliquer, sur la longue durée, cette faiblesse démographique, parfois masquée par les hautes densités localisées des régions minières et industrielles. Le bilan des massacres, des transferts forcés, des contraintes externes, est lourd dans cette partie de l'Europe. La formation nationale intéresse des groupes humains moins nombreux qu'à l'ouest et à l'est (en Scandinavie ont dû peser les contraintes écologiques, réduisant l'espace utile).

Cette situation d'entre-deux se combine avec la présence de fortes minorités. C'est une autre caractéristique de cette Europe médiane : des minorités qui résultent, soit de mouvements de colonisation agricole et minière — voir les Saxons —, soit du « jeu des frontières ». De fait, la géographie des minorités s'explique moins par les aléas des changements de frontières que par les pratiques de contrôle militaire de l'espace sur les lignes de front, notamment dans la vaste zone des confins militaires — Militärgrenze — étendue jusqu'à la fin du XIXe siècle entre l'Autriche-Hongrie et l'Empire ottoman, de l'Adriatique croate à la Bessarabie moldavo-ukrainienne.

L'Europe médiane est donc littéralement un espace de « fronts et de frontières ». Il n'est donc pas surprenant que de nouveau des options révisionnistes soient ici et là affichées, qui renvoient à la question des équilibres nationaux et de la maturité des relations avec les groupes nationaux ou ethniques voisins.

L'Europe occidentale, à l'inverse, est plus tôt assurée de ses assises nationales-étatiques. Dès lors, la dévaluation volontaire des frontières ne met pas en péril l'édifice général, même dans le cas de l'unification allemande, réalisée dans un contexte où l'intérêt national était compatible avec l'équilibre européen global.

A l'extrême-est, c'est la question de la sécurité qui domine, depuis des siècles, doublée de la lancinante question du contrôle d'étendues trop vastes : où placer les frontières sûres et reconnues de la nation russe ? quelles relations nouvelles établir avec les États indépendants voisins, hormis la coercition si longtemps appliquée ?

Il convient donc, dans la relecture du fond de carte, de garder à l'esprit ces deux échelles d'analyse : celle adaptée à la problématique frontalière des États particuliers, celle relative à la formation ou à la disparition d'ensembles d'États selon de larges lignes de clivage, militaires, idéologiques ou économiques.

Car l'Europe n'est pas une. C'est peut-être pourquoi ces citoyens, nourris d'une culture chrétienne à vocation unitaire, actualisée en universalisme laïque, y aspirent.

— **Géopolitique :** L'approche géohistorique générale doit être ici complétée d'un examen plus strictement géopolitique des configurations frontalières, qui prenne en compte à la fois la géographie concrète de l'ancien rideau de fer et celle des changements intervenus en 1945.

Quatre catégories de situation s'individualisent, essentielles pour la prospective de la fin du siècle.

a) C'est à l'est du « rideau de fer » que se localisèrent les changements territoriaux les plus importants en 1945-1947 : ils intéressèrent pour l'essentiel les marges occidentales de l'Union Soviétique : rectifications importantes en Finlande, nouvelle frontière polonaise, modifications en Ruthénie et en Roumanie. Ce qui n'était pas directement au contact de l'U.R.S.S. ne connut pas de changements, dyade polono-tchèque et slovaque, ou fut retracé dans les limites antérieures, Hongrie/Slovaquie, Hongrie/Roumanie, Roumanie/Bulgarie. A une exception près, majeure, l'Oder-Neisse, dont la genèse est un effet à l'ouest du nouveau tracé polono-soviétique à l'est.

Pour l'avenir, les tracés situés à l'est de l'ancien rideau de fer seront surdéterminés par la situation soviétique, puisque c'est l'État soviétique qui fut à l'origine de ces tracés.

b) A l'inverse, Yalta n'a pas entraîné de modifications à l'ouest de la grande ligne de front. Une exception : la dyade italo-yougoslave, fixée tardivement, en 1954.

Ici, le facteur dominant pour l'avenir est la dynamique de dévaluation fonctionnelle et concertée des frontières dans le cadre de la C.E.E. Un risque d'altération se présente si l'implosion yougoslave se poursuit.

c) Quant à la partie médiane de l'Europe, l'histoire politique et militaire de la formation du rideau de fer est connue. L'analyse géographique retiendra pour sa part que ce front n'avait eu un effet d'horogenèse nouvelle que dans l'espace national allemand. Le front était bien le support de la frontière inter-allemande, qui n'avait pas d'autre raison d'être.

d) Partout ailleurs, la division de l'Europe s'était effectuée selon des tracés étatiques préexistants. Certes, il y avait eu des ajustements, à l'issue de la guerre, notamment à la frontière russo-finlandaise en 1945-1947 mais dans tous les cas, l'imposition de ce front n'a rien créé de neuf au plan de l'horogenèse. Le rideau de fer reprenait partout, sauf en Allemagne, des limites étatiques qui avaient été établies en 1919-1923 : voir les dyades Tchécoslovaquie/R.F.A. et Autriche, Autriche/Hongrie, Yougoslavie avec la Hongrie, la Roumanie et la Bulgarie, enfin U.R.S.S. et Turquie. Il s'était donc appuyé sur les tracés de l'Europe médiane redessinée à l'issue du premier conflit mondial.

Comme il surdéterminait les relations entre États, la stabilité a été remarquable sur toute sa longueur, pendant près d'un demi-siècle. Les frontières support s'en sont trouvées consolidées. C'est le cas dans les Balkans, ainsi entre Bulgarie et Grèce, entre Turquie et Bulgarie. Il conviendrait d'examiner si sa liquidation comme front entraînera la remise en cause des tracés avec lequel il coïncidait. Il est patent que la frontière inter-allemande n'ait pas survécu à la fin du front, parce que cette ligne divisait la nation allemande et qu'elle était récente. Partout ailleurs, aux confins tchèques, hongrois, yougoslaves, et bulgares, les limites redevenues de simples frontières d'État n'ont pas encore été remises en cause. Son effacement n'a donc pas d'effet déstabilisant direct. La fin de la division n'ouvre pas en elle-même, *hic et nunc*, la perspective de changements. Si des modifications pouvaient se produire, notamment autour de la Yougoslavie, ce serait, on le verra, pour d'autres raisons.

Commençons donc ce tour d'Europe des frontières par l'examen des nouvelles situations créées par la liquidation du rideau de fer tout au long de son parcours.

L'Allemagne : l'effacement de la « frontière indigne »

Depuis lors, les frontières de l'ancienne Europe de l'Est ont été subverties jusqu'au grand signal du 9 novembre 1989. A partir du printemps, les Allemands de l'Est avaient commencé d'emprunter les routes hongroises pour tenter de passer en Autriche ; l'ouverture de la frontière hungaro-autrichienne en septembre autorisa un exode comparable — 12000 départs en trois jours — à celui contre lequel le gouvernement de R.D.A. avait, en août 1961, édifié le mur de Berlin. Désaveu public et massif pour ce que l'on nomma ensuite « l'État geôlier ». Une conférence de presse de Günter Schabowski, membre du Bureau politique, s'était conclue sur l'annonce que les autorités locales de police pourraient donner sur-le-champ des visas de départ définitif. Loin d'enrayer un exode déstabilisateur pour un État en pleine crise de régime, cette déclaration fut interprétée comme le signal de l'ouverture du mur à Berlin et de la frontière inter-allemande. Ainsi s'effaçait « la frontière indigne », selon la forte expression de l'écrivain Günter Grass (*Propos d'un sans-patrie,* 1990), sous l'effet de la détermination des Allemands de l'Est à la traverser sans passeport. Nul ordre venu d'en haut, semble-t-il, mais une réponse, venue d'en bas, à un régime en crise profonde.

Il est établi que depuis l'année 1987, les dirigeants réformateurs de Moscou avaient renoncé à l'emploi de la force pour maintenir en place les régimes communistes alliés dans leur empire extérieur. Déjà, la non-intervention militaire soviétique en Pologne en 1980, certes au prix de l'état d'urgence, avait signalé une première inflexion. Le succès de la construction européenne, à l'Ouest, enfin admis à Moscou, et l'arrivée de nouveaux dirigeants en Union Soviétique, mieux au fait du délabrement de l'empire intérieur, expliquent aussi une décision, graduelle, de repli sur soi. Celle-ci a resulté non pas de révolutions intérieures ni d'une reconquête occidentale, mais d'une sorte d'incapacité politique et économique du régime de Moscou à contrôler en même temps son glacis externe et son empire colonial interne.

Dès lors, rien ne s'opposait à une double réunification, celle de la nation allemande, celle d'une plus grande Europe.

Certes, l'Allemagne est placée dans une curieuse situation de transition : l'Armée rouge continue de stationner dans l'ex-R.D.A., jusqu'au moment où son retrait sera achevé, soit la fin de l'année 1994, selon l'article 4 du traité de Moscou sur l'unification allemande signé par les représentants des États ayant participé à la conférence « 2 + 4 » — les Quatre, vainqueurs de la Seconde Guerre mondiale et les Deux, États allemands.

Mais, toute l'Allemagne est désormais incluse dans l'ensemble stratégique de l'O.T.A.N. bien que les « cinq nouveaux Länder », selon la terminologie en vigueur, continuent, ainsi que Berlin, à abriter dans l'espace entre l'Elbe et l'Oder, des divisions soviétiques aux équipements flambant neuf. Jusqu'à cette date, toutefois, ne pourront stationner à l'est de l'ancienne ligne de front que des unités allemandes de défense territoriale non intégrées aux structures d'alliance militaire.

— **La dyade inter-allemande : 1945-1989 :** Le tracé contourné de la frontière inter-allemande, de ce fait la deuxième d'Europe en longueur (1 378 km) après la dyade Norvège-Suède (1 650 km), suggère soit le hasard des armes, soit l'arbitraire d'un partage. Il n'en est rien.

Cette limite ne correspond absolument pas à la ligne de rencontre des armées soviétique et américaine : la jonction s'était faite à Torgau, sur l'Elbe supérieur, à 80 km à l'est de Leipzig (25-4-1945) et le contact s'étalait de Wismar (à l'est de Lübeck) à Budejovice (au sud de la Bohême) en passant par Magdebourg, Torgau, Carlovy Vary (Carlsbad) et Plzen (Pilsen), *ce qui englobait les trois cinquièmes de l'actuelle R.D.A. dans l'aire américaine.*

Si Truman s'était rendu aux raisons du lucide Churchill (favorable aux prises de gages et conscient que le front russe devenait un rideau de fer opaque), Eisenhower aurait pu pousser plus avant vers Prague et vers Berlin ; mais il ne voulait pas risquer de vies américaines pour des régions que Truman avait décidé, quoi qu'il arrive, de remettre aux forces soviétiques en application des accords passés entre février et juillet 1944. C'est pourquoi la IIIe armée américaine s'en retira deux mois plus tard (en échange de la prise de possession des secteurs occidentaux de Berlin et de Vienne), suivie de centaines de milliers de réfugiés allemands.

La limite R.D.A.-R.F.A. était née d'une proposition britannique du 15 janvier 1944 sur la répartition des zones d'occupation, que les Américains respectèrent (sans doute au grand étonnement de Staline).

Elle a été tracée en fonction d'une double considération. D'une part, il s'agissait de distribuer entre les trois alliés le potentiel économique à l'ouest de l'Oder; la zone orientale — 40 % de la superficie — renfermait 36 % de la population (en 1944) et 33 % des ressources économiques. D'autre part, soucieux de protéger les Pays-Bas, aire de sécurité pour le Royaume-Uni, d'avancées russes ultérieures, et de leur bloquer tout accès à la mer du Nord, les Anglais avaient fait commencer la limite à l'est d'Hambourg. En outre, ils s'attribuaient la Ruhr, d'où un long différend avec les Américains qui n'acceptèrent cette répartition que treize mois plus tard, alors que Staline s'était empressé de l'entériner, en moins de cinq semaines (14-2-1944).

Or, les Anglais se contentèrent — puisque le calcul du démembrement économique de l'Allemagne impliquait de se référer à des unités statistiques d'échelle régionale — de s'appuyer sur certaines limites administratives internes, elles-mêmes héritées. C'est pourquoi la frontière inter-allemande suivit d'anciennes limites administratives historiques et souvent séculaires, entre des provinces et des royaumes anciens. C'est ainsi que du sud au nord, elle coïncida successivement avec la limite entre Saxe et Bavière, entre Thuringe et Bavière/Hesse-Kassel, entre Saxe Anhalt et Hanovre-Brunswick, entre Mecklembourg-Brandebourg et Hanovre/ancien duché de Lauenbourg (hinterland de sécurité de Hambourg). La seule altération par rapport à ces vieux segments historiques a concerné Lübeck, port du Mecklembourg inclus dans la zone nord-ouest.

Voilà un exemple étonnant et tragique de réutilisation de traces très anciennes d'un clivage entre deux sous-ensembles allemands pour servir à des fonctions tout autres. La coupure était sans doute d'autant plus difficile à accepter par de nombreux Allemands qu'elle coïncidait avec de réelles limites historiques, en quelque sorte détournées de leur fonction antérieure.

Ce n'est qu'en 1972 que le traité fondamental a reconnu « l'état de fait » : « La souveraineté de chacun des deux États se limite à son territoire. » Tout en fondant l'Ostpolitik sur la prémisse d'une reconnaissance du droit de la R.D.A. à constituer un État, Willy Brandt estimait : « Même si deux États existent en Allemagne, ils ne sont pas pour autant étrangers l'un à l'autre ; leurs relations ne peuvent être que d'une espèce particulière. » A la doctrine de *l'Abgrenzung,* séparation (*Grenze* = frontière) formulée en R.D.A., en réponse à l'Ostpolitik, la R.F.A. s'était engagée sur la voie de la *Durchlässigkeit,* la perméabilité : obtenir le droit de visite dans les deux États, multiplier les échanges, diffuser les émissions de télévision de l'Ouest — qui atteignaient presque tout le territoire oriental, sauf dans quelques vallées dites « des aveugles », autour de Dresde. « Aussi longtemps que des Allemands seront privés de liberté, la question allemande restera ouverte et Berlin est le symbole de cette ouverture », avait déclaré sans ambiguïté le chancelier Helmut Kohl (30 avril 1987).

En outre, les avancées dans la construction ouest-européenne, notamment à partir de 1985, accentuaient l'asymétrie allemande : d'un côté, une fluidité croissante des échanges de biens, d'idées et de personnes, de l'autre, la persistance anachronique d'un mur et d'un rideau de fer. A mesure que le « sans-frontière » devenait la règle quotidienne en Europe occidentale, le contraste avec l'imperméabilité des frontières en Europe médiane s'accentuait. C'est évidemment en Allemagne fédérale que cette distorsion entre l'état réel des deux types de frontière était le plus ressentie par la société civile. Loin de diminuer l'attention portée par les Allemands à l'outre-frontière inter-allemande, le processus d'ouverture dans le cadre de la C.E.E. ne pouvait que réactiver le versant de l'Ostpolitik visant à la « perméabilité ». Il n'est pas exclu de déceler dans la mise en place de ces nouveaux principes de géopolitique interne, dans la C.E.E., la trace d'une visée spécifiquement allemande, tant il est vrai qu'au sein de la Communauté, les États poursuivent également des objectifs nationaux. Dans le même ordre d'idée, il est à noter que la première décision pratique prise après l'unification fut le retour aux *Länder,* à la place des *Bezirke,* ou départements, de l'ex-R.D.A. : s'y affirme la conception décentralisée de l'exercice du pouvoir et de la distribution des compétences en Allemagne, modèle géopolitique interne possible pour une Europe élargie ; s'y marque la différence avec une notion plus centralisatrice encore prégnante en France ou au Royaume-Uni.

Cependant, l'unification allemande, *Vereinigung,* reçut son impulsion politique depuis la R.D.A. : résultat de la détermination des Allemands de l'Est à franchir le mur. Ainsi se manifestait la prévalence des représentations nationales — et économiques — sur les contingences stratégiques : si le « *das Volk sind wir* » (« le peuple c'est nous », et pas « vous », membres du S.E.D., parti communiste est-allemand) des opposants de Leipzig signifie « le peuple », le « ein Volk » des mêmes, quatre semaines plus tard, est mieux traduit par « nation ».

Le segment allemand du rideau de fer a perdu toute fonctionnalité depuis la signature, le 1er juillet 1990, d'un accord bilatéral supprimant les contrôles à la frontière entre les deux États. « Le mur de défense antifasciste », selon la terminologie est-allemande, a été démonté à partir de février 1990 par les garde-frontières de R.D.A. A cette date, on songeait encore, à Berlin-Est, à le remplacer par un simple marquage de la frontière ou par un grillage.

Mais il demeure visible sur le terrain, et ses effets de façade aveugle aux échanges se feront sentir tant que les raccordements des infrastructures ne seront pas achevés. Dans l'immédiat, la fin de la frontière permet la poursuite des mouvements d'émigration définitive — plus de 600 000 départs en 1989 et en 1990 — ou quotidienne, liée au travail, depuis les régions les plus proches de l'ancienne barrière. Les aides spéciales accordées, en R.F.A., aux régions frontières ainsi qu'à Berlin-Ouest, sont supprimées depuis juin 1991. La recomposition du territoire allemand se réalise d'ores et déjà à partir des centres urbains qui avaient, en 1945, été coupés de leur arrière-pays : Hambourg et le bassin de l'Elbe, Hanovre et la Saxe-Anhalt, tandis que des accords de coopération sont passés entre Länder anciens et nouveaux : Schleswig-Holstein et Mecklembourg, Basse-Saxe et Saxe-Anhalt, Hesse et Thuringe, Bavière et Saxe. Si la géographie de l'unification dépend pour l'instant des infrastructures préexistantes — les quatre grandes liaisons autoroutières vers Berlin-Ouest —, elle résultera aussi des choix stratégiques des grandes entreprises basées dans l'Ouest de la R.F.A. (automobiles, constructions électriques...).

— **Géopolitique interne de l'unification : la décentralisation confirmée ; Berlin en voie d'intégration :** L'unification allemande a été suivie de la reconstitution rapide — dès octobre 1990 — des Länder dans l'ancienne R.D.A., à la place des quinze districts. Le centralisme et les privilèges berlinois étaient fortement contestés en R.D.A. tandis que l'élimination des anciens pouvoirs a été facilitée par le retour aux anciennes limites administratives. La structure fédérale se trouve donc consolidée.

La décentralisation avait été imposée par les Alliés, au même titre que les nouvelles frontières de l'Est : l'objectif était clairement de démanteler la Prusse : d'où son partage, à l'est, entre Moscou et Varsovie et à l'ouest, dans la zone d'occupation soviétique, en deux Länder. Le noyau prussien disparaissait, avec la décision prise en février 1947 par le Conseil interallié. Cette décentralisation avait été imaginée par Roosevelt comme une alternative à une réelle partition de l'Allemagne. Le président américain restait réservé, avec le recul, à l'égard des conséquences des décisions de partage imposées par Clemenceau en Europe habsbourgeoise en 1919 et qui avaient été de nouveau envisagées par les Alliés en 1945, avec un scénario de création de plusieurs États : Bavière, Rhénanie, Saxe... Mais les Alliés cherchaient à rendre l'Allemagne inoffensive ; le centralisme — prussien — étant interprété comme la cause première des agressions allemandes, il convenait de le briser : partager la Prusse, opposer une nouvelle décentralisation à l'unité allemande sous le contrôle prussien.

Lorsque Berlin, qui, avec 4,3 millions d'habitants en 1990, est redevenue la première région urbaine d'Allemagne devant Hambourg — 2,8 — et Munich — 2,3 —, retrouvera tous les attributs d'une capitale politique, elle restera la tête d'un État très décentralisé, et ne continuera de peser que pour 4 % environ dans la population totale. Il n'y a pas retour au passé, d'autant qu'elle fut, dans l'histoire allemande, une capitale tardive. La destruction des quelque 233 kilomètres de mur met fin à l'anomalie d'une demi-ville qui comptait 2 km de frontière par km^2 urbain. Le raccordement des réseaux de transports est en cours, pour le U-Bahn et le S-Bahn. La partie centrale de la ville est restée vide, car le centre directionnel, situé autour de Potsdamer Platz et Leipziger Platz, détruit pendant la guerre, n'avait pas été reconstruit. De leur côté, les architectes de Berlin-Ouest avaient, sinon anticipé l'unification, du moins évité de structurer le nouveau Berlin-Ouest sans en tenir compte. Des espaces libres avaient été laissés à l'ouest immédiat du mur ; les secteurs situés à l'est et au sud de Tiergarten — à proximité de la porte de Brandebourg et du Reichstag — ont été laissés disponibles pour des installations gouvernementales et des ambassades.

Enfin, des firmes de premier plan ont décidé de promouvoir la reconstruction de l'ancien centre ; si le groupe de presse Springer était déjà présent aux abords mêmes du mur, à proximité du fameux passage Check Point Charlie, comme pour mieux défier ceux d'en face, Daimler-Benz a acquis les terrains vagues, en bord de mur, de la Potsdamer Platz pour y édifier une tour de 50 étages, « symbole de la réintroduction de l'économie de marché ». La ville unifiée ne retrouvera pas avec la même vigueur son identité historique ancienne ; elle deviendra néanmoins une métropole européenne à mesure que la reconnexion économique entre les deux parties de l'Europe s'opérera. Mais les artisans de la réussite financière de Francfort, troisième place d'Europe après Londres et Paris, ne sont pas décidés à perdre leur rôle directeur de l'économie allemande.

Un dernier effet de l'unification et du nouveau cours politique européen est d'autoriser l'émigration vers l'Allemagne des minorités allemandes, les *Aussiedler.* Ils renouent avec leur appartenance à l'ensemble culturel allemand, même si leur pratique de la langue de Goethe est aujourd'hui incertaine. Mais l'Allemagne est attractive et accessible, puisque la conception allemande de la nation valorise, à la suite de Fichte, le *jus sanguinis :* culture, langue, souche, histoire communes. La naturalisation est donc acquise. Les groupes minoritaires de Pologne — Haute Silésie, région d'Opole —, de Roumanie — les *Selkzers* et les Saxons de l'Ouest roumain et de Transylvanie —, de Yougoslavie — les Saxons de Voïvodine —, de Bohême — Saxons aussi des anciens Sudètes —, de Hongrie et enfin d'Union Soviétique — région de la Volga et Kazakhstan — ont fait jouer cette stratégie migratoire où la motivation économique est forte : environ 400 000 migrants en 1989, R.D.A. exclue (plus de 345 000), plus de 600 000 en 1990.

Politique ancienne de Bonn, notamment en faveur de la minorité allemande de Roumanie, par un système de rachat : 7 800 marks en 1983 à payer par personne au gouvernement roumain, qui exigeait aussi le remboursement des frais d'éducation. La quasi-totalité des Allemands de Roumanie est candidate au départ et aura quitté ce pays avant 1992.

Au total, l'ouverture des frontières facilite un mouvement paradoxal de retour vers l'ouest des héritiers des colons allemands en terres slaves *. Inversion du mouvement multiséculaire de colonisation allemande — paysans, mineurs et métallurgistes — vers les littoraux, vallées et massifs métallifères de l'Europe centrale et orientale. Au milieu de la décennie, les minorités allemandes, qui furent le prétexte de tant de controverses et de conflits, se seront fondues dans l'ensemble national-étatique allemand : adaptation des limites nationales aux limites politiques.

Cette inflexion participe de la diminution générale, en termes quantitatifs, du phénomène minoritaire dans cette partie nord de l'Europe du milieu : 13 % de la population totale en 1935, soit 21 millions de minoritaires, 5 % en 1985 et 6,8 millions, 4,5 % en 1990.

Les tracés stables sous l'ancien Rideau de fer

— **La dyade tchéco-allemande : ouverture économique :** Sa nature est modifiée par l'unification allemande : aux 440 km de limite avec la R.F.A. s'ajoutent les 356 km du contact avec l'ex-R.D.A. Ces deux segments ont été confirmés en 1919, mais ils reprenaient une vieille frontière inter-impériale entre l'Autriche et l'Allemagne, à l'exception de la partie occidentale du cercle de Ratibor (à l'ouest d'une ligne Oderberg-Katscher).

Elle s'appuie sur des supports montagneux, Sumava ou forêt de Bohême — ligne de partage des eaux entre l'Elbe et le Danube —, et monts métallifères (Erzgebirge). Cette frontière impériale fut consolidée à partir du XVIIe siècle, dans sa partie nord, comme front idéologique entre l'aire convertie aux thèses de Luther — il les avait diffusées à Wittenberg, proche de Leipzig — et celle investie par la Contre-Réforme.

Dans le passé, ces moyennes montagnes (1 244 mètres d'altitude dans l'Erzgebirge, 1 450 dans la Sumava) ne furent pas des obstacles à la migration ; au contraire, leurs ressources minières en firent des centres d'attraction des mineurs venus de Saxe. Le pourtour du quadrilatère de Bohême s'était ainsi peuplé d'Allemands, notamment les vallées de Most, Chomutov, Cheb et Carlovy Vary et le secteur de Plzen. Les nazis en avaient pris prétexte pour annexer ces régions en 1938. Après 1945, près de 3 millions d'Allemands ont été transférés et les communautés restantes durent attendre 1954 pour recouvrer leurs droits civiques et 1969 pour se voir reconnaître une spécificité culturelle. Ils disposent d'une Association culturelle active et d'un Institut culturel allemand à Prague (1969). Les Allemands ne comptent plus qu'une soixantaine de

* Minorités allemandes dans l'autre Europe (chiffres 1985/1989) : 212 000 en Hongrie : régions de Baranya, Tolna et Bacs-Kiskun ; 100 000 (selon les sources polonaises) à 1 200 000 (selon le Deutschesprachige Minderheiten, 1989), en Silésie ; 250 000 en Roumanie : ouest et sud de la Transylvanie et Banat ; 62 000 en Tchécoslovaquie : nord de la Bohême-Moravie ; environ 500 000 en Yougoslavie.

milliers d'individus, regroupés principalement aux environs de Sokolov. Ces régions ont été repeuplées par des Slovaques à l'ouest et au sud et par des Tchèques.

La Bohême compte donc désormais près de 800 km de frontière avec l'Allemagne unie. Au nord, elle voisine avec la Saxe ; Prague n'est qu'à 90 km de la limite avec l'ex-R.D.A., Dresde, nouvelle capitale saxonne, est à 150 km, Berlin sera à quatre heures de route lorsque la route étroite à deux voies — E 15 — sera remplacée par une autoroute, permettant une liaison efficace entre la Scandinavie et l'Autriche — par Vienne — et la Hongrie. Il faudra cependant attendre la restructuration de l'économie de l'Allemagne orientale pour que des effets frontières positifs jouent à plein.

En revanche, une des dyades les plus fermées d'Europe, le segment tchéco-bavarois du rideau de fer, est aujourd'hui traversé par un intense trafic, par la route E 12 Prague-Plzen-Nuremberg : touristes et visiteurs allemands — qui forment plus de la moitié des quelque 17 millions de touristes recensés à Prague durant l'année 1990 — laissant en Bohême des devises dépensées dans les nouveaux supermarchés établis entre Nuremberg et la frontière tchèque. Excentrée par rapport à la République fédérative tchèque et slovaque, contestée comme capitale nationale — trop laïque, trop progressiste — par les Slovaques, plus traditionalistes, catholiques et séparatistes, concurrencée au nord par Berlin, la capitale sera conçue par ses aménageurs comme élément du réseau des métropoles qui s'étendent dans l'espace situé entre le Rhin moyen et l'Elbe supérieur, plutôt que comme une agglomération d'un éventuel réseau urbain incluant Vienne et Budapest. Dans cette hypothèse, Prague, sublime ville baroque, serait insérée par ses édiles dans un ensemble plus occidental que « centre-européen », et on ne verrait pas de reconstitution d'une armature urbaine austro-hongroise, autour de Vienne. Beaucoup dépendra de l'ampleur du séparatisme slovaque, qui ne peut être atténué que par une entrée conditionnelle assez rapide — cinq à dix ans — dans la C.E.E.

— **La dyade Tchécoslovaquie-Autriche : le pôle viennois :** Longue de 572 km, elle est de celles visibles depuis l'avion, tant le contraste des structures agraires est encore marqué : au nord, en Bohême comme en Moravie, de très vastes fermes d'État, de plusieurs dizaines de milliers d'hectares, au sud, un parcellaire soulignant la prédominance des petites exploitations.

Complexe, elle comprend trois segments : à l'ouest, les massifs orientaux de la Sumava comptent une petite minorité slovaque, au sud de Ces. Budejovice ; au centre, s'éloignant de la vallée du Danube, elle recoupe les collines et les riches bassins agricoles de Moravie et des provinces de haute et basse Autriche, puis suit la Dyje-Thaya jusqu'à la rencontre avec la vallée de la Morava-March, au sud de Brno, qu'elle longe ensuite aux confins du pays slovaque, pour arriver à Bratislava, à la confluence Danube-Morava. C'est une ancienne limite administrative intra-impériale, qui fut rectifiée en 1920 pour inclure le nœud ferroviaire de Gmünd et le secteur à population tchèque près de Ludenburg.

Entre Vienne et Bratislava, s'étend la plaine de Wagram, dominée par les grands domaines agricoles et les châteaux aux murs de couleur

« jaune Marie-Thérèse ». Les Alpes orientales se terminent à Vienne ; les Carpathes occidentales commencent au nord de Bratislava. Nœud stratégique s'il en fut, longtemps convoité par les Ottomans remontant depuis la Puzsta hongroise, puis par les armées de Napoléon ; une des clés de la cohésion stratégique entre l'Autriche et la Hongrie sous l'Empire. Aire de contact enfin entre Slaves et Germains.

La vieille ville de Bratislava se perche au-dessus du Danube, tandis que s'étend, sur la rive gauche, une ville nouvelle hérissée d'immeubles collectifs et d'usines, ..., un des foyers du nationalisme slovaque après avoir été, en bordure immédiate du rideau de fer, un bastion du communisme. Les rives gauches de la Morava et du Danube sont d'ailleurs occupées par des centres urbains et industriels qui contrastent avec les champs et cabanes de pêcheurs surveillant leurs nasses et leurs carrelets au pied de la longue digue qui borde la rive droite. Ici, le rideau de fer était un mince et paisible filet d'eau, ombragé de saules, la Morava, étroitement surveillé par des miradors. Côté autrichien, une réserve ornithologique.

Les effets spatiaux de l'ouverture ne sont pas dessinés d'avance. Vienne, grande métropole soudain excentrée après 1919 et coupée de tout voisinage après 1945 fut une des rares grandes cités européennes à connaître une réelle stagnation démographique. Qu'elle soit redevenue un lieu d'immigration, porte d'entrée de l'Europe riche pour les Roumains, crée quelques difficultés politiques.

Il est peu probable que Vienne retrouve la zone d'influence qui était la sienne en Bohême avant 1919. En revanche, la proximité de Bratislava — 40 km — pourrait se transformer en atout dès lors que les Slovaques affirmeraient leur volonté de développement séparé. Déjà, des aménageurs de ces États voient à ces villes un avenir commun, en relation avec le troisième pôle du triangle, Budapest ; ce serait hisser la capitale slovaque au rang des capitales d'État voisines. Ce serait aussi, par une « alliance » avec Vienne, réduire la dépendance perçue avec les décisions prises à Prague, tout en limitant l'influence de Budapest sur le sud slovaque, peuplé d'une forte minorité magyarophone.

On le voit, l'affaissement d'une des sections les plus fermées du rideau de fer peut provoquer une véritable réorganisation des espaces régionaux, en redessinant les aires d'influence des métropoles.

— **La question slovaque et le risque d'une frontière politique interne :** Sa réalité n'est pas récente mais son retour est un effet direct de la sortie du glacis soviétique.

L'opposition entre Bohême et Slovaquie est ancienne : civilisation urbaine, marquée par la réforme de Jean Huss puis une contre-réforme mal reçue ayant conduit les Tchèques à valoriser l'égalitarisme, le progrès et la laïcité ; en face, une région rurale, au catholicisme de contre-réforme resté très traditionaliste ; en Bohême, une exploitation minière précoce, avec les techniciens saxons, suivie d'une industrialisation active dans le cadre de l'Empire ; rien de tel en Slovaquie, où l'industrie ne date vraiment que de l'après 1919 et surtout 1968 ; enfin, depuis le compromis de 1867, la Bohême était administrée depuis Vienne et la Slovaquie depuis Budapest.

Au moment de la partition de l'Empire austro-hongrois, la Bohême était devenue le centre manufacturier de l'empire : trois quarts de la production industrielle, neuf dixièmes du textile. On fabriquait déjà des automobiles à Koprivince en 1897 dans les futures usines Tatra. Au début du siècle, la Bohême atteignait un niveau de développement comparable à celui de la France et supérieur à celui de l'Italie ou de la Pologne. Malgré la proximité de Vienne, la Slovaquie restait une région rurale et agricole non touchée par la modernisation.

Après la création de l'État tchécoslovaque, réunion issue des efforts de Masaryk, de père tchèque et de mère slovaque, l'industrialisation de l'Est fut conduite sous influence tchèque, surtout en Slovaquie occidentale. Mais en 1937, la Slovaquie ne représentait encore que 15 % du P.N.B. et 7,3 % du produit industriel pour 24,6 % de la population. Après 1948, la Slovaquie orientale, devenue frontalière du « grand frère », fit l'objet d'implantations industrielles liées à l'Union Soviétique — sidérurgie de Kosice. Plus de 300 usines furent transférées depuis les frontières tchèques, au moment de l'expulsion des Allemands, vers la Slovaquie, entre 1945 et 1948. Les communistes slovaques furent les grands bénéficiaires de l'intervention de l'Armée rouge à Prague en 1968. Avec l'adoption du « principe fédéral » en janvier 1969, un rééquilibrage des investissements s'instaura alors : aluminium et chimie de la vallée de Vah, nombreuses usines d'armement, électronique, confection. Pour 33,7 % de la population (1989), la Slovaquie ne comptait que 27,8 % de l'emploi industriel ; elle sera très affectée par l'entrée dans l'économie de marché.

La « révolution de velours » à Prague, en 1989, a été suivie d'une affirmation nationaliste en Slovaquie, où l'on ne peut manquer, comme ailleurs dans l'autre Europe, ainsi en Serbie ou en Roumanie, de voir d'abord la marque de l'ancien appareil communiste, suscitant des alliances paradoxales avec une extrême droite nostalgique. La Slovaquie avait en effet été promue au rang de protectorat autonome par les nazis, sous la conduite de Mgr Tizso, tenant d'un cléricalisme ambigu. La querelle du « trait d'union » — Tchéco-Slovaquie — a animé le Parlement fédéral lorsqu'il s'est agi, en 1990, de choisir le nom du nouvel État démocratisé, pour aboutir à « République fédérative des Tchèques et des Slovaques ».

L'autonomie culturelle est acquise et la riche production cartographique, héritage de l'influence hongroise, témoigne d'un sens croissant de l'identité des Slovaques, qui se veulent proches des Polonais et des Croates. La question slovaque montre que le devenir de la cohésion interne des États d'Europe centrale et orientale est une dimension aussi sérieuse de la géopolitique européenne que la stabilité des frontières externes. La crise yougoslave ne peut qu'accélérer le séparatisme slovaque et relancer ce problème hongrois au sud.

— **La frontière austro-hongroise : segment expérimental :** Dès novembre 1988, Imre Pozsgay, membre du bureau politique du parti communiste hongrois, annonçait la possibilité, dans « un proche avenir », du démantèlement du système d'alerte électronique établi en 1967 sur les quelque 354 kilomètres de la dyade avec l'Autriche, en raison de sa nature « historiquement, politiquement et techniquement dépassée ». La décision fut prise le 1er mars 1989 et appliquée à partir du 2 mai, sur quatre kilomètres, dans la région de Koszeg.

C'est dans le saillant de Sopron que furent ménagées les premières brèches dans le rideau de fer. Or, cette région est l'une des rares à avoir fait l'objet d'un plébiscite, en 1922, lors de la partition de l'Empire austro-hongrois : alors que dans le Bürgenland les électeurs choisirent le maintien en Autriche, les Magyars de la région de Sopron (ex-Odenburg) optèrent pour la Hongrie, et la ville fortifiée et circulaire y gagna le titre de « ville de la fidélité ». La coupure politique contraste avec la relative unité des paysages agricoles et ruraux qui portent la marque des Esterhazy, d'Eisenstadt à Fertöszentmiklos. Déjà commence, autour des roselières du lac Ferto, lac traversé de poteaux bornes frontières, la puzsta hongroise. Le rideau de fer était là surveillé, côté hongrois, par des gardes circulant en voitures à cheval sur des pistes poussiéreuses.

La frontière avec l'Autriche était cependant entrouverte, avec quelques accords de coopération industrielle et la disposition d'aires de circulation ouvertes aux visiteurs autrichiens jusqu'à Sopron.

La capitale, Budapest, n'est qu'à deux heures de Vienne par la route et bientôt par une autoroute à demi-achevée. Elle regroupe plus du cinquième de la population hongroise, le tiers de la production industrielle et reste un passage obligé entre la Transdanubie, à l'ouest, plus industrielle, et la Cisdanubie, plus rurale. Budapest compte six des huit ponts qui franchissent le Danube sur toute la longueur de son cours hongrois. Capitale hypertrophiée d'un pays réduit des deux tiers de son extension par le traité de Trianon, Budapest est un centre dont le rayonnement déborde les frontières politiques, en direction des régions limitrophes peuplées de magyarophones. Les nouveaux édiles de Budapest envisagent de renforcer cette influence sur l'ensemble du bassin délimité par les Carpathes. On peut lire dans les projets de développement des équipements tertiaires de niveau international (congrès, bourse, projet d'exposition universelle commune avec Vienne et Bratislava, d'un coût cependant très élevé) une double ambition : renouer avec les réseaux de métropoles de l'Europe sud-centrale, celle située au sud du Danube, jusqu'à Trieste, et augmenter son rayonnement sur l'espace magyarophone. Comme à Berlin, les promoteurs du projet invoquent une vocation de « porte entre l'Est et l'Ouest », susceptible d'attirer des capitaux internationaux.

L'effacement des frontières économiques est très avancé entre Autriche et Hongrie ; une nette convergence d'intérêts se dessine avec les Italiens du Nord — Lombardie et Vénétie — qui développent une stratégie active au sud du Danube, réplique à l'influence allemande au nord. C'est donc moins l'Autriche que l'Italie qui pourrait devenir l'acteur majeur de la reconnexion économique dans l'Europe sud-centrale (projet de zone franche hongroise à Trieste, et d'autoroute entre l'Adriatique et la Transdanubie). La vitesse et l'ampleur de cette réorganisation spatiale dépend du règlement des contradictions internes de la Yougoslavie.

— **La dyade hungaro-yougoslave : une exception :** Longue frontière de 676 kilomètres, tracée en 1920, elle suit le cours de la Mura, laissant le Prekmurje de peuplement slovène à la Yougoslavie, et coïncidant avec le Medimurje, limite maximale historique du pays croate, puis le cours moyen de la Drave ou de son ancien cours, plus septentrional.

Elle s'éloigne ensuite de la Drave, en amont du confluent avec le Danube et jusqu'au-delà de la traversée de la Tizsa, pour rejoindre le tripoint avec la Roumanie. Ce tracé, réalisé aux dépens de la Hongrie, avait pour but de mettre fin à la position frontière qu'occupait la capitale serbe, Belgrade, placée sur la rive droite du Danube alors que l'Empire austro-hongrois s'étendait sur la rive gauche.

Le Sud de la Mésopotamie hongroise, entre Danube et Tizsa, correspondant au Baranya et au Backsa, forme aujourd'hui une province autonome à l'intérieur de la république de Serbie, la Voïvodine. 430 000 Hongrois y vivent, qui ont pu, après les violentes crises politiques ayant opposé Tito et Staline dans les années cinquante, bénéficier d'une liberté de contacts et d'échanges avec la Hongrie. Segment particulier du rideau de fer, plus ouvert, malgré la présence de troupes soviétiques dans le Sud hongrois, par la volonté de Tito d'affaiblir l'hégémonie serbe en favorisant d'autres nationalités, ici par le libre contact. Cela rejoignait le souci hongrois, à Budapest, d'élaborer une « planification frontalière conjointe », à partir de 1970 : gestion des échanges locaux, des voies de communication, voirie...

Le facteur décisif n'est pas local mais réside dans l'avenir de la fédération yougoslave et dans l'évolution de la politique des dirigeants de Serbie et de ses effets chez les Serbes et les Croates de Voïvodine. Une affirmation trop nette du nationalisme serbe dans cette province conduirait les Magyarophones à se tourner vers Budapest, si leur autonomie était battue en brèche. Ce risque existe d'autant plus que les Hongrois ne sont majoritaires que dans le sixième environ de la province. Budapest a rappelé en juillet 1991 que la frontière avait été fixée avec la Yougoslavie, pas avec la Serbie ! Annonce claire d'une politique révisionniste.

— **La dyade roumano-yougoslave : discontinuité économique :** Longue de 546 kilomètres, elle suit la rivière Nera, puis le Danube. Elle prolonge la dyade précédente sur la première moitié de son parcours : même origine en 1920, même séparation entre Magyarophones bien qu'ils soient cette fois minoritaires dans chacun des États.

Plus au sud, la frontière coïncide avec le Danube, dans la partie de son cours enfoncé en véritable canyon entre les Carpathes et les Balkans, avec les célèbres Portes de Fer.

Elle correspond à la limite septentrionale des aires de peuplement majoritairement serbe, même si les Serbes bénéficièrent d'éléments complémentaires de sécurité pour les canaux et les voies ferrées et surtout la protection de Belgrade ; d'où l'ajout de Vrsac, sur l'axe routier et ferroviaire descendant de Timisoara et Bela Crkva, au nord des limites de la Serbie de 1878, date du congrès de Berlin.

Frontière faisant exception dans le dispositif du rideau de fer, en l'absence de troupes soviétiques et du fait de l'autonomie de la politique extérieure roumaine sous Ceaucescu, traitant là avec un État non aligné et éloigné des positions soviétiques. Minorités hongroises et allemandes cohabitent de part et d'autres du tracé sans entretenir de relations et c'était, jusqu'à maintenant, une des sections les moins exposées aux tensions, dans chacun des États. La crise économique roumaine provoque toutefois un afflux d'acheteurs ou de vendeurs et même de travailleurs émigrés roumains venus offrir temporairement leurs services. La différence de niveau de vie sera durable et alimentera ces flux, tant que la Yougoslavie n'exigera pas de visa.

— **La dyade bulgaro-yougoslave : le primat de la stratégie :** Longue de 539 kilomètres, elle date des traités de Bucarest (1913) et de Neuilly (1919). Le facteur déterminant dans le tracé fut d'ordre géostratégique, en réponse aux préoccupations de sécurité de la Serbie contre les menaces des Bulgares. Le tracé fut établi pour garantir les lignes de comunication serbes, routes et surtout voies ferrées. D'où le choix dans certains segments de supports dans les vallées, pour dénier à l'adversaire bulgare l'accès à des positions dominantes — c'est pourquoi Sofia, placée sur le seuil entre la Morava et le corridor de la Maritsa, n'est qu'à une cinquantaine de kilomètres de la Serbie. Ailleurs, la frontière fut portée, par inclusion d'un secteur de 130 km^2, le long du Timok, pour la protection de la voie ferrée Negotin-Zajecar ; pour contrôler celle allant de Sofia à Nis, le district de Tsaribod (600 km^2) fut annexé, bien que peuplé de Bulgares, et le tracé s'appuie sur les passages difficiles des vallées ; à l'est de Vranje, il englobe le district du haut bassin de Bozicka (820 km^2) pour mieux surveiller les abords de la voie ferrée Nis-Salonique ; enfin, le saillant de Strumica (840 km^2), lieu d'où les Bulgares lançaient des attaques contre le même chemin de fer, fut également inclus en Yougoslavie.

Aux confins de l'Albanie, de la Grèce et de la Bulgarie, la République de Macédoine, née du partage de San Stefano, reste une pomme de discorde entre Yougoslavie et Bulgarie (les Macédoniens sont 1,4 million dans le premier État, 250 000 en Bulgarie et plus de 150 000 en Grèce, contre une centaine de miliers en Albanie). Elle est ouvertement revendiquée par les Bulgares — ils l'occupèrent de 1941 à 1944 — qui considèrent le macédonien comme une variante du bulgare et ont récemment rétabli l'anniversaire de la libération du joug ottoman comme date de la fête nationale (le 3 mars). Les Yougoslaves y ont vu une manifestation de l'esprit « grand bulgare ».

De fait, la lutte contre les Turcs avait été précédée d'un accord entre Serbes et Bulgares (1912) prévoyant, soit l'autonomie de la Macédoine libérée du joug ottoman, soit en cas de non-réalisation de cette option, un partage au long d'une ligne Skopje-Struga, qui laissait plus des deux tiers de la Macédoine aux Bulgares. L'inquiétude des alliés balkaniques devant les succès bulgares provoqua la seconde guerre balkanique et l'occupation de la vallée stratégique de la Vardar par les Serbes. Le traité de Bucarest (1913) réduisit la part bulgare à une petite portion de Macédoine — la vallée de la Strumica.

Le choix bulgare en faveur des Allemands en 1914 en fut la conséquence directe ; leur échec provoqua un recul de la frontière — traité de Neuilly — sur la ligne de partage des eaux entre la Vardar et la Struma, où elle est demeurée, sauf de 1941 à 1945.

L'avenir de ce tracé, qui est à la fois serbo-bulgare et macédono-bulgare, dépend à l'évidence du destin de la fédération yougoslave : le segment sud sera-t-il « macédonien » ou bien considéré, à Belgrade, comme « historiquement propriété du peuple serbe » ? Tant il est vrai que les nationalistes serbes considèrent que la création d'une république de Macédoine, expression d'une « nation », fut suscitée par Tito pour affaiblir l'hégémonie serbe sur la fédération. Dans ce cas, les

Bulgares réaffirmeraient-ils leurs prétentions sur ce qu'ils nomment la Macédoine du Vardar ?

Dans le passé, Tito avait lancé le projet d'une Fédération balkanique, associant la Bulgarie et dont la capitale aurait été Belgrade. Les bonnes relations initiales entre Tito et Dimitrov avaient débouché sur un accord d'union douanière et la libre circulation des enseignants en Macédoine de Pirin. En 1948, une union douanière du Danube incluait la Roumanie. Mais la guerre froide et les pressions de Staline mirent fin à ces mesures. Le gouvernement de Sofia n'admit pas que les Macédoniens de Pirin formassent une minorité ethnique ; Tito répliqua en formant une république, fondatrice de la fédération, comme les cinq autres.

Le macédonien, différent du macédonien historique, qui faisait partie du groupe thraco-phrygien, a une grammaire proche du bulgare. L'État bulgare ne reconnaît pas l'existence d'une langue et d'une nation spécifiques, ce qui est perçu en Yougoslavie comme un refus d'admettre la légitimité d'une république de Macédoine. La position bulgare a varié et c'est moins le fait macédonien qui est nié que l'insertion de la majorité de sa population et de son espace — surtout l'importante vallée de la Vardar — en Yougoslavie qui est contestée.

La catégorie de macédonien est absente des recensements bulgares depuis 1956. La tension est persistante et six postes frontaliers furent fermés en 1985. Depuis la fin du régime Jivkov (11-1989), le différend a pris de l'ampleur du fait de la renaissance de mouvements bulgares pro-macédoniens, comme la société Ilinden, la Jeune Fraternité macédonienne et la Société Macédonienne pour la culture et l'éducation, et la reparution du mensuel Macédoine, après un demi-siècle de suspension.

En 1990, des slogans exigeant la reconnaissance de la minorité macédonienne ainsi que la fin de la politique d'assimilation forcée ont été produits, tandis que le président du présidium du Comité central du P.C. yougoslave — d'origine macédonienne — accusait la Bulgarie de nourrir des prétentions territoriales et une ambition « grand bulgare ». Mais ces tensions doivent sans doute faire l'objet d'une seconde lecture, tant il est vrai que la dérive nationaliste est une pratique de plus en plus fréquente de la part de régimes communistes contestés.

Si la parenté linguistique du macédonien avec le bulgare est un fait admis par les linguistes, on soulignera que la Bulgarie n'a pas de revendications territoriales exprimées à l'encontre du Sud de la Yougoslavie. Mais l'État bulgare jacobin refuse l'existence d'une « nation » séparée.

— **La dyade gréco-bulgare : entrouverte :** Sur 494 kilomètres, la dyade suit le rebord sud des hautes sommets des monts Rhodope dans sa partie centrale. A l'ouest, l'axe de la vallée de la Vardar, qui conduit des abords de Sofia au port de Salonique, est coupé à une centaine de kilomètres au nord du port égéen. A l'est, la Maritsa marque le tripoint avec la Turquie.

Frontière âprement disputée lors des deux guerres balkaniques (1912-1915) puis mondiales, en 1913, en 1919 et redessinée en 1945. L'enjeu était de priver la Bulgarie russophile d'un accès direct à la mer Égée et de ménager un couloir terrestre à travers les Thraces occidentale et orientale entre Grèce et Turquie. Ces deux États, certes rivaux, mais alliés de fait dans l'O.T.A.N., commandaient un des points les plus sensibles du rideau de fer, sur son flanc sud et au nord-ouest des détroits des Dardanelles. C'est pourquoi son tracé est grossièrement parallèle au littoral, 50 à 100 kilomètres à l'intérieur.

Il s'agit donc d'une frontière de caractère stratégique, à rôle de contention d'une poussée bulgaro-russe vers les eaux libres de la mer Égée. Sa fonction de front l'a consolidée. Elle est d'ailleurs restée quasiment fermée et la route Sofia-Salonique était peu fréquentée. Le quart Sud-Est de la Bulgarie adossé à une frontière morte est un des secteurs peu développés du pays. La partie Centre-Sud est peuplée de 300 000 Pomaks — Bulgares contraints à l'islamisation lors de la période ottomane et minorité réprimée à partir de 1949 — tandis que le Sud-Est est habité d'au moins un demi-million de Turcophones; ils forment une communauté soudée, objet de plusieurs tentatives de bulgarisation depuis 1945, dont la dernière en date, en 1989, imposa la slavisation des noms et provoqua une émigration massive vers la Turquie (330 000 départs et 110 000 retours en 1990, après la chute du régime Jivkov).

Le segment occidental traverse des terres peuplées par une minorité macédonienne, en Bulgarie — la Macédoine de Pirin compte environ 200 000 ressortissants — et en Grèce — 150 000 locuteurs macédoniens en Macédoine d'Égée nommés par Athènes « Grecs slavophones ».

Les changements politiques en Bulgarie, une attitude commune à l'égard de la question macédonienne — qui n'est pas reconnue comme nationale ni en Grèce ni en Bulgarie —, la présence d'une forte minorité turque dans les deux pays et enfin une animosité et défiance communes à l'égard d'une Turquie qui monte en puissance, modifient les relations entre les deux États. Une alliance de fait s'est nouée.

Elle est antérieure à la fin de la guerre froide puisque les deux États appartenant pourtant à des systèmes militaires adverses avaient signé dès 1986 un accord de sécurité, relatif à la surveillance de la frontière de Macédoine orientale et également à leurs frontières avec la Turquie. Dans le nouveau contexte stratégique global, la coopération militaire entre les deux États va s'intensifier, l'État grec étant vigilant devant les effets des changements en Albanie et en Macédoine de Vardar — où, 20 % de la population est albanaise musulmane — tandis que l'État bulgare partage les inquiétudes grecques sur la politique d'Ankara à l'égard des minorités turques de Bulgarie et de Thrace occidentale. A quoi répond un intérêt croissant de la Turquie pour l'Albanie : à Ankara, on cherche un allié de revers et l'on tend à considérer qu'après, le changement de régime, l'Albanie devient en fait le seul État musulman d'Europe. Les tensions liées aux transitions politiques devraient alors conduire Bulgares et Grecs à déployer une partie de leur armée sur leurs frontières occidentales, allégeant ainsi leur dispositif à l'Est.

— La dyade bulgaro-turque : ouverture internationale, tensions bilatérales : Dyade assez courte — 239 kilomètres —, elle a été dessinée une première fois au traité de Constantinople en 1913 et reconfirmée par le traité de Lausanne en 1923.

Elle a une fonction stratégique évidente : garantir un réel contrôle turc sur la rive européenne des deux ensembles de détroits ; elle passe donc à 150 kilomètres environ plus au nord de ce passage obligé entre mer Noire et Méditerranée et coïncide avec l'aire de contact entre communautés rurales turques et bulgares. Si l'on ne rencontre pas de populations bulgares au sud, la minorité turque est importante au nord, en Bulgarie : elle se localise moins à la frontière turque que dans le Rhodope et la Dobroudja. Leur nombre est évalué à 1,2 million. Une des craintes exprimées en Bulgarie à la suite des projets de contre-agraire est de voir des communautés turques acquérir des terres dans la zone frontière et revendiquer ensuite leur rattachement à la Turquie. En réalité, on ne note pas de signes d'irrédentisme de leur part. Mais il ne fait de doute que le gouvernement turc maintient un droit de regard sur cette minorité et développe une politique extérieure ambitieuse, tant dans les Balkans qu'autour de la mer Noire.

Le Rideau de fer se doublait là d'une frontière qui restera doublement stratégique — contrôle des détroits et contact entre deux États au lourd contentieux historique. Elle est restée néanmoins ouverte puisque le principal axe de transport trans-européen, via Belgrade ou Budapest et Sofia en direction d'Istanbul et de l'Orient le franchit, au nord d'Edirne. La voie alternative passe par Belgrade, Nis et Salonique. Le maintien de relations économiques fortes avec l'Europe continentale est un impératif pour Ankara, de sorte que les tensions avec ses deux voisins sont, en toute logique, bornées par la nécessité de ne pas compromettre l'accès à ces deux routes ouvertes. Les intérêts économiques conduisent à plus de sagesse ou de réalisme que les rivalités d'influence, les alliances de revers, les invectives et l'évocation d'un passé encore vif *.

Les frontières récentes à l'est de l'ex-Rideau de fer

Les frontières situées à l'est du rideau de fer sont en général les plus récentes de l'Europe, puisqu'elles résultent de la Seconde Guerre mondiale.

C'est surtout le cas de la Pologne dont 80 % de l'enveloppe terrestre a été tracée entre 1945 et 1947. Si les Polonais se sont montrés aussi sensibles à cette question avec une insistance presque anachronique dans l'Europe de 1990, c'est sans doute que leur État est, dans sa configuration présente, le plus jeune du continent, alors que leur nation est l'une des plus anciennes. Si ses dirigeants, toutes tendances confondues, ont plaidé pour être associés aux décisions prises par les anciens alliés, c'est que trop longtemps leur destin fut déterminé sans eux, au point que la Pologne disparut comme État entre 1792 et 1919.

Si enfin l'accent a été mis en 1990, année de l'unité allemande, sur le statut définitif de la « ligne Oder-Neisse », il est probable qu'une attention de plus en plus soutenue devra être portée aux confins

* Les frontières adossées au rideau de fer et qui sont mitoyennes avec le territoire soviétique — Finlande et Turquie — sont traitées au chapitre XIV. Les segments maritimes du rideau de fer sont traités dans le chapitre XVI.

orientaux de la Pologne, en fonction des scénarios d'évolution dans l'ensemble soviétique (chapitre XIV).

— **Les frontières très récentes de la Pologne :**

a) *De la ligne Oder-Neisse à la frontière germano-polonaise :* La ligne Oder-Neisse — Odra-Nysa —, appellation destinée à signifier, du côté allemand, son statut provisoire tant que l'unification n'était pas acquise, est devenue la frontière germano-polonaise selon le traité frontalier signé le 14 novembre 1990 à Varsovie, par les ministres des Affaires étrangères des deux États. Document de droit international, il reconnaît le « caractère inviolable, maintenant et à l'avenir » de ce tracé entre deux pays qui « n'ont ni n'auront aucune revendication territoriale réciproque ».

Cette limite n'avait été reconnue que par la R.D.A. lors du traité signé dans la ville frontière de Görlitz-Zgorzelec en juillet 1950 : ainsi naissait une « frontière de l'amitié », entre deux États communistes, bientôt confirmée par des projets industriels binationaux. A Moscou en 1970 (12 août) comme à Varsovie (7 décembre), la R.F.A. avait admis l'inviolabilité des frontières européennes, y compris l'Oder-Neisse, « constatant » l'existence de cette limite en s'engageant à la respecter, en tant que « frontière occidentale de la Pologne ». Donc, pas comme « frontière orientale de l'Allemagne ». Le traité de 1990 indique lui que l'unification allemande n'est pas une « réunification » qui se serait opérée dans les frontières de l'Allemagne de 1937, mais dans celles de 1990. C'est l'article Premier du traité sur l'unification allemande du 12 septembre 1990 signé à Moscou par les représentants des États ayant participé à la conférence « 2 + 4 » : « L'Allemagne unie comprendra le territoire de la République fédérale d'Allemagne, de la République démocratique allemande et de l'ensemble de Berlin. Ses frontières extérieures seront les frontières de la République fédérale d'Allemagne et de la République démocratique allemande et seront définitives à partir de la date d'entrée en vigueur du présent traité. L'Allemagne unie et la république de Pologne confirmeront la frontière existante entre elles par un traité ayant force obligatoire en vertu du droit international. L'Allemagne unie n'a aucune revendication territoriale quelle qu'elle soit envers d'autres États et n'en formulera pas à l'avenir. »

Le lien entre les deux processus était donc posé, l'accord germano-polonais étant une condition de l'acceptation par les « 4 » de l'unification allemande.

b) *Le système frontalier polonais :* La Pologne compte 80 % de son enveloppe terrestre tracée entre 1945 et 1947. Seule la section polono-slovaque est restée conforme aux dispositions territoriales de la restauration de l'État en 1919. Partout ailleurs, les limites de 1945 diffèrent nettement de celles qui avaient été définies vingt-six ans plus tôt.

L'enveloppe frontalière fait système puisque le segment occidental a été tracé en fonction des décisions imposées par les Soviétiques pour la définition du segment oriental. A l'est en effet, la frontière polono-soviétique suit à peu près la première ligne Curzon, proposée en 1919 par le diplomate britannique, ministre des Affaires étrangères, lors de la conférence de Versailles. Elle coïncidait avec le cours du Bug marquant le contact entre les populations polonaises et les populations biélorusses et ukrainiennes. Ce tracé n'avait pas été retenu alors, car les Occidentaux avaient besoin d'une avant-garde face au bolchévisme : le traité de Riga (1921) avait porté la frontière polonaise bien plus à l'est, jusqu'aux abords de Minsk. La Pologne reconstituée en État devenait en réalité un État multi-national à direction polonaise, et manquait de viabilité. Ce dispositif, imposé au nouvel État soviétique affaibli par la révolution, lui était inacceptable : il s'empressa, à la faveur du pacte germano-soviétique, d'en corriger le tracé : retour au Bug, donc, ancienne limite administrative de l'Empire tsariste. Cela fut confirmé à Yalta, le 8 février 1945 : les provinces biélorusse et ukrainienne de Polésie et de Volhynie-Ukraine ainsi que la province de Wilno furent incorporées à l'Union Soviétique ; les minorités furent échangées dans le cadre de l'opération « W ».

La ligne Curzon, devenue frontière d'État, fut revue et corrigée : au sud, par l'annexion du district de Lvov, ville polonaise de Galicie, qui offrait à Staline un accès à la Ruthénie, sur le versant sud des Carpathes ; au nord, par le partage de la Prusse orientale entre les deux États, selon une ligne est-ouest définie par le traité spécial du 17 août 1949. Le Nord, autour de Königsberg-Kaliningrad, forma une *oblast*, une région administrative de 13 000 km^2, séparée de la Lituanie et directement rattachée à la république de Russie.

Ce dispositif avait pour but, aux yeux de Moscou mais aussi des alliés occidentaux, d'en finir avec la Prusse, considérée comme le foyer de tous les maux : « On ne peut pas tolérer que la Prusse domine l'Allemagne tout entière », notait Harry Hopkins, conseiller du président Roosevelt, en mars 1943.

Il reste que les Polonais — notamment le gouvernement en exil du général Sikorski — attendaient une « compensation », qui ne pouvait être ménagée qu'à l'Ouest. Dans un mémoire remis par Sikorski à Roosevelt en décembre 1942, il était déjà constaté que « l'Oder avec son port de Stettin et ses affluents jusqu'à la frontière tchèque constitue pour la Pologne une ligne de sécurité naturelle vis-à-vis de l'Allemagne, vu qu'à l'est de cette ligne se trouvent les bases d'agression de la Prusse dirigées contre la Pologne, à savoir la Prusse orientale, le coin de Silésie et la Poméranie ». En outre, un plus large accès à la Baltique était revendiqué.

La présentation de cette « ligne de sécurité » comme la future frontière occidentale de la Pologne avait été proposée par Churchill lors de la conférence de Téhéran (28 novembre-1er décembre 1943). La position américaine était plus restrictive : on admettait que la Pologne nouvelle fût agrandie de la Prusse orientale, de Dantzig et du district d'Oppeln (aujourd'hui Opole) en Haute-Silésie. Churchill, pour sa part, déclara : « L'on estime que le foyer de l'État et de la nation polonais devrait se situer entre la ligne Curzon et la ligne de l'Oder, en incluant la Prusse orientale et Oppeln ; mais le tracé réel de la frontière requiert une étude soigneuse et des déplacements de populations dans quelques endroits. »

Les Soviétiques manifestèrent alors leur intérêt pour Königsberg et ses environs, au prétexte d'un besoin d'accès à un port libre de glace. Staline n'acceptait une Pologne élargie à l'Oder qu'à la condition de choisir le gouvernement de Varsovie. L'annexion de Königsberg fut acceptée, en dépit de l'absence de « droits historiques » russes spécifiques. Quant à l'étendue de la compensation vers l'ouest, elle concernait, dans l'esprit de Churchill, l'Oder inférieur et le district d'Oppeln, limité à l'ouest par la Neisse orientale ou Neisse de Glatz (Nysa Ktodza). Ce secteur avait fait l'objet d'un plébiscite favorable à l'Allemagne en 1921.

Dans ce schéma, la Silésie minière revenait à la Pologne mais la Silésie située entre les deux Neisse — celle de Glatz et celle de Lusace (Nysa Lusicka) — restait à l'Allemagne. Churchill estimait en effet préférable de nourrir l'Allemagne à partir de ce grenier à blé et à betteraves plutôt que de devoir lui livrer ensuite ces vivres.

Entre les deux Neisse, 190 km d'écart. On relate que Churchill, grand fumeur de cigares, avait dessiné cette carte de la future Pologne avec des allumettes, pour illustrer la translation de l'État vers l'ouest. A-t-il, avec ses allumettes, confondu les deux Neisse ? Staline a-t-il ignoré ou, au contraire, utilisé cette confusion ?

A Yalta, en tout cas — et ce sont les Polonais des États-Unis qui lors des élections américaines lancèrent le thème de l'abandon par les Alliés occidentaux lors du partage de l'Europe —, la divergence d'interprétation sur les deux affluents synonymes apparut au grand jour : elle était d'importance puisqu'elle concernait un territoire grand de 102 985 km^2 et peuplé au moins de cinq millions d'Allemands. Rien n'y fut donc vraiment décidé.

C'est lors de la conférence de Potsdam (juillet 1945) que le conseil des Alliés — occidentaux — accepta la proposition de Staline d'un tracé suivant la Neisse de Lusace et l'installation d'une administration provisoire en substitution de l'Armée rouge.

Quant au transfert des populations, déjà évoqué par Roosevelt en 1943 à propos des Prussiens (« on ne pouvait en aucun cas se fier aux Prussiens »), sur la base du précédent du déplacement des Grecs hors de Turquie après 1919, il fut justifié par Churchill dans un discours à la Chambre des communes : son souci était d'éviter que la Silésie et la Poméranie ne devinssent une nouvelle Alsace-Lorraine, lieu d'un ressentiment jugé responsable du premier conflit mondial.

La vigueur du débat, les atermoiements ou les prudences des dirigeants de la R.F.A. en 1990 à cet égard montre que la Silésie aurait pu devenir — l'impact électoral et émotionnel des associations de réfugiés aidant — une véritable cause de conflit ou au moins de blocage si cette décision de realpolitik avait été écartée. Il est en effet peu probable que Bonn aurait accepté de signer les traités de 1990 si une très importante minorité allemande était demeurée en Pologne. Les associations allemandes d'Opole — relayée par le lobby influent au sein de la C.D.U. — furent très actives en 1990, soucieuses de voir leurs droits respectés — expressions culturelle, religieuse, politique, linguistique, écoles et églises, rôle dans les conseils municipaux. Il est vrai que pour Varsovie il n'existait pas jusqu'alors officiellement de minorité allemande en Pologne et que l'usage de l'allemand était interdit. Ces droits sont désormais acquis, à l'exception de la double nationalité. Querelle de chiffre aussi, puisque l'unification allemande et le primat du « droit du sang » autorise ceux qui peuvent exciper d'une origine allemande, même lointaine, à revendiquer le droit à l'immigration en République fédérale. De là les divergences considérables d'évaluation, selon les sources (*cf.* notes page 485).

Il reste que ces terres situées à l'est de l'Oder furent allemandes pendant près de sept siècles : les vallées comme le littoral de la Baltique furent des axes d'expansion d'une efficace colonisation allemande, rurale et minière. Si l'argument des droits historiques polonais sur ces régions ne tient pas, vu de Bonn, celui du prix à payer pour les drames de 1939-1945 est jugé recevable. Il s'est produit, dans l'année 1990, un travail de deuil, de renoncement, de la part des Allemands, à des représentations historiquement fondées, mais dont l'évocation persistante aurait pu nourrir des querelles infinies.

Il reste aussi que, vu de Moscou, Bonn devait accepter que l'unification allemande s'accompagnât d'une reconnaissance des « réalités issues de la Seconde Guerre mondiale ». Où il faut comprendre aussi une sorte de garantie de non ingérence allemande et occidentale dans les affaires « intérieures » de l'Union Soviétique, au moment où celle-ci, on l'a vu plus haut (ch. XIV), est mal en point.

c) *La frontière germano-polonaise depuis 1990 :* L'Oder-Neisse est désormais la limite orientale de la C.E.E., et de l'O.T.A.N. En réalité, elle ne suit plus l'Oder en aval de Szczecin et atteint l'Oderhaff puis la flèche littorale du golfe de Poméranie, incluant la base navale de Swinoujscie.

Certes, cette double discontinuité ne prendra véritablement effet qu'au terme du retrait militaire soviétique, fixé en 1994, et de la restructuration de l'économie des cinq nouveaux Länder. De plus, l'État polonais est soucieux, en liaison avec les deux autres États qui partagent déjà une vision commune de l'avenir de l'Europe centrale — Tchécoslovaquie et Hongrie — d'une association étroite avec la C.E.E., prélude à une intégration complète à réaliser avant la fin de la décennie.

La logique diplomatique voudrait que s'esquisse un processus de réconciliation polono-allemande, préalable à une telle adhésion. Dans l'immédiat, l'Oder-Neisse définit une rupture économique : le P.N.B. allemand est sept fois plus élevé que le polonais. Dans le passé, la frontière entre les deux États d'alors, Pologne et R.D.A., pourtant insérés dans le même système économique et idéologique, était à peine entrouverte.

L'Ouest polonais, vidé par l'expulsion de deux millions d'Allemands entre 1946 et 1948, avait été repeuplé : 1,6 million de Polonais rapatriés depuis les territoires cédés à l'U.R.S.S., 3 millions transférés depuis les campagnes polonaises densément peuplées du Centre et de l'Est. Ces transferts de population furent gérés par le ministère spécial des « territoires recouvrés ». *Dans les régions occidentales de la Pologne et de la Tchécoslovaquie, dix millions de Slaves ont remplacé, en une dizaine d'années, les dix millions d'Allemands qui y vivaient avant la guerre.*

Les rares centres urbains des deux vallées ont été coupés en deux, Francfort sur Oder et Slubice, Wilhelm Pieck-Stadt Güben et Gubin, Forst et Zasieki, Bad Muskau et Legnica, Görlitz et Zgorzelec. Coupe accentuée par la disymétrie de la vallée, la rive gauche étant en terrasses étagées tandis que la rive droite est en plaine. La séparation est nette à Güben, dont la rue commerçante principale est séparée du centre du bourg, avec l'église en briques placée du côté polonais. Le ressentiment persiste.

Pouvait-on déceler une conception « socialiste » de la frontière ? Quatre passages seulement sur 560 kilomètres, une restriction aux entrées polonaises lorsque le mouvement Solidarité se développa, en 1981. Les villes polonaises n'étaient en réalité que des faubourgs de rive basse. Dans le cadre du C.A.E.M., la rive gauche de l'Oder reçut d'importants investissements intégrés : matières premières soviétiques, techniciens du C.A.E.M., ouvriers polonais. Chaque centre industriel de R.D.A. avait un bassin d'emploi transfrontalier, géré par les mairies.

C'est le cas du gigantesque combinat sidérurgique EKO, Eisenkombinatost, créé volontairement sur la frontière, non reconnue par Bonn, important du fer de Krivoï Rog en Ukraine et du coke de Silésie : bâtir une industrie dans les régions les plus proches de l'U.R.S.S. et manifester la force des « réalités territoriales issues de l'après-guerre ». Au bord de la « frontière de la paix », une ville entièrement nouvelle, Eisenhüttenstadt (ex-Stalinstadt), bastion du socialisme scientifique et laboratoire d'un urbanisme collectif et très policé.

De même, les usines d'assemblage électronique de Francfort sur l'Oder recrutaient une partie de leur main-d'œuvre dans les villes polonaises proches, Slubice, Rzebin, Cybinka, Kostrzyn. Les formateurs et interprètes étaient le plus souvent des Allemands expulsés de l'Ouest polonais et établis dans les nombreux quartiers de réfugiés installés à l'ouest de l'Oder. Ces combinats d'État travaillaient déjà en sous-traitance pour des firmes occidentales (Siemens, Grundig, Telefunken ou Texas Instruments). Quel est le devenir de ces bassins d'emploi ?

L'intégration brutale de la R.D.A. dans l'économie de marché menace ces combinats trop vastes et leur emploi. L'Allemagne unie a maintenu l'obligation de visas d'entrée pour les Polonais. L'accès libre à Berlin est plus difficile. Enfin, la R.D.A. a cessé d'être le partenaire économique qui absorbait le cinquième des exportations polonaises annuelles.

Les nouveaux dirigeants polonais souhaitent attirer des investissements allemands, non sans craindre qu'ils ne se portent d'abord sur l'Ouest et la Silésie. Le plan d'aménagement du territoire prévoit des facilités d'investissements à Szczecin puis au long de la zone frontière. Bonn a par ailleurs rappelé son intérêt pour la coopération transfrontière dont les communes et les autorités des Länder et des voïvodines seraient les maîtres d'œuvre. Enfin, l'axe de l'Oder, depuis la Bohême, et la route Berlin-Poznan sont bien placés pour devenir des secteurs de croissance économique. Les régions occidentales de la Pologne seront, à moyen terme, bénéficiaires de ce voisinage dynamique sur la frontière orientale de la C.E.E.

d) *La diversité interne héritée :* Un autre trait de la géographie polonaise mérite attention, bien que l'accent placé à juste titre sur l'unité de la nation ne contribue pas à l'analyser. Il s'agit de la persistance, en Pologne même, de certaines traces spatiales des partages et des limites antérieurs.

La polynucléarité de l'armature urbaine polonaise est un premier héritage des partages, au moment où s'affirmait en Europe la croissance urbaine : Cracovie dans la partie autrichienne, Varsovie et Lodz dans la région de contrôle russe, Poznan, Wroclaw, Katowice et Gdansk, à l'architecture hanséatique, dans les régions allemandes.

Le contraste entre les structures et paysages agraires est frappant entre les terres recouvrées — gérées jusqu'en 1990 en grandes fermes d'État — et le reste de la Pologne, où domine la petite propriété.

La stratégie économique planifiée entre 1945 et 1990 a tenté de corriger la diversité des héritages — développement industriel sur les confins soviétiques, notamment dans l'ancienne Galicie — sans toutefois corriger les différences de densité. Les choix fondés sur l'alliance politique avec les mineurs a favorisé les deux Silésies charbonnières, de Katowice à Walbrzych ; le littoral baltique a été valorisé — Gdansk, Gdynia, Szczecin. Mais, les différences régionales de densité de population traduisent toujours le poids du passé.

Ces clivages internes expriment la discontinuité de l'État. La nouvelle orientation vers l'Europe occidentale, qui impliquera une réconciliation polono-allemande un peu comparable à celle entre la France et l'Allemagne, est une nouvelle rupture dans l'agencement des pôles et des flux en Pologne. Les régions occidentales en sortiront au bout du parcours mieux intégrées.

— Les autres frontières inter-européennes à l'est de l'ancien rideau de fer

a) *La dyade polono-tchèque : la gare de Teschen :* Une des plus longues frontières européennes, avec 1 310 kilomètres, dont la moitié occidentale suit une très ancienne limite entre la Bohême et la Silésie, c'est-à-dire entre l'Allemagne et l'Autriche-Hongrie. Elle fut reprise en 1923 après la formation de la Tchécoslovaquie et le rétablissement de l'État polonais, laissant subsister une dispute locale, autour de Teschen (districts de Bieltiz, Teschen, Fiedek, Freistadt, peuplés à 55 % de Polonais en 1910 et à 27 % de Tchèques), pour lequel avait d'abord été envisagé un plébiscite. En juillet 1920, la conférence des ambassadeurs laissa aux Tchèques les mines de houille d'Ostrava et les emprises ferroviaires de la ligne reliant la Bohême à la Slovaquie. La ville de Teschen (Cieszin) devient polonaise mais la gare reste tchèque. Dès les accords de Munich, le gouvernement polonais envahit ce secteur de 1 000 km^2, peuplé de 230 000 habitants. La gare redevint tchèque en 1945. Le segment occidental suit, au long des plus hauts sommets des Carpathes, une ancienne limite administrative entre la Galicie autrichienne et la partie hongroise de l'Empire, au XIXe siècle, à l'exception des anciens comitats hongrois de Szepes (Spis) et d'Arva (Orava), dans les Tatras.

Frontière d'origine inter-impériale à l'ouest, intra-impériale à l'est, qui a « coulissé » en fonction des aléas de l'histoire polonaise. Il s'agit d'une frontière peu perméable, trouée d'un nombre restreint de passages, et qui, malgré le nouveau cours en Europe centrale, reste relativement fermée aux migrants polonais, attirés par le niveau de vie plus élevé de la Bohême. Néanmoins, les deux États ont élaboré, avec la Hongrie, une stratégie commune dans leurs relations avec la C.E.E. et l'Union soviétique (rencontre de Visegrad en 1991, près de Budapest, présentée comme la première tenue depuis le XIVe siècle entre les dirigeants des trois États).

b) *L'enveloppe hongroise :*

— **L'État-résidu ou de la stratégie d'un tracé en terrain plat :** En marge de l'ensemble balkanique, les périphéries de la Hongrie, « État-résidu », abritent de fortes minorités hongroises : c'est le cas en Transylvanie roumaine, en Voïvodine serbe, dans le Burgenland autrichien et en Ruthénie. Au terme du traité de Trianon, la Hongrie fut réduite au tiers de sa superficie précédente et à 42 % de sa population initiale. La répartition des terres se fit entre l'Autriche (1,4 %), la Tchécoslovaquie (21,8 %), la Yougoslavie (7,5 %) et la Roumanie (36,2 %).

La Ruthénie subcarpatique a été annexée par l'Union soviétique en 1945 aux dépens de la Tchécoslovaquie en raison de son intérêt stratégique : il s'agit en effet du versant sud-ouest des Carpates centrales et sa possession donne une garantie d'accès tant à la plaine hongroise par la vallée de la Tisza — ce fut la route de l'intervention militaire de 1956 — qu'à la Slovaquie et, en cas de besoin, à la Roumanie occidentale et au Banat serbe et roumain, peuplé également de Hongrois. Cette région non slovaque avait été attribuée à la Tchécoslovaquie en 1920 comme corridor de liaison avec la Roumanie alliée.

Un demi-million de Hongrois vivent en Voïvodine serbe, qui s'étend au nord du Danube ; détachés de la Hongrie en 1920, ils n'en ont pas moins conservé des relations économiques et c'est l'un des rares segments du « rideau de fer » qui aient été ouverts aux échanges de proximité.

C'est en Transylvanie — contrôlée par les Hongrois avant 1920 et de 1940 à 1944-1947, et restituée à la Roumanie par les Soviétiques, sans doute en dédommagement de leur annexion de l'actuelle piémont de Moldavie ou Bessarabie — que le statut des quelque un million et demi de Hongrois paraît le plus précaire du fait d'une pratique de roumanisation forcée. La frontière traverse, de la haute Tizsa à son tributaire, la Maros, sur près de 450 kilomètres, les étendues désespérément plates et monotones de la grande plaine de Pannonie, ponctuées, à l'est et au sud de Debrecen, de dunes longtemps « indifférentes » à la géopolitique jusqu'à ce qu'elles soient stabilisées par la reforestation.

Le tracé décidé à Trianon était destiné à favoriser la Roumanie alliée. Comme il était difficile d'appliquer le principe wilsonien de respect des limites ethno-linguistiques dans des confins mêlés, les villes étant magyares et les campagnes roumaines, les experts du Comité d'Études pour les Questions Territoriales de la Conférence de Paris — dont le géographe de Martonne fut, dans le cas présent, l'un des animateurs, ce qui lui valut ensuite d'être décoré par les autorités roumaines — s'en tinrent aux principes suivants : on attribuait plus de poids aux populations rurales ; la viabilité économique de la Transylvanie impliquait la possession des débouchés des vallées dans la plaine ainsi que du chemin de fer les reliant ; enfin, il fut décidé que le tracé facilitât le raccordement au réseau ferré des États alliés. C'est pourquoi la frontière dessine une ligne parallèle à la voie ferrée qui va de Belgrade en Ruthénie, en passant par Timisoara, Arad, Oradea et Satu Mare, en ménageant une bande linéaire de sécurité, presque exclusivement peuplée de Magyars. Du fait du tracé, près de 1,7 million de Magyars passèrent sous contrôle roumain ; l'État hongrois n'a cessé, dès lors, de réclamer une révision d'un traité qui modifiait des limites séculaires et d'exercer un droit de regard sur la région autonome Magyar de Mures en Transylvanie, sans avoir le moyen d'influer sur le maintien du statut d'autonomie.

Des considérations comparables expliquent le tracé de la dyade entre la Tchécoslovaquie et la Hongrie, fixée sur le Danube, qui n'était pas une limite ethnique dans ce secteur situé entre Bratislava et Budapest. Le Sud de la Moravie — qu'Ancel qualifiait de « canal tchécoslovaque » — incluait plusieurs centaines de milliers de Magyars susceptibles de contrôler les voies ferrées assurant la liaison entre les deux régions essentielles du nouvel État formé en 1918 sous les auspices des Alliés et qui, devant contourner les massifs des Tatra, passent au sud, dans la plaine de Transdanubie. D'où le tracé, exigé par Masaryk, de la nouvelle frontière jusqu'au Danube.

Les magyarophones comptaient, lors du dernier recensement roumain (1977) 7,9 % de la population totale d'un État où les Roumains forment une très large majorité, 88 %.

Bien que concentrée en Transylvanie et dans le Banat, la minorité hongroise n'est ni majoritaire, localement, près de la frontière, ni dans l'ensemble du Nord-Ouest roumain, sauf dans les « judet », districts de Covasna et Hargita. Mais ils peuvent atteindre la moitié de la population des villes, comme à Tirgu Mures ou à Satu Mare.

Les gouvernements roumains successifs ont pratiqué une politique d'assimilation des « nationalités cohabitantes », par la limitation des droits culturels dès 1956 : fusion de l'université Bolyai avec celle de Babès, roumaine; établissement de quotas régissant l'ouverture d'écoles hongroises. Puis, furent installés des ouvriers et des cadres roumains afin de réduire le pourcentage des Hongrois dans l'Ouest, au point que les Roumains y sont désormais quatre fois plus nombreux.

Depuis la chute du régime Ceaucescu, la minorité hongroise a pu s'exprimer politiquement par l'Union démocratique hongroise (7,23 % des voix aux élections législatives du printemps 1990).

Toutefois, à la même période, de violents troubles ont secoué la ville de Tirgu Mures. Les revendications hongroises sont restées sans réponse : enseignement en magyar, liberté de la presse, et garantie des droits démocratiques. La dimension proprement politique de la crise met aux prises une alliance de communistes liés à la police politique et à l'extrême droite et une minorité en général plus urbanisée, mieux formée et plus avancée dans l'exigence démocratique. N'est-ce pas à Timisoara, ex-Temesvar, ancienne place commerçante majeure de l'Europe centrale sur la route nord-sud de Lvov (Lemberg) à Belgrade et centre culturel luthérien, que fut initiée la révolution de décembre 1989 ?

Cette tension politique à implication ethnique ne répond donc pas à un irrédentisme magyar. Même si chaque peuple peut faire fond sur des représentations historiques glorieuses : pour les uns, la Transylvanie fut le lieu de naissance du roi Matthias Corvinus (1440), héros de la résistance contre les Ottomans dans une région montagneuse plus facile à défendre sur ses cols méridionaux que la plaine hongroise ; pour les autres, c'est le berceau de la nation roumaine.

Une aggravation de la politique roumaine conduirait à une crise avec l'État hongrois : depuis l'ouverture du rideau de fer, face à l'Autriche, la majorité des troupes hongroises ont été redéployées face à la frontière roumaine. Les Roumains sont d'autant plus attentifs à un contrôle absolu de leur territoire que le tiers Nord-Ouest du pays était encore une partie de l'Empire austro-hongrois en 1914 (la Transylvanie du Nord fut placée par les nazis sous contrôle hongrois de 1938 à 1944) et que la Roumanie reste un État de formation récente (union des principautés de Moldavie et de Valachie avec l'appui de Napoléon III en 1858, dans le cadre de sa politique anti-habsbourgeoise en Europe « latine », de l'Italie à la Roumanie). La tension ne paraît donc pas près de s'apaiser.

c) *La dyade Roumanie/Bulgarie : le Danube infranchi :* Sur 608 kilomètres, la limite entre les deux États s'appuie largement sur le Danube dans son cours ouest-est mais s'en éloigne à Silistra pour rejoindre la mer Noire à Mangalia.

Le premier tracé date de 1918, reprenant les dispositions de 1913 (traité de Bucarest), qui incluait en Roumanie le Sud de la Dobroudja, à une quarantaine de kilomètres au nord de la voie ferrée joignant Ruse à Varna : une superficie de 7 609 km^2, comptant alors 280 000 habitants dont 150 000 Bulgares et 112 000 Turcs et Tatars, contre 64 000 Roumains.

En 1945 fut établi l'actuel tracé, plus septentrional : il coïncide avec celui du congrès de Berlin et longe les côtières des terrasses du Danube. Cette frontière est depuis longtemps fermée, ne comportant que deux points de passage, à Ruse et à Mangalia. Les pollutions industrielles venues de la rive roumaine ont été dénoncées par les mouvements écologiques naissants en Bulgarie, à Ruse.

Dans le jeu des alliances de l'Europe du Sud-Est, le gouvernement roumain tend à soutenir les vues des nationalistes serbes, alors que celui de Budapest ne cache pas sa faveur pour les thèses croates et qu'à Sofia, on se rapproche d'Athènes.

De part et d'autre de l'ancien rideau de fer, dans sa section balkanique, se dessine une nouvelle géopolitique, à forte teneur nationaliste, où rejouent souvent les alliances du passé. Le facteur décisif pour l'avenir proche est la cohésion de la fédération yougoslave, État qui a des frontières communes avec tous les États des Balkans ainsi qu'avec trois États qui sont — à nouveau ? — impliqués dans les questions balkaniques, la Hongrie, l'Autriche et l'Italie.

A l'ouest immédiat du Rideau de fer : les risques de balkanisation stricto sensu

La situation actuelle rencontrée dans les Balkans a subi peu de modifications en 1940-1945 — Istrie annexée par les Yougoslaves, à l'exception du grand port de Trieste accordé aux Italiens en 1954 et objet d'un traité définitif en 1975 (Osimo), Dobroudja roumaine placée sous contrôle bulgare dès 1940 — et la plupart des tracés sont en place au terme de la deuxième décennie de ce siècle.

L'espace compris entre trois anciens empires, austro-hongrois, russe et ottoman, a été restructuré en une série de petites nations, à l'exception de la fédération yougoslave. Or, tous les États sont concernés, d'une manière ou d'une autre, par des querelles ethniques et territoriales. « Le problème des confins dans les zones mêlées est un problème d'équilibre entre minorités et nations souveraines », soulignait le géographe Jacques Ancel au sujet des frontières contestées en Europe « centrale » dans les années 1930 (1936 : 29).

Dans ces régions où sont juxtaposés montagnes — refuges, piémonts de colonisation agricole et plaines — voies de passage et d'invasions, la mise en place du peuplement a été heurtée et rares sont les tracés frontaliers qui coïncident avec une limite ethno-linguistique nette. Les invasions — des Mongols aux Ottomans — provoquaient le repli des groupes préétablis vers les aires refuges, abandonnant ainsi aux colons venus d'autres régions (Saxons, Magyars, Slaves) des plaines dépeuplées.

— **La question yougoslave :** A la fin de l'année 1990, un rapport alarmiste rédigé par les experts de la C.I.A. et dont les conclusions étaient curieusement rendues publiques soutenait que la Yougoslavie « éclaterait » dans un délai de dix-huit mois sous l'effet d'une guerre civile.

L'on découvre soudain la complexité de ce pays de formation récente, traversé par une double crise d'adaptation profonde, la sortie du régime communiste et l'invention de nouvelles structures de décision et de répartition des compétences politiques et financières entre les républiques.

a) *Stratégie de la tension :* La Yougoslavie, née en 1919 d'un regroupement hétérogène, a sept voisins en Europe, tous concernés à des degrés divers — minorités allogènes, contentieux, alliances de revers — par le destin de ce pays fragile.

La Yougoslavie est, en apparence, une réplique géopolitique miniature de l'Union soviétique. Dans une première étape, c'est une dictature monarchique qui maintint la cohésion du royaume des Serbes, des Croates et des Slovènes (le terme de Yougoslavie ne fut effectif qu'à partir de 1929). La guerre civile liée à l'occupation nazie fut dépassée par l'instauration d'un communisme autogestionnaire mais autoritaire et la création de trois nouvelles républiques, Macédoine, Bosnie-Herzégovine et Monténégro. Une troisième phase s'est ouverte après la mort de Tito, réactivée par l'effondrement du bloc communiste auquel ce pays restait étroitement lié, tant au plan idéologique qu'à celui de ses échanges.

Dans cette transition qui s'achève vers une nouvelle formule, la crise de légitimité des appareils communistes exacerbe les divergences entre nationalités.

Le nationalisme n'est pas ici une « donnée » primaire devant déboucher de manière inéluctable vers un « éclatement », mais plutôt un élément disponible pour une stratégie de crise et de rupture, en des points bien choisis, là où la majorité, serbe, devient localement minorité, notamment dans l'Est de la Croatie : Krajina, Slavonie.

La stratégie de la tension ethnique favorise le réveil des nationalismes et alourdit l'atmosphère politique au moment où la Constitution fédérale de 1974 est jugée dépassée par les deux républiques du Nord, Slovénie et Croatie qui ont déclaré leur indépendance (1991).

Le débat formel porte sur trois hypothèses politiques : soit le maintien d'une fédération plus affirmée, soit la mise en place d'une confédération d'États souverains, soit un compromis entre les deux, selon les vœux du gouvernement fédéral actuel, impliquant le maintien en l'état des frontières internes.

Les éléments d'une telle stratégie de tension ne manquent pas, et il importe de les analyser dans une perspective spatiale. En effet, la répartition des principales nations n'est pas cohérente avec celle des entités administratives. On trouve certes une série de noyaux fondateurs, homogènes : la Slovénie est slovène à 90 %, la Croatie croate à 75 %, la Macédoine macédonienne à 67 %, et la Serbie serbe à 66 %.

b) *L'héritage des « confins militaires »* : Dans ce pays qui fut longtemps traversé par une ligne de front majeure, entre l'Empire ottoman et l'Empire austro-hongrois (1463-1878), les confins militaires ont été gérés par Vienne et Istanbul en installant des soldats-paysans à fonction de garde-front : ainsi s'explique la présence d'une forte minorité musulmane venue du Kosovo dans le saillant de Bosnie, à quoi répondent, de part et d'autre, des colonies peuplées de Serbes en terre croate. De même, le littoral dalmate et le Centre-Ouest de la Bosnie furent peuplés de croates, par Vienne, pour contenir les poussées serbes. Les limites administratives et ethniques ne coïncident vraiment que le long du cours de la Save, front multiséculaire.

La gestion de ce vaste front militaire a été, comme à l'époque de l'élaboration des *limes* romains, conduite par une pratique de peuplement ethnique. La Yougoslavie se trouve ainsi structurée non pas par une ligne claire de division ethnique, comme l'ancienneté des limites interimpériales aurait pu se laisser penser, mais par une aire large de « confins mêlés ». S'y ajoutent les souvenirs douloureux du passé récent, lorsque les nazis et les fascistes italiens favorisèrent un démembrement de la Yougoslavie au profit des Croates, des Albanais et des Bulgares, et que leurs alliés croates se livrèrent, avec les Oustachi, à des massacres contre les Serbes. Tito avait su gérer une réconciliation nationale provisoire, mais depuis sa mort en 1980 tout ce qui divise est mis en avant.

c) *L'impossible partition pacifique :* Dans une hypothèse de partition, l'enjeu serait d'abord de fixer les limites de la Croatie et de la Serbie. Les nostalgiques de Zagreb se réfèrent à la « Grande Croatie », celle de la Seconde Guerre mondiale, qui inclut toute la Bosnie-Herzégovine et l'Ouest de la Voïvodine jusqu'à la Tizsa. Les Serbes nationalistes — ils sont nombreux à suivre depuis 1987 leur dirigeant, Slobodan Milosevic — revendiquent, en cas d'échec de la mise en place d'une fédération unitaire sous contrôle serbe, la formation d'une « Grande Serbie » : elle coïncide avec toutes les régions de peuplement serbe, majoritaire ou minoritaire : soit la Serbie, la Bosnie (32 % de Serbes, à l'ouest et au sud), l'Est de la Croatie (11,5 % de Serbes), le Monténégro, dont les habitants sont en réalité de souche serbe mais beaucoup moins touchés par la domination ottomane, et probablement la Macédoine, que les Serbes estiment avoir été annexés par Tito pour affaiblir la Serbie.

« La grande Serbie » correspondrait, selon le Mouvement du renouveau Serbe, à « tous les États où se trouvent des cimetières serbes », ou aux « États faisant partie du royaume de Serbie au 1er décembre 1918, ainsi que les régions majoritairement serbes avant le génocide des Oustachi entre 1941 et 1945 », soit une grande partie des républiques voisines. Déjà sont en vente à Belgrade des cartes de la « Grande Serbie ». Comme ailleurs, la sortie du communisme réactualise la mémoire historique et ses conflits mal assimilés.

Une séparation des membres de l'ensemble yougoslave impliquerait :

— le partage de la Bosnie, dont la capitale est Sarajevo (république où vivent aussi 32 % de Serbes et plus de 18 % de Croates mais où les Bosniaques — c'est-à-dire des Croates convertis à l'islam — sont près de 40 % et appuient l'option fédérale serbe), qui est absolument impossible à réaliser selon des limites ethniques du fait de l'enchevêtrement des populations ;

— le sort des minorités serbes de Croatie (600 000 personnes, 11 à 12 % de la population républicaine, localement majoritaires, comme autour de Knin et de Krajina, les « confins »), frontalières des régions de Bosnie où les Serbes sont majoritaires.

A ces facteurs internes s'ajoute l'impact des changements en Europe occidentale, la crise du « bloc de l'Est » manifestant, *a contrario*, l'efficacité de la démarche suivie par la C.E.E.

d) *Sécession slovène : l'impact paradoxal de la C.E.E. :* Les Slovènes ont opté en décembre 1990 par référendum pour l'indépendance : mais le processus de « détachement graduel », surtout économique, est devenu une véritable sécession conflictuelle. Dans un processus un peu comparable à celui des Républiques baltes, les Slovènes, privilégiés, qui assurent le quart de la production intérieure pour 9 % de la population totale, refusent de soutenir le fonds fédéral en faveur des régions pauvres du Mezzogiorno serbe, monténégrin et bosniaque, et cherchent un rapprochement avec l'Italie et l'Autriche. Partie intégrante de l'Empire des Habsbourg dès le XVe siècle, les Slovènes — qui présentent leur petite république comme « le versant ensoleillé des Alpes » — sont attirés par les réussites de la C.E.E. et de l'A.E.L.E., auxquelles ils voudraient être associés, et dont ils voient le modèle pour la Yougoslavie.

En 1990 ils défendaient pour la Yougoslavie l'option d'une « confédération d'États souverains », sur le modèle du compromis austro-hongrois de 1867. Deux États donc, Slovénie, Croatie et Bosnie d'un côté, Serbie, Monténégro et Macédoine de l'autre. Dans ce scénario, chaque État aurait sa monnaie et son armée. Cette approche institutionnelle reprendrait les limites républicaines existantes comme frontière ; elle est inacceptable pour les Serbes, pour des raisons ethniques et financières, puisque l'État du Nord ne serait plus tenu à la péréquation des ressources réalisée par les prêts du Fonds fédéral ; or il serait le seul, avec les pôles actifs de Zagreb et de Ljubliana, à disposer d'excédents. Mais la crise de sécession favorise le projet « grand-Serbe ».

Les dirigeants de Serbie s'opposent donc résolument à la sécession croate, au prétexte que « trois millions de Serbes vivent en dehors de leur république » : il y a quasi-unanimité dans les forces politiques et intellectuelles de Serbie pour maintenir une structure, où la Serbie serait l'élément fédératif dominant. La Serbie dispose d'un atout, l'armée yougoslave, dont plus de 70 % des officiers sont serbes et monténégrins.

Dans le meilleur des cas, un scénario confédéral imposerait peut-être un redécoupage interne du territoire, en l'absence de modifications dans la répartition des minorités républicaines. En cas de crise grave, celles-ci seraient l'enjeu central, comme dans le Caucase, où les violences civiles ont pour but avoué ou non de provoquer des déplacements forcés des minorités jugées indésirables.

Le pire est-il toujours le plus certain ? L'insertion ancienne de la Yougoslavie dans l'économie européenne — plusieurs millions de migrants, provenant surtout du centre et du sud, alignement du dinar sur le mark, volonté d'adhésion à l'A.E.L.E. et ensuite à la C.E.E. — et la certitude que les États européens ne toléreraient pas un éclatement définitif violent de ce pays pèsent sur les choix politiques en cours d'élaboration. Mais les chefs locaux de guerilla en ont-ils cure ?

Dans l'immédiat, les Serbes de Croatie ont engagé une lutte armée pour imposer une modification de la frontière d'une Croatie dont les radicaux ne veulent plus faire partie. Avec succès.

Plus globalement, une redéfinition des 2 470 km de frontières entre républiques (plus de 610 km pour la Voïvodine et 520 km pour le Kossovo) ne pourrait pas satisfaire toutes les parties en lice et se réaliserait, violemment, aux dépens des plus faibles, notamment les musulmans de Bosnie, qui feraient alors jouer leurs amitiés turques. De même pour les Hongrois de Yougoslavie, puisque à Budapest l'on considère que le traité frontalier a été signé avec la Fédération, et non pas avec la Serbie.

Les crises de sécession et de remembrement yougoslaves sont d'ores et déjà internationalisées. Comme par le passé, une intervention extérieure, ici la C.E.E., pourrait contribuer à dessiner des contours acceptables pour une majorité de peuples et d'États, à condition que les Serbes n'en viennent à se comporter, en raison de l'idée qu'ils se font — peuple et intellectuels — de leur « survie », comme les Afrikaners * de l'Europe.

Il reste une autre question : l'effet des changements politiques en Albanie, où « l'ouverture sur le monde extérieur », selon la formule consacrée à Tirana, conduit à ouvrir une frontière albano-yougoslave très hermétique et à affirmer un nouveau nationalisme albanais.

e) *Le Kosovo et l'Albanie :* Au sud de la Serbie réside en effet un autre grand foyer de tension impliquant serbes, minoritaires localement dans la province de Kosovo, et albanais, qui comptent aussi pour 20 % de la population de la République de Macédoine.

C'est le durcissement de la politique de Belgrade à l'égard du Kosovo albanais à partir de 1987, avec Milosevic, qui a marqué le début d'une stratégie nationaliste serbe.

La question centrale est celle du Kosovo, province autonome bordière de l'Albanie et peuplée aux quatre cinquièmes d'Albanais (environ 1,2 million, en croissance démographique rapide) et d'une minorité

* Au temps de l'apartheid.

décroissante de Serbes (environ 15 %) et de Monténégrins. Les Serbes, majoritaires dans la fédération yougoslave où ils comptent pour 40 % de la population (et près des trois quarts des officiers), y sont l'objet de discriminations de la part des populations et des autorités locales, notamment de la justice et de la police provinciales, formées d'Albanais. Les flambées de nationalisme albanais depuis la mort de Tito visent au moins à expulser les minorités citées, tandis que le pouvoir fédéral veut au contraire les maintenir sur place, moyennant de nouveaux emplois industriels, la restauration de l'ordre et une tentative de contrôle des naissances albanaises.

La question du Kosovo est passablement compliquée sur le plan historique. Cette région fut durant trois siècles le centre-refuge des Serbes d'abord refoulés par les avancées magyares avant de s'étendre jusqu'au golfe de Corinthe. C'est à proximité de l'actuelle capitale, Pristina, qu'ils furent défaits par les Ottomans (1389) venus par la Thrace et la vallée de la Vardar. Refoulés vers le nord, ils laissèrent la place à des Albanais chrétiens et islamisés — dont les chiites. L'administration ottomane avait dessiné quatre « wilayets » — Scutari, Kossovo, Monastir et Yanina — peuplés eux-mêmes de minorités mais dont l'aire fut la base spatiale des revendications des nationalistes albanais. Bien que la première guerre balkanique contre les Ottomans ait été menée par les Serbes, les Monténégrins et les Grecs dans l'actuel territoire des Albanais, alliés du sultan, il ne fut pas partagé car les Autrichiens avaient le souci d'empêcher que leurs adversaires Serbes n'obtiennent un accès à l'Adriatique *.

C'est avec cet objectif que fut définie une Albanie indépendante, selon des frontières décidées par la conférence des Ambassadeurs à Londres, en 1913 et appliquées après l'acte final signé à Paris entre cinq États en 1926 (dont la Grèce, la Yougoslavie et l'Italie).

Or, à l'occasion du début de démembrement de la Yougoslavie par les armées de l'Axe, les occupants italiens réactivèrent les vues irrédentistes des Albanais et administrèrent, à partir de 1941, une vaste entité incluant le Sud du Monténégro et de la Macédoine ainsi que le Kosovo, selon un scénario connu. Cette « Grande Albanie » sous contrôle italien ne dura que trois ans, puisque la résistance titiste rétablit en 1944 l'autorité yougoslave sur le Kosovo, devenu le Kosmet, association de Kosovo — nom albanais — et de Metohija — nom de l'ancienne province historique serbe —, avec un statut d'autonmie. Depuis la rupture avec le régime albanais, les tensions internes n'ont guère cessé, et la plus forte croissance démographique albanaise fait peser, sur un gouvernement fédéral déjà affaibli, une menace de sécession sur cette province peu développée et rétive à toute mise au pas par le pouvoir serbe.

Un lien possible entre la situation du Kosovo et la question de la Macédoine passerait par la minorité albanaise de cette république (environ un demi-million d'Albanais).

* Comme ils en avaient conçu le plan dès le début du XIXe siècle, espérant y associer le tsar russe en lui laissant espérer, en cas de succès, un port « sur les mers chaudes ». De même, lors du traité de San Stefano révisé à Berlin (1878), les Britanniques, inquiets de l'influence croissante des Russes dans les Balkans, imposèrent l'autonomie de la Macédoine — province tampon à l'ouest de la Bulgarie alliée des Russes — et obtinrent la restitution des régions situées à l'ouest du lac Ohrid à la Turquie (cf. *I.B.S.*, 1971 ; 116).

Depuis 1991, la question du Kosovo se complique des changements politiques en Albanie. Les Kosovars revendiquent la formation d'une république en Yougoslavie mais évoquent dans le même temps l'éventualité d'une « unité » avec une Albanie démocratisée. De part et d'autre d'une frontière encore très fermée, sauf à la télévision de Tirana, l'on n'oublie pas que le Kosovo fut le foyer de l'indépendance albanaise, dans la ville de Prizren, même si celle-ci s'est concrétisée par la formation d'une Albanie réduite, dans l'urgence d'une proclamation visant, en 1912, à freiner les avancées serbe et bulgare. La « Grande Albanie » de 1941 incluait le Kosovo, mais laissait de côté l'Ouest de la Macédoine, de peuplement albanais, mais intégrée alors à la « Grande Bulgarie ».

L'Albanie n'a pas de revendications territoriales à l'égard du Kosovo. Mais une démocratisation du régime — qu'on ne pourrait réduire à une revanche des Guègues du Nord sur les Tosques du Sud, Ramiz Alia étant guègue alors qu'Enver Hoxha, la quasi-totalité du Comité central, mais aussi le grand écrivain démocrate Ismaïl Kadaré sont originaires du Sud (Gjirokaster, en autres) — rendrait l'option d'une unification attractive pour les Kosovars. C'est la langue tosque qui a été adoptée, après 1945, pour l'ensemble des Albanais.

— **Un ancien petit rideau de fer : les frontières albanaises :**

a) *La dyade albano-yougoslave : entrouverte :* La frontière actuelle albano-yougoslave, longue de 486 kilomètres, est un héritage des guerres balkaniques. De la côte dalmate au Vermosh, elle suit la limite nord de l'Empire ottoman avec le Monténégro de 1878 et laisse au nord une petite enclave albanaise, entre Bar et Skhodra. Plus à l'est, elle coïncide globalement avec une limite inter-ethnique, macédono-albanaise. En revanche, au nord-est, elle exclut le bassin de Pristina, conservé aux Serbes. Ceux-ci considèrent également le Kosovo comme un foyer national, puisque c'est là, dans le Kosovo-poljié, qu'ils résistèrent aux Ottomans ; leur défaite n'en reste pas moins le symbole d'un Roncevaux national (1389). Au sud-est, la frontière reprend l'ancienne limite administrative entre les vilayets de Skhoder (Scutari) et de Skopje (ex-Uskub). Jusqu'à Ohrid enfin, elle suit la ligne des plus hautes crêtes. Le tracé fut largement favorable aux intérêts serbes, même s'il s'appuie souvent sur les limites ottomanes entre les vilayets de Scutari (Skhoder), Monastir (Bitola) et Uskub (Skopje).

Cette frontière a été sous Enver Hoxha un véritable rideau de fer, en dépit de l'homogénéité ethnique et linguistique, puis que les Kosovars parlent la version tosque de l'albanais. La route entre Prizren et Kuces, à 40 kilomètres, était fermée sauf pour les échanges commerciaux régis par l'État, la Yougoslavie étant le premier partenaire commercial de Tirana. Aujourd'hui elle est ouverte aux militants nationalistes.

b) *La dyade gréco-albanaise : franchissable :* Tracée en 1913 selon les termes du protocole de Florence, confirmée par la conférence des Ambassadeurs (1919-1922), elle s'étend sur 282 kilomètres et suit du littoral situé en face de Corfou au tripoint la limite sud des régions musulmanes.

Elle inclut une minorité grecque en Albanie, concentrée dans la chaîne côtière, districts de Gjirokaster et de Saranda, en région tosque. Leur nombre est incertain, de 59 000 selon les sources officielles albanaises à 500 000 selon d'autres, une valeur moyenne de 262 000 étant souvent citée, soit 8 % de la population totale.

La constitution garantit aux habitants de la région de Dropull, dans son article 43, « la protection et le développement de la culture et des traditions de leur peuple ». En retour, la Grèce a envoyé une mission pour préparer la construction d'une route nouvelle entre Kunitsa et Gjirokaster, qui se prolongera vers le port de Dürres. La Grèce, État de la C.E.E., est encouragée à investir dans des projets frontaliers agricoles conjoints. Soucieuse de ne pas laisser jouer seule une relation privilégiée avec la Turquie et partenaire utile face à la Serbie, elle sera conduite à s'engager dans le processus de « retour à l'Europe » de l'État qui en fut le plus isolé.

La crise politique albanaise a conduit depuis la fin de 1990 plusieurs milliers d'Albanais, souvent de souche grecque, à forcer la frontière tandis que d'autres se dirigeaient vers l'Italie. Sans frontière terrestre avec l'Albanie, mais proche — la distance entre Brindisi et Vlora est inférieure à 100 kilomètres —, l'Italie est d'abord un lieu de refuge pour les Albanais qui viennent grossir la colonie de Bari, dans les Pouilles. Le territoire albanais est couvert par la R.A.I. qui contribue à désenclaver cet État longtemps isolé.

— **Au sud-est : l'interaction gréco-turque :** Les gouvernements d'Athènes ne cessent d'évoquer les problèmes de sécurité provoquée par la « menace turque » et souhaitent que les frontières grecques soient considérées comme les frontières de toute la C.E.E. pour disposer d'une garantie complémentaire. Le resserrement des liens avec la Bulgarie depuis 1974 participe de cette diplomatie « d'axes » bilatéraux qui, comme par le passé, se tracent dans l'Europe du Sud-Est en fonction d'enjeux minoritaires internes et d'inimitiés historiques. Lesquels participent de la poursuite de la construction nationale.

— *Grecs contre Turcs :* Tout les oppose, en dépit d'une appartenance commune à l'O.T.A.N. : la militarisation de l'île de Lemnos, la partition de Chypre, les limites en mer Égée, la répartition de l'espace aérien ainsi que des airs de commandement de l'O.T.A.N., les conditions de vie de la minorité turque — 130 000 ressortissants — en Grèce, sans compter l'histoire passée et récente. La frontière de Thrace * suit le fleuve Maritsa — aujourd'hui Évros ou Meric —, selon la demande faite par les Turcs au terme de la guerre gréco-turque de 1919-1922 qui visait à garantir leur contrôle de la Thrace orientale, à majorité turque sauf dans les villes, et l'accès terrestre aux Dardanelles.

On se bornera à deux remarques sur cette interaction complexe qui concerne d'abord des questions de frontières maritimes.

Depuis 1983, la loi grecque interdit tout achat d'immeuble par un étranger dans les districts frontaliers **. Or, cette décision de la Cour suprême d'Athènes a permis de constater que la moitié du territoire national est considéré comme frontalier, du fait de l'inclusion des îles de Rhodes, du Dodécanèse et des îles orientales de la mer Égée, ainsi

* La frontière turco-bulgare fut pour l'essentiel fixée au traité de Constantinople de 1913, à la suite d'une contre-offensive turque durant la seconde guerre balkanique contre la Bulgarie ; les Turcs, acculés à une quarantaine de kilomètres de Constantinople au début de 1913, avaient réoccupé Adrianople — Edirne — dès juillet.

** In *Chronique Rousseau*, 1983 : 874.

que Corfou, face au sud de l'Albanie. Une telle extension est sans doute unique au monde. Réflexe « d'insularité » ?

Quant à **Chypre**, l'île et la capitale, Nicosie, sont coupées par la « ligne Attila » ou « ligne verte » doublée au sud d'une zone-tampon surveillée par les Nations unies, tandis qu'à l'est c'est le périmètre nord de la base britannique de Dhekelia qui sert de frontière. La partie sud de cette zone frontière coïncide avec la ligne de cessez-le-feu turque de 1974, consécutive à une guerre courte mais violente, liée au refus turc d'une position minoritaire dans un État risquant d'être rattaché à la Grèce (enosis) et à la volonté d'imposer un État fédéral. Elle court sur 180 kilomètres, large de 3 à 7 km sauf dans la capitale où elle se réduit à une vingtaine de mètres ; elle est gardée par 139 postes d'observation et fermée, sauf aux étrangers.

Les Turcs, qui occupent le tiers nord depuis 1974, ont entrepris une véritable colonisation de peuplement pour augmenter leur poids (environ 160000 habitants). Ils défendaient la thèse d'une fédération composée de deux communautés largement autonomes, tandis que les Grecs, majoritaires, s'en tiennent au schéma d'un État centralisé bien que pouvant comporter deux régions.

Une partie du différend portait sur la limite future entre les deux zones : les Chypriotes grecs, qui considèrent la Turquie comme un État expansionniste, ont proposé un report de la ligne turque de sorte que la superficie sous leur contrôle soit portée de 64 à 75 %. La proclamation d'une République turque de Chypre Nord en 1984 n'a été reconnue que par la Turquie mais a éloigné les chances d'un règlement. Bénéficiaire de la crise libanaise et d'investissements arabes et palestiniens, l'État du Sud dispose d'un revenu quatre fois supérieur à celui du Nord.

Deux régions mono-ethniques ont été formées de part et d'autre de la ligne. Le tiers de la population grecque avait en 1974 le statut de réfugiés et il resterait moins de 800 Grecs dans le tiers Nord et 130 Turcs dans le Sud, pris en charge par l'O.N.U. Les États-Unis, qui construisent une grande base aérienne dans le nord-est de l'île dans le contexte de leur présence au Proche-Orient et sur le flanc sud de l'O.T.A.N. et les Anglais qui demeurent au sud, semblent s'accommoder de cette partition désormais visible sur les images satellites.

— **Géographie des minorités en Europe médiane : une nouvelle lecture :** Pour des raisons politiques évidentes, la question des minorités est toujours envisagée à l'échelle de chacun des États, celui où elles résident, et l'État origine. Mais la logique de leur répartition et donc les modalités de leur localisation ne peuvent se comprendre qu'à une autre échelle, celle laissant voir l'ensemble de l'Europe centrale et orientale.

Dans cette Europe médiane dont l'ossature temporaire fut une ligne de front rigide, deux ensembles géopolitiques se distinguent au regard des critères de présence minoritaire et de stabilité frontalière.

Au nord, l'on note que le poids des minorités — Tsiganes exclus, qui ne forment pas un groupe national allogène — est aujourd'hui limité, en raison des vastes transferts opérés après 1945 : moins de 0,5 % dans l'ex-R.D.A. (les Sorabes ou Wendes, qui sont des Slaves de Lusace), moins de 2 % en Pologne et en Hongrie, environ 5 % en Tchécoslovaquie. Au sud, en revanche, les valeurs sont beaucoup plus fortes : 10 %

en Albanie, 11 % en Roumanie, 13 % en Bulgarie ; quant à la Yougoslavie, l'ajout du nombre des minorités républicaines allogènes (Serbes de Croatie, Croates de Bosnie...) à celui des groupes minoritaires nationaux (Hongrois, Albanais) produit un pourcentage très élevé : 37 %, soit près de 8,5 millions d'habitants. La seule comptabilité des minorités nationales limite ce chiffre à un million (Hongrois et Albanais). Il est vrai que lors du dernier recensement, 5,4 % seulement de la population s'est déclarée « yougoslave ».

Globalement, le fait minoritaire a diminué en Europe médiane : vers 1935, il concernait dix-huit à vingt et un millions d'individus, soit plus de 11 % à 13 % du total général de l'Europe centrale et balkanique ; cinquante ans plus tard, il implique 6 à 7 millions d'hommes et de femmes, soit environ 5 % à 4,5 % du total.

Si les tensions générales liées à ce phénomène directement issu des découpages frontaliers des années vingt s'en trouvent atténuées, la diversité spatiale du phénomène minoritaire s'est accentuée. L'Europe du Centre-Nord a été profondément remaniée après Yalta-Potsdam, soit par modification notable des tracés (Pologne, où les minorités pesaient 31 % du total dès les années vingt), soit par déplacement des populations minoritaires (Tchécoslovaquie), soit les deux (Pologne). Dans l'Europe du Centre-Sud, les tracés de 1919 ont été conservés ou repris et, de ce fait, les phénomènes minoritaires sont demeurés importants.

Au-delà de cette différence spatiale d'origine récente, il est remarquable que les minorités significatives forment sur une carte de l'Europe médiane une sorte d'ensemble linéaire continu depuis la côte croate du centre de la Dalmatie jusqu'au sud de la Lituanie. On se trouve là dans des régions de marches qui furent, durant plusieurs siècles, des aires de fluctuations des empires et donc de confrontation : véritables marches, entre-deux-fronts impériaux, au contrôle desquels les puissances dominantes du moment sont attentives. C'est le cas des « confins militaires » austro-hongrois, de la Croatie à l'est de la Galicie, qui ont été fonctionnels jusqu'à la fin du XIXe siècle. Au nord-est, les minorités ruthènes, c'est-à-dire ukrainiennes, polonaises et biélorusses coïncident avec l'aire des confins russo-polonais.

Produit du choc des fronts et de leur gestion, les minorités sont ensuite incluses, souvent contre leur gré, dans des entités nationales étrangères dès lors que le front devient frontière.

La comparaison entre l'Europe du Centre-Nord, à la carte « simplifiée » cruellement par la guerre et ses séquelles, et celle du Centre-Sud, encore très complexe, souligne que la question nationale n'a guère été résolue par les solutions inspirées du marxisme, seulement contenue provisoirement. La fin d'une idéologie somme toute conservatrice en matière de frontières et de minorités ouvre la voie à des crises graves dans les États où les phénomènes minoritaires restent prégnants, soit l'Europe du Centre-Sud, celle définie par le facteur yougoslave.

La contradiction géopolitique fondamentale de l'Europe est de compter moins d'États — trente-trois — que de nations et d'entités ethnolinguistiques à vocation nationale. Cette distorsion s'impose dans les représentations nouvelles de la restructuration du continent. Yalta est dépassé ; Versailles ne l'est pas encore !

* cartes 71 à 74

CHAPITRE XVI

Fragments d'Europe, ou le jeu des unifications et des fractures

« Les frontières politiques sont nées d'une évolution historique et ethnique respectable, d'un long effort d'unification nationale ; on ne saurait songer à les effacer. A d'autres époques, on les déplaçait par des conquêtes violentes ou par des mariages fructueux. Aujourd'hui, il suffira de les dévaluer. »

Robert Schuman, *Pour l'Europe*, 1963 : 23.

Ce qui a pris fin en 1989-1990, c'est l'une des multiples divisions de l'ensemble géographique nommé Europe. Reconnaissons que le rideau de fer aura été d'assez courte durée, à l'échelle historique : un front militaire et idéologique a été gommé, auquel on s'était habitué, même en Allemagne, de sorte que la rapidité du changement a surpris, tant elle était impensable.

Certes, ce dépassement d'un front imposé avait été préparé par des intellectuels qui, en s'affirmant citoyens d'une Europe « centrale », refusaient leur insertion forcée dans une « Europe de l'Est ». Un ensemble transgressif par rapport au rideau de fer a pu ainsi être imaginé puis ébauché.

Par ailleurs, dans la partie occidentale de l'Europe, le processus de dévaluation concertée des barrières étatiques se poursuit, selon le souhait de Robert Schuman : l'heure est aux regroupements d'États, menés en parallèle avec des coopérations inter-régionales associant le plus souvent des entités sud-étatiques frontalières.

Ce double mouvement, à l'Ouest et au Centre, signe d'une remarquable convergence, n'exprime pourtant pas la totalité de la nouvelle géopolitique européenne. D'autres clivages et fractures de grande ampleur persistent ou sont exhumées, un peu comme rejouent des faibles. Il s'agit d'abord de la discontinuité économique durable entre l'ensemble formé par les États de la C.E.E. et de l'A.E.L.E. et ceux de l'ancienne Europe de l'Est. Une seule illustration : l'écart de niveau de vie entre la Pologne et la R.F.A. est plus grand que celui entre le Mexique et les États-Unis (écart du P.N.B./habitant : 11 à 1 d'un côté ; 9,8 à 1 de l'autre).

L'autre ligne de clivage est encore plus fondamentale dans la géopolitique européenne, parce qu'elle est multiséculaire : elle concerne les sociétés et leur rapport aux pouvoirs. La thèse soutenue ici est que la véritable frontière de l'Europe est socioculturelle et coïncide avec la limite religieuse la plus durable en Europe, celle qui sépare depuis le Grand Schisme de 1054 la chrétienté latine de celle de l'Orient. Rome et, plus tard, Wittenberg, d'un côté, Byzance et Kiev de l'autre.

Un premier bilan du processus de réunification européenne depuis 1989 souligne qu'elle s'est déroulée, au bout du compte, sur un espace encore modeste, celui des trois États catholiques (et partiellement luthériens) de l'Europe du Centre-Nord : Pologne, Hongrie et Tchécoslovaquie, tandis que des extensions sont en cours, vers les Républiques baltes comme dans celles du Nord de la Yougoslavie. A l'est et au sud-est de cet ensemble « reconquis » tant par le Vatican que par le « marché » et demain par l'O.T.A.N. ou l'U.E.O., demeure un autre ensemble où les transitions — économiques, politiques, culturelles — paraissent lentes, difficiles, complexes et radicalement différentes de celles de l'Europe centrale. Une Europe « orientale », qui inclut la majeure partie des nations européennes de l'ensemble soviétique, se distingue, que plusieurs décennies de communisme ont certes modernisée sans pour autant combler l'écart historique avec l'Occident de l'Europe.

Ce clivage est d'autant plus essentiel à pointer que le projet d'unification européenne ne résulte pas seulement de stratégies d'entreprises visant à former un grand marché unique. Il est animé depuis le début par une volonté politique et idéologique de reconquête, mieux de « contre-réforme », des terres un moment soumises au communisme : le traité de création de la C.E.E. ne fut-il pas signé à Rome, alors même que sa signification géopolitique première était de sceller la réconciliation franco-allemande ? Rome, symbole d'une phase unitaire d'une partie de l'Europe, sous l'Empire romain, ville aussi du mouvement démocrate-chrétien auquel se référaient les pères fondateurs.

Les relations entre Rome et les centres de l'orthodoxie russo-ukraino-balkanique, entre le pape et le patriarche œcuménique de Constantinople seront l'une des clés de la géopolitique européenne. Non pas que, là aussi, il faille invoquer un inéluctable « retour du religieux », qui bien souvent n'est que l'effet d'un déficit du politique. Ce qui est en jeu est l'articulation spécifique du religieux au politique et au social dans la sphère culturelle orthodoxe, qui la différencie de l'aire dont la matrice fut catholique et protestante. C'est moins la frontière religieuse qui fait sens que la discontinuité entre deux systèmes sociopolitiques. Il convient d'y ajouter, dans le sous-ensemble balkanique, la trace durable de plusieurs siècles de colonisation ottomane.

Les intentions du Vatican dans l'aire russo-balkanique et les réactions des sociétés et des autorités religieuses de cette sphère face à cette volonté de rapprochement et de dépassement des effets du schisme de 1054 auront un effet géopolitique déterminant, qui ne sera pas nécessairement pacifique.

Les acteurs de la recomposition européenne doivent donc répondre à un triple défi : assurer la reconnexion entre les deux parties du continent un temps séparées par le rideau de fer, corriger le gradient de développement économique entre l'Ouest, le Centre et l'Est, enfin gérer la crise sociopolitique des nations de la sphère orientale. Du moins si le mythe de l'unité de l'Europe, produit de sa division idéologique et de ses guerres civiles incessantes, demeure une représentation forte et partagée. Le paradoxe est que le continuum spatial européen n'avait jamais connu autant de décennies de non-guerre que depuis sa partition en 1947. Le retour de logiques autonomes, paralysées pendant la guerre froide, peut, au regard de l'histoire, inquiéter. Des structures d'encadrement, complétées d'un maillage volontaire de solidarités, est un impératif historique : son cadre géographique ne peut être que celui du continent européen dans son entier.

L'Europe centrale, une représentation à géométrie variable

— **1930-1968 :** « L'expression d'" Europe centrale " a pénétré dans la langue politique elle-même. Au milieu du formidable conflit qui a ensanglanté l'Europe de 1914 à 1918, on a parlé de Puissances centrales et d'un Mitteleuropa, dont l'unité se serait réalisée au profit de l'Allemagne. Mais la notion d'Europe centrale répond-elle à des réalités géographiques ? » Telle était l'introduction du géographe Emmanuel de Martonne à son ouvrage *L'Europe centrale,* publié en 1930 dans le cadre de la Géographie universelle. Avant lui, l'expression avait été employée, en français, par Himly (1894) et Fournol (1924). Pour lui, qui fut l'un des experts du tracé des frontières de la Roumanie, l'ensemble ainsi désigné incluait l'Allemagne et la Suisse, la Pologne, la Tchécoslovaquie, l'Autriche, la Hongrie et la Roumanie. Il en excluait les États des Balkans, traités comme des péninsules méditerranéennes. Tout en insistant sur des critères issus d'une géographie très classique, c'est-à-dire physique, lui permettant de pointer une situation de transition entre l'Europe « occidentale » et l'Europe « continentale de l'Est », de « Zwischeneuropa », il restait inquiet de l'avenir immédiat : « L'incendie qui a dévoré tant de vies et de biens ne peut s'être éteint sans laisser quelques étincelles et l'on se demande si la paix du monde ne dépendra pas, pendant quelques décades, de ce qui se passera dans l'Europe centrale. »

Le géographe Jacques Ancel présente six ans plus tard une version plus restreinte de l'Europe centrale. Elle coïncide avec l'Europe danubienne, terme « géographique » pour nommer un ensemble géopolitique qu'il nomme « Habsbourgie ». La notion qualifie alors les nouveaux États formés en 1919-1920 et issus, tout ou partie, des 676 000 km et des 51 millions de sujets de l'ancienne Autriche-Hongrie. Cette « nouvelle Europe centrale » comprend alors l'Autriche, la Tchécoslovaquie, la Hongrie, ainsi que la Roumanie et la Yougoslavie, dont l'Ouest et le Nord furent respectivement détachés de l'Empire austro-hongrois. L'intention est la même que chez Martonne : célébrer la « résurrection des nations d'Europe centrale » contre le pangermanisme et le Mitteleuropa. Mais il découpe l'espace différemment, en excluant l'Allemagne (et la Pologne) de « son » Europe centrale. C'est centrale. C'est pour lui une Europe instable, car objet de rivalités, d'où naîtra le conflit.

Après 1945, on le sait, d'autres termes sont forgés pour désigner un espace qui ne correspond plus à un héritage austro-hongrois ou « médio-européen » allemand, ni à une position géographique de transition, mais à l'aire d'extension d'une idéologie dont le pôle est à Moscou : on parle alors de « pays de l'Est », d'Europe orientale, d' « East Europe ».

Auparavant, les géographes estimaient que l'Europe « orientale » commençait aux frontières de l'Union Soviétique (celles antérieures au pacte germano-soviétique), mais excluaient Pologne et Roumanie. Certains États changent de camp, tels la Finlande ou la Grèce, appartenant désormais à l'Europe « occidentale ». L'Europe « orientale », c'est l' « Ost Zone » d'influence soviétique, devenant bientôt « l'autre Europe » (*Esprit,* 1968), l'Europe oubliée. A noter que François Fejtö en exclut la R.D.A. — dont il estime le destin lié à celui de la R.F.A. — ainsi que la Yougoslavie ; pour lui, l'Europe orientale regroupe « les anciens satellites de l'Allemagne ou les anciens alliés des Nations unies qui furent placés dans la zone d'influence de l'U.R.S.S. ». Avec le déplacement des frontières soviétiques vers l'ouest, en direction du littoral baltique, des plaines polonaises, des Carpathes, de la plaine pannonienne, l'influence allemande y est arrêtée, la circulation internationale sur le Danube stoppée, les relations avec l'Ouest rompues. L'Europe « centrale » se situe, sauf la R.F.A. et l'Autriche, à l'est du rideau de fer et devient « orientale ».

— **Après 1968 : « retour de l'Europe centrale » ou aspirations démocratiques ?** Après 1968, l'Europe dite « centrale » est d'abord un concept dissident et transgressif, par rapport à l'ordre territorial de Yalta-Potsdam. La régression politique provoquée par le deuxième « coup de Prague », en 1968, œuvre caractéristique de la doctrine Brejnev de « souveraineté limitée » — dans le champ politique et dans l'espace — conduit un petit noyau d'intellectuels tchèques à récuser la notion d'Europe de l'Est, comme symbole d'une acceptation à l'Ouest d'un ordre imposé à et par l'Est.

Notion révolutionnaire, qui affirmait une appartenance à l'Europe et non plus à un demi-bloc défini moins par sa territorialité et la somme d'intérêts nationaux que par une prégnance idéologique durcie par un système sécuritaire. C'est, on le sait, ce qui ressort des textes de Havel et de Kundera, dont la revue *Le Débat* se fit, de manière pionnière, l'écho.

Il était légitime, et opératoire, qu'un discours de la « centralité » se substituât à un constat de la division du continent et qu'il fût avancé là, en Bohême, en bordure même du rideau de fer, en un lieu proche mais assujetti de nouveau, après 1968 à une dérive forcée du demi-continent, vers l'est.

Ce n'est pas la seule signification du terme. Dans d'autres usages, il connote un projet. Ainsi comprend-on qu'en Autriche il évoque le « pont », la liaison à établir avec la Hongrie, dès lors que le rideau de fer cesse, à partir de mai 1989, de fonctionner comme façade aveugle et qu'est ménagé un « espace » pour la reprise des relations entre deux capitales autrefois habsbourgeoises.

A Bonn, le terme a un double sens. « Le » Mitteleuropa, version 1990, est *de facto* une aire d'expansion du dynamisme marchand d'Allemagne occidentale, une version continentale renouvelée du dispositif hanséatique, dont les ports d'attache sont les foires de Leipzig, Poznan, Cracovie et Varsovie, Prague, Brno, Bratislava et Budapest.

Cet espace intermédiaire entre le versant oriental allemand de la Communauté économique européenne et les républiques incertaines de l'Union Soviétique occidentale s'inscrit dans une zone « mark ». L'économie industrielle et tertiaire efficace, le *gut geld,* se substituent désormais à une influence naguère fondée sur une langue et une culture de référence.

Dans l'Europe élargie par le triomphe des principes du marché, le foyer mercantile le plus rayonnant, et le plus proche, devient « central ». L'Allemagne élargie à ses cinq *Länder* orientaux s'autodéfinit comme le « centre », de la nouvelle configuration européenne. Qu'elle soit l'État disposant du plus grand nombre de voisins n'est pas pour rien dans cette vision territoriale. Il est d'ailleurs notable que les stratèges de Bonn, ceux consultés ces derniers temps par l'auteur de ces lignes, soient plus à l'aise pour définir une politique pour l'Europe que pour dessiner un projet autre que marchand pour le monde. Vu de Bonn-Berlin, le monde n'est encore qu'un marché d'exportation des produits au label infaillible, *made in Germany;* l'Europe, ex-Union Soviétique comprise, est, en plus, un terrain d'action politique.

L'autre Europe doit alors être incitée à s'organiser en une sorte d'A.E.L.E. *bis,* en attendant que l'association à la C.E.E. ne laisse place, vers la fin du siècle, à une intégration. Le temps de voir s'installer les règles de l'économie libérale et se consolider la démocratie politique. Dans l'immédiat, l'autre Europe reste, vue de Bonn-Berlin, un foyer de tensions potentielles, qu'il faudra anticiper et gérer par un « centre de prévention des crises », dans le cadre de la C.S.C.E. ; faute de le placer à Berlin, on se satisfera de Prague.

C'est qu'il est difficile d'oublier le passé récent de cette Europe centrale et orientale. Invoquer l'expression, c'est assumer une interprétation historienne de l'avenir de cet ensemble comme déterminé par son histoire. Comme si le communisme, dont on néglige de constater qu'il a profondément changé espaces, sociétés et économies, n'avait été qu'un épisode surimposé sur un devenir plus authentique. Nostalgie curieuse de l'entre-deux-guerres, entretenue par des diasporas nombreuses et réactivées, au Canada, aux États-Unis, en Australie et en Europe occidentale. La démocratie était pourtant un bien rare dans cette autre Europe, de sorte que si le réemploi de la notion d'Europe centrale connote des retrouvailles avec un passé plus authentique, il y a quelque raison de s'inquiéter. A-t-elle une valeur « heuristique » pour l'analyse ? Est-ce bien une « clé » ? Faut-il penser le neuf avec les catégories du vieux ? Bref, doit-on confondre la nécessaire affirmation nationale avec le nationalisme, porteur de crises ? L'Europe centrale, catégorie d'un « retour du refoulé » ?

Sans doute peut-on considérer que, parfois, l'Histoire se répète. Mais, si cette interprétation a quelque validité, encore faut-il ajouter que ce n'est pas toujours dans les mêmes lieux. Le processus de décomposition des structures impériales de type Autriche-Hongrie, n'est-ce pas plutôt en Union Soviétique qu'elle se repère dorénavant ?

En France aussi, la notion a cours, non sans susciter l'inquiétude. Nous ne serions plus au « centre » d'un dispositif européen longtemps réduit aux douze États de la Communauté dès lors que l'ensemble européen s'élargit. Il n'y a plus, s'il y eut jamais, de « rente de situation géographique ». Il faut en prendre acte, à la réserve près que, loin d'assister à une « dérive vers l'est » du partenaire allemand, on doit admettre à l'inverse une attraction vers l'ouest des États de l'autre Europe. La pression migratoire qui s'annonce en est un signe manifeste. En France, dans le champ politique comme dans celui de l'économie, l'Europe centrale est une métonymie : le fond de l'affaire est de gérer, en termes renouvelés, l'interaction franco-allemande. Le reste viendra par surcroît. L'Europe élargie en devenir n'a de sens que si elle est animée comme un réseau d'États — de régions et de villes aussi — autour d'un projet commun.

En Italie, le ministre des Affaires étrangères, natif de Venise, développe une vision « fluvio-maritime » du même espace, en favorisant l'émergence d'un ensemble danubo-adriatique, à forme « pentagonale », puisque cinq États y sont conviés (Tchécoslovaquie, Hongrie, Autriche, Yougoslavie et Italie).

Enfin, dans trois États, la Tchécoslovaquie, la Hongrie et la Pologne, certains se demandent s'il ne conviendrait pas de rassembler les efforts de réforme économique pour créer une association de libre-échange, certes transitoire, mais plus efficace que ce qui reste du C.A.E.M. centré sur Moscou.

Dans le même temps, d'autres, dans les États riverains de la Baltique, n'excluent pas de susciter une coopération technique, portant par exemple sur une gestion concertée des bassins fluviaux à l'environnement dégradé : un tel cadre serait lui aussi transgressif par rapport au segment maritime de l'ancien rideau de fer, dans son parcours baltique.

D'une certaine manière, les stratégies consistant à ancrer les économies, les réseaux et les échanges à la C.E.E. et à l'A.E.L.E. (Scandinavie, Suisse et Autriche) conduisent les États de l'ancienne Europe de l'Est à opter pour des démarches individuelles. Le chacun pour soi, au seuil de la C.E.E. à Bruxelles comme à celui du Conseil de l'Europe à Strasbourg, est la règle. La mise en place d'un nouvel ensemble régional de coopération s'en trouve invalidée.

Dans tous les cas, on comprend que la notion d'Europe centrale est une représentation à géométrie variable. Cette variation n'est pas inédite ; il en fut de même au début du siècle, selon que le lieu d'où l'on parlait se situait à Vienne, à Berlin ou à Trieste, ou encore à Paris ou à Londres.

Pour le Quai d'Orsay, la direction Europe comprend une sous-direction d'Europe centrale — Allemagne, Suisse, Autriche plus Berlin — et une sous-direction d'Europe orientale — les États situés à l'est et au sud-est, l'Union Soviétique exclue.

La coordination des efforts gouvernementaux a donné naissance à la M.I.S.E.C.O. — Mission pour l'Europe centrale et orientale —, confirmant une nouvelle approche globale.

La notion renseigne donc plus sur celui qui parle que sur l'espace qu'il désigne. Chercher une définition aussi scientifique que définitive d'un ensemble géographique Europe centrale est donc vain. Selon les locuteurs, les délimitations retenues seront aussi diverses que les critères choisis.

Toute limite procède d'un choix, daté. L'Europe centrale, c'est donc aujourd'hui ce qui n'est plus séparé par un rideau de fer et qui est en voie de « reconnexion » avec l'Europe démocratique et plutôt prospère de la partie occidentale du continent.

Définir l'Europe centrale comme un ensemble à géométrie variable, c'est souligner la diversité des « points de vue ». C'est également pointer une double difficulté de délimitation. D'une part, faut-il introduire une nouvelle distinction, à l'intérieur de l'autre Europe, entre un sous-ensemble « central » et un espace « oriental » ? D'autre part, à quelle « place » situer l'ex-Union Soviétique dès lors que les réalités « républicaines » l'emportent sur les éléments fédérateurs et que la Russie elle-même s'affirme, ensemble transgressif par rapport à l'Oural, piètre frontière ?

De nouveaux clivages se font jour dans l'ancienne Europe de l'Est. Ils s'expriment en termes économiques, mais il est remarquable qu'ils renvoient aussi à de vieilles frontières sociales et culturelles. Les États les plus proches de l'ancien rideau de fer sont aussi ceux qui disposent d'une tradition industrielle avérée — Pologne, Tchécoslovaquie et même Hongrie. Ils se trouvent mieux « placés » pour bénéficier de la reconnexion avec l'Ouest, dès lors que les équilibres politiques y sont atteints. L'état des lieux apparaît pour l'instant moins favorable dans des États comme la Roumanie et la Bulgarie, tandis que la ligne de partage traverse la Yougoslavie (entre Croatie et Serbie), de part et d'autre de l'ancien front de l'Empire ottoman. Cet État peut-il encore réinventer les moyens et les raisons de son unité, encore récente ?

Il est notable que cette limite possible entre un « centre » et un « orient » de l'Europe coïncide avec la ligne de front idéologique entre l'Europe de la chrétienté latine et anglo-saxonne d'une part et la chrétienté d'Orient de l'autre. N'en sont exclues que les trois Républiques baltes et l'Ukraine occidentale, ainsi que le Nord-Ouest roumain dans les secteurs magyarophones.

Cette ligne joue comme limite de différenciation du rapport à la modernité des formations sociales des deux sous-ensembles. Dans cette perspective, un orient de l'Europe se dessine donc, où les réformes paraissent plus lentes, plus incertaines et où la réaffirmation nationale se fera plus vive.

Le front politico-culturel entre l'Europe centrale et l'Europe orientale

La frontière de 1054 se révèle la plus durable de toutes les fractures qui traversent le continent européen. Elle n'a guère varié dans l'espace. Au long de cette ligne de front idéologique s'opposent des forces religieuses déterminantes. La géopolitique vaticane s'était concentrée depuis une dizaine d'années sur les États catholiques de l'Europe centrale, Pologne, Tchécoslovaquie et Hongrie, et plus récemment en

Lituanie. Il lui faut compter désormais avec un réveil des Églises orthodoxes, en Russie et en Ukraine, mais aussi, dans les Églises autocéphales de Roumanie, de Bulgarie, de Serbie et de Macédoine et enfin de Grèce. Le patriarche de Constantinople est l'autorité spirituelle de ces Églises, hors de Russie, qui étayent par le dogme des projets nationaux, sinon nationalistes, à l'encontre des minorités non orthodoxes : uniates d'Ukraine et de Roumanie, luthériens et catholiques magyarophones de Transylvanie, musulmans turcophones de Bulgarie, catholiques croates de Yougoslavie, musulmans albanais du Kosovo. Où l'on retrouve la dialectique minorité/majorité, religion/nation. Pour leur part, les nations catholiques faisaient jusqu'à maintenant peu de cas de leurs minorités religieuses : un demi-million d'orthodoxes, souvent biélorusses et ukrainiens en Pologne, près de 200 000 orthodoxes ruthènes (ou *rusyny*, petits russiens) et ukrainiens de l'Est slovaque, une vingtaine de milliers d'orthodoxes roumains en Hongrie.

Cette ligne de front, de nouveau questionnée, sera sans doute une aire de tension en Europe, quelque peu décalée vers l'est par rapport à la précédente. Elle court de l'ouest de Léningrad au sud de Zagreb, en passant par l'ouest de la Roumanie et les confins de la Pologne et de la Biélorussie. Elle traverse l'Ukraine occidentale; mais les tensions internes peuvent se résoudre là dans un projet national émancipateur commun, de Lvov à Kiev.

Dans une telle représentation des nouveaux clivages socio-politiques et idéologiques, les républiques occidentales de l'ancienne Union Soviétique participent, sauf les trois Baltes, du même ensemble géohistorique que les États de l'Europe orientale *stricto sensu.*

D'où la validité d'une nouvelle approche de l'Europe dite « centrale » : c'est, pour la décennie qui s'ouvre, cette partie occidentale de l'ancien glacis soviétique qui pourra s'associer le plus rapidement au système politique et économique dont le noyau est la Communauté européenne. C'est que les transformations politiques sont inspirées d'en bas, relayées par des pouvoirs assez légitimes pour conduire des réformes économiques difficiles.

Plus à l'est et au sud-est, les changements ont été initiés d'en haut — voir la Bulgarie, la Roumanie et l'Union Soviétique —, comme s'il s'agissait d'une nouvelle émancipation, conforme aux épisodes historiques antérieurs. De telles réformes tournent court. Lorsqu'enfin les peuples entrent en jeu, c'est le registre national qui est valorisé — ici contre les Hongrois, là contre les Turcs, ailleurs contre Moscou et partout contre les minorités de chaque république : les Moldaves ne sont guère plus tolérants à l'égard de leurs propres minorités que le « centre » ne le fut à leur endroit.

L'Europe orientale est ainsi cet espace où la reconstruction nationale précède la mise en place d'un État efficace et légitime. Lieu où s'opère le retour des Nations-États. Ce processus, interne à chaque nation, comportera aussi une dimension externe : la question des frontières — imposées le plus souvent par le « centre » soviétique — de ces nouvelles entités national-étatiques se posera bientôt. Le réveil des nations conduira-t-il au choc des États ?

Si tel était le cas, ce n'est plus en sa partie « centrale » mais à son orient que se jouerait le destin de la plus grande Europe.

Les dispositifs militaires adoptés dans le cadre de la conférence sur la Sécurité et la Coopération en Europe ont privilégié la réduction des forces militaires dans le théâtre Centre-Europe, entre Rhin et Bug.

Ce sont ces mêmes États, Tchécoslovaquie, Pologne et Hongrie, qui ont bénéficié le plus vite de concours financiers extérieurs, d'autant que la réforme politique se confirmait.

L'Europe orientale a été depuis 1989 singulièrement laissée à l'écart de l'assistance internationale massive, en raison des incertitudes et des ambiguïtés de la transition politique, du traitement des minorités et des difficultés à réformer l'économie.

Curieusement, il y a coïncidence spatiale entre l'effort de désarmement, l'aide extérieure, les avancées dans le champ politique, le jugement favorable des financiers et des investisseurs en termes de risque-pays et la géopolitique vaticane en faveur de ces États à forte majorité catholique. Ce qui est stratégique pour l'O.T.A.N. l'est autant, semble-t-il, pour Rome. Cette double reconquête est étonnamment cohérente.

Pourtant, la nouvelle « autre Europe », que j'appelle donc « orientale », en référence à la fois à ses coordonnées et à son appartenance spirituelle fondamentale, est celle qui présente le plus de risques pour l'actuelle décennie : marginalisation économique, crispations politiques, conflits ethniques pouvant déboucher sur de réels conflits inter-États ou inter-nations, au long de la ligne de fracture religieuse : Croatie/Serbie, Roumanie/Hongrie, Pologne/Biélorussie, Républiques baltes/Russie. D'un côté, des alliances virtuelles entre entités catholiques, Slovénie et Autriche, Hongrie et Croatie, sous la vigilance italienne, et plus au nord entre Pologne et Lituanie ; de l'autre, des contre-alliances possibles et parallèles entre Roumanie et Serbie, Bulgarie et Grèce.

L'Europe de l'Ouest : l'outre-frontière

L'espace européen est donc en voie de restructuration, avec la fin de la partition politico-militaire. Des regroupements régionaux préexistaient, tels la C.E.E. et l'A.E.L.E. D'autres se précisent. Examinons les nouvelles représentations et stratégies à l'œuvre.

La C.E.E., fille de Staline, a-t-on écrit, de même que l'A.E.L.E., groupement de pays neutres parce que situés dans l'Europe médiane, survivent à la fin de la partition, à la différence du pacte de Varsovie — qui a cessé d'être en mars 1991 — et du conseil d'Assistance économique mutuelle.

L'enjeu de l'entreprise menée dans la partie occidentale de l'Europe depuis l'immédiat après-guerre est *l'édification d'un système géopolitique multi-États autonome, influent à l'échelle du monde et original puisqu'il ne serait pas de nature impériale ni soumis à un État dominant mais se soutiendrait du réseau des relations contractuelles tissées entre ses membres.*

Dessein inédit et ce système ne peut se réduire à une vaste zone de libre-échange structurée par les forces du marché ou encore à un

« Zollverein » imposé d'en haut par une technocratie supranationale éclairée. Le processus est entamé et l'un des paradoxes en est que les réalités techniques et administratives semblent, une fois n'est pas coutume, en avance sur les représentations.

Sa viabilité dépend de la réunion de plusieurs éléments fondamentaux et contradictoires : coordination des économies — mais le rapport de poids entre la R.F.A. et le Portugal est de 30 à 1 —, cohérence des politiques externes — mais quelle politique commune sur les questions nationales ? —, coopération dans la défense — mais comment gérer les discontinuités stratégiques internes et externes ? —, enfin identification des futurs « citoyens européens » à une « idée » — mais comment adhérer à une iconographie collective et signifiante, jouant à une autre échelle, sans effacer une représentation plus familière et, jusqu'à preuve du contraire, plus opératoire : la Nation ?

On tend souvent à présenter la mise en place de ce futur système comme un long effort d'harmonisation — des méthodes, du droit, des normes, de la fiscalité — impliquant une régulation élargie et une suppression des fonctions séparantes des frontières puisqu'il n'y aurait plus, au terme du parcours, qu'un seul espace homogène, un seul niveau scalaire de référence.

On néglige parfois de considérer que l'entreprise implique aussi une multiplication des niveaux de référence, d'action ou d'identification, autant qu'une nouvelle répartition de la hiérarchie des pouvoirs. On oublie pour finir que « le grand marché intérieur » ne sera ni une île ni un archipel isolés à l'abri de frontières extra-communautaires qui garantiraient « naturellement » un isolationnisme douillet.

— **L'Europe des régions-frontières : une nouvelle Europe du Centre ?** L'effacement des fonctions séparantes des frontières de l'Ouest européen est d'abord à la mesure de l'intensité de leur fréquentation. Sait-on que pour l'année 1986 la circulation transfrontalière sur l'enveloppe française se montait à 324 millions de personnes, soit un flux journalier moyen de 887 000 hommes, femmes et enfants et de 260 000 véhicules ?

Certes, les frontières physiques se localisent désormais aussi à l'intérieur du territoire. Parmi les 47 ports aériens, Roissy et Orly sont deux frontières intérieures majeures, filtrées par la P.A.F., où passent chaque année autant de voyageurs qu'entre Menton et Ventimiglia et deux fois plus qu'entre Bayonne et Irun. Mais, ils ne comptent que pour 9 % du total ; la grande majorité des flux transitent encore par les quelque 222 postes-frontières français.

Les déplacements des « frontaliers » vivant et travaillant dans les régions limitrophes se montent à 76 millions, soit un peu moins d'un quart du total ; pour les autres, les flux se décomposent ainsi : 40 % des entrées et des sorties sont le fait de Français, 60 % d'étrangers, en grande majorité des « Européens » venus des États limitrophes *.

La géographie des passe-frontière — non-frontaliers exclus — révèle une extraordinaire concentration puisque 80 % sont localisés dans les ports terrestres de neuf départements : Nord-Pas-de-Calais, 51 mil-

* Chiffre d'entrées et de sorties d'étrangers immigrants, en majorité venus des États du Nord de l'Afrique : 4,3 millions pour les résidents, 3,7 millions pour les visiteurs, soit 6,5 % seulement du total des étrangers. (Source : Police de l'Air et des Frontières, 1986.)

lions ; Moselle, 23 millions ; Haut-Rhin et Bas-Rhin : 32 millions ; Ain et Haute-Savoie : 23 millions ; Alpes-Maritimes : 22 millions ; Pyrénées-Orientales, 28 millions ; Pyrénées-Atlantiques : 9 millions.

On a là l'esquisse d'une géographie économique franco-européenne (les flux liés aux vacances d'été ne sont que le double des moyennes mensuelles), qui confirme l'intensité des relations de proximité avec les régions du Bénélux et de l'Allemagne (près de 60 % du total).

On croise des flux d'intensité comparables entre la R.F.A. et les Pays-Bas, entre ceux-ci et la Belgique, entre le sud de la R.F.A. et le nord de la Suisse, entre celle-ci et l'Italie du Nord, ainsi qu'entre l'Autriche du Nord et la Bavière. L'ampleur des flux de marchandises a des effets identiques, d'autant que les États de la C.E.E. font de 45 à 60 % de leur commerce extérieur entre eux. En outre, ces échanges se réalisent pour une part entre régions limitrophes — ainsi, le commerce de la région Rhône-Alpes se fait d'abord avec l'Italie du Nord.

Il est vraisemblable que la tendance à l'augmentation des flux transfrontaliers de proximité se confirmera, car l'utilisation des discontinuités les plus durables, même après 1992 — niveau de vie, salaires, marchés, législations, coûts — permet une division du travail.

Cela pourrait amener tel ou tel groupe d'acteurs régionaux à envisager un système géopolitique futur fondé sur des processus d'intégration entre sous-ensembles limitrophes, en court-circuitant le niveau central, c'est-à-dire national. Il en résulterait, à la longue, une substitution du niveau, national, d'identification collective au profit d'entités régionales dont les unes restent floues tandis que d'autres ont une réelle assise historique — Piémont, Lombardie, Catalogne, Pays Basque, *Länder* aux limites tracées selon les contours séculaires, Savoie, Alsace et Lorraine, Wallonie et Flandre, Écosse...

Or, c'est sur cette base que s'élaborent les desseins visant à une « Europe des régions »... frontalières, qui sont déjà dotées de chartes et de nombreuses associations influentes auprès du Conseil de l'Europe qui s'est fait l'avocat de la coopération transfrontalière *.

Ce type de promotion serait limité à son objet premier si elle ne donnait parfois lieu à une réelle dérive par rapport à l'organisation géopolitique interne actuelle. Ainsi en va-t-il lorsque les auteurs de la « charte européeene des régions frontalières et transfrontalières » estiment que « nulle part ailleurs, la nécessité de liquider les souverainetés nationales n'apparaît mieux que dans les zones frontalières » 1975.

« Europe des régions », Europe des féodalités et des particularismes ? Ce serait une curieuse rétroaction pour un processus dont la justification avouée, on l'avait noté d'entrée, était d'abolir des limites jugées précisément « féodales » et de favoriser les phénomènes d'intégration. Concevoir le système européen comme un simple puzzle de régions limitrophes est insignifiant — d'autant que beaucoup d'Européens ne sont pas dans cette position frontalière —, et porteur d'un risque de désagrégation, alors que c'est au contraire l'intégration qui est recherchée.

Qu'adviendra-t-il des fonctions de régulation, de redistribution et de correction relative des inégalités qui sont associées par l'État central

* Convention cadre (Madrid, 2 mai 1980).

pour maintenir une cohésion nationale ? Qu'en sera-t-il de la cohérence de l'action extérieure des Nations si chaque autorité régionale mène sa propre diplomatie et en arrive à prendre des options, en matière de conception de la défense par exemple — telle l'extension des « zones dénucléarisées » dans certaines communes et régions d'Italie centrale —, non conformes aux décisions nationales ?

Au-delà des réalités de la décision, une dynamique réduite à la valorisation des seules actions locales ou régionales de proximité fait courir un risque majeur : que la référence nationale devienne une représentation floue, brouillée, au point de porter atteinte à la cohésion des États-Nations. *Car, si le dessein européen est présenté comme le simple gommage des limites d'État, que reste-t-il, dans les esprits, de ces lignes du repérage national et identitaire, au double registre du symbolique et de l'imaginaire : les frontières ?*

La reconnexion entre l'Est et l'Ouest

La reconnexion entre l'Est et l'Ouest implique d'autres acteurs, situés en position médiane, et ne se réduit pas au jeu de deux seuls acteurs, la C.E.E. et l'ancienne Europe de l'Est. C'est ainsi que plusieurs États de l'A.E.L.E. posent leurs candidatures à la C.E.E., Suède et Autriche, tout en développant des stratégies économiques en direction de leurs voisins de l'Est. De même, un autre candidat dans l'attente, la Turquie, prépare la mise en place d'une zone d'influence économique régionale. Bref, des regroupements partiels d'États sont en voie de formation.

— **L'action efficace d'acteurs régionaux en Europe sud-centrale :** Ceux-ci ont parfois été préparés par des regroupements inter-régionaux volontaires, dont certains avaient pour fonction de transgresser le Rideau de fer, dans un contexte où cette option était impossible à des États. Citons la communauté de travail Arge Alpen-Adria (Arbeitgemeinschaft, 1978), qui associe, sur des thèmes d'intérêt commun, tels que les transports, l'environnement, la culture et la cartographie : le *Land* de Bavière, les régions italiennes de Lombardie, Trentin-Haut-Adige, Vénétie et Frioul-Vénétie Julienne, les *Länder* autrichiens de Haute-Autriche, Salzbourg, Carinthie, Steiermark et Burgenland, les comitats hongrois de Gyor-Moson-Sopron, Vas, Zala, Somogy et Baranya et les deux républiques yougoslaves de Slovénie et de Croatie ; la Bosnie-Herzégovine et le Monténégro ayant demandé un statut d'observateurs.

Les objectifs étaient variés : élargir l'hinterland du port de Trieste, trouver des marchés, gérer les risques liés aux centrales nucléaires proches des frontières. Au-delà, la volonté hongroise d'ancrage dans un espace à l'économie plus efficace, la stratégie de sécession slovène et croate par rapport à la fédération yougoslave, participaient de procédures discrètes, infra-étatiques, de dépassement d'une barrière idéologique.

Cette association a été vivement critiquée en Serbie, où l'on redoutait, non sans raison, l'effet d'une « coalition catholique » dirigée contre l'intégrité de la fédération. Il n'est pas douteux que les réseaux catholiques animés depuis Rome et les diocèses autrichiens ont œuvré à cette reprise d'influence au-delà du Rideau de fer en Hongrie et de la frontière yougoslave. Il faut y lire également un projet stratégique des entreprises italiennes d'expansion sur les marchés potentiels dans l'aire située au sud du Danube, le versant nord étant laissé à l'influence commerciale allemande.

Dans l'argumentaire de ces dispositifs infra-étatiques, la mention du retour à l' « Europe centrale », à un ensemble qualifié de « naturel », c'est-à-dire culturel et historique, par contraste avec les coupures postérieures à 1945, fut fréquente. Elle est aussi suspecte, au regard d'une analyse géopolitique rigoureuse, que l'invocation de frontières « naturelles ». Du reste, loin de renouer avec un passé révolu, ces configurations expriment plutôt un projet géopolitique italien, plus exactement vénitien, animé par les acteurs d'une diplomatie italienne offensive : l'espace « habsbourgeois », de Vienne à Milan, de Trieste à Zagreb et Budapest, délimite le cadre neuf du redéploiement économique italien, équivalent au sud de l'approche allemande au nord du Danube.

Plus récemment, la formation, en 1990, de la communauté de travail pour l'Adriatique centrale et méridionale, qui comprend l'Émilie-Romagne, les Marches, les Abruzzes, la Molise et les Pouilles d'une part, la Croatie, la Bosnie, la Serbie, le Monténégro et la Macédoine d'autre part, reprend la même approche pragmatique, ponctuelle et informelle, pour gérer les questions d'intérêt commun relatives à l'environnement.

De même, la communauté de travail des régions du Danube (1990), étendue de la Bavière à la Moldavie, en passant par la Serbie et les comitats du centre de la Hongrie, réactive ce que la commission du Danube (1960) et ses sept États n'avait pu obtenir. Ces expériences inter-régionales ont été intégrées dans l'initiative italo-hongroise dite pentagonale (1989).

On ne trouvait pas d'équivalent au nord du Danube, du fait de la longévité du contentieux germano-polonais et de l'hypothèque de l'unification allemande. Des accords de proximité seront passés, à brève échéance, entre *Länder* allemands, voïvodines polonaises et régions tchèques.

— **Horizons élargis et nouvelle échelle de référence : une plus grande Europe :** L'espace européen a été affecté par une double transformation qui, en termes géographiques, correspondent à une modification des échelles de référence :

— avec la mise en place du grand marché unique, accélérée à partir de 1985, chacun des États de la C.E.E. — ses acteurs institutionnels et économiques, États, régions, villes, entreprises, universités — a dû prendre l'habitude de situer ses actions et surtout ses projets à une échelle nouvelle, le territoire communautaire ;

— avec l'unification allemande et la démocratisation d'une partie de l'ancienne Europe de l'Est, tous les États doivent raisonner désormais à l'échelle d'une « plus grande Europe ».

Il est heureux que l'objectif « 1992 » ait été accepté en 1985 par les Douze avant les changements politiques initiés en 1989, puisque les esprits s'étaient déjà familiarisés avec la nécessité de raisonner à l'échelle d'un groupement d'États. Élargir les actions vers de nouveaux partenaires pose sans doute des problèmes financiers et techniques mais n'induit pas une vraie rupture mentale. Il faut se convaincre de la nécessité de raisonner à plusieurs niveaux d'analyse géographique en même temps et de manière articulée.

La plus grande Europe a plusieurs caractéristiques nettes, au regard de la structuration du territoire. D'abord, l'espace européen est et reste « polarisé » : le cœur, le pôle d'attraction, c'est la C.E.E., qui sort renforcée dans sa démarche constructive par l'ouverture de « l'Est ».

C'est donc en prolongeant, au-delà de l'ancienne façade aveugle du Rideau de fer les actions entreprises à l'Ouest — par exemple, dans les infrastructures ou dans la formation —, que l'on peut dessiner un plan d'intégration progressive de l'autre Europe, à l'image de ce qui a commencé, en accéléré, pour les cinq nouveaux *Länder*.

Les demandes d'association puis d'adhésion à la C.E.E. seront pressantes, et la C.E.E. devra se prononcer probablement plus vite qu'elle ne le pense, non seulement pour les candidats de l'A.E.L.E., États d'une « Europe médiane » allant de la Scandinavie à l'Europe alpine, mais aussi pour plusieurs États de l'Europe centrale et orientale. Rappelons-nous qu'il ne s'est écoulé qu'une dizaine d'années entre la démocratisation du Portugal et de l'Espagne et leur entrée dans la C.E.E. !

L'espace de la plus grande Europe est marqué de profondes inégalités, qui sont croissantes de l'ouest vers l'est.

a) *Inégalité des niveaux de vie :* Il y a et il y aura un gradient net au plan macro-économique et des équipements, à l'échelle de l'Europe entière — c'est une évidence — et dans le cadre de chaque État de l'Europe centrale et orientale.

A cette seconde échelle, on voit bien que se distinguent déjà des « régions perdantes » — bassins houillers et sidérurgiques à reconvertir (Silésie, Ostrava et Most, Miskole...) —, villes et régions à développement fondé sur les liens avec l'U.R.S.S. (Slovaquie orientale, par exemple) — et des régions mieux « placées » pour bénéficier des changements — villes capitales et de grandes foires, villes situées sur les axes de transport majeurs, villes littorales et des régions occidentales.

b) *Inégalité de « situation » géographique par rapport à la C.E.E. :* Là peut jouer un « effet frontière » positif pour les États bordiers de la limite orientale de l'ensemble C.E.E.-A.E.L.E. L'Oder-Neisse est devenue une limite est de la C.E.E., et cette proximité deviendra, pour la Pologne, attractive dès lors que les structures des cinq nouveaux *Länder* auront été modernisées. Hongrie, Tchécoslovaquie et, en principe, Yougoslavie, peuvent bénéficier plus vite de cette proximité que d'autres États de l'Europe orientale.

La Grèce est certes un membre de la C.E.E. mais elle apparaît encore comme un « maillon faible », alors que son voisinage immédiat — Albanie, Yougoslavie du Sud, Bulgarie — pourrait lui conférer un rôle plus stratégique comme point d'appui en Europe sud-orientale des actions de développement de la C.E.E.

La plus grande Europe ne se réduit pas à la somme de la C.E.E. et de l'ancienne Europe de l'Est. Les États de l'A.E.L.E. jouent déjà, ne serait-ce que par leur position géographique médiane, un rôle important. D'une manière plus générale, c'est l'ensemble du continent qui est concerné par ces changements, en particulier l'Europe dite du Nord et l'Europe du Sud-Est.

Dans une perspective plus géographique, il y a lieu de s'interroger sur l'opportunité de créer des structures de coopération légères, pragmatiques, ciblées, « régionales », articulées nettement au groupement C.E.E./A.E.L.E.

— Au nord-est, peut émerger un regroupement fonctionnel formé des riverains de la Baltique. Depuis 1952, travaille un conseil nordique regroupant les États de Scandinavie (Suède, Finlande, Norvège, Islande et Danemark). On compte en Suède plusieurs dizaines de milliers de citoyens ayant fui l'Estonie et la Lettonie en 1940. Depuis 1989, des contacts ont été renoués avec les Estoniens. Une conférence associant la Pologne, les Républiques baltes et l'Allemagne s'est tenue en 1990 à Stockholm pour traiter de pollution de la mer Baltique et d'environnement.

Enfin, des contacts culturels sont pris entre riverains de ce qui fut et reste largement un « lac luthérien », à l'exception de la Pologne et de la Lituanie.

— Au sud-est, un sous-ensemble mer Égée-mer Noire, comprenant, autour de la Grèce et de la Turquie, l'Albanie, la Yougoslavie, la Bulgarie, l'Ukraine et au moins la Géorgie ; la Turquie joue déjà un rôle économique réel dans le Sud de l'Union Soviétique ; la Grèce doit faire face aux pressions migratoires tandis que Salonique est un port de désenclavement ; il faudrait probablement associer l'Italie à ce sous-ensemble fonctionnel, ainsi bien entendu que la C.E.E. en tant que telle.

Dans cet ensemble inchoatif, la Turquie apparaît comme un élément moteur. Participant, ambivalent, de la Conférence balkanique (1988, associant aussi Roumanie, Yougoslavie, Bulgarie, Albanie et Grèce), le gouvernement turc s'est engagé dans une diplomatie commerciale active : réunion d'Ankara à la fin de 1990 pour jeter les bases d'un marché régional commun incluant Roumanie, Bulgarie, ainsi que les républiques de Moldavie, d'Ukraine, de Russie et de Géorgie, qui est formalisé depuis la rencontre d'Istanbul de 1991. Elle est complétée par l'établissement de relations aériennes avec Bakou, capitale de l'Azerbaïdjan turcophone.

Au total, c'est l'ensemble de l'espace européen qui, sur le modèle du laboratoire de la C.E.E., est affecté de rapprochements entre États dont les situations de proximité sont en quelque sorte redécouvertes et valorisées pour justifier des stratégies où l'on discerne toujours un acteur principal : Suède, Allemagne, Italie, Hongrie, Turquie. Le passé n'est invoqué que pour mieux étayer des stratégies économiques et diplomatiques qui sont en réalité novatrices.

Les limites de l'Europe confédérée

La C.E.E., et d'autres institutions, tels le Conseil de l'Europe ou la C.S.C.E. ont-elles un rôle stabilisateur à jouer, lorsque les relations bilatérales ne suffisent pas à apaiser les querelles ? En Europe, beaucoup de problèmes de frontières ont été réglés dans des cadres de conférences internationales. Après des conflits, il est vrai.

C'est une nécessité conforme à l'histoire des frontières européennes que celle, pour les institutions multi-États, d'imposer l'État de droit et la démocratie dans les relations de proximité : ce que l'on pourrait appeler la « démocratie externe ». Si ce principe n'est pas vécu de manière bilatérale, il convient alors d'offrir un cadre de gestion et d'arbitrage des tensions. Éventuellement, d'imaginer un dispositif de forces d'interposition. Dans tous les cas, il importe de conduire un travail de réflexion sur les identités qui sont des unités volontaristes, plus que « naturelles » (voir à ce propos la querelle des historiens allemands sur la Nation).

Il conviendrait d'affirmer la « conditionnalité » de l'adhésion aux institutions de l'Europe (Conseil de l'Europe, en premier lieu) : pas de recevabilité des candidatures ou même d'accord d'association sans engagement de bonne conduite.

La recomposition de l'espace européen implique également une réflexion sur la place du futur ensemble négocié autour de la Russie. Au plan militaire d'abord : où situer la ligne de non-interférence ? Au plan des structures également. La question des frontières « de » la nouvelle Europe est difficilement soluble ; elle n'en est pas moins inéluctable.

La réponse sur l'Oural donne lieu à bien des malentendus. C'est une limite de la comptabilité militaire. C'est aussi une vieille représentation géographique, classique dans les manuels de géographie. Ce n'est plus une réalité de la géographie humaine. Ce n'est pas non plus une limite géopolitique, puisque la République fédérative de Russie s'étend très largement, on le sait, à l'est de l'Oural et de la Volga. Le général de Gaulle n'a jamais employé cette expression de manière littérale. Mais l'évocation spatiale — « *créer une solidarité européenne de l'Atlantique à l'Oural* » — visait à suggérer que l'U.R.S.S. n'était acceptable en Europe que pour autant qu'elle fût d'abord la Russie. Il s'agissait, en outre, de montrer que l'union européenne, à Six, n'excluait pas l'Europe au-delà du Marché commun, que ce n'était pas un acte de guerre froide. Cette vision, anéantie par le coup de Prague, est de nouveau envisageable dans sa visée. A l'exigence démocratique près, Gorbatchev ne parle pas d'autre chose, avec sa « maison commune ». L'O.T.A.N. paraît en rester encore à une analyse fondée sur ce qu'il considère comme une « *victoire morale et politique* ». Il serait pourtant souhaitable que les règlements qui s'amorcent ne soient pas bientôt ressentis par Moscou comme une exclusion.

« *Pour que cette Europe soit possible, il faut de grands changements. D'abord, que l'Union Soviétique ne soit plus ce qu'elle est, mais la Russie* » écrivait De Gaulle. C'était pour lui, en septembre 1962, une « *anticipation historique* ». N'est-elle pas en train de s'accomplir, aujourd'hui ?

Le concept de « *confédération européenne* » imaginé et voulu par le président François Mitterrand est à l'évidence une « *anticipation géopolitique* ». Il dessine un ensemble géographique et un cadre permettant de repousser aussi à l'est que possible les limites de l'Europe nouvelle pour y associer la Russie, lorsque son évolution démocratique, à l'intérieur et à l'extérieur, se confirmera. Il ne peut se confondre avec le champ de compétence de la C.S.C.E., dont l'objet est essentiellement de traiter la dimension militaire de la sécurité. Mais celle-ci devra bientôt être fondée sur d'autres données, plus politiques et économiques. La voie consistant à favoriser la mise en place d'un sous-ensemble est-européen ou centre-européen autonome n'est guère viable : ces États n'ont eu de cohésion que contraints, dans le contexte d'un bloc qu'ils contribuent à dissoudre.

Le projet confédéral dessine un ensemble spatial à la taille d'une plus grande Europe, au-delà du noyau de cohésion économique de la C.E.E. qui ne peut, à ce stade, s'ouvrir sans risquer de s'affaiblir. C'est l'esquisse d'un système géopolitique inédit, permettant de répondre aux attentes des nouveaux responsables des États de l'autre Europe : concertation politique au plus haut niveau, participation entière au processus d'unification, cadre de gestion des tensions éventuelles et lieu de promotion du principe de démocratie externe qui devrait présider aux relations entre les nations, de part et d'autre de leurs frontières présentes, qu'elle qu'en ait été l'origine. Les frontières externes de la nouvelle Europe seront, au bout du compte, celles qui résulteront du processus confédéral. Mais pour y parvenir, il faut d'abord que les frontières internes soient stabilisées, d'un commun accord.

Épilogue européen

C'est probablement en Europe orientale et sud-orientale que se déroule désormais une nouvelle étape du long processsus de construction nationale, caractéristique du temps où se décomposent les structures impériales. Sur la longue durée, on voit bien que la consolidation des États à base nationale s'effectue, en Europe, de l'ouest vers l'est, inéluctable gradient. Point de déterminisme dans le constat de cet « itinéraire de l'esprit national », mais simplement la mise en évidence de décalages historiques. La géopolitique européenne vit encore sous le régime de la diachronie. Le réaménagement de ses confins orientaux vise à réduire ces écarts de temps, qui divisent le continent en fragments d'espaces. Dans une Europe structurée autour de la C.E.E., la dévolution de souveraineté — condition du projet européen — ira de pair avec la montée des aspirations d'indépendance, de l'Écosse à la Slovaquie, de la Carélie à l'Ukraine. Mais cette indépendance n'aura sans doute pas le même contenu dans le réel. Le débat central porte désormais, dans une Europe interdépendante, sur la répartition des souverainetés : non pas d'abord dans l'espace, mais entre les diverses échelles géopolitiques, entre lesquelles se distribueront des fragments de pouvoir.

CONCLUSION

Critique des fronts, éloge des frontières

« La frontière le fascinait. »

Julien Gracq, *Un balcon en forêt.*

Au terme de ce parcours inspiré par le « tropisme des lisières », selon la belle formule de Julien Gracq, on s'est efforcé de jouer les variations en alliant l'établissement d'inventaires globaux et l'étude de cas concrets et on a cherché à définir et appliquer une méthode d'analyse des interactions autour des frontières, soit une géopolitique.

Les frontières se tracent et se décident

Nous avons observé la grande diversité des paysages frontaliers que masque souvent, sur les cartes générales, le dessin linéaire et abstrait des tracés. Quelques-uns ont porté un nom, comme limites d'État — lignes Durand, Mac-Mahon, Schombruck, Curzon, Gwynn, Bindaji — ou comme fronts — lignes Bar Lev, Maginot, Siegfried, Varnier, Morice, Trinquet, Damawand et Hornbeam. Noms éphémères, tombés dans un quasi-oubli. L'anonymat de la plupart des tracés pourrait faire oublier le jeu des acteurs qui ont présidé à leur dessin. Il n'est pas toujours possible de mettre des noms derrière des décisions d'horogenèse. Pourtant, le Rideau de fer, concept employé par Churchill, un des derniers grands traceurs de frontières, ne devrait-il pas être baptisé « ligne Staline » ? Les Grecs chypriotes, eux, ne cachent guère leur émotion : c'est bien une « ligne Attila » qui traverse Nicosie.

Les frontières « unilatérales » ne sont pas rares et on pourrait se prendre à les nommer : l'Europe centrale serait quadrillée selon des lignes « Wilson », l'enveloppe brésilienne serait bordée par des lignes « Rio Branco » ou le Sud-Ouest du Maghreb hérissé de « murs Hassan ». Au sud de l'Afrique, on croiserait des « lignes Vorster » ou des « lignes Botha », deux fois plus longues que les limites externes avec les voisins, qui n'en sont pas quittes pour autant : « pays de ligne de front ». Mais, le plus souvent, il faut être deux pour tracer frontière. La limite de la partition des Indes, dessinée par Sir Radcliffe, serait mieux nommée « ligne Nehru-Jinnah » comme la frontière syro-jordanienne est bien une « ligne Sykes-Picot ».

Préfère-t-on le pittoresque ? Voici les tracés coloriés par les diplomates, les stratèges * ou les médiateurs : combien de « lignes vertes » — Cisjordanie, Chypre, mais aussi, par extension du principe au cœur d'une ville, à Beyrouth —, de lignes « rouges » situées sur les confins — pays Turkana, Arabie du Sud..., — ou dans les centres — Tchad, Liban —, de lignes « ocres » — Pakistan — sans oublier les « lignes bleues » — celle de 1913 entre le Sandjak ottoman du Nedj et les Anglais de la côte des Pirates, celle placée aux confins du Soudan, du Kenya et de l'Ouganda — mais aussi celle des Vosges, symbole de toutes ces frontières virtuelles, de ces horizons où le rêve de gloire et le désir de réparation se conjuguent avec la guerre ! Voici enfin les cartes, historiques et politiques, qui dessinent d'autres contours que les limites actuelles et donnent à voir des représentations de l'étendue rêvée de l'espace national. De vraies cartes pour les état-majors !

L'important n'est pas de savoir si les segments sont appuyés sur des lignes de partage des eaux ou de crête ou bien sur des lignes astronomiques — 38e parallèle, 16e parallèle, 141e méridien... Le constat, ou le jugement, de l'arbitraire — ressort majeur du discours contemporain sur les frontières — est une fausse piste. L'essentiel est autre : restituer l'arbitrage exercé — pourquoi tel tracé plutôt que tel autre ? —, retrouver les conceptions du découpage — la frontière comme invention et diffusion de techniques de contrôle de l'espace —, exhumer les traces anciennes — les frontières sont souvent plus anciennes, dans leur localisation, qu'on ne le croit —, identifier les acteurs — États, peuples, individus —, repérer, pour les tracés actuels, les effets des décisions passées, dans l'espace — discontinuités, asymétries, interactions — et dans le jeu politique — légitimité accordée au tracé par les deux voisins.

Il était indispensable d'allier l'interprétation des cartes, la lecture des textes et l'histoire des tracés pour rendre compte du découpage du monde. Car les frontières, lieux de mémoire, sont du Temps inscrit dans l'Espace, ou, mieux, des temps inscrits dans des espaces.

La frontière n'est pas une idée neuve — voir la Chine, mais aussi la Grèce ou l'Égypte — mais sa généralisation à travers le monde est récente : la moitié des 226 000 kilomètres et des 265 dyades, dont 85 % dans les États du Tiers Monde et sur leurs confins Nord, sont déjà tracés à la fin du XIXe siècle. Dans ce processus, de grands traceurs se sont distingués, les Britanniques et les Français, qui ont assuré, à eux seuls, le dessin de près de 40 % des tracés réalisés à l'extérieur de l'Europe. Hors d'Europe, environ 60 % de la longueur des enveloppes actuelles sont d'origine externe, n'ayant pas été tracées par les États aujourd'hui contigus.

C'est surtout le cas en Afrique, caractérisée par le faible rôle des remaniements post-coloniaux, à l'exception de l'Afrique du Sud, où le divide ut imperat se traduit littéralement par une partition interne. Le

* La stratégie désigne des zones « grises », non concernées dans les négociations sur certains types d'armes nucléaires ; on a connu, au nord-est de la France, la « zone rouge ».

nouveau maillage introduit dans presque toute l'Afrique, sauf dans le Maghreb, par les traceurs extérieurs a provoqué un remembrement qui juxtapose des groupes séparés par des contentieux souvent anciens ; la stabilité externe des tracés est souvent corollaire de la fragilité de la cohésion interne.

En Amérique latine, les luttes nationales du XIXe ont corrigé ou fixé bien des tracés et la violence politique, sous forme de fronts et de contre-fronts, est intérieure ; c'est sur la dyade Mexique-États-Unis que peut s'observer la dynamique durable d'une interaction dissymétrique : intégration économique du Nord mexicain, hispanisation du Sud américain.

En Asie, les limites sont européo-asiatiques à l'origine, du fait de la préexistence d'États autonomes — Chine surtout. Au Proche-Orient, les tracés, qui sont, avec les frontières indiennes de la partition de 1947, les plus récents de ceux situés hors d'Europe, ne sont ni sûrs ni reconnus ni jugés satisfaisants par toutes les parties en présence qui se disputent des territoires exigus. Au Moyen-Orient, sur les confins de l'Irak et de l'Iran, la guerre dure sur une frontière-ligne de front qui avait pourtant été délimitée dès le XVIIe siècle.

Est-il suffisant de présenter, comme le fait la doxa, les frontières actuelles des États du Tiers Monde comme des frontières coloniales ? La persistance de cette vision des choses est sans doute un écho spatialisé de la théorie de la dépendance ; dans cette perspective, l'origine externe des frontières serait un des facteurs du sous-développement. Or, la nature externe d'un processus d'horogenèse n'implique pas nécessairement l'arbitraire des tracés concrets. On a montré que les réalités présentes sont plus nuancées et que, lorsque des tracés ont été effectivement remis en cause, ce fut le plus souvent en référence à d'autres limites coloniales. De plus des processus de sédimentation sont en cours, parfois depuis très longtemps (Amérique Latine, Asie).

Si les traits communs que l'on a pu discerner dans les modes de production des frontières semblent s'estomper à mesure que les États et les peuples disposent de plus de temps pour une réappropriation de l'héritage territorial, faut-il pour autant conclure au primat de l'hétérogénéité ? Il semble, par comparaison, que *les situations « autour » des frontières sont, dans la grande majorité des États du Tiers Monde, « ouvertes »*.

J'entends par là que les occasions de remettre en cause les tracés, leurs statuts et leurs fonctions, sont innombrables : rares sont les segments qui ne se prêtent pas à une contestation ; mais surtout, le jeu des forces internes et/ou externes multiples se révèle actif. C'est cela qui peut justifier, poussée dans sa logique, la critique des frontières au prétexte qu'elles seraient souvent d'origine coloniale.

On sait qu'en Europe, la situation fut à cet égard figée, pendant près d'un demi-siècle, en dépit et à cause de la réalité d'une division majeure par une frontière d'alarme permanente. La sortie du « temps de Yalta » peut laisser penser que « l'espace de Yalta » et maintenant « l'espace de Versailles » (1919) doivent être remis en cause.

Quant aux très longues frontières de l'Union Soviétique, patiemment dessinées par la conquête sur la quasi-totalité de son enveloppe, elles restent d'origine coloniale en Asie et politico-militaire dans le glacis est-européen. Par ses tracés, l'Union Soviétique se trouve au contact des principaux théâtres et enjeux mondiaux, de l'Europe du Nord à la Corée et ses diplomates et ses stratèges ne manquent pas de tirer parti de cette proximité. Comme sur la face interne de l'enveloppe l'insertion des périphéries dans le système géopolitique soviétique reste marquée du sceau de l'incertitude, le risque n'est pas mince que des difficultés internes aient des effets externes immédiats et inversement. De ce point de vue, *il n'y a pas de problèmes de frontières ; il n'y a que des problèmes de rapports entre États et peuples autour des frontières.* D'où l'importance de l'analyse des *processus* en cours, des dynamiques (réelles et géo-idéologiques) à l'œuvre.

Dans tous les cas, le poids des structures internes est décisif dans les choix, les marges de décision, des politiques relatives à la gestion des territoires et de leurs habitants.

Les interacteurs et le jeu des frontières

Pour illustrer les évolutions en cours décrites dans les chapitres généraux et dans les études de cas, *un croquis-synthèse* a été esquissé, qui n'est pas un « modèle », mais une présentation des principales catégories d'interactions qui peuvent jouer autour des frontières d'État. C'est un outil de clarification théorique. On n'y lira pas le début d'un récit de géopolitique-fiction, mais l'amorce de définition de « coordonnées » géopolitiques théoriques * (et a-topiques, au sens où « toute ressemblance avec des situations réelles n'est que pure coïncidence ») : une grille de lecture préalable du « jeu » des frontières.

On se placera du point de vue de *l'État A,* qui a trois types différents de relations externes avec ses trois voisins.

Avec l'État B, la frontière est ouverte mais passe dans des régions encore peu peuplées; les différences de densité (et les conditions agraires de certaines régions de A) font que se développent certains flux pionniers vers les vallées frontières A/B (le peuplement de B étant supposé plus littoral). *Frontière ouverte, mais litigieuse :* une série de causes de litige sont décrites :

— le tripoint est incertain, dans une région de montagne où la ligne de crête ne coïncide pas toujours avec la ligne de partage des eaux;

— le fleuve, large méandre, change de cours après chaque crue : de qui les îles relèvent-elles ? problème arrivé par les phénomènes de poussée pionnière (mêlant des intérêts fonciers);

— dans la partie nord, les segments sont sécants avec les aires de parcours de groupes nomades ou semi-nomades qui transhument; ils peuvent, selon les cas, « subvertir » la ligne frontière, d'autant qu'on les supposera remplir une fonction commerciale importante et ancienne;

— plus à l'est, des ressources pétrolières ont été prouvées, qui sont à cheval sur la limite; les firmes étrangères peuvent jouer des incerti-

* On a pris en considération une situation générale dans laquelle la cohésion interne n'est pas toujours assurée; la référence ethnique sert à l'illustrer. Certaines interactions présentées peuvent jouer aussi bien sur les marges de l'Union Soviétique, dans l'Europe balkanique et orientale et, localement — Irlande, Pays basque — en Europe occidentale que dans des États du Tiers Monde. Les relations décrites valent, soit comme faits agis, soit simplement comme représentations.

Le Jeu des Frontières : un modèle géopolitique

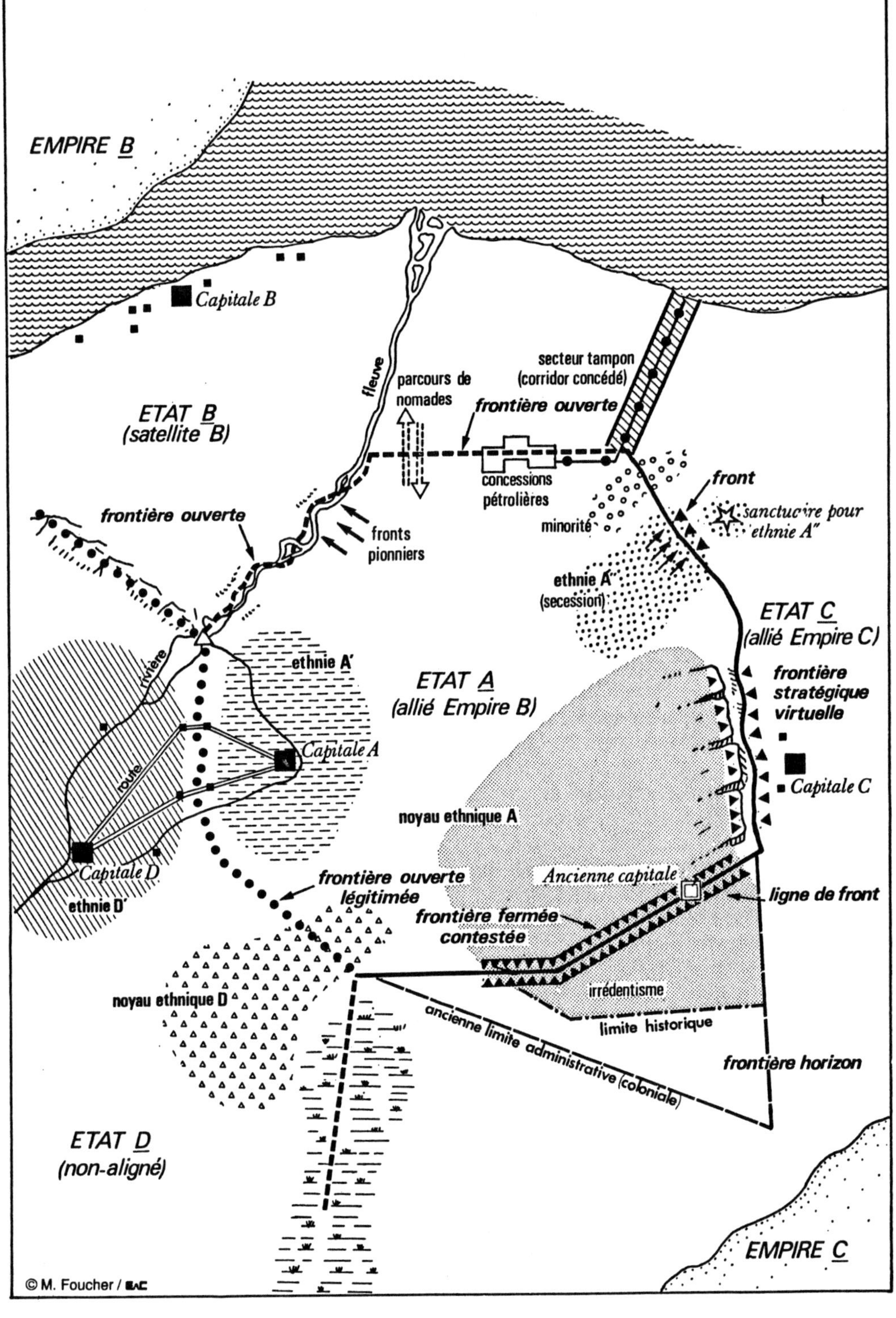

tudes de tracés pour, soit les modifier, soit mettre les deux États en concurrence pour obtenir des « concessions » (pétrolières, minières mais aussi fiscales...) ; A ayant besoin de ces entrées de devises pour son « développement » ou pour gérer ses relations (difficiles, avec C), la question se pose de manière urgente.

— l'État A, enclavé, souhaite pouvoir tirer parti de ces ressources, mais leur exploitation n'en est rentable que si les voies d'exportation sont les plus courtes : ce qui suppose, en l'occurrence, le libre usage d'un « corridor » qui, pour des raisons techniques, longerait plus ou moins la frontière B/C.

Bref, entre A et B, des litiges objectivement mineurs, locaux, non décisifs, qui peuvent être selon les cas (ingérences externes, conjonctures synchrones internes) amplifiés ou négligés. Problèmes négociables, d'ordre avant tout technique.

Avec l'État C au contraire, *les relations sont hostiles.* La frontière est *contestée, bien que délimitée,* fermée et sert, selon les segments, de front ou de ligne de front. Front, si une minorité ethnique de A est dissidente et sécessionniste, bénéficiant en C d'un sanctuaire. Ligne de front aussi, parce que l'État A (ou plutôt des dirigeants issus du noyau A) tient un discours irrédentiste en direction d'une large portion de territoire occupée par un groupe coethnique. Ce dernier a été séparé du noyau A par une frontière « coloniale » — tracée à la suite d'une décision externe, interimpériale, en remplacement à la fois d'une ancienne limite à caractère historique attesté ou perçu comme tel (par le noyau A) et d'une ancienne limite administrative (qui est ainsi pour l'ethnie A une frontière horizon, d'autant que là sa capitale « historique » se trouve aujourd'hui du fait du changement de tracé, en position périphérique, dans l'État A, et coupée d'une partie de son hinterland). Ces changements successifs ne sont pas pour rien dans l'émergence d'un sentiment ethnique (et/ou national) plus vif que dans les contrées voisines.

Bien entendu, ce qui compte dans les décisions prises ou à venir n'est pas tant la réalité « objective » des modifications territoriales qu'un complexe synchrone où entrent en jeu : le rapport des forces entre A et C, le poids des grands alliés (que l'on va chercher précisément pour peser sur ce rapport des forces et qui s'empressent ou non de répondre selon leurs intérêts, leurs affinités ou leurs liens historiques), mais aussi l'influence interne de l'ethnie A dans l'État A (c'est-à-dire encore les rapports A/A'/A''). Songeons ici à Aristote qui souhaitait exclure les propriétaires de terres situées en bordure de la cité des débats sur les relations avec les cités voisines.

Rien n'est en soi « déterminé » d'avance ; mais si... et si... alors... le risque (d'un conflit, ou d'une paralysie de l'État A, ou d'une politique privilégiant les dépenses afférentes à la « défense » plutôt qu'au « développement ») est plus grand.

Pour compléter le tableau de relations décidément bien mauvaises entre ces deux États (dont les représentants peuvent toutefois se rencontrer en terrain neutre, l'État D, précisément, qui, pour une série de raisons, liées à la plus grande cohésion interne ou au poids d'un dirigeant, est « non aligné »), il se trouve que les configurations de l'un des segments « offrent » un avantage théorique à A.

C peut (et sa capitale se trouve non loin de la frontière) arguer d'une « menace » potentielle venue de cette région de A et donc décider de considérer la ligne des hauteurs « en face » comme une frontière virtuelle sur le plan stratégique, puisque l'autre dispose en l'espèce d'un allié-terrain. Là encore, cela résulte de décisions volontaires et non de « données » écrites d'avance ; mais dans un contexte général de tension, il est probable que les conflits se passeront là plus qu'ailleurs ; en attendant, la dissymétrie régionale des forces est utilisable pour engager des programmes d'équipement militaire (pouvant favoriser tel groupe de pouvoir) et nouer des alliances avec l'empire C. A l'évidence, l'aide donnée par A'''' par C s'inscrit dans le contexte plus large qui vient d'être décrit.

Il ne s'agit plus ici de litiges de frontières, mais de véritables problèmes politiques (internes/externes) pouvant entraîner des tensions durables, tant les positions semblent irréductibles. A l'évidence, la nature des relations entre les deux Empires n'est pas sans influence, mais est-elle décisive ?

Si une interaction « douloureuse » est explicable, comment rendre compte de situations où les rapports entre deux États sont pacifiques ?

Entre A et l'État D, *la frontière est légitimée* par les deux États, bien qu'elle ait été tracée de manière exogène. Mais elle passe, sur une grande partie de sa longueur, dans une aire historique de marche (plus ou moins séparante) et de contact (d'où une série de villes et de centres de marchés). Que les relations entre les deux noyaux ethniques adjacents aient pu être autrefois plus conflictuels n'entre plus en ligne de compte. Bien que l'emplacement exact du tripoint ne soit pas fixé et que, sur une section, un groupe ethnique soit partiellement en intersection avec le tracé, les relations globales et locales ne s'en trouvent pas entravées.

Le premier cas n'est abordé lors des conciliabules à la frontière qu'au moment où le dossier de la mise en valeur des ressources du bassin fluvial commun est ouvert (mais comment trouver des financements alors que les projets d'extraction minière du « Nord » sont en suspens ?) ; le second élément n'est pas conflictuel parce que la frontière est ouverte et que règne le régime de l'entrecours (facilitant les échanges commerciaux et les migrations).

D joue à l'occasion les bons offices entre C et A, d'autant qu'il n'a de contentieux avec aucun des deux États : avec C, parce que la frontière passe dans une vaste région dépeuplée et sans ressources ; avec A, pour des raisons que l'on qualifiera d'historiques (il est vrai que A, État enclavé, utilise les infrastructures de D comme débouché).

Certes, des projets de « fédération » économique seraient envisageables, mais ils trouvent plus de partisans chez les groupes de A' que chez ceux de A. Dans ce schéma, on suppose que l'État A est plus proche d'une structure fédérale interne, alors que l'État D a acquis plus de cohésion (puisque ses frontières ne sont pas sécantes avec son noyau ethno-démographique et historique dominant et que ce noyau est antécédent par rapport à ces tracés).

De ces multiples cas de figure, on retiendra que les situations sont diversifiées (selon les dyades) et très ouvertes (selon les choix des dirigeants, partis, États et peuples).

Les interactions externes décrites ou imaginées constituent l'essentiel des relations dites « internationales » de proximité. Celles-ci ont été envisagées ici, non pas comme un produit mécanique, comme c'est souvent le cas dans les démarches ne prenant pas en compte la dimension spatiale des rapports entre États, mais comme une combinaison systémique : une approche en terme de « corrélations internationales » ou « interétatiques » me paraît plus efficace. Dans le même temps, les interactions transfrontières impliquent le jeu des configurations internes, qui relèvent tout autant d'une analyse géopolitique, celle construite et appliquée ici.

Les frontières ont ainsi été envisagées à diverses échelles, car elles sont les contours d'ensembles de nature et de taille très diverses : constructions géopolitiques datées, multi-scalaires et multi-fonctions — limites politiques, fiscales, souvent linguistiques, militaires... Elles ont été abordées aussi en distinguant les questions *du dehors* — relations internationales de proximité entre des États, rapports entre ethnies... — ou géopolitique externe, et les questions *du dedans* — effets internes des tracés, processus de construction nationale ou régionale.

Le dehors ou la géopolitique externe

Le temps n'est plus, semble-t-il, aux vastes entreprises de découpage des étendues terrestres. Mais des remaniements se poursuivent. Depuis le début des années 1970, plusieurs frontières ont été effacées (Vietnam réunifié, Sikkim incorporé à l'Inde, Timor oriental inclus dans l'ensemble indonésien, ancien Sahara espagnol intégré dans l'ensemble marocain ou, plus récemment, constitution de la fédération de Sénégambie). La création d'États nouveaux s'est réalisée soit dans des espaces insulaires, soit selon d'anciennes frontières coloniales préétablies. Au terme de la sécession du Bangladesh, les frontières ont changé de statut, non de tracé ; de même pour le sultanat de Brunei et pour Belize.

On se trouve donc dans une période de relative stabilité géographique en ce qui concerne les rapports territoriaux entre États, en dépit du nombre élevé de litiges et conflits frontaliers et territoriaux majeurs, environ 75 au début des années 1990, qui se localisent souvent dans les États du Tiers Monde. Ils peuvent du reste concerner des frontières qui sont parfaitement tracées et démarquées, mais dont la légitimité du tracé est remise en cause comme étant d'origine coloniale ou parce qu'elle date d'époques marquées par un rapport de forces différent.

La multiplication des États indépendants, le partage des océans qui peut réactiver des litiges intéressant les limites terrestres d'États côtiers ou l'absence de toute délimitation (par exemple dans la moitié sud de la péninsule Arabique) sont des causes de conflits, actifs ou dormants. Il faut savoir qu'en Afrique, les litiges territoriaux portent sur environ le cinquième de la superficie du continent. Il est vrai que près de 40 % de la longueur des frontières n'y sont pas démarqués, bornés. Mais même en Amérique latine, où les opérations de délimitation ont commencé au XVIIIe, où les États ont plus d'un siècle et demi d'existence, les litiges ne sont pas inconnus, sauf sur la très longue enveloppe brésilienne. Quant à l'Asie, du Moyen-Orient à l'Indonésie, on constate que pratiquement aucun État n'est exempt de problème frontalier, en particulier au long de la très longue enveloppe chinoise. Mais ces questions restent localisées et ne se transforment pas toutes en points chauds, d'implication plus large.

Deux mouvements de sens contraire contribuent à une stabilité qui est plutôt un équilibre instable : si la légitimité de l'époque va dans le sens de la stabilité des configurations frontalières, on n'en observe pas moins des phénomènes d'érosion des principes.

— **La légitimité de l'époque :** D'un côté, l'esprit du temps est favorable à la stabilité des tracés frontaliers. C'est la doctrine des organisations internationales et en premier lieu des Nations unies, en principes garantes de la sécurité. En Afrique, par exemple, le maintien des tracés des « frontières issues de la colonisation » est un des principes directeurs de l'O.U.A. (Organisation de l'unité africaine). C'est paradoxalement le seul héritage colonial complètement assumé. Certaines tentatives militaires de remise en cause ont échoué (Somalie, Zaïre), mais d'autres, plus récentes, ont été menées (Sahara occidental et Tchad). Cette volonté affichée de maintien du *statu quo* des découpages coloniaux au jour de l'indépendance est en grande partie de nature défensive ou préventive, étant donné à la fois la multiplicité des situations de non-coïncidence entre les tracés frontaliers et les limites d'autres catégories de phénomènes (aires d'extension des religions, ethnies, langues, ressources...) et la faiblesse de cohésion d'un grand nombre d'États, quel que soit du reste leur degré d'ancienneté.

En Amérique latine, un litige entre États est rapidement gelé dans le cadre l'O.E.A. (Organisation des États américains) ou par l'intervention d'États tiers. Les choses sont plus compliquées en Asie, en l'absence d'organismes continentaux. Mais le système des Nations unies reste un garant de la permanence, au moins formelle, des États.

Les grandes puissances sont également favorables à une telle stabilité territoriale, tout en rivalisant pour modifier les régimes politiques. Cela est cohérent avec l'affirmation du *statu quo* en Europe. Les accords d'Helsinki de 1975 ont fourni à leur promoteur, l'U.R.S.S., la satisfaction d'une réaffirmation du principe de l'inviolabilité et de l'intangibilité des frontières européennes issues de la guerre. Et le dispositif stratégique du pacte de Varsovie était là pour consolider la « carte » politique de l'Est européen. Mais, dans le même temps, les déclarations de la « troisième corbeille », sur les droits de l'homme, portaient en germe l'éventualité d'un réveil des nationalités dans ces mêmes États. Pour sa part, l'Église catholique, à vocation idéologique transfrontalière, inscrit son projet géopolitique dans le cadre des nations : selon une doctrine séculaire, les Églises sont nationales, parce que le croyant n'est lui-même que par rapport à une terre et que toute communauté chrétienne doit être localisée. Ce projet est stabilisateur dans les États récents, puisque les Églises y sont conçues comme nationales, mais perturbateur à l'égard de la division d'une Europe dont l'Église ne cesse d'affirmer l'unité culturelle et historique.

Bref, la frontière linéaire est devenue le référent unique et obligé des États du Tiers Monde, au point que l'organisation formelle du monde apparaît fondée sur un principe d'équivalence, que beaucoup d'États récents voudraient entendre comme un principe d'isonomie (un État, une voix, selon le principe, théorique, des Nations unies) si advenait un autre ordre international. Au fond, *les frontières linéaires seraient le seul concept politique, à caractère planétaire ou universel, ayant l'approbation de la majorité.* A cet égard, l'existence de litiges frontaliers peut être considérée comme la preuve, *a contrario,* de l'attachement de tous les États à ce commun dénominateur du système planétaire. Alors que leur représentation cartographique est pour un certain nombre d'États conforme à la réalité territoriale de leur système politique, elle reste illusoire pour un plus grand nombre d'autres États. Ce référent est affirmé, quels que soient la matérialité de son tracé, son degré de cohésion et d'acceptation par les États voisins. « En d'autres termes, un État, militairement incapable de se défendre, n'est pas incapable de durer en raison de la structure bipolaire du système international et des idées admises, non sans quelque hypocrisie, par les Nations unies et l'opinion mondiale » (Aron, p. 396). C'est, dans cette hypothèse, la rivalité des deux métasystèmes, les seuls capables et obligés d'avoir une politique planétaire, qui est le garant de la stabilité territoriale, même là où elle est contradictoire avec la répartition des peuples et la consistance des États formels.

— **L'érosion des principes :** D'un autre côté, les éléments de remise en cause de la « carte » politique du monde — ou, mieux, des réalités qu'elle représente — ne manquent pas.

Dans certaines parties du monde, on assiste à un processus institutionnel d'affaiblissement des fonctions séparantes des frontières d'État : c'est le cas en Europe occidentale, comme en Amérique du Nord, mais cette évolution n'affecte guère plus de 12 % du kilométrage total des frontières.

On doit constater que l'intangibilité des frontières est explicitement remise en cause dans le cadre du projet géopolitique du messianisme islamique qui implique, au nom de l'unité des croyants, l'abolition des frontières entre les États peuplés de musulmans et l'avènement de l'umma. C'est au nom d'un projet comparable, bien que socialiste, que les dirigeants libyens œuvrent à la mise en place d'une « grande Sahélie », englobant le Sahara et ses marges méridionales. De tels projets introduisent une rupture dans ce que Raymond Aron appelait « la légitimité de l'époque », facteur de stabilité si les frontières y sont conformes ou considérées comme telles par les collectivités voisines.

On constate d'ailleurs que certains États menacés ou du moins visés par de telles entreprises y répondent par l'apurement des problèmes en suspens avec leurs voisins et par la consolidation de leur contrôle territorial : citons la politique algérienne au Sahara, où l'État algérien a passé une série d'accords de délimitation avec ses voisins sauf le Maroc et la Libye (1983-1985), et entreprend la démarcation de ses frontières ainsi que la fortification, par des moyens sophistiqués, des sections non démarquées les plus menacées, comme l'Égypte l'a fait dans la section nord de sa frontière occidentale. Citons encore les accords frontaliers décidés par les États du Golfe, face à l'Iran, et peut-être aussi à l'Irak, depuis mai 1981. De même, il est clair que se joue au Tchad non seulement le maintien de l'intégrité territoriale de cet État, mais au-delà celui de la stabilité des configurations frontalières en

Afrique sahélienne. Or des formes d'érosion des tracés et des principes sont perceptibles ici et là.

La crise du Koweit est née d'une tentative de remise en cause d'un tracé qui fut présenté comme colonial par les dirigeants d'un État qui feignaient de croire que le leur ne l'était pas. Il a fallu une intervention militaire massive et violente pour que le *statu quo ante* soit rétabli et que les Nations unies puissent prendre en charge le délimitation de la frontière Irak-Koweit.

Il s'est agi là d'une crise géopolitique externe, mettant aux prises deux États. Son règlement a sans doute valeur d'exemple, non pas dans la méthode employée mais dans le principe qui l'a motivé : la référence au « droit international » soulignait bien que la stabilité des tracés, quelle que soit leur origine, était une valeur de portée universelle.

La contradiction entre la relative stabilité territoriale et l'instabilité politique chronique peut avoir raison de découpages actuels dans un certain nombre d'États. En Europe même, l'intangibilité n'est plus admise par tous, depuis 1989. La recomposition négociée autour de la Russie est violente autour de la Serbie, et modifie de fait ce principe.

Le dedans ou la géopolitique interne

Si des frontières « posent problème » aujourd'hui, notamment celles qui sont d'origine exogène, *c'est moins par ce qu'elles découpent que par ce qu'elles regroupent.*

En effet, dans un grand nombre d'États du Tiers Monde, *le cadre territorial borné de frontières est antécédent aux États.* C'est, je crois, la contradiction géopolitique fondamentale, puisque le cadre est « donné » extérieurement et antérieurement à tout processus interne. Lorsque l'on parle de « frontières arbitraires », on fait le plus souvent référence à la destruction par découpage d'entités politico-ethniques préexistantes. Mais, au-delà, c'est cette antécédence qui est (ou devrait) être désignée. Or, non seulement le cadre résulte d'une décision d'origine extérieure, mais en plus les tracés frontaliers correspondent à des temps révolus, c'est-à-dire à des fonctions qui n'étaient actives que dans le cadre des configurations géopolitiques et géostratégiques du moment ; ces configurations ne sont plus, bien que l'on puisse trouver des cas de réactivation (Afghanistan). Les frontières n'en sont que la mémoire ; mais elles demeurent, alors que les raisons qui ont présidé à leur création ont souvent disparu.

Les dirigeants disposaient dès le premier jour de la carte de leur territoire ; à eux de faire coïncider souveraineté, sentiment d'appartenance commune et espace reçu.

C'est une situation très différente de celle des États où furent lentement forgées les notions de frontières, de territoire et de nation. Les monarques les plus absolus de l'Europe du milieu du XVIIe n'avaient eux guère le moyen de se représenter avec exactitude l'étendue de leur royaume. Du reste, lorsque Picard, Roberval et Cassini présentèrent à l'Académie des sciences et au roi Louis XIV, en 1684, leur « Carte de France corrigée par ordre du roi sur les observations de l'Académie des

Sciences », s'appuyant sur une détermination plus rigoureuse des longitudes et des latitudes, Louis XIV n'en fut pas tellement ravi, comme le rappelle R. Mousnier : « Vos travaux m'ont coûté le tiers de mon royaume. » La côte ouest était rapprochée d'un degré et demi de longitude du méridien de Paris et la côte sud d'un demi-degré en latitude vers le nord, de sorte que la France apparut beaucoup moins grande que les contemporains ne le croyaient (Mousnier, p. 538).

L'outillage cartographique disponible aujourd'hui est-il un élément favorable à la construction nationale ? Si la couverture est suffisamment détaillée et complète, c'est un facteur utile à la conduite d'opérations de développement. La représentation du territoire national est utilisable pour la création d'une conscience commune. Mais la lecture détaillée des cartes peut aussi faire apparaître des anomalies et alimenter des revendications tout en fournissant aux voisins des contre-arguments. L'écriture cartographique des limites politiques ne participe-t-elle pas de l'opération de sacralisation des frontières, facteur de stabilité ? En réalité, « les frontières renvoient à l'État..., à la nature même de cet État moderne qui a besoin de frontières linéaires pour exister » (comme le remarque le géographe Gilles Sautter, 1982).

— **Faisceaux de limites :** Au contact du dehors et du dedans, on constate que dans bien des cas, y compris en Europe — Balkans, Europe orientale, Irlande —, les tracés frontaliers ne coïncident pas toujours avec d'autres limites : les situations frontalières sont alors placées sous le signe, non des coïncidences, mais des intersections. C'est le cas non seulement des partitions affectant des entités homogènes (les Zandé, les Ewe, les Somali ogaden, les Kurdes, les Thaïs, les Aymara...), mais aussi des frictions liées à la non-coïncidence entre limites d'État de plus en plus rigides et fermées et d'autres catégories de limites : économiques, écologiques, religieuses, linguistiques, historiques.

Comme ces diverses catégories de phénomènes n'ont pas pour la plupart les mêmes configurations spatiales spécifiques et qu'elles forment généralement entre elles toute une série d'intersections, c'est par rapport à celles-ci qu'il faut d'abord envisager les frontières d'État. Car les tensions et les conflits naissent, pour une bonne part, de la non-coïncidence entre les enveloppes frontalières et les limites des autres ensembles spatiaux qui ont eux aussi une portée politique, ou plus exactement de la perception qu'en ont peuple et/ou dirigeants.

— **Contradictions internes hors d'Europe :** S'il est vrai que le découpage de la période coloniale a séparé en deux, trois, parfois cinq entités distinctes des ethnies jusqu'alors homogènes, plus important et plus critique dans ses effets actuels est le fait que ce découpage a consisté en réalité en un regroupement de populations différentes, souvent hostiles, qui doivent aujourd'hui se fondre dans une construction d'un type inédit pour elles. Le découpage colonial a moins séparé qu'il n'a créé des ensembles territoriaux devenus ensuite des États, produits non par maturation interne — sauf les cas, rares, des États issus de véritables luttes de libération — mais par héritage. C'est la viabilité, politique d'abord, économique ensuite, de ces ensembles qui est en jeu, pour longtemps.

Cela ne concerne qu'indirectement les régions frontalières, mais c'est le produit direct des configurations frontalières. Et dans bien des cas, les acteurs des luttes contre les noyaux ethno-démographiques dominants se localisent dans des régions frontalières, d'autant qu'ils peuvent trouver des appuis dans les groupes co-ethniques voisins.

Il faut donc envisager les rapports entre régions frontières et ensemble englobant : principes de cohésion, ou lignes de fracture, processus d'intégration des régions frontières, place de leurs populations dans la division du travail politique, économique ou militaire. Cette approche trouve son prolongement dans l'étude du développement des particularismes et des séparatismes, qui autorise à croire que, désormais, ce sont d'actuelles frontières administratives internes qui pourraient devenir la base de tracés de nouvelles frontières internationales, si les sécessions l'emportent, comme en Union Soviétique.

Souvent les frontières sont l'une des traces de systèmes spatiaux qui se sont effacés. Elles sont ainsi les témoins ou les mémoires d'une sorte de télescopage de temps différents. *On se trouve, à des degrés variables, en présence d'une combinaison de temps socio-culturels distincts.* L'établissement de frontières a rompu, provisoirement ou définitivement, des processus historiques, qui pouvaient tendre vers l'unification ou l'éclatement. La période coloniale, avec la création de nouveaux ensembles, a amorcé de nouveaux temps sociaux, également hétérogènes : certains peuples se sont trouvés promus — au hasard de leur position sur des axes de pénétration ou du fait de leur collaboration —, tandis que d'autres, naguère encore puissants, ont été déchus ou détruits ; une nouvelle trame d'organisation de l'espace s'est superposée aux trames précédentes, et l'espace s'est différencié selon une autre rationalité.

L'établissement de techniques coloniales d'encadrement a été géographiquement différencié, de sorte que la création d'ensembles politiques nouveaux, par agrégation, s'est accompagnée, d'emblée, de déséquilibres dans l'accès aux ressources et à la modernisation. A mesure que la période de l'indépendance s'éloigne, des phénomènes relevant de temps anciens ont pu à nouveau émerger et des clivages, notamment ethniques, se reconstituer, en contadiction avec un projet national. C'est notamment le cas lorsque, à la faveur des découpages ou des arbitrages coloniaux ou internationaux, des territoires nouveaux ont pu être incorporés au contrôle d'un groupe dominant, par un processus de conquête interne. L'histoire de la formation de l'Éthiopie, de l'Afghanistan, du Nigeria, de la Thaïlande l'illustre clairement. « Tous se passe comme s'ils (les États nouveaux) vivaient à la fois les conflits nationaux du XIXe européen et les conflits sociaux du XXe siècle », souligne R. Aron. La référence à la diachronie — non pas au passé, mais à ce qui en reste — est donc indispensable pour comprendre non seulement les raisons de la géographie des formations territoriales actuelles, mais aussi leurs effets actuels et futurs. Enfin, la connaissance du passé facilite la compréhension de toute une série de projets et de desseins territoriaux dont il est rare qu'ils ne soient pas ancrés dans des souvenirs de splendeurs anciennes, c'est-à-dire des configurations des temps précoloniaux. On voit ici et là — Chine, Moyen-Orient — resurgir les traits d'une *géopolitique précoloniale.* Dans les querelles sino-indiennes au sujet des territoires du Nord-Est, n'a-t-on pas exhumé des documents datant du IXe siècle pour étayer telle prétention et justifier telle limite ? Les sédimentations historiques recèlent des gisements inépuisables d'arguments, au moins dans les États dotés d'archives écrites.

Le modèle géopolitique européen : critique des fronts, éloge des frontières

Depuis la fin de la coupure de l'espace continental par un front idéologico-militaire surimposé, dont la diffusion des principes d'Helsinki érodait progressivement la raison d'être, la stabilité des découpages, ou plutôt des regroupements — Tchèques et Slovaques, Croates et Serbes, Roumains et magyarophones — est questionnée, de l'intérieur, pour des raisons politiques. La sortie du communisme s'accompagne de la valorisation d'un passé plus ancien, qui ne fut pourtant guère plus glorieux. Certaines nostalgies surprennent, comme celles qui se réfèrent aux découpages réalisés entre 1939 et 1945, que ce soit au royaume des Serbes, des Croates et des Slovènes ou en Slovaquie.

Il convient ici de tirer la leçon pratique des analyses de cet ouvrage de géopolitique appliquée. S'il est vrai qu'il n'y a pas de « problèmes de frontières » mais simplement des jeux d'interactions autour d'elles, où les stratégies politiques sont déterminantes, il importe de comprendre l'importance du rappel de quelques principes simples.

Il ne faudrait pas en effet que se diffuse, en Europe, un processus de représentation où l'on conclurait que la révision pacifique des frontières est à l'ordre du jour, sous prétexte que parfois elles sont issues de Yalta ou des regroupements consécutifs à la première guerre civile européenne du siècle. La propension au séparatisme aboutirait à la mise en place d'entités non viables, alors que c'est l'organisation de regroupements d'États qui importe. La complicité à l'égard du « narcissisme des petites différences » dont parlait Freud — dans « Malaise dans la civilisation » — aboutirait au foisonnement de micro-nations ou micro-identités à base ethnique et de souverainetés locales régressives, créant un patchwork aux « cent frontières ».

Et dans le cas d'une transgression ponctuelle par l'Histoire, la reconnaissance des nouvelles configurations devrait faire l'objet, non seulement d'un agrément bilatéral, mais aussi d'un accord international. A cet égard, le règlement de la question allemande — effacement du front indigne, confirmation de la frontière germano-polonaise — est un précédent essentiel, qui a montré ses vertus de changement concerté.

Mais une telle position n'est tenable que parce que, dans le même temps, un projet est proposé, soutenu par la marche de l'économie et le rapprochement des cultures. L'attachement au principe d'intangibilité des frontières résulte du caractère symbolique de ces limites, élément de repère représentatif autant qu'objet du droit international. Il va de pair avec l'affirmation de leur dépassement dans le cadre d'une recomposition des relations entre États. *Ce n'est donc pas un « sans frontière » qui doit être affiché car ces contours gardent leur vertu de code d'identité nationale, mais un « au-delà des frontières »*.

Comme l'indique l'historien Jean Favier, « ce qui fait l'homme, c'est l'horizon : celui des flots et celui des crêtes, celui qu'on voit et celui qu'on devine, celui du terre-à-terre et celui du rêve. L'horizon montre à chacun l'échelle et la limite de ses besoins et de ses capacités » (*De l'or et des épices*).

Cette double pratique de géopolitique appliquée — conserver les tracés comme repères symboliques pour mieux les dépasser dans un projet de regroupement multi-États — est expérimentée en Europe. Elle trouve, depuis 1989, un terrain d'élargissement en Europe centrale et orientale. Elle servira de contrepoids, en tout cas de pôle référence lorsque s'aggravera la crise soviétique, où les implosions peuvent aussi être envisagées comme devant respecter les tracés externes actuels et pouvant conduire à une réorganisation concertée des relations entre les républiques nationales.

Ailleurs, dans le monde, des tentatives de regroupement ont été initiées, par exemple dans le Maghreb, depuis 1989, ou dans l'Amérique latine du Sud, entre Brésil et Argentine.

Hier, les Européens procédaient au découpage du monde en traçant les frontières d'administration. Ils sont aujourd'hui en position, sans doute comme effet des guerres civiles qui les ont opposés et de la division qui en est résultée, d'inventer les modalités d'une recomposition d'États à qui il n'est pas demandé de cesser de se penser comme nations ou accord de nations mais de dépasser leurs clivages. C'est l'originalité du modèle géopolitique européen. *Il passe par une critique des fronts et un éloge des frontières.*

Et pour placer cette double démarche concluant ce périple de géographe passe-frontière sous le signe du réalisme poétique, nous répondrons à l'invite d'Arthur Rimbaud dans *Les Douaniers* en 1871 et saluerons au passage les *Soldats des traités qui tailladent l'azur frontière.*

Annexes

I. LA DÉLIMITATION DES FRONTIÈRES FRANÇAISES

Une fois acquis, le principe de linéarité fut utilisé pour la conclusion d'accords frontaliers de délimitation, puis d'accords de voisinage (pour régler la circulation, les migrations, le régime douanier).

On indiquera à la suite et pour mémoire les étapes de la délimitation formelle et juridique des frontières françaises (en s'appuyant sur Rousseau, 1954).

— Au Nord, après le traité d'Utrecht (1713), ce sont les traités de Paris de *1814-1815* qui inaugurèrent le processus de délimitation, confirmé par le traité des limites de 1820, signé à Courtrai entre la France et les Pays-Bas (le Luxembourg leur étant alors lié). L'abornement eut lieu entre 1821 et 1823, entre mer du Nord et Moselle.

— Au Nord-Est, le traité de Versailles de 1919 a remis en vigueur les traités signés en *1814-1815* entre la France et les trois États limitrophes d'alors, Prusse, Bavière et grand-duché de Bade. Des rectifications mineures prirent place (épisode sarrois excepté, 1921-1926) en 1951 (ville de Kehl) et en 1962 (enclave de Wissembourg).

— La frontière franco-suisse a fait l'objet de 15 traités, conventions et procès-verbaux de délimitation, signés entre 1564 et 1891. Pour l'essentiel, et pour les sections situées au nord de Genève, elle a été déterminée avant toute intervention française (du moins à l'échelle locale, car, à l'échelle des vastes ensembles politiques, la politique française fut toujours d'appuyer l'indépendance de la confédération, riche en soldats, face à l'Empire).

Elle résulte sur le plan politique d'accords passés entre les divers royaumes, républiques et évêchés qui ont été à un moment donné parties prenantes. Seuls les derniers traités (1862 et 1891) ont été signés directement entre la France et la Suisse, après le rattachement de la Savoie ; ils ont fixé le mont Dolent comme tripoint (avec l'Italie). La limite lacustre du lac Léman reprend celle fixée en 1564 entre le Duc de Savoie et la ville de Berne. Des remaniements mineurs mais fréquents ont eu lieu entre 1953 et 1963.

— Au Sud-Est, la délimitation date de 1860-1861, signée entre la France et l'Italie ; des modifications de détail eurent lieu en 1947 et en 1967 ; un litige subsiste au sujet de la limite au nord du Mont-Blanc.

— Au Sud, la frontière franco-espagnole, qui est ancienne quant aux pratiques locales, a été entièrement délimitée entre 1856 et 1886, et abornée entre 1886 et 1950, au moyen de 602 bornes et croix. Le traité dit des Pyrénées (1659) n'était pas un traité de limites ; des accords d'abornement entre communautés avaient été passés aux XVIe et XVIIIe siècles. Le traité de Bayonne de 1856 fut signé pour clarifier les anciennes limites traditionnelles locales dont certaines datent du XIIIe siècle sinon du XIe siècle (Labourd).

Frontière ancienne, très stable dans son tracé. Mais frontière de tension durant la guerre civile espagnole, puis la Seconde Guerre mondiale, elle resta fermée pendant deux ans (1946-1948). Actuellement, en raison de la non-résolution de la question basque, la section occidentale a une fonction policière renforcée. Notons que l'île des Faisans, lieu de rencontre célèbre, et qui a un quart d'hectare, a un statut de condominium.

La frontière comporte deux enclaves, Andorre et Llivia, et le tracé, envisagé à très grande échelle, est celui qui, de toutes les frontières françaises, présente la plus grande complexité, du fait de la prise en compte des usages anciens (usage des parcours selon les étages, répartition des bois...), ce qui est en rapport avec le fait qu'il se soit agi pendant des siècles d'une « *frontière froide* ».

II. L'ARPENTAGE ET LA DATATION

Problèmes d'arpentage : l'unité de calcul est la « dyade » (la frontière U.S.A.-Canada et celle Chine-U.R.S.S. comptent pour deux dyades). On n'a pris en compte que les *frontières présentes :* dates de tracé (par traités), longueur, nature des supports utilisés, qualité de l'État traceur. *Les chiffres sont valables à moyenne échelle ;* j'ai utilisé, quand elles étaient disponibles, les évaluations contenues dans les *International Boundary Studies,* Office of The Geographer, Département d'État, Washington (référencées *I.B.S.* dans le texte) ; quelques incertitudes subsistent, notamment pour les confins chinois et ceux de l'Arabie Saoudite ; dans ce cas, des ordres de grandeur ont été retenus, pour permettre de compléter les tableaux ; dans la plupart des cas, les atlas nationaux ont été consultés.

Problèmes de datation : le principe retenu est celui de la date des traités de délimitation (non de démarcation), ce qui « retarde » quelque peu la datation des processus dans une partie de l'Europe, lorsque s'étaient imposées à l'usage des frontières de facto bien antérieures aux traités (mais cela ne porte que sur 5 % environ du total mondial). J'ai cherché des repères historiques commodes (et non des arguments datés destinés à trancher entre des États plaideurs). Toutefois, on rencontre nombre de cas où plusieurs traités ont été passés, et où ne sont concernées que certaines sections ; on a donc daté les délimitations à l'échelle des sections, quand c'était possible. Mais, dans bien des cas, à l'intérieur des empires par exemple, il n'y eut pas de traités ; on s'est référé alors aux décrets administratifs ; ne sont pas datées les dyades indéfinies, mais celles contestées le sont. Les nombreuses sources (livres, articles et archives) compulsées sont indiquées dans la bibliographie sélective ; citons ici des titres généraux :

— la *Chronique Rousseau,* dans la *Revue Générale de Droit International Public ;*

— l'*Histoire Diplomatique de 1919 à nos jours* de J. B. Duroselle (1981) ;

— le recueil de documents juridiques et diplomatiques de Ian Brownlie sur l'Afrique : *African Boundaries, Legal and Diplomatic Encyclopaedia* (Londres, 1979) ;

— les travaux de Prescott sur l'Asie (notamment, *Map of Mainland Asia by treaty* (1975, Melbourne) ;

— l'ouvrage, ancien, de Gordon Ireland : *Boundaries, Possessions and Conflicts in South America* (1938).

III. LE PARTAGE DE L'AFRIQUE

Le thème du partage de l'Afrique est, rappelons-le, un des débats majeurs entre historiens, au même titre que les problèmes posés par les origines des impérialismes. (J. L. Miège met en lumière les problèmes posés par les origines de la bataille déclenchée en 1882-1884 ; cf 1973 : 333-346). H. Brunschwig conclut pour sa part sur le « mythe du partage de Berlin » et fait l'historiographie de cette idée (1971 : 156-160).

Pour rendre compte des facteurs qui ont déclenché le « scramble » (selon l'expression parue dans *Times*, 15-5-1884), faut-il invoquer la rivalité franco-anglaise en Égypte, ou celle entre la France et Léopold II après les expéditions de Savorgnan de Brazza, ou bien encore l'entrée en scène de Bismarck et des intérêts allemands, suivie d'une nouvelle rivalité franco-anglaise en Afrique occidentale ? Miège insiste à juste titre sur la diversité des situations régionales ; si, par exemple, le contrôle britannique sur l'Égypte obéissait à une stratégie de liaison entre Méditerranée et Indes, celui sur la Côte de l'Or et le Nigeria fut motivé par des raisons plus nettement économiques (la chute des prix de l'huile de palme étant compensée à partir de 1880 par une plus grande pénétration à l'intérieur de ces espaces). Le « scramble » a montré « également aux prises continuité d'action et jeu des forces nouvelles » ; « la politique française renoue par certains aspects avec les projets du second Empire : l'union des possessions du Nord et de l'Ouest africain ; la politique anglaise reste avant tout préoccupée de la liberté commerciale et de la route des Indes. Mais, et ce sont là les grands éléments nouveaux, d'autres puissances interviennent dans le jeu ancien des forces économiques nouvelles, une opinion publique aussi, désormais sensibilisée aux questions coloniales » (Miège, 346).

A cet égard et pour expliquer que l'on ait eu tendance ensuite à « polariser sur la Conférence de Berlin toutes les critiques que les événements postérieurs à celle-ci ont soulevées contre l'impérialisme », il n'est pas interdit de penser que le spectacle de diplomates réunis devant la carte de l'Afrique dessinée par le géographe Kiepert — non d'abord pour y découper des lignes de partage, mais pour en fixer les règles du jeu — a fait beaucoup pour populariser ce que Brunschwig a nommé un mythe. Par la suite, les « media » de l'époque, que ce soit par des caricatures (voir celles de *Punch*, par exemple « Scene of the Niger circus », où l'on voit deux officiers français et anglais chevaucher deux zèbres, après la signature du « grand anglo-french boundary act » sur le Niger, 25-6-1898), par des dessins ou par des cartes publiées dans la presse. Témoignages précoces du rôle de la carto-propagande, mais dont le public était surtout celui, informé, des groupes de pression.

Avec l'acte général de Berlin, qui traita essentiellement des limites du bassin conventionnel du Congo, des règles de navigation et de commerce sur le Congo et le Niger, se trouve enclenché le processus d'internationalisation du partage, à partir des possessions antérieures et des droits acquis pour les uns, sur la base d'ambitions nouvelles pour les autres, mais autour d'une *aire-pivot* commune, le bassin conventionnel du Congo (dont Brazza venait d'imposer le « partage » par ses expéditions sur la rive droite).

Bassin qui s'étendait théoriquement de l'Atlantique à l'Océan Indien, en principe libre de barrières douanières. Mais l'État libre du Congo s'est trouvé réduit à une partie seulement (58 %) du vaste bassin hydrographique (environ 4 millions de km^2), du fait des entreprises allemandes et anglaises en Afrique orientale. Il a constitué une sorte d'État-tampon autour duquel se sont disposées les nouvelles possessions, situation originale, qui n'est pas sans incidence sur le statut géopolitique actuel du Zaïre.

IV. AMÉRIQUE LATINE : TYPES ACTUELS DE FRONTIÈRES

En combinant quatre séries de paramètres pour définir la nature des interactions frontalières — le statut politico-juridique de chaque dyade, la situation géopolitique autour d'elle, la corrélation des forces entre les deux ensemble englobants, enfin la géographie humaine des régions limitrophes —, on peut distinguer six grandes catégories de frontières contemporaines en Amérique Latine.

Dans le groupe des dyades frontières litigieuses, les unes sont « chaudes », car il s'agit de fronts, de lignes de front (Équateur-Pérou, problème grave, mais dans un rapport de force dissymétrique) ou les deux à la fois ; dans ce dernier cas de figure, les problèmes sont très enchevêtrés (Honduras-El Salvador), d'autant qu'ils sont également « inclus » dans un métasystème, impérial.

Les autres restent froides, pour l'instant : la place réelle de l'aire contestée dans l'ensemble national est réduite (région vide, du type Essequibo) ; l'État plaideur est dans une position dissymétrique défavorable (Bolivie face au Chili). Mais, ici, le litige, qui est alimenté par la grande importance, dans les représentations et les réalités boliviennes, d'un désenclavement par un espace contrôlé en toute souveraineté, est le seul à impliquer trois États — ce qui complique un règlement —, qui sont très fortement armés — ce qui fait planer un risque élevé sur ce qui paraît, comparativement, comme *le point chaud potentiel le plus grave d'Amérique du Sud.*

La troisième catégorie est formée par la corrélation entre des frontières légitimées (ce qui réduit les enjeux bilatéraux) et des fronts actifs, proches d'aires stratégiques (nord-ouest du Nicaragua ; pétrole du Chiapas et du Peten) ou considérées comme politiquement sensibles (Altos de Chiapas). Frontières de tension plus ou moins ouverte (réfugiés, déplacements de population), mais qui se combinent à un autre discriminant, l'intersection ethnique (Indiens Maya-Quiché et surtout, actuellement, les Miskitos).

Si la situation du Nord-Nicaragua est marquée par une tension ouverte (voir étude de cas et cartes), celle de la frontière Mexique-Guatemala pourrait être considérée comme un point chaud potentiel. Toutefois, la situation de dissymétrie implique que l'appareil d'État mexicain dispose des moyens de prévenir cette évolution (croissance économique plus forte, encadrement politique, administration militaire). Il reste que sont rassemblés des dyades qui se trouvent incluses également dans un métasystème, ce qui ajoute des discriminants externes.

La quatrième catégorie est formée en isolant un seul discriminant, les rapports de dissymétrie, considérés comme un des facteurs majeurs du développement de l'interaction ; un des effets de cette discontinuité dans la « puissance » (niveaux de développement, poids politique) est l'ampleur des migrations : va-t-on vers un recul de la frontière effective au Paraguay en faveur des Brésiliens ? Quel est, à une tout autre échelle, le rôle de la pression haïtienne sur l'évolution politique de la République dominicaine (dont la population se veut « blanche » et hispanique) ?

Cette catégorie est marquée par la place des États-Unis (soit comme État adjacent, soit comme acteur dominant d'un métasystème) et du Brésil. Pour l'avenir, il est fort vraisemblable que les États voisins du Brésil auront de plus en plus à tenir compte (à « se situer face à ») de leur interaction avec le Brésil : la longueur de l'enveloppe frontalière n'en est certes pas la cause, mais elle reste un moyen de justifier la « projection » d'une aire d'influence (économique, technique et politique).

La cinquième catégorie définit une situation commune de rapports symétriques, succédant à des tensions récentes, mais largement apurées : une horogenèse à peu près achevée, mais encore des armées aux frontières ; la dyade Colombie-Venezuela se range dans ce cas. Il est courant en Amérique Latine, et inclurait nombre de dyades tracées dans des régions pratiquement vides.

Enfin, la dernière catégorie est fondée sur la corrélation actuellement dominante : frontière froide (et recoupant, en partie, des régions peuplées) plus intersection ethnique (les Aymaras). J'ai indiqué plus haut que cette frontière avait précisément été tracée pour couper en deux la masse aymara, au terme « d'âpres conflits lourds de procédures autour de la seule matière première, celle des justiciables, donc des administrables, partant des contribuables » (P. Chaunu, 1964 : 22). C'est donc logiquement d'un éventuel « réveil » indien (ou plutôt de son utilisation par des fronts ; mais Sendero Luminoso, longtemps confiné dans la région quechwa d'Ayacucho, n'a-t-il pas étendu, en 1985, son aire d'action dans les départements situés entre Cuzco et Puno, mordant sur la région aymara ?) que procéderait, non pas une remise en cause des tracés, mais la mise en place d'une nouvelle interaction politique.

V. AMÉRIQUE LATINE : L'EXPERTISE D'UN GÉOGRAPHE, VIDAL DE LA BLACHE :

Vidal de La Blache a consacré une série d'études au contesté tracé franco-brésilien portant sur les limites entre la Guyane et l'Amapa, écrites avant et après la sentence arbitrale du Conseil Fédéral Suisse de décembre 1900 (deux articles dans les *Annales de Géographie*, 1898 et 1901, et un ouvrage publié en 1902, mais écrit en 1898 : *La rivière Vicente Pinzon : étude sur la cartographie de la Guyane*).

La question était de savoir si la limite définie par le traité d'Utrecht de 1703 (article 8), la rivière Japoc, Yapoc ou Vicente Pinzon, était l'Oyapock (frontière actuelle) ou l'Araguari, qui se situe à une cinquantaine de km au nord de la rive gauche de l'Amazone. Le contesté portait donc sur la quasi-totalité de l'État d'Amapa, car le premier mémoire français présenté au gouvernement suisse faisait valoir une revendication s'étendant jusqu'à l'Amazone, et au nord-est d'une ligne droite tracée depuis les sources du Yapoc : environ 80 000 km^2.

Or, la région, très peu peuplée (18 000 habitants) et considérée par le gouverneur de Cayenne (dès 1836) comme une aire relevant de son autorité, était en voie d'occupation par des Français ; certains d'entre eux fondèrent en 1885 une république de Cunani. La découverte de placers aurifères en 1890 dans la vallée de la Calsoene, au centre de l'aire contestée, provoqua des tensions entre Français et Brésiliens de l'État de Para, et un bref mais sanglant incident (en mai 1895) et une prise d'otages, aussitôt amplifiés par la presse.

Les deux États décidèrent en 1897 de s'en remettre à l'arbitrage du gouvernement suisse, qui devait trancher entre deux tracés, c'est-à-dire deux interprétations géographiques du toponyme « Japoc ».

Vidal de La Blache participa à la rédaction des deux volumes du mémoire destiné au Conseil Fédéral Suisse, qui présentait les positions françaises, qu'il étaya d'une étude de cartographie historique, illustrée par un atlas de 35 cartes. Sa démonstration historique avait pour but de prouver que la rivière Vicente Pinzon était bien l'Araguary, alors que le baron de Rio Branco plaidait la limite du Japoc ou Oyapock. Le géographe français s'attacha à montrer que l'instabilité géomorphologique du littoral situé au nord-ouest de l'embouchure de l'Amazone (phénomènes d'accumulation provoquant des atterrissements et l'accrétion d'îles à la côte) avait provoqué des changements de cours des fleuves depuis le XVIIIe siècle, ce qui compliquait la détermination de limites déjà imprécises dans la nomenclature retenue en 1703. A plus petite échelle, il montra la progression constante des Portugais vers le nord, et considéra que l'enjeu principal du litige en était le monopole de la navigation sur l'Amazone. Cependant, le Conseil Fédéral Suisse arbitra en faveur du Brésil. Les diplomates brésiliens montrèrent plus d'habileté à faire valoir qu'ils étaient déjà présents au nord de l'Araguary (colonie Don Pedro, 1840) et que les Français disposaient déjà de vastes territoires ailleurs, en Afrique et en Asie. Ces derniers ne portaient en effet qu'un intérêt très réduit aux espaces guyanais.

L'expertise de Vidal de La Blache n'aboutit pas, mais il semble s'en être accommodé, puisqu'il écrivit en 1901 (A.G., T. X) : « peut-être, après tout, n'est-il pas fâcheux pour la science que la question soit déblayée des intérêts politiques qui avaient contribué à l'obscurcir. Elle rentre désormais sur son vrai terrain ». Remarque curieuse pour un expert, mais d'une importance épistémologique considérable, puisqu'elle traduit un glissement du « politique » à « la science ». Et jusqu'en 1917, il cessa de s'intéresser à ces questions de frontière. Elle se comprend mieux si l'on rappelle que Vidal fut le premier géographe à occuper la chaire de géographie de la Sorbonne (depuis sa création en 1809). Jusqu'alors elle était tenue par des historiens. Il succéda à Himly en 1898 ; or celui-ci était spécialisé dans l'étude des changements affectant les frontières politiques en Europe, et il est vraisemblable qu'en étudiant à ce moment-là le contesté frontalier franco-brésilien, comme expert mais selon une démarche de cartographie historique, il avait à l'esprit son accession à la chaire qu'Himly, proche de la retraite, laissait libre. Ce qui peut expliquer aussi pourquoi l'objet « frontières » fut, dans ce cas, traité de manière « scientifique », et non pas « politique ».

C'est probablement le premier exemple de la coupure établie par les géographes français entre leur pratique scientifique et leur participation (active, mais occasionnelle) à des expertises sur des tracés de limites politiques.

VI. AMÉRIQUE CENTRALE : LES COMPAGNIES BANANIÈRES ET LES FRONTIÈRES

Lorsque les fameuses compagnies bananières (United Fruit et Standard Fruit) commencèrent à s'intéresser aux plaines alluviales des terres basses et tropicales des régions du littoral caraïbe d'Amérique centrale, les régions côtières, encore peu ou pas inclues dans l'aire de souveraineté effective des États, prirent une valeur nouvelle : l'United Fruit Company (U.F.C.O.), dont les premières plantations étaient au Costa Rica, s'était ensuite installée (1899) dans les vallées de Chamelecon et d'Ulua (Honduras), puis en 1904 dans celle de la Motagua (Guatemala) ; ces deux vallées, proches, n'étaient séparées que par un interfluve peu marqué. Pour sa part, la Standard Fruit and Steamship Company (fusion en 1924 de plusieurs firmes déjà implantées) était présente sur la section centrale de la côte nord du Honduras (de Tela à Rio Negro). Le litige fut provoqué par une revendication hondurienne formulée à la fin des années 1910 sur la vallée de Motagua et portait également sur l'appartenance de la région d'Omoa-Cuyamel.

« Mais, au lieu d'une guerre qui eût sûrement éclaté jadis, c'est une solution pacifique qu'on peut aujourd'hui escompter. La question a été, *en effet*, porté par les deux gouvernements devant le secrétaire américain au Département d'État, qui en a confié l'étude à une mission scientifique envoyée par la Société Américaine de Géographie de New York », écrivait Isaiah Bowman, en 1921. Texte révélateur d'une conception bowmanienne de l'utilité (et de la finalité) de la géographie appliquée à la résolution des litiges, au moyen d'un *double arbitrage*, scientifique et politique.

Plus tard, le traité de Washington de 1930 confia une mission d'arbitrage au « Chief Justice » des États-Unis, qui trancha sur la base des études de géographie physique et humaine préparées une dizaine d'années plus tôt par Isaiah Bowman et la Society. Elles furent complétées par la réalisation d'une couverture photographique aérienne, qui permit d'évaluer l'extension effective de l'emprise des deux États sur les aires contestées : innovation technique employée pour la première fois dans des tracés frontaliers. L'arbitrage final (1933) repoussa les prétentions honduriennes sur la Motagua (qui aurait privé le Guatemala de sa double façade maritime).

Pourtant, si le tracé finalement retenu était scientifiquement « reconnu » et fondé dès le retour de la mission (1922), on peut se demander pourquoi le litige subsista jusqu'en 1933, après quatorze ans de discussions, ou, encore, pourquoi il s'est trouvé résolu à cette date. Selon l'arbitrage définitif de 1933 concernant le tracé dans les régions du littoral caraïbe, les plantations de la United Fruit se trouvèrent distribuées entre les deux États. Anomalie ? En fait, la compagnie avait réparti ses investissements dans toutes les républiques, du Panama au

Guatemala, et elle ne manquait pas d'intervenir dans le jeu politique interne en soutenant financièrement les caudillos favorables à ses intérêts, et défavorables à ceux des compagnies rivales.

Dans son segment inférieur, le tracé suit la limite entre les concessions de l'United Fruit dans la partie guatemaltèque et celles d'une compagnie longtemps rivale, la Cuyamel Fruit. En effet, jusqu'en 1929, l'United Fruit n'avait pas le monopole de la production bananière au Honduras, alors qu'elle l'avait au Guatemala. Dès 1902 s'était établie une compagnie indépendante, à Omoa (Puerto Cortès), bientôt rachetée (1905) par Samuel Zemurray (basé à La Nouvelle-Orléans), qui devint le concurrent le plus dangereux de la United Fruit, par ses pratiques de dumping. Sa compagnie, la Cuyamel Fruit Company, reçut du caudillo Bonilla en 1912 une concession de 10000 hectares sur la rive droite de la Motagua inférieure, une des aires frontalières en litige. L'évolution du rapport de force entre les deux compagnies dépendait de leur capacité à obtenir des caudillos en place des concessions foncières et ferroviaires, face à un marché en très forte expansion (13 millions de régimes en 1922, 26 millions en 1927, selon Molina Chocano, 1981 : 224).

Déjà présente sur la rive gauche de la Motagua (au Guatemala) et dans les vallées de l'Ulua-Chamelecon (au Honduras), l'United Fruit chercha à bloquer l'expansion foncière de la Cuyamel, dont les plantations initiales étaient situées entre les deux secteurs précédents. La persistance du litige dans le secteur Omoa-Cuyamel gênait donc la Cuyamel et les politiciens qui l'appuyaient et fut l'un des moyens de cette « guerra del banano ». Chaque « frutera » en vint à soutenir financièrement des caudillos rivaux, et l'United Fruit avait comme candidat Tiburcio Carias Andino, qui échoua deux fois à des élections contre les candidats soutenus par la Cuyamel Fruit, en 1923 et 1928 (et ce malgré l'intervention de la marine nord-américaine en 1924 dans les eaux du golfe de Fonseca aux dépens de Gutierrez, candidat de la Cuyamel).

Mais les conséquences de la « crise de 1929 » sur le négoce bananier furent anticipées par S. Zemurray, qui vendit à l'United Fruit, dès la fin de l'année 1929, les actifs de sa compagnie (bateaux, sucrerie, plantations, chemins de fer, concessions de terre, évalués à 26 millions de $, et payés sous forme de 300000 actions de l'U.F.C.O., pour une valeur de 32 millions de $). L'U.F.C.O. devint à partir de cette date la toute-puissante société dont l'influence politique ultérieure (notamment contre le gouvernement réformiste d'Arbenz, au Guatemala) est bien connue. Les obstacles à l'élection de son candidat, le caudillo conservateur Tiburcio Arias Andino (seul en mesure d'imposer sa férule aux actifs syndicats ouvriers des plantations), étaient levés ; il fut élu en 1932 et devint président le 1er février 1933 : l'ère de la « république bananière » s'ouvrait.

Rien ne s'opposait plus à la délimitation définitive du tracé entre les deux États, c'est-à-dire aussi entre les deux régions de plantations d'une seule et même compagnie : ce n'est sans doute pas un hasard si l'arbitrage final du « Special Boundary Tribunal » fut prononcé le 23 janvier 1933, entre l'élection d'Arias Andino et son accès officiel au pouvoir. L'objet principal du litige, les concessions de l'ex-Cuyamel (secteurs d'Omoa et de Cuyamel), était attribuée au « Honduras », en conformité avec l'une des revendications initiales, tandis que les plantations situées à l'ouest de la Motagua restaient sous « souveraineté » guatemaltèque. La démarcation eut lieu entre 1933 et 1936, au moyen de 1028 poteaux (I.B.S., 1976).

Exemple, s'il en fut, des stratégies frontalières d'une compagnie « transfrontalière », dont le poids décisif conduit à relativiser l'intervention des géographes.

VII. ASIE : QUI A TRACÉ QUOI ET AVEC QUI ?

traceurs	*dyades actuelles produites*	*km*	*%*
A. Inter-Impériale (empires européens)			
France			
F-F	Lao-Vie ; Syr-Lib	2531	3,8
F-GB	Lao-Bir ; Syr-Ira ; Syr-Jor ; Isr-Lib	1297	1,9
GB			
GB-GB	Ind-Bir ; Ind-Pak * ; Ind-Bhu ; Ira-Kwt	1983	2,9
GB-Hol	Mal-Ind ; Mal-Bru ; Ind-Pap	3017	4,5
		8828	13,1
B. Européo-asiatique			
France			
F-CHI	Vie-Chi ; Lao-Chi	1707	2,5
F-Sia	Lao-Tha ; Lao-Cam ; Tha-Cam	3079	4,6
F-Cam	Via-Cam	1228	1,8
F-Tur	Tur-Syr	822	1,2
GB			
G-Nedjed	Ira-ArS, Kwt-ArS ; ArS-Jor	1593	2,4
G-Sia	Tha-Bir ; Tha-Mal	2285	3,4
G-Bir	Ind-Bir	700	1
G-Tib	Ind-Chi *	800	1,2
G-Nép	Ind-Nép	1600	2,4
G-Afg	Afg-Pak	2432	3,6
G-Ira	Pak-Ira	877	1,4
G-Irak	Jor-Irak	134	0,2
G-Chi	Bir-Chi ; Ind-Chi *	2386	3,5
G-Urs	Chi-Afg ; Urs-Afg	2220	3,2
		21863	32,4
C. Intra-Asiatique			
Urs			
Urs-Chi	Urs-Chi * ; Urs-Chi * ; Urs-Mon *	8681	12,9
Urs-Ira	Urs-Ira * ; Urs-Ira *	1500	2,2
Urs-Tur	Urs-Tur	539	0,8
Urs-Mon	Urs-Mon *	1200	1,8
Chi			
Chi-CrN	Chi-CrN	1417	2,1
Chi-Mon	Chi-Mon	4673	6,9
Chi-Nép	Chi-Nép	1236	1,8
Chi-Pak	Chi-Pak	523	0,8
Tur			
Tur-Per	Tur-Ira * ; Tur-Ira *	1957	2,9
Tur-Bul	Tur-Bul	239	0,3
Inde			
Ind-Pak	Ind-Pak * ; Ind-BeD	6353	9,4
Autres			
Bir-BeD	Bir-BeD	100	—
Tir-Lad	Ind-Chi	1000	1,5

* Segments

Afg-Ira	Afg-Ira	880	1,3
Isr-Syr	Isr-Syr	90	—
Qat-ArS	Qat-ArS	50	—
Qat-EAU	Qat-EAU	50	—
Oma-EAU	Qat-EAU	330	0,5
YmN-YmS	YmN-YmS	500	0,7
YmN-ArS	YmN-ArS	322	0,5
		31 640	46,9

D. « Internationales » (médiations)

CrN-CrS	CrN-CrS	239	—
Alliés-Tur	Tur-Grè ; Tur-Irk	558	0,8
Isr-Égy	Isr-Égy	280	—
		1 077	1,6

E. Frontières à déterminer

Isr-Jor ; Oma-ArS ; Oma-YmS ; ArS-YmN ; ArS-YmS ; ArS-EaU ; Urs-CrN ; Chi-Bhu	4 016	6
TOTAL	67 424	100

VIII. AFRIQUE : QUI A TRACÉ QUOI ET AVEC QUI ?

traceurs	*dyades*	*km*
A. Frontières inter-impériales		
Fra-GB	Lib-Tch ; Lib-Nig ; Rca-Sou ; Tch-Sou ; Nig-NIG ; Gha-Hvo ; NIG-Tch ; Gam-Sen ; NIG-Bén ; Gha-C.I. ; S.L.-Gui ; Som-Dji	8 969
Fra-All	Hvo-Tog ; Tch-Cam ; Bén-Tog ; Cng-Cam ; Gab-Cam ; GeQ-Cam ; Cam-Rca	3 675
Fra-Esp	Mar-SaH ; Alg-SaH ; Mau-SaH ; Gab-GeQ	2 383
Fra-Ita	Dji-Éth	110
GB-All	Tan-Ken ; Oug-Tan ; Tan-Zam ; Tog-Gha ; Cam-NIG ; Tan-Mlw ; Bot-Nam ; Nam-Afs ; Oug-Rwa	7 469
GB-Por	Moz-Mlw ; Moz-Zam ; Moz-Zim ; Zam-Ang	4 382
GB-Bel	Sou-Zai ; Oug-Zai ; Rwa-Zai ; Zam-Zai ; Bur-Tan	4 234
GB-Ita	Ken-Som	683
Por-Bel	Ang-Zai ; Zai-Cabinda	2 511
Por-All	Ang-Nam ; Zam-Nam ; Tan-Moz	2 366
Por-Fra	Gui-GuB ; GuB-Sen ; Cng-Ang	925
Bel-Fra	Zai-Cng ; Zai-Rca	3 204
Bel-All	Zai-Bur ; Zai-Tan	692
	TOTAL *(51,2 %)*	*41 583*
B. Frontières intra-impériales		
Fra-Fra	Alg-Mau ; Alg-Mal ; Alg-Nig ; Sen-Mau ; Nig-Mal ; Mal-Sen ; Mal-Gui ; Mal-C.I. ; Mal-Hvo ; Nig-Tch ; Nig-Hvo ; Nig-Bén ; Bén-Hvo ; C.I.-Hvo ; Tch-Rca ; Gui-Sen ; Gui-C.I. ; Cng-Gab ; Cng-Rca	14 699
GB-GB	Sou-Ken ; Sou-Oug ; Zam-Mlw ; Zam-Zim ; Bot-Zim ; Bot-Afs ; Oug-Ken	5 820
	TOTAL *(25,4 %)*	*20 519*

C. Frontières en partie « turques »

Tur-GB	Lib-Sou ; Égy-Sou		1 658
Tur-Mar	Mar-Alg		1 497 *
Tur-Fra	Lib-Alg ; Lib-Tun		1 441
Tur-Tur	Alg-Tun		942
		TOTAL *(6,9 %)*	*5 538*

D. Frontières « européo-africaines »

Éth-GB	Sou-Éth ; Som-Éth ; Éth-Ken *		3 962
Éth-Ita	Éth-Som		850
Éth-Fra	Éth-Dji		349
Lbé-Fra	Lbé-C.I. ; Lib-Gui		1 276
Lbé-GB	Lbé-Slé		306
Les-GB	Les-AFs		910
Égy-Ita	Égy-Lib		1 116
Afs-Gb	Afs-Swa ; Afs-Zim		655
Afs-Por	Afs-Moz ; Moz-Swa		597
		TOTAL *(12,4 %)*	*10 021*

E. Frontières « africano-africaines »

Rwa-Zan **	Rwa-Tan		217
Rwa-Bur	Rwa-Bur		290
Mau-Mal	Mau-Mal		2 238
		TOTAL *(3,4 %)*	*2 745*
		TOTAL GÉNÉRAL	80 406

IX. FRONTIÈRES D'EUROPE : DATES DES DÉLIMITATIONS

périodes	*km*	*%*	*dyades*	
Avant XIXe	6 251	23,8	14	23,8 %
1800-1804	741	2,8	1	
1805-1810	1 385	5,3	2	
1815-1819	1 601	6,1	4	
1830-1834	445	1,7	1	
1835-1839	130	—	1	
1860-1864	488	1,8	1	
1865-1869	375	1,4	1	
1875-1879	608	2,3	1	
1910-1914	1 703	6,5	6	
1915-1920	2 895	11	4	24,3 %
1920-1924	1 787	6,8	5	
1945-1949	7 630	29	13	29,9 %
1950-1955	239	0,9	1	
	26 281	100	55	

* Une grande partie reste cependant indéterminée.
** Zan = sultanat de Zanzibar.

Bibliographie

Ire PARTIE : Introduction, chapitres I, II, III

Ahrweiler H. : La frontière et les frontières de Byzance en Orient, Variorum Reprints, Londres, 1976.
Ancel J. : Manuel géographique de Politique Européenne, Tome I : L'Europe centrale, 1936.
André-Leickman B. et al. : Orient, voir Musées nationaux.
Aron R. : Paix et Guerre entre les nations, 1962.
Boutier J., Dewerpe A., Nordman D. : Un tour de France royal, 1984.
Bowman I. : Le Monde Nouveau, Tableau général de géographie politique universelle (adapté par Jean Brunhes), 1928.
Braudel F. : La Méditerranée et le monde méditerranéen à l'époque de Philippe II, 1949 et 1985.
Braudel F. : Grammaire des civilisations, 1987.
Brunet R. : Les phénomènes de discontinuité en géographie, 1970.
Brunhes J. et Vallaux C. : La Géographie de l'Histoire : Géographie de la paix et de la guerre sur terre et sur mer, 1921.
Burguière A. et Revel J. (dir.) : L'espace français, in Histoire de la France, 1990.
Cabanes P. : Frontière et rencontre de civilisations dans la Grèce du Nord-Ouest, Ktema n° 4, 1979.
Cahier des sciences humaines : Frontières, mythes et réalités, 1986.
Calvez J. Y. : Doctrine de la frontière en U.R.S.S., *in* Les Frontières européennes de l'U.R.S.S., 1917-1941, sous la dir. de J. B. Duroselle, 1957.
Carmona M. : Richelieu, 1984.
C.E.R.E.G.E. : Frontières et Confrontation(s), Annemasse, 1991.
Certeau M. de, Julia D., Revel J. : Une politique de la langue, La Révolution française et les patois, 1975.
Chaliand G. : Anthologie mondiale de la stratégie, 1990.
Chaunu P. : La France, 1982.
Claval P. : Espace et pouvoir, 1978.
Claval P. : L'étude des frontières et la géographie politique, Cahiers de Géographie du Québec, avril 1974, vol. 18, n° 43.
Cline Ray S. : World Power Trends and U.S. Foreign Policy for the 80's, Washington, 1980.
Contamine P. : La Guerre au Moyen Age, 1980.
Corvisier L. : Armées et Sociétés en Europe, 1976.

* Les titres sans mention de lieux d'édition sont publiés à Paris.

Curto S. : Égypte, voir Musées nationaux.
Debray R. : Les Empires contre l'Europe, 1985.
Deleuze G. : L'image-mouvement, 1983.
Demangeon A. : Géographie politique, Annales de Géographie, XLI, n° 229, 1932.
Demotz B. : La frontière au Moyen Age d'après l'exemple du Comté de Savoie, Bordeaux, 1979.
Dion R. : Les frontières de la France, Brionne, 1947, 1979.
Ernoult et Meillet : Dictionnaire étymologique de la langue latine.
Étienne B. : « L'État, le Savant et le Politique », *in* Enjeux Sahariens, 1984.
Fawtier R. : « Comment le roi de France, au début du XIVe siècle, pouvait-il se représenter son royaume ? », *in* Mélanges offerts à P. E. Martin, Genève, 1961.
Febvre L. : Pour une histoire à part entière, 1962 et 1982.
Foucher M. : Les géographes et les frontières, Hérodote, n° 33-34, 1984.
Foucher M. : Géographie de la Compagnie de Jésus : une géopolitique spirituelle, Hérodote n° 56, novembre 1990.
Gallois P. M. : Géopolitique ; les voies de la puissance, 1990.
Ganshof F. : Histoire des Relations Internationales, Tome I, 1964.
Garelli P. : Le Proche-Orient asiatique, 1969.
De Gaulle C. : Vers l'armée de métier, 1971.
Gernet J. : Le monde chinois, 1972.
Girault R. : Diplomaties européennes et impérialismes, 1979.
Godechot J. : L'expansion révolutionnaire de la France dans le monde, 1956.
Godechot J. : L'Europe et l'Amérique à l'époque napoléonienne, 1969.
Godefroy F. : Dictionnaire de l'ancienne langue française et de tous ses dialectes IXe-XVe, reprint, 1956.
Gottmann J. : La Politique des États et leur Géographie, 1952.
Gottmann J. : The significance of territory, Charlotesville, 1973.
Gottmann J. : Géographie politique, *in* Encyclopédie de la Pléiade, Tome I, 1966.
Gracq J. : Le rivage des Syrtes, 1951.
Guénée B. : L'Occident aux XIVe et XVe siècles, 1981.
Guénée B. : « États et Nation en France au Moyen Age », Revue Historique, n° 237, 1967.
Guichonnet P. et Raffestin C. : Géographie des frontières, 1974.
Haggett P. : L'analyse spatiale en géographie humaine, 1973.
Heurgon J. : Rome et la Méditerranée occidentale, 1969.
I.B.R.U. (éd.) : International boundaries and boundary conflict resolution, 1989 Conference proceedings, Durham, 1990.
Joxe A. : Le cycle de la dissuasion (1945-1990), 1990.
Kantorowicz E. : Mourir pour la patrie, 1984.
Lacoste Y. : Unité et Diversité du Tiers Monde, 1980.
Lacoste Y. : La géographie, ça sert d'abord à faire la guerre, éd. 1985.
De Lapradelle P. : La Frontière, étude de droit international, 1928.
Luttwak E. : La grande stratégie de l'Empire romain, 1987.
Mackinder H. J. : « Geography, an act of philosophy » Geography, n° 137, vol. XXVII, part 3, sept. 1942.
Martin V. : La vie internationale dans la Grèce des cités, Paris-Genève, 1940.
Mésarovic M. D., Macko D., Takahara Y. : Théorie des systèmes hiérarchiques à niveaux multiples, 1980.
Messmer P. et Larcan A. : Les écrits militaires de Charles De Gaulle, 1985.
Meynier A. : Histoire de la pensée géographique en France, 1969.
Minh T.-V. : Le nationalisme territorial, *in* Actualité de la question nationale, 1980.
Mollat M. : Genèse médiévale de la France sous la monarchie absolue 1598-1789, 1974 et 1980.
Naissance de l'écriture, Réunion des Musées nationaux, 1982.

Needham J. : Science and Civilization in China, Cambridge, 1959.
Nolde B. : La Formation de l'Empire russe, 1952.
Nora P. (dir.) : Les lieux de mémoire, 1986.
Parry V. J., Inalcik H., Kurat A. N., Bromley J. S., Cook M. A. : A History of the Ottoman Empire to 1730, Cambridge, 1976.
Petit P. : La Paix romaine, 1967.
Portal R. : Les Slaves, 1965.
Prescott J. R. V. : Boundaries and Frontiers, Londres, 1978.
Prigogine I. et Stengers I. : La nouvelle alliance, 1979.
Pritchard J. B. : Ancient Near Eastern Texts, Princeton, 1955 et 1975.
Raffestin C. : Pour une géographie du pouvoir, 1980 (Préface de Roger Brunet).
Ricœur P. : Temps et Récit, Tome I, 1983.
Rosenman S. : Working with Roosevelt, New York, 1952.
Rousseau C. : Droit International Public, 1979.
Rousseau C. : Les frontières de la France, 1954.
Sartre M. : Aspects économiques et aspects religieux de la frontière dans les cités grecques, Ktema n° 4, 1979.
Sorel A. : L'Europe et la Révolution française, 1893.
Spate O. H. K., Learmonth A. T. A. : Indian and Pakistan, Londres, 1954.
Spykman N. : Frontiers, Security and International Organization, Geographical Review, n° 3, vol. 32, 1942.
Spykman N. : America's Strategy in World Politics, New York, 1942.
Taylor P. J. : Political geography, London, 1985.
Trousset P. : « L'idée de frontière au Sahara et les données archéologiques », Enjeux Sahariens, 1984.
Vernant J.-P. : Mythe et Pensée chez les Grecs, 1982.
Zeller G. : Aspects de la politique française sous l'Ancien Régime, 1964.
Zeller G. : Histoire des Relations Internationales, Tome II, 1964.
Zeller G. : « La monarchie d'Ancien Régime et les frontières naturelles », Revue d'Histoire Moderne, 1933.

Revues :

Hérodote ; Le Débat ; Études.

Chapitre IV : Amérique latine

Atencio J. : Que es la geopolitica ? Buenos Aires, 1964.
Atlas d'Haïti, Ceget, Bordeaux, 1985.
Backheuser E. : A Geopolitica geral et do Brasil, Rio de Janeiro, 1952.
Baptista Maria (et al.) : Antologia Geopolitica de Bolivia, La Paz, 1979.
Braudel F. : Le temps du monde, 1980.
Chaunu P. : L'Amérique et les Amériques, 1964.
Chaunu P. : Pour une « géopolitique » de l'espace américain, in Jahrbuch für Geschichte Latein Amerikas, 1964.
Cardenal F. : Rapport sur le Nicaragua, Chambre des Représentants, Washington, juin 1976.
Collin Delavaud C. et al. : Amazonies nouvelles, 1977.
Cosio Villegas D. : Historia minima de Mexico, El tramo moderno, Mexico, 1974.
Cunill P. : Geografia de Chili, 1970.
Deler J.-P. : La genèse de l'espace équatorien, 1981.
Demelas M.-D. : Les mouvances de la frontière : Bolivie et Pérou au XIXe siècle, *in* Problèmes de Frontières dans le Tiers Monde, 1982.
Enjalbert H. : L'Amérique Moyenne, in Géographie Régionale, Encyclopédie de la Pléiade, Tome 2, 1979.
Escalona Ramos A. : Geopolitica mundial y geo-economica, Mexico, 1959.

Escola Superior de Guerra : Manuel Basico, Rio de Janeiro, 1983.
Foucher M. : Le sous-impérialisme brésilien, Universalia, 1976.
Foucher M. : La mise en valeur de l'Amazonie brésilienne, Problèmes d'Amérique latine, XXXIII, 1974.
Foucher M. : Le Brésil et l'Amazonie nouvelle, 1976.
Foucher M. : Argentine : les migrations des travailleurs des pays limitrophes, Revue Tiers Monde, t. XVIII, n° 69, 1977.
Foucher M. : La S.U.D.A.M. et l'État brésilien organisateurs de l'Amazonie : les fonctions idéologiques, administratives et économiques de l'État fédéral, in État et Pouvoir dans le Tiers Monde (sous la direction de Claude Bataillon), 1977.
Foucher M. : Pinochet géographe, Hérodote n° 5, 1977.
Foucher M. : Enquête au Nicaragua, Hérodote n° 16, 1979, et n° 17, 1980.
Foucher M. : Le Bassin méditerranéen d'Amérique, approches géopolitiques, Hérodote, n° 27, 1982.
Foucher M. : Antilles, îles de la Méditerranée d'Amérique : présentation géopolitique, Problèmes d'Amérique latine, n° 71, 1984.
Foucher M. : La géographie des frontières. Méthodes d'analyse et applications à l'espace européen, Second Congrès International sur les frontières en Amérique latine, San José (Costa Rica), novembre 1989.
Gaignard R. : Terres neuves et frontières : contrastes de mise en valeur et rapports de domination sur le Moyen Parana, in Études Géographiques offertes à Louis Papy, 1978.
Gaignard R. : Sous-développement et déséquilibres régionaux au Paraguay, *in* Revista Geografica, n° 69, 1968.
Golbery Couto e Silva : Geopolitica do Brasil, Rio de Janeiro, 1967.
Gourou P. : L'Amérique tropicale et australe, 1976.
Grenier P. : Le pouvoir politique chilien comme agent d'organisation spatiale aux confins chiléno-argentins de la Patagonie, 1976.
Guerra y Sanchez R. : La expansion territorial de les Estados Unidos a expansas de Espana y de los paises Hispano-Americanos, La Havane, 1973.
Gugliamelli J. : Geopolitica del Cono Sur, Buenos Aires, 1979.
International Boundary Study : Chile/Argentina, Washington, 1970.
International Boundary Study : Guatemala/Honduras, 1976.
Hennessy A. : The frontier in Latin American History, *in* Les phénomènes de « frontière » dans les pays tropicaux, 1981.
Ireland G. : Boundaries, Possessions and Conflicts in South America, Cambridge, 1938.
James P. et Martin G. : All possible worlds, a history of geographical ideas, New York, 1972.
Krieg W. L. : Peru-Ecuador Boundary, I.B.S. n° 172, Washington, 1980.
Lacoste Y. : Les deux Méditerranées, Hérodote, n° 27, 1982.
Lambert D. C. : 19 Amériques latines, déclins et décollages, 1984.
L'année stratégique, F.E.D.N., 1985.
Londono J. : Geopolitica del Caribe, Bogota, 1973.
Manigat L. : L'ère du gel des conflits entre États d'Amérique latine, Revue Française de Science Politique, n° 21, 1971.
Martinière G. : Frontières coloniales en Amérique du Sud : Entre « Tierra firme » et « Maranhao » (1500-1800), Cahiers des Amériques latines, n° 18, 1978.
Matos C. de M. : Interpretacao geopolitica do Brasil, A Defesa Nacional, n° 532-533, Rio de Janeiro, 1958.
Matos C. de M. : Brasil — Geopolitica e destino, Rio de Janeiro, 1975.
Matos C. de M. : A Geopolitica e as projecoes de poder, Rio de Janeiro, 1977.
Matos C. de M. : Uma geopolitica pan-amazonica, Rio de Janeiro, 1980.
Mauro F. : L'espace américain au temps de Bolivar, *in* Bolivar et son temps, Cahiers des Amériques latines, n°s 29-30, 1984.

Mercado Jarrin E. : Seguridad, Politica, Estrategia, Lima, 1981.
Millett R. : Guardianes de la dinastia, San José, 1979.
Molina Chocano G. : Centroamerica, la crisis del viejo orden, Ciudad Guatemala, 1981.
Mollat et La Roncière : Les Portulans, 1984.
Monbeig P. : Les mouvements pionniers en Amérique latine, *in* Les phénomènes de « frontière » dans les pays tropicaux, 1981.
Morris : Latin America, Oxford, 1985.
Ortega H. : « La insurreccion nacional victoriosa ». Nicarauac, n° 1, mai et juin 1980.
Pinochet Ugarte A. : Geopolitica, Santiago, 1974.
Ponce Caballero J. : Geopolitica chilena y mar boliviano, La Paz, 1976.
Pouyllau D. et M. : El desarrollo fronterizo venezolano como instrumento de diferenciacion nacional, Caracas, 1984.
Pouyllau M. et D. : Géopolitique et Géostratégie du Venezuela, Hérodote n° 27, 1982.
Quagliotti de Bellis B. : Uruguay en el Cono Sur, destino geopolitico, Montevideo, 1975.
Ramirez S. : El Pensamiento vivo de Sandino, San José, 1979.
Reclus É. : Géographie Universelle, XVII, 1891.
Revel-Mouroz J. : Frontières en Amérique latine, Problèmes d'Amérique latine, 1979.
Rojas Mix M. : « J'ai ma politique à moi ». Bolivar y la cuestion de la identidad continental, *in* Bolivar et son temps, Cahiers des Amériques latines, nos 29-30, 1984.
Rouquié A. : L'État militaire en Amérique latine, Paris, 1982.
Rousseau C. : Droit International Public, Les compétences, Tome III, 1977.
Rousseau C. : Droit International Public, 1979.
Ruiz Garcia : Ensayo geopolitico de Centro-America, Ciudad Guatemala, 1961.
Salkin Y. et Martin-Pannetier A. : Conflits en Amérique latine, essai de typologie, F.E.D.N., 1985.
Sanchez M. A. : Nicaragua, Ano Cero, Mexico, 1979.
Somoza Garcia A. : El verdadero Sandino o el calvario de las Segovias, Managua, 1936.
Strauss Hupe R. : Geopolitics, The struggle for Space and Power, New York, 1942 et Mexico, 1945.
Tambs L. : Geopolitical factors in Latin America : Politics and Hemisphere Security, New York, 1965.
Tambs L. : Latin American Geopolitics. A basic bibliography, Revista Geographica, n° 73, Rio de Janeiro, 1970.
Travassos M. : Projecao continental do Brasil, Sao Paulo, 1938.
Trias V. : Imperialisme y Geopolitica en America Latina, Buenos Aires, 1969.
Vidal de La Blache P. : La rivière Vicente Pinzon : étude sur la cartographie de la Guyane, 1902.
Vidal de La Blache P. : Le contesté franco-brésilien, Annales de Géographie, Tome X, 1901.
Vivo Escoto J. : Guia de Estudio de geopolitica, Mexico, 1960.
Vivo Escoto J. : La Geopolitica, Colegio de Mexico, Mexico, s.d.
Weigert H. W. : Generals and Geographers : The twilight of geopolitics, New York, 1942 et Mexico, 1943.
Wheelock Roman J. : Imperialismo y dictatura, Mexico, 1979.

Revues :

Cahiers des Amériques latines.
Problèmes d'Amérique latine.
Hérodote.

D.I.A.L., Diffusion de l'Information sur l'Amérique latine.
Nicarauac.

Presse latino-américaine :

Vision (Mexico).
Uno mas Uno (Mexico).
O Estado de Sao Paulo.
Folha de Sao Paulo.
Clarin (Buenos Aires).

IIe PARTIE : chapitres V, VI, VII

Amselle J. L. et M'Bokolo E. : Au cœur de l'ethnie, 1985.
Arsano Y. : Conflicts over the control of the Niles waters and their impacts on international politics on the Horn, Addis-Abeba, 1980.
Asiwaju A. I. et Adeniyi P. O. (éd.) : Borderlands in Africa, Lagos, 1989.
Atmore A., Oliver R. : Africa since 1800, Cambridge, 1967.
Balandier G. : L'État contemporain en Afrique, communication E.H.E.S.S., décembre 1985, à paraître.
Barbier M. : Essai d'interprétation du conflit saharien, *in* Enjeux Sahariens, 1984.
Barbour K. M. : A Geographical analysis of boundaries in inter-tropical Africa, *in* K. M. Barour et R. M. Prothero : Essays on African Population, Londres, 1961.
Baumont É. : Carl Peters, *in* Les Techniciens de la colonisation, XIX-XXe siècle, 1947.
Bethemont J., et al. : L'Égypte et le haut barrage d'Assouan, Saint-Étienne, 1980.
Bleuchot H. : La politique africaine de la Libye (1969-1978), *in* Le Maghreb et l'Afrique subsaharienne, 1980.
Bleuchot H. et Monastiri T. : La logique unitaire libyenne et les mobiles du colonel Kadhafi, Hérodote, n° 36, 1985.
Bourges H. et Wauthier C. : Les 50 Afriques, 1979.
Boutros-Ghali : Les conflits de frontières en Afrique, 1972.
Brownlie I. : African boundaries. A legal and diplomatic Encyclopaedia, Londres, 1983.
Buijtenhuijs R. : Le Frolinat à l'épreuve du pouvoir, Politique Africaine, n° 16, 1984.
Buijtenhuijs R. : Le Tchad, communication au colloque sur l'État Contemporain en Afrique, décembre 1985, à paraître.
Clément J. F. : Le conflit saharien, Colloque I.F.P., mars 1985, non publié.
Coquery-Vidrovitch C. : Afrique Noire, Permanences et Ruptures, 1985.
Decraene P. : L'expérience socialiste somalienne, 1977.
Denis J., Vennetier P., Wilmet J. : L'Afrique centrale et orientale, 1971.
Deschamps H. : Histoire Générale de l'Afrique Noire, 1971.
Dresch J. : Les frontières du Sahara, *in* Problèmes de frontières dans le Tiers Monde, 1982.
Foucher M. : Report on the implementation of a regional planning structure for Western ans Nyanza province, The Lake Basin Development Authority, Nairobi-Kisumu, 1981.
Foucher M. : Aménagement des territoires et organisations spatiales en Afrique australe, le cas du Zimbabwe, 1983, miméo.
Foucher M. : Les villes secondaires du Kenya, C.E.E., Bruxelles, 1984.
Foucher M. : Secondary towns in Africa, Regional Case Study : Zimbabwe, C.E.E., Bruxelles, 1985.
Foucher M. : A qui sert la famine en Éthiopie ?, Hérodote, n° 39, 1985.

Foucher M. : Le Zimbabwe : Géopolitique de la construction nationale (ou les bases spatio-temporelles d'un État en transition multiple), communication au colloque sur l'État contemporain en Afrique, décembre 1985, à paraître.
Foucher M. : De la Rhodésie au Zimbabwe ou le foncier comme héritage, Politique Africaine n° 21, 1986.
Gallais J. : Pôles d'États et frontières en Afrique contemporaine, Cahiers d'Outre-Mer, n° 138, 1982.
Gibour (général) : Le Conflit Tchad-Libye, Colloque I.F.P., 3-1985, non publié
Gourou P. : L'Afrique, 1970.
Guillen P. : L'Expansion (1881-1898), série Politique Étrangère de la France (1871-1969), 1894.
Guillerez B. : Chronique dans la Revue de Défense Nationale, mars 1985.
Gromyko A. : Colonialism and territorial conflicts in Africa, some comments, in African Boundary Problems, Uppsala, 1969.
Herstlet E. : The Map of Africa by treaty, Londres, 1909.
Huntingford G. W. B. : The Galla of Ethiopia, Londres, 1955.
Julien C. A. : Histoire de l'Afrique du Nord, 1964.
Jouve E. : L'Organisation de l'Unité Africaine, 1984 (préface de Kodjo E.).
Joxe A. : Le cycle de la dissuasion (1945-1990), 1990.
I.B.R.U. (éd.) : International boundaries and boundary conflict resolution, 1989 Conference proceedings, Durham, 1990.
Ki-Zerbo J. : Histoire de l'Afrique Noire, 1978.
Lacoste Y. : Les embrouillements géopolitiques des centres de l'islam, Hérodote, n° 36, 1985.
Lanne B. : Tchad-Libye, La querelle des frontières, 1982.
Markakis J. : Ethiopia, anatomy of a traditional polity, Addis-Abeba, 1975.
M'Bokolo E. : L'Afrique au XXe siècle, Le continent convoité, 1985.
McEwen A. C. : International Boundaries of East Africa, Oxford, 1971.
Miege J. L. : Expansion européenne et décolonisation de 1870 à nos jours, 1973.
Mitterrand F. : Réflexions sur la politique extérieure de la France, 1986.
Morsy M. : North Africa 1800-1900, A survey from the Nile Valley to the Atlantic, Londres, 1984.
Neuberger B. : Natural and artificial borders : the african view, International problems, n°s 16-17, 1977-1978, Tel-Aviv.
Nordman D. : L'Armée d'Algérie et le Maroc. Le dynamisme de la conquête (fin du XIXe siècle-début du XXe siècle), in Armées, Guerre et Politique en Afrique du Nord (XIX-XXe siècle), 1977.
Nugent W. V. : The geographical results of the Nigeria-Cameroun boundary demarcation 1912-1913, Geographical Journal, n° 43, 1914.
Person Y. : Samori, une révolution dyula, 1968.
Person Y. : Le mois en Afrique, Revue Française d'Études Africaines, n° 80, 1972 et n°s 190-191, 1981.
Rivet D. : Lyautey, l'instauration du Protectorat français au Maroc, 1912-1925, Lyon, 1985 (thèse).
Sautter G. : Quelques réflexions sur les frontières africaines, in Problèmes de frontières dans le Tiers Monde, 1982.
Supan A. : L'extension territoriale des colonies européennes, 1906.
Touval S. : The sources of status quo and irrendentist policies, in African Boundary Problem, Uppsala, 1969.
Touval S. : The boundary politics of independent Africa, 1972.
Udo R. K. : The Human Geography of tropical Africa, Ibadan, 1982.
Wondimeh T. : Egypt's imperial aspirations avec Lake Tana and the Blue Nile, Addis-Abeba, 1979.
Yakemtchouk R. : Les frontières africaines, Revue Générale de Droit International Public, n° 1, 1970.
Zartman I. W. : The Politics of Boundaries in North and West Africa, The Journal of Modern African Studies, 3, 2, 1965.

Zartman I. W. : The foreign and military politics of African boundary problems, in African Boundary problem, Uppsala, 1969.
Zidouemba D. H. : Les sources de l'histoire des frontières de l'Ouest africain, Bulletin de l'I.F.A.N., série B, n° 4, 1977.

Revues :

Maghreb-Machrek
Le Temps Stratégique.

Cartes :

Atlas nationaux.
Michelin n°s 153, 154, 155 au 1/4 000 000.

Chapitre VIII : Afrique du Sud

Sources primaires :

Tomlnson Report, 1955, Pretoria.
Rieckert Report, 1979, Pretoria.
South Africa Institute of Race Relations : Laws affecting Race Relations in South Africa (1948-1976), 1978, Johannesburg.

Autres sources :

Adam H. : Modernizing Racial Domination, Berkeley, University of California Press, 1981.
Afrika Instituut van Suid-Afrika : Groter Swaziland, bulletin, 1982, Pretoria.
Barnard W. S. and Nel A. : Our new world, Stellenbosch, 1980.
Bevolking Sensus 1980, Pretoria, 1982.
Board for the Decentralisation of Industry, Report on the activities, 1983-1984, Pretoria.
Botha, P. R. : Toekomsplan Suid-Afrika'n basis vir dialoog, Johannesburg, 1978.
Cronje G. A. : 'n Tuiste vir die Nageslag, Pretoria, 1945.
Dhlomo O. : Kwazulu and its stance and problems associated with resettlement in Natal, in S.A.I.R.R. Conference Papers, Johannesburg, 1981.
Guy J. : The destruction of the Zulu Kingdom : the civil war in Zululand, 1879-1884, P.H.D., Londres, 1975.
Guy J. et al. : Economy and Society in Pre-industrial South Africa, Londres, 1980.
Kaplan I. and Nelson H. D. : South Africa, The Society and its Environment, in : South Africa, a country study, Washington, 1981.
De Klerk W. A. : The Puritans in Africa, A History of Afrikanerdom, Johannesburg, 1974.
Lodge T. : Black Politics in South Africa since 1945, Johannesburg, 1983.
No Sizwe : One Azania, One Nation : the national question in South Africa, Londres, 1979.
Parsons N. : A New History of Southern Africa, Londres, 1982.
The Quail Report of the Ciskei Commission, Conference Associates, Pretoria, 1980.
Smit P., Booysen J. J. and Cornelius I. : Population distribution in the R.S.A., Transkei, Bophutatswana, Venda and Ciskei, Human Sciences Research Council, Pretoria, 1983.
Smit P., Booysen J. J. : Swart Verstedeliking : prises, Patroon en Strategie, Le Cap, 1983.
Smit P. : The Process of Black Urbanization, miméo, non publié, Pretoria, 1984.

South African Institute of Race Relations (S.A.I.R.R.) : Survey of Race Relations in South Africa, Johannesburg, publication annuelle (depuis 1953).
S.A.I.R.R. : « Resettlement », Conference Papers, 1981.
S.A.I.R.R. : The squatter problem in Western Cape, 1977.
Santos A. : Afrique du Sud ; une stratégie dans l'impasse, 1989.
The Surplus People Project, Pietermaritzburg, 1983, 5 volumes.
Tomlinson F. R. et al. : Summary of the Report of the Commission for the Socio-Economic Development of the Bantu Areas within the Union of South Africa, the Government Printer, Pretoria, 1955.
Transvaal Rural Action Committee (T.R.A.C.), newsletter, depuis 1983.
Walt E. : South Africa, a land divided, Black Sash, Johannesburg, 1982.
The West Rand Administration Board : Greater Soweto, 1979.

Revues :

The South African Geographical Journal.
S.A.I.R.R. Topical Briefing.
Le Temps Stratégique

Cartes :

Suidelike Afrika, 1/2 500 000, Pretoria, 1984.
Couverture au 1/250 000, Pretoria, 1978.
Atlas du Ciskei, Institute for Cartographic Analisis, Stellenbosch, 1982.
Economic Atlas of South Africa, idem, Stellenbosch, 1981.
Nasionale en Onafhanklike State in die Republiek van Suid-Afrika, Konsolidasie volgens 1975 voorstelle, 1/2 500 000, Pretoria, 1983.
Bevolkingsverspreiding in die R.S.A., Transkei, Bophutatswana, Venda en Ciskei, 1/2 500 000, H.S.R.C., 1983.

Presse :

Die Burger, Le Cap.
The Financial Mail, Le Cap.
The Economist, Londres.

III[e] PARTIE : chapitres IX, X, XI

Al Khalil S. : The inside story of Saddam's Iraq ; republic of fear, London, 1989.
Amin S. : Irak et Syrie (1960-1980), 1982.
Asian Security, Research Institute for Peace and Security, Tokyo, 1985.
Axelgard F. W. : A new Iraq ? The Gulf War and implications for U.S. Policy, New York, 1988.
Beaumont P., Blake G. H., Wagstaff J. M. : The Middle East : A geographical Study, New York, 1978.
Bettati M. : Le conflit sino-soviétique (tome 2, Le conflit entre États), 1971.
Blanchard R. : L'Asie occidentale, Géographie Universelle, tome VIII, 1929.
Bonnenfant P. (sous la direction de) : La Péninsule arabique aujourd'hui, tome 1, 1982.
Bulloch J. : The Gulf, Londres, 1984.
Cadiot J. M. : Quand l'Irak entra en guerre ; la Qadissiyah de Saddam, Paris, 1989.
Chang P.-M. : The sino-vietnamese territorial dispute, Asia Pacific Community, n° 8, 1980, Tokyo.
Davidson R. H. : Where is the Middle East ? Foreign Affairs, n° 38, 1960.
Dutt Ashok K. et al. : Southeast. Realm of contrasts, Boulder, 1985.
Dziak J. J. : Soviet Intelligence and Security Services in the eighties : the paramilitary dimension Orbis, hiver 1981.
Fisher Ch. A. et al. : Essays in political geography, Londres, 1968.

Fisher W. B. : The Middle East, Londres, 1978.
Foucher M. : L'Arabie sans frontières, Le Monde, 4/8/1990.
Foucher M. : La crise dans le golfe, Bulletin du Conseil de l'Europe, 9/1990.
Gandhi I. : Interview avec M. F. Garaud, in Géopolitique, n° 7, 1984.
Garver J. W. : The Sino-Soviet Territorial Dispute in the Pamir Mountains Region, the China Quarterly, mars 1981.
Gilbert M. : The Arab-Israeli conflict. Its History in maps, Londres, 1985.
Gonon E. : Autour des Himalayas : géopolitique d'une marche, Lyon, 1987.
Gonon E. : Le glacier du Siachen : données géopolitiques d'un conflit, 1991 (à paraître).
Gontaut-Biron comte R. de : Comment la France s'est installée en Syrie (1918-1919), 3 tomes, 1923.
Gourou P. : L'Asie, 1965.
Graaf V. : L'Islam dans le sous-continent indien, Hérodote, n° 35, 1984.
Holdich T. H. : Political Frontiers and Boundary Making, Londres, 1916.
Lamb A. : Asian Frontiers. Studies in a continuing problem, Londres, 1968.
Lattimore O. : Inner Asian Frontiers of China, New York, 1940 et 1951.
Lee Yong Leng : Southeast Asia. Essays in Political Geography, Singapour, 1982.
Li Huichuan : Le nœud de la question frontalière sino-soviétique, Beijing Information, n° 31, 3 août 1981.
McDowall D. : The Kurds, The minority rights group, Report n° 23, 1985.
Morrison Charles E. et al. : Threats to Security in East Asia-Pacific (Conférence d'Honolulu de février 1982, Pacific Forum), Lexington, 1983.
Murty T. S. : Boundaries and Maps, Indian Journal of International Law, n° 4, 1964.
Nyameke K. et Premdas R. : Papua New Guinea-Indonesian Relations over Irian Jaya, Asian Survey, septembre 1979.
Pichon : Le partage du Proche-Orient, 1938.
Prescott J. R. V. : Map of Mainland Asia by Treaty, Melbourne, 1975.
Prescott J. R. V. : Boundaries and Frontiers, Londres, 1978.
Racine J. : L'Union Indienne ou comment gouverner Babel ? Hérodote, n° 42, 1985.
Rahul R. : The Himalaya as a frontier, New Delhi, 1978.
Reclus É. : Géographie Universelle, Livre VI et suivants, 1884.
Ricklefs M. C. : A History of Modern Indonesia c. 1300 to the present, Londres, 1983.
Rousseau C. : Chronique de la Revue Générale de Droit International Public, 1983 et passim.
Segal G. : Sino-Soviet Relations after Mao, Adelphi Papers, I.I.S.S., Londres, 1985.
Sion J. : L'Asie des Moussons, Géographie universelle, Tome IX, 1929.
Spate O. H. K. et Learmonth A. T. A. : India and Pakistan. A. General and Regional Geography, Londres, 1972.
Wilkinson J. C. : Traditional concept of territory in South East Arabia, The Geographical Journal, vol. 149, n° 3, 1983.
Wirth E. : Syrien : eine Geographische Landskunde, Darmstadt, 1971.
Woodman D. : Himalayan Frontiers, A political review of British, Chinese, Indian and Russian rivalries, 1969, Londres.

Autres sources :

Fiches du Monde arabe.
International Boundary Studies (The Geographer).
Keesings Contemporary Archives.
L'Année Stratégique.
Annuaire Jane's.

Revues :
Adelphi Papers.
The Middle East.
Foreign Affairs.
China Daily.
Politique Étrangère.
South.
Problèmes Politiques et Sociaux.
Asian Survey.
Asian Affairs.
Maghreb-Machrek.
For Eastern Economic Review.
Centre d'Études Stratégiques.
Central Asian Survey.
Peuples méditerranéens.

Chapitre XII : Israël-Palestine-Jordanie

Abu-Lughod J. : Israeli Settlements in Occupied Arab Lands : Conquest to Colony, Journal of Palestine Studies, n° 3, 1982.
Amiran D. H. K. et Ben-Arieh Y. (editors) : Geography in Israel, collection d'articles pour le 23e Congrès International de Géographie, Moscou, 1976, édité à Jérusalem, 1976.
Les Arabes dans les territoires occupés par Israël, colloque de Bruxelles, Vie Ouvrière, 1981.
Benvenisti M. : The West Bank Data Project. A Survey of Israel's Policies, Washington, 1984.
Bin Talal H., prince royal : L'autodétermination en Palestine, Étude sur la Cisjordanie et la bande de Gaza, trad. 1982.
Blumenkrantz B. et Klatsmann J. (sous la dir. de) : Histoire de l'État d'Israël, 1982.
Central Bank of Jordan : Monthly Statistical Bulletin (à partir de 1984), Department of Research and Studies, Amman.
Foucher M. : Israël-Palestine, quelles frontières ? Géographie physique et humaine de la Cisjordanie, Hérodote, n° 29-30, 1983.
Foucher M. : Conflit israélo-arabe et champ économique, la Jordanie en Cisjordanie, communication au colloque du C.E.R.I.-F.N.S.P. dirigé par L. J. Duclos (24 septembre 1984).
Foucher M. : Proche et Moyen-Orient, clivages et divisions d'un ensemble géopolitique très complexe, Le Trimestre du Monde, octobre 1990.
Gottmann J. : Études sur l'État d'Israël et le Moyen-Orient (1935-1958), 1959.
Klatzmann J. : Israël, 1971.
Korinman M. : Israël-Palestine-Jordanie, trois scénarios israéliens, Hérodote, nos 29-30, 1983.
Laidi Z. : L'U.R.S.S., vue du Tiers Monde, 1985.
Military Balance, Londres, 1982.
Mansour A. : Cisjordanie et bande de Gaza : une économie palestinienne de résistance ?, Maghreb-Machrek, n° 102, 1983.
Oz A. : Les voix d'Israël, 1983.
Plascov A. : A Palestinian State ? Examining the Alternatives, Adelphi Papers, n° 153, 1981.
Shalev A. : Kav Hagana Be-Yehuda ve Shomron, Tel-Aviv, 1982.
Shedadeh R. : Tenir bon, journal d'un Palestinien en Cisjordanie occupée, 1983.
Statistical Abstract of Israel.
Survey of Israel.

Tamari S. : L'alliance avec Sion, Israël à la recherche d'une base autochtone, Revue d'Études Palestiniennes, n° 9, 1983.
The West Bank : An assessment, The Middle East Institute, 1984, Washington.

Presse, revues, cartes :

Time, The Jerusalem Post, Newsweek, Le Monde, The Sun (Baltimore).
The Washington Times ; A.F.P.-Jérusalem et Paris.
Fiches du Monde Arabe (Nicosie) ; Journal of Palestine Studies (Londres).
Revue d'Études Palestiniennes (Paris) ; The Brookings Review (Washington) ; Strategic Studies : C.S.S. Papers (Tel-Aviv).
Atlas d'Israël ; Cartes de l'Agence Juive (Map of Settlement in Eretz Israel, 1/250 000, juillet 1982.
Maghreg-Machrek.
Peuples méditerranéens.

IVe PARTIE : chapitres XIII, XIV, XV, XVI ; Conclusion

Ancel J. : Manuel géographique de Politique Européenne, Tome 1. L'Europe Centrale, 1936.
Bater J. A. : The Soviet scene, a geographical perspective, London, 1989.
Beauvois D. (éd.) : Les confins de l'ancienne Pologne (XVIe-XXe siècles), Lille, 1988.
Brzezinski Z. : Game Plan, Boston-New York, 1986.
Bühler P. A. : The Oder-Neisse line ; a reappraisal under international law, New York, 1990.
C.S.C.E. : Charte de Paris, 1990.
Cahier des sciences humaines : Frontières, mythes et réalités, 1986.
Caratini R. : Dictionnaire des nationalités et des minorités en U.R.S.S., 1990.
Commission des Communautés Européennes : Europe 2000 : les perspectives de développement du territoire communautaire, Bruxelles, 1990.
Degler et al. : Histoire des U.S.A., la pratique de la démocratie, 1981.
Documents sur la situation démographique et les transferts de population en U.R.S.S., 1955.
Duroselle J. B. : Histoire des Relations Internationales, 1981.
Favier J. : De l'or et des épices, 1987.
Fitoussi J. P. (dir.) : A l'Est, en Europe ; des économies en transition, 1990.
Fohlen C. : L'Amérique anglo-saxonne de 1815 à nos jours, 1969.
Fontaine A. : Histoire de la Guerre Froide, 1965.
Foucher M. : En remontant l'Oder-Neisse, série d'articles pour Libération, mars 1990.
Foucher M. : Europe : frontières ouvertes, frontières stables, Le Débat, n° 63, janvier-février 1991.
Foucher M. : L'Europe centrale, actualité d'une représentation à géométrie variable, Le Débat, n° 63, janvier-février 1991.
Foucher M. : La Pologne face à ses frontières, Le Monde, 17/3/1990.
Foucher M. : Les frontières dans la nouvelle Europe, Politique Étrangère, 3/1990.
Foucher M. : Levers de rideau sur les Europes, Hérodote n°s 54-55, 1989.
Garreau J. : The Nine Nations of North America, New York, 1981.
Garton Ash T. : La chaudière, Europe centrale 1980-1990, 1990.
Gonzalez L. et al. : Historia minima de Mexico, El Periodico formativo, Mexico, 1974.
Gorbatchev M. : Perestroïka, 1987.
Harrison S. : Exit through Finland, Foreign Affairs, 1985.
Hobsbawn E. J. : Nations and nationalism since 1780, programme, myth, reality, Cambridge 1990.

Horgan P. : Great River : The Rio Grande in North American History, New York, 1954.
House J. : Frontier on the Rio Grande, Oxford, 1982.
Imigration and Naturalization Service (I.N.S.) : Rapports annuels d'activité, Washington.
Jomini A. H. : Précis de l'Art de la Guerre, réédition, 1977.
Kolosov V., Glezer O., Petrov N., Streletsky V., Treyvich A. : A map of unrest in the U.S.S.R., Moscow News, n° 11, 1991.
Konrad G. : L'Antipolitique, 1987.
Kux S. : Soviet federalism : a comparative perspective, New York, 1990.
L'année stratégique, F.E.D.N., 1986.
Lasserre J.-C. : États-Unis et Canada, minéo, 1987 (non publié).
Livre Blanc sur la Défense, Ottawa, 1987.
Luben I. : Une structure transfrontalière en Europe centrale des Alpes à l'Adriatique, 1991.
Mc Cagg W. O. Jr, Silver B. D. (sous la dir. de) : Soviet Asian ethnic frontiers, Pergamon Policy Studies 1979.
Manzagol C. : Le libre-échange Canada États-Unis : les perspectives de l'industrie canadienne in La Géographie du Canada (sous la direction de Pierre George) Bordeaux, 1986.
Mazowiecki T. : Un autre visage de l'Europe, 1989.
Paz O. : Une Planète et 4 ou 5 Mondes, Réflexions sur l'Histoire Contemporaine, 1985.
Pipa A. : The politics of language in socialist Albania, New York, 1989.
Poirier L. : Essais de strategie théorique, 1982.
Poirier L. : « La greffe ». Revue Défense Nationale, avril 1983.
Pomian K. : L'Europe et ses nations, 1990.
Pour l'Indépendance de l'Ukraine; discours prononcés à la Chambre des Députés, 1920.
Protocole de délimitation des frontières entre l'U.R.S.S., la Norvège et la Finlande, Helsinki, 1945.
Radvanyi J. : L'U.R.S.S., Régions et Nations, 1990.
Riding A. : Distant Neighbours, A portrait of the Mexicans, New York, 1986.
Rodgers A. (éd.) : The Soviet Far East; geographical perspectives on development, London, 1990.
Schuman E. : Sur l'Europe, 1963.
Shaw W. et Pryce D. : Encyclopedia of the U.S.S.R., London, 1990.
Smith G. (éd.) : The nationalities question in the Soviet Union, arlow, 1990.
Soljénitsyne A. : Comment réaménager notre Russie ? Réflexions dans la mesure de mes forces, 1990.
Traité sur les forces armées conventionnelles en Europe, 19 novembre 1990.
Wagner W. : Genèse de la Ligne Oder-Neisse, Stuttgart, 1960.

Revues et presse :

Chronique Rousseau, in Revue de Droit International Public, passim.
Financial Times (Londres) : The Tribune (San Diego).
La Revista Americana (Mexico).
Temps nouveaux (Moscou), 1987.
Uno mas Uno (Mexico); Proceso (Mexico).

Presse :

Le Figaro.
Le Monde.
Libération.
Financial Times.
International Herald Tribune.

Les Nouvelles de Moscou.
Literarnouïa Gazeta.
Wall Street Journal.

Revues :

Boundary Bulletin (I.B.R.U.).
Courrier des Pays de l'Est.
Dossiers de la F.E.D.N.
Études.
Hérodote.
Le Débat.
International Affairs.
Foreign Policy.

Cartes et atlas :

Atlas Delamarche, Paris, 1830.
Atlas Republica Socialista Romania, 1979.
Carte de la Lituanie, 1/1 500 000, Lausanne, vers 1920.
Carte de la République ukrainienne, 1/4 000 000, Paris, vers 1920.
Carte ethnographique de l'Europe, 1/5 000 000, Lausanne, 1918.
Cartes de l'Ukraine, Lausanne, 1919.
Karte von Lituaen, 1/750 000, Hamburg, 1920.
Magyarorszag Nemzeti Atlasza, Budapest, 1989.
Narodowy Atlas Polsky, Wroclaw, 1973-1978.
Soviet Union in maps, London, 1954.

Index des concepts géopolitiques *

(les folios indiqués en italiques renvoient à la définition des concepts)

* Les index ont été établis par Marc Le Cœur.

Index des noms de personnes

Index des accords, conférences, traités

Index géographique

1) *Lieux ; villes ; régions ; ethnies ; nations ; États*

2) *Ensembles multi-États*

3) *Fleuves frontières*

4) *Lignes frontières*

Table des cartes

Les grandes périodes de formation des tracés actuels

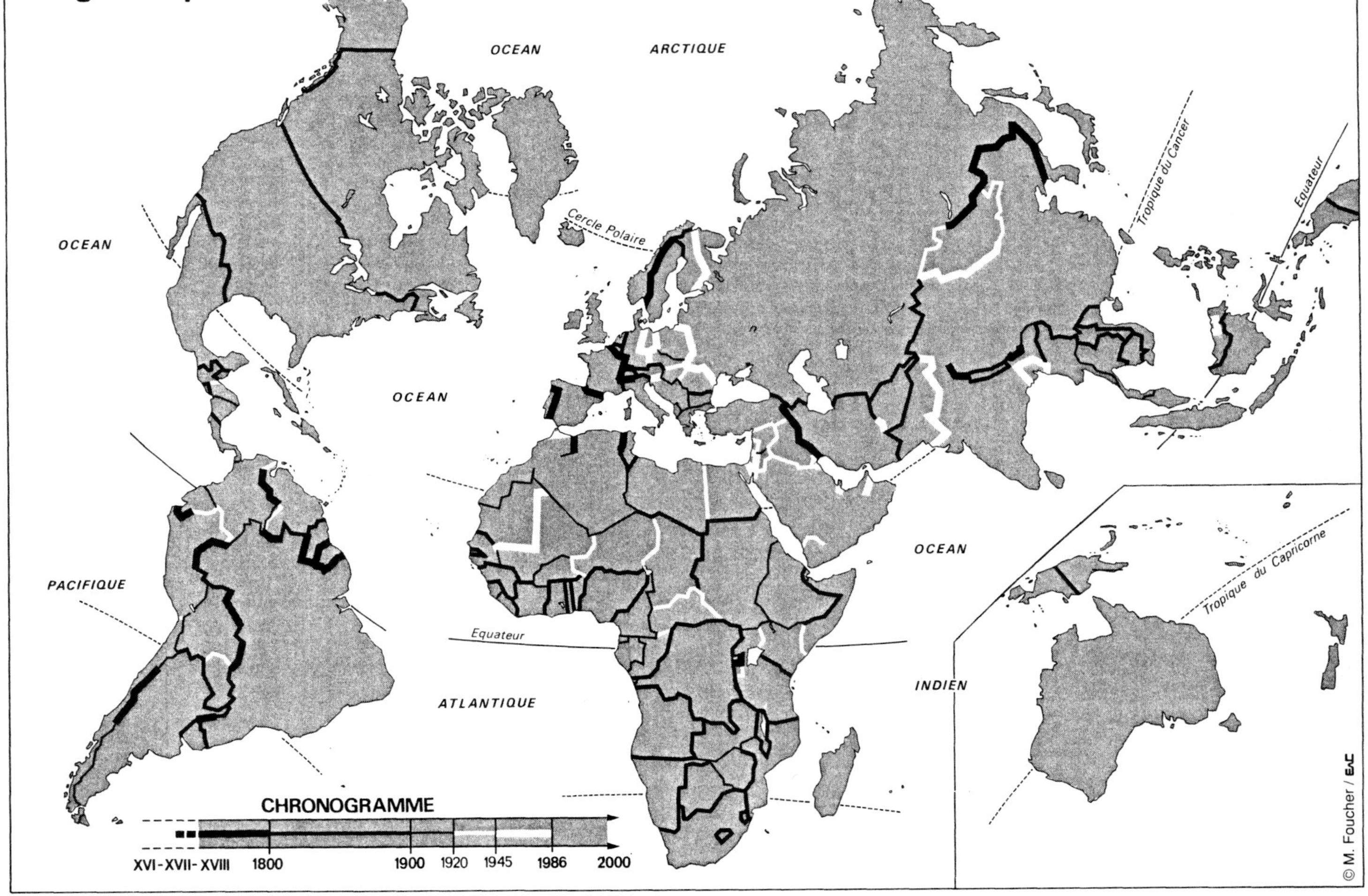

Découpage du monde en bande dessinée

frontières actuelles tracées avant 1800

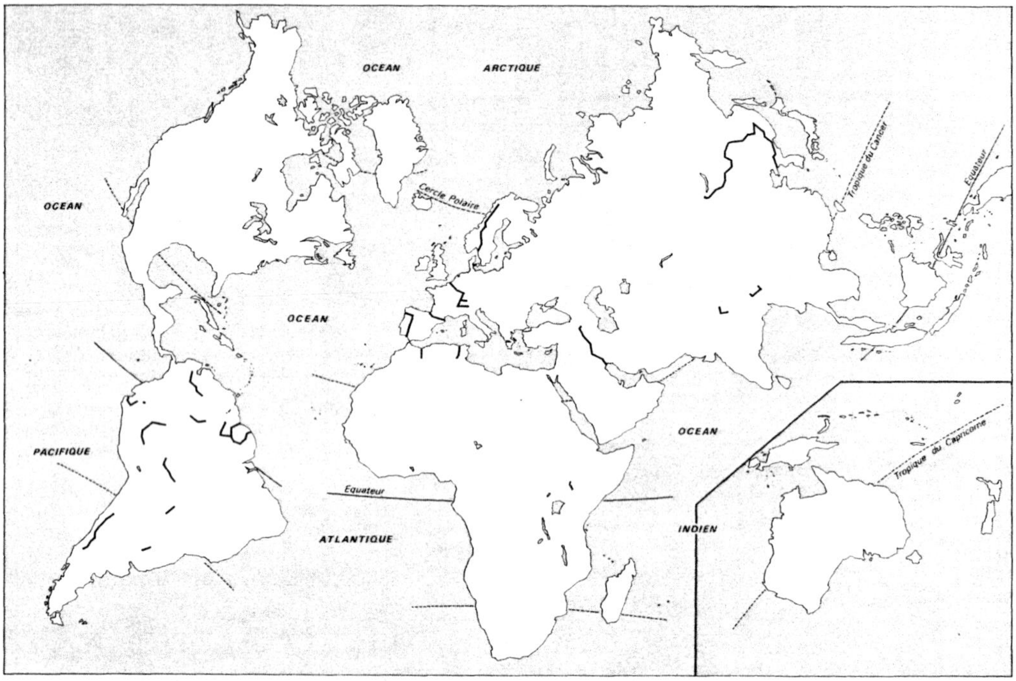

frontières actuelles tracées avant 1900

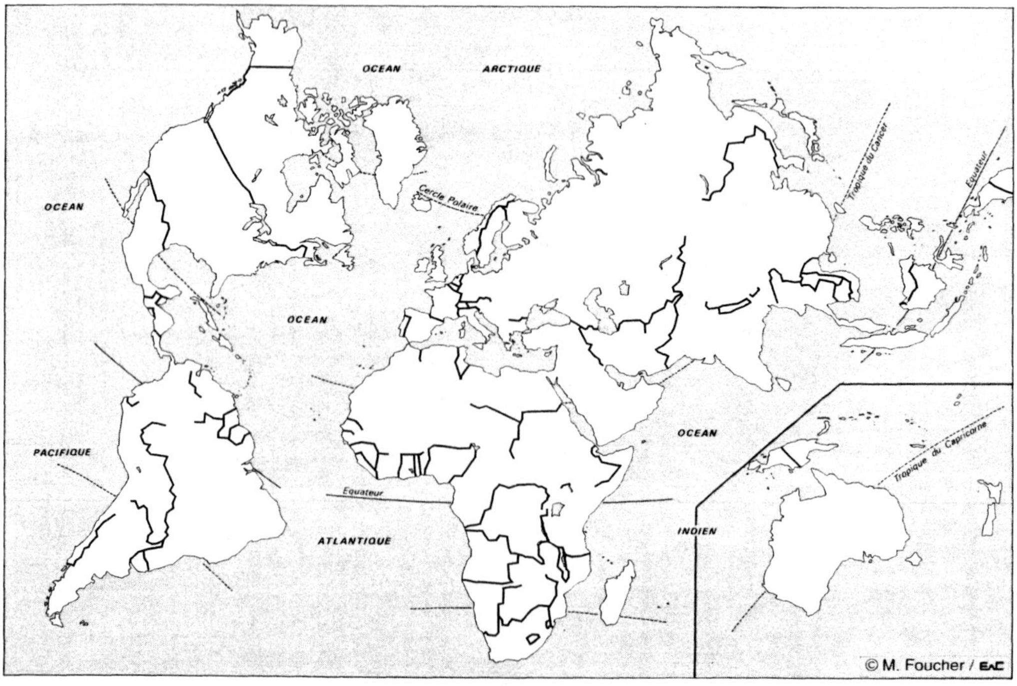

Découpage du monde en bande dessinée

frontières actuelles tracées avant 1920

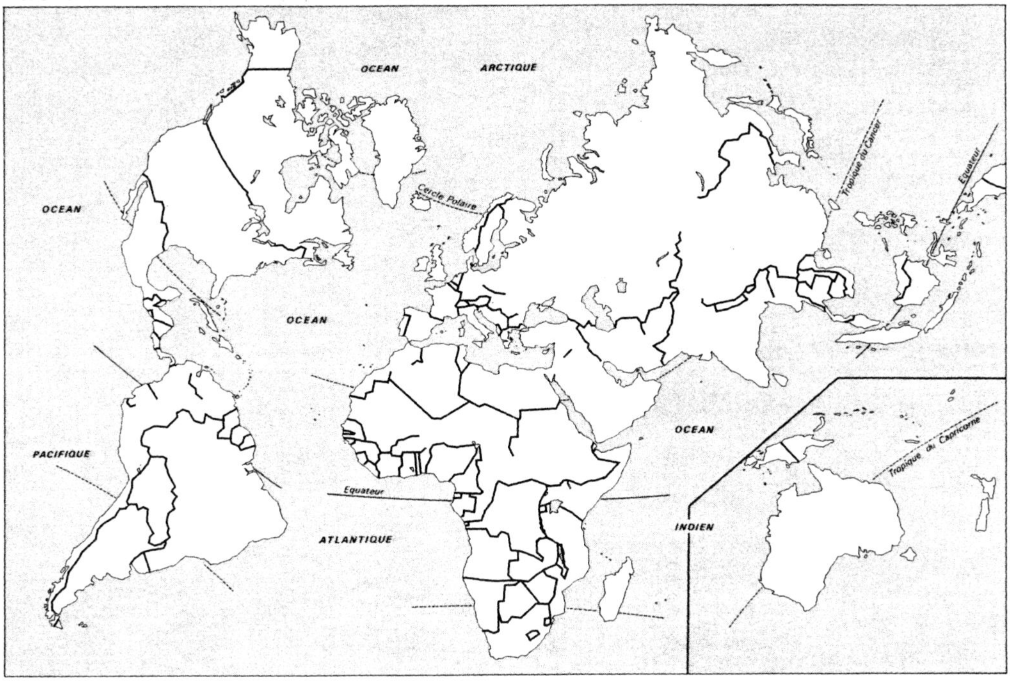

frontières actuelles tracées avant 1945

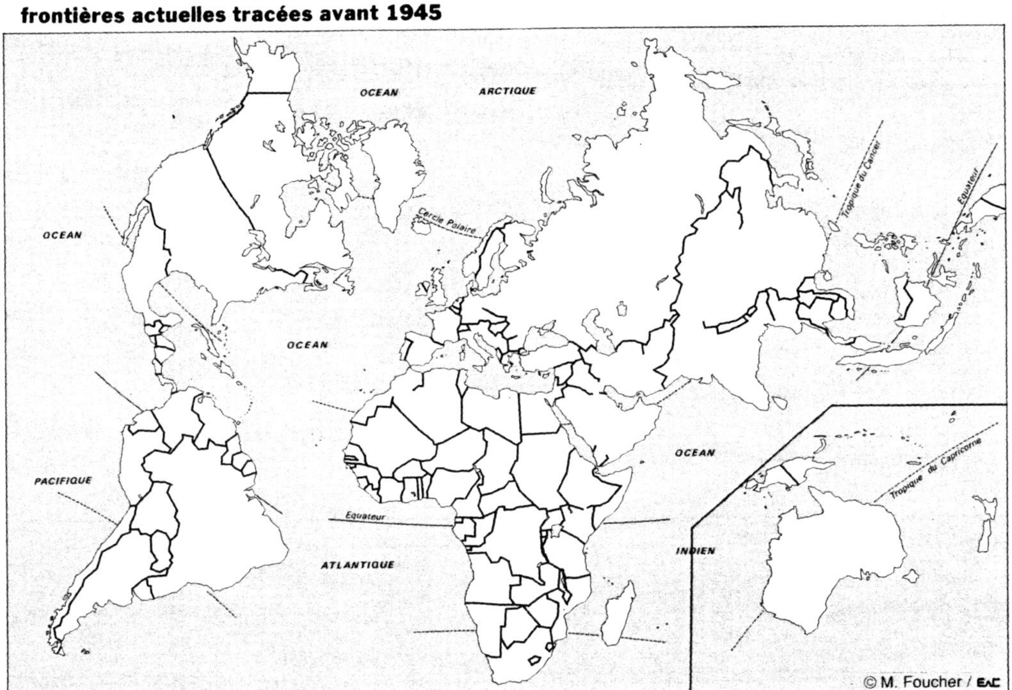

Découpage du monde en bande dessinée

En négatif : frontières actuelles tracées après 1945

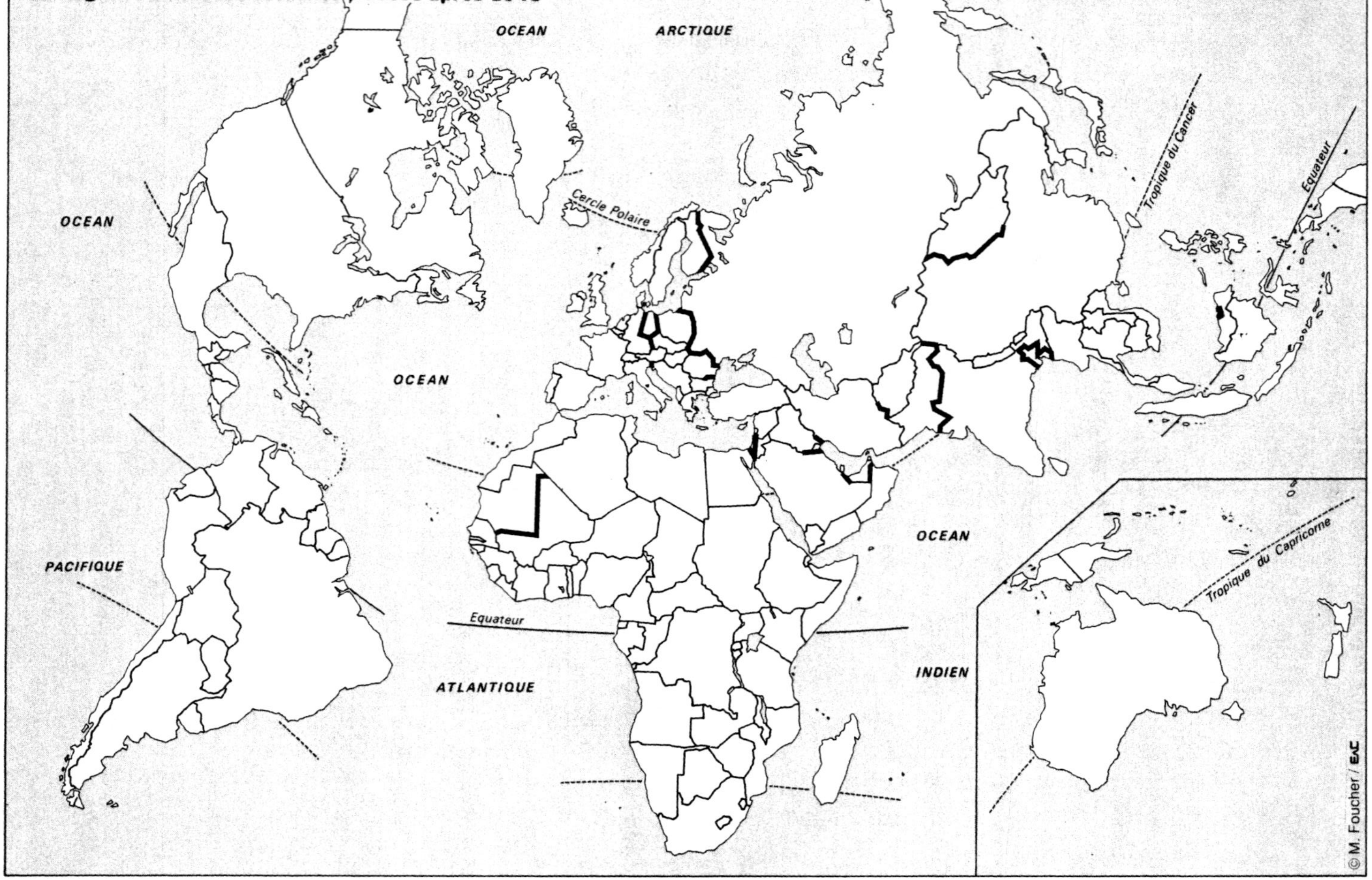

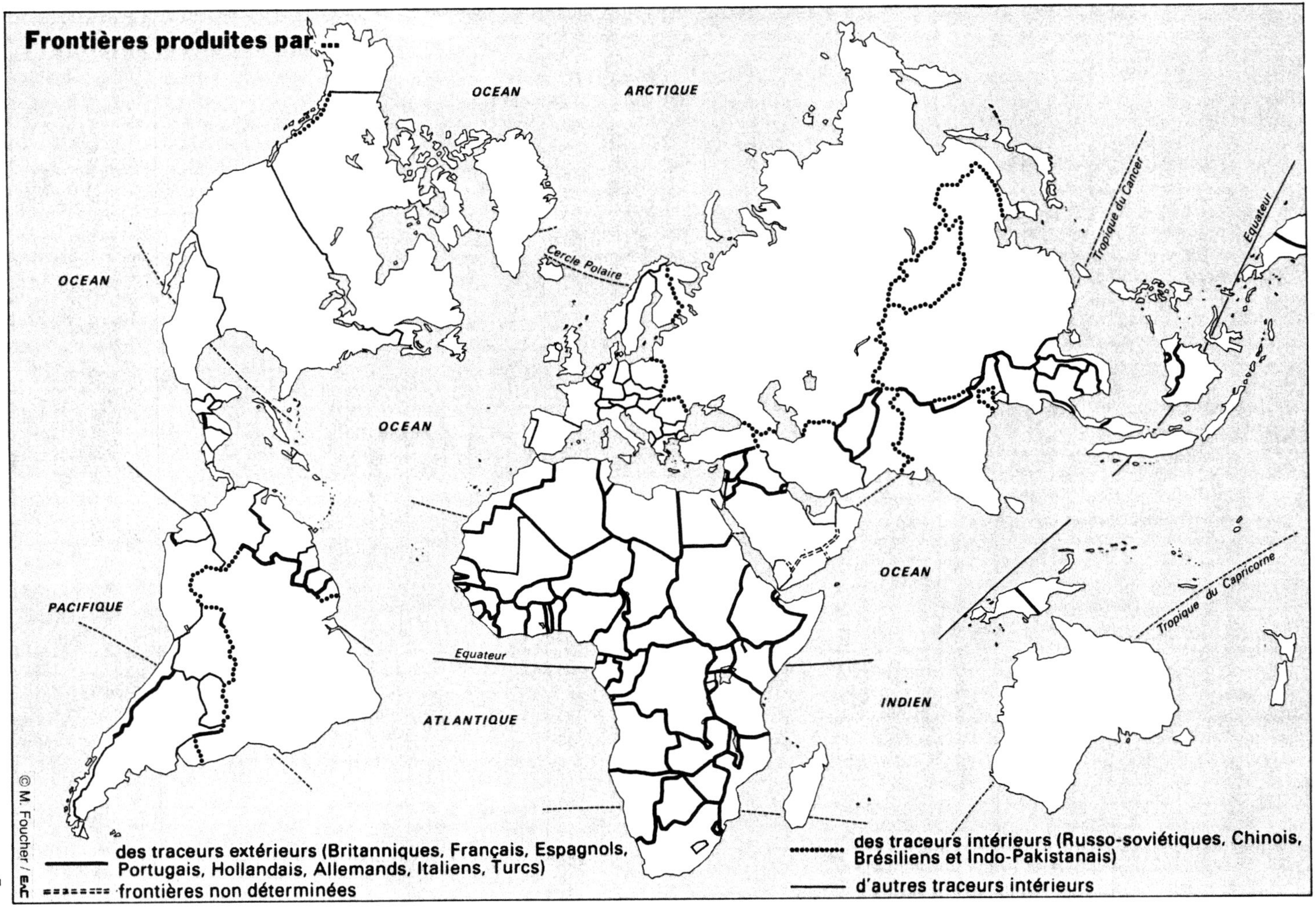
Frontières produites par ...
OCEAN
ARCTIQUE
OCEAN
Cercle Polaire
Tropique du Cancer
Equateur
OCEAN
PACIFIQUE
Equateur
OCEAN
ATLANTIQUE
OCEAN
INDIEN
Tropique du Capricorne
des traceurs extérieurs (Britanniques, Français, Espagnols, Portugais, Hollandais, Allemands, Italiens, Turcs)
frontières non déterminées
des traceurs intérieurs (Russo-soviétiques, Chinois, Brésiliens et Indo-Pakistanais)
d'autres traceurs intérieurs
© M. Foucher / EAC

Dates et types d'horogénèse

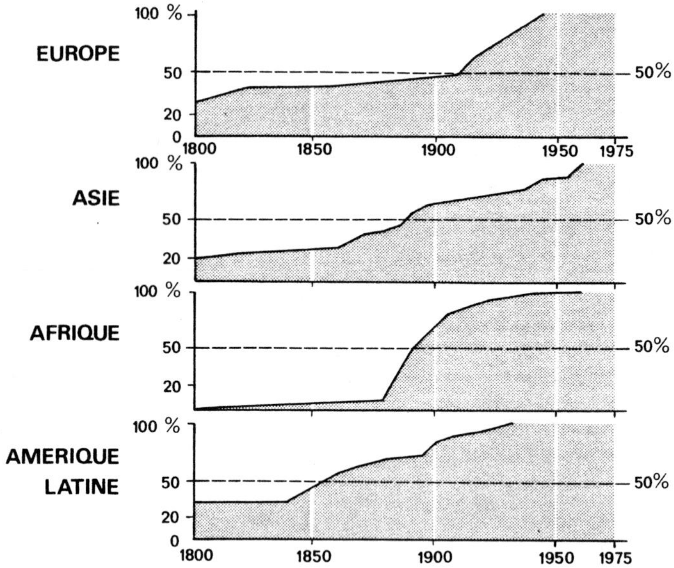

ASIE

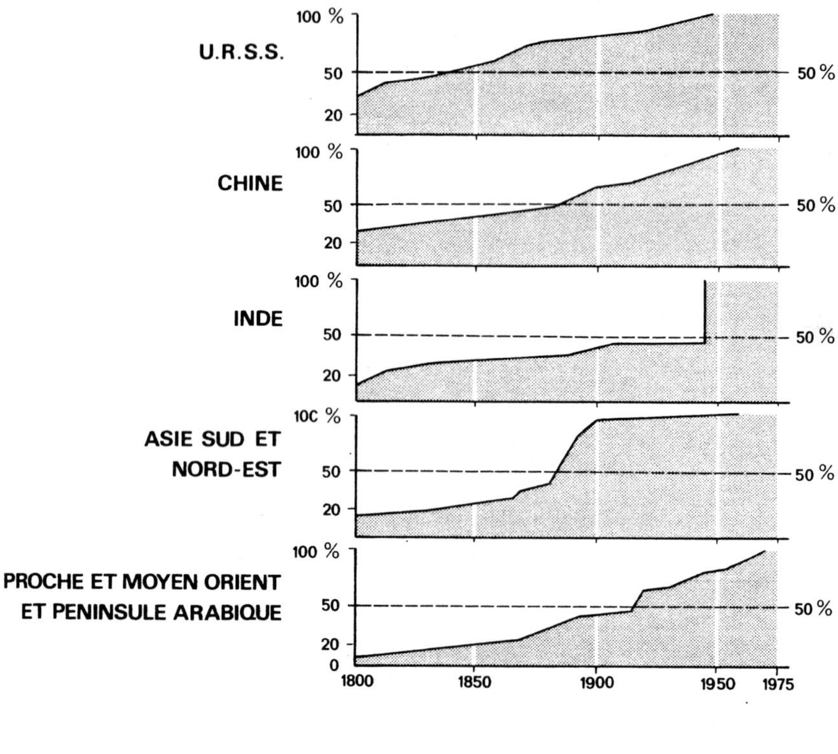

Histogramme de synthèse des différents types d'horogénèses par continent

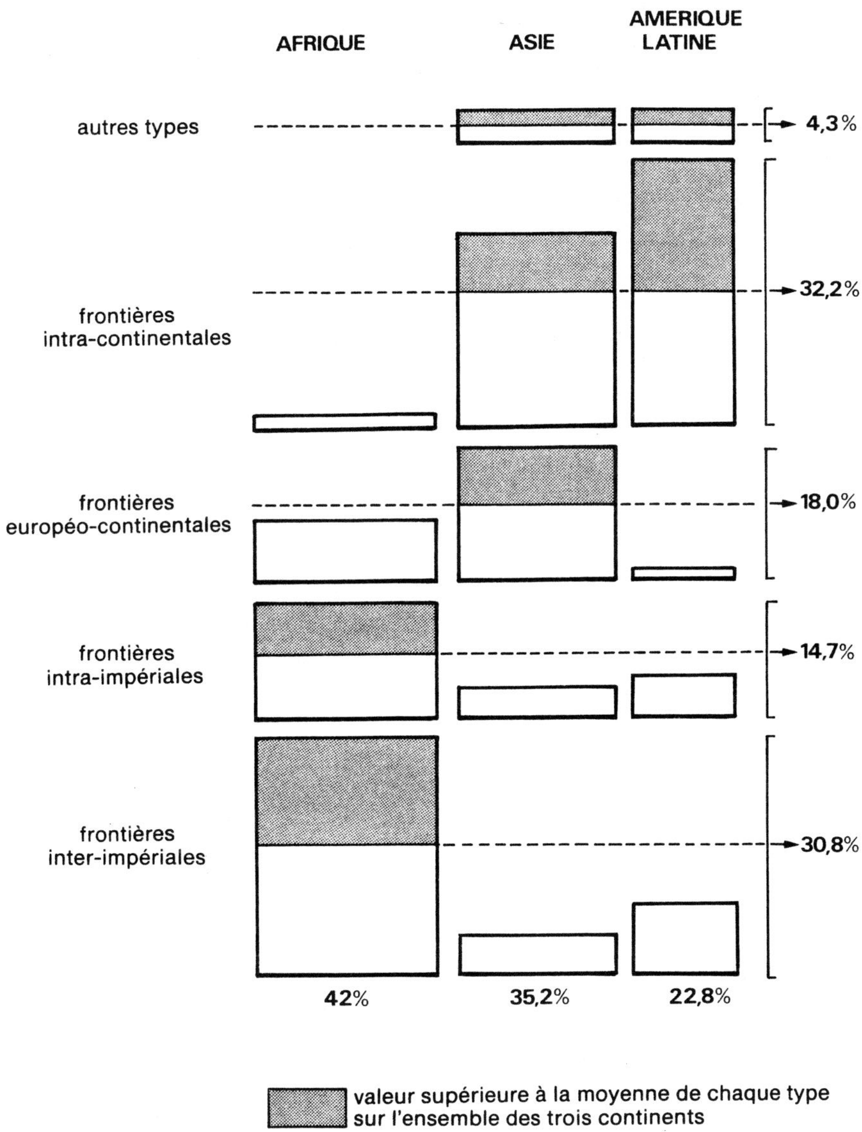

Les frontières produites par les Français et les Britanniques

les Français

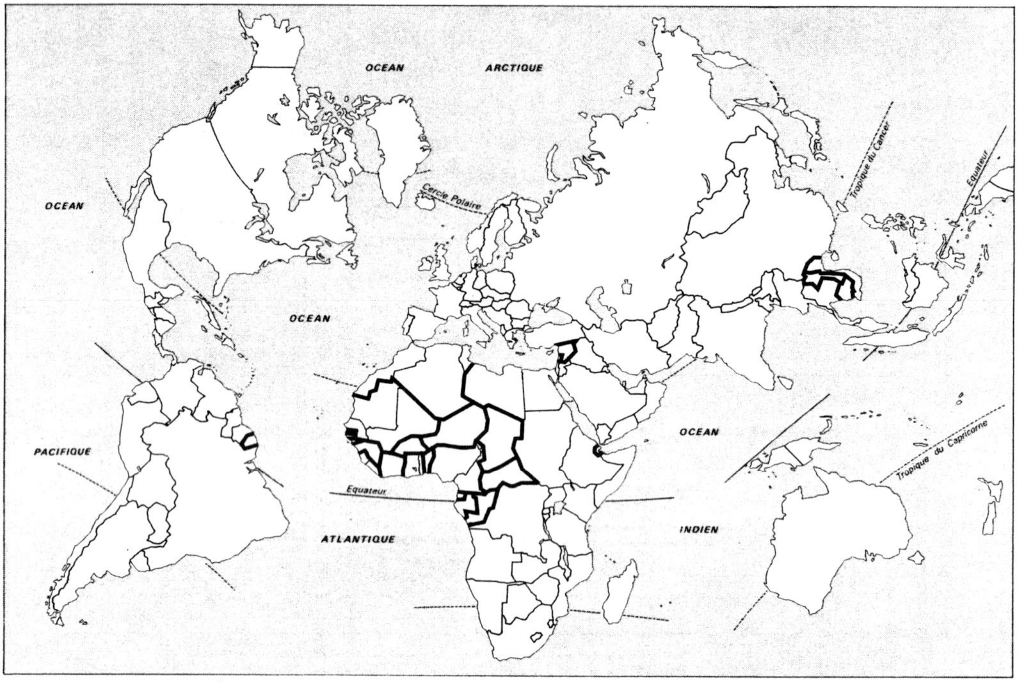

les Britanniques

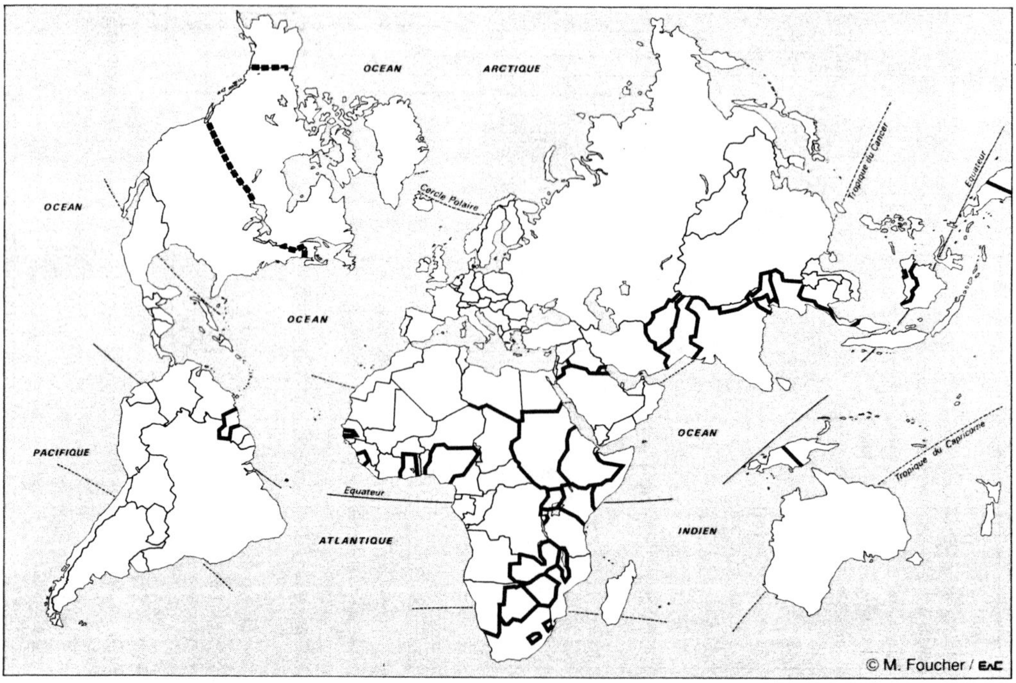

Amérique latine : les conditions de l'horogenèse

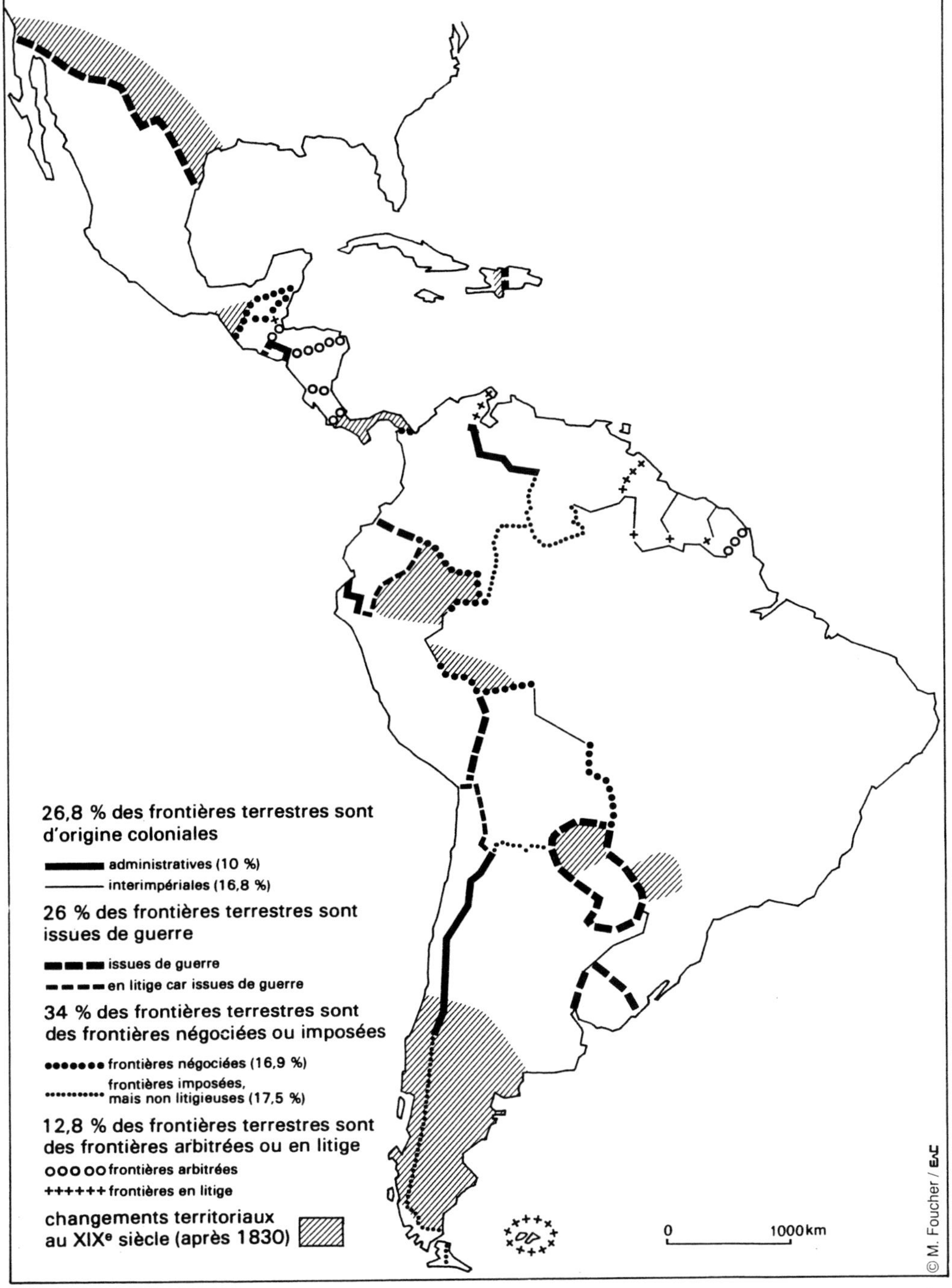

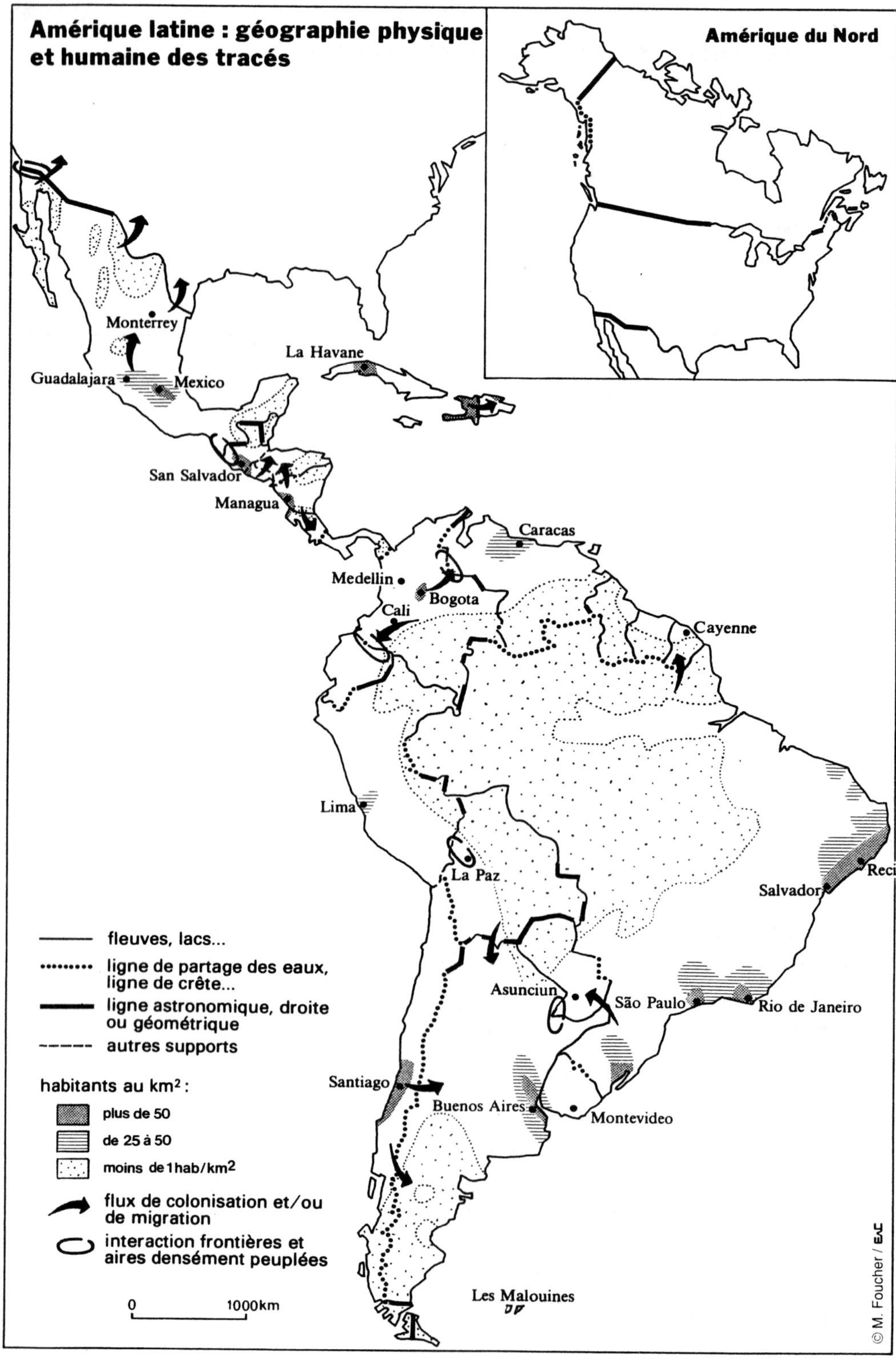
Amérique latine : géographie physique et humaine des tracés
Amérique du Nord
Monterrey
Guadalajara
Mexico
La Havane
San Salvador
Managua
Caracas
Medellin
Bogota
Cali
Cayenne
Lima
La Paz
Recife
Salvador
Asunciun
São Paulo
Rio de Janeiro
Santiago
Buenos Aires
Montevideo
Les Malouines
fleuves, lacs...
ligne de partage des eaux, ligne de crête...
ligne astronomique, droite ou géométrique
autres supports
habitants au km²:
plus de 50
de 25 à 50
moins de 1 hab/km²
flux de colonisation et/ou de migration
interaction frontières et aires densément peuplées
0
1000km
© M. Foucher / EAC

Amérique latine : les frontières d'Etat

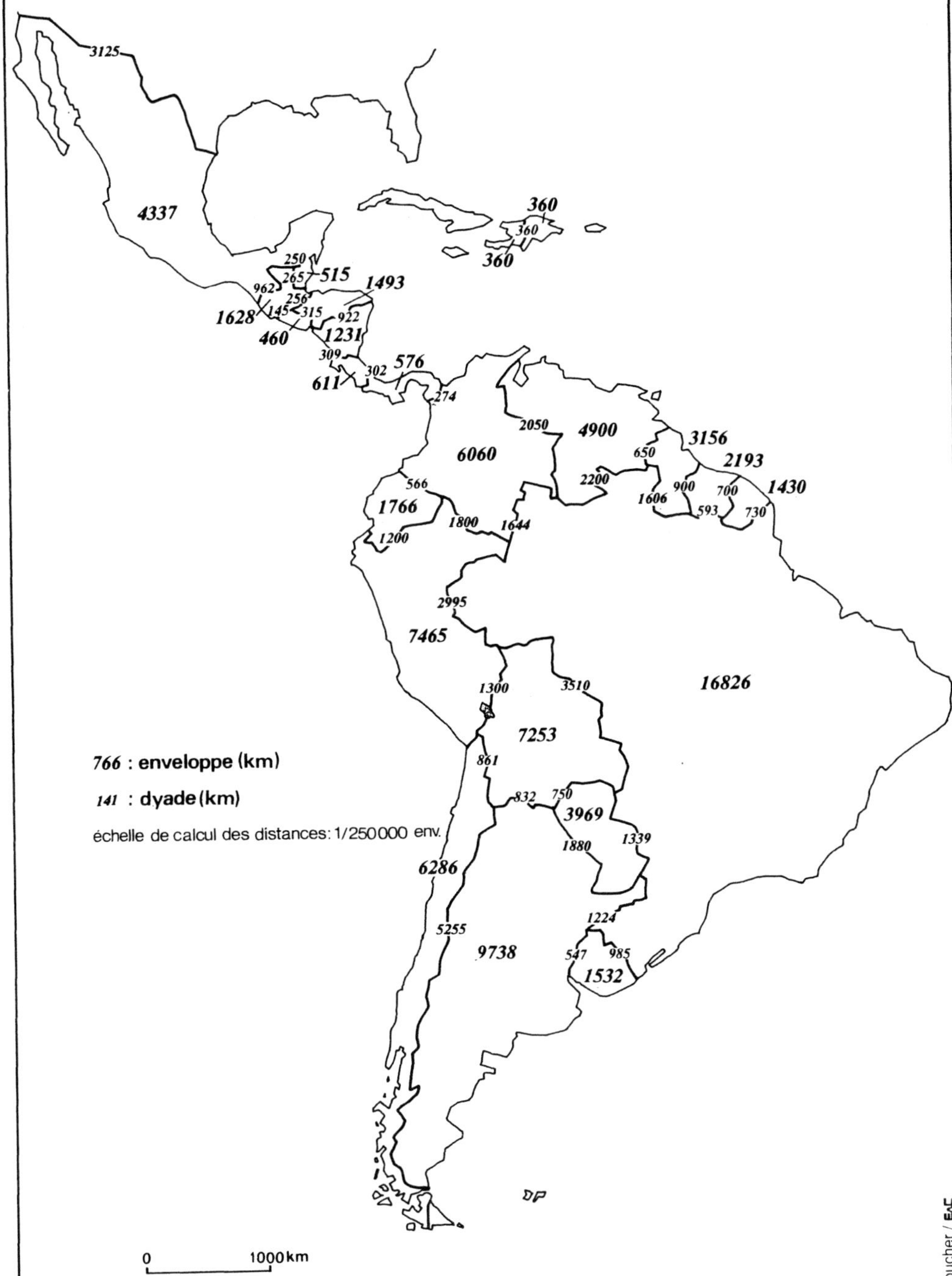

Amérique latine : frontières et déploiement des armées

Géographie de la drogue dans les Amériques

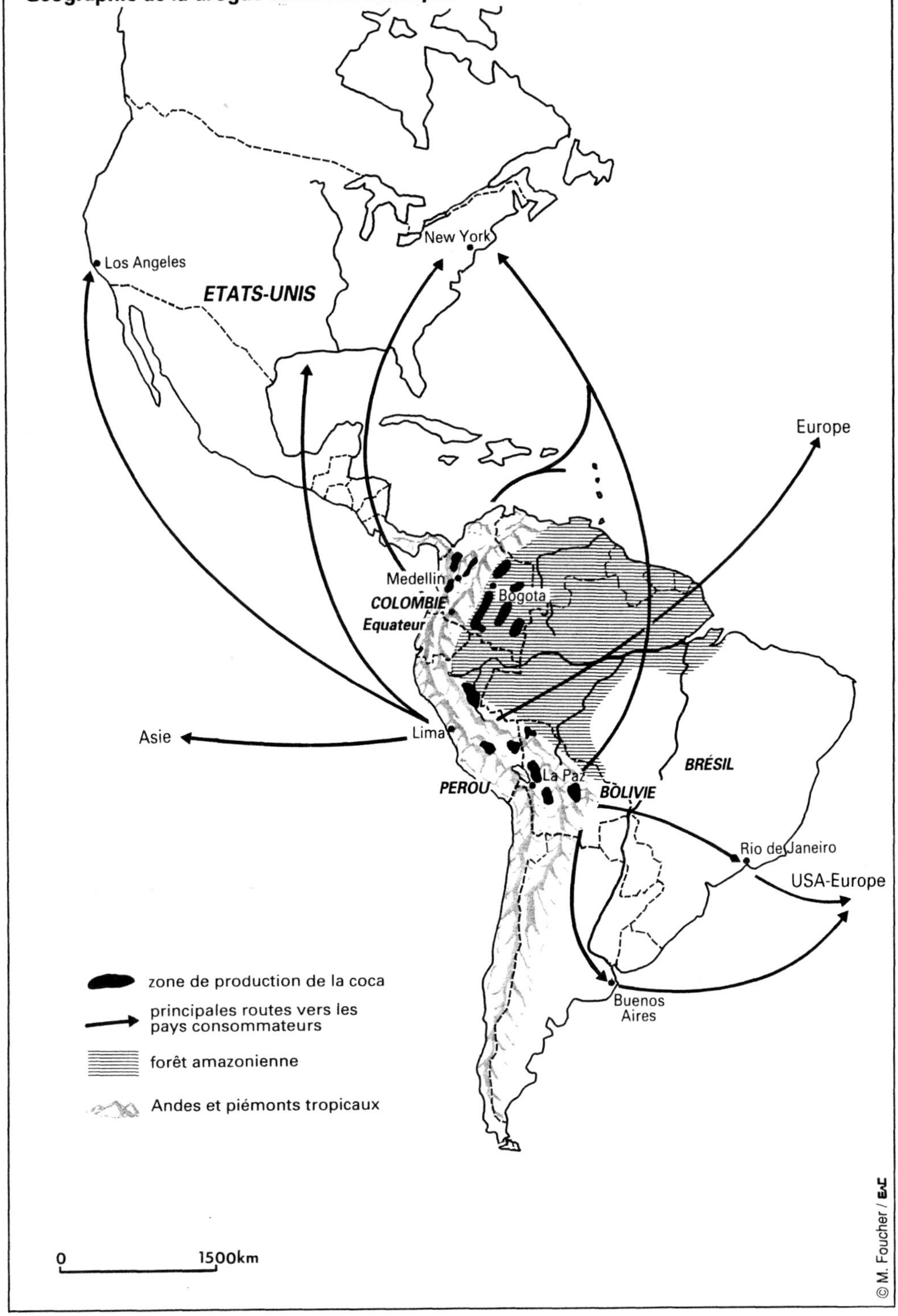

Afrique : géographie physique et humaine des tracés

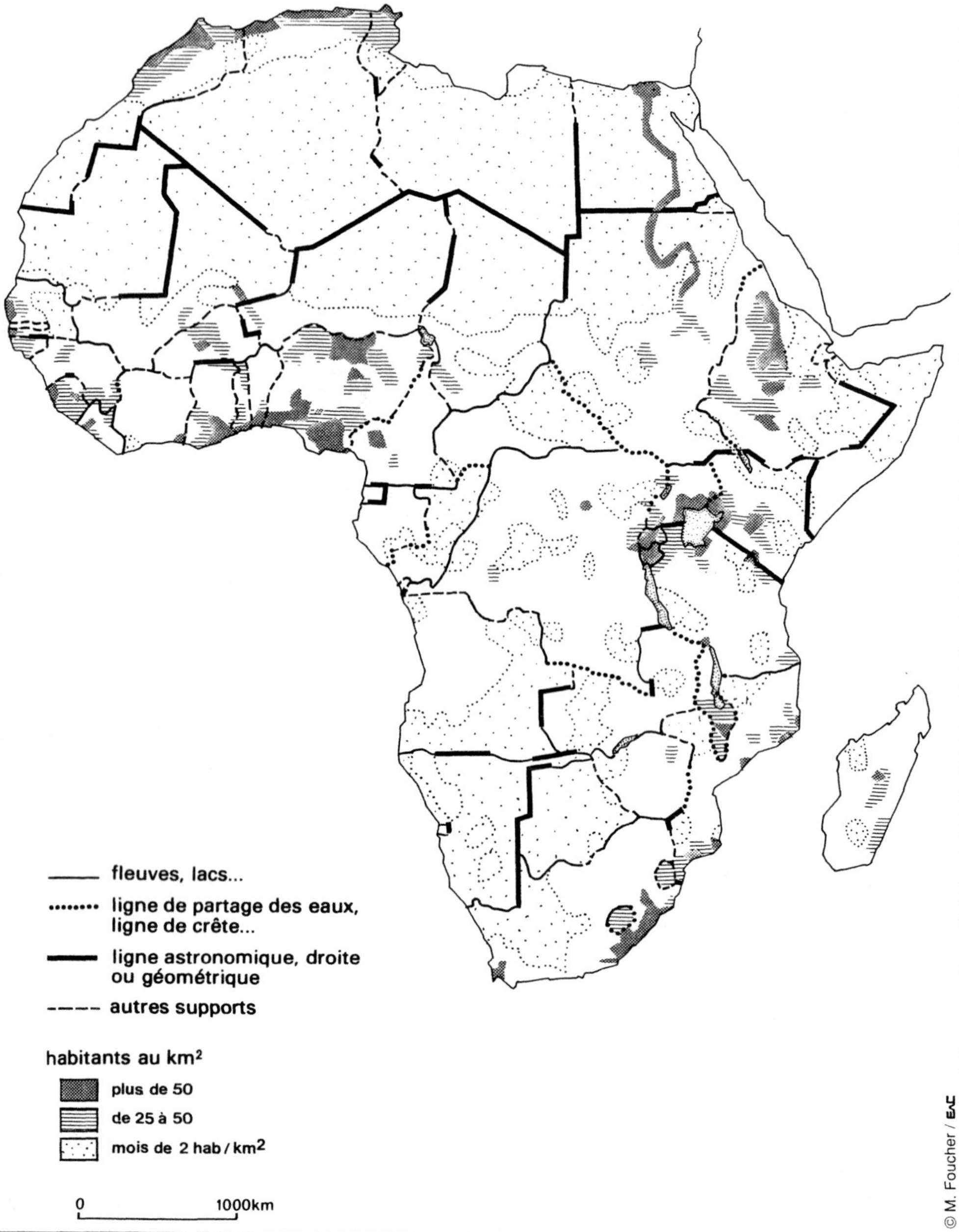

Horogénèses africaines

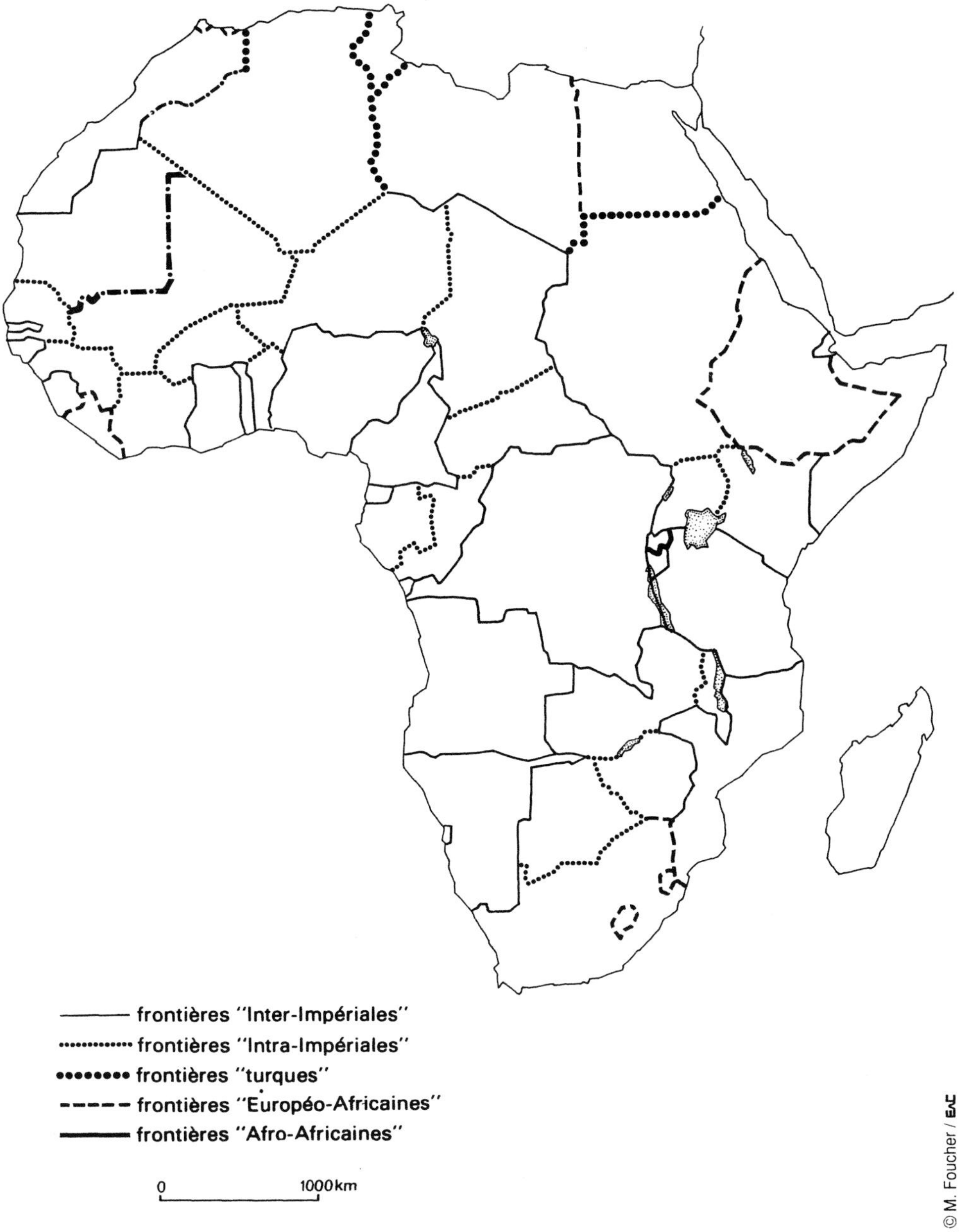

Afrique : les frontières d'Etat

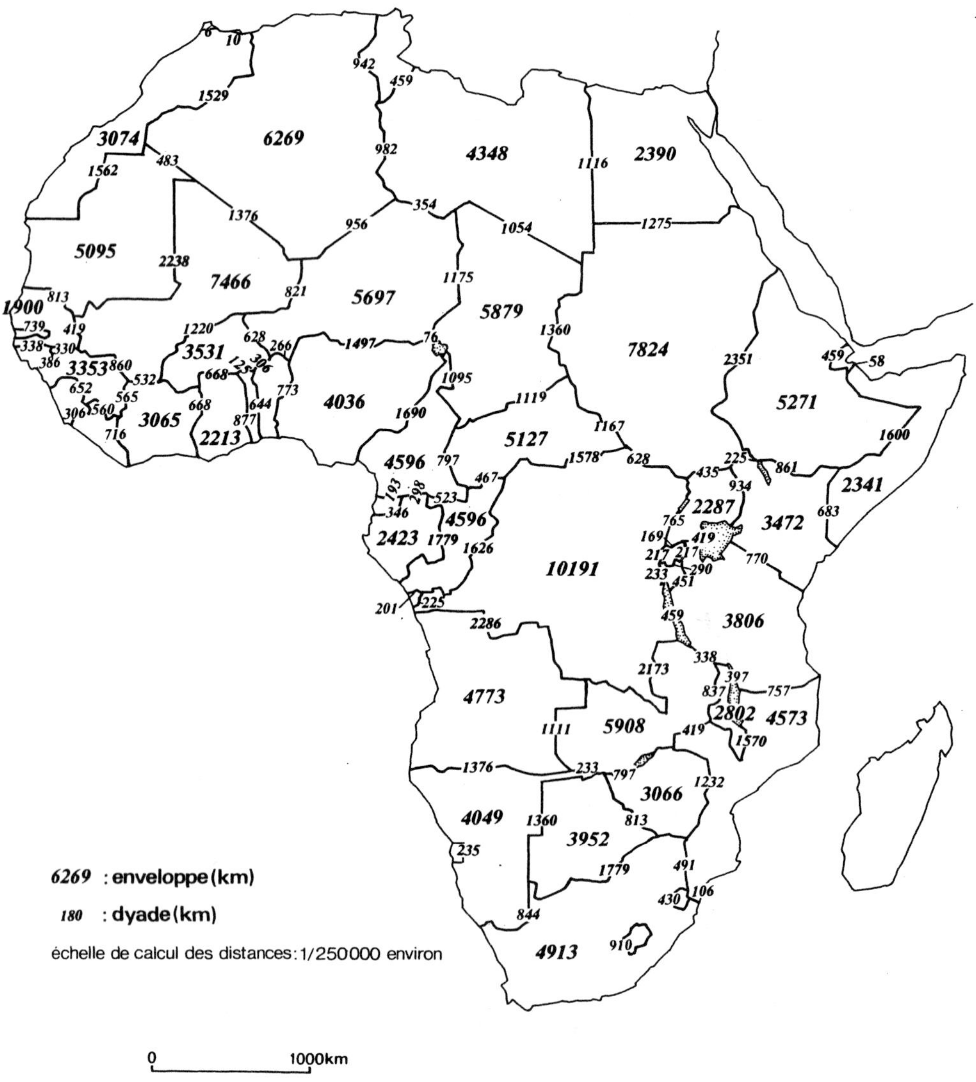

Afrique : le statut des frontières

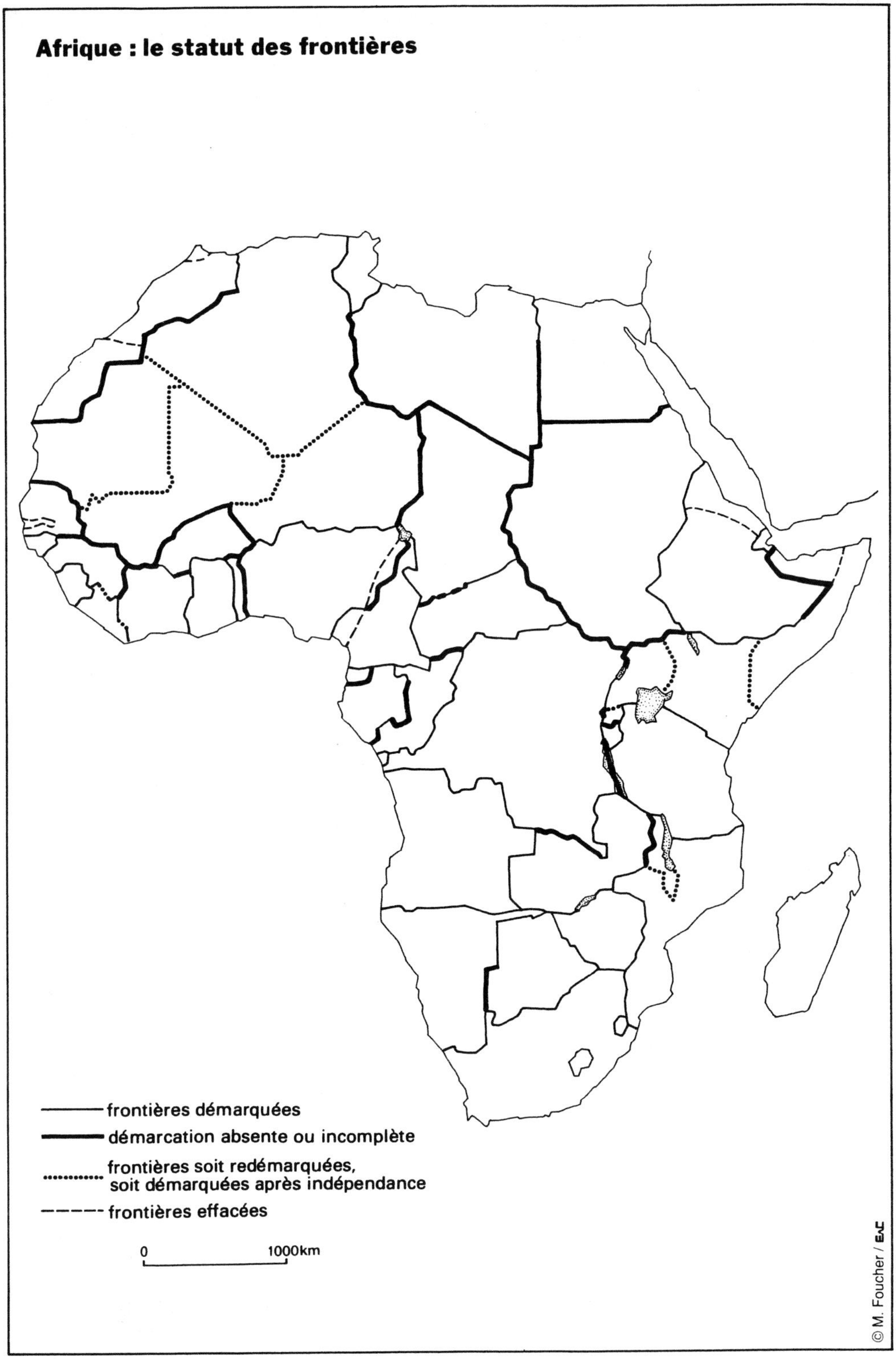

Sénégal/Gambie : un tracé franco-anglais typiquement colonial.

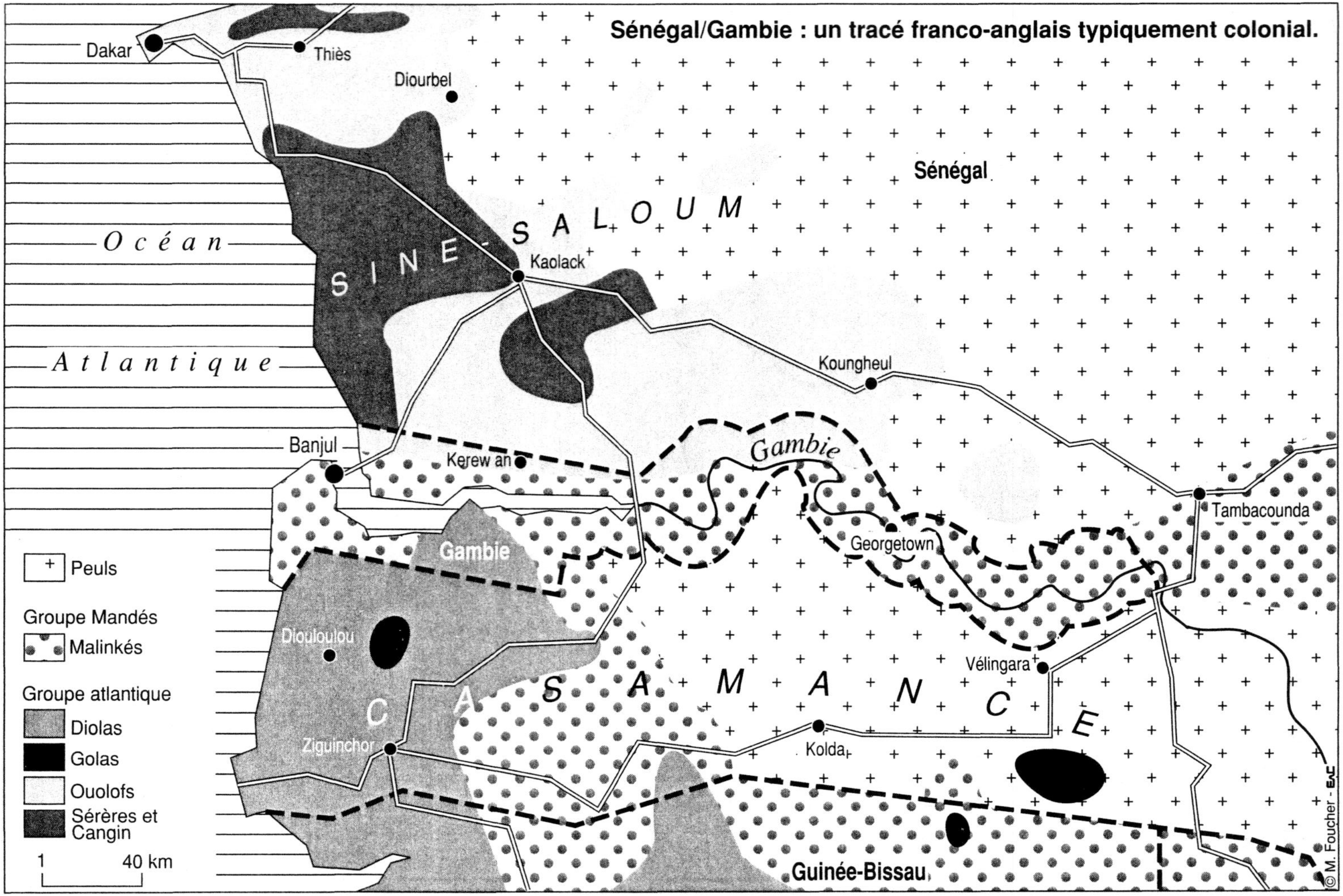

L'arbitrage frontalier entre Mali et Burkina Faso

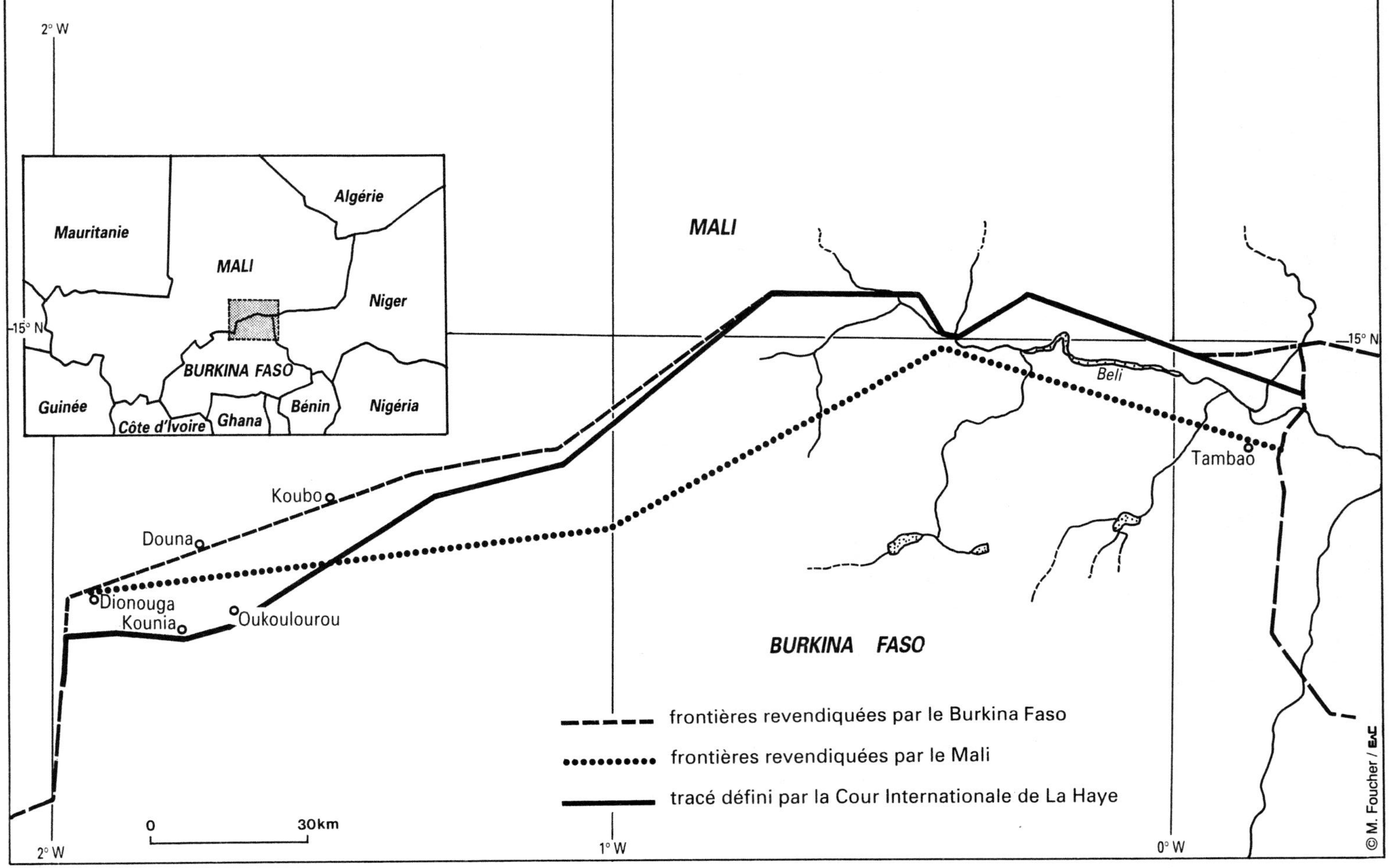

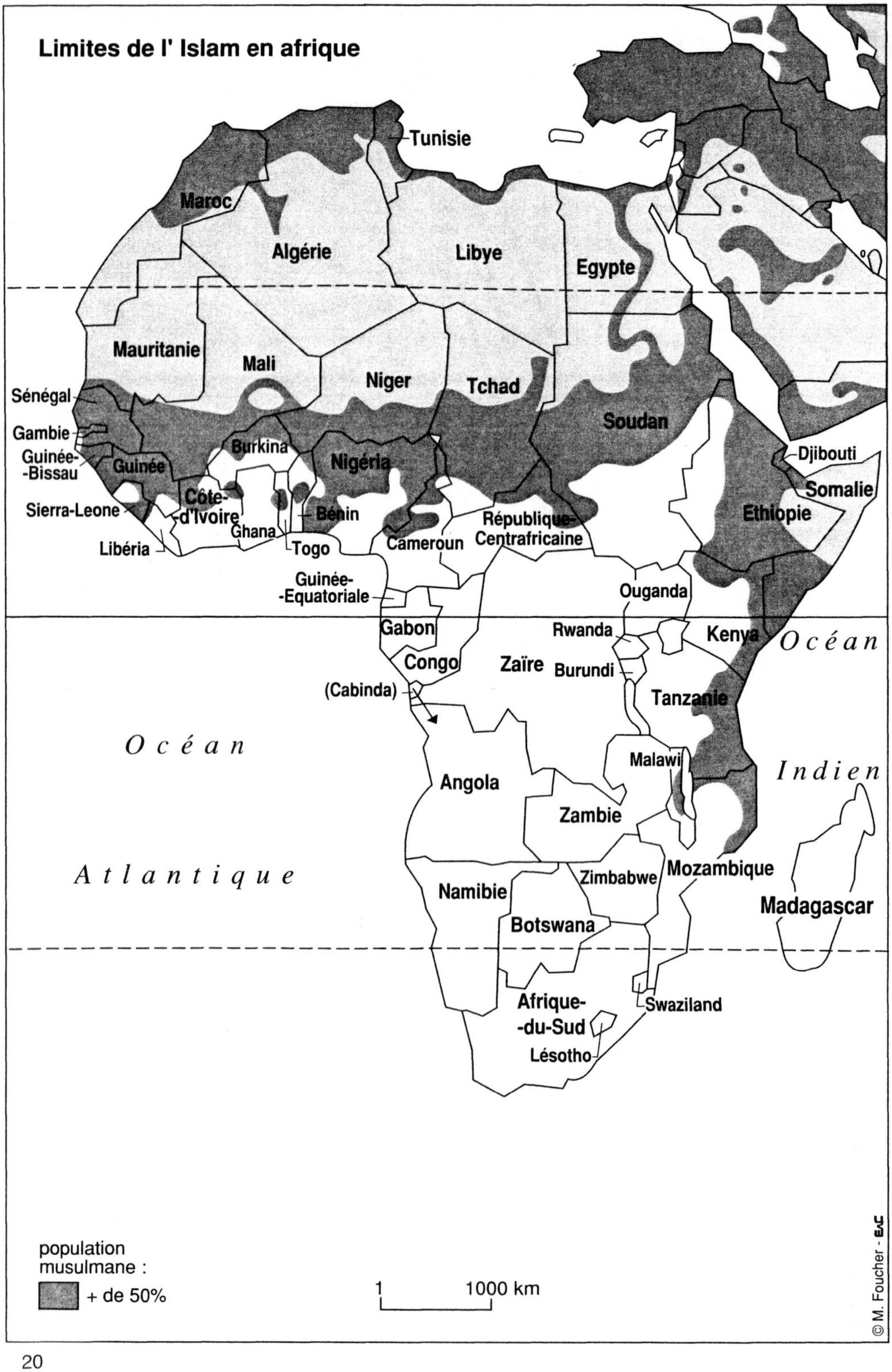
Limites de l' Islam en afrique
Tunisie
Maroc
Algérie
Libye
Egypte
Mauritanie
Mali
Niger
Tchad
Soudan
Sénégal
Gambie
Guinée-
-Bissau
Guinée
Burkina
Nigéria
Djibouti
Somalie
Sierra-Leone
Côte-
-d'Ivoire
Ghana
Bénin
Ethiopie
République-
Centrafricaine
Libéria
Togo
Cameroun
Guinée-
-Equatoriale
Ouganda
Gabon
Rwanda
Kenya
Océan
Congo
Zaïre
Burundi
(Cabinda)
Tanzanie
Océan
Malawi
Indien
Angola
Zambie
Atlantique
Mozambique
Namibie
Zimbabwe
Madagascar
Botswana
Afrique-
-du-Sud
Swaziland
Lésotho
population
musulmane :
+ de 50%
1
1000 km
© M. Foucher - E&C

Afrique : la partition

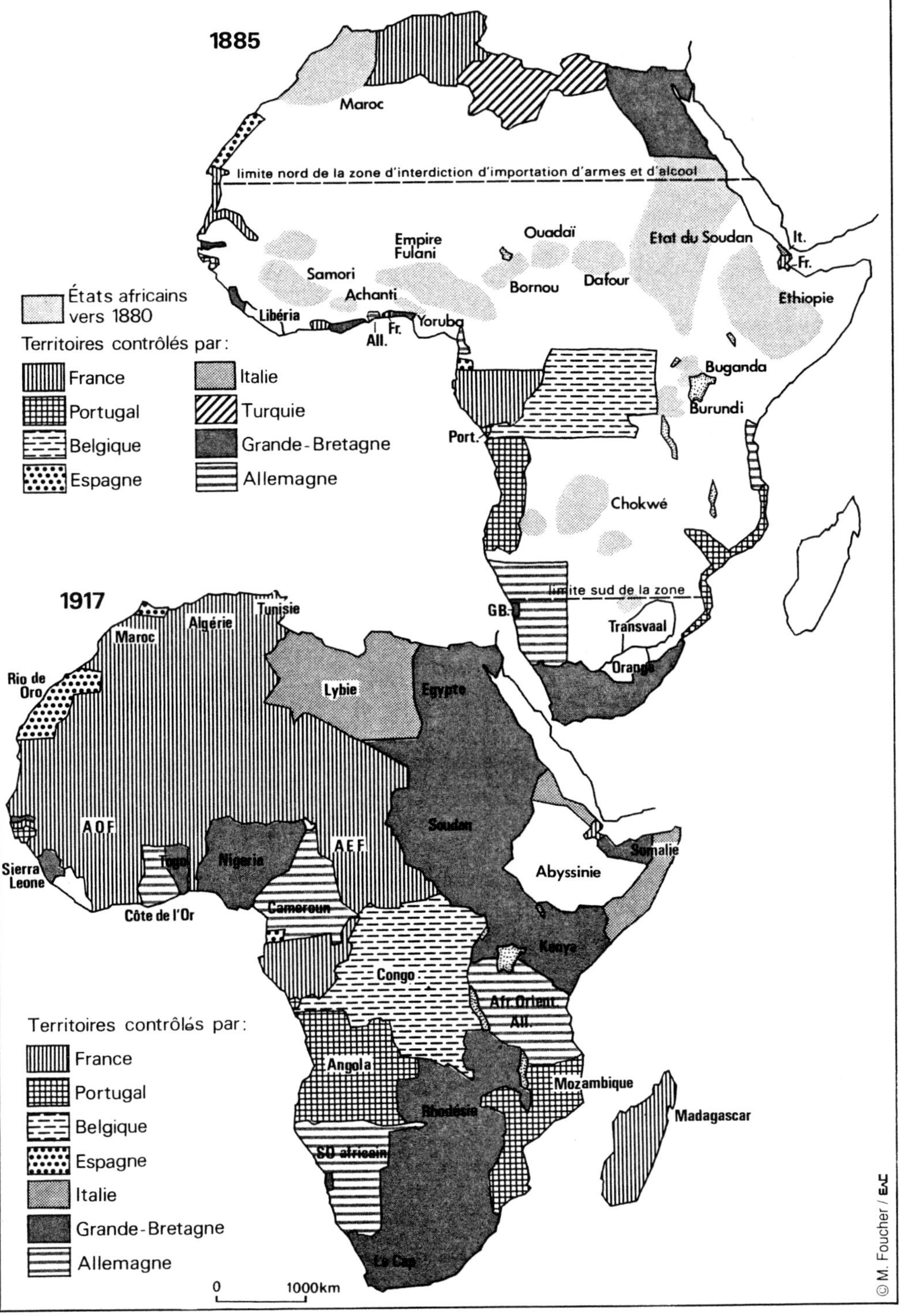

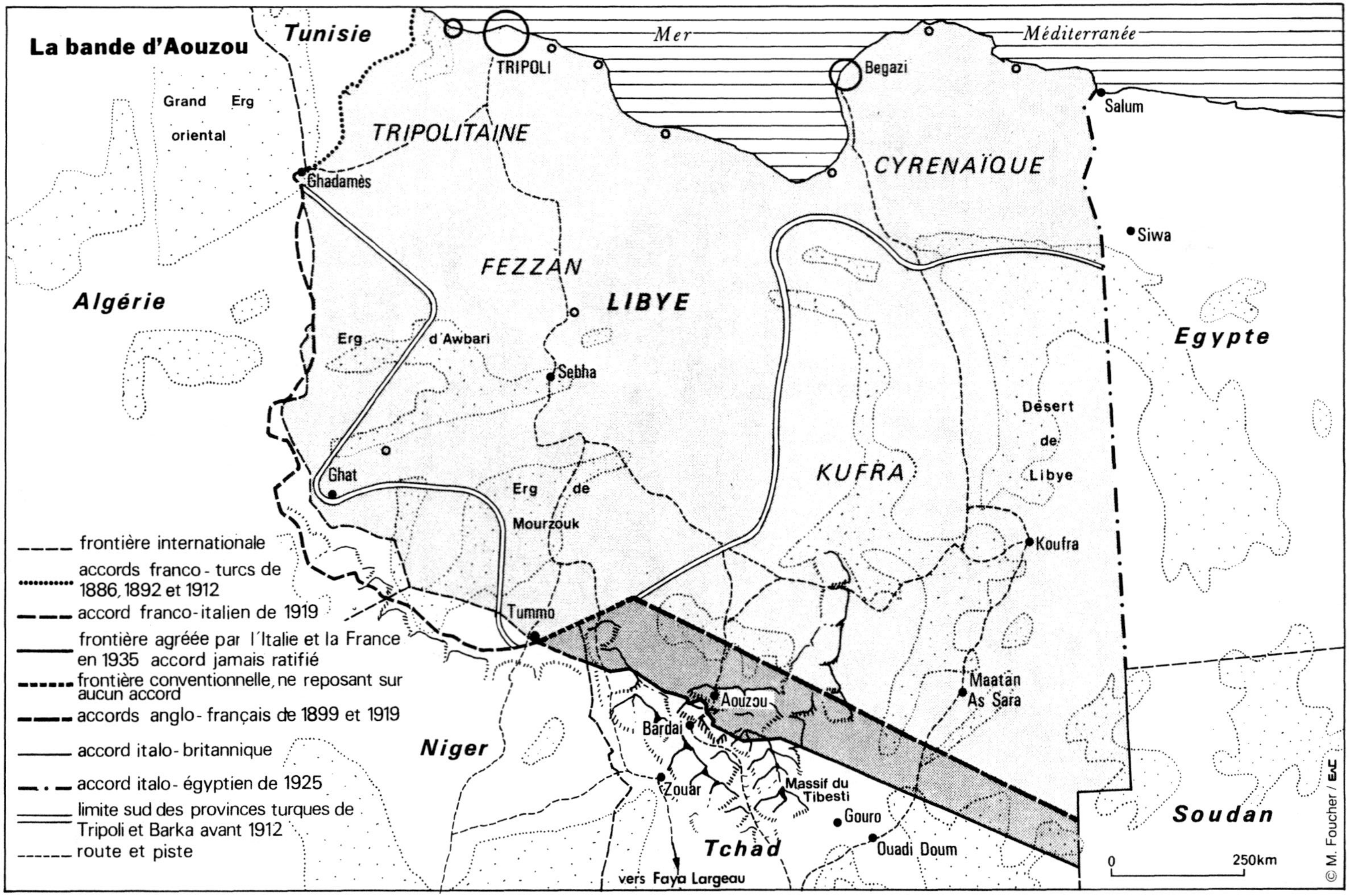
La bande d'Aouzou
Tunisie
Mer
Méditerranée
TRIPOLI
Begazi
Salum
Grand Erg oriental
TRIPOLITAINE
CYRENAÏQUE
Ghadamès
Siwa
FEZZAN
LIBYE
Algérie
Egypte
Erg d'Awbari
Sebha
Désert de Libye
Ghat
KUFRA
Erg de Mourzouk
Koufra
Tummo
Maatan As Sara
Aouzou
Bardai
Niger
Zouar
Massif du Tibesti
Gouro
Ouadi Doum
Tchad
vers Faya Largeau
Soudan
0
250km
© M. Foucher / EAC
frontière internationale
accords franco-turcs de 1886, 1892 et 1912
accord franco-italien de 1919
frontière agréée par l'Italie et la France en 1935 accord jamais ratifié
frontière conventionnelle, ne reposant sur aucun accord
accords anglo-français de 1899 et 1919
accord italo-britannique
accord italo-égyptien de 1925
limite sud des provinces turques de Tripoli et Barka avant 1912
route et piste

Afrique : frontières et ethnies

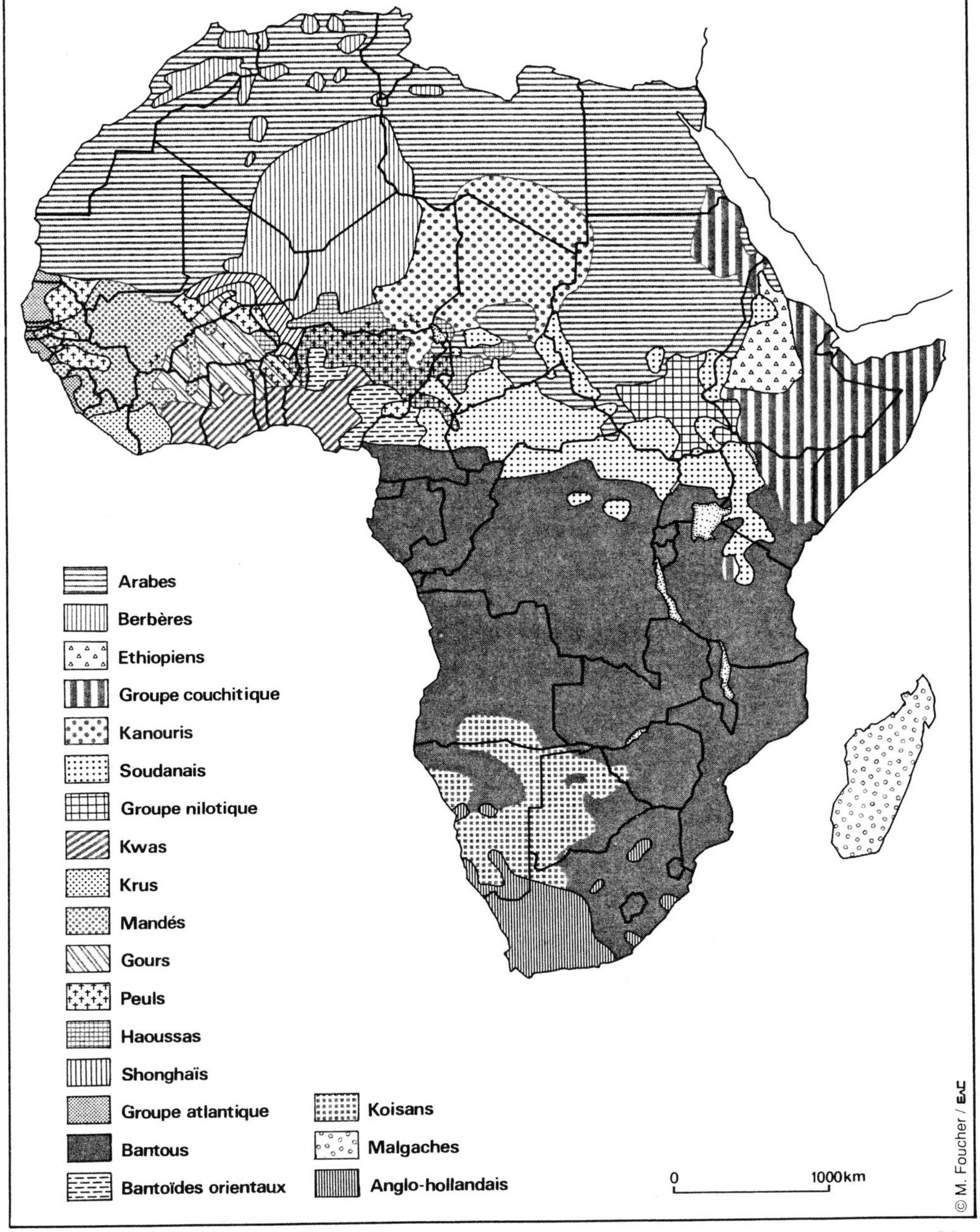

Corne de l'Afrique: frontières, Etats, ethnies et clans

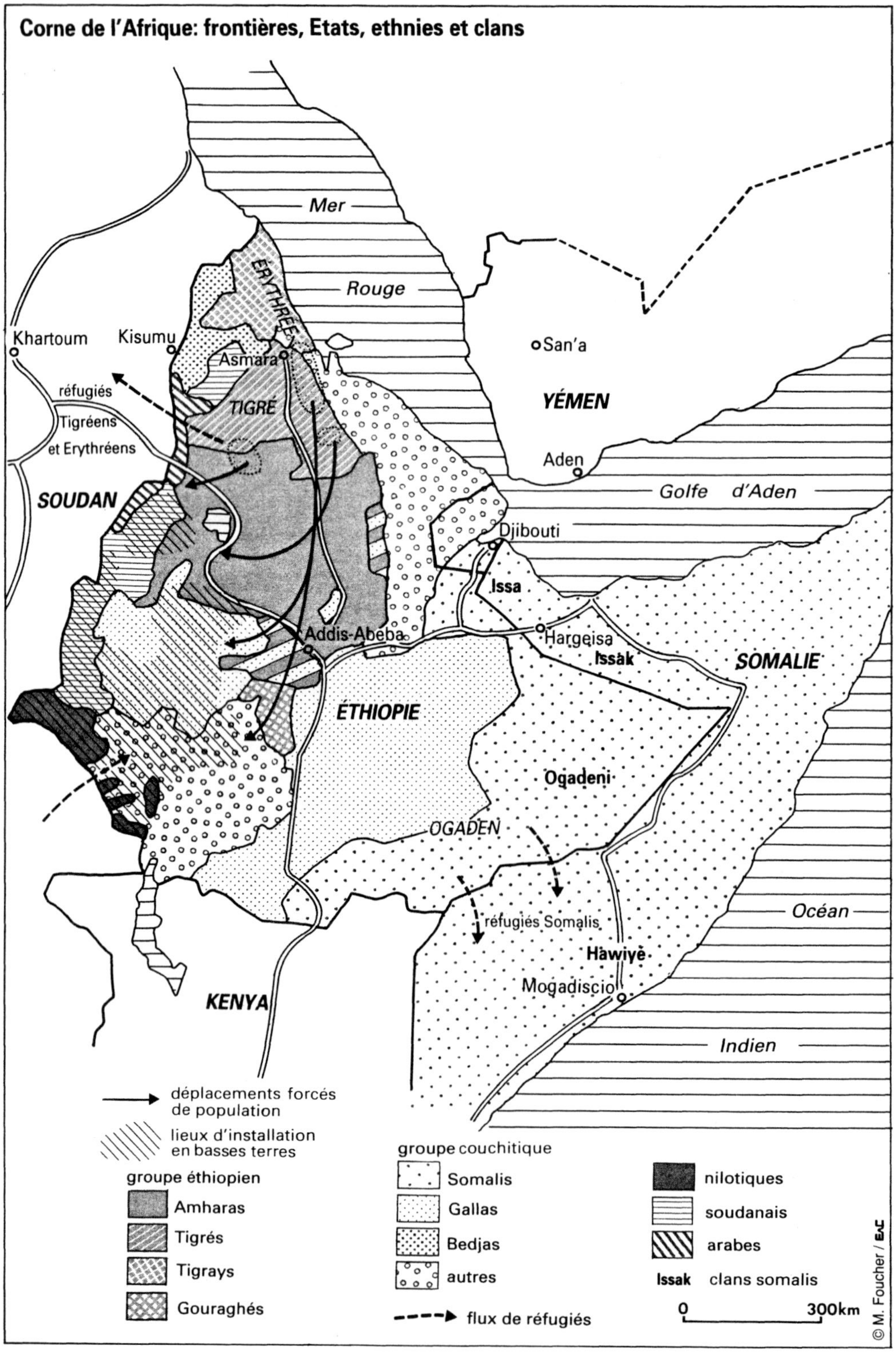

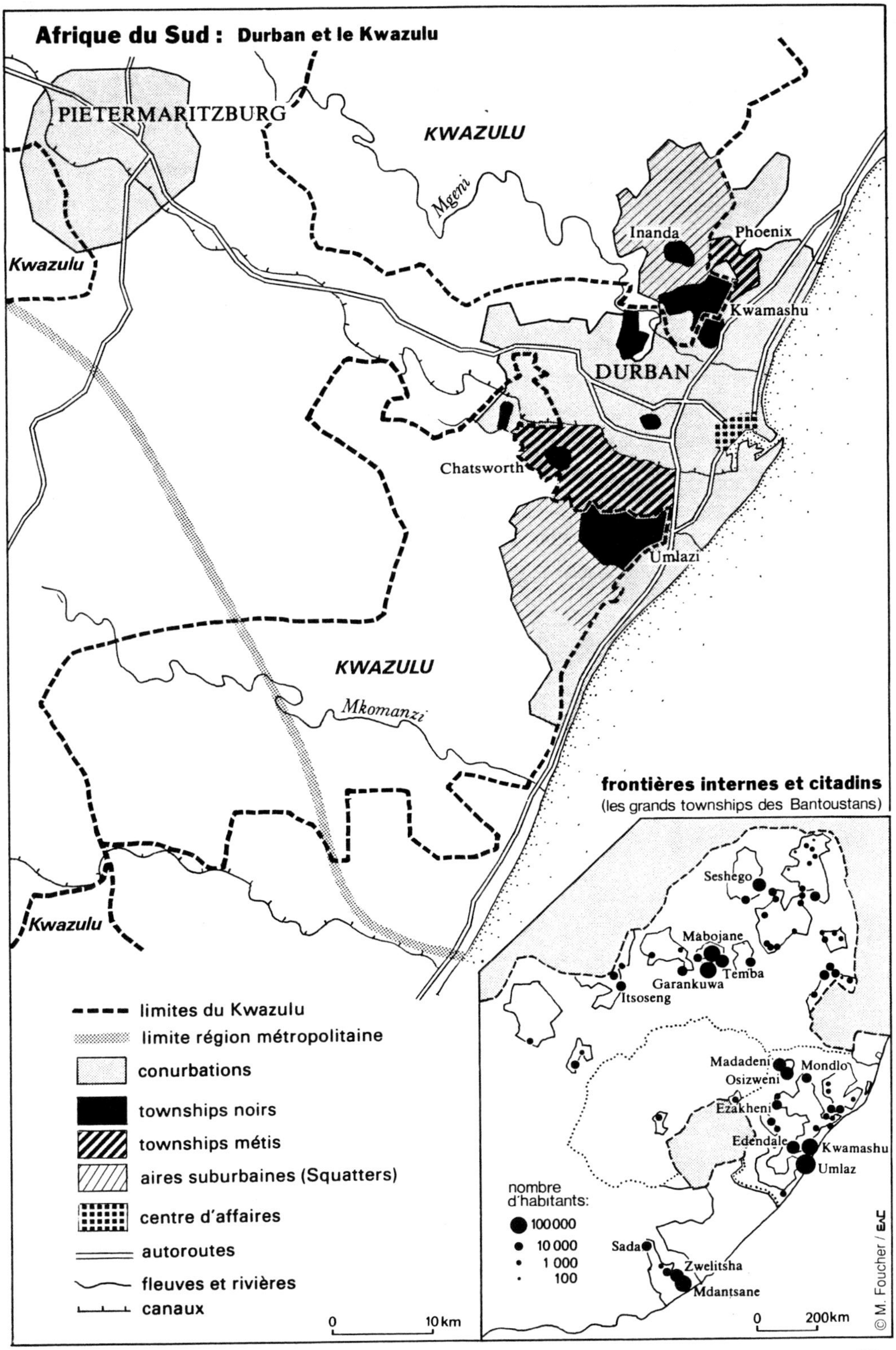
Afrique du Sud : Durban et le Kwazulu
PIETERMARITZBURG
KWAZULU
Mgeni
Kwazulu
Inanda
Phoenix
Kwamashu
DURBAN
Chatsworth
Umlazi
KWAZULU
Mkomanzi
Kwazulu
limites du Kwazulu
limite région métropolitaine
conurbations
townships noirs
townships métis
aires suburbaines (Squatters)
centre d'affaires
autoroutes
fleuves et rivières
canaux
0
10 km
frontières internes et citadins
(les grands townships des Bantoustans)
Seshego
Mabojane
Temba
Garankuwa
Itsoseng
Madadeni
Mondlo
Osizweni
Ezakheni
Edendale
Kwamashu
Umlaz
nombre d'habitants:
100 000
10 000
1 000
100
Sada
Zwelitsha
Mdantsane
0
200 km
© M. Foucher / EAC

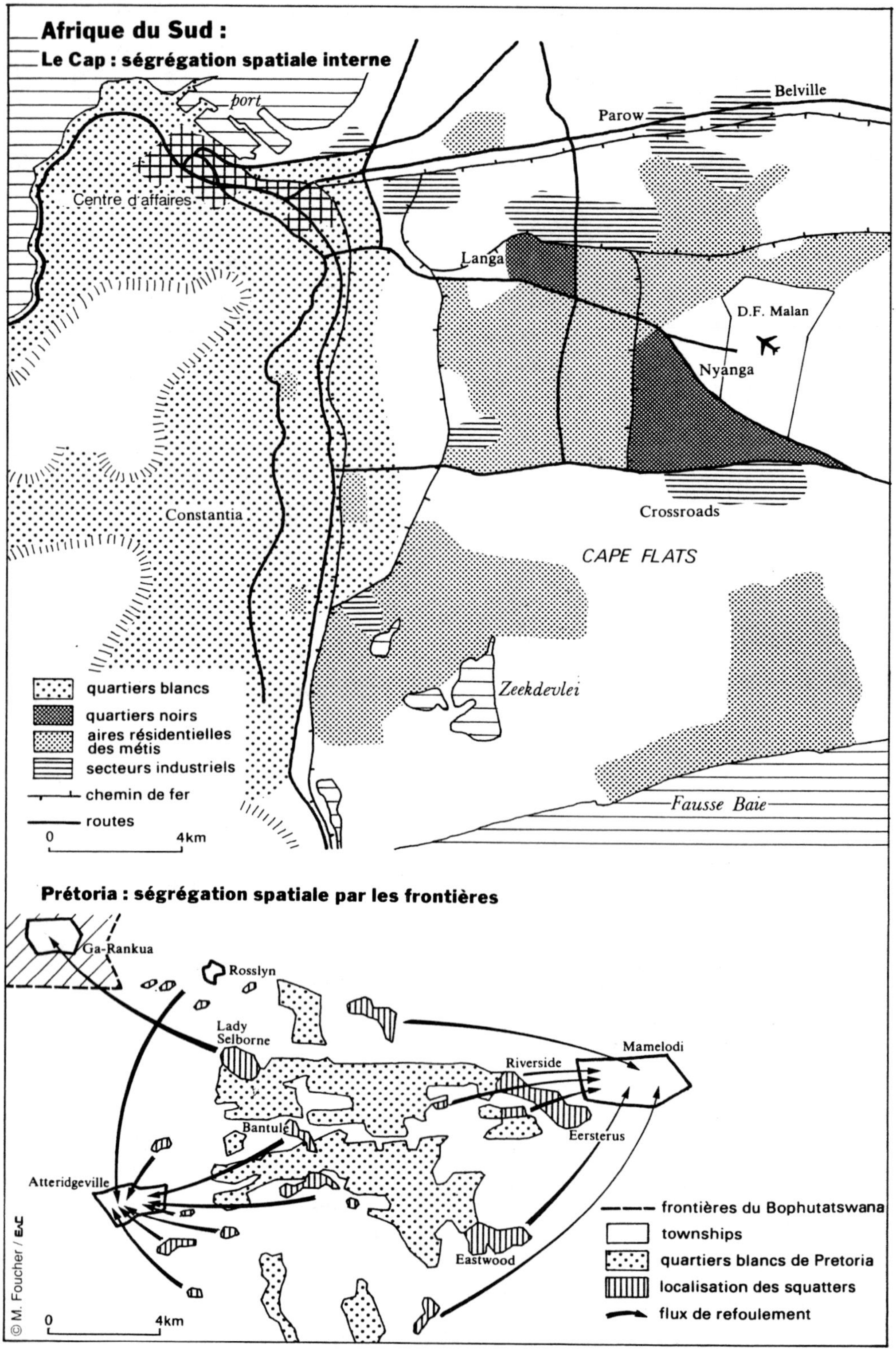
Afrique du Sud :
Le Cap : ségrégation spatiale interne
port
Centre d'affaires
Parow
Belville
Langa
D.F. Malan
Nyanga
Constantia
Crossroads
CAPE FLATS
Zeekdevlei
Fausse Baie
quartiers blancs
quartiers noirs
aires résidentielles des métis
secteurs industriels
chemin de fer
routes
0
4km
Prétoria : ségrégation spatiale par les frontières
Ga-Rankua
Rosslyn
Lady Selborne
Mamelodi
Riverside
Eersterus
Bantule
Atteridgeville
Eastwood
frontières du Bophutatswana
townships
quartiers blancs de Pretoria
localisation des squatters
flux de refoulement
0
4km
© M. Foucher / EAC

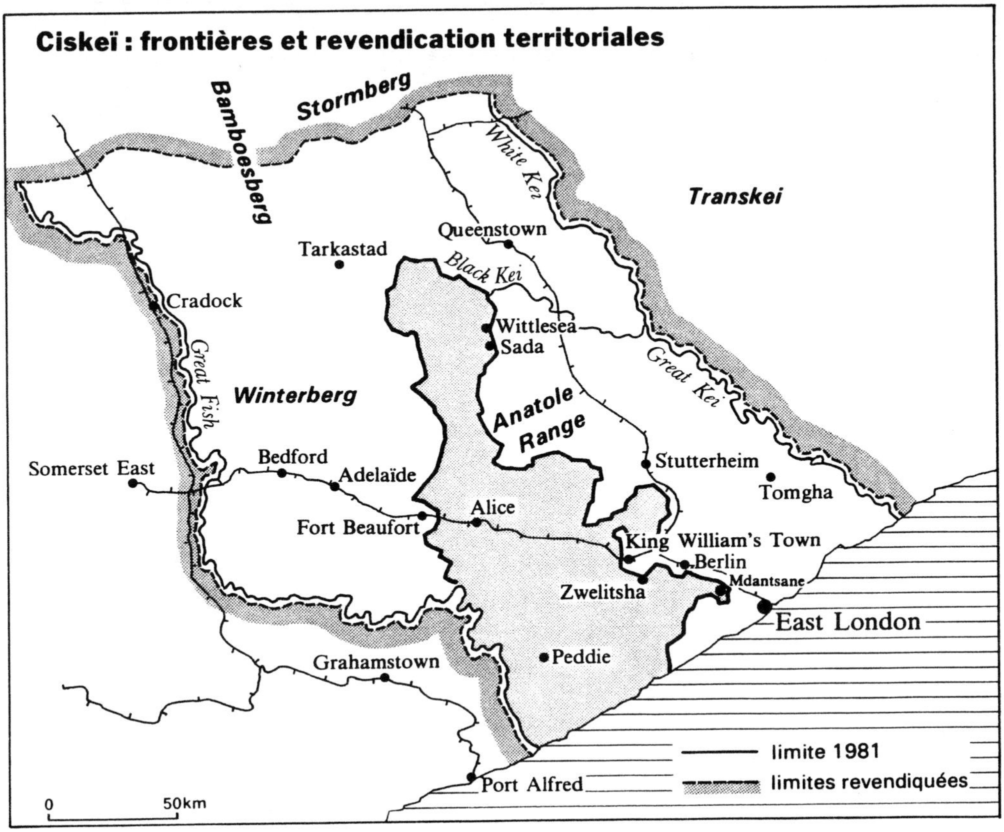

Ciskeï : frontières et revendication territoriales
Stormberg
Bamboesberg
White Kei
Transkei
Queenstown
Tarkastad
Black Kei
Cradock
Wittlesea
Sada
Great Kei
Great Fish
Winterberg
Anatole Range
Somerset East
Bedford
Adelaïde
Stutterheim
Tomgha
Alice
Fort Beaufort
King William's Town
Berlin
Mdantsane
Zwelitsha
East London
Grahamstown
Peddie
limite 1981
limites revendiquées
Port Alfred
0
50km

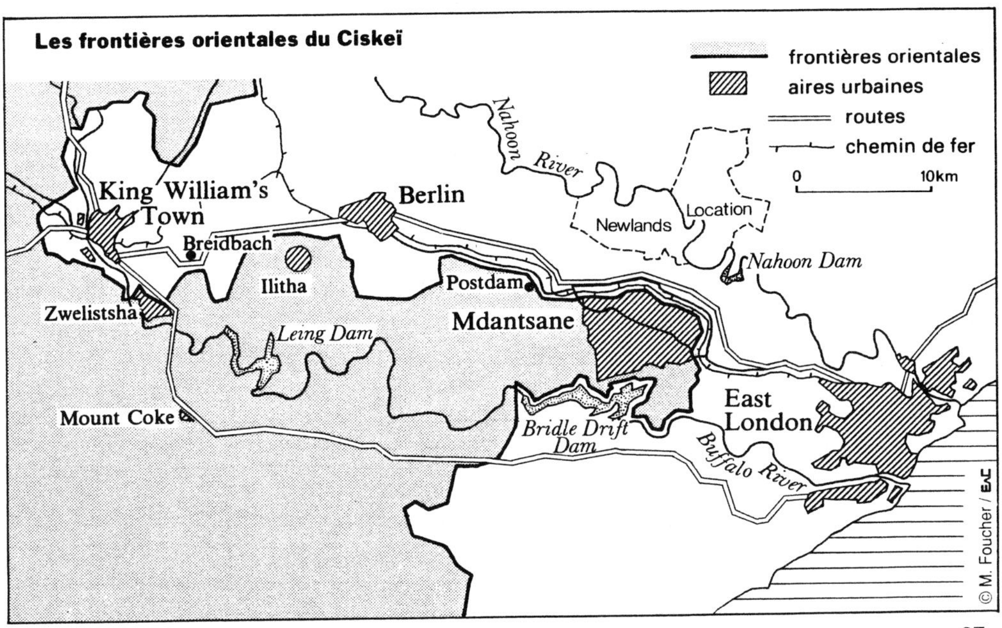

Les frontières orientales du Ciskeï
frontières orientales
aires urbaines
routes
chemin de fer
Nahoon River
0
10km
King William's Town
Berlin
Newlands
Location
Breidbach
Ilitha
Nahoon Dam
Postdam
Zwelistsha
Mdantsane
Leing Dam
East London
Mount Coke
Bridle Drift Dam
Buffalo River
© M. Foucher / EAC

Géographie de la population en Afrique du Sud

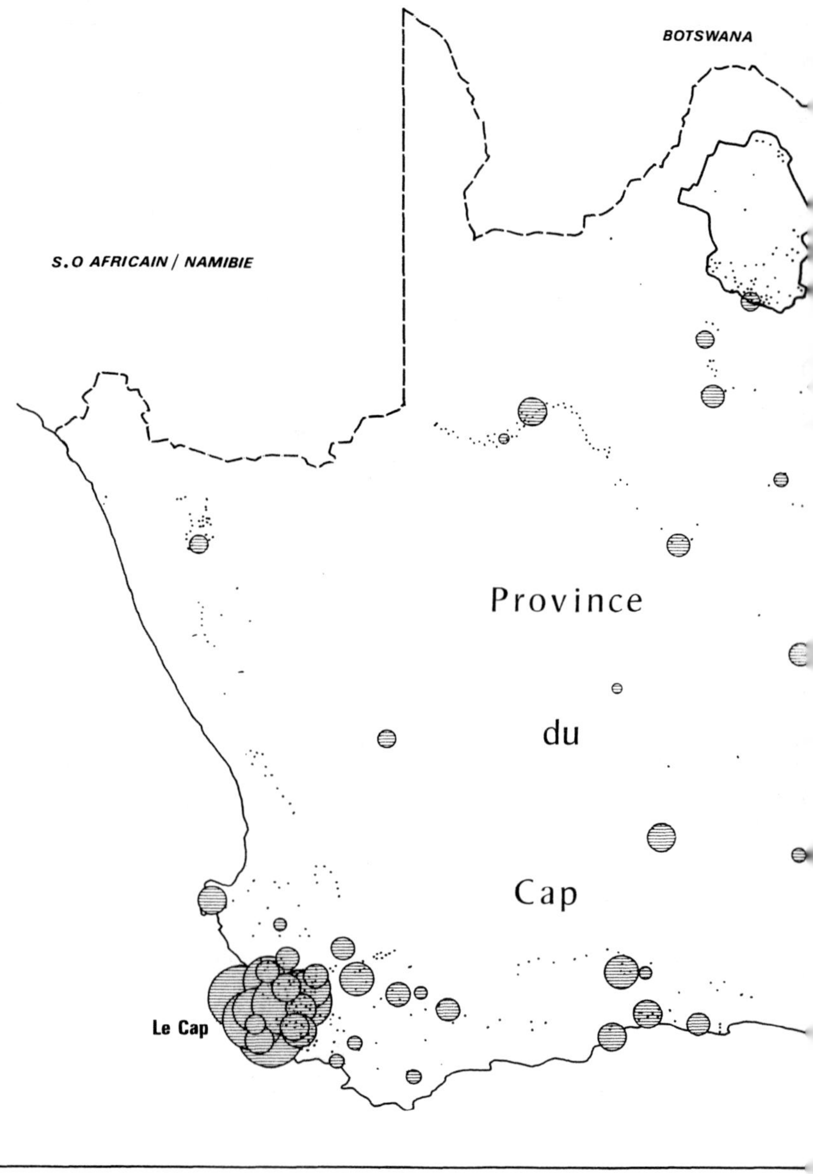

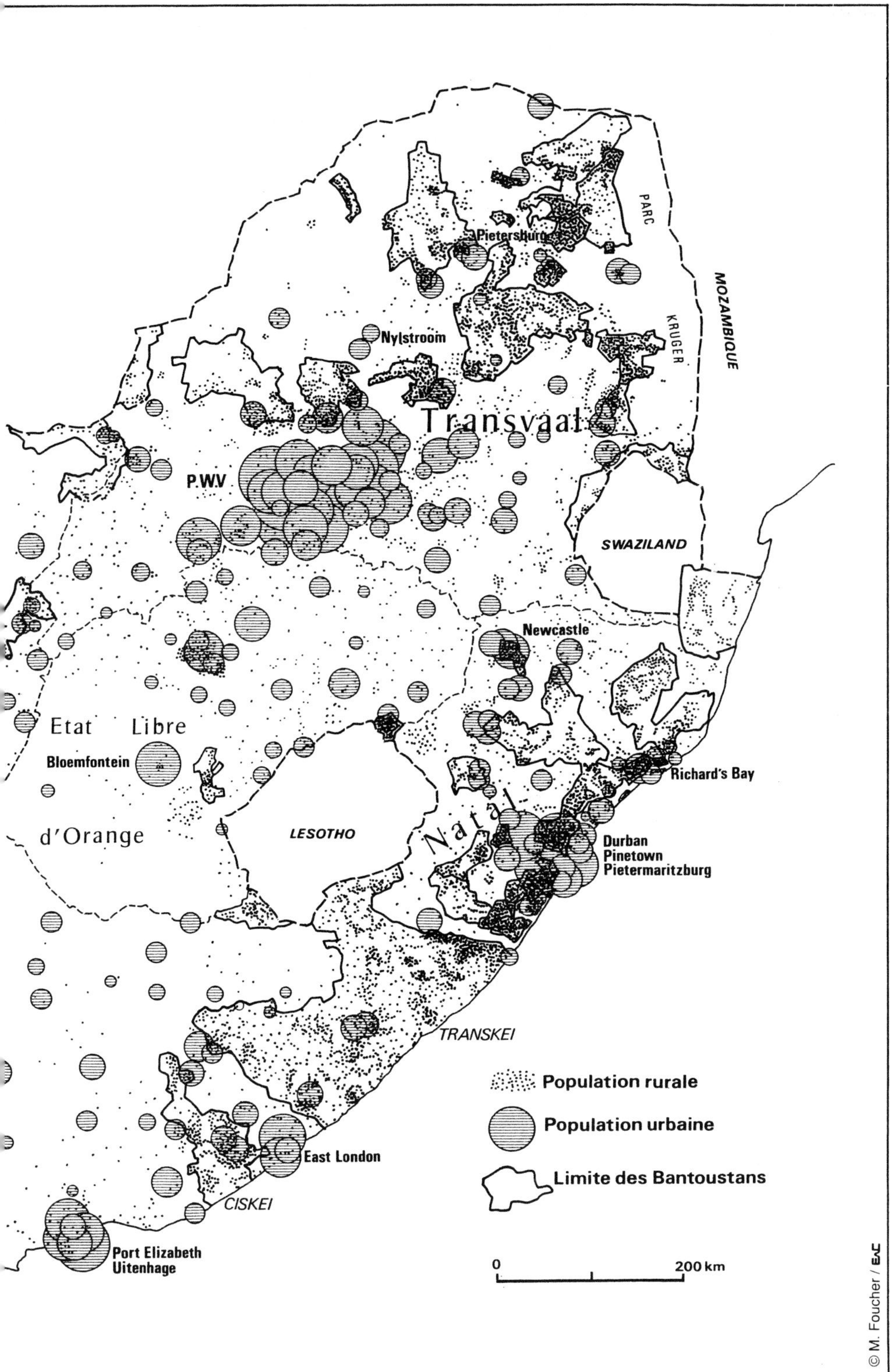

Transvaal
Pietersburg
Nylstroom
P.W.V
PARC
KRUGER
MOZAMBIQUE
SWAZILAND
Newcastle
Etat Libre
d'Orange
Bloemfontein
LESOTHO
Natal
Richard's Bay
Durban
Pinetown
Pietermaritzburg
TRANSKEI
CISKEI
East London
Port Elizabeth
Uitenhage
Population rurale
Population urbaine
Limite des Bantoustans
0
200 km
© M. Foucher / EAC

Afrique du Sud: la fin des bantoustans

Les 4 provinces d'Afrique du Sud

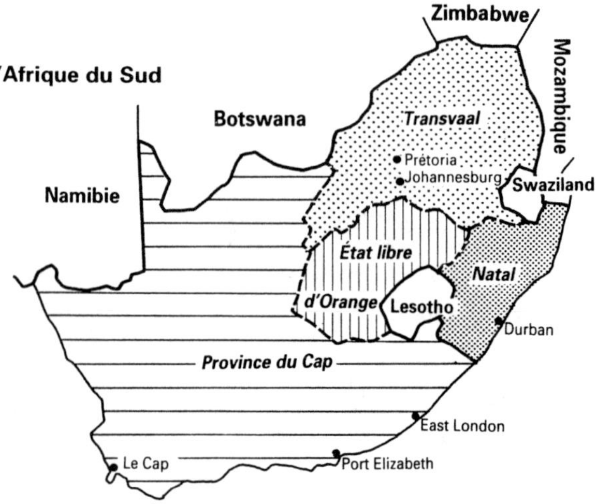

Les Homelands

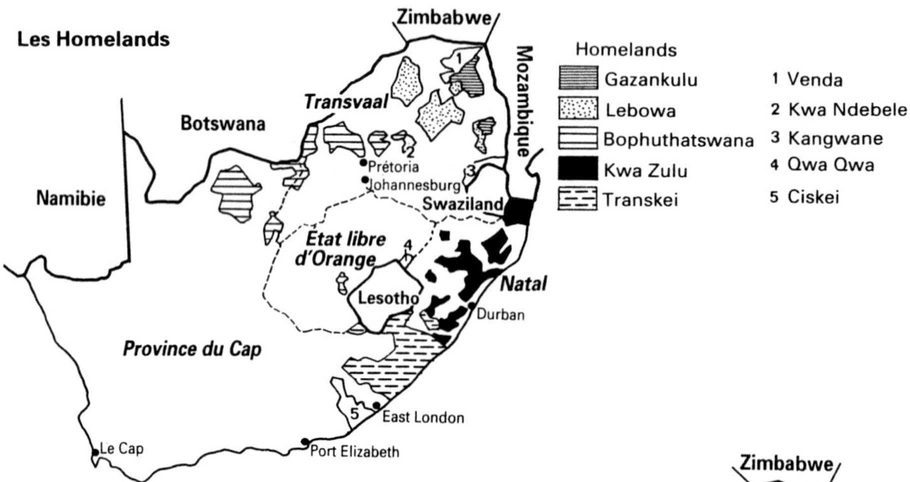

Les régions économiques, futures régions politiques autonomes

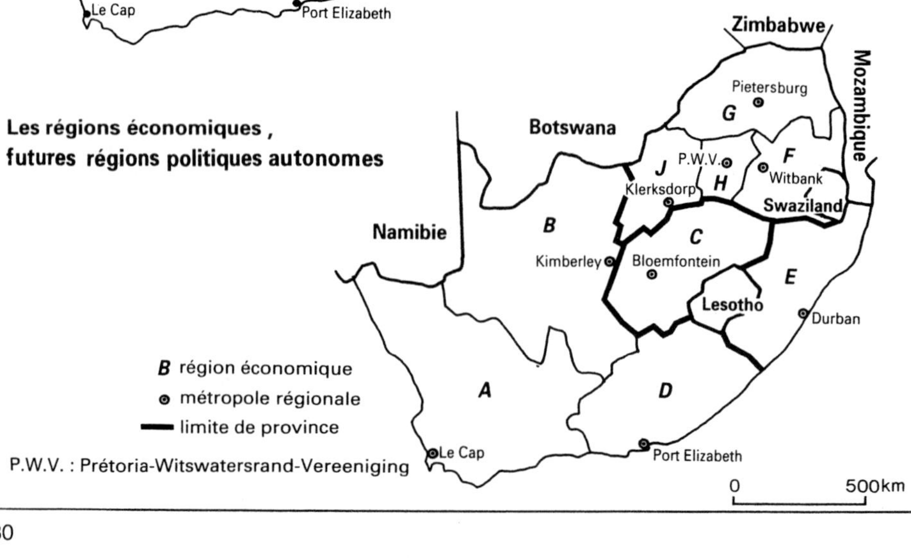

Asie : frontières d'État

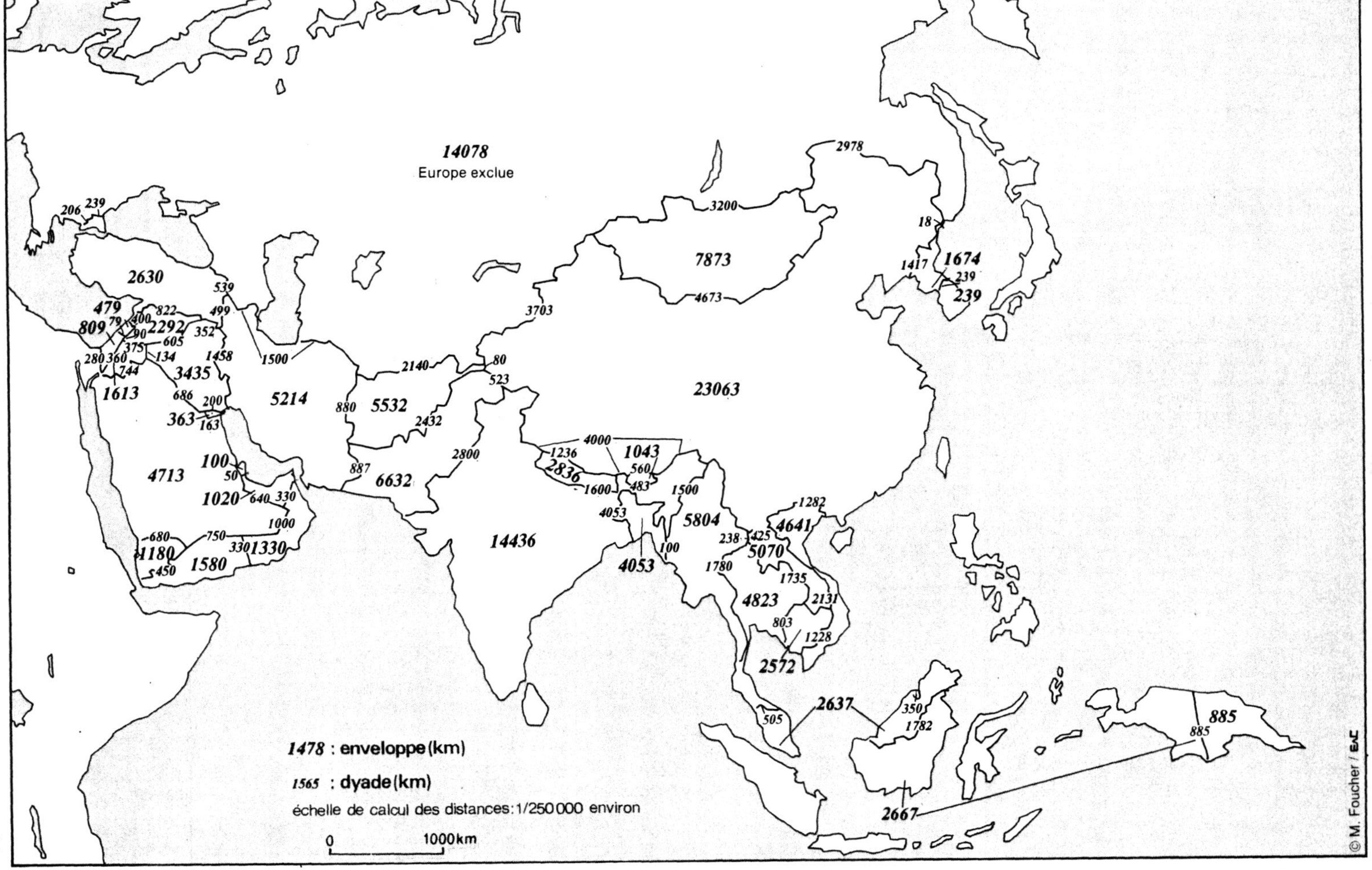

Asie : géographie physique et humaine des tracés

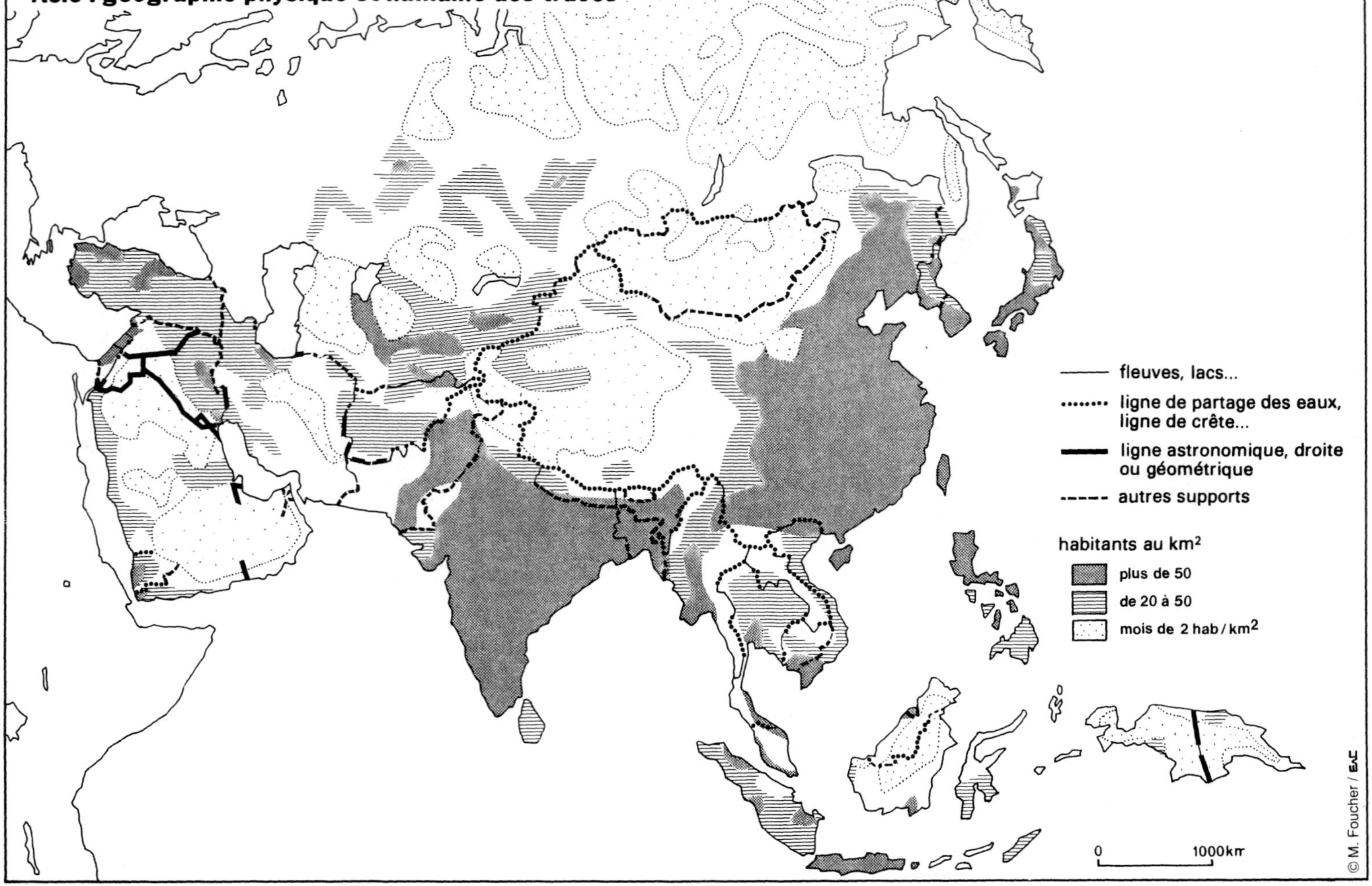

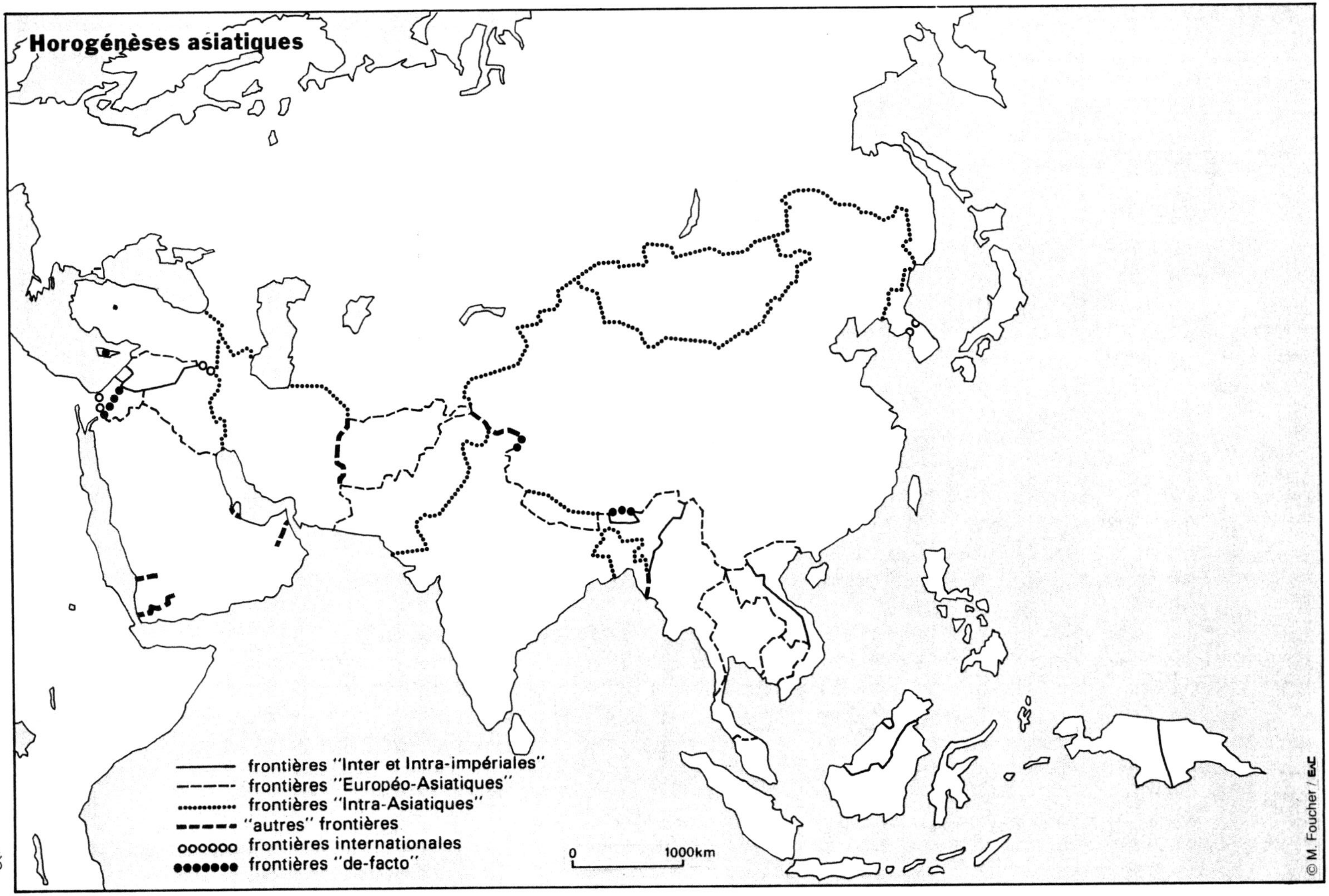
Horogénèses asiatiques
frontières "Inter et Intra-impériales"
frontières "Européo-Asiatiques"
frontières "Intra-Asiatiques"
"autres" frontières
frontières internationales
frontières "de-facto"
0
1000km
© M. Foucher / EAC

Les frontières chinoises

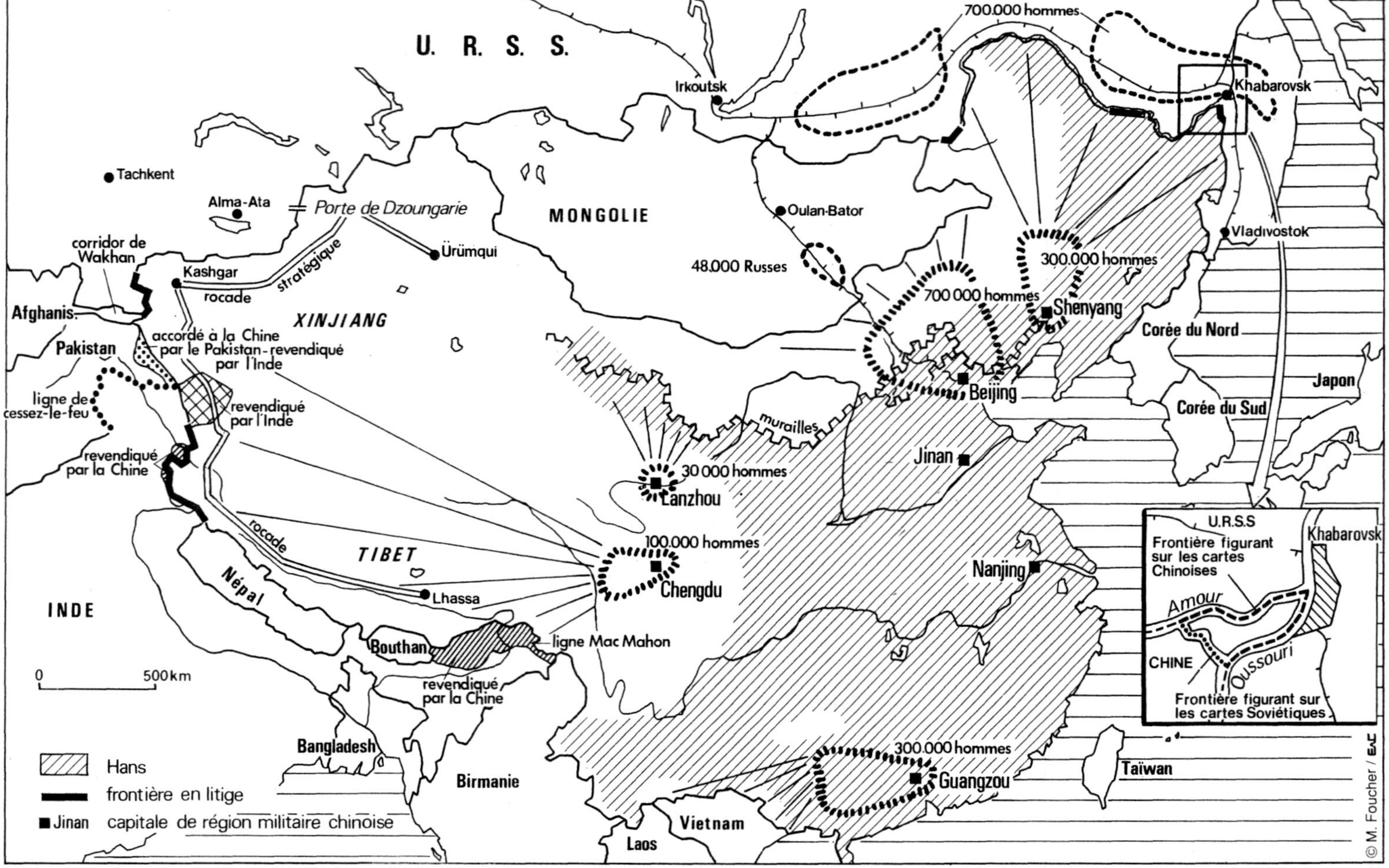

Les contentieux et les représentations géo-historiques chinoises

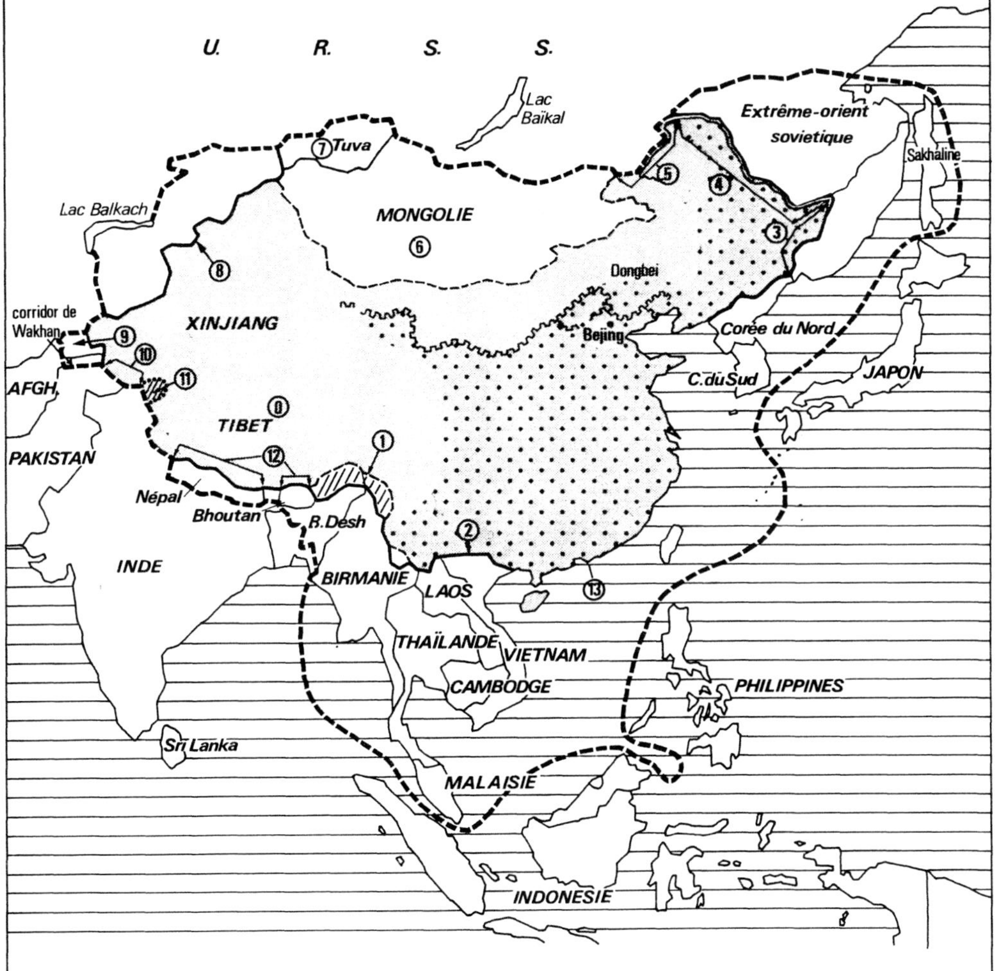

--- Horizons virtuels de la politique tributaire traditionnelle

Réalités
0 - annexion du Tibet (1950)
1 - ligne Mac Mahon
2 - démarcations et délimitations (1885-1894)
3 - traité de Pékin
4 - traité d'Aigun (1858)
5 - traité de Nertchinsk (1689)
6 - traités Sino-Mongols (1924 et 1962)
7 - annexions soviétiques (1921-1944)
8 - traité de Tacheng (1864)
9 - secteur des Pamirs : litige de démarcation
10 - traité Sino-Pakistanais (1963)
11 - litige de l'Aksai-chin
12 - traités Népal/Chine et Bhoutan/Chine (1960)
13 - Hong-Kong (1997)

0 1000km

—— frontières de 1919
---- frontières actuelles
Han
Murailles

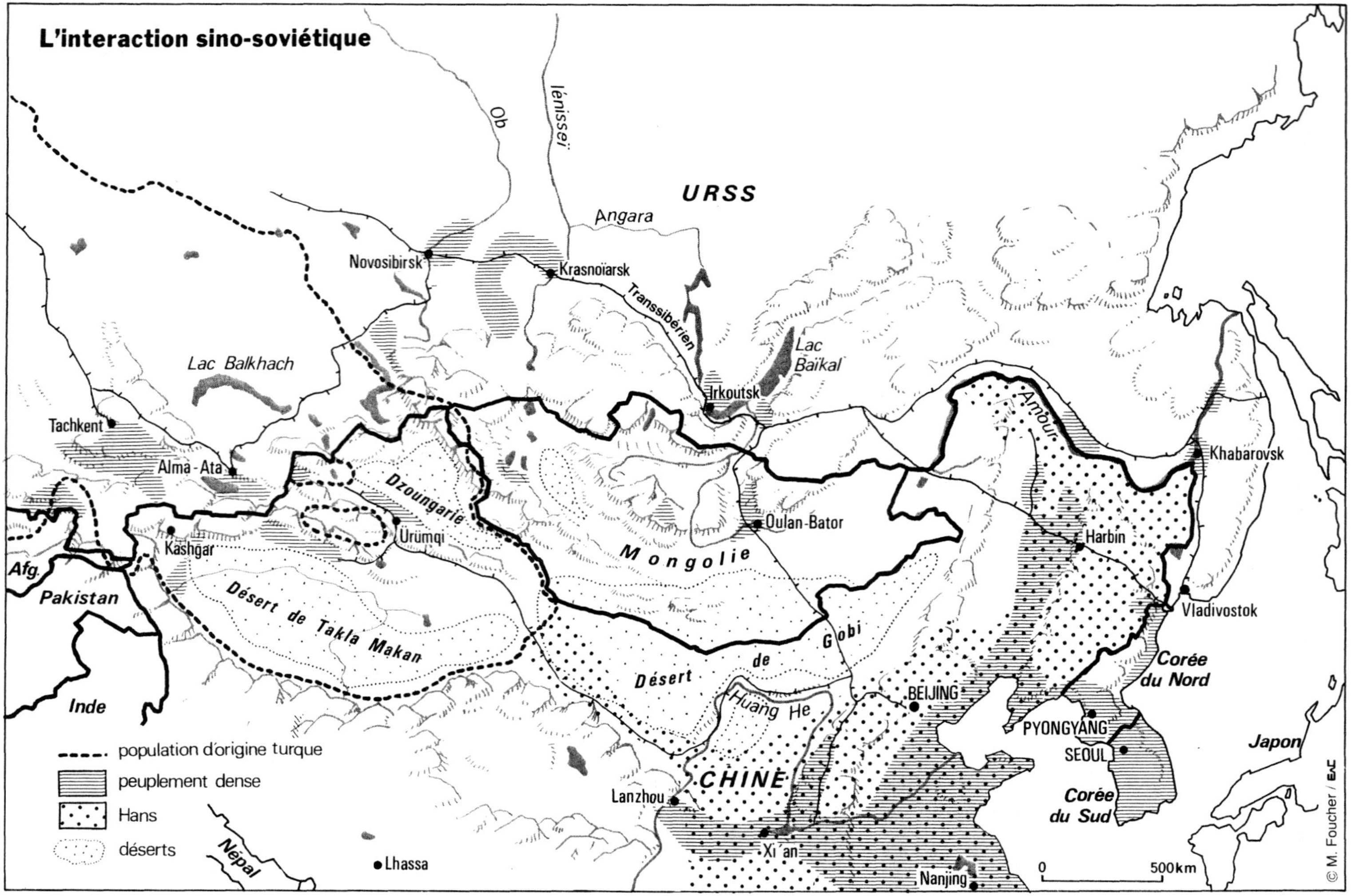
L'interaction sino-soviétique
URSS
Ob
Iénisseï
Angara
Novosibirsk
Krasnoïarsk
Transsibérien
Lac Baïkal
Irkoutsk
Lac Balkhach
Tachkent
Alma-Ata
Dzoungarie
Ürümqi
Kashgar
Afg.
Pakistan
Inde
Désert de Takla Makan
Mongolie
Oulan-Bator
Désert de Gobi
Huang He
CHINE
Lanzhou
Xi'an
Nanjing
BEIJING
Lhassa
Népal
Amour
Harbin
Khabarovsk
Vladivostok
Corée du Nord
PYONGYANG
SEOUL
Corée du Sud
Japon
0
500km
population d'origine turque
peuplement dense
Hans
déserts
© M. Foucher / EAC

Frontières du Vietnam; Bec de canard

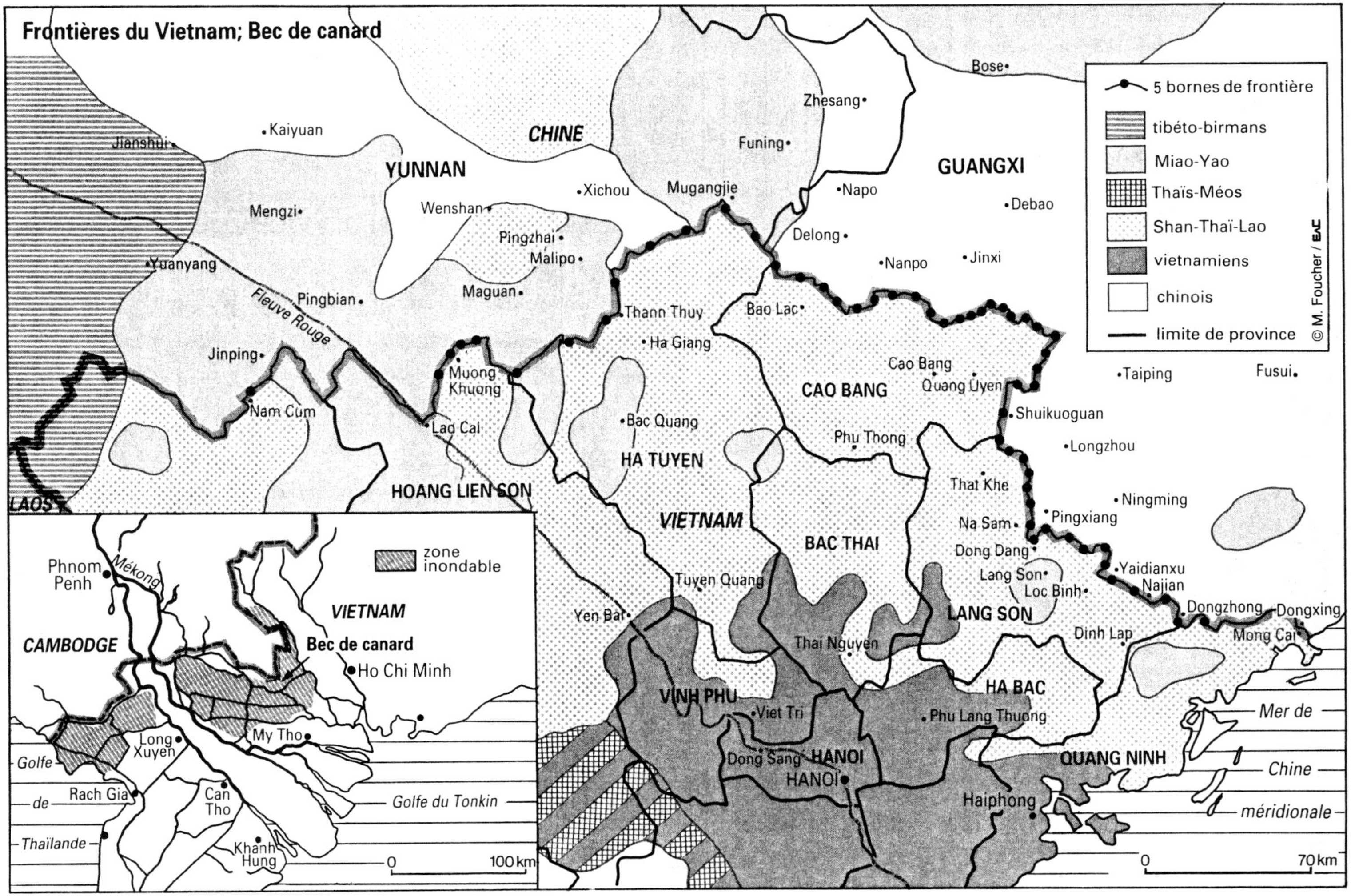

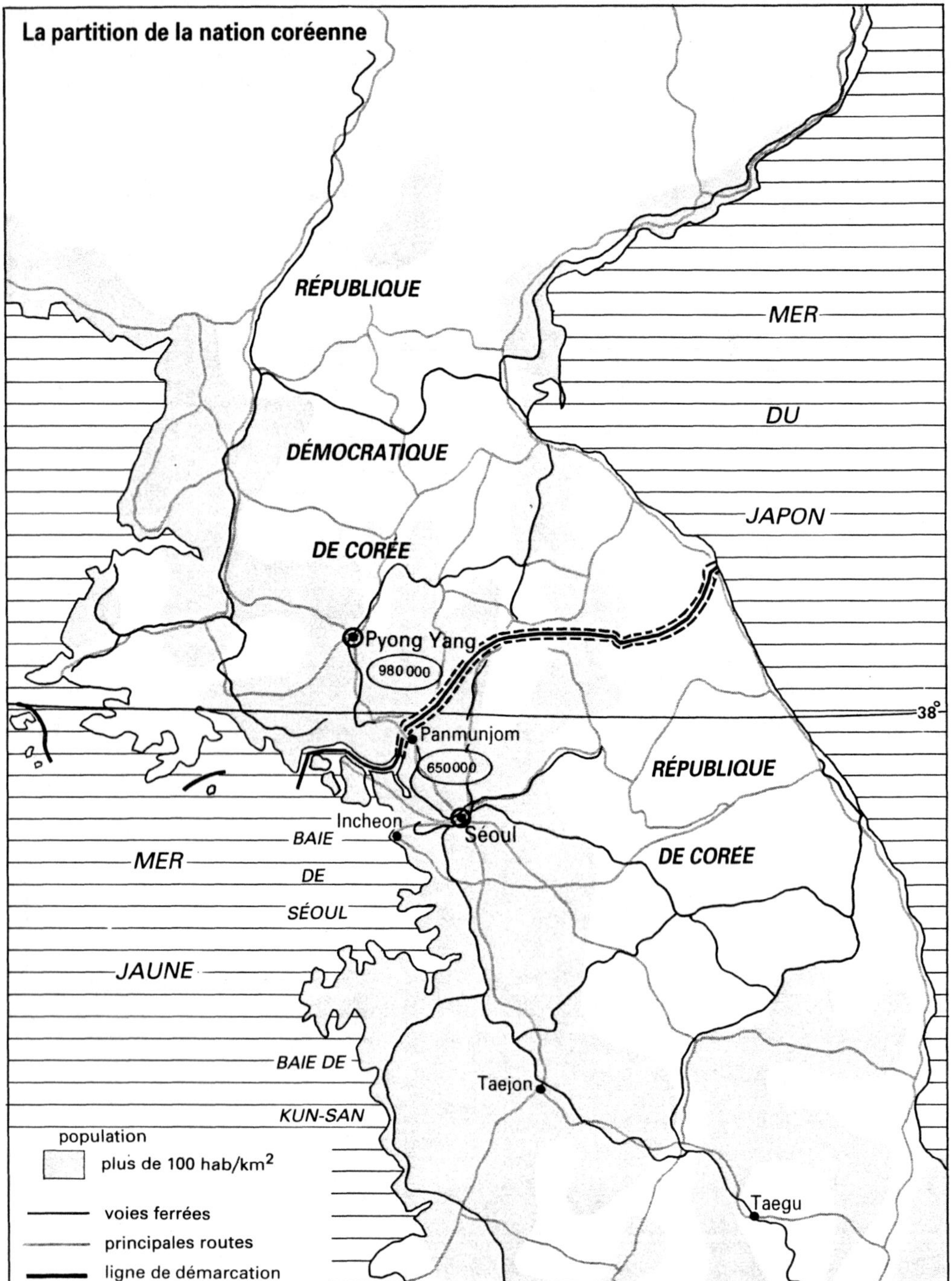
La partition de la nation coréenne
RÉPUBLIQUE
DÉMOCRATIQUE
DE CORÉE
Pyong Yang
980 000
Panmunjom
650000
Séoul
Incheon
RÉPUBLIQUE
DE CORÉE
MER
DU
JAPON
38°
MER
JAUNE
BAIE
DE
SÉOUL
BAIE DE
KUN-SAN
Taejon
Taegu
population
plus de 100 hab/km²
voies ferrées
principales routes
ligne de démarcation
zone démilitarisée
(depuis 1953)
980000
nombre de soldats
0
50km
© M. Foucher / E.A.C

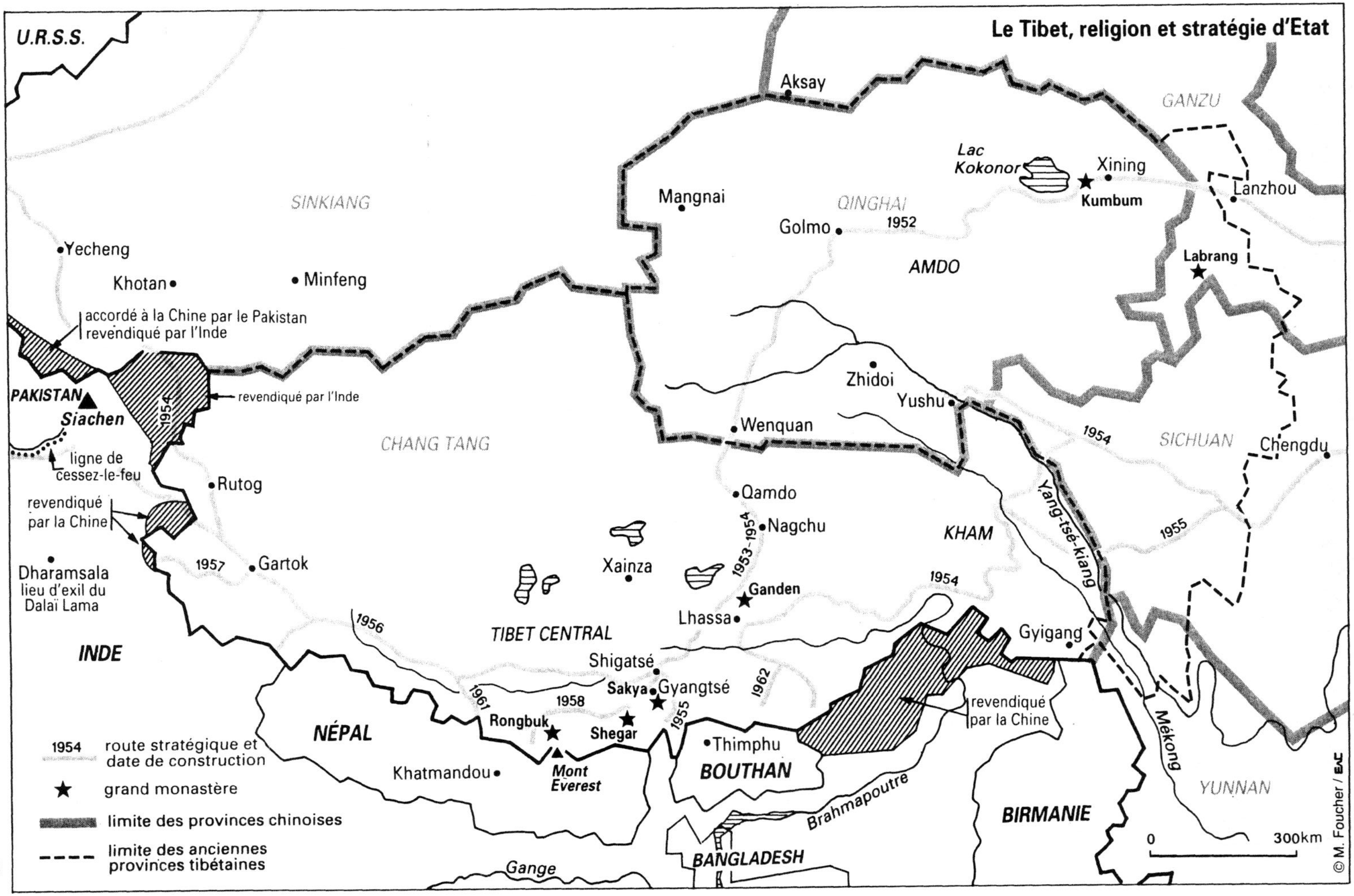

Le Tibet, religion et stratégie d'Etat
U.R.S.S.
SINKIANG
Yecheng
Khotan
Minfeng
accordé à la Chine par le Pakistan
revendiqué par l'Inde
PAKISTAN
Siachen
1954
revendiqué par l'Inde
ligne de cessez-le-feu
CHANG TANG
Rutog
revendiqué par la Chine
Dharamsala
lieu d'exil du Dalaï Lama
1957
Gartok
INDE
Aksay
Mangnai
QINGHAI
Golmo
1952
AMDO
Lac Kokonor
Xining
Kumbum
GANZU
Lanzhou
Labrang
Zhidoi
Yushu
Wenquan
1954
SICHUAN
Chengdu
Qamdo
Nagchu
1953-1954
KHAM
1955
Xainza
Ganden
Lhassa
1954
1956
TIBET CENTRAL
Gyigang
Yang-tsé-kiang
Shigatsé
Sakya
Gyangtsé
1962
1961
1958
Rongbuk
Shegar
1955
revendiqué par la Chine
NÉPAL
Khatmandou
Mont Everest
Thimphu
BOUTHAN
Mékong
YUNNAN
BIRMANIE
Brahmapoutre
BANGLADESH
Gange
1954 route stratégique et date de construction
grand monastère
limite des provinces chinoises
limite des anciennes provinces tibétaines
0
300km
© M. Foucher / EAC

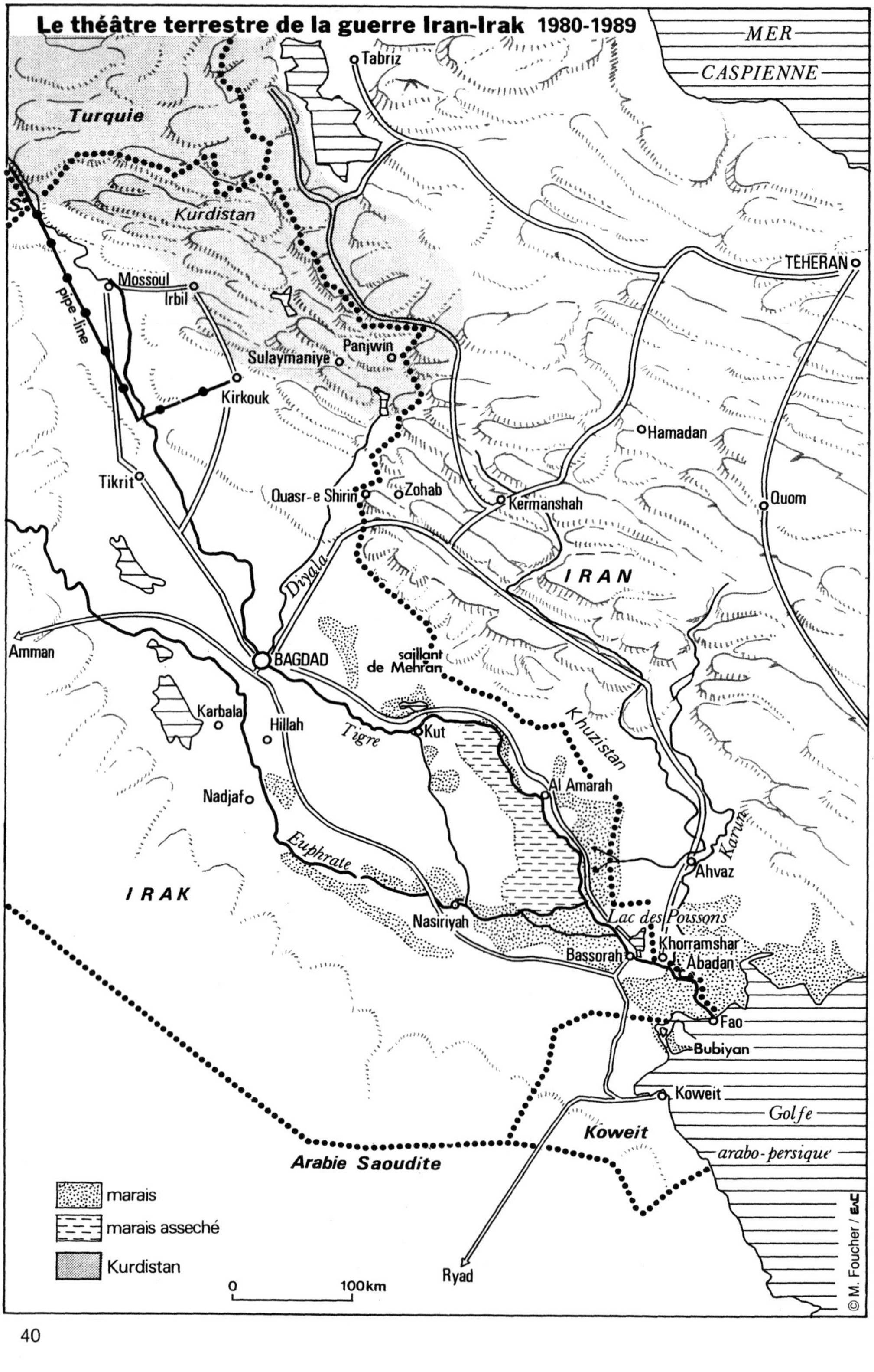
Le théâtre terrestre de la guerre Iran-Irak 1980-1989
MER CASPIENNE
Tabriz
Turquie
Kurdistan
TEHERAN
Mossoul
Irbil
pipe-line
Panjwin
Sulaymaniye
Kirkouk
Hamadan
Tikrit
Quasr-e Shirin
Zohab
Kermanshah
Quom
IRAN
Diyala
Amman
BAGDAD
saillant de Mehran
Karbala
Hillah
Tigre
Kut
Khuzistan
Al Amarah
Nadjaf
Karun
Euphrate
Ahvaz
IRAK
Nasiriyah
Lac des Poissons
Khorramshar
Bassorah
Abadan
Fao
Bubiyan
Koweit
Golfe arabo-persique
Koweit
Arabie Saoudite
marais
marais asseché
Kurdistan
0 100km
Ryad
© M. Foucher / EAC

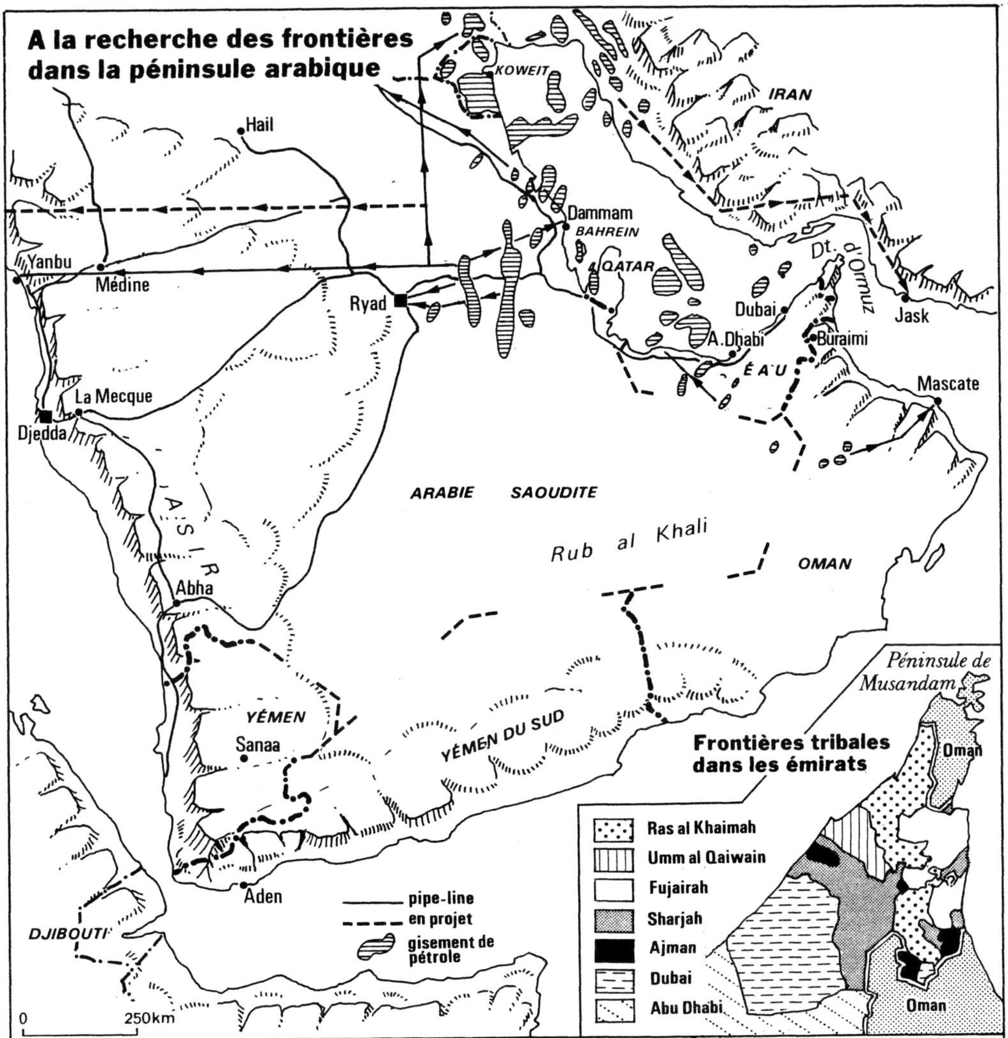
A la recherche des frontières dans la péninsule arabique
KOWEIT
IRAN
Hail
Dammam
BAHREIN
QATAR
Dt. d'Ormuz
Jask
Yanbu
Médine
Ryad
Dubai
A.Dhabi
Buraimi
É A U
Mascate
La Mecque
Djedda
ARABIE SAOUDITE
A S I R
Rub al Khali
OMAN
Abha
YÉMEN
Sanaa
YÉMEN DU SUD
Aden
DJIBOUTI
pipe-line
en projet
gisement de pétrole
0
250km
Péninsule de Musandam
Frontières tribales dans les émirats
Ras al Khaimah
Umm al Qaiwain
Fujairah
Sharjah
Ajman
Dubai
Abu Dhabi
Oman
Oman

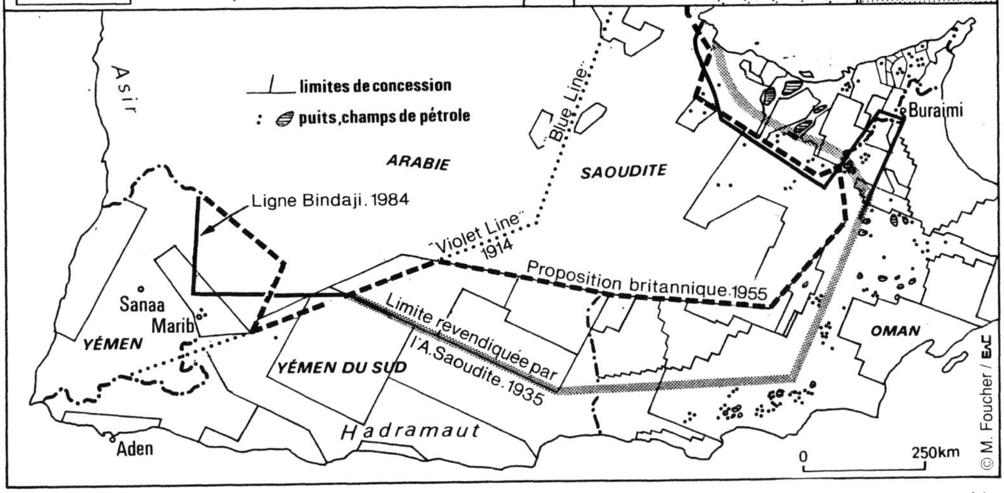
Asir
limites de concession
puits, champs de pétrole
ARABIE
SAOUDITE
Blue Line
Buraimi
Ligne Bindaji. 1984
Violet Line 1914
Proposition britannique.1955
Limite revendiquée par l'A.Saoudite. 1935
Sanaa
Marib
YÉMEN
YÉMEN DU SUD
OMAN
Hadramaut
Aden
0
250km
© M. Foucher / EAC

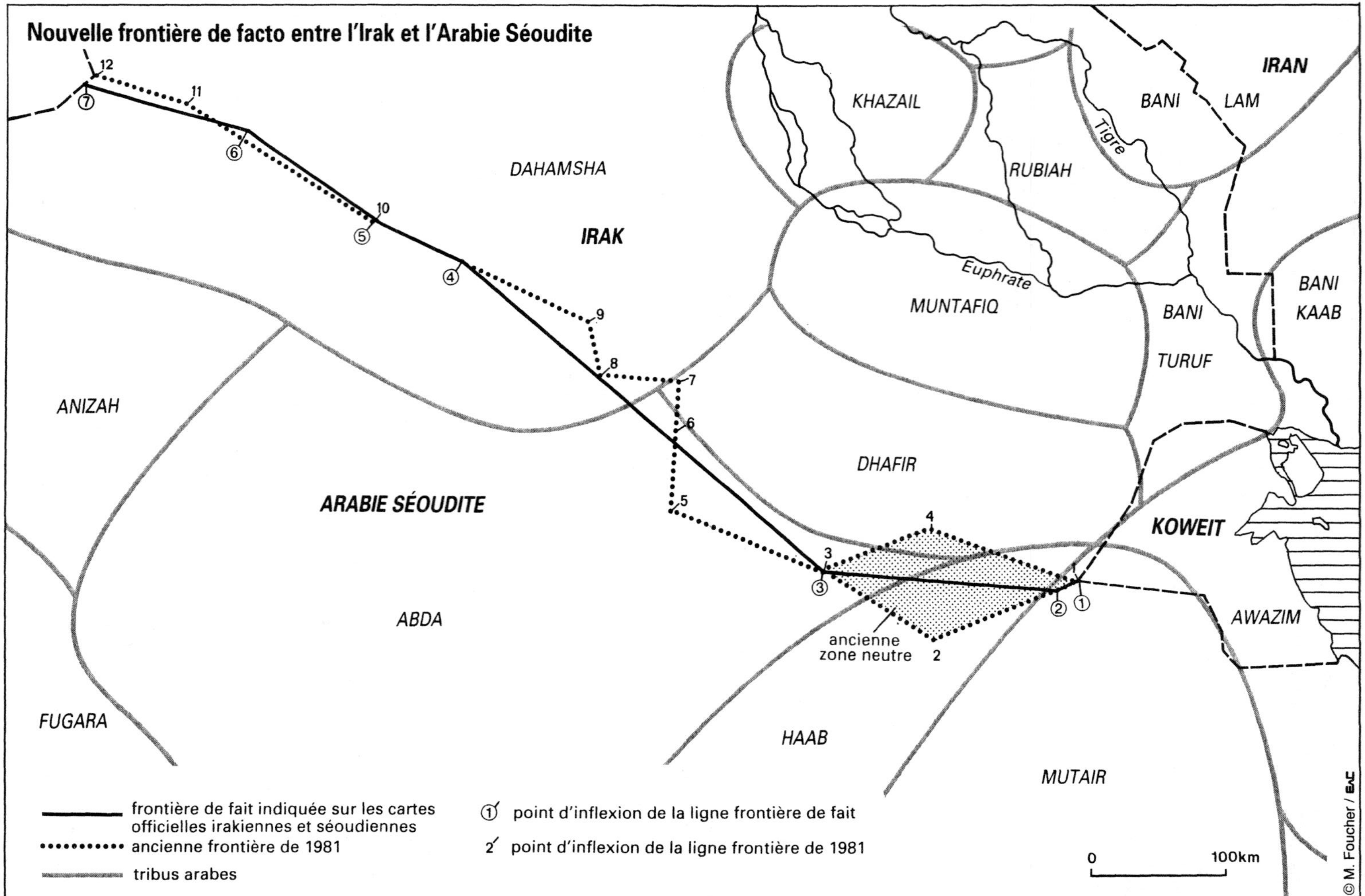
Nouvelle frontière de facto entre l'Irak et l'Arabie Séoudite
IRAN
BANI
LAM
KHAZAIL
Tigre
RUBIAH
Euphrate
MUNTAFIQ
BANI
TURUF
BANI
KAAB
DAHAMSHA
IRAK
DHAFIR
KOWEIT
AWAZIM
ANIZAH
ARABIE SÉOUDITE
ABDA
FUGARA
HAAB
MUTAIR
ancienne
zone neutre
frontière de fait indiquée sur les cartes officielles irakiennes et séoudiennes
ancienne frontière de 1981
tribus arabes
① point d'inflexion de la ligne frontière de fait
2 point d'inflexion de la ligne frontière de 1981
0
100km
© M. Foucher / EAC

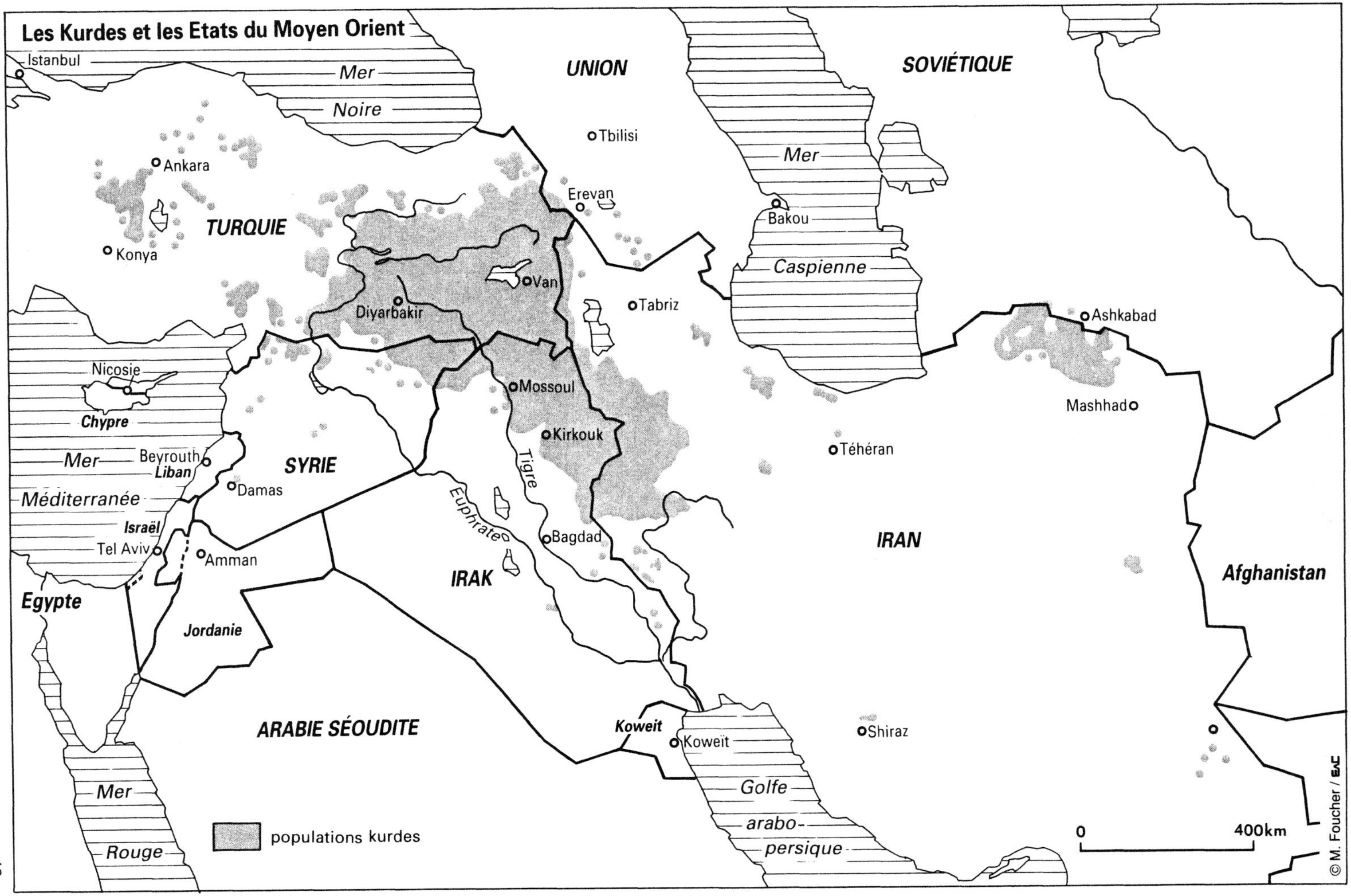
Les Kurdes et les Etats du Moyen Orient
Istanbul
Mer
Noire
UNION
SOVIÉTIQUE
Tbilisi
Mer
Ankara
Erevan
Bakou
TURQUIE
Konya
Caspienne
Van
Tabriz
Diyarbakir
Ashkabad
Nicosie
Mossoul
Chypre
Mashhad
Kirkouk
Mer
Beyrouth
Liban
SYRIE
Téhéran
Damas
Tigre
Méditerranée
Euphrate
Israël
Bagdad
IRAN
Tel Aviv
Amman
IRAK
Afghanistan
Egypte
Jordanie
ARABIE SÉOUDITE
Koweit
Koweït
Shiraz
Golfe
arabo-
persique
Mer
Rouge
populations kurdes
0
400km
© M. Foucher / EAC

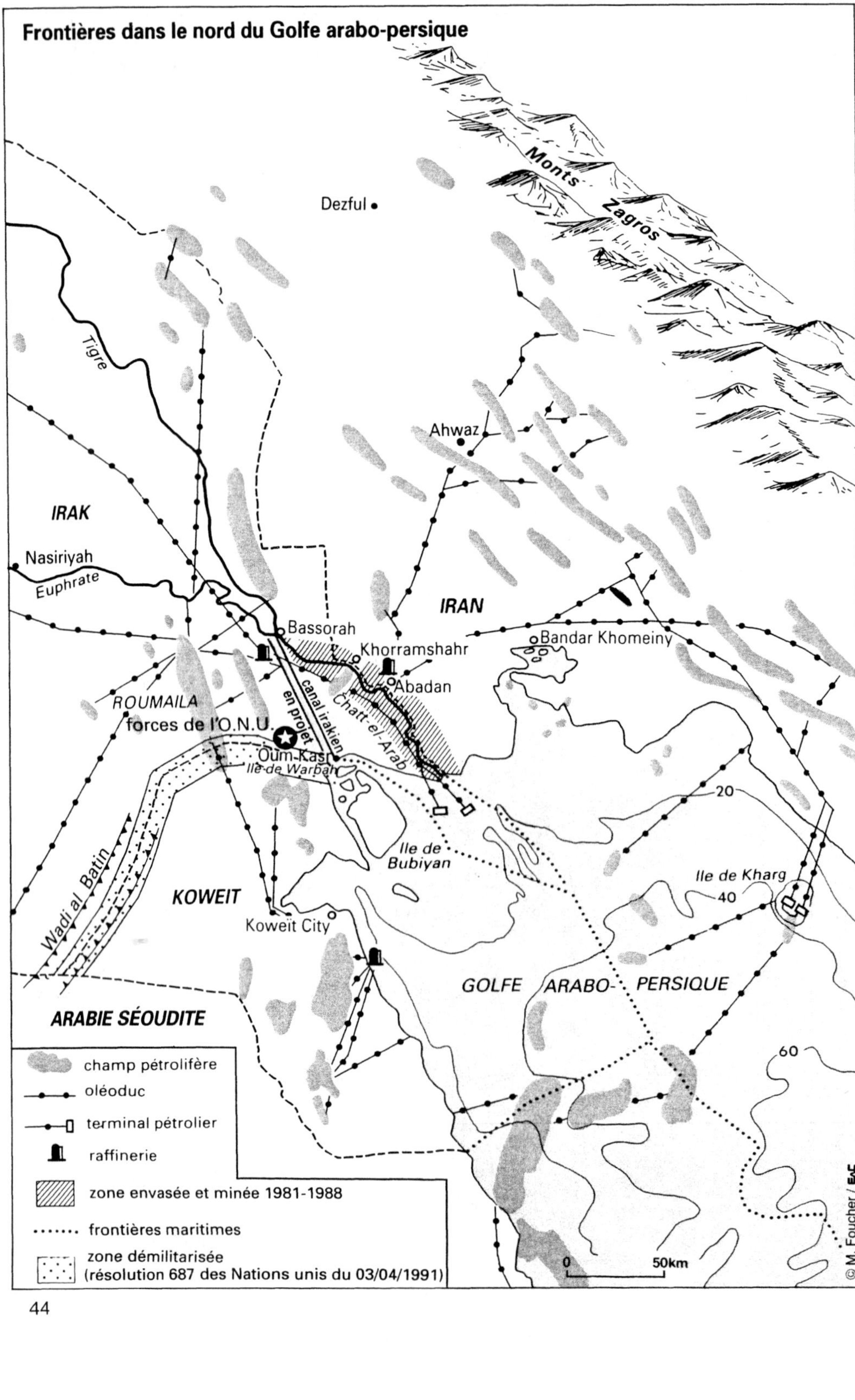
Frontières dans le nord du Golfe arabo-persique
Monts Zagros
Dezful
Tigre
Ahwaz
IRAK
IRAN
Nasiriyah
Euphrate
Bassorah
Khorramshahr
Bandar Khomeiny
Abadan
ROUMAILA
forces de l'O.N.U.
canal irakien en projet
Chatt-el-Arab
Oum-Kasr
Ile de Warbah
20
Ile de Bubiyan
Wadi al Batin
KOWEIT
Ile de Kharg
40
Koweït City
GOLFE ARABO-PERSIQUE
ARABIE SÉOUDITE
60
champ pétrolifère
oléoduc
terminal pétrolier
raffinerie
zone envasée et minée 1981-1988
frontières maritimes
zone démilitarisée (résolution 687 des Nations unis du 03/04/1991)
0
50km
© M. Foucher / EAC

Iran/Irak: les accords d'Alger de 1975, contestés en 1980, acceptés en 1990

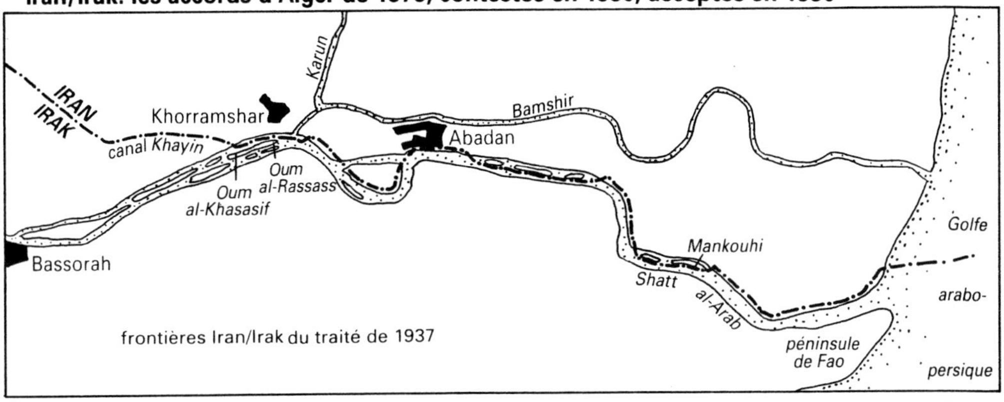

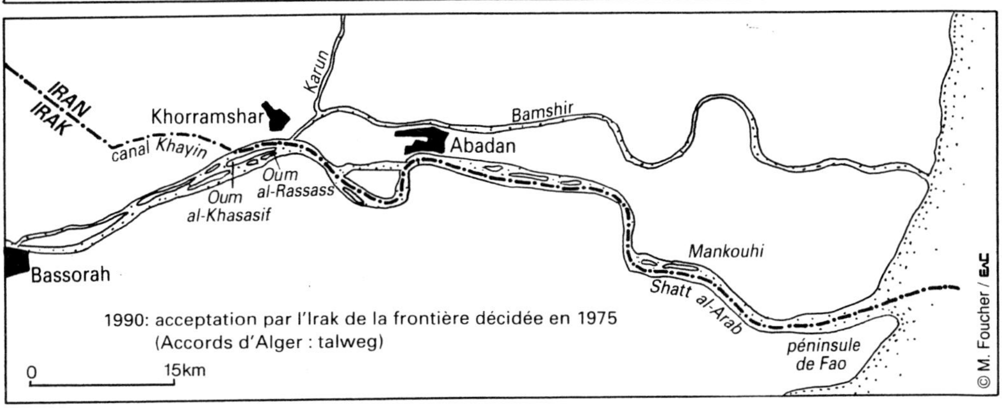

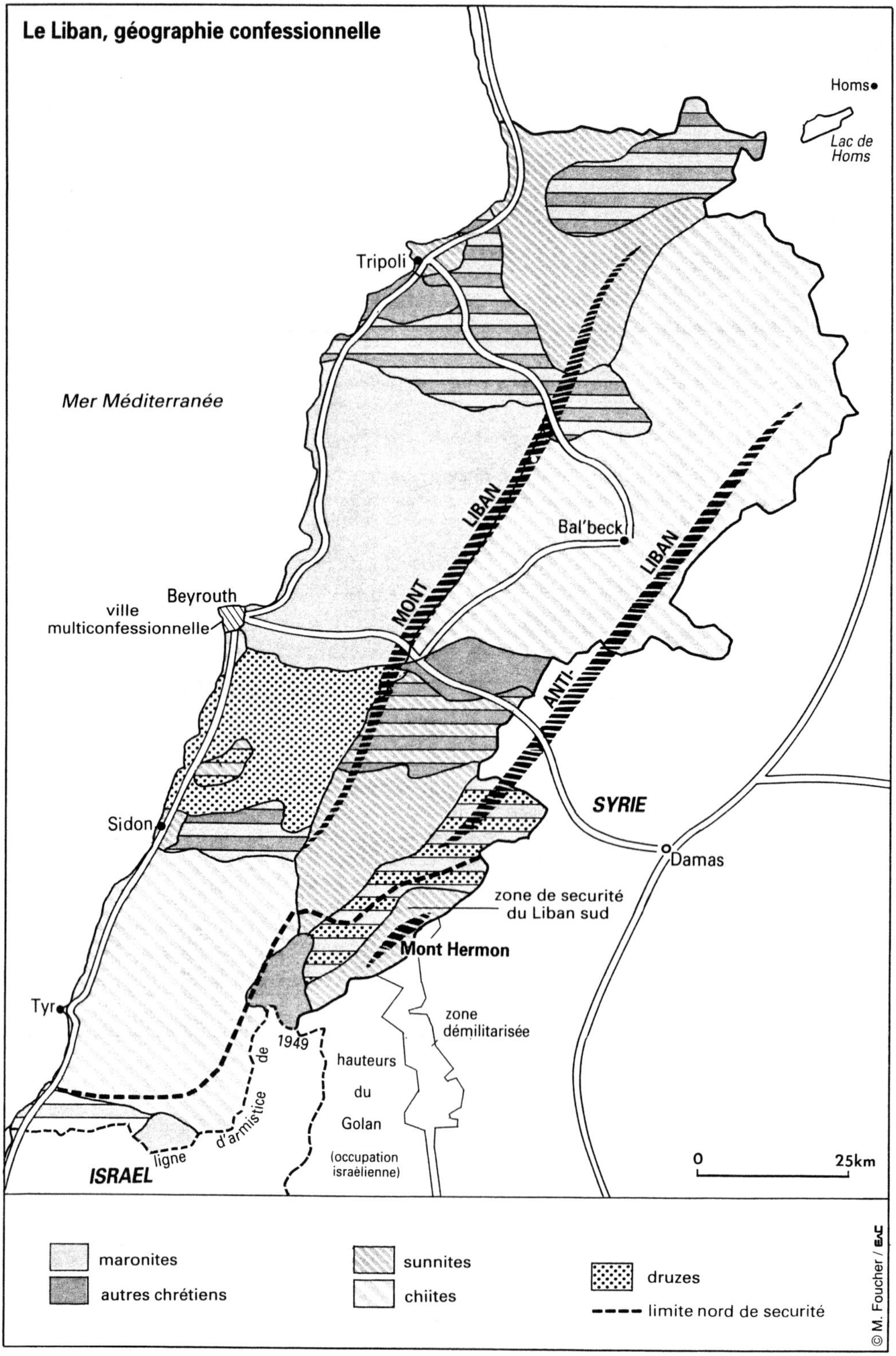
Le Liban, géographie confessionnelle
Homs
Lac de Homs
Tripoli
Mer Méditerranée
MONT LIBAN
Bal'beck
Beyrouth
ville multiconfessionnelle
ANTI-LIBAN
SYRIE
Sidon
Damas
zone de securité du Liban sud
Mont Hermon
Tyr
zone démilitarisée
hauteurs du Golan
(occupation israélienne)
ligne d'armistice de 1949
ISRAEL
0
25km
maronites
autres chrétiens
sunnites
chiites
druzes
limite nord de securité
© M. Foucher / EAC

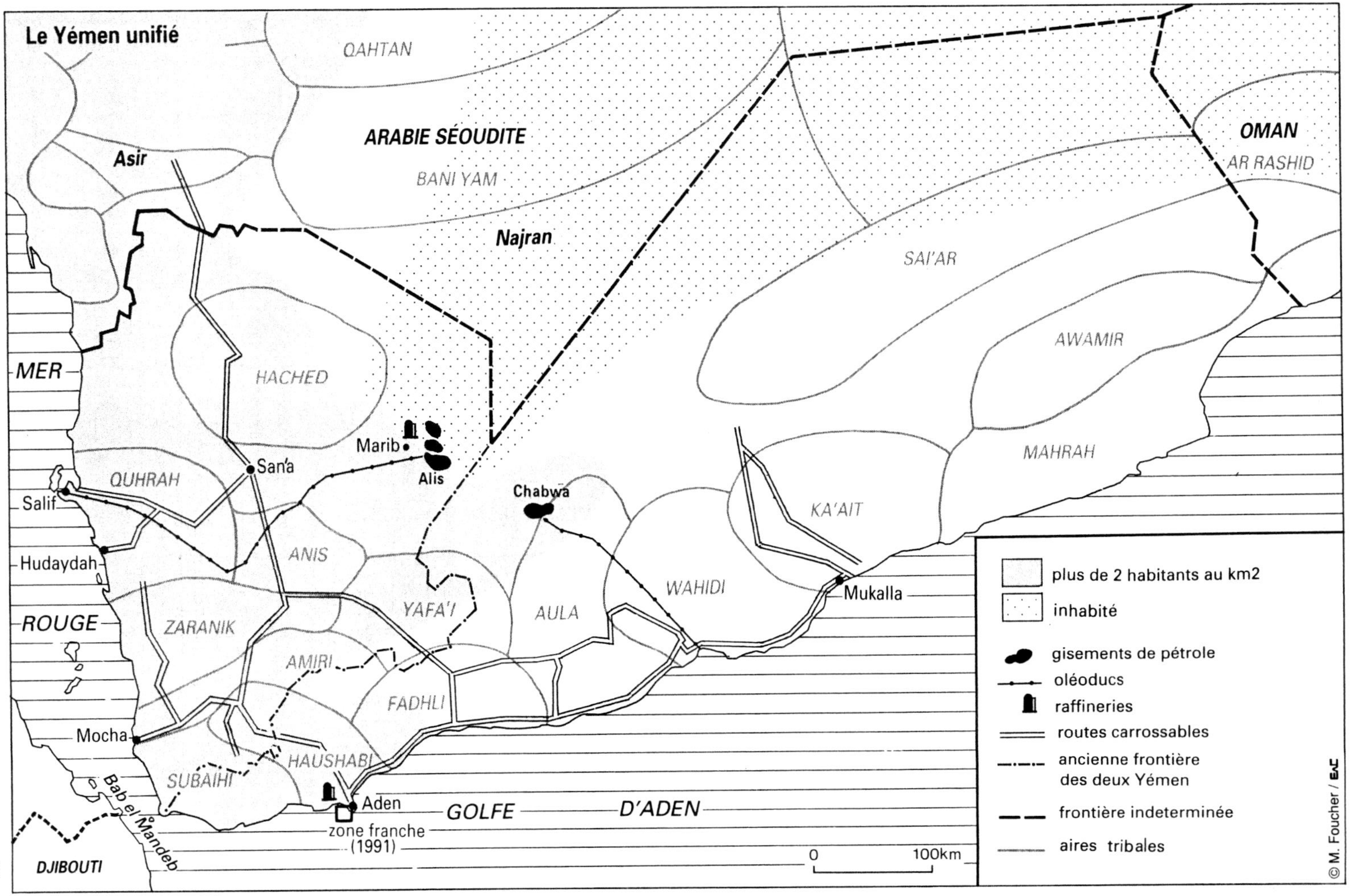
Le Yémen unifié
QAHTAN
ARABIE SÉOUDITE
Asir
BANI YAM
Najran
OMAN
AR RASHID
SAI'AR
AWAMIR
MAHRAH
KA'AIT
HACHED
MER
Marib
Alis
San'a
QUHRAH
Salif
Chabwa
Hudaydah
ANIS
WAHIDI
Mukalla
YAFA'I
AULA
ROUGE
ZARANIK
AMIRI
FADHLI
Mocha
HAUSHABI
SUBAIHI
Aden
GOLFE
D'ADEN
Bab el Mandeb
zone franche
(1991)
DJIBOUTI
0
100km
plus de 2 habitants au km2
inhabité
gisements de pétrole
oléoducs
raffineries
routes carrossables
ancienne frontière
des deux Yémen
frontière indeterminée
aires tribales
© M. Foucher / EAC

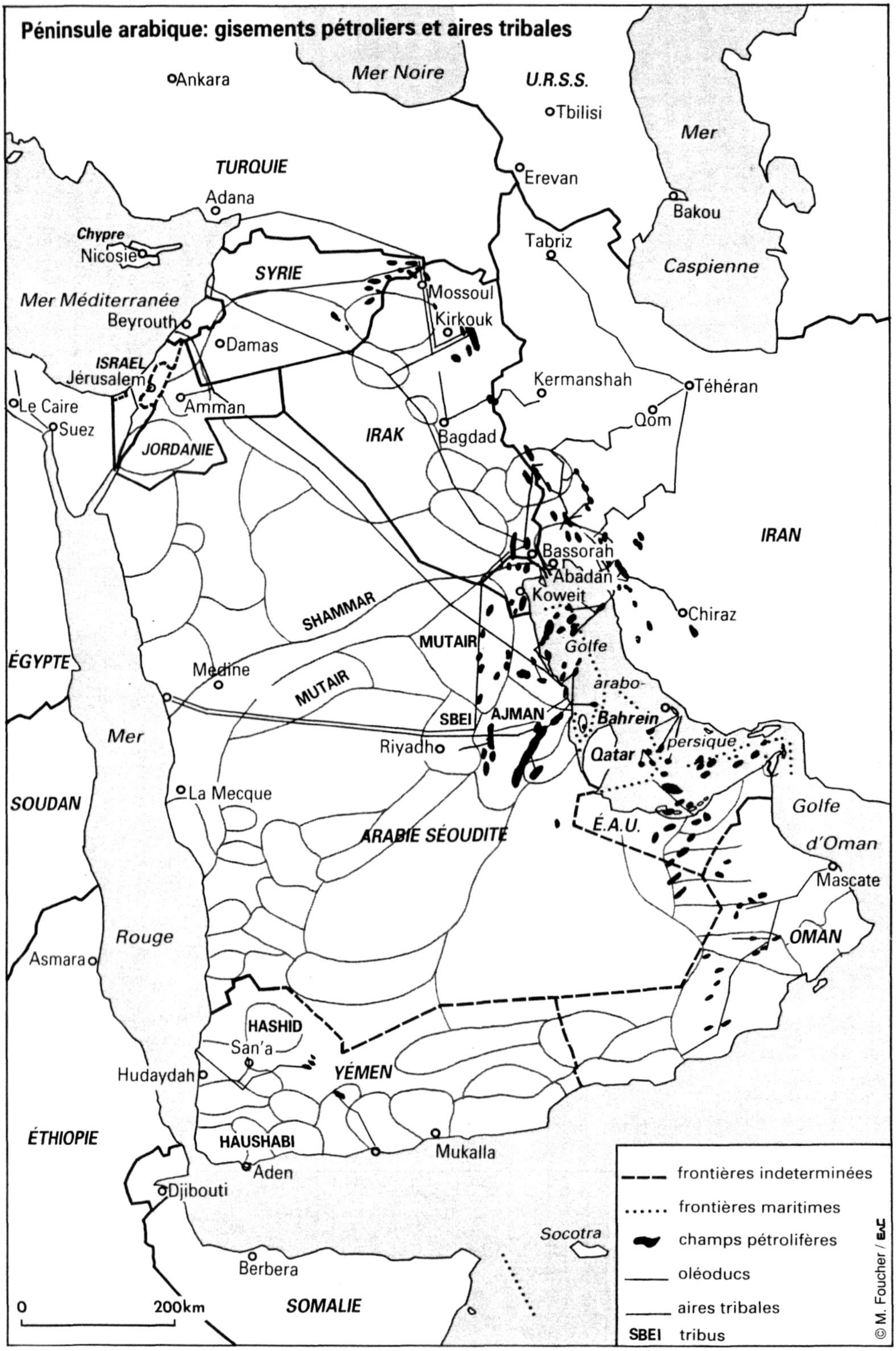

Péninsule arabique: gisements pétroliers et aires tribales
Ankara
Mer Noire
U.R.S.S.
Tbilisi
Mer
Caspienne
Bakou
Erevan
TURQUIE
Adana
Chypre
Nicosie
SYRIE
Tabriz
Mossoul
Kirkouk
Mer Méditerranée
Beyrouth
Damas
ISRAEL
Jérusalem
Amman
Le Caire
Suez
JORDANIE
IRAK
Bagdad
Kermanshah
Téhéran
Qom
IRAN
Bassorah
Abadan
Koweit
Chiraz
SHAMMAR
MUTAIR
MUTAIR
Golfe
arabo-
persique
Bahrein
Qatar
ÉGYPTE
Médine
SBEI
AJMAN
Riyadh
Mer
SOUDAN
La Mecque
ARABIE SÉOUDITE
É.A.U.
Golfe
d'Oman
Mascate
OMAN
Rouge
Asmara
HASHID
San'a
YÉMEN
Hudaydah
ÉTHIOPIE
HAUSHABI
Aden
Mukalla
Djibouti
Socotra
Berbera
SOMALIE
0
200km
frontières indeterminées
frontières maritimes
champs pétrolifères
oléoducs
aires tribales
SBEI tribus
© M. Foucher / EAC

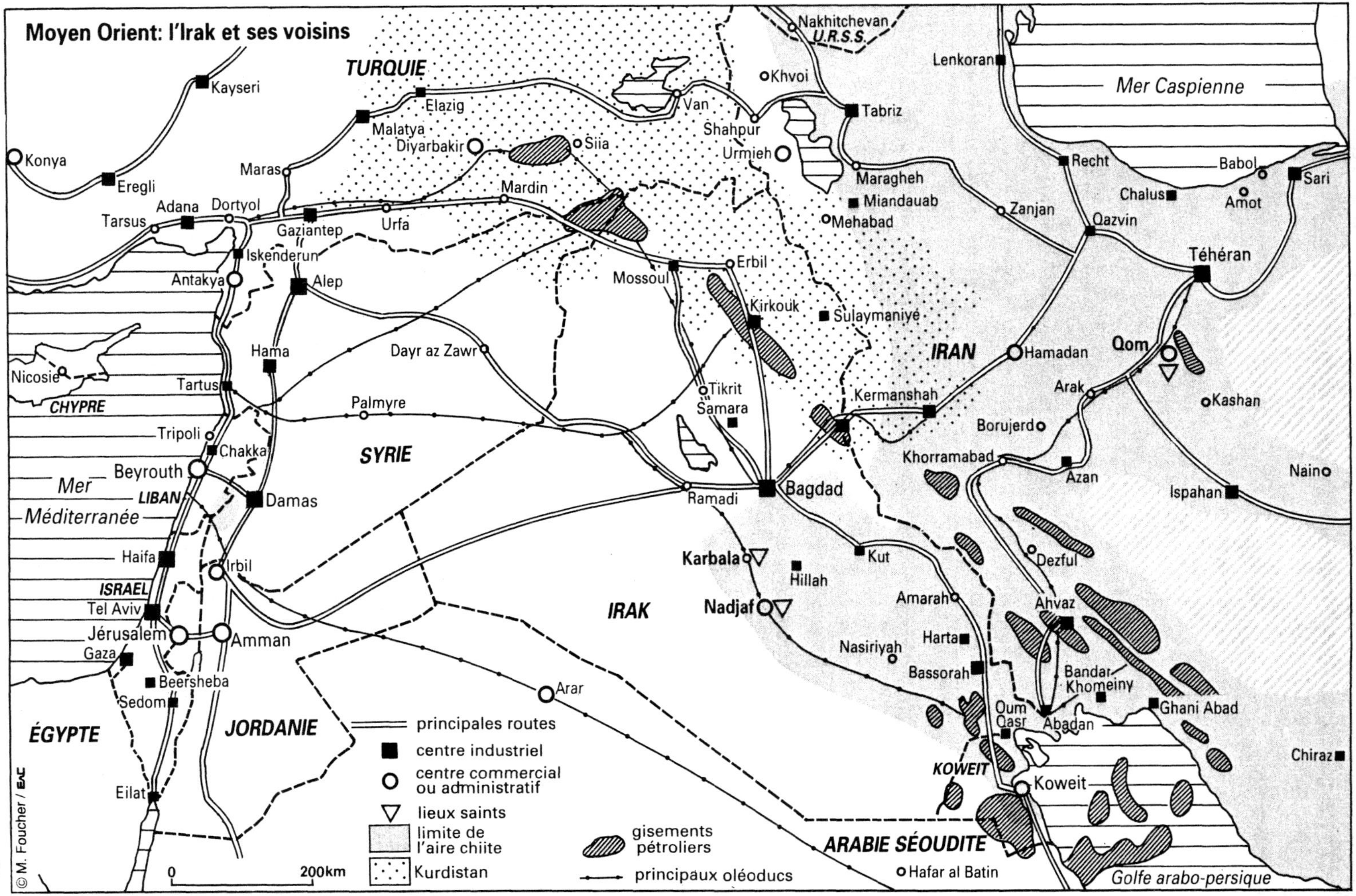

Moyen Orient: l'Irak et ses voisins
TURQUIE
SYRIE
IRAK
IRAN
JORDANIE
ÉGYPTE
ISRAEL
LIBAN
CHYPRE
KOWEIT
ARABIE SÉOUDITE
U.R.S.S.
Mer Caspienne
Mer Méditerranée
Golfe arabo-persique
Konya
Eregli
Kayseri
Tarsus
Adana
Dortyol
Maras
Malatya
Elazig
Diyarbakir
Siia
Van
Shahpur
Urmieh
Khvoi
Nakhitchevan
Tabriz
Maragheh
Miandauab
Mehabad
Lenkoran
Recht
Zanjan
Qazvin
Chalus
Babol
Amot
Sari
Téhéran
Gaziantep
Urfa
Mardin
Iskenderun
Antakya
Alep
Hama
Tartus
Tripoli
Chakka
Beyrouth
Damas
Haifa
Tel Aviv
Jérusalem
Amman
Irbil
Gaza
Beersheba
Sedom
Eilat
Nicosie
Palmyre
Dayr az Zawr
Mossoul
Erbil
Kirkouk
Sulaymaniyé
Tikrit
Samara
Ramadi
Bagdad
Karbala
Hillah
Nadjaf
Kut
Amarah
Nasiriyah
Harta
Bassorah
Oum Qasr
Koweit
Hafar al Batin
Arar
Kermanshah
Hamadan
Qom
Arak
Kashan
Borujerd
Khorramabad
Azan
Dezful
Ahvaz
Bandar Khomeiny
Abadan
Ghani Abad
Ispahan
Naino
Chiraz
principales routes
centre industriel
centre commercial ou administratif
lieux saints
limite de l'aire chiite
Kurdistan
gisements pétroliers
principaux oléoducs
0
200km
© M. Foucher / EAC

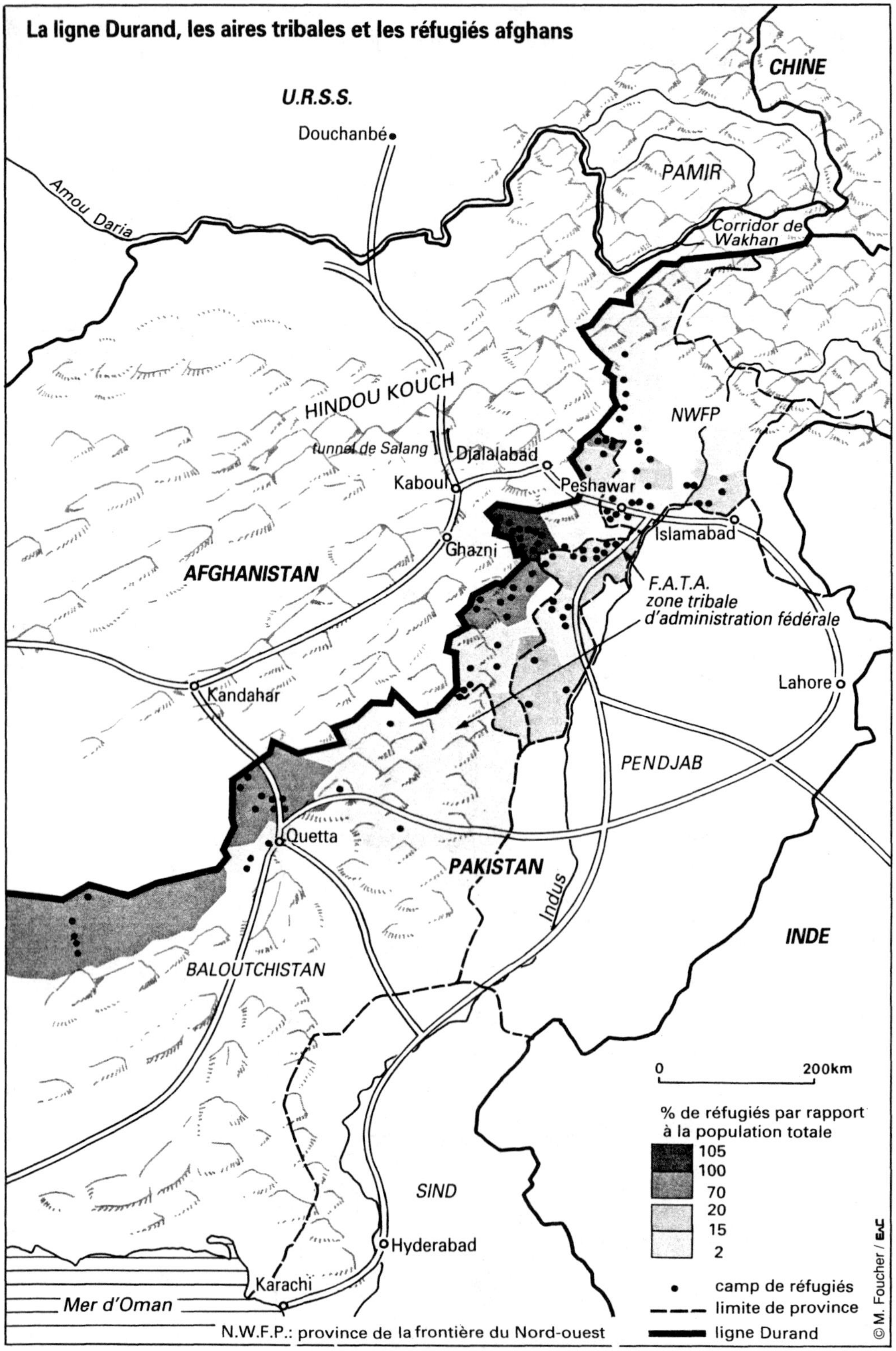
La ligne Durand, les aires tribales et les réfugiés afghans
U.R.S.S.
CHINE
Douchanbé
Amou Daria
PAMIR
Corridor de Wakhan
HINDOU KOUCH
NWFP
tunnel de Salang
Djalalabad
Kaboul
Peshawar
Islamabad
Ghazni
AFGHANISTAN
F.A.T.A.
zone tribale
d'administration fédérale
Lahore
Kandahar
PENDJAB
Quetta
PAKISTAN
Indus
INDE
BALOUTCHISTAN
0
200km
% de réfugiés par rapport à la population totale
105
100
70
20
15
2
SIND
Hyderabad
Karachi
Mer d'Oman
camp de réfugiés
limite de province
ligne Durand
N.W.F.P.: province de la frontière du Nord-ouest
© M. Foucher / EAC

Moyen Orient: l'Irak et ses voisins

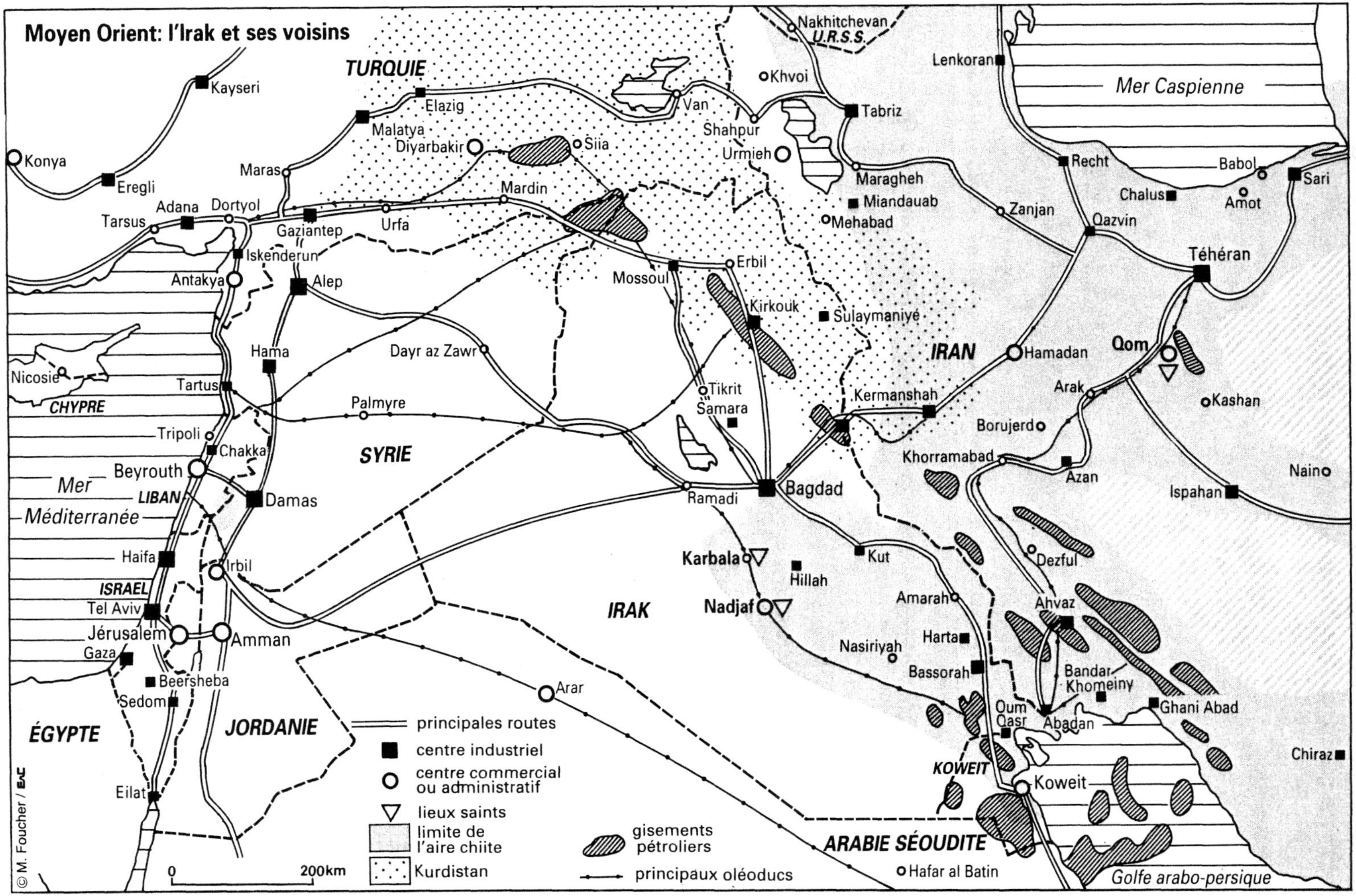

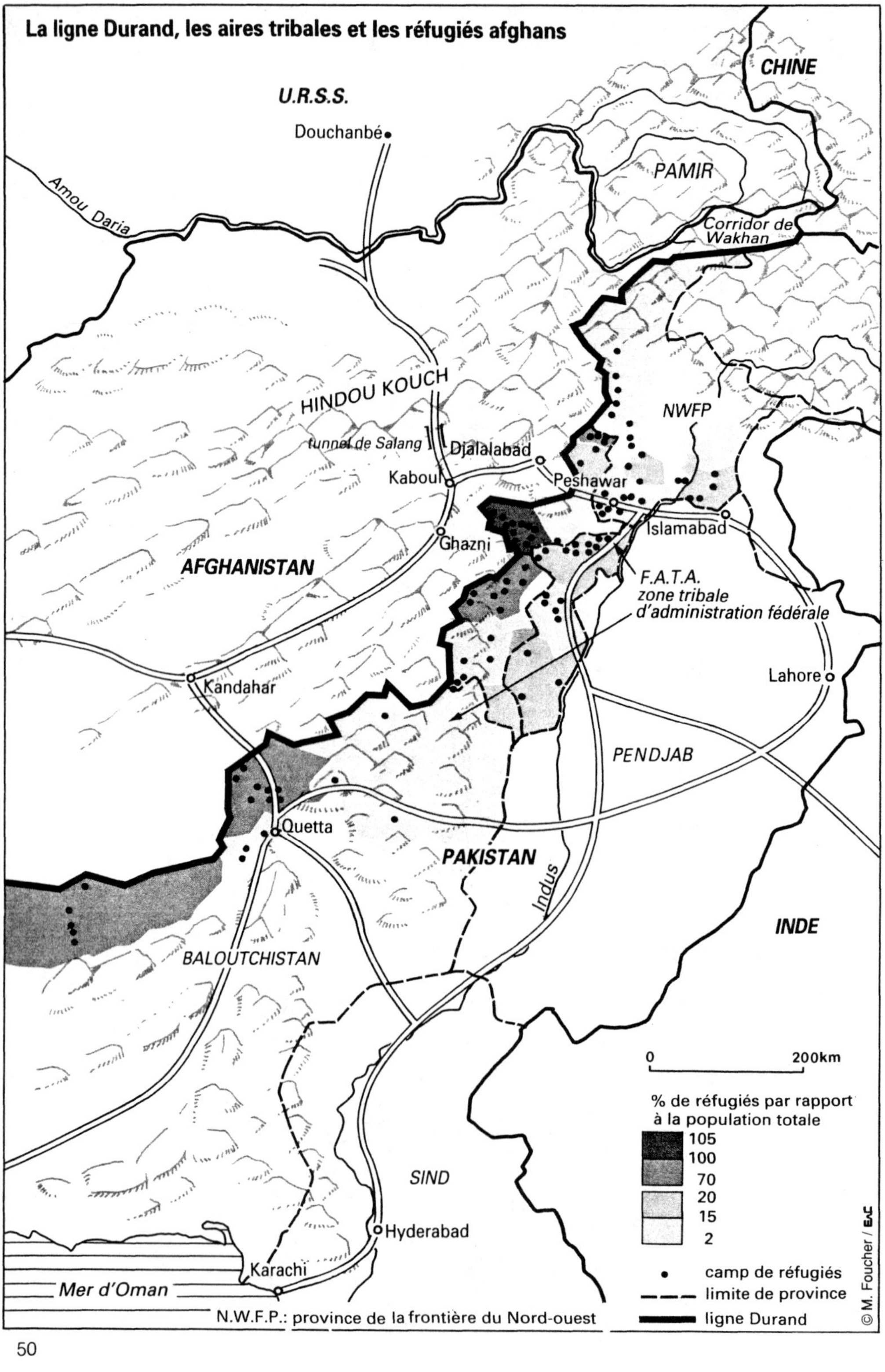
La ligne Durand, les aires tribales et les réfugiés afghans
U.R.S.S.
Douchanbé
Amou Daria
CHINE
PAMIR
Corridor de Wakhan
HINDOU KOUCH
tunnel de Salang
Djalalabad
Kaboul
Peshawar
NWFP
Islamabad
Ghazni
AFGHANISTAN
F.A.T.A.
zone tribale
d'administration fédérale
Kandahar
Lahore
PENDJAB
Quetta
PAKISTAN
Indus
INDE
BALOUTCHISTAN
SIND
Hyderabad
Karachi
Mer d'Oman
0
200km
% de réfugiés par rapport à la population totale
105
100
70
20
15
2
camp de réfugiés
limite de province
ligne Durand
N.W.F.P.: province de la frontière du Nord-ouest
© M. Foucher / EAC

La ligne Durand et les aires Pashtoun

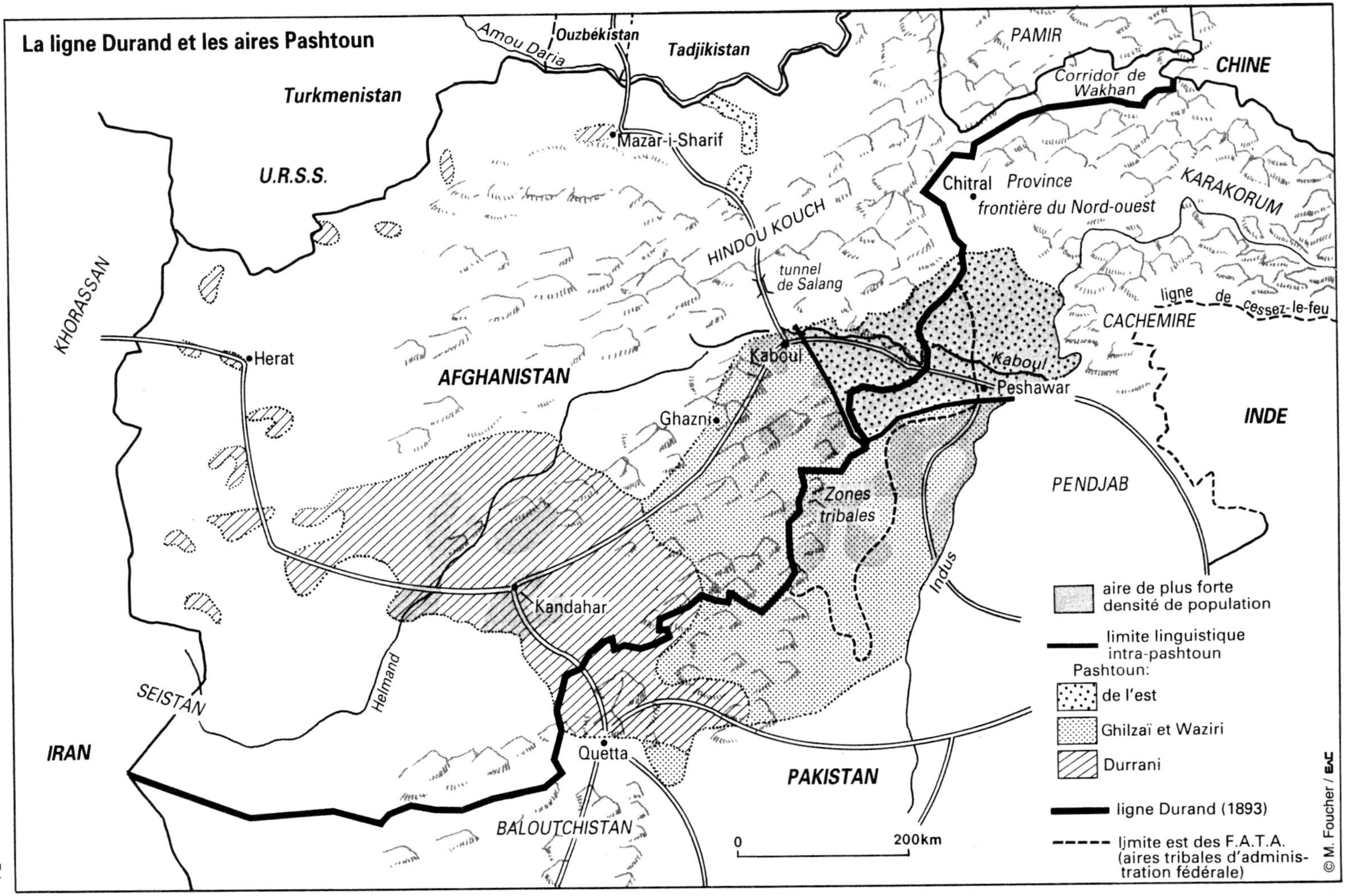

La stratégie spatiale d'implantation israélienne en Cisjordanie

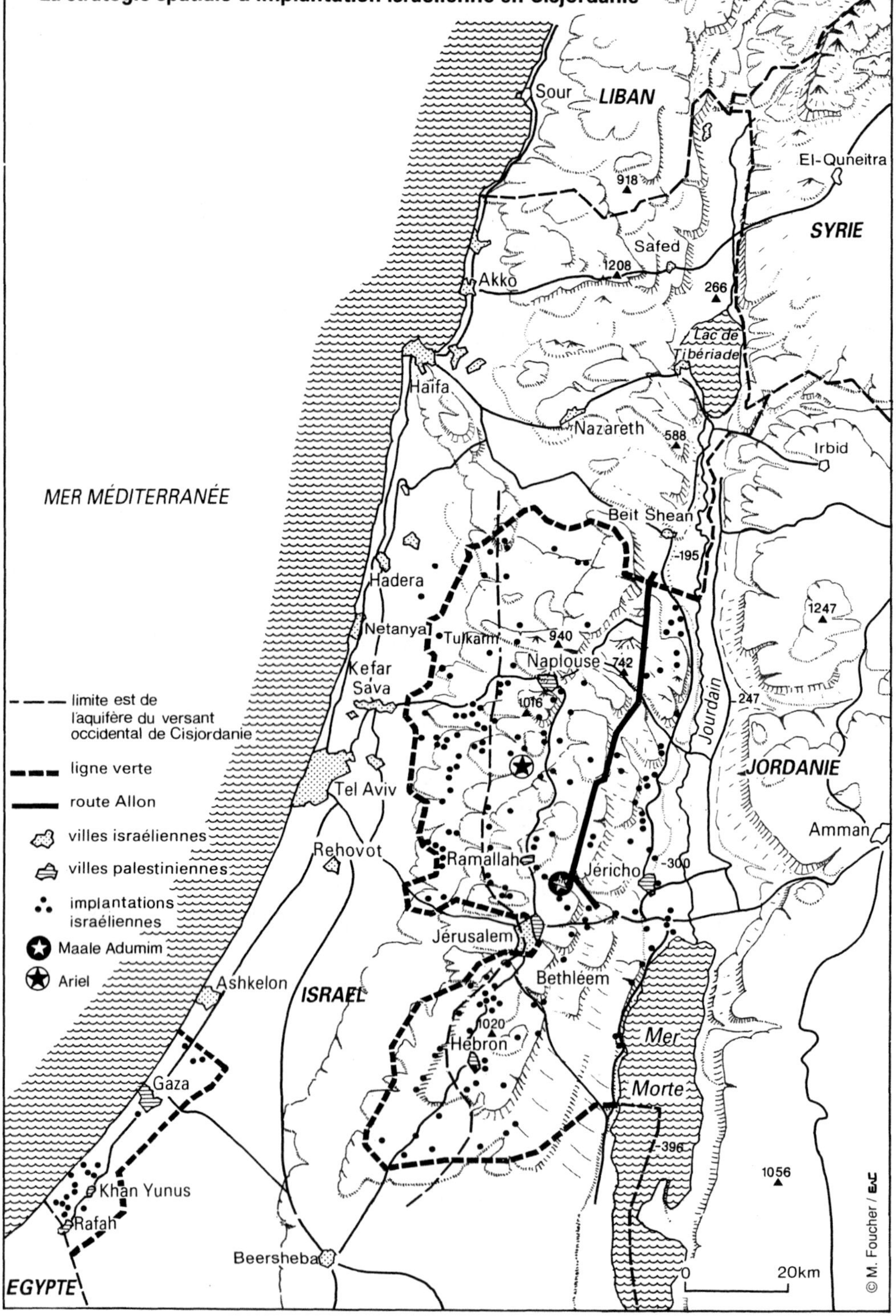

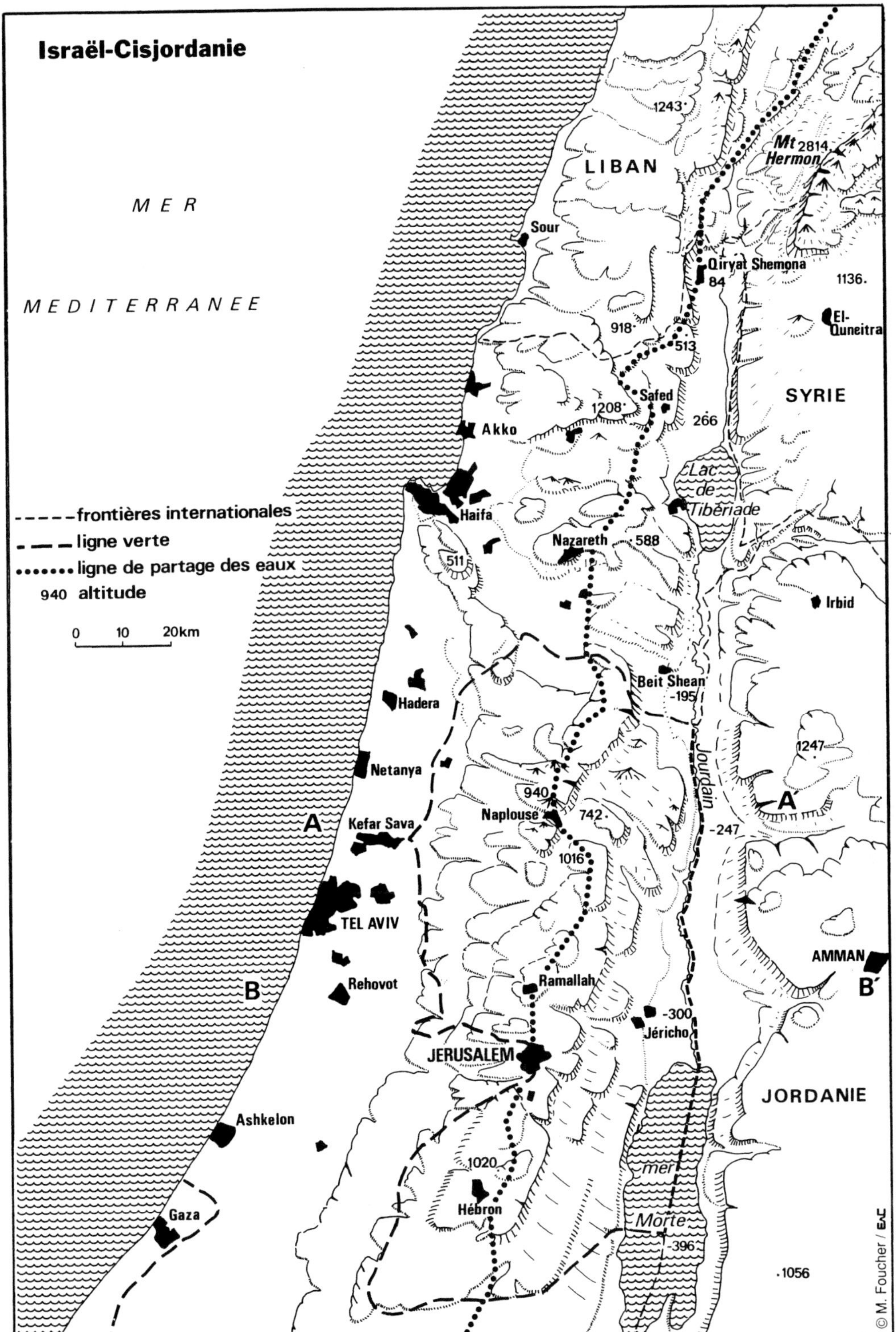
Israël-Cisjordanie
MER
MEDITERRANEE
LIBAN
SYRIE
JORDANIE
Mt Hermon 2814
1243
Sour
Qiryat Shemona
84
1136.
El-Quneitra
918
513
Safed
1208
266
Akko
Lac de Tibériade
Haifa
Nazareth
588
511
Irbid
----frontières internationales
ligne verte
ligne de partage des eaux
940 altitude
0 10 20km
Beit Shean
-195
Hadera
1247
Netanya
Jourdain
940
Naplouse
742
A
A'
Kefar Sava
-247
1016
TEL AVIV
AMMAN
Rehovot
Ramallah
B
B'
-300
Jéricho
JERUSALEM
Ashkelon
1020
mer
Hébron
Gaza
Morte
-396
1056
© M. Foucher / EAC

Topographie et stratégie : Israël-Cisjordanie-Jordanie

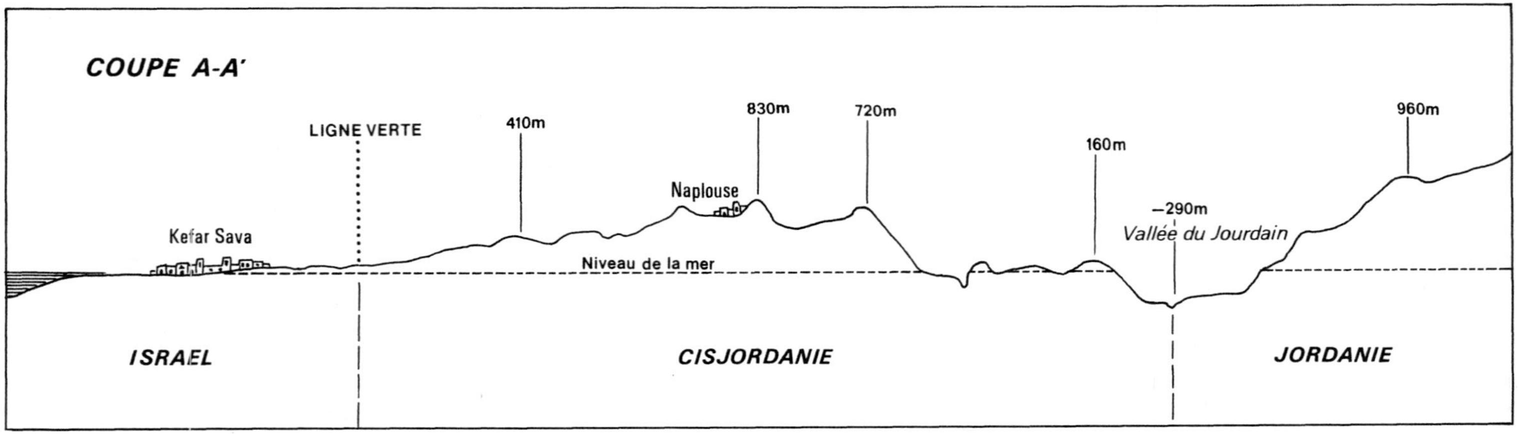

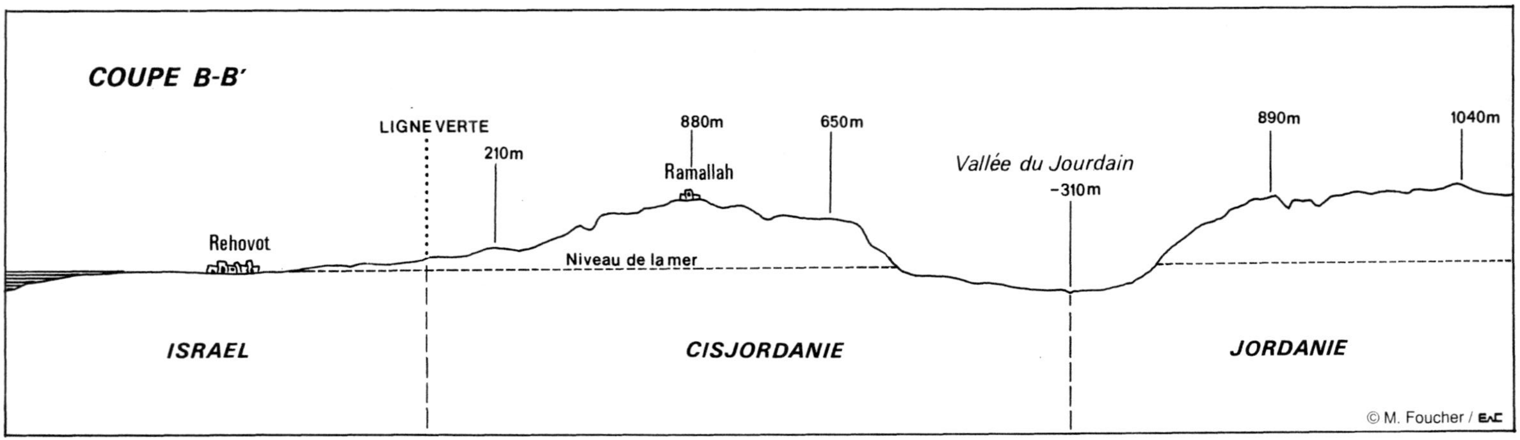

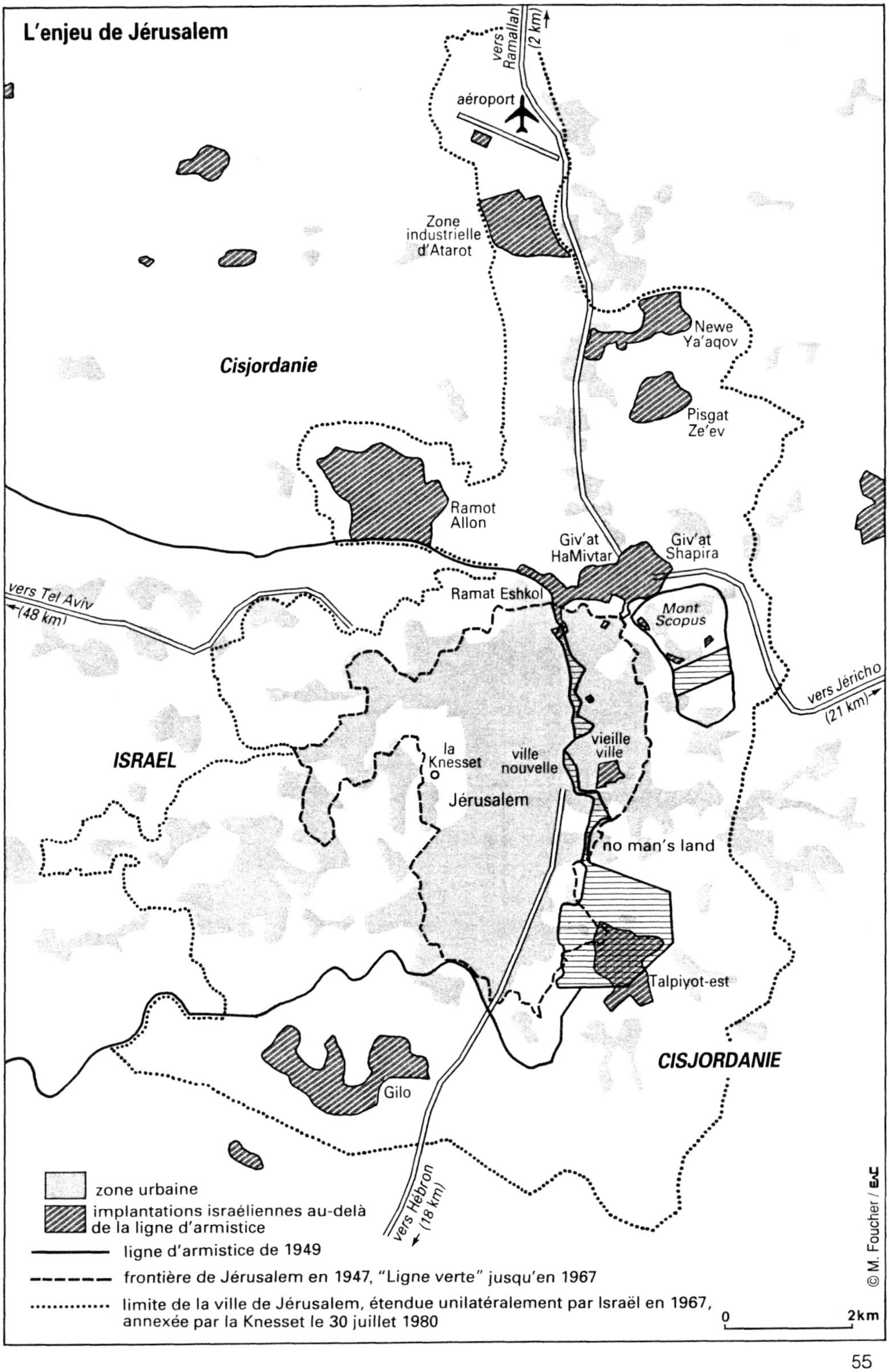
L'enjeu de Jérusalem
vers Ramallah (2 km)
aéroport
Zone industrielle d'Atarot
Newe Ya'aqov
Cisjordanie
Pisgat Ze'ev
Ramot Allon
Giv'at HaMivtar
Giv'at Shapira
vers Tel Aviv (48 km)
Ramat Eshkol
Mont Scopus
vers Jéricho (21 km)
la Knesset
ville nouvelle
vieille ville
ISRAEL
Jérusalem
no man's land
Talpiyot-est
CISJORDANIE
Gilo
vers Hébron (18 km)
zone urbaine
implantations israéliennes au-delà de la ligne d'armistice
ligne d'armistice de 1949
frontière de Jérusalem en 1947, "Ligne verte" jusqu'en 1967
limite de la ville de Jérusalem, étendue unilatéralement par Israël en 1967, annexée par la Knesset le 30 juillet 1980
0
2km
© M. Foucher / EAC

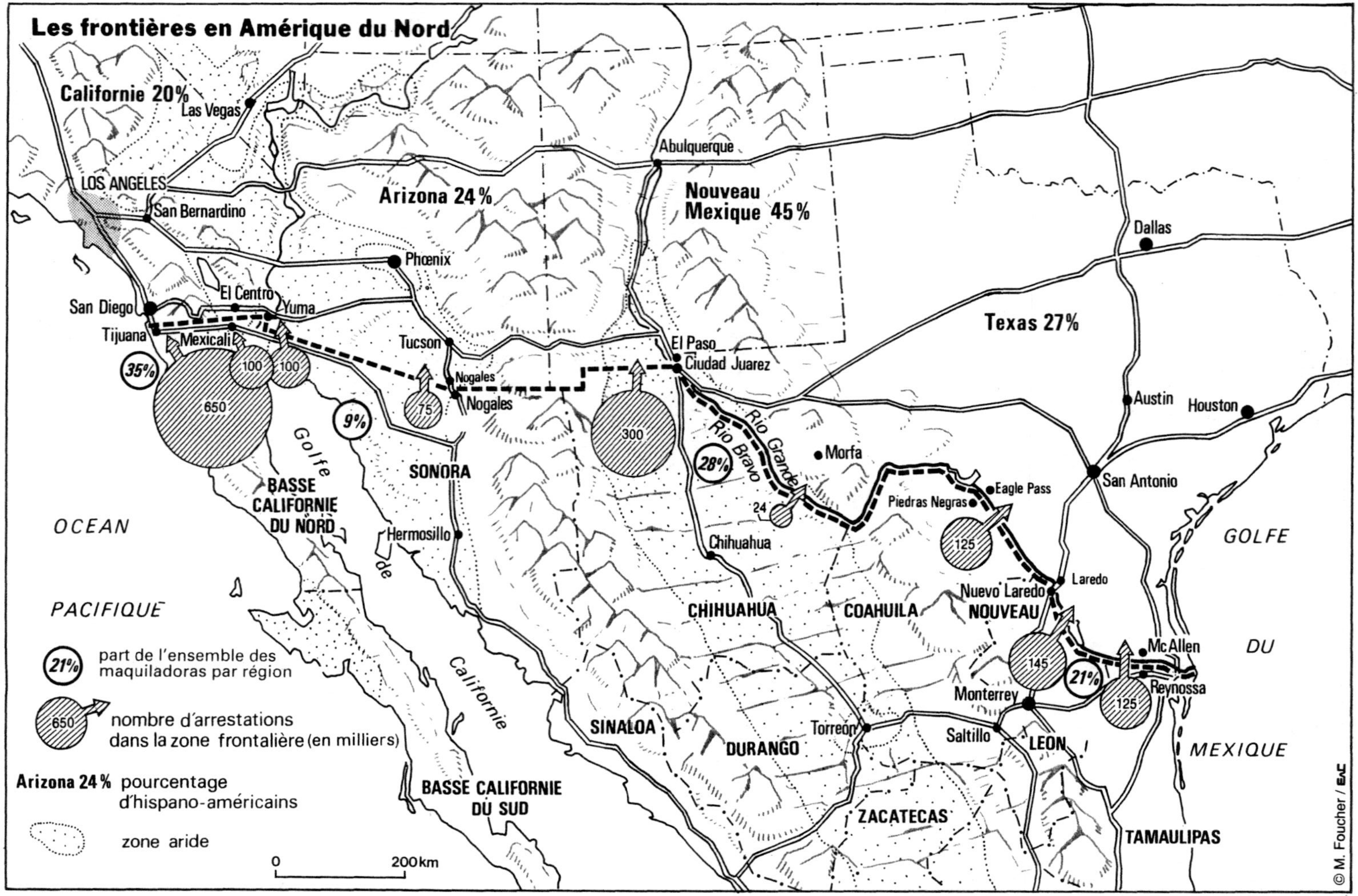
Les frontières en Amérique du Nord
Californie 20%
Las Vegas
LOS ANGELES
San Bernardino
Arizona 24 %
Phœnix
Abulquerque
Nouveau Mexique 45 %
Dallas
Texas 27%
Austin
Houston
San Antonio
San Diego
Tijuana
El Centro
Yuma
Mexicali
Tucson
Nogales
Nogales
El Paso
Ciudad Juarez
Rio Grande
Rio Bravo
Morfa
Eagle Pass
Piedras Negras
Laredo
Nuevo Laredo
McAllen
Reynossa
Monterrey
Saltillo
Torreon
Chihuahua
Hermosillo
35%
9%
28%
21%
650
100
100
75
300
24
125
145
125
OCEAN
PACIFIQUE
Golfe de Californie
GOLFE DU MEXIQUE
BASSE CALIFORNIE DU NORD
BASSE CALIFORNIE DU SUD
SONORA
CHIHUAHUA
COAHUILA
NOUVEAU LEON
TAMAULIPAS
SINALOA
DURANGO
ZACATECAS
21% part de l'ensemble des maquiladoras par région
650 nombre d'arrestations dans la zone frontalière (en milliers)
Arizona 24 % pourcentage d'hispano-américains
zone aride
0 200km
© M. Foucher / EAC

Les frontières internes et externes de l'Union soviétique (OUEST)

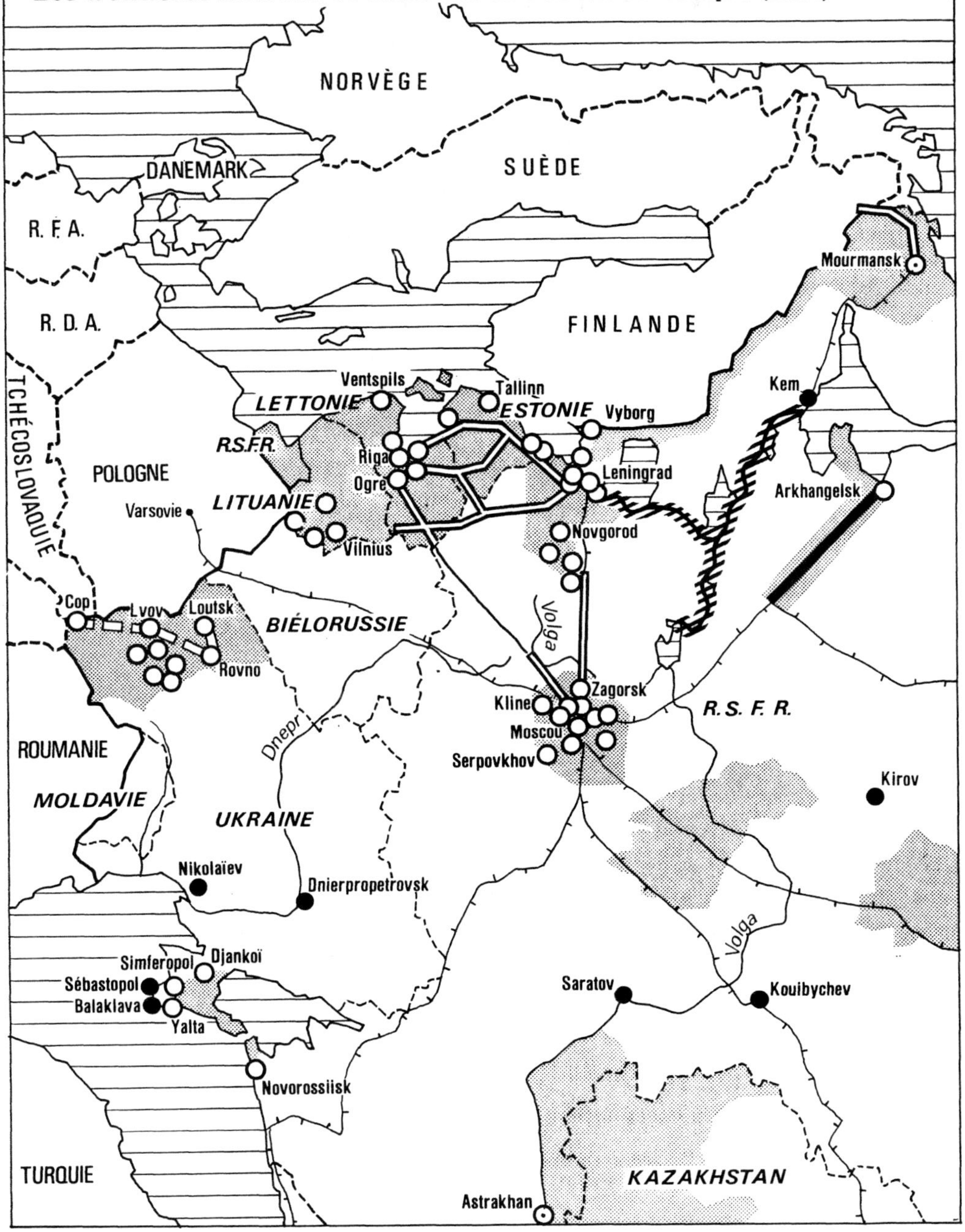

ville accessible uniquement par voie aérienne

zone interdite

ville interdite

rivière ou canal fermé

0 250km

ville ouverte dans une zone interdite

chemin de fer ouvert aux voyageurs

route ouverte aux voyageurs

Les frontières internes et externes de l'Union soviétique

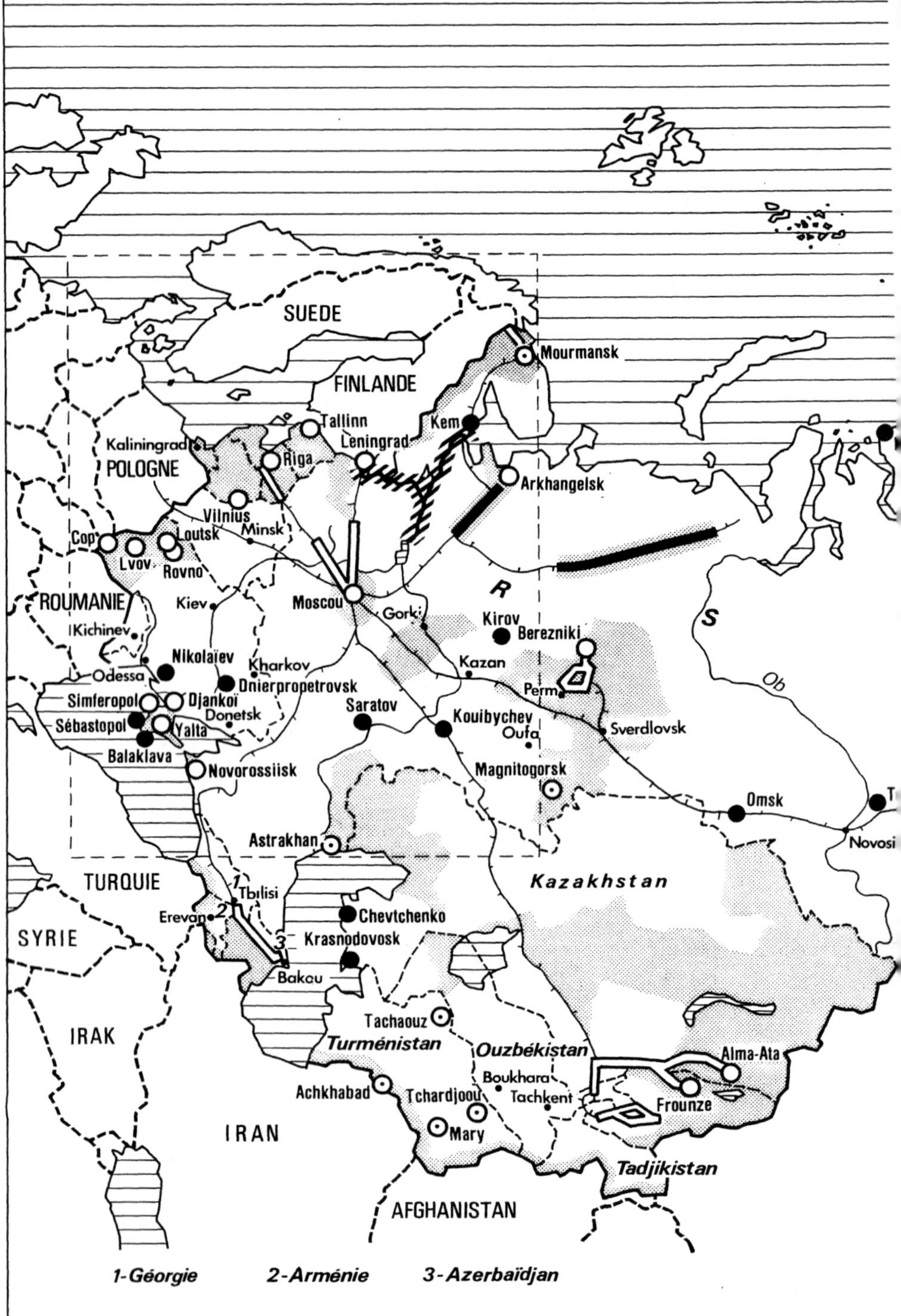

1-Géorgie 2-Arménie 3-Azerbaïdjan

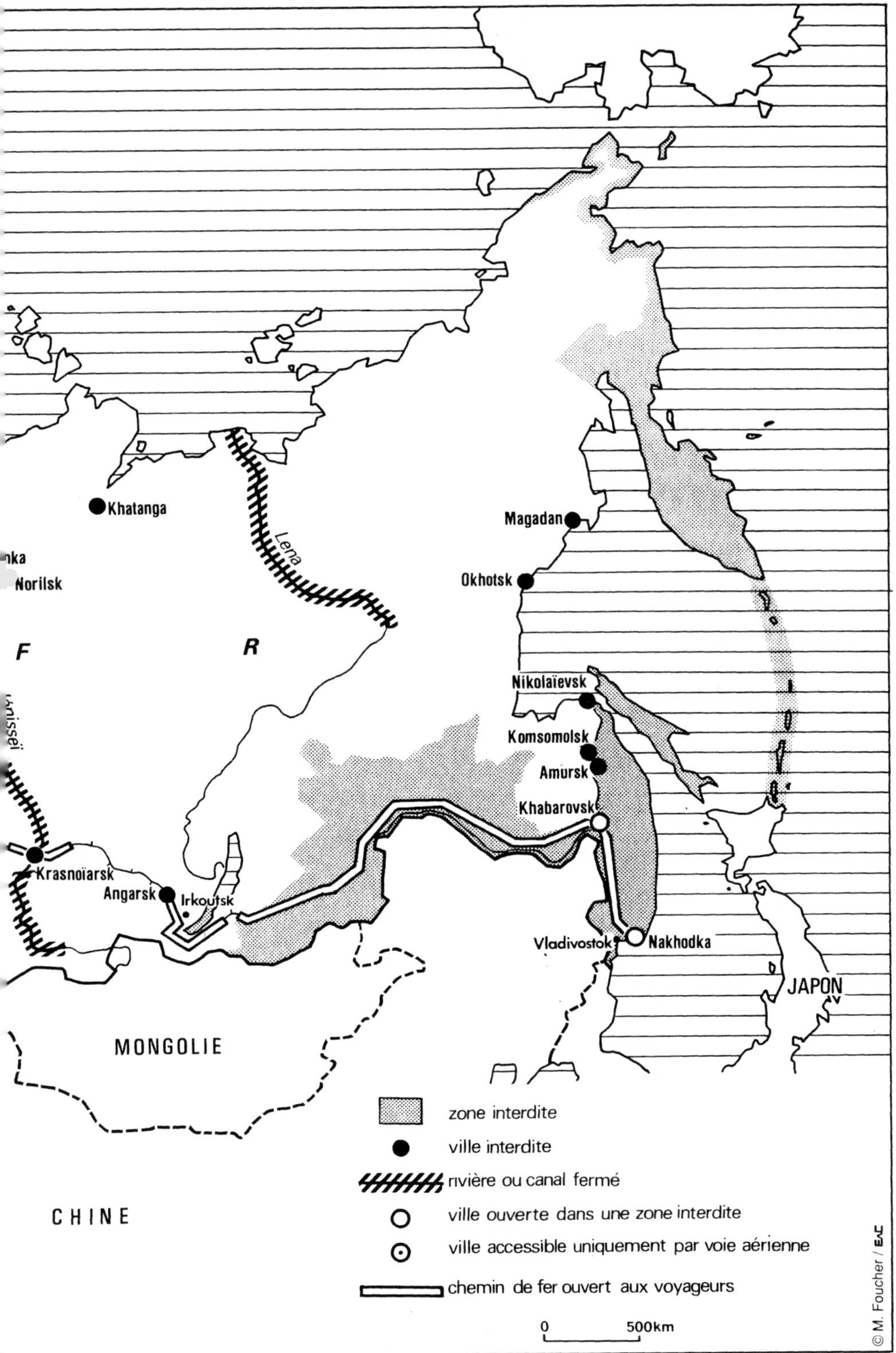
Khatanga
nka
Norilsk
Lena
F
R
nisseï
Krasnoïarsk
Angarsk
Irkoutsk
Magadan
Okhotsk
Nikolaïevsk
Komsomolsk
Amursk
Khabarovsk
Vladivostok
Nakhodka
JAPON
MONGOLIE
CHINE
zone interdite
ville interdite
rivière ou canal fermé
ville ouverte dans une zone interdite
ville accessible uniquement par voie aérienne
chemin de fer ouvert aux voyageurs
0
500km
© M. Foucher / EAC

Régions économiques et militaires de l'U.R.S.S. occidentale
Océan
Glacial
Arctique
Mer de Barents
Mer
Baltique
Estonie
Lettonie
BALTIQUE
Riga
Lituanie
BALTIQUE
RSS de Russie
Leningrad
LENINGRAD
NORD-OUEST
EXTREME-NORD
SIBÉRIE-OUEST
OURAL
VOLGA-
VYATKA
MOSCOU
Moscou
CENTRAL
RSS
DE
RUSSIE
OURAL
VOLGA
RSS
BIELORUSSIE
de Bielorussie
BIELORUSSIE
CARPATHE
Kiev
UKRAINE
RSS
D'UKRAINE
KIEV
TCHERNOZIOM CENTRAL
MOLDAVIE
ODESSA
Moldavie
Odessa
Rostov
VOLGA
Volgograd
NORD-CAUCASE
NORD-CAUCASE
RSS DU KAZAKHSTAN
KAZAKHSTAN
Mer Noire
ASIE CENTRALE
TRANS-CAUCASIE
Géorgie
TRANS-CAUCASIE
Arménie
Azerbaïdjan
Mer
Caspienne
RSS DU
TURKMENISTAN
ASIE CENTRALE
républiques actuelles
limite des régions militaires
limite des régions économiques
0
600km
© M. Foucher / E.J.C

Un aspect de la géopolitique interne de l'U.R.S.S.: contentieux frontaliers et territoriaux

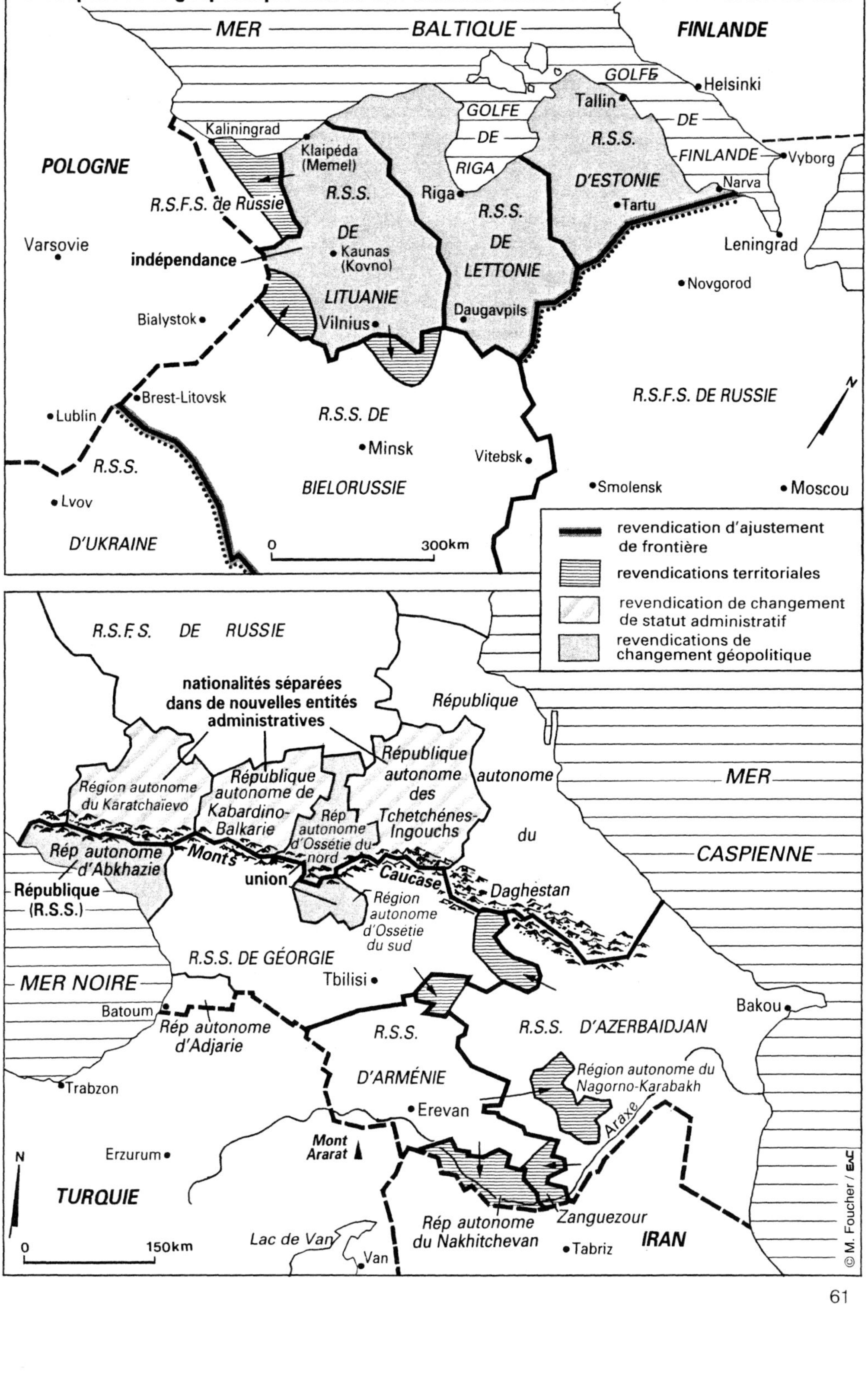

Les frontières intérieures de l'U.R.S.S. : Typologie des contentieux
OCEAN
Mer Baltique
Tallinn
R.S.F.S.R.
①
⑤
⑥
Estonie
Riga
⑦
Lituanie
Lettonie
Vilnius
Minsk
Biélorussie
④
MOSCOU
Rép. de Carélie
République des Komis
République
Kiev
Moldavie
Ukraine
③ Kichinev
②
Rép. des Tchouvaches
République des Maris
République de Mordovie
Rép. des Oudmourtes
Rép. des Tatars
Fédérative
Soviétique
Rép. de Bachkhirie
①
Mer Noire
Région autonome des Adyghéens
Région autonome du Karatchaïevo
Rép. des Kalmouks
Rép. d'Abkhazie
Rép. d'Adjarie
⑧
Rép. de Kabardino-Balkarie
Rép. d'Ossétie du Nord
Rép. des Tchetchènes-Ingouchs
Région autonome d'Ossétie du Sud
Géorgie
Rép. du Daghestan
Arménie ⑨
Kazakhstan
⑮
Gorno Alta
Rép. du Nakhitchevan
Azerbaïdjan
République de Karakalpakie
Région autonome du Nagorno-Karabakh
⑩
Bakou
Turkménistan
⑪
Ouzbékistan
⑫
Frounze
Alma-Ata
Tachkent
Achkabad
Kirghizistan
⑭
Tadjikistan
⑬
Région autonome de Gorno-Badakhchan
0
500km
Mer d'Oman
d'après V. Kolosov (op. cit.)

GLACIAL
ARCTIQUE
Mer de Bering
République de Iakoutie
Socialiste
de
Russie
Mer d'Okhotsk
Région autonome
du Birobidzhan
République
de
Bouriatie
Lac Baïkal
Région autonome
des
Khakasses
République
des Touvas
Mer du Japon
Mer Jaune
1 à 15 républiques socialistes soviétiques
républiques autonomes rattachées à la R.S.F.R.
républiques autonomes rattachées à d'autres républiques socialistes soviétiques
revendication d'ajustement de frontière
revendications territoriales
sens de la revendication
revendication de changement de statut administratif
revendications de changement géopolitique
© M. Foucher / EJC

Répartition des musulmans en U.R.S.S.

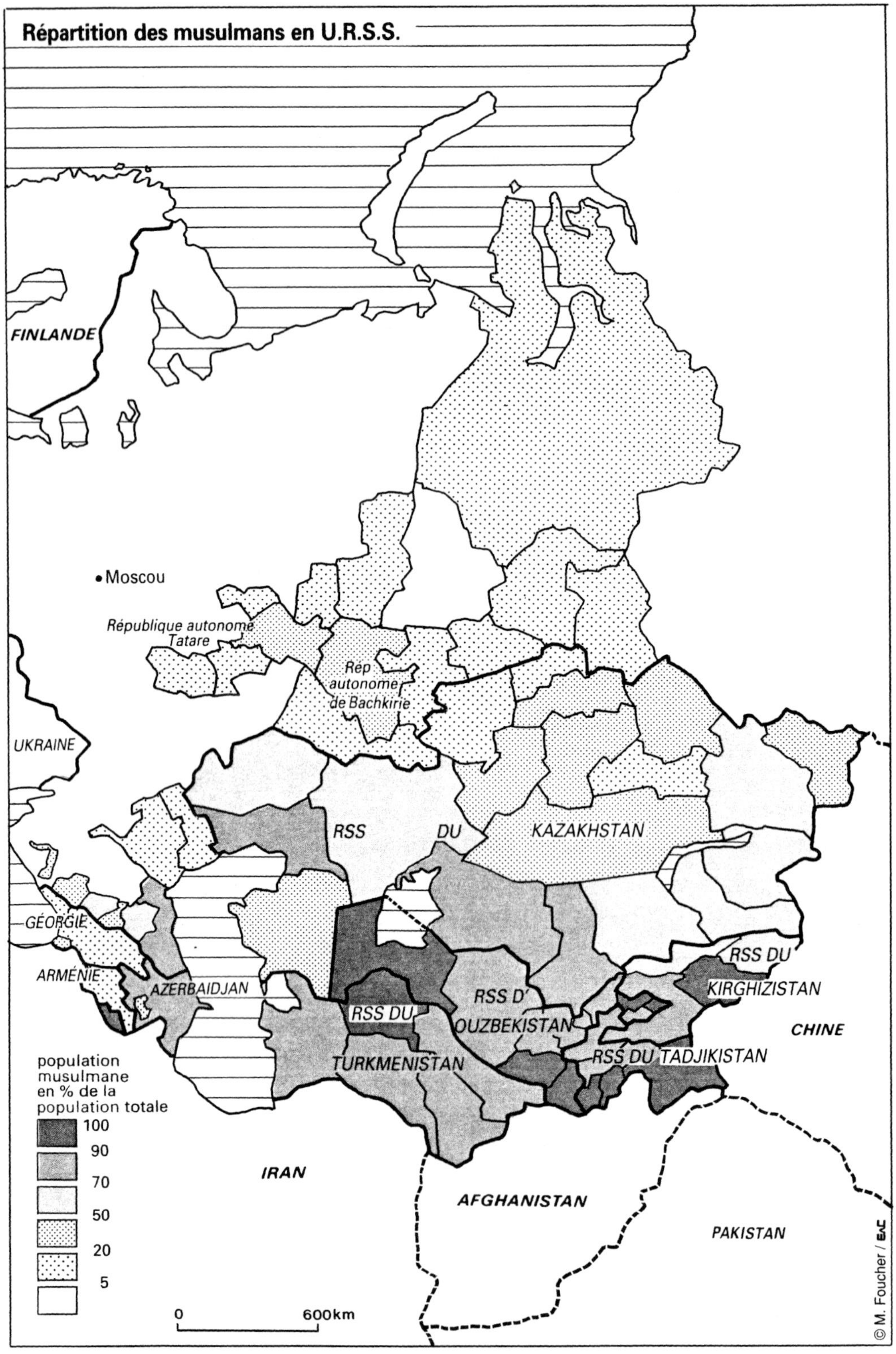

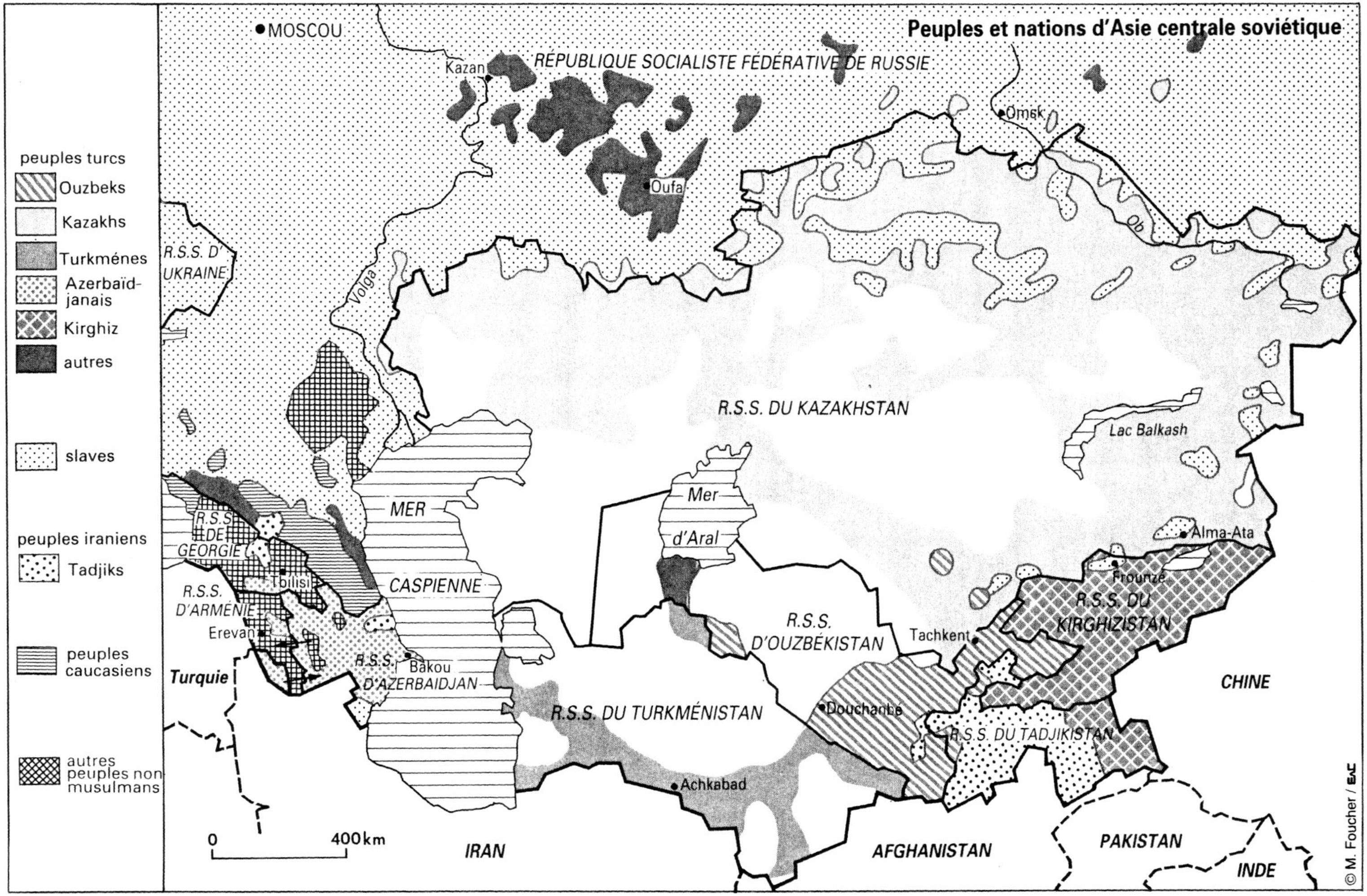
Peuples et nations d'Asie centrale soviétique
peuples turcs
Ouzbeks
Kazakhs
Turkménes
Azerbaïd-janais
Kirghiz
autres
slaves
peuples iraniens
Tadjiks
peuples caucasiens
autres peuples non musulmans
MOSCOU
Kazan
RÉPUBLIQUE SOCIALISTE FÉDÉRATIVE DE RUSSIE
Oufa
Omsk
Ob
R.S.S. D'UKRAINE
Volga
R.S.S. DU KAZAKHSTAN
Lac Balkash
MER CASPIENNE
Mer d'Aral
R.S.S. DE GEORGIE
Tbilisi
R.S.S. D'ARMÉNIE
Erevan
R.S.S. D'AZERBAIDJAN
Bakou
Turquie
R.S.S. DU TURKMÉNISTAN
Achkabad
R.S.S. D'OUZBÉKISTAN
Tachkent
Douchanbé
R.S.S. DU TADJIKISTAN
R.S.S. DU KIRGHIZISTAN
Frounzé
Alma-Ata
CHINE
PAKISTAN
INDE
AFGHANISTAN
IRAN
0
400km
© M. Foucher / EAC

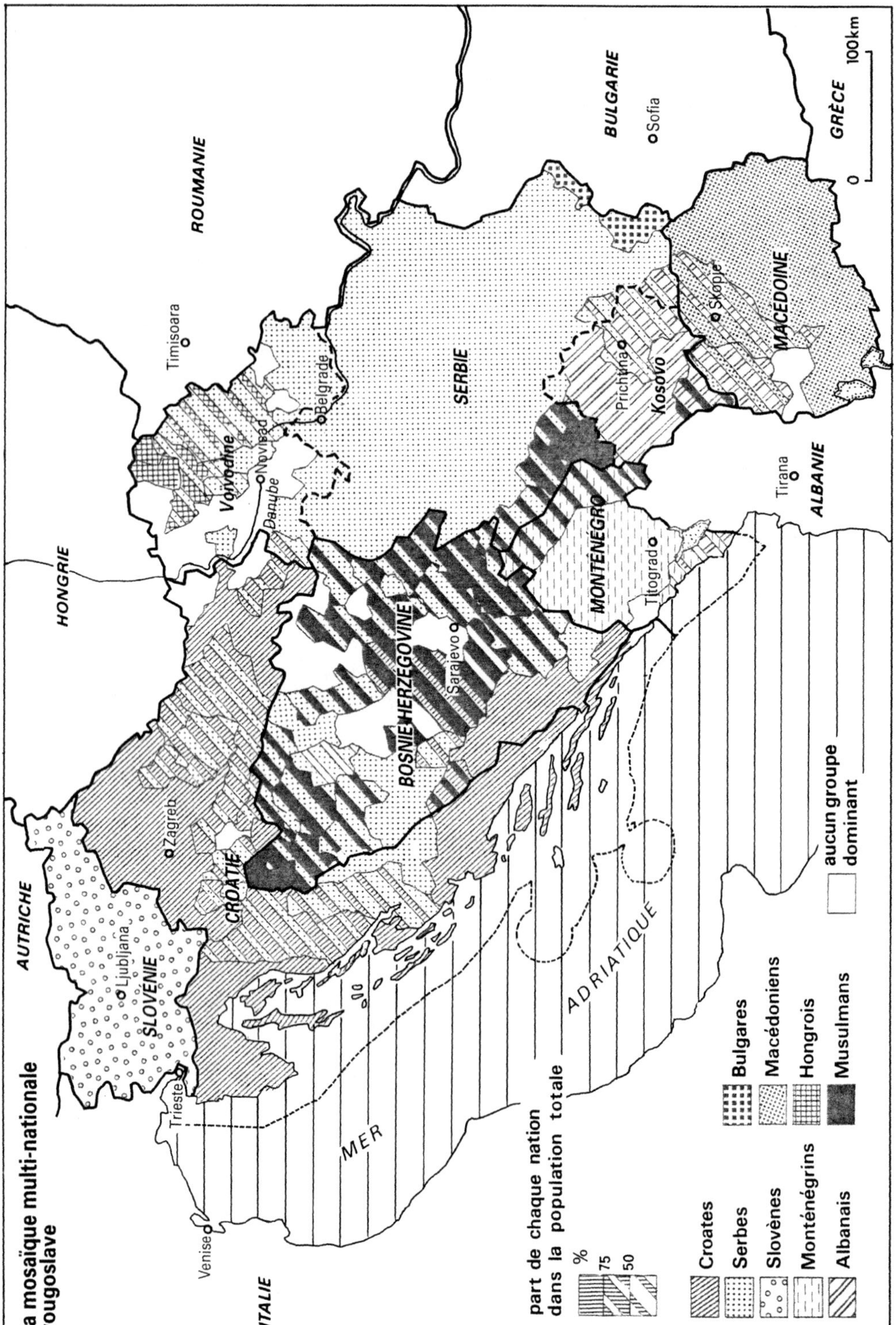
La mosaïque multi-nationale yougoslave
AUTRICHE
HONGRIE
ROUMANIE
BULGARIE
GRÈCE
ALBANIE
ITALIE
SLOVENIE
CROATIE
BOSNIE-HERZEGOVINE
SERBIE
Voïvodine
Kosovo
MONTÉNÉGRO
MACÉDOINE
Venise
Trieste
Ljubljana
Zagreb
Sarajevo
Novi Sad
Danube
Belgrade
Timisoara
Prichtina
Skopje
Titograd
Tirana
Sofia
MER ADRIATIQUE
0 100 km
part de chaque nation dans la population totale
%
75
50
Croates
Serbes
Slovènes
Monténégrins
Albanais
Bulgares
Macédoniens
Hongrois
Musulmans
aucun groupe dominant
© M. Foucher / EAC

Frontières, nations et minorités nationales en Europe centrale, 1914-1920

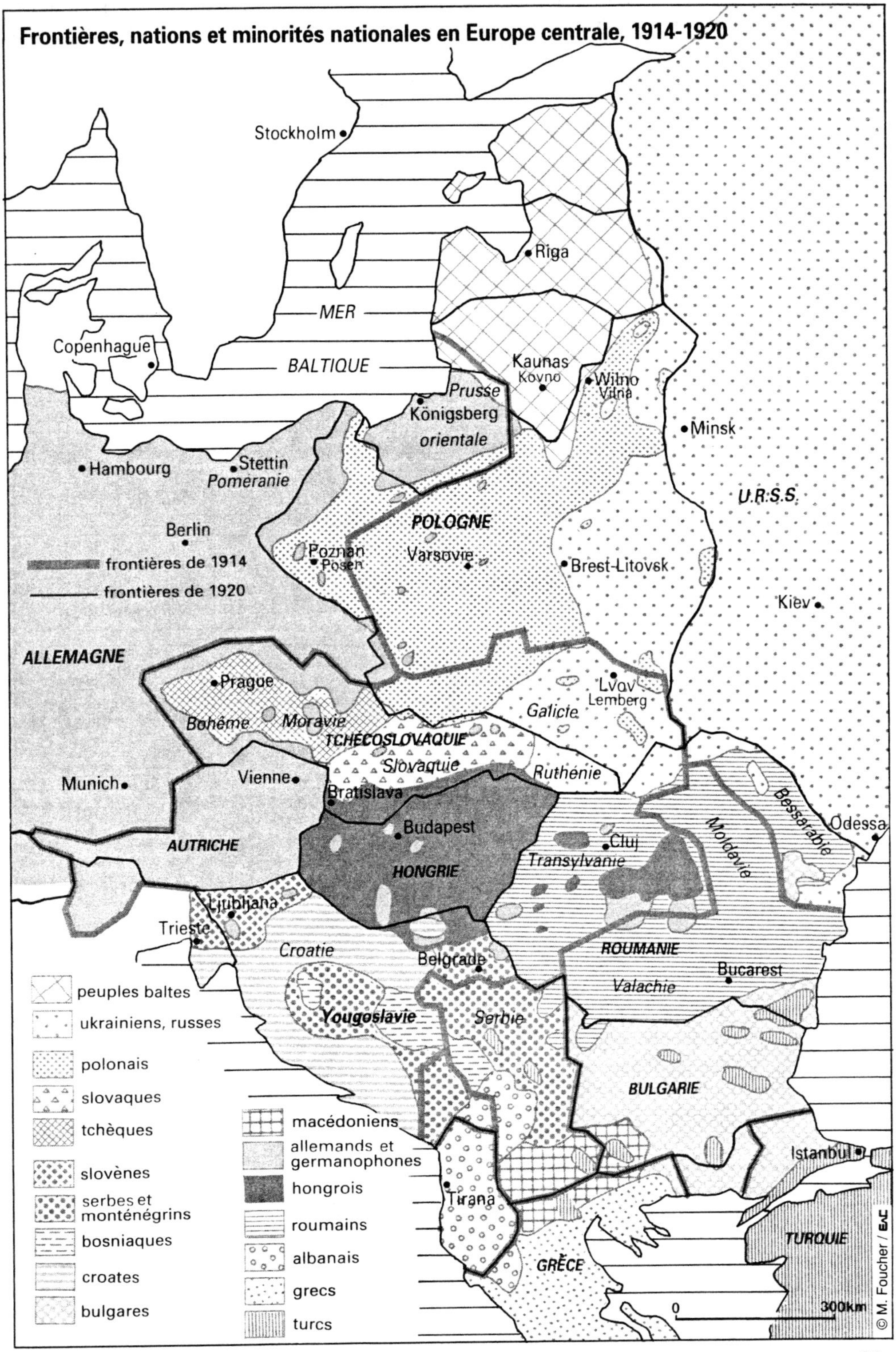

Frontières, nations et minorités nationales en Europe centrale, 1945

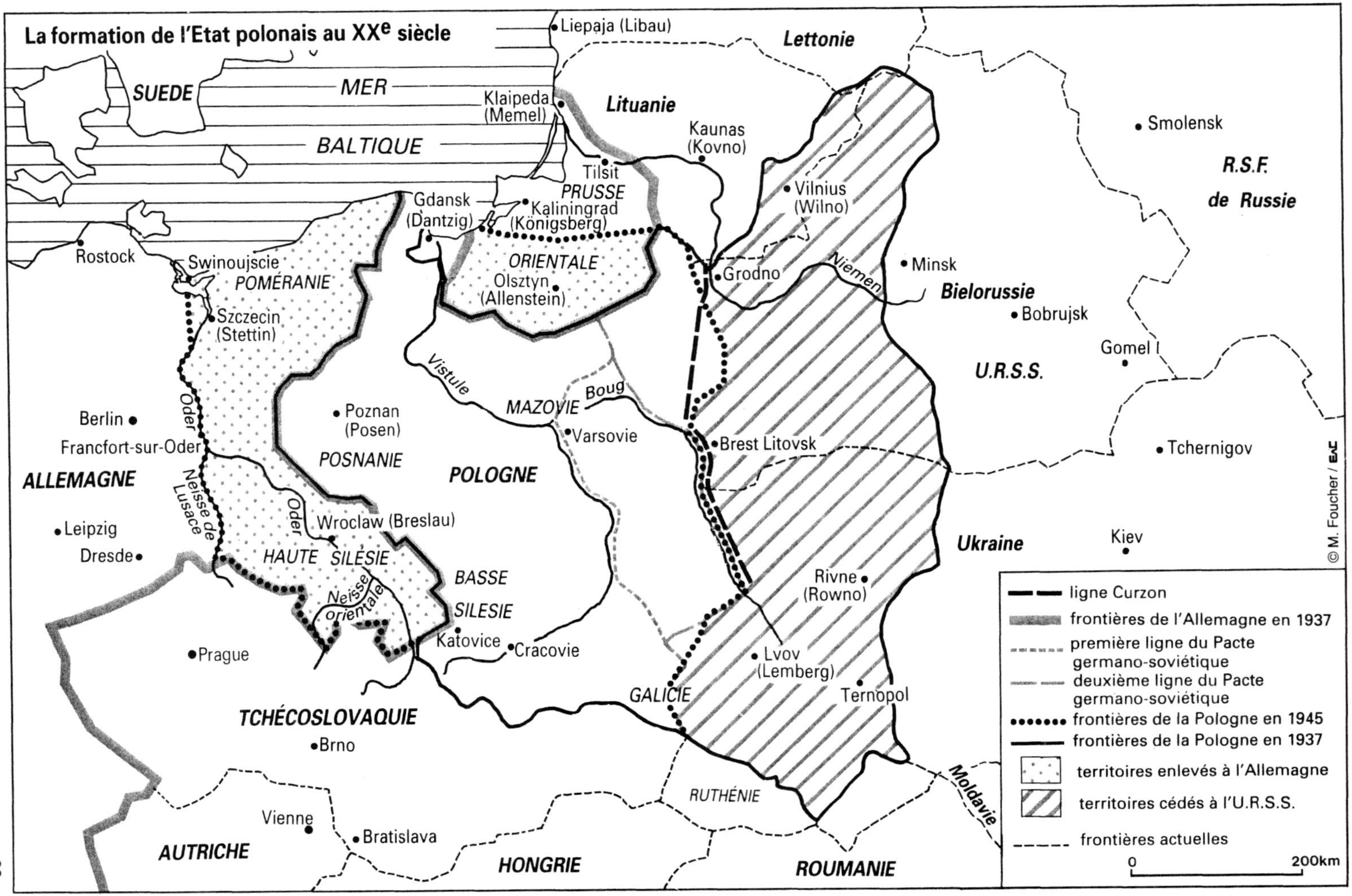
La formation de l'Etat polonais au XXe siècle
Liepaja (Libau)
Lettonie
SUEDE
MER
BALTIQUE
Klaipeda (Memel)
Lituanie
Kaunas (Kovno)
Tilsit
PRUSSE
ORIENTALE
Gdansk (Dantzig)
Kaliningrad (Königsberg)
Olsztyn (Allenstein)
Vilnius (Wilno)
Grodno
Niemen
Smolensk
R.S.F. de Russie
Minsk
Bielorussie
Bobrujsk
Gomel
U.R.S.S.
Rostock
Swinoujscie
POMÉRANIE
Szczecin (Stettin)
Berlin
Oder
Francfort-sur-Oder
ALLEMAGNE
Neisse de Lusace
Leipzig
Dresde
Poznan (Posen)
POSNANIE
Vistule
MAZOVIE
Boug
Varsovie
POLOGNE
Brest Litovsk
Tchernigov
Wroclaw (Breslau)
HAUTE SILÉSIE
BASSE SILESIE
Neisse orientale
Katovice
Cracovie
Prague
Ukraine
Kiev
Rivne (Rowno)
Lvov (Lemberg)
Ternopol
GALICIE
TCHÉCOSLOVAQUIE
Brno
Vienne
Bratislava
AUTRICHE
HONGRIE
RUTHÉNIE
ROUMANIE
Moldavie
© M. Foucher / EAC
ligne Curzon
frontières de l'Allemagne en 1937
première ligne du Pacte germano-soviétique
deuxième ligne du Pacte germano-soviétique
frontières de la Pologne en 1945
frontières de la Pologne en 1937
territoires enlevés à l'Allemagne
territoires cédés à l'U.R.S.S.
frontières actuelles
0
200km

Les deux Irlandes: frontière politique, clivages religieux

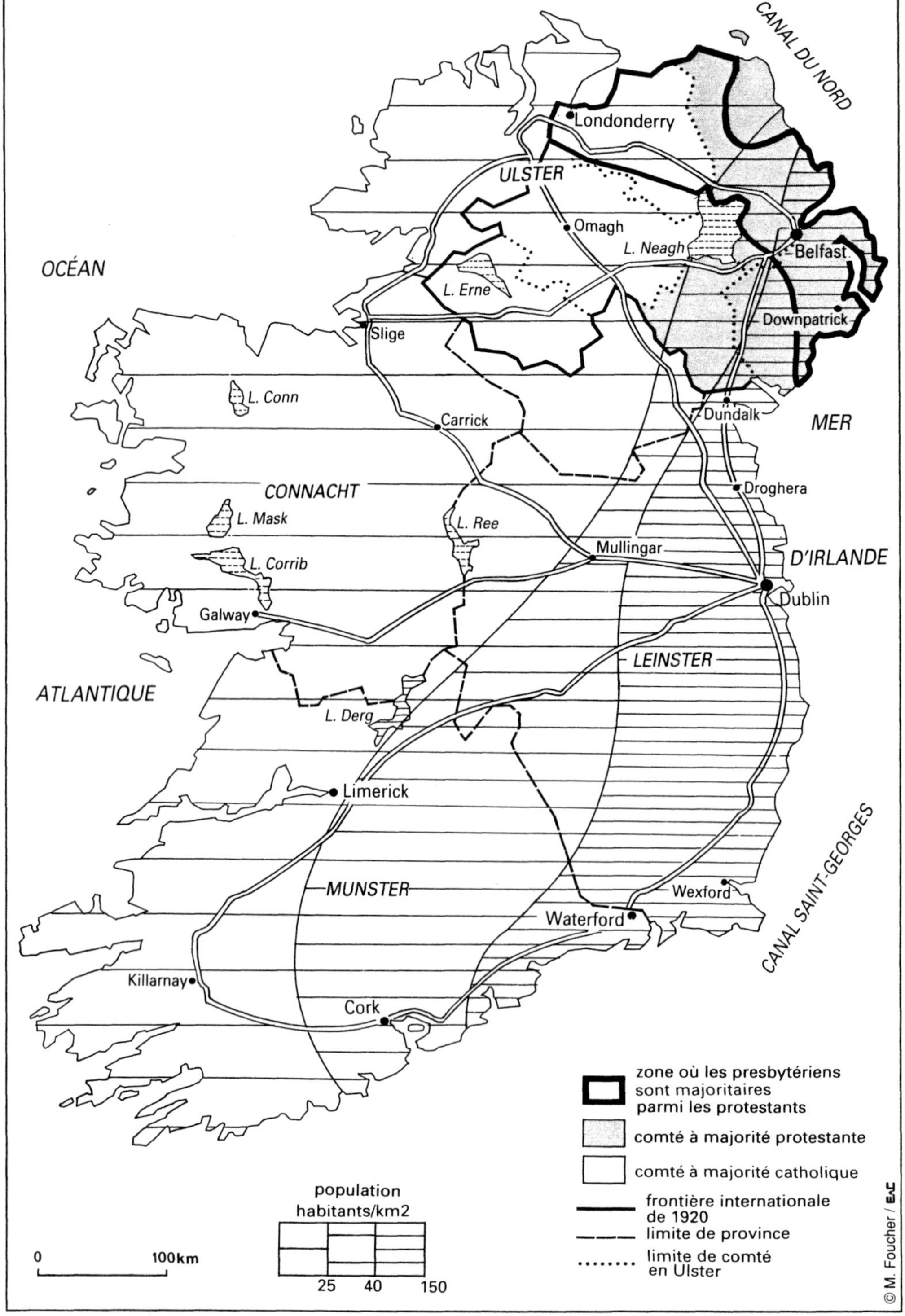

Europe : durabilité des tracés actuels

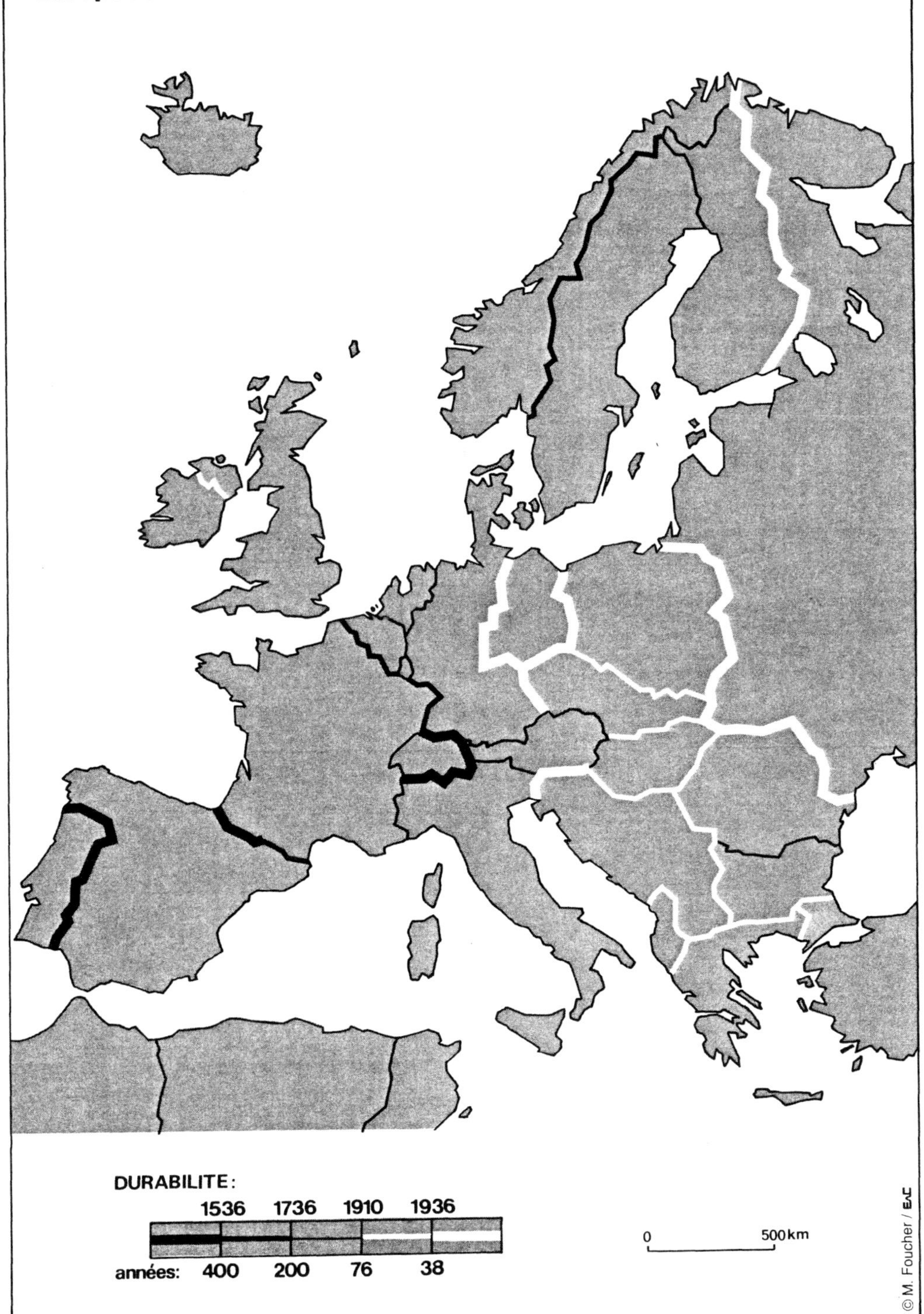

Clivages politiques et socio-culturels en Europe
MER DU NORD
Angleterre
Londres
Amsterdam
Pays-Bas
Bruxelles
Belgique
Paris
France
Danemark
Copenhague
Mer Baltique
Berlin
Allemagne
Leipzig
Munich
Poznan
Varsovie
Pologne
Prague
Tchécoslovaquie
Bratislava
Vienne
Suisse
Autriche
Budapest
Hongrie
Belgrade
Yougoslavie
Italie
Rome
Naples
Tirana
Albanie
Alger
Algérie
Tunis
Tunisie
Libye
MER

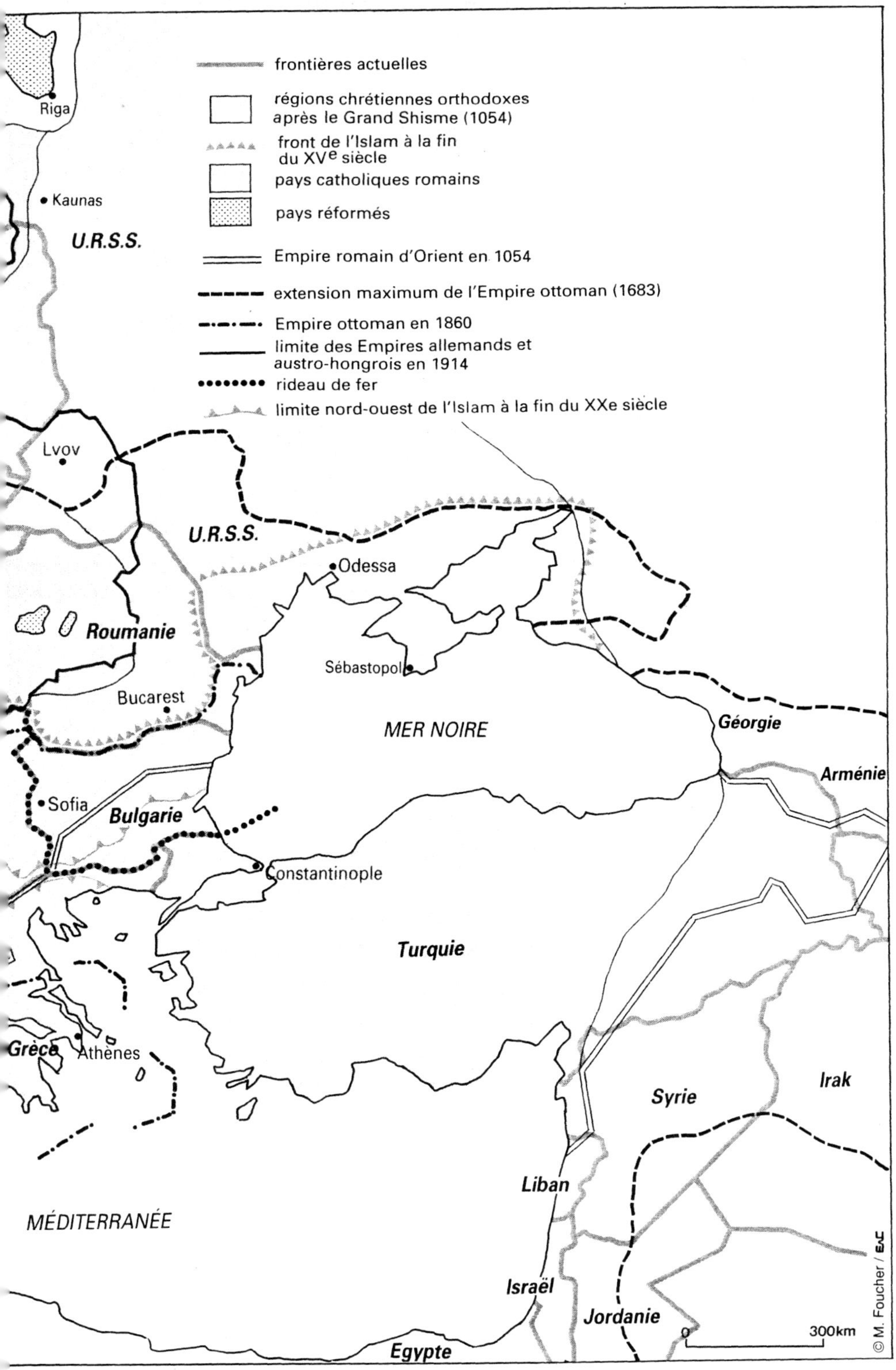
frontières actuelles
régions chrétiennes orthodoxes après le Grand Shisme (1054)
front de l'Islam à la fin du XVe siècle
pays catholiques romains
pays réformés
Empire romain d'Orient en 1054
extension maximum de l'Empire ottoman (1683)
Empire ottoman en 1860
limite des Empires allemands et austro-hongrois en 1914
rideau de fer
limite nord-ouest de l'Islam à la fin du XXe siècle
Riga
Kaunas
U.R.S.S.
Lvov
U.R.S.S.
Odessa
Roumanie
Sébastopol
Bucarest
MER NOIRE
Géorgie
Arménie
Sofia
Bulgarie
Constantinople
Turquie
Grèce
Athènes
Syrie
Irak
Liban
MÉDITERRANÉE
Israël
Jordanie
Egypte
0
300km
© M. Foucher / E.A.C

L'Europe : un faisceau de frontières

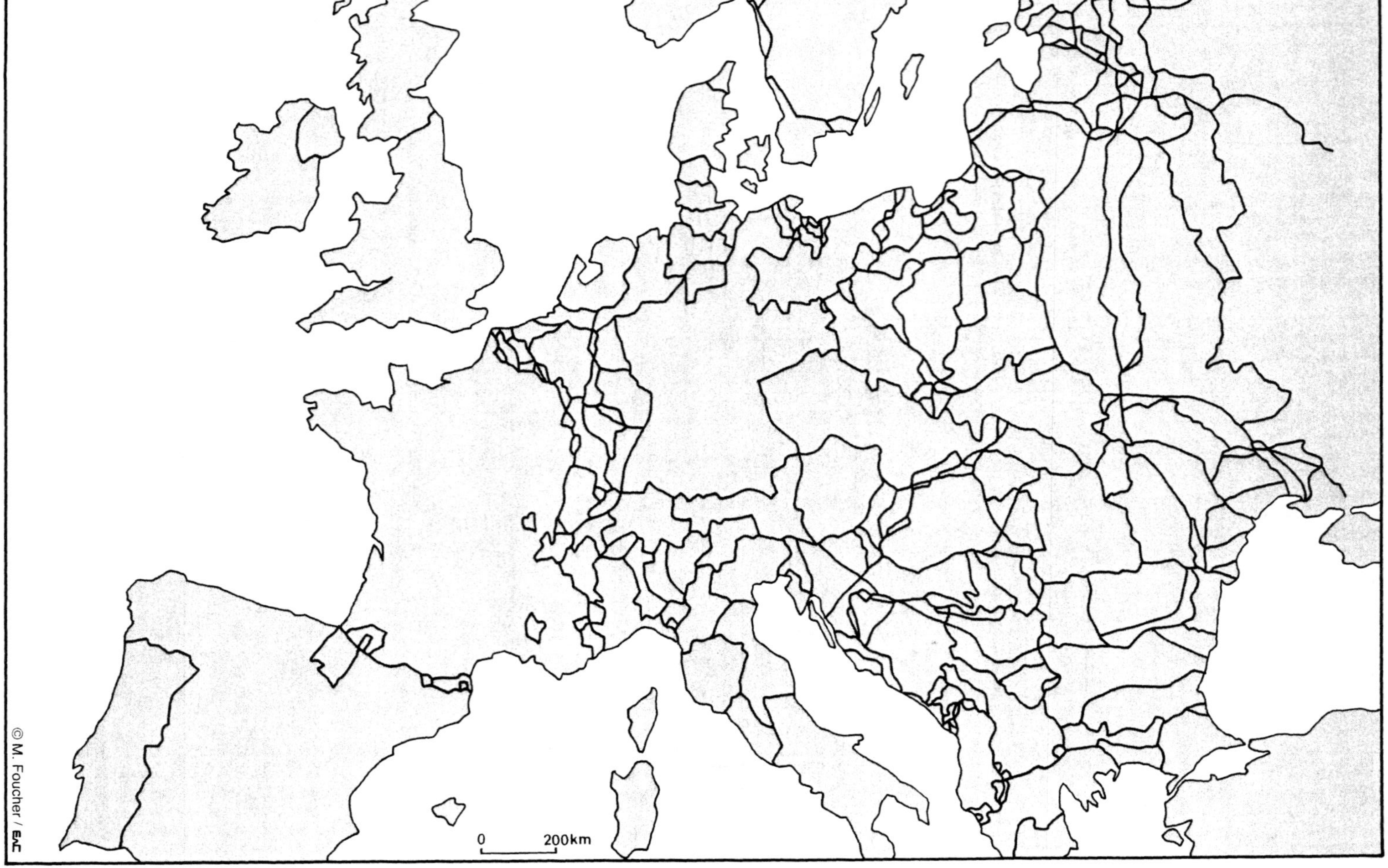

Table des matières

Deuxième partie :

FRONTIÈRES EN AFRIQUE, FRONTIÈRES AFRICAINES ?

TROISIÈME PARTIE :

L'ASIE : TERRE DE FRONTIÈRES

QUATRIÈME PARTIE :

LES TROIS GRANDS SYSTÈMES GÉOPOLITIQUES ET LEURS FRONTIÈRES

Achevé d'imprimer en avril 2005
par la Sté TIRAGE sur presse numérique
www.cogetefi.com

35-25-8405-9/04
N° d'édition : 65712 - N° d'impression : 05030026
Dépôt légal : avril 2005
ISBN : 2-213-02633-5
Imprimé en France